Allemand

MINI DICTIONNAIRE

français - allemand • allemand - français

LAROUSSE
DICTIONNAIRES

21, rue du Montparnasse
75283 Paris Cedex 06, France

www.larousse.fr

ISBN 978-2-03-588079-6 / ISBN 978-2-03-588082-6

Édition / Redaktion

Marc Chabrier

avec / mit

Valérie Katzaros
Veronika Schnorr   Marie Ollivier-Caudray
Carola Berthoud   Véronique Mensch

Informatique éditoriale et composition / Datenverarbeitung und Satz

Dalila Abdelkader   Monika Al Mourabit

Maquette et mise en page / Layout

Uli Meindl   Sophie Rivoire

Fabrication / Herstellung
Marlène Delbeken

Deutsch

MINIWÖRTERBUCH

Französisch - Deutsch • Deutsch - Französisch

LAROUSSE
DICTIONNAIRES

Sommaire

Inhaltsverzeichnis

Au lecteur

Ce dictionnaire a été conçu pour répondre aux besoins du débutant et du voyageur.

Avec plus de 100 000 mots, expressions et traductions, ce nouveau dictionnaire présente non seulement le vocabulaire général, mais aussi de nombreuses expressions permettant de déchiffrer panneaux de signalisation ou cartes de restaurant.

De nombreux exemples et des indicateurs de sens précis éclairent le vocabulaire essentiel. Les termes dont l'utilisation nécessite une plus grande précision sont mis en relief par une présentation étudiée.

À la fois pratique et complet, cet ouvrage est une mine d'informations à emporter partout. « Viel Spaß und gute Reise », et n'hésitez pas à nous faire part de vos suggestions..

L'éditeur

Vorbemerkung

Dieses Wörterbuch richtet sich vor allem an Anfänger und Reisende.

Über 100 000 Übersetzungen, Stichwörter und Wendungen geben daher nicht nur Auskunft über den allgemeinen Wortschatz, sondern helfen auch, Schilder und Speisekarten zu verstehen.

Die klare typografische Aufmachung und das benutzerfreundliche Format erleichtern die Orientierung im Wörterbuch. Zahlreiche Bedeutungsanzeiger ermöglichen ein sicheres Auffinden der gewünschten Übersetzung.

Viele Stichwörter werden durch Beispielsätze erläutert. Das Wörterbuch Französisch-Deutsch ist handlich, zuverlässig und übersichtlich und wird damit zum idealen Ratgeber und Reisebegleiter.

Der Herausgeber

accusatif	A	Akkusativ
abréviation	abr/abk	Abkürzung
péjoratif	abw	abwertend
adjectif	adj	Adjektiv
adverbe	adv	Adverb
registre écrit	amt	amtssprachlich, formel
anatomie	ANAT	Anatomie
article	art	Artikel
automobile	AUTO	Kfz-Technick
verbe auxiliaire	aux	Hilfsverb
belgicisme	Belg	belgisches Französisch
commerce	COMM	Handel
conjonction	conj	Konjunktion
cuisine, art culinaire	CULIN	Kochkunst
datif	D	Dativ
déterminant	Det	Determinant
droit	DR	Rechtswesen
informatique	EDV	Datenverarbeitung
quelque chose	etw	etwas
féminin	f	Femininum
familier	fam	umgangssprachlich
figuré	fig	übertragene Bedeutung
finance	FIN	Finanzwesen
photographie	FOTO	Fotografie
génitif	G	Genitiv
soutenu	geh	gehoben
généralement	gén/gen	generell, allgemein
grammaire	GRAMM	Grammatik
informatique	INFORM	EDV
interjection	interj	Interjektion
invariable	inv	unveränderlich
quelqu'un (nominatif)	jd	jemand
quelqu'un (datif)	jm	jemandem

quelqu'un (accusatif)	jn	jemanden
quelqu'un (génitif)	js	jemandes
comparatif	komp	Komparativ
conjonction	konj	Konjunktion
cuisine, art culinaire	Küche	Kochkunst
locution	loc	Redewendung
locution adjectivale	loc adj	Adjektivalphrase
locution adverbiale	loc adv	Adverbialphrase
locution prépositionnelle	loc prép	Präpositionalphrase
masculin	m	Maskulinum
médecine	MÉD/MED	Medizin
masculin et féminin	mf	Maskulinum und Femininum
militaire	MIL	Militärwesen
nom dont le genre est flottant : ex. un arobase ou une arobase	m ou f	Maskulinum oder Femininum
musique	MUS	Musik
nom	n	Substantiv
nautique	NAUT	Schifffahrt
nom féminin	nf	Femininum
nom masculin	nm	Maskulinum
nom dont le genre est flottant : ex. un arobase ou une arobase	nm ou nf	Maskulinum oder Femininum
nom masculin et nom féminin : ex. menteur, euse	nm, f	Maskulinum und Femininum
même forme pour le masculin et le féminin : ex. démocrate	nmf	Maskulinum und Femininum
allemand du Nord	Norddt	Norddeutsch
nom de villes ou de pays	nt	Neutrum bei Städte und Ländernamen
numéral	num	Zahlwort
participe présent	p prés	Partizip Präsens
péjoratif	péj	abwertend
pluriel	pl	Plural
autrichien	Öster	Österreichisch

politique	POL	Politik
participe passé	pp	Partizip Perfekt
préposition	prép/präp	Präposition
présent	prés/präs	Präsens
prétérit	prét/prät	Präteritum
préfixe	préf	Vorsilbe
pronom	pron	Pronomen
pronom interrogatif	pron interr	Interrogativpronomen
pronom relatif	pron rel	Relativpronomen
quelquechose	qqch	etwas
quelqu'un	qqn	jemand
québécisme	Québec	Französisch aus Québec
radio	RADIO	Rundfunk
verbe pronominal	ref	reflexives Verb
religion	RELIG	Religion
scolaire	SCOL/SCHULE	Schulwesen
helvétisme	Schweiz	Schweizerdeutsch
singulier	sing	Singular
sms	SMS	SMS
sport	SPORT	Sport
soutenu	sout	gehoben
helvétisme	Suisse	Schweizerdeutsch
superlatif	superl	Superlativ
technologie	TECH	Technik
télévision	TV	Fernsehen
irrégulier	unreg	unregelmäßig
invariable	unver	unveränderlich
verbe impersonnel	v impers/ vimp	unpersönliches Verb
verbe intransitif	vi	intransitives Verb
verbe pronominal	vp	reflexives Verb
verbe transitif	vt	transitives Verb
vulgaire	vulg	vulgär
économie	WIRTSCH	Wirtschaft

Adjectifs uniquement épithètes

Ces adjectifs – qui ne peuvent donc pas se présenter non déclinés – sont présentés en commençant par la forme féminine, suivie de la désinence masculine, puis neutre : letzte, r, s (eine letzte Zigarette, ein letzter Kuss, ein letztes Mal).

Attributiv gebrauchte Adjektive

Adjektive dieser Art werden in ihrer femininen Form ange-geben, direkt gefolgt von den Endungen des Maskulinums und des Neutrums; z. B.: letzte, r, s (eine letzte Zigarette, ein letzter Kuss, ein letztes Mal).

Adjectifs substantivés

Ils sont présentés avec l'article défini, qui indique également leur genre, et portent donc la désinence que leur impose cet article défini. Avec un article indéfini, la terminaison de ce type de substantifs change : Angestellte **der, die** devient **ein Angestellter** et **eine Angestellte**.

Substantivierte Adjektive

Die substantivierten Adjektive sind wie alle anderen Substantive mit dem bestimmten Artikel aufgeführt. In Verbindung mit einem unbestimmten Artikel verändert sich daher die Endung entsprechend des Genus; z. B.: Angestellte **der, die** wird zu **ein Angestellter** und **eine Angestellte**.

Genre des substantifs dans les traductions des composés

Lorsqu'un substantif apparaît allié à un adjectif, c'est l'adjectif qui porte le genre du substantif. Dans la traduction du composé **première classe** traduit par « **erste Klasse** », le genre du mot **Klasse** est porté par l'adjectif **erste** (**e** correspondant au féminin).

Genus der Substantive in zusammengesetzten Ausdrücken (als Übersetzungen)

Wenn das Substantiv von einem Adjektiv begleitet wird, trägt dieses den Genus des Substantives; z. B. zeigt die Übersetzung von **première classe**, „**erste Klasse**", durch die feminine Endung des Adjektives an, dass das Wort **Klasse** ein Femininum ist.

	Französisch	Deutsch	Erläuterung
[a]	lac, papillon, tas	hallo, danke	
[ɑ]	tas, âme		Dunkles a, ähnlich dem a in „Bar".
[ɑ̃]	champ, ennui	Chanson	
[b]	bateau, rabat	Baby	
[d]	dalle, ronde	Dame, Nudel	
[e]	année	edel	
[ɛ]	bec, pelle	Essen, Hotel	
[ɛ̃]	limbe, main	pointiert	
[ə]	le, je	bitte, gehen	
[f]	fort, physique	Fantasie, vier	
[g]	garder, épilogue	gut, Morgen	
[ɥ]	lui, nuit	pfui	
[i]	système, pitié	Vitamin	
[j]	yeux, lieu	je, Yeti	
[k]	coq, quatre, képi	Achse, Kartoffel	
[l]	lit, halle	Liebe, Flug	
[m]	mât, drame	Material, Mittag	
[n]	nager, trône	November, unfair	
[ŋ]	agneau, peigner	Anja, Lasagne	
[ɲ]	parking, camping	singen, lang	

	Französisch	Deutsch	Erläuterung
[o]	potage	Melodie	
[ɔ]	botte, automne	offen	
[ɔ̃]	ongle, mon	Chanson, Jeton	
[œ̃]	parfum, brun	Parfum	
[ø]	aveu, jeu	Ökologie	
[œ]	peuple, bœuf	Köchin	
[p]	prendre, grippe	Pony, Appetit	
[ʀ]	raisin, régime	rot, Reise	
[s]	cela, savant	tschüss, Haus, Größe	
[ʃ]	charrue, chic	Schule, schön	
[t]	temps, théâtre	Teller, Volt	
[tʃ]	tchèque, match	deutsch, klatschen	
[u]	outil, bouc	Kuvert	
[v]	voir, rive, wagon	Wagen, Vase	
[w]	oui, huit, ouest	Wales, Hardware	
[y]	usage, duc	Büchse, System	
[z]	fraise, zéro	Sauce, Sonne	
[ʒ]	jabot, rouge	Etage	
[']	« h aspiré »	Hobby, Hause	„h aspiré" wie z. B. in hachis ['aʃi]

	allemand	français	commentaires
[a]	Hallo, danke	lac, papillon, tas	
[aː]	Arzt, Vater, Ahnung	Amen	son a long
[ɐ]	Mutter	rasta	
[ɐ̯]	Meer, Chor	Loire	son a toujours précédé par des voyelles longues
[ai̯]	Preis, nein	aïe, paille	
[ɑ̃]	Chanson	champ, ennui	
[ɑ̃ː]	Abonnement	champ	son an long
[au̯]	Auge, Baum		se prononce comme ao
[b]	Baby	bateau, rabat	
[ç]	ich, nicht		se prononce avec les lèvres tirées en arrière, à ne pas confondre avec le son ʃ.
[d]	Dame, Nudel	dalle, ronde	
[dʒ]	Gin	gin, jeans	
[e]	Emaille	pays, prénom	
[eː]	edel	année	son é long
[ɛ]	Essen, Hotel	bec, pelle	
[ɛː]	Mädchen, Läden	air, mer	
[ə]	bitte, gehen	le, je	
[ɛ̃]	pointiert	limbe, main	
[ɛ̃ː]	Pointe	pointe, pointure	son oin long
[f]	Fantasie, vier	fort, physique	
[g]	gut, Morgen	garder, épilogue	

	allemand	français	commentaires
[h]	Hobby, Haus		« h aspiré »
[iː]	Liebe, Wiedersehen	firme, île	
[ɪ]	Kind, bitte		son i fermé
[j]	Jahr, ja	yaourt, yoga	
[k]	Kartoffel	coq, quatre, képi	
[k͜s]	Achse, wechseln	annexe	
[l]	Liebe, Flug	lit, halle	
[l̩]	Ampel, mittel	ample, triple	
[m]	Material, Mittag	mât, drame	
[n]	November, unfair	nager, trône	
[n̩]	Lippen, kaufen	pneu	
[ŋ]	singen, lang	parking, camping	
[o]	Melodie	potage	
[oː]	Mond, Franzose	drôle, aube	
[o̯]	loyal	poids, moyen	
[ɔ]	Koch, Post	poche, roc, sol	
[ɔ̃]	Chanson, Jeton	ongle, mon	
[ɔ͜y]	heute, Deutsch	oïl, oyez	
[ø]	Ökologie	aveu, jeu	
[øː]	Lösung, böse	creuser	
[œ]	Köchin	peuple, œuf	
[p]	Pony, Appetit	prendre, grippe	
[p͜f]	Apfel		se prononce en liant le f après le p

	allemand	français	commentaires
[r]	rot, Reise	raisin, régime	
[s]	Tschüss, Haus, Größe	cela, savant	
[ʃ]	Schule, schön	charrue, chic	
[t]	Teller, Volt	temps, théâtre	
[t͜s]	Tradition, Platz, Zimmer	tsunami, tsigane	
[t͜ʃ]	deutsch, klatschen	tchèque, tchador	
[u]	Kuvert	outil, bouc	
[uː]	Kuh	partout	son ou long
[ʊ]	Zucker, Bus		son ou court
[v]	Wagen, Vase	voir, rive, wagon	
[w]	Hardware	oui, huit	
[x]	machen, Koch		son formé au fond de la gorge, comme dans « âcre » ou « ocre »
[y]	Büchse, System Nuance	usage, duc	les mots d'origine étrangères se prononcent au plus près de la langue d'origine (u de Nuance)
[yː]	Süden	dur, pur	
[z]	Sauce, Sonne	fraise, zéro	
[ʒ]	Etage	jabot, rouge	
[']			Indique un accent primaire sur la syllabe qui suit.

Intonation
L'accentuation de tous les libellés allemands est indiquée par un point dans le cas d'une voyelle courte (Berg p.ex.) ou par un trait dans le cas d'une voyelle longue (Magen, p.ex.).

Betonung
Die Betonung der deutschen Stichwörter wird mit einem Punkt für einen kurzen betonten Vokal (z. B. Berg und mit einem Strich für einen langen betonten Vokal (z. B. Magen) angegeben.

Orthographe
Cet ouvrage prend en compte les règles de la nouvelle orthographe de l'allemand.

Rechtschreibung
Dieses Wörterbuch berücksichtigt die Regeln der neuen deutschen Rechtschreibung.

Noms de marque
Les noms de marque sont désignés dans ce dictionnaire par le symbole ®. Néanmoins, ni ce symbole, ni son absence, ne sont représentatifs du statut légal de la marque.

Warenzeichen
Als Warenzeichen geschützte Wörter sind in diesem Wörterbuch durch das Zeichen ® gekennzeichnet. Die Markierung mit diesem Symbol oder sein Fehlen hat keinen Einfluss auf die Rechtskräftigkeit eines Warenzeichens.

Français-Allemand

Französisch-Deutsch

A a

a [a] 3ᵉ pers. du sg. de l'ind. prés. → **avoir**.

A (*abr de* autoroute) A *(Autobahn)*.

à [a] ◆ **prép 1.** [introduit un complément d'objet indirect] : **penser à qqch** an etw *(A)* denken ▸ **donner qqch à qqn** jm etw geben **2.** [indique le lieu où l'on est] : **j'habite à Paris** ich wohne in Paris ▸ **rester à la maison** zu Hause bleiben ▸ **il y a une piscine à deux kilomètres du village** zwei Kilometer vom Dorf entfernt gibt es ein Schwimmbad **3.** [indique le lieu où l'on va] : **il est parti à la pêche** er ist angeln gegangen ▸ **aller à Paris** nach Paris fahren ▸ **aller à la campagne** aufs Land fahren **4.** [introduit un complément de temps] : **à la tombée de la nuit** bei Einbruch der Dunkelheit ▸ **la représentation commence à 21 h 30** die Vorstellung beginnt um 21 Uhr 30 ▸ **au mois d'août** im August ▸ **le musée est à cinq minutes d'ici** das Museum ist fünf Minuten entfernt ▸ **à jeudi !** bis Donnerstag! **5.** [indique la manière, le moyen] : **à deux** zu zweit ▸ **à pied** zu Fuß ▸ **écrire au crayon** mit Bleistift schreiben ▸ **à la française** französisch **6.** [indique l'appartenance] : **cet argent est à moi /à lui /à Isabelle** das Geld gehört mir /ihm /Isabelle ▸ **une amie à moi** eine Freundin von mir **7.** [indique un prix] zu **8.** [indique une caractéristique] : **l'homme aux lunettes de soleil** der Mann mit der Sonnenbrille ▸ **un bateau à vapeur** ein Dampfschiff **9.** [indique un rapport] : **être payé à l'heure /à la semaine /à la pièce** pro Stunde /Woche /Stück bezahlt werden ▸ **100 km à l'heure** 100 Stundenkilometer **10.** [indique le but] : **maison à vendre** Haus zu verkaufen ▸ **le travail à faire** die Arbeit, die gemacht werden muss.

AB (*abr de* assez bien) ≃ befriedigend.

abaisser [4] [abese] **vt** [manette] herunter◦drücken.

abandon [abɑ̃dɔ̃] **nm** Aufgabe *die* ▸ **à l'abandon** vernachlässigt ▸ **laisser qqch à l'abandon** etw verkommen lassen.

abandonné, e [abɑ̃dɔne] **adj 1.** [maison, village] verlassen **2.** [enfant, chien] verwahrlost.

abandonner [3] [abɑ̃dɔne] ◆ **vt 1.** [enfant, chien] aus◦setzen **2.** [recherches, compétition] auf◦geben. ◆ **vi** auf◦geben.

abat-jour [abaʒuʀ] **nm inv** Lampenschirm *der*.

abats [aba] **nmpl** Innereien *pl*.

abattoir [abatwaʀ] **nm** : **les abattoirs** der Schlachthof.

abattre [83] [abatʀ] **vt 1.** [arbre] fällen **2.** [mur] ab◦reißen **3.** [tuer] nieder◦strecken **4.** [décourager] entmutigen.

abattu, e [abaty] **adj** [découragé] niedergeschlagen.

abbaye [abei] **nf** Abtei *die*.

abcès [apsɛ] **nm** Geschwür *das*.

abdiquer [3] [abdike] **vi 1.** [roi] ab◦danken **2.** [abandonner] auf◦geben.

abdominal, e, aux [abdɔminal, o] **adj** Bauch-, Unterleibs-. ◆ **abdominaux nmpl 1.** [muscles] Bauchmuskeln *pl* **2.** [exercices] Bauchmuskeltraining *das* ▸ **faire des abdominaux** Bauchmuskeltraining machen.

abeille [abɛj] **nf** Biene *die*.

aberrant, e [abɛʀɑ̃, ɑ̃t] **adj** abwegig.

Abidjan [abidʒɑ̃] **n** Abidjan *nt*.

abîmé, e [abime] **pp** beschädigt.

abîmer [3] [abime] **vt** beschädigen. ◆ **s'abîmer vp 1.** [se détériorer] Schaden nehmen **2.** [nourriture] verderben ▸ **s'abîmer les yeux** sich *(D)* die Augen verderben.

aboiements [abwamɑ̃] **nmpl** Gebell *das*.

abolir [32] [abɔliʀ] **vt** ab°schaffen.

abominable [abɔminabl] **adj 1.** [temps] scheußlich **2.** [crime] abscheulich.

abondance [abɔ̃dɑ̃s] **nf 1.** [profusion] Reichhaltigkeit *die* **2.** [opulence] Überfluss *der*, Wohlstand *der*.

abondant, e [abɔ̃dɑ̃, ɑ̃t] **adj 1.** [nourriture] reichlich **2.** [pluie] ergiebig.

abonné, e [abɔne] ◆ **nm, f** Abonnent *der*, -in *die*. ◆ **adj** : **être abonné à un journal** eine Zeitschrift abonniert haben.

abonnement [abɔnmɑ̃] **nm 1.** Abonnement *das* **2.** [de métro] Dauerkarte *die*.

abonner [3] [abɔne] ◆ **s'abonner à vp + prép** : **s'abonner à un journal** eine Zeitung abonnieren.

abord [abɔʀ] ◆ **d'abord adv 1.** [avant] zuerst **2.** [premièrement] zunächst einmal. ◆ **abords nmpl** Umgebung *die* ▸ **aux abords de Paris** in der Umgebung von Paris.

abordable [abɔʀdabl] **adj** erschwinglich.

aborder [3] [abɔʀde] ◆ **vt 1.** [personne] an°sprechen **2.** [sujet] an°schneiden. ◆ **vi** NAUT zusammen°stoßen.

Abou Dhabi [abudabi] **n** Abu Dhabi *nt*.

aboutir [32] [abutiʀ] **vi** [réussir] gelingen ▸ **aboutir à** führen zu.

aboyer [13] [abwaje] **vi** bellen.

abrégé [abʀeʒe] **nm** Kurzfassung *die* ▸ **en abrégé** kurz gesagt.

abréger [22] [abʀeʒe] **vt 1.** [discours, chemin] ab°kürzen **2.** [texte] kürzen ▸ **abrège !** *fam* fass dich kurz!

abreuvoir [abʀœvwaʀ] **nm** Tränke *die*.

abréviation [abʀevjasjɔ̃] **nf** Abkürzung *die*.

abri [abʀi] **nm** [de bus] Wartehäuschen *das* ▸ **à l'abri (de)** geschützt (vor *(+ D)*).

abricot [abʀiko] **nm** Aprikose *die*.

abrité, e [abʀite] **adj** windgeschützt.

abriter [3] [abʀite] ◆ **s'abriter (de) vp + prép** sich in Sicherheit bringen (vor *(+ D)*).

abrupt, e [abʀypt] **adj** [escarpé] steil.

abruti, e [abʀyti] ◆ **adj 1.** *fam* [bête] blöd **2.** [assommé] benommen. ◆ **nm, f** *fam* Dummkopf *der*.

abrutissant, e [abʀytisɑ̃, ɑ̃t] **adj** [abêtissant] stumpfsinnig.

ABS (*abr de* **Antiblockiersystem**) **nm** ABS *das* ▸ **système de freinage ABS** Bremssystem mit ABS.

absence [apsɑ̃s] **nf 1.** Abwesenheit *die* **2.** SCOL Fehlen *das* ▸ **en l'absence de qqn** in js Abwesenheit.

absent, e [apsɑ̃, ɑ̃t] ◆ **adj** [personne] abwesend. ◆ **nm, f** Abwesende *der, die*.

absenter [3] [apsɑ̃te] ◆ **s'absenter vp** weg°gehen.

absolu, e [apsɔly] **adj** [total] absolut.

absolument [apsɔlymɑ̃] **adv 1.** [à tout prix] unbedingt **2.** [tout à fait] absolut ▸ **oui absolument** ja, ganz recht.

absorbant, e [apsɔʀbɑ̃, ɑ̃t] **adj** saugfähig.

absorber [3] [apsɔʀbe] **vt 1.** [liquide] auf°saugen **2.** [lumière] schlucken **3.** [nourriture] auf°nehmen.

abstenir [40] [apstəniʀ] ◆ **s'abstenir vp** [de voter] sich (der Stimme) enthalten ▸ **s'abstenir de faire qqch** es unterlassen, etw zu tun.

abstention [apstɑ̃sjɔ̃] **nf** (Stimm)enthaltung *die*.

abstenu, e [apstəny] **pp** → **abstenir**.

abstrait, e [apstʀɛ, ɛt] **adj** abstrakt.

absurde [apsyʀd] **adj** absurd.

abus [aby] **nm** übermäßiger Genuss ▸ **'attention à l'abus d'alcool'** 'Vorsicht, nicht so viel Alkohol trinken!'.

abuser [3] [abyze] **vi** zu weit gehen ▸ **abuser de** a) [boisson] zu viel trinken b) [force, autorité] missbrauchen.

abusif, ive [abyzif, iv] **adj** übertrieben, übermäßig.

académie [akademi] **nf** [zone administrative] *Schulverwaltungsbezirk in Frankreich* ▸ **l'Académie française** *französische Sprach- und Literaturakademie.*

acajou [akaʒu] **nm** Mahagoni *das*.

accabler [3] [akable] **vt** [surcharger] : **accabler qqn de qqch** a) [travail] jn mit etw überlasten b) [injures, reproches] jn mit etw überhäufen.

accalmie [akalmi] **nf 1.** [climatique] Windstille *die* **2.** [d'activité] Flaute *die*.

accéder [18] [aksede] ◆ **accéder à v + prép** [lieu] erreichen.

accélérateur [akseleʀatœʀ] **nm** Gaspedal *das*.

accélération [akseleʀasjɔ̃] **nf** Beschleunigung *die*.

accélérer [18] [akseleʀe] **vi 1. AUTO** beschleunigen **2.** [se dépêcher] einen Zahn zu°legen.

accent [aksɑ̃] **nm 1.** [intonation] Betonung *die* **2.** [signe graphique] Akzent *der* ▸ **mettre l'accent sur** den Schwerpunkt legen auf *(+ A)* ▸ **accent aigu** Accent aigu *der* ▸ **accent circonflexe** Accent circonflexe *der* ▸ **accent grave** Accent grave *der*.

accentué, e [aksɑ̃tɥe] **adj 1.** [son, syllabe] betont **2.** [traits, défaut] auffallend ▸ **voyelle non accentuée** unbetonter Vokal.

accentuer [7] [aksɑ̃tɥe] **vt** [mot] betonen. ◆ **s'accentuer vp** (an Intensität) zu°nehmen.

acceptable [aksɛptabl] **adj** annehmbar.

accepter [4] [aksɛpte] **vt 1.** [cadeau, proposition] an°nehmen **2.** [supporter] dulden **3.** [admettre] akzeptieren **4.** [accueillir] auf°nehmen ▸ **accepter de faire qqch** sich bereit erklären, etw zu tun.

accès [aksɛ] **nm 1.** [entrée & **INFORM**] Zugang *der* **2.** [suj : crise] Anfall *der* ▸ **donner accès à** [suj : ticket] gelten für ▸ **'accès interdit'** 'Zutritt verboten' ▸ **'accès aux trains'** 'zu den Zügen'.

accessible [aksesibl] **adj 1.** [lieu] zugänglich **2.** [livre] leicht verständlich.

accessoire [akseswaʀ] **nm 1.** [bijou, écharpe] Accessoire *das* **2.** [outil] Zubehörteil *das* ▸ **accessoires de beauté** Schönheitsaccessoires ▸ **accessoires pour cheveux** Haarzubehör *das*.

accident [aksidɑ̃] **nm** Unfall *der* ▸ **accident de la route** Verkehrsunfall ▸ **accident du travail** Arbeitsunfall ▸ **accident de voiture** Autounfall.

accidenté, e [aksidɑ̃te] **adj 1.** [voiture] Unfall- **2.** [terrain] uneben.

accidentel, elle [aksidɑ̃tɛl] **adj 1.** [mort] unfallbedingt **2.** [rencontre, découverte] zufällig.

acclamer [3] [aklame] **vt** : **acclamer qqn** jm zu◦jubeln.

accompagnateur, trice [akɔ̃paɲatœʀ, tʀis] **nm, f 1.** [de voyages] Begleiter *der*, -in *die* **2.** MUS Begleitmusiker *der*, -in *die*.

accompagnement [akɔ̃paɲmɑ̃] **nm** MUS Begleitung *die*.

accompagner [3] [akɔ̃paɲe] **vt** begleiten.

accomplir [32] [akɔ̃pliʀ] **vt** erfüllen.

accord [akɔʀ] **nm 1.** [consentement] Einverständnis *das* **2.** [pacte] Abkommen *das* **3.** MUS Akkord *der* **4.** GRAMM Übereinstimmung *die* ▸ **d'accord !** einverstanden! ▸ **se mettre d'accord** sich einigen ▸ **être d'accord avec** einverstanden sein mit ▸ **être d'accord pour faire qqch** damit einverstanden sein, etw zu tun.

accordéon [akɔʀdeɔ̃] **nm** Akkordeon *das*.

accorder [3] [akɔʀde] **vt** MUS stimmen ▸ **accorder qqch à qqn** jm etw zu◦gestehen. ◆ **s'accorder vp 1.** [s'entendre] sich einigen **2.** GRAMM aufeinander abgestimmt werden ▸ **bien s'accorder** [couleurs, vêtements] gut zusammen◦passen.

accoster [3] [akɔste] ◆ **vt** [personne] an◦sprechen. ◆ **vi** NAUT an◦legen.

accotement [akɔtmɑ̃] **nm** Seitenstreifen *der* ▸ **'accotements non stabilisés'** 'Seitenstreifen nicht befahrbar'.

accouchement [akuʃmɑ̃] **nm** Entbindung *die*.

accoucher [3] [akuʃe] **vi** entbinden ▸ **accoucher de jumeaux** Zwillinge zur Welt bringen.

accouder [3] [akude] ◆ **s'accouder vp** sich mit den Ellbogen auf◦stützen ▸ **s'accouder au comptoir / à la fenêtre** sich mit den Ellbogen auf der Theke / dem Fenster aufstützen.

accoudoir [akudwaʀ] **nm** Armlehne *die*.

accourir [45] [akuʀiʀ] **vi** herbei◦-laufen.

accouru, e [akuʀy] **pp** → **accourir**.

accoutumance [akutymɑ̃s] **nf** MÉD Abhängigkeit *die*.

accoutumer [3] [akutyme] ◆ **s'accoutumer à vp + prép** sich gewöhnen an *(+ A)*.

Accra [akʀa] **n** Accra *nt*.

accro [akʀo] *fam* ◆ **adj** süchtig. ◆ **nmf** Süchtige *der, die* ▸ **c'est un accro du football** er ist ein Fußballfreak ▸ **être accro à qqch** a) [drogue] nach etw süchtig sein b) *fig* verrückt nach etw sein.

Accrobranche® [akʀobʀɑ̃ʃ] **nm** Baumklettern *das* ▸ **parcours Accrobranche** Seilgarten *der*.

accroc [akʀo] **nm** Riss *der*.

accrochage [akʀɔʃaʒ] **nm 1.** [accident] leichter Unfall **2.** *fam* [dispute] (kleine) Auseinandersetzung.

accrocher [3] [akʀɔʃe] **vt 1.** [suspendre] auf◦hängen **2.** [heurter] streifen ▸ **accrocher qqch (à qqch)** mit etw (an etw *(D)*) hängen bleiben. ◆ **s'accrocher vp** *fam* [persévérer] sich ins Zeug legen ▸ **s'accrocher à** [se tenir à] sich klammern an *(+ A)*.

accroissement [akʀwasmɑ̃] **nm** Anwachsen *das*, Vermehrung *die*.

accroître [94] [akʀwatʀ] **vt** vermehren. ◆ **s'accroître vp** zu◦nehmen.

accroupir [32] [akrupir] ◆ **s'accroupir** **vp** in die Hocke gehen.

accru, e [akry] **pp** → **accroître**.

accueil [akœj] **nm 1.** [bienvenue] Begrüßung *die* **2.** [bureau] Empfangsraum *der* ▸ **s'adresser à l'accueil** sich am Empfang melden.

accueillant, e [akœjɑ̃, ɑ̃t] **adj** gastfreundlich.

accueillir [41] [akœjir] **vt 1.** [personne] begrüßen **2.** [nouvelle] auf∘nehmen.

accumuler [3] [akymyle] **vt** an∘sammeln. ◆ **s'accumuler vp** sich an∘sammeln.

accusation [akyzasjɔ̃] **nf** Anklage *die*.

accusé, e [akyze] ◆ **nm, f** Angeklagte *der, die*. ◆ **nm : accusé de réception** Empfangsbestätigung *die*.

accuser [3] [akyze] **vt** an∘klagen ▸ **accuser qqn de qqch** jn einer Sache *(G)* an∘klagen ▸ **accuser qqn de faire qqch** jm vorwerfen, etw zu tun.

acharnement [aʃarnəmɑ̃] **nm** Hartnäckigkeit *die* ▸ **avec acharnement** hartnäckig.

acharner [3] [aʃarne] ◆ **s'acharner vp : s'acharner à faire qqch** sich hartnäckig bemühen, etw zu tun ▸ **s'acharner sur** sich ab∘mühen mit.

achat [aʃa] **nm** Kauf *der* ▸ **faire des achats** Einkäufe erledigen.

acheter [28] [aʃte] **vt** kaufen ▸ **acheter qqch à qqn** jm etw kaufen.

acheteur, euse [aʃtœr, øz] **nm, f** Käufer *der*, -in *die*.

achever [19] [aʃve] **vt 1.** [terminer] zu Ende bringen **2.** [tuer] von seinem Leiden erlösen. ◆ **s'achever vp** zu Ende gehen ▸ **les travaux s'achèvent cette semaine** die Arbeiten werden diese Woche beendet.

acide [asid] ◆ **adj 1.** [aigre] sauer **2.** [corrosif] beißend. ◆ **nm** Säure *die*.

acidulé [asidyle] **adj m** → **bonbon**.

acier [asje] **nm** Stahl *der* ▸ **acier inoxydable** rostfreier Stahl.

acné [akne] **nf** Akne *die*.

acompte [akɔ̃t] **nm** Anzahlung *die*.

à-coup [aku] (*pl* **à-coups**) **nm** Ruck *der* ▸ **par à-coups** ruckartig.

acoustique [akustik] **nf** [d'une salle] Akustik *die*.

acquérir [39] [akerir] **vt 1.** [acheter] erwerben **2.** [expérience] sammeln **3.** [réputation] sich *(D)* verschaffen.

acquis, e [aki, iz] **pp** → **acquérir**.

acquisition [akizisjɔ̃] **nf** Anschaffung *die* ▸ **faire l'acquisition de** (käuflich) erwerben.

acquitter [3] [akite] **vt** DR frei∘sprechen.

acra [akra] **nm : acra (de morue)** *mit Kabeljau zubereitete Fischbulette (kreolische Spezialität)*.

âcre [akr] **adj 1.** [odeur] beißend **2.** [goût] bitter.

acrobate [akrɔbat] **nmf** Akrobat *der*, -in *die*.

acrobatie [akrɔbasi] **nf** Kunststück *das*.

acrylique [akrilik] **nm** Acryl *das*.

acte [akt] **nm 1.** [action] Handlung *die* **2.** [document] Urkunde *die* **3.** [d'une pièce de théâtre] Akt *der* ▸ **acte de naissance** Geburtsurkunde.

acteur, trice [aktœr, tris] **nm, f** Schauspieler *der*, -in *die*.

actif, ive [aktif, iv] **adj 1.** aktiv **2.** [efficace] wirksam.

action [aksjɔ̃] **nf 1.** [acte] Handlung *die* **2.** [effet] Wirkung *die* **3.** FIN Aktie *die*.

actionnaire [aksjɔnɛʀ] **nmf** Aktionär *der*, -in *die*.
actionner [3] [aksjɔne] **vt** betätigen.
active [aktiv] **adj f** → **actif**.
activé, e [aktive] **pp** aktiviert.
activer [3] [aktive] **vt 1.** [feu] schüren **2.** INFORM aktivieren. ◆ **s'activer vp** [se dépêcher] sich beeilen.
activité [aktivite] **nf 1.** [énergie] Aktivität *die* **2.** [occupation] Beschäftigung *die* ▸ **activité physique / sportive** körperliche / sportliche Betätigung ▸ **activité professionnelle** berufliche Tätigkeit ▸ **en activité** [machine] in Betrieb.
actrice [aktʀis] **nf** → **acteur**.
actu [akty] (*abr de* actualité) **nf** : **l'actu** Nachrichten *pl*.
actualité [aktɥalite] **nf** : **l'actualité** das (aktuelle) Geschehen ▸ **d'actualité** aktuell. ◆ **actualités nfpl** Nachrichten *pl*.
actuel, elle [aktɥɛl] **adj** aktuell.
actuellement [aktɥɛlmɑ̃] **adv** zurzeit.
acupuncture, acuponcture [akypɔ̃ktyʀ] **nf** Akupunktur *die*.
adaptateur [adaptatœʀ] **nm** [pour prise de courant] Adapter *der*.
adaptation [adaptasjɔ̃] **nf 1.** [acclimatation] Anpassung *die* **2.** [pour le cinéma, la télévision] Bearbeitung *die*.
adapter [3] [adapte] **vt** [pour le cinéma, la télévision] bearbeiten ▸ **adapter qqch à** [ajuster] etw an◦passen an *(+ A)*. ◆ **s'adapter vp** sich an◦passen ▸ **s'adapter à** sich an◦passen an *(+ A)*.
addiction [adiksjɔ̃] **nf** Sucht *die*.
Addis-Abeba [adisabeba] **n** Addis Abeba *nt*.
additif [aditif] **nm** Zusatzstoff *der* ▸ **'sans additif'** 'ohne Zusatzstoffe'.
addition [adisjɔ̃] **nf 1.** [calcul] Addition *die* **2.** [note] Rechnung *die* ▸ **faire une addition** addieren ▸ **payer l'addition** die Rechnung bezahlen ▸ **l'addition, s'il vous plaît !** zahlen, bitte!
additionner [3] [adisjɔne] **vt 1.** [ajouter] : **additionner à** hinzu◦fügen zu **2.** [calculer] addieren.
adepte [adɛpt] **nmf** Anhänger *der*, -in *die* ▸ **je suis un adepte du rock / du ski** ich bin Rockfan / Skifahrer.
adéquat, e [adekwa, at] **adj** angemessen.
adhérent, e [adeʀɑ̃, ɑ̃t] **nm, f** Mitglied *das*.
adhérer [18] [adeʀe] **vi** : **adhérer à** a) [coller] haften an *(+ D)* b) [participer] angehören *(+ D)*.
adhésif, ive [adezif, iv] **adj 1.** [ruban] Klebe- **2.** [pansement] Heft-.
adieu [adjø] (*pl* -x) **nm** Abschied *der* ▸ **adieu !** leb wohl!, leben Sie wohl!
adjectif [adʒɛktif] **nm** Adjektiv *das*.
adjoint [adʒwɛ̃] **nmf** *(aussi :* **adjointe** *nf)* Stellvertreter *der*, -in *die*.
admettre [84] [admɛtʀ] **vt 1.** [reconnaître] ein◦räumen **2.** [tolérer] zu◦lassen **3.** [à l'école, laisser entrer] auf◦nehmen ▸ **être admis (à un examen)** (ein Examen) bestanden haben.
administratif, ve [administʀatif, iv] **adj** behördlich.
administration [administʀasjɔ̃] **nf** [gestion] Verwaltung *die* ▸ **l'Administration** die Verwaltung, die Behörden.
administrer [3] [administʀe] **vt** [gérer] verwalten.
admirable [admiʀabl] **adj** bewundernswert.
admirateur, trice [admiʀatœʀ, tʀis] **nm, f** Bewunderer *der*, -in *die*.

admiration [admiʀasjɔ̃] **nf** Bewunderung *die*.

admirer [3] [admiʀe] **vt** bewundern.

admis, e [admi, iz] **pp** → **admettre**.

admissible [admisibl] **adj** SCOL (zur mündlichen Prüfung) zugelassen.

ADN (*abr de* acide désoxyribonucléique) **nm** DNS *die (Desoxyribonukleinsäure)*, DNA *die (desoxyribonucleid acid)*.

adolescence [adɔlesɑ̃s] **nf** Jugend *die*.

adolescent, e [adɔlesɑ̃, ɑ̃t] **nm, f** Jugendliche *der, die*.

adopter [3] [adɔpte] **vt 1.** [enfant] adoptieren **2.** [méthode, attitude] über°nehmen.

adoptif, ive [adɔptif, iv] **adj** Adoptiv-.

adoption [adɔpsjɔ̃] **nf** [d'un enfant] Adoption *die*.

adorable [adɔʀabl] **adj** entzückend.

adorer [3] [adɔʀe] **vt 1.** [personne] sehr gern mögen **2.** [chose] lieben ▸ **j'adore le chocolat** ich liebe Schokolade.

adosser [3] [adose] ◆ **s'adosser vp** : **s'adosser à** ou **contre** sich lehnen an ou gegen *(+ A)*.

adoucir [32] [adusiʀ] **vt 1.** [linge, traits] weich machen **2.** [caractère] mildern.

adresse [adʀɛs] **nf 1.** [domicile] Anschrift *die* **2.** [habileté] Geschick *das* ▸ **adresse électronique** INFORM E-Mail-Adresse *die* ▸ **adresse IP** IP-Adresse *die (Internetprotokoll-Adresse)*.

adresser [4] [adʀese] **vt 1.** [enveloppe] über°senden **2.** [remarque] richten. ◆ **s'adresser à vp + prép 1.** [parler à] sich wenden an *(+ A)* **2.** [concerner] an°gehen.

Adriatique [adʀijatik] **nf** : **l'Adriatique** die Adria.

adroit, e [adʀwa, at] **adj** geschickt.

ADSL (*abr de* asymmetric digital subscriber line) **nm** ADSL.

adulte [adylt] **nmf** Erwachsene *der, die*.

adverbe [advɛʀb] **nm** Adverb *das*.

adversaire [advɛʀsɛʀ] **nmf** Gegner *der*, -in *die*.

adverse [advɛʀs] **adj** gegnerisch ▸ **dans le camp adverse** im feindlichen Lager ▸ **la partie adverse** die Gegenpartei.

aération [aeʀasjɔ̃] **nf** (Be)lüftung *die*.

aérer [18] [aeʀe] **vt 1.** [pièce] (be)lüften **2.** [chose] aus°lüften.

aérien, enne [aeʀjɛ̃, ɛn] **adj** [transport, base] Luft-.

aérobic [aeʀɔbik] **nm** Aerobic *das*.

aéro-club [aeʀɔklœb] (*pl* **aéro-clubs**) **nm** Aeroklub *der*.

aérodrome [aeʀɔdʀom] **nm** Flugplatz *der*.

aérodynamique [aeʀɔdinamik] **adj** aerodynamisch.

aérogare [aeʀɔgaʀ] **nf** Terminal *der ODER das*.

aéroglisseur [aeʀɔglisœʀ] **nm** Luftkissenboot *das*.

aérophagie [aeʀɔfaʒi] **nf** Luftschlucken *das*.

aéroport [aeʀɔpɔʀ] **nm** Flughafen *der*.

aérosol [aeʀɔsɔl] **nm** Sprühdose *die*.

affaiblir [32] [afebliʀ] **vt 1.** [rendre faible] schwächen **2.** [diminuer] ab°schwächen. ◆ **s'affaiblir vp** schwächer werden.

affaire [afɛʀ] **nf 1.** [entreprise, marché] Geschäft *das* **2.** [question] Angelegenheit *die* **3.** [scandale] Affäre *die* ▸ **avoir affaire à qqn** es mit jm zu tun haben ▸ **faire l'affaire** genau der / die / das Richtige sein. ◆ **affaires nfpl** [objets] Sachen *pl* ▸ **occupe-toi de tes**

affaires kümmere dich um deine Angelegenheiten.

affaisser [4] [afɛse] ◆ **s'affaisser vp 1.** [personne] zusammen◦brechen **2.** [sol] nach◦geben.

affamé, e [afame] **adj** ausgehungert.

affecter [4] [afɛkte] **vt 1.** [toucher] erschüttern **2.** [destiner] zu◦weisen.

affectif, ive [afɛktif, iv] **adj** affektiv, Gefühls-.

affection [afɛksjɔ̃] **nf** [sentiment] Zuneigung *die*.

affectueusement [afɛktɥøzmɑ̃] **adv 1.** zärtlich **2.** [dans une lettre] ≃ liebe Grüße.

affectueux, euse [afɛktɥø, øz] **adj** liebevoll.

affichage [afiʃaʒ] **nm** INFORM Ansicht *die* ▸ **'affichage interdit'** 'Ankleben verboten' ▸ **affichage (numérique)** Anzeige *die*.

affiche [afiʃ] **nf** Plakat *das*.

afficher [3] [afiʃe] **vt 1.** [placarder] (auf einem Plakat) an◦kündigen **2.** INFORM an◦zeigen.

affilée [afile] ◆ **d'affilée adv** hintereinander.

affilier [9] [afilje] ◆ **s'affilier vp** *(emploi réfléchi)* : **s'affilier à qqch** einer Sache bei◦treten.

affirmatif, ive [afiʀmatif, iv] **adj 1.** [positif] bejahend, bestätigend **2.** [certain] sicher, bestimmt ▸ **répondre par l'affirmative** zu◦sagen.

affirmation [afiʀmasjɔ̃] **nf** Behauptung *die*.

affirmer [3] [afiʀme] **vt** behaupten. ◆ **s'affirmer vp** [personnalité, talent] stärker hervor◦treten.

affluence [aflyɑ̃s] **nf** Andrang *der* ▸ **aux heures d'affluence** zu Stoßzeiten.

affluent [aflyɑ̃] **nm** Nebenfluss *der*.

affolement [afɔlmɑ̃] **nm** Unruhe *die*.

affoler [3] [afɔle] **vt** in Unruhe versetzen. ◆ **s'affoler vp** sich verrückt machen.

affranchir [32] [afʀɑ̃ʃiʀ] **vt** [timbrer] frankieren.

affranchissement [afʀɑ̃ʃismɑ̃] **nm** [timbre] Frankieren *das*.

affreusement [afʀøzmɑ̃] **adv** [extrêmement] schrecklich.

affreux, euse [afʀø, øz] **adj 1.** [laid] scheußlich **2.** [terrible] schrecklich.

affrontement [afʀɔ̃tmɑ̃] **nm** Auseinandersetzung *die*.

affronter [3] [afʀɔ̃te] **vt** : **affronter un ennemi / un danger** sich einem Feind / einer Gefahr stellen ▸ **affronter qqn** gegen jn an◦treten. ◆ **s'affronter vp 1.** [se combattre] in Konflikt geraten **2.** SPORT gegeneinander an◦treten.

affût [afy] **nm** : **être à l'affût de qqch** auf etw *(A)* lauern.

affûter [3] [afyte] **vt** schleifen.

Afghanistan [afganistɑ̃] **nm** : **l'Afghanistan** Afghanistan *nt*.

afin [afɛ̃] ◆ **afin de prép** um zu. ◆ **afin que conj** damit.

africain, e [afʀikɛ̃, ɛn] **adj** afrikanisch. ◆ **Africain, e nm, f** Afrikaner *der*, -in *die*.

Afrique [afʀik] **nf** : **l'Afrique** Afrika *nt* ▸ **l'Afrique du Sud** Südafrika *nt*.

agaçant, e [agasɑ̃, ɑ̃t] **adj** ärgerlich.

agacer [16] [agase] **vt** ärgern.

âge [aʒ] **nm** Alter *das* ▸ **quel âge as-tu ?** wie alt bist du? ▸ **une personne d'un certain âge** eine nicht mehr ganz junge Person.

âgé, e [aʒe] **adj** alt ▸ **âgé de deux ans** zwei Jahre alt.

agence [aʒɑ̃s] **nf** Geschäftsstelle ***die*** ▸ **agence de voyages** Reisebüro ***das*** ▸ **agence immobilière** Maklerbüro ***das***.

agenda [aʒɛ̃da] **nm** Terminkalender ***der*** ▸ **agenda électronique** Organizer ***der***.

agenouiller [3] [aʒnuje] ◆ **s'agenouiller vp** sich hin∘knien.

agent [aʒɑ̃] **nmf** *(aussi : agente nf)* : **agent (de police)** Polizeibeamte ***der***, -in ***die*** ▸ **agent de change** Börsenmakler ***der***, -in ***die*** ▸ **agent immobilier** Immbobilienmakler ***der***, -in ***die***.

agglomération [aglɔmeʀasjɔ̃] **nf 1.** [de maisons] Siedlung ***die*** **2.** [grande ville] Ballungsgebiet ***das*** ▸ **l'agglomération parisienne** der Pariser Raum.

aggraver [3] [agʀave] **vt** verschlimmern. ◆ **s'aggraver vp** sich verschlechtern.

agilité [aʒilite] **nf** Wendigkeit ***die***.

agir [32] [aʒiʀ] **vi 1.** handeln **2.** [avoir un effet] wirken. ◆ **s'agir v impers** : **il s'agit de qqn / qqch** es geht um jn /etw.

agitation [aʒitasjɔ̃] **nf** Unruhe ***die***.

agité, e [aʒite] **adj 1.** [personne, sommeil] unruhig **2.** [mer] stürmisch.

agiter [3] [aʒite] **vt** schütteln. ◆ **s'agiter vp 1.** [se trémousser] zappeln **2.** [s'affairer] geschäftig hin- und herlaufen.

agneau [aɲo] (*pl* **-x**) **nm 1.** [animal] Lamm ***das*** **2.** [viande] Lammfleisch ***das***.

agonie [agɔni] **nf** Sterben ***das*** ▸ **être à l'agonie** [personne] im Sterben liegen.

agrafe [agʀaf] **nf 1.** [de bureau] Büroklammer ***die*** **2.** [de vêtement] Häkchen ***das***.

agrafer [3] [agʀafe] **vt** zusammen∘heften.

agrafeuse [agʀaføz] **nf** Hefter ***der***.

agrandir [32] [agʀɑ̃diʀ] **vt** vergrößern ▸ **agrandir une maison** an∘bauen. ◆ **s'agrandir vp** [s'élargir] größer werden.

agrandissement [agʀɑ̃dismɑ̃] **nm** [photo] Vergrößerung ***die***.

agréable [agʀeabl] **adj** angenehm.

agréé, e [agʀee] **adj 1.** [appareil] zugelassen **2.** [concessionnaire] Vertrags-.

agrégation [agʀegasjɔ̃] **nf** *französische Staatsprüfung für das Lehramt an Gymnasien und Universitäten.*

agrès [agʀɛ] **nmpl** SPORT Turngeräte ***pl***.

agresser [4] [agʀese] **vt** an∘greifen.

agresseur [agʀɛsœʀ] **nm** Angreifer ***der***.

agressif, ive [agʀɛsif, iv] **adj** agressiv.

agression [agʀɛsjɔ̃] **nf** Angriff ***der***.

agricole [agʀikɔl] **adj** Landwirtschafts-.

agriculteur, trice [agʀikyltœʀ, tʀis] **nm, f** Landwirt ***der***, -in ***die***.

agriculture [agʀikyltyʀ] **nf** Landwirtschaft ***die***.

agripper [3] [agʀipe] **vt** ergreifen. ◆ **s'agripper à vp + prép** sich fest∘klammern an ***(+ D)***.

agrotourisme [agʀotuʀism] **nm** Agrotourismus ***der***.

agrumes [agʀym] **nmpl** Zitrusfrüchte ***pl***.

ahuri, e [ayʀi] **adj** verdutzt.

ahurissant, e [ayʀisɑ̃, ɑ̃t] **adj** verblüffend.

ai [ɛ] **1re pers. du sg. de l'ind. prés.** → **avoir**.

aide [ɛd] **nf** Hilfe ***die*** ▸ **appeler à l'aide** um Hilfe rufen ▸ **à l'aide !** (zu) Hilfe! ▸ **à l'aide de** mithilfe von.

aider [4] [ede] **vt** : **aider qqn à faire qqch** jm helfen, etw zu tun. ◆ **s'aider vp** [s'assister mutuellement] sich *(D)* gegenseitig helfen. ◆ **s'aider de vp + prép** : **s'aider de qqch** etw zu Hilfe nehmen.

aie [ɛ] **1re pers. du sg. du subj. prés.** & **2e pers. du sg. de l'impératif prés.** → **avoir**.

aïe [aj] **interj** au.

aigle [ɛgl] **nm** Adler *der*.

aigre [ɛgʀ] **adj 1.** [goût] sauer **2.** [remarque] bissig.

aigre-doux, douce [ɛgʀədu, dus] (*mpl* **aigres-doux**, *fpl* **aigres-douces**) **adj** [sauce, porc] süßsauer ▸ **porc à l'aigre-douce** Schweinefleisch süß-sauer.

aigri, e [egʀi] **adj** verbittert.

aigu, uë [egy] **adj 1.** [perçant] schrill **2.** [pointu] spitz **3.** [douleur] stechend **4.** → **accent**.

aiguille [egɥij] **nf 1.** [de couture, de seringue] Nadel *die* **2.** [de montre] Zeiger *der* ▸ **aiguille de pin** Tannennadel ▸ **aiguille à tricoter** Stricknadel.

aiguillette [egɥijɛt] **nf** : **aiguillettes de canard** Entenfilet *das*.

aiguiser [3] [egize] **vt** schleifen.

ail [aj] **nm** Knoblauch *der*.

aile [ɛl] **nf 1.** [d'avion] Tragfläche *die* **2.** [d'oiseau, de bâtiment] Flügel *der*.

ailier, ère [elje] **nm, f** Flügelstürmer *der*, -in *die* ▸ **ailier droit** Rechtsaußen *der*.

aille [aj] **1re et 3e pers. du sg. du subj. prés.** → **aller**.

ailleurs [ajœʀ] **adv** anderswo ▸ **d'ailleurs** übrigens.

aimable [ɛmabl] **adj** liebenswürdig.

aimant [ɛmɑ̃] **nm** Magnet *der*.

aimer [4] [eme] **vt 1.** [d'amour] lieben **2.** [apprécier] mögen ▸ **(bien) aimer faire qqch** etw gerne tun ▸ **j'aimerais faire qqch** ich würde gerne etw tun ▸ **bien aimer qqch** etw mögen ▸ **aimer mieux faire qqch** etw lieber tun.

aine [ɛn] **nf** Leiste *die*.

aîné, e [ene] ◆ **adj 1.** [frère, sœur] ältere(r, s) **2.** [fils, fille] älteste(r, s). ◆ **nm, f 1.** [frère, sœur] Ältere *der, die, das* **2.** [fils, fille] Älteste *der, die, das* ▸ **elle est mon aînée de deux ans** sie ist zwei Jahre älter als ich.

ainsi [ɛ̃si] **adv 1.** [de cette manière] so **2.** [par conséquent] daher ▸ **ainsi que** sowie ▸ **et ainsi de suite** und so weiter und so fort.

aïoli [ajɔli] **nm** Knoblauchmayonnaise *die*.

air [ɛʀ] **nm 1.** [atmosphère] Luft *die* **2.** [vent] Luftzug *der* **3.** [mélodie] Melodie *die* ▸ **avoir un drôle d'air** komisch aus°sehen ▸ **elle n'a pas l'air de vouloir** sie scheint nicht zu wollen ▸ **avoir l'air d'un clown** urkomisch aus°sehen ▸ **il a l'air de faire beau** es scheint schön zu sein ▸ **en l'air** hoch ▸ **ficher qqch en l'air** *fam* etw zunichte machen ▸ **prendre l'air** frische Luft schnappen ▸ **air conditionné** Klimaanlage *die*.

aire [ɛʀ] **nf** Platz *der* ▸ **aire de jeu** Spielplatz ▸ **aire de repos** Rastplatz ▸ **aire de stationnement** Parkplatz.

airelle [ɛʀɛl] **nf** Preiselbeere *die*.

aisance [ɛzɑ̃s] **nf 1.** [assurance] Leichtigkeit *die* **2.** [richesse] Wohlstand *der*.

aise [ɛz] **nf** : **être à l'aise** sich wohl fühlen ▸ **se mettre à l'aise** es sich *(D)* bequem machen ▸ **être mal à l'aise** sich unwohl fühlen.

aisé, e [eze] **adj** [riche] wohlhabend.

aisselle [ɛsɛl] **nf** Achselhöhle *die*.

Aix-la-Chapelle [ɛkslaʃapɛl] **n** Aachen *nt*.

ajouter [3] [aʒute] **vt** : **ajouter qqch à qqch** (einer Sache *(D)*) etw hinzu°fügen ▸ **ajouter que** hinzu°fügen, dass.

ajustable [aʒystabl] **adj** verstellbar.

ajuster [3] [aʒyste] **vt 1.** [adapter] an°passen **2.** [arranger] zurecht°rücken.

alarmant, e [alaʀmɑ̃, ɑ̃t] **adj** alarmierend.

alarme [alaʀm] **nf** Alarm *der* ▸ **donner l'alarme** Alarm geben.

alarmer [3] [alaʀme] **vt** beunruhigen. ◆ **s'alarmer vp** sich beunruhigen.

albanais, e [albanɛ, ɛz] **adj** albanisch. ◆ **albanais nm** [langue] Albanisch(e) (*das*). ◆ **Albanais, e nm, f** Albaner *der*, -in *die*.

Albanie [albani] **nf** : **l'Albanie** Albanien *nt*.

album [albɔm] **nm** Album *das* ▸ **album (de) photos** Fotoalbum.

alcool [alkɔl] **nm** Alkohol *der* ▸ **sans alcool** alkoholfrei ▸ **alcool à 90°** 90-prozentiger Alkohol ▸ **alcool à brûler** Brennspiritus *der*.

alcoolémie [alkɔlemi] **nf** Blutalkoholspiegel *der* ▸ **taux d'alcoolémie** Promille *pl*.

alcoolique [alkɔlik] **nmf** Alkoholiker *der*, -in *die*.

alcoolisé, e [alkɔlize] **adj** alkoholhaltig ▸ **non alcoolisé** alkoholfrei.

alcoolisme [alkɔlism] **nm** Alkoholismus *der*.

alco(o)lo [alkɔlo] **nmf** *fam* Alkie *der*.

Alcootest® [alkotɛst] **nm** Alkoholtest *der*.

aléatoire [aleatwaʀ] **adj** [risqué] ungewiss.

alentours [alɑ̃tuʀ] **nmpl** Umgebung *die* ▸ **aux alentours** [près] in der Nähe ▸ **aux alentours de** a) [environ] etwa b) [dans la région de] in der Gegend von.

alerte [alɛʀt] ◆ **adj** flink. ◆ **nf** Warnung *die* ▸ **donner l'alerte** Alarm geben.

alerter [3] [alɛʀte] **vt 1.** [d'un danger] warnen **2.** [informer] benachrichtigen.

algèbre [alʒɛbʀ] **nf** Algebra *die*.

Alger [alʒe] **n** Algier *nt*.

Algérie [alʒeʀi] **nf** : **l'Algérie** Algerien *nt*.

algérien, enne [alʒeʀjɛ̃, ɛn] **adj** algerisch. ◆ **Algérien, enne nm, f** Algerier *der*, -in *die*.

algue [alg] **nf** Alge *die*.

alibi [alibi] **nm** Alibi *das*.

alignement [aliɲmɑ̃] **nm** [rangée] Reihe *die*.

aligner [3] [aliɲe] **vt** in einer Reihe auf°stellen. ◆ **s'aligner vp** sich in einer Reihe auf°stellen.

aliment [alimɑ̃] **nm** Nahrungsmittel *das*.

alimentation [alimɑ̃tasjɔ̃] **nf 1.** [nourriture] Ernährung *die* **2.** [produits] Lebensmittel *pl* **3.** [électrique] Stromversorgung *die* ▸ **alimentation d'un ordinateur** Netzteil *das* eines Computers ▸ **cordon d'alimentation secteur** Wechselstrom-Netzkabel *das*.

alimenter [3] [alimɑ̃te] **vt 1.** [nourrir] ernähren **2.** [approvisionner] versorgen.

allaiter [4] [alete] **vt** stillen.

alléchant, e [aleʃɑ̃, ɑ̃t] **adj** verlockend.

allée [ale] **nf** Allee *die* ▸ **allées et venues** [de personnes] Kommen und Gehen *das*.

allégé, e [aleʒe] **adj** [aliment] light.

Allemagne [almaɲ] **nf** : **l'Allemagne** Deutschland *nt*.

allemand, e [almɑ̃, ɑ̃d] ◆ **adj** deutsch. ◆ **nm** [langue] Deutsch(e) (*das*). ◆ **Allemand, e nm, f** Deutsche *der, die*.

aller [31] [ale] ◆ **nm 1.** [en voiture, en train] Hinfahrt *die* **2.** [à pied] Hinweg *der* **3.** [en avion] Hinflug *der* ▸ **à l'aller** auf der Hinfahrt **4.** [billet de train] : **aller (simple)** einfache Fahrkarte ▸ **aller et retour** Rückfahrkarte *die*
◆ **vi 1.** [se déplacer] : **aller au cinéma** ins Kino gehen ▸ **aller au Portugal** nach Portugal fahren ▸ **pour aller à la cathédrale, s'il vous plaît ?** wie komme ich bitte zur Kathedrale? ▸ **aller en vacances** in Urlaub fahren **2.** [route] führen **3.** [se porter] : **comment allez-vous ?** wie geht es Ihnen? ▸ **(comment) ça va ? — ça va** wie geht's? — ganz gut ▸ **il va bien / mal** es geht ihm gut / schlecht ▸ **les affaires vont bien** die Geschäfte gehen gut **4.** [convenir] : **ces tenailles ne vont pas** diese Zange geht nicht ▸ **le rouge ne lui va pas** rot steht ihm nicht ▸ **ces chaussures ne me vont pas** die Schuhe passen mir nicht ▸ **ce chemisier ne va pas très bien avec ta veste** diese Bluse passt nicht gut zu deiner Jacke **5.** [suivi d'un infinitif, exprime le but] : **j'irai le chercher à la gare** ich werde ihn vom Bahnhof abholen ▸ **aller voir** a) [ami] besuchen b) [spectacle] sich *(D)* an∘sehen **6.** [suivi d'un infinitif, exprime le futur proche] : **ce soir, je vais regarder la télé et me coucher tôt** heute Abend sehe ich fern und gehe früh zu Bett **7.** [dans des expressions] : **allez, dépêche-toi !** los, mach schnell! ▸ **allez, ne pleure plus** komm, hör auf zu weinen ▸ **allons, allons, tu ne penses quand même pas ce que tu dis !** ach, komm, das glaubst du doch selbst nicht! ▸ **y aller** [partir] gehen ▸ **allons-y !** na, dann los! ▸ **vas-y !** mach schon!
◆ **s'en aller vp 1.** [partir] weg∘gehen **2.** [en voyage] ab∘reisen ▸ **allez-vous-en !** gehen Sie weg!

allergénique [alɛʀʒenik] **adj** allergen.

allergie [alɛʀʒi] **nf** Allergie *die*.

allergique [alɛʀʒik] **adj** : **être allergique à** allergisch sein gegen.

aller-retour [aleʀ(ə)tuʀ] (*pl* **allers-retours**) **nm** Hin- und Rückfahrt *die*.

alliage [aljaʒ] **nm** Legierung *die*.

alliance [aljɑ̃s] **nf 1.** [bague] Trauring *der* **2.** [union] Bündnis *das*.

ⓘ L'Alliance française

Die Alliance française wurde 1883 auf die Initiative von Paul Combon in Paris gegründet und hat die Verbreitung der französischen Sprache und Kultur im Ausland zum Ziel. Sie ist mittlerweile in 136 Ländern weltweit vertreten. Jährlich lernen 10 000 Personen an den Instituten der Alliance française die französische Sprache.

allié, e [alje] **nm, f** Verbündete *der, die*.

allô [alo] **interj** *Formel, mit der man sich in Frankreich am Telefon meldet.*

allocation [alɔkasjɔ̃] **nf** *staatliche Unterstützung* ▸ **allocations familiales** Kindergeld *das*.

allongé, e [alɔ̃ʒe] **adj 1.** [position] : **être allongé** liegen **2.** [forme] länglich.

allonger [17] [alɔ̃ʒe] **vt 1.** [vêtement] verlängern **2.** [bras, jambe] aus∘strecken. ◆ **s'allonger vp 1.** [augmenter] länger werden **2.** [s'étendre] sich aus∘strecken **3.** [se reposer] sich hin∘legen.

allopathie [alɔpati] **nf** MÉD Allopathie *die*.

allumage [alymaʒ] **nm** AUTO Zündung *die*.

allumer [3] [alyme] **vt** **1.** [feu, gaz] an◦zünden **2.** [lumière, radio] ein◦schalten. ◆ **s'allumer vp** [lampe] an◦gehen.

allumette [alymɛt] **nf** Streichholz *das*.

allure [alyʀ] **nf** **1.** [apparence] Erscheinung *die* **2.** [vitesse] Geschwindigkeit *die* ▸ **à toute allure** mit höchster Geschwindigkeit.

allusion [alyzjɔ̃] **nf** Anspielung *die* ▸ **faire allusion à** an◦spielen auf *(+ A)*.

aloe vera [alɔeveʀa] **nm inv** [plante, produit] Aloe vera *die*.

alors [alɔʀ] **adv** **1.** [au passé] da **2.** [au présent] dann ▸ **alors, tu viens ?** kommst du nun? ▸ **ça alors !** na so etwas! ▸ **et alors ?** a) [et ensuite] und was dann? b) [pour défier] na und? ▸ **alors que** [concessif] während.

alourdir [32] [aluʀdiʀ] **vt** schwerer machen.

aloyau [alwajo] (*pl* -x) **nm** Lende *die*.

Alpes [alp] **nfpl** : **les Alpes** die Alpen.

alphabet [alfabɛ] **nm** Alphabet *das*.

alphabétique [alfabetik] **adj** alphabetisch ▸ **par ordre alphabétique** in alphabetischer Reihenfolge.

alpin [alpɛ̃] **adj m** → **ski**.

alpinisme [alpinism] **nm** Bergsteigen *das*.

alpiniste [alpinist] **nmf** Bergsteiger *der*, -in *die*.

Alsace [alzas] **nf** : **l'Alsace** das Elsass.

alsacien, enne [alzasjɛ̃, ɛn] **adj** elsässisch. ◆ **Alsacien, enne nm, f** Elsässer *der*, -in *die*.

altermondialisation [altɛʀmɔ̃djalisasjɔ̃] **nf** alternative Globalisierung *die*.

altermondialisme [altɛʀmɔ̃djalism] **nm** Antiglobalisierungsbewegung *die*.

altermondialiste [altɛʀmɔ̃djalist] **nmf** Globalisierungsgegner *der*, -in *die*.

alternatif, ive [altɛʀnatif, iv] **adj** **1.** [périodique] Wechsel- **2.** [parallèle] Alternativ-. ◆ **alternative nf** Alternative *die*.

alternativement [altɛʀnativmɑ̃] **adv** **1.** [au choix] alternativ **2.** [par alternance] abwechselnd.

alterner [3] [altɛʀne] **vi** ab◦wechseln.

altitude [altityd] **nf** Höhe *die* ▸ **à 2 000 m d'altitude** in 2 000 m Höhe.

aluminium [alyminjɔm] **nm** Aluminium *das*.

amabilité [amabilite] **nf** Liebenswürdigkeit *die*.

amaigrissant, e [amegʀisɑ̃, ɑ̃t] **adj** Abmagerungs-.

amande [amɑ̃d] **nf** Mandel *die* ▸ **pâte d'amandes** Marzipan *das*.

amant [amɑ̃] **nm** Liebhaber *der*.

amarrer [3] [amaʀe] **vt** [bateau] fest◦machen.

amasser [3] [amase] **vt** an◦häufen.

amateur, trice [amatœʀ] ◆ **adj** [musicien, sportif] Hobby-. ◆ **nm, f** Amateur *der*, -in *die* ▸ **être amateur de qqch** Liebhaber einer Sache *(G)* sein.

Amazone [amazon] **nf** : **l'Amazone** der Amazonas.

Amazonie [amazɔni] **nf** : **l' Amazonie** Amazonien *nt*.

ambassade [ɑ̃basad] **nf** Botschaft *die*.

ambassadeur, drice [ɑ̃basadœʀ, dʀis] **nm, f** Botschafter *der*, -in *die*.

ambiance [ɑ̃bjɑ̃s] **nf** Stimmung *die* ▸ **d'ambiance** stimmungsvoll.
ambigu, uë [ɑ̃bigy] **adj 1.** [mot] zweideutig **2.** [personnage] undurchsichtig.
ambitieux, euse [ɑ̃bisjø, øz] **adj** ehrgeizig.
ambition [ɑ̃bisjɔ̃] **nf 1.** [but] Ziel *das* **2.** [désir de réussite] Ehrgeiz *der*.
ambulance [ɑ̃bylɑ̃s] **nf** Krankenwagen *der*.
ambulant [ɑ̃bylɑ̃] **adj m** → **marchand**.
âme [am] **nf** Seele *die*.
amélioration [ameljɔʀasjɔ̃] **nf** Verbesserung *die*.
améliorer [3] [ameljɔʀe] **vt** verbessern. ◆ **s'améliorer vp 1.** [santé, situation] sich bessern **2.** [élève] besser werden.
aménagé, e [amenaʒe] **adj 1.** [cuisine] Einbau- **2.** [camping] gut ausgestattet.
aménager [17] [amenaʒe] **vt** ein°-richten.
amende [amɑ̃d] **nf** Geldbuße *die*.
amener [19] [amne] **vt 1.** [emmener] mit°nehmen **2.** [apporter] (mit)bringen **3.** [causer] mit sich bringen ▸ **amener qqn à faire qqch** jn dazu bringen, etw zu tun.
amer, ère [amɛʀ] **adj 1.** [goût] bitter **2.** [personne] verbittert.
américain, e [ameʀikɛ̃, ɛn] **adj** amerikanisch. ◆ **Américain, e nm, f** Amerikaner *der*, -in *die*.
américanisme [ameʀikanism] **nm** Amerikanismus *der*.
Amérique [amerik] **nf** : **l'Amérique** Amerika *nt* ▸ **l'Amérique centrale** Mittelamerika *nt* ▸ **l'Amérique latine** Lateinamerika *nt* ▸ **l'Amérique du Sud** Südamerika *nt*.
amertume [amɛʀtym] **nf 1.** [d'un aliment] Bitterkeit *die* **2.** [tristesse] Verbitterung *die*.
ameublement [amœbləmɑ̃] **nm** [meubles] Einrichtung *die*.
ami, e [ami] **nm, f** Freund *der*, -in *die* ▸ **être (très) amis** (eng) befreundet sein.
amiable [amjabl] **adj** [constat, accord] gütlich ▸ **à l'amiable** a) [divorcer] einvernehmlich b) [arrangement] gütlich.
amiante [amjɑ̃t] **nm** Asbest *der*.
amical, e, aux [amikal, o] **adj** [personne, accueil, geste] freundschaftlich.
amicalement [amikalmɑ̃] **adv 1.** [sourire, répondre] freundlich **2.** [dans une lettre] herzlichst.
amincir [32] [amɛ̃siʀ] **vt** [suj : régime, vêtement] schlank machen.
amitié [amitje] **nf** Freundschaft *die* ▸ **amitiés** [dans une lettre] herzliche Grüße.
Amman [aman] **n** Amman *nt*.
amnésique [amnezik] **adj** gedächtnisschwach.
amont [amɔ̃] **nm** : **en amont de** oberhalb *(+ G)*.
amorcer [16] [amɔʀse] **vt** in die Wege leiten.
amortir [32] [amɔʀtiʀ] **vt 1.** [choc, son] dämpfen **2.** [rentabiliser] amortisieren.
amortisseur [amɔʀtisœʀ] **nm** Stoßdämpfer *der*.
amour [amuʀ] **nm** Liebe *die* ▸ **faire l'amour avec qqn** mit jm schlafen.
amoureux, euse [amuʀø, øz] ◆ **adj** verliebt. ◆ **nm, f** Verliebte *der, die* ▸ **être amoureux de qqn** in jn verliebt sein.
amour-propre [amuʀpʀɔpʀ] **nm** Eigenliebe *die*.
amovible [amɔvibl] **adj** abnehmbar.

amphithéâtre [ɑ̃fiteatʀ] **nm 1.** [gradins] Amphitheater *das* **2.** [salle de cours] Hörsaal *der*.

ample [ɑ̃pl] **adj 1.** [jupe] weit **2.** [geste] ausladend.

ampli [ɑ̃pli] **nm** *fam* Verstärker *der*.

amplificateur [ɑ̃plifikatœʀ] **nm** [de chaîne hi-fi] Verstärker *der*.

amplifier [9] [ɑ̃plifje] **vt** verstärken.

ampoule [ɑ̃pul] **nf 1.** [de lampe] Glühbirne *die* **2.** [de médicament] Ampulle *die* **3.** [cloque] Blase *die* ▸ **ampoule basse consommation** Energiesparlampe ▸ **ampoule à économie d'énergie** Energiesparlampe.

amputer [3] [ɑ̃pyte] **vt 1.** [membre, malade] amputieren **2.** [texte] kürzen.

Amsterdam [amstɛʀdam] **n** Amsterdam *nt*.

amusant, e [amyzɑ̃, ɑ̃t] **adj 1.** [distrayant] unterhaltsam **2.** [comique] lustig.

amuse-gueule [amyzgœl] **nm inv** Appetithäppchen *das*.

amuser [3] [amyze] **vt** [faire rire] erheitern. ◆ **s'amuser vp 1.** [se distraire] sich vergnügen **2.** [jouer] beschäftigt sein ▸ **s'amuser à faire qqch** sich damit vergnügen, etw zu tun.

amygdales [amidal] **nfpl** Mandeln *pl*.

an [ɑ̃] **nm** Jahr *das* ▸ **il a neuf ans** er ist neun (Jahre alt) ▸ **en l'an 2000** im Jahr 2000.

anachronique [anakʀɔnik] **adj** unzeitgemäß.

analogique [analɔʒik] **adj** analog.

analogue [analɔg] **adj** analog.

analphabète [analfabɛt] **nmf** Analphabet *der*, -in *die*.

analyse [analiz] **nf 1.** [de données] Auswertung *die* **2.** [psychanalyse] Psychoanalyse *die* ▸ **analyse (de sang)** (Blut) untersuchung *die* ▸ **analyse d'urine** Urinprobe *die* ▸ **analyse de texte** Textanalyse *die*.

analyser [3] [analize] **vt 1.** [données] aus°werten **2.** [texte] analysieren.

ananas [anana(s)] **nm** Ananas *die*.

anarchie [anaʀʃi] **nf** [confusion] Durcheinander *das*.

anatomie [anatɔmi] **nf** Anatomie *die*.

ancêtre [ɑ̃sɛtʀ] **nm 1.** [parent] Vorfahr *der*, -in *die* **2.** [version précédente] Vorläufer *der*.

anchois [ɑ̃ʃwa] **nm** Sardelle *die*.

ancien, enne [ɑ̃sjɛ̃, ɛn] ◆ **adj 1.** alt **2.** [ex-] ehemalig. ◆ **nm** [en Afrique] Älteste *der* ▸ **mon ancienne femme** meine Exfrau.

ancienneté [ɑ̃sjɛnte] **nf** [dans une entreprise] Betriebszugehörigkeit *die*.

ancre [ɑ̃kʀ] **nf** Anker *der* ▸ **jeter l'ancre** den Anker werfen ▸ **lever l'ancre** den Anker lichten.

Andes [ɑ̃d] **nfpl** : **les Andes** die Anden ▸ **la cordillère des Andes** die Kordilleren Südamerikas.

Andorre [ɑ̃dɔʀ] **nf** : **l'Andorre** Andorra *nt*.

Andorre-la-Vieille [ɑ̃dɔʀlavjɛj] **n** Andorra la Vella *nt*.

andouille [ɑ̃duj] **nf 1.** CULIN *Wurst aus Schweinekutteln* **2.** *fam* [imbécile] Dummkopf *der*.

andouillette [ɑ̃dujɛt] **nf** *Wurst aus Schweine- oder Kalbskutteln*.

âne [an] **nm** Esel *der*.

anéantir [32] [aneɑ̃tiʀ] **vt 1.** [armée] vernichtend schlagen **2.** [ville] zerstören **3.** [espoirs] zunichte machen **4.** [déprimer] am Boden zerstören.

anecdote [anɛkdɔt] **nf** Anekdote *die*.

anémie [anemi] nf Blutarmut *die*.

anesthésie [anɛstezi] nf Narkose *die* ▸ **être sous anesthésie** unter Narkose stehen ▸ **anesthésie générale** Vollnarkose ▸ **anesthésie locale** örtliche Betäubung.

anesthésier [9] [anɛstezje] vt betäuben.

aneth [anɛt] nm Dill *der*.

ange [ɑ̃ʒ] nm Engel *der*.

angine [ɑ̃ʒin] nf Angina *die* ▸ **angine de poitrine** Angina pectoris.

anglais, e [ɑ̃glɛ, ɛz] ◆ adj englisch. ◆ nm [langue] Englisch(e) (*das*) ▸ **je ne parle pas anglais** ich spreche kein Englisch. ◆ **Anglais, e** nm, f Engländer *der*, -in *die*.

angle [ɑ̃gl] nm **1.** [coin] Ecke *die* **2.** [géométrique] Winkel *der* ▸ **angle droit** rechter Winkel.

Angleterre [ɑ̃glətɛʀ] nf : **l'Angleterre** England *nt*.

anglicisme [ɑ̃glisism] nm Anglizismus *der*.

anglophone [ɑ̃glɔfɔn] ◆ nmf englischer Muttersprachler, englische Muttersprachlerin. ◆ adj englischsprachig.

angoisse [ɑ̃gwas] nf Angst *die*.

angoissé, e [ɑ̃gwase] adj **1.** [regard] angsterfüllt **2.** [personne] angstgeplagt.

Angola [ɑ̃gɔla] nm : **l'Angola** Angola *nt*.

angora [ɑ̃gɔʀa] nm [laine] Angorawolle *die*.

anguille [ɑ̃gij] nf Aal *der* ▸ **anguilles au vert** BELG Aal grün *(mit Spinat und Sauerampfer)*.

angulaire [ɑ̃gylɛʀ] adj Winkel-.

animal [animal] (*pl* -aux) nm Tier *das* ▸ **animal domestique / familier / de compagnie** Haustier ▸ **animal sauvage** Wildtier.

animalerie [animalʀi] nf Zoofachgeschäft *das*.

animalier, ère [animalje, ɛr] adj : **parc animalier** Tierpark *der*.

animateur, trice [animatœʀ, tʀis] nm, f **1.** [de club, de groupe] Leiter *der*, -in *die* **2.** [à la radio, la télévision] Moderator *der*, -in *die*.

animation [animasjɔ̃] nf **1.** [vivacité] Angeregtheit *die* **2.** [dans la rue] Betriebsamkeit *die*. ◆ **animations** nfpl [culturelles] Unternehmungen *pl*.

animé, e [anime] adj **1.** [conversation] angeregt **2.** [rue] belebt.

animer [3] [anime] vt **1.** [jeu, émission] leiten **2.** [conversation] beleben. ◆ **s'animer** vp sich beleben.

anis [ani(s)] nm Anis *der*.

Ankara [ɑ̃kaʀa] n Ankara *nt*.

ankyloser [3] [ɑ̃kiloze] ◆ **s'ankyloser** vp steif werden.

anneau [ano] (*pl* -x) nm **1.** [bague] Ring *der* **2.** [maillon] Glied *das*. ◆ **anneaux** nmpl SPORT Ringe *pl*.

année [ane] nf Jahr *das* ▸ **année bissextile** Schaltjahr ▸ **année scolaire** Schuljahr.

annexe [anɛks] nf **1.** [document] Anlage *die* **2.** [bâtiment] Nebengebäude *das*.

anniversaire [anivɛʀsɛʀ] nm Geburtstag *der* ▸ **anniversaire de mariage** Hochzeitstag *der* ▸ **bon anniversaire** herzlichen Glückwunsch (zum Geburtstag).

annonce [anɔ̃s] nf **1.** Ankündigung *die* **2.** [dans un journal] Anzeige *die* ▸ **(petites) annonces** (Klein)anzeigen.

annoncer [16] [anɔ̃se] **vt** an∘kündigen. ◆ **s'annoncer vp** : **bien s'annoncer** sich gut an∘lassen.

annotation [anɔtasjɔ̃] **nf** Anmerkung *die*.

annuaire [anɥɛʀ] **nm** [recueil] jährlich erscheinendes Verzeichnis ▸ **annuaire (téléphonique)** Telefonbuch *das* ▸ **annuaire électronique** elektronisches Telefonbuch.

annuel, elle [anɥɛl] **adj 1.** [fête, visite] (all)jährlich **2.** [budget, congés] Jahres- **3.** [plante] einjährig.

annulaire [anylɛʀ] **nm** Ringfinger *der*.

annulation [anylasjɔ̃] **nf** [d'un voyage, d'un spectacle] Absage *die*.

annuler [3] [anyle] **vt 1.** [voyage, spectacle, rendez-vous] ab∘sagen **2.** INFORM ab∘brechen.

anomalie [anɔmali] **nf** Anomalie *die*.

anonymat [anɔnima] **nm** Anonymität *die*.

anonyme [anɔnim] **adj** anonym.

anorak [anɔʀak] **nm** Anorak *der*.

anorexie [anɔʀɛksi] **nf** Magersucht *die*.

anorexique [anɔʀɛksik] **adj** magersüchtig.

anormal, e, aux [anɔʀmal, o] **adj 1.** [inhabituel] anormal **2.** *péj* [handicapé] geistesgestört.

anse [ɑ̃s] **nf 1.** [poignée] Henkel *der* **2.** [crique] (kleine) Bucht.

antalgique [ɑ̃talʒik] ◆ **adj** schmerzstillend. ◆ **nm** Analgetikum *das*.

Antananarivo [ɑ̃tananaʀivo] **n** Antananarivo *nt*.

Antarctique [ɑ̃taʀktik] **nm** Antarktis *die* ▸ **l'(océan) Antarctique** das Südpolarmeer.

antenne [ɑ̃tɛn] **nf 1.** [de radio, de télévision] Antenne *die* **2.** [d'animal] Fühler *der* ▸ **antenne parabolique** Parabolantenne ▸ **antenne satellite** Satellitenantenne ▸ **antenne-relais** Relais-Antenne.

antérieur, e [ɑ̃teʀjœʀ] **adj 1.** [précédent] vorhergehend **2.** [de devant] vordere(r, s).

antiaméricanisme [ɑ̃tiameʀikanism] **nm** Antiamerikanismus *der*.

antiatomique [ɑ̃tiatɔmik] **adj** Strahlenschutz-.

antibiotique [ɑ̃tibjɔtik] **nm** Antibiotikum *das*.

antibrouillard [ɑ̃tibʀujaʀ] **nm 1.** [phare] Nebelscheinwerfer *der* **2.** [feu] Nebelschlussleuchte *die*.

anticancéreux, euse [ɑ̃tikɑ̃seʀø, øz] **adj 1.** [centre, laboratoire] Krebs- **2.** [médicament] krebsbekämpfend.

anticiper [3] [ɑ̃tisipe] **vt** voraus∘ahnen.

antidote [ɑ̃tidɔt] **nm** Gegengift *das*.

antidouleur [ɑ̃tidulœʀ] **adj** schmerzlindernd.

antiémeutes [ɑ̃tiemøt] **adj** : **brigade antiémeutes** Bereitschaftspolizei *die*.

antigel [ɑ̃tiʒɛl] **nm** Frostschutzmittel *das*.

anti-inflammatoire [ɑ̃tiɛ̃flamatwaʀ] **adj** entzündungshemmend.

antillais, e [ɑ̃tijɛ, ɛz] **adj** von den Antillen. ◆ **Antillais, e nm, f** Bewohner *der*, -in *die* der Antillen.

Antilles [ɑ̃tij] **nfpl** : **les Antilles** die Antillen.

antimite [ɑ̃timit] **nm** ≃ Mottenpulver *das*.

antimondialisation [ɑ̃timɔ̃djalizasjɔ̃] **nf** Antiglobalisierung *die*.

antimondialiste [ɑ̃timɔ̃djalist] **nmf** Globalisierungsgegner *der*, -in *die*.
antipathique [ɑ̃tipatik] **adj** unsympathisch.
antipelliculaire [ɑ̃tipelikylɛʀ] **adj** gegen Schuppen ▸ **shampooing antipelliculaire** Anti-Schuppenshampoo *das*.
antiperspirant, e [ɑ̃tipɛʀspiʀɑ̃, ɑ̃t] **adj** deodorierend. ◆ **antiperspirant nm** Deodorant *das*.
antiquaire [ɑ̃tikɛʀ] **nmf** Antiquitätenhändler *der*, -in *die*.
antique [ɑ̃tik] **adj** antik.
antiquité [ɑ̃tikite] **nf** [objet] Antiquität *die* ▸ **l'Antiquité** das Altertum.
antirabique [ɑ̃tiʀabik] **adj** Tollwutschutz-.
antiradar [ɑ̃tiʀadaʀ] **adj inv** Radarwarn-.
antiradiation [ɑ̃tiʀadjasjɔ̃] **adj** : **bouclier antiradiation** Strahlenschutzschild *der* ▸ **étui antiradiation** [pour téléphone portable] Strahlenschutztasche *die*.
antisèche [ɑ̃tisɛʃ] **nf** *fam* SCOL Spickzettel *der*.
antisémite [ɑ̃tisemit] ◆ **nmf** Antisemit *der*, -in *die*. ◆ **adj** antisemitisch.
antiseptique [ɑ̃tisɛptik] **adj** keimtötend.
antislash [ɑ̃tislaʃ] **nm** Backslash *der*.
antiterroriste [ɑ̃titeʀɔʀist] **adj** Terrorabwehr-.
antivirus [ɑ̃tiviʀys] **nm** Virenschutzprogramm *das*.
antivol [ɑ̃tivɔl] **nm** Schloss *das*.
anus [anys] **nm** Anus *der*.
Anvers [ɑ̃vɛʀ] **n** Antwerpen *nt*.
anxiété [ɑ̃ksjete] **nf** Angst *die*.
anxieux, euse [ɑ̃ksjø, øz] **adj** ängstlich.
anxiolytique [ɑ̃ksjɔlitik] **nm** Anxiolytikum *das*.
AOC (*abr de* appellation d'origine contrôlée) *Qualitätsbezeichnung für französische Weine*.
août [u(t)] **nm** August *der* ▸ **en août, au mois d'août** im August ▸ **début août** Anfang August ▸ **le deux août** am zweiten August.
apaiser [4] [apeze] **vt 1.** [personne, colère] besänftigen **2.** [douleur] lindern.
apercevoir [52] [apɛʀsəvwaʀ] **vt** erblicken. ◆ **s'apercevoir vp** : **s'apercevoir de qqch** etw bemerken ▸ **s'apercevoir que** a) [remarquer] bemerken, dass b) [comprendre] merken, dass.
aperçu, e [apɛʀsy] ◆ **pp** → **apercevoir**. ◆ **nm** Überblick *der* ▸ **aperçu avant impression** Seitenansicht *die*.
apéritif [apeʀitif] **nm** Aperitif *der*.
apéro [apeʀo] (*abr de* apéritif) **nm** *fam* Aperitif *der*.
aphone [afɔn] **adj** stimmlos.
aphte [aft] **nm** Aphthe *die*.
apitoyer [13] [apitwaje] ◆ **s'apitoyer sur vp + prép** bemitleiden.
ap. J-C (*abr de* après Jésus-Christ) n. Chr. *(nach Christus)*.
aplanir [32] [aplaniʀ] **vt 1.** [terrain] planieren **2.** [difficultés] aus°räumen.
aplatir [32] [aplatiʀ] **vt** plätten.
aplomb [aplɔ̃] **nm** [culot] Dreistigkeit *die* ▸ **d'aplomb** [vertical] lotrecht.
apostrophe [apɔstʀɔf] **nf** [signe graphique] Apostroph *der*.
apôtre [apotʀ] **nm** Apostel *der*.
apparaître [91] [apaʀɛtʀ] **vi 1.** [se montrer] erscheinen **2.** [sembler] scheinen.

appareil [aparɛj] **nm 1.** [dispositif] Gerät *das* **2.** [poste téléphonique] Apparat *der* ▸ **qui est à l'appareil ?** wer ist am Apparat? ▸ **appareil ménager** Haushaltsgerät ▸ **appareil numérique** Digitalkamera *die* ▸ **appareil photo** Fotoapparat ▸ **appareil (photo) jetable** Einwegkamera *die* ▸ **appareil digestif** Verdauungstrakt *der*.

apparemment [aparamɑ̃] **adv** anscheinend.

apparence [aparɑ̃s] **nf** Aussehen *das* ▸ **en apparence** scheinbar.

apparent, e [aparɑ̃, ɑ̃t] **adj 1.** [visible] sichtbar **2.** [superficiel] scheinbar.

apparition [aparisjɔ̃] **nf 1.** [arrivée] Erscheinen *das* **2.** [fantôme] Erscheinung *die* ▸ **faire son apparition** auf der Bildfläche erscheinen.

appartement [apartəmɑ̃] **nm** Wohnung *die*.

appartenir [40] [apartəniʀ] **vi** : **appartenir à** a) [être la propriété de] gehören *(+ D)* b) [faire partie de] gehören zu.

appartenu, e [apartəny] **pp** → **appartenir**.

appart hôtel [apartotɛl] **nm** Apartmenthotel *das*.

apparu, e [apaʀy] **pp** → **apparaître**.

appât [apa] **nm** [pour pêcher] Köder *der*.

appel [apɛl] **nm 1.** [cri] Ruf *der* **2.** [coup de téléphone] Anruf *der* ▸ **faire l'appel** (die Schüler) auf◦rufen ▸ **faire appel à qqn** sich an jn wenden ▸ **appel de phares** Aufblenden *das*.

appeler [24] [aple] **vt 1.** [nommer] nennen **2.** [interpeller, faire venir] rufen **3.** [au téléphone] an◦rufen ▸ **appeler à l'aide** um Hilfe rufen. ◆ **s'appeler vp 1.** [se nommer] heißen **2.** [se téléphoner] telefonieren ▸ **comment t'appelles-tu ?** wie heißt du? ▸ **je m'appelle…** ich heiße …

appendicite [apɛ̃disit] **nf** Blinddarmentzündung *die*.

appesantir [32] [apəzɑ̃tiʀ] ◆ **s'appesantir sur vp + prép** [insister sur] sich (zu lange) auf◦halten mit.

appétissant, e [apetisɑ̃, ɑ̃t] **adj** [plat, repas] appetitlich.

appétit [apeti] **nm** Appetit *der* ▸ **avoir de l'appétit** Appetit haben ▸ **bon appétit !** guten Appetit!

applaudir [32] [aplodiʀ] ◆ **vt** applaudieren *(+ D)*. ◆ **vi** applaudieren.

applaudissements [aplodismɑ̃] **nmpl** Beifall *der*.

appli [apli] (*abr de* **application**) **nf** INFORM Anwendung *die*.

application [aplikasjɔ̃] **nf 1.** [soin] Sorgfalt *die* **2.** [d'une loi, d'un tarif & INFORM] Anwendung *die* ▸ **lancer une application** INFORM eine Anwendung starten.

applique [aplik] **nf** Wandleuchte *die*.

appliqué, e [aplike] **adj** sorgfältig.

appliquer [3] [aplike] **vt 1.** [loi, tarif, programme] an◦wenden **2.** [peinture] auf◦tragen. ◆ **s'appliquer vp** sich an◦strengen.

appoint [apwɛ̃] **nm** : **faire l'appoint** den genauen Betrag zahlen ▸ **d'appoint** Zusatz-.

apporter [3] [apɔʀte] **vt 1.** [transporter] (mit)bringen **2.** *fig* [fournir] bringen.

appréciable [apʀesjabl] **adj 1.** [changement, progrès] beachtlich, nennenswert **2.** [résultat] bedeutend.

appréciation [apʀesjasjɔ̃] **nf 1.** [jugement, avis] Einschätzung *die* **2.** [évaluation] Bewertung *die* **3.** SCOL Beurteilung *die*.

apprécier [9] [apʀesje] **vt 1.** [aimer] schätzen **2.** [évaluer] bewerten.

apprenant, e [apʀənɑ̃, ɑ̃t] **nm, f** Lerner *der*, -in *die*.

apprendre [79] [apʀɑ̃dʀ] **vt 1.** [étudier] lernen **2.** [nouvelle] erfahren ▸ **apprendre qqch à qqn** a) [discipline] jm etw bei∘bringen b) [nouvelle] jm etw mit∘teilen ▸ **apprendre à faire qqch** lernen, etw zu tun.

apprenti, e [apʀɑ̃ti] **nm, f** Lehrling *der*.

apprentissage [apʀɑ̃tisaʒ] **nm 1.** [d'un métier manuel] Lehre *die* **2.** [d'une langue, d'un art] Erlernen *das*.

apprêter [4] [apʀete] ◆ **s'apprêter à vp + prép** sich an∘schicken zu.

appris, e [apʀi, iz] **pp** → **apprendre**.

apprivoiser [3] [apʀivwaze] **vt** [animal] zähmen.

approbation [apʀɔbasjɔ̃] **nf 1.** [adhésion] Zustimmung *die* **2.** [autorisation] Genehmigung *die*.

approcher [3] [apʀɔʃe] ◆ **vt** [objet] heran∘rücken. ◆ **vi 1.** [dans l'espace] näher kommen **2.** [dans le temps] näher rücken ▸ **approcher qqch de** näher heran∘bringen an *(+ A)* ▸ **approcher de** sich nähern *(+ D)*. ◆ **s'approcher vp** [dans l'espace] sich nähern ▸ **s'approcher de** sich nähern *(+ D)*.

approfondir [32] [apʀɔfɔ̃diʀ] **vt** vertiefen.

approprié, e [apʀɔpʀije] **adj** angemessen.

approuver [3] [apʀuve] **vt** billigen.

approvisionner [3] [apʀɔvizjɔne] ◆ **s'approvisionner vp** [faire ses courses] sich versorgen ▸ **s'approvisionner en** sich ein∘decken mit.

approximatif, ive [apʀɔksimatif, iv] **adj** annähernd.

appt (*abr écrite de* appartement) Whg *(Wohnung)* ▸ **appt à louer** Whg zu vermieten.

appui-tête [apɥitɛt] (*pl* **appuis-tête**) **nm** Kopfstütze *die*.

appuyer [14] [apɥije] ◆ **vt** an∘lehnen. ◆ **vi** : **appuyer sur** drücken auf *(+ A)*. ◆ **s'appuyer vp** : **s'appuyer à** sich ab∘stützen an *(+ D)*.

après [apʀɛ] ◆ **prép 1.** [dans le temps, dans un classement] nach **2.** [dans l'espace] hinter. ◆ **adv 1.** [dans le temps, dans un classement] danach **2.** [dans l'espace] dahinter ▸ **après avoir fait qqch** nachdem etw getan wurde ▸ **après tout** im Grunde genommen ▸ **l'année d'après** im darauffolgenden Jahr ▸ **d'après moi** meiner Ansicht nach.

après-demain [apʀɛdəmɛ̃] **adv** übermorgen.

après-midi [apʀɛmidi] **nm inv & nf inv** Nachmittag *der* ▸ **l'après-midi** [tous les jours] nachmittags.

après-rasage [apʀɛʀazaʒ] (*pl* **après-rasages**) **nm** Rasierwasser *das*.

après-shampo(o)ing [apʀɛʃɑ̃pwɛ̃] (*pl* **après-shampo(o)ings**) **nm** Haarspülung *die*, Spülung *die*.

après-ski [apʀɛski] **nm** Après-Ski-Stiefel *der*.

après-soleil [apʀɛsɔlɛj] **adj inv** : **crème après-soleil** After-Sun-Crème *die*.

a priori [apʀiɔʀi] **adv 1.** [par principe] grundsätzlich **2.** [d'office] von vornherein.

apte [apt] **adj** : **apte à** fähig zu.

aptitudes [aptityd] **nfpl** Fähigkeiten *pl*.

aquarelle [akwaʀɛl] **nf** Aquarell *das*.

aquarium [akwaʀjɔm] **nm** Aquarium *das*.

aquatique [akwatik] **adj** Wasser-.
aqueduc [akdyk] **nm** Aquädukt *der*.
Aquitaine [akitɛn] **nf** : **l'Aquitaine** Aquitanien *nt*.
AR *abr écrite de* **aller-retour, accusé de réception**.
arabe [aʀab] ◆ **adj** arabisch. ◆ **nm** [langue] Arabisch(e) (*das*). ◆ **Arabe nmf** Araber *der*, -in *die*.
Arabie [aʀabi] **nf** : **l'Arabie** Arabien *nt* ▸ **l'Arabie Saoudite** Saudi-Arabien *nt*.
arachide [aʀaʃid] **nf** Erdnuss *die*.
araignée [aʀeɲe] **nf** Spinne *die*.
arbitraire [aʀbitʀɛʀ] **adj** willkürlich.
arbitre [aʀbitʀ] **nmf** SPORT Schiedsrichter *der*, -in *die*.
arbitrer [3] [aʀbitʀe] **vt** SPORT Schiedsrichter sein bei.
arborescence [aʀbɔʀɛsɑ̃s] **nf** Baumstruktur *die*.
arbre [aʀbʀ] **nm** Baum *der* ▸ **arbre fruitier** Obstbaum ▸ **arbre généalogique** Stammbaum.
arbuste [aʀbyst] **nm** Strauch *der*.
arc [aʀk] **nm** Bogen *der*.
arcade [aʀkad] **nf** Arkade *die* ▸ **arcade sourcilière** Augenbrauenbogen *der*.
arc-en-ciel [aʀkɑ̃sjɛl] (*pl* **arcs-en-ciel**) **nm** Regenbogen *der*.
archaïque [aʀkaik] **adj** archaisch.
arche [aʀʃ] **nf** [voûte] Bogen *der* ▸ **l'Arche de Noé** die Arche Noah.
archéologie [aʀkeɔlɔʒi] **nf** Archäologie *die*.
archéologue [aʀkeɔlɔg] **nmf** Archäologe *der*, -in *die*.
archet [aʀʃɛ] **nm** Bogen *der*.
archipel [aʀʃipɛl] **nm** Inselgruppe *die*.
architecte [aʀʃitɛkt] **nmf** Architekt *der*, -in *die*.
architecture [aʀʃitɛktyʀ] **nf** Architektur *die*.
archives [aʀʃiv] **nfpl** Archiv *das*.
Arctique [aʀktik] **nm** Arktis *die* ▸ **l'(océan) Arctique** das Nordpolarmeer.
ardent, e [aʀdɑ̃, ɑ̃t] **adj** glühend.
ardoise [aʀdwaz] **nf 1.** [matière] Schiefer *der* **2.** [pour écrire] Tafel *die*.
arènes [aʀɛn] **nfpl** Arena *die*.
arête [aʀɛt] **nf 1.** [de poisson] Gräte *die* **2.** [angle] Grat *der*.
argent [aʀʒɑ̃] **nm 1.** [métal] Silber *das* **2.** [monnaie] Geld *das* ▸ **argent liquide** Bargeld ▸ **argent de poche** Taschengeld.
argenté, e [aʀʒɑ̃te] **adj** [couleur d'argent] silbern.
argenterie [aʀʒɑ̃tʀi] **nf** Tafelsilber *das*.
Argentine [aʀʒɑ̃tin] **nf** : **l'Argentine** Argentinien *nt*.
argile [aʀʒil] **nf** Ton *der*.
argot [aʀgo] **nm** Slang *der*.
argument [aʀgymɑ̃] **nm** Argument *das*.
argumenter [3] [aʀgymɑ̃te] ◆ **vi** argumentieren. ◆ **vt** untermauern.
aride [aʀid] **adj** ausgedörrt.
aristocratie [aʀistɔkʀasi] **nf** Aristokratie *die*.
arithmétique [aʀitmetik] **nf** Arithmetik *die*.
armature [aʀmatyʀ] **nf 1.** [charpente] Gerüst *das* **2.** [d'un soutien-gorge] Formbügel *der*.
arme [aʀm] **nf** Waffe *die* ▸ **arme à feu** Feuerwaffe ▸ **arme blanche** Hieb- und Stichwaffe.

armé, e [aʀme] **adj** bewaffnet ▸ **être armé de** [couteau, fusil] bewaffnet sein mit.

armée [aʀme] **nf** Armee *die*.

armement [aʀməmɑ̃] **nm** Rüstung *die*.

Arménie [aʀmeni] **nf** : **l'Arménie** Armenien *nt*.

armer [3] [aʀme] **vt** [personne, pays] bewaffnen.

armistice [aʀmistis] **nm** Waffenstillstand *der*.

armoire [aʀmwaʀ] **nf** Schrank *der* ▸ **armoire à pharmacie** Hausapotheke *die*.

armoiries [aʀmwaʀi] **nfpl** Wappen *das*.

armure [aʀmyʀ] **nf** Rüstung *die*.

arnaquer [3] [aʀnake] **vt** *fam* übers Ohr hauen.

arobase [aʀɔbaz] **nm** Klammeraffe *der*, At *das*.

aromate [aʀɔmat] **nm** Gewürz *das*.

aromathérapie [aʀɔmateʀapi] **nf** Aromatherapie *die*.

aromatique [aʀɔmatik] **adj** aromatisch.

aromatisant, e [aʀɔmatizɑ̃, ɑ̃t] **adj** : **substance aromatisante** Geschmacksstoff *der*.

aromatisé, e [aʀɔmatize] **adj** [yaourt] aromatisiert ▸ **aromatisé à la framboise** mit Himbeergeschmack.

arôme [aʀom] **nm** Aroma *das* ▸ **l'arôme du café** der Duft des Kaffees ▸ **l'arôme du vin** die Blume des Weins.

arqué, e [aʀke] **adj** gebogen ▸ **(avoir) les jambes arquées** O-Beine (haben).

arracher [3] [aʀaʃe] **vt 1.** [feuille] ab°reißen **2.** [mauvaises herbes] heraus°reißen **3.** [dent] ziehen ▸ **arracher qqch à qqn** jm etw entreißen.

arrangement [aʀɑ̃ʒmɑ̃] **nm 1.** [disposition] Anordnung *die* **2.** MUS [accord] Arrangement *das*.

arranger [17] [aʀɑ̃ʒe] **vt 1.** [organiser] arrangieren **2.** [résoudre] in Ordnung bringen **3.** [réparer] wieder hin°bekommen ▸ **cela m'arrange** das passt mir gut. ◆ **s'arranger vp 1.** [se mettre d'accord] sich einigen **2.** [s'améliorer] wieder in Ordnung kommen ▸ **je m'arrangerai pour venir** ich werde es so einrichten, dass ich kommen kann.

arrestation [aʀɛstasjɔ̃] **nf** Verhaftung *die* ▸ **être en état d'arrestation** verhaftet sein.

arrêt [aʀɛ] **nm 1.** [interruption] Einstellung *die* **2.** [immobilisation] Anhalten *das* **3.** [station] Haltestelle *die* ▸ **arrêt d'autobus** Bushaltestelle ▸ **être en arrêt de travail** krankgeschrieben sein ▸ **sans arrêt** [parler, travailler] ununterbrochen ▸ **'arrêt interdit'** 'Halten verboten'.

arrêter [4] [aʀete] ◆ **vt 1.** [interrompre, immobiliser] an°halten **2.** [suspect] fest°nehmen. ◆ **vi** auf°hören ▸ **arrêter de faire qqch** auf°hören, etw zu tun. ◆ **s'arrêter vp 1.** [personne, voiture] halt°machen **2.** [pluie] auf°hören ▸ **s'arrêter de faire qqch** auf°hören, etw zu tun.

arrhes [aʀ] **nfpl** Anzahlung *die* ▸ **verser des arrhes** eine Anzahlung leisten.

arrière [aʀjɛʀ] ◆ **adj inv 1.** [banquette] Rück- **2.** [patte] Hinter-. ◆ **nm** hinterer Teil ▸ **à l'arrière** hinten ▸ **en arrière** zurück-.

arriéré, e [aʀjeʀe] **adj** *péj* [démodé] rückständig.

arrière-boutique [aʀjɛʀbutik] (*pl* **arrière-boutiques**) **nf** Hinterstübchen *das*.

arrière-goût [aʀjɛʀgu] (*pl* **arrière-goûts**) **nm** Nachgeschmack *der*.

arrière-grand-mère [aʀjɛʀgʀɑ̃mɛʀ] (*pl* **arrière-grands-mères**) **nf** Urgroßmutter *die*.

arrière-grand-père [aʀjɛʀgʀɑ̃pɛʀ] (*pl* **arrière-grands-pères**) **nm** Urgroßvater *der*.

arrière-grands-parents [aʀjɛʀgʀɑ̃paʀɑ̃] **nmpl** Urgroßeltern *pl*.

arrière-pays [aʀjɛʀpei] **nm inv** Hinterland *das*.

arrière-pensée [aʀjɛʀpɑ̃se] (*pl* **arrière-pensées**) **nf** Hintergedanke *der*.

arrière-petits-enfants [aʀjɛʀpətizɑ̃fɑ̃] **nmpl** Urgroßenkel *pl*.

arrière-plan [aʀjɛʀplɑ̃] (*pl* **arrière-plans**) **nm** : **à l'arrière-plan** im Hintergrund.

arrière-saison [aʀjɛʀsɛzɔ̃] (*pl* **arrière-saisons**) **nf** Nachsaison *die*.

arrivée [aʀive] **nf 1.** [d'une personne, d'un train] Ankunft *die* **2.** [d'une course] Ziel *das* ▸ **'arrivées'** 'Ankunft'.

arriver [3] [aʀive] ◆ **vi 1.** [train, personne] an◦kommen **2.** [se produire] passieren. ◆ **v impers** : **il arrive que** es kommt vor, dass ▸ **il m'arrive de faire qqch** es kommt vor, dass ich etw tue ▸ **que t'est-il arrivé ?** was ist mit dir los? ▸ **arriver à qqch** [fin, but] etw erreichen ▸ **qqn arrive à faire qqch** jm gelingt es, etw zu tun.

arriviste [aʀivist] **nmf** Emporkömmling *der*.

ar(r)obas [aʀɔbaz] = **arobase**.

arrondir [32] [aʀɔ̃diʀ] **vt** ab◦runden ▸ **arrondir ses fins de mois** sein Gehalt auf◦bessern.

arrondissement [aʀɔ̃dismɑ̃] **nm** ≃ Stadtbezirk *der*.

> **ⓘ Les arrondissements**
>
> Paris gliedert sich in 20 Bezirke (arrondissements), die spiralenförmig um den historischen Stadtkern angeordnet sind. Sechs Bezirke liegen am linken Seine-Ufer (rive gauche), die anderen am rive droite, dem rechten Seine-Ufer. Jeder arrondissement gliedert sich wiederum in vier Viertel (quartiers), die oft den Namen von historischen Besonderheiten oder Kirchen tragen.

arrosage [aʀozaʒ] **nm** Berieselung *die*.

arroser [3] [aʀoze] **vt 1.** [fleurs] gießen **2.** [pelouse] sprengen.

arrosoir [aʀozwaʀ] **nm** Gießkanne *die*.

Arrt *abr écrite de* **arrondissement**.

art [aʀ] **nm** : **les arts plastiques** die bildende Kunst.

artère [aʀtɛʀ] **nf** [veine] Schlagader *die*.

artichaut [aʀtiʃo] **nm** Artischocke *die*.

article [aʀtikl] **nm** Artikel *der*.

articulation [aʀtikylasjɔ̃] **nf** Gelenk *das*.

articulé, e [aʀtikyle] **adj** beweglich.

articuler [3] [aʀtikyle] **vt** [prononcer] aus◦sprechen.

artifice [aʀtifis] **nm** → **feu**.

artificiel, elle [aʀtifisjɛl] **adj 1.** [lac, fleur] künstlich **2.** [rire, voix] gekünstelt.

artisan, e [aʀtizɑ̃, an] **nm, f** Handwerker *der*, -in *die*.

artisanal, e, aux [aʀtizanal, o] **adj** handwerklich.

artisanat [aʀtizana] **nm** Kunsthandwerk *das*.
artiste [aʀtist] **nmf** Künstler *der*, -in *die*.
artistique [aʀtistik] **adj** künstlerisch.
as¹ [as] **nm** Ass *das* ▸ **l'as de pique** das Pikass.
as² [a] **2ᵉ pers. du sg. de l'ind. prés.** → **avoir**.
asc. (*abr écrite de* ascenseur) Aufz. (*Aufzug*).
ascendant [asɑ̃dɑ̃] **nm** [astrologique] Aszendent *der*.
ascenseur [asɑ̃sœʀ] **nm** Aufzug *der*.
ascension [asɑ̃sjɔ̃] **nf 1.** [d'une montagne] Besteigung *die* **2.** *fig* [progression] Aufstieg *der*. ◆ **Ascension nf** : **l'Ascension** Christi Himmelfahrt.
asiatique [azjatik] **adj** asiatisch. ◆ **Asiatique nmf** Asiat *der*, -in *die*.
Asie [azi] **nf** : **l'Asie** Asien *nt*.
asile [azil] **nm 1.** [psychiatrique] Anstalt *die* **2.** [refuge] Asyl *das*.
aspartam(e) [aspaʀtam] **nm** Süßstoff *der*.
aspect [aspɛ] **nm 1.** [apparence] Aussehen *das* **2.** [point de vue] Aspekt *der*.
asperge [aspɛʀʒ] **nf** Spargel *der* ▸ **asperges à la flamande** BELG *Spargel mit hart gekochten zerdrückten Eiern, zerlassener Butter und Petersilie*.
asperger [17] [aspɛʀʒe] **vt** bespritzen.
aspérités [aspeʀite] **nfpl** raue Stelle.
asphyxie [asfiksi] **nf** Ersticken *das*.
asphyxier [9] [asfiksje] **vt** ersticken. ◆ **s'asphyxier vp** ersticken.
aspirante [aspiʀɑ̃t] **adj f** → **hotte**.
aspirateur [aspiʀatœʀ] **nm** Staubsauger *der*.
aspirer [3] [aspiʀe] **vt 1.** [air] ein◦atmen **2.** [poussière] saugen.
aspirine [aspiʀin] **nf** Aspirin® *das*.
assaillant, e [asajɑ̃, ɑ̃t] **nm, f** Angreifer *der*, -in *die*.
assaillir [47] [asajiʀ] **vt** [attaquer] überfallen ▸ **assaillir qqn de questions** jn mit Fragen bestürmen.
assaisonnement [asɛzɔnmɑ̃] **nm** Dressing *das*.
assaisonner [3] [asɛzɔne] **vt 1.** [salade] an◦machen **2.** [propos] würzen.
assassin [asasɛ̃] **nm** Mörder *der*, -in *die*.
assassiner [3] [asasine] **vt** ermorden.
assaut [aso] **nm** (An)sturm *der* ▸ **donner l'assaut à qqch** etw an◦greifen.
assèchement [asɛʃmɑ̃] **nm** Entwässerung *die*.
assemblage [asɑ̃blaʒ] **nm** [ensemble] Verbund *der*.
assemblée [asɑ̃ble] **nf** Versammlung *die* ▸ **l'Assemblée (nationale)** *französische Nationalversammlung*.
assembler [3] [asɑ̃ble] **vt** zusammen◦bauen.
asseoir [65] [aswaʀ] ◆ **s'asseoir vp** sich setzen.
assez [ase] **adv 1.** [suffisamment] genug **2.** [plutôt] recht ▸ **assez de** genug ▸ **en avoir assez de qqch** etw satt◦haben.
assidu, e [asidy] **adj 1.** [élève] fleißig **2.** [travail] regelmäßig.
assiéger [22] [asjeʒe] **vt** belagern.
assiette [asjɛt] **nf** Teller *der* ▸ **assiette de crudités** Salatteller ▸ **assiette creuse** tiefer Teller ▸ **assiette à dessert** Dessertteller ▸ **assiette plate** flacher Teller ▸ **assiette valaisanne** SUISSE Walliser Teller.

assimiler [3] [asimile] **vt** [comprendre] verarbeiten ▸ **assimiler un ouvrier à un cadre** einen Arbeiter mit einem leitenden Angestellten gleichstellen.

assis, e [asi, iz] ◆ **pp** → **asseoir.** ◆ **adj** : **être assis** sitzen.

assises [asiz] **nfpl** : **(cour d')assises** Schwurgericht *das*.

assistance [asistɑ̃s] **nf 1.** [public] Anwesenden *pl* **2.** [aide] Unterstützung *die*.

assistant, e [asistɑ̃, ɑ̃t] **nm, f 1.** [aide] Hilfskraft *die* **2.** [en langues étrangères] Assistent *der*, -in *die* ▸ **assistante sociale** Sozialarbeiterin *die*.

assister [3] [asiste] **vt** unterstützen ▸ **assister à** bei∘wohnen.

association [asɔsjasjɔ̃] **nf** [professionnelle] Verband *der* ▸ **association sportive** Sportverein *der*.

associé, e [asɔsje] ◆ **adj** teilhabend. ◆ **nm, f** Teilhaber *der*, -in *die*.

associer [9] [asɔsje] **vt** [rapprocher] verknüpfen. ◆ **s'associer vp** : **s'associer à** ou **avec qqn** sich mit jm zusammen∘schließen ▸ **s'associer à qqch** sich einer Sache *(D)* an∘schließen.

assoiffé, e [aswafe] **adj** durstig.

assombrir [32] [asɔ̃bʀiʀ] **vt** dunkel machen. ◆ **s'assombrir vp** sich verdunkeln.

assommer [3] [asɔme] **vt 1.** [tuer] erschlagen **2.** [frapper] nieder∘strecken.

Assomption [asɔ̃psjɔ̃] **nf** : **l'Assomption** Mariä Himmelfahrt *die*.

assorti, e [asɔʀti] **adj** passend ▸ **être assorti à** passen zu.

assortiment [asɔʀtimɑ̃] **nm** : **assortiment de bonbons** gemischte Bonbons.

assoupir [32] [asupiʀ] ◆ **s'assoupir vp** ein∘schlummern.

assouplir [32] [asupliʀ] **vt** [muscles] lockern.

assouplissant [asuplisɑ̃] **nm** Weichspüler *der*.

assouplissement [asuplismɑ̃] **nm** : **exercices d'assouplissement** Lockerungsübungen.

assourdissant, e [asuʀdisɑ̃, ɑ̃t] **adj** ohrenbetäubend.

assumer [3] [asyme] **vt 1.** [conséquences] tragen **2.** [fonction, rôle, responsabilité] über∘nehmen.

assurance [asyʀɑ̃s] **nf 1.** [contrat] Versicherung *die* **2.** [aisance] Sicherheit *die* ▸ **assurance automobile** Kfz-Versicherung.

assuré, e [asyʀe] **adj 1.** [certain] sicher **2.** [résolu] bestimmt.

assurer [3] [asyʀe] **vt 1.** [maison, voiture] versichern **2.** [fonction, tâche] wahr∘nehmen ▸ **je t'assure que** ich versichere dir, dass. ◆ **s'assurer vp** [par un contrat] eine Versicherung ab∘schließen ▸ **s'assurer contre le vol** eine Diebstahlversicherung ab∘schließen ▸ **s'assurer de qqch** sich einer Sache *(G)* vergewissern ▸ **s'assurer que** sich vergewissern, dass.

assureur [asyʀœʀ] **nm** Versicherungsträger *der*.

astérisque [asteʀisk] **nm** Sternchen *das*.

astéroïde [asteʀɔid] **nm** Asteroid *der*.

asthmatique [asmatik] **adj** asthmatisch.

asthme [asm] **nm** Asthma *das* ▸ **avoir de l'asthme** Asthma haben.

asticot [astiko] **nm** Made *die*.

astiquer [3] [astike] **vt** wienern.

astre [astʀ] **nm** [étoile] Gestirn *das*.

astrologie [astʀɔlɔʒi] **nf** Astrologie *die*.

astronaute [astʀɔnot] **nmf** Astronaut *der*, -in *die*.

astronomie [astʀɔnɔmi] **nf** Astronomie *die*.

astuce [astys] **nf 1.** [ingéniosité] Cleverness *die* **2.** [truc] Kniff *der*.

astucieux, euse [astysjø, øz] **adj** clever.

atelier [atəlje] **nm 1.** [d'usine] Werkstatt *die* **2.** [de peintre] Atelier *das* **3.** [groupe de travail] Workshop *der*.

athée [ate] **adj** atheistisch.

athénée [atene] **nm** BELG *weiterführende Schule*.

Athènes [atɛn] **n** Athen *nt*.

athlète [atlɛt] **nmf** Athlet *der*, -in *die*.

athlétisme [atletism] **nm** Leichtathletik *die*.

Atlantique [atlɑ̃tik] **nm : l'(océan) Atlantique** der Atlantik.

atlas [atlas] **nm** Atlas *der*.

atmosphère [atmɔsfɛʀ] **nf** Atmosphäre *die*.

atome [atom] **nm** Atom *das*.

atomique [atɔmik] **adj** Atom-.

atomiseur [atɔmizœʀ] **nm** Zerstäuber *der*.

atout [atu] **nm** Trumpf *der* ▸ **atout pique** Pik ist Trumpf.

atroce [atʀɔs] **adj** entsetzlich.

atrocité [atʀɔsite] **nf** Abscheulichkeit *die*.

attachant, e [ataʃɑ̃, ɑ̃t] **adj 1.** [caractère] einnehmend **2.** [personne] liebenswürdig ▸ **un garçon attachant** ein lieber Junge.

attaché-case [ataʃekɛz] (*pl* **attachés-cases**) **nm** Aktenkoffer *der*.

attachement [ataʃmɑ̃] **nm** Verbundenheit *die*.

attacher [3] [ataʃe] ◆ **vt 1.** [lier] fest∘machen **2.** INFORM an∘hängen. ◆ **vi** [dans la poêle] an∘setzen ▸ **'attachez vos ceintures'** 'bitte anschnallen' ▸ **attacher un fichier** INFORM eine Datei an∘hängen. ◆ **s'attacher vp** [se nouer] zugemacht werden ▸ **s'attacher à qqn** jn lieb gewinnen.

attaquant [atakɑ̃] **nm 1.** [assaillant] Angreifer *der* **2.** SPORT Angriffsspieler *der*.

attaque [atak] **nf 1.** [agression] Angriff *der* **2.** MÉD Anfall *der*.

attaquer [3] [atake] **vt 1.** [agresser] an∘greifen **2.** [abîmer] in Mitleidenschaft ziehen. ◆ **s'attaquer à vp + prép 1.** [personne] es auf∘nehmen mit **2.** [problème, tâche] in Angriff nehmen.

attarder [3] [ataʀde] ◆ **s'attarder vp** sich auf∘halten.

atteindre [81] [atɛ̃dʀ] **vt 1.** [parvenir à] erreichen **2.** [émouvoir, suj : balle] treffen **3.** [suj : maladie] befallen ▸ **être atteint de** erkrankt sein an *(+ D)*.

atteint, e [atɛ̃, ɛ̃t] **pp → atteindre**.

atteinte [atɛ̃] **nf → hors**.

atteler [24] [atle] **vt 1.** [chevaux] an∘spannen **2.** [remorque] an∘hängen.

attelle [atɛl] **nf** Schiene *die*.

attendre [73] [atɑ̃dʀ] ◆ **vt 1.** [événement] ab∘warten **2.** [espérer] erwarten. ◆ **vi** [patienter] warten ▸ **attendre le train** auf den Zug warten ▸ **attendre un enfant** ein Kind erwarten ▸ **attendre que** (darauf) warten, dass ▸ **attendre qqch de** (sich *(D)*) etw erwarten von. ◆ **s'attendre à vp + prép** gefasst sein auf *(+ A)* ▸ **s'attendre à ce que** darauf gefasst sein, dass.

attendrir [32] [atɑ̃dʀiʀ] **vt** rühren.

attentat [atɑ̃ta] **nm** Attentat *das* ▸ **attentat à la bombe** Bombenanschlag *der* ▸ **attentat suicide** Selbstmordattentat.

attente [atɑ̃t] **nf** [période] Wartezeit *die* ▸ **en attente** zurückgestellt.

attentif, ive [atɑ̃tif, iv] **adj** aufmerksam.

attention [atɑ̃sjɔ̃] **nf** Aufmerksamkeit *die* ▸ **attention !** Vorsicht! ▸ **fais attention !** pass auf! ▸ **faire attention à** achten auf *(+ A)* ▸ **tu dois faire attention à ce qu'il dit** du musst darauf achten, was er sagt.

atténuer [7] [atenɥe] **vt 1.** [douleur] lindern **2.** [son] dämpfen.

atterrir [32] [ateʀiʀ] **vi** landen.

atterrissage [ateʀisaʒ] **nm** Landung *die* ▸ **à l'atterrissage** bei der Landung.

attestation [atɛstasjɔ̃] **nf** Bescheinigung *die*.

attirant, e [atiʀɑ̃, ɑ̃t] **adj** anziehend.

attirer [3] [atiʀe] **vt** an∘ziehen ▸ **attirer l'attention de qqn** js Aufmerksamkeit auf sich *(A)* ziehen. ◆ **s'attirer vp** : **s'attirer des ennuis** sich *(D)* Schwierigkeiten ein∘handeln.

attiser [3] [atize] **vt** schüren.

attitude [atityd] **nf** [comportement] Verhalten *das*.

attraction [atʀaksjɔ̃] **nf 1.** [attirance] Anziehungskraft *die* **2.** [d'une fête] Vergnügung *die*.

attrait [atʀɛ] **nm** Reiz *der*.

attraper [3] [atʀape] **vt 1.** [prendre] schnappen **2.** [capturer] fangen **3.** [surprendre] erwischen **4.** [gronder] zurecht∘weisen **5.** [maladie] sich einfangen ▸ **attraper un coup de soleil** einen Sonnenbrand bekommen.

attrayant, e [atʀɛjɑ̃, ɑ̃t] **adj** attraktiv.

attribuer [7] [atʀibɥe] **vt** : **attribuer qqch à qqn** jm etw zu∘weisen.

attroupement [atʀupmɑ̃] **nm** Auflauf *der*.

atypique [atipik] **adj** untypisch.

au [o] *(contraction de* **à** *avec* **le***)* **prép** → **à**.

aube [ob] **nf** Morgengrauen *das* ▸ **à l'aube** bei Tagesanbruch.

auberge [obɛʀʒ] **nf** Gasthaus *das* ▸ **auberge de jeunesse** Jugendherberge *die*.

aubergine [obɛʀʒin] **nf** Aubergine *die*.

aucun, e [okœ̃, yn] ◆ **adj** kein. ◆ **pron** keine Einzige, kein Einziger, kein Einziges ▸ **sans aucun doute** zweifellos ▸ **aucun des deux** keiner von beiden ▸ **aucun d'entre nous** keiner von uns.

audace [odas] **nf** Wagemut *der*.

audacieux, euse [odasjø, øz] **adj** (wage)mutig.

au-delà [odəla] **adv 1.** [dans l'espace] jenseits **2.** [dans le temps] danach ▸ **au-delà de a)** [dans l'espace] jenseits von **b)** [dans le temps] nach Ablauf von.

au-dessous [odsu] **adv** darunter ▸ **au-dessous de** unter *(+ D)*.

au-dessus [odsy] **adv** darüber ▸ **au-dessus de** über *(+ D)*.

audience [odjɑ̃s] **nf 1.** [entretien] Unterredung *die* **2.** [public] Publikum *das*.

audio [odjo] **adj inv** [matériel, fichier] Audio- ▸ **livre audio** Hörbuch *das*.

audioblog [odjoblɔg] **nm** Audioblog *der ODER das*.

audioguide [odjɔgid] **nm** Audioguide *der*.

audiophone [odjɔfɔn] **nm** Hörgerät *das*.

audiovisuel, elle [odjɔvizɥɛl] **adj** audiovisuell.

auditeur, trice [oditœʀ, tʀis] **nm, f** Zuhörer *der*, -in *die*.

audition [odisjɔ̃] **nf 1.** [examen] Vorspielen *das* **2.** [sens] Gehörsinn *der*.

auditoire [oditwaʀ] **nm** Zuhörer *pl*.

auditorium [oditɔʀjɔm] **nm** Konzertsaal *der*.

augmentation [ogmɑ̃tasjɔ̃] **nf** Steigerung *die* ▸ **augmentation de salaire** Gehaltserhöhung *die* ▸ **en augmentation** steigend.

augmenter [3] [ogmɑ̃te] ◆ **vt** [salaire, volume] erhöhen. ◆ **vi 1.** [prix] steigen **2.** [marchandise] teurer werden.

aujourd'hui [oʒuʀdɥi] **adv 1.** [ce jour] heute **2.** [à notre époque] heutzutage ▸ **d'aujourd'hui** [de notre époque] von heute.

auparavant [opaʀavɑ̃] **adv** vorher.

auprès [opʀɛ] ◆ **auprès de prép** bei.

auquel [okɛl] *(contraction de* **à** *avec* **lequel***)* **pron rel** → **lequel**.

aura[1] [ora] **nf** Aura *die*.

aura[2] [ora] → **avoir**.

auréole [oʀeɔl] **nf** [tache] Rand *der*.

aurore [oʀɔʀ] **nf** Morgenrot *das*.

ausculter [3] [oskylte] **vt** ab◦horchen.

aussi [osi] ◆ **adv 1.** [également] auch ▸ **j'ai faim — moi aussi !** ich habe Hunger — ich auch! **2.** [introduit une comparaison] : **aussi... que** so ... wie **3.** [à ce point] so
◆ **conj** [par conséquent] deshalb.

aussitôt [osito] **adv** gleich ▸ **aussitôt que** sobald.

austère [ostɛʀ] **adj** streng.

Australie [ostʀali] **nf** : **l'Australie** Australien *nt*.

australien, enne [ostʀaljɛ̃, ɛn] **adj** australisch.

autant [otɑ̃] ◆ **adv 1.** [exprime la comparaison] genauso viel ▸ **j'aime autant rester ici** ich bleibe genauso gerne hier ▸ **autant que** genauso viel wie ▸ **l'aller simple coûte presque autant que l'aller et retour** die einfache Fahrkarte ist fast genauso teuer wie die Hin- und Rückfahrkarte **2.** [exprime l'intensité] so viel ▸ **je ne savais pas qu'il pleuvait autant ici** ich wusste nicht, dass es hier so viel regnet ▸ **autant de** so viel **3.** [il vaut mieux] : **autant partir demain** dann fahren wir ou fahre ich lieber morgen **4.** [dans des expressions] : **d'autant que** zumal ▸ **d'autant plus / moins que** um so mehr / weniger als ▸ **pour autant que je sache** soweit ich weiß.

autel [otɛl] **nm** Altar *der*.

auteur [otœʀ] **nmf** ***(aussi : auteure nf)*** **1.** [d'un livre, d'une chanson] Autor *der*, -in *die* **2.** [d'un crime] Urheber *der*, -in *die*.

authentique [otɑ̃tik] **adj** echt.

auto [oto] **nf** Auto *das* ▸ **autos tamponneuses** (Auto)skooter *der*.

autobiographie [otɔbjɔgʀafi] **nf** Autobiografie *die*.

autobronzant, e [otɔbʀɔ̃zɑ̃, ɑ̃t] **adj** selbstbräunend. ◆ **autobronzant nm** Selbstbräuner *der*.

autobus [otɔbys] **nm** Bus *der* ▸ **autobus à impériale** Doppeldecker *der*.

autocar [otɔkaʀ] **nm** (Reise)bus *der*.

autocollant [otɔkɔlɑ̃] **nm** Aufkleber *der*.

autocouchette(s) [otɔkuʃɛt] **adj inv** : **train autocouchettes** Autoreisezug *der*.

autocuiseur [otɔkɥizœʀ] **nm** Schnellkochtopf *der*.
autodérision [otɔderizjɔ̃] **nf** Selbstironie *die*.
autodestruction [otɔdɛstʀyksjɔ̃] **nf** Selbstzerstörung *die*.
autodidacte [otɔdidakt] ◆ **adj** autodidaktisch. ◆ **nmf** Autodidakt *der*, -in *die*.
auto-école [otɔekɔl] (*pl* **auto-écoles**) **nf** Fahrschule *die*.
autofinancer [16] [otɔfinɑ̃se] ◆ **s'autofinancer vp** *(emploi réfléchi)* sich selbst finanzieren.
autographe [otɔgʀaf] **nm** Autogramm *das*.
automate [otɔmat] **nm 1.** Automat *der* **2.** [jouet] mechanische Gliederpuppe.
automatique [otɔmatik] **adj 1.** [système] automatisch **2.** [geste, réaction] mechanisch.
automne [otɔn] **nm** Herbst *der* ▸ **en automne** im Herbst.
automobile [otɔmɔbil] **adj 1.** [industrie] Automobil- **2.** [course] Auto-.
automobiliste [otɔmɔbilist] **nmf** Autofahrer *der*, -in *die*.
autonome [otɔnɔm] **adj** selbstständig.
autonomie [otɔnɔmi] **nf 1.** [indépendance] Selbstständigkeit *die* **2.** POL Unabhängigkeit *die* **3.** INFORM Betriebsdauer *die*.
autopartage [otɔpaʀtaʒ] **nm** Carsharing *das*.
autopsie [otɔpsi] **nf** Obduktion *die*.
autoradio [otɔʀadjo] **nm** Autoradio *das*.
autorisation [otɔʀizasjɔ̃] **nf** Genehmigung *die*.
autorisé, e [otɔʀize] **adj 1.** [milieu] maßgebend **2.** [personne] befugt.
autoriser [3] [otɔʀize] **vt** erlauben ▸ **autoriser qqn à faire qqch** jm erlauben, etw zu tun ▸ **être autorisé à faire qqch** befugt sein, etw zu tun.
autoritaire [otɔʀitɛʀ] **adj** autoritär.
autorité [otɔʀite] **nf** [fermeté] Strenge *die* ▸ **les autorités** die Behörden.
autoroute [otɔʀut] **nf** Autobahn *die* ▸ **autoroute à péage** gebührenpflichtige Autobahn.
autosatisfaction [otɔsatisfaksjɔ̃] **nf** Selbstzufriedenheit *die*.
auto-stop [otɔstɔp] **nm** : **faire de l'auto-stop** trampen.
autour [otuʀ] **adv** d(a)rum herum ▸ **tout autour** ringsumher.

autre [otʀ] ◆ **adj 1.** [différent] andere(r, s) ▸ **j'aimerais essayer un autre pantalon** ich würde gerne eine andere Hose anprobieren **2.** [supplémentaire] : **une autre bouteille d'eau minérale, s'il vous plaît !** noch eine Flasche Mineralwasser, bitte! ▸ **il n'y a rien d'autre à voir ici** hier gibt es nichts mehr zu sehen ▸ **veux-tu quelque chose d'autre ?** möchtest du noch etwas? **3.** [restant] übrige(r, s) ▸ **les autres passagers sont priés de descendre de l'appareil** die übrigen Fluggäste werden gebeten, die Maschine zu verlassen **4.** [dans des expressions] : **j'irai autre part** ich werde woanders hingehen ▸ **d'autre part** andererseits
◆ **pron** andere(r, s) ▸ **l'autre** der ou die ou das andere ▸ **un autre** ein anderer, eine andere, ein anderes ▸ **il ne se soucie pas des autres** er kümmert sich nicht um die anderen ▸ **d'une minute à l'autre** jeden Augenblick ▸ **entre autres** unter anderem.

autrefois [otʀəfwa] **adv** früher.

autrement [otRəmɑ̃] adv 1. [différemment] anders 2. [sinon] sonst ▸ **autrement dit** mit anderen Worten.
Autriche [otRiʃ] nf : **l'Autriche** Österreich *nt*.
autrichien, enne [otRiʃjɛ̃, ɛn] adj österreichisch. ◆ **Autrichien, enne** nm, f Österreicher *der*, -in *die*.
autruche [otRyʃ] nf Strauß *der*.
auvent [ovɑ̃] nm Vordach *das*.
Auvergne [ovɛRɲ] nf → **bleu**.
aux [o] *(contraction de* **à** *avec* **les***)* prép → **à**.
auxiliaire [oksiljɛR] ◆ nmf Hilfskraft *die*. ◆ nm GRAMM Hilfsverb *das*.
auxquelles [okɛl] *(contraction de* **à** *avec* **lesquelles***)* pron rel → **lequel**.
auxquels [okɛl] *(contraction de* **à** *avec* **lesquels***)* pron rel → **lequel**.
av. *abr écrite de* **avenue**.
avachi, e [avaʃi] adj 1. [chaussures] ausgelatscht 2. [canapé] durchgesessen 3. [personne] schlapp.
avachir [32] [avaʃiR] ◆ **s'avachir** vp *fam* [s'affaler] : **s'avachir dans un fauteuil** in einen Sessel sinken.
aval [aval] nm : **en aval de** unterhalb *(+ G)*.
avalanche [avalɑ̃ʃ] nf Lawine *die*.
avaler [3] [avale] vt 1. [volontairement] (hinunter)schlucken 2. [par erreur] verschlucken.
avance [avɑ̃s] nf 1. [progression] Vorsprung *der* 2. [prêt] Vorschuss *der* ▸ **à l'avance** vorab ▸ **d'avance** im Voraus ▸ **en avance** zu früh.
avancé, e [avɑ̃se] adj 1. [dans le temps] fortgeschritten 2. [développé : intelligence, économie] hochentwickelt ▸ **à une heure avancée** zu fortgeschrittener Stunde ▸ **te voilà bien avancé !** jetzt bist du genauso weit wie vorher. ◆ **avancée** nf Vormarsch *der*.
avancer [16] [avɑ̃se] ◆ vt 1. [rapprocher] vor°rücken 2. [anticiper] vor°verlegen 3. [prêter] vor°schießen. ◆ vi 1. [se déplacer] weiter°gehen 2. [progresser] voran°kommen 3. [montre, pendule] vor°gehen ▸ **avancer de cinq minutes** fünf Minuten vor°gehen. ◆ **s'avancer** vp 1. [se rapprocher] näher kommen 2. [partir devant] vor°gehen.
avant [avɑ̃] ◆ prép vor. ◆ adv vorher. ◆ nm 1. [partie antérieure] Vorderteil *das* 2. SPORT Stürmer *der*. ◆ adj inv [partie, roue, siège] Vorder- ▸ **avant de** bevor ▸ **avant que** bevor ▸ **avant tout** a) [surtout] zuallererst b) [d'abord] vor allem ▸ **l'année d'avant** das Jahr davor ▸ **en avant** a) [tomber] vornüber- b) [partir] vor-.
avantage [avɑ̃taʒ] nm Vorteil *der* ▸ **avoir l'avantage** im Vorteil sein.
avantager [17] [avɑ̃taʒe] vt bevorteilen.
avantageux, euse [avɑ̃taʒø, øz] adj günstig.
avant-bras [avɑ̃bRa] nm inv Unterarm *der*.
avant-dernier, ère, s [avɑ̃dɛRnje, ɛR] ◆ adj vorletzte(r, s). ◆ nm, f Vorletzte *der, die*.
avant-hier [avɑ̃tjɛR] adv vorgestern.
avant-première [avɑ̃pRəmjɛR] (*pl* **avant-premières**) nf Voraufführung *die* ▸ **en avant-première** als Voraufführung.
avant-propos [avɑ̃pRɔpo] nm inv Vorwort *das*.
avare [avaR] ◆ adj geizig. ◆ nmf Geizkragen *der*.
avarice [avaRis] nf Geiz *der*.

avarié, e [avaʀje] **adj 1.** [viande] verdorben **2.** [cargaison] beschädigt **3.** [bateau] havariert.

avec [avɛk] **prép** mit ▸ **avec élégance** elegant ▸ **et avec ça ?** sonst noch etwas? ▸ **il se comporte bizarrement avec moi** er verhält sich mir gegenüber komisch.

avenir [avniʀ] **nm** Zukunft *die* ▸ **à l'avenir** künftig ▸ **d'avenir** zukunftsträchtig.

aventure [avɑ̃tyʀ] **nf** Abenteuer *das*.

aventurer [3] [avɑ̃tyʀe] ◆ **s'aventurer vp** sich wagen.

aventureux, euse [avɑ̃tyʀø, øz] **adj 1.** [personne, caractère] abenteuerlustig **2.** [vie] abenteuerlich.

aventurier, ère [avɑ̃tyʀje, ɛʀ] **nm, f** Abenteurer *der*, -in *die*.

avenue [avny] **nf** Avenue *die*.

avérer [18] [aveʀe] ◆ **s'avérer vp** sich erweisen ▸ **ça s'est avéré très avantageux** das hat sich als sehr vorteilhaft erwiesen.

averse [avɛʀs] **nf** Regenschauer *der*.

avertir [32] [avɛʀtiʀ] **vt** benachrichtigen ▸ **avertir qqn de qqch** jn von etw benachrichtigen.

avertissement [avɛʀtismɑ̃] **nm 1.** [mise en garde] Warnung *die* **2.** SCOL Verweis *der*.

aveu [avø] (*pl* -x) **nm** Geständnis *das*.

aveugle [avœgl] ◆ **adj** blind. ◆ **nmf** Blinde *der, die*.

aveugler [5] [avœgle] **vt 1.** [suj : lumière] blenden **2.** [suj : amour, haine] blind machen.

aveuglette [avœglɛt] ◆ **à l'aveuglette adv** aufs Geratewohl ▸ **avancer à l'aveuglette** sich tastend fort°bewegen.

aviateur, trice [avjatœʀ, tʀis] **nm, f** Flieger *der*, -in *die*.

aviation [avjasjɔ̃] **nf** MIL Luftfahrt *die*.

avide [avid] **adj** [d'argent] geldgierig ▸ **avide de pouvoir** machthungrig.

avion [avjɔ̃] **nm** Flugzeug *das* ▸ **'par avion'** 'per Luftpost'.

aviron [aviʀɔ̃] **nm 1.** [rame] Riemen *der* **2.** SPORT Rudern *das*.

avis [avi] **nm 1.** [opinion] Ansicht *die* **2.** [information] Bekanntmachung *die* ▸ **changer d'avis** seine Meinung ändern ▸ **à mon avis** meiner Ansicht nach ▸ **avis de réception** Rückschein *der*.

av. J-C (*abr écrite de* avant Jésus-Christ) v. Chr. *(vor Christus)*.

avocat¹, e [avɔka, at] **nm, f** [homme de loi] Rechtsanwalt *der*, -wältin *die*.

avocat² [avɔka] **nm** [fruit] Avocado *die*.

avoine [avwan] **nf** Hafer *der*.

avoir [1] [avwaʀ] ◆ **vt 1.** [gén] haben ▸ **avoir les cheveux bruns** braune Haare haben ▸ **avoir de l'ambition** ehrgeizig sein **2.** [être âgé de] : **quel âge as-tu ?** wie alt bist du? ▸ **j'ai 13 ans** ich bin 13 (Jahre alt) **3.** [obtenir] : **combien tu as eu en maths ?** was hast du in Mathe? **4.** [au téléphone] erreichen **5.** *fam* [duper] : **se faire avoir a)** [se faire escroquer] hereingelegt werden **b)** [tomber dans le piège] herein°fallen **6.** [exprime l'obligation] : **j'ai à te parler** ich muss mit dir reden ▸ **j'ai beaucoup à faire** ich habe viel zu tun ▸ **vous n'avez qu'à remplir ce formulaire** füllen Sie einfach dieses Formular aus **7.** [dans des expressions] : **vous en avez encore pour longtemps ?** brauchen Sie noch lange? ▸ **nous en avons eu pour 50 euros** das hat uns 50 Euro gekostet ◆ **v aux** haben ▸ **j'ai attendu** ich habe gewartet ▸ **j'ai couru** ich bin gelaufen ▸ **j'ai terminé** ich bin fertig ▸ **hier nous**

→

avons visité le château gestern haben wir das Schloss besichtigt

◆ **il y a** v impers **1.** [il existe] es gibt ▸ **il y a un problème** es gibt ein Problem ▸ **y a-t-il des toilettes dans les environs ?** gibt es hier in der Nähe eine Toilette? ▸ **qu'est-ce qu'il y a ?** was ist los? ▸ **il n'y a qu'à revenir demain** dann kommen wir morgen eben wieder **2.** [temporel] : **il y a trois ans** vor drei Jahren ▸ **il y a plusieurs années que nous venons ici** wir kommen seit mehreren Jahren hierher.

avoisiner [3] [avwazine] **vt** [en valeur] grenzen an *(+ A)* ▸ **les dégâts avoisinent le million** die Schäden gehen in die Million.

avortement [avɔʀtəmɑ̃] **nm** Abtreibung *die*.

avorter [3] [avɔʀte] **vi** MÉD ab°treiben.

avouer [6] [avwe] **vt** gestehen ▸ **il faut avouer que** man muss zugeben, dass.

avril [avʀil] **nm** April *der* ▸ **le premier avril** der erste April ▸ **en avril, au mois d' avril** im April ▸ **début avril** Anfang April.

ⓘ Le premier avril

Am ersten April spielen Franzosen gerne Streiche. Mit besonderer Spannung erwartet man die Aprilscherze in Presse und Fernsehen. Traditionsgemäß heften die Kinder heimlich ihren Freunden, Passanten oder Lehrern selbstgebastelte Papierfische (poissons d'avril) auf den Rücken. Wurden diese dann entdeckt, bekommen die "Opfer" ein lautes poisson d'avril zu hören.

axe [aks] **nm 1.** [pivot] Achse *die* **2.** [routier, ferroviaire] Verkehrsweg *der* ▸ **axe rouge** *Hauptverkehrsstraße in Paris.*

ayant [ejɑ̃] **p prés** → **avoir.**

ayons [ejɔ̃] **1re pers. du pl. du subj. prés.** & **1re pers. du pl. de l'impératif prés.** → **avoir.**

Azerbaïdjan [azɛʀbajdʒɑ̃] **nm** : **(l')Azerbaïdjan** Aserbaidschan *nt.*

azote [azɔt] **nm** Stickstoff *der.*

azur [azyʀ] **nm** Azurblau *das.* ◆ **Azur n** → **côte.**

Bb

B *(abr de* bien) ≃ gut.

baba [baba] **nm** : **baba au rhum** Rumkuchen *der.*

babines [babin] **nfpl** Lefzen *pl.*

bâbord [babɔʀ] **nm** Backbord *das* ▸ **à bâbord** backbord.

baby boom [bebibum] **nm** Babyboom *der.*

baby-foot [babifut] **nm inv** Tischfußballspiel *das.*

baby-sitter [bebisitœʀ] (*pl* **baby-sitters**) **nmf** Babysitter *der,* -in *die.*

baby-sitting [bebisitiŋ] **nm** : **faire du baby-sitting** babysitten.

bac [bak] **nm 1.** [récipient] Becken *das* **2.** [bateau] Fähre *die* **3.** *fam (abr de* baccalauréat) Abi *das (Abitur)* ▸ **bac technique** (Fach)hochschulreife *die* ▸ **bac pro(fessionnel)** berufsorientiertes Abitur *das.*

baccalauréat [bakalɔʀea] **nm** Abitur *das.*

ⓘ Le baccalauréat

In der letzten Klasse des lycée legen die Schüler ihr Abitur, das baccalauréat, kurz bac, ab. In Frankreich gibt es drei Abiturarten: das allgemeinbildende, das technische oder das stärker berufsorientierte Abitur. Anders als in Deutschland handelt es sich beim bac um eine landesweit einheitliche Prüfung.

bâche [baʃ] **nf** Plane *die*.

bachoter [3] [baʃɔte] **vi** *fam* pauken.

bâcler [3] [bakle] **vt** *fam* hin∘schustern.

bacon [bekɔn] **nm** [charcuterie] Speck *der*.

bactérie [bakteʀi] **nf** Bakterie *die*.

Bade [bad] **n** : **le Pays de Bade** Baden *nt*.

badge [badʒ] **nm** Anstecker *der*.

badigeonner [3] [badiʒɔne] **vt** [mur] tünchen.

badminton [badmintɔn] **nm** Federball *der*.

baffe [baf] **nf** *fam* Ohrfeige *die*.

baffle [bafl] **nm** Lautsprecherbox *die*.

bafouiller [3] [bafuje] **vi** stammeln.

bagage [bagaʒ] **nm** Gepäckstück *das* ▸ **bagages** Gepäck *das* ▸ **bagage à main** Handgepäck *das*.

bagarre [bagaʀ] **nf** Schlägerei *die*.

bagarrer [3] [bagaʀe] ◆ **se bagarrer vp** sich raufen.

Bagdad [bagdad] **n** Bagdad *nt*.

baggy [bagi] **nm** Baggy *die*.

bagnes [baɲ] **nm** SUISSE Bagnes *der*.

bagnole [baɲɔl] **nf** *fam* Karre *die*.

bague [bag] **nf** Ring *der*.

baguette [bagɛt] **nf 1.** [tige] Stab *der* **2.** [de chef d'orchestre] Dirigentenstab *der* **3.** [chinoise] Stäbchen *das* **4.** [pain] Baguette *das* ▸ **baguette magique** Zauberstab.

Bahamas [baamas] **nfpl** : **les Bahamas, l'archipel des Bahamas** die Bahamas.

Bahreïn [baʀejn] **n** Bahrain *nt*.

baie [bɛ] **nf 1.** [fruit] Beere *die* **2.** [golfe] Bucht *die* **3.** [fenêtre] Maueröffnung *die* ▸ **baie vitrée** Fensterfront *die*.

baignade [bɛɲad] **nf** Baden *das* ▸ **'baignade interdite'** 'Baden verboten'.

baigner [4] [beɲe] **vt** [bébé] baden ▸ **baigner dans** schwimmen in *(+ D)* ▸ **baigné de larmes** tränenüberströmt. ◆ **se baigner vp** baden.

baignoire [bɛɲwaʀ] **nf** Badewanne *die*.

bail [baj] (*pl* **baux** [bo]) **nm** Mietvertrag *der*.

bâiller [3] [baje] **vi 1.** gähnen **2.** [être ouvert] einen Spalt weit offen sein.

bâillonner [3] [bajɔne] **vt** knebeln.

bain [bɛ̃] **nm** Bad *das* ▸ **prendre un bain** ein Bad nehmen ▸ **prendre un bain de soleil** sich sonnen ▸ **'grand bain'** Schwimmerbecken *das* ▸ **'petit bain'** Nichtschwimmerbecken *das*.

bain-marie [bɛ̃maʀi] **nm** Wasserbad *das* ▸ **au bain-marie** im Wasserbad.

baiser [beze] **nm** Kuss *der*.

baisse [bɛs] **nf** Sinken *das* ▸ **en baisse** fallend.

baisser [4] [bese] ◆ **vt 1.** [tête, voix, prix] senken **2.** [vitre] herunter∘lassen **3.** [son] leiser stellen. ◆ **vi 1.** [niveau, prix] sinken **2.** [son] leiser werden. ◆ **se baisser vp** sich bücken.

Bakou [baku] **n** Baku *nt*.

bal [bal] **nm** Ball *der*.

balade [balad] **nf** Spaziergang *der*.
balader [3] [balade] ◆ **se balader vp** spazieren gehen.
baladeur [baladœʀ] **nm** Walkman® *der*.
balafre [balafʀ] **nf** Narbe *die*.
balai [balɛ] **nm** 1. [pour nettoyer] Besen *der* 2. [d'essuie-glace] Wischerblatt *das*.
balance [balɑ̃s] **nf** Waage *die*. ◆ **Balance nf** Waage *die*.
balancer [16] [balɑ̃se] **vt** 1. [objet, bras] schwenken 2. *fam* [jeter] weg°schmeißen. ◆ **se balancer vp** schaukeln.
balancier [balɑ̃sje] **nm** Pendel *das*.
balançoire [balɑ̃swaʀ] **nf** Schaukel *die*.
balayage [balɛjaʒ] **nm** [des cheveux] : **se faire faire un balayage** sich *(D)* Strähnchen machen lassen.
balayer [11] [baleje] **vt** 1. [nettoyer] fegen 2. [pousser] weg°fegen ▸ **le vent balaie les nuages** der Wind vertreibt die Wolken.
balayeur, euse [balɛjœʀ, øz] **nm, f** Straßenkehrer *der*, -in *die*.
balbutier [9] [balbysje] **vi** stammeln.
balcon [balkɔ̃] **nm** Balkon *der*.
balconnet [balkɔnɛ] **nm** : **soutien-gorge à balconnet** Bügel-BH *der*.
Bâle [bal] **n** Basel *nt*.
Baléares [baleaʀ] **nfpl** : **les (îles) Baléares** die Balearen ▸ **aux Baléares** auf den Balearen.
baleine [balɛn] **nf** [animal] Wal *der*.
balise [baliz] **nf** 1. NAUT Bake *die* 2. [de randonnée] Wegmarkierung *die* 3. INFORM Tag *der*.
balle [bal] **nf** 1. SPORT Ball *der* 2. [d'arme à feu] Kugel *die* 3. *fam* [franc] Franc *der* ▸ **balle à blanc** Platzpatrone *die*.
ballerine [balʀin] **nf** 1. [chaussure] Ballerina *der* 2. [danseuse] Balletttänzerin *die*.
ballet [balɛ] **nm** Ballett *das*.
ballon [balɔ̃] **nm** 1. SPORT Ball *der* 2. [d'enfant, pour fête] Luftballon *der* 3. [montgolfière] Ballon *der* 4. [verre] Weinglas *das*.
ballonné, e [balɔne] **adj** aufgebläht.
ballotter [3] [balɔte] **vt** hin- und her°werfen ▸ **être ballotté** a) [dans une voiture, un bateau] durchgeschüttelt werden b) *fig* hin- und hergerissen sein.
balnéaire [balneɛʀ] **adj** → **station**.
balnéothérapie [balneɔteʀapi] **nf** Balneotherapie *die*.
Baltique [baltik] **nf** : **la (mer) Baltique** die Ostsee.
balustrade [balystʀad] **nf** Brüstung *die*.
Bamako [bamako] **n** Bamako *nt*.
bambin [bɑ̃bɛ̃] **nm** kleines Kind.
bambou [bɑ̃bu] **nm** Bambus *der*.
banal, e [banal] **adj** banal.
banane [banan] **nf** 1. Banane *die* 2. [porte-monnaie] Gürteltasche *die*.
bananier [bananje] **nm** [arbre] Bananenstaude *die* ▸ **république bananière** Bananenrepublik *die*.
banc [bɑ̃] **nm** 1. Bank *die* 2. [de poissons] Schwarm *der* ▸ **banc public** öffentliche Bank ▸ **banc de sable** Sandbank *die*.
bancaire [bɑ̃kɛʀ] **adj** Bank-.
bancal, e [bɑ̃kal] **adj** schief.
bandage [bɑ̃daʒ] **nm** Bandage *die*.
bandana [bɑ̃dana] **nm** Nickituch *das*.

bande [bɑ̃d] **nf 1.** [de tissu, de papier] Streifen *der* **2.** [pansement] Binde *die* **3.** [groupe] Bande *die* ▸ **bande d'arrêt d'urgence** Seitenstreifen ▸ **bande blanche** [sur route] Fahrbahnmarkierung *die* ▸ **bande dessinée** Comic *der* ▸ **bande magnétique** Tonband *das* ▸ **bande originale** Originalfilmmusik *die*.

bande-annonce [bɑ̃danɔ̃s] (*pl* **bandes-annonces**) **nf** Vorspann *der*.

bandeau [bɑ̃do] (*pl* **-x**) **nm 1.** [dans les cheveux] Haarband *das* **2.** [sur les yeux] Augenbinde *die*.

banderole [bɑ̃dʀɔl] **nf** Spruchband *das*.

bandit [bɑ̃di] **nm** Bandit *der*.

bandoulière [bɑ̃duljɛʀ] **nf** Schulterriemen *der* ▸ **en bandoulière** über die Schulter gehängt.

Bangkok [bɑ̃gkɔk] **n** Bangkok *nt*.

Bangladesh [bɑ̃gladɛʃ] **nm** : **le Bangladesh** Bangladesch *nt* ▸ **au Bangladesh** in Bangladesch.

Bangui [bɑ̃gi] **n** Bangui *nt*.

Banjul [bɑ̃ʒul] **n** Banjul *nt*.

banlieue [bɑ̃ljø] **nf** Vororte *pl* ▸ **habiter en banlieue** in einem Vorort wohnen.

banlieusard, e [bɑ̃ljøzaʀ, aʀd] **nm, f** Vorstadtbewohner *der*, -in *die*.

banque [bɑ̃k] **nf** Bank *die* ▸ **Banque centrale européenne** Europäische Zentralbank.

banquet [bɑ̃kɛ] **nm** Bankett *das*.

banquette [bɑ̃kɛt] **nf** Sitzbank *die*.

banquier, ière [bɑ̃kje, ɛʀ] **nm, f** Bankier *der*, Bankerin *die*.

banquise [bɑ̃kiz] **nf** Packeis *das*.

baptême [batɛm] **nm** Taufe *die* ▸ **baptême de l'air** erster Flug.

baptiser [3] [batize] **vt** taufen.

bar [baʀ] **nm** Bar *die* ▸ **bar à café** SUISSE *Café in der Schweiz, in dem nur alkoholfreie Getränke serviert werden.*

baraque [baʀak] **nf 1.** [de jardin] Schuppen *der* **2.** [de fête foraine] Bude *die* **3.** *fam* [maison] Hütte *die*.

baraqué, e [baʀake] **adj** *fam* athletisch.

baratin [baʀatɛ̃] **nm** *fam* Schmus *der*.

Barbade [baʀbad] **nf** : **la Barbade** Barbados *nt* ▸ **à la Barbade** auf Barbados.

barbant, e [baʀbɑ̃, ɑ̃t] **adj** *fam* sterbenslangweilig.

barbare [baʀbaʀ] **adj** barbarisch.

Barbarie [baʀbaʀi] **n** → **orgue**.

barbe [baʀb] **nf** Bart *der* ▸ **barbe à papa** Zuckerwatte *die*.

barbecue [baʀbəkju] **nm** (Holzkohlen)grill *der* ▸ **faire un barbecue** grillen.

barbelé [baʀbəle] **nm** : **(fil de fer) barbelé** Stacheldraht *der*.

barboter [3] [baʀbɔte] **vi** planschen.

barbouillé, e [baʀbuje] **adj** : **avoir l'estomac barbouillé** sich *(D)* den Magen verdorben haben.

barbouiller [3] [baʀbuje] **vt 1.** [écrire, peindre sur] hin°schmieren **2.** [salir] voll°schmieren.

barbu [baʀby] **adj m** bärtig.

Barcelone [baʀsəlɔn] **n** Barcelona.

barème [baʀɛm] **nm** Skala *die*.

baril [baʀil] **nm** Barrel *das*.

barman [baʀman] **nm** Barmann *der*.

baromètre [baʀɔmɛtʀ] **nm** Barometer *das*.

baron, onne [baʀɔ̃, ɔn] **nm, f** Baron *der*, -in *die*.

baroque [baʀɔk] **adj** [style] barock.

barque [baʀk] **nf** Barke *die*.

barquette [barkɛt] **nf 1.** [tartelette] Törtchen *das* **2.** Schale *die*, Schälchen *das*.
barrage [baraʒ] **nm** [sur une rivière] Damm *der* ▸ **barrage de police** Polizeisperre *die*.
barre [bar] **nf 1.** [de fer, de chocolat] Riegel *der* **2.** [trait] Strich *der* **3.** NAUT Pinne *die* **4.** INFORM Taste *die* ▸ **barre de défilement** Bildlaufleiste *die* ▸ **barre d'espace** Leertaste *die* ▸ **barre d'outils** Symbolleiste *die* ▸ **barre des tâches** Taskleiste *die*.
barreau [baro] (*pl* -x) **nm** Stange *die*.
barrer [3] [bare] **vt 1.** [rue, route] sperren **2.** [mot, phrase] durch∘streichen **3.** NAUT steuern.
barrette [barɛt] **nf** [à cheveux] Haarspange *die* ▸ **barrette mémoire** RAM-Speicher *der*.
barricade [barikad] **nf** Straßensperre *die*.
barricader [3] [barikade] **vt** verbarrikadieren. ◆ **se barricader vp** [dans une pièce] sich verbarrikadieren.
barrière [barjɛr] **nf** Schranke *die*.
bar-tabac [bartaba] (*pl* **bars-tabacs**) **nm** *Bar mit Tabakwarenverkauf*.
bas, basse [ba, bas] ◆ **adj 1.** [maison, prix] niedrig **2.** [note] schwach **3.** MUS tief. ◆ **nm 1.** [partie inférieure] unterer Teil **2.** [vêtement] Strumpf *der*. ◆ **adv 1.** [dans l'espace] tief **2.** [parler] leise ▸ **en bas de la page** unten auf der Seite ▸ **en bas de chez moi** unter mir.
bas-côté [bakote] (*pl* **bas-côtés**) **nm** [de la route] Straßenrand *der*.
bascule [baskyl] **nf 1.** [pour peser] Waage *die* **2.** [jeu] Wippe *die*.
basculer [3] [baskyle] ◆ **vt** kippen. ◆ **vi** um∘kippen.
base [baz] **nf 1.** [partie inférieure] Sockel *der* **2.** [origine, principe] Grundlage *die* ▸ **à base de plantes** auf Pflanzenbasis ▸ **de base** grundlegend ▸ **base de données** Datenbank *die*.
baser [3] [baze] **vt** : **baser qqch sur qqch** etw auf etw *(A)* gründen. ◆ **se baser sur vp + prép** sich stützen auf *(+ A)*.
basilic [bazilik] **nm** Basilikum *das*.
basilique [bazilik] **nf** Basilika *die*.
basket [baskɛt] **nm & nf** [chaussure] Turnschuh *der*.
basket(-ball) [baskɛt(bol)] **nm** Basketball *der*.
basquaise [baskɛz] **adj** → **poulet**.
basque [bask] ◆ **adj** baskisch. ◆ **nm** [langue] Baskisch(e) *(das)* ▸ **le Pays basque** das Baskenland. ◆ **Basque nmf** Baske *der*, -in *die*.
basse [ba, bas] **adj f** → **bas**.
bassin [basɛ̃] **nm** Becken *das* ▸ **le Bassin parisien** das Pariser Becken ▸ **'grand bassin'** Schwimmerbecken ▸ **petit bassin** Nichtschwimmerbecken.
bassine [basin] **nf** Schüssel *die*.
basta [basta] **interj** *fam* basta ▸ **je termine la page 14 et basta !** ich lese die Seite 14 zu Ende und dann ist Schluss.
Bastille [bastij] **nf** : **l'opéra (de la) Bastille** *modernes Pariser Opernhaus* ▸ **la prise de la Bastille** der Sturm auf die Bastille.

ⓘ La Bastille

Als ehemaliges Staatsgefängnis ist die Bastille zum Symbol für den Sieg des Widerstands gegen die Monarchie während der Révolution française geworden. Der 14. Juli 1789, Tag des Sturms auf die Bastille, wurde zum französischen Nationalfeiertag erklärt. Auf dem place de la Bastille steht heute die von zahlreichen Bars und Restaurants umgebene Bastille-Oper (opéra Bastille).

bataille [bataj] **nf** Schlacht *die*.

bâtard, e [batar, ard] **nm, f** [chien] Mischling *der*.

bateau [bato] (*pl* -x) **nm 1.** NAUT Boot *das* **2.** [sur le trottoir] Ausfahrt *die* ▸ **bateau de pêche** Fischerboot ▸ **bateau à voiles** Segelboot.

bateau-mouche [batomuʃ] (*pl* **bateaux-mouches**) **nm** *Ausflugsdampfer auf der Seine in Paris*.

bâtiment [batimɑ̃] **nm** [édifice] Gebäude *das* ▸ **le bâtiment** [activité] das Baugewerbe.

bâtir [32] [batir] **vt** errichten.

bâton [batɔ̃] **nm** Stock *der* ▸ **bâton de craie** Stück Kreide *das* ▸ **bâton de rouge à lèvres** Lippenstift *der* ▸ **bâton de ski** Skistock *der*.

bâtonnet [batɔnɛ] **nm** Stäbchen *das* ▸ **bâtonnet de glace** Eis *das* am Stiel.

battant [batɑ̃] **nm** [d'une porte] Flügel *der*.

battement [batmɑ̃] **nm 1.** [coup] Schlagen *das* **2.** [intervalle] (freie) Zeit.

batterie [batri] **nf 1.** AUTO & INFORM Batterie *die* **2.** MUS Schlagzeug *das* ▸ **batterie de cuisine** Kochgeschirr *das* ▸ **batterie Lithium Ion** Litium-Ionen-Batterie *die*.

batteur[1], euse [batœr, øz] **nm, f** MUS Schlagzeuger *der*, -in *die*.

batteur[2] [batœr] **nm** [mélangeur] Rührgerät *das*.

battre [83] [batr] ◆ **vt 1.** [personne, équipe] schlagen **2.** [tapis] aus◦klopfen. ◆ **vi** schlagen ▸ **battre des œufs en neige** Eiweiß steif schlagen ▸ **battre la mesure** den Takt schlagen ▸ **battre des mains** in die Hände klatschen. ◆ **se battre vp** : **se battre (avec qqn)** sich (mit jm) schlagen.

baume [bom] **nm** Balsam *der*.

baux [bo] **nmpl** → **bail**.

bavard, e [bavar, ard] ◆ **adj** geschwätzig. ◆ **nm, f** Plappermaul *das*.

bavardage [bavardaʒ] **nm** Geschwätz *das*.

bavarder [3] [bavarde] **vi** schwatzen.

bavarois [bavarwa] **nm** CULIN Fruchtcremetorte *die*.

bave [bav] **nf** Speichel *der*.

baver [3] [bave] **vi** sabbern ▸ **en baver** *fam* viel mit◦machen.

bavette [bavɛt] **nf** CULIN Bauchfleisch *das (vom Rind)*.

baveux, euse [bavø, øz] **adj** [omelette] kurz gegart.

Bavière [bavjɛr] **nf** : **la Bavière** Bayern *nt*.

bavoir [bavwar] **nm** Lätzchen *das*.

bavure [bavyr] **nf 1.** [tache] Fleck *der* **2.** [erreur] Schnitzer *der*.

bayou [baju] **nm** *Sumpfgebiet in Louisiana*.

bazar [bazar] **nm 1.** [magasin] Basar *der* **2.** *fam* [désordre] Durcheinander *das*.

BCBG (*abr de* **bon chic bon genre**) **adj** schickimicki.

Bd *abr écrite de* **boulevard**.

BD (*abr de* **bande dessinée**) **nf** *fam* Comic *der*.

beau, belle [bo, bɛl] (*mpl* **beaux** [bo]) (**bel** [bɛl] *devant voyelle ou « h » muet*) ◆ **adj** schön. ◆ **adv** : **il fait beau** es ist schönes Wetter ▸ **beau travail !** [sens ironique] eine schöne Bescherung! ▸ **un beau jour** eines schönen Tages.

Beaubourg [bobuʀ] **n** *Pariser Kunst- und Kulturzentrum.*

> ⓘ Beaubourg
>
> So bezeichnet man für gewöhnlich das Centre Pompidou und das umliegende Viertel. Im Gebäude befindet sich unter anderem das Centre national d'art moderne, in dem eine der bedeutendsten Kunstsammlungen des 20. Jahrhunderts beherbergt ist. Dank seiner außergewöhnlichen und umstrittenen Architektur ist es seit seiner Eröffnung 1977 zu einer vielbesuchten Touristenattraktion geworden.

beaucoup [boku] **adv 1.** [aimer] sehr **2.** [manger] viel ▸ **beaucoup plus cher** sehr viel teurer ▸ **beaucoup plus (de)** viel mehr.

beau-fils [bofis] (**pl beaux-fils**) **nm 1.** [gendre] Schwiegersohn *der* **2.** [fils du conjoint] Stiefsohn *der.*

beau-frère [bofʀɛʀ] (**pl beaux-frères**) **nm** Schwager *der.*

beau-père [bopɛʀ] (**pl beaux-pères**) **nm 1.** [père du conjoint] Schwiegervater *der* **2.** [conjoint de la mère] Stiefvater *der.*

beauté [bote] **nf** Schönheit *die.*

beaux-arts [bozaʀ] **nmpl** bildende Kunst *(ohne pl)* ▸ **les** ou **l'École des Beaux-Arts** *französische Kunsthochschule.*

beaux-parents [boparɑ̃] **nmpl** Schwiegereltern *pl.*

bébé [bebe] **nm** Baby *das.*

bec [bɛk] **nm** Schnabel *der* ▸ **bec verseur** Ausguss *der.*

béchamel [beʃamɛl] **nf** : **(sauce) béchamel** Béchamelsoße *die.*

bêche [bɛʃ] **nf** Spaten *der.*

bêcher [4] [beʃe] **vt** um°graben.

bée [be] **adj f** : **bouche bée** mit offenem Mund.

bégayer [11] [begeje] **vi** stottern.

beige [bɛʒ] ◆ **adj** beige. ◆ **nm** Beige *das.*

beigne [bɛɲ] **nf 1.** QUÉBEC ≃ Berliner *der* ; ≃ Krapfen *der* **2.** *fam* Ohrfeige *die* ▸ **donner une beigne à qqn** jm eine runter°hauen.

beignet [bɛɲɛ] **nm** Krapfen *der* ▸ **beignet aux crevettes** Garnelen *pl* im Teigmantel ▸ **beignet de courgettes** Zucchinikrapfen.

bel [bɛl] **adj m** → **beau.**

bêler [4] [bele] **vi 1.** [mouton] blöken **2.** [chèvre] meckern.

belge [bɛlʒ] **adj** belgisch. ◆ **Belge nmf** Belgier *der,* -in *die.*

Belgique [bɛlʒik] **nf** : **la Belgique** Belgien *nt.*

Belgrade [bɛlgʀad] **n** Belgrad *nt.*

bélier [belje] **nm** Widder *der.* ◆ **Bélier nm** Widder *der.*

Belize [beliz] **nm** : **le Belize** Belize *nt* ▸ **au Belize** in Belize.

belle-fille [bɛlfij] (**pl belles-filles**) **nf 1.** [conjointe du fils] Schwiegertochter *die* **2.** [fille du conjoint] Stieftochter *die.*

Belle-Hélène [belelɛn] **adj** → **poire.**

belle-mère [bɛlmɛʀ] (**pl belles-mères**) **nf 1.** [mère du conjoint] Schwiegermutter *die* **2.** [conjointe du père] Stiefmutter *die.*

belle-sœur [bɛlsœʀ] (**pl belles-sœurs**) **nf** Schwägerin *die.*

belote [bəlɔt] **nf** *französisches Kartenspiel.*

belvédère [bɛlvedɛʀ] **nm** Belvedere *das.*

bémol [bemɔl] ◆ **nm** b-Moll *das.* ◆ **adj inv** b-Moll-.
bénéfice [benefis] **nm 1.** FIN Gewinn *der* **2.** [avantage] Nutzen *der.*
bénéficier [9] [benefisje] ◆ **bénéficier de v + prép** in den Genuss kommen von.
bénéfique [benefik] **adj** wohltuend.
Benelux [benelyks] **nm** : **le Benelux** Benelux *die.*
bénévole [benevɔl] **adj** ehrenamtlich.
bénin, igne [benɛ̃, iɲ] **adj** harmlos.
Bénin [benɛ̃] **nm** : **le Bénin** Benin *nt* ▸ **au Bénin** in Benin.
bénir [32] [beniʀ] **vt** RELIG segnen.
bénite [benit] **adj f** → **eau**.
bénitier [benitje] **nm** Weihwasserbecken *das.*
benjamin, e [bɛ̃ʒamɛ̃, in] **nm, f** SPORT D-Jugend *die.*
benne [bɛn] **nf** Kübel *der.*
BEP nm ≃ Berufsschulabschluss *der.*
béquille [bekij] **nf 1.** MÉD Krücke *die* **2.** [de vélo, de moto] Ständer *der.*
berceau [bɛʀso] (*pl* -x) **nm** Wiege *die.*
bercer [16] [bɛʀse] **vt** wiegen.
berceuse [bɛʀsøz] **nf** Wiegenlied *das.*
Bercy [bɛʀsi] **n** : **(le palais omnisports de Paris-)Bercy** *Sport- und Veranstaltungszentrum in Paris.*
béret [beʀɛ] **nm** Baskenmütze *die.*
berge [bɛʀʒ] **nf** Ufer *das.*
berger, ère [bɛʀʒe, ɛʀ] **nm, f** Schafhirt *der,* -in *die* ▸ **berger allemand** deutscher Schäferhund.
bergerie [bɛʀʒəʀi] **nf** Schafstall *der.*
berk [bɛʀk] **interj** *fam* bäh.
Berlin [bɛʀlɛ̃] **n** Berlin *nt.*
berlingot [bɛʀlɛ̃go] **nm 1.** [bonbon] *tetraederförmiges Bonbon* **2.** [de lait] Tüte *die* **3.** [de Javel] Nachfüllpackung *die.*
bermuda [bɛʀmyda] **nm** Bermudashorts *pl.*
Berne [bɛʀn] **n** Bern *nt.*
besoin [bəzwɛ̃] **nm** Bedürfnis *das* ▸ **avoir besoin de faire qqch** etw tun müssen ▸ **avoir besoin de qqch** etw benötigen ▸ **faire ses besoins** sein Geschäft verrichten.
bestiole [bɛstjɔl] **nf** Tierchen *das.*
best of [bɛstɔf] **nm inv** : **un best of de Serge Gainsbourg** ein Sampler von Serge Gainsbourg ▸ **le best of du championnat** die Highlights der Weltmeisterschaft.
best-seller [bɛstselœʀ] (*pl* **best-sellers**) **nm** Bestseller *der.*
bétail [betaj] **nm** Vieh *das.*
bête [bɛt] ◆ **adj** dumm. ◆ **nf** Tier *das.*
bêtement [bɛtmɑ̃] **adv** blöd.
bêtise [betiz] **nf** Dummheit *die.*
béton [betɔ̃] **nm** Beton *der.*
bette [bɛt] **nf** Mangold *der.*
betterave [bɛtʀav] **nf** Rübe *die.*
beurre [bœʀ] **nm** Butter *die.*
beurrer [5] [bœʀe] **vt 1.** [tartine] mit Butter bestreichen **2.** [plat] ein°fetten.
beurrier [bœʀje] **nm** Butterdose *die.*
Beyrouth [beʀut] **n** Beirut *nt* ▸ **Beyrouth-Est** Ostbeirut ▸ **Beyrouth-Ouest** Westbeirut.
Bhoutan [butɑ̃] **nm** Bhutan *nt* ▸ **le Bhoutan** Bhutan *nt.*
biais [bjɛ] **nm** Kniff *der* ▸ **en biais** schräg.
bibande [bibɔ̃d] **adj** Duo-Band-.
bibelot [biblo] **nm** Nippes *pl.*
biberon [bibʀɔ̃] **nm** Flasche *die* ▸ **donner le biberon** die Flasche geben.

Bible [bibl] **nf** : **la Bible** die Bibel.

bibliothécaire [biblijɔtekɛʀ] **nmf** Bibliothekar *der*, -in *die*.

bibliothèque [biblijɔtɛk] **nf 1.** [salle, édifice] Bibliothek *die* **2.** [meuble] Bücherschrank *der* ▸ **la Bibliothèque nationale de France** *die französische Nationalbibliothek*.

biceps [bisɛps] **nm** Bizeps *der*.

biche [biʃ] **nf** Rehgeiß *die*.

Bichkek [biʃkɛk] **n** Bischkek *nt*.

bicolore [bikɔlɔʀ] **adj** zweifarbig.

bicyclette [bisiklɛt] **nf** Fahrrad *das*.

bidet [bidɛ] **nm** Bidet *das*.

bidon [bidɔ̃] ◆ **nm** Kanister *der*. ◆ **adj inv** *fam* vorgetäuscht ▸ **c'est bidon** das ist Mache ▸ **une excuse bidon** eine fadenscheinige Entschuldigung.

bidonville [bidɔ̃vil] **nm** Elendsviertel *das*.

bidouiller [3] [biduje] **vt** [logiciel, appareil] herum◦basteln an *(+ D)*.

bidule [bidyl] **nm** *fam* Dingsbums *das*.

Biélorussie [bjelɔʀusi] **nf** : **la Biélorussie** Weißrussland *nt*.

bien [bjɛ̃] *(***mieux** [mjø] *est le comparatif et le superlatif de* **bien***)* ◆ **adv 1.** [de façon satisfaisante] gut ▸ **avez-vous bien dormi ?** haben Sie gut geschlafen? ▸ **très bien** sehr gut **2.** [beaucoup, très] : **bien mieux / plus** viel besser / mehr ▸ **une personne bien sympathique** ein recht sympathischer Mensch ▸ **je me suis bien amusé pendant ces vacances** während der Ferien habe ich viel Spaß gehabt ▸ **j'espère bien que...** ich will ja wohl hoffen, dass ... **3.** [au moins] bestimmt ▸ **cela fait bien deux mois qu'il n'a pas plu** es hat bestimmt schon seit zwei Monaten nicht geregnet **4.** [effectivement] : **c'est bien ce qu'il me semblait** das hab' ich schon vermutet **5.** [dans des expressions] : **bien des gens** viele Leute ▸ **il a bien de la chance** er ist wirklich zu beneiden ▸ **(c'est) bien fait (pour toi) !** das geschieht dir recht! ▸ **nous ferions bien de réserver** wir sollten besser reservieren
◆ **adj inv 1.** [satisfaisant, de bonne qualité] gut ▸ **il est bien ce film** das ist ein guter Film **2.** [moralement] anständig ▸ **c'est une fille bien** sie ist schwer in Ordnung **3.** [en bonne santé] gut ▸ **il va bien** ihm geht es gut ▸ **tu ne te sens pas bien ?** geht es dir nicht gut? **4.** [à l'aise] : **se sentir bien** sich wohl◦fühlen ▸ **qu'est-ce qu'on est bien à l'ombre !** ist das schön hier im Schatten! **5.** *fam* [beau] : **être bien** gut aus◦sehen
◆ **interj** [pour introduire] gut, so
◆ **nm 1.** [intérêt] Wohl *das* ▸ **c'est pour ton bien** es ist zu deinem Besten **2.** [sens moral] Gute *das* **3.** [dans des expressions] : **on m'a dit beaucoup de bien de vous** ich habe viel Gutes über Sie gehört ▸ **faire du bien à qqn** jm gut◦tun
◆ **biens nmpl** [richesse] Vermögen *das*.

bien-être [bjɛ̃nɛtʀ] **nm** [sensation] Wohlbefinden *das*.

bienfaisant, e [bjɛ̃fəzɑ̃, ɑ̃t] **adj 1.** [produit] wohltuend **2.** [personne] wohltätig.

bientôt [bjɛ̃to] **adv** bald ▸ **à bientôt !** bis bald!

bienveillant, e [bjɛ̃vejɑ̃, ɑ̃t] **adj** gütig.

bienvenu, e [bjɛ̃v(ə)ny] **adj** willkommen.

bienvenue [bjɛ̃v(ə)ny] **nf** : **bienvenue !** herzlich willkommen! ▸ **souhaiter la bienvenue à qqn** jn willkommen heißen.

bière [bjɛʀ] nf Bier *das* ▸ **bière (à la) pression** Bier vom Fass.

bifteck [biftɛk] nm Beefsteak *das*.

bifurquer [3] [bifyʀke] vi **1.** [route] sich gabeln **2.** [voiture] ab°biegen.

bigorneau [bigɔʀno] (*pl* -x) nm Strandschnecke *die*.

bigoudi [bigudi] nm Lockenwickler *der*.

bijou [biʒu] (*pl* -x) nm **1.** [parure] Schmuckstück *das* **2.** *fig* [merveille] Prachtstück *das*.

bijouterie [biʒutʀi] nf Juweliergeschäft *das*.

bijoutier, ère [biʒutje, ɛʀ] nm, f Juwelier *der*, -in *die*.

Bikini® [bikini] nm Bikini *der*.

bilan [bilɑ̃] nm Bilanz *die* ▸ **faire le bilan (de)** (die) Bilanz ziehen (aus).

bilingue [bilɛ̃g] adj **1.** [dictionnaire] zweisprachig **2.** [personne] zweisprachig aufgewachsen.

billard [bijaʀ] nm Billard *das*.

bille [bij] nf **1.** [petite boule] Kügelchen *das* **2.** [pour jouer] Murmel *die*.

billet [bijɛ] nm **1.** [de transport] Fahrschein *der* **2.** [de spectacle] (Eintritts)-karte *die* ▸ **billet (de banque)** Banknote *die* ▸ **billet aller-retour** Rückfahrkarte ▸ **billet d'entrée** Eintrittskarte ▸ **billet simple** einfache Fahrkarte.

billetterie [bijɛtʀi] nf Fahrkartenschalter *der* ▸ **billetterie automatique** a) [de billets de train] Fahrkartenautomat *der* b) [de billets de banque] Geldautomat *der*.

bimbo [bimbo] nf *fam & péj* Modepüppchen *das*.

bimensuel, elle [bimɑ̃sɥɛl] adj zweimal monatlich erscheinend.

binaire [binɛʀ] adj binär.

bio [bjo] *fam* ◆ adj inv Bio-. ◆ nm Bio *die* ▸ **aliments bio** Biolebensmittel ▸ **produits bio** Bioprodukte.

biocombustible [bjɔkɔ̃bystibl] nm Biokraftstoff *der*.

biodiversité [bjɔdivɛʀsite] nf Artenvielfalt *die*.

biographie [bjɔgʀafi] nf Biografie *die*.

biologie [bjɔlɔʒi] nf Biologie *die*.

biologique [bjɔlɔʒik] adj biologisch ▸ **culture biologique** kontrolliert biologischer Anbau ▸ **produit biologique** Erzeugnis aus kontrolliert biologischem Anbau ▸ **rythme biologique** Biorhythmus *der*.

biologiste [bjɔlɔʒist] nmf Biologe *der*, -gin *die*.

biométrique [bjɔmetʀik] adj biometrisch.

biopic [bjopik] nm Biopic *das*.

biotechnologie [bjɔtɛknɔlɔʒi], **biotechnique** [bjɔtɛknik] nf Biotechnologie *die*.

bioterrorisme [bjɔtɛʀɔʀism] nm Bioterrorismus *der*.

bioterroriste [bjɔtɛʀɔʀist] ◆ adj bioterroristisch. ◆ nmf Bioterrorist *der*, -in *die*.

bipolaire [bipɔlɛʀ] adj bipolar.

Birmanie [biʀmani] nf : **la Birmanie** Birma *nt*, Burma *nt*.

bis [bis] ◆ interj Zugabe. ◆ adv a ▸ **6 bis** 6a.

biscotte [biskɔt] nf Zwieback *der*.

biscuit [biskɥi] nm Keks *der* ▸ **biscuit salé** Cracker *der*.

bise [biz] nf **1.** [baiser] Küsschen *das* **2.** [vent] eisiger Nord(ost)wind ▸ **faire une bise à qqn** jm ein Küsschen geben ▸ **grosses bises** [dans une lettre] Gruß und Kuss.

bisexuel, elle [bisɛksɥɛl] **adj** bisexuell.

bison [bizɔ̃] **nm** Bison *der* ▸ **Bison Futé** *Verkehrstipps für Tage mit besonders hohem Verkehrsaufkommen.*

ⓘ **Bison Futé**

Bison Futé ist ein visuelles Informationssystem, das an Hauptreisetagen den Verkehr erleichtern soll. Schilder weisen auf Engpässe und überlastete Straßen hin und empfehlen weniger befahrene Straßen, die durch grüne Pfeile als itinéraires bis gekennzeichnet werden. Die Informationen von Bison Futé werden auch durch Fernsehen, Radio und Internet verbreitet.

bisou [bizu] **nm** *fam* Küsschen *das*.

bisque [bisk] **nf** Krustentiersuppe *die* ▸ **bisque de homard** Hummersuppe.

Bissau [biso] **n** Bissau *nt*.

bissextile [bisɛkstil] **adj** → **année**.

bistro(t) [bistʀo] **nm** *fam* Kneipe *die (kleines Café oder Restaurant mit bistrotypischer Einrichtung)*.

bitoniau [bitɔnjo] **nm** *fam* kleiner Knopf.

bitume [bitym] **nm** Asphalt *der*.

biz (*abr écrite de* bises) SMS Küsschen.

bizarre [bizaʀ] **adj** merkwürdig.

bizarroïde [bizaʀɔid] **adj** *fam* merkwürdig.

bizuter [3] [bizyte] **vt** *fam* SCOL auf°ziehen ▸ **se faire bizuter** aufgezogen werden.

bjr SMS *abr écrite de* **bonjour**.

black [blak] **adj** *fam* schwarz. ◆ **Black nmf** *fam* Schwarze *der, die*.

blafard, e [blafaʀ, aʀd] **adj** bleich.

blague [blag] **nf 1.** Witz *der* **2.** [farce] Scherz *der* ▸ **sans blague !** im Ernst!

blaguer [3] [blage] **vi** scherzen.

blanc, blanche [blɑ̃, blɑ̃ʃ] ◆ **adj** weiß. ◆ **nm 1.** [couleur] Weiß *das* **2.** [espace] Leerzeichen *das* **3.** [vin] Weißwein *der* ▸ **à blanc a)** [chauffer] weiß glühen **b)** [tirer] ohne Munition ▸ **blanc cassé** gebrochenes Weiß ▸ **blanc d'œuf** Eiweiß ▸ **blanc de poulet** Hähnchenbrust *die*. ◆ **Blanc, Blanche nm, f** Weiße *der, die*.

blancheur [blɑ̃ʃœʀ] **nf** Blässe *die*.

blanchir [32] [blɑ̃ʃiʀ] ◆ **vt** [mur] tünchen. ◆ **vi 1.** [personne] erbleichen **2.** [cheveux] weiß werden.

blanchisserie [blɑ̃ʃisʀi] **nf** Wäscherei *die*.

blanquette [blɑ̃kɛt] **nf 1.** [plat] Ragout *das* **2.** [vin] *Schaumwein aus Südfrankreich* ▸ **blanquette de veau** Kalbsragout *das*.

blasé, e [blaze] **adj** blasiert.

blason [blazɔ̃] **nm** Wappen *das*.

blazer [blazɛʀ] **nm** Blazer *der*.

blé [ble] **nm** Weizen *der* ▸ **blé d'Inde** QUÉBEC Mais *der*.

blême [blɛm] **adj** bleich.

blessant, e [blɛsɑ̃, ɑ̃t] **adj** verletzend.

blessé, e [blese] **nm, f** Verletzte *der, die*.

blesser [4] [blese] **vt** verletzen ▸ **être blessé** verletzt sein. ◆ **se blesser vp** sich verletzen ▸ **se blesser à la main** sich an der Hand verletzen.

blessure [blesyʀ] **nf** Verletzung *die*.

blette [blɛt] **adj** = **bette**.

bleu, e [blø] ◆ **adj 1.** blau **2.** [steak] englisch. ◆ **nm 1.** Blau *das* **2.** [hématome] blauer Fleck ▸ **bleu (d'Auvergne)** Blauschimmelkäse *der (aus der Auvergne)* ▸ **bleu ciel** himmelblau ▸ **bleu ma-**

rine marineblau ▸ **bleu turquoise** türkis ▸ **bleu de travail** Blaumann *der*.

bleuet [bløɛ] **nm 1.** Kornblume *die* **2.** QUÉBEC Blaubeere *die*, Heidelbeere *die*.

blindé, e [blɛ̃de] **adj** gepanzert.

bling-bling [blingbling] ◆ **adj** *fam* Bling-Bling-. ◆ **nm** : **le bling-bling** der Bling-Bling ▸ **la génération bling-bling** die Bling-Bling-Generation.

blizzard [blizaʀ] **nm** Blizzard *der*.

bloc [blɔk] **nm 1.** [masse] Block *der* **2.** [de papier] Schreibblock *der* ▸ **à bloc** bis zum Anschlag ▸ **en bloc** in Bausch und Bogen.

blocage [blɔkaʒ] **nm** [des prix, des salaires] Stopp *der*.

bloc-notes [blɔknɔt] (*pl* **blocs-notes**) **nm** Notizblock *der*.

blocus [blɔkys] **nm** Blockade *die*.

blog [blɔg] **nm** INFORM Blog *der*.

bloguer [3] [blɔge] **vt** bloggen.

blond, e [blɔ̃, blɔ̃d] **adj** blond ▸ **blond platine** platinblond.

blonde [blɔ̃d] **nf** *Zigarette mit hellem Tabak* ▸ **(bière) blonde** helles Bier.

bloquer [3] [blɔke] **vt 1.** blockieren **2.** [prix, salaires] ein◦frieren.

blottir [32] [blɔtiʀ] ◆ **se blottir vp** sich kuscheln.

blouse [bluz] **nf 1.** [d'élève, de médecin] Kittel *der* **2.** [chemisier] Bluse *die*.

> ⚠ Bluse est un faux ami. Il se traduit par ***chemisier*** et non par « blouse ».

blouson [bluzɔ̃] **nm** Blouson *der* ODER *das*.

blues [bluz] **nm** Blues *der* ▸ **avoir le blues** *fig* den Moralischen haben.

bluff [blœf] **nm** Bluff *der*.

boa [bɔa] **nm** Boa *die*.

bob [bɔb] **nm** Glockenhut *der*.

bobine [bɔbin] **nf** Spule *die*.

bobo[1] [bobo] **nm** Aua *das*.

bobo[2] [bobo] (*abr de* **bourgeois bohème**) **nmf** *fam* linker Spießer, linke Spießerin.

bobsleigh [bɔbslɛg] **nm** Bob *der*.

bocal [bɔkal] (*pl* **-aux**) **nm 1.** [de conserves] Einmachglas *das* **2.** [à poissons] Glas *das*.

body [bɔdi] **nm** Body *der*.

body art [bɔdiaʀt] **nm** Bodyart *die*.

bodyboard [bɔdibɔʀd] **nm** SPORT Bodyboard *das*.

body-building [bɔdibildiŋ] **nm** Bodybuilding *das*.

bœuf [bœf] **nm 1.** Rind *das* **2.** CULIN Rindfleisch *das* ▸ **bœuf bourguignon** *geschmortes Rindfleisch in Burgundersoße*.

bof [bɔf] **interj** [exprime l'indifférence] pfhh ▸ **comment tu as trouvé le film ? — bof !** wie fandest du den Film? — geht so!

Bogotá [bɔgɔta] **n** Bogotá *nt*.

bogue [bɔg], **bug** [bœg] **nm** Programmfehler *der*, (Programmierungs)-fehler *der*.

bohémien, enne [bɔemjɛ̃, ɛn] **nm, f** Zigeuner *der*, -in *die*.

boire [108] [bwaʀ] ◆ **vt 1.** [avaler] trinken **2.** [absorber] auf◦saugen. ◆ **vi** trinken ▸ **boire un coup** einen trinken.

bois [bwa] ◆ **nm 1.** [matière] Holz *das* **2.** [forêt] Wald *der*. ◆ **nmpl** [d'un cerf] Geweih *das*.

boisé, e [bwaze] **adj** bewaldet.

boiseries [bwazʀi] **nfpl** Holztäfelung *die*.

boisson [bwasɔ̃] **nf** Getränk *das* ▸ **boisson alcoolisée** alkoholisches Getränk ▸ **la boisson** [l'alcoolisme] die Trinkerei.

boîte [bwat] **nf** Dose *die* ▸ **boîte d'allumettes** Streichholzschachtel *die* ▸ **boîte de conserve** Konservendose ▸ **boîte aux lettres** Briefkasten *der* ▸ **boîte aux lettres électronique** elektronische Briefkasten *der* ▸ **boîte e-mail** Mailbox *die* ▸ **boîte (de nuit)** Nachtklub *der* ▸ **boîte à outils** Werkzeugkasten *der* ▸ **boîte postale** Postfach *das* ▸ **boîte de vitesses** Getriebe *das* ▸ **boîte vocale** Anrufbeantworter *der*.

boiter [3] [bwate] **vi** hinken.

boiteux, euse [bwatø, øz] **adj** hinkend.

boîtier [bwatje] **nm 1.** Gehäuse *das* **2.** [de cassette] Hülle *die*.

bol [bɔl] **nm** Schale *die*.

bolée [bɔle] **nf** : **bolée de cidre** Cidre-Tasse *die*.

boléro [bɔleʀo] **nm** Bolero *der*.

bolide [bɔlid] **nm** Rennwagen *der*.

Bolivie [bolivi] **nf** : **la Bolivie** Bolivien *nt*.

bolivien, enne [bolivjɛ̃, ɛn] **adj** bolivianisch, bolivisch. ◆ **Bolivien, enne nm, f** Bolivianer *der*, -in *die*, Bolivier *der*, -in *die*.

bombardement [bɔ̃baʀdəmɑ̃] **nm** Bombardierung *die*.

bombarder [3] [bɔ̃baʀde] **vt** bombardieren ▸ **bombarder qqn de questions** jn mit Fragen bombardieren.

bombe [bɔ̃b] **nf 1.** [arme] Bombe *die* **2.** [vaporisateur] Spraydose *die* ▸ **bombe atomique** Atombombe.

bon, bonne [bɔ̃, bɔn] *(***meilleur** [mɛjœʀ] *est le comparatif et le superlatif de* **bon***)* ◆ **adj 1.** [gén] gut ▸ **nous avons passé de très bonnes vacances** wir haben einen sehr schönen Urlaub verbracht ▸ **l'eau est bonne, tu peux y aller** das Wasser ist angenehm, du kannst ruhig hineingehen ▸ **faire une bonne action** eine gute Tat vollbringen **2.** [correct] richtig ▸ **est-ce le bon numéro ?** ist das die richtige Nummer? **3.** [utile] : **c'est bon pour la santé** das ist gesund ▸ **il n'est bon à rien** er ist ein Taugenichts ▸ **c'est bon à savoir** das ist gut zu wissen **4.** [valable] : **votre carte d'autobus n'est plus bonne** Ihre Buskarte ist nicht mehr gültig **5.** [en intensif] : **ça fait deux bons kilos** das sind gut zwei Kilo **6.** [dans l'expression des souhaits] : **bonne année !** gutes neues Jahr! ▸ **bon anniversaire !** herzlichen Glückwunsch (zum Geburtstag)! ▸ **bonne journée !** schönen Tag! ▸ **bonne nuit !** gute Nacht! ▸ **bonnes vacances !** schöne Ferien! **7.** [dans des expressions] : **bon !** gut! ▸ **ah bon ?** wirklich? ▸ **c'est bon !** [soit] ist ja schon gut! ▸ **pour de bon** endgültig ◆ **adv** : **il fait bon à l'ombre** es ist angenehm kühl im Schatten ▸ **sentir bon** gut riechen ▸ **tenir bon** durch∘halten ◆ **nm** : **bon de commande** Bestellschein *der* ▸ **bon de livraison** Lieferschein *der* ▸ **bon d'achat** Gutschein *der*.

bonbon [bɔ̃bɔ̃] **nm** Bonbon *das* ▸ **bonbon acidulé** saures Bonbon.

bond [bɔ̃] **nm** Satz *der*.

bondé, e [bɔ̃de] **adj** überfüllt.

bondir [32] [bɔ̃diʀ] **vi 1.** [sauter] auf∘springen **2.** *fig* [réagir] auf∘fahren.

bonheur [bɔnœʀ] **nm** Glück *das* ▸ **quel bonheur !** was für ein Glück!

bonhomme [bɔnɔm] (*pl* **bonshommes** [bɔ̃zɔm]) **nm 1.** *fam* [homme] Kerl *der*

2. [silhouette] Männchen *das* ▸ **bonhomme de neige** Schneemann *der*.

bonjour [bɔ̃ʒuʀ] **interj** guten Tag ▸ **dire bonjour à qqn** jm guten Tag sagen.

bonnet [bɔnɛ] **nm** Mütze *die* ▸ **bonnet de bain** Bademütze.

bonsaï [bɔnzaj] **nm** Bonsai *der*.

bonsoir [bɔ̃swaʀ] **interj 1.** [en arrivant] guten Abend **2.** [en partant] schönen Abend (noch) ▸ **dire bonsoir à qqn** jm guten Abend sagen.

bonté [bɔ̃te] **nf** Güte *die*.

bonze [bɔ̃z] **nm** RELIG Bonze *der*.

booster [3] [buste] **vt** *fam* an◦kurbeln.

boots [buts] **nmpl** Boots *pl*.

bord [bɔʀ] **nm** [côté] Rand *der* ▸ **à bord (de)** an Bord *(+ G)* ▸ **au bord (de)** am Rand *(+ G)* ▸ **partir au bord de la mer** ans Meer fahren.

bordeaux [bɔʀdo] ◆ **nm** Bordeaux(wein) *der*. ◆ **adj inv** weinrot.

Bordeaux [bɔʀdo] **n** Bordeaux *nt*.

bordelais, e [bɔʀdəlɛ, ɛz] **adj** [de Bordeaux] aus Bordeaux. ◆ **Bordelais, e nm, f** Bewohner *der*, -in *die* von Bordeaux. ◆ **bordelaise nf 1.** [bouteille] Bordeauxflasche *die* **2.** CULIN **: à la bordelaise** nach bordelaiser Art.

bordelaise [bɔʀdəlɛz] **adj f** → **entrecôte**.

border [3] [bɔʀde] **vt 1.** [entourer] säumen **2.** [enfant] zu◦decken ▸ **bordé de** gesäumt von.

bordure [bɔʀdyʀ] **nf** Rand *der* ▸ **en bordure de mer** am Meeresufer ▸ **bordure de quai** Bahnsteigkante *die* ▸ **'éloignez-vous de la bordure du quai, s'il vous plaît'** 'bitte zurücktreten'.

borgne [bɔʀɲ] **adj** einäugig.

borne [bɔʀn] **nf** Markierungsstein *der* ▸ **dépasser les bornes** *fig* zu weit gehen.

borné, e [bɔʀne] **adj** beschränkt.

Bosnie-Herzégovine [bɔsniɛʀzegɔvin] **nf : la Bosnie-Herzégovine** Bosnien-Herzegowina *nt*.

bosquet [bɔskɛ] **nm** Wäldchen *das*.

bosse [bɔs] **nf 1.** [saillie] Buckel *der* **2.** [au front] Beule *die*.

bosser [3] [bɔse] **vi** *fam* schuften.

bossu, e [bɔsy] **adj** bucklig.

botanique [bɔtanik] ◆ **adj** botanisch. ◆ **nf** Botanik *die*.

Botswana [bɔtswana] **nm : le Botswana** Botswana *nt* ▸ **au Botswana** in Botswana.

botte [bɔt] **nf 1.** Stiefel *der* **2.** [de légumes, de foin] Bund *der* ▸ **botte en caoutchouc** Gummistiefel.

Bottin® [bɔtɛ̃] **nm** Telefonbuch *das*.

bottine [bɔtin] **nf** Stiefelette *die*.

bouc [buk] **nm 1.** Ziegenbock *der* **2.** [barbe] Spitzbart *der* ▸ **bouc émissaire** Sündenbock *der*.

boucan [bukɑ̃] **nm** *fam* Radau *der*.

bouche [buʃ] **nf** Mund *der* ▸ **bouche d'égout** Gully *der* ▸ **bouche de métro** U-Bahn-Eingang *der*.

bouché, e [buʃe] **adj** [obstrué] verstopft.

bouche-à-bouche [buʃabuʃ] **nm inv** Mund-zu-Mund-Beatmung *die* ▸ **faire du bouche-à-bouche à qqn** Mund-zu-Mund-Beatmung bei jm machen.

bouchée [buʃe] **nf 1.** [morceau] Bissen *der* **2.** [au chocolat] Trüffel *der* ▸ **bouchée à la reine** Königinpastete *die*.

boucher¹ [3] [buʃe] **vt 1.** [trou] zu◦stopfen **2.** [bouteille] verkorken **3.** [oreilles] zu◦halten **4.** [passage, vue] versperren.

boucher², ère [buʃe, ɛʀ] **nm, f** Metzger *der*, -in *die*.

boucherie [buʃʀi] **nf** Metzgerei *die*.

bouchon [buʃɔ̃] **nm 1.** [couvercle] Stöpsel *der* **2.** [embouteillage] Stau *der* **3.** [de canne à pêche] Schwimmer *der* **4.** [in Lyon] kleines Restaurant ▸ **bouchon d'oreilles** Ohrstöpsel *der*.

boucle [bukl] **nf 1.** [de cheveux] Locke *die* **2.** [de ceinture] Schnalle *die* **3.** [de fils, circuit] Schleife *die* ▸ **boucle d'oreille** Ohrring *der*.

bouclé, e [bukle] **adj** lockig.

boucler [3] [bukle] ◆ **vt 1.** [valise, ceinture] schließen **2.** *fam* [enfermer] ein◦sperren. ◆ **vi** sich locken ▸ **boucle-la !** *fam* halt die Klappe!

bouclier [buklije] **nm** Schild *der*.

bouddhisme [budism] **nm** Buddhismus *der*.

bouddhiste [budist] ◆ **adj** buddhistisch. ◆ **nmf** Buddhist *der*, -in *die*.

bouder [3] [bude] **vi** schmollen.

boudin [budɛ̃] **nm** [cylindre] Wulst *der* ▸ **boudin blanc** Weißwurst *die* ▸ **boudin noir** Blutwurst *die*.

boue [bu] **nf** Schlamm *der*.

bouée [bwe] **nf 1.** [pour nager] Schwimmreifen *der* **2.** [balise] Boje *die* ▸ **bouée de sauvetage** Rettungsring *der*.

boueux, euse [buø, øz] **adj** schlammig.

bouffant, e [bufɑ̃, ɑ̃t] **adj** bauschig ▸ **un pantalon bouffant** eine Pluderhose.

bouffe [buf] **nf** *fam* Essen *das*.

bouffée [bufe] **nf 1.** [de tabac, de chaleur] Schwall *der* **2.** [d'air] Zug *der* **3.** [d'angoisse] Anflug *der* ▸ **une bouffée d'air frais** eine frische Brise.

bouffer [3] [bufe] ◆ **vi** sich bauschen. ◆ **vt** *fam* essen.

bouffi, e [bufi] **adj 1.** [personne, visage] aufgedunsen **2.** [yeux] verquollen.

bouger [17] [buʒe] ◆ **vt** bewegen. ◆ **vi 1.** [remuer] sich bewegen **2.** [ne pas tenir] wackeln **3.** [agir] etwas unternehmen **4.** [changer] sich verändern ▸ **j'ai une dent qui bouge** bei mir wackelt ein Zahn.

bougie [buʒi] **nf 1.** [cierge] Kerze *die* **2.** TECH Zündkerze *die*.

bouillabaisse [bujabɛs] **nf** *südfranzösischer Fischeintopf*.

bouillant, e [bujɑ̃, ɑ̃t] **adj** kochend heiß.

bouilli, e [buji] **adj** gekocht.

bouillie [buji] **nf** Brei *der*.

bouillir [48] [bujiʀ] **vi** kochen.

bouilloire [bujwaʀ] **nf** Wasserkessel *der*.

bouillon [bujɔ̃] **nm** Brühe *die*.

bouillonnant, e [bujɔnɑ̃, ɑ̃t] **adj** sprudelnd.

bouillonner [3] [bujɔne] **vi** brodeln.

bouillotte [bujɔt] **nf** Wärmflasche *die*.

boulanger, ère [bulɑ̃ʒe, ɛʀ] **nm, f** Bäcker *der*, -in *die*.

boulangerie [bulɑ̃ʒʀi] **nf** Bäckerei *die*.

boule [bul] **nf** Kugel ▸ **boule de neige** Schneeball *der* ▸ **jouer aux boules** Boule spielen.

bouledogue [buldɔg] **nm** Bulldogge *die*.

boulet [bulɛ] **nm** Kanonenkugel *die*.

boulette [bulɛt] **nf** Kügelchen *das* ▸ **boulette de viande** Fleischklößchen *das*.

boulevard [bulvaʀ] **nm** Boulevard *der* ▸ **les Grands Boulevards** *Pariser Pracht-*

straßen zwischen Madeleine und Place de la République.

bouleversement [bulvɛʀsəmɑ̃] **nm** Umwälzung *die*.

bouleverser [3] [bulvɛʀse] **vt 1.** [émouvoir] erschüttern **2.** [modifier] (tiefgreifend) verändern.

boulimie [bulimi] **nf** Bulimie *die*.

boulimique [bulimik] **adj** bulimisch.

boulon [bulɔ̃] **nm** Bolzen *der*.

boulot [bulo] **nm** *fam* **1.** [travail, lieu] Arbeit *die* **2.** [emploi] Job *der*.

boum [bum] **nf** *fam* Teenagerfete *die*.

bouquet [bukɛ] **nm 1.** [de fleurs] Strauß *der* **2.** [crevette] Felsengarnele *die* **3.** [d'un vin] Bukett *das* ▸ **bouquet de programmes** TV Programmpaket *das*.

bouquin [bukɛ̃] **nm** *fam* Buch *das*.

bouquiner [3] [bukine] **vi & vt** *fam* lesen.

bourdon [buʀdɔ̃] **nm** Hummel *die*.

bourdonner [3] [buʀdɔne] **vi** brummen.

bourgeois, e [buʀʒwa, az] ◆ **adj 1.** bürgerlich **2.** *péj* [personne, habitude] spießbürgerlich. ◆ **nm, f** *péj* Bürger *der*, -in *die*.

bourgeoisie [buʀʒwazi] **nf** Bürgertum *das*.

bourgeon [buʀʒɔ̃] **nm** Knospe *die*.

bourgeonner [3] [buʀʒɔne] **vi** knospen.

Bourgogne [buʀgɔɲ] **nf** : **la Bourgogne** Burgund *nt*.

bourguignon, onne [buʀgiɲɔ̃, ɔn] **adj** → **bœuf, fondue**.

bourrasque [buʀask] **nf** Bö(e) *die*.

bourratif, ive [buʀatif, iv] **adj** sättigend.

bourré, e [buʀe] **adj** voll ▸ **bourré de** vollgestopft mit.

bourreau [buʀo] (*pl* -x) **nm** Henker *der*.

bourrelet [buʀlɛ] **nm 1.** [isolant] Dichtung *die* **2.** [de graisse] Wulst *der*.

bourrer [3] [buʀe] **vt 1.** [coussin] füllen **2.** [valise, pipe] stopfen **3.** *fam* [gaver] : **bourrer qqn de qqch** jn mit etw voll°stopfen.

bourse [buʀs] **nf 1.** [d'études] Stipendium *das* **2.** [porte-monnaie] Geldbeutel *der* ▸ **la Bourse** die Börse.

boursier, ère [buʀsje, ɛʀ] ◆ **adj** Börsen-. ◆ **nm, f** Stipendiat *der*, -in *die* ▸ **étudiant boursier** Stipendiat.

boursouflé, e [buʀsufle] **adj** aufgedunsen.

bousculade [buskylad] **nf** Gedränge *das*.

bousculer [3] [buskyle] **vt 1.** [heurter] schubsen **2.** [presser] bedrängen **3.** *fig* [habitude] durcheinander°bringen.

boussole [busɔl] **nf** Kompass *der*.

bout [bu] **nm 1.** [extrémité de table, pièce] Ende *das* **2.** [morceau] Stück(chen) *das* ▸ **bout du nez** Nasenspitze *die* ▸ **au bout de** a) [à la fin de] am Ende *(+ G)* b) [après] nach ▸ **être à bout** [nerveusement] am Ende sein.

boute-en-train [butɑ̃tʀɛ̃] **nm inv** Stimmungsmacher *der*.

bouteille [butɛj] **nf** Flasche *die* ▸ **bouteille de gaz** Gasflasche ▸ **bouteille d'oxygène** Sauerstoffflasche.

boutique [butik] **nf** Laden *der* ▸ **boutique franche** ou **hors taxes** Dutyfreeshop *der*.

bouton [butɔ̃] **nm 1.** [de vêtement, de réglage] Knopf *der* **2.** [sur la peau] Pickel *der* **3.** [de porte] Knauf *der* **4.** [de fleur] Knospe *die*.

bouton-d'or [butɔ̃dɔʀ] (*pl* **boutons-d'or**) nm Butterblume *die*.

boutonner [3] [butɔne] **vt** zu°-knöpfen.

boutonnière [butɔnjɛʀ] **nf** Knopfloch *das*.

bouton-pression [butɔ̃pʀesjɔ̃] (*pl* **boutons-pression**) nm Druckknopf *der*.

bovin, e [bɔvɛ̃, in] **adj** Rinder-. ◆ **bovin** nm Rind *das*.

bowling [buliŋ] **nm 1.** [jeu] Bowling *das* **2.** [salle] Bowlingbahn *die*.

box [bɔks] **nm inv** Box *die*.

boxe [bɔks] **nf** Boxen *das*.

boxer [bɔksɛʀ] **nm** Boxer *der*.

boxeur, euse [bɔksœʀ, øz] **nm, f** Boxer *der*, -in *die*.

box-office [bɔksɔfis] (*pl* **box-offices**) **nm** Hitliste *die*.

boyau [bwajo] (*pl* **-x**) **nm** Schlauch *der*. ◆ **boyaux nmpl** Gedärme *pl*.

boycotter [3] [bɔjkɔte] **vt** boykottieren.

BP (*abr de* **boîte postale**) Postf., PF (*Postfach*).

bracelet [bʀaslɛ] **nm** Armband *das*.

bracelet-montre [bʀaslɛmɔ̃tʀ] (*pl* **bracelets-montres**) **nm** Armbanduhr *die*.

braconnier [bʀakɔnje] **nm** Wilderer *der*.

brader [3] [bʀade] **vt** zu Schleuderpreisen verkaufen ▸ **'on brade'** 'Sonderpreise'.

braderie [bʀadʀi] **nf** Ausverkauf *der*.

braguette [bʀagɛt] **nf** Hosenschlitz *der*.

braille [bʀaj] **nm** Blindenschrift *die*.

brailler [3] [bʀaje] **vi** *fam* brüllen.

braise [bʀɛz] **nf** Glut *die* ▸ **à la braise** geschmort.

brancard [bʀɑ̃kaʀ] **nm** [civière] Bahre *die*.

branchages [bʀɑ̃ʃaʒ] **nmpl** Geäst *das*.

branche [bʀɑ̃ʃ] **nf 1.** [d'arbre] Ast *der* **2.** [de lunettes] Bügel *der* **3.** [d'une discipline] Zweig *der* **4.** [d'une industrie] Branche *die*.

branché, e [bʀɑ̃ʃe] **adj 1.** [appareil électrique] angeschlossen **2.** *fam* [à la mode] in.

branchement [bʀɑ̃ʃmɑ̃] **nm** Anschluss *der* ▸ **faire les branchements** an°schließen.

brancher [3] [bʀɑ̃ʃe] **vt** an°schließen.

brandade [bʀɑ̃dad] **nf** : **brandade (de morue)** Stockfischpüree *das*.

Brandebourg [bʀɑ̃dbuʀ] **nm** : **le Brandebourg** Brandenburg *nt*.

brandir [32] [bʀɑ̃diʀ] **vt 1.** [remuer] schwenken **2.** [lever] hoch°strecken.

branlant, e [bʀɑ̃lɑ̃, ɑ̃t] **adj** wacklig.

braquer [3] [bʀake] **vi** [automobiliste] ein°schlagen ▸ **la voiture braque bien** der Wagen hat einen kleinen Wendekreis. ◆ **se braquer vp** [s'entêter] sich quer°legen.

bras [bʀa] **nm 1.** Arm *der* **2.** [de fauteuil] Armlehne *die* ▸ **bras de mer** Meeresarm.

Brasilia [bʀazilja] **n** Brasilia *nt*.

brassard [bʀasaʀ] **nm** Armbinde *die*.

brasse [bʀas] **nf** Brustschwimmen *das*.

brasser [3] [bʀase] **vt 1.** [remuer] vermengen **2.** [bière] brauen.

brasserie [bʀasʀi] **nf 1.** [restaurant] Gaststätte *die* **2.** [usine] Brauerei *die*.

brassière [bʀasjɛʀ] **nf 1.** [pour bébé] Hemdchen *das* **2.** QUÉBEC [soutien-gorge] Büstenhalter *der*.

Bratislava [bʀatislava] **n** Bratislava *nt*.

brave [bʀav] **adj 1.** [courageux] mutig **2.** [gentil] brav **▸ un brave homme** [honnête] ein anständiger Mensch.

> ⚠ Brav est un faux ami. Il se traduit par ***gentil*** ou ***sage*** et non par « brave ».

bravo [bʀavo] **interj** bravo.

bravoure [bʀavuʀ] **nf** [courage] Tapferkeit *die* **▸ morceau de bravoure** Bravourstück *das*.

Brazzaville [bʀazavil] **n** Brazzaville *nt*.

break [bʀɛk] **nm** Kombi *der*.

breakdance [bʀɛkdɛns] **nf** Breakdance *der*.

brebis [bʀəbi] **nf** (weibliches) Schaf.

brèche [bʀɛʃ] **nf** Durchbruch *der*.

bredouiller [3] [bʀəduje] **vi** stammeln.

bref, brève [bʀɛf, bʀɛv] ◆ **adj** kurz. ◆ **adv** kurzum.

Brême [bʀɛm] **n** Bremen *nt*.

Brésil [bʀezil] **nm** : **le Brésil** Brasilien *nt*.

Bretagne [bʀətaɲ] **nf** : **la Bretagne** die Bretagne.

bretelle [bʀətɛl] **nf 1.** [de vêtement] Träger *der* **2.** [d'entrée d'autoroute] Auffahrt *die*. ◆ **bretelles nfpl** Hosenträger *pl*.

breton, onne [bʀətɔ̃, ɔn] ◆ **adj** bretonisch. ◆ **nm** [langue] Bretonisch(e) (*das*). ◆ **Breton, onne nm, f** Bretone *der*, -nin *die*.

brève adj f → **bref**.

brevet [bʀəvɛ] **nm 1.** [diplôme] Abschluss *der* **2.** [d'invention] Patent *das* **▸ brevet (des collèges)** ≃ mittlere Reife.

bricolage [bʀikɔlaʒ] **nm** Werkeln *das* **▸ faire du bricolage** werkeln.

bricole [bʀikɔl] **nf** Kleinigkeit *die*.

bricoler [3] [bʀikɔle] ◆ **vt** zurecht°basteln. ◆ **vi** werkeln.

bricoleur, euse [bʀikɔlœʀ, øz] **nm, f** Heimwerker *der*, -in *die*.

bride [bʀid] **nf** [harnais] Zaumzeug *das*.

bridé, e [bʀide] **adj** : **avoir les yeux bridés** Schlitzaugen haben.

bridge [bʀidʒ] **nm 1.** [jeu] Bridge *das* **2.** [appareil dentaire] Brücke *die*.

brie [bʀi] **nm** *französischer Weichkäse*.

brièvement [bʀijɛvmɑ̃] **adv** kurz.

brigade [bʀigad] **nf** Brigade *die*.

brigand [bʀigɑ̃] **nm** Räuber *der*.

brillamment [bʀijamɑ̃] **adv** glänzend.

brillant, e [bʀijɑ̃, ɑ̃t] ◆ **adj** glänzend. ◆ **nm** [diamant] Brillant *der*.

briller [3] [bʀije] **vi 1.** [luire, réussir] glänzen **2.** [rayonner] scheinen **▸ faire briller** [meuble] polieren.

brin [bʀɛ̃] **nm** Fädchen *das* **▸ brin d'herbe** Grashalm *der* **▸ brin de muguet** Maiglöckchenstiel *der*.

brindille [bʀɛ̃dij] **nf** Zweiglein *das*.

brioche [bʀijɔʃ] **nf** Brioche *die*.

brique [bʀik] **nf 1.** [d'argile] Backstein *der* **2.** [de lait, de jus de fruit] Packung *die*.

briquet [bʀikɛ] **nm** Feuerzeug *das*.

brise [bʀiz] **nf** Brise *die*.

briser [3] [bʀize] **vt 1.** zerbrechen **2.** *fig* [interrompre] unterbrechen **▸ briser les rêves de qqn** js Träume zerstören.

britannique [bʀitanik] **adj** britisch. ◆ **Britannique nmf** Brite *der*, -tin *die* **▸ les Britanniques** die Briten.

brocante [bʀɔkɑ̃t] **nf** [magasin] Trödelladen *der*.

brocanteur, euse [bʀɔkɑ̃tœʀ, øz] **nm, f** Trödler *der*, -in *die*.

broche [bʀɔʃ] **nf 1.** [bijou] Brosche *die* **2.** CULIN Spieß *der*.
brochet [bʀɔʃɛ] **nm** Hecht *der*.
brochette [bʀɔʃɛt] **nf** [plat] Schaschlik *der* ▸ **brochette de viande /poisson** Fleisch-/Fischspieß *der*.
brochure [bʀɔʃyʀ] **nf** Prospekt *der*.
brocoli [bʀɔkɔli] **nm** Brokkoli *der*.
broder [3] [bʀɔde] **vt** sticken.
broderie [bʀɔdʀi] **nf 1.** [dentelle] Stickerei *die* **2.** [art] Sticken *das*.
bronches [bʀɔ̃ʃ] **nfpl** Bronchien *pl*.
bronchite [bʀɔ̃ʃit] **nf** Bronchitis *die*.
bronzage [bʀɔ̃zaʒ] **nm** Bräune *die*.
bronze [bʀɔ̃z] **nm** Bronze *die*.
bronzé, e [bʀɔ̃ze] **adj** gebräunt.
bronzer [3] [bʀɔ̃ze] **vi** braun werden ▸ **se faire bronzer** sich bräunen.
brosse [bʀɔs] **nf** Bürste *die* ▸ **cheveux en brosse** Bürstenschnitt *der* ▸ **brosse à cheveux** Haarbürste ▸ **brosse à dents** Zahnbürste.
brosser [3] [bʀɔse] **vt 1.** [cheveux] bürsten **2.** [chaussures, vêtements] ab°bürsten. ◆ **se brosser vp** sich ab°bürsten ▸ **se brosser les cheveux** sich *(D)* die Haare bürsten ▸ **se brosser les dents** sich *(D)* die Zähne putzen.
brouette [bʀuɛt] **nf** Schubkarre *die*.
brouhaha [bʀuaa] **nm** Getöse *das*.
brouillard [bʀujaʀ] **nm** Nebel *der*.
brouillé [bʀuje] **adj m** → **œuf**.
brouiller [3] [bʀuje] **vt 1.** [idées] verwirren **2.** [liquide, vue] trüben. ◆ **se brouiller vp 1.** [se fâcher] sich überwerfen **2.** [idées] sich verwirren **3.** [vue] trüb werden.
brouillon [bʀujɔ̃] **nm 1.** [feuille] Schmierzettel *der* **2.** [projet] Konzept *das*.
broussailles [bʀusaj] **nfpl** Gestrüpp *das*.
brousse [bʀus] **nf** Busch *der*.
brouter [3] [bʀute] **vt** fressen.
broyer [13] [bʀwaje] **vt** zerstoßen.
brucelles [bʀysɛl] **nfpl** SUISSE [pince à épiler] Pinzette *die*.
brugnon [bʀyɲɔ̃] **nm** Nektarine *die*.
bruine [bʀɥin] **nf** Sprühregen *der*.
bruit [bʀɥi] **nm 1.** [son] Geräusch *das* **2.** [vacarme] Lärm *der* ▸ **faire du bruit** Lärm machen ▸ **sans bruit** lautlos.
brûlant, e [bʀylɑ̃, ɑ̃t] **adj** brennend heiß.
brûlé [bʀyle] **nm** : **ça sent le brûlé** es riecht verbrannt.
brûler [3] [bʀyle] ◆ **vt 1.** [carboniser] verbrennen **2.** [irriter] brennen in *(+ D)*. ◆ **vi 1.** [flamber] brennen **2.** [chauffer] brennend heiß sein ▸ **brûler un feu rouge** bei Rot über die Ampel fahren. ◆ **se brûler vp** sich verbrennen ▸ **se brûler la main** sich *(D)* die Hand verbrennen.
brûlure [bʀylyʀ] **nf 1.** [blessure] Verbrennung *die* **2.** [sensation] Brennen *das* ▸ **brûlures d'estomac** Sodbrennen *das*.
brume [bʀym] **nf** Nebel *der*.
brumeux, euse [bʀymø, øz] **adj** diesig.
brun, e [bʀœ̃, bʀyn] **adj 1.** [personne] braunhaarig **2.** [cheveux] braun **3.** [tabac] schwarz.
brunch [bʀœntʃ] **nm** Brunch *der*.
bruncher [3] [bʀœnʃe] **vi** brunchen.
brune [bʀyn] **nf** *Zigarette mit schwarzem Tabak* ▸ **(bière) brune** dunkles Bier.
Brunei [bʀynei] **nm** : **le Brunei** Brunei *nt*.
Brushing® [bʀœʃiŋ] **nm** Föhnfrisur *die*.

brusque [bʀysk] **adj 1.** [personne, geste] schroff **2.** [changement, arrêt] abrupt.

brut, e [bʀyt] **adj 1.** [matière, pétrole] Roh- **2.** [poids, salaire] Brutto- **3.** [cidre, champagne] trocken.

brutal, e, aux [bʀytal, o] **adj 1.** [personne, geste] brutal **2.** [changement, arrêt] abrupt.

brute [bʀyt] **nf** Rohling *der*.

Bruxelles [bʀy(k)sɛl] **n** Brüssel *nt*.

bruyamment [bʀɥijamɑ̃] **adv 1.** [parler, rire] laut **2.** [protester] lauthals.

bruyant, e [bʀɥijɑ̃, ɑ̃t] **adj** laut.

bruyère [bʀyjɛʀ] **nf** Heide *die*.

bsr SMS *abr écrite de* **bonsoir**.

BTS (*abr de* brevet de technicien supérieur) **nm** ≃ Fachhochschulabschluss *der*.

bu, e [by] **pp** → **boire**.

buanderie [byɑ̃dʀi] **nf** QUÉBEC [blanchisserie] Wäscherei *die*.

Bucarest [bykaʀɛst] **n** Bukarest *nt*.

bûche [byʃ] **nf** Holzscheit *das* ▸ **bûche de Noël** *für die Weihnachtszeit typische Buttercremerolle*.

bûcheron, ne [byʃʀɔ̃, ɔn] **nm, f** Holzfäller *der*, -in *die*.

Budapest [bydapɛst] **n** Budapest *nt*.

budget [bydʒɛ] **nm** Etat *der*.

budgéter [3] [bydʒete] **vt** budgetieren.

buée [bɥe] **nf** Niederschlag *der* ▸ **il y a de la buée sur les vitres** die Fenster sind beschlagen.

Buenos Aires [bɥenozɛʀ] **n** Buenos Aires *nt*.

buffet [byfɛ] **nm 1.** [meuble] Sideboard *das* **2.** [repas] Büfett *das* **3.** [de gare] Gaststätte *die* ▸ **buffet froid** kaltes Büfett.

bug [bœg] **nm** = **bogue**.

building [bildiŋ] **nm** Hochhaus *das*.

buisson [bɥisɔ̃] **nm** Strauch *der*.

buissonnière [bɥisɔnjɛʀ] **adj f** → **école**.

Bujumbura [buʒumbuʀa] **n** Bujumbura *nt*.

Bulgarie [bylgaʀi] **nf** : **la Bulgarie** Bulgarien *nt*.

bulldozer [byldozɛʀ] **nm** Bulldozer *der*.

bulle [byl] **nf** Blase *die* ▸ **faire des bulles** a) [avec un chewing-gum] Blasen machen b) [savon] schäumen.

buller [3] [byle] **vi** *fam* faulenzen.

bulletin [byltɛ̃] **nm 1.** [papier] Schein *der* **2.** [d'informations] Nachrichtensendung *die* **3.** SCOL Zeugnis *das* ▸ **bulletin d'informations** Nachrichten *pl* ▸ **bulletin météorologique** Wettervorhersage *die* ▸ **bulletin de salaire** Gehaltsabrechnung *die* ▸ **bulletin de vote** Wahlzettel *der*.

bungalow [bœ̃galo] **nm** Ferienhaus *das*.

bureau [byʀo] (*pl* -x) **nm 1.** [pièce] Arbeitszimmer *das* **2.** [lieu de travail] Büro *das* **3.** [meuble] Schreibtisch *der* **4.** INFORM Desktop *der* ▸ **bureau de change** Wechselbüro ▸ **bureau des douanes** Zollamt *das* ▸ **bureau d'information** Informationsbüro ▸ **bureau de poste** Postamt *das* ▸ **bureau de tabac** Tabakwarenladen *der*.

bureautique [byʀotik] ◆ **adj** Büro-. ◆ **nf** Bürokommunikation *die* ▸ **équipement bureautique** Bürobedarf *der*.

Burkina [byʀkina] **nm** : **le Burkina** Burkina Faso *nt* ▸ **au Burkina** in Burkina Faso.

burlesque [byʀlɛsk] **adj** burlesk.

burqa, burka [buʀka] **nf** Burka *die*.
Burundi [buʀundi] **nm** : **le Burundi** Burundi *nt* ▸ **au Burundi** in Burundi.
bus [bys] **nm** Bus *der*.
business [biznɛs] **nm** *fam* Business *das*.
buste [byst] **nm 1.** Oberkörper *der* **2.** [statue] Büste *die*.
but [byt] **nm 1.** Ziel *das* **2.** SPORT [point] Tor *das* ▸ **les buts** Torraum *der* ▸ **dans le but de faire qqch** mit dem Ziel, etw zu tun.
butane [bytan] **nm** Butan *das*.
buté, e [byte] **adj** verstockt.
buter [3] [byte] **vi** : **buter sur** ou **contre** a) [objet] stoßen an *(+ D)* ou gegen b) [difficulté] kämpfen mit.
butin [bytɛ̃] **nm** Beute *die*.
butte [byt] **nf** Hügel *der*.
buvard [byvaʀ] **nm** Löschblatt *das*.
buvette [byvɛt] **nf** Getränkebar *die*.
buzz [bœz] **nm** Hype *der* ▸ **le film a fait un énorme buzz** um diesen Film gab es einen enormen Hype.

C

c' **pron** → **ce**.
ça [sa] **pron** das ▸ **ça n'est pas facile** das ist nicht einfach ▸ **ça va ? — ça va !** wie geht's? — gut! ▸ **comment ça ?** wie bitte? ▸ **c'est ça** genau.
cabane [kaban] **nf** Hütte *die*.
cabaret [kabaʀɛ] **nm** Kabarett *das*.
cabillaud [kabijo] **nm** Kabeljau *der*.
cabine [kabin] **nf 1.** [de bateau, de téléphérique] Kabine *die* **2.** [sur la plage] Umkleidekabine *die* ▸ **cabine de douche** Duschkabine ▸ **cabine d'essayage** Ankleidekabine ▸ **cabine (de pilotage)** Cockpit *das* ▸ **cabine (téléphonique)** Telefonzelle *die*.
cabinet [kabinɛ] **nm** Praxis *die* ▸ **cabinet de toilette** Waschraum *der* ▸ **cabinet médical** Praxis *die*. ◆ **cabinets** **nmpl** Toilette *die*.
câble [kabl] **nm** Kabel *das* ▸ **(télévision par) câble** Kabelfernsehen *das* ▸ **câble Ethernet** Ethernet-Kabel ▸ **câble RJ11 / RJ45** RJ11 / RJ45-Kabel ▸ **câble USB** USB-Kabel.
caboche [kabɔʃ] **nf** *fam* [tête] Schädel *der* ▸ **mets-toi (bien) ça dans la caboche !** merk dir das gefälligst!
cabosser [3] [kabɔse] **vt** verbeulen.
caca [kaka] **nm** : **faire caca** *fam* Aa machen.
cacah(o)uète [kakawɛt] **nf** Erdnuss *die*.
cacao [kakao] **nm** Kakao *der*.
cache [kaʃ] **nm** Cachespeicher *der*.
cache-cache [kaʃkaʃ] **nm inv** : **jouer à cache-cache** Versteck spielen.
cache-cœur [kaʃkœʀ] (*pl* **cache-cœurs**) **nm** Wickelbluse *die*.
cachemire [kaʃmiʀ] **nm** Kaschmir *der*.
cache-nez [kaʃne] **nm inv** Schal *der*.
cacher [3] [kaʃe] **vt 1.** [objet, personne] verstecken **2.** [vue, soleil] verdecken **3.** [vérité, sentiment] verbergen. ◆ **se cacher** **vp** sich verstecken.
cachet [kaʃɛ] **nm 1.** [comprimé] Tablette *die* **2.** [tampon] Stempel *der*.
cachette [kaʃɛt] **nf** Versteck *das* ▸ **en cachette** heimlich.

cachot [kaʃo] **nm** Kerker *der*.

cacophonie [kakɔfɔni] **nf** Kakophonie *die*.

cactus [kaktys] **nm** Kaktus *der*.

cadavre [kadavʀ] **nm** Leiche *die*.

Caddie® [kadi] **nm** Einkaufswagen *der*.

cadeau [kado] (*pl* -x) **nm** Geschenk *das* ▸ **faire cadeau de qqch à qqn** jm etw schenken.

cadenas [kadna] **nm** Vorhängeschloss *das*.

cadence [kadɑ̃s] **nf** Takt *der* ▸ **en cadence** im Takt.

cadet, ette [kadɛ, ɛt] ◆ **adj 1.** [de deux] jüngere(r, s) **2.** [de plusieurs] jüngste(r, s). ◆ **nm, f 1.** [de deux] Jüngere *der, die* **2.** [de plusieurs] Jüngste *der, die*.

cadran [kadʀɑ̃] **nm** [de montre, de tableau de bord] Zifferblatt *das* ▸ **cadran solaire** Sonnenuhr *die*.

cadre¹ [kadʀ] **nmf** [d'une entreprise] höherer Angestellte, höhere Angestellte.

cadre² [kadʀ] **nm 1.** Rahmen *der* **2.** [tableau] Bild *das* ▸ **dans le cadre de** *fig* im Rahmen *(+ G)*.

cafard [kafaʀ] **nm** Schabe *die* ▸ **avoir le cafard** *fam* niedergeschlagen sein.

café [kafe] **nm 1.** [boisson] Kaffee *der* **2.** [établissement] Café *das* ▸ **café crème** ou **au lait** Milchkaffee ▸ **café décaféiné** ≃ Kaffee Hag® ▸ **café épicé** Suisse Gewürzkaffee ▸ **café liégeois** ≃ Eiskaffee ▸ **café noir** schwarzer Kaffee.

> ⓘ **Le café**
>
> In Pariser Cafés kann man neben kalten und warmen Getränken auch kleine Snacks zu sich nehmen. Café kann man zum Beispiel als café crème, mit warmer Milch, als café noisette, mit einem Schuss Milch oder als Expresso in kleinen Tassen schwarz trinken. Zum Frühstück bestellen die Franzosen üblicherweise einen Milchkaffee (grand crème) und Croissants oder Weißbrot mit Butter und Marmelade.

cafétéria [kafeteʀja] **nf** Cafeteria *die*.

café-théâtre [kafeteatʀ] (*pl* **cafés-théâtres**) **nm** ≃ Kleinkunstbühne *die*.

cafetier [kaftje] **nm** Café-Inhaber *der*.

cafetière [kaftjɛʀ] **nf** Kaffeekanne *die* ▸ **cafetière électrique** Kaffeemaschine *die*.

cafter [3] [kafte] **vi** *fam* petzen.

cage [kaʒ] **nf 1.** Käfig *der* **2.** SPORT Tor *das* ▸ **cage d'escalier** Treppenhaus *das*.

cagoule [kagul] **nf 1.** Kapuzenmütze *die* **2.** [de gangster] Strumpfmaske *die*.

cahier [kaje] **nm** Heft *das* ▸ **cahier de brouillon** Schmierheft ▸ **cahier de textes** Aufgabenheft.

caille [kaj] **nf** Wachtel *die*.

cailler [3] [kaje] **vi** gerinnen.

caillot [kajo] **nm** (Blut)klümpchen *das*.

caillou [kaju] (*pl* -x) **nm** (Kiesel)stein *der*.

Caire [kɛʀ] **n** : **Le Caire** Kairo *nt* ▸ **au Caire** in Kairo.

caisse [kɛs] **nf 1.** [boîte] Kiste *die* **2.** [du supermarché, de la banque] Kasse *die* ▸ **caisse d'épargne** Sparkasse ▸ **caisse rapide** Schnellkasse.

caissier, ère [kesje, ɛʀ] **nm, f** Kassierer *der*, -in *die*.

cajou [kaʒu] **nm** → **noix**.

cake [kɛk] **nm** *Sandkuchen mit kandierten Früchten*.

calamar [kalamaʀ] **nm** Tintenfisch *der.*

calcaire [kalkɛʀ] ◆ **nm** Kalk(stein) *der.* ◆ **adj** kalkhaltig.

calciné, e [kalsine] **adj** 1. [pierre] gebrannt 2. [aliment] verkohlt.

calcium [kalsjɔm] **nm** Kalzium *das.*

calcul [kalkyl] **nm** 1. [opération] Rechnen *das* 2. [arithmétique] Berechnung *die* ▸ **calcul mental** Kopfrechnen ▸ **calcul rénal** MÉD Nierenstein *der.*

calculatrice [kalkylatʀis] **nf** Taschenrechner *der.*

calculer [3] [kalkyle] **vt** 1. [compter] berechnen 2. [prévoir] ein∘kalkulieren.

calculette [kalkylɛt] **nf** Taschenrechner *der.*

cale [kal] **nf** Keil *der.*

calé, e [kale] **adj** *fam* [doué] beschlagen.

caleçon [kalsɔ̃] **nm** 1. [sous-vêtement] Boxershorts *pl* 2. [pantalon] Leggings *pl.*

calembour [kalɑ̃buʀ] **nm** Wortspiel *das.*

calendrier [kalɑ̃dʀije] **nm** Kalender *der.*

ⓘ Le calendrier scolaire

Das französische Schuljahr beginnt Anfang September mit der rentrée. Über das Jahr verteilt haben die Kinder ungefähr alle sechs Wochen zwei Wochen Ferien: zu Allerheiligen, zu Weihnachten, im Februar und im April. Anfang Juli beginnen die großen Sommerferien, die erst zwei Monate später zu Ende gehen.

calepin [kalpɛ̃] **nm** Notizbuch *das.*

caler [3] [kale] ◆ **vt** verkeilen. ◆ **vi** 1. [voiture, moteur] ab∘saufen 2. *fam* [à table] nicht mehr (essen) können ▸ **je cale** ich kann nicht mehr.

califourchon [kalifuʀʃɔ̃] ◆ **à califourchon sur prép** rittlings auf *(+ D).*

câlin [kalɛ̃] **nm** Liebkosung *die* ▸ **faire un câlin à qqn** jn lieb∘kosen.

calmant [kalmɑ̃] **nm** Beruhigungsmittel *das.*

calme [kalm] ◆ **adj** ruhig. ◆ **nm** Ruhe *die* ▸ **du calme !** Ruhe!

calmement [kalməmɑ̃] **adv** ruhig.

calmer [3] [kalme] **vt** 1. [douleur] lindern 2. [personne] beruhigen. ◆ **se calmer vp** 1. [personne] sich beruhigen 2. [tempête, douleur] nach∘lassen.

calorie [kalɔʀi] **nf** Kalorie *die.*

calque [kalk] **nm** : **(papier-)calque** Pauspapier *das.*

calvados [kalvados] **nm** *französischer Apfelbranntwein.*

camarade [kamaʀad] **nmf** Kamerad *der,* -in *die* ▸ **camarade de classe** Klassenkamerad *der,* -in *die.*

Cambodge [kɑ̃bɔdʒ] **nm** : **le Cambodge** Kambodscha *nt* ▸ **au Cambodge** in Kambodscha.

cambouis [kɑ̃bwi] **nm** Schmieröl *das.*

cambré, e [kɑ̃bʀe] **adj** gewölbt.

cambriolage [kɑ̃bʀijɔlaʒ] **nm** Einbruch *der.*

cambrioler [3] [kɑ̃bʀijɔle] **vt** ein∘brechen in *(+ A).*

cambrioleur [kɑ̃bʀijɔlœʀ] **nm** Einbrecher *der,* -in *die.*

camembert [kamɑ̃bɛʀ] **nm** Camembert *der.*

camer [3] [kame] ◆ **se camer vp** *vulg* fixen ▸ **se camer à la cocaïne** Kokain schnupfen.

caméra [kameʀa] **nf** Kamera *die* ▸ **caméra numérique** Digitalkamera *die.*

⚠ Kamera est un faux ami. Il se traduit le plus souvent par ***appareil photo*** et non systématiquement par « caméra ».

Cameroun [kamʀun] **nm** : **le Cameroun** Kamerun *nt* ▸**au Cameroun** in Kamerun.

Caméscope® [kameskɔp] **nm** Camcorder *der.*

camion [kamjɔ̃] **nm** Lastwagen *der.*

camion-citerne [kamjɔ̃sitɛʀn] (*pl* camions-citernes) **nm** Tankfahrzeug *das.*

camionnette [kamjɔnɛt] **nf** Lieferwagen *der.*

camionneur, euse [kamjɔnœʀ, øz] **nm, f** [chauffeur] Lastwagenfahrer *der,* -in *die.*

camp [kɑ̃] **nm** **1.** [tentes] Lager *das* **2.** [de joueurs, de sportifs] Trainingslager *das* ▸**camp de vacances** Ferienlager ▸**faire un camp** campen.

campagne [kɑ̃paɲ] **nf** **1.** Land *das* **2.** [électorale, publicitaire] Kampagne *die.*

camper [3] [kɑ̃pe] **vi** campen.

campeur, euse [kɑ̃pœʀ, øz] **nm, f** Camper *der,* -in *die.*

camping [kɑ̃piŋ] **nm** **1.** [terrain] Campingplatz *der* **2.** [activité] Campen *das* ▸**faire du camping** campen ▸**camping sauvage** wildes Campen.

camping-car [kɑ̃piŋkaʀ] (*pl* camping-cars) **nm** Wohnmobil *das.*

Camping-Gaz® [kɑ̃piŋgaz] **nm inv** Camping-Gaskocher *der.*

Canada [kanada] **nm** : **le Canada** Kanada *nt.*

canadien, enne [kanadjɛ̃, ɛn] **adj** kanadisch. ◆ **Canadien, enne nm, f** Kanadier *der,* -in *die.*

canadienne [kanadjɛn] **nf** **1.** [veste] Lammfelljacke *die* **2.** [tente] Biwakzelt *das.*

canal [kanal] (*pl* -aux) **nm** [cours d'eau] Kanal *der* ▸**Canal +** *französisches Pay-TV-Programm.*

canalisation [kanalizasjɔ̃] **nf** Leitung *die.*

canapé [kanape] **nm** **1.** Sofa *das* **2.** [toast] Appetithappen *der* ▸**canapé convertible** Schlafcouch *die.*

canapé-lit [kanapeli] (*pl* canapés-lits) **nm** Schlafcouch *die.*

canard [kanaʀ] **nm** **1.** Ente *die* **2.** [sucre] *mit Kaffee oder Alkohol getränktes Stück Würfelzucker* ▸**canard à l'orange** *Ente mit Orangensoße* ▸**canard laqué** Pekingente.

canari [kanaʀi] **nm** Kanarienvogel *der.*

Canaries [kanaʀi] **nfpl** : **les Canaries** die Kanaren.

Canberra [kɑ̃bɛʀa] **n** Canberra *nt.*

cancer [kɑ̃sɛʀ] **nm** Krebs *der.* ◆ **Cancer nm** Krebs *der.*

cancéreux, euse [kɑ̃seʀø, øz] **adj** krebsartig.

candidat, e [kɑ̃dida, at] **nm, f** Bewerber *der,* -in *die.*

candidature [kɑ̃didatyʀ] **nf** Bewerbung *die* ▸**poser sa candidature (à)** sich bewerben (um).

caneton [kantɔ̃] **nm** Entenküken *das.*

canette [kanɛt] **nf** [bouteille] kleine Flasche.

caniche [kaniʃ] **nm** Pudel *der.*

canicule [kanikyl] **nf** Gluthitze *die.*

canif [kanif] **nm** Taschenmesser *das.*

canine [kanin] **nf** Eckzahn *der.*

caniveau [kanivo] (*pl* -x) **nm** Rinnstein *der.*

canne [kan] nf Stock *der* ▸ **canne à pêche** Angelrute *die*.

canneberge [kanəbɛʀʒ] nf QUÉBEC Preiselbeere *die*.

cannelle [kanɛl] nf Zimt *der*.

cannelloni(s) [kanelɔni] nmpl Cannelloni *pl*.

cannette [kanɛt] nf = **canette**.

canoë [kanɔe] nm Kanu *das*.

canoë-kayak [kanɔekajak] (*pl* canoës-kayaks) nm Kanusport *der* ▸ **faire du canoë-kayak** Kanu und Kajak fahren.

canon [kanɔ̃] nm **1.** [ancien] Kanone *die* **2.** [d'une arme à feu] Lauf *der* ▸ **chanter en canon** im Kanon singen.

canot [kano] nm (Bei)boot *das* ▸ **canot pneumatique** Schlauchboot ▸ **canot de sauvetage** Rettungsboot.

cantal [kɑ̃tal] nm *Hartkäse aus der Auvergne*.

cantatrice [kɑ̃tatʀis] nf Sängerin *die*.

cantine [kɑ̃tin] nf [d'une école, d'une entreprise] Kantine *die*.

cantique [kɑ̃tik] nm Kirchenlied *das*.

canton [kɑ̃tɔ̃] nm **1.** [en France] ≃ Kreis *der* **2.** [en Suisse] Kanton *der*.

> ⓘ **Les cantons**
>
> Die Schweiz ist eine Konföderation mit 26 eigenständigen Bundesländern, den Kantonen. Jeder Kanton gliedert sich in communes (Kommunen), die unter anderem für die Bereiche Bildung, Soziales, Stadt- und Raumplanung und Steuern zuständig sind.

cantonais [kɑ̃tɔnɛ] adj m → **riz**.

canyon, cañon [kanjɔn, kanjɔ̃] nm Cañon *der*.

canyoning [kanjɔniŋ] nm Canyoning *das*.

caoutchouc [kautʃu] nm Gummi *der* ODER *das*.

caoutchouteux, euse [kautʃutø, øz] adj gummiartig.

cap [kap] nm **1.** [pointe de terre] Kap *das* **2.** NAUT Kurs *der* ▸ **mettre le cap sur** Kurs nehmen auf *(+ A)*.

CAP [kap] nm *französischer Lehrabschluss*.

capable [kapabl] adj fähig ▸ **être capable de faire qqch** in der Lage sein, etw zu tun.

capacités [kapasite] nfpl Fähigkeiten *pl*.

cape [kap] nf Cape *das*.

capitaine [kapitɛn] nmf **1.** [dans l'armée, la gendarmerie] Hauptmann *der* **2.** [d'un bateau] Kapitän *der*, -in *die* **3.** SPORT Mannschaftskapitän *der*, -in *die*.

capital, e, aux [kapital, o] ◆ adj entscheidend. ◆ nm Kapital *das*.

capitale [kapital] nf **1.** [ville] Hauptstadt *die* **2.** [lettre] Großbuchstabe *der*.

capitalisme [kapitalism] nm Kapitalismus *der*.

capitaliste [kapitalist] ◆ adj kapitalistisch. ◆ nmf Kapitalist *der*, -in *die*.

capot [kapo] nm Motorhaube *die*.

capote [kapɔt] nf AUTO Verdeck *das*.

capoter [3] [kapɔte] vi **1.** [projet, entreprise] scheitern **2.** QUÉBEC *fam* [perdre la tête] aus◦flippen.

cappuccino [kaputʃino] nm Cappuccino *der*.

câpre [kapʀ] nf Kaper *die*.

caprice [kapʀis] nm **1.** [colère] üble Laune **2.** [envie] Laune *die* ▸ **faire un caprice** launisch sein.

capricieux, euse [kapʀisjø, øz] adj launenhaft.

Capricorne [kapʀikɔʀn] **nm** Steinbock *der*.

capsule [kapsyl] **nf** [de bouteille] Kronkorken *der* ▸ **capsule spatiale** Raumkapsel *die*.

capter [3] [kapte] **vt** empfangen ▸ **mon portable ne capte pas ici** mein Handy hat hier keinen Empfang.

captivant, e [kaptivɑ̃, ɑ̃t] **adj** fesselnd.

captivité [kaptivite] **nf** Gefangenschaft *die* ▸ **en captivité** in Gefangenschaft.

capture [kaptyʀ] **nf 1.** [d'animal] Fang *der* **2.** [de personne] Gefangennahme *die* ▸ **capture d'écran** Bildschirmausdruck *der*, Screenshot *der*.

capturer [3] [kaptyʀe] **vt 1.** [personne] gefangen nehmen **2.** [animal] ein°fangen.

capuche [kapyʃ] **nf** Kapuze *die*.

capuchon [kapyʃɔ̃] **nm 1.** [d'une veste] Kapuze *die* **2.** [d'un stylo] Kappe *die*.

Cap-Vert [kapvɛʀ] **nm** Kap Verde *nt* ▸ **les îles du Cap-Vert** die Kapverdischen Inseln.

caquelon [kaklɔ̃] **nm** SUISSE Fonduetopf *der*.

car[1] [kaʀ] **conj** denn.

car[2] [kaʀ] **nm** Bus *der*.

carabine [kaʀabin] **nf** Karabiner *der*.

Caracas [kaʀakas] **n** Caracas *nt*.

caractère [kaʀaktɛʀ] **nm 1.** [tempérament] Charakter *der* **2.** [signe] Buchstabe *der* ▸ **avoir du caractère** a) [personne] Charakter haben b) [maison] Stil haben ▸ **avoir mauvais caractère** einen schwierigen Charakter haben ▸ **caractères d'imprimerie** Druckbuchstaben ▸ **caractères spéciaux** INFORM Symbole *pl*.

caractériser [3] [kaʀakteʀize] **vt 1.** [décrire] kennzeichnen **2.** [définir] : **caractériser qqch** für etw charakteristisch sein. ◆ **se caractériser vp** : **se caractériser par qqch** sich durch etw aus°zeichnen.

caractéristique [kaʀakteʀistik] ◆ **nf** Merkmal *das*. ◆ **adj** : **caractéristique de** charakteristisch für.

carafe [kaʀaf] **nf** Karaffe *die*.

Caraïbes [kaʀaib] **nfpl** : **les Caraïbes** die Karibischen Inseln.

carambolage [kaʀɑ̃bɔlaʒ] **nm** *fam* (Massen)karambolage *die*.

caramel [kaʀamɛl] **nm 1.** [sucre brûlé] Karamell *der* **2.** [bonbon] Karamellbonbon *das*.

carapace [kaʀapas] **nf** Panzer *der*.

caravane [kaʀavan] **nf** Wohnwagen *der*.

carbonade [kaʀbɔnad] **nf** : **carbonades flamandes** BELG *Rindsragout in Bier gedünstet*.

carbone [kaʀbɔn] **nm** [élément chimique] Kohlenstoff *der* ▸ **(papier) carbone** Kohlepapier *das*.

carbonisé, e [kaʀbɔnize] **adj** angekohlt.

carburant [kaʀbyʀɑ̃] **nm** Kraftstoff *der*.

carburateur [kaʀbyʀatœʀ] **nm** Vergaser *der*.

carcasse [kaʀkas] **nf 1.** [d'animal] Gerippe *das* **2.** [de voiture] Wrack *das*.

cardiaque [kaʀdjak] **adj 1.** [crise] Herz- **2.** [personne] herzkrank.

cardigan [kaʀdigɑ̃] **nm** Cardigan *der*.

cardinaux [kaʀdino] **adj m pl** → **point**.

cardiologue [kaʀdjɔlɔg] **nmf** Kardiologe *der*, -gin *die*.

carême [karɛm] **nm** Fasten *das*. ◆ **Carême nm** Fastenzeit *die*.

caresse [karɛs] **nf** Liebkosung *die*.

caresser [4] [karese] **vt** streicheln.

cargaison [kargɛzɔ̃] **nf** Ladung *die*.

cargo [kargo] **nm** Frachter *der*.

caricature [karikatyʀ] **nf** [dessin] Karikatur *die*.

caricaturer [3] [karikatyʀe] **vt** karikieren.

carie [kari] **nf** Karies *die*.

carillon [karijɔ̃] **nm 1.** [d'horloge] Glockenspiel *das* **2.** [de porte] Türgong *der*.

carnage [karnaʒ] **nm** Gemetzel *das* ▸ **faire un carnage** *fig* eine Katastrophe an°richten.

carnaval [karnaval] **nm** Karneval *der*.

carnet [karnɛ] **nm** Heft *das* ▸ **carnet d'adresses** Adressbuch *das* ▸ **carnet de chèques** Scheckheft ▸ **carnet de notes** Notizbuch *das* ▸ **carnet de santé** Gesundheitspass *der* ▸ **carnet de tickets** Fahrscheinheft *(mit 10 Fahrscheinen)* ▸ **carnet de timbres** Briefmarkenheftchen *das (mit 10 Briefmarken)*.

carnotzet [karnɔtze] **nm** SUISSE Stübli *das*.

carotte [karɔt] **nf** Möhre *die*.

carotter [3] [karɔte] **vt** *fam* [argent, objet] klauen ▸ **carotter qqch à qqn** jm etw klauen.

carpe [karp] **nf** Karpfen *der*.

carpette [karpɛt] **nf** Vorleger *der*.

carré, e [kare] ◆ **adj** quadratisch. ◆ **nm 1.** [forme géométrique] Quadrat *das* **2.** [de chocolat] Stückchen *das* **3.** [d'agneau, de porc] Rippenstück *das* ▸ **deux mètres carrés** zwei Quadratmeter ▸ **deux au carré** zwei im Quadrat.

carreau [karo] (*pl* -x) **nm 1.** [vitre] Fensterscheibe *die* **2.** [sur le sol, les murs] Fliese *die* **3.** [carré] Viereck *das* **4.** [aux cartes] Karo *das* ▸ **à carreaux** kariert.

carrefour [karfuʀ] **nm** Kreuzung *die*.

carrelage [karlaʒ] **nm** Fliesenboden *der*.

carrément [karemɑ̃] **adv 1.** [franchement] freiheraus **2.** [très] geradezu.

carrière [karjɛʀ] **nf 1.** [de pierre] Steinbruch *der* **2.** [profession] Laufbahn *die* ▸ **faire carrière dans** Karriere machen in *(+ D)*.

carrossable [karɔsabl] **adj** befahrbar.

carrosse [karɔs] **nm** Kutsche *die*.

carrosserie [karɔsʀi] **nf** Karosserie *die*.

carrure [karyʀ] **nf** Schulterbreite *die*.

cartable [kartabl] **nm** Ranzen *der*.

carte [kart] **nf 1.** Karte *die* **2.** [document officiel] Ausweis *der* **3.** [de restaurant] Speisekarte *die* ▸ **à la carte** à la carte ▸ **carte bancaire** Kundenkarte ▸ **carte à jouer** Spielkarte ▸ **Carte Bleue®** Visa-Karte® ▸ **carte de crédit** Kreditkarte ▸ **carte de fidélité** Bonuskarte ▸ **carte d'embarquement** Bordkarte ▸ **carte d'étudiant** Studentenausweis ▸ **carte graphique** Grafikkarte ▸ **carte grise** Kraftfahrzeugschein *der* ▸ **carte (nationale) d'identité** Personalausweis ▸ **carte mémoire** Speicherkarte ▸ **carte mère** Hauptplatine *die* ▸ **Carte Orange** *Dauerkarte für den Pariser Verkehrsverbund* ▸ **carte postale** Postkarte ▸ **carte routière** Straßenkarte ▸ **carte Sim** Sim-Karte ▸ **carte son** Soundkarte ▸ **carte téléphonique** ou **de téléphone** Telefonkarte ▸ **carte de transport** Fahrschein *der* ▸ **carte de visite** Visitenkarte.

cartilage [kartilaʒ] **nm** Knorpel *der*.

carton [kartɔ̃] **nm 1.** [matière] Pappe *die* **2.** [boîte] Karton *der* **3.** [feuille]

Stück Pappe *das* ▸ **carton d'invitation** Einladungskarte *die*.

cartonner [3] [kartɔne] **vi** *fam* **1.** [film, musique, livre] ein Hit sein **2.** : **j'ai cartonné en maths** ich habe in Mathe prima abgeschnitten.

cartouche [kartuʃ] **nf 1.** Patrone *die* **2.** [de cigarettes] Stange *die* ▸ **cartouche d'encre** a) [stylo] Tintenpatrone *die* b) [imprimante] Druckkassette *die*, Tintenkartusche *die*.

cas [ka] **nm** Fall *der* ▸ **au cas où** falls ▸ **dans ce cas** dann ▸ **en cas de besoin** nötigenfalls ▸ **en tout cas** auf jeden Fall.

casbah [kazba] **nf** Kasba(h) *die*.

cascade [kaskad] **nf 1.** [chute d'eau] Wasserfall *der* **2.** [au cinéma] Stunt *der*.

cascadeur, euse [kaskadœr, øz] **nm, f** Stuntman *der*, -woman *die*.

case [kaz] **nf 1.** [de damier, de mots croisés] Feld *das* **2.** [compartiment] Fach *das* **3.** [hutte] Hütte *die* ▸ **'cochez la case choisie'** 'das zutreffende Kästchen ankreuzen'.

caserne [kazɛrn] **nf** Kaserne *die* ▸ **caserne des pompiers** Feuerwehrwache *die*.

casier [kazje] **nm** Fach *das* ▸ **casier à bouteilles** Flaschenregal *das*.

casino [kazino] **nm** Spielkasino *das*.

casque [kask] **nm 1.** [de moto, d'ouvrier, de soldat] Helm *der* **2.** [écouteurs] Kopfhörer *der*.

casquette [kaskɛt] **nf** Schirmmütze *die*.

cassé, e [kase] **pp** kaputt.

casse-cou [kasku] **nmf inv** Draufgänger *der*.

casse-croûte [kaskrut] **nm inv** Imbiss *der*.

casse-gueule [kasgœl] (*pl inv* ou casse-gueules) **adj** *fam* [chemin, projet] gefährlich ▸ **dis donc, il est casse-gueule ton escalier !** deine Treppe ist aber gefährlich ▸ **c'est casse-gueule, ton projet !** dein Projekt ist aber gefährlich.

casse-noix [kasnwa] **nm inv** Nussknacker *der*.

casser [3] [kase] **vt 1.** [briser] zerbrechen **2.** [abîmer] kaputt machen ▸ **vous me cassez les oreilles** *fam* mir platzt gleich das Trommelfell ▸ **casser les pieds à qqn** *fam* jm auf die Nerven gehen. ◆ **se casser vp** zerbrechen ▸ **se casser le bras** sich *(D)* den Arm brechen ▸ **se casser la figure** *fam* hin°fliegen.

casserole [kasrɔl] **nf** Topf *der*.

casse-tête [kastɛt] **nm inv 1.** [jeu] Geduldsspiel *das* **2.** *fig* [problème] harte Nuss.

cassette [kasɛt] **nf** Kassette *die* ▸ **cassette vidéo** Videokassette.

cassis [kasis] **nm** Schwarze Johannisbeere *die*.

cassoulet [kasulɛ] **nm** *Fleischeintopf mit weißen Bohnen*.

cata [kata] **nf** *fam* : **c'est la cata !** das ist eine Katastrophe.

catalogue [katalɔg] **nm** Katalog *der*.

catastrophe [katastrɔf] **nf** Katastrophe *die*.

catastrophique [katastrɔfik] **adj** katastrophal.

catch [katʃ] **nm** Catchen *das*.

catéchisme [kateʃism] **nm** Religionsunterricht *der*.

catégorie [kategɔri] **nf** Kategorie *die*.

catégorique [kategɔrik] **adj** kategorisch.

cathédrale [katedral] **nf** Dom *der*.

catho [kato] ◆ **adj** *fam* katholisch. ◆ **nmf** Katholik *der*, -in *die*.

catholicisme [katɔlisism] **nm** Katholizismus *der*.

catholique [katɔlik] ◆ **adj** katholisch. ◆ **nmf** Katholik *der*, -in *die*.

cauchemar [koʃmaʀ] **nm** Albtraum *der*.

cause [koz] **nf** Grund *der* ▸ **à cause de** wegen *(+ G)* ▸ **'fermé pour cause de travaux'** 'wegen Umbau geschlossen'.

causer [3] [koze] ◆ **vt** [provoquer] verursachen. ◆ **vi** [parler] plaudern.

caution [kosjɔ̃] **nf** **1.** [pour une location] Kaution *die* **2.** [personne] Bürge *der*, -gin *die* ▸ **se porter caution (pour qqn)** (für jn) bürgen.

cavalier, ère [kavalje, ɛʀ] **nm, f** **1.** [à cheval] Reiter *der*, -in *die* **2.** [partenaire] Tanzpartner *der*, -in *die*. ◆ **cavalier nm** [aux échecs] Springer *der*.

cave [kav] **nf** **1.** [sous-sol] Keller *der* **2.** [réserve de vin] Weinkeller *der* ▸ **cave à cigares** [boîte] Zigarrenkiste *die*.

caverne [kavɛʀn] **nf** Höhle *die*.

caviar [kavjaʀ] **nm** Kaviar *der*.

caviste [kavist] **nm** Kellermeister *der*.

CB *abr écrite de* **Carte Bleue®**

CD (*abr de* Compact Disc) **nm** CD *die*.

CDD (*abr de* contrat à durée déterminée) **nm** befristeter Arbeitsvertrag.

CDI (*abr de* centre de documentation et d'information) **nm** Dokumentations- und Informationszentrum *das*.

ce, cette [sə, sɛt] (*mpl* **ces** [sɛ]) *(cet [sɛt] devant voyelle ou « h » muet)* ◆ **adj** diese(r, s) ▸ **cette femme** diese Frau ▸ **ce lac** dieser See ▸ **cet élément** dieses Element ◆ **pron** **1.** [démonstratif] : **c'est** das ist ▸ **c'est votre collègue qui m'a renseigné** Ihr Kollege hat mir Auskunft erteilt **2.** [pour mettre en valeur] : **c'est tout à fait vrai** das stimmt genau ▸ **M. Dupont ? — oui, c'est moi !** Herr Dupont? — ja, das bin ich! ▸ **coucou, c'est moi !** Kuckuck, ich bin's! **3.** [dans des interrogations] : **est-ce bien là ?** ist es auch wirklich hier? ▸ **qui est-ce ?** wer ist das? **4.** [avec un relatif] : **ce que tu voudras** was du willst ▸ **ce dont vous aurez besoin en camping** was Sie beim Campen brauchen **5.** [en intensif] : **ce qu'il fait chaud !** ist das warm!

CE **nm** **1.** (*abr de* cours élémentaire) ▸ **CE1** ≃ 2. Grundschulklasse ▸ **CE2** ≃ 3. Grundschulklasse **2.** (*abr de* comité d'entreprise) ≃ Betriebsrat *der*.

ceci [səsi] **pron** das ▸ **ceci veut dire que...** das heißt, dass ...

céder [18] [sede] ◆ **vt** [laisser] ab◦treten. ◆ **vi** nach◦geben ▸ **tu lui cèdes toujours** du machst alles, was er will ▸ **céder à qqch** einer Sache *(D)* nach◦geben ▸ **'cédez le passage'** 'Vorfahrt gewähren'.

CEDEX [sedɛks] **nm** *Postzustellungsdienst für Großempfänger.*

cédille [sedij] **nf** Cedille *die* ▸ **c cédille** c mit Cedille.

CEI (*abr de* Communauté d'États indépendants) **nf** GUS *die (Gemeinschaft Unabhängiger Staaten)*.

ceinture [sɛ̃tyʀ] **nf** **1.** [courroie] Gürtel *der* **2.** [d'un vêtement] Bund *der* **3.** [taille] Taille *die* ▸ **ceinture de sécurité** Sicherheitsgurt *der*.

cela [səla] **pron** das ▸ **cela ne fait rien** das macht nichts ▸ **comment cela ?** wie bitte? ▸ **c'est cela** (ganz) genau.

célèbre [selɛbʀ] **adj** berühmt.

célébrer [18] [selebʀe] **vt** feiern.

célébrité [selebrite] nf **1.** [gloire] Ruhm *der* **2.** [star] Berühmtheit *die*.

céleri [sɛlri] nm Sellerie *der* ▸ **céleri rémoulade** *Selleriesalat mit Remouladensoße*.

célibataire [selibatɛr] ◆ adj Junggesellen-. ◆ nmf Junggeselle *der*, -lin *die* ▸ **mère célibataire** alleinerziehende Mutter ▸ **père célibataire** alleinerziehender Vater.

celle [sɛl] pron → **celui**.

celle-ci [sɛlsi] pron → **celui-ci**.

celle-là [sɛlla] pron → **celui-là**.

cellule [selyl] nf Zelle *die*.

cellulite [selylit] nf Zellulitis *die*.

celui, celle [səlɥi, sɛl] (*mpl* **ceux** [sø]) pron **1.** [suivi d'une préposition] der, die, das **2.** [suivi d'une relative] der(jenige), die(jenige), das(jenige) ▸ **celui de devant** der vorne ▸ **celui de Pierre** Pierres ▸ **celui qui part à 13h30** der, der um 13.30 Uhr abfährt ▸ **ceux dont je t'ai parlé** die(jenigen), von denen ich dir erzählt habe.

celui-ci, celle-ci [səlɥisi, sɛlsi] (*mpl* **ceux-ci** [søsi]) pron **1.** [dans l'espace] der, die, das **2.** [dont on vient de parler] der eine, die eine, das eine.

celui-là, celle-là [səlɥila, sɛlla] (*mpl* **ceux-là** [søla]) pron **1.** [dans l'espace] der da, die da, das da **2.** [dont on a parlé] der andere, die andere, das andere.

cendre [sɑ̃dr] nf Asche *die*.

cendrier [sɑ̃drije] nm Aschenbecher *der*.

censé, e [sɑ̃se] adj : **être censé faire qqch** eigentlich etw tun sollen.

censure [sɑ̃syr] nf Zensur *die*.

censurer [3] [sɑ̃syre] vt zensieren.

cent [sɑ̃] num (ein)hundert ▸ **cent deux euros** einhundertzwei Euro ▸ **cent euros** einhundert Euro ▸ **cent pour cent** hundert Prozent ▸ **deux cent douze euros** zweihundertzwölf Euro ▸ **deux cents euros** zweihundert Euro ▸ **elle habite (au) cent rue Lepic** sie wohnt in der Rue Lepic einhundert ▸ **il a cent ans** er ist hundert Jahre alt ▸ **ils étaient cent** sie waren zu hundert ▸ **page cent** Seite einhundert ▸ **pour cent** Prozent *das*.

centaine [sɑ̃tɛn] nf : **une centaine (de)** etwa hundert.

centenaire [sɑ̃tnɛr] ◆ adj hundertjährig. ◆ nmf Hundertjährige *der, die*. ◆ nm Hundertjahrfeier *die*.

centième [sɑ̃tjɛm] num hundertste(r, s).

centigrade [sɑ̃tigrad] → **degré**.

centilitre [sɑ̃tilitr] nm Zentiliter *der*.

centime [sɑ̃tim] nm Centime *der*.

centimètre [sɑ̃timɛtr] nm Zentimeter *der*.

central, e, aux [sɑ̃tral, o] adj **1.** [du milieu] mittlere(r, s) **2.** [important] Haupt-.

centrale [sɑ̃tral] nf [électrique] Kraftwerk *das* ▸ **centrale nucléaire** Kernkraftwerk.

centre [sɑ̃tr] nm **1.** [milieu] Mitte *die* **2.** [organisme] Zentrum *das* **3.** [point essentiel] Mittelpunkt *der* ▸ **centre aéré** Freizeitzentrum *(für Kinder)* ▸ **centre commercial** Einkaufszentrum.

centre-ville [sɑ̃trəvil] (*pl* **centres-villes**) nm Stadtzentrum *das*.

cent un [sɑ̃œ̃] num hunderteins, hunderteins.

cèpe [sɛp] nm Steinpilz *der*.

cependant [səpɑ̃dɑ̃] conj dennoch.

céramique [seramik] nf Keramik *die*.

cercle [sɛrkl] nm **1.** Kreis *der* **2.** [anneau] Reifen *der*.

cercueil [sɛʀkœj] **nm** Sarg *der*.

céréale [seʀeal] **nf** Getreidesorte *die* ▸ **des céréales** [du petit déjeuner] Getreideflocken.

cérémonie [seʀemɔni] **nf** [célébration] Zeremonie *die*.

cerf [sɛʀ] **nm** Hirsch *der*.

cerfeuil [sɛʀfœj] **nm** Kerbel *der*.

cerf-volant [sɛʀvɔlɑ̃] (*pl* **cerfs-volants**) **nm** Drachen *der*.

cerise [səʀiz] **nf** Kirsche *die*.

cerisier [səʀisje] **nm** Kirschbaum *der*.

cerner [3] [sɛʀne] **vt** [ville, ennemi] umzingeln.

cernes [sɛʀn] **nmpl** Ringe *pl*.

certain, e [sɛʀtɛ̃, ɛn] **adj** [assuré] sicher ▸ **être certain de faire qqch** bestimmt etw tun ▸ **être certain de qqch** sich *(D)* einer Sache *(G)* sicher sein ▸ **être certain que** sicher sein, dass ▸ **un certain Jean** ein gewisser Jean. ◆ **certains, es adj & pron** manche.

certainement [sɛʀtɛnmɑ̃] **adv 1.** [probablement] sicherlich **2.** [bien sûr] gewiss doch.

certes [sɛʀt] **adv 1.** [bien sûr] sicher **2.** [il est vrai que] gewiss.

certificat [sɛʀtifika] **nm** Zeugnis *das* ▸ **certificat médical** ärztliches Attest ▸ **certificat de scolarité** *Schul- oder Studienbescheinigung*.

certifier [9] [sɛʀtifje] **vt** bescheinigen ▸ **certifié conforme** beglaubigt.

certitude [sɛʀtityd] **nf** Gewissheit *die*.

cerveau [sɛʀvo] (*pl* **-x**) **nm** Gehirn *das*.

cervelas [sɛʀvəla] **nm** *Wurstsorte*.

cervelle [sɛʀvɛl] **nf** Hirn *das*.

ces [se] **adj** → **ce**.

César [sezaʀ] **nm** : **les César** *französischer Filmpreis*.

ⓘ Les César

Die Verleihung des nationalen französischen Filmpreises, dem César, findet jedes Jahr im Februar im Pariser Théâtre du Châtelet statt. Vergleichbar mit dem Oscar oder dem Deutschen Filmpreis werden die besten französischen Filme des Jahres in verschiedenen Kategorien ausgezeichnet. Der Name des Preises geht auf den Bildhauer César Baldaccini zurück, der die begehrte Trophäe entworfen hat.

cesse [sɛs] ◆ **sans cesse adv** ununterbrochen.

cesser [4] [sese] **vi** auf°hören ▸ **cesser de faire qqch** auf°hören, etw zu tun.

c'est-à-dire [setadiʀ] **adv** das heißt.

cet [sɛt] **adj** → **ce**.

cette [sɛt] **adj** → **ce**.

ceux [sø] **pron** → **celui**.

ceux-ci [søsi] **pron** → **celui-ci**.

ceux-là [søla] **pron** → **celui-là**.

cf. (*abr écrite de* confer) vgl. *(vergleiche)*, s. *(siehe)*.

chacun, e [ʃakœ̃, yn] **pron 1.** [chaque personne] jede(r, s) **2.** [tout le monde] jeder ▸ **chacun à son tour** einer nach dem anderen.

chagrin [ʃagʀɛ̃] **nm** Kummer *der* ▸ **avoir du chagrin** Kummer haben.

chahut [ʃay] **nm** Radau *der* ▸ **faire du chahut** Radau machen.

chahuter [3] [ʃayte] **vt** [professeur] (durch Zwischenrufe) stören.

chaîne [ʃɛn] **nf 1.** Kette *die* **2.** [de télévision] Sender *der* ▸ **à la chaîne** am Fließband ▸ **chaîne (hi-fi)** (Hi-Fi-)Anlage *die* ▸ **chaîne laser** CD-Anlage ▸ **chaîne de montagnes** Gebirgskette ▸ **chaîne sté-**

réo Hi-Fi-Anlage. ◆ **chaînes nfpl** [de voiture] Schneeketten *pl*.

chair [ʃɛʀ] ◆ **nf 1.** [d'animal] Fleisch *das* **2.** [de fruit] Fruchtfleisch *das*. ◆ **adj** [couleur] hautfarben ▸ **chair à saucisse** Hackfleisch ▸ **en chair et en os** leibhaftig ▸ **avoir la chair de poule** eine Gänsehaut haben.

chaise [ʃɛz] **nf** Stuhl *der* ▸ **chaise longue** Liege *die*.

châle [ʃal] **nm** Schultertuch *das*.

chalet [ʃalɛ] **nm 1.** Chalet *das* **2.** QUÉBEC [maison de campagne] Landhaus *das*.

chaleur [ʃalœʀ] **nf** Hitze *die* ▸ **avec chaleur** *fig* [enthousiasme] herzlich.

chaleureux, euse [ʃalœʀø, øz] **adj** herzlich.

chaloupe [ʃalup] **nf** QUÉBEC [barque] Boot *das*.

chalumeau [ʃalymo] (*pl* -x) **nm** Schweißbrenner *der*.

chalutier [ʃalytje] **nm** Fischdampfer *der*.

chamailler [3] [ʃamaje] ◆ **se chamailler vp** sich zanken.

chamboulement [ʃɑ̃bulmɑ̃] **nm** *fam* [changement] Änderung *die* ▸ **il y a eu un chamboulement complet dans nos projets** bei unseren Projekten hat sich alles geändert.

chambre [ʃɑ̃bʀ] **nf** : **chambre (à coucher)** (Schlaf)zimmer *das* ▸ **chambre à air** Schlauch *der (eines Reifens)* ▸ **chambre d'amis** Gästezimmer ▸ **Chambre des députés** *französisches Abgeordnetenhaus* ▸ **chambre double** Doppelzimmer ▸ **chambre simple** Einzelzimmer.

chameau [ʃamo] (*pl* -x) **nm** Kamel *das*.

chamois [ʃamwa] **nm** → **peau**.

champ [ʃɑ̃] **nm** Feld *das* ▸ **champ de bataille** Schlachtfeld ▸ **champ de courses** Rennbahn *die*.

champagne [ʃɑ̃paɲ] **nm** Champagner *der*.

> ⓘ **Le champagne**
>
> Dieser edle Schaumwein wird ausschließlich in der Champagne, einer Gegend im Nordosten Frankreichs, angebaut und gekeltert. Champagner serviert man nicht nur bei großen Familienereignissen oder offiziellen Feierlichkeiten. Er wird auch gerne als Aperitif serviert, entweder pur oder als Kir royal mit einem Schuss Johannisbeerlikör.

champignon [ʃɑ̃piɲɔ̃] **nm** Pilz *der* ▸ **champignons à la grecque** *in Öl eingelegte Pilze mit Gewürzen* ▸ **champignons de Paris** Champignons.

champion, onne [ʃɑ̃pjɔ̃, ɔn] **nm, f** Meister *der*, -in *die*.

championnat [ʃɑ̃pjɔna] **nm** Meisterschaft *die*.

chance [ʃɑ̃s] **nf 1.** [sort favorable] Glück *das* **2.** [probabilité] Chance *die* ▸ **avoir des chances de faire qqch** gute Aussichten haben, etw zu tun ▸ **bonne chance !** viel Glück!

chanceler [24] [ʃɑ̃sle] **vi** wanken.

chancelier, ière [ʃɑ̃səlje, jɛʀ] **nm, f** Kanzler *der*, -in *die*.

chanceux, euse [ʃɑ̃sø, øz] **adj** : **je suis chanceux** ich habe Glück.

chandail [ʃɑ̃daj] **nm** Pullover *der*.

Chandeleur [ʃɑ̃dlœʀ] **nf** Lichtmess *(sans article)*.

chandelier [ʃɑ̃dəlje] **nm** Kerzenleuchter *der*.

chandelle [ʃɑ̃dɛl] **nf** Kerze *die* ▸ **un dîner aux chandelles** ein Essen bei Kerzenschein.

change [ʃɑ̃ʒ] **nm** [taux] Wechsel *der*.

changement [ʃɑ̃ʒmɑ̃] **nm** (Ver)änderung *die* ▸ **changement de vitesses** Gangschaltung *die*.

changer [17] [ʃɑ̃ʒe] ◆ **vt 1.** [remplacer] aus∘wechseln **2.** [transformer] verändern **3.** [argent] wechseln **4.** [bébé] wickeln. ◆ **vi 1.** [se transformer] sich ändern **2.** [dans le métro, le train] um∘steigen ▸ **changer des euros en dollars** Euro in Dollar um∘tauschen ▸ **changer d'avis** seine Meinung ändern ▸ **changer de pantalon** eine andere Hose an∘ziehen ▸ **changer de place** sich woanders hin∘stellen OU hin∘setzen. ◆ **se changer vp** sich um∘ziehen ▸ **se changer en** sich verwandeln in *(+ A)*.

chanson [ʃɑ̃sɔ̃] **nf** Lied *das*.

chant [ʃɑ̃] **nm 1.** Lied *das* **2.** [art] Gesang *der*.

chantage [ʃɑ̃taʒ] **nm** Erpressung *die*.

chanter [3] [ʃɑ̃te] **vt & vi** singen.

chanteur, euse [ʃɑ̃tœʀ, øz] **nm, f** Sänger *der*, -in *die*.

chantier [ʃɑ̃tje] **nm** Baustelle *die*.

chantilly [ʃɑ̃tiji] **nf** : **(crème) chantilly** Schlagsahne *die*.

chantonner [3] [ʃɑ̃tɔne] **vi** summen.

chapeau [ʃapo] (**pl -x**) **nm** Hut *der* ▸ **chapeau de paille** Strohhut.

chapelet [ʃaplɛ] **nm** RELIG Rosenkranz *der*.

chapelle [ʃapɛl] **nf** Kapelle *die*.

chapelure [ʃaplyʀ] **nf** Paniermehl *das*.

chapiteau [ʃapito] (**pl -x**) **nm** [de cirque] Zirkuszelt *das*.

chapitre [ʃapitʀ] **nm** Kapitel *das*.

chapon [ʃapɔ̃] **nm** *junger kastrierter Masthahn*.

chaque [ʃak] **adj** jede(r, s) ▸ **chaque jour** jeden Tag.

char [ʃaʀ] **nm 1.** [d'assaut] Panzer *der* **2.** QUÉBEC [voiture] Wagen *der* **3.** [de carnaval] Wagen *der* ▸ **char à voile** Segelwagen.

charabia [ʃaʀabja] **nm** *fam* Kauderwelsch *das*.

charade [ʃaʀad] **nf** Scharade *die*.

charbon [ʃaʀbɔ̃] **nm** Kohle *die*.

charcuterie [ʃaʀkytʀi] **nf 1.** [aliments] Wurstwaren *die* **2.** [magasin] Metzgerei *die*.

charcutier, ère [ʃaʀkytje, ɛʀ] **nm, f** Metzger *der*, -in *die*.

chardon [ʃaʀdɔ̃] **nm** Distel *die*.

charge [ʃaʀʒ] **nf** Last *die* ▸ **prendre qqch en charge** etw übernehmen. ◆ **charges nfpl** [d'un appartement] Nebenkosten *pl*.

chargement [ʃaʀʒəmɑ̃] **nm** Ladung *die*.

charger [17] [ʃaʀʒe] **vt 1.** [voiture, animal] beladen **2.** [fusil] laden **3.** [appareil photo] einen Film ein∘legen in *(+ A)* ▸ **charger qqn de faire qqch** jn beauftragen, etw zu tun. ◆ **se charger de vp + prép** sich kümmern um.

charia [ʃaʀja] **nf** RELIG Scharia *die*.

chariot [ʃaʀjo] **nm 1.** [charrette] Karren *der* **2.** [au supermarché] Einkaufswagen *der*.

charité [ʃaʀite] **nf** Güte *die* ▸ **demander la charité** um Almosen bitten.

charlotte [ʃaʀlɔt] **nf** *gestürzte Creme mit Löffelbiskuits und Obst oder Schokolade*.

charmant, e [ʃaʀmɑ̃, ɑ̃t] **adj** reizend.

charme [ʃaʀm] **nm** Charme *der*.

charmer [3] [ʃaʀme] **vt** faszinieren.
charnière [ʃaʀnjɛʀ] **nf TECH** Scharnier *das*.
charpente [ʃaʀpɑ̃t] **nf** Dachstuhl *der*.
charpentier [ʃaʀpɑ̃tje] **nm** Zimmermann *der*.
charrette [ʃaʀɛt] **nf** Karren *der*.
charrue [ʃaʀy] **nf** Pflug *der*.
charter [ʃaʀtɛʀ] **nm** : **(vol) charter** Charterflug *der*.
chas [ʃa] **nm** Öhr *das*.
chasse [ʃas] **nf** Jagd *die* ▸ **aller à la chasse** auf die Jagd gehen ▸ **tirer la chasse (d'eau)** die Wasserspülung betätigen.
chasselas [ʃasla] **nm** SUISSE Chasselas *der*.
chasse-neige [ʃasnɛʒ] **nm inv** Schneepflug *der*.
chasser [3] [ʃase] ◆ **vt 1.** [animal] jagen **2.** [personne] verjagen. ◆ **vi** jagen ▸ **chasser qqn de** jn hinaus∘werfen aus.
chasseur, euse [ʃasœʀ, øz] **nm, f** Jäger *der*, -in *die*.
châssis [ʃasi] **nm 1.** [de voiture] Fahrgestell *das* **2.** [de fenêtre] Rahmen *der*.
chat, chatte [ʃa, ʃat] **nm, f** Kater *der*, Katze *die* ▸ **avoir un chat dans la gorge** einen Frosch im Hals haben.
châtaigne [ʃatɛɲ] **nf** Esskastanie *die*.
châtaignier [ʃateɲe] **nm** Edelkastanie *die*.
châtain [ʃatɛ̃] **adj** brünett.
château [ʃato] (*pl* -x) **nm** Schloss *das* ▸ **château d'eau** Wasserturm *der* ▸ **château fort** Burg *die*.

ⓘ Les châteaux de la Loire

Die châteaux de la Loire sind die Burgen und Schlösser französischer Könige und Feudalherren, die im 15. und 16. Jahrhundert im Loiretal in Mittelfrankreich erbaut wurden. Zu den größten Sehenswürdigkeiten gehören unter anderem die Renaissanceschlösser Chambord, das vom Ritterkönig Franz I. bewohnt wurde, und Chenonceaux, das im Flussbett des Cher auf Brückenbögen errichtet wurde.

chaton [ʃatɔ̃] **nm** Kätzchen *das*.
chatouiller [3] [ʃatuje] **vt** kitzeln.
chatouilleux, euse [ʃatujø, øz] **adj** kitzlig.
chatte [ʃat] **nf** → **chat**.
chatter [3] [tʃate] **vi** chatten.
chaud, e [ʃo, ʃod] ◆ **adj 1.** [eau, radiateur, plat] heiß **2.** [vêtement] warm. ◆ **adv** : **il fait chaud** es ist heiß ▸ **j'ai chaud** mir ist heiß ▸ **tenir chaud** warm halten. ◆ **nm** : **rester au chaud** im Warmen bleiben.
chaudière [ʃodjɛʀ] **nf** Heizkessel *der*.
chaudronnée [ʃodʀɔne] **nf** QUÉBEC *Gericht aus gekochten Meeresfischen.*
chauffage [ʃofaʒ] **nm** Heizung *die* ▸ **chauffage central** Zentralheizung.
chauffante [ʃofɑ̃t] **adj f** → **plaque**.
chauffard [ʃofaʀ] **nm** aggressiver Fahrer.
chauffe-eau [ʃofo] **nm inv** Warmwasserbereiter *der*.
chauffer [3] [ʃofe] ◆ **vt** [pièce] heizen. ◆ **vi 1.** [radiateur] warm werden **2.** [soleil] wärmen **3.** [surchauffer] heiß laufen.
chauffeur [ʃofœʀ] **nm** Fahrer *der*, -in *die* ▸ **chauffeur de taxi** Taxifahrer.
chaussée [ʃose] **nf** Straße *die* ▸ **'chaussée déformée'** 'unebene Fahrbahn'.
chausse-pied [ʃospje] (*pl* **chausse-pieds**) **nm** Schuhanzieher *der*.

chausser [3] [ʃose] **vi** : **chausser du 38** Schuhgröße 38 haben.

chaussette [ʃosɛt] **nf** Socke *die*, (Knie)strumpf *der*.

chausson [ʃosɔ̃] **nm** Hausschuh *der* ▸ **chausson aux pommes** Apfeltasche *die* ▸ **chaussons de danse** Ballettschuhe.

chaussure [ʃosyʀ] **nf** Schuh *der* ▸ **chaussures de marche** Wanderschuhe ▸ **chaussures de ville** Straßenschuhe.

chauve [ʃov] **adj** kahlköpfig.

chauve-souris [ʃovsuʀi] (*pl* **chauves-souris**) **nf** Fledermaus *die*.

chauvin, e [ʃovɛ̃, in] **adj** chauvinistisch.

chaux [ʃo] **nf** Kalk *der* ▸ **blanchi à la chaux** gekalkt.

chavirer [3] [ʃaviʀe] **vi** kentern.

cheesecake [tʃizkek] **nm** Käsekuchen *der*.

chef [ʃɛf] **nm 1.** [directeur] Chef *der*, -in *die* **2.** [cuisinier] Küchenchef *der*, -in *die* ▸ **chef d'entreprise** Firmenchef ▸ **chef de gare** Bahnhofsvorsteher *der* ▸ **chef d'orchestre** Dirigent *der*.

chef-d'œuvre [ʃɛdœvʀ] (*pl* **chefs-d'œuvre**) **nm** Meisterwerk *das*.

chef-lieu [ʃɛfljø] (*pl* **chefs-lieux**) **nm** *Hauptstadt eines Verwaltungsbezirks*.

chemin [ʃəmɛ̃] **nm** Weg *der* ▸ **en chemin** unterwegs.

chemin de fer [ʃəmɛ̃dfɛʀ] (*pl* **chemins de fer**) **nm** (Eisen)bahn *die*.

cheminée [ʃəmine] **nf 1.** [foyer] Kamin *der* **2.** [conduit] Schornstein *der*.

cheminot, e [ʃəmino, ɔt] **nm, f** Eisenbahner *der*, -in *die*.

chemise [ʃəmiz] **nf 1.** [vêtement] (Ober)hemd *das* **2.** [en carton] Mappe *die* ▸ **chemise de nuit** Nachthemd.

chemisier [ʃəmizje] **nm** Bluse *die*.

chêne [ʃɛn] **nm** Eiche *die*.

chenil [ʃənil] **nm 1.** [pour chiens] Zwinger *der* **2.** Suisse [objets sans valeur] Durcheinander *das*.

chenille [ʃənij] **nf 1.** [insecte] Raupe *die* **2.** [de véhicule] Raupenkette *die*.

chèque [ʃɛk] **nm** Scheck *der* ▸ **chèque barré** Verrechnungsscheck ▸ **chèque en blanc** Blankoscheck ▸ **chèque sans provision** ungedeckter Scheck ▸ **chèque de voyage** Reisescheck.

Chèque-Restaurant® [ʃɛkʀɛstɔʀɑ̃] (*pl* **Chèques-Restaurant**) **nm** *Essensgutschein*.

chéquier [ʃekje] **nm** Scheckheft *das*.

cher, chère [ʃɛʀ] ◆ **adj** teuer. ◆ **adv** : **coûter cher** teuer sein ▸ **cher Monsieur** sehr geehrter Herr X ▸ **cher Laurent** lieber Laurent.

chercher [3] [ʃɛʀʃe] **vt 1.** [objet, personne] suchen **2.** [provoquer] herauf∘beschwören ▸ **aller chercher qqn** jn ab∘holen. ◆ **chercher à v + prép** versuchen zu.

chercheur, euse [ʃɛʀʃœʀ, øz] **nm, f** Forscher *der*, -in *die*.

chéri, e [ʃeʀi] ◆ **adj** geliebte(r, s). ◆ **nm, f** : **mon chéri** mein Schatz.

cheval [ʃəval] (*pl* **-aux**) **nm** Pferd *das* ▸ **monter à cheval** reiten ▸ **faire du cheval** reiten ▸ **être à cheval sur** a) [chaise, branche] rittlings sitzen auf *(+ D)*.

chevalier [ʃəvalje] **nm** [noble] Ritter *der*.

chevelure [ʃəvlyʀ] **nf** Haar *das*.

chevet [ʃəvɛ] **nm** → **lampe, table**.

cheveu [ʃəvø] (*pl* -x) **nm** Haar *das*. ◆ **cheveux nmpl** Haar *das*.

cheville [ʃəvij] **nf 1.** Knöchel *der* **2.** [en plastique] Dübel *der*.

chèvre [ʃɛvʀ] **nf** Ziege *die*.

chevreuil [ʃəvʀœj] **nm** Reh *das*.

chewing-gum [ʃwiŋgɔm] (*pl* chewing-gums) **nm** Kaugummi *der ODER das*.

chez [ʃe] **prép** bei ▸ **chez moi** zu Hause ▸ **chez le dentiste** beim Zahnarzt ▸ **ce que je préfère chez lui, c'est sa franchise** was ich an ihm besonders mag, ist seine Offenheit.

chiadé, e [ʃjade] **adj** *fam* **1.** [fignolé] sauber ausgearbeitet **2.** [élaboré] kompliziert.

chiasse [ʃjas] **nf** *vulg* [diarrhée] : **avoir la chiasse** Dünnpfiff haben.

chic [ʃik] **adj inv** [élégant] schick.

chiche [ʃiʃ] **adj m** → **pois**.

chicon [ʃikɔ̃] **nm** BELG belgische Chicorée.

chicorée [ʃikɔʀe] **nf 1.** [salade] Endivie *die* **2.** [boisson] Zichorienkaffee *der*.

chicos [ʃikɔs] **adj inv** *fam* chic.

chien, chienne [ʃjɛ̃, ʃjɛn] **nm, f** Hund *der*, Hündin *die*.

chieur, euse [ʃjœʀ, øz] **nm, f** *vulg* : **c'est un vrai chieur / une vraie chieuse** er / sie ist ein richtiges Arschloch.

chiffon [ʃifɔ̃] **nm** [vieux tissu] Lappen *der* ▸ **chiffon (à poussière)** Tuch *das*.

chiffonner [3] [ʃifɔne] **vt** zerknittern.

chiffre [ʃifʀ] **nm 1.** MATH Ziffer *die* **2.** [montant] Zahl *die*.

chignon [ʃiɲɔ̃] **nm** Haarknoten *der*.

chiite [ʃiit] **adj** schiitisch. ◆ **Chiite nmf** Schiit *der*, -in *die*.

Chili [ʃili] **nm** : **le Chili** Chile *nt*.

chilien, enne [ʃiljɛ̃, ɛn] **adj** chilenisch. ◆ **Chilien, enne nm, f** Chilene *der*, -nin *die*.

chimie [ʃimi] **nf** Chemie *die*.

chimiothérapie [ʃimjɔteʀapi] **nf** Chemotherapie *die*.

chimique [ʃimik] **adj** chemisch ▸ **produit chimique** Chemikalie *die*.

Chine [ʃin] **nf** : **la Chine** China *nt*.

chinois, e [ʃinwa, az] ◆ **adj** chinesisch. ◆ **nm** [langue] Chinesisch(e) (*das*). ◆ **Chinois, e nm, f** Chinese *der*, -in *die*.

chiot [ʃjo] **nm** Welpe *der*.

chipolata [ʃipɔlata] **nf** *Schweinewurst im Schafsdarm*.

chips [ʃips] **nfpl** (Kartoffel)chips *pl*.

chirurgie [ʃiʀyʀʒi] **nf** Chirurgie *die* ▸ **chirurgie esthétique** Schönheitschirurgie.

chirurgien, enne [ʃiʀyʀʒjɛ̃, ɛn] **nm, f** Chirurg *der*, -in *die*.

Chisinau [ʃizino] **n** Chisinau *nt*.

chlore [klɔʀ] **nm** Chlor *das*.

choc [ʃɔk] **nm 1.** [physique] Schlag *der* **2.** [émotion] Schock *der*.

chocolat [ʃɔkɔla] **nm** Schokolade *die* ▸ **chocolat blanc** weiße Schokolade ▸ **chocolat au lait** Vollmilchschokolade ▸ **chocolat chaud** heiße Schokolade ▸ **chocolat liégeois** Eisschokolade ▸ **chocolat noir** Zartbitterschokolade.

chocolatier, ère [ʃɔkɔlatje, ɛʀ] **nm, f** [artisan] Schokoladenhändler *der*, -in *die* ▸ **aller chez le chocolatier** ins Schokoladengeschäft gehen.

choesels [tʃuzœl] **nmpl** BELG *Ragout aus verschiedenen in Zwiebeln und Bier geschmorten Fleischsorten und Innereien*.

chœur [kœʀ] **nm** Chor *der* ▸ **en chœur** einstimmig.

choisir [32] [ʃwaziʀ] **vt** wählen ▸ **choisir de faire qqch** sich dafür entscheiden, etw zu tun.

choix [ʃwa] **nm** Wahl *die* ▸ **avoir le choix** die Wahl haben ▸ **au choix** nach Wahl ▸ **de premier choix** erster Wahl.

cholestérol [kɔlɛsteʀɔl] **nm** Cholesterin *das*.

chômage [ʃomaʒ] **nm** Arbeitslosigkeit *die* ▸ **être au chômage** arbeitslos sein.

chômedu [ʃomdy] **nm** *fam* Arbeitslosigkeit *die* ▸ **être au chômedu** arbeitslos sein.

chômeur, euse [ʃomœʀ, øz] **nm, f** Arbeitslose *der, die*.

chope [ʃɔp] **nf** Humpen *der* ▸ **chope de bière** Bierhumpen.

choquant, e [ʃɔkɑ̃, ɑ̃t] **adj** schockierend.

choquer [3] [ʃɔke] **vt** schockieren.

chorale [kɔʀal] **nf** Chor *der*.

chose [ʃoz] **nf** Sache *die* ▸ **autre chose** etwas anderes ▸ **quelque chose** etwas.

chou [ʃu] (*pl* -x) **nm** Kohl *der* ▸ **chou de Bruxelles** Rosenkohl ▸ **chou à la crème** gefüllter Windbeutel ▸ **chou rouge** Rotkohl.

chouchou, oute [ʃuʃu, ut] ◆ **nm, f** *fam* Liebling *der*. ◆ **nm** Liebling *der*.

choucroute [ʃukʀut] **nf** : **choucroute (garnie)** Sauerkraut *das* (mit Würstchen und Fleisch).

chouette [ʃwɛt] ◆ **nf** Eule *die*. ◆ **adj** *fam* toll.

chou-fleur [ʃuflœʀ] (*pl* **choux-fleurs**) **nm** Blumenkohl *der*.

chouraver [3] [ʃuʀave] **vt** *fam* klauen ▸ **chouraver qqch à qqn** jm etw klauen.

chrétien, enne [kʀetjɛ̃, ɛn] ◆ **adj** christlich. ◆ **nm, f** Christ *der*, -in *die*.

christ [kʀist] **nm** Kruzifix *das*. ◆ **Christ** **nm** Christus *(sans article défini)*.

christianisme [kʀistjanism] **nm** Christentum *das*.

chromé, e [kʀome] **adj** verchromt.

chromes [kʀom] **nmpl** Chromteile *pl*.

chronique [kʀɔnik] **adj** **1.** [maladie] chronisch **2.** [qui dure longtemps] Langzeit-.

chronologie [kʀɔnɔlɔʒi] **nf** **1.** [d'événements] zeitliche Abfolge **2.** [science] Chronologie *die*.

chronologique [kʀɔnɔlɔʒik] **adj** chronologisch.

chronomètre [kʀɔnɔmɛtʀ] **nm** Stoppuhr *die*.

chronométrer [18] [kʀɔnɔmetʀe] **vt** stoppen.

chrysanthème [kʀizɑ̃tɛm] **nm** Chrysantheme *die*.

CHU (*abr de* centre hospitalo-universitaire) **nm** Uniklinik *die*.

chuchotement [ʃyʃɔtmɑ̃] **nm** Geflüster *das*.

chuchoter [3] [ʃyʃɔte] **vt & vi** flüstern.

chut [ʃyt] **interj** pst.

chute [ʃyt] **nf** Sturz *der* ▸ **chute d'eau** Wasserfall *der* ▸ **chute de neige** Schneefall.

Chypre [ʃipʀ] **n** Zypern *nt*.

chypriote [ʃipʀijɔt], **cypriote** [sipʀijɔt] **adj** zypriotisch, zyprisch. ◆ **Chypriote, Cypriote** **nmf** Zypriot *der*, -in *die*, Zyprier *der*, -in *die*.

ci [si] **adv** hier ▸ **ce livre-ci** dieses Buch hier.

cible [sibl] **nf** Zielscheibe *die*.

ciboulette [sibulɛt] **nf** Schnittlauch *der*.

cicatrice [sikatʀis] **nf** Narbe *die*.

cicatriser [3] [sikatʀize] **vi** verheilen.

ci-dessous [sidəsu] **adv** unten stehend ▸ **voir** ou **cf. ci-dessous** siehe unten.

ci-dessus [sidəsy] **adv** oben stehend ▸ **voir** ou **cf. ci-dessus** siehe oben.

cidre [sidʀ] **nm** *französischer Apfelwein* ▸ **cidre bouché** *stark moussierender Cidre in Flaschen.*

Cie (*abr de* compagnie) Co. *(Kompanie).*

ciel [sjɛl] **nm** Himmel ***der*** ▸ **les cieux** [le paradis] der Himmel.

cierge [sjɛʀʒ] **nm** Kerze ***die***.

cieux [sjø] **nmpl** → **ciel**.

cigale [sigal] **nf** Grille ***die***.

cigare [sigaʀ] **nm** Zigarre ***die***.

cigarette [sigaʀɛt] **nf** Zigarette ***die*** ▸ **cigarette filtre** Filterzigarette ▸ **cigarette russe** *stäbchenförmiges Kleingebäck.*

cigogne [sigɔɲ] **nf** Storch ***der***.

ci-joint, e [siʒwɛ̃, ɛ̃t] ◆ **adj** beiliegende(r, s). ◆ **adv** anbei ▸ **vous trouverez ci-joint...** anbei ...

cil [sil] **nm** Wimper ***die***.

cime [sim] **nf 1.** [d'une montagne] Gipfel ***der*** **2.** [d'un arbre] Wipfel ***der***.

ciment [simɑ̃] **nm** Zement ***der***.

cimetière [simtjɛʀ] **nm** Friedhof ***der***.

cinéaste [sineast] **nmf** Filmemacher ***der***, -in ***die***.

ciné-club [sineklœb] (*pl* **ciné-clubs**) **nm** Filmklub ***der***.

cinéma [sinema] **nm 1.** [art] Film ***der*** **2.** [salle] Kino ***das*** ▸ **aller au cinéma** ins Kino gehen.

cinémathèque [sinematɛk] **nf** Filmarchiv ***das***.

cinéphile [sinefil] **nmf** begeisterter Kinogänger, begeisterte Kinogängerin.

cinq [sɛ̃k] **num** fünf ▸ **le cinq de pique** die Pikfünf ▸ **elle habite (au) cinq rue Lepic** sie wohnt in der Rue Lepic Nummer fünf ▸ **il est cinq heures** es ist fünf Uhr ▸ **le cinq janvier** am fünften Januar ▸ **page cinq** Seite fünf ▸ **ils étaient cinq** sie waren zu fünft.

cinquantaine [sɛ̃kɑ̃tɛn] **nf** : **une cinquantaine (de)** an die Fünfzig ▸ **avoir la cinquantaine** um die Fünfzig sein.

cinquante [sɛ̃kɑ̃t] **num** fünfzig ▸ **elle habite (au) cinquante rue Lepic** sie wohnt in der Rue Lepic Nummer fünfzig ▸ **il a cinquante ans** er ist fünfzig ▸ **ils étaient cinquante** sie waren zu fünfzig ▸ **page cinquante** Seite fünfzig.

cinquantenaire [sɛ̃kɑ̃tnɛʀ] ◆ **adj** fünfzigjährig. ◆ **nmf** Fünfziger ***der***, -in ***die***. ◆ **nm 1.** [d'organisme] fünfzigjähriges Bestehen **2.** [d'événement] fünfzigster Jahrestag.

cinquantième [sɛ̃kɑ̃tjɛm] **num** fünfzigste(r, s).

cinquième [sɛ̃kjɛm] ◆ **num** fünfte(r, s). ◆ **nf** SCOL ≃ siebtes Schuljahr ▸ **le cinquième étage** der fünfte Stock ▸ **il est arrivé cinquième** er wurde Fünfter.

cintre [sɛ̃tʀ] **nm** Kleiderbügel ***der***.

cintré, e [sɛ̃tʀe] **adj** [vêtement] tailliert.

cipâte [sipat] **nm** QUÉBEC *Pastete aus Kartoffeln, Zwiebeln und Fleischwürfeln, die in Rinderbrühe zubereitet wird.*

cirage [siʀaʒ] **nm** Schuhcreme ***die***.

circonflexe [siʀkɔ̃flɛks] **adj** → **accent**.

circonstances [siʀkɔ̃stɑ̃s] **nfpl** Umstände ***pl*** ▸ **concours de circonstances** Zusammentreffen ***das*** von Ereignissen.

circuit [siʀkɥi] **nm 1.** [piste automobile] Autorennstrecke ***die*** **2.** [trajet] Tour ***die*** **3.** [électrique] Stromkreis ***der*** ▸ **circuit touristique** Rundreise ***die***.

circulaire [sirkylɛr] ◆ **adj** kreisförmig. ◆ **nf** Rundschreiben *das*.
circulation [sirkylasjɔ̃] **nf** 1. (Straßen)verkehr *der* 2. [du sang] Kreislauf *der*.
circuler [3] [sirkyle] **vi** 1. [piéton] gehen 2. [voiture] fahren 3. [sang, électricité] fließen.
cire [sir] **nf** Bohnerwachs *das*.
ciré [sire] **nm** Ölzeug *das*.
cirer [3] [sire] **vt** blank reiben ▸ **j'en ai rien à cirer** *vulg* das kann mir gestohlen bleiben.
cirque [sirk] **nm** Zirkus *der*.
ciseaux [sizo] **nmpl** : **(une paire de) ciseaux** (eine) Schere.
citadin, e [sitadɛ̃, in] **nm, f** Städter *der*, -in *die*.
citation [sitasjɔ̃] **nf** Zitat *das*.
cité [site] **nf** 1. [ville] Stadt *die* 2. [groupe d'immeubles] Wohnsiedlung *die* ▸ **cité universitaire** Studentenwohnheim *das*.
citer [3] [site] **vt** 1. [phrase, auteur] zitieren 2. [nommer] nennen.
citerne [sitɛrn] **nf** [d'eau, d'essence] Tank *der*.
citoyen, enne [sitwajɛ̃, ɛn] **nm, f** Staatsbürger *der*, -in *die*.
citron [sitrɔ̃] **nm** Zitrone *die* ▸ **citron vert** Limone *die*.
citronnade [sitrɔnad] **nf** Zitronenwasser *das*.
citrouille [sitruj] **nf** Kürbis *der*.
civet [sivɛ] **nm** : **civet de lièvre** Hasenpfeffer *der*.
civière [sivjɛr] **nf** Tragbahre *die*.
civil, e [sivil] ◆ **adj** 1. [non militaire] zivil 2. [non religieux] standesamtlich. ◆ **nm, f** Zivilperson *die* ▸ **en civil** in Zivil.
civilisation [sivilizasjɔ̃] **nf** Kultur *die*.
cl (*abr de* centilitre) cl.
clafoutis [klafuti] **nm** *flacher Kuchen aus Eierkuchenteig und Kirschen.*
clair, e [klɛr] ◆ **adj** 1. hell 2. [pur, compréhensible] klar. ◆ **adv** hell. ◆ **nm** : **clair de lune** Mondschein *der*.
clairement [klɛrmɑ̃] **adv** [de façon évidente] klar (und deutlich).
clairière [klɛrjɛr] **nf** Lichtung *die*.
clairon [klɛrɔ̃] **nm** Horn *das*.
clandestin, e [klɑ̃dɛstɛ̃, in] **adj** 1. [travailleur] Schwarz- 2. [association] Geheim- ▸ **passager clandestin** blinder Passagier.
claquage [klakaʒ] **nm** Muskel(faser)riss *der* ▸ **se faire un claquage** sich *(D)* einen Muskelriss zu°ziehen.
claque [klak] **nf** Ohrfeige *die*.
claquement [klakmɑ̃] **nm** Schlagen *das*.
claquer [3] [klake] ◆ **vt** [porte] zu°schlagen. ◆ **vi** [volet, porte] knallen ▸ **claquer des dents** mit den Zähnen klappern ▸ **claquer des doigts** (mit den Fingern) schnippen. ◆ **se claquer vp** : **se claquer un muscle** sich *(D)* einen Muskel zerren.
claquettes [klakɛt] **nfpl** 1. [chaussures] Steppschuhe *pl* 2. [danse] Stepp(tanz) *der*.
clarinette [klarinɛt] **nf** Klarinette *die*.
clarté [klarte] **nf** 1. [lumière] Helligkeit *die* 2. [d'un raisonnement] Klarheit *die*.

classe [klas] ◆ **nf** 1. [d'école] Klasse *die* ▸ **aller en classe** zur Schule gehen ▸ **classe de neige** Ski-Klassenfahrt *die* ▸ **classe verte** Klassenfahrt *die* ins Grüne 2. [transports] : **classe économique** Economy Class *die* ▸ **première classe** [en train] erste Klasse ▸ **deuxième**

classe zweite Klasse **3.** [salle] Klassenzimmer *das* **4.** [élégance] Klasse *die*

ⓘ Les classes préparatoires

Wer an einer grande école studieren möchte, besucht nach dem Abitur eine classe préparatoire. Dieses höchst anspruchsvolle Vorbereitungsstudium ist nötig, um die strengen Aufnahmeprüfungen (concours) der Elitehochschulen zu bestehen.

classement [klasmɑ̃] **nm** Reihenfolge *die*.
classer [3] [klase] **vt 1.** [dossiers] (ein)ordnen **2.** [grouper] klassifizieren. ◆ **se classer vp** sich platzieren ▸ **se classer troisième** sich als Dritter platzieren.
classeur [klasœʀ] **nm** (Akten)ordner *der*.
classique [klasik] **adj 1.** klassisch **2.** [réaction] üblich.
claustrophobe [klostʀɔfɔb] **adj** klaustrophobisch.
clavecin [klavsɛ̃] **nm** Cembalo *das*.
clavicule [klavikyl] **nf** Schlüsselbein *das*.
clavier [klavje] **nm** Tastatur *die*.

⚠ Klavier est un faux ami. Il se traduit par ***piano*** et non par « clavier ».

clé [kle] **nf 1.** [de porte, de voiture] Schlüssel *der* **2.** [outil] Schraubenschlüssel *der* ▸ **clé anglaise** OU **à molette** Engländer *der* ▸ **clé de sol** G-Schlüssel ▸ **clé USB** USB-Schlüssel.
clef [kle] **nf** = **clé**.
clémentine [klemɑ̃tin] **nf** Klementine *die*.
clic [klik] **nm** Klick *der* ▸ **clic droit** rechter Mausklick ▸ **clic gauche** linker Mausklick ▸ **double clic** Doppelklick.
cliché [kliʃe] **nm** [photo] Negativ *das*.
client, e [klijɑ̃, ɑ̃t] **nm, f 1.** [d'une boutique] Kunde *der*, -din *die* **2.** [d'un avocat] Klient *der*, -in *die*.
clientèle [klijɑ̃tɛl] **nf** Kundschaft *die*.
cligner [3] [kliɲe] **vi** : **cligner des yeux** blinzeln.
clignotant [kliɲɔtɑ̃] **nm** Blinker *der*.
clignoter [3] [kliɲɔte] **vi** blinken.
clim [klim] **nf** *fam* Klimaanlage *die*.
climat [klima] **nm** Klima *das*.
climatisation [klimatizasjɔ̃] **nf** Klimaanlage *die*.
climatisé, e [klimatize] **adj** klimatisiert.
clin d'œil [klɛ̃dœj] **nm** : **faire un clin d'œil à qqn** jm zu°zwinkern ▸ **en un clin d'œil** im Nu.
clinique [klinik] **nf** Klinik *die*.
clip [klip] **nm** Clip *der*.
cliquable [klikabl] **adj** anklickbar.
cliquer [3] [klike] **vi** an°klicken.
clochard, e [klɔʃaʀ, aʀd] **nm, f** Penner *der*, -in *die*.
cloche [klɔʃ] **nf** Glocke *die* ▸ **cloche à fromage** Käseglocke.
cloche-pied [klɔʃpje] ◆ **à cloche-pied adv** auf einem Bein.
clocher [klɔʃe] **nm** Glockenturm *der*.
clochette [klɔʃɛt] **nf** Glöckchen *das*.
clodo [klɔdo] **nmf** *fam* Penner *der*, -in *die*.
cloison [klwazɔ̃] **nf** (Trenn)wand *die*.
cloître [klwatʀ] **nm** Kreuzgang *der*.
cloner [3] [klone] **vt** klonen.
cloque [klɔk] **nf** Bläschen *das*.

clore [113] [klɔʀ] **vt 1.** *sout* [porte, lettre, yeux] schließen **2.** [terrain, marché, débat, inventaire] ab◦schließen.

clôture [klotyʀ] **nf** [barrière] Zaun *der.*

clôturer [3] [klotyʀe] **vt** [champ, jardin] ein◦zäunen.

clou [klu] **nm** Nagel *der* ▸ **clou de girofle** Gewürznelke *die.*

clouer [3] [klue] **vt 1.** [accrocher] nageln **2.** [fermer] zu◦nageln **3.** [assembler] zusammen◦nageln ▸ **clouer un panneau sur un arbre** ein Schild an einen Baum nageln.

clouté [klute] **adj m** → **passage**.

clown [klun] **nm** Clown *der.*

club [klœb] **nm** Klub *der.*

cm (*abr de* centimètre) cm.

CM (*abr de* cours moyen) **nm** : **CM1** *4. Grundschulklasse* ▸ **CM2** *5. Grundschulklasse.*

coach [kotʃ] (*pl* **coachs** ou **coaches**) **nmf 1.** [entraîneur] Trainer *der,* -in *die* **2.** [conseiller] Coach *der.*

coacher [3] [kotʃe] **vt** [entraîner, conseiller] coachen.

coaching [kotʃiŋ] **nm** Coaching *das.*

coaguler [3] [kɔagyle] **vi** gerinnen.

cobaye [kɔbaj] **nm 1.** [animal] Meerschweinchen *das* **2.** [sujet d'expérience] Versuchskaninchen *das.*

Coblence [kɔblɑ̃s] **n** Koblenz *nt.*

coccinelle [kɔksinɛl] **nf** Marienkäfer *der.*

cocher [3] [kɔʃe] **vt** an◦kreuzen.

cochon, onne [kɔʃɔ̃, ɔn] ◆ **nm, f** *fam* [personne sale] Schwein *das.* ◆ **nm** Schwein *das* ▸ **cochon d'Inde** Meerschweinchen *das.*

cochonnerie [kɔʃɔnʀi] **nf** *fam* **1.** [nourriture] Mist *der* **2.** [chose sans valeur] Schund *der.*

cocktail [kɔktɛl] **nm 1.** [boisson] Cocktail *der* **2.** [réception] Cocktailparty *die.*

coco [kɔko] **nm** → **noix**.

cocotier [kɔkɔtje] **nm** Kokospalme *die.*

cocotte [kɔkɔt] **nf** Kochtopf *der* ▸ **cocotte en papier** gefalteter Papiervogel.

Cocotte-Minute® [kɔkɔtminyt] (*pl* **Cocottes-Minute**) **nf** Schnellkochtopf *der.*

code [kɔd] **nm 1.** [ensemble de lois] Gesetzbuch *das* **2.** [ensemble de signes] Kode *der* ▸ **code d'accès** Passwort *das* ▸ **code confidentiel** Geheimzahl *die* ▸ **code d'entrée** Türkode *der* ▸ **code PIN** PIN *die* ▸ **code postal** Postleitzahl *die* ▸ **code de la route** Straßenverkehrsordnung *die.* ◆ **codes nmpl** AUTO Abblendlicht *das.*

codé, e [kɔde] **adj** verschlüsselt.

code-barres [kɔdbaʀ] (*pl* **codes-barres**) **nm** Strichkode *der.*

cœur [kœʀ] **nm** Herz *das* ▸ **avoir bon cœur** gutherzig sein ▸ **de bon cœur** gern ▸ **cœur d'artichaut** Artischockenherz ▸ **cœur de palmier** Palmherz.

coffre [kɔfʀ] **nm 1.** [de voiture] Kofferraum *der* **2.** [malle] Truhe *die.*

coffre-fort [kɔfʀəfɔʀ] (*pl* **coffres-forts**) **nm** Safe *der.*

coffret [kɔfʀɛ] **nm 1.** [boîte] Schatulle *die* **2.** COMM [de parfums, de savons] Geschenkschachtel *die.*

cognac [kɔɲak] **nm** Kognak *der.*

cogner [3] [kɔɲe] **vi 1.** [frapper] schlagen **2.** [faire du bruit] klopfen. ◆ **se cogner vp** sich stoßen ▸ **se cogner la tête** sich *(D)* den Kopf an◦stoßen.

cohabiter [3] [kɔabite] **vi 1.** [personnes] zusammen◦leben **2.** [idées] zusammen◦passen.

cohérent, e [kɔeʀɑ̃, ɑ̃t] **adj 1.** [raisonnement] schlüssig **2.** [idées] zusammenhängend.

cohue [kɔy] **nf** Gedränge *das*.

coiffé, e [kwafe] **adj** : **être bien coiffé** gut frisiert ou gekämmt sein ▸ **être mal coiffé** schlecht frisiert ou gekämmt sein.

coiffer [3] [kwafe] **vt** frisieren. ◆ **se coiffer vp** sich frisieren ▸ **coiffé d'un chapeau** mit einem Hut auf dem Kopf.

coiffeur, euse [kwafœʀ, øz] **nm, f** Friseur *der*, -in *die*, Friseuse *die*.

coiffure [kwafyʀ] **nf** Frisur *die*.

coin [kwɛ̃] **nm** Ecke *die* ▸ **au coin de la rue** an der Straßenecke ▸ **dans le coin** (hier) in der Gegend.

coincé, e [kwɛ̃se] **adj** *fam* verklemmt.

coincer [16] [kwɛ̃se] **vt** fest∘klemmen. ◆ **se coincer vp** sich fest∘klemmen ▸ **se coincer le doigt** sich *(D)* den Finger einklemmen.

coïncidence [kɔɛ̃sidɑ̃s] **nf** Zufall *der*.

coïncider [3] [kɔɛ̃side] **vi** zusammen∘fallen.

col [kɔl] **nm 1.** [de vêtement] Kragen *der* **2.** [en montagne] Pass *der* ▸ **col roulé** Rollkragen ▸ **col en V** V-Ausschnitt *der*.

colère [kɔlɛʀ] **nf** Wut *die* ▸ **être en colère (contre qqn)** (auf jn) wütend sein ▸ **se mettre en colère** wütend werden.

colin [kɔlɛ̃] **nm** Seehecht *der*.

colique [kɔlik] **nf** Kolik *die*.

colis [kɔli] **nm** : **colis postal** Postpaket *das*.

collaborateur, trice [kɔlabɔʀatœʀ, tʀis] **nm, f** Mitarbeiter *der*, -in *die*.

collaborer [3] [kɔlabɔʀe] **vi** zusammen∘arbeiten ▸ **collaborer à qqch** bei etw mit∘arbeiten.

collant, e [kɔlɑ̃, ɑ̃t] ◆ **adj 1.** [adhésif] Klebe- **2.** [moulant] hauteng. ◆ **nm** [vêtement] Strumpfhose *die*.

colle [kɔl] **nf 1.** [pâte] Kleber *der* **2.** [devinette] knifflige Frage **3.** SCOL Nachsitzen *das*.

collecte [kɔlɛkt] **nf** Sammlung *die*.

collectif, ive [kɔlɛktif, iv] **adj** Gemeinschafts-.

collection [kɔlɛksjɔ̃] **nf** Sammlung *die* ▸ **faire la collection de qqch** etw sammeln.

collectionner [3] [kɔlɛksjɔne] **vt** sammeln.

collectionneur, euse [kɔlɛksjɔnœʀ, øz] **nm, f** Sammler *der*, -in *die*.

collège [kɔlɛʒ] **nm** *weiterführende Schule bis zur mittleren Reife.*

ⓘ Le collège

Nach der Grundschule, die in Frankreich fünf Jahre dauert, besuchen alle französischen Schüler im Alter von circa elf bis fünfzehn Jahren das collège. Außer am Mittwoch findet der Unterricht ganztags statt. Besonders ist, dass die Schuljahre ab dem collège rückwärts gezählt werden: von der sixième (6e) bis zur troisième (3e).

collégien, enne [kɔleʒjɛ̃, ɛn] **nm, f** *Schüler der Sekundarstufe I.*

collègue [kɔlɛg] **nmf** Kollege *der*, -gin *die*.

coller [3] [kɔle] **vt 1.** [fixer] kleben **2.** *fam* [donner] verpassen **3.** SCOL [punir] nach∘sitzen lassen **4.** INFORM ein∘fügen.

collier [kɔlje] **nm 1.** [bijou] Kette *die* **2.** [de chien] Halsband *das*.

colline [kɔlin] **nf** Hügel *der*.

collision [kɔlizjɔ̃] **nf** Zusammenstoß *der*.

collyre [kɔliʀ] **nm** Augentropfen *pl*.

coloc [kɔlɔk] **nmf** *fam* [dans une maison, dans un appartement] Mitbewohner *der*, -in *die*.

Cologne [kɔlɔɲ] **n** → **eau**.

colombe [kɔlɔ̃b] **nf** (weiße) Taube *die*.

Colombie [kɔlɔ̃bi] **nf** : **la Colombie** Kolumbien *nt*.

colombien, enne [kɔlɔ̃bjɛ̃, ɛn] **adj** kolumbianisch, kolumbisch. ◆ **Colombien, enne** **nm, f** Kolumbianer *der*, -in *die*, Kolumbier *der*, -in *die*.

Colombo [kɔlɔ̃bo] **n** Colombo *nt*.

colonie [kɔlɔni] **nf** Kolonie *die* ▸ **colonie de vacances** Ferienlager *das*.

colonne [kɔlɔn] **nf** **1.** [pilier] Säule *die* **2.** [de journal] Spalte *die* ▸ **colonne vertébrale** Wirbelsäule.

colorant [kɔlɔʀɑ̃] **nm** Farbstoff *der* ▸ **'sans colorants'** 'ohne Farbstoffe'.

colorer [3] [kɔlɔʀe] **vt** : **colorer (de qqch)** (mit etw) färben.

colorier [9] [kɔlɔʀje] **vt** **1.** [dessin] aus°malen **2.** [impression] kolorieren **3.** [feuille] bemalen.

coloris [kɔlɔʀi] **nm** Farbton *der*.

COM [cɔm] (*abr de* Collectivités d'outre-mer) **nmpl** *französische Überseegebiete*.

coma [kɔma] **nm** Koma *das* ▸ **être dans le coma** im Koma liegen.

combat [kɔ̃ba] **nm** Kampf *der*.

combattant, e [kɔ̃batɑ̃, ɑ̃t] **nm, f** Kämpfer *der*, -in *die* ▸ **ancien combattant** *Kriegsveteran des 1. oder 2. Weltkriegs*.

combattre [83] [kɔ̃batʀ] ◆ **vt** bekämpfen. ◆ **vi** kämpfen.

combien [kɔ̃bjɛ̃] **adv** wie viel ▸ **combien ça coûte ?** wie viel macht das? ▸ **combien de** wie viel.

combinaison [kɔ̃binɛzɔ̃] **nf** **1.** [code] Kombination *die* **2.** [sous-vêtement] Unterrock *der* **3.** [de motard, de skieur] Overall *der* ▸ **combinaison de plongée** Tauchanzug *der*.

combiné [kɔ̃bine] **nm** : **combiné** [téléphonique] Hörer *der*.

combiner [3] [kɔ̃bine] **vt** **1.** [harmoniser] kombinieren **2.** *fam* [préparer] aus°tüfteln.

comble [kɔ̃bl] **nm** : **le comble de qqch** der Gipfel einer Sache *(G)*.

combler [3] [kɔ̃ble] **vt** **1.** [boucher] (zu) stopfen **2.** [satisfaire] zufrieden°stellen.

combustible [kɔ̃bystibl] **nm** Brennstoff *der*.

comédie [kɔmedi] **nf** Komödie *die* ▸ **jouer la comédie** schauspielern ▸ **comédie musicale** Musical *das*.

Comédie-Française [kɔmedifʀɑ̃sɛz] **nf** : **la Comédie-Française** *französisches Nationaltheater*.

ⓘ **La Comédie-Française**

Das französische Nationaltheater, die Comédie-Française, wurde 1680 gegründet und ist somit das älteste Staatstheater der Welt. Das Theatergebäude selbst heißt Théâtre-Français, kurz le Français, und liegt in der rue de Richelieu in Paris. Das Repertoire der Comédie-Française reicht von französischen Klassikern wie Molière bis hin zu modernen Stücken.

comédien, enne [kɔmedjɛ̃, ɛn] **nm, f** **1.** [acteur] Schauspieler *der*, -in *die* **2.** [hypocrite] Komödiant *der*, -in *die*.

comestible [kɔmɛstibl] **adj** essbar.

comète [kɔmɛt] **nf** Komet *der*.

coming out [kɔmiŋawt] **nm inv** : **faire son coming out** sich outen.

comique [kɔmik] **adj** komisch ▸ **acteur comique** Komiker *der*.

comité [kɔmite] **nm** Komitee *das* ▸ **comité d'entreprise** Betriebsrat *der*.

commandant [kɔmɑ̃dɑ̃] **nm** 1. MIL [gradé] Kommandant *der*, -in *die* 2. [d'un bateau, d'un avion] Kapitän *der*, -in *die*.

commande [kɔmɑ̃d] **nf** 1. COMM [achat] Bestellung *die* 2. TECH [mécanisme] Steuerung *die* 3. INFORM [instruction] Befehl *der* ▸ **les commandes** [d'un avion] die Steuerung.

commander [3] [kɔmɑ̃de] **vt** 1. bestellen 2. [diriger] befehligen 3. TECH steuern ▸ **commander un taxi** ein Taxi bestellen.

comme [kɔm] ◆ **conj** 1. [gén] wie ▸ **elle est blonde, comme sa mère** sie ist blond wie ihre Mutter ▸ **comme vous voudrez** wie Sie wollen ▸ **les villes fortifiées comme Carcassonne** befestigte Städte wie Carcassonne ▸ **comme si rien ne s'était passé** als ob nichts geschehen wäre 2. [en tant que] als ▸ **qu'est-ce que vous avez comme desserts ?** was haben Sie für Desserts? 3. [étant donné que] da ▸ **comme vous n'arriviez pas, nous sommes passés à table** da Sie nicht kamen, haben wir schon zu essen angefangen 4. [dans des expressions] : **comme ça** a) [de cette façon] so b) [par conséquent] dann ▸ **comme ci comme ça** *fam* so lala ▸ **comme tout** *fam* [très] total ◆ **adv** [marque l'intensité] : **comme j'ai sommeil !** bin ich vielleicht müde! ▸ **comme c'est beau !** ist das schön! ▸ **comme c'est grand !** das ist aber groß! ▸ **vous savez comme il est difficile de se loger ici** Sie wissen ja, wie schwierig es ist, hier eine Wohnung zu finden ◆ **comme il faut adj** & **adv** anständig.

commémoratif, ive [kɔmemɔʀatif, iv] **adj** Gedenk- ▸ **une plaque commémorative** eine Gedenktafel.

commencement [kɔmɑ̃smɑ̃] **nm** Anfang *der*.

commencer [16] [kɔmɑ̃se] ◆ **vt** beginnen. ◆ **vi** an°fangen ▸ **commencer à faire qqch** an°fangen, etw zu tun ▸ **commencer par qqch** mit etw an°fangen ▸ **commencer par faire qqch** erst einmal etw tun.

comment [kɔmɑ̃] **adv** wie ▸ **comment ?** wie bitte? ▸ **comment tu t'appelles ?** wie heißt du? ▸ **comment allez-vous ?** wie geht es Ihnen?

commentaire [kɔmɑ̃tɛʀ] **nm** Kommentar *der*.

commerçant, e [kɔmɛʀsɑ̃, ɑ̃t] ◆ **adj** Geschäfts-. ◆ **nm, f** Geschäftsmann *der*, -frau *die*.

commerce [kɔmɛʀs] **nm** 1. [activité] Handel *der* 2. [boutique] Geschäft *das* ▸ **dans le commerce** im (Fach)handel.

commercial, e, aux [kɔmɛʀsjal, o] **adj** 1. [service] Verkaufs- 2. [activité] Geschäfts-.

commettre [84] [kɔmɛtʀ] **vt** : **commettre un crime** ein Verbrechen begehen.

commis, e [kɔmi, iz] **pp** → **commettre**.

commissaire [kɔmisɛʀ] **nmf** : **commissaire (de police)** Kommissar *der*, -in *die*.

commissariat [kɔmisaʀja] **nm** : **commissariat (de police)** Polizeirevier *das*.

commission [kɔmisjɔ̃] **nf** 1. [message oral] Auftrag *der* 2. [pourcentage] Provision *die* 3. [comité] Kommission *die* ▸ **commission bancaire** Bankgebühr *die*. ◆ **commissions** **nfpl** Besorgungen *pl* ▸ **faire les commissions** Besorgungen machen.

commode [kɔmɔd] ◆ **adj** praktisch. ◆ **nf** [meuble] Kommode *die*.

commotion [kɔmɔsjɔ̃] **nf** Erschütterung *die*.

commun, e [kɔmœ̃, yn] **adj 1.** [fréquent] gängig **2.** [banal] gewöhnlich **3.** [collectif] Gemeinschafts- ▸ **mettre qqch en commun** etw gemeinsam nutzen.

communauté [kɔmynote] **nf** Gemeinschaft *die*.

commune [kɔmyn] **nf** [ville] Kommune *die*.

communication [kɔmynikasjɔ̃] **nf 1.** [message] Mitteilung *die* **2.** [contact] Kontakt *der* **3.** [d'information] Kommunikation *die* ▸ **communication (téléphonique)** (Telefon)gespräch *das*.

communier [9] [kɔmynje] **vt** kommunizieren.

communion [kɔmynjɔ̃] **nf** Kommunion *die* ▸ **faire sa première communion** Erstkommunion haben.

communiqué [kɔmynike] **nm** Kommuniqué *das*.

communiquer [3] [kɔmynike] ◆ **vt** mit∘teilen. ◆ **vi 1.** [dialoguer] kommunizieren **2.** [être relié] miteinander verbunden sein ▸ **communiquer avec qqch** a) [être relié à] mit etw verbunden sein b) [être en contact avec] etw berühren.

communisme [kɔmynism] **nm** Kommunismus *der*.

communiste [kɔmynist] ◆ **adj** kommunistisch. ◆ **nmf** Kommunist *der*, -in *die*.

Comores [kɔmɔʀ] **nfpl : les Comores, l'archipel des Comores** die Komoren ▸ **aux Comores** auf den Komoren.

compact, e [kɔ̃pakt] **adj** kompakt ▸ **(disque) compact** CD *die*.

Compact Disc® [kɔ̃paktdisk] (*pl* **Compact Discs**) **nm** CD *die*.

compacte [kɔ̃pakt] **nf** Kompaktwagen *der*.

compacter [3] [kɔ̃pakte] **vt** [données] komprimieren.

compagne [kɔ̃paɲ] **nf 1.** [camarade] (Spiel)gefährtin *die* **2.** [dans un couple] Lebensgefährtin *die*.

compagnie [kɔ̃paɲi] **nf** Gesellschaft *die* ▸ **en compagnie de** in Gesellschaft von ▸ **tenir compagnie à qqn** jm Gesellschaft leisten ▸ **compagnie aérienne** Fluggesellschaft.

compagnon, compagne [kɔ̃paɲɔ̃, kɔ̃paɲ] **nm, f 1.** [camarade] (Spiel)gefährte *der*, -in *die* **2.** [dans un couple] Lebensgefährte *der*, -in *die*.

comparable [kɔ̃paʀabl] **adj** vergleichbar ▸ **comparable à** vergleichbar mit.

comparaison [kɔ̃paʀɛzɔ̃] **nf** Vergleich *der*.

comparer [3] [kɔ̃paʀe] **vt** vergleichen ▸ **comparer qqch à** ou **avec** etw vergleichen mit.

compartiment [kɔ̃paʀtimɑ̃] **nm 1.** [case] Fach *das* **2.** [de wagon] (Zug)abteil *das* ▸ **compartiment fumeurs** Raucherabteil ▸ **compartiment non-fumeurs** Nichtraucherabteil.

compas [kɔ̃pa] **nm 1.** MATH Zirkel *der* **2.** [boussole] Kompass *der*.

compatibilité [kɔ̃patibilite] **nf** Kompatibilität *die*.

compatible [kɔ̃patibl] **adj 1.** [idée, activité] vereinbar **2.** INFORM kompatibel.

compatriote [kõpatʀijɔt] **nmf** Landsmann *der,* -männin *die.*

compensation [kõpɑ̃sasjõ] **nf** Entschädigung *die.*

compenser [3] [kõpɑ̃se] **vt** aus∘gleichen.

compète [kõpɛt] **nf** *fam* Wettkampf *der.*

compétence [kõpetɑ̃s] **nf** Kompetenz *die.*

compétent, e [kõpetɑ̃, ɑ̃t] **adj** kompetent.

compétitif, ive [kõpetitif, iv] **adj** konkurrenzfähig.

compétition [kõpetisjõ] **nf** **1.** [épreuve sportive] Wettkampf *der* **2.** [concurrence] Wettbewerb *der* ▸ **faire de la compétition** Leistungssport betreiben.

compil [kõpil] **nf** *fam* Sampler *der.*

complément [kõplemɑ̃] **nm** **1.** [supplément] Ergänzung *die* **2.** GRAMM Objekt *das* ▸ **complément d'objet direct / indirect** Akkusativ- / Dativobjekt.

complémentaire [kõplemɑ̃tɛʀ] **adj** zusätzlich.

complet, ète [kõplɛ, ɛt] **adj** **1.** [entier] vollständig **2.** [plein] voll (belegt) **3.** [aliment] Vollkorn-.

complètement [kõplɛtmɑ̃] **adv** vollkommen.

compléter [18] [kõplete] **vt** ergänzen. ◆ **se compléter vp** sich ergänzen.

complexe [kõplɛks] ◆ **adj** komplex. ◆ **nm** Komplex *der* ▸ **complexe multisalle** Multiplexkino *das.*

complexé, e [kõplɛkse] **adj** : **être complexé** Komplexe haben.

complexer [4] [kõplɛkse] **vt** [personne] : **arrête, tu vas le complexer** hör auf, sonst kriegt er noch Komplexe.

complication [kõplikasjõ] **nf** Kompliziertheit *die.*

complice [kõplis] **adj** [sourire, regard] verschwörerisch.

compliment [kõplimɑ̃] **nm** Kompliment *das* ▸ **faire un compliment à qqn** jm ein Kompliment machen.

compliqué, e [kõplike] **adj** kompliziert.

compliquer [3] [kõplike] **vt** komplizieren. ◆ **se compliquer vp** kompliziert werden.

complot [kõplo] **nm** Komplott *das.*

comportement [kõpɔʀtəmɑ̃] **nm** Verhalten *das.*

comporter [3] [kõpɔʀte] **vt** mit sich bringen. ◆ **se comporter vp** sich verhalten.

composer [3] [kõpoze] **vt** **1.** [faire partie de] bilden **2.** [assembler] zusammen∘stellen **3.** MUS komponieren **4.** [code] ein∘geben **5.** [numéro] wählen ▸ **composé de** bestehend aus.

compositeur, trice [kõpozitœʀ, tʀis] **nm, f** Komponist *der,* -in *die.*

composition [kõpozisjõ] **nf** **1.** [structure] Zusammensetzung *die* **2.** SCOL Klassenarbeit *die.*

composter [3] [kõpɔste] **vt** entwerten ▸ **'compostez vos billets'** 'Fahrschein entwerten'.

compote [kõpɔt] **nf** Kompott *das* ▸ **compote de pommes** Apfelkompott.

compréhensible [kõpʀeɑ̃sibl] **adj** **1.** [comportement] verständlich **2.** [argument] nachvollziehbar.

compréhensif, ive [kõpʀeɑ̃sif, iv] **adj** verständnisvoll.

comprendre [79] [kõpʀɑ̃dʀ] **vt** **1.** [explication, comportement] verstehen **2.** [comporter] um∘fassen.

◆ **se comprendre** vp [personnes] sich verstehen ▸ **ça se comprend** das ist verständlich.

compresse [kɔ̃pʀɛs] **nf** Kompresse *die*.

compresser [4] [kɔ̃pʀese] **vt** komprimieren.

compression [kɔ̃pʀesjɔ̃] **nf** Komprimierung *die*.

comprimé [kɔ̃pʀime] **nm** Tablette *die*.

compris, e [kɔ̃pʀi, iz] ◆ **pp** & 1re et 2e pers. du sg. de l'ind. passé simple → **comprendre.** ◆ **adj** inbegriffen ▸ **'petit déjeuner compris'** 'Frühstück inbegriffen' ▸ **service non compris** Bedienung nicht inbegriffen ▸ **tout compris** alles inklusive ▸ **y compris** einschließlich.

compromettre [84] [kɔ̃pʀɔmɛtʀ] **vt** 1. [personne] kompromittieren 2. [réputation, carrière] schaden *(+ D)*.

compromis, e [kɔ̃pʀɔmi, iz] ◆ **pp** → **compromettre.** ◆ **nm** Kompromiss *der*.

comptabilité [kɔ̃tabilite] **nf** 1. Buchhaltung *die* 2. [calculs] Abrechnung *die*.

comptable [kɔ̃tabl] **nmf** Buchhalter *der*, -in *die*.

comptant [kɔ̃tɑ̃] **adv** : **payer comptant** bar zahlen.

compte [kɔ̃t] **nm** 1. [bancaire] Konto *das* 2. [calcul] Berechnung *die* ▸ **compte bancaire** Bankkonto ▸ **se rendre compte de qqch** sich *(D)* einer Sache *(G)* bewusst werden ▸ **se rendre compte que** sich *(D)*(der Tatsache) bewusst werden, dass ▸ **compte postal** Postscheckkonto ▸ **en fin de compte, tout compte fait** letztendlich. ◆ **comptes** **nmpl** Buchführung *die* ▸ **faire ses comptes** über seine Ausgaben Buch führen.

compter [3] [kɔ̃te] ◆ **vt** 1. [calculer] zählen 2. [inclure] mit°zählen. ◆ **vi** [calculer] zählen ▸ **compter faire qqch** [avoir l'intention de] beabsichtigen, etw zu tun. ◆ **compter sur** **v + prép** zählen auf *(+ A)*.

compte-rendu [kɔ̃tʀɑ̃dy] (*pl* **comptes-rendus**) **nm** (Rechenschafts)bericht *der*.

compteur [kɔ̃tœʀ] **nm** Zähler *der* ▸ **compteur d'eau** Wasserzähler ▸ **compteur électrique** Stromzähler ▸ **compteur (kilométrique)** Kilometerzähler ▸ **compteur (de vitesse)** Tachometer *der*.

comptoir [kɔ̃twaʀ] **nm** 1. [de bar] Theke *die* 2. [de magasin] Ladentisch *der*.

comte, esse [kɔ̃t, kɔ̃tɛs] **nm, f** Graf *der*, Gräfin *die*.

con, conne [kɔ̃, kɔn] **adj** *vulg* blöd.

Conakry [kɔnakʀi] **n** Konakry *nt*, Conakry *nt*.

concentration [kɔ̃sɑ̃tʀasjɔ̃] **nf** Konzentration *die*.

concentré, e [kɔ̃sɑ̃tʀe] ◆ **adj** [appliqué] konzentriert. ◆ **nm** : **concentré de tomate** Tomatenmark *das*.

concentrer [3] [kɔ̃sɑ̃tʀe] **vt** konzentrieren. ◆ **se concentrer (sur)** **vp + prép** sich konzentrieren (auf *(+ A)*).

conception [kɔ̃sɛpsjɔ̃] **nf** 1. [création] Entwurf *der* 2. [notion] Vorstellung *die*.

concerner [3] [kɔ̃sɛʀne] **vt** betreffen ▸ **en ce qui concerne...** was ... betrifft.

concert [kɔ̃sɛʀ] **nm** Konzert *das*.

concessionnaire [kɔ̃sesjɔnɛʀ] **nmf** Vertragshändler *der*, -in *die*.

concevoir [52] [kɔ̃səvwaʀ] **vt** entwerfen.

concierge [kɔ̃sjɛʀʒ] **nmf** Hausmeister *der*, -in *die*.

concis, e [kɔ̃si, iz] **adj** prägnant.
conclure [96] [kɔ̃klyʀ] **vt 1.** [terminer] ab°schließen **2.** [déduire] folgern.
conclusion [kɔ̃klyzjɔ̃] **nf 1.** [partie finale] Schluss *der* **2.** [déduction] Schlussfolgerung *die* ▸ **en conclusion** letzten Endes.
concombre [kɔ̃kɔ̃bʀ] **nm** (Salat)gurke *die*.
concours [kɔ̃kuʀ] **nm 1.** [examen] Auswahlverfahren *das* **2.** [jeu] Wettbewerb *der* ▸ **concours de circonstances** Zusammenwirken *das* verschiedener Umstände.
concret, ète [kɔ̃kʀɛ, ɛt] **adj** konkret.
concrétiser [3] [kɔ̃kʀetize] ◆ **se concrétiser vp** Wirklichkeit werden.
concubinage [kɔ̃kybinaʒ] **nm** nicht eheliche Lebensgemeinschaft.
concurrence [kɔ̃kyʀɑ̃s] **nf** Konkurrenz *die*.
concurrencer [3] [kɔ̃kyrɑ̃se] **vt** konkurrieren mit.
concurrent, e [kɔ̃kyʀɑ̃, ɑ̃t] **nm, f** Konkurrent *der*, -in *die*.
condamnation [kɔ̃danasjɔ̃] **nf** Verurteilung *die*.
condamner [3] [kɔ̃dane] **vt 1.** [accusé] verurteilen **2.** [porte, fenêtre] zu°mauern ▸ **condamner qqn à** jn verurteilen zu.
condensation [kɔ̃dɑ̃sasjɔ̃] **nf** Kondensation *die*.
condensé, e [kɔ̃dɑ̃se] **adj** Kondens-.
condiment [kɔ̃dimɑ̃] **nm** Gewürz *das*.
condition [kɔ̃disjɔ̃] **nf** Bedingung *die* ▸ **condition physique** körperliche Verfassung ▸ **à condition de** unter der Bedingung, dass ▸ **à condition que** unter der Bedingung, dass.
conditionné [kɔ̃disjɔne] **adj m** → **air**.
conditionnel [kɔ̃disjɔnɛl] **nm** Konditional *der*.
conditionnement [kɔ̃disjɔnmɑ̃] **nm 1.** [emballage] Verpackung *die* **2.** [psychologique] Konditionieren *das*.
condoléances [kɔ̃dɔleɑ̃s] **nfpl** : **présenter ses condoléances à qqn** jm sein Beileid aus°sprechen.
conducteur, trice [kɔ̃dyktœʀ, tʀis] **nm, f** Fahrer *der*, -in *die*.
conduire [80] [kɔ̃dɥiʀ] ◆ **vt 1.** [véhicule] fahren **2.** [accompagner] begleiten **3.** [guider] führen. ◆ **vi 1.** [automobiliste] fahren **2.** [chemin, couloir] führen zu. ◆ **se conduire vp** sich benehmen.
conduit, e [kɔ̃dɥi, it] **pp** → **conduire**.
conduite [kɔ̃dɥit] **nf 1.** [attitude] Benehmen *das* **2.** [tuyau] Leitung *die* ▸ **conduite à gauche** Linksverkehr *der*.
cône [kon] **nm 1.** [figure géométrique] Kegel *der* **2.** [glace] Eistüte *die*.
confection [kɔ̃fɛksjɔ̃] **nf** Konfektion *die*.
confectionner [3] [kɔ̃fɛksjɔne] **vt** an°fertigen.
conférence [kɔ̃feʀɑ̃s] **nf 1.** Konferenz *die* **2.** [discours] Vortrag *der*.
confesser [4] [kɔ̃fese] ◆ **se confesser vp** beichten.
confession [kɔ̃fesjɔ̃] **nf** Beichte *die*.
confettis [kɔ̃feti] **nmpl** Konfetti *das*.
confiance [kɔ̃fjɑ̃s] **nf** Vertrauen *das* ▸ **avoir confiance en** Vertrauen haben in *(+ A)* ▸ **faire confiance à qqn** jm vertrauen ▸ **faire confiance à qqch** auf etw *(A)* vertrauen.
confiant, e [kɔ̃fjɑ̃, ɑ̃t] **adj** zuversichtlich.
confidence [kɔ̃fidɑ̃s] **nf** vertrauliche Mitteilung ▸ **faire des confidences à qqn** jm ein Geheimnis an°vertrauen.

confidentialité [kɔ̃fidɑ̃sjalite] **nf** Vertraulichkeit *die* ▸ **accord de confidentialité** Vertraulichkeitsvereinbarung *die*.

confidentiel, elle [kɔ̃fidɑ̃sjɛl] **adj** vertraulich.

confier [9] [kɔ̃fje] **vt** : **confier un secret à qqn** jm ein Geheimnis an◦vertrauen. ◆ **se confier (à) vp + prép** : **se confier (à qqn)** (jm) sein Herz aus◦schütten.

configuration [kɔ̃figyʀasjɔ̃] **nf** **1.** Beschaffenheit *die* **2.** INFORM Konfiguration *die* ▸ **panneau de configuration** INFORM Systemsteuerung *die*.

configurer [3] [kɔ̃figyʀe] **vt** konfigurieren.

confirmation [kɔ̃fiʀmasjɔ̃] **nf** Bestätigung *die* ▸ **confirmation de réservation** Buchungsbestätigung.

confirmer [3] [kɔ̃fiʀme] **vt** bestätigen.

confiserie [kɔ̃fizʀi] **nf** **1.** [sucreries] Süßigkeiten *pl* **2.** [magasin] Süßwarengeschäft *das*.

confisquer [3] [kɔ̃fiske] **vt** konfiszieren.

confit [kɔ̃fi] ◆ **adj m** → **fruit.** ◆ **nm** : **confit de canard / d'oie** *im eigenen Fett gegartes Enten- oder Gänsefleisch*.

confiture [kɔ̃fityʀ] **nf** Marmelade *die*.

conflit [kɔ̃fli] **nm** Konflikt *der*.

confondre [75] [kɔ̃fɔ̃dʀ] **vt** verwechseln.

conforme [kɔ̃fɔʀm] **adj** : **conforme à** entsprechend *(+ D)*.

conformément [kɔ̃fɔʀmemɑ̃] ◆ **conformément à prép** gemäß *(+ D)* ▸ **conformément à la norme ISO** gemäß der ISO-Norm ▸ **conformément à ses souhaits** seinen Wünschen entsprechend.

conformisme [kɔ̃fɔʀmism] **nm** Konformismus *der*.

confort [kɔ̃fɔʀ] **nm** Komfort *der* ▸ **'tout confort'** 'mit allem Komfort'.

confortable [kɔ̃fɔʀtabl] **adj** **1.** [pièce] komfortabel **2.** [fauteuil] bequem.

confrère [kɔ̃fʀɛʀ] **nm** Kollege *der*.

confronter [3] [kɔ̃fʀɔ̃te] **vt** gegenüber◦stellen.

confus, e [kɔ̃fy, yz] **adj** **1.** [compliqué] wirr **2.** [embarrassé] verlegen.

confusion [kɔ̃fyzjɔ̃] **nf** **1.** [erreur] Verwechslung *die* **2.** [désordre] Verwirrung *die* **3.** [honte] Verlegenheit *die*.

congé [kɔ̃ʒe] **nm** Urlaub *der* ▸ **être en congé (de) maladie** krankgeschrieben sein ▸ **congés payés** bezahlter Urlaub.

congélateur [kɔ̃ʒelatœʀ] **nm** Gefrierschrank *der*.

congeler [25] [kɔ̃ʒle] **vt** ein◦frieren.

congélo [kɔ̃ʒelo] **nm** *fam* Gefriere *die*.

congestion [kɔ̃ʒɛstjɔ̃] **nf** MÉD Ansammlung von Blut *die* ▸ **congestion cérébrale** Gehirnschlag *der* ▸ **congestion pulmonaire** Lungenentzündung *die*.

Congo [kɔ̃go] **nm** : **le Congo** der Kongo ▸ **au Congo** im Kongo.

congolais [kɔ̃gɔlɛ] **nm** Kokosnussgebäck *das*.

congrès [kɔ̃gʀɛ] **nm** Kongress *der*.

conifère [kɔnifɛʀ] **nm** Nadelbaum *der*.

conjoint, e [kɔ̃ʒwɛ̃, ɛ̃t] **nm, f** Ehegatte *der*, -tin *die*.

conjonction [kɔ̃ʒɔ̃ksjɔ̃] **nf** Konjunktion *die*.

conjonctivite [kɔ̃ʒɔ̃ktivit] **nf** Bindehautentzündung *die*.

conjoncture [kɔ̃ʒɔ̃ktyʀ] **nf** Konjunktur *die*.

conjugaison [kɔ̃ʒygezɔ̃] **nf** Konjugation *die*.

conjuguer [3] [kɔ̃ʒyge] **vt** [verbe] konjugieren.

connaissance [kɔnɛsɑ̃s] **nf 1.** [savoir] Kenntnisse *pl* **2.** [relation] Bekannte *der, die* ▸ **avoir des connaissances en** Kenntnisse haben in *(+ D)* ▸ **faire connaissance** kennen◦lernen ▸ **faire la connaissance de qqn** js Bekanntschaft machen ▸ **perdre connaissance** das Bewusstsein verlieren.

connaisseur, euse [kɔnɛsœʀ, øz] **nm, f** Kenner *der*, -in *die*.

connaître [91] [kɔnɛtʀ] **vt** kennen. ◆ **s'y connaître (en) vp + prép** sich aus◦kennen (mit).

connard [kɔnaʀ] **nm** *vulg* Arsch *der*.

conne [kɔn] **adj f** → **con**.

connecter [4] [kɔnɛkte] **vt** an◦schließen. ◆ **se connecter vp** eine Verbindung her◦stellen ▸ **se connecter à** verbinden mit ▸ **se connecter à Internet a)** ins Internet gehen **b)** [dans le Web] online gehen.

connerie [kɔnʀi] **nf** *fam* Blödsinn *der* ▸ **dire / faire des conneries** Blödsinn reden / machen.

connexion [kɔnɛksjɔ̃] **nf** Verbindung *die*.

connu, e [kɔny] ◆ **pp** → **connaître.** ◆ **adj** bekannt.

conquérir [39] [kɔ̃keʀiʀ] **vt** erobern.

conquête [kɔ̃kɛt] **nf** Eroberung *die*.

conquis, e [kɔ̃ki, iz] **pp & 1re et 2e pers. du sg. de l'ind. passé simple** → **conquérir.**

consacrer [3] [kɔ̃sakʀe] **vt** : **consacrer qqch à qqch** etw einer Sache *(D)* widmen. ◆ **se consacrer vp** : **se consacrer à qqch** sich einer Sache *(D)* widmen.

consciemment [kɔ̃sjamɑ̃] **adv** bewusst.

conscience [kɔ̃sjɑ̃s] **nf 1.** [connaissance] Bewusstsein *das* **2.** [moralité] Gewissen *das* ▸ **avoir conscience de qqch** sich *(D)* einer Sache *(G)* bewusst sein ▸ **avoir mauvaise conscience** ein schlechtes Gewissen haben.

consciencieux, euse [kɔ̃sjɑ̃sjø, øz] **adj** gewissenhaft.

conscient, e [kɔ̃sjɑ̃, ɑ̃t] **adj** bei Bewusstsein ▸ **être conscient de qqch** sich *(D)* einer Sache *(G)*bewusst sein.

consécutif, ive [kɔ̃sekytif, iv] **adj** aufeinanderfolgend.

conseil [kɔ̃sɛj] **nm** Rat *der* ▸ **demander conseil à qqn** jn um Rat bitten.

conseiller¹, ère [kɔ̃seje, ɛʀ] **nm, f** Berater *der*, -in *die* ▸ **conseiller d'orientation** Berufsberater ▸ **conseiller financier** Finanzberater.

conseiller² [4] [kɔ̃seje] **vt** beraten ▸ **conseiller qqch à qqn** jm (zu) etw raten ▸ **conseiller à qqn de faire qqch** jm raten, etw zu tun.

consentant, e [kɔ̃sɑ̃tɑ̃, ɑ̃t] **adj** [victime] einvernehmlich ▸ **adultes consentants** einvernehmliche Erwachsene.

conséquence [kɔ̃sekɑ̃s] **nf** Konsequenz *die*.

conséquent [kɔ̃sekɑ̃] ◆ **par conséquent adv** folglich.

conservateur [kɔ̃sɛʀvatœʀ] **nm** Konservierungsstoff *der*.

conservatoire [kɔ̃sɛʀvatwaʀ] **nm** Konservatorium *das*.

conserve [kɔ̃sɛʀv] **nf** [boîte] Konserve *die* ▸ **en conserve** Dosen-.

conserver [3] [kɔ̃sɛʀve] **vt** auf◦bewahren.

considérable [kɔ̃sideʀabl] **adj** beachtlich.

considérablement [kɔ̃siderabləmɑ̃] adv erheblich.

considération [kɔ̃siderasjɔ̃] nf : **prendre qqn / qqch en considération** jn / etw in Betracht ziehen.

considérer [18] [kɔ̃sidere] vt : **considérer que** der Auffassung sein, dass ▸ **considérer qqn / qqch comme** jn / etw an°sehen als.

consigne [kɔ̃siɲ] nf 1. [de gare] Gepäckaufbewahrung *die* 2. [instructions] Anweisung *die* ▸ **consigne automatique** Schließfach *das*.

consistant, e [kɔ̃sistɑ̃, ɑ̃t] adj 1. [épais] dickflüssig 2. [nourrissant] sättigend.

consister [3] [kɔ̃siste] vi : **consister à faire qqch** darin bestehen, etw zu tun ▸ **consister en** bestehen aus.

consœur [kɔ̃sœr] nf Kollegin *die*.

consolation [kɔ̃sɔlasjɔ̃] nf Trost *der*.

console [kɔ̃sɔl] nf Datensichtgerät *das* ▸ **console de jeux** Spielkonsole *die*.

consoler [3] [kɔ̃sɔle] vt trösten.

consommable [kɔ̃sɔmabl] nm : **matériel consommable** Verbrauchsmaterial *das*.

consommateur, trice [kɔ̃sɔmatœr, tris] nm, f 1. [acheteur] Verbraucher *der*, -in *die* 2. [dans un bar] Kunde *der*, -din *die*.

consommation [kɔ̃sɔmasjɔ̃] nf 1. [d'alcool] Konsum *der* 2. [de carburant] Verbrauch *der* 3. [boisson] Getränk *das*.

consommé [kɔ̃sɔme] nm Kraftbrühe *die*.

consommer [3] [kɔ̃sɔme] vt 1. [aliment, boisson] verzehren 2. [carburant] verbrauchen ▸ **'à consommer avant le...'** 'mindestens haltbar bis ...'.

consonne [kɔ̃sɔn] nf Konsonant *der*.

constamment [kɔ̃stamɑ̃] adv ständig.

Constance [kɔ̃stɑ̃s] n → **lac**.

constant, e [kɔ̃stɑ̃, ɑ̃t] adj 1. [chaleur] ständig 2. [vitesse] konstant.

constat [kɔ̃sta] nm [d'accident] Protokoll *das* ▸ **faire un constat à l'amiable** einen Unfall gütlich regeln.

constater [3] [kɔ̃state] vt fest°stellen.

consterné, e [kɔ̃sterne] adj betroffen.

constipation [kɔ̃stipasjɔ̃] nf Verstopfung *die*.

constipé, e [kɔ̃stipe] adj verstopft.

constituer [7] [kɔ̃stitɥe] vt bilden ▸ **être constitué de** sich aus etw zusammen°setzen.

construction [kɔ̃stryksjɔ̃] nf Bau *der*.

construire [98] [kɔ̃strɥir] vt bauen.

construit, e [kɔ̃strɥi, it] pp → **construire**.

consul, e [kɔ̃syl] nmf Konsul *der*, -in *die*.

consulat [kɔ̃syla] nm Konsulat *das*.

consultant, e [kɔ̃syltɑ̃, ɑ̃t] nm, f Berater *der*, -in *die* ▸ **consultant en gestion** Betriebsberater.

consultation [kɔ̃syltasjɔ̃] nf Sprechstunde *die*.

consulter [3] [kɔ̃sylte] vt 1. [médecin] auf°suchen 2. [ami, guide, dictionnaire] zurate ziehen.

contact [kɔ̃takt] nm 1. Kontakt *der* 2. [d'un moteur] Zündung *die* ▸ **couper le contact** die Zündung aus°schalten ▸ **mettre le contact** zünden ▸ **entrer en contact avec qqn** mit jm Kontakt auf°nehmen.

contacter [3] [kɔ̃takte] vt kontaktieren.

contagieux, euse [kɔ̃taʒjø, øz] **adj** ansteckend.
contagion [kɔ̃taʒjɔ̃] **nf** Ansteckung *die*.
contaminer [3] [kɔ̃tamine] **vt 1.** [rivière, air] verseuchen **2.** [personne] an◦stecken.
conte [kɔ̃t] **nm** Erzählung *die* ▸ **conte de fées** Märchen *das*.
contempler [3] [kɔ̃tɑ̃ple] **vt** (eingehend) betrachten.
contemporain, e [kɔ̃tɑ̃pɔʀɛ̃, ɛn] **adj** zeitgenössisch.
contenir [40] [kɔ̃tniʀ] **vt 1.** [du vin, de l'eau] enthalten **2.** [une salle, un avion] fassen.
content, e [kɔ̃tɑ̃, ɑ̃t] **adj** zufrieden ▸ **être content de qqch** sich über etw *(A)* freuen ▸ **être content de faire qqch** froh sein, etw zu tun.
contenter [3] [kɔ̃tɑ̃te] **vt** zufrieden◦stellen. ◆ **se contenter de vp + prép** sich zufrieden◦geben mit ▸ **elle s'est contentée de sourire** sie lächelte nur.
contenu, e [kɔ̃tny] ◆ **pp** → **contenir.** ◆ **nm** Inhalt *der*.
contester [3] [kɔ̃tɛste] **vt** an◦fechten.
contexte [kɔ̃tɛkst] **nm** Kontext *der*.
continent [kɔ̃tinɑ̃] **nm** Kontinent *der*.
continu, e [kɔ̃tiny] **adj 1.** [son] kontinuierlich **2.** [ligne] durchgehend.
continuel, elle [kɔ̃tinɥɛl] **adj** ständig.
continuellement [kɔ̃tinɥɛlmɑ̃] **adv** ständig.
continuer [7] [kɔ̃tinɥe] ◆ **vt** fort◦setzen. ◆ **vi** an◦dauern ▸ **continuer à** ou **de faire qqch** etw weiterhin tun.
contour [kɔ̃tuʀ] **nm** Kontur *die*.
contourner [3] [kɔ̃tuʀne] **vt** umgehen.
contraceptif, ive [kɔ̃tʀasɛptif, iv] ◆ **adj** empfängnisverhütend. ◆ **nm** Verhütungsmittel *das*.
contraception [kɔ̃tʀasɛpsjɔ̃] **nf** Empfängnisverhütung *die* ▸ **moyen de contraception** Verhütungsmittel *das*.
contracter [3] [kɔ̃tʀakte] **vt 1.** [muscle] an◦spannen **2.** [assurance] ab◦schließen **3.** [maladie] bekommen.
contradiction [kɔ̃tʀadiksjɔ̃] **nf 1.** [contestation] Widersprechen *das* **2.** [discordance] Widerspruch *der*.
contradictoire [kɔ̃tʀadiktwaʀ] **adj** widersprüchlich.
contraindre [80] [kɔ̃tʀɛ̃dʀ] **vt** zwingen ▸ **contraindre qqn à faire qqch** jn zwingen, etw zu tun.
contraire [kɔ̃tʀɛʀ] ◆ **nm** Gegenteil *das*. ◆ **adj** entgegengesetzt ▸ **contraire à** wider *(+ A)* ▸ **au contraire** im Gegenteil.
contrairement [kɔ̃tʀɛʀmɑ̃] ◆ **contrairement à prép** im Gegensatz zu.
contrarier [9] [kɔ̃tʀaʀje] **vt** verstimmen.
contraste [kɔ̃tʀast] **nm** Kontrast *der*.
contrat [kɔ̃tʀa] **nm** Vertrag *der* ▸ **rupture de contrat** Vertragsbruch *der*.
contravention [kɔ̃tʀavɑ̃sjɔ̃] **nf** Geldstrafe *die*.
contre [kɔ̃tʀ] **prép** gegen ▸ **un sirop contre la toux** ein Hustensaft ▸ **par contre** hingegen.
contre-allée [kɔ̃tʀale] (*pl* **contre-allées**) **nf** Seitenallee *die*.
contre-attaque [kɔ̃tʀatak] (*pl* **contre-attaques**) **nf** SPORT Konter *der*.
contrebande [kɔ̃tʀəbɑ̃d] **nf** Schmuggel *der* ▸ **passer qqch en contrebande** etw schmuggeln.

contrebasse [kɔ̃tʀəbas] **nf** Kontrabass *der.*

contrecœur [kɔ̃tʀəkœʀ] ◆ **à contrecœur adv** widerwillig.

contrecoup [kɔ̃tʀəku] **nm** Rückschlag *der.*

contredire [103] [kɔ̃tʀədiʀ] **vt** widersprechen.

contrefaçon [kɔ̃tʀəfasɔ̃] **nf 1.** [marchandise] Nachahmung *die* **2.** [falsification] Fälschung *die.*

contre-indication [kɔ̃tʀɛ̃dikasjɔ̃] (*pl* **contre-indications**) **nf** Gegenanzeige *die.*

contre-indiqué, e [kɔ̃tʀɛ̃dike] (*mpl* **contre-indiqués,** *fpl* **contre-indiquées**) **adj** MÉD kontraindiziert.

contre-jour [kɔ̃tʀəʒuʀ] ◆ **à contre-jour adv** im Gegenlicht.

contremaître, esse [kɔ̃tʀəmɛtʀ, ɛs] **nm, f** Vorarbeiter *der,* -in *die.*

contrepartie [kɔ̃tʀəpaʀti] **nf** Gegenleistung *die* ▸ **en contrepartie** im Gegenzug.

contreplaqué [kɔ̃tʀəplake] **nm** Sperrholz *das.*

contrepoison [kɔ̃tʀəpwazɔ̃] **nm** Gegengift *das.*

contresens [kɔ̃tʀəsɑ̃s] **nm** Sinnentstellung *die* ▸ **à contresens** in Gegenrichtung.

contretemps [kɔ̃tʀətɑ̃] **nm** Missgeschick *das.*

contribuer [7] [kɔ̃tʀibɥe] ◆ **contribuer à v + prép** bei◦tragen zu.

contributif, ive [kɔ̃tʀibytif, iv] **adj** INFORM : **logiciel contributif** Shareware *die* ▸ **encyclopédie contributive** Mitmachlexikon *das.*

contribution [kɔ̃tʀibysjɔ̃] **nf 1.** [somme d'argent] Beitrag *der* **2.** *(gén pl)* [impôt] Steuer *die.*

contrôle [kɔ̃tʀol] **nm 1.** Kontrolle *die* **2.** SCOL Leistungskontrolle *die* ▸ **contrôle aérien** Flugverkehrskontrolle ▸ **contrôle des marchandises** Warenkotrolle ▸ **contrôle des passeports** Passkontrolle ▸ **contrôle d'identité** Ausweiskontrolle.

contrôler [3] [kɔ̃tʀole] **vt** kontrollieren.

contrôleur, euse [kɔ̃tʀolœʀ, øz] **nm, f** (Fahrkarten)kontrolleur *der,* -in *die* ▸ **contrôleur aérien** Fluglotse *der.*

contrordre [kɔ̃tʀɔʀdʀ] **nm** Gegenbefehl *der.*

controversé, e [kɔ̃tʀɔvɛʀse] **adj** umstritten.

contusion [kɔ̃tyzjɔ̃] **nf** Prellung *die.*

convaincre [114] [kɔ̃vɛ̃kʀ] **vt** überzeugen ▸ **convaincre qqn de qqch** jn von etw überzeugen ▸ **convaincre qqn de faire qqch** jn überreden, etw zu tun.

convalescence [kɔ̃valesɑ̃s] **nf** Genesung *die.*

convalescent, e [kɔ̃valesɑ̃, ɑ̃t] **nm, f** Genesende *der, die.*

convenable [kɔ̃vnabl] **adj 1.** [adapté] passend **2.** [décent] schicklich.

convenir [40] [kɔ̃vniʀ] ◆ **convenir à v + prép** : **convenir à qqn** jm passen ▸ **convenir à qqch** einer Sache *(D)* angemessen sein.

convention [kɔ̃vɑ̃sjɔ̃] **nf 1.** [accord] Abkommen *das* **2.** [assemblée] Tagung *die* ▸ **convention collective** Manteltarifvertrag *der.*

convenu, e [kɔ̃vny] **pp** → **convenir.**

conversation [kɔ̃vɛʀsasjɔ̃] **nf** Unterhaltung *die.*

convertible [kɔ̃vɛʀtibl] **adj** → **canapé**.

convertir [32] [kɔ̃vɛʀtiʀ] **vt 1.** [personne] : **convertir qqn (à qqch)** jn (zu etw) bekehren **2.** [canapé, mesure, fraction] : **convertir en qqch** in etw *(A)* um◦wandeln **3.** FIN [titres, biens] konvertieren. ◆ **se convertir vp** : **se convertir à qqch** a) RELIG zu etw über◦treten b) *fig* sich zu etw bekehren.

conviction [kɔ̃viksjɔ̃] **nf** Überzeugung *die*. ◆ **convictions nfpl** Auffassungen *pl*.

convivial, e, aux [kɔ̃vivjal, o] **adj 1.** [réunion, assemblée] freundlich **2.** INFORM benutzerfreundlich.

convocation [kɔ̃vɔkasjɔ̃] **nf 1.** [au tribunal] Vorladung *die* **2.** [de l'assemblée] Einberufung *die*.

convoi [kɔ̃vwa] **nm** Konvoi *der* ▸ **convoi exceptionnel** Sondertransport *der*.

convoquer [3] [kɔ̃vɔke] **vt 1.** [au tribunal] vor◦laden **2.** [salarié] kommen lassen **3.** [à un examen] bestellen.

cookie [kuki] **nm** [gâteau] Keks *der*.

coopération [kɔɔpeʀasjɔ̃] **nf 1.** [collaboration] Zusammenarbeit *die* **2.** [en politique] Entwicklungshilfe *die*.

coopérer [18] [kɔɔpeʀe] **vi** kooperieren ▸ **coopérer à qqch** an etw *(D)* mit◦arbeiten.

coordonné, e [kɔɔʀdɔne] **adj** passend.

coordonnées [kɔɔʀdɔne] **nfpl** *Anschrift und Telefonnummer* ▸ **coordonnées bancaires** Bankdaten *pl*.

coordonner [3] [kɔɔʀdɔne] **vt** koordinieren.

copain, copine [kɔpɛ̃, kɔpin] **nm, f** Freund *der*, -in *die*.

Copenhague [kɔpɛnag] **n** Kopenhagen *nt*.

copie [kɔpi] **nf 1.** [reproduction & INFORM] Kopie *die* **2.** [devoir] Arbeit *die* **3.** [feuille] Blatt *das* ▸ **copie de sauvegarde** Sicherungskopie.

copier [9] [kɔpje] **vt 1.** [reproduire & INFORM] kopieren **2.** SCOL ab◦schreiben ▸ **copier (qqch) sur qqn** jm (etw) nach◦machen.

copier-coller [kɔpjekɔle] **nm inv** Kopieren-Einfügen *das*.

copieux, euse [kɔpjø, øz] **adj** üppig.

copilote [kopilɔt] **nm** Kopilot *der*.

copine [kɔpin] **nf** → **copain**.

coq [kɔk] **nm** Hahn *der* ▸ **coq au vin** *Huhn in Rotweinsoße*.

coquart [kɔkaʀ] **nm** Veilchen *das*.

coque [kɔk] **nf 1.** [de bateau] Rumpf *der* **2.** [coquillage] Schale *die*.

coquelet [kɔklɛ] **nm** junger Hahn.

coquelicot [kɔkliko] **nm** Klatschmohn *der*.

coqueluche [kɔklyʃ] **nf** MÉD Keuchhusten *der*.

coquet, ette [kɔkɛ, ɛt] **adj** auf sein Äußeres bedacht.

coquetier [kɔktje] **nm** Eierbecher *der*.

coquillage [kɔkijaʒ] **nm** Muschel *die*.

coquille [kɔkij] **nf** Schale *die* ▸ **coquille Saint-Jacques** Jakobsmuschel *die*.

coquillettes [kɔkijɛt] **nfpl** ≃ Hörnchennudeln *pl*.

coquin, e [kɔkɛ̃, in] **adj** [enfant] schelmisch.

cor [kɔʀ] **nm 1.** [instrument] Horn *das* **2.** MÉD Hühnerauge *das*.

corail [kɔʀaj] (*pl* **-aux**) **nm** Koralle *die* ▸ **(train) Corail** ≃ Intercityzug *der*.

corbeau [kɔʀbo] (*pl* **-x**) **nm** Rabe *der*.

corbeille [kɔʀbɛj] nf Korb *der* ▸ **corbeille à papiers** Papierkorb.

corbillard [kɔʀbijaʀ] nm Leichenwagen *der*.

corde [kɔʀd] nf **1.** [ficelle] Seil *das* **2.** [d'instrument de musique] Saite *die* ▸ **corde à linge** Wäscheleine *die* ▸ **corde à sauter** Sprungseil *das* ▸ **cordes vocales** Stimmbänder.

cordialement [kɔʀdjalmɑ̃] adv herzlich.

cordon [kɔʀdɔ̃] nm Schnur *die* ▸ **cordon d'alimentation secteur** Wechselstrom-Netzkabel *das*.

cordonnerie [kɔʀdɔnʀi] nf Schuhmacherei *die*.

cordonnier, ère [kɔʀdɔnje, ɛʀ] nm, f Schuhmacher *der*, -in *die*.

Cordoue [kɔʀdu] n Cordoba *nt*.

Corée [kɔʀe] nf Korea *nt* ▸ **la Corée du Nord** Nordkorea ▸ **la Corée du Sud** Südkorea.

coréen, enne [kɔʀeɛ̃, ɛn] adj koreanisch. ◆ **coréen** nm [langue] Koreanisch(e) (*das*). ◆ **Coréen, enne** nm, f Koreaner *der*, -in *die*.

coriandre [kɔʀjɑ̃dʀ] nf Koriander *der*.

corne [kɔʀn] nf Horn *das*.

corneille [kɔʀnɛj] nf Krähe *die*.

cornemuse [kɔʀnəmyz] nf Dudelsack *der*.

cornet [kɔʀnɛ] nm Tüte *die* ▸ **un cornet de frites, s'il vous plaît !** eine Tüte Pommes frites bitte ▸ **un cornet de glace à deux boules** eine Waffel mit zwei Kugeln.

cornettes [kɔʀnɛt] nfpl SUISSE Hörnli *pl*.

corniche [kɔʀniʃ] nf **1.** [falaise] Klippe *die* **2.** [route] Klippenstraße *die*.

cornichon [kɔʀniʃɔ̃] nm (Gewürz)gurke *die*.

corossol [kɔʀɔsɔl] nm Annona *die*.

corporel, elle [kɔʀpɔʀɛl] adj körperlich.

corps [kɔʀ] nm **1.** ANAT Körper *der* **2.** [élément, substance] Stoff *der* **3.** [groupe] Korps *das* ▸ **corps diplomatique** diplomatisches Korps ▸ **corps enseignant** Lehrkörper.

correct, e [kɔʀɛkt] adj korrekt.

correction [kɔʀɛksjɔ̃] nf **1.** SCOL [d'un examen] Korrektur *die* **2.** [rectification] Verbesserung *die* **3.** [punition] Züchtigung *die* ▸ **correction automatique** Autokorrektur.

correspondance [kɔʀɛspɔ̃dɑ̃s] nf **1.** [courrier] Korrespondenz *die* **2.** [transport] Anschluss *der* ▸ **par correspondance** [cours, études] Fern-.

correspondant, e [kɔʀɛspɔ̃dɑ̃, ɑ̃t] ◆ adj entsprechend. ◆ nm, f **1.** [à qui on écrit] Briefpartner *der*, -in *die* **2.** [au téléphone] Teilnehmer *der*, -in *die*.

correspondre [75] [kɔʀɛspɔ̃dʀ] vi **1.** [coïncider] entsprechen **2.** [écrire] im Briefwechsel stehen ▸ **correspondre à qqch** einer Sache *(D)* entsprechen.

corrida [kɔʀida] nf Stierkampf *der*.

corridor [kɔʀidɔʀ] nm Korridor *der*.

corrigé [kɔʀiʒe] nm Lösung *die*, Musterarbeit *die*.

corriger [17] [kɔʀiʒe] vt **1.** [erreur] verbessern **2.** [défaut, examen] korrigieren. ◆ **se corriger** vp sich bessern.

corruption [kɔʀypsjɔ̃] nf [fait de soudoyer] Bestechung *die*.

corse [kɔʀs] adj korsisch. ◆ **Corse** ◆ nmf Korse *der*, -sin *die*. ◆ nf : **la Corse** Korsika *nt*.

corsé, e [kɔʀse] **adj 1.** [vin, café] stark **2.** [sauce, plat] scharf.

cortège [kɔʀtɛʒ] **nm** Zug *der*.

corvée [kɔʀve] **nf** lästige Arbeit.

cosmétique [kɔsmetik] **adj** kosmetisch.

cosmonaute [kɔsmɔnot] **nmf** Kosmonaut *der*, -in *die*.

cosmopolite [kɔsmɔpɔlit] **adj** kosmopolitisch.

costar(d) [kɔstaʀ] **nm** *fam* Anzug *der*.

Costa Rica [kɔstaʀika] **nm** : **le Costa Rica** Costa Rica *nt*.

costaricain, e [kɔstaʀikɛ̃, ɛn], **costaricien, enne** [kɔstaʀisjɛ̃, ɛn] **adj** costa-ricanisch. ◆ **Costaricain, e, Costaricien, enne nm, f** Costa-Ricaner *der*, -in *die*.

costaud [kɔsto] **adj 1.** *fam* [musclé] kräftig **2.** [solide] massiv.

costume [kɔstym] **nm 1.** [d'homme] Anzug *der* **2.** [de théâtre, de déguisement] Kostüm *das*.

> ⚠ Kostüm est un faux ami. Il se traduit souvent par ***tailleur*** et non systématiquement par « costume ».

costumé, e [kɔstyme] **adj** [bal, soirée] Kostüm-.

côte [kot] **nf 1.** Rippe *die* **2.** [pente] Hang *der* **3.** [bord de mer] Küste *die* ▸ **la Côte d'Azur** die Côte d'Azur.

côté [kote] **nm** Seite *die* ▸ **à côté** a) [près] neben b) [dans la maison voisine] nebenan ▸ **à côté de** a) [près de] neben *(+ D)* b) [comparé à] im Vergleich zu ▸ **de l'autre côté (de)** auf der anderen Seite *(+ G)* ▸ **de quel côté dois-je aller ?** in welche Richtung muss ich gehen? ▸ **mettre qqch de côté** etw auf die Seite legen.

Côte d'Ivoire [kotdivwaʀ] **nf** : **la Côte d'Ivoire** die Elfenbeinküste.

côtelé [kotle] **adj m** → **velours**.

côtelette [kotlɛt] **nf** Kotelett *das*.

côtier, ère [kotje, ɛʀ] **adj** Küsten-.

cotisation [kɔtizasjɔ̃] **nf** Beitrag *der*. ◆ **cotisations nfpl** [sociales] Sozialbeiträge *pl*.

cotiser [3] [kɔtize] **vi** : **cotiser (à qqch)** (an etw *(A)*) Beitrag zahlen. ◆ **se cotiser vp** zusammen°legen.

coton [kɔtɔ̃] **nm** Baumwolle *die* ▸ **coton à démaquiller** Wattepad *das* ▸ **coton (hydrophile)** (Verband)watte *die*.

Coton-Tige® [kɔtɔ̃tiʒ] (*pl* **Cotons-Tiges**) **nm** Wattestäbchen *das*.

cou [ku] **nm** Hals *der*.

couchage [kuʃaʒ] **nm** → **sac**.

couchant [kuʃɑ̃] **adj m** → **soleil**.

couche [kuʃ] **nf 1.** [épaisseur] Schicht *die* **2.** [de bébé] Windel *die*.

couché, e [kuʃe] **adj** : **être couché** liegen.

couche-culotte [kuʃkylɔt] (*pl* **couches-culottes**) **nf** Windelhöschen *das*.

coucher [3] [kuʃe] ◆ **vt 1.** [mettre au lit] schlafen legen **2.** [étendre] (hin)legen. ◆ **vi** schlafen ▸ **être couché** a) [être étendu] liegen b) [être au lit] im Bett liegen ▸ **coucher avec qqn** *fam* mit jm schlafen. ◆ **se coucher vp 1.** [personne] ins Bett gehen **2.** [soleil] unter°gehen.

couchette [kuʃɛt] **nf 1.** [de bateau] Koje *die* **2.** [de train] Liegeplatz *der*.

coucou [kuku] ◆ **nm 1.** [oiseau] Kuckuck *der* **2.** [horloge] Kuckucksuhr *die*. ◆ **interj** kuckuck.

coude [kud] **nm 1.** ANAT Ellbogen *der* **2.** [courbe] Knick *der*.

coudre [86] [kudʀ] **vt & vi** nähen.

couette [kwɛt] **nf** (Ober)bett *das*. ◆ **couettes nfpl** [coiffure] Rattenschwänzchen *pl*.

cougnou [kuɲu] **nm** BELG *großer, flacher Hefekuchen in Form des Christkinds*.

couler [3] [kule] ◆ **vi 1.** [liquide, rivière] fließen **2.** [bateau] sinken. ◆ **vt** versenken.

couleur [kulœʀ] **nf** Farbe *die* ▸ **de quelle couleur est… ?** welche Farbe hat … ?

couleuvre [kulœvʀ] **nf** Natter *die*.

coulis [kuli] **nm** *Art flüssiges Püree, meist aus Tomaten oder Obst*.

coulissant, e [kulisɑ̃, ɑ̃t] **adj** : **porte coulissante** Schiebetür *die*.

coulisses [kulis] **nfpl** Kulissen *pl*.

couloir [kulwaʀ] **nm 1.** [d'appartement] Flur *der* **2.** [de bus] Busspur *die*.

coup [ku] ◆ **nm 1.** [choc] Schlag *der* ▸ **coup de feu** Schuss *der* ▸ **coup de pied** Fußtritt *der* ▸ **coup de poing** Fausthieb *der* ▸ **coup de marteau** Hammerschlag ▸ **coup de crayon** Bleistiftstrich *der* ▸ **coup de sonnette** Klingeln *das* ▸ **donner un coup de coude à qqn** jn mit dem Ellbogen stoßen ▸ **se donner un coup de peigne** sich *(D)* mit dem Kamm durch die Haare fahren ▸ **passer un coup de balai** kurz durch◦fegen ▸ **avoir un coup dur** *fam* großes Pech haben **2.** [à la porte] : **frapper trois coups** dreimal an◦klopfen **3.** [au jeu, en sport] : **échec et mat en trois coups** schachmatt in drei Zügen ▸ **coup de dé** Wurf *der* ▸ **coup franc** Freistoß *der* **4.** [action malhonnête] : **faire un coup à qqn** jn herein◦legen **5.** *fam* [fois] Mal *das* ▸ **du premier coup** beim ersten Mal ▸ **d'un (seul) coup** auf einmal **6.** [dans des expressions] : **coup de chance** Glücksfall *der* ▸ **coup de fil** ou **de téléphone** Anruf *der* ▸ **coup de soleil** Sonnenbrand *der* ▸ **coup de vent** Windstoß *der* ▸ **du coup, …** jetzt … ▸ **donner un coup de main à qqn** jm helfen ▸ **jeter un coup d'œil sur** einen Blick werfen auf *(+ A)* ▸ **tenir le coup** durch◦halten ▸ **valoir le coup** *fam* sich lohnen.

coupable [kupabl] ◆ **adj 1.** [regard] schuldbewusst **2.** [personne] schuldig. ◆ **nmf** Schuldige *der, die* ▸ **être coupable de qqch** einer Sache *(G)* schuldig sein.

coupe [kup] **nf 1.** [récipient] Schale *die* **2.** SPORT Pokal *der* **3.** [de cheveux, de vêtements] Schnitt *der* ▸ **à la coupe** geschnitten.

coupe-ongles [kupɔ̃gl] **nm inv** Nagelknipser *der*.

coupe-papier [kuppapje] **nm inv** Brieföffner *der*.

couper [3] [kupe] ◆ **vt 1.** [sectionner] ab◦schneiden **2.** [interrompre] ab◦schalten **3.** [cartes] mit dem Trumpf stechen **4.** INFORM aus◦schneiden. ◆ **vi 1.** [être tranchant] schneiden **2.** [prendre un raccourci] ab◦kürzen ▸ **couper la parole à qqn** jm das Wort ab◦schneiden ▸ **couper la route à qqn** jm den Weg ab◦schneiden. ◆ **se couper vp** sich schneiden ▸ **se couper le doigt** sich *(D)* in den Finger schneiden.

couple [kupl] **nm 1.** [mari et femme] (Ehe)paar *das* **2.** [d'animaux] Paar *das*.

couplet [kuplɛ] **nm** Strophe *die*.

coupole [kupɔl] **nf** Kuppel *die*.

coupon [kupɔ̃] **nm** [billet] Abschnitt *der*.

coupure [kupyʀ] **nf 1.** [entaille] Schnitt *der* **2.** [interruption] Unterbrechung *die* ▸ **coupure de courant** Stromausfall *der* ▸ **coupure de journal** Zeitungsausschnitt.

couque [kuk] nf BELG **1.** [biscuit] Keks *der* **2.** [pain d'épices] Pfefferkuchen *der* **3.** [brioche] Brioche *die*.

cour [kuʀ] nf **1.** Hof *der* **2.** [tribunal] Gerichtshof *der* ▸ **cour (de récréation)** Schulhof.

courage [kuʀaʒ] nm Mut *der* ▸ **bon courage !** mach's gut!

courageux, euse [kuʀaʒø, øz] adj **1.** [personne] tapfer **2.** [acte] mutig.

couramment [kuʀamɑ̃] adv **1.** [fréquemment] häufig **2.** [parler] fließend.

courant, e [kuʀɑ̃, ɑ̃t] ◆ **adj** [fréquent] geläufig. ◆ **nm 1.** [électrique] Strom *der* **2.** [d'une rivière] Strömung *die* ▸ **courant d'air** Luftzug *der* ▸ **courant alternatif / continu** Wechselstrom /Gleichstrom ▸ **être au courant (de)** auf dem Laufenden sein (über *(+ A)*).

courbatures [kuʀbatyʀ] nfpl Muskelkater *der* ▸ **avoir des courbatures** Muskelkater haben.

courbe [kuʀb] ◆ **adj** gebogen. ◆ **nf** Kurve *die*.

courber [3] [kuʀbe] vt [tête] neigen.

coureur, euse [kuʀœʀ, øz] nm, f : **coureur cycliste** Radrennfahrer *der*, -in *die* ▸ **coureur à pied** Läufer *der*, -in *die*.

courge [kuʀʒ] nf Kürbis *der*.

courgette [kuʀʒɛt] nf Zucchini *die*.

courir [45] [kuʀiʀ] ◆ **vi 1.** [se déplacer] laufen **2.** [cycliste, coureur automobile] fahren. ◆ **vt 1.** [épreuve sportive, danger] laufen **2.** [risque] ein∘gehen.

couronne [kuʀɔn] nf **1.** Krone *die* **2.** [de fleurs] Kranz *der*.

courriel [kuʀjɛl] nm E-Mail *die*.

courrier [kuʀje] nm Post *die* ▸ **courrier électronique** INFORM E-Mail *die*, elektronische Post.

courroie [kuʀwa] nf Riemen *der*.

cours [kuʀ] nm **1.** [leçon] Unterricht *der* **2.** [d'une monnaie] Kurs *der* **3.** [d'une marchandise] Preis *der* ▸ **en cours** im Gang(e) ▸ **cours d'eau** Wasserlauf *der*.

course [kuʀs] nf **1.** [épreuve sportive] Rennen *das* **2.** [démarche] Besorgung *die* **3.** [en taxi] Fahrt *die*. ◆ **courses** nfpl [achats] Einkäufe *pl* ▸ **course à pied** Laufsport *der* ▸ **faire les courses** ein∘kaufen.

court, e [kuʀ, kuʀt] ◆ **adj & adv** kurz. ◆ **nm** : **court de tennis** Tennisplatz *der* ▸ **qqn est à court de qqch** jm ist etw ausgegangen.

court-bouillon [kuʀbujɔ̃] (*pl* **courts-bouillons**) nm Sud *der*.

court-circuit [kuʀsiʀkɥi] (*pl* **courts-circuits**) nm Kurzschluss *der*.

court-métrage [kuʀmetʀaʒ] (*pl* **courts-métrages**) nm Kurzfilm *der*.

courtoisie [kuʀtwazi] nf Höflichkeit *die*.

couru, e [kuʀy] pp → **courir**.

couscous [kuskus] nm *nordafrikanisches Grießgericht mit Fleisch und Gemüse in einer würzigen Soße*.

cousin, e [kuzɛ̃, in] nm, f Cousin *der*, Kusine *die* ▸ **cousin germain** Cousin.

coussin [kusɛ̃] nm Kissen *das*.

cousu, e [kuzy] pp → **coudre**.

coût [ku] nm Kosten *pl*.

couteau [kuto] (*pl* -x) nm Messer *das*.

coûter [3] [kute] vt & vi kosten ▸ **combien ça coûte ?** wie viel kostet das? ▸ **coûter cher** teuer sein.

coûteux, euse [kutø, øz] **adj** kostspielig.

coutume [kutym] **nf** Brauch *der*.

couture [kutyʀ] **nf 1.** [sur un vêtement] Naht *die* **2.** [activité] Nähen *das*.

couturier, ère [kutyʀje, ɛʀ] **nm, f** Schneider *der*, -in *die* ▸ **grand couturier** (berühmter) Modeschöpfer.

couvent [kuvɑ̃] **nm** Kloster *das*.

couver [3] [kuve] ◆ **vt** ausᵒbrüten. ◆ **vi** [poule] brüten.

couvercle [kuvɛʀkl] **nm** Deckel *der*.

couvert, e [kuvɛʀ, ɛʀt] ◆ **pp** → **couvrir.** ◆ **adj 1.** [ciel] bedeckt **2.** [marché, parking] überdacht ▸ **bien couvert** warm angezogen ▸ **couvert de** bedeckt mit. ◆ **couverts nmpl** Besteck *das* ▸ **mettre le couvert** den Tisch decken.

couverture [kuvɛʀtyʀ] **nf 1.** [de lit] (Bett)decke *die* **2.** [de livre] Einband *der*.

couvre-lit [kuvʀəli] (*pl* **couvre-lits**) **nm** Tagesdecke *die*.

couvrir [34] [kuvʀiʀ] **vt 1.** [mettre un couvercle sur] abᵒdecken **2.** [livre, cahier] einᵒbinden ▸ **couvrir qqch de** etw bedecken mit. ◆ **se couvrir vp 1.** [ciel] sich zuᵒziehen **2.** [s'habiller] sich warm anᵒziehen ▸ **le ciel se couvre de nuages** der Himmel zieht sich mit Wolken zu ▸ **la rue s'est couverte de monde** auf der Straße sind viele Leute zusammengeströmt.

CP (*abr de* **cours préparatoire**) **nm** ≃ 1. Grundschulklasse.

crabe [kʀab] **nm** Krabbe *die*.

cracher [3] [kʀaʃe] ◆ **vi** spucken. ◆ **vt** ausᵒspucken.

crachin [kʀaʃɛ̃] **nm** Nieselregen *der*.

crade [kʀad] **adj inv** *fam* dreckig.

craie [kʀɛ] **nf** Kreide *die*.

craignos [kʀɛɲos] **adj inv** *fam* : **c'est craignos !** [louche] das ist mies!

craindre [80] [kʀɛ̃dʀ] **vt 1.** [redouter] fürchten vor **2.** [être sensible à] nicht vertragen.

craint, e [kʀɛ̃, ɛ̃t] **pp** → **craindre**.

crainte [kʀɛ̃t] **nf** Befürchtung *die* ▸ **de crainte que** aus Furcht, dass.

craintif, ive [kʀɛ̃tif, iv] **adj** ängstlich.

cramé, e [kʀame] **adj** *fam* [brûlé] verbrannt ▸ **la tarte est complètement cramée** der Kuchen ist total verkohlt. ◆ **cramé nm** *fam* : **ça sent le cramé** hier riecht es verbrannt.

cramique [kʀamik] **nm** BELG Rosinenstuten *der*.

crampe [kʀɑ̃p] **nf** Krampf *der*.

cramponner [3] [kʀɑ̃pɔne] ◆ **se cramponner (à) vp + prép** sich klammern (an (+ *A*)).

crampons [kʀɑ̃pɔ̃] **nmpl** [de foot, de rugby] Stollen *pl*.

cran [kʀɑ̃] **nm 1.** [de ceinture] Loch *das* **2.** [entaille] Einkerbung *die* **3.** [courage] Schneid *der* ▸ **(couteau à) cran d'arrêt** (Messer mit) Raste.

crâne [kʀan] **nm** Schädel *der*.

crapahuter [3] [kʀapayte] **vi** *fam* kraxeln.

crapaud [kʀapo] **nm** Kröte *die*.

craquement [kʀakmɑ̃] **nm** Knacken *das*.

craquer [3] [kʀake] ◆ **vi 1.** [faire un bruit] knacken **2.** [casser] reißen **3.** [nerveusement] ausᵒrasten. ◆ **vt** [allumette] anᵒstreichen.

crasse [kʀas] **nf** Dreck *der*.

cravate [kʀavat] **nf** Krawatte *die*.

crawl [kʀol] **nm** Kraul(schwimmen) *das* ▸ **nager le crawl** kraulen.

crayon [kʀɛjɔ̃] **nm** (Blei)stift *der* ▸ **crayon de couleur** Buntstift.

création [kʀeasjɔ̃] **nf 1.** [du monde] Schöpfung *die* **2.** [d'une entreprise] Gründung *die* **3.** [objet] Kreation *die*.

crèche [kʀɛʃ] **nf 1.** [garderie] Kinderkrippe *die* **2.** RELIG Krippe *die*.

crédit [kʀedi] **nm** Kredit *der* ▸ **acheter qqch à crédit** etw auf Kredit kaufen.

créditer [3] [kʀedite] **vt** : **créditer un compte** einem Konto einen Betrag gut∘schreiben.

créer [15] [kʀee] **vt 1.** [fonder] gründen **2.** [problèmes, emploi] schaffen.

crémaillère [kʀemajɛʀ] **nf** : **pendre la crémaillère** ein Einweihungsfest veranstalten.

crème [kʀɛm] **nf** Creme *die* ▸ **crème caramel** Karamellcreme ▸ **crème fraîche** Crème fraîche *die* ▸ **crème glacée** Eiscreme ▸ **crème hydratante** Feuchtigkeitscreme ▸ **crème pâtissière** Creme zum Füllen von Gebäck ▸ **crème à raser** Rasiercreme.

crémerie [kʀɛmʀi] **nf** Milchgeschäft *das*.

crémeux, euse [kʀemø, øz] **adj** cremig.

créneau [kʀeno] (*pl* -x) **nm 1.** [de château] Schießscharte *die* **2.** [pour se garer] Parklücke *die* ▸ **faire un créneau** (rückwärts) ein∘parken.

crêpe [kʀɛp] **nf** Crêpe *die* ▸ **crêpe au sucre** *Crêpe mit Puderzucker.*

crêperie [kʀɛpʀi] **nf** Crêperie *die*.

crépi [kʀepi] **nm** (Rau)putz *der*.

crépu, e [kʀepy] **adj** kraus.

cresson [kʀesɔ̃] **nm** Kresse *die*.

crête [kʀɛt] **nf** Kamm *der*.

cretons [kʀətɔ̃] **nmpl** QUÉBEC *eine Art Schweinepastete im eigenen Schmalz.*

creuser [3] [kʀøze] **vt** graben ▸ **ça creuse !** da kriegt man Kohldampf! ◆ **se creuser vp** : **se creuser la tête** ou **la cervelle** sich *(D)* den Kopf zerbrechen.

creux, creuse [kʀø, kʀøz] ◆ **adj** hohl. ◆ **nm** Vertiefung *die*.

crevaison [kʀəvɛzɔ̃] **nf** Reifenpanne *die*.

crevant, e [kʀəvɑ̃, ɑ̃t] **adj** *fam* strapaziös.

crevasse [kʀəvas] **nf** Gletscherspalte *die*.

crevé, e [kʀəve] **adj** *fam* kaputt.

crever [19] [kʀəve] ◆ **vt 1.** [percer] zum Platzen bringen **2.** *fam* [fatiguer] schlauchen. ◆ **vi 1.** [exploser] platzen **2.** [avoir une crevaison] einen Platten haben **3.** *fam* [mourir] verrecken.

crevette [kʀəvɛt] **nf** Garnele *die* ▸ **crevette grise** Sandgarnele ▸ **crevette rose** Sägegarnele.

cri [kʀi] **nm 1.** Schrei *der* **2.** [pour appeler] Ruf *der* ▸ **pousser un cri** einen Schrei aus∘stoßen.

cribler [3] [kʀible] **vt 1.** [trouer] : **cribler de** durchlöchern ▸ **la façade est criblée d'impacts de balles** die Fassade ist von Einschüssen durchlöchert **2.** [accabler] : **être criblé de dettes** tief verschuldet sein.

cric [kʀik] **nm** Wagenheber *der*.

cricket [kʀikɛt] **nm** Kricket *das*.

crier [10] [kʀije] **vt & vi** schreien.

crime [kʀim] **nm** Verbrechen *das* ▸ **crime contre l'humanité** Verbrechen gegen die Menschlichkeit.

criminel, elle [kʀiminɛl] **nm, f** Verbrecher *der*, -in *die*.

crinière [kʀinjɛʀ] **nf** [de lion] Mähne *die*.

crique [kRik] nf kleine Bucht.
criquet [kRikɛ] nm Heuschrecke *die*.
crise [kRiz] nf **1.** [économique] Krise *die* **2.** [maladie] Anfall *der* ▸ **crise cardiaque** Herzanfall *der* ▸ **crise de foie** Magenverstimmung *die* ▸ **crise de nerfs** Nervenzusammenbruch *der* ▸ **crise de larmes / de rire** Weinkrampf / Lachkrampf *der*.
crispé, e [kRispe] adj **1.** [personne, sourire] verkrampft **2.** [poing] geballt.
cristal [kRistal] (*pl* -aux) nm **1.** [verre] Kristall *das* **2.** [de neige] Eiskristall *der*.
critère [kRitɛR] nm Kriterium *das*.
critique [kRitik] ◆ adj kritisch. ◆ nmf Kritiker *der*, -in *die*. ◆ nf Kritik *die*.
critiquer [3] [kRitike] vt kritisieren.
Croatie [kRɔasi] nf : **la Croatie** Kroatien *nt*.
croc [kRo] nm Reißzahn *der*.
croche-pied [kRɔʃpje] (*pl* croche-pieds) nm : **faire un croche-pied à qqn** jm ein Bein stellen.
crochet [kRɔʃɛ] nm **1.** [pour accrocher] Aufhänger *der* **2.** [tricot] Häkeln *das*.
crocodile [kRɔkɔdil] nm Krokodil *das*.
croire [107] [kRwaR] ◆ vt : **croire qqn** jm glauben. ◆ vi : **croire à / en** glauben an *(+ A)*. ◆ **se croire** vp : **on se croirait au Moyen Âge** man glaubt sich im Mittelalter.
croisement [kRwazmɑ̃] nm Kreuzung *die*.
croiser [3] [kRwaze] vt kreuzen. ◆ **se croiser** vp **1.** [voitures] aneinander vorbei◦fahren **2.** [lettres, colis] sich kreuzen **3.** [personnes] sich *(D)* über den Weg laufen.
croisière [kRwazjɛR] nf Kreuzfahrt *die*.
croissance [kRwasɑ̃s] nf Wachstum *das*.
croissant [kRwasɑ̃] nm **1.** [pâtisserie] Croissant *das* **2.** [de lune] Mondsichel *die* ▸ **croissant au beurre** Buttercroissant.
croix [kRwa] nf Kreuz *das* ▸ **en croix** über Kreuz.
Croix-Rouge [kRwaRuʒ] nf : **la Croix-Rouge** das Rote Kreuz.
croque-madame [kRɔkmadam] nm inv *überbackener Toast mit Käse, Schinken und Spiegelei.*
croque-monsieur [kRɔkməsjø] nm inv *überbackener Toast mit Käse und Schinken.*
croquer [3] [kRɔke] ◆ vt [manger] knabbern. ◆ vi knacken.
croquette [kRɔkɛt] nf Krokette *die* ▸ **croquettes pour chiens** Hundekuchen.
cross [kRɔs] nm inv Geländelauf *der*.
crotte [kRɔt] nf Kot *der*.
crottin [kRɔtɛ̃] nm **1.** [d'animal] Pferdeapfel *der* **2.** [fromage] *kleiner Ziegenkäse.*
croustade [kRustad] nf *Teigtasche mit deftiger Füllung.*
croustillant, e [kRustijɑ̃, ɑ̃t] adj knusprig.
croûte [kRut] nf **1.** Kruste *die* **2.** [de fromage] Rinde *die* ▸ **croûte au fromage** SUISSE *Käseschnitte mit Schinken und Spiegelei.*
croûton [kRutɔ̃] nm **1.** [pain frit] Croûton *der* **2.** [extrémité du pain] Kanten *der*.
croyance [kRwajɑ̃s] nf Glaube *der*.
croyant, e [kRwajɑ̃, ɑ̃t] adj gläubig.
CRS nm *Mitglied der französischen Bereitschaftspolizei.*
cru, e [kRy] ◆ pp → **croire.** ◆ adj roh. ◆ nm *Wein aus einem bestimm-*

ten Anbaugebiet ▸ **un grand cru** ein Grand Cru *der*.

cruche [kʀyʃ] **nf** [objet] Krug *der*.

crudités [kʀydite] **nfpl** Rohkostsalat *der*.

crue [kʀy] **nf** Hochwasser *das* ▸ **être en crue** Hochwasser haben.

cruel, elle [kʀyɛl] **adj** grausam.

crumble [kʀœmbœl] **nm** Crumble *der* ▸ **'crumble aux pommes'** Apfel-Crumble *der*.

crustacés [kʀystase] **nmpl** Krustentiere *pl*.

Cuba [kyba] **n** Kuba *nt*.

cubain, e [kybɛ̃, ɛn] **adj** kubanisch. ◆ **Cubain, e nm, f** Kubaner *der*, -in *die*.

cube [kyb] **nm 1.** [forme] Würfel *der* **2.** MATH Kubikzahl *die* ▸ **mètre cube** Kubikmeter *der*.

cueillir [41] [kœjiʀ] **vt** pflücken.

cuiller [kɥijɛʀ] **nf** = **cuillère**.

cuillère [kɥijɛʀ] **nf** Löffel *der* ▸ **cuillère à soupe** Suppenlöffel.

cuillerée [kɥijeʀe] **nf** Löffel *der*.

cuir [kɥiʀ] **nm** Leder *das*.

cuire [98] [kɥiʀ] ◆ **vt 1.** [légume] kochen **2.** [gâteau] backen **3.** [viande] braten. ◆ **vi** [aliment] gar werden ▸ **faire cuire a)** [légume] kochen **b)** [gâteau] backen **c)** [viande] braten.

cuisine [kɥizin] **nf** Küche *die* ▸ **faire la cuisine** kochen.

cuisiné, e [kɥizine] **adj** : **plat cuisiné** Fertiggericht *das*.

cuisiner [3] [kɥizine] ◆ **vt** zu◦bereiten. ◆ **vi** kochen.

cuisinier, ère [kɥizinje, ɛʀ] **nm, f** Koch *der*, Köchin *die*.

cuisinière [kɥizinjɛʀ] **nf** Herd *der*.

cuisse [kɥis] **nf 1.** (Ober)schenkel *der* **2.** [de volaille] Keule *die* ▸ **cuisses de grenouille** Froschschenkel.

cuisson [kɥisɔ̃] **nf 1.** [de légume] Kochen *das* **2.** [de gâteau] Backen *das* **3.** [de viande] Braten *das*.

cuit, e [kɥi, kɥit] **adj** gekocht, gebacken ▸ **bien cuit** durchgebraten.

cuivre [kɥivʀ] **nm** [métal] Kupfer *das*.

cul [ky] **nm** *vulg* [fesses] Arsch *der*.

culasse [kylas] **nf** → **joint**.

culminant [kylminɑ̃] → **point**.

culot [kylo] **nm** *fam* [toupet] Dreistigkeit *die* ▸ **avoir du culot** ganz schön dreist sein.

culotte [kylɔt] **nf** Unterhose *die* ▸ **culotte de cheval** [vêtement] Reithose *die*.

culte [kylt] **nm** Kult *der*.

cultivateur, trice [kyltivatœʀ, tʀis] **nm, f** Landwirt *der*, -in *die*.

cultivé, e [kyltive] **adj** [personne] gebildet.

cultiver [3] [kyltive] **vt 1.** [terre, champ] bestellen **2.** [blé, maïs, etc.] an◦bauen. ◆ **se cultiver vp** sich bilden.

culture [kyltyʀ] **nf 1.** Kultur *die* **2.** [agricole] Anbau *der*. ◆ **cultures nfpl** Anbauflächen *pl*.

culturel, elle [kyltyʀɛl] **adj** kulturell.

cumin [kymɛ̃] **nm** Kümmel *der*.

cure [kyʀ] **nf** [gén] Kur *die*.

curé [kyʀe] **nm** Pfarrer *der*.

cure-dents [kyʀdɑ̃] **nm inv** Zahnstocher *der*.

curieux, euse [kyʀjø, øz] ◆ **adj 1.** [indiscret] neugierig **2.** [étrange] seltsam. ◆ **nmpl** [spectateurs] Schaulustige *pl*.

curiosité [kyʀjozite] **nf 1.** [indiscrétion] Neugier *die* **2.** [touristique] Sehenswürdigkeit *die*. ◆ **curiosités nfpl 1.** [d'un pays] Sehenswürdigkeiten *pl* **2.** [objets] Kuriositäten *pl*.

curriculum vitae [kyʀikylɔmvite] **nm inv** Lebenslauf *der*.

curry [kyʀi] **nm** Curry *der*.

curseur [kuʀsœʀ] **nm** Mauszeiger *der*, Cursor *der* ▸ **positionner le curseur sur...** den Cursor auf ... setzen.

cutané, e [kytane] **adj** Haut-.

cutanée [kytane] **adj f** → **éruption**.

cuvée [kyve] **nf** [récolte] Erntejahrgang *der*.

cuvette [kyvɛt] **nf 1.** [bassine] Becken *das* **2.** [vallée] Kessel *der*.

CV nm 1. (*abr de* curriculum vitae) Lebenslauf *der* **2. AUTO** (*abr écrite de* cheval vapeur) PS *(Pferdestärke)* ▸ **faire un envoi de CV** einen Lebenslauf schicken.

cybercafé [sibɛʀkafe] **nm** Internetcafé *das*.

cybercrime [sibɛʀkʀim] **nm** Internetverbrechen *das*.

cybersexe [sibɛʀsɛks] **nm** Cybersex *der*.

cyclable [siklabl] **adj** → **piste**.

cycle [sikl] **nm 1.** [répétition] Zyklus *der* **2.** [de films] Reihe *die*.

cyclisme [siklism] **nm** Radsport *der*.

cycliste [siklist] ◆ **adj** Rad-. ◆ **nmf** Radfahrer *der*, -in *die*. ◆ **nm** [short] Radlerhose *die* ▸ **course cycliste** a) [épreuve] Radrennen *das* b) [activité] Radrennfahren *das*.

cyclone [siklon] **nm** Wirbelsturm *der*.

cygne [siɲ] **nm** Schwan *der*.

cylindre [silɛ̃dʀ] **nm 1.** [rouleau] Walze *die* **2. AUTO** Zylinder *der*.

cymbale [sɛ̃bal] **nf** Becken *das*.

cynique [sinik] **adj** zynisch.

cyprès [sipʀɛ] **nm** Zypresse *die*.

cypriote [sipʀiɔt] = **chypriote**.

Dd

d' prép → **de**.

DAB [dab] (*abr de* distributeur automatique de billets) **nm** GA *(Geldautomat)*.

dactylo [daktilo] **nf** [secrétaire] Schreibkraft *die*.

daim [dɛ̃] **nm 1.** Damhirsch *der* **2.** [peau] Wildleder *das*.

Dakar [dakaʀ] **n** Dakar *nt*.

dalle [dal] **nf** Fliese *die* ▸ **avoir la dalle** *fam* [avoir faim] Kohldampf haben.

daltonien, enne [daltɔnjɛ̃, ɛn] ◆ **adj** farbenblind. ◆ **nm, f** Farbenblinde *der, die*.

Damas [damas] **n** Damaskus *nt*.

dame [dam] **nf** Dame *die*. ◆ **dames nfpl** [jeu] Damespiel *das*.

damier [damje] **nm** [de dames] Damebrett *das*.

Danemark [danmaʀk] **nm** : **le Danemark** Dänemark *nt*.

danger [dɑ̃ʒe] **nm** Gefahr *die* ▸ **être en danger** in Gefahr schweben.

dangereux, euse [dɑ̃ʒʀø, øz] **adj** gefährlich.

danois, e [danwa, az] ◆ **adj** dänisch. ◆ **nm** [langue] Dänisch(e) (*das*). ◆ **Danois, e nm, f** Däne *der*, -nin *die*.

dans [dɑ̃] ◆ **prép 1.** [gén] in ▸ **je vis dans le sud de la France** ich wohne im Süden Frankreichs ▸ **nous allons en vacances dans les Alpes** wir verbringen unsere Ferien in den Alpen ▸ **vous allez**

dans la mauvaise direction Sie gehen in die verkehrte Richtung ▸ **dans combien de temps arrivons-nous ?** wie lange fahren wir noch? ▸ **le spectacle commence dans cinq minutes** die Aufführung beginnt in fünf Minuten **2.** [indique la provenance] aus ▸ **choisissez un dessert dans notre sélection du jour** wählen Sie ein Dessert aus unserem Tagesangebot **3.** [indique une approximation] : **ça coûte dans les 50 euros** das kostet so um die 50 Euro.

danse [dɑ̃s] **nf** : **la danse** das Tanzen ▸ **une danse** ein Tanz ▸ **danse classique** Ballett *das* ▸ **danse moderne** Modern Dance *der*.

danser [3] [dɑ̃se] **vt & vi** tanzen.

danseur, euse [dɑ̃sœʀ, øz] **nm, f** **1.** Tänzer *der*, -in *die* **2.** [classique] Balletttänzer *der*, -in *die*.

Danube [danyb] **nm** : **le Danube** die Donau.

darne [daʀn] **nf** Scheibe *die*.

date [dat] **nf** Datum *das* ▸ **date limite** letzter Termin ▸ **date de naissance** Geburtsdatum ▸ **'date limite de consommation'** 'mindestens haltbar bis' ▸ **'date limite de vente'** 'spätestes Verkaufsdatum'.

dater [3] [date] ◆ **vt** datieren. ◆ **vi** [être vieux] veraltet sein ▸ **dater de** [remonter à] stammen aus.

datte [dat] **nf** Dattel *die*.

daube [dob] **nf** : **(bœuf en) daube** geschmortes Rindfleisch.

dauphin [dofɛ̃] **nm** [animal] Delfin *der*.

dauphine [dofin] **nf** → **pomme**.

dauphinois [dofinwa] **adj m** → **gratin**.

daurade [dɔʀad] **nf** Goldbrasse *die*.

davantage [davɑ̃taʒ] **adv** mehr ▸ **davantage de** mehr.

de [də] ◆ **prép 1.** [indique l'appartenance] : **la porte du salon** die Wohnzimmertür ▸ **le frère de Pierre** Pierres Bruder **2.** [indique la provenance] aus ▸ **d'où êtes-vous ? — de Bordeaux** woher kommen Sie? — aus Bordeaux **3.** [avec « à »] : **de... à...** von ... bis ... ▸ **de Paris à Tokyo** von Paris nach ou bis Tokyo ▸ **de la mi-août à début septembre** von Mitte August bis Anfang September **4.** [indique une caractéristique] : **une statue de pierre** eine Steinstatue ▸ **des billets de 100 euros** 100-Euro-Scheine ▸ **l'avion de 7 h 20** die 7.20-Uhr-Maschine ▸ **un jeune homme de 25 ans** ein 25-jähriger Mann **5.** [introduit un complément de verbe] : **parler de qqch** von etw sprechen ▸ **arrêter de faire qqch** auf°hören, etw zu tun **6.** [désigne le contenu] : **une bouteille d'eau minérale** eine Flasche Mineralwasser **7.** [parmi] von ▸ **certaines de ces plages sont polluées** einige dieser Strände sind verschmutzt ▸ **la moitié du temps / de nos clients** die Hälfte der Zeit / unserer Kunden **8.** [indique le moyen, la manière] mit ▸ **de façon abstraite** abstrakt **9.** [indique la cause] vor ▸ **je meurs de faim !** ich sterbe vor Hunger ◆ **art 1.** [dans une phrase affirmative] : **ils ont des enfants** sie haben Kinder **2.** [dans une phrase négative] : **ils n'ont pas d'enfants** sie haben keine Kinder.

dé [de] **nm** Würfel *der* ▸ **dé (à coudre)** Fingerhut *der*.

déballer [3] [debale] **vt** aus°packen.

débarbouiller [3] [debaʀbuje] ◆ **se débarbouiller vp** sich *(D)* das Gesicht waschen.

débarcadère [debaʀkadɛʀ] **nm** Anlegestelle *die*.

débardeur [debaʀdœʀ] **nm** [T-shirt] Top *das*.

débarquer [3] [debaʀke] ◆ **vt** aus◦laden. ◆ **vi** an Land gehen.

débarras [debaʀa] **nm** Abstellraum *der* ▸ **bon débarras !** den /die / das wären wir los!

débarrasser [3] [debaʀase] **vt 1.** [désencombrer] auf◦räumen **2.** [table] ab◦räumen ▸ **débarrasser qqn de qqch** jm etw ab◦nehmen ▸ **débarrasser qqn de qqn** jn von jm befreien. ◆ **se débarrasser de vp + prép 1.** [vêtement, paquets] ab◦legen **2.** [personne] ab◦wimmeln.

débat [deba] **nm** Debatte *die*.

débattre [83] [debatʀ] **vt & vi** diskutieren ▸ **débattre (de) qqch** etw erörtern. ◆ **se débattre vp** kämpfen.

débit [debi] **nm 1.** [d'eau] Durchfluss *der* **2.** [bancaire] Soll *das* **3.** INFORM Rate *die* ▸ **le bas / haut débit** niedrige / hohe Transferrate.

débiter [3] [debite] **vt** [compte] belasten.

déblayer [11] [debleje] **vt** frei machen.

débloquer [3] [deblɔke] ◆ **vt 1.** [mécanisme] wieder in Gang setzen **2.** [crédits] bewilligen. ◆ **vi** *fam* fantasieren.

déboguer [3] [debɔge] = **débuguer**.

déboîter [3] [debwate] ◆ **vt 1.** [objet] aus◦bauen **2.** [os] aus◦renken. ◆ **vi** (nach links) aus◦scheren. ◆ **se déboîter vp** : **se déboîter l'épaule** sich *(D)* die Schulter aus◦renken.

débordé, e [debɔʀde] **adj** : **être débordé (de travail)** überarbeitet sein.

déborder [3] [debɔʀde] **vi 1.** [lait, casserole] über◦laufen **2.** [rivière] über die Ufer treten.

débouché [debuʃe] **nm 1.** [de vente] Absatzmarkt *der* **2.** [de travail] Berufschance *die*.

déboucher [3] [debuʃe] **vt 1.** [bouteille] entkorken **2.** [nez, tuyau] frei machen. ◆ **déboucher sur v + prép** münden auf *(+ A)*.

débourser [3] [debuʀse] **vt** aus◦geben.

debout [dəbu] **adv 1.** [sur ses pieds] stehend **2.** [verticalement] aufrecht **3.** [réveillé] auf ▸ **être debout** auf sein ▸ **se mettre debout** auf◦stehen ▸ **tenir debout** sich (aufrecht) halten.

déboutonner [3] [debutɔne] **vt** auf◦knöpfen.

débraillé, e [debʀaje] **adj** schlampig.

débrancher [3] [debʀɑ̃ʃe] **vt** : **débrancher qqch** den Stecker einer Sache *(G)* heraus◦ziehen.

débrayer [11] [debʀeje] **vi** aus◦kuppeln.

débriefer [3] [debʀife] **vt** befragen.

débriefing [debʀifiŋ] **nm** Nachbesprechung *die*.

débris [debʀi] **nmpl** Scherben *pl*.

débrouiller [3] [debʀuje] ◆ **se débrouiller vp** zurecht◦kommen ▸ **se débrouiller pour faire qqch** es fertig◦bringen, etw zu tun.

débuguer [3] [debyge] **vt** debuggen.

début [deby] **nm** Anfang *der* ▸ **au début (de)** am Anfang *(+ G)*.

débutant, e [debytɑ̃, ɑ̃t] **nm, f** Anfänger *der*, -in *die*.

débuter [3] [debyte] **vi 1.** beginnen **2.** [dans une carrière] (Berufs)anfänger(in) sein.

déca [deka] **nm** = **décaféiné**.

décaféiné, e [dekafeine] **adj** koffeinfrei. ◆ **décaféiné nm** koffeinfreier Kaffee.

décalage [dekalaʒ] **nm** Verschiebung *die* ▸ **décalage horaire** Zeitverschiebung.

décalcomanie [dekalkɔmani] **nf** Abziehbild(verfahren) *das*.

décalé, e [dekale] **adj** [style, humour] unerwartet.

décaler [3] [dekale] **vt 1.** [dans le temps] verlegen **2.** [dans l'espace] verrücken.

décalquer [3] [dekalke] **vt** durch◦pausen.

décapant [dekapɑ̃] **nm** Beize *die*. ◆ **décapant, e** [dekapɑ̃, ɑ̃t] **adj** : **produit décapant** Beizmittel *das* ▸ **humour décapant** ätzender Humor.

décaper [3] [dekape] **vt** ab◦beizen.

décapiter [3] [dekapite] **vt** enthaupten.

décapotable [dekapɔtabl] ◆ **adj** Cabrio-. ◆ **nf** Cabrio(let) *das* ▸ **(voiture) décapotable** Cabrio(let) *das*.

décapsuler [3] [dekapsyle] **vt** öffnen.

décapsuleur [dekapsylœʀ] **nm** Flaschenöffner *der*.

décédé, e [desede] **adj** verschieden, verstorben.

décéder [18] [desede] **vi** *sout* sterben.

décembre [desɑ̃bʀ] **nm** Dezember *der* ▸ **en décembre, au mois de décembre** im Dezember ▸ **début décembre** Anfang Dezember ▸ **le deux décembre** am zweiten Dezember.

décennie [deseni] **nf** Jahrzehnt *das*.

décent, e [desɑ̃, ɑ̃t] **adj 1.** [tenue, comportement] anständig **2.** [salaire, niveau de vie] annehmbar.

déception [desɛpsjɔ̃] **nf** Enttäuschung *die*.

décerner [3] [desɛʀne] **vt** [prix] verleihen.

décès [desɛ] **nm** Tod *der*.

décevant, e [desvɑ̃, ɑ̃t] **adj** enttäuschend.

décevoir [52] [desəvwaʀ] **vt** enttäuschen.

déchaîner [4] [deʃene] **vt** aus◦lösen. ◆ **se déchaîner vp 1.** [personne] toben **2.** [colère, tempête] wüten.

décharge [deʃaʀʒ] **nf 1.** [d'ordures] Müllkippe *die* **2.** [électrique] Entladung *die*.

décharger [17] [deʃaʀʒe] **vt** entladen.

déchausser [3] [deʃose] ◆ **se déchausser vp** [enlever ses chaussures] sich *(D)* die Schuhe aus◦ziehen.

déchets [deʃɛ] **nmpl** Abfälle *pl*.

déchetterie® [deʃɛtʀi] **nf** Wertstoffhof *der*.

déchiffrer [3] [deʃifʀe] **vt 1.** [lire] entziffern **2.** [décoder] entschlüsseln.

déchiré, e [deʃiʀe] **adj 1.** zerrissen **2.** MÉD gerissen.

déchirer [3] [deʃiʀe] **vt** zerreißen. ◆ **se déchirer vp** reißen.

déchirure [deʃiʀyʀ] **nf** Riss *der* ▸ **déchirure musculaire** Muskelriss.

déci [desi] **nm** SUISSE Deziliter *der*.

décidé, e [deside] **adj** entschlossen ▸ **c'est décidé** das ist beschlossene Sache.

décidément [desidemɑ̃] **adv** wirklich ▸ **décidément, je n'ai pas de chance !** ich habe wirklich kein Glück!

décider [3] [deside] **vt** beschließen ▸ **décider qqn (à faire qqch)** jn überreden(, etw zu tun) ▸ **décider de faire qqch** beschließen, etw zu tun.

◆ **se décider** vp sich entschließen ▸ **se décider à faire qqch** sich entschließen, etw zu tun.

décideur, euse [desidœʀ, øz] **nm, f** Entscheidungsträger(in).

décilitre [desilitʀ] **nm** Deziliter *der*.

décimal, e, aux [desimal, o] **adj** Dezimal-.

décimètre [desimɛtʀ] **nm** Dezimeter *der* ▸ **double décimètre** *Lineal von 20 cm*.

décisif, ive [desizif, iv] **adj** entscheidend.

décision [desizjɔ̃] **nf** [résolution] Entschluss *der*.

déclaration [deklaʀasjɔ̃] **nf 1.** [orale] Erklärung *die* **2.** [de vol, de perte] Anzeige *die* ▸ **déclaration d'impôts** Steuererklärung ▸ **déclaration de perte** Verlustanzeige.

déclarer [3] [deklaʀe] **vt 1.** [affirmer, annoncer] erklären **2.** [à la douane, aux impôts] an°geben **3.** [à la mairie] melden ▸ **rien à déclarer** nichts zu verzollen. ◆ **se déclarer** vp [se déclencher] aus°brechen.

déclencher [3] [deklɑ̃ʃe] **vt 1.** [mécanisme] aus°lösen **2.** [guerre] entfachen.

déclic [deklik] **nm 1.** [bruit] Klicken *das* **2.** *fig* [illumination] Auslöser *der* ▸ **j'ai eu un déclic** *fig* der Groschen ist gefallen.

décliner [3] [dekline] ◆ **vi 1.** [diminuer] zurück°gehen **2.** [s'affaiblir] nach°lassen. ◆ **vt 1.** GRAMM deklinieren **2.** *sout* [refuser] aus°schlagen.

déco [deko] *(abr de* décoration*)* **nf** *fam* Inneneinrichtung *die*.

décoiffer [3] [dekwafe] **vt** [suj : vent] die Haare zerzausen ▸ **décoiffer qqn** jm die Haare zerzausen.

décollage [dekɔlaʒ] **nm** Start *der*.

décoller [3] [dekɔle] ◆ **vt** ab°lösen. ◆ **vi** starten. ◆ **se décoller** vp sich ab°lösen.

décolleté, e [dekɔlte] ◆ **adj** (tief) ausgeschnitten. ◆ **nm** Ausschnitt *der*.

décoloré, e [dekɔlɔʀe] **adj 1.** [fané] verblasst **2.** [blondi] gebleicht ▸ **une femme décolorée** eine Frau mit gebleichten Haaren.

décolorer [3] [dekɔlɔʀe] **vt 1.** [tissu] entfärben **2.** [cheveux] blondieren.

décombres [dekɔ̃bʀ] **nmpl** Trümmer *pl*.

décommander [3] [dekɔmɑ̃de] **vt 1.** [repas, invités] ab°sagen **2.** [marchandise] ab°bestellen ▸ **décommander qqn** jm ab°sagen. ◆ **se décommander** vp ab°sagen.

décomposer [3] [dekɔ̃poze] **vt** zerlegen ▸ **décomposer en** zerlegen in *(+ A)*. ◆ **se décomposer** vp [pourrir] sich zersetzen.

décompresser [4] [dekɔ̃pʀese] **vt** INFORM entkomprimieren.

déconcentrer [3] [dekɔ̃sɑ̃tʀe] ◆ **se déconcentrer** vp sich nicht mehr konzentrieren können.

décongeler [25] [dekɔ̃ʒle] **vt** auf°tauen.

décongestionnant, e [dekɔ̃ʒɛstjɔnɑ̃, ɑ̃t] **adj** MÉD schwellungshemmend. ◆ **décongestionnant nm** [médicament] schwellungshemmendes Mittel.

déconnecter [4] [dekɔnɛkte] ◆ **se déconnecter** vp INFORM aus°loggen ▸ **être déconnecté** *fam* offline sein.

déconner [3] [dekɔne] **vi** *fam* **1.** [perdre la tête] aus°flippen **2.** [dire des bêtises] herum°albern **3.** [appareil] spinnen.

déconnexion [dekɔnɛksjɔ̃] **nf INFORM** Ausloggen *das*.

déconseiller [4] [dekɔ̃seje] **vt** : **déconseiller qqch à qqn** jm von etw ab°raten ▸ **déconseiller à qqn de faire qqch** jm davon ab°raten, etw zu tun.

décontracté, e [dekɔ̃trakte] **adj** **1.** [personne, tenue] locker **2.** [sourire] entspannt.

décontracter [3] [dekɔ̃trakte] **vt** entspannen. ◆ **se décontracter vp** sich entspannen.

décor [dekɔr] **nm** Kulisse *die*.

décorateur, trice [dekɔratœr, tris] **nm, f** Dekorateur *der*, -in *die*.

décoration [dekɔrasjɔ̃] **nf** **1.** [d'une pièce] Dekoration *die* **2.** [médaille] Orden *der*.

décorer [3] [dekɔre] **vt** **1.** [pièce, objet] dekorieren **2.** [soldat] mit einem Orden aus°zeichnen.

décortiquer [3] [dekɔrtike] **vt** [noix] knacken.

découdre [86] [dekudr] **vt** auf°-trennen. ◆ **se découdre vp** ab°gehen ▸ **un bouton s'est décousu de ma veste** von meinem Jackett ist ein Knopf abgegangen ▸ **la doublure se découd** das Futter geht ab.

découler [3] [dekule] ◆ **découler de v + prép** sich ergeben aus.

découper [3] [dekupe] **vt** **1.** [gâteau, viande] in Stücke schneiden **2.** [images, photos] aus°schneiden.

découragé, e [dekuraʒe] **adj** entmutigt.

décourager [17] [dekuraʒe] **vt** entmutigen. ◆ **se décourager vp** den Mut verlieren.

décousu, e [dekuzy] **adj** **1.** [ourlet] aufgegangen **2.** [vêtement] (an der Naht) gerissen **3.** [raisonnement, conversation] zusammenhanglos.

découvert, e [dekuvɛr, ɛrt] ◆ **pp** → **découvrir.** ◆ **nm** Kontoüberziehung *die* ▸ **être à découvert** sein Konto überzogen haben.

découverte [dekuvɛrt] **nf** Entdeckung *die*.

découvrir [34] [dekuvrir] **vt** **1.** [trouver] entdecken **2.** [ôter ce qui couvre] auf°decken.

décrire [99] [dekrir] **vt** beschreiben.

décrocher [3] [dekrɔʃe] **vt** ab°nehmen ▸ **décrocher (le téléphone)** (den Hörer) ab°nehmen. ◆ **se décrocher vp** sich lösen.

déçu, e [desy] ◆ **pp** → **décevoir.** ◆ **adj** enttäuscht.

dédaigner [4] [dedeɲe] **vt** herablassend behandeln.

dédain [dedɛ̃] **nm** Herablassung *die*.

dedans [dədɑ̃] ◆ **nm** Innere *das*. ◆ **adv** drin ▸ **en dedans** [vers l'intérieur] nach innen.

dédicacer [16] [dedikase] **vt** signieren ▸ **dédicacer un livre à qqn** ein Buch mit einer Widmung für jn versehen.

dédier [9] [dedje] **vt** widmen ▸ **dédier une chanson à qqn** jm ein Lied widmen.

dédommagement [dedɔmaʒmɑ̃] **nm** Entschädigung *die*.

dédommager [17] [dedɔmaʒe] **vt** entschädigen.

dédouaner [3] [dedwane] **vt** **1.** [marchandises] verzollen **2.** [formalités] zollamtlich ab°fertigen.

déduction [dedyksjɔ̃] **nf** **1.** [soustraction] Abziehen *das* **2.** [conclusion] Folgerung *die*.

déduire [98] [dedɥiʀ] **vt** : **déduire qqch de qqch** a) [soustraire] etw von etw ab◦ziehen b) [conclure] von etw auf etw *(A)* schließen.

déduit, e [dedɥi, it] **pp & 3ᵉ pers. du sg. de l'ind. prés.** → **déduire**.

déesse [deɛs] **nf** Göttin *die*.

défaillance [defajɑ̃s] **nf** Versagen *das* ▸ **défaillance cardiaque** Herzversagen.

défaillant, e [defajɑ̃, ɑ̃t] **adj** schwach.

défaire [109] [defɛʀ] **vt 1.** [valise] aus◦packen **2.** [nœud] lösen **3.** [lit] in Unordnung bringen. ◆ **se défaire vp 1.** [nœud] auf◦gehen **2.** [coiffure] in Unordnung geraten.

défait, e [defɛ, ɛt] **pp & 3ᵉ pers. du sg. de l'ind. prés.** → **défaire**.

défaite [defɛt] **nf** Niederlage *die*.

défaut [defo] **nm** Fehler *der* ▸ **à défaut de** mangels einer Sache *(G)* ▸ **par défaut** INFORM voreingestellt.

défavorable [defavɔʀabl] **adj 1.** [avis] negativ **2.** [circonstances] widrig.

défavorisé, e [defavɔʀize] **adj** [milieu, région] unterprivilegiert.

défavoriser [3] [defavɔʀize] **vt** benachteiligen.

défectueux, euse [defɛktɥø, øz] **adj** defekt.

défendre [73] [defɑ̃dʀ] **vt** verteidigen ▸ **défendre qqch à qqn** jm etw untersagen ▸ **défendre à qqn de faire qqch** jm untersagen, etw zu tun. ◆ **se défendre vp** sich wehren.

défense [defɑ̃s] **nf 1.** [d'une ville, d'un accusé] Verteidigung *die* **2.** [d'éléphant] Stoßzahn *der* ▸ **prendre la défense de qqn** js Verteidigung übernehmen ▸ **'défense de déposer des ordures'** 'Müll abladen verboten' ▸ **'défense d'entrer'** 'Zutritt verboten'.

défi [defi] **nm** Herausforderung *die* ▸ **lancer un défi à qqn** jn heraus◦fordern.

déficit [defisit] **nm** Defizit *das*.

déficitaire [defisitɛʀ] **adj** Verlust-.

défier [9] [defje] **vt** heraus◦fordern ▸ **défier qqn de faire qqch** wetten, dass jd etw nicht tut.

défigurer [3] [defigyʀe] **vt 1.** [personne] entstellen **2.** [paysage] verunstalten.

défilé [defile] **nm 1.** [de mode] Modenschau *die* **2.** [du 14 juillet] Aufmarsch *der* **3.** [gorges] Schlucht *die* ▸ **défilé de mode** Modenschau.

défilement [defilmɑ̃] **nm** Scrollen *das* ▸ **défilement vers le haut / vers le bas** Scrollen nach oben / nach unten.

défiler [3] [defile] **vi 1.** [manifestants] vorbei◦ziehen **2.** [soldats] auf◦marschieren ▸ **faire défiler** INFORM blättern, scrollen.

définir [32] [definiʀ] **vt 1.** [mot, notion] definieren **2.** [conditions] fest◦legen.

définitif, ive [definitif, iv] **adj** endgültig ▸ **en définitive** letztendlich.

définition [definisjɔ̃] **nf 1.** Definition *die* **2.** [d'un écran] (Bild)auflösung *die*.

définitivement [definitivmɑ̃] **adv** endgültig.

défoncer [16] [defɔ̃se] **vt 1.** [porte] ein◦rammen **2.** [voiture] rammen **3.** [terrain, route] beschädigen.

déforestation [defɔʀɛstasjɔ̃] **nf** Entwaldung *die*.

déformé, e [defɔʀme] **adj 1.** [vêtement] ausgeleiert **2.** [route] uneben.

déformer [3] [defɔʀme] **vt 1.** [vêtement] aus◦leiern **2.** [corps] verformen **3.** *fig* [réalité] entstellen.

défouler [3] [defule] ◆ **se défouler vp** sich ab∘reagieren.

défragmentation [defʀagmɑ̃tasjɔ̃] **nf** Defragmentierung *die*.

défragmenter [3] [defʀagmɑ̃te] **vt** defragmentieren.

défricher [3] [defʀiʃe] **vt** urbar machen.

défunt, e [defœ̃, œ̃t] ◆ **adj** [décédé] verblichen. ◆ **nm, f** Verblichene *der, die*.

dégager [17] [degaʒe] **vt 1.** [déblayer] frei machen **2.** [fumée] aus∘stoßen **3.** [odeur] aus∘strömen ▸ **dégager qqn / qqch de** jn /etw befreien aus ou von. ◆ **se dégager vp 1.** [se libérer] sich befreien **2.** [ciel] auf∘klaren ▸ **se dégager de** a) [se libérer de] sich befreien aus ou von b) [suj : fumée] kommen aus c) [suj : odeur] aus∘gehen von.

dégarni, e [degaʀni] **adj** [crâne, personne] mit lichtem Haar.

dégâts [dega] **nmpl** Schaden *der* ▸ **faire des dégâts** Schaden an∘richten.

dégel [deʒɛl] **nm** Tauwetter *das*.

dégeler [25] [deʒle] ◆ **vt 1.** [route, voiture] enteisen **2.** [atmosphère] lockern. ◆ **vi** auf∘tauen.

dégénérer [18] [deʒeneʀe] **vi 1.** [manifestation] aus∘arten **2.** [maladie] sich verschlimmern.

dégivrage [deʒivʀaʒ] **nm** Scheibenheizung *die*.

dégivrer [3] [deʒivʀe] **vt 1.** [pare-brise] entfrosten **2.** [réfrigérateur] ab∘tauen.

dégonflé, e [degɔ̃fle] ◆ **adj** platt. ◆ **nm, f** Angsthase *der*.

dégonfler [3] [degɔ̃fle] **vt** die Luft heraus∘lassen aus. ◆ **se dégonfler vp 1.** Luft verlieren **2.** *fam* Muffe haben.

dégouliner [3] [deguline] **vi** tröpfeln.

dégourdi, e [deguʀdi] **adj** aufgeweckt.

dégourdir [32] [deguʀdiʀ] ◆ **se dégourdir vp** : **se dégourdir les jambes** sich *(D)* die Beine vertreten.

dégoût [degu] **nm** Ekel *der*.

dégoûtant, e [degutɑ̃, ɑ̃t] **adj** ekelerregend.

dégoûté, e [degute] **adj** [écœuré] angeekelt.

dégoûter [3] [degute] **vt** an∘ekeln ▸ **dégoûter qqn de qqch** jm etw verleiden.

dégrader [3] [degʀade] **vt 1.** [bâtiment, sol, énergie] beschädigen **2.** [relation] verschlechtern. ◆ **se dégrader vp 1.** [bâtiment, sol, énergie] verfallen **2.** [relation] sich verschlechtern.

dégrafer [3] [degʀafe] **vt 1.** [papiers] die Heftklammern entfernen von **2.** [vêtement] auf∘haken.

degré [dəgʀe] **nm 1.** [de température, niveau] Grad *der* **2.** [d'alcool] Prozent *das* ▸ **du vin à 12 degrés** Wein von 12 Prozent.

dégressif, ive [degʀesif, iv] **adj** abnehmend.

dégringoler [3] [degʀɛ̃gɔle] **vi** hinunter∘purzeln.

dégueulasse [degœlas] **adj** *fam* unter aller Sau.

déguisement [degizmɑ̃] **nm** Verkleidung *die*.

déguiser [3] [degize] **vt 1.** [personne] verkleiden **2.** [voix] verstellen. ◆ **se déguiser vp** sich verkleiden ▸ **se déguiser en** sich verkleiden als.

dégustation [degystasjɔ̃] **nf** [de vin] Weinprobe *die*.

déguster [3] [degyste] **vt** [goûter] kosten.

dehors [dəɔʀ] ◆ **adv** draußen. ◆ **nm** Äußere *das* ▸ **jeter** ou **mettre qqn dehors** jn hinaus°werfen ▸ **se pencher en dehors** sich hinaus°lehnen ▸ **en dehors de** a) [à l'extérieur de] außerhalb *(+ G)* b) [sauf] außer *(+ D)*.

déjà [deʒa] **adv** schon ▸ **es-tu déjà allé à Bordeaux ?** warst du schon mal in Bordeaux?

déjeuner [5] [deʒœne] ◆ **nm 1.** [à midi] Mittagessen *das* **2.** [petit déjeuner] Frühstück *das*. ◆ **vi 1.** [à midi] zu Mittag essen **2.** [le matin] frühstücken ▸ **déjeuner d'affaires** Geschäftsessen *das* ▸ **inviter qqn à déjeuner** jn zum Essen ein°laden.

délabré, e [delabʀe] **adj** baufällig.

délai [delɛ] **nm 1.** [durée] Frist *die* **2.** [temps supplémentaire] Aufschub *der* ▸ **dans un délai de trois jours** innerhalb von drei Tagen.

délasser [3] [delase] **vt** entspannen. ◆ **se délasser vp** sich entspannen.

délavé, e [delave] **adj** verwaschen.

délayer [11] [deleje] **vt** : **délayer dans** verrühren mit.

Delco® [dɛlko] **nm** Zündungsvorrichtung *die*.

délégué, e [delege] **nm, f** Delegierte *der, die*.

déléguer [18] [delege] **vt 1.** [personne] ab°ordnen **2.** [travail] delegieren **3.** [pouvoirs] übertragen, ab°treten.

délibéré, e [delibeʀe] **adj** [intentionnel] bewusst ▸ **acte délibéré** vorsätzliche Handlung.

délibérément [delibeʀemɑ̃] **adv** bewusst.

délicat, e [delika, at] **adj 1.** [plein de tact] einfühlsam **2.** [exigeant] zimperlich **3.** [santé] schwach **4.** [problème, question] heikel.

délicatement [delikatmɑ̃] **adv** behutsam.

délice [delis] **nm** [régal] Leckerbissen *der*, Genuss *der*.

délicieux, euse [delisjø, øz] **adj** köstlich.

délimiter [3] [delimite] **vt** ab°grenzen.

délinquance [delɛ̃kɑ̃s] **nf** Kriminalität *die* ▸ **délinquance informatique** Computerkriminalität.

délinquant, e [delɛ̃kɑ̃, ɑ̃t] **nm, f** Straftäter *der*, -in *die*.

délirer [3] [deliʀe] **vi** fantasieren.

délit [deli] **nm** Straftat *die* ▸ **prendre qqn en flagrant délit** jn auf frischer Tat ertappen.

délivrer [3] [delivʀe] **vt 1.** [prisonnier] frei°lassen **2.** [autorisation, reçu] aus°stellen.

délocaliser [3] [delɔkalize] **vt** aus°lagern.

delta [dɛlta] **nm** [de rivière] Delta *das*.

deltaplane [dɛltaplan] **nm** [sport] Drachenfliegen *das*.

déluge [delyʒ] **nm** Sintflut *die*.

démago [demago] *fam* ◆ **adj** : **il est démago** er ist ein Dämagoge. ◆ **nmf** Dämagoge *der*, -gin *die*.

demain [dəmɛ̃] **adv** morgen ▸ **à demain !** bis morgen! ▸ **demain matin / soir** morgen früh / Abend.

demande [dəmɑ̃d] **nf 1.** [réclamation] Bitte *die* **2.** [formulaire] Antrag *der* ▸ **'demandes d'emploi'** 'Stellengesuche'.

demander [3] [dəmɑ̃de] **vt 1.** [interroger sur] fragen **2.** [exiger] bitten um **3.** [nécessiter] verlangen ▸ **demander qqch à qqn** a) [interroger] jn nach etw fragen b) [exiger] jn um etw bitten ▸ **demander à qqn de faire qqch**

jn bitten, etw zu tun. ◆ **se demander vp** sich fragen.

demandeur, euse [dəmɑ̃dœʀ, øz] **nm, f** : **demandeur d'emploi** Arbeitsuchende *der, die*.

démangeaison [demɑ̃ʒɛzɔ̃] **nf** Juckreiz *der* ▸ **avoir des démangeaisons** Juckreiz haben.

démanger [17] [demɑ̃ʒe] **vt** jucken ▸ **mon bras me démange** mein Arm juckt.

démaquillant [demakijɑ̃] **nm** Make-up-Entferner *der*. ◆ **démaquillant, e** [demakijɑ̃, ɑ̃t] **adj** : **lotion démaquillante** Reinigungsmilch *die*.

démaquiller [3] [demakije] **vt** ab∘schminken. ◆ **se démaquiller vp** sich ab∘schminken.

démarche [demaʀʃ] **nf 1.** [allure] Gang *der* **2.** [administrative] Bittgang *der* ▸ **démarches** [administratives] Verfahren *das* ▸ **faire des démarches pour obtenir qqch** Schritte unternehmen, um etw zu erreichen.

démarque [demaʀk] **nf** Sonderangebot *das* ▸ **dernière démarque** letzter Preisnachlass.

démarrage [demaʀaʒ] **nm** Anfahren *das*.

démarrer [3] [demaʀe] ◆ **vi 1.** [partir] an∘fahren **2.** [commencer] los∘gehen **3.** INFORM hoch∘fahren. ◆ **vt** INFORM hoch∘fahren ▸ **démarrer la voiture** das Auto an∘lassen.

démarreur [demaʀœʀ] **nm** Anlasser *der*.

démasquer [3] [demaske] **vt** entlarven.

démêlant, e [demɛlɑ̃, ɑ̃t] **adj** *die Kämmbarkeit fördernd*.

démêler [4] [demele] **vt 1.** [cheveux] aus∘kämmen **2.** [laine] entwirren.

déménagement [demenaʒmɑ̃] **nm** Umzug *der*.

déménager [17] [demenaʒe] ◆ **vi** um∘ziehen. ◆ **vt 1.** [déplacer] um∘ziehen **2.** [vider] aus∘räumen.

déménageur [demenaʒœʀ] **nm** Möbelpacker *der*, -in *die*.

démener [19] [demne] ◆ **se démener vp 1.** [bouger] herum∘wirbeln **2.** [faire des efforts] sich ab∘mühen.

dément, e [demɑ̃, ɑ̃t] **adj** wahnsinnig.

démentir [37] [demɑ̃tiʀ] **vt** dementieren.

démerder [3] [demɛʀde] ◆ **se démerder vp** *vulg* klar∘kommen.

démesuré, e [deməzyʀe] **adj** unmäßig.

démettre [84] [demɛtʀ] ◆ **se démettre vp** : **se démettre l'épaule** sich *(D)* die Schulter verrenken.

demeure [dəmœʀ] **nf** (herrschaftliches) Haus *das*.

demeurer [5] [dəmœʀe] **vi 1.** *sout* [habiter] wohnen **2.** [rester] bleiben.

demi, e [dəmi] ◆ **adj** halbe(r, s). ◆ **nm** kleines Bier ▸ **cinq heures et demie** halb sechs ▸ **un demi-kilo de** ein halbes Kilo ▸ **à demi fermé** halb geschlossen.

demi-bouteille [dəmibutɛj] (*pl* **demi-bouteilles**) **nf** halbe Flasche.

demi-douzaine [dəmiduzɛn] (*pl* **demi-douzaines**) **nf 1.** [six] halbes Dutzend **2.** [environ six] : **une demi-douzaine de** ungefähr sechs.

demi-finale [dəmifinal] (*pl* **demi-finales**) **nf** Halbfinale *das*.

demi-finaliste [dəmifinalist] (*pl* **demi-finalistes**) **nmf** Halbfinalist *der*, -in *die*.

demi-frère [dəmifʀɛʀ] (*pl* **demi-frères**) **nm** Halbbruder *der*.

demi-heure [dəmijœʀ] (*pl* **demi-heures**) **nf** halbe Stunde ▸ **toutes les demi-heures** jede halbe Stunde ▸ **une demi-heure** eine halbe Stunde.

demi-journée [dəmiʒuʀne] (*pl* **demi-journées**) **nf** halber Tag.

demi-litre [dəmilitʀ] (*pl* **demi-litres**) **nm** halber Liter.

demi-pension [dəmipɑ̃sjɔ̃] (*pl* **demi-pensions**) **nf 1.** [à l'hôtel] Halbpension *die* **2.** [à l'école] *Mittagessen in der Schule* ▸ **être en demi-pension** Halbpension haben.

demi-pensionnaire [dəmipɑ̃sjɔnɛʀ] (*pl* **demi-pensionnaires**) **nmf** *Schüler, der in der Schule zu Mittag isst.*

démis, e [demi, iz] **pp & 1re et 2e pers. du sg. de l'ind. passé simple → démettre.**

demi-saison [dəmisɛzɔ̃] (*pl* **demi-saisons**) **nf** : **de demi-saison** Übergangs-.

demi-sœur [dəmisœʀ] (*pl* **demi-sœurs**) **nf** Halbschwester *die*.

démission [demisjɔ̃] **nf** Kündigung *die* ▸ **donner sa démission** kündigen.

démissionner [3] [demisjɔne] **vi** kündigen.

demi-tarif [dəmitaʀif] (*pl* **demi-tarifs**) **nm** halber Preis.

demi-tour [dəmituʀ] (*pl* **demi-tours**) **nm** Kehrtwendung *die* ▸ **faire demi-tour** um◦kehren.

démocratie [demɔkʀasi] **nf** Demokratie *die*.

démocratique [demɔkʀatik] **adj** demokratisch.

démocratiser [3] [demɔkʀatize] **vt** demokratisieren.

démodé, e [demɔde] **adj** altmodisch.

demoiselle [dəmwazɛl] **nf** Fräulein *das* ▸ **demoiselle d'honneur** Brautjungfer *die*.

démolir [32] [demɔliʀ] **vt** [maison] ab◦reißen.

démon [demɔ̃] **nm** Teufel *der*.

démonstratif, ive [demɔ̃stʀatif, iv] **adj** [expressif] ausdrucksstark.

démonstration [demɔ̃stʀasjɔ̃] **nf 1.** MATH Beweis *der* **2.** [d'une machine] Vorführung *die* **3.** [de sentiments] Zurschaustellung *die*.

démonter [3] [demɔ̃te] **vt** auseinander◦nehmen.

démontrer [3] [demɔ̃tʀe] **vt** beweisen.

démoraliser [3] [demɔʀalize] **vt** entmutigen.

démotivé, e [demɔtive] **adj** demotiviert.

démouler [3] [demule] **vt** [gâteau] aus der Form nehmen.

démuni, e [demyni] **adj 1.** [pauvre] mittellos **2.** [sans défense] schutzlos.

déneiger [23] [deneʒe] **vt** räumen.

dénicher [3] [deniʃe] **vt** [trouver] auf◦stöbern.

dénivelé [denivle] **nm** Höhenunterschied *der*.

dénivellation [denivɛlasjɔ̃] **nf** Höhenunterschied *der*.

dénoncer [16] [denɔ̃se] **vt** [coupable] an◦zeigen.

dénouement [denumɑ̃] **nm** Lösung *die*.

dénouer [6] [denwe] **vt 1.** [corde, cravate] auf◦binden **2.** [cheveux] lösen.

denrée [dɑ̃ʀe] **nf** Ware *die* ▸ **denrées alimentaires** Lebensmittel *pl* ▸ **denrées périssables** verderbliche Lebensmittel *pl*.

dense [dɑ̃s] adj dicht.

dent [dɑ̃] nf **1.** Zahn *der* **2.** [d'une fourchette, d'une scie] Zacke *die* ▸ **dent de lait** Milchzahn ▸ **dent de sagesse** Weisheitszahn.

dentelle [dɑ̃tɛl] nf Spitze *die*.

dentier [dɑ̃tje] nm Gebiss *das*.

dentifrice [dɑ̃tifʀis] nm Zahnpasta *die*.

dentiste [dɑ̃tist] nmf Zahnarzt *der*, -ärztin *die*.

déodorant [deɔdɔʀɑ̃] nm Deodorant *das*.

déontologique [deɔ̃tɔlɔʒik] adj deontologisch.

dépannage [depanaʒ] nm Reparatur *die* ▸ **service de dépannage** AUTO Pannendienst *der*.

dépanner [3] [depane] vt **1.** reparieren **2.** *fig* [aider] aus der Patsche helfen.

dépanneur, euse [depanœʀ, øz] nm, f **1.** [de voitures] Pannendienst *der* **2.** [d'appareils ménagers] Reparaturdienst *der*. ◆ **dépanneur** nm QUÉBEC [épicerie] *Lebensmittelladen mit längeren Öffnungszeiten*. ◆ **dépanneuse** nf Abschleppwagen *der*.

dépareillé, e [depaʀeje] adj **1.** [service] zusammengewürfelt **2.** [gant, chaussette] ungleich.

départ [depaʀ] nm **1.** [d'un train] Abfahrt *die* **2.** [en vacances] Abreise *die* **3.** [d'une course] Start *der* ▸ **au départ** [au début] zu Beginn ▸ **'départs'** 'Abfahrt'.

départager [17] [depaʀtaʒe] vt eine endgültige Entscheidung herbei∘führen zwischen *(+ D)*.

département [depaʀtəmɑ̃] nm **1.** [division administrative] Departement *das* **2.** [service] Abteilung *die*.

départementale [depaʀtəmɑ̃tal] nf : **(route) départementale** ≃ Kreisstraße *die*.

dépassement [depasmɑ̃] nm [sur la route] Überholmanöver *das*.

dépasser [3] [depase] ◆ vt **1.** [passer devant] vorbei∘kommen **2.** [doubler] überholen **3.** [en taille] überragen **4.** [somme, limite] überschreiten. ◆ vi heraus∘gucken ▸ **il dépasse son père d'une tête** er ist einen Kopf größer als sein Vater.

dépatouiller [3] [depatuje] ◆ **se dépatouiller** vp *fam* heraus∘kommen ▸ **se dépatouiller d'une situation** aus einer Situation herauskommen.

dépaysant, e [depeizɑ̃, ɑ̃t] adj : **un voyage dépaysant** eine Reise, die Abwechslung bietet.

dépaysement [depeizmɑ̃] nm Tapetenwechsel *der*.

dépêcher [4] [depeʃe] ◆ **se dépêcher** vp sich beeilen ▸ **se dépêcher de faire qqch** sich beeilen, etw zu tun.

dépendre [73] [depɑ̃dʀ] vi : **dépendre de** ab∘hängen von ▸ **ça dépend** das kommt darauf an.

dépens [depɑ̃] ◆ **aux dépens de** prép : **aux dépens de qqn** auf js Kosten.

dépense [depɑ̃s] nf Ausgabe *die*.

dépenser [3] [depɑ̃se] vt aus∘geben. ◆ **se dépenser** vp [physiquement] sich verausgaben.

dépensier, ère [depɑ̃sje, ɛʀ] adj verschwenderisch.

dépistage [depistaʒ] nm Früherkennung *die* ▸ **dépistage du cancer** Krebsvorsorge *die* ▸ **dépistage du sida** Aidstest *der*.

dépister [3] [depiste] vt erkennen.

dépit [depi] nm Verdruss *der* ▸ **en dépit de** trotz *(+ G)*.

déplacement [deplasmɑ̃] nm (Geschäfts)reise *die* ▸ **en déplacement** auf Geschäftsreise.

déplacer [16] [deplase] vt **1.** [objet] um°räumen **2.** [rendez-vous] verschieben. ◆ **se déplacer** vp sich fort°bewegen.

déplaire [110] [deplɛʀ] ◆ **déplaire à** v + prép : **ça me déplaît** a) [livre, tableau] das gefällt mir nicht b) [attitude] das missfällt mir.

déplaisant, e [deplɛzɑ̃, ɑ̃t] adj unangenehm.

dépliant [deplijɑ̃] nm Faltblatt *das*.

déplier [10] [deplije] vt **1.** [papier] auseinander°falten **2.** [chaise] auf°klappen. ◆ **se déplier** vp **1.** [chaise] sich aufklappen lassen **2.** [canapé] ausziehbar sein.

déplorable [deplɔʀabl] adj bedauerlich.

déployer [13] [deplwaje] vt [ailes, carte] aus°breiten.

déporter [3] [depɔʀte] vt **1.** [prisonnier] deportieren **2.** [voiture] aus der Fahrbahn drängen.

déposer [3] [depoze] vt **1.** [poser] ab°geben **2.** [argent] ein°zahlen **3.** [en voiture] ab°setzen **4.** INFORM hinterlegen. ◆ **se déposer** vp sich ab°lagern.

dépôt [depo] nm **1.** [de marchandises] Lager *das* **2.** [de bus] Depot *das* **3.** [à la banque] Einlage *die* **4.** [de poussière, etc.] Schicht *die*.

dépotoir [depɔtwaʀ] nm Rumpelkammer *die*.

dépouiller [3] [depuje] vt berauben.

dépourvu, e [depuʀvy] adj : **dépourvu de** ohne ▸ **prendre qqn au dépourvu** jn überrumpeln.

dépression [depʀesjɔ̃] nf [atmosphérique] Tiefdruckgebiet *das* ▸ **dépression (nerveuse)** Depression *die*.

déprimant, e [depʀimɑ̃, ɑ̃t] adj deprimierend.

déprimer [3] [depʀime] ◆ vt deprimieren. ◆ vi deprimiert sein.

depuis [dəpɥi] ◆ prép seit. ◆ adv seither ▸ **je travaille ici depuis trois ans** ich arbeite hier seit drei Jahren ▸ **depuis quand est-il marié ?** seit wann ist er verheiratet? ▸ **depuis que** seit.

député, e [depyte] nm, f Abgeordnete *der, die*.

déraciné, e [deʀasine] adj *fig* entwurzelt ▸ **ils se sentent déracinés** sie fühlen sich entwurzelt.

déraciner [3] [deʀasine] vt entwurzeln.

dérailler [3] [deʀaje] vi [train] entgleisen.

dérailleur [deʀajœʀ] nm Kettenschaltung *die*.

dérangement [deʀɑ̃ʒmɑ̃] nm [gêne] Störung *die* ▸ **en dérangement** gestört.

déranger [17] [deʀɑ̃ʒe] vt **1.** [gêner] stören **2.** [objets, affaires] in Unordnung bringen ▸ **ça vous dérange si... ?** stört es Sie, wenn ich ...? ◆ **se déranger** vp [se déplacer] sich her°bemühen.

dérapage [deʀapaʒ] nm Schleudern *das*.

déraper [3] [deʀape] vi **1.** [voiture] ins Schleudern kommen **2.** [lame] ab°rutschen **3.** [personne] aus°rutschen.

dérégler [18] [deʀegle] vt verstellen. ◆ **se dérégler** vp **1.** [horloge] falsch gehen **2.** [radio] falsch eingestellt sein.

dérisoire [deʀizwaʀ] adj lächerlich.

dérive [deʀiv] nf : **aller à la dérive** ab°driften.

dérivé [derive] **nm 1.** [en chimie] Derivat *das* **2.** COMM : **produit dérivé** Folgeprodukt *das.*

dériver [3] [derive] **vi** ab°driften.

dermato [dɛrmato] **nmf** *fam* Hautarzt *der,* -ärztin *die.*

dermatologique [dɛrmatɔlɔʒik] **adj** dermatologisch.

dermatologue [dɛrmatɔlɔg] **nmf** Hautarzt *der,* -ärztin *die.*

dernier, ère [dɛrnje, ɛr] ◆ **adj 1.** letzte(r, s) **2.** [récent] neueste(r, s). ◆ **nm, f** Letzte *der, die, das* ▸ **la semaine dernière** letzte Woche ▸ **en dernier** zuletzt.

dernièrement [dɛrnjɛrmɑ̃] **adv** unlängst.

dérogation [derɔgasjɔ̃] **nf** Ausnahmeregelung *die.*

déroulement [derulmɑ̃] **nm 1.** [de bobine] Abwickeln *das* **2.** *fig* [d'événement] Verlauf *der.*

dérouler [3] [derule] **vt** ab°rollen. ◆ **se dérouler vp** vonstatten gehen.

dérouter [3] [derute] **vt 1.** [surprendre] aus dem Konzept bringen **2.** [dévier] um°leiten.

derrière [dɛrjɛr] ◆ **prép** hinter. ◆ **adv** hinten. ◆ **nm 1.** [partie arrière] Hinterseite *die* **2.** [fesses] Hinterteil *das* ▸ **de derrière** [patte, roue] Hinter-.

des [de] ◆ **prép** → **un.** ◆ **art** *(contraction de* de *avec* les*)* → **de.**

dès [dɛ] **prép** ab ▸ **dès que** sobald.

désaccord [dezakɔr] **nm** Uneinigkeit *die* ▸ **être en désaccord avec** nicht einer Meinung sein mit.

désactiver [3] [dezaktive] **vt** deaktivieren.

désaffecté, e [dezafɛkte] **adj** stillgelegt.

désagréable [dezagreabl] **adj** unangenehm.

désagrément [dezagremɑ̃] **nm** Unannehmlichkeit *die.*

désaltérer [18] [dezaltere] ◆ **se désaltérer vp** seinen Durst löschen.

désamianter [3] [dezamjɑ̃te] **vt** von Asbest sanieren.

désapprouver [3] [desapruve] **vt** missbilligen.

désarçonner [3] [dezarsɔne] **vt 1.** [cavalier] ab°werfen **2.** *fig* [surprendre] aus der Fassung bringen.

désarmer [3] [dezarme] **vt** [malfaiteur] entwaffnen.

désastre [dezastr] **nm** Desaster *das.*

désastreux, euse [dezastrø, øz] **adj** verheerend.

désavantage [dezavɑ̃taʒ] **nm** Nachteil *der.*

désavantager [17] [dezavɑ̃taʒe] **vt** benachteiligen.

descendant, e [desɑ̃dɑ̃, ɑ̃t] **nm, f** Nachkomme *der.*

descendre [73] [desɑ̃dr] ◆ **vt** *(aux.* **avoir***)* **1.** [rue, escalier] hinunter°gehen **2.** [transporter] hinunter°bringen. ◆ **vi** *(aux.* **être***)* **1.** [aller en bas] hinunter°gehen **2.** [être en pente] bergab gehen **3.** [baisser] fallen ▸ **descendre de** a) [voiture] aus°steigen aus b) [de vélo] ab°steigen von c) [ancêtres] ab°stammen von.

descente [desɑ̃t] **nf 1.** [à ski] Abfahrtslauf *der* **2.** [en avion] Sinkflug *der* **3.** [pente] Abstieg *der* ▸ **descente de lit** Bettvorleger *der.*

description [dɛskripsjɔ̃] **nf** Beschreibung *die.*

désemparé, e [dezɑ̃pare] **adj** ratlos.

désengorger [17] [dezɑ̃gɔʀʒe] vt wieder frei machen.

déséquilibre [dezekilibʀ] nm Ungleichgewicht *das* ▸ **en déséquilibre** wackelig.

déséquilibré, e [dezekilibʀe] nm, f Geistesgestörte *der, die*.

déséquilibrer [3] [dezekilibʀe] vt aus dem Gleichgewicht bringen.

désert, e [dezɛʀ, ɛʀt] ◆ adj **1.** [inhabité] einsam **2.** [vide] verlassen. ◆ nm **1.** Wüste *die* **2.** *fig* Einöde *die*.

déserter [3] [dezɛʀte] vi desertieren.

désertique [dezɛʀtik] adj einsam.

désespéré, e [dezɛspeʀe] adj **1.** [regard, personne] verzweifelt **2.** [situation] hoffnungslos.

désespérer [18] [dezɛspeʀe] ◆ vt verzweifeln lassen. ◆ vi verzweifeln ▸ **désespérer de qqn / qqch** *sout* an jm / etw verzweifeln ▸ **désespérer que qqch arrive** die Hoffnung auf∘geben,dass etw geschieht. ◆ **se désespérer** vp den Mut verlieren, verzweifeln.

désespoir [dezɛspwaʀ] nm Hoffnungslosigkeit *die*.

déshabiller [3] [dezabije] vt aus∘ziehen. ◆ **se déshabiller** vp sich aus∘ziehen.

désherbant [dezɛʀbɑ̃] nm Unkrautvernichtungsmittel *das*.

désherber [3] [dezɛʀbe] vt jäten.

déshonorer [3] [dezɔnɔʀe] vt entehren.

déshydraté, e [dezidʀate] adj [aliment] Trocken- ▸ **être déshydraté** ausgetrocknet sein.

déshydrater [3] [dezidʀate] vt die Feuchtigkeit entziehen *(+ D)*. ◆ **se déshydrater** vp aus∘trocknen.

désigner [3] [deziɲe] vt **1.** [montrer] zeigen **2.** [choisir] bestimmen.

désillusion [dezilyzjɔ̃] nf Desillusion *die*.

désinfectant [dezɛ̃fɛktɑ̃] nm Desinfektionsmittel *das*.

désinfecter [4] [dezɛ̃fɛkte] vt desinfizieren.

désinfection [dezɛ̃fɛksjɔ̃] nf Desinfektion *die*.

désinstaller [3] [dezɛ̃stale] vt deinstallieren.

désintéressé, e [dezɛ̃teʀese] adj uneigennützig.

désintéresser [4] [dezɛ̃teʀese] ◆ **se désintéresser de** vp + prép das Interesse verlieren an *(+ D)*.

désintoxication [dezɛ̃tɔksikasjɔ̃] nf Entziehung *die*, Entwöhnung *die*.

désinvolte [dezɛ̃vɔlt] adj **1.** [personne] ungeniert **2.** [geste] ungezwungen.

désir [deziʀ] nm **1.** [envie] Wunsch *der* **2.** [sexuel] Begierde *die*.

désirer [3] [deziʀe] vt wünschen ▸ **laisser à désirer** zu wünschen übrig lassen.

désobéir [32] [dezɔbeiʀ] vi ungehorsam sein ▸ **désobéir à qqn** jm nicht gehorchen ▸ **désobéir à qqch** sich einer Sache *(D)* widersetzen.

désobéissant, e [dezɔbeisɑ̃, ɑ̃t] adj ungehorsam.

désodorisant [dezɔdɔʀizɑ̃] nm Raumspray *das*.

désolant, e [dezɔlɑ̃, ɑ̃t] adj trostlos.

désolé, e [dezɔle] adj **1.** [personne, sourire] betrübt **2.** [paysage] öde ▸ **je suis désolé** es tut mir leid.

désordonné, e [dezɔʀdɔne] adj **1.** [chambre, personne] unordentlich **2.** [gestes] unkoordiniert.

désordre [dezɔʀdʀ] nm **1.** [fouillis] Unordnung *die* **2.** [agitation] Aufruhr *der* ▸ **être en désordre** in Unordnung sein.

désorganisé, e [dezɔʀganize] adj chaotisch.

désorienté, e [dezɔʀjɑ̃te] adj [déconcerté] orientierungslos.

désormais [dezɔʀmɛ] adv nunmehr.

desquelles [dekɛl] *(contraction de* de *avec* lesquelles*)* pron rel pl → **lequel**.

desquels [dekɛl] *(contraction de* de *avec* lesquels*)* pron rel pl → **lequel**.

dessécher [18] [deseʃe] vt aus◦trocknen. ◆ **se dessécher** vp **1.** [peau] aus◦trocknen **2.** [plante] vertrocknen.

desserrer [4] [deseʀe] vt **1.** [vis, ceinture] lockern **2.** [poing] öffnen **3.** [frein] lösen.

dessert [desɛʀ] nm Nachtisch *der*.

desservir [38] [desɛʀviʀ] vt **1.** [ville, gare] halten in *(+ D)* **2.** [table] ab◦räumen **3.** [nuire à] einen schlechten Dienst erweisen *(+ D)* ▸ **tous les trains desservent Paris** alle Züge halten in Paris.

dessin [desɛ̃] nm **1.** [image] Bild *das* **2.** [art] Zeichnung *die* ▸ **dessin animé** Zeichentrickfilm *der*.

dessinateur, trice [desinatœʀ, tʀis] nm, f (technischer) Zeichner, (technische) Zeichnerin.

dessiner [3] [desine] vt **1.** [portrait, paysage] zeichnen **2.** [vêtement, voiture] entwerfen.

dessous [dəsu] ◆ adv d(a)runter. ◆ nm Unterseite *die* ▸ **les voisins du dessous** die Nachbarn von unten ▸ **en dessous** darunter ▸ **en dessous de** unter *(+ D)*.

dessous-de-plat [dəsudpla] nm inv Untersetzer *der*.

dessus [dəsy] ◆ adv d(a)rauf. ◆ nm Oberseite *die* ▸ **avoir le dessus** die Oberhand haben.

dessus-de-lit [dəsydli] nm inv Tagesdecke *die*.

destin [dɛstɛ̃] nm Schicksal *das*.

destinataire [dɛstinatɛʀ] nmf Empfänger *der*, -in *die*.

destination [dɛstinasjɔ̃] nf Bestimmungsort *der* ▸ **arriver à destination** am Bestimmungsort an◦kommen ▸ **à destination de** nach.

destiné, e [dɛstine] adj : **être destiné à faire qqch** dazu bestimmt sein, etw zu tun.

déstresser [4] [destʀɛse] vi & vt entspannen.

destruction [dɛstʀyksjɔ̃] nf Zerstörung *die*.

détachant [detaʃɑ̃] nm Fleckenentferner *der*.

détacher [3] [detaʃe] vt **1.** [prisonnier] los◦binden **2.** [ceinture] öffnen **3.** [cheveux] lösen **4.** [découper] ab◦trennen **5.** [nettoyer] reinigen. ◆ **se détacher** vp **1.** [se défaire] auf◦gehen **2.** [se séparer] ab◦gehen ▸ **se détacher de qqn** sich von jm lösen.

détail [detaj] nm Detail *das* ▸ **au détail** im Einzelhandel ▸ **en détail** im Detail.

détaillant, e [detajɑ̃, ɑ̃t] nm, f Einzelhändler *der*, -in *die*.

détaillé, e [detaje] adj detailliert.

détartrage [detaʀtʀaʒ] nm [des dents] : **se faire faire un détartrage** sich *(D)* den Zahnstein entfernen lassen.

détartrant [detaʀtʀɑ̃] nm Entkalkungsmittel *das*.

détaxé, e [detakse] adj [dans un aéroport] steuerfrei.

détecter [4] [detɛkte] vt auf◦spüren.

détective [detɛktiv] **nmf** Detektiv *der*, -in *die*.
déteindre [81] [detɛ̃dʀ] **vi** ab°färben ▸ **déteindre sur** ab°färben auf *(+ A)*.
déteint, e [detɛ̃, ɛ̃t] **pp** → **déteindre**.
détendre [73] [detɑ̃dʀ] **vt 1.** [corde, élastique] lockern **2.** [personne, atmosphère] entspannen. ◆ **se détendre vp 1.** [corde, élastique] sich lockern **2.** [se décontracter] sich entspannen.
détendu, e [detɑ̃dy] **adj** [décontracté] entspannt.
détenir [40] [detniʀ] **vt 1.** [fortune, record] inne°haben **2.** [secret] haben.
détente [detɑ̃t] **nf** [repos, politique] Entspannung *die*.
détenu, e [detny] ◆ **pp** → **détenir**. ◆ **nm, f** Gefangene *der, die*.
détergent [detɛʀʒɑ̃] **nm** Reinigungsmittel *das*.
détériorer [3] [deteʀjɔʀe] **vt** beschädigen. ◆ **se détériorer vp** sich verschlechtern.
déterminé, e [detɛʀmine] **adj 1.** [précis] bestimmt **2.** [décidé] (fest) entschlossen.
déterminer [3] [detɛʀmine] **vt** [préciser] bestimmen.
déterrer [4] [deteʀe] **vt** aus°graben.
détester [3] [detɛste] **vt** verabscheuen.
détonation [detɔnasjɔ̃] **nf** Knall *der*.
détour [detuʀ] **nm** [crochet] Umweg *der* ▸ **faire un détour** [voyageur] einen Umweg machen.
détourner [3] [detuʀne] **vt 1.** [regard] ab°wenden **2.** [circulation] um°leiten **3.** [argent] hinterziehen ▸ **détourner qqn de qqch** jn von etw ab°lenken. ◆ **se détourner vp** sich ab°wenden ▸ **se détourner de** sich ab°wenden von.
détraqué, e [detʀake] **adj 1.** [cassé] kaputt **2.** *fam* [fou] ausgeflippt.
détriment [detʀimɑ̃] ◆ **au détriment de loc prép** zulasten von.
détritus [detʀity(s)] **nmpl** Abfälle *pl*.
détroit [detʀwa] **nm** Meerenge *die*.
détruire [98] [detʀɥiʀ] **vt** zerstören.
détruit, e [detʀɥi, it] **pp & 3e pers. du sg. de l'ind. prés.** → **détruire**.
dette [dɛt] **nf** Schuld *die*.
deuil [dœj] **nm** [décès] Trauer *die* ▸ **être en deuil** trauern.
deux [dø] **num** zwei ▸ **à deux** zu zweit ▸ **le deux de pique** die Pikzwei ▸ **elle habite (au) deux rue Lepic** sie wohnt in der Rue Lepic Nummer zwei ▸ **il est deux heures** es ist zwei Uhr ▸ **le deux janvier** am zweiten Januar ▸ **page deux** Seite zwei ▸ **ils étaient deux** sie waren zu zweit.
deuxième [døzjɛm] **num** zweite(r, s) ▸ **le deuxième étage** der zweite Stock ▸ **il est arrivé deuxième** er wurde Zweiter.
deuxièmement [døzjɛmmɑ̃] **adv** zweitens.
deux-pièces [døpjɛs] **nm 1.** [maillot de bain] zweiteiliger Badeanzug **2.** [appartement] Zweizimmerwohnung *die*.
deux-roues [døʀu] **nm** Zweirad *das*.
dévaliser [3] [devalize] **vt** aus°rauben.
dévaluation [devalɥasjɔ̃] **nf** Abwertung *die*.
devancer [16] [dəvɑ̃se] **vt** zuvor°kommen.
devant [dəvɑ̃] ◆ **prép** vor. ◆ **adv 1.** [en face] davor **2.** [en avant] vorne. ◆ **nm** [d'une maison, d'un vêtement] Vorderseite *die* ▸ **de devant** [pattes, roues] Vorder- ▸ **(sens) devant derrière** falsch herum.
devanture [dəvɑ̃tyʀ] **nf** Auslage *die*.

dévaster [3] [devaste] **vt** verwüsten.

développement [devlɔpmɑ̃] **nm** Entwicklung *die* ▸ **développement durable** nachhaltige Entwicklung.

développer [3] [devlɔpe] **vt** entwickeln ▸ **faire développer des photos** Fotos entwickeln lassen. ◆ **se développer vp** sich entwickeln.

développeur [devlɔpœʀ] **nm** Entwickler *der*.

devenir [40] [dəvniʀ] **vi** werden ▸ **ça devient inquiétant** das wird beunruhigend ▸ **et alors, qu'est-ce que tu deviens ?** und, was treibst du so? ▸ **il est devenu avocat** er ist Anwalt geworden ▸ **il est devenu fou** er ist verrückt geworden.

devenu, e [dəvny] **pp** → **devenir**.

déverrouillage [devɛʀujaʒ] **nm** INFORM Aufheben *das* des Schreibschutzes.

déverrouiller [3] [devɛʀuje] **vt** INFORM den Schreibschutz *(G)* auf∘heben.

déviation [devjasjɔ̃] **nf** Umleitung *die*.

dévier [9] [devje] **vt 1.** [trafic] um∘leiten **2.** [balle] um∘lenken.

deviner [3] [dəvine] **vt** erraten.

devinette [dəvinɛt] **nf** Ratespiel *das* ▸ **jouer aux devinettes** Ratespiele machen.

devis [dəvi] **nm** Kostenvoranschlag *der*.

dévisager [17] [devizaʒe] **vt** an∘starren.

devise [dəviz] **nf** Devise *die*.

deviser [3] [dəvize] **vt** SUISSE einen Kostenvoranschlag erstellen für.

dévisser [3] [devise] **vt** ab∘schrauben.

dévoiler [3] [devwale] **vt** [secret, intentions] enthüllen.

devoir [53] [dəvwaʀ] ◆ **vt 1.** [exprime l'obligation] müssen ▸ **devoir faire qqch** etw tun müssen **2.** [exprime le futur, l'intention] sollen ▸ **nous devons partir demain** wir sollen morgen abreisen **3.** [pour suggérer] : **vous devriez essayer le rafting** Sie sollten mal raften gehen **4.** [exprime la probabilité] müssen ▸ **je dois avoir la grippe** ich muss wohl Grippe haben ▸ **ça doit coûter cher** das ist bestimmt teuer ▸ **le temps devrait s'améliorer cette semaine** das Wetter soll diese Woche besser werden **5.** [argent, explications] : **devoir qqch à qqn** jm etw schulden
◆ **nm 1.** [obligation] Pflicht *die* **2.** SCOL : **devoir (à la maison)** Hausaufgabe *die* ▸ **devoir (sur table)** Klassenarbeit *die*
◆ **devoirs nmpl** SCOL [à la maison] Hausaufgaben *pl* ▸ **faire ses devoirs** (seine) Hausaufgaben machen.

dévorer [3] [devɔʀe] **vt** verschlingen.

dévoué, e [devwe] **adj** ergeben.

dévouer [6] [devwe] ◆ **se dévouer vp** sich auf∘opfern ▸ **se dévouer pour faire qqch** es auf sich *(A)* nehmen, etw zu tun.

devra [dəvʀa] **3e pers. du sg. de l'ind. fut.** → **devoir**.

dézipper [3] [dezipe] **vt** entzippen.

diabète [djabɛt] **nm** Diabetes *der*.

diabétique [djabetik] **adj** zuckerkrank.

diable [djabl] **nm** Teufel *der*.

diabolo [djabɔlo] **nm** [boisson] *Limonadengetränk* ▸ **diabolo menthe** *Limonade mit Pfefferminzsirup*.

diagnostic [djagnɔstik] **nm** Diagnose *die*.

diagonale [djagɔnal] **nf** Diagonale *die* ▸ **en diagonale** diagonal ▸ **lire en diagonale** überfliegen.

diagramme [djagʀam] **nm** Diagramm *das*.

dialecte [djalɛkt] **nm** Dialekt *der*.

dialogue [djalɔg] **nm** Gespräch *das*.

diamant [djamɑ̃] **nm** Diamant *der*.

diamètre [djamɛtʀ] **nm** Durchmesser *der*.

diaporama [djapoʀama] **nm** INFORM Bildschirmpräsentation *die*.

diarrhée [djaʀe] **nf** Durchfall *der*.

dictateur [diktatœʀ] **nm** Diktator *der*.

dictature [diktatyʀ] **nf** Diktatur *die*.

dictée [dikte] **nf** Diktat *das*.

dicter [3] [dikte] **vt** diktieren.

dictionnaire [diksjɔnɛʀ] **nm** Wörterbuch *das*.

dicton [diktɔ̃] **nm** Sprichwort *das*.

dièse [djɛz] **nm** Kreuz *das* ▸ **appuyez sur (la touche) dièse** drücken Sie die Raute-Taste.

diesel [djezɛl] ◆ **nm 1.** [moteur] Dieselmotor *der* **2.** [voiture] Diesel *der*. ◆ **adj** Diesel-.

diététique [djetetik] **adj** Diät-.

dieu [djø] (*pl* -x) **nm** Gott *der*. ◆ **Dieu nm** Gott *der* ▸ **mon Dieu !** mein Gott!

différence [difeʀɑ̃s] **nf 1.** Unterschied *der* **2.** MATH Differenz *die*.

différent, e [difeʀɑ̃, ɑ̃t] **adj** unterschiedlich ▸ **différent de** anders als. ◆ **différents, es adj** verschiedene.

différer [18] [difeʀe] **vt** verschieben ▸ **différer de** sich unterscheiden von.

difficile [difisil] **adj** schwierig.

difficilement [difisilmɑ̃] **adv** schwer.

difficulté [difikylte] **nf** Schwierigkeit *die* ▸ **avoir des difficultés à faire qqch** Mühe haben, etw zu tun ▸ **en difficulté** in Not.

diffuser [3] [difyze] **vt 1.** RADIO senden **2.** [chaleur, lumière, parfum] verbreiten.

digérer [18] [diʒeʀe] **vt** verdauen ▸ **ne pas digérer qqch** [ne pas supporter] etw nicht ausstehen können.

digeste [diʒɛst] **adj** bekömmlich.

digestif, ive [diʒɛstif, iv] ◆ **adj** Verdauungs-. ◆ **nm** Magenschnaps *der*.

digestion [diʒɛstjɔ̃] **nf** Verdauung *die*.

Digicode® [diʒikɔd] **nm** *Zahlencode am Hauseingang*.

digital, e, aux [diʒital, o] **adj** Digital-, digital.

digne [diɲ] **adj** würdig ▸ **digne de qqch** einer Sache *(G)* würdig.

dignité [diɲite] **nf** Würde *die* ▸ **avec dignité** würdig *(adv)*.

digue [dig] **nf** Deich *der*.

dilater [3] [dilate] **vt** [yeux] weiten. ◆ **se dilater vp 1.** [yeux] sich weiten **2.** [gaz] sich aus∘dehnen.

diluer [7] [dilɥe] **vt** verdünnen.

dimanche [dimɑ̃ʃ] **nm** Sonntag *der* ▸ **nous sommes** ou **c'est dimanche** heute ist Sonntag ▸ **dimanche 13 septembre** Sonntag, der 13. September ▸ **nous sommes partis dimanche** wir sind (am) Sonntag losgefahren ou abgereist ▸ **dimanche dernier** (am) letzten Sonntag ▸ **dimanche prochain** (am) nächsten Sonntag ▸ **dimanche matin** (am) Sonntagmorgen ▸ **le dimanche** sonntags ▸ **à dimanche !** bis Sonntag!

dimension [dimɑ̃sjɔ̃] **nf 1.** [mesure] Abmessung *die* **2.** [géométrie] Dimension *die*.

diminuer [7] [diminɥe] ◆ **vt 1.** [prix, nombre] verringern **2.** [physiquement] schwächen. ◆ **vi** ab◦nehmen.

diminutif [diminytif] **nm** Verkleinerungsform *die*.

dinde [dɛ̃d] **nf** Pute *die* ▸ **dinde aux marrons** Pute mit Kastanien.

dindon [dɛ̃dɔ̃] **nm** Truthahn *der*.

dîner [3] [dine] ◆ **nm** [repas du soir] Abendessen *das*. ◆ **vi** [le soir] zu Abend essen.

dinosaure [dinozɔʀ] **nm** Dinosaurier *der*.

diplomate [diplɔmat] ◆ **adj** diplomatisch. ◆ **nmf** Diplomat *der*, -in *die*. ◆ **nm** *Biskuitschnitte mit kandierten Früchten*.

diplomatie [diplɔmasi] **nf** Diplomatie *die*.

diplôme [diplom] **nm** Abschlusszeugnis *das*.

diplômé, e [diplome] ◆ **adj** diplomiert, Diplom-. ◆ **nm, f** Inhaber *der*, -in *die* eines Diploms ▸ **diplômé en chimie** Diplomchemiker *der*.

dire [102] [diʀ] ◆ **vt 1.** [gén] sagen ▸ **dire la vérité** die Wahrheit sagen ▸ **comment dit-on « de rien » en allemand ?** was heißt "de rien" auf Deutsch? ▸ **on ne dit pas..., on dit...** es heißt nicht ..., es heißt ... **2.** [prononcer] : **je n'arrive pas à dire « Kirche »** "Kirche" kann ich einfach nicht aussprechen **3.** [prétendre] : **on dit que le président est très malade** es heißt, der Präsident sei sehr krank **4.** [ordonner] : **dire à qqn de faire qqch** jm sagen, er soll etw tun **5.** [penser] : **qu'est-ce que vous en dites ?** was sagen Sie dazu? ▸ **dire que j'ai croisé le président !** kaum zu glauben, dass ich dem Präsidenten begegnet bin! ▸ **on dirait qu'il va pleuvoir** es sieht so aus, als würde es bald regnen **6.** [dans des expressions] : **à vrai dire, ...** ehrlich gesagt, ... ▸ **ça ne me dit rien** dazu habe ich keine Lust ▸ **cela dit, ...** abgesehen davon, ... ▸ **disons...** sagen wir ... ◆ **se dire** **vp** [penser] : **je me suis tout de suite dit que ça allait mal tourner** ich habe mir gleich gedacht, dass das schiefgeht.

direct, e [diʀɛkt] ◆ **adj 1.** direkt **2.** [train, vol] Direkt-. ◆ **nm** : **en direct (de)** live (aus) ▸ **émission en direct** Livesendung *die*.

directement [diʀɛktəmɑ̃] **adv** direkt.

directeur, trice [diʀɛktœʀ, tʀis] **nm, f** Direktor *der*, -in *die* ▸ **directeur adjoint** stellvertretender Direktor.

direction [diʀɛksjɔ̃] **nf 1.** [gestion] Leitung *die* **2.** [équipe] Geschäftsleitung *die* **3.** [sens] Richtung *die* **4.** AUTO Lenkung *die* ▸ **en direction de** [à destination de] in Richtung ▸ **'toutes directions'** alle Richtungen.

dirigeant, e [diʀiʒɑ̃, ɑ̃t] **nm, f 1.** POL Spitzenpolitiker *der*, -in *die* **2.** [d'une entreprise] Geschäftsführer *der*, -in *die* **3.** [d'un club] Vorsitzende *der, die*.

diriger [17] [diʀiʒe] **vt 1.** [entreprise, groupe, travaux] leiten **2.** [véhicule] lenken **3.** [orchestre] dirigieren ▸ **diriger qqch sur** etw richten auf *(+ A)*. ◆ **se diriger vers** **vp + prép** zu◦gehen auf *(+ A)*.

dis [di] 1re et 2e pers. du sg. de l'ind. prés., 1re et 2e pers. du sg. de l'ind. passé simple & 2e pers. du sg. de l'impératif prés. → **dire**.

discipline [disiplin] **nf** Disziplin *die*.

discipliné, e [disipline] **adj** diszipliniert.

disc-jockey [diskʒɔkɛ] (*pl* **disc-jockeys**) **nmf** Discjockey *der*.

disco [disko] ◆ **nm** Diskosound *der*. ◆ **adj inv** Disko-.

discothèque [diskɔtɛk] **nf 1.** [boîte de nuit] Diskothek *die* **2.** [de prêt] Schallplattenverleih *der*.

discours [diskuʀ] **nm** Rede *die*.

discret, ète [diskʀɛ, ɛt] **adj 1.** [personne] diskret **2.** [vêtements, geste, endroit] unauffällig.

discrétion [diskʀesjɔ̃] **nf** Diskretion *die*.

discrimination [diskʀiminasjɔ̃] **nf** Diskriminierung *die*.

discussion [diskysjɔ̃] **nf** Diskussion *die*.

discuter [3] [diskyte] **vi 1.** [parler] diskutieren **2.** [protester] wider°sprechen ▸ **discuter de qqch (avec qqn)** (mit jm) über etw *(A)* diskutieren.

dise [diz] **1re et 3e pers. du sg. du subj. prés.** → **dire**.

disjoncteur [disʒɔ̃ktœʀ] **nm** Sicherung *die*.

disons [dizɔ̃] **1re pers. du pl. de l'ind. prés.** & **1re pers. du pl. de l'impératif prés.** → **dire**.

disparaître [91] [dispaʀɛtʀ] **vi 1.** [devenir invisible, manquer] verschwinden **2.** [cesser d'exister] aus°sterben **3.** [mourir] verscheiden.

disparition [dispaʀisjɔ̃] **nf 1.** [absence] Verschwinden *das* **2.** [d'une espèce, de coutumes] Aussterben *das*.

disparu, e [dispaʀy] ◆ **pp** → **disparaître.** ◆ **nm, f** [mort] Verstorbene *der, die*.

dispensaire [dispɑ̃sɛʀ] **nm** ≃ Ambulanz *die*.

dispenser [3] [dispɑ̃se] **vt** : **dispenser qqn de qqch** jn von etw frei°stellen.

disperser [3] [dispɛʀse] **vt 1.** [objets] verstreuen **2.** [foule] zerstreuen.

disponible [dispɔnibl] **adj 1.** [article] vorrätig **2.** [personne, place] frei.

disposé, e [dispoze] **adj** : **être disposé à faire qqch** bereit sein, etw zu tun.

disposer [3] [dispoze] **vt** an°ordnen. ◆ **disposer de v + prép** verfügen über *(+ A)*.

dispositif [dispozitif] **nm** Vorrichtung *die*.

disposition [dispozisjɔ̃] **nf** Anordnung *die* ▸ **prendre ses dispositions** Vorkehrungen treffen ▸ **à la disposition de qqn** zu js Verfügung.

disproportionné, e [dispʀɔpɔʀsjɔne] **adj** übergroß.

dispute [dispyt] **nf** Streit *der*.

disputer [3] [dispyte] **vt** bestreiten. ◆ **se disputer vp** sich streiten.

disquaire [diskɛʀ] **nmf** Schallplattenhändler *der*, -in *die*.

disqualifier [9] [diskalifje] **vt** disqualifizieren.

disque [disk] **nm 1.** [enregistrement] (Schall)platte *die* **2.** [objet rond] Scheibe *die* **3.** SPORT Diskus *der* **4.** INFORM Diskette *die* ▸ **disque laser** CD *die* ▸ **disque dur** Festplatte.

disquette [diskɛt] **nf** Diskette *die*.

dissert [disɛʀt] (*abr de* dissertation) **nf** *fam* SCOL Aufsatz *der*.

dissertation [disɛʀtasjɔ̃] **nf** Aufsatz *der*.

dissimuler [3] [disimyle] **vt** verbergen.

dissipé, e [disipe] **adj** zerstreut.

dissiper [3] [disipe] ◆ **se dissiper vp** [brouillard] sich auf°lösen.

dissolvant [disɔlvɑ̃] **nm 1.** [à peinture] Lösemittel *das* **2.** [à ongles] Nagellackentferner *der*.

dissoudre [87] [disudʀ] **vt** auf◦lösen.

dissous, oute [disu, ut] **pp** & **1re et 2e pers. du sg. de l'ind. prés. → dissoudre.**

distance [distɑ̃s] **nf** Entfernung *die* ▸ **à une distance de 20 km, à 20 km de distance** in 20 km Entfernung ▸ **à distance** aus der Ferne.

distancer [16] [distɑ̃se] **vt** hinter sich *(D)* lassen.

distinct, e [distɛ̃, ɛ̃kt] **adj 1.** [différent] unterschiedlich **2.** [clair] deutlich.

distinction [distɛ̃ksjɔ̃] **nf** : **faire une distinction entre** einen Unterschied machen zwischen *(+ D)*.

distingué, e [distɛ̃ge] **adj** vornehm ▸ **'salutations distinguées'** [dans une lettre] 'mit freundlichen Grüßen'.

distinguer [3] [distɛ̃ge] **vt 1.** [faire la différence entre] unterscheiden **2.** [voir] erkennen. ◆ **se distinguer de vp + prép** sich unterscheiden von.

distraction [distʀaksjɔ̃] **nf 1.** [étourderie] Zerstreutheit *die* **2.** [loisir] Zeitvertreib *der*.

distraire [112] [distʀɛʀ] **vt 1.** [amuser] unterhalten **2.** [déconcentrer] ab◦lenken. ◆ **se distraire vp** sich zerstreuen.

distrait, e [distʀɛ, ɛt] ◆ **pp → distraire.** ◆ **adj** [personne] zerstreut.

distribuer [7] [distʀibɥe] **vt 1.** [cartes] aus◦teilen **2.** [bonbons] verteilen **3.** [courrier] zu◦stellen.

distributeur [distʀibytœʀ] **nm** Automat *der* ▸ **distributeur (automatique) de billets** Geldautomat.

distribution [distʀibysjɔ̃] **nf 1.** [des prix] Verleihung *die* **2.** [du courrier] Zustellung *die* **3.** [dans un film] Rollenverteilung *die* ▸ **distribution des prix** Preisverleihung.

dit, e [di, dit] **pp, 3e pers. du sg. de l'ind. prés.** & **3e pers. du sg. de l'ind. passé simple → dire.**

dites [dit] **2e pers. du pl. de l'ind. prés. → dire.**

divan [divɑ̃] **nm** Sofa *das*.

divers, es [divɛʀ, ɛʀs] **adj** diverse ▸ **les divers droite / gauche** POL *die verschiedenen Rechts- / Linksparteien*.

divertir [32] [divɛʀtiʀ] **vt** unterhalten. ◆ **se divertir vp** sich zerstreuen.

divertissement [divɛʀtismɑ̃] **nm** Unterhaltung *die*.

divin, e [divɛ̃, in] **adj** göttlich.

divisé, e [divize] **pp** geteilt ▸ **divisé par** geteilt durch.

diviser [3] [divize] **vt 1.** MATH teilen **2.** [partager] (auf)teilen **3.** [mettre en désaccord] entzweien.

division [divizjɔ̃] **nf 1.** MATH Teilung *die* **2.** [partage] (Auf)teilung *die* **3.** SPORT Liga *die*.

divorce [divɔʀs] **nm** Scheidung *die* ▸ **demander le divorce** die Scheidung ein◦reichen ▸ **obtenir le divorce** sich von jm scheiden lassen.

divorcé, e [divɔʀse] ◆ **adj** geschieden. ◆ **nm, f** geschiedener Mann, geschiedene Frau.

divorcer [16] [divɔʀse] **vi** sich scheiden lassen.

divulguer [3] [divylge] **vt** verbreiten.

dix [dis] **num** zehn ▸ **le dix de pique** die Pikzehn ▸ **elle habite (au) dix rue Lepic** sie wohnt in der Rue Lepic Nummer zehn ▸ **il est dix heures** es ist zehn Uhr ▸ **le dix janvier** am zehnten Januar ▸ **page dix** Seite zehn ▸ **ils étaient dix** sie waren zu zehnt.

dix-huit [dizɥit] num achtzehn ▸ **elle habite (au) dix-huit rue Lepic** sie wohnt in der Rue Lepic Nummer achtzehn ▸ **il a dix-huit ans** er ist achtzehn ▸ **il est dix-huit heures** es ist achtzehn Uhr ▸ **ils étaient dix-huit** sie waren zu achtzehnt ▸ **le dix-huit janvier** am achtzehnten Januar ▸ **page dix-huit** Seite achtzehn.

dix-huitième [dizɥitjɛm] num achtzehnte(r, s).

dixième [dizjɛm] num zehnte(r, s) ▸ **le dixième étage** der zehnte Stock ▸ **il est arrivé dixième** er wurde Zehnter.

dix-neuf [diznœf] num neunzehn ▸ **elle habite (au) dix-neuf rue Lepic** sie wohnt in der Rue Lepic Nummer neunzehn ▸ **il a dix-neuf ans** er ist neunzehn ▸ **il est dix-neuf heures** es ist neunzehn Uhr ▸ **ils étaient dix-neuf** sie waren zu neunzehnt ▸ **le dix-neuf janvier** am neunzehnten Januar ▸ **page dix-neuf** Seite neunzehn.

dix-neuvième [diznœvjɛm] num neunzehnte(r, s).

dix-sept [disɛt] num siebzehn ▸ **elle habite (au) dix-sept rue Lepic** sie wohnt in der Rue Lepic Nummer siebzehn ▸ **il a dix-sept ans** er ist siebzehn ▸ **il est dix-sept heures** es ist siebzehn Uhr ▸ **ils étaient dix-sept** sie waren zu siebzehnt ▸ **le dix-sept janvier** am siebzehnten Januar ▸ **page dix-sept** Seite siebzehn.

dix-septième [disɛtjɛm] num siebzehnte(r, s).

dizaine [dizɛn] nf : **une dizaine (de)** ungefähr zehn.

Djakarta, Jakarta [dʒakaʀta] n Djakarta *nt*, Jakarta *nt*.

Djibouti [dʒibuti] n Djibouti *nt*, Dschibuti *nt*.

Djouba [djuba] n Juba *nt*.

do [do] nm inv C *das*.

docile [dɔsil] adj folgsam.

docks [dɔk] nmpl Hafen *der*.

docteur [dɔktœʀ] nmf *(aussi : docteure nf)* **1.** MÉD Arzt *der*, Ärztin *die* **2.** [université] Doktor *der*.

document [dɔkymɑ̃] nm Dokument *das* ▸ **document Word** Word-Dokument.

documentaire [dɔkymɑ̃tɛʀ] nm Dokumentarfilm *der*.

documentaliste [dɔkymɑ̃talist] nmf SCOL Dokumentar *der*, -in *die*.

documentation [dɔkymɑ̃tasjɔ̃] nf Unterlagen *pl* ▸ **avoir / envoyer de la documentation** die Unterlagen haben / schicken ▸ **demander de la documentation** Unterlagen an∘fordern.

documenter [3] [dɔkymɑ̃te] ◆ **se documenter** vp sich *(D)* Informationsmaterial beschaffen.

Doha [dɔa] n Doha *nt*.

doigt [dwa] nm Finger *der* ▸ **un doigt de whisky** ein Schluck Whisky ▸ **à deux doigts de qqch** ganz nahe an etw *(D)*.

dois [dwa] 1re et 2e pers. du sg. de l'ind. prés. → **devoir**.

doive [dwav] 1re et 3e pers. du sg. du subj. prés. → **devoir**.

dollar [dɔlaʀ] nm Dollar *der*.

domaine [dɔmɛn] nm **1.** [propriété] Gut *das* **2.** [secteur] Gebiet *das* **3.** INFORM Domäne *die* ▸ **nom de domaine national** Länderkennung *die*.

dôme [dom] nm Kuppel *die*.

> ⚠ Dom est un faux ami. Il se traduit par ***cathédrale*** et non par « dôme ».

domestique [dɔmɛstik] ◆ adj [tâche] Haus-. ◆ nmf Hausangestellte *der, die*.

domicile [dɔmisil] **nm** Wohnsitz *der*. ◆ **à domicile** ◆ **adj** **1.** [livraison] ins Haus **2.** [travail] zu Hause. ◆ **adv** **1.** [livrer] ins Haus **2.** [travailler] zu Hause ▸ **à domicile** zu Hause ▸ **livrer à domicile** ins Haus liefern.

dominant, e [dɔminɑ̃, ɑ̃t] **adj** **1.** [qui prévaut] vorherrschend **2.** [qui exerce une autorité] herrschend.

dominer [3] [dɔmine] ◆ **vi** dominieren. ◆ **vt** **1.** beherrschen **2.** [surplomber] überragen **3.** [voir d'en haut] überschauen ▸ **dominer qqn** jm überlegen sein.

Dominique [dɔminik] **nf** : **la Dominique** die Dominikanische Republik.

dominos [dɔmino] **nmpl** Domino(spiel) *das* ▸ **jouer aux dominos** Domino spielen.

dommage [dɔmaʒ] **nm** : **(quel) dommage !** (wie) schade! ▸ **c'est dommage de** es ist schade, dass ▸ **c'est dommage que** es ist schade, dass. ◆ **dommages nmpl** Schaden *der*.

dompter [3] [dɔ̃te] **vt** zähmen.

dompteur, euse [dɔ̃tœʀ, øz] **nm, f** Dompteur *der*, -euse *die*.

DOM-TOM [dɔmtɔm] (*abr de* **Départements d'Outre-Mer**) **nmpl** *ehemaliger Namen französischer Überseedepartements und -gebiete*.

don [dɔ̃] **nm** Begabung *die* ▸ **don de sang / d'organe** Blutspende / Organspende *die*.

donc [dɔ̃k] **conj** also ▸ **viens donc !** nun komm doch!

donf [dɔ̃f] ◆ **à donf loc adv** (*verlan de* à fond) : **il écoute ce morceau en boucle à donf** er hört sich dieses Stück immer wieder volle Pulle an ▸ **en ce moment elle est à donf dans le rap** im Moment fährt sie total auf Rap ab.

donjon [dɔ̃ʒɔ̃] **nm** Bergfried *der*.

données [dɔne] **nfpl** Daten *pl*.

donner [3] [dɔne] **vt** geben ▸ **donner qqch à qqn** jm etw geben ▸ **donner à manger à qqn** jm zu essen geben ▸ **la marche m'a donné chaud** beim Wandern ist mir warm geworden ▸ **donner soif** durstig machen. ◆ **donner sur v + prép** hinaus∘gehen auf *(+ A)*.

dont [dɔ̃] ◆ **pron rel** **1.** [complément du verbe, de l'adjectif] : **la région dont je viens** die Gegend, aus der ich komme ▸ **c'est le camping dont on nous a parlé** das ist der Campingplatz, von dem man uns erzählt hat ▸ **l'accident dont il est responsable** der Unfall, für den er verantwortlich ist **2.** [complément du nom] dessen, deren ▸ **c'est un pays dont la principale industrie est le tourisme** das ist ein Land, dessen Hauptindustrie der Tourismus ist ▸ **c'est la personne dont je t'ai parlé** das ist die Person, von der ich dir erzählt habe ▸ **pour ceux dont la passion est le sport** für die, deren Leidenschaft Sport ist **3.** [parmi lesquels] : **nous avons passé plusieurs jours au Portugal, dont trois à la plage** wir haben mehrere Tage in Portugal verbracht, davon drei am Strand ▸ **certaines personnes, dont moi, pensent que…** manche Leute, zu denen auch ich gehöre, meinen, dass …

dopage [dɔpaʒ] **nm** Doping *das*.

doré, e [dɔʀe] ◆ **adj** **1.** [métal, bouton] vergoldet **2.** [lumière, peau] golden **3.** [aliment] gebräunt. ◆ **nm** QUÉBEC *eine in Kanada häufig zubereitete Hechtart*.

dorénavant [dɔʀenavɑ̃] **adv** von nun an.

dorin [dɔʀɛ̃] **nm** SUISSE Waadtländer Weisser *der*, Waadtländer *der*.

dorloter [3] [dɔʀlɔte] **vt** verhätscheln.

dormir [36] [dɔʀmiʀ] **vi** schlafen.
dortoir [dɔʀtwaʀ] **nm** Schlafsaal *der*.
dos [do] **nm 1.** Rücken *der* **2.** [d'un siège] Rückenlehne *die* **3.** [d'une feuille] Rückseite *die* ▸ **au dos (de)** auf die ou der Rückseite (*(+ G)*) ▸ **de dos** von hinten ▸ **dos crawlé** [natation] Rückenkraulen *das*.
dose [doz] **nf** Menge *die*.
dossier [dosje] **nm 1.** [d'un siège] Rückenlehne *die* **2.** [documents] Akte *die* **3.** INFORM Verzeichnis *das*, Ordner *der* ▸ **dossier d'inscription** Anmeldeformular *das*.
douane [dwan] **nf** [lieu] Zoll *der*.
douanier, ère [dwanje, ɛʀ] **nm, f** Zollbeamte *der*, -tin *die*.
doublage [dublaʒ] **nm** Synchronisierung *die*.
double [dubl] ◆ **nm** Doppel *das*. ◆ **adj & adv** doppelt ▸ **le double** das Doppelte ▸ **avoir qqch en double** etw doppelt haben.
double-clic [dublklik] (*pl* **doubles-clics**) **nm** Doppelklick *der* ▸ **faire un double-clic** doppelklicken.
double-cliquer [3] [dublklike] **vi** doppelklicken.
doubler [3] [duble] ◆ **vt 1.** [multiplier] verdoppeln **2.** [vêtement] füttern **3.** AUTO überholen **4.** [film] synchronisieren. ◆ **vi 1.** [augmenter] sich verdoppeln **2.** AUTO überholen.
doublure [dublyʀ] **nf** [d'un vêtement] Futter *das*.
douce [dus] **adj f** → **doux**.
douceâtre [dusatʀ] **adj** süßlich.
doucement [dusmɑ̃] **adv 1.** [bas] leise **2.** [modérément] sachte **3.** [lentement] langsam.
douceur [dusœʀ] **nf 1.** [gentillesse] Sanftmut *die* **2.** [de la peau] Zartheit *die* **3.** [d'un tissu] Weichheit *die* **4.** [du climat] Milde *die* ▸ **en douceur** sanft.
Douchanbé [duʃɑ̃be] **n** Duschanbe *nt*.
douche [duʃ] **nf** Dusche *die* ▸ **prendre une douche** duschen.
doucher [3] [duʃe] ◆ **se doucher vp** (sich) duschen.
doué, e [dwe] **adj** begabt ▸ **être doué pour** ou **en qqch** für etw begabt sein.
douillet, ette [dujɛ, ɛt] **adj 1.** [délicat] wehleidig **2.** [vêtement] mollig **3.** [appartement] gemütlich.
douleur [dulœʀ] **nf** Schmerz *der* ▸ **j'ai une douleur au bras / au ventre** ich habe Schmerzen im Arm / Bauch.
douloureux, euse [duluʀø, øz] **adj 1.** [opération] schmerzhaft **2.** [souvenir] schmerzlich **3.** [partie du corps] schmerzend.
doute [dut] **nm** Zweifel *der* ▸ **avoir un doute (sur)** Zweifel haben (an *(+ D)*) ▸ **sans doute** sicherlich.
douter [3] [dute] **vt** : **douter que** bezweifeln, dass. ◆ **douter de v + prép** zweifeln an *(+ D)*. ◆ **se douter vp** : **se douter de** ahnen ▸ **se douter que** ahnen, dass.
Douvres [duvʀ] **n** Dover *nt*.
doux, douce [du, dus] **adj 1.** [au goût, temps] mild **2.** [au toucher] weich **3.** [personne] sanft(mütig) ▸ **il fait doux, aujourd'hui** heute ist es mild.
douzaine [duzɛn] **nf** : **une douzaine (de)** a) [douze] ein Dutzend b) [environ douze] ungefähr zwölf.
douze [duz] **num** zwölf ▸ **le douze de pique** die Pikzwölf ▸ **elle habite (au) douze rue Lepic** sie wohnt in der Rue Lepic Nummer zwölf ▸ **il est midi** es ist Mittag ▸ **le douze janvier** am zwölf-

ten Januar ▸ **page douze** Seite zwölf ▸ **ils étaient douze** sie waren zu zwölft.

douzième [duzjɛm] **num** zwölfte(r, s) ▸ **le douzième étage** der zwölfte Stock ▸ **il est arrivé douzième** er wurde Zwölfter.

dragée [dʀaʒe] **nf** Dragee *das*.

dragon [dʀagɔ̃] **nm** [animal] Drachen *der*.

draguer [3] [dʀage] **vt** *fam* [personne] an◦machen.

dramatique [dʀamatik] ◆ **adj 1.** [de théâtre] Theater- **2.** [grave] dramatisch. ◆ **nf 1. RADIO** Hörspiel *das* **2. TV** Fernsehspiel *das*.

drame [dʀam] **nm** Drama *das*.

drap [dʀa] **nm** (Bett)laken *das*.

drapeau [dʀapo] (*pl* -x) **nm** Fahne *die*.

drap-housse [dʀaus] (*pl* **draps-housses**) **nm** Spannbetttuch *das*.

dreadlocks [dʀɛdlɔks] **nfpl** Rastalocken *pl*.

dresser [4] [dʀese] **vt 1.** auf◦stellen **2.** [tête] heben **3.** [animal] dressieren. ◆ **se dresser vp 1.** [se mettre debout] sich auf◦richten **2.** [obstacle] auf◦tauchen.

drogue [dʀɔg] **nf** : **la drogue** Drogen *pl*.

drogué, e [dʀɔge] **nm, f** Drogenabhängige *der, die*.

droguer [3] [dʀɔge] ◆ **se droguer vp** Drogen nehmen.

droguerie [dʀɔgʀi] **nf** Drogerie *die*.

droit, e [dʀwa, dʀwat] **adj 1.** gerade **2.** [côté, main] rechte(r, s). ◆ **droit** ◆ **adv** geradeaus. ◆ **nm 1.** [autorisation] Recht *das* **2.** [taxe] Gebühr *die* ▸ **le droit** DR das Recht ▸ **étudier le droit** Jura studieren ▸ **donner droit à** berechtigen zu ▸ **avoir le droit de faire qqch** das Recht haben, etw zu tun ▸ **avoir droit à qqch** auf etw *(A)* Anspruch haben ▸ **tout droit** geradeaus. ◆ **droite nf 1.** : **la droite** [côté] die rechte Seite **2. POL** die Rechte ▸ **de droite** [du côté droit] von rechts ▸ **à droite (de)** rechts (von).

droitier, ère [dʀwatje, ɛʀ] **adj** rechtshändig.

drôle [dʀol] **adj 1.** [amusant] lustig **2.** [bizarre] komisch.

drôlement [dʀolmɑ̃] **adv** *fam* [très] unheimlich.

DROM [dʀɔm] (*abr de* Départements et régions d'outre-mer) **nmpl** *französische Überseedepartements und -regionen*.

dromadaire [dʀɔmadɛʀ] **nm** Dromedar *das*.

drone [dʀɔn] **nm MIL** Drohne *die*.

dsl (*abr écrite de* désolé) **SMS** tut mir leid.

du [dy] *(contraction de* **de** *avec* **le***)* **art** → **de**.

dû, due [dy] **pp** → **devoir**.

Dublin [dyblɛ̃] **n** Dublin *nt*.

duc, duchesse [dyk, dyʃɛs] **nm, f** Herzog *der*, -in *die*.

duel [dɥɛl] **nm** Duell *das* ▸ **se battre en duel** sich duellieren.

duffle-coat [dœfəlkot] (*pl* **duffle-coats**) **nm** Dufflecoat *der*.

dune [dyn] **nf** Düne *die*.

duo [dɥo] **nm 1.** [instrumental] Duo *das* **2.** [vocal] Duett *das*.

duplex [dyplɛks] **nm** Maisonette *die*.

duplicata [dyplikata] **nm** Duplikat *das*.

duquel [dykɛl] *(contraction de* **de** *avec* **lequel***)* **pron rel** → **lequel**.

dur, e [dyʀ] ◆ **adj 1.** hart **2.** [viande] zäh **3.** [difficile] schwer. ◆ **adv** hart.

durant [dyʀɑ̃] **prép** während.

durcir [32] [dyʀsiʀ] **vi** hart werden. ◆ **se durcir vp** sich verhärten.

durée [dyʀe] **nf** Dauer *die* ▸ **pour une durée de** für die Dauer von.

durement [dyʀmɑ̃] **adv 1.** [violemment] schwer **2.** [péniblement, sévèrement] hart.

durer [3] [dyʀe] **vi 1.** [spectacle, maladie] dauern **2.** [pile] halten.

dureté [dyʀte] **nf** Härte *die*.

duvet [dyvɛ] **nm 1.** [plumes] Daunen *pl* **2.** [sac de couchage] Daunenschlafsack *der*.

DVD (*abr de* Digital Video Disc) **nm inv** DVD *die* ▸ **lecteur de DVD** DVD-Player *der*.

dynamique [dinamik] **adj** dynamisch.

dynamite [dinamit] **nf** Dynamit *das*.

dynamo [dinamo] **nf** AUTO Dynamo *der*.

dysfonctionnement [disfɔ̃ksjɔnmɑ̃] **nm** Funktionsstörung *die*.

dyslexique [dislɛksik] **adj** legasthenisch.

E

E (*abr de* est) O *(Ost)*.

eau [o] (*pl* -x) **nf** Wasser *das* ▸ **eau bénite** Weihwasser ▸ **eau chaude** warmes Wasser ▸ **eau de Cologne** Kölnischwasser ▸ **eau froide** kaltes Wasser ▸ **eau gazeuse** Sprudelwasser ▸ **eau minérale** Mineralwasser ▸ **eau oxygénée** Wasserstoffperoxid *das* ▸ **eau potable** Trinkwasser ▸ **eau non potable** nicht trinkbares Wasser ▸ **eau plate** stilles Wasser ▸ **eau du robinet** Leitungswasser ▸ **eau de toilette** Eau de Toilette *das*.

eau-de-vie [odvi] (*pl* **eaux-de-vie**) **nf** Schnaps *der*.

ébéniste [ebenist] **nmf** Möbeltischler *der*, -in *die*.

éblouir [32] [ebluiʀ] **vt 1.** [aveugler] blenden **2.** [charmer] begeistern.

éblouissant, e [ebluisɑ̃, ɑ̃t] **adj 1.** [aveuglant] grell **2.** [admirable] glanzvoll.

e-book [ibuk] (*pl* **e-books**) **nm** E-Buch *das*.

éborgner [3] [ebɔʀɲe] **vt** : **éborgner qqn** jm ein Auge ausstechen.

éboueur [ebwœʀ] **nm** Angestellte *der* der Müllabfuhr.

ébouillanter [3] [ebujɑ̃te] **vt** [brûler] verbrühen. ◆ **s'ébouillanter vp** sich verbrühen.

éboulement [ebulmɑ̃] **nm** Erdrutsch *der*.

ébouriffé, e [ebuʀife] **adj** zerzaust.

ébrouer [3] [ebʀue] ◆ **s'ébrouer vp** [se secouer] sich schütteln.

ébruiter [3] [ebʀɥite] **vt** verbreiten.

ébullition [ebylisjɔ̃] **nf** Sieden *das* ▸ **porter qqch à ébullition** etw zum Kochen bringen.

écaille [ekaj] **nf 1.** [de poisson] Schuppe *die* **2.** [d'huître] Schale *die* ▸ **lunettes en écaille** Hornbrille *die*.

écailler [3] [ekaje] **vt** (ab)schuppen. ◆ **s'écailler vp** [peinture] ab∘blättern.

écarlate [ekaʀlat] **adj** scharlachrot.

écarquiller [3] [ekaʀkije] **vt** : **écarquiller les yeux** die Augen auf∘sperren.

écart [ekaʀ] nm **1.** [distance] Abstand *der* **2.** [différence] Unterschied *der* ▸ **faire un écart** einen Satz zur Seite machen ▸ **à l'écart de** abseits *(+ G)* ▸ **grand écart** Spagat *der*.

écarter [3] [ekaʀte] vt **1.** [bras] aus∘breiten **2.** [jambes] spreizen **3.** [éloigner] weg∘schieben.

échafaudage [eʃafodaʒ] nm Gerüst *das*.

échalote [eʃalɔt] nf Schalotte *die*.

échancré, e [eʃɑ̃kʀe] adj ausgeschnitten.

échange [eʃɑ̃ʒ] nm **1.** [troc] Tausch *der* **2.** SCOL Austausch *der* ▸ **en échange (de)** als Ersatz (für) ▸ **échange de balles** Ballwechsel *der*.

échanger [17] [eʃɑ̃ʒe] vt aus∘tauschen ▸ **échanger qqch contre qqch** etw gegen etw aus∘tauschen.

échangeur [eʃɑ̃ʒœʀ] nm Autobahnkreuz *das*.

échantillon [eʃɑ̃tijɔ̃] nm Probe *die*.

échappement [eʃapmɑ̃] nm → **pot, tuyau**.

échapper [3] [eʃape] ◆ **échapper à** v + prép **1.** [mort, corvée] entgehen **2.** [personne] entkommen ▸ **ça m'a échappé des mains** es ist mir aus der Hand geglitten. ◆ **s'échapper** vp [s'enfuir] entfliehen ▸ **s'échapper de** [s'enfuir] aus∘brechen aus.

écharde [eʃaʀd] nf Splitter *der*.

écharpe [eʃaʀp] nf [cache-nez] Schal *der* ▸ **en écharpe** als Schärpe.

échauffement [eʃofmɑ̃] nm [sportif] Warmmachen *das*.

échauffer [3] [eʃofe] ◆ **s'échauffer** vp [sportif] sich warm machen.

échec [eʃɛk] nm Misserfolg *der* ▸ **échec !** Schach! ▸ **échec et mat !** Schach und matt! ◆ **échecs** nmpl Schach(spiel) *das* ▸ **jouer aux échecs** Schach spielen.

échelle [eʃɛl] nf **1.** [pour grimper] Leiter *die* **2.** [sur une carte] Maßstab *der* ▸ **faire la courte échelle à qqn** jm eine Räuberleiter machen.

échelon [eʃlɔ̃] nm **1.** [d'échelle] Sprosse *die* **2.** [grade] Stufe *die*.

échine [eʃin] nf Kamm *der*.

échiquier [eʃikje] nm Schachbrett *das*.

écho [eko] nm [résonance] Echo *das*.

échographie [ekogʀafi] nf Ultraschalluntersuchung *die* ▸ **faire** ou **passer une échographie** eine Ultraschalluntersuchung machen lassen.

échouer [6] [eʃwe] vi misslingen. ◆ **s'échouer** vp [bateau] auf∘laufen.

éclabousser [3] [eklabuse] vt bespritzen.

éclaboussure [eklabusyʀ] nf Spritzer *der*.

éclair [eklɛʀ] nm **1.** [d'orage] Blitz *der* **2.** [gâteau] Eclair *das* ▸ **un éclair au café** ein Mokkaeclair.

éclairage [eklɛʀaʒ] nm Beleuchtung *die*.

éclaircie [eklɛʀsi] nf Aufheiterung *die*.

éclaircir [32] [eklɛʀsiʀ] vt auf∘hellen. ◆ **s'éclaircir** vp **1.** [ciel] sich auf∘hellen **2.** *fig* [mystère] sich auf∘klären.

éclaircissement [eklɛʀsismɑ̃] nm [explication] Klärung *die*.

éclairer [4] [ekleʀe] vt beleuchten. ◆ **s'éclairer** vp [visage] sich auf∘hellen.

éclaireur, euse [eklɛʀœʀ, øz] nm, f Pfadfinder *der*, -in *die* ▸ **partir en éclaireur** *fig* [partir devant] das Terrain erkunden.

éclat [ekla] **nm** **1.** [de verre] Splitter *der* **2.** [d'une lumière] Helligkeit *die* ▸ **éclats de rire** schallendes Gelächter ▸ **éclats de voix** Stimmengewirr *das*.

éclatant, e [eklatɑ̃, ɑ̃t] **adj** **1.** [lumière, blancheur, sourire] strahlend **2.** [succès] glänzend.

éclater [3] [eklate] **vi** **1.** [exploser] (zer)platzen **2.** [guerre] aus◦brechen ▸ **un scandale éclate** es kommt zu einem Skandal ▸ **éclater de rire** laut auf◦lachen ▸ **éclater en sanglots** in Tränen aus◦brechen.

éclipse [eklips] **nf** : **éclipse de soleil** Sonnenfinsternis *die* ▸ **éclipse de lune** Mondfinsternis *die*.

écluse [eklyz] **nf** Schleuse *die*.

écobilan [ekɔbilɑ̃] **nm** Ökobilanz *die*.

écœurant, e [ekœʀɑ̃, ɑ̃t] **adj** widerlich.

écœurer [5] [ekœʀe] **vt** an◦ekeln.

école [ekɔl] **nf** Schule *die* ▸ **école élémentaire** Grundschule ▸ **école primaire** Grundschule ▸ **à l'école** in der Schule ▸ **aller à l'école** zur Schule gehen ▸ **faire l'école buissonnière** die Schule schwänzen.

> ⓘ **Les grandes écoles**
>
> Die grandes écoles sind staatliche Elitehochschulen in Frankreich. Die Aufnahme erfolgt nach einer zweijährigen Vorbereitung in den classes préparatoires und einer bestandenen Aufnahmeprüfung, dem concours. An den grandes écoles werden zukünftige Fach- beziehungsweise Führungskräfte Frankreichs ausgebildet. Die École polytechnique ist die bekannteste der grandes écoles.

écolier, ère [ekɔlje, ɛʀ] **nm, f** Schüler *der*, -in *die*.

écologie [ekɔlɔʒi] **nf** [mouvement] Umweltschutz *der*.

écologique [ekɔlɔʒik] **adj** **1.** [mouvement] Umwelt- **2.** [produit] biologisch.

écologiste [ekɔlɔʒist] **nmf** Umweltschützer *der*, -in *die* ▸ **les écologistes** POL die Grünen.

écomusée [ekomyze] **nm** Freilichtmuseum *das*.

économe [ekɔnɔm] **adj** sparsam ▸ **être économe de ses efforts** wenig Anstrengungen machen.

économie [ekɔnɔmi] **nf** **1.** [d'un pays] Wirtschaft *die* **2.** [science] Wirtschaftswissenschaft *die*. ◆ **économies nfpl** Ersparnisse *pl* ▸ **faire des économies** sparen.

économique [ekɔnɔmik] **adj** **1.** [peu coûteux] sparsam **2.** [crise] Wirtschafts- **3.** [développement] wirtschaftlich.

économiser [3] [ekɔnɔmize] **vt** sparen.

écorce [ekɔʀs] **nf** **1.** [d'arbre] Rinde *die* **2.** [d'orange] Schale *die*.

écorcher [3] [ekɔʀʃe] ◆ **s'écorcher vp** : **s'écorcher le genou** sich *(D)* das Knie auf◦schürfen.

écorchure [ekɔʀʃyʀ] **nf** Schramme *die*.

écossais, e [ekɔsɛ, ɛz] **adj** **1.** [d'Écosse] schottisch **2.** [tissu] Schotten-. ◆ **Écossais, e nm, f** Schotte *der*, -tin *die*.

Écosse [ekɔs] **nf** : **l'Écosse** Schottland *nt*.

écotourisme [ekɔtuʀism] **nm** Ökotourismus *der*.

écouler [3] [ekule] ◆ **s'écouler vp** **1.** [temps] vergehen **2.** [liquide] ab◦fließen.

écouter [3] [ekute] **vt : écouter qqn** jm zuhören ▸ **écouter de la musique** Musik hören ▸ **écouter la radio** Radio hören ▸ **écouter qqn / qqch** [obéir à] auf jn / etw hören.

écouteur [ekutœʀ] **nm** (Telefon)hörer *der* ▸ **écouteurs** Kopfhörer *der.*

écran [ekʀɑ̃] **nm 1.** Bildschirm *der* **2.** [protection] Schirm *der* ▸ **(crème) écran total** Sunblocker *der* ▸ **le grand écran** das Kino ▸ **le petit écran** das Fernsehen ▸ **un écran de 17 pouces** ein 17-Zoll-Bildschirm ▸ **un écran plat** ein Flachbildschirm.

écrasant, e [ekʀazɑ̃, ɑ̃t] **adj 1.** [victoire] überwältigend **2.** [chaleur] drückend.

écraser [3] [ekʀaze] **vt 1.** [aplatir] zerdrücken **2.** [cigarette] aus∘drücken **3.** [en voiture] überfahren **4.** [vaincre] besiegen ▸ **se faire écraser** [par une voiture] überfahren werden. ◆ **s'écraser vp** ab∘stürzen.

écrémé, e [ekʀeme] **adj : lait écrémé** Magermilch *die* ▸ **lait demi-écrémé** teilentrahmte Milch.

écrevisse [ekʀəvis] **nf** Flusskrebs *der.*

écrier [10] [ekʀije] ◆ **s'écrier vp** aus∘rufen.

écrin [ekʀɛ̃] **nm** Schatulle *die.*

écrire [99] [ekʀiʀ] **vt & vi** schreiben ▸ **écrire à qqn** jm schreiben. ◆ **s'écrire vp** sich schreiben.

écrit, e [ekʀi, it] ◆ **pp & 3ᵉ pers. du sg. de l'ind. prés.** → **écrire.** ◆ **nm : par écrit** schriftlich.

écriteau [ekʀito] (*pl* -x) **nm** (Hinweis)schild *das.*

écriture [ekʀityʀ] **nf** Schrift *die.*

écrivain [ekʀivɛ̃] **nmf** *(aussi : écrivaine nf)* Schriftsteller *der,* -in *die.*

écrou [ekʀu] **nm** (Schrauben)mutter *die.*

écrouler [3] [ekʀule] ◆ **s'écrouler vp 1.** [mur] ein∘stürzen **2.** [personne] zusammen∘brechen.

écru, e [ekʀy] **adj** [couleur] Natur-.

écume [ekym] **nf** [des vagues] Schaum *der.*

écureuil [ekyʀœj] **nm** Eichhörnchen *das.*

écurie [ekyʀi] **nf** (Pferde)stall *der.*

écusson [ekysɔ̃] **nm** Abzeichen *das.*

eczéma [ɛgzema] **nm** Ekzem *das* ▸ **j'ai de l'eczéma** ich habe ein Ekzem.

édenté, e [edɑ̃te] **adj** zahnlos.

édifice [edifis] **nm** Gebäude *das.*

Édimbourg [edɛ̃buʀ] **n** Edinburg *nt.*

éditer [3] [edite] **vt** heraus∘geben.

éditeur, trice [editœʀ, tʀis] **nm, f 1.** Verleger *der,* -in *die* **2.** INFORM Editor *der.*

édition [edisjɔ̃] **nf 1.** [exemplaires] Ausgabe *die* **2.** [industrie] Verlagswesen *das.*

édredon [edʀədɔ̃] **nm** Federbett *das.*

éducateur, trice [edykatœʀ, tʀis] **nm, f** Erzieher *der,* -in *die* ▸ **éducateur spécialisé** Erzieher für geistig und körperlich Behinderte.

éducatif, ive [edykatif, iv] **adj** Lern-.

éducation [edykasjɔ̃] **nf** Erziehung *die* ▸ **éducation physique** Turnen *das.*

édulcorant, e [edylkɔʀɑ̃] **adj** süßend. ◆ **édulcorant nm** Süßstoff *der.*

éduquer [3] [edyke] **vt** erziehen.

effacer [16] [efase] **vt 1.** [tableau] ab∘wischen **2.** [bande magnétique, chanson & INFORM] löschen. ◆ **s'effacer vp** verblassen.

effaceur [efasœʀ] nm Tintenlöscher *der*.

effectif [efɛktif] nm Stärke *die*.

effectivement [efɛktivmɑ̃] adv 1. [réellement] wirklich 2. [en effet] tatsächlich.

effectuer [7] [efɛktɥe] vt 1. [travail] durch∘führen 2. [trajet] zurück∘legen.

efféminé, e [efemine] adj verweiblicht.

effervescent, e [efɛʀvesɑ̃, ɑ̃t] adj Brause- ▸ **comprimé effervescent** Brausetablette *die*.

effet [efɛ] nm 1. [résultat] Wirkung *die* 2. [impression] Eindruck *der* ▸ **effet secondaire** Nebenwirkung ▸ **faire de l'effet** wirksam sein ▸ **en effet** a) [effectivement] in der Tat b) [car] nämlich ▸ **effets spéciaux** TECH Spezialeffekte.

efficace [efikas] adj 1. [médicament, mesure] wirksam 2. [personne, travail] effizient.

efficacité [efikasite] nf Wirksamkeit *die*.

effilé, e [efile] adj 1. [frange] ausgedünnt 2. [lame] spitz.

effilocher [3] [efilɔʃe] ◆ **s'effilocher** vp zerfasern.

effleurer [5] [eflœʀe] vt leicht berühren.

effondrer [3] [efɔ̃dʀe] ◆ **s'effondrer** vp 1. [mur] ein∘stürzen 2. [personne, moralement] zusammen∘brechen.

effort [efɔʀ] nm Anstrengung *die* ▸ **faire des efforts pour faire qqch** sich bemühen, etw zu tun.

effrayant, e [efʀɛjɑ̃, ɑ̃t] adj fürchterlich.

effrayer [11] [efʀeje] vt erschrecken.

effriter [3] [efʀite] ◆ **s'effriter** vp zerbröckeln.

effroyable [efʀwajabl] adj furchtbar.

égal, e, aux [egal, o] adj 1. [identique] gleich 2. [régulier] gleichmäßig ▸ **ça m'est égal** das ist mir egal ▸ **égal à** gleich.

également [egalmɑ̃] adv [aussi] ebenfalls.

égaler [3] [egale] vt 1. MATH gleich sein 2. *fig* [être à la hauteur de] gleich∘kommen.

égaliser [3] [egalize] ◆ vt 1. [cheveux] gerade schneiden 2. [sol] ein∘ebnen. ◆ vi SPORT aus∘gleichen.

égalité [egalite] nf Gleichheit *die* ▸ **être à égalité** gleich∘stehen.

égard [egaʀ] nm : **à l'égard de** gegenüber *(+ D)*.

égarer [3] [egaʀe] vt [perdre] verlegen. ◆ **s'égarer** vp 1. [se perdre à pied] sich verlaufen 2. [se perdre en voiture] sich verfahren.

égayer [11] [egeje] vt beleben.

églefin [egləfɛ̃], **aiglefin** [ɛgləfɛ̃] nm Schellfisch *der*.

église [egliz] nf Kirche *die* ▸ **l'Église** die Kirche.

égoïste [egɔist] ◆ adj egoistisch. ◆ nmf Egoist *der*, -in *die*.

égorger [17] [egɔʀʒe] vt : **égorger qqn** jm die Kehle durch∘schneiden.

égouts [egu] nmpl Kanalisation *die*.

égoutter [3] [egute] vt abtropfen lassen.

égouttoir [egutwaʀ] nm Abtropfsieb *das*.

égratigner [3] [egʀatiɲe] vt zerkratzen. ◆ **s'égratigner** vp Kratzer bekommen ▸ **s'égratigner le genou** sich *(D)* das Knie aufschürfen.

égratignure [egʀatiɲyʀ] nf Kratzer *der*.

égrener [19] [egʀəne] **vt 1.** [maïs] die Körner lösen aus **2.** [raisin] ab◦beeren.

Égypte [eʒipt] **nf : l'Égypte** Ägypten *nt.*

égyptien, enne [eʒipsjɛ̃, ɛn] **adj** ägyptisch.

eh [e] **interj** he ▸ **eh bien** nun.

éjection [eʒɛksjɔ̃] **nf** Auswurf *der* ▸ **bouton d'éjection** Auswurftaste *die.*

élaborer [3] [elabɔʀe] **vt** aus◦arbeiten.

élan [elɑ̃] **nm 1.** [pour sauter] Anlauf *der* **2.** [de tendresse] Anfall *der* ▸ **prendre de l'élan** Anlauf nehmen.

élancer [16] [elɑ̃se] ◆ **s'élancer vp** los◦stürzen.

élargir [32] [elaʀʒiʀ] **vt 1.** [route] verbreitern **2.** [vêtement] weiter machen **3.** [débat] aus◦weiten **4.** [connaissances] erweitern. ◆ **s'élargir vp 1.** [route] breiter werden **2.** [vêtement] weiter werden **3.** [connaissances] sich erweitern.

élastique [elastik] ◆ **adj** dehnbar. ◆ **nm** Gummiband *das.*

Elbe [ɛlb] **nf : l'Elbe** die Elbe.

e-learning [ilœʀniŋ] **nm** E-Learning *das.*

électeur, trice [elɛktœʀ, tʀis] **nm, f** Wähler *der,* -in *die* ▸ **carte d'électeur** Wahlschein *der.*

élections [elɛksjɔ̃] **nfpl** Wahlen *pl* ▸ **élections législatives** Parlamentswahlen ▸ **élections présidentielles** Präsidentenwahl *die* ▸ **se présenter aux élections** kandidieren.

électricien, enne [elɛktʀisjɛ̃, ɛn] **nm, f** Elektriker *der,* -in *die.*

électricité [elɛktʀisite] **nf** Elektrizität *die* ▸ **électricité statique** statische Elektrizität.

électrique [elɛktʀik] **adj 1.** [appareil, train, décharge] elektrisch **2.** [centrale] Strom-.

électro [elɛktʀo] **nf inv** Electro *der.*

électrocuter [3] [elɛktʀɔkyte] ◆ **s'électrocuter vp** durch einen elektrischen Schlag um◦kommen.

électroménager [elɛktʀomenaʒe] **nm** Haushaltsgeräte *pl.*

électronique [elɛktʀɔnik] ◆ **adj** elektronisch. ◆ **nf** Elektronik *die.*

électuaire [elɛktuɛʀ] **nm** SUISSE Latwerge *die (Kompott).*

élégance [elegɑ̃s] **nf** Eleganz *die.*

élégant, e [elegɑ̃, ɑ̃t] **adj** elegant.

élément [elemɑ̃] **nm** Element *das.*

élémentaire [elemɑ̃tɛʀ] **adj** Grund-.

éléphant [elefɑ̃] **nm** Elefant *der.*

élevage [ɛlvaʒ] **nm** Zucht *die* ▸ **l'élevage du bétail** die Viehzucht.

élève [elɛv] **nmf** Schüler *der,* -in *die.*

élevé, e [ɛlve] **adj** hoch ▸ **bien / mal élevé** gut / schlecht erzogen.

élever [19] [ɛlve] **vt 1.** [enfant] erziehen **2.** [animaux] züchten **3.** [niveau, voix] heben. ◆ **s'élever vp 1.** [monter] hoch◦steigen **2.** [augmenter] an◦steigen ▸ **s'élever à** betragen.

éleveur, euse [ɛlvœʀ, øz] **nm, f** Züchter *der,* -in *die.*

éliminatoire [eliminatwaʀ] ◆ **adj 1.** [note] zum Ausschluss führend **2.** [épreuve] Ausscheidungs-. ◆ **nf** Ausscheidungskampf *der.*

éliminer [3] [elimine] ◆ **vt 1.** [candidat] aus◦schließen **2.** [erreur] beseitigen. ◆ **vi** [en transpirant] Giftstoffe aus◦scheiden.

élire [106] [eliʀ] **vt** wählen.

elle [ɛl] **pron 1.** [pour une femme] sie **2.** [pour une chose, un animal] er, sie, es

▸ **elle-même** (sie) selbst. ◆ **elles** **pron** sie ▸ **elles-mêmes** (sie) selbst.

éloigné, e [elwaɲe] **adj** fern ▸ **éloigné de** a) [loin de] fern von b) [différent de] weit entfernt von.

éloigner [3] [elwaɲe] **vt 1.** [écarter] entfernen **2.** [détourner] fern°halten. ◆ **s'éloigner (de)** **vp + prép** [partir] sich entfernen (von).

élongation [elɔ̃gasjɔ̃] **nf** MÉD Zerrung *die*.

élu, e [ely] ◆ **pp** → **élire.** ◆ **nm, f** POL Gewählte *der, die*.

Élysée [elize] **nm** : **(le palais de) l'Élysée** der Élysée-Palast.

> ⓘ **L'Élysée**
>
> Der Élysée-Palast, nahe den Champs-Élysées gelegen, wurde im 18. Jh. erbaut. Er dient als offizieller Wohn- und Amtssitz des französischen Präsidenten, weshalb l'Élysée oft als Synonym für das Amt des Präsidenten selbst benutzt wird. Einmal im Jahr lädt der Präsident viele Journalisten zu einer Garden Party in die Gärten des Élysée ein.

e-mail [imɛl], **mail** [mɛl] **nm** E-Mail *die* ▸ **envoyer / recevoir un e-mail** eine E-Mail schicken / bekommen ▸ **tu me donnes ton e-mail ?** [adresse] gibst du mir deine E-Mail-Adresse?

émail [emaj] (*pl* **-aux**) **nm 1.** [d'art, sur poteries, casseroles] Email *das* **2.** [des dents] Zahnschmelz *der*. ◆ **émaux** **nmpl** Schmelzarbeiten *pl* ▸ **en émail** Email-.

emballage [ɑ̃balaʒ] **nm** Verpackung *die*.

emballer [3] [ɑ̃bale] **vt 1.** [des affaires] ein°packen **2.** *fam* [enthousiasmer] hin°reißen.

embarcadère [ɑ̃baʀkadɛʀ] **nm** Landungsbrücke *die*.

embarcation [ɑ̃baʀkasjɔ̃] **nf** Boot *das*.

embarquement [ɑ̃baʀkəmɑ̃] **nm 1.** [de passagers] Anbordgehen *das* **2.** [de marchandises] Verladen *das* ▸ **'embarquement immédiat porte 5'** 'bitte begeben Sie sich unverzüglich zum Flugsteig Nummer 5'.

embarquer [3] [ɑ̃baʀke] ◆ **vt 1.** [marchandises] verladen **2.** [passagers] an Bord nehmen **3.** *fam* [prendre] ein°stecken. ◆ **vi** an Bord gehen. ◆ **s'embarquer** **vp** sich ein°schiffen ▸ **s'embarquer dans** sich ein°lassen auf *(+ A)*.

embarras [ɑ̃baʀa] **nm** Verlegenheit *die* ▸ **mettre qqn dans l'embarras** jn in Verlegenheit bringen.

embarrassant, e [ɑ̃baʀasɑ̃, ɑ̃t] **adj** peinlich.

embarrasser [3] [ɑ̃baʀase] **vt 1.** [encombrer] verstellen **2.** [gêner] in Verlegenheit bringen. ◆ **s'embarrasser de** **vp + prép** sich belasten mit ▸ **ne pas s'embarrasser de** sich nicht kümmern um.

embaucher [3] [ɑ̃boʃe] **vt** an°stellen.

embellir [32] [ɑ̃beliʀ] ◆ **vt 1.** [personne, visage] verschönern **2.** [histoire] aus°schmücken **3.** [vérité] beschönigen. ◆ **vi** schöner werden.

embêtant, e [ɑ̃bɛtɑ̃, ɑ̃t] **adj** ärgerlich.

embêter [4] [ɑ̃bete] **vt 1.** [taquiner] ärgern **2.** [contrarier] stören. ◆ **s'embêter** **vp** sich langweilen.

emblème [ɑ̃blɛm] **nm** Wahrzeichen *das*.

emboîter [3] [ɑ̃bwate] **vt** ineinander°stecken. ◆ **s'emboîter** **vp** sich ineinander°schieben.

embouchure [ɑ̃buʃyʀ] **nf** Mündung *die*.

embourber [3] [ɑ̃buʀbe] ◆ **s'embourber vp** im Schlamm stecken bleiben.

embout [ɑ̃bu] **nm** Spitze *die*.

embouteillage [ɑ̃butɛjaʒ] **nm** Stau *der* ▸ **être coincé dans les embouteillages** im Stau stecken.

embranchement [ɑ̃bʀɑ̃ʃmɑ̃] **nm** [carrefour] Gabelung *die*.

embrasser [3] [ɑ̃bʀase] **vt** küssen. ◆ **s'embrasser vp** sich küssen.

embrayage [ɑ̃bʀɛjaʒ] **nm** Kupplung *die*.

embrayer [11] [ɑ̃bʀeje] **vi** kuppeln.

embrouiller [3] [ɑ̃bʀuje] **vt 1.** [personne, fil, cheveux] verwirren **2.** [histoire, idées] komplizierter machen. ◆ **s'embrouiller vp** durcheinander°kommen.

embruns [ɑ̃bʀœ̃] **nmpl** Gischt *die*.

embué, e [ɑ̃bɥe] **adj** beschlagen.

embuscade [ɑ̃byskad] **nf** Hinterhalt *der* ▸ **tomber dans une embuscade** in einen Hinterhalt geraten.

éméché, e [emeʃe] **adj** beschwipst.

émeraude [emʀod] ◆ **nf** Smaragd *der*. ◆ **adj** smaragdgrün.

émerger [17] [emɛʀʒe] **vi 1.** [de l'eau] auf°tauchen **2.** *fig* [du niveau moyen] sich ab°heben ▸ **émerger de la médiocrité** aus dem Rahmen fallen.

émerveillé, e [emɛʀveje] **adj** entzückt.

émetteur, trice [emetœʀ, tʀis] **nm, f** Sender *der*, -in *die*.

émettre [84] [emɛtʀ] **vt 1.** [émission, sons, ondes, lumière] aus°strahlen **2.** [billets, chèque] aus°stellen.

émeute [emøt] **nf** Aufruhr *der*.

émigré, e [emigʀe] ◆ **adj** emigriert. ◆ **nm, f** Emigrant *der*, -in *die*.

émigrer [3] [emigʀe] **vi** aus°wandern.

émincé [emɛ̃se] **nm** Geschnetzelte *das* ▸ **émincé de veau à la zurichoise** SUISSE Zürcher Geschnetzeltes *das*.

émincer [16] [emɛ̃se] **vt** auf°schneiden.

émirat [emiʀa] **nm** Emirat *das*.

émis, e [emi, iz] **pp & 1re et 2e pers. du sg. de l'ind. passé simple** → **émettre**.

émission [emisjɔ̃] **nf** Sendung *die* ▸ **émission de radio** Radiosendung.

emmagasiner [3] [ɑ̃magazine] **vt 1.** [connaissances] an°häufen **2.** [marchandises] ein°lagern.

emmanchure [ɑ̃mɑ̃ʃyʀ] **nf** Armausschnitt *der*.

emmêler [4] [ɑ̃mele] **vt** durcheinander°bringen. ◆ **s'emmêler vp 1.** [fil, cheveux] sich verwickeln **2.** [souvenirs, dates] durcheinander°geraten.

emménager [17] [ɑ̃menaʒe] **vi** ein°ziehen.

emmener [19] [ɑ̃mne] **vt 1.** [amener avec soi] mit°nehmen **2.** [déposer] begleiten ▸ **je t'emmène voir un film** ich gehe mit dir einen Film ansehen.

emmental [emɛ̃tal] **nm** Emmentaler *der*.

emmerde [ɑ̃mɛʀd] **nf** *vulg* Mordsärger *der* ▸ **avoir des emmerdes** einen Mordsärger haben.

emmerder [3] [ɑ̃mɛʀde] **vt** *vulg* : **emmerder qqn** jm lästig sein, jm auf die Nerven gehen ▸ **je t'emmerde !** du kannst mich mal! ◆ **s'emmerder vp** *fam* sich (zu Tode) langweilen.

emmitoufler [3] [ɑ̃mitufle] ◆ **s'emmitoufler vp** sich ein°mummeln.

émotif, ive [emɔtif, iv] **adj** [personne] empfindlich.

émotion [emosjɔ̃] **nf** Gemütsbewegung *die*.

émouvant, e [emuvɑ̃, ɑ̃t] **adj** rührend.

émouvoir [55] [emuvwaʀ] **vt 1.** [attendrir] rühren **2.** [troubler] bewegen.

empaillé, e [ɑ̃paje] **adj** ausgestopft.

empaqueter [27] [ɑ̃pakte] **vt** ein∘packen.

emparer [3] [ɑ̃paʀe] ◆ **s'emparer de vp + prép** an sich *(A)* reißen.

empêchement [ɑ̃pɛʃmɑ̃] **nm** Hindernis *das* ▸ **avoir un empêchement** verhindert sein.

empêcher [4] [ɑ̃peʃe] **vt** verhindern ▸ **empêcher qqn / qqch de faire qqch** jn / etw hindern, etw zu tun ▸ **(il) n'empêche que** immerhin. ◆ **s'empêcher de vp + prép** : **s'empêcher de faire qqch** [se retenir de] sich einer Sache *(D)* enthalten ▸ **ne pas pouvoir s'empêcher de faire qqch** etw tun müssen.

empereur [ɑ̃pʀœʀ] **nm** Kaiser *der*.

empester [3] [ɑ̃pɛste] ◆ **vt** stinken nach. ◆ **vi** stinken.

empêtrer [4] [ɑ̃petʀe] ◆ **s'empêtrer dans vp + prép 1.** [fils] sich verfangen in *(+ D)* **2.** [mensonges] sich verstricken in *(+ D)*.

empiffrer [3] [ɑ̃pifʀe] ◆ **s'empiffrer (de) vp + prép** *fam* sich voll∘stopfen (mit).

empiler [3] [ɑ̃pile] **vt** stapeln. ◆ **s'empiler vp** sich stapeln ▸ **ces chaises s'empilent** diese Stühle lassen sich stapeln.

empire [ɑ̃piʀ] **nm** Reich *das* ▸ **l'empire romain** das Römische Reich.

empirer [3] [ɑ̃piʀe] **vi** schlechter werden.

emplacement [ɑ̃plasmɑ̃] **nm 1.** [endroit] Stelle *die* **2.** [de parking] Platz *der* ▸ **'emplacement réservé'** 'reserviert'.

emploi [ɑ̃plwa] **nm 1.** [poste] Stelle *die* **2.** [d'un objet, d'un mot] Gebrauch *der* ▸ **l'emploi** [en économie] die Beschäftigung ▸ **emploi du temps** SCOL Stundenplan *der*.

employé, e [ɑ̃plwaje] **nm, f** Angestellte *der, die* ▸ **employé de bureau** Büroangestellte.

employer [13] [ɑ̃plwaje] **vt 1.** [salarié] beschäftigen **2.** [objet, mot] benutzen.

employeur, euse [ɑ̃plwajœʀ, øz] **nm, f** Arbeitgeber *der*, -in *die*.

empoigner [3] [ɑ̃pwaɲe] **vt** ergreifen.

empoisonnement [ɑ̃pwazɔnmɑ̃] **nm** Vergiftung *die*.

empoisonner [3] [ɑ̃pwazɔne] **vt** vergiften.

emporter [3] [ɑ̃pɔʀte] **vt 1.** [prendre avec soi] mit∘nehmen **2.** [suj : vent, rivière] mit sich fort∘reißen ▸ **à emporter** zum Mitnehmen ▸ **l'emporter sur** stärker sein als. ◆ **s'emporter vp** in Zorn geraten.

empreinte [ɑ̃pʀɛ̃t] **nf** Abdruck *der* ▸ **empreintes digitales** Fingerabdrücke.

empresser [4] [ɑ̃pʀese] ◆ **s'empresser vp** : **s'empresser de faire qqch** sich beeilen, etw zu tun.

emprisonner [3] [ɑ̃pʀizɔne] **vt** ein∘sperren.

emprunt [ɑ̃pʀœ̃] **nm** Anleihe *die* ▸ **faire un emprunt** ein Darlehen auf∘nehmen.

emprunter [3] [ɑ̃pʀœ̃te] **vt 1.** [argent, objet] aus∘leihen **2.** [itinéraire] nehmen ▸ **emprunter qqch à qqn** jm etw aus∘leihen.

ému, e [emy] ◆ **pp** → **émouvoir.** ◆ **adj 1.** [attendri] gerührt **2.** [troublé] bewegt.

en [ɑ̃] ◆ **prép 1.** [gén] in ▸ **en été** im Sommer ▸ **être en classe** in der Schule sein ▸ **habiter en Allemagne** in Deutschland wohnen ▸ **en dix minutes** in zehn Minuten **2.** [indique le lieu où l'on va] nach, in ▸ **aller en ville** in die Stadt gehen ▸ **aller en Dordogne** in die Dordogne fahren **3.** [désigne la matière] aus ▸ **un pull en laine** ein Wollpulli ▸ **une table en contreplaqué** ein Tisch aus Sperrholz **4.** [indique l'état] : **être en vacances** in ou im Urlaub sein ▸ **s'habiller en noir** Schwarz tragen ▸ **combien ça fait en euros ?** was macht das in Euro? ▸ **ça se dit « Senf » en allemand** das heißt auf Deutsch "Senf" **5.** [indique le moyen] mit ▸ **voyager en voiture** mit dem Wagen fahren ▸ **voyager en avion** fliegen **6.** [pour désigner la taille] : **auriez-vous celles-ci en plus petit / en 38 ?** haben Sie die in einer kleineren Größe / in (Größe) 38? **7.** [devant un participe présent] : **on ne parle pas en mangeant !** beim Essen spricht man nicht! ▸ **partir en courant** weg∘laufen ▸ **en arrivant à Paris** bei der Ankunft in Paris
◆ **pron 1.** [complément de verbe, de nom, d'adjectif] davon ▸ **n'en parlons plus** reden wir nicht mehr davon ▸ **j'en garde un excellent souvenir** das habe ich in sehr schöner Erinnerung behalten ▸ **il en est fou** er ist verrückt danach **2.** [avec un indéfini] : **en reprendrez-vous ?** möchten Sie noch etwas? ▸ **j'en voudrais encore 500 g** ich möchte noch 500 g ▸ **tu en as deux** du hast zwei **3.** [indique la provenance] : **j' en viens** da komme ich her.

encadrer [3] [ɑ̃kadʀe] **vt** ein∘rahmen.

encaisser [4] [ɑ̃kese] **vt** [argent] kassieren.

en-cas, encas [ɑ̃ka] **nm inv** kleiner Imbiss.

encastré, e [ɑ̃kastre] **adj** Einbau-, eingebaut.

encastrer [3] [ɑ̃kastʀe] **vt** ein∘bauen.

enceinte [ɑ̃sɛ̃t] ◆ **adj f** schwanger. ◆ **nf 1.** [haut-parleur] (Lautsprecher) box *die* **2.** [d'une ville] (Umfassungs) mauer *die* ▸ **être enceinte** schwanger sein.

encens [ɑ̃sɑ̃] **nm** Weihrauch *der*.

encercler [3] [ɑ̃sɛʀkle] **vt** ein∘kreisen.

enchaîner [4] [ɑ̃ʃene] **vt 1.** [attacher] an∘ketten **2.** [idées, phrases] verknüpfen. ◆ **s'enchaîner vp** aufeinander folgen.

enchanté, e [ɑ̃ʃɑ̃te] **adj** begeistert ▸ **enchanté (de faire votre connaissance) !** sehr erfreut(, Sie kennenzulernen)!

enchères [ɑ̃ʃɛʀ] **nfpl** Auktion *die* ▸ **vendre qqch aux enchères** etw versteigern.

enclencher [3] [ɑ̃klɑ̃ʃe] **vt 1.** [mécanisme] ein∘schalten **2.** [guerre, processus] in Gang bringen.

enclos [ɑ̃klo] **nm** Koppel *die*.

encoche [ɑ̃kɔʃ] **nf** Kerbe *die*.

encolure [ɑ̃kɔlyʀ] **nf** [de vêtement] Ausschnitt *der*.

encombrant, e [ɑ̃kɔ̃bʀɑ̃, ɑ̃t] **adj** sperrig.

encombrements [ɑ̃kɔ̃bʀəmɑ̃] **nmpl** Stau *der*.

encombrer [3] [ɑ̃kɔ̃bʀe] **vt** [gêner] versperren ▸ **encombré de** a) [pièce] vollgestellt mit b) [table] voll beladen mit.

encore [ɑ̃kɔʀ] ◆ **adv 1.** [toujours] noch ▸ **quoi, tu es encore là ?** was, du bist immer noch da? ▸ **il reste encore** →

une centaine de kilomètres es sind noch ungefähr 100 km ▸ **pas encore** noch nicht **2.** [de nouveau] (schon) wieder ▸ **si tu me parles encore sur ce ton,...** wenn du noch einmal in diesem Ton mit mir redest, ... ▸ **j'ai encore oublié mes clefs !** ich habe schon wieder meine Schlüssel vergessen! ▸ **et encore une fois, il est en retard !** er kommt schon wieder zu spät! **3.** [en plus] noch (mehr) ▸ **encore un peu de légumes ?** noch etwas Gemüse? ▸ **reste encore un peu** bleib noch ein bisschen **4.** [en intensif] noch ▸ **c'est encore plus cher ici** hier ist es noch teurer.

encourager [17] [ɑ̃kuʀaʒe] **vt 1.** [personne] ermutigen **2.** [initiative] fördern ▸ **encourager qqn à faire qqch** jn ermutigen, etw zu tun.

encourir [45] [ɑ̃kuʀiʀ] **vt** *sout* : **encourir qqch** sich einer Sache *(D)* aus°setzen.

encre [ɑ̃kʀ] **nf** Tinte *die* ▸ **encre de Chine** Tusche *die*.

encyclopédie [ɑ̃siklɔpedi] **nf** Enzyklopädie *die*.

endetté, e [ɑ̃dɛte] **adj** verschuldet.

endetter [4] [ɑ̃dete] ◆ **s'endetter vp** sich verschulden.

endive [ɑ̃div] **nf** Chicorée *die ODER der*.

endommager [17] [ɑ̃dɔmaʒe] **vt** beschädigen.

endormi, e [ɑ̃dɔʀmi] **adj** eingeschlafen.

endormir [36] [ɑ̃dɔʀmiʀ] **vt 1.** [enfant] in den Schlaf wiegen **2.** [anesthésier] betäuben. ◆ **s'endormir vp** ein°schlafen.

endroit [ɑ̃dʀwa] **nm 1.** [lieu] Ort *der* **2.** [côté] Oberseite *die* ▸ **à l'endroit** richtig herum.

endurance [ɑ̃dyʀɑ̃s] **nf** Ausdauer *die*.

endurant, e [ɑ̃dyʀɑ̃, ɑ̃t] **adj** ausdauernd.

endurcir [32] [ɑ̃dyʀsiʀ] ◆ **s'endurcir vp** sich ab°härten.

énergétique [enɛʀʒetik] **adj** [ressource] Energie-.

énergie [enɛʀʒi] **nf** Energie *die* ▸ **énergie renouvelable** erneuerbare Energie.

énergique [enɛʀʒik] **adj** energisch.

énervant, e [enɛʀvɑ̃, ɑ̃t] **adj 1.** [personne] lästig **2.** [situation] nervenaufreibend.

énerver [3] [enɛʀve] **vt** auf die Nerven gehen *(+ D)*. ◆ **s'énerver vp** sich auf°regen.

enfance [ɑ̃fɑ̃s] **nf** Kindheit *die* ▸ **souvenirs d'enfance** Kindheitserinnerungen.

enfant [ɑ̃fɑ̃] **nmf** Kind *das* ▸ **enfant de chœur** Messdiener *der*.

enfantin, e [ɑ̃fɑ̃tɛ̃, in] **adj** kindlich.

enfer [ɑ̃fɛʀ] **nm** Hölle *die*.

enfermer [3] [ɑ̃fɛʀme] **vt 1.** [personne] ein°sperren **2.** [objet] ein°schließen.

enfiler [3] [ɑ̃file] **vt 1.** [aiguille] ein°fädeln **2.** [perles] auf°reihen **3.** [vêtement] über°ziehen.

enfin [ɑ̃fɛ̃] **adv 1.** [finalement] endlich **2.** [en dernier] schließlich ▸ **nous sommes enfin arrivés !** wir sind endlich da!

enflammer [3] [ɑ̃flame] ◆ **s'enflammer vp** sich entzünden.

enflé, e [ɑ̃fle] **adj** (an)geschwollen.

enfler [3] [ɑ̃fle] **vi** an°schwellen ▸ **ma cheville a enflé** mein Knöchel ist geschwollen.

enfoiré, e [ɑ̃fwaʀe] **nm, f** *vulg* Arschloch *das*.

enfoncer [16] [ɑ̃fɔ̃se] **vt 1.** [clou, porte] ein°schlagen **2.** [aile de voiture] ein°fahren. ◆ **s'enfoncer** vp 1. [s'enliser] versinken 2. [s'effondrer] durch°brechen ▸ **enfoncer qqch dans qqch** etw in etw *(A)* stoßen ▸ **s'enfoncer dans** a) [eau, boue] in etw *(D)* versinken b) [forêt, ville] in etw *(A)* ein°dringen.

enfouir [32] [ɑ̃fwiʀ] vt vergraben.

enfreindre [81] [ɑ̃fʀɛ̃dʀ] vt übertreten.

enfreint, e [ɑ̃fʀɛ̃, ɛ̃t] pp & 3ᵉ pers. du sg. de l'ind. prés. → **enfreindre**.

enfuir [35] [ɑ̃fɥiʀ] ◆ **s'enfuir** vp fliehen.

enfumé, e [ɑ̃fyme] adj verraucht.

engagement [ɑ̃gaʒmɑ̃] nm 1. [promesse] Verpflichtung *die* 2. SPORT Anstoß *der*.

engager [17] [ɑ̃gaʒe] vt 1. [salarié, domestique] an°stellen 2. [conversation, négociations] beginnen. ◆ **s'engager** vp [dans l'armée] sich verpflichten ▸ **s'engager à faire qqch** sich verpflichten, etw zu tun ▸ **s'engager dans** hinein°fahren in *(+ A)*.

engelure [ɑ̃ʒlyʀ] nf Frostbeule *die*.

engin [ɑ̃ʒɛ̃] nm Gerät *das*.

engloutir [32] [ɑ̃glutiʀ] vt verschlingen.

engouffrer [3] [ɑ̃gufʀe] ◆ **s'engouffrer dans** vp + prép 1. [vent, eau] ein°dringen in *(+ A)* 2. [personne] stürzen in *(+ A)*.

engourdi, e [ɑ̃guʀdi] adj eingeschlafen.

engrais [ɑ̃gʀɛ] nm Dünger *der*.

engraisser [4] [ɑ̃gʀese] ◆ vt mästen. ◆ vi Fett an°setzen.

engrenage [ɑ̃gʀənaʒ] nm 1. [mécanique] Getriebe *das* 2. *fig* [de la violence] Räderwerk *das*.

engueuler [5] [ɑ̃gœle] vt *fam* an°schnauzen ▸ **se faire engueuler** angeschnauzt werden. ◆ **s'engueuler** vp *fam* sich an°schnauzen.

énigmatique [enigmatik] adj geheimnisvoll.

énigme [enigm] nf Rätsel *das*.

enivrer [3] [ɑ̃nivʀe] vt berauschen. ◆ **s'enivrer** vp : **s'enivrer (de qqch)** sich (an etw *(D)*) berauschen.

enjamber [3] [ɑ̃ʒɑ̃be] vt 1. [flaque, fossé] steigen über *(+ A)* 2. [suj : pont] überspannen.

enjoliveur [ɑ̃ʒɔlivœʀ] nm Radkappe *die*.

enlaidir [32] [ɑ̃lediʀ] vt hässlich machen.

enlèvement [ɑ̃lɛvmɑ̃] nm Entführung *die* ▸ **'enlèvement demandé'** 'Abschleppanordnung'.

enlever [19] [ɑ̃lve] vt 1. [vêtement] aus°ziehen 2. [tache] entfernen 3. [déplacer] weg°nehmen 4. [kidnapper] entführen. ◆ **s'enlever** vp sich entfernen lassen.

enliser [3] [ɑ̃lize] ◆ **s'enliser** vp sich fest°fahren.

enneigé, e [ɑ̃neʒe] adj verschneit.

ennemi, e [ɛnmi] nm, f Feind *der*, -in *die*.

ennui [ɑ̃nɥi] nm 1. [lassitude] Langeweile *die* 2. [problème] Ärger *der* ▸ **avoir des ennuis** Ärger haben.

ennuyé, e [ɑ̃nɥije] adj ärgerlich.

ennuyer [14] [ɑ̃nɥije] vt 1. [lasser] langweilen 2. [contrarier] ärgern. ◆ **s'ennuyer** vp sich langweilen.

ennuyeux, euse [ɑ̃nɥijø, øz] adj 1. [lassant] langweilig 2. [contrariant] ärgerlich.

énorme [enɔʀm] adj ungeheuer.

énormément [enɔʀmemɑ̃] **adv** enorm ▸ **énormément de** ungeheuer viel.

enquête [ɑ̃kɛt] **nf 1.** [policière] Ermittlung *die* **2.** [sondage] Umfrage *die*.

enquêter [4] [ɑ̃kete] **vi** : **enquêter (sur)** a) [police] ermitteln (in *(+ D)*) b) [sonder] eine Umfrage durch∘führen (über *(+ A)*).

enragé, e [ɑ̃ʀaʒe] **adj 1.** [chien] tollwütig **2.** [fanatique] besessen.

enrayer [11] [ɑ̃ʀɛje] **vt** ein∘dämmen.

enregistrement [ɑ̃ʀəʒistʀəmɑ̃] **nm 1.** [musical] Aufnahme *die* **2.** [de données] Speicherung *die* ▸ **enregistrement des bagages** Gepäckaufgabe *die*.

enregistrer [3] [ɑ̃ʀəʒistʀe] **vt 1.** [disque, cassette] auf∘nehmen **2.** [données] speichern **3.** [par écrit] verzeichnen **4.** [bagages] auf∘geben ▸ **enregistrer sous** INFORM speichern unter.

enrhumé, e [ɑ̃ʀyme] **adj** erkältet ▸ **être très enrhumé** stark erkältet sein.

enrhumer [3] [ɑ̃ʀyme] ◆ **s'enrhumer vp** sich erkälten.

enrichir [32] [ɑ̃ʀiʃiʀ] **vt 1.** [personne, région] reich machen **2.** [collection] bereichern. ◆ **s'enrichir vp** reich werden.

enrobé, e [ɑ̃ʀɔbe] **adj** : **enrobé de** überzogen mit.

enroué, e [ɑ̃ʀwe] **adj** heiser ▸ **être enroué** heiser sein.

enrouler [3] [ɑ̃ʀule] **vt 1.** [fil] auf∘wickeln **2.** [tapis] auf∘rollen. ◆ **s'enrouler vp** : **s'enrouler autour de** sich schlingen um.

enseignant, e [ɑ̃sɛɲɑ̃, ɑ̃t] **nm, f** Lehrer *der*, -in *die*.

enseigne [ɑ̃sɛɲ] **nf** [de magasin] Ladenschild *das* ▸ **enseigne lumineuse** Leuchtreklame *die*.

enseignement [ɑ̃sɛɲmɑ̃] **nm 1.** [éducation] Unterricht *der* **2.** [métier] Lehrberuf *der* ▸ **enseignement primaire / secondaire / supérieur** Grundschul- / Sekundarschul- / Hochschulunterricht.

enseigner [4] [ɑ̃seɲe] **vt & vi** unterrichten ▸ **enseigner qqch à qqn** jm etw beibringen.

ensemble [ɑ̃sɑ̃bl] ◆ **adv** zusammen. ◆ **nm 1.** MATH Menge *die* **2.** [groupe] Gesamtheit *die* **3.** [vêtement] Kostüm *das* ▸ **l'ensemble des participants** sämtliche Teilnehmer ▸ **dans l'ensemble** alles in allem.

ensevelir [32] [ɑ̃səvliʀ] **vt 1.** [recouvrir] verschütten **2.** [mort] bestatten.

ensoleillé, e [ɑ̃sɔleje] **adj** sonnig.

ensuite [ɑ̃sɥit] **adv 1.** [après] danach **2.** [puis] dann.

entaille [ɑ̃taj] **nf 1.** [fente] Einschnitt *der* **2.** [blessure] Schnittwunde *die*.

entamer [3] [ɑ̃tame] **vt 1.** [bouteille] an∘brechen **2.** [pain] an∘schneiden **3.** [discussion] ein∘leiten.

entasser [3] [ɑ̃tase] **vt 1.** [objets] aufeinander∘stapeln **2.** [personnes] zusammen∘pferchen. ◆ **s'entasser vp** sich zusammen∘drängen.

entendre [73] [ɑ̃tɑ̃dʀ] **vt** hören ▸ **entendre dire que** hören, dass. ◆ **s'entendre vp** sich verstehen ▸ **bien s'entendre avec qqn** sich mit jm gut verstehen ▸ **ne pas s'entendre avec** sich mit jm nicht verstehen.

entendu, e [ɑ̃tɑ̃dy] **adj** [convenu] abgemacht ▸ **(c'est) entendu !** einverstanden! ▸ **bien entendu** selbstverständlich.

entente [ɑ̃tɑ̃t] **nf 1.** [harmonie] Einverständnis *das* **2.** [accord] Abkommen *das*.

enterrement [ɑ̃tɛrmɑ̃] **nm** Beerdigung *die* ▸ **enterrement de vie de garçon /jeune fille** Junggesellen- /Junggesellinnenabschied *der*.

enterrer [4] [ɑ̃tere] **vt 1.** [chose] vergraben **2.** [mort] beerdigen.

en-tête [ɑ̃tɛt] (*pl* **en-têtes**) **nm** Briefkopf *der* ▸ **en-tête et pied de page** Kopf- und Fußzeile *die* ▸ **papier à en-tête** Briefbogen *der* mit Kopf.

entêter [4] [ɑ̃tete] ◆ **s'entêter vp** : **s'entêter dans** starrsinnig fest◦halten an *(+ D)* ▸ **s'entêter à faire qqch** sich darauf versteifen, etw zu tun.

enthousiasme [ɑ̃tuzjasm] **nm** Begeisterung *die*.

enthousiasmer [3] [ɑ̃tuzjasme] **vt** begeistern. ◆ **s'enthousiasmer pour vp + prép** sich begeistern für.

enthousiaste [ɑ̃tuzjast] **adj** begeistert.

entier, ère [ɑ̃tje, ɛr] **adj 1.** [intact] ganz **2.** [total] völlig ▸ **lait entier** Vollmilch *die* ▸ **pendant des journées entières** tagelang ▸ **en entier** ganz.

entièrement [ɑ̃tjɛrmɑ̃] **adv** ganz.

entonnoir [ɑ̃tɔnwar] **nm** Trichter *der*.

entorse [ɑ̃tɔrs] **nf** Verstauchung *die* ▸ **se faire une entorse à la cheville** sich *(D)* den Knöchel verstauchen.

entortiller [3] [ɑ̃tɔrtije] **vt** zwirbeln.

entourage [ɑ̃turaʒ] **nm** Umfeld *das*.

entourer [3] [ɑ̃ture] **vt 1.** [enclore] umgeben **2.** [texte] ein◦kreisen ▸ **entouré d'arbres** von Bäumen umgeben ▸ **entouré d'un trait rouge** rot eingekreist.

entracte [ɑ̃trakt] **nm** Pause *die*.

entraider [4] [ɑ̃trede] ◆ **s'entraider vp** sich (gegenseitig) helfen.

entrain [ɑ̃trɛ̃] **nm** : **avec entrain** mit Schwung ▸ **plein d'entrain** schwungvoll.

entraînant, e [ɑ̃trɛnɑ̃, ɑ̃t] **adj** mitreißend.

entraînement [ɑ̃trɛnmɑ̃] **nm 1.** [sportif] Training *das* **2.** [pratique] Übung *die* ▸ **il manque d'entraînement a)** [sportif] er hat nicht genügend trainiert **b)** [pratique] ihm fehlt die Übung.

entraîner [4] [ɑ̃trene] **vt 1.** [emporter] mit◦reißen **2.** [emmener] mit◦schleppen **3.** [provoquer] nach sich ziehen **4.** SPORT trainieren. ◆ **s'entraîner vp** trainieren ▸ **s'entraîner à (faire) qqch** sich in etw *(D)* üben.

entraîneur, euse [ɑ̃trɛnœr, øz] **nm, f** Trainer *der*, -in *die*.

entraver [3] [ɑ̃trave] **vt** behindern.

entre [ɑ̃tr] **prép** zwischen ▸ **entre amis** unter Freunden ▸ **entre… et…** zwischen … und … ▸ **l'un d'entre nous** einer von uns.

entrebâiller [3] [ɑ̃trəbaje] **vt** einen Spalt weit öffnen.

entrechoquer [3] [ɑ̃trəʃɔke] ◆ **s'entrechoquer vp** aneinander◦stoßen.

entrecôte [ɑ̃trəkot] **nf** Rippenstück *das (vom Rind)* ▸ **entrecôte à la bordelaise** *mit Bordeaux-Wein zubereitetes Rippenstück*.

entrée [ɑ̃tre] **nf 1.** [accès] Zutritt *der* **2.** [pièce] Eingang *der* **3.** CULIN Vorspeise *die* ▸ **'entrée gratuite'** 'Eintritt frei' ▸ **'entrée interdite'** 'Zutritt verboten' ▸ **'entrée libre'** 'freier Zutritt'.

entremets [ɑ̃trəmɛ] **nm** Süßspeise *die*.

entreposer [3] [ɑ̃trəpoze] **vt** ab◦stellen.

entrepôt [ɑ̃trəpo] **nm** Lagerhalle *die*.

entreprendre [79] [ɑ̃tʀəpʀɑ̃dʀ] **vt** in Angriff nehmen.

entrepreneur, euse [ɑ̃tʀəpʀənœʀ, øz] **nm, f** Unternehmer *der*, -in *die*.

entrepris, e [ɑ̃tʀəpʀi, iz] **pp & 1re et 2e pers. du sg. de l'ind. passé simple → entreprendre**.

entreprise [ɑ̃tʀəpʀiz] **nf** Unternehmen *das*.

entrer [3] [ɑ̃tʀe] ◆ **vi** *(aux.* être*)* hinein°gehen, herein°kommen. ◆ **vt** *(aux.* avoir*)* INFORM ein°geben ▸ **entrez !** herein! ▸ **entrer dans** a) [pièce] betreten b) [foncer dans] hinein°fahren in *(+ A)*.

entre-temps [ɑ̃tʀətɑ̃] **adv** inzwischen.

entretenir [40] [ɑ̃tʀətniʀ] **vt 1.** [maison] instandhalten **2.** [plante] pflegen. ◆ **s'entretenir vp** : **s'entretenir (de qqch) avec qqn** sich mit jm (über etw *(A)*) unterhalten.

entretenu, e [ɑ̃tʀətny] **pp → entretenir**.

entretien [ɑ̃tʀətjɛ̃] **nm 1.** [d'une machine] Wartung *die* **2.** [d'un vêtement] Pflege *die* **3.** [conversation] Unterredung *die* ▸ **entretien d'embauche** Vorstellungsgespräch *das*.

entrevue [ɑ̃tʀəvy] **nf** Unterredung *die*.

entrouvert, e [ɑ̃tʀuvɛʀ, ɛʀt] **adj** halb offen.

énumération [enymeʀasjɔ̃] **nf** [liste] Aufzählung *die*.

énumérer [18] [enymeʀe] **vt** auf°zählen.

envahir [32] [ɑ̃vaiʀ] **vt 1.** [suj : herbes] überwuchern **2.** [suj : foule] strömen in *(+ A)* ▸ **envahir un pays** in ein Land ein°fallen.

envahissant, e [ɑ̃vaisɑ̃, ɑ̃t] **adj** aufdringlich.

enveloppe [ɑ̃vlɔp] **nf** Umschlag *der*.

enveloppé, e [ɑ̃vlɔpe] **adj** *fam* : **(un peu) enveloppé** [personne] etwas mollig.

envelopper [3] [ɑ̃vlɔpe] **vt** ein°wickeln.

envers [ɑ̃vɛʀ] ◆ **prép** gegenüber. ◆ **nm** Rückseite *die* ▸ **à l'envers** verkehrt herum.

envie [ɑ̃vi] **nf 1.** [désir] Lust *die* **2.** [jalousie] Neid *der* ▸ **avoir envie de faire qqch** Lust haben, etw zu tun.

envier [9] [ɑ̃vje] **vt** beneiden.

environ [ɑ̃viʀɔ̃] **adv** ungefähr. ◆ **environs nmpl** Umgebung *die* ▸ **aux environs de** a) [heure] gegen b) [nombre] ungefähr c) [lieu] nicht weit entfernt von ▸ **dans les environs** in der Nähe.

environnant, e [ɑ̃viʀɔnɑ̃, ɑ̃t] **adj** umliegend.

environnement [ɑ̃viʀɔnmɑ̃] **nm 1.** [milieu] Umfeld *das* **2.** [nature] Umwelt *die* **3.** INFORM Umgebung *die* ▸ **protection de l'environnement** Umweltschutz *der* ▸ **travailler dans l'environnement** im Umweltschutz tätig sein.

envisager [17] [ɑ̃vizaʒe] **vt 1.** [considérer] betrachten **2.** [prévoir] sich vorstellen ▸ **envisager de faire qqch** beabsichtigen, etw zu tun.

envoi [ɑ̃vwa] **nm** [colis] Sendung *die*.

envoler [3] [ɑ̃vɔle] ◆ **s'envoler vp 1.** [oiseau] weg°fliegen **2.** [avion] ab°fliegen **3.** [feuilles] durcheinander°fliegen.

envoûtant, e [ɑ̃vutɑ̃, ɑ̃t] **adj** betörend.

envoyé, e [ɑ̃vwaje] **nm, f** Beauftragte *der, die* ▸ **envoyé spécial** Sonderbeauftragte.

envoyer [30] [ɑ̃vwaje] **vt 1.** [lancer] zu°werfen **2.** [personne] schicken **3.** INFORM senden ▸ **envoyer qqch à qqn** jm etw zu°schicken.

épagneul [epaɲœl] **nm** Spaniel *der.*

épais, aisse [epɛ, ɛs] **adj 1.** [objet, liquide] dick **2.** [brouillard] dicht.

épaisseur [epɛsœʀ] **nf** Dicke *die.*

épaissir [32] [epesiʀ] **vi** an°dicken. ◆ **s'épaissir vp** sich verdichten.

épanouir [32] [epanwiʀ] ◆ **s'épanouir vp 1.** [fleur] auf°blühen **2.** [visage] auf°leuchten ▸ **s'épanouir dans son travail** in seiner Arbeit auf°gehen.

épanouissant, e [epanwisɑ̃, ɑ̃t] **adj** bereichernd.

épargne [epaʀɲ] **nf** Sparen *das* ▸ **épargne salariale** vermögensbildende Leistungen *pl.*

épargner [3] [epaʀɲe] **vt 1.** [argent] sparen **2.** [ennemi] verschonen ▸ **épargner qqch à qqn** jm etw ersparen.

éparpiller [3] [epaʀpije] **vt** verstreuen. ◆ **s'éparpiller vp 1.** [foule] sich zerstreuen **2.** [feuilles] durcheinander°-fliegen.

épatant, e [epatɑ̃, ɑ̃t] **adj** fantastisch.

épater [3] [epate] **vt** verblüffen.

épaule [epol] **nf** Schulter *die* ▸ **épaule d'agneau** Lammschulter.

épaulette [epolɛt] **nf 1.** [décoration] Schulterstück *das* **2.** [rembourrage] Schulterpolster *das.*

épave [epav] **nf** Wrack *das.*

épée [epe] **nf** Schwert *das.*

épeler [24] [eple] **vt** buchstabieren.

éperon [epʀɔ̃] **nm** Sporn *der.*

épi [epi] **nm 1.** [de blé] Ähre *die* **2.** [de cheveux] Wirbel *der* ▸ **épi de maïs** Maiskolben *der.*

épice [epis] **nf** Gewürz *das.*

épicé, e [epise] **adj** (scharf) gewürzt.

épicerie [episʀi] **nf 1.** [denrées] Lebensmittel *pl* **2.** [magasin] Lebensmittelgeschäft *das* ▸ **épicerie fine** Feinkostgeschäft *das.*

épicier, ère [episje, ɛʀ] **nm, f** Lebensmittelhändler *der,* -in *die.*

épidémie [epidemi] **nf** Epidemie *die.*

épilatoire [epilatwaʀ] **adj** Enthaarungs-.

épilepsie [epilɛpsi] **nf** Epilepsie *die* ▸ **crise d'épilepsie** epileptischer Anfall.

épiler [3] [epile] **vt 1.** [jambes] enthaaren **2.** [sourcils] zupfen. ◆ **s'épiler vp** : **s'épiler les jambes** sich *(D)* die Haare von den Beinen entfernen.

épinards [epinaʀ] **nmpl** Spinat *der.*

épine [epin] **nf** Dorn *der* ▸ **épine dorsale** Rückgrat *das.*

épingle [epɛ̃gl] **nf** Nadel *die* ▸ **épingle à cheveux** Haarnadel ▸ **épingle de nourrice** Sicherheitsnadel.

épisode [epizɔd] **nm 1.** [de feuilleton] Episode *die* **2.** [événement] Ereignis *das.*

éplucher [3] [eplyʃe] **vt** schälen.

épluchures [eplyʃyʀ] **nfpl** Schale *die.*

éponge [epɔ̃ʒ] **nf 1.** [pour nettoyer] Schwamm *der* **2.** [tissu] Frottee *der ODER das.*

éponger [17] [epɔ̃ʒe] **vt 1.** [liquide] auf°wischen **2.** [visage] ab°tupfen.

époque [epɔk] **nf** Epoche die ▸ **à l'époque (de)** zu der Zeit (des /der).

épouse [epuz] **nf** → **époux.**

épouser [3] [epuze] **vt** heiraten.

épousseter [27] [epuste] **vt** ab◦stauben.

épouvantable [epuvɑ̃tabl] **adj** schrecklich.

épouvantail [epuvɑ̃taj] **nm** Vogelscheuche *die*.

épouvante [epuvɑ̃t] **nf** → **film**.

épouvanter [3] [epuvɑ̃te] **vt** erschrecken.

époux, épouse [epu, epuz] **nm, f** Gemahl *der*, -in *die*.

épreuve [eprœv] **nf** **1.** [difficulté] Probe *die* **2.** [sportive] Wettkampf *der* **3.** [examen, essai] Prüfung *die* **4.** [malheur] Schicksalsschlag *der*.

éprouvant, e [epruvɑ̃, ɑ̃t] **adj** hart.

éprouver [3] [epruve] **vt** **1.** [ressentir] empfinden **2.** [faire souffrir] hart mit◦nehmen.

éprouvette [epruvɛt] **nf** Reagenzglas *das*.

EPS (*abr de* **éducation physique et sportive**) **nf** Sportunterricht *der*.

épuisant, e [epɥizɑ̃, ɑ̃t] **adj** anstrengend.

épuisé, e [epɥize] **adj** **1.** [fatigué] (völlig) erschöpft **2.** [livre] ausverkauft.

épuiser [3] [epɥize] **vt** **1.** [fatiguer] erschöpfen **2.** [ressources] auf◦brauchen.

épuisette [epɥizɛt] **nf** Kescher *der (für Fische)*.

équateur [ekwatœr] **nm** Äquator *der* ▸ **l'équateur** der Äquator.

Équateur [ekwatœr] **nm** : **l'Équateur** Ecuador *nt*.

équation [ekwasjɔ̃] **nf** Gleichung *die*.

équerre [ekɛr] **nf** Zeichendreieck *das*.

équilibre [ekilibr] **nm** Gleichgewicht *das* ▸ **perdre l'équilibre** das Gleichgewicht verlieren.

équilibré, e [ekilibre] **adj** **1.** [mentalement] ausgeglichen **2.** [nourriture, repas] ausgewogen.

équilibrer [3] [ekilibre] **vt** **1.** [situation, budget] aus◦gleichen **2.** [proportions] gut verteilen. ◆ **s'équilibrer vp** sich aus◦gleichen.

équilibriste [ekilibrist] **nmf** Gleichgewichtskünstler *der*, -in *die*.

équinoxe [ekinɔks] **nm** Tagundnachtgleiche *die* ▸ **équinoxe de printemps / d'automne** Frühlings- / Herbsttagundnachtgleiche.

équipage [ekipaʒ] **nm** Besatzung *die* ▸ **membre d'équipage** Besatzungsmitglied *das*.

équipe [ekip] **nf** **1.** [sportive] Mannschaft *die* **2.** [de travail] Team *das* ▸ **équipe de nuit** Nachtschicht *die* ▸ **équipe médicale** Arztgruppe *die*.

équipé, e [ekipe] **adj** **1.** [équipement] ausgestattet **2.** [sportif, militaire] ausgerüstet ▸ **cuisine équipée** eingerichtete Küche.

équipement [ekipmɑ̃] **nm** Ausrüstung *die*.

équiper [3] [ekipe] **vt** **1.** [personne] aus◦rüsten **2.** [cuisine, voiture] aus◦statten. ◆ **s'équiper (de) vp + prép** sich aus◦rüsten (mit).

équipier, ère [ekipje, ɛr] **nm, f** Mannschaftsmitglied *das*.

équitable [ekitabl] **adj** gerecht ▸ **commerce équitable** fairer Handel.

équitation [ekitasjɔ̃] **nf** Reitkunst *die* ▸ **faire de l'équitation** reiten.

équivalent, e [ekivalɑ̃, ɑ̃t] ◆ **adj** gleichwertig. ◆ **nm** Äquivalent *das*.

équivaloir [60] [ekivalwar] **vi** : **ça équivaudrait à tout abandonner** das hieße alles aufgeben.

érable [eʀabl] nm Ahorn *der* ▸ **sirop d'érable** Ahornsirup *der*.
érafler [3] [eʀafle] vt **1.** [peau] auf◦schürfen **2.** [peinture] verschrammen.
éraflure [eʀaflyʀ] nf **1.** [de peau] Abschürfung *die* **2.** [de peinture] Schramme *die*.
Erevan [eʀevan] n Jerewan *nt*, Eriwan *nt*.
érotique [eʀɔtik] adj erotisch.
erreur [eʀœʀ] nf Fehler *der* ▸ **faire une erreur** einen Fehler machen.
éruption [eʀypsjɔ̃] nf Ausbruch *der* ▸ **éruption cutanée** Hautausschlag *der*.
Érythrée [eʀitʀe] nf : **(l')Érythrée** Eritrea *nt*.
es [ɛ] **2e pers. du sg. de l'ind. prés.** → **être**.
ESB (*abr de* **Encéphalite Spongiforme Bovine**) nf BSE *die (bovine spongiforme Enzephalopathie)*.
escabeau [ɛskabo] (*pl* **-x**) nm Trittleiter *die*.
escalade [ɛskalad] nf **1.** [d'une montagne] Besteigung *die* **2.** [activité] Klettern *das*.
escalader [3] [ɛskalade] vt **1.** [montagne] besteigen **2.** [mur] klettern über *(+ A)*.
Escalator® [ɛskalatɔʀ] nm Rolltreppe *die*.
escale [ɛskal] nf Zwischenstopp *der* ▸ **faire escale à Hambourg a)** [avion] in Hamburg zwischen◦landen **b)** [bateau] Hamburg an◦laufen ▸ **vol sans escale** Nonstop-Flug *der*.
escalier [ɛskalje] nm Treppe *die* ▸ **les escaliers** die Treppenstufen ▸ **escalier roulant / mécanique** Rolltreppe.
escalope [ɛskalɔp] nf Schnitzel *das*.
escapade [ɛskapad] nf **1.** [sortie] Eskapade *die* **2.** [petit voyage] Ausflug *der*.
escargot [ɛskaʀgo] nm Schnecke *die*.
escarpé, e [ɛskaʀpe] adj steil.
escarpin [ɛskaʀpɛ̃] nm Pumps *der*.
escavèche [ɛskavɛʃ] nf BELG *gebratener Fisch in Essigmarinade*.
esclaffer [3] [ɛsklafe] ◆ **s'esclaffer** vp in schallendes Gelächter aus◦brechen.
esclavage [ɛsklavaʒ] nm Sklaverei *die*.
esclave [ɛsklav] nmf Sklave *der*, -vin *die*.
escorte [ɛskɔʀt] nf Eskorte *die* ▸ **sous escorte policière** unter polizeilichem Geleitschutz.
escrime [ɛskʀim] nf Fechten *das*.
escroc [ɛskʀo] nm Gauner *der*.
escroquerie [ɛskʀɔkʀi] nf Betrug *der*.
espace [ɛspas] nm **1.** [atmosphère] Weltraum *der* **2.** [place] Raum *der* **3.** INFORM Leerzeichen *das* ▸ **en l'espace de** innerhalb *(+ G)* ▸ **espaces verts** Grünflächen ▸ **espace non-fumeurs** Nichtraucherzone *die*.
espacement [ɛspasmɑ̃] nm : **barre d'espacement** Leertaste *die*.
espacer [16] [ɛspase] vt **1.** [arbres, maisons] Abstand lassen zwischen *(+ D)* **2.** [visites] ein◦schränken.
espadon [ɛspadɔ̃] nm Schwertfisch *der*.
espadrille [ɛspadʀij] nf Espadrille *die*.
Espagne [ɛspaɲ] nf : **l'Espagne** Spanien *nt*.
espagnol, e [ɛspaɲɔl] ◆ adj spanisch. ◆ nm [langue] Spanisch(e) (*das*). ◆ **Espagnol, e** nm, f Spanier *der*, -in *die*.
espèce [ɛspɛs] nf Art *die* ▸ **une espèce de** eine Art *(+ G)* ▸ **espèce d'imbécile !** du Idiot! ▸ **espèce en voie de disparition** vom Aussterben bedrohte Tier-

art. ◆ **espèces nfpl** Bargeld *das* ▸ **en espèces** (in) bar.

espérer [18] [ɛspeʀe] **vt** hoffen ▸ **espérer qqch** auf etw *(A)* hoffen ▸ **espérer faire qqch** hoffen, etw zu tun ▸ **j'espère (bien) !** ich hoffe doch!

espion, onne [ɛspjɔ̃, ɔn] **nm, f** Spion *der*, -in *die*.

espionnage [ɛspjɔnaʒ] **nm** Spionage *die* ▸ **roman d'espionnage** Spionageroman *der*.

espionner [3] [ɛspjɔne] **vt** bespitzeln.

esplanade [ɛsplanad] **nf** Esplanade *die*.

espoir [ɛspwaʀ] **nm** Hoffnung *die*.

esprit [ɛspʀi] **nm** Geist *der*.

Esquimau, aude [ɛskimo, od] **nm, f** (*mpl* **-x**, *fpl* **-s**) Eskimo *der*, Eskimofrau *die*. ◆ **Esquimau®** **nm** *Eis am Stiel mit Schokolade überzogen*.

esquisser [3] [ɛskise] **vt 1.** [dessin] skizzieren **2.** [sourire, geste] an°deuten.

esquiver [3] [ɛskive] **vt** : **esquiver qqch** einer Sache *(D)* aus°weichen.

essai [esɛ] **nm 1.** [test] Test *der* **2.** SPORT [tentative] Versuch *der* **3.** [littéraire] Essay *der ODER das* ▸ **à l'essai** auf Probe ▸ **être à l'essai** [employé] auf Probe angestellt sein.

essaim [esɛ̃] **nm** Schwarm *der*.

essayage [esɛjaʒ] **nm** → **cabine**.

essayer [11] [eseje] **vt 1.** [vêtement, chaussures] an°probieren **2.** [tester] aus°probieren **3.** [tenter] versuchen ▸ **essayer de faire qqch** versuchen, etw zu tun.

essence [esɑ̃s] **nf** Benzin *das* ▸ **essence sans plomb** bleifreies Benzin.

essentiel, elle [esɑ̃sjɛl] ◆ **adj 1.** [principal] Haupt- **2.** [indispensable] unerlässlich. ◆ **nm** : **l'essentiel a)** [le plus important] die Hauptsache **b)** [le minimum] das Nötigste.

essieu [esjø] (*pl* **-x**) **nm** Achse *die*.

essorage [esɔʀaʒ] **nm** Schleudergang *der*.

essorer [3] [esɔʀe] **vt 1.** [en machine] schleudern **2.** [à la main] aus°wringen.

essoufflé, e [esufle] **adj** atemlos ▸ **elle est essoufflée** sie ist außer Atem.

essouffler [3] [esufle] **vt** außer Atem bringen. ◆ **s'essouffler vp 1.** [personne] außer Atem geraten **2.** *fig* [projet, industrie] ins Stocken geraten.

essuie-glace [esɥiglas] (*pl* **essuie-glaces**) **nm** Scheibenwischer *der*.

essuie-mains [esɥimɛ̃] **nm inv** Handtuch *das*.

essuyer [14] [esɥije] **vt 1.** [sécher] ab°trocknen **2.** [enlever] ab°wischen. ◆ **s'essuyer vp** [après un bain] sich ab°trocknen ▸ **s'essuyer les mains** sich *(D)* die Hände ab°trocknen.

est[1] [ɛ] **3e pers. du sg. de l'ind. prés.** → **être**.

est[2] [ɛst] ◆ **adj inv** Ost-. ◆ **nm** Osten *der* ▸ **à l'est** im Osten ▸ **à l'est de** östlich von ▸ **l'Est a)** [l'est de la France] der Osten (Frankreichs) **b)** [l'Alsace et la Lorraine] Elsass und Lothringen.

est-ce que [ɛskə] **adv** : **est-ce que tu as mangé ?** hast du gegessen? ▸ **comment est-ce que ça s'est passé ?** wie war es?

esthéticienne [ɛstetisjɛn] **nf** Kosmetikerin *die*.

esthétique [ɛstetik] **adj** [beau] ästhetisch.

estimation [ɛstimasjɔ̃] **nf** Schätzung *die*.

estimer [3] [ɛstime] **vt** schätzen ▸ **estimer que** der Ansicht sein, dass.

estival, e, aux [ɛstival, o] **adj** sommerlich.

estivant, e [ɛstivɑ̃, ɑ̃t] **nm, f** Sommerfrischler *der*, -in *die*.

estomac [ɛstɔma] **nm** Magen *der* ▸ **avoir des brûlures d'estomac** Sodbrennen haben.

Estonie [ɛstɔni] **nf** : **l' Estonie** Estland *nt*.

estrade [ɛstʀad] **nf** Podest *das*.

estragon [ɛstʀagɔ̃] **nm** Estragon *der*.

estuaire [ɛstɥɛʀ] **nm** Flussmündung *die*.

et [e] **conj** und ▸ **et après ?** na und? ▸ **je l'aime bien, et toi ?** ich mag ihn und du? ▸ **vingt et un** einundzwanzig.

étable [etabl] **nf** Stall *der*.

établi [etabli] **nm** Werkbank *die*.

établir [32] [etabliʀ] **vt 1.** [commerce, entreprise] ein∘richten **2.** [liste, devis] erstellen **3.** [contacts] her∘stellen. ◆ **s'établir vp 1.** sich nieder∘lassen **2.** [se créer] sich entwickeln.

établissement [etablismɑ̃] **nm** [organisme] Anstalt *die* ▸ **établissement scolaire** Lehranstalt.

étage [etaʒ] **nm 1.** [d'un bâtiment] Stockwerk *das* **2.** [niveau] Stufe *die* ▸ **au premier étage** im ersten Stock ▸ **à l'étage** im Obergeschoss.

étagère [etaʒɛʀ] **nf 1.** [planche] Regalbrett *das* **2.** [meuble] Regal *das*.

étain [etɛ̃] **nm** Zinn *das*.

étais [etɛ] **1re et 2e pers. du sg. de l'ind. imparfait** → **être**.

étal [etal] **nm** [sur les marchés] Marktstand *der*.

étalage [etalaʒ] **nm** [vitrine] Schaufenster *das*.

étaler [3] [etale] **vt 1.** [nappe, carte] aus∘breiten **2.** [beurre, confiture] verstreichen **3.** [paiements] zeitlich staffeln. ◆ **s'étaler vp** [se répartir] sich aus∘breiten ▸ **mon stage s'étale sur six mois** mein Praktikum geht über sechs Monate.

étanche [etɑ̃ʃ] **adj** (wasser)dicht.

étang [etɑ̃] **nm** Teich *der*.

étant [etɑ̃] **p prés** → **être**.

étape [etap] **nf 1.** [période] Etappe *die* **2.** [lieu] Station *die* ▸ **faire étape à** Station machen in *(+ D)*.

état [eta] **nm** Zustand *der* ▸ **en état de marche** funktionsfähig ▸ **en mauvais état** in schlechtem Zustand ▸ **état civil** [d'une personne] Familienstand *der* ▸ **état d'esprit** Geisteshaltung *die* ▸ **état des lieux** Wohnungsabnahme *die*. ◆ **État nm** Staat *der*.

États-Unis [etazyni] **nmpl** : **les États-Unis** die Vereinigten Staaten.

etc. *(abr de* et cetera*)* usw. *(und so weiter)*.

et cetera [ɛtseteʀa] **adv** und so weiter.

été[1] [ete] **pp** → **être**.

été[2] [ete] **nm** Sommer *der* ▸ **en été** im Sommer.

éteindre [81] [etɛ̃dʀ] **vt 1.** [lumière, appareil] aus∘schalten **2.** [incendie] löschen **3.** [cigarette] aus∘machen. ◆ **s'éteindre vp** aus∘gehen.

éteint, e [etɛ̃, ɛ̃t] **pp & 3e pers. du sg. de l'ind. prés.** → **éteindre**.

étendre [73] [etɑ̃dʀ] **vt 1.** [nappe, carte] aus∘breiten **2.** [linge] auf∘hängen **3.** [bras, jambe] aus∘strecken **4.** [personne] hin∘legen. ◆ **s'étendre vp 1.** [se coucher] sich hin∘legen **2.** [être situé] sich erstrecken **3.** [se propager] sich aus∘breiten.

étendu, e [etɑ̃dy] **adj** [grand] weitläufig, ausgedehnt.

étendue [etɑ̃dy] **nf** Fläche *die* ▸ **l'étendue des dégâts** das Ausmaß der Schäden.

éternel, elle [etɛʀnɛl] **adj** ewig.

éternité [etɛʀnite] **nf** Ewigkeit *die* ▸ **cela fait une éternité que...** es ist eine Ewigkeit her, dass ...

éternuement [etɛʀnymɑ̃] **nm** Niesen *das*.

éternuer [7] [etɛʀnɥe] **vi** niesen.

êtes [ɛt] **2e pers. du pl. de l'ind. prés.** → **être**.

ethernet [etɛʀnɛt] **nm** : **port ethernet** Ethernet-Port *der*.

Éthiopie [etjɔpi] **nf** : **(l')Éthiopie** Äthiopien *nt*.

étinceler [24] [etɛ̃sle] **vi** funkeln.

étincelle [etɛ̃sɛl] **nf** Funke(n) *der*.

étiquette [etikɛt] **nf** Etikett *das*.

étirer [3] [etiʀe] **vt 1.** [jambes, métal] strecken **2.** [élastique] dehnen. ◆ **s'étirer vp** [personne] sich strecken.

étoffe [etɔf] **nf** Stoff *der*.

étoile [etwal] **nf 1.** Stern *der* **2.** [artiste] Star *der* ▸ **étoile filante** Sternschnuppe *die* ▸ **étoile polaire** Nordstern ▸ **hôtel trois étoiles** Dreisternehotel *das* ▸ **dormir à la belle étoile** unter freiem Himmel schlafen.

étoilé, e [etwale] **adj** [ciel, nuit] sternklar.

étonnant, e [etɔnɑ̃, ɑ̃t] **adj** erstaunlich.

étonné, e [etɔne] **adj** erstaunt.

étonnement [etɔnmɑ̃] **nm** Erstaunen *das*.

étonner [3] [etɔne] **vt** erstaunen ▸ **ça m'étonnerait !** das würde mich wundern! ▸ **ça m'étonnerait que** es würde mich wundern, wenn ▸ **tu m'étonnes !** *fam* kein Wunder! ◆ **s'étonner vp** : **s'étonner que** sich wundern, dass.

étouffant, e [etufɑ̃, ɑ̃t] **adj 1.** [air] stickig **2.** *fig* [ambiance] drückend.

étouffer [3] [etufe] ◆ **vt 1.** [personne, animal] ersticken **2.** [bruit] dämpfen. ◆ **vi** ersticken. ◆ **s'étouffer vp** ersticken.

étourderie [etuʀdəʀi] **nf** Gedankenlosigkeit *die* ▸ **faire une étourderie** unüberlegt handeln.

étourdi, e [etuʀdi] **adj** [distrait] zerstreut.

étourdir [32] [etuʀdiʀ] **vt** betäuben.

étourdissement [etuʀdismɑ̃] **nm** [malaise] Schwindelanfall *der*.

étrange [etʀɑ̃ʒ] **adj** seltsam.

étranger, ère [etʀɑ̃ʒe, ɛʀ] ◆ **adj** fremd. ◆ **nm, f 1.** [d'un autre pays] Ausländer *der*, -in *die* **2.** [inconnu] Fremde *der, die*. ◆ **nm** : **à l'étranger** im ou ins Ausland.

étrangler [3] [etʀɑ̃gle] **vt** erwürgen. ◆ **s'étrangler vp 1.** [de rire] keine Luft mehr bekommen **2.** [par accident] sich verschlucken.

être [2] [ɛtʀ] ◆ **vi 1.** [gén] sein ▸ **être content** froh sein ▸ **être en noir / en pantalon** Schwarz / eine Hose tragen ▸ **je suis boulanger** ich bin Bäcker ▸ **nous serons à Naples / à la maison à partir de demain** ab morgen sind wir in Neapel / zu Hause ▸ **d'où êtes-vous ?** woher kommen Sie? ▸ **j'ai été trois fois en Bavière** ich bin dreimal in Bayern gewesen ▸ **c'est quand ton examen ? — c'est jeudi** wann ist deine Prüfung? — Donnerstag **2.** [pour exprimer l'appartenance] : **être à qqn** jm gehören ▸ **cette voiture est à vous ?**

ist das Ihr Wagen? ▸ **c'est à Daniel** das gehört Daniel

◆ **v impers 1.** [pour désigner le moment] : **il est 8 h /tard** es ist 8 Uhr / spät **2.** [avec un adjectif ou un participe passé] : **il est difficile de savoir si...** es ist schwierig herauszufinden, ob ... ▸ **il est recommandé de réserver** es empfiehlt sich zu reservieren

◆ **v aux 1.** [pour former le passé composé] sein, haben ▸ **nous sommes partis hier** wir sind gestern abgereist ▸ **tu t'es coiffé ?** hast du dich gekämmt? **2.** [pour former le passif] werden ▸ **il est considéré comme le plus grand écrivain français** er wird als der größte französische Schriftsteller angesehen ▸ **le train a été retardé** der Zug ist aufgehalten worden

◆ **nm** Wesen *das* ▸ **être vivant** Lebewesen ▸ **être humain** Mensch *der*

◆ **être à v + prép** : **être à faire** zu tun sein ▸ **cette chemise est à laver** dieses Hemd muss gewaschen werden.

étrenner [4] [etʀene] **vt** zum ersten Mal tragen.

étrennes [etʀɛn] **nfpl** Neujahrsgeschenk *das*.

étrier [etʀije] **nm** Steigbügel *der*.

étroit, e [etʀwa, at] **adj** eng ▸ **étroit d'esprit** engstirnig ▸ **à l'étroit** beengt.

étude [etyd] **nf 1.** [apprentissage] (Er)lernen *das* **2.** [enquête] Untersuchung *die* **3.** [rapport] Studie *die* **4.** [salle d'école] Arbeitsraum *der* **5.** [de notaire] Kanzlei *die*. ◆ **études nfpl** Studium *das* ▸ **faire des études (de)** studieren.

étudiant, e [etydjɑ̃, ɑ̃t] ◆ **adj** Studenten-. ◆ **nm, f** Student *der*, -in *die*.

étudier [9] [etydje] ◆ **vt 1.** [apprendre] lernen **2.** [à l'université] studieren **3.** [réfléchir à] untersuchen. ◆ **vi** studieren.

étui [etɥi] **nm** Etui *das*.

eu, e [y] **pp** → **avoir**.

euh [ø] **interj** äh.

euro [øʀo] **nm** Euro *der* ▸ **trois euros cinquante** drei Euro fünfzig ▸ **zone euro** Eurozone *die*.

eurochèque [øʀɔʃɛk] **nm** Euroscheck *der*.

Europe [øʀɔp] **nf** : **l'Europe** Europa *nt* ▸ **l'Europe de l'Est** Osteuropa.

européen, enne [øʀɔpeɛ̃, ɛn] **adj** europäisch. ◆ **Européen, enne nm, f** Europäer *der*, -in *die*.

Eurostar® [øʀɔstaʀ] **nm** Eurostar® *der*.

eux [ø] **pron** sie ▸ **eux-mêmes** (sie) selbst.

évacuer [7] [evakɥe] **vt 1.** evakuieren **2.** [liquide] ab◦leiten.

évader [3] [evade] ◆ **s'évader vp** [prisonnier] aus◦brechen.

évaluer [7] [evalɥe] **vt** schätzen.

Évangile [evɑ̃ʒil] **nm** [livre] Evangelium *das* ▸ **l'Évangile selon Saint Jean** das Johannesevangelium.

évanouir [32] [evanwiʀ] ◆ **s'évanouir vp 1.** [avoir un malaise] ohnmächtig werden **2.** [souvenir, espoir] verblassen.

évanouissement [evanwismɑ̃] **nm** [de personne] Ohnmacht *die* ▸ **avoir un évanouissement** ohnmächtig werden.

évaporer [3] [evapɔʀe] ◆ **s'évaporer vp** verdampfen.

évasion [evazjɔ̃] **nf** [d'un prisonnier] Ausbruch *der*.

éveillé, e [eveje] **adj** [vif] aufgeweckt.

éveiller [4] [eveje] **vt 1.** [soupçons, attention] erregen **2.** [intelligence, imagination] wecken. ◆ **s'éveiller vp** [sensibilité, curiosité] erwachen.

événement [evɛnmɑ̃] **nm** Ereignis *das*.

éventail [evɑ̃taj] **nm 1.** [pour se rafraîchir] Fächer *der* **2.** [variété] Auswahl *die*.
éventrer [3] [evɑ̃tʀe] **vt** auf◦schlitzen ▸ **éventrer qqn / qqch** jm / etw den Bauch auf◦schlitzen.
éventuel, elle [evɑ̃tɥɛl] **adj** eventuell.
éventuellement [evɑ̃tɥɛlmɑ̃] **adv** eventuell.
évêque [evɛk] **nm** Bischof *der*.
évidemment [evidamɑ̃] **adv** natürlich.
évident, e [evidɑ̃, ɑ̃t] **adj** offensichtlich ▸ **c'est pas évident !** [pas facile] das ist gar nicht so einfach!
évier [evje] **nm** Spülbecken *das*.
évitement [evitmɑ̃] **nm** BELG [déviation] Umleitung *die*.
éviter [3] [evite] **vt 1.** [personne, endroit] meiden **2.** [voiture] : **éviter qqch** einer Sache *(D)* aus◦weichen ▸ **éviter qqch à qqn** jm etw ersparen ▸ **éviter de faire qqch** es vermeiden, etw zu tun.
évolué, e [evɔlɥe] **adj 1.** [pays] entwickelt **2.** [personne] fortschrittlich.
évoluer [7] [evɔlɥe] **vi 1.** [changer] sich entwickeln **2.** [maladie] verlaufen.
évolution [evɔlysjɔ̃] **nf 1.** [changement] (Weiter)entwicklung *die* **2.** [d'une maladie] Verlauf *der*.
évoquer [3] [evɔke] **vt 1.** [événement, personne] erinnern an *(+ A)* **2.** [souvenir] wach◦rufen **3.** [mentionner] erwähnen.
ex [ɛks] **nmf** *fam* Ex *der, die*.
ex- [ɛks] **préf** ehemalige(r, s).
exact, e [ɛgzakt] **adj 1.** [correct] richtig **2.** [précis] genau **3.** [ponctuel] pünktlich ▸ **c'est exact** das stimmt.
exactement [ɛgzaktəmɑ̃] **adv** genau.
exactitude [ɛgzaktityd] **nf 1.** [précision] Genauigkeit *die* **2.** [ponctualité] Pünktlichkeit *die*.
ex aequo [ɛgzeko] **adj inv** ranggleich ▸ **ils ont terminé ex aequo** sie haben punktgleich abgeschlossen.
exagérer [18] [ɛgzaʒeʀe] **vt & vi** übertreiben.
exam [ɛgzam] **nm** *fam* SCOL [à l'université] Examen *das*.
examen [ɛgzamɛ̃] **nm 1.** [médical] Untersuchung *die* **2.** SCOL Prüfung *die* ▸ **examen blanc** *zur Probe durchgeführte Prüfung*.
examinateur, trice [ɛgzaminatœʀ, tʀis] **nm, f** Prüfer *der*, -in *die*.
examiner [3] [ɛgzamine] **vt** untersuchen.
exaspérer [18] [ɛgzaspeʀe] **vt** auf◦bringen.
excédent [ɛksedɑ̃] **nm** Überschuss *der* ▸ **excédent de bagages** Übergepäck *das*.
excéder [18] [ɛksede] **vt** [dépasser] übersteigen ▸ **excéder qqn** [énerver] jm auf die Nerven gehen.
excellent, e [ɛkselɑ̃, ɑ̃t] **adj 1.** [aliment] hervorragend **2.** [personne] gut.
excentrique [ɛksɑ̃tʀik] **adj** [extravagant] exzentrisch.
excepté [ɛksɛpte] **prép** ausgenommen.
exception [ɛksɛpsjɔ̃] **nf** Ausnahme *die* ▸ **faire une exception** eine Ausnahme machen ▸ **à l'exception de** mit Ausnahme von ▸ **sans exception** ausnahmslos.
exceptionnel, elle [ɛksɛpsjɔnɛl] **adj** außergewöhnlich.
excès [ɛksɛ] ◆ **nm** Exzess *der*. ◆ **nmpl** Unmäßigkeit *die* ▸ **excès de vitesse** Geschwindigkeitsüberschreitung *die* ▸ **faire des excès** übertreiben.

excessif, ive [ɛksesif, iv] **adj 1.** [prix] überhöht **2.** [personne, caractère] maßlos **3.** [gaieté] übertrieben.

excitant, e [ɛksitɑ̃, ɑ̃t] ◆ **adj** [projet, idée] aufregend. ◆ **nm** [substance] Anregungsmittel *das*.

excitation [ɛksitasjɔ̃] **nf** Aufregung *die*.

exciter [3] [ɛksite] **vt 1.** [énerver] reizen **2.** [curiosité, ardeur] erregen.

exclamation [ɛksklamasjɔ̃] **nf** Ausruf *der*.

exclamer [3] [ɛksklame] ◆ **s'exclamer vp** aus°rufen.

exclure [96] [ɛksklyʀ] **vt** aus°-schließen.

exclusif, ive [ɛksklyzif, iv] **adj 1.** [droit, interview] Exklusiv- **2.** [personne] einseitig.

exclusion [ɛksklyzjɔ̃] **nf** Ausschluss *der*.

exclusivité [ɛksklyzivite] **nf** Exklusivrecht *das* ▸ **en exclusivité** exklusiv.

excursion [ɛkskyʀsjɔ̃] **nf** Ausflug *der*.

excuse [ɛkskyz] **nf** [prétexte] Entschuldigung *die*. ◆ **excuses nfpl** : **faire des excuses à qqn** sich bei jm entschuldigen.

excuser [3] [ɛkskyze] **vt** entschuldigen. ◆ **s'excuser vp** sich entschuldigen ▸ **je m'excuse d'être en retard** ich bitte um Entschuldigung für meine Verspätung.

exécutable [ɛgzekytabl] **nm INFORM** ausführbar, Programm-.

exécuter [3] [ɛgzekyte] **vt 1.** [travail, ordre, commande informatique] aus°führen **2.** [œuvre musicale] vor°tragen **3.** [personne] hin°richten.

exécution [ɛgzekysjɔ̃] **nf** [meurtre] Hinrichtung *die*.

exemplaire [ɛgzɑ̃plɛʀ] **nm** Exemplar *das*.

exemple [ɛgzɑ̃pl] **nm 1.** [cas] Beispiel *das* **2.** [modèle] Vorbild *das* ▸ **par exemple** zum Beispiel.

exercer [16] [ɛgzɛʀse] **vt 1.** aus°üben **2.** [voix, mémoire] schulen. ◆ **s'exercer vp** üben ▸ **s'exercer à faire qqch** sich in etw *(D)* üben.

exercice [ɛgzɛʀsis] **nm** Übung *die* ▸ **faire de l'exercice** sich bewegen.

exfoliant, e [ɛksfɔljɑ̃, ɑ̃t] **adj** Peeling-. ◆ **exfoliant nm** Peeling *das*.

exigeant, e [ɛgziʒɑ̃, ɑ̃t] **adj** anspruchsvoll.

exigence [ɛgziʒɑ̃s] **nf** Forderung *die*.

exiger [17] [ɛgziʒe] **vt 1.** [demander] verlangen **2.** [avoir besoin de] erfordern.

exil [ɛgzil] **nm** Exil *das* ▸ **en exil** im Exil.

exiler [3] [ɛgzile] ◆ **s'exiler vp** ins Exil gehen.

existant, e [ɛgzistɑ̃, ɑ̃t] **adj** bestehend.

existence [ɛgzistɑ̃s] **nf 1.** [présence] Vorhandensein *das* **2.** [vie] Existenz *die*.

exister [3] [ɛgziste] **vi 1.** [personne] leben **2.** [chose] bestehen ▸ **il existe** [il y a] es gibt.

exorbitant, e [ɛgzɔʀbitɑ̃, ɑ̃t] **adj** horrend.

exorciste [ɛgzɔʀsist] **nmf** Exorzist *der*, -in *die*.

exotique [ɛgzɔtik] **adj** exotisch.

expatrier [10] [ɛkspatʀije] ◆ **s'expatrier vp** aus°wandern.

expédier [9] [ɛkspedje] **vt** [envoyer] versenden.

expéditeur, trice [ɛkspeditœʀ, tʀis] **nm, f** Absender *der*, -in *die*.

expédition [ɛkspedisjɔ̃] **nf 1.** [voyage] Expedition *die* **2.** [envoi] Versand *der*.

expérience [ɛksperjɑ̃s] **nf 1.** [essai] Experiment *das* **2.** [connaissance] Erfahrung *die* ▸ **expérience (professionnelle)** (Berufs)erfahrung.

expérimenté, e [ɛksperimɑ̃te] **adj** erfahren.

expert, e [ɛkspɛr, ɛrt] **nm, f 1.** [technicien] Sachverständige *der, die* **2.** [connaisseur] Experte *der*, -in *die* ▸ **expert en** Experte in ou für.

expertiser [3] [ɛkspɛrtize] **vt** ein Gutachten erstellen.

expiration [ɛkspirasjɔ̃] **nf** [de délai] Ablaufen *das* ▸ **arriver à expiration** ab°laufen.

expirer [3] [ɛkspire] **vi 1.** [souffler] aus°atmen **2.** [délai, passeport] ab°laufen.

explication [ɛksplikasjɔ̃] **nf 1.** [éclaircissement] Erklärung *die* **2.** [discussion] Aussprache *die* ▸ **explication de texte** Texterläuterung *die*.

explicite [ɛksplisit] **adj** unmissverständlich, deutlich.

expliquer [3] [ɛksplike] **vt 1.** [rendre clair] erläutern **2.** [justifier] erklären ▸ **expliquer qqch à qqn** jm etw erklären. ◆ **s'expliquer vp 1.** [donner des précisions] seine Gedanken erläutern **2.** [se justifier] sich rechtfertigen.

exploit [ɛksplwa] **nm** (Glanz)leistung *die*.

exploitation [ɛksplwatasjɔ̃] **nf 1.** Ausbeutung *die* **2.** [d'une terre] Bewirtschaftung *die* ▸ **exploitation (agricole)** (landwirtschaftlicher) Betrieb.

exploiter [3] [ɛksplwate] **vt 1.** [terre] bewirtschaften **2.** [mine] aus°beuten **3.** [personnes, naïveté] aus°nutzen.

exploration [ɛksplɔrasjɔ̃] **nf** [découverte] Erforschung *die*.

explorer [3] [ɛksplɔre] **vt** erforschen.

exploser [3] [ɛksploze] **vi** explodieren.

explosif, ive [ɛksplozif, iv] ◆ **adj** [situation] (spannungs)geladen. ◆ **nm** Sprengstoff *der*.

explosion [ɛksplozjɔ̃] **nf 1.** Explosion *die* **2.** *fig* [de colère, de joie] Ausbruch *der*.

expo [ɛkspo] **nf** *fam* Ausstellung *die*.

export [ɛkspɔr] **nm** : **export de données** INFORM Datenexport *der*.

exportation [ɛkspɔrtasjɔ̃] **nf** Export *der*.

exporter [3] [ɛkspɔrte] **vt** exportieren.

exposé, e [ɛkspoze] ◆ **adj** exponiert. ◆ **nm 1.** SCOL Referat *das* **2.** [compte-rendu] Bericht *der* ▸ **exposé au sud** nach Süden liegend ▸ **bien exposé** auf der Sonnenseite gelegen.

exposer [3] [ɛkspoze] **vt 1.** [tableaux] aus°stellen **2.** [théorie, motifs] dar°stellen ▸ **exposer qqn / qqch à** jn / etw einer Sache *(D)* aus°setzen ▸ **ne vous exposez pas entre midi et deux** gehen Sie zwischen zwölf und zwei Uhr nicht in die Sonne.

exposition [ɛkspozisjɔ̃] **nf 1.** [d'art] Ausstellung *die* **2.** [d'une maison] Lage *die*.

exprès[1] [ɛksprɛs] ◆ **adj inv** [lettre] Eil-. ◆ **nm** : **'par exprès'** per Eilzustellung.

exprès[2] [ɛksprɛ] **adv** extra ▸ **faire exprès de faire qqch** etw absichtlich tun.

express [ɛksprɛs] **nm 1. (train) express** ≃ D-Zug *der* **2.** [café] = **expresso**.

expressif, ive [ɛkspresif, iv] **adj** ausdrucksvoll.

expression [ɛksprɛsjɔ̃] **nf** Ausdruck *der* ▸ **expression orale** mündlicher Ausdruck.

expresso [ɛksprɛso] **nm** Espresso *der*.

exprimer [3] [ɛkspʀime] **vt** [idée, sentiment] aus◦drücken. ◆ **s'exprimer vp** [parler] sich äußern.

expulser [3] [ɛkspylse] **vt 1.** [chasser] vertreiben **2.** [d'un pays] aus◦weisen.

expulsion [ɛkspylsjɔ̃] **nf 1.** [renvoi] Verweisung ***die*** **2.** [d'étranger] Ausweisung ***die*** **3.** [d'un groupe, d'un locataire] Räumung ***die***.

exquis, e [ɛkski, iz] **adj** *sout* [nourriture] ausgezeichnet.

extensible [ɛkstɑ̃sibl] **adj** [vêtement] Stretch- ▸ **mémoire extensible à 1 Go** auf 1 GB ausbaubarer Speicher.

exténué, e [ɛkstenye] **adj** erschöpft.

extérieur, e [ɛksteʀjœʀ] ◆ **adj 1.** Außen- **2.** [gentillesse, calme] äußerlich. ◆ **nm 1.** Außenseite ***die*** **2.** [apparence] Äußere ***das*** ▸ **à l'extérieur** a) draußen, nach draußen b) SPORT außerhalb ▸ **à l'extérieur de** außerhalb *(+ G)*.

exterminer [3] [ɛkstɛʀmine] **vt** aus◦rotten.

externat [ɛkstɛʀna] **nm 1.** [lycée] Externat ***das*** **2.** [en médecine] Arztpraktikum ***das***.

externe [ɛkstɛʀn] ◆ **adj** äußere(r, s). ◆ **nmf** [élève] Externe ***der, die***.

extincteur [ɛkstɛ̃ktœʀ] **nm** Feuerlöscher ***der***.

extinction [ɛkstɛ̃ksjɔ̃] **nf** : **animal en voie d'extinction** vom Aussterben bedrohtes Tier.

extra [ɛkstʀa] ◆ **adj inv 1.** [qualité] eins A **2.** *fam* [formidable] spitze. ◆ **préf** [très] extra.

extraconjugal, e, aux [ɛkstʀakɔ̃ʒygal, o] **adj** außerehelich.

extrafin, e [ɛkstʀafɛ̃, in] **adj** extrafein.

extraire [112] [ɛkstʀɛʀ] **vt 1.** [faire sortir] heraus◦ziehen **2.** [charbon, pierre] ab◦bauen ▸ **extraire qqn / qqch de** jn / etw heraus◦ziehen aus.

extrait [ɛkstʀɛ] **nm** Auszug ***der*** ▸ **extrait d'acte de naissance** Geburtsurkunde ***die***.

extraordinaire [ɛkstʀaɔʀdinɛʀ] **adj** außergewöhnlich.

extrascolaire [ɛkstʀaskɔlɛʀ] **adj** außerschulisch.

extravagant, e [ɛkstʀavagɑ̃, ɑ̃t] **adj** extravagant.

extraverti, e [ɛkstʀavɛʀti] **adj** extravertiert.

extrême [ɛkstʀɛm] ◆ **adj** äußerste(r, s). ◆ **nm** Extrem ***das*** ▸ **l'Extrême-Orient** der Ferne Osten.

extrêmement [ɛkstʀɛmmɑ̃] **adv** äußerst.

extrémité [ɛkstʀemite] **nf** Ende ***das***.

Ff

F (*abr de* Fahrenheit) F.

fa [fa] **nm inv** ***das***.

fable [fabl] **nf** Fabel ***die***.

fabricant, e [fabʀikɑ̃, ɑ̃t] **nm, f** Hersteller ***der***, -in ***die***.

fabrication [fabʀikasjɔ̃] **nf** Herstellung ***die*** ▸ **fabrication artisanale** handwerkliche Anfertigung.

fabrique [fabʀik] **nf** [usine] Fabrik ***die***.

fabriquer [3] [fabʀike] **vt** herstellen ▸ **mais qu'est-ce que tu fabriques ?** *fam* was machst du bloß?

fabuleux, euse [fabylø, øz] **adj** sagenhaft.

fac [fak] **nf** *fam* Uni *die* ▸ **je suis en deuxième année de fac** ich bin im zweiten Studienjahr.

façade [fasad] **nf** Fassade *die*.

face [fas] **nf 1.** [côté] Seite *die* **2.** [visage] Gesicht *das* ▸ **faire face à qqch** [être devant] gegenüber von etw liegen ▸ **faire face à qqn / qqch** [affronter] sich jm / etw stellen ▸ **de face** von vorn ▸ **en face (de)** gegenüber (von) ▸ **face à face** [personnes] von Angesicht zu Angesicht ▸ **être face à face** [maisons] einander gegenüber°liegen.

fâché, e [faʃe] **adj 1.** [en colère] verärgert **2.** [brouillé] zerstritten.

fâcher [3] [faʃe] ◆ **se fâcher vp 1.** [se mettre en colère] böse werden **2.** [se brouiller] Streit bekommen.

facile [fasil] **adj 1.** [aisé] leicht **2.** [aimable] umgänglich.

facilement [fasilmɑ̃] **adv 1.** [aisément] leicht **2.** [au moins] gut und gerne.

facilité [fasilite] **nf** Leichtigkeit *die*. ◆ **facilités nfpl 1.** [capacités] Fähigkeiten *pl* **2.** FIN Bedingungen *pl* ▸ **avoir des facilités** Fähigkeiten haben ▸ **facilités de paiement** Zahlungsbedingungen *pl*.

faciliter [3] [fasilite] **vt** erleichtern.

façon [fasɔ̃] **nf** Art *die* ▸ **de façon (à ce) que...** so ..., dass ▸ **de toute façon** sowieso ▸ **non merci, sans façon** nein danke, wirklich nicht. ◆ **façons nfpl** Manieren *pl* ▸ **faire des façons** sich zieren.

facteur, trice [faktœʀ, tʀis] **nm, f** Briefträger *der*, -in *die*. ◆ **facteur nm** Faktor *der* ▸ **le facteur chance** der Zufallsfaktor.

facture [faktyʀ] **nf** Rechnung *die*.

facturer [3] [faktyʀe] **vt** berechnen.

facturette [faktyʀɛt] **nf** (Leistungs)-beleg *der*.

facultatif, ive [fakyltatif, iv] **adj** freiwillig.

faculté [fakylte] **nf 1.** [université] Universität *die* **2.** [possibilité] Fähigkeit *die*.

fade [fad] **adj 1.** [aliment] fade **2.** [couleur] stumpf.

fagot [fago] **nm** Reisigbündel *das*.

FAI (*abr de* fournisseur d'accès à Internet) **nm** Provider *der*.

faible [fɛbl] ◆ **adj 1.** schwach **2.** [revenu] gering. ◆ **nm** : **avoir un faible pour** eine Schwäche haben für.

faiblement [fɛbləmɑ̃] **adv 1.** [crier, appeler] schwach **2.** [augmenter] leicht.

faiblesse [fɛblɛs] **nf 1.** Schwäche *die* **2.** [malaise] Schwächeanfall *der*.

faiblir [32] [febliʀ] **vi** schwächer werden.

faïence [fajɑ̃s] **nf** Steingut *das*.

faille [faj] **nf 1.** [du terrain] Spalte *die* **2.** [défaut] Schwachstelle *die*.

faillir [46] [fajiʀ] **vi** : **il a failli tomber** er wäre beinahe hingefallen.

faillite [fajit] **nf** Konkurs *der* ▸ **faire faillite** Konkurs machen.

faim [fɛ̃] **nf** Hunger *der* ▸ **avoir faim** Hunger haben.

fainéant, e [feneɑ̃, ɑ̃t] ◆ **adj** faul. ◆ **nm, f** Faulpelz *der*.

faire [109] [fɛʀ] ◆ **vt 1.** [gén] machen ▸ **faire le café** Kaffee kochen ▸ **que faites-vous comme métier ?** was machen Sie beruflich? ▸ **faire des études** studieren ▸ **faire du piano / handball** Klavier / Handball spielen **2.** [arranger, nettoyer] : **faire les carreaux** Fenster putzen ▸ **faire ses valises** seine Koffer packen ▸ **faire son lit** sein Bett machen ▸ **faire la vaisselle** ab◦waschen ▸ **faire mal à qqn** jm weh◦tun ▸ **ça me fait vraiment de la peine de le voir dans cet état** das tut mir in der Seele weh, ihn so zu sehen **3.** [imiter] so tun als ob … ▸ **arrête de faire le clown** hör auf, den Clown zu spielen ▸ **faire l'imbécile** herum◦albern **4.** [parcourir] : **le TGV fait Paris-Dax en quatre heures** der TGV legt die Strecke Paris-Dax in vier Stunden zurück ▸ **nous avons fait 150 km en deux heures** wir haben in zwei Stunden 150 Kilometer zurückgelegt ▸ **faire du 80 (à l'heure)** 80 fahren **5.** [avec des mesures] sein ▸ **ça fait plus de 2 kg** das sind mehr als 2 kg ▸ **je fais 1,68 m** ich bin 1,68 m groß ▸ **je fais du 40** ich habe Größe 40 **6.** MATH : **10 et 3 font 13** 10 und 3 ist 13 **7.** [dire] sagen ▸ **« tu as raison », fit-il** "du hast recht" sagte er **8.** [dans des expressions] : **ça ne fait rien** das macht nichts ▸ **elle ne fait que me poser des questions** sie stellt mir ständig Fragen ▸ **je n'ai fait que lui dire la vérité** ich habe ihm nur die Wahrheit gesagt ▸ **qu'est-ce que ça peut te faire ?** was geht dich das an? ▸ **qu'est-ce que j'ai fait de mes clefs ?** wo habe ich nur meine Schlüssel gelassen?

◆ **vi 1.** [agir] : **comment fais-tu pour être toujours en retard ?** wie schaffst du es bloß, immer zu spät zu kommen? ▸ **vas-y, mais fais vite** geh, aber mach schnell ▸ **vous feriez mieux de faire qqch** Sie würden gut daran tun, etw zu tun ▸ **faites comme chez vous** fühlen Sie sich wie zu Hause **2.** [avoir l'air] : **faire jeune / vieux** jung / alt aus◦sehen

◆ **v impers 1.** [climat, température] : **il fait chaud** es ist warm ▸ **il fait 2 °C** es sind 2 ° C **2.** [exprime la durée] : **ça fait trois jours que nous avons quitté Rouen** wir sind vor drei Tagen aus Rouen abgereist ▸ **ça fait longtemps que je n'ai pas eu de ses nouvelles** ich habe schon lange nichts mehr von ihm gehört ▸ **ça fait dix ans que j'habite ici** ich wohne seit zehn Jahren hier

◆ **v aux** [indique que l'on provoque une action] lassen ▸ **faire tomber qqch** etw fallen lassen ▸ **faire cuire les légumes à feu doux** das Gemüse auf kleiner Flamme kochen ▸ **faire nettoyer un vêtement** ein Kleidungsstück reinigen lassen ▸ **faire passer un message** eine Nachricht weiter◦geben ▸ **faire suivre** INFORM weiter◦leiten ▸ **une histoire à faire dresser les cheveux sur la tête** eine haarsträubende Geschichte

◆ **v substitut** tun ▸ **on lui a conseillé de réserver mais il ne l'a pas fait** man hat ihm empfohlen zu reservieren, aber er hat es nicht getan

◆ **se faire vp 1.** [être convenable, à la mode] : **ça se fait** a) [c'est habituel] das ist üblich b) [c'est à la mode] das ist in ▸ **ça ne se fait pas** a) [ce n'est pas convenable] das gehört sich nicht b) [ce n'est pas à la mode] das ist out **2.** [avoir, provoquer] sich machen ▸ **se faire des amis** sich *(D)* Freunde machen ▸ **se faire mal** sich *(D)* weh◦tun **3.** [avec un infinitif] sich lassen ▸ **se *(D)* faire couper les cheveux** sich die Haare schneiden lassen ▸ **se faire opérer** operiert werden ▸ **je me suis fait arrêter par la police** ich bin von der Polizei angehalten worden **4.** [devenir] : **se faire vieux** alt werden ▸ **il se fait tard** es wird langsam spät **5.** [dans des expressions] : **comment se fait-il que… ?** wie kommt es, dass …? ▸ **ne pas s'en faire** sich keine Sorgen machen.

→

◆ **se faire à vp + prép** [s'habituer à] sich gewöhnen an *(+ A)*.

faire-part [fɛʀpaʀ] **nm inv** Anzeige *die* ▸ **faire-part de mariage / décès** Heiratsanzeige / Todesanzeige.

fais [fɛ] **1re et 2e pers. du sg. de l'ind. prés.** → **faire.**

faisable [fəzabl] **adj** machbar.

faisan [fəzɑ̃] **nm** Fasan *der*.

faisant [fəzɑ̃] **p prés** → **faire.**

faisons [fəzɔ̃] **1re pers. du pl. de l'ind. prés.** → **faire.**

fait, e [fɛ, fɛt] ◆ **pp & 3e pers. du sg. de l'ind. prés.** → **faire.** ◆ **adj 1.** [réalisé] gemacht **2.** [fromage] reif. ◆ **nm** Tatsache *die* ▸ **(c'est) bien fait !** recht so! ▸ **c'est bien fait pour toi !** das geschieht dir recht! ▸ **faits divers** Vermischtes ▸ **au fait** übrigens ▸ **du fait de** aufgrund *(+ G)* ▸ **en fait** in Wirklichkeit ▸ **prendre qqn sur le fait** jn auf frischer Tat ertappen.

faites [fɛt] **2e pers. du pl. de l'ind. prés.** → **faire.**

faitout [fɛtu] **nm** = **fait-tout.**

fait-tout [fɛtu] **nm inv** Kochtopf *der*.

falaise [falɛz] **nf** Klippe *die*.

falloir [69] [falwaʀ] **v impers : il faut du courage pour faire ça** um das zu tun, braucht man Mut ▸ **il faut y aller, il faut que nous y allions** wir müssen los ▸ **il me faut 2 kilos d'oranges** ich brauche 2 Kilo Apfelsinen.

fallu [faly] **pp** → **falloir.**

falsifier [9] [falsifje] **vt** fälschen.

famé, e [fame] **adj : mal famé** verrufen.

fameux, euse [famø, øz] **adj 1.** [célèbre] berühmt **2.** [très bon] ausgezeichnet.

familial, e, aux [familjal, o] **adj 1.** [restaurant, activité] Familien- **2.** [problèmes, milieu] familiär.

familiarité [familjaʀite] **nf** Vertrautheit *die*.

familier, ère [familje, ɛʀ] **adj 1.** [langage, mot] umgangssprachlich **2.** [impertinent] zudringlich **3.** [connu] vertraut.

famille [famij] **nf** Familie *die* ▸ **en famille** im Familienkreis ▸ **famille recomposée** Patchworkfamilie.

famine [famin] **nf** Hungersnot *die*.

fan [fan] **nmf** *fam* Fan *der*.

fanatique [fanatik] ◆ **adj** begeistert. ◆ **nmf** Fan *der*.

fané, e [fane] **adj 1.** [fleur] verwelkt **2.** [couleur, tissu] verblichen.

faner [3] [fane] ◆ **se faner vp** verwelken.

fanfare [fɑ̃faʀ] **nf** Blaskapelle *die*.

fantaisie [fɑ̃tezi] **nf 1.** [imagination] Fantasie *die* **2.** [caprice] Laune *die* ▸ **bijou fantaisie** Modeschmuck *der*.

fantasme, phantasme [fɑ̃tasm] **nm** Tagtraum *der*, Fantasie *die*.

fantastique [fɑ̃tastik] **adj** fantastisch.

fantôme [fɑ̃tom] **nm** Gespenst *das*.

fanzine [fɑ̃zin] **nm** Fanzine *das*.

FAQ (*abr de* **Frequently Asked Questions** ou **foire aux questions**) **nf** INFORM FAQ *pl*.

far [faʀ] **nm : far breton** *eine Art Vanillepudding mit Rosinen oder Pflaumen.*

farce [faʀs] **nf 1.** [plaisanterie] Streich *der* **2.** CULIN Füllung *die* ▸ **faire une farce à qqn** jm einen Streich spielen.

farceur, euse [faʀsœʀ, øz] **nm, f** Spaßvogel *der*.

farci, e [farsi] **adj** gefüllt.

fard [far] **nm** : **fard à joues** Rouge *das* ▸ **fard à paupières** Lidschatten *der*.

farfelu, e [farfəly] **adj 1.** [personne] sonderbar **2.** [idée] hirnverbrannt.

farine [farin] **nf** Mehl *das* ▸ **farine animale** Tiermehl.

farouche [faruʃ] **adj 1.** [animal, enfant] scheu **2.** [haine, lutte] wild.

fascinant, e [fasinɑ̃, ɑ̃t] **adj** faszinierend.

fasciner [3] [fasine] **vt** faszinieren.

fascisme [faʃism] **nm** Faschismus *der*.

fashionista [faʃjɔnista] **nmf** Modefan *der*.

fasse [fas] **1re et 3e pers. du sg. du subj. prés.** → **faire**.

fastoche [fastɔʃ] **adj** *fam* total einfach.

fatal, e [fatal] **adj 1.** [mortel] tödlich **2.** [inévitable] unausweichlich.

fatalement [fatalmɑ̃] **adv** zwangsläufig.

fataliste [fatalist] **adj** fatalistisch.

fatigant, e [fatigɑ̃, ɑ̃t] **adj 1.** [épuisant] anstrengend **2.** [agaçant] lästig.

fatigue [fatig] **nf** Müdigkeit *die* ▸ **je suis mort de fatigue** ich bin todmüde.

fatigué, e [fatige] **adj** müde ▸ **être fatigué de faire qqch** es leid sein, etw zu tun.

fatiguer [3] [fatige] **vt 1.** [épuiser] ermüden **2.** [agacer] auf die Nerven gehen. ◆ **se fatiguer vp** ermüden ▸ **se fatiguer à faire qqch** sich ab°mühen, etw zu tun.

faubourg [fobur] **nm** Vorstadt *die* ▸ **les faubourgs** die Vororte.

fauché, e [foʃe] **adj** *fam* [personne] : **être fauché** pleite sein.

faucher [3] [foʃe] **vt 1.** [blé] mähen **2.** [piéton, cycliste] um°fahren **3.** *fam* [voler] klauen.

faucon [fokɔ̃] **nm** Falke *der*.

faudra [fodra] **3e pers. du sg. de l'ind. fut.** → **falloir**.

faufiler [3] [fofile] ◆ **se faufiler vp 1.** [entrer] schleichen **2.** [se frayer un chemin] hindurch°schlüpfen ▸ **se faufiler entre** sich hindurch°schlängeln zwischen *(+ D)*.

faune [fon] **nf** Fauna *die*.

fausse [fos] **nf** → **faux**.

fausser [3] [fose] **vt 1.** [résultat] verfälschen **2.** [clef, mécanisme] verbiegen.

faut [fo] **3e pers. du sg. de l'ind. prés.** → **falloir**.

faute [fot] **nf 1.** [erreur] Fehler *der* **2.** [responsabilité] Schuld *die* ▸ **c'est (de) ma faute** es ist meine Schuld ▸ **faute d'argent** aus Geldmangel.

fauteuil [fotœj] **nm 1.** [siège] Sessel *der* **2.** [de cinéma, de théâtre] Sitz *der* ▸ **fauteuil à bascule** Schaukelstuhl *der* ▸ **fauteuil roulant** Rollstuhl *der*.

fautif, ive [fotif, iv] ◆ **adj** [coupable] schuldig. ◆ **nm, f** Schuldige *der, die*.

fauve [fov] **nm** Raubtier *das*.

fauvisme [fovism] **nm** Fauvismus *der*.

faux, fausse [fo, fos] **adj & adv** falsch ▸ **fausse note** falscher Ton ▸ **faire un faux numéro** sich verwählen.

faux-cul [foky] **adj** *fam* : **il est faux-cul** er ist scheinheilig.

faux-filet [fofilɛ] (*pl* **faux-filets**) **nm** Rinderlendensteak *das*.

faveur [favœr] **nf** Gefallen *der* ▸ **en faveur de** zugunsten *(+ G)*.

favorable [favɔrabl] **adj** günstig ▸ **être favorable à** sein für.

favori, ite [favɔʀi, it] **adj** Lieblings-. ◆ **favoris nmpl** INFORM Favoriten *pl.*

favoriser [3] [favɔʀize] **vt 1.** [personne] bevorzugen **2.** [situation] begünstigen.

fax [faks] **nm** Fax *das* ▸ **envoyer un fax** ein Fax schicken.

faxer [3] [fakse] **vt** faxen.

fayot, otte [fajo, ɔt] **nm, f** *fam & péj* [élève] Streber *der,* -in *die.*

fayotage [fajɔtaʒ] **nm** *fam* Streberei *die.*

fayoter [3] [fajɔte] **vi** *fam* sich ein◦schmeicheln.

féculent [fekylɑ̃] **nm** stärkehaltiges Lebensmittel.

fédéral, e, aux [fedeʀal, o] **adj** Bundes-.

fédération [fedeʀasjɔ̃] **nf** Bund *der.*

fée [fe] **nf** Fee *die.*

feeling [filiŋ] **nm** *fam* : **on va y aller au feeling** wir gehen auf gut Glück dort hin ▸ **j'ai un bon feeling** ich habe ein gutes Gefühl.

feignant, e [fɛɲɑ̃, ɑ̃t] **adj** *fam* faul.

feinte [fɛ̃t] **nf** Winkelzug *der.*

fêler [4] [fele] ◆ **se fêler vp** einen Riss bekommen.

félicitations [felisitasjɔ̃] **nfpl** Glückwunsch *der* ▸ **(avec) toutes nos félicitations !** herzlichen Glückwunsch!

féliciter [3] [felisite] **vt** gratulieren ▸ **féliciter qqn** jm gratulieren.

félin [felɛ̃] **nm** Raubkatze *die.*

femelle [fəmɛl] **nf** Weibchen *das.*

féminin, e [feminɛ̃, in] **adj 1.** weiblich **2.** [magazine, travail] Frauen- **3.** [équipe, mode] Damen-.

féministe [feminist] ◆ **adj** feministisch. ◆ **nmf** Feminist *der,* -in *die.*

femme [fam] **nf** Frau *die* ▸ **femme de chambre** [d'un hôtel] Zimmermädchen *das* ▸ **bonne femme** *fam* Frau.

fémur [femyʀ] **nm** Oberschenkelknochen *der.*

fendant [fɑ̃dɑ̃] **nm** SUISSE Fendant *der.*

fendre [73] [fɑ̃dʀ] **vt** spalten.

fenêtre [fənɛtʀ] **nf** Fenster *das.*

fenouil [fənuj] **nm** Fenchel *der.*

fente [fɑ̃t] **nf 1.** [fissure] Spalte *die* **2.** [de tirelire, de distributeur] Schlitz *der.*

fer [fɛʀ] **nm** Eisen *das* ▸ **fer à cheval** Hufeisen ▸ **fer forgé** Schmiedeeisen ▸ **fer à repasser** Bügeleisen.

fera [fəʀa] **3ᵉ pers. du sg. de l'ind. fut.** → **faire.**

féra [feʀa] **nf** SUISSE Felchen *der.*

fer-blanc [fɛʀblɑ̃] **nm** Blech *das.*

férié [feʀje] **adj m** → **jour.**

ferme [fɛʀm] ◆ **adj 1.** [dur] fest **2.** [strict] streng. ◆ **nf** (Bauern)hof *der* ▸ **ferme auberge** Gasthof *der.*

fermé, e [fɛʀme] **adj 1.** [magasin, porte] geschlossen **2.** [visage, caractère] verschlossen.

fermement [fɛʀməmɑ̃] **adv 1.** [appuyer] fest **2.** [refuser] entschlossen.

fermenter [3] [fɛʀmɑ̃te] **vi** gären.

fermer [3] [fɛʀme] ◆ **vt 1.** [porte, bouche, valise] schließen **2.** [magasin, société] zu◦machen **3.** [électricité, radio] ab◦schalten. ◆ **vi** schließen ▸ **ça ne ferme pas** das schließt nicht. ◆ **se fermer vp 1.** [boîte, vêtement] geschlossen werden **2.** [yeux] zu◦fallen.

fermeté [fɛʀməte] **nf 1.** [dureté] Beharrlichkeit *die* **2.** [autorité] Strenge *die.*

fermeture [fɛʀmətyʀ] **nf 1.** [de magasin le soir] Ladenschluss *der* **2.** [définitive de magasin] Schließung *die* **3.** [mécanisme] Verschluss *der* ▸ **ferme-**

ture Éclair® Reißverschluss ▸ **'fermeture annuelle'** 'Betriebsferien'.

fermier, ère [fɛʀmje, ɛʀ] **nm, f** Bauer *der*, Bäuerin *die*.

fermoir [fɛʀmwaʀ] **nm** Verschluss *der*.

féroce [feʀɔs] **adj 1.** [animal] blutrünstig **2.** [regard] erbarmungslos.

ferraille [fɛʀaj] **nf** Schrott *der*.

ferrée [fɛʀe] **adj f** → **voie**.

ferroviaire [fɛʀɔvjɛʀ] **adj** Eisenbahn-.

ferry-boat [fɛʀibot] (*pl* **ferry-boats**), **ferry** [fɛʀi] (*pl* **ferrys** ou **ferries**) **nm** Fähre *die*.

fertile [fɛʀtil] **adj** [terre, région] fruchtbar.

fesse [fɛs] **nf** Pobacke *die*. ◆ **fesses nfpl** Hintern *der*.

fessée [fese] **nf** : **donner une fessée à qqn** jm den Hintern versohlen.

festin [fɛstɛ̃] **nm** Festmahl *das*.

festival [fɛstival] **nm** Festspiele *pl*.

ⓘ Le Festival d'Avignon

Der Theatermacher Jean Vilar rief jenes Theaterfestival 1947 ins Leben. Seither findet es jedes Jahr im Juli statt. Den Mittelpunkt bilden neue Theaterproduktionen und Choreografien, die anschließend in ganz Frankreich aufgeführt werden. Die Künstler treten nicht nur in großen Theatersälen, sondern auch auf der Straße und auf kleineren Bühnen auf.

ⓘ Le Festival de Cannes

Seit 1946 finden in Cannes alljährlich im Mai die internationalen Filmfestspiele statt. Prämiert werden dabei ausschließlich Filme, die innerhalb des letzten Jahres gedreht und noch bei keinem anderen Wettbewerb gezeigt wurden. Der beste Film wird mit der Goldenen Palme, der Palme d'or ausgezeichnet.

festivalier, ère [fɛstivalje, ɛʀ] **nm, f** Festspielbesucher *der*, -in *die*.

festivités [fɛstivite] **nfpl** Festlichkeiten *pl*.

feta [feta] **nf** Feta *der*.

fête [fɛt] **nf 1.** [congé] Feiertag *der* **2.** [réception] Fest *das* **3.** [kermesse] Volksfest *das* **4.** [jour du saint] Namenstag *der* ▸ **faire la fête** einen drauf∘machen ▸ **bonne fête !** Alles Gute zum Namenstag! ▸ **fête foraine** Jahrmarkt *der* ▸ **la fête des Mères / Pères** Muttertag / Vatertag ▸ **la fête de la Musique** *in Frankreich alljährlich stattfindendes Straßenmusikfestival* ▸ **fête du Travail** Tag der Arbeit ▸ **fête nationale** Nationalfeiertag. ◆ **fêtes nfpl** : **les fêtes (de fin d'année)** Weihnachten und Neujahr.

ⓘ Bonne fête

Mit den Worten Bonne fête gratuliert man in Frankreich zum Namenstag ▸ie in Deutschland das Geburtstagskind wird der Gefeierte angerufen oder ihm eine Glückwunschkarte geschickt. Namenstage sind den Franzosen so wichtig, dass sie sogar am Ende des Wetterberichts angekündigt werden.

ⓘ La fête de la Musique

Am 21. Juni 1982 fand die erste fête de la Musique in Paris statt. Seitdem treten jedes Jahr am Tag des Sommeranfangs weltweit Berufs- und Amateurmusiker in mehr als 300 Städten auf. Gesungen und gespielt wird auf öffentlichen Straßen und Plätzen, der Eintritt ist frei.

fêter [4] [fete] **vt** feiern.

feu [fø] (*pl* **-x**) **nm 1.** [flammes] Feuer *das* **2.** [lumière] Licht *das* **3.** [incendie] Brand *der* ▸ **avez-vous du feu ?** haben Sie Feuer? ▸ **faire du feu** Feuer machen ▸ **mettre le feu à** in Brand stecken ▸ **à feu doux** auf kleiner Flamme ▸ **feu d'artifice** Feuerwerk *das* ▸ **feu de camp** Lagerfeuer ▸ **feu rouge** rote Ampel ▸ **feu de circulation** Verkehrsampel *die* ▸ **feux de signalisation** ou **tricolores** Ampel *die* ▸ **feux arrière** Rücklichter ▸ **feux de recul** Rückfahrscheinwerfer *der* ▸ **au feu !** Feuer! ▸ **en feu** in Flammen.

feuillage [fœjaʒ] **nm** Laub *das*.

feuille [fœj] **nf** Blatt *das* ▸ **feuille morte** welkes Blatt ▸ **feuille de style** Stilvorlage *die*.

feuilleté, e [fœjte] ◆ **adj** Blätterteig-. ◆ **nm** Blätterteigteilchen *das* ; → **pâte**.

feuilleter [27] [fœjte] **vt** blättern in *(+ D)*.

feuilleton [fœjtɔ̃] **nm** : **feuilleton télévisé** Fernsehserie.

feutre [føtʀ] **nm 1.** [stylo] Filzstift *der* **2.** [chapeau] Filzhut *der*.

fève [fɛv] **nf 1.** [haricot] (dicke) Bohne **2.** [de galette] *im französischen Dreikönigskuchen verstecktes Figürchen*.

février [fevʀije] **nm** Februar *der* ▸ **en février, au mois de février** im Februar ▸ **début février** Anfang Februar ▸ **le deux février** am zweiten Februar.

fiable [fjabl] **adj** zuverlässig.

fiançailles [fjɑ̃saj] **nfpl** Verlobung *die*.

fiancé, e [fjɑ̃se] **nm, f** Verlobte *der, die*.

fiancer [16] [fjɑ̃se] ◆ **se fiancer vp** sich verloben.

fibre [fibʀ] **nf** Faser *die* ▸ **fibre optique** optische Faser.

ficeler [24] [fisle] **vt** verschnüren.

ficelle [fisɛl] **nf 1.** [corde] Bindfaden *der* **2.** [pain] *kleines dünnes Baguette*.

fiche [fiʃ] **nf 1.** [de carton, de papier] Karteikarte *die* **2.** TECH Stecker *der* ▸ **fiche de paie** Gehaltszettel *der* ▸ **fiche technique** technische Daten *pl*.

ficher [3] [fiʃe] **vt 1.** [planter] stecken **2.** *fam* [faire] machen **3.** *fam* [mettre] hin∘stecken ▸ **mais qu'est-ce qu'il fiche ?** *fam* was macht er denn bloß? ▸ **fiche-moi la paix !** *fam* lass mich in Ruhe! ▸ **ficher le camp** *fam* ab∘hauen. ◆ **se ficher de vp + prép** *fam* [ridiculiser] sich lustig machen über *(+ A)* ▸ **je m'en fiche** *fam* [ça m'est égal] das ist mir schnuppe.

fichier [fiʃje] **nm 1.** [boîte] Kartei *die* **2.** INFORM Datei *die* ▸ **fichiers temporaires** temporäre Dateien.

fichu, e [fiʃy] **adj** *fam* : **c'est fichu** **a)** [raté] das war's **b)** [cassé, abîmé] er ou sie ou es ist hin ▸ **être bien fichu** [beau] gut gebaut sein ▸ **être mal fichu a)** [malade] sich nicht wohl∘fühlen **b)** [mal fait] schlecht gemacht sein.

fiction [fiksjɔ̃] **nf** Dichtung *die*.

fidèle [fidɛl] **adj** treu.

fidélité [fidelite] **nf** Treue *die*.

Fidji [fidʒi] **n** Fidschi *nt* ▸ **à Fidji** in Fidschi ▸ **les îles Fidji** die Fidschiinseln.

fier[1] [9] [fje] ◆ **se fier vp** : **se fier à (qqn / qqch)** sich auf (jn / etw) verlassen.

fier[2], **fière** [fjɛʀ] **adj** stolz ▸ **être fier de qqn / qqch** auf jn / etw stolz sein.

fierté [fjɛʀte] **nf** Stolz *der*.

fièvre [fjɛvʀ] **nf** Fieber *das* ▸ **avoir de la fièvre** Fieber haben.

fiévreux, euse [fjevʀø, øz] **adj** fiebrig.

fig. (*abr écrite de* **figure**) Abb. *(Abbildung).*

figé, e [fiʒe] **adj 1.** [sauce] fest **2.** [personne] starr.

figer [17] [fiʒe] ◆ **se figer vp** fest werden.

figue [fig] **nf** Feige *die* ▸ **figue de Barbarie** Kaktusfeige.

figure [figyʀ] **nf 1.** [visage] Gesicht *das* **2.** [schéma] Figur *die*.

figuré, e [figyʀe] **adj** bilderreich ▸ **au sens figuré** im übertragenen Sinn.

figurer [3] [figyʀe] **vi** stehen ▸ **il m'a menti, figure-toi !** stell dir vor, er hat mich angelogen!

fil [fil] **nm 1.** [à coudre] Faden *der* **2.** [du téléphone] Schnur *die* ▸ **fil de fer** Draht *der* ▸ **fil électrique** Elektrokabel *das*.

file [fil] **nf 1.** [ligne] Reihe *die* **2.** [sur la route] Spur *die* ▸ **à la file** [en suivant] hintereinander ▸ **en file (indienne)** im Gänsemarsch.

filer [3] [file] ◆ **vt** [collant] eine Laufmasche bekommen. ◆ **vi 1.** [aller vite] vorbei°sausen **2.** *fam* [partir] sich aus dem Staub machen ▸ **filer qqch à qqn** *fam* jm etw geben.

filet [filɛ] **nm 1.** [de pêche, au tennis] Netz *das* **2.** [de poisson, de bœuf] Filet *das* **3.** [d'eau] dünner Wasserstrahl ▸ **filet américain** BELG Tatarsteak *das* ▸ **filet à bagages** Gepäcknetz ▸ **filet mignon** Filet mignon.

filiale [filjal] **nf** Tochtergesellschaft *die*.

filière [filjɛʀ] **nf** Studiengang *der*.

fille [fij] **nf 1.** [enfant, femme] Mädchen *das* **2.** [descendante] Tochter *die*.

fillette [fijɛt] **nf** kleines Mädchen.

filleul, e [fijœl] **nm, f** Patenkind *das*.

film [film] **nm 1.** [de cinéma, de télévision] Film *der* **2.** [plastique] Folie *die* ▸ **film vidéo** Videofilm.

filmer [3] [filme] **vt** filmen.

fils [fis] **nm** Sohn *der*.

filtrage [filtʀaʒ] **nm 1.** Filter *der* **2.** INFORM Sieben *das*.

filtre [filtʀ] **nm** Filter *der* ▸ **filtre ADSL** ADSL-Filter *der*.

filtrer [3] [filtʀe] **vt** filtern.

fin, e [fɛ̃, fin] ◆ **adj 1.** [couche, cheveux] dünn **2.** [nez, motif, sable] fein **3.** [remarque, esprit] scharfsinnig. ◆ **nf** Ende *das* ▸ **en fin d'année** am Jahresende ▸ **fin juillet** Ende Juli ▸ **à la fin (de)** am Ende *(+ G)* ▸ **je suis en fin de contrat** mein Arbeitsvertrag läuft aus.

final, e, als, aux [final, o] **adj** letzte(r, s).

finale [final] **nf** Finale *das*.

finalement [finalmɑ̃] **adv** endlich.

finaliste [finalist] **nmf** Finalist *der*, -in *die*.

finance [finɑ̃s] **nf** : **la finance** die Finanz ▸ **les finances a)** [publiques] die öffentlichen Finanzen **b)** *fam* [d'un particulier] die Finanzen.

financement [finɑ̃smɑ̃] **nm** Finanzierung *die*.

financer [16] [finɑ̃se] **vt** finanzieren.

financier, ère [finɑ̃sje, ɛʀ] ◆ **adj** Finanz-. ◆ **nm** *kleiner Kuchen aus Biskuitteig und Mandeln* ▸ **sauce financière** CULIN *weiße Sauce mit Tomatenmark und Champignons.*

finesse [finɛs] **nf 1.** [d'un visage, d'un motif] Feinheit *die* **2.** [subtilité] Scharfsinn *der*.

finir [32] [finiʀ] ◆ **vt** beenden. ◆ **vi** enden ▸ **bien finir** gut aus°gehen ▸ **finir de faire qqch** auf°hören, etw zu tun

▸ **finir par faire qqch** zuletzt etw (doch noch) tun.

finlandais, e [fɛ̃lɑ̃dɛ, ɛz] ◆ **adj** finnisch. ◆ **nm** [langue] = **finnois.** ◆ **Finlandais, e nm, f** Finne *der*, -nin *die*.

Finlande [fɛ̃lɑ̃d] **nf** : **la Finlande** Finnland *nt*.

finnois [finwa] ◆ **adj** finnisch. ◆ **nm** [langue] Finnisch(e) (*das*).

fioul [fjul] **nm** Heizöl *das*.

FireWire [fajəʀwajəʀ] **nm** Feuerkabel *das*.

fisc [fisk] **nm** Fiskus *der*.

fiscal, e, aux [fiskal, o] **adj** Steuer- ▸ **contrôle fiscal** Steuerprüfung *die*.

fissure [fisyʀ] **nf** Riss *der*.

fissurer [3] [fisyʀe] ◆ **se fissurer vp** brüchig werden.

fixation [fiksasjɔ̃] **nf** [de ski] Bindung *die*.

fixe [fiks] ◆ **adj 1.** [regard] starr **2.** [pièce, prix, date] fest. ◆ **nm** [téléphone] Festnetz *das* ▸ **appeler sur le fixe** im Festnetz an°rufen.

fixer [3] [fikse] **vt 1.** [attacher] befestigen **2.** [regarder] an°starren.

flacon [flakɔ̃] **nm** Flakon *der* ▸ **flacon de parfum** Parfumfläschchen *das*.

flageolet [flaʒɔlɛ] **nm** *Art von grünen dicken Bohnen*.

flagrant, e [flagʀɑ̃, ɑ̃t] **adj** offensichtlich ▸ **(en) flagrant délit** in flagranti.

flair [flɛʀ] **nm** [d'un chien] Geruchssinn *der* ▸ **avoir du flair** *fig* [de l'intuition] den richtigen Riecher haben.

flairer [4] [flɛʀe] **vt** wittern.

flamand, e [flamɑ̃, ɑ̃d] ◆ **adj** flämisch. ◆ **nm** [langue] Flämisch(e) (*das*). ◆ **Flamand, e nm, f** Flame *der*, -in *die*.

flamant [flamɑ̃] **nm** : **flamant (rose)** Flamingo *der*.

flambé, e [flɑ̃be] **adj** flambiert.

flamber [3] [flɑ̃be] **vi** in Flammen stehen.

flamboyant, e [flɑ̃bwajɑ̃, ɑ̃t] **adj** leuchtend.

flamiche [flamiʃ] **nf** BELG *gefüllte Blätterteigtorte (meist mit Lauch- oder Käsefüllung)*.

flamme [flam] **nf** Flamme *die* ▸ **en flammes** in Flammen.

flan [flɑ̃] **nm 1.** [entremets] Pudding *der* **2.** [gâteau] *mit einer Art Vanillepudding und manchmal auch Obst gefüllter Kuchen*.

flanc [flɑ̃] **nm** Flanke *die* ▸ **couché sur le flanc** auf der Seite liegend.

Flandres [flɑ̃dʀ] **nfpl** : **les Flandres** Flandern *nt*.

flâner [3] [flane] **vi** bummeln.

flanquer [3] [flɑ̃ke] **vt 1.** [entourer] flankieren **2.** *fam* [mettre] schmeißen ▸ **flanquer une gifle à qqn** *fam* jn ohrfeigen ▸ **flanquer qqn à la porte** *fam* jn raus°schmeißen.

flaque [flak] **nf** [d'eau, d'huile] Pfütze *die*.

flash [flaʃ] (*pl* **-s** ou **-es**) **nm 1.** [d'appareil photo] Blitzlicht *das* **2.** [d'information] Kurznachrichten *pl*.

flasher [3] [flaʃe] **vi** *fam* : **faire flasher qqn** jm den Kopf verdrehen.

flashy [flaʃi] **adj inv** auffällig.

flatter [3] [flate] **vt** schmeicheln *(+ D)*.

fléau [fleo] (*pl* **-x**) **nm** [catastrophe] Geißel *die*.

flèche [flɛʃ] **nf** Pfeil *der*.

fléchette [fleʃɛt] **nf** kleiner Pfeil.

fléchir [32] [fleʃiʀ] **vt & vi** biegen.

flemme [flɛm] **nf** *fam* : **avoir la flemme (de faire qqch)** (zu) faul sein(, um etw zu tun).

flétri, e [fletʀi] **adj** [fané] verwelkt.

fleur [flœʀ] **nf 1.** [de plante] Blume *die* **2.** [d'arbre] Blüte *die* ▸ **fleur d'oranger** CULIN Orangenblüte ▸ **à fleurs** geblümt ▸ **en fleur(s)** in Blüte.

fleuri, e [flœʀi] **adj 1.** [maison] blumengeschmückt **2.** [jardin] voller Blumen **3.** [tissu, motif] geblümt.

fleurir [32] [flœʀiʀ] **vi** blühen.

fleuriste [flœʀist] **nmf** Blumenhändler *der*, -in *die*.

fleuve [flœv] **nm** Fluss *der*.

flexibilité [flɛksibilite] **nf** [d'un arrangement, d'un horaire] Flexibilität *die*.

flexible [flɛksibl] **adj 1.** [pliable] biegsam **2.** *fig* [adaptable] flexibel.

flic [flik] **nm** *fam* Bulle *der (Polizist)*.

flippant, e [flipɑ̃, ɑ̃t] **adj 1.** *fam* [déprimant] deprimierend **2.** [inquiétant] beunruhigend.

flipper [flipœʀ] **nm** Flipper *der*.

fliquer [3] [flike] **vt** *fam* kontrollieren ▸ **son chef n'arrête pas de le fliquer** sein Chef kontrolliert ihn ständig.

flirter [3] [flœʀte] **vi** flirten.

flocon [flɔkɔ̃] **nm** : **flocon de neige** Schneeflocke *die* ▸ **flocons d'avoine** Haferflocken.

flore [flɔʀ] **nf** Flora *die* ▸ **flore intestinale** Darmflora.

flot [flo] **nm** Strom *der* ▸ **les flots** die Fluten.

flottante [flɔtɑ̃t] **adj f** → **île**.

flotte [flɔt] **nf 1.** [de navires] Flotte *die* **2.** *fam* [pluie] Regen *der* **3.** *fam* [eau] Wasser *das*.

flotter [3] [flɔte] **vi 1.** [sur l'eau] schwimmen **2.** [au vent] wehen.

flotteur [flɔtœʀ] **nm** Schwimmer *der*.

flou, e [flu] **adj 1.** [photo] unscharf **2.** [idée, souvenir] vage.

fluide [flɥid] ◆ **adj 1.** [liquide] dünnflüssig **2.** [matière] fließend **3.** [circulation] flüssig. ◆ **nm** *gasförmiger oder flüssiger Stoff*.

fluo [flyo] **adj inv** Leucht-.

fluor [flyɔʀ] **nm** Fluor *das*.

fluorescent, e [flyɔʀesɑ̃, ɑ̃t] **adj** fluoreszierend.

flûte [flyt] ◆ **nf 1.** Flöte *die* **2.** [pain] *dünnes Baguette*. ◆ **interj** verflixt ▸ **flûte (à bec)** Blockflöte ▸ **flûte traversière** Querflöte.

flux [fly] **nm** : **flux migratoire** [sociologie] Massenmigration *die*.

foi [fwa] **nf** Glaube *der* ▸ **être de bonne / mauvaise foi** aufrichtig / unehrlich sein.

foie [fwa] **nm** Leber *die* ▸ **foie gras** Gänseleberpastete *die* ▸ **foie de veau** Kalbsleber.

foin [fwɛ̃] **nm** Heu *das*.

foire [fwaʀ] **nf 1.** [marché] Markt *der* **2.** [exposition] Messe *die* ▸ **foire aux questions** FAQ *pl*.

fois [fwa] **nf** Mal *das* ▸ **à chaque fois** jedes Mal ▸ **une / deux / trois fois (par jour)** einmal / zweimal / dreimal (am Tag) ▸ **3 fois 2** 3 mal 2 ▸ **à la fois** gleichzeitig ▸ **des fois** manchmal ▸ **une fois pour toutes** ein für alle Mal.

folie [fɔli] **nf** Wahnsinn *der* ▸ **faire une folie** [dépenser] sich in Unkosten stürzen.

folklo [fɔlklo] **adj inv** *fam* spinnig ▸ **c'est un type plutôt folklo** er ist ein etwas spinniger Typ.

folklore [fɔlklɔʀ] **nm** Folklore *die*.

folklorique [fɔlklɔʀik] **adj** Volks-.

folle [fɔl] adj f → **fou**.

foncé, e [fɔ̃se] adj dunkel.

foncer [16] [fɔ̃se] vi **1.** [s'assombrir] dunkler werden **2.** *fam* [aller vite] sich beeilen ▸ **foncer dans** [heurter] fahren ou laufen gegen ▸ **foncer sur** [se précipiter sur] los◦stürzen auf *(+ A)*.

fonction [fɔ̃ksjɔ̃] nf Funktion *die* ▸ **la fonction publique** der öffentliche Dienst ▸ **en fonction de** je nach.

fonctionnaire [fɔ̃ksjɔnɛʀ] nmf Beamte *der*, -tin *die*.

fonctionnel, elle [fɔ̃ksjɔnɛl] adj [pratique] zweckmäßig.

fonctionnement [fɔ̃ksjɔnmɑ̃] nm Funktionieren *das*.

fonctionner [3] [fɔ̃ksjɔne] vi funktionieren ▸ **faire fonctionner qqch** etw in Gang setzen.

fond [fɔ̃] nm **1.** [d'un puits, d'une boîte] Boden *der* **2.** [d'une salle] hinterster Teil **3.** [d'une photo, d'un tableau] Hintergrund *der* ▸ **au fond, dans le fond** im Grunde genommen ▸ **au fond de la valise** ganz unten im Koffer ▸ **à fond a)** [respirer] tief **b)** [rouler] im Eiltempo **c)** [soigneusement] gründlich ▸ **fond d'artichaut** Artischockenboden ▸ **fond de teint** Make-up *das*.

fondamental, e, aux [fɔ̃damɑ̃tal, o] adj grundlegend.

fondant, e [fɔ̃dɑ̃, ɑ̃t] ◆ adj im Munde zergehend. ◆ nm : **fondant au chocolat** Schokoladenkuchen *der*.

fondation [fɔ̃dasjɔ̃] nf **1.** [création] Gründung *die* **2.** [organisme] Stiftung *die*. ◆ **fondations** nfpl Fundamente *pl*.

fonder [3] [fɔ̃de] vt gründen. ◆ **se fonder sur** vp + prép [suj : personne, raisonnement] sich stützen auf *(+ A)*.

fondre [75] [fɔ̃dʀ] vi schmelzen ▸ **fondre en larmes** in Tränen aus◦brechen.

fonds [fɔ̃] nmpl Gelder *pl* ▸ **fonds de commerce** Handelsgeschäft *das* ▸ **fonds de pension** Pensionsfonds *der*.

fondue [fɔ̃dy] nf : **fondue bourguignonne** Fleischfondue *die ODER das* ▸ **fondue parmesan** QUÉBEC *panierter Schmelzkäse, der etwas Parmesan enthält* ▸ **fondue savoyarde** Käsefondue *die ODER das*.

font [fɔ̃] 3ᵉ pers. du pl. de l'ind. prés. → **faire**.

fontaine [fɔ̃tɛn] nf Brunnen *der*.

fonte [fɔ̃t] nf **1.** [métal] Verhüttung *die* **2.** [des neiges] Schneeschmelze *die*.

foot(ball) [fut(bol)] nm Fußball *der* ▸ **football américain** American Football *der*.

footballeur, euse [futbolœʀ, øz] nm, f Fußballspieler *der*, -in *die*.

footing [futiŋ] nm Jogging *das* ▸ **faire un footing** joggen.

forain, e [fɔʀɛ̃, ɛn] ◆ adj → **fête**. ◆ nm, f Jahrmarkthändler *der*, -in *die*.

force [fɔʀs] nf **1.** [physique, morale] Kraft *die* **2.** [violence] Gewalt *die* **3.** [niveau] Stärke *die* ▸ **à force de courir** vom vielen Laufen.

forcément [fɔʀsemɑ̃] adv **1.** [obligatoirement] zwangsläufig **2.** [évidemment] natürlich ▸ **pas forcément** nicht unbedingt.

forcer [16] [fɔʀse] ◆ vt auf◦brechen. ◆ vi [faire un effort physique] sich verausgaben ▸ **forcer qqn à faire qqch** jn zwingen, etw zu tun. ◆ **se forcer** vp : **se forcer (à faire qqch)** sich zwingen(, etw zu tun).

forêt [fɔʀɛ] nf Wald *der*.

forêt-noire [fɔʀɛnwaʀ] (*pl* **forêts-noires**) nf Schwarzwälder Kirschtorte *die*. ◆ **Forêt Noire** nf : **la Forêt Noire** der Schwarzwald.

forfait [fɔʀfɛ] nm [abonnement] Pauschalpreis *der*, Pauschale *die* ▸ **déclarer forfait** auf°geben.

forfaitaire [fɔʀfɛtɛʀ] adj Pauschal- ▸ **tarif forfaitaire** Pauschalpreis *der*.

forgé [fɔʀʒe] adj m → **fer**.

forger [17] [fɔʀʒe] vt schmieden.

formalités [fɔʀmalite] nfpl Formalitäten *pl* ▸ **remplir les formalités** die Formalitäten erledigen.

format [fɔʀma] nm Format *das* ▸ **format de fichier** Dateiformat.

formater [3] [fɔʀmate] vt formatieren.

formateur, trice [fɔʀmatœʀ, tʀis] nm, f Ausbilder *der*, -in *die*.

formation [fɔʀmasjɔ̃] nf **1.** [apprentissage] Ausbildung *die* **2.** [de roches, de mots] Bildung *die* ▸ **formation en alternance** duale Ausbildung.

forme [fɔʀm] nf Form *die* ▸ **en forme de** -förmig.

former [3] [fɔʀme] vt **1.** [créer] bilden **2.** [éduquer] aus°bilden. ◆ **se former** vp sich bilden.

formidable [fɔʀmidabl] adj toll.

formulaire [fɔʀmylɛʀ] nm Formular *das* ▸ **remplir un formulaire** ein Formular aus°füllen.

formule [fɔʀmyl] nf **1.** [équation] Formel *die* **2.** [de restaurant] Menu *das* ▸ **formule de politesse** Höflichkeitsformel.

fort, e [fɔʀ, fɔʀt] ◆ adj **1.** stark **2.** [gros] kräftig. ◆ adv **1.** [parler] laut **2.** [sentir] stark **3.** [pousser] kräftig ▸ **fort en maths** gut in Mathe.

forteresse [fɔʀtəʀɛs] nf Festung *die*.

fortiche [fɔʀtiʃ] adj *fam* : **elle est fortiche en anglais !** sie ist supergut in Englisch.

fortifications [fɔʀtifikasjɔ̃] nfpl Befestigungsanlagen *pl*.

fortifier [9] [fɔʀtifje] vt **1.** [ville, église] befestigen **2.** [suj : médicament] stärken.

fortune [fɔʀtyn] nf Vermögen *das* ▸ **faire fortune** reich werden.

forum [fɔʀɔm] nm Forum *das* ▸ **forum (de discussion)** INFORM Diskussionsforum.

fosse [fos] nf Grube *die*.

fossé [fose] nm Graben *der*.

fossette [fosɛt] nf Grübchen *das*.

fossile [fosil] nm Fossil *das*.

fou, folle [fu, fɔl] *(fou devient* **fol** [fɔl] *devant voyelle ou « h » muet)* ◆ adj **1.** [dément] verrückt **2.** [extraordinaire] wahnsinnig. ◆ nm, f Verrückte *der, die*. ◆ nm [aux échecs] Läufer *der* ▸ **(avoir le) fou rire** (einen) Lachanfall (bekommen).

foudre [fudʀ] nf Blitz *der*.

foudroyant, e [fudʀwajɑ̃, ɑ̃t] adj **1.** [poison] schnell wirkend **2.** [maladie] schnell verlaufend.

foudroyer [13] [fudʀwaje] vt [suj : maladie] dahin°raffen ▸ **être foudroyé** vom Blitz getroffen werden.

fouet [fwɛ] nm **1.** [lanière] Peitsche *die* **2.** CULIN Schneebesen *der* ▸ **de plein fouet** frontal.

fouetter [4] [fwete] vt **1.** [frapper] aus°peitschen **2.** CULIN schlagen.

fougère [fuʒɛʀ] nf Farn *der*.

fouiller [3] [fuje] vt durchsuchen.

fouillis [fuji] nm Durcheinander *das*.

foulard [fulaʀ] nm Halstuch *das*.

foule [ful] nf Menschenmenge *die*.

fouler [3] [fule] ◆ **se fouler vp** : **se fouler la cheville** sich *(D)* den Knöchel verstauchen.

foulure [fulyʀ] **nf** Verstauchung *die*.

four [fuʀ] **nm** Backofen *der*.

fourche [fuʀʃ] **nf 1.** [instrument] Gabel *die* **2.** [carrefour] Gabelung *die* **3.** BELG [heure libre] Freistunde *die*.

fourchette [fuʀʃɛt] **nf 1.** [pour manger] Gabel *die* **2.** [de prix] Spanne *die*.

fourchu, e [fuʀʃy] **adj** [cheveux] gespalten.

fourgon [fuʀgɔ̃] **nm 1.** [camion] Kastenwagen *der* **2.** [wagon] Wagen *der*.

fourgonnette [fuʀgɔnɛt] **nf** Kastenwagen *der*.

fourmi [fuʀmi] **nf** Ameise *die* ▸ **j'ai des fourmis dans les jambes** meine Beine sind eingeschlafen.

fourmilière [fuʀmiljɛʀ] **nf** Ameisenhaufen *der*.

fourneau [fuʀno] (*pl* -x) **nm** Herd *der*.

fournir [32] [fuʀniʀ] **vt 1.** [marchandises, preuve, argument] liefern **2.** [effort] machen ▸ **fournir qqn en qqch** jn mit etw beliefern.

fournisseur, euse [fuʀnisœʀ, øz] **nm, f** Lieferant *der*, -in *die* ▸ **fournisseur d'accès** (Internet)provider *der*.

fournitures [fuʀnityʀ] **nfpl** [de bureau, scolaires] Bedarfsartikel *pl* ▸ **fournitures de bureau** Bürobedarf *der* ▸ **fournitures scolaires** Schulbedarf *der*.

fourré, e [fuʀe] **adj 1.** [vêtement] gefüttert **2.** CULIN gefüllt ▸ **choux fourré à la crème** Windbeutel *der*.

fourrer [3] [fuʀe] **vt 1.** CULIN füllen **2.** *fam* [mettre] stecken. ◆ **se fourrer vp** *fam* [se mettre] : **se fourrer dans qqch** sich in etw *(A)* bringen.

fourre-tout [fuʀtu] **nm inv** [sac] große Tasche.

fourrière [fuʀjɛʀ] **nf 1.** [pour voitures] *Sammelplatz für abgeschleppte Kraftfahrzeuge* **2.** [pour animaux] Tierheim *das* ▸ **mettre une voiture à la fourrière** ein Auto ab°schleppen.

fourrure [fuʀyʀ] **nf** Pelz *der*.

foutre [116] [futʀ] **vt** : **ne rien foutre** *fam* nichts tun.

foyer [fwaje] **nm 1.** [d'une cheminée] Feuerstelle *die* **2.** [domicile] Zuhause *das* **3.** [établissement] Heim *das* **4.** [pour étudiants] Wohnheim *das* ▸ **mère au foyer** Mutter und Hausfrau.

fracasser [3] [fʀakase] ◆ **se fracasser vp** zerschellen.

fraction [fʀaksjɔ̃] **nf 1.** [partie] Teil *der* **2.** MATH Bruch *der*.

fracture [fʀaktyʀ] **nf** Bruch *der* ▸ **fracture sociale** soziale Spaltung.

fracturer [3] [fʀaktyʀe] **vt** auf°brechen. ◆ **se fracturer vp** : **se fracturer le crâne** sich *(D)* einen Schädelbruch zu°ziehen.

fragile [fʀaʒil] **adj 1.** [objet] zerbrechlich **2.** [personne] anfällig **3.** [santé] schwach.

fragment [fʀagmɑ̃] **nm** Bruchstück *das*.

fraîche [fʀɛʃ] **adj f** → **frais**.

fraîcheur [fʀɛʃœʀ] **nf 1.** Frische *die* **2.** [de l'ombre] Kühle *die*.

frais, fraîche [fʀɛ, fʀɛʃ] ◆ **adj 1.** [froid] kühl **2.** [non altéré] frisch. ◆ **nmpl** Ausgaben *die*. ◆ **nm** : **mettre qqch au frais** etw kalt stellen ▸ **prendre le frais** frische Luft schnappen. ◆ **adv** : **il fait frais** es ist kühl ▸ **'servir frais'** 'kühl servieren'.

fraise [fʀɛz] **nf** Erdbeere *die*.

fraisier [fʀezje] **nm 1.** [plante] Erdbeere *die* **2.** [gâteau] Erdbeertorte *die*.

framboise [fʀɑ̃bwaz] **nf** Himbeere *die*.

framboisier [fʀɑ̃bwazje] **nm** [plante] Himbeerstrauch *der*.

franc, franche [fʀɑ̃, fʀɑ̃ʃ] ◆ **adj** offen. ◆ **nm** Franc *der* ▸ **franc suisse** Schweizer Franken.

français, e [fʀɑ̃sɛ, ɛs] ◆ **adj** französisch. ◆ **nm** [langue] Französisch(e) (*das*). ◆ **Français, e nm, f** Franzose *der*, Französin *die*.

France [fʀɑ̃s] **nf** : **la France** Frankreich *nt* ▸ **France 2** *zweites französisches Fernsehprogramm (öffentlich-rechtlich)* ▸ **France 3** *drittes französisches Fernsehprogramm (öffentlich-rechtlich)* ▸ **France Télécom** *französische Telefongesellschaft*.

Francfort [fʀɑ̃kfɔʀ] **n** Frankfurt *nt*.

franche [fʀɑ̃ʃ] **adj f** → **franc**.

franchement [fʀɑ̃ʃmɑ̃] **adv 1.** [honnêtement] offen **2.** [très] wirklich.

franchir [32] [fʀɑ̃ʃiʀ] **vt** überschreiten.

franchise [fʀɑ̃ʃiz] **nf 1.** [honnêteté] Offenheit *die* **2.** [d'assurance] Selbstbeteiligung *die*.

francilien, enne [fʀɑ̃siljɛ̃, ɛn] ◆ **adj** der Île-de-France. ◆ **nm, f** *Einwohner der Île-de-France*.

francophone [fʀɑ̃kɔfɔn] **adj** Französisch sprechend.

> **ⓘ La francophonie**
>
> Zum einen umfasst der Begriff die Länder, in denen Französisch die Muttersprache, offizielle Sprache oder Lehrsprache ist. Zum anderen ist es ein vor allem durch die OIF (Organisation internationale de la francophonie) unterstütztes kulturelles und politisches Konzept mit dem Ziel, die vielfältige französische Sprachgemeinschaft zu fördern und ihre Identität zu stärken.

frange [fʀɑ̃ʒ] **nf** Pony *der* ▸ **à franges** mit Fransen.

frangipane [fʀɑ̃ʒipan] **nf 1.** [crème] *marzipanartige Creme* **2.** [gâteau] *Kuchen aus Blätterteig mit marzipanartiger Cremefüllung*.

frappant, e [fʀapɑ̃, ɑ̃t] **adj** [ressemblance] verblüffend.

frappé, e [fʀape] **adj** [frais] eisgekühlt ▸ **café frappé** Frappé *der*.

frapper [3] [fʀape] ◆ **vt 1.** [battre] schlagen **2.** [impressionner] beeindrucken **3.** [suj : maladie, catastrophe] treffen. ◆ **vi** klopfen ▸ **frapper (à la porte)** an◦klopfen ▸ **frapper dans ses mains** in die Hände klatschen.

fraude [fʀod] **nf** Betrug *der* ▸ **passer qqch en fraude a)** [faire entrer] etw ein◦schmuggeln **b)** [faire sortir] etw hinaus◦schmuggeln.

frayer [11] [fʀeje] ◆ **se frayer vp** : **se frayer un chemin** sich *(D)* einen Weg bahnen.

frayeur [fʀɛjœʀ] **nf** Angst *die*.

fredonner [3] [fʀədɔne] **vt** summen.

Freetown [fʀitawn] **n** Freetown *nt*.

freezer [fʀizœʀ] **nm** Gefrierfach *das*.

frein [fʀɛ̃] **nm** Bremse *die* ▸ **frein à main** Handbremse.

freiner [4] [fʀene] **vt & vi** bremsen.

frelon [fʀəlɔ̃] **nm** Hornisse *die*.

frémir [32] [fʀemiʀ] **vi 1.** [personne] zittern **2.** [feuillage] rascheln.

fréquemment [fʀekamɑ̃] **adv** häufig, oft.

fréquence [fʀekɑ̃s] **nf 1.** [des trains, des visites] Häufigkeit *die* **2.** [d'une station de radio] Frequenz *die*.

fréquent, e [fʀekɑ̃, ɑ̃t] **adj** häufig.

fréquenté, e [fʀekɑ̃te] **adj** besucht.

fréquenter [3] [fʀekɑ̃te] **vt 1.** [personne] Umgang haben mit **2.** [endroit] (häufig) besuchen.

frère [fʀɛʀ] **nm** Bruder *der*.

fresque [fʀɛsk] **nf** Fresko *das*.

friand [fʀijɑ̃] **nm** *mit Käse oder Fleisch gefüllte Teigtasche*.

friandise [fʀijɑ̃diz] **nf** Süßigkeit *die*.

Fribourg [fʀibuʀ] **n** Freiburg *nt*.

fric [fʀik] **nm** *fam* Knete *die*.

fricassée [fʀikase] **nf** Frikassee *das*.

frictionner [3] [fʀiksjɔne] **vt** reiben.

Frigidaire® [fʀiʒidɛʀ] **nm** Kühlschrank *der*.

frigo [fʀigo] **nm** *fam* Kühlschrank *der*.

frileux, euse [fʀilø, øz] **adj** verfroren.

frimer [3] [fʀime] **vi** *fam* an°geben.

fripé, e [fʀipe] **adj 1.** [vêtement] zerknittert **2.** [pomme] schrumplig.

friperie [fʀipʀi] **nf** [boutique] Secondhandshop *der*.

friqué, e [fʀike] **adj 1.** *fam* [personne] gut betucht **2.** [quartier] vornehm ▸ **ils sont très friqués** sie sind gut betucht.

frire [115] [fʀiʀ] ◆ **vt 1.** [dans une poêle] braten **2.** [dans une friteuse] frittieren. ◆ **vi** brutzeln ▸ **faire frire** braten.

frisé, e [fʀize] **adj 1.** [cheveux] kraus **2.** [personne] kraushaarig.

frisée [fʀize] **nf** krause Endivie.

friser [3] [fʀize] **vi 1.** [cheveux] sich kräuseln **2.** [personne] krauses Haar bekommen.

frisquet, ette [fʀiskɛ, ɛt] **adj** *fam* : **il fait frisquet** es ist frisch.

frisson [fʀisɔ̃] **nm** Schauder *der* ▸ **qqn a des frissons** jn überläuft ein Schauder.

frissonner [3] [fʀisɔne] **vi** schaudern.

frit, e [fʀi, fʀit] ◆ **pp** → **frire.** ◆ **adj 1.** [à la poêle] gebraten **2.** [à la friteuse] frittiert.

frites [fʀit] **nfpl** : **(pommes) frites** Pommes frites *pl*.

friteuse [fʀitøz] **nf** Fritteuse *die*.

friture [fʀityʀ] **nf 1.** [huile] Frittüre *die* **2.** [poissons] *kleine, frittierte oder zum Frittieren bestimmte Fische*.

froid, e [fʀwa, fʀwad] ◆ **adj 1.** [vent, eau, plat] kalt **2.** [accueil, regard, personne] kühl. ◆ **nm** Kälte *die*. ◆ **adv** : **avoir froid** frieren ▸ **il fait froid** es ist kalt ▸ **prendre froid** sich erkälten.

froidement [fʀwadmɑ̃] **adv** eiskalt.

froisser [3] [fʀwase] **vt** [papier, tissu] zerknittern. ◆ **se froisser vp** [vêtement] knittern.

frôler [3] [fʀole] **vt** streifen.

fromage [fʀɔmaʒ] **nm** Käse *der* ▸ **fromage blanc** Quark *der* ▸ **fromage de tête** Schweinskopfsülze *die*.

ⓘ Le fromage

In Frankreich gibt es mehr als 400 Käsesorten. Man unterscheidet zwischen den **pâtes molles**, Weichkäsesorten wie der **camembert**, den **pâtes pressées**, Hartkäsesorten wie der **comté**, den **bleus**, Schimmelkäsesorten wie der **roquefort**. Mit **chèvre** bezeichnet man Ziegenkäse, mit **brebis** Schafskäse, mit **fromage frais** Frischkäse. Käse wird am Ende eines Hauptgerichts serviert.

froment [fʀɔmɑ̃] **nm** Weizen *der* ▸ **galette de froment** Weizenpfannkuchen *der*.

froncer [16] [fʀɔ̃se] **vt** plissieren ▸ **froncer les sourcils** die Augenbrauen zusammen∘ziehen.

fronde [fʀɔ̃d] **nf** Schleuder *die*.

front [fʀɔ̃] **nm 1.** Stirn *die* **2.** [des combats] Front *die* ▸ **de front a)** [de face] frontal **b)** [côte à côte] nebeneinander **c)** [en même temps] gleichzeitig.

frontalier, ère [fʀɔ̃talje, ɛʀ] ◆ **adj** Grenz-. ◆ **nm, f** Grenzgänger *der*, -in *die*.

frontière [fʀɔ̃tjɛʀ] **nf** Grenze *die*.

frottement [fʀɔtmɑ̃] **nm** Reiben *das*.

frotter [3] [fʀɔte] ◆ **vt 1.** [tache] aus∘reiben **2.** [meuble] polieren **3.** [allumette] an∘zünden. ◆ **vi** scheuern. ◆ **se frotter vp** : **se frotter les mains / le nez** sich *(D)* die Hände / die Nase reiben.

fruit [fʀɥi] **nm** Frucht *die* ▸ **les fruits** das Obst ▸ **fruits exotiques** exotische Früchte ▸ **fruit de la passion** Passionsfrucht ▸ **fruits confits** kandierte Früchte ▸ **fruits rouges** rote Früchte ▸ **fruits de mer** Meeresfrüchte ▸ **fruits secs** Trockenobst *das*.

fruité, e [fʀɥite] **adj** fruchtig.

fruitier [fʀɥitje] **adj m** → **arbre**.

FTP ◆ **nmpl** (*abr de* **francs-tireurs et partisans**) *militärische Untergrundorganisation der besetzen Zone während des 2. Weltkriegs.* ◆ **nm** (*abr de* **file transfer protocol**) FTP *das* ▸ **un serveur FTP** ein FTP-Server.

fugue [fyg] **nf** : **faire une fugue** aus∘reißen.

fuir [35] [fɥiʀ] **vi 1.** [s'échapper] flüchten **2.** [robinet] lecken **3.** [eau] entweichen.

fuite [fɥit] **nf 1.** [départ] Flucht *die* **2.** [d'eau, de gaz] Leck *das* ▸ **être en fuite** auf der Flucht sein.

fumé, e [fyme] **adj 1.** CULIN geräuchert **2.** [verre] Rauch-.

fumée [fyme] **nf 1.** [de feu, de cigarette] Rauch *der* **2.** [vapeur] Dampf *der*.

fumer [3] [fyme] ◆ **vt** [cigarette] rauchen. ◆ **vi 1.** [personne] rauchen **2.** [liquide] dampfen ▸ **'défense de fumer'** 'Rauchen verboten'.

fumeur, euse [fymœʀ, øz] **nm, f** Raucher *der*, -in *die* ▸ **les non-fumeurs** die Nichtraucher.

fumier [fymje] **nm** Mist *der*.

fun [fœn] **adj** Fun- ▸ **c'est fun !** das macht Spaß! ▸ **juste pour le fun** just for fun.

funambule [fynɑ̃byl] **nmf** Seiltänzer *der*, -in *die*.

funèbre [fynɛbʀ] **adj** → **pompe**.

funérailles [fyneʀaj] **nfpl** *sout* Bestattung *die*.

funiculaire [fynikylɛʀ] **nm** Seilbahn *die*.

fur [fyʀ] ◆ **au fur et à mesure adv** nach und nach ▸ **au fur et à mesure que** je mehr.

fureur [fyʀœʀ] **nf** Raserei *die* ▸ **faire fureur** Furore machen.

furieux, euse [fyʀjø, øz] **adj** wütend.

furoncle [fyʀɔ̃kl] **nm** Furunkel *der*.

fuseau [fyzo] (*pl* **-x**) **nm** [pantalon] Steghose *die* ▸ **fuseau horaire** Zeitzone *die*.

fusée [fyze] **nf** Rakete *die*.

fusible [fyzibl] **nm** Sicherung *die* ▸ **les fusibles ont sauté** die Sicherung ist durchgebrannt.

fusil [fyzi] **nm** Gewehr *das*.

fusillade [fyzijad] **nf** Schießerei *die*.

fusiller [3] [fyzije] **vt** erschießen ▸ **fusiller qqn du regard** jm vernichtende Blicke zu∘werfen.

fusionnel, elle [fyʒjɔnɛl] **adj** [amour, relation] hingebungsvoll.

fusionner [3] [fyzjɔne] ◆ **vt 1.** COMM : **fusionner qqch (avec qqch)** etw (mit etw) fusionieren **2.** POL zusammen°schließen. ◆ **vi** sich zusammen°schließen.

futé, e [fyte] **adj** pfiffig.

fute-fute [fytfyt] **adj** *fam* schlau ▸ **il n'est pas très fute-fute** er ist nicht besonders schlau.

futile [fytil] **adj 1.** [conversation] belanglos **2.** [personne] oberflächlich.

futur, e [fytyʀ] ◆ **adj** zukünftig. ◆ **nm 1.** [avenir] Zukunft *die* **2.** GRAMM Futur *das*.

Gg

G20 COMM & POL : **le G20** der G20-Gipfel.

gabarit [gabaʀi] **nm** [dimensions] Ausmaße *pl*.

Gabon [gabɔ̃] **nm** : **le Gabon** Gabun *nt*.

Gaborone [gaboʀɔn] **n** Gaborone *nt*.

gâcher [3] [gaʃe] **vt 1.** [détruire] verderben **2.** [gaspiller] verschwenden.

gâchette [gaʃɛt] **nf** Abzug *der*.

gâchis [gaʃi] **nm** [gaspillage] Verschwendung *die*.

gadget [gadʒɛt] **nm** Spielerei *die*.

gaffe [gaf] **nf** : **faire une gaffe** ins Fettnäpfchen treten ▸ **faire gaffe (à)** *fam* auf°passen (auf *(+ A)*).

gag [gag] **nm** Gag *der*.

gage [gaʒ] **nm** Pfand *das*.

gagnant, e [gaɲɑ̃, ɑ̃t] ◆ **adj** Gewinn-. ◆ **nm, f** Gewinner *der*, -in *die*.

gagner [3] [gaɲe] ◆ **vt 1.** gewinnen **2.** [argent] verdienen **3.** [atteindre] gehen zu. ◆ **vi** gewinnen ▸ **bien gagner sa vie** gut verdienen.

gai, e [gɛ] **adj 1.** [personne, couleur] fröhlich **2.** [pièce] lustig.

gaiement [gemɑ̃] **adv** fröhlich.

gaieté [gete] **nf** Fröhlichkeit *die*.

gain [gɛ̃] **nm** Gewinn *der*. ◆ **gains nmpl 1.** [salaire] Verdienst *der* **2.** [au jeu] Gewinn *der*.

gaine [gɛn] **nf 1.** [étui] Hülle *die* **2.** [sous-vêtement] Mieder *das*.

gala [gala] **nm** Galaabend *der*.

galant [galɑ̃] **adj m** galant.

galère [galɛʀ] **nf** *fam & fig* [situation pénible] Kreuz *das* ▸ **quelle galère !** so ein Schlamassel!

galérer [18] [galeʀe] **vi** *fam* sich ab°strampeln.

galerie [galʀi] **nf 1.** [passage couvert] Passage *die* **2.** [à bagages] Dachgepäckträger *der* **3.** [d'art] Galerie *die* ▸ **galerie marchande** Einkaufspassage.

galet [galɛ] **nm** Kieselstein *der*.

galette [galɛt] **nf 1.** [gâteau] *gesalzener oder süßer Fladen* **2.** [crêpe] Buchweizen-Crêpe *die* ▸ **galette bretonne** *mit salziger Butter zubereiteter Keks* ▸ **galette des Rois** *Blätterteigkuchen zum Dreikönigsfest*.

ⓘ La galette des Rois

Dieser Blätterteigkuchen mit Marzipan-Füllung wird am 6. Januar, dem Dreikönigsfest, im Familien- und Freundeskreis, aber auch mit Kollegen gegessen. Darin eingebacken ist eine kleine Porzellanfigur oder Bohne, die fève. Wer sie in seinem Kuchenstück findet, wird zum König bzw. zur Königin des Tages gekrönt und bekommt eine goldene Papierkrone aufgesetzt.

Galles [gal] n → **pays**.

gallois, e [galwa, az] **adj** walisisch. ◆ **Gallois, e nm, f** Waliser *der*, -in *die*.

galon [galɔ̃] **nm** Tresse *die*.

galop [galo] **nm** : **aller au galop** galoppieren ▸ **partir au galop** davon°galoppieren.

galoper [3] [galɔpe] **vi 1.** [cheval] galoppieren **2.** [personne] rennen.

gambader [3] [gɑ̃bade] **vi** herum°hüpfen.

gambas [gɑ̃bas] **nfpl** Garnelen *pl*.

Gambie [gɑ̃bi] **nf** : **la Gambie** Gambia *nt*.

gamelle [gamɛl] **nf 1.** [récipient] Napf *der* **2.** [repas] Portion *die*.

gamin, e [gamɛ̃, in] **nm, f** *fam* Kleine *der, die*.

gamme [gam] **nf 1.** MUS Tonleiter *die* **2.** [choix] Palette *die* ▸ **j'achète toujours du bas /haut de gamme** ich kaufe immer günstige /hochpreisige Ware ▸ **un meuble bas /haut de gamme** ein Möbelstück der unteren /gehobenen Preisklasse.

gang [gɑ̃g] **nm** Bande *die*.

ganglion [gɑ̃glijɔ̃] **nm** Lymphknoten *der* ▸ **avoir des ganglions** geschwollene Drüsen haben.

gangster [gɑ̃gstɛʀ] **nm** Gangster *der*.

gant [gɑ̃] **nm** Handschuh *der* ▸ **gant de toilette** Waschlappen *der*.

garage [gaʀaʒ] **nm 1.** [d'une maison] Garage *die* **2.** [de réparation] Werkstatt *die*.

garagiste [gaʀaʒist] **nmf 1.** [mécanicien] Kfz-Mechaniker *der*, -in *die* **2.** [propriétaire] Werkstattbesitzer *der*, -in *die*.

garant, e [gaʀɑ̃, ɑ̃t] **nm, f** Bürge *der*, -gin *die* ▸ **se porter garant de qqn /qqch** für jn /etw bürgen.

garantie [gaʀɑ̃ti] **nf** Garantie *die* ▸ **bon de garantie** Garantieschein *der* ▸ **être sous garantie** Garantie haben.

garantir [32] [gaʀɑ̃tiʀ] **vt** Garantie leisten für ▸ **garantir à qqn que** jm garantieren, dass.

garçon [gaʀsɔ̃] **nm 1.** [enfant] Junge *der* **2.** [homme] Junggeselle *der* ▸ **garçon (de café)** Kellner *der*.

garde[1] [gaʀd] **nmf** : **garde du corps** Leibwächter *der*, -in *die*.

garde[2] [gaʀd] **nf 1.** [d'un endroit, d'un enfant] Aufsicht *die* **2.** [soldats] Wache *die* ▸ **monter la garde** Wache stehen ▸ **mettre qqn en garde (contre)** jn warnen (vor *(+ D)*) ▸ **prends garde de ne pas tomber !** pass auf, dass du nicht fällst! ▸ **de garde** im Bereitschaftsdienst.

garde-barrière [gaʀd(ə)baʀjɛʀ] (*pl* **gardes-barrière(s)**) **nmf** Schrankenwärter *der*, -in *die*.

garde-boue [gaʀdəbu] **nm inv** Schutzblech *das*.

garde-chasse [gaʀdəʃas] (*pl* **gardes-chasse(s)**) **nm** Wildhüter *der*.

garde-fou [gaʀdəfu] (*pl* **garde-fous**) **nm** Schutzgeländer *das*.

garder [3] [gaʀde] **vt 1.** [sur soi] an°behalten **2.** [mettre de côté, aliment] auf°bewahren **3.** [enfant, malade] beaufsichtigen **4.** [lieu, prisonnier] bewachen **5.** [souvenir, impression] behalten ▸ **'à garder au frais après ouverture'** 'nach dem Öffnen gekühlt aufbewahren'. ◆ **se garder vp** [aliment] sich halten.

garderie [gaʀdəʀi] nf ≃ Kindertagesstätte *die*.

garde-robe [gaʀdəʀɔb] (*pl* **garde-robes**) nf Garderobe *die*.

gardien, enne [gaʀdjɛ̃, ɛn] nm, f **1.** [de musée, de prison] Wärter *der*, -in *die* **2.** [d'immeuble] Hausmeister *der*, -in *die* ▸ **gardien de but** Torwart *der* ▸ **gardien de nuit** Nachtwächter.

gare [gaʀ] ◆ nf Bahnhof *der*. ◆ interj : **gare à toi !** [menace] pass bloß auf! ▸ **entrer en gare** in den Bahnhof ein∘fahren ▸ **gare de banlieue** Vorstadtbahnhof ▸ **gare maritime** Hafenbahnhof ▸ **gare routière** Busbahnhof.

garer [3] [gaʀe] vt parken. ◆ **se garer** vp parken.

gargouille [gaʀguj] nf Wasserspeier *der*.

gargouiller [3] [gaʀguje] vi gluckern.

gariguette [gaʀigɛt] nf *Erdbeersorte*.

garni, e [gaʀni] adj [plat] mit Beilage.

garnir [32] [gaʀniʀ] vt : **garnir qqch de a)** [équiper] etw aus∘statten mit **b)** [décorer] etw schmücken mit.

garniture [gaʀnityʀ] nf **1.** [légumes] Beilage *die* **2.** [décoration] Verzierung *die*.

gars [ga] nm *fam* junger Kerl.

gas-oil [gazɔjl] nm = **gazole**.

gaspillage [gaspijaʒ] nm Verschwendung *die*.

gaspiller [3] [gaspije] vt verschwenden.

gastro [gastʀo] nf *fam* Magen-Darm-Entzündung *die*.

gastro-entérologue [gastʀoɑ̃teʀɔlɔg] (*pl* **gastro-entérologues**) nmf Gastroenterologe *der*, -gin *die*.

gastronomique [gastʀɔnɔmik] adj gastronomisch ▸ **guide gastronomique** ≃ Restaurantführer *der* ▸ **restaurant gastronomique** Feinschmeckerlokal *das*.

gâté, e [gate] adj [fruit, dent] angefault.

gâteau [gato] (*pl* **-x**) nm Kuchen *der* ▸ **gâteau marbré** Marmorkuchen ▸ **gâteau sec** Keks *der*.

gâter [3] [gate] vt verwöhnen. ◆ **se gâter** vp **1.** [fruit, dent] faulen **2.** [temps, situation] sich verschlechtern.

gâteux, euse [gatø, øz] adj verkalkt.

gauche [goʃ] ◆ adj **1.** [main, côté] linke(r, s) **2.** [maladroit] linkisch. ◆ nf : **la gauche a)** [côté] die linke Seite **b)** POL die Linke ▸ **passer à gauche de** links vorbei∘gehen an *(+ D)* ▸ **de gauche** [du côté gauche] von links ▸ **la photo de gauche** das linke Foto.

gaucher, ère [goʃe, ɛʀ] adj linkshändig.

gauchiste [goʃist] ◆ adj linke(r, s). ◆ nmf Linke *der, die*.

gaufre [gofʀ] nf Waffel *die*.

gaufrette [gofʀɛt] nf Waffel *die*.

gaullisme [golism] nm Gaullismus *der*.

gaulois, e [golwa, az] adj **1.** [de Gaule] gallisch **2.** [osé] derb. ◆ **Gaulois, e** nm, f Gallier *der*, -in *die*.

gaver [3] [gave] vt : **gaver qqn de qqch** jn mit etw voll∘stopfen. ◆ **se gaver de** vp + prép sich voll∘stopfen mit.

gay [gɛ] nm Schwule *der*.

gaz [gaz] nm inv Gas *das*.

gaze [gaz] nf [pour pansements] Mull *der*.

gazeux, euse [gazø, øz] adj kohlensäurehaltig.

gazinière [gazinjɛʀ] nf Gasherd *der*.

gazole [gazɔl] **nm** Diesel(kraftstoff) *der*.

gazon [gazɔ̃] **nm 1.** [herbe] Rasen *der* **2.** [terrain] Rasenplatz *der*.

géant, e [ʒeɑ̃, ɑ̃t] ◆ **adj** riesig. ◆ **nm, f** Riese *der*, -sin *die*.

geek [gik] **nmf** Geek *der*.

gel [ʒɛl] **nm 1.** [glace] Frost *der* **2.** [pour cheveux, dentifrice] Gel *das* ▸ **gel douche** Duschgel.

gélatine [ʒelatin] **nf** Gelatine *die*.

gelée [ʒəle] **nf 1.** [glace] Frost *der* **2.** [de fruits] Gelee *das* ▸ **en gelée** in Aspik.

geler [25] [ʒəle] ◆ **vt 1.** [glacer] zum Gefrieren bringen **2.** [plante] erfrieren lassen. ◆ **vi 1.** [eau] gefrieren **2.** [lac] zu◦frieren **3.** [membre, plante] erfrieren **4.** [avoir froid] frieren ▸ **il gèle** es friert.

gélule [ʒelyl] **nf** Kapsel *die*.

Gémeaux [ʒemo] **nmpl** Zwillinge *pl*.

gémir [32] [ʒemiʀ] **vi** wimmern.

gênant, e [ʒenɑ̃, ɑ̃t] **adj 1.** [encombrant] störend **2.** [embarrassant] peinlich ▸ **ce meuble est gênant** das Möbelstück steht da im Weg ▸ **c'est gênant** das ist peinlich.

gencive [ʒɑ̃siv] **nf** Zahnfleisch *das*.

gendarme [ʒɑ̃daʀm] **nmf** Gendarm *der*.

gendarmerie [ʒɑ̃daʀməʀi] **nf 1.** [gendarmes] Gendarmerie *die* **2.** [bureau] Polizeiwache *die* der Gendarmerie.

> ⓘ **La gendarmerie**
>
> Die gendarmerie (nationale) ist Teil des französischen Verteidigungs- und Innenministeriums. Sie ist im Gegensatz zur **police nationale** für den ländlichen Raum zuständig und übernimmt unter anderem Aufgaben im Straßen- und Flugverkehr und in der Grenz- und Hafenwacht.

gendre [ʒɑ̃dʀ] **nm** Schwiegersohn *der*.

gêne [ʒɛn] **nf 1.** [physique] leichte Behinderung **2.** [embarras] Verlegenheit *die*.

gêné, e [ʒene] **adj 1.** [physiquement] behindert **2.** [psychologiquement] verlegen.

généalogique [ʒenealɔʒik] **adj** → **arbre**.

gêner [4] [ʒene] **vt 1.** stören **2.** [embarrasser] in Verlegenheit bringen ▸ **ça vous gêne si… ?** stört es Sie, wenn …? ◆ **se gêner vp** : **ne pas se gêner (pour faire qqch)** sich nicht genieren(, etw zu tun).

général, e, aux [ʒeneʀal, o] ◆ **adj** allgemein. ◆ **nm, f** General *der*, -in *die* ▸ **en général** a) [dans l'ensemble] im Allgemeinen b) [d'habitude] gewöhnlich ▸ **d'une manière générale** im Allgemeinen ▸ **grève générale** Generalstreik *der*.

généralement [ʒeneʀalmɑ̃] **adv** gewöhnlich.

généraliser [3] [ʒeneʀalize] **vt 1.** [appliquer à la majorité] allgemein gültig machen **2.** [tirer une conclusion générale] verallgemeinern. ◆ **se généraliser vp** sich aus◦weiten.

généraliste [ʒeneʀalist] **nmf** : **(médecin) généraliste** Arzt *der*, Ärztin *die* der Allgemeinmedizin.

génération [ʒeneʀasjɔ̃] **nf** Generation *die*.

généreux, euse [ʒeneʀø, øz] **adj 1.** großzügig **2.** [portion] reichlich.

générique [ʒeneʀik] ◆ **nm 1.** [de début] Vorspann *der* **2.** [de fin] Nachspann *der*. ◆ **adj** : **médicament générique** generisches Arzneimittel.

générosité [ʒeneʀɔzite] **nf** Großzügigkeit *die*.

genêt [ʒənɛ] **nm** Ginster *der*.

génétique [ʒenetik] **adj** genetisch.
génétiquement [ʒenetikmɑ̃] **adv** genetisch, gentechnisch.
Genève [ʒənɛv] **n** Genf *nt*.
génial, e, aux [ʒenjal, o] **adj** genial.
génie [ʒeni] **nm** Genie *das*.
génital, e, aux [ʒenital, o] **adj** Geschlechts-.
génoise [ʒenwaz] **nf** Biskuitteig *der*.
genou [ʒənu] (*pl* -x) **nm** Knie *das* ▸ **être à genoux** knien ▸ **se mettre à genoux** sich hin°knien.
genre [ʒɑ̃ʀ] **nm 1.** [sorte] Art *die* **2.** GRAMM Geschlecht *das* ▸ **un genre de** eine Art (von).
gens [ʒɑ̃] **nmpl** Leute *die* ▸ **peu de / beaucoup de gens** wenig / viele Leute.
gentil, ille [ʒɑ̃ti, ij] **adj 1.** [aimable] freundlich **2.** [sage] artig ▸ **sois gentil** sei lieb ▸ **sois gentil, passe-moi mes lunettes** sei so lieb, und gib mir meine Brille.
gentillesse [ʒɑ̃tijɛs] **nf** Freundlichkeit *die*.
gentiment [ʒɑ̃timɑ̃] **adv 1.** [aimablement] freundlich **2.** [sagement] artig **3.** SUISSE [tranquillement] ruhig ▸ **jouez gentiment !** spielt schön brav!
géo [ʒeo] **nf** *fam* SCOL Geo *die*.
géographie [ʒeɔgʀafi] **nf** Erdkunde *die*.
géométrie [ʒeɔmetʀi] **nf** Geometrie *die*.
géométrique [ʒeɔmetʀik] **adj 1.** MATH geometrisch **2.** *fig* [rigoureux] mathematisch genau.
Géorgie [ʒeɔʀʒi] **nf** : **(la) Géorgie** Georgien *nt*.
géranium [ʒeʀanjɔm] **nm** Geranie *die*.
gérant, e [ʒeʀɑ̃, ɑ̃t] **nm, f** Geschäftsführer *der*, -in *die*.
gerbe [ʒɛʀb] **nf 1.** [de blé] Garbe *die* **2.** [de fleurs] Gebinde *das* **3.** [d'étincelles] Funkenregen *der*.
gercé, e [ʒɛʀse] **adj** aufgesprungen ▸ **lèvres gercées** aufgesprungene Lippen.
gérer [18] [ʒeʀe] **vt 1.** [entreprise] führen **2.** [biens] verwalten.
germain, e [ʒɛʀmɛ̃, ɛn] **adj** → **cousin**.
germe [ʒɛʀm] **nm** Keim *der* ▸ **germe de soja** Sojasprosse *die*.
germer [3] [ʒɛʀme] **vi** keimen.
gésier [ʒezje] **nm** Kaumagen *der*.
geste [ʒɛst] **nm** Geste *die*.
gesticuler [3] [ʒɛstikyle] **vi** gestikulieren.
gestion [ʒɛstjɔ̃] **nf** Verwaltung *die*.
gestionnaire [ʒɛstjɔnɛʀ] **nmf** Geschäftsführer *der*, -in *die* ▸ **gestionnaire de base de données** Datenbankverwaltungsprogramm *das* ▸ **gestionnaire de fichiers** Dateiverwaltungsprogramm *das*.
Ghana [gana] **nm** : **le Ghana** Ghana *nt*.
gibier [ʒibje] **nm** Wild *das*.
giboulée [ʒibule] **nf** Schauer *der (Regen, Hagel)*.
Gibraltar [ʒibʀaltaʀ] **n** Gibraltar *nt* ▸ **à Gibraltar** in Gibraltar.
gicler [3] [ʒikle] **vi** spritzen.
gifle [ʒifl] **nf** Ohrfeige *die*.
gifler [3] [ʒifle] **vt** ohrfeigen.
gigantesque [ʒigɑ̃tɛsk] **adj** gewaltig.
gigaoctet [ʒigaɔktɛ] **nm** Gigabyte *das*.
gigot [ʒigo] **nm** Keule *die* ▸ **gigot d'agneau / de mouton** Lamm- / Hammelkeule.
gigoter [3] [ʒigɔte] **vi** zappeln.

gilet [ʒilɛ] **nm 1.** [pull] Strickjacke *die* **2.** [sans manches] Weste *die* ▸ **gilet de sauvetage** Schwimmweste.

gin [dʒin] **nm** Gin *der.*

gingembre [ʒɛ̃ʒɑ̃bʀ] **nm** Ingwer *der.*

girafe [ʒiʀaf] **nf** Giraffe *die.*

giratoire [ʒiʀatwaʀ] **adj** → **sens.**

girofle [ʒiʀɔfl] **nm** → **clou.**

girouette [ʒiʀwɛt] **nf** Wetterfahne *die.*

gisement [ʒizmɑ̃] **nm** Vorkommen *das.*

gitan, e [ʒitɑ̃, an] **nm, f** Zigeuner *der,* -in *die.*

gîte [ʒit] **nm 1.** Unterkunft *die* **2.** [de bœuf] Keule *die* ▸ **gîte d'étape** Hütte *die* ▸ **gîte (rural)** Ferienunterkunft *die* auf dem Land.

ⓘ Le gîte rural

Die möblierten Ferienhäuser oder -wohnungen auf dem Land werden meist von Privatpersonen vermietet. Die Gîtes de France® verleihen je nach Komfort der Unterkünte 1 bis 5 Getreideähren. Da diese Art der Ferienunterbringung immer mehr Anklang findet, ist es ratsam, frühzeitig zu reservieren.

givre [ʒivʀ] **nm** Reif *der.*

givré, e [ʒivʀe] **adj** [couvert de glace] mit Reif bedeckt ▸ **orange givrée** *gefrorene ausgehöhlte und mit Orangensorbet gefüllte Orange.*

glace [glas] **nf 1.** Eis *das* **2.** [miroir] Spiegel *der* **3.** [vitre] Fenster *das* ▸ **glace à la vanille / à la fraise** Vanille- / Erdbeereis.

glacé, e [glase] **adj 1.** [couvert de glace] gefroren **2.** [froid] eiskalt ▸ **crème glacée** Eiskrem *die.*

glacer [16] [glase] **vt 1.** vor Kälte steif werden lassen **2.** [intimider] erstarren lassen.

glacial, e, s, aux [glasjal, o] **adj** eisig.

glacier [glasje] **nm 1.** [de montagne] Gletscher *der* **2.** [marchand] Eismann *der.*

glacière [glasjɛʀ] **nf** Kühltasche *die.*

glaçon [glasɔ̃] **nm** Eiswürfel *der.*

gland [glɑ̃] **nm** Eichel *die.*

glande [glɑ̃d] **nf** Drüse *die.*

glissant, e [glisɑ̃, ɑ̃t] **adj 1.** [route] rutschig **2.** [savon] glitschig.

glissement [glismɑ̃] **nm 1.** [action] Gleiten *das* **2.** [déplacement] Rutsch *der.*

glisser [3] [glise] ◆ **vt** schieben. ◆ **vi 1.** [en patinant] gleiten **2.** [déraper] aus°rutschen **3.** [être glissant] glatt sein ▸ **faire glisser** INFORM ziehen. ◆ **se glisser vp** sich ein°schleichen.

global, e, aux [glɔbal, o] **adj** Gesamt-.

globalement [glɔbalmɑ̃] **adv** insgesamt.

globalisation [glɔbalizasjɔ̃] **nf** [de marché] Globalisierung *die.*

globe [glɔb] **nm 1.** [boule] Kugel *die* **2.** [représentant la Terre] Globus *der* ▸ **le globe (terrestre)** die Erdkugel.

globule [glɔbyl] **nm** Blutkörperchen *das.*

gloire [glwaʀ] **nf** Ruhm *der.*

glorieux, euse [glɔʀjø, øz] **adj** ruhmreich.

gloss [glɔs] **nm** Lipgloss *der.*

glossaire [glɔsɛʀ] **nm** Glossar *das.*

gloussement [glusmɑ̃] **nm 1.** [de poule] Glucken *das* **2.** [rire] Glucksen *das.*

glouton, onne [glutɔ̃, ɔn] **adj** gefräßig.

gluant, e [glyɑ̃, ɑ̃t] **adj** klebrig.

GO *(abr écrite de* **grandes ondes***)* LW *(Langwelle).*

goal [gol] **nm** Torwart *der.*

gobelet [gɔblɛ] **nm** Becher *der.*

gober [3] [gɔbe] **vt 1.** [œuf, huître] aus∘schlürfen **2.** *fam* [croire] schlucken.

goéland [gɔelɑ̃] **nm** Möwe *die.*

golf [gɔlf] **nm 1.** [sport] Golf *das* **2.** [terrain] Golfplatz *der* ▸ **golf miniature** Minigolf.

golfe [gɔlf] **nm** Golf *der* ▸ **le golfe de Gascogne** der Golf von Biskaya.

gomme [gɔm] **nf** [à effacer] Radiergummi *der.*

gommer [3] [gɔme] **vt** [effacer] aus∘radieren.

gond [gɔ̃] **nm** Angel *die.*

gondoler [3] [gɔ̃dɔle] ◆ **se gondoler vp** [se déformer] sich wellen.

gonflé, e [gɔ̃fle] **adj 1.** [enflé] geschwollen **2.** *fam* [audacieux] dreist ▸ **il est gonflé !** der hat Nerven!

gonfler [3] [gɔ̃fle] ◆ **vt 1.** [avec une pompe] auf∘pumpen **2.** [avec la bouche] auf∘blasen. ◆ **vi 1.** [partie du corps] an∘schwellen **2.** [pâte] auf∘gehen.

gore [gɔʀ] **adj inv** Horror-.

gorge [gɔʀʒ] **nf 1.** Kehle *die* **2.** [gouffre] Schlucht *die.*

gorgée [gɔʀʒe] **nf** Schluck *der.*

gorille [gɔʀij] **nm** Gorilla *der.*

gosette [gozɛt] **nf** BELG Apfeltasche *die,* Aprikosentasche *die.*

gosse [gɔs] **nmf** *fam* Gör *das.*

gothique [gɔtik] **adj** gotisch.

gouache [gwaʃ] **nf** Gouache *die.*

goudron [gudʀɔ̃] **nm** Teer *der.*

goudronner [3] [gudʀɔne] **vt** teeren.

gouffre [gufʀ] **nm** Abgrund *der.*

goulot [gulo] **nm** Flaschenhals *der* ▸ **boire au goulot** aus der Flasche trinken.

gourde [guʀd] **nf** Feldflasche *die.*

gourmand, e [guʀmɑ̃, ɑ̃d] **adj** naschhaft.

gourmandise [guʀmɑ̃diz] **nf 1.** [caractère] Esslust *die* **2.** [sucrerie] Schleckerei *die* ▸ **des gourmandises** [bonbons] Süßigkeiten.

gourmet [guʀmɛ] **nm** Feinschmecker *der.*

gourmette [guʀmɛt] **nf** Armband *das (mit Namensschild).*

gousse [gus] **nf** : **gousse d'ail** Knoblauchzehe *die* ▸ **gousse de vanille** Vanillestange *die.*

goût [gu] **nm** Geschmack *der* ▸ **avoir bon goût a)** [aliment] gut schmecken **b)** [personne] Geschmack haben.

goûter [3] [gute] ◆ **nm** Nachmittagsimbiss *der.* ◆ **vt** kosten. ◆ **vi** einen Nachmittagsimbiss ein∘nehmen ▸ **goûter à qqch** etw kosten.

goutte [gut] **nf** Tropfen *der* ▸ **goutte à goutte** tropfenweise. ◆ **gouttes nfpl** Tropfen *pl.*

gouttelette [gutlɛt] **nf** Tröpfchen *das.*

goutter [3] [gute] **vi** tropfen.

gouttière [gutjɛʀ] **nf** Dachrinne *die.*

gouvernail [guvɛʀnaj] **nm** Ruder *das.*

gouvernement [guvɛʀnəmɑ̃] **nm** Regierung *die* ▸ **être au gouvernement** an der Regierung sein.

gouverner [3] [guvɛʀne] **vt** [pays] regieren.

goyave [gɔjav] **nf** Guave *die.*

GPS *(abr de* **Global Positioning System***)* **nm** GPS *das.*

GR (*abr de* (sentier de) grande randonnée) nm Wanderweg *der*.

grâce [gʀas] nf Anmut *die*. ◆ **grâce à** prép dank *(+ D, + G)*.

gracieux, euse [gʀasjø] adj anmutig.

grade [gʀad] nm Grad *der*.

gradins [gʀadɛ̃] nmpl Sitzreihen *pl (ansteigend)*.

gradué, e [gʀadɥe] adj **1.** [verre, règle] mit Maßeinteilung **2.** BELG [diplômé] graduiert ▸ **verre gradué** Messbecher *der*.

graduel, elle [gʀadɥɛl] adj zunehmend.

graffiti(s) [gʀafiti] nmpl Graffiti *pl*.

grain [gʀɛ̃] nm **1.** Korn *das* **2.** [de café] Bohne *die* **3.** [de raisin] Beere *die* ▸ **grain de beauté** Leberfleck *der*.

graine [gʀɛn] nf Samen *der*.

graisse [gʀɛs] nf **1.** Fett *das* **2.** [lubrifiant] Schmiere *die*.

graisser [4] [gʀɛse] vt schmieren.

graisseux, euse [gʀɛsø, øz] adj schmierig.

grammaire [gʀamɛʀ] nf Grammatik *die*.

grammatical, e, aux [gʀamatikal, o] adj grammatisch.

gramme [gʀam] nm Gramm *das*.

grand, e [gʀɑ̃, gʀɑ̃d] ◆ adj [en taille, en durée] groß. ◆ nm, f Große *der, die*. ◆ adv : **grand ouvert** weit offen ▸ **grand frère** großer Bruder ▸ **grand magasin** Warenhaus *das* ▸ **grande surface** großer Supermarkt ▸ **les grandes vacances** die großen Ferien.

grand-chose [gʀɑ̃ʃoz] pron : **pas grand-chose** a) [rien de grave] nichts (weiter) b) [peu] nicht viel.

Grande-Bretagne [gʀɑ̃dbʀətaɲ] nf : **la Grande-Bretagne** Großbritannien *nt*.

grandeur [gʀɑ̃dœʀ] nf Größe *die* ▸ **grandeur nature** in Lebensgröße.

grandir [32] [gʀɑ̃diʀ] vi wachsen.

grand-mère [gʀɑ̃mɛʀ] (*pl* **grands-mères**) nf Großmutter *die*.

grand-père [gʀɑ̃pɛʀ] (*pl* **grands-pères**) nm Großvater *der*.

grand-rue [gʀɑ̃ʀy] (*pl* **grand-rues**) nf Hauptstraße *die*.

grands-parents [gʀɑ̃paʀɑ̃] nmpl Großeltern *pl*.

grange [gʀɑ̃ʒ] nf Scheune *die*.

granulé [gʀanyle] nm Granulat *das*.

graphique [gʀafik] nm Grafik *die*.

grappe [gʀap] nf Traube *die* ▸ **une grappe de raisin** eine Weintraube.

gras, grasse [gʀa, gʀas] ◆ adj **1.** fett **2.** [taché] fettig. ◆ nm **1.** [graisse] Fett *das* **2.** [caractères d'imprimerie] Fettschrift *die* ▸ **écrire en gras** fett schreiben ▸ **faire la grasse matinée** aus∘schlafen.

gras-double [gʀadubl] (*pl* **gras-doubles**) nm Kaldaunen *pl (vom Rind)*.

gratin [gʀatɛ̃] nm Auflauf *der* ▸ **gratin dauphinois** Kartoffelauflauf.

gratinée [gʀatine] nf Zwiebelsuppe *die*.

gratiner [3] [gʀatine] vi : **faire gratiner qqch** etw überbacken.

gratis [gʀatis] adv kostenlos.

gratitude [gʀatityd] nf Dankbarkeit *die*.

gratos [gʀatos] adj *fam* umsonst.

gratte-ciel [gʀatsjɛl] nm inv Wolkenkratzer *der*.

gratter [3] [gʀate] vt **1.** [peau] kratzen **2.** [peinture, tache] ab∘kratzen. ◆ **se gratter** vp sich kratzen.

grattouiller [3] [gʀatuje] **vt** *fam* **: ça me grattouille** das kratzt.

gratuit, e [gʀatɥi, it] **adj** kostenlos.

gratuitement [gʀatɥitmɑ̃] **adv** [sans payer] umsonst.

gravats [gʀava] **nmpl** Bauschutt *der*.

grave [gʀav] **adj 1.** [maladie, accident] schwer **2.** [voix, note] tief **3.** [visage] ernst.

gravement [gʀavmɑ̃] **adv** schwer.

graver [3] [gʀave] **vt 1.** ein°gravieren **2.** INFORM brennen.

graveur [gʀavœʀ] **nm** INFORM (CD-)Brenner *der* ▸ **graveur de CD** CD-Brenner.

gravier [gʀavje] **nm** Kies *der*.

gravillon [gʀavijɔ̃] **nm** Splitt *der*.

gravir [32] [gʀaviʀ] **vt** erklimmen.

gravité [gʀavite] **nf 1.** [attraction terrestre] Schwerkraft *die* **2.** [d'une maladie] Schwere *die* **3.** [d'une remarque] Ernsthaftigkeit *die* ▸ **un accident sans gravité** ein leichter Unfall.

gravure [gʀavyʀ] **nf 1.** [activité] Gravieren *das* **2.** [œuvre] Bild *das*.

gré [gʀe] **nm : de mon plein gré** freiwillig ▸ **de gré ou de force** so oder so ▸ **bon gré mal gré** wohl oder übel.

grec, grecque [gʀɛk] ◆ **adj** griechisch. ◆ **nm** [langue] Griechisch(e) (*das*). ◆ **Grec, Grecque nm, f** Grieche *der*, Griechin *die*.

Grèce [gʀɛs] **nf : la Grèce** Griechenland *nt*.

greffe [gʀɛf] **nf** Transplantation *die*.

greffer [4] [gʀɛfe] **vt** verpflanzen.

grêle [gʀɛl] **nf** Hagel *der*.

grêler [4] [gʀele] **v impers : il grêle** es hagelt.

grêlon [gʀelɔ̃] **nm** Hagelkorn *das*.

grelot [gʀəlo] **nm** Glöckchen *das*.

grelotter [3] [gʀəlɔte] **vi** schlottern.

grenade [gʀənad] **nf 1.** [fruit] Granatapfel *der* **2.** [arme] Granate *die*.

Grenade [gʀənad] **nf** [île] **: la Grenade** Grenada *nt* ▸ **à la Grenade** auf Grenada.

grenadine [gʀənadin] **nf** *roter Sirup aus Zucker und Pflanzenextrakten*.

grenat [gʀəna] **adj inv** granatrot.

grenier [gʀənje] **nm** Dachboden *der*.

grenouille [gʀənuj] **nf** Frosch *der* ▸ **cuisses de grenouilles** Froschschenkel *pl*.

grésiller [3] [gʀezije] **vi 1.** [huile] brutzeln **2.** [radio] knistern.

grève [gʀɛv] **nf** Streik *der* ▸ **être en grève** streiken ▸ **grève de la faim** Hungerstreik.

gréviste [gʀevist] **nmf** Streikende *der, die*.

gribouillage [gʀibujaʒ] **nm** Schmiererei *die*.

gribouiller [3] [gʀibuje] **vt** schmieren.

grièvement [gʀijɛvmɑ̃] **adv** schwer ▸ **grièvement blessé** schwer verletzt.

griffe [gʀif] **nf 1.** Kralle *die* **2.** BELG [éraflure] Kratzer *der*.

griffer [3] [gʀife] **vt** kratzen.

griffonner [3] [gʀifɔne] **vt** kritzeln.

grignoter [3] [gʀiɲɔte] **vt** knabbern.

gril [gʀil] **nm** Grillrost *der* ▸ **au gril** gegrillt.

grillade [gʀijad] **nf** Gegrillte *das*.

grillage [gʀijaʒ] **nm** Drahtzaun *der*.

grille [gʀij] **nf 1.** [d'égouts, d'un four] Rost *der* **2.** [clôture, fenêtre] Gitter *das* **3.** [de mots croisés, de loto] Kästchen *pl* **4.** [tableau] Tabelle *die*.

grillé, e [grije] **adj 1.** [ampoule] durchgebrannt **2.** [viande] gegrillt ▸ **du pain grillé** Toast.

grille-pain [grijpɛ̃] **nm inv** Toaster *der*.

griller [3] [grije] **vt 1.** grillen **2.** *fam* [feu rouge] überfahren.

grillon [grijɔ̃] **nm** Grille *die*.

grimace [grimas] **nf** Grimasse *die* ▸ **faire des grimaces** Grimassen schneiden.

grimpant, e [grɛ̃pɑ̃, ɑ̃t] **adj** Kletter-.

grimper [3] [grɛ̃pe] ◆ **vt** klettern auf *(+ A)*. ◆ **vi 1.** [chemin] an°steigen **2.** [alpiniste] klettern **3.** [prix] in die Höhe klettern ▸ **grimper aux arbres** auf Bäume klettern.

grincement [grɛ̃smɑ̃] **nm** Knarren *das*.

grincer [16] [grɛ̃se] **vi** knarren ▸ **il grince des dents** er knirscht mit den Zähnen.

grincheux, euse [grɛ̃ʃø, øz] **adj** mürrisch.

griotte [grijɔt] **nf** Sauerkirsche *die*.

grippe [grip] **nf** Grippe *die* ▸ **avoir la grippe** Grippe haben.

grippé, e [gripe] **adj** : **être grippé** Grippe haben.

gris, e [gri, griz] ◆ **adj 1.** grau **2.** [temps] trüb. ◆ **nm** [couleur] Grau *das* ▸ **gris anthracite** anthrazitgrau.

grisaille [grizaj] **nf** [de ciel] verhangener Himmel.

grivois, e [grivwa, az] **adj** pikant.

grognement [grɔɲmɑ̃] **nm 1.** [de cochon] Grunzen *das* **2.** [de chien] Knurren *das* **3.** [bougonnement] Murren *das*.

grogner [3] [grɔɲe] **vi 1.** [cochon] grunzen **2.** [chien] knurren **3.** [protester] murren.

grognon, onne [grɔɲɔ̃, ɔn] **adj** mürrisch.

grondement [grɔ̃dmɑ̃] **nm** Grollen *das*.

gronder [3] [grɔ̃de] ◆ **vt** aus°schimpfen. ◆ **vi** [tonnerre] grollen ▸ **se faire gronder** ausgeschimpft werden.

groom [grum] **nm** Page *der*.

gros, grosse [gro, gros] ◆ **adj 1.** groß **2.** [corpulent] dick. ◆ **adv 1.** [écrire] groß **2.** [gagner] viel. ◆ **nm** : **en gros a)** [environ] im Großen und Ganzen **b)** COMM en gros ▸ **gros lot** Hauptgewinn *der* ▸ **gros titre** Schlagzeile *die*.

groseille [grozɛj] **nf** Johannisbeere *die* ▸ **groseille à maquereau** Stachelbeere *die*.

grosse [gros] **adj f** → **gros**.

grossesse [grosɛs] **nf** Schwangerschaft *die*.

grosseur [grosœr] **nf 1.** [épaisseur] Dicke *die* **2.** MÉD Geschwulst *die*.

grossier, ère [grosje, ɛr] **adj 1.** [impoli] ungehobelt **2.** [approximatif] grob.

grossièreté [grosjɛrte] **nf** Grobheit *die*.

grossir [32] [grosir] ◆ **vt 1.** [suj : jumelles] vergrößern **2.** [exagérer] auf°bauschen. ◆ **vi** [prendre du poids] zu°nehmen.

grossiste [grosist] **nmf** Großhändler *der*, -in *die*.

grosso modo [grosomodo] **adv** im Großen und Ganzen.

grotesque [grɔtɛsk] **adj** grotesk.

grotte [grɔt] **nf** Grotte *die*.

grouiller [3] [gruje] ◆ **grouiller de v + prép** wimmeln von.

groupe [gʀup] nm Gruppe *die* ▸ **en groupe** in der Gruppe ▸ **groupe sanguin** Blutgruppe.

grouper [3] [gʀupe] vt zusammenstellen. ◆ **se grouper** vp sich gruppieren.

Grozny [gʀozni] n Grosny *nt*.

gruau [gʀyo] nm QUÉBEC Haferbrei *der*.

grue [gʀy] nf [de chantier] Kran *der*.

grumeau [gʀymo] (*pl* -x) nm Klumpen *der*.

grunge [gʀœnʒ] adj grunge.

gruyère [gʀyjɛʀ] nm Greyerzer *der*.

GSM (*abr de* **Global System for Mobile Communication**) nm GSM *das*.

Guadeloupe [gwadlup] nf : **la Guadeloupe** Guadeloupe *nt*.

guadeloupéen, enne [gwadlupeɛ̃, ɛn] adj von Guadeloupe.

Guatemala [gwatemala] nm : **le Guatemala** Guatemala *nt*.

guédille [gedij] nf QUÉBEC *mit Eier- oder Geflügelsalat gefülltes Hotdog-Brötchen*.

guenon [gənɔ̃] nf Affenweibchen *das*.

guépard [gepaʀ] nm Gepard *der*.

guêpe [gɛp] nf Wespe *die*.

guère [gɛʀ] adv : **elle ne mange guère** sie isst kaum ▸ **il ne l'aime guère** er mag sie nicht besonders.

guérilla [geʀija] nf Guerilla *die*.

guérillero [geʀijeʀo] nm Guerillero *der*.

guérir [32] [geʀiʀ] ◆ vt heilen. ◆ vi **1.** [personne] gesund werden **2.** [blessure] heilen.

guérison [geʀizɔ̃] nf Heilung *die*.

guerre [gɛʀ] nf Krieg *der* ▸ **être en guerre** sich im Krieg befinden ▸ **guerre mondiale** Weltkrieg.

guerrier, ère [gɛʀje, ɛʀ] nm, f Krieger *der*, -in *die*.

guet [gɛ] nm : **faire le guet** auf der Lauer liegen.

guetter [4] [gete] vt : **guetter qqn** auf jn lauern.

gueule [gœl] nf Maul *das* ▸ **avoir la gueule de bois** *fam* einen Kater haben.

gueuler [5] [gœle] vi *vulg* brüllen.

gueuze [gøz] nf BELG *starkes, herbes Bier, das in der Flasche nachgärt*.

gui [gi] nm Mistel *die*.

guichet [giʃɛ] nm Schalter *der* ▸ **guichet automatique (de banque)** Geldautomat *der*.

guide [gid] ◆ nmf Führer *der*, -in *die*. ◆ nm Führer *der* ▸ **guide touristique** Reiseführer *der*, -in *die*.

guider [3] [gide] vt leiten.

guidon [gidɔ̃] nm Lenker *der*.

guignol [giɲɔl] nm [théâtre] Kaspertheater *das*.

guillemets [gijmɛ] nmpl Anführungsstriche *pl* ▸ **entre guillemets** in Anführungsstrichen.

guimauve [gimov] nf *weiche, süße Masse*.

Guinée [gine] nf : **la Guinée** Guinea *nt* ▸ **la Guinée-Bissau** Guinea-Bissau *nt* ▸ **la Guinée Équatoriale** Äquatorialguinea *nt*.

guirlande [giʀlɑ̃d] nf Girlande *die*.

guise [giz] nf : **en guise de** anstelle von.

guitare [gitaʀ] nf Gitarre *die* ▸ **guitare électrique** elektrische Gitarre.

guitariste [gitaʀist] nmf Gitarrist *der*, -in *die*.

Guyana [gɥijana] nm ou nf : **(la** ou **le) Guyana** Guyana *nt*.

Guyane [gɥijan] **nf : la Guyane (française)** Französisch-Guyana *nt*.

gym [ʒim] (*abr de* gymnastique) **nf** *fam* Gymnastik *die*.

gymnase [ʒimnaz] **nm 1.** Turnhalle *die* **2.** SUISSE [lycée] Gymnasium *das*.

gymnastique [ʒimnastik] **nf** Turnen *das* ▸ **faire de la gymnastique** turnen, Gymnastik machen.

gynécologue [ʒinekɔlɔg] **nmf** Frauenarzt *der*, -ärztin *die*.

Hh

habile [abil] **adj** geschickt.

habileté [abilte] **nf** Geschicklichkeit *die*.

habillé, e [abije] **adj** angezogen ▸ **tenue habillée** festliche Kleidung.

habillement [abijmɑ̃] **nm** [couture] Bekleidungsbranche *die*.

habiller [3] [abije] **vt 1.** [personne] an∘ziehen **2.** [meuble] beziehen. ◆ **s'habiller vp 1.** [mettre des vêtements] sich an∘ziehen **2.** [élégamment] sich fein machen ▸ **bien / mal s'habiller** sich gut / schlecht kleiden.

habitant, e [abitɑ̃, ɑ̃t] **nm, f 1.** [d'une maison] Bewohner *der*, -in *die* **2.** [d'une ville, d'un pays] Einwohner *der*, -in *die* **3.** QUÉBEC [paysan] Bauer *der*, Bäuerin *die* ▸ **loger chez l'habitant** eine private Unterkunft haben.

habitat [abita] **nm** [logement] Wohnraum *der*.

habitation [abitasjɔ̃] **nf** Wohnung *die*.

habiter [3] [abite] ◆ **vt 1.** [maison] bewohnen **2.** [ville] wohnen in *(+ D)*. ◆ **vi** wohnen.

habits [abi] **nmpl** Kleidung *die*.

habitude [abityd] **nf** Gewohnheit *die* ▸ **avoir l'habitude de** an *(+ A)* gewohnt sein ▸ **avoir l'habitude de faire qqch** es gewohnt sein, etw zu tun ▸ **comme d'habitude** wie gewöhnlich.

habitué, e [abitɥe] **nm, f** Stammgast *der*.

habituel, elle [abitɥɛl] **adj 1.** [coutumier] üblich **2.** [caractéristique] gewohnt.

habituellement [abitɥɛlmɑ̃] **adv** gewöhnlich.

habituer [7] [abitɥe] **vt : habituer qqn à qqch** jn an etw *(A)* gewöhnen ▸ **habituer qqn à faire qqch** jn daran gewöhnen, etw zu tun ▸ **être habitué à qqch** etw gewohnt sein ▸ **être habitué à faire qqch** daran gewöhnt sein, etw zu tun. ◆ **s'habituer à vp + prép : s'habituer à qqch** sich an etw *(A)* gewöhnen ▸ **s'habituer à faire qqch** sich daran gewöhnen, etw zu tun.

hache ['aʃ] **nf** Axt *die*.

hacher [3] ['aʃe] **vt** hacken.

hachis ['aʃi] **nm** Gehackte *das* ▸ **hachis Parmentier** *Rinderhack unter einer Schicht Kartoffelpüree.*

hachoir ['aʃwaʀ] **nm** [lame] Hackmesser *das*.

hackeur, euse [akœʀ, øz], **hacker** [akœʀ] **n** *fam* Hacker *der*, -in *die*.

haddock ['adɔk] **nm** geräucherter Schellfisch.

haie ['ɛ] **nf 1.** [d'arbustes] Hecke *die* **2.** SPORT Hürde *die*.

haine ['ɛn] **nf** Hass *der.*
haïr [33] ['aiʀ] **vt** hassen.
Haïti [aiti] **n** Haiti *nt.*
halal ['alal] **adj inv** halal ▸ **'viande halal'** Halalfleisch *das.*
hâle ['al] **nm** Bräune *die.*
hâlé, e ['ale] **adj** (sonnen)gebräunt.
haleine [alɛn] **nf** Atem *der* ▸ **avoir mauvaise haleine** Mundgeruch haben.
haleter [28] ['alte] **vi** keuchen.
hall ['ol] **nm** Halle *die* ▸ **hall de gare** Bahnhofshalle.
halle ['al] **nf** Markthalle *die.*
Halloween [alɔwin] **n** Halloween *das.*
hallucination [alysinasjɔ̃] **nf** Halluzination *die.*
halluciner [3] [alysine] **vi** *fam & fig* : **mais j'hallucine ou quoi ?** ich glaube, ich spinne.
halogène [alɔʒɛn] **nm** : **(lampe) halogène** Halogenlampe *die.*
halte ['alt] **nf 1.** [arrêt] Halt *der* **2.** [lieu] Rastplatz *der* ▸ **faire halte** rasten.
haltère [altɛʀ] **nm** Hantel *die.*
haltérophile [alteʀɔfil] **nmf** Gewichtheber *der,* -in *die.*
haltérophilie [alteʀɔfili] **nf** Gewichtheben *das.*
hamac ['amak] **nm** Hängematte *die.*
Hambourg [ɑ̃buʀ] **n** Hamburg *nt.*
hamburger ['ɑ̃buʀgœʀ] **nm** Hamburger *der.*
hameau, x ['amo] **nm** Weiler *der.*
hameçon [amsɔ̃] **nm** Angelhaken *der.*
hamster ['amstɛʀ] **nm** Hamster *der.*
hanche ['ɑ̃ʃ] **nf** Hüfte *die.*
handball ['ɑ̃dbal] **nm** Handball *der.*
handicap ['ɑ̃dikap] **nm 1.** [infirmité] Behinderung *die* **2.** [désavantage] Handikap *das.*
handicapé, e ['ɑ̃dikape] ◆ **adj 1.** [infirme] behindert **2.** [désavantagé] gehandikapt. ◆ **nm, f** Behinderte *der, die.*
handisport ['ɑ̃dispɔʀ] **adj** : **activité handisport** Behindertensport *der.*
hangar ['ɑ̃gaʀ] **nm** Schuppen *der.*
Hanoï [anɔj] **n** Hanoi *nt.*
Hanoukka [anuka] **nf** Chanukka *das.*
hanté, e ['ɑ̃te] **adj** : **château hanté** Spukschloss *das* ▸ **cette maison est hantée** in diesem Haus spukt es.
happer [3] ['ape] **vt 1.** [saisir] erfassen **2.** [suj : animal] schnappen nach **3.** [suj : voiture] erfassen.
Harare ['aʀaʀ] **n** Harare *nt.*
harcèlement ['aʀsɛlmɑ̃] **nm** Behelligung *die* ▸ **harcèlement moral** Mobbing *das* ▸ **harcèlement sexuel** sexuelle Belästigung.
harceler [25] ['aʀsəle] **vt** behelligen.
hardi, e ['aʀdi] **adj** kühn.
hard-rock ['aʀdʀɔk] (*pl* **hard-rocks**), **hard** [aʀd] **nm** MUS Hardrock *der.*
hareng ['aʀɑ̃] **nm** Hering *der* ▸ **hareng saur** Bückling *der.*
hargneux, euse ['aʀɲø, øz] **adj** bissig.
haricot ['aʀiko] **nm** Bohne *die* ▸ **haricot blanc** weiße Bohne ▸ **haricot vert** grüne Bohne.
harmonica [aʀmɔnika] **nm** Mundharmonika *die.*
harmonie [aʀmɔni] **nf** Harmonie *die.*
harmonieux, euse [aʀmɔnjø, øz] **adj** harmonisch.
harmoniser [3] [aʀmɔnize] **vt** aufeinander abstimmen.

harnais ['aʀnɛ] **nm 1.** [d'alpiniste] Gurtzeug *das* **2.** [de cheval] Geschirr *das*.

harpe ['aʀp] **nf** Harfe *die*.

hasard ['azaʀ] **nm** Zufall *der* ▸ **à tout hasard** auf gut Glück ▸ **par hasard** zufällig.

hasardeux, euse ['azaʀdø, øz] **adj** gewagt.

hâte ['at] **nf** Eile *die* ▸ **à la hâte, en hâte** in (aller) Eile ▸ **sans hâte** ohne Eile ▸ **avoir hâte de faire qqch** es kaum abwarten können, etw zu tun.

hausse ['os] **nf** Anstieg *der* ▸ **être en hausse** steigen.

hausser [3] ['ose] **vt 1.** [prix] an°heben **2.** [voix] heben ▸ **hausser les épaules** mit den Schultern zucken.

haussmannien, enne [osmanjɛ̃, ɛn] **adj** *aus der Zeit der städtebaulichen Veränderung von Paris durch Baron Haussmann in der Mitte des 19. Jahrhunderts.*

haut, e ['o, 'ot] ◆ **adj & adv** hoch. ◆ **nm** oberer Teil ▸ **tout haut** laut ▸ **haut la main** mit Leichtigkeit ▸ **de haut en bas** von oben bis unten ▸ **en haut** oben ▸ **en haut de** oben auf OU an *(+ D)* ▸ **la pièce fait 3 m de haut** der Raum ist 3 m hoch ▸ **une maison très haute** ein sehr hohes Haus.

hautain, e ['otɛ̃, ɛn] **adj** hochmütig.

haute-fidélité ['otfidelite] **nf** High-Fidelity *die*.

hauteur ['otœʀ] **nf 1.** Höhe *die* **2.** [colline] Anhöhe *die* ▸ **être à la hauteur de qqn / qqch** jm / etw gewachsen sein.

haut-le-cœur ['olkœʀ] **nm inv** Übelkeit *die* ▸ **elle a des haut-le-cœur** ihr ist übel.

haut-parleur ['opaʀlœʀ] (*pl* **haut-parleurs**) **nm** Lautsprecher *der*.

Havane ['avan] **n** : **La Havane** Havanna *nt*.

Haye ['ɛ] **n** : **La Haye** Den Haag *nt*.

hebdomadaire [ɛbdɔmadɛʀ] ◆ **adj** wöchentlich. ◆ **nm** Wochenzeitschrift *die*.

hébergement [ebɛʀʒəmɑ̃] **nm** Unterbringung *die*.

héberger [17] [ebɛʀʒe] **vt** beherbergen.

hébreu [ebʀø] (*pl* **-x**) **adj m** hebräisch. ◆ **hébreu nm** [langue] Hebräisch(e) (*das*). ◆ **Hébreu** (*pl* **-x**) **nm** Hebräer *der*.

Hébrides [ebʀid] **nfpl** : **les Hébrides** die Hebriden.

hectare [ɛktaʀ] **nm** Hektar *der ODER das*.

hein ['ɛ̃] **interj** *fam* : **tu ne lui diras pas, hein ?** du sagst ihm doch nichts, oder? ▸ **hein ?** a) [pour faire répéter] was? b) [de surprise] wie bitte?

hélas ['elas] **interj** leider.

hélice [elis] **nf** Propeller *der*.

hélico [eliko] **nm** *fam* Heli *der*.

hélicoptère [elikɔptɛʀ] **nm** Hubschrauber *der*.

Helsinki ['ɛlsinki] **n** Helsinki *nt*.

helvétique [ɛlvetik] **adj** helvetisch.

hématome [ematom] **nm** Bluterguss *der*.

hémiplégie [emipleʒi] **nf** halbseitige Lähmung.

hémisphère [emisfɛʀ] **nm** [en géographie] Hemisphäre *die*.

hémorragie [emɔʀaʒi] **nf** Blutung *die*.

hémorroïdes [emɔʀɔid] **nmpl** Hämorrhoide *die*.

hennir [32] ['eniʀ] **vi** wiehern.

hennissement ['enismɑ̃] **nm** Wiehern *das*.

hépatite [epatit] **nf** Hepatitis *die* ▸ **hépatite A / B / C** Hepatitis A / B / C.

herbe [ɛʀb] nf **1.** Gras *das* **2.** *fam* [drogue] Hasch *das* ▸ **herbe aromatique** Gewürzkraut *das* ▸ **fines herbes** Kräuter *pl* ▸ **mauvaises herbes** Unkraut *das.*

héréditaire [eʀeditɛʀ] adj erblich.

hérisser [3] [ˈeʀise] ◆ **se hérisser** vp sich sträuben.

hérisson [ˈeʀisɔ̃] nm Igel *der.*

héritage [eʀitaʒ] nm Erbe *das.*

hériter [3] [eʀite] vt erben. ◆ **hériter de** v + prép erben ▸ **hériter d'une maison** ein Haus erben.

héritier, ère [eʀitje, ɛʀ] nm, f Erbe *der,* -in *die.*

hermétique [ɛʀmetik] adj luftdicht.

hernie [ˈɛʀni] nf Bruch *der.*

héroïne [eʀɔin] nf **1.** [drogue] Heroin *das* **2.** → **héros.**

héroïsme [eʀɔism] nm Heldentum *das.*

héron [ˈeʀɔ̃] nm Reiher *der.*

héros, héroïne [ˈeʀo, eʀɔin] nm, f Held *der,* -in *die.*

herve [ɛʀv] nm BELG Herver Käse *der.*

hésitation [ezitasjɔ̃] nf Zögern *das* ▸ **sans hésitation** ohne zu zögern.

hésiter [3] [ezite] vi zögern ▸ **hésiter à faire qqch** zögern, etw zu tun.

Hesse [ˈɛs] nf : **la Hesse** Hessen *nt.*

hétérosexualité [eteʀɔsɛksyalite] nf Heterosexualität *die.*

hétérosexuel, elle [eteʀɔsɛksɥɛl] ◆ nm, f Heterosexuelle *der, die.* ◆ adj heterosexuell.

hêtre [ˈɛtʀ] nm Buche *die.*

heure [œʀ] nf **1.** [unité de temps] Stunde *die* **2.** [moment] Zeitpunkt *der* ▸ **il est trois heures vingt** es ist zwanzig (Minuten) nach drei ▸ **à quelle heure part le train ? — à deux heures** um wie viel Uhr fährt der Zug (ab)? — um zwei (Uhr) ▸ **c'est l'heure de...** es ist Zeit zu ... ▸ **à l'heure** pünktlich ▸ **de bonne heure** früh ▸ **heures de bureau** Bürostunden ▸ **heures d'ouverture** Öffnungszeiten ▸ **heures de pointe** Stoßzeit *die* ▸ **heures sup(plémentaires)** Überstunden ▸ **passer à l'heure d'été / d'hiver** auf Sommerzeit / Winterzeit umstellen.

heureusement [œʀøzmɑ̃] adv zum Glück.

heureux, euse [œʀø, øz] adj glücklich.

heurter [3] [ˈœʀte] vt **1.** [frapper] stoßen gegen **2.** [vexer] verletzen. ◆ **se heurter à** vp + prép stoßen auf *(+ A)* ▸ **je me suis heurtée au coin de la table** ich habe mich an der Tischkante gestoßen ▸ **l'entreprise va se heurter à de gros problèmes économiques** die Firma wird mit großen wirtschaftlichen Problemen konfrontiert sein.

hexagone [ɛgzagɔn] nm Sechseck *das* ▸ **l'Hexagone** Frankreich *nt.*

hibou [ˈibu] (*pl* **-x**) nm Eule *die.*

hier [ijɛʀ] adv gestern ▸ **hier après-midi** gestern Nachmittag.

hiérarchie [ˈjeʀaʀʃi] nf Hierarchie *die.*

hiéroglyphes [ˈjeʀɔglif] nmpl Hieroglyphen *pl.*

hi-fi [ˈifi] nf inv Hi-Fi *die.*

hilarant, e [ilaʀɑ̃, ɑ̃t] adj zum Lachen.

hindou, e [ɛ̃du] adj hinduistisch. ◆ **Hindou, e** nm, f Hindu *der.*

hindouiste [ɛ̃duist] adj Hindu-.

hippique [ipik] adj Pferdesport-, Reit-.

hippodrome [ipɔdʀom] nm Pferderennbahn *die.*

hippopotame [ipɔpɔtam] nm Nilpferd *das.*

hirondelle [iʀɔ̃dɛl] nf Schwalbe *die.*

hispaniste [ispanist] **nmf** Hispanist *der*, -in *die*.

hisser [3] [ˈise] **vt 1.** [voile, drapeau] hissen **2.** [charge] hoch•hieven.

histogramme [istɔgʀam] **nm** Histogramm *das*.

histoire [istwaʀ] **nf** Geschichte *die* ▸ **faire des histoires** Geschichten machen ▸ **histoire drôle** lustige Geschichte ▸ **histoire-géo(graphie)** Geschichte.

historique [istɔʀik] **adj 1.** historisch **2.** [recherches] geschichtswissenschaftlich.

hit-parade [ˈitpaʀad] (*pl* **hit-parades**) **nm** Hitparade *die*.

hiver [ivɛʀ] **nm** Winter *der* ▸ **en hiver** im Winter.

HLM **nm inv** ≃ Sozialwohnung *die* ▸ **habiter en HLM** ≃ in einer Sozialwohnung wohnen.

hobby [ˈɔbi] (*pl* **-s** ou **-ies**) **nm** Hobby *das*.

hochepot [ˈɔʃpo] **nm** BELG *Gemüsesuppe mit Schweineschwanz, Rinderbrust und Hammelfleisch.*

hocher [3] [ˈɔʃe] **vt** : **hocher la tête** mit dem Kopf nicken.

hochet [ˈɔʃɛ] **nm** Rassel *die*.

hockey [ˈɔkɛ] **nm** Hockey *das* ▸ **hockey sur glace** Eishockey.

hold-up [ˈɔldœp] **nm inv** Raubüberfall *der*.

hollandais, e [ˈɔlɑ̃dɛ, ɛz] ◆ **adj** holländisch. ◆ **nm** [langue] Holländisch(e) (*das*). ◆ **Hollandais, e nm, f** Holländer *der*, -in *die*.

Hollande [ˈɔlɑ̃d] **nf** : **la Hollande** Holland *nt*.

homard [ˈɔmaʀ] **nm** Hummer *der* ▸ **homard à l'américaine** *in Öl angebratener und in einem Weißweinsud gegarter Hummer* ▸ **homard Thermidor** *Hummerragout mit Champignoncremesoße.*

homéopathe [ɔmeɔpat] ◆ **nmf** Homöopath *der*, -in *die*. ◆ **adj** homöopathisch.

homéopathie [ɔmeɔpati] **nf** Homöopathie *die*.

homéopathique [ɔmeɔpatik] **adj** homöopathisch.

homicide [ɔmisid] ◆ **nm** Tötung *die*. ◆ **adj** todbringend, mörderisch.

hommage [ɔmaʒ] **nm** : **en hommage à qqn** jm zur Ehre *(+ G)* ▸ **rendre hommage à qqn / qqch** jm /etw Ehre erweisen.

homme [ɔm] **nm 1.** [être humain] Mensch *der* **2.** [mâle] Mann *der* ▸ **homme d'affaires** Geschäftsmann ▸ **homme politique** Politiker *der*.

homogène [ɔmɔʒɛn] **adj** homogen.

homologué, e [ɔmɔlɔge] **adj 1.** DR genehmigt **2.** [document] beglaubigt **3.** SPORT (offiziel) bestätigt **4.** [produit industriel] zugelassen.

homophobe [ɔmɔfɔb] **adj** homophob.

homophobie [ɔmɔfɔbi] **nf** Schwulenfeindlichkeit *die*.

homosexuel, elle [ɔmɔsɛksɥɛl] ◆ **adj** homosexuell. ◆ **nm, f** Homosexuelle *der, die*.

Honduras [ˈɔ̃dyʀas] **nm** : **le Honduras** Honduras *nt*.

Hongkong, Hong Kong [ˈɔ̃gkɔ̃g] **n** Hongkong *nt*.

Hongrie [ˈɔ̃gʀi] **nf** : **la Hongrie** Ungarn *nt*.

hongrois, e [ˈɔ̃gʀwa, az] **adj** ungarisch. ◆ **hongrois nm** [langue] Ungarisch(e) (*das*). ◆ **Hongrois, e nm, f** Ungar *der*, -in *die*.

honnête [ɔnɛt] **adj 1.** [personne] ehrlich **2.** [salaire, résultats] anständig.

honnêteté [ɔnɛtte] **nf** Ehrlichkeit *die*.

honneur [ɔnœʀ] **nm** Ehre *die* ▸ **en l'honneur de** zu Ehren *(+ G)* ▸ **faire honneur à qqn** jm Ehre machen ▸ **faire honneur à un repas** sich *(D)* ein Gericht schmecken lassen.

honorable [ɔnɔʀabl] **adj 1.** [personne, acte] ehrbar **2.** [résultat] ordentlich.

honoraires [ɔnɔʀɛʀ] **nmpl** Honorar *das*.

honte ['ɔ̃t] **nf** Scham *die* ▸ **avoir honte (de)** sich schämen (für) ▸ **faire honte à qqn** a) [embarrasser] jm Schande bereiten b) [gronder] jn zurecht°weisen.

honteux, euse ['ɔ̃tø, øz] **adj 1.** [personne] beschämt **2.** [air] verschämt **3.** [scandaleux] schändlich.

hooligan, houligan ['uligan] **nm** Hooligan *der*.

hôpital [ɔpital] (*pl* **-aux**) **nm** Krankenhaus *das* ▸ **à l'hôpital** im Krankenhaus ▸ **hôpital psychiatrique** psychiatrische Klinik.

hoquet ['ɔkɛ] **nm** : **avoir le hoquet** einen ou den Schluckauf haben.

horaire [ɔʀɛʀ] **nm 1.** [emploi du temps] Stundenplan *der* **2.** [de trains] Fahrplan *der* **3.** [d'avions] Flugplan *der* ▸ **'horaires d'ouverture'** 'Öffnungszeiten'.

horizon [ɔʀizɔ̃] **nm** Horizont *der* ▸ **à l'horizon** am Horizont.

horizontal, e, aux [ɔʀizɔ̃tal, o] **adj** horizontal.

horloge [ɔʀlɔʒ] **nf** Uhr *die* ▸ **l'horloge parlante** die telefonische Zeitansage.

horloger, ère [ɔʀlɔʒe, ɛʀ] **nm, f** Uhrmacher *der*, -in *die*.

horlogerie [ɔʀlɔʒʀi] **nf** Uhrengeschäft *das*.

hormone [ɔʀmɔn] **nf** Hormon *das*.

horoscope [ɔʀɔskɔp] **nm** Horoskop *das*.

horreur [ɔʀœʀ] **nf** Entsetzen *das* ▸ **quelle horreur !** wie entsetzlich! ▸ **avoir horreur de qqch** etw verabscheuen ▸ **avoir horreur de faire qqch** es verabscheuen, etw zu tun.

horrible [ɔʀibl] **adj** grauenhaft.

horriblement [ɔʀibləmɑ̃] **adv** entsetzlich.

horrifié, e [ɔʀifje] **adj** entsetzt.

hors ['ɔʀ] **prép** : **hors de** außerhalb *(+ G)* ▸ **hors jeu** im Abseits ▸ **hors saison** außerhalb der Saison ▸ **être hors sujet** das Thema verfehlen ▸ **hors taxes** steuerfrei ▸ **hors d'atteinte, hors de portée** außer Reichweite ▸ **hors d'haleine** außer Atem ▸ **hors de prix** unbezahlbar ▸ **être hors de soi** außer sich *(D)* sein ▸ **être hors d'usage** nicht mehr in Gebrauch sein.

hors-bord ['ɔʀbɔʀ] **nm inv** Außenborder *der*.

hors-d'œuvre ['ɔʀdœvʀ] **nm inv** Vorspeise *die*.

hors-série [ɔʀseʀi] **nm** Sonderheft *das*.

hortensia [ɔʀtɑ̃sja] **nm** Hortensie *die*.

horticulture [ɔʀtikyltyʀ] **nf** Gartenbau *der*.

hospice [ɔspis] **nm** Altersheim *das*.

hospitaliser [3] [ɔspitalize] **vt** ins Krankenhaus ein°liefern.

hospitalité [ɔspitalite] **nf** Gastfreundschaft *die*.

hostie [ɔsti] **nf** Hostie *die*.

hostile [ɔstil] **adj 1.** [personne, attitude] feindselig **2.** [paysage, milieu] unfreundlich.

hostilité [ɔstilite] **nf** Feindseligkeit *die*.

hosto [ɔsto] **nm** *fam* Krankenhaus *das*.

hot dog ['ɔtdɔg] (*pl* **hot dogs**) **nm** Hotdog *der ODER das*.

hôte, hôtesse [ot, otɛs] ◆ **nm, f** [qui reçoit] Gastgeber *der*, -in *die*. ◆ **nm** [invité] Gast *der*.

hôtel [otɛl] **nm** Hotel *das* ▸ **hôtel particulier** *großes herrschaftliches Stadthaus* ▸ **hôtel de ville** Rathaus *das*.

hôtelier, ère [otəlje, ɛʀ] ◆ **adj** Hotel-. ◆ **nm, f** Hotelbesitzer *der*, -in *die* ▸ **école hôtelière** Hotelfachschule *die*.

hôtellerie [otɛlʀi] **nf 1.** [hôtel] Gasthaus *das* **2.** [activité] Hotelgewerbe *das* ▸ **travailler dans l'hôtellerie** im Hotelgewerbe tätig sein.

hôtesse [otɛs] **nf** [d'accueil] Empfangsdame *die* ; → **hôte** ▸ **hôtesse de l'air** Stewardess *die*.

hot line [ɔtlain] **nf** Hotline *die*.

hotte ['ɔt] **nf** [panier] Bütte *die* ▸ **hotte (aspirante)** (Abzugs)haube *die*.

houle ['ul] **nf** Seegang *der* ▸ **il y a de la houle** es herrschte starker Seegang.

houmous [umus] **nm** Hummus *der*.

hourra ['uʀa] **interj** hurra.

house [aws], **house music** [awsmjuzik] (*pl* **house musics**) **nf** House *nt*, House Music *die*.

housse ['us] **nf** Bezug *der* ▸ **housse de couette** Bettbezug.

houx ['u] **nm** Stechpalme *die*.

hovercraft [ɔvœʀkʀaft] **nm** Hovercraft *das*.

HT (*abr de* **hors taxes**) **adj** steuerfrei.

HTML (*abr de* **Hypertext Mark-up Language**) **nm inv** HTML *die*.

hublot ['yblo] **nm 1.** [de bateau] Bullauge *das* **2.** [d'avion] Fenster *das*.

huer [7] ['ɥe] **vt** aus◦buhen.

huile [ɥil] **nf** Öl *das* ▸ **huile d'arachide** Erdnussöl ▸ **huile d'olive** Olivenöl ▸ **huile solaire** Sonnenöl.

huiler [3] [ɥile] **vt** ölen.

huileux, euse [ɥilø, øz] **adj** ölig.

huissier, ère [ɥisje, ɛʀ] **nm, f** Gerichtsvollzieher *der*, -in *die* ▸ **huissier (de justice)** ≃ Gerichtsvollzieher.

huit ['ɥit] **num** acht ▸ **le huit de pique** die Pikacht ▸ **elle habite (au) huit rue Lepic** sie wohnt in der Rue Lepic Nummer acht ▸ **il est huit heures** es ist acht Uhr ▸ **le huit janvier** am achten Januar ▸ **page huit** Seite acht ▸ **ils étaient huit** sie waren zu acht.

huitaine ['ɥitɛn] **nf** : **une huitaine (de jours)** acht Tage.

huitante ['ɥitɑ̃t] **num** Suisse achtzig.

huitième ['ɥitjɛm] **num** achte(r, s) ▸ **le huitième étage** der achte Stock ▸ **il est arrivé huitième** er wurde Achter.

huître [ɥitʀ] **nf** Auster *die*.

humain, e [ymɛ̃, ɛn] ◆ **adj 1.** menschlich **2.** [sciences] Human-. ◆ **nm** Mensch *der*.

humanitaire [ymanitɛʀ] ◆ **adj** humanitär. ◆ **nm** humanitärer Bereich ▸ **couloir humanitaire** humanitärer Korridor ▸ **travailler dans l'humanitaire** für ein humanitäres Hilfswerk arbeiten.

humanité [ymanite] **nf** Menschheit *die*.

humble [œbl] **adj** bescheiden.

humeur [ymœʀ] **nf 1.** [momentanée] Laune *die* **2.** [caractère] Gemüt *das*

▸ **être de bonne / mauvaise humeur** gut / schlecht gelaunt sein.

humide [ymid] adj feucht.

humidité [ymidite] nf Feuchtigkeit *die*.

humiliant, e [ymiljɑ̃, ɑ̃t] adj demütigend.

humilier [9] [ymilje] vt demütigen.

humoristique [ymɔʀistik] adj humoristisch.

humour [ymuʀ] nm Humor *der* ▸ **avoir de l'humour** Humor haben.

hurlement ['yʀləmɑ̃] nm **1.** [de loup] Heulen *das* **2.** [de personne] Schrei *der*.

hurler [3] ['yʀle] vi **1.** heulen **2.** [personne] schreien.

hutte ['yt] nf Hütte *die*.

hydratant, e [idʀatɑ̃, ɑ̃t] adj feuchtigkeitsspendend.

hydravion [idʀavjɔ̃] nm Wasserflugzeug *das*.

hydrophile [idʀɔfil] adj → **coton**.

hygiène [iʒjɛn] nf Hygiene *die*.

hygiénique [iʒjenik] adj hygienisch.

hymne [imn] nm [religieux] Hymne *die* ▸ **hymne national** Nationalhymne.

hyperactif, ive [ipeʀaktif, iv] adj hyperaktiv.

hypermarché [ipɛʀmaʀʃe] nm großer Supermarkt.

hypertension [ipɛʀtɑ̃sjɔ̃] nf erhöhter Blutdruck ▸ **faire de l'hypertension** hohen Blutdruck haben.

hypertexte [ipɛʀtekst] nm Hypertext *der* ▸ **lien hypertexte** Link *der*.

hypnose [ipnoz] nf Hypnose *die*.

hypnotiser [3] [ipnɔtize] vt hypnotisieren.

hypoallergénique [ipɔalɛʀʒenik] adj hypoallergen.

hypocrisie [ipɔkʀizi] nf Heuchelei *die*.

hypocrite [ipɔkʀit] ◆ adj heuchlerisch. ◆ nmf Heuchler *der*, -in *die*.

hypoglycémie [ipɔglisemi] nf Unterzuckerung *die*.

hypotension [ipɔtɑ̃sjɔ̃] nf niedriger Blutdruck.

hypothermie [ipɔtɛʀmi] nf Unterkühlung *die*.

hypothèse [ipɔtɛz] nf Annahme *die* ▸ **dans l'hypothèse où il viendrait** angenommen, er kommt.

hystérique [isteʀik] adj hysterisch.

I

iceberg [ajsbɛʀg] nm Eisberg *der*.

ici [isi] adv **1.** [sans déplacement] hier **2.** [avec déplacement] hierher ▸ **d'ici là** bis dahin ▸ **d'ici peu** in Kürze ▸ **par ici** **a)** [de ce côté] hier entlang **b)** [dans les environs] hier in der Gegend.

icône [ikon] nf **1.** RELIG Ikone *die* **2.** INFORM Piktogramm *das*, Symbol *das*.

idéal, e, aux [ideal, o] ◆ adj ideal. ◆ nm Ideal *das* ▸ **l'idéal, ce serait...** das Beste wäre ...

idéaliste [idealist] ◆ adj idealistisch. ◆ nmf Idealist *der*, -in *die*.

idée [ide] nf **1.** [pensée] Gedanke *der* **2.** [opinion] Vorstellung *die* **3.** [inspiration, projet] Idee *die* ▸ **avoir une idée**

de l'heure qu'il est eine Ahnung haben, wie spät es ist.

identifiant [idɑ̃tifjɑ̃] **nm** Kennung *die*.

identifier [9] [idɑ̃tifje] **vt** identifizieren. ◆ **s'identifier à vp + prép** sich identifizieren mit.

identique [idɑ̃tik] **adj** : **identique (à)** identisch (mit).

identité [idɑ̃tite] **nf** Identität *die*.

idéogramme [ideɔgʀam] **nm** Ideogramm *das*.

idiot, e [idjo, ɔt] ◆ **adj** idiotisch. ◆ **nm, f** Idiot *der*, -in *die*.

idiotie [idjɔsi] **nf** Schwachsinn *der*.

idole [idɔl] **nf** Idol *das*.

igloo [iglu] **nm** Iglu *der ODER das*.

ignoble [iɲɔbl] **adj 1.** [abject] niederträchtig **2.** [laid, mauvais] grauenhaft.

ignorant, e [iɲɔʀɑ̃, ɑ̃t] ◆ **adj** ungebildet. ◆ **nm, f** Ignorant *der*, -in *die*.

ignorer [3] [iɲɔʀe] **vt** ignorieren ▸ **ignorer que** nicht wissen, dass ▸ **ignorer qqch** etw nicht kennen.

iguane [igwan] **nm** Leguan *der*.

il [il] **pron 1.** [sujet humain] er **2.** [sujet animal ou inanimé] er, sie, es **3.** [sujet de v impers] es ▸ **il est grand** er ist groß ▸ **il pleut** es regnet. ◆ **ils pron** sie ▸ **ils sont arrivés** sie sind angekommen.

île [il] **nf** Insel *die* ▸ **île flottante** *süßer Eischnee mit Vanillesoße* ▸ **l'île Maurice** Mauritius *nt*.

Île-de-France [ildəfʀɑ̃s] **n** Île-de-France *die*.

illégal, e, aux [ilegal, o] **adj** illegal.

illégalement [ilegalmɑ̃] **adv** illegal.

illettré, e [iletʀe] ◆ **adj** analphabetisch. ◆ **nm, f** Analphabet *der*, -in *die*.

illettrisme [iletʀism] **nm** Analphabetismus *der*.

illimité, e [ilimite] **adj** unbegrenzt.

illisible [ilizibl] **adj 1.** [indéchiffrable] unleserlich **2.** [incompréhensible] unlesbar.

illuminer [3] [ilymine] **vt** beleuchten. ◆ **s'illuminer vp 1.** [monument] beleuchtet werden **2.** [visage] sich erhellen.

illusion [ilyzjɔ̃] **nf 1.** [d'optique] Sinnestäuschung *die* **2.** [idée fausse] Illusion *die* ▸ **se faire des illusions** sich *(D)* Illusionen machen.

illusionniste [ilyzjɔnist] **nmf** Illusionist *der*, -in *die*.

illustration [ilystʀasjɔ̃] **nf** Abbildung *die*.

illustré, e [ilystʀe] ◆ **adj** illustriert. ◆ **nm** Illustrierte *die*.

illustrer [3] [ilystʀe] **vt 1.** [livre] illustrieren **2.** [théorie] veranschaulichen.

îlot [ilo] **nm** kleine Insel.

ils [il] **pron** → **il**.

image [imaʒ] **nf** Bild *das* ▸ **à l'image de qqn** wie jd.

imagerie [imaʒri] **nf** : **imagerie médicale** bildgebendes Verfahren.

imaginaire [imaʒinɛʀ] **adj** eingebildet.

imagination [imaʒinasjɔ̃] **nf** Fantasie *die* ▸ **avoir de l'imagination** Fantasie haben.

imaginer [3] [imaʒine] **vt 1.** [penser] sich *(D)* vor∘stellen **2.** [inventer] sich *(D)* aus∘denken. ◆ **s'imaginer vp 1.** [soi-même] sich sehen **2.** [scène, personne] sich *(D)* vor∘stellen ▸ **s'imaginer que** sich *(D)* ein∘bilden, dass.

imam [imam] **nm** Imam *der*.

imbattable [ɛ̃batabl] **adj** unschlagbar.

imbécile [ɛ̃besil] **nmf** Dummkopf *der.*

imbiber [3] [ɛ̃bibe] **vt** : **imbiber qqch de** etw tränken mit.

imitateur, trice [imitatœʀ, tʀis] **nm, f** Imitator *der,* -in *die.*

imitation [imitasjɔ̃] **nf** **1.** [copie] Imitation *die* **2.** [d'une personnalité] Nachahmung *die* ▸ **imitation cuir** Lederimitat *das.*

imiter [3] [imite] **vt** **1.** [copier] imitieren **2.** [personnalité] nach◦ahmen.

immangeable [ɛ̃mɑ̃ʒabl] **adj** ungenießbar.

immatriculation [imatʀikylasjɔ̃] **nf** **1.** [de personne] Einschreibung *die* **2.** [de véhicule] Zulassung *die* ▸ **numéro d'immatriculation** Kennzeichen *das.*

immédiat, e [imedja, at] **adj** sofortig.

immédiatement [imedjatmɑ̃] **adv** sofort.

immense [imɑ̃s] **adj** riesig.

immergé, e [imɛʀʒe] **adj** : **la partie immergée** der unter Wasser liegende Teil.

immerger [17] [imɛʀʒe] **vt** versenken. ◆ **s'immerger vp** : **s'immerger (dans qqch)** (in etw *(D)*) unter◦tauchen.

immeuble [imœbl] **nm** Gebäude *das.*

immigration [imigʀasjɔ̃] **nf** Einwanderung *die* ▸ **immigration clandestine** illegale Einwanderung.

immigré, e [imigʀe] ◆ **adj** eingewandert. ◆ **nm, f** Einwanderer *der,* Einwanderin *die.*

imminent, e [iminɑ̃, ɑ̃t] **adj** nahe bevorstehend.

immobile [imɔbil] **adj** unbeweglich.

immobilier, ère [imɔbilje, ɛʀ] ◆ **adj** Immobilien-. ◆ **nm** : **l'immobilier** der Immobilienhandel.

immobiliser [3] [imɔbilize] **vt** **1.** [véhicule] an◦halten **2.** MÉD ruhig stellen.

immonde [imɔ̃d] **adj** schändlich.

immoral, e, aux [imɔʀal, o] **adj** **1.** [dépravé] unmoralisch **2.** [obscène] unsittlich.

immortel, elle [imɔʀtɛl] **adj** **1.** [âme, auteur, artiste] unsterblich **2.** [gloire, sentiment] unvergänglich.

immuniser [3] [imynize] **vt** immunisieren.

immunodépresseur [imynɔdepʀesœʀ] **nm** Immundepressivum *das.*

immunologie [imynɔlɔʒi] **nf** Immunologie *die.*

impact [ɛ̃pakt] **nm** **1.** [de balle] Einschlag *der* **2.** [influence] Wirkung *die.*

impair, e [ɛ̃pɛʀ] **adj** ungerade.

impardonnable [ɛ̃paʀdɔnabl] **adj** unverzeihlich.

imparfait, e [ɛ̃paʀfɛ, ɛt] ◆ **adj** unvollkommen. ◆ **nm** Imperfekt *das* ▸ **l'imparfait du subjonctif** das Imperfekt des Konjunktivs.

impartial, e, aux [ɛ̃paʀsjal, o] **adj** **1.** [personne] unvoreingenommen **2.** [jugement] unparteiisch.

impasse [ɛ̃pas] **nf** Sackgasse *die* ▸ **faire l'impasse sur qqch** etw aus◦lassen.

impassible [ɛ̃pasibl] **adj** gefasst.

impatience [ɛ̃pasjɑ̃s] **nf** Ungeduld *die.*

impatient, e [ɛ̃pasjɑ̃, ɑ̃t] **adj** ungeduldig ▸ **être impatient de faire qqch** es kaum abwarten können, etw zu tun.

impatienter [3] [ɛ̃pasjɑ̃te] ◆ **s'impatienter vp** die Geduld verlieren.

impec [ɛ̃pɛk] **adj** *fam* astrein, klasse.

impeccable [ɛ̃pekabl] **adj 1.** [sans défaut] tadellos **2.** [propre] äußerst sauber.
imper [ɛ̃pɛʀ] **nm** Regenmantel *der*.
impératif, ive [ɛ̃peʀatif, iv] ◆ **adj 1.** [ton] Befehls- **2.** [besoins] vordringlich. ◆ **nm** GRAMM Imperativ *der*.
impératrice [ɛ̃peʀatʀis] **nf** Kaiserin *die*.
imperceptible [ɛ̃pɛʀsɛptibl] **adj** kaum ou nicht wahrnehmbar.
imperfection [ɛ̃pɛʀfɛksjɔ̃] **nf** Fehler *der*.
impérial, e, aux [ɛ̃peʀjal, o] **adj** kaiserlich.
impériale [ɛ̃peʀjal] **nf** → **autobus**.
imperméabilisant, e [ɛ̃pɛʀmeabilizɑ̃, ɑ̃t] **adj** imprägnierend. ◆ **imperméabilisant nm** Imprägnierungsmittel *das*.
imperméable [ɛ̃pɛʀmeabl] ◆ **adj** undurchlässig. ◆ **nm** Regenmantel *der*.
impersonnel, elle [ɛ̃pɛʀsɔnɛl] **adj** [neutre] unpersönlich.
impertinent, e [ɛ̃pɛʀtinɑ̃, ɑ̃t] **adj** unverschämt, frech.
impitoyable [ɛ̃pitwajabl] **adj** unerbittlich.
implanter [3] [ɛ̃plɑ̃te] **vt 1.** [idée, mode] ein°führen **2.** [entreprise] an°siedeln. ◆ **s'implanter vp** sich an°siedeln.
impliquer [3] [ɛ̃plike] **vt 1.** [nécessiter] erfordern **2.** [compromettre] : **impliquer qqn dans** jn verwickeln in *(+ A)*. ◆ **s'impliquer dans vp + prép** sich ein°setzen bei.
impoli, e [ɛ̃pɔli] **adj** unhöflich.
import [ɛ̃pɔʀ] **nm 1.** COMM Import *der* **2.** BELG [montant] Betrag *der*.
importance [ɛ̃pɔʀtɑ̃s] **nf 1.** [valeur] Wichtigkeit *die* **2.** [taille] Größe *die* ▸ **avoir de l'importance** wichtig sein ▸ **cela n'a aucune** ou **pas d'importance** das ist nicht wichtig.
important, e [ɛ̃pɔʀtɑ̃, ɑ̃t] **adj** wichtig.
importation [ɛ̃pɔʀtasjɔ̃] **nf** Import *der*.
importer [3] [ɛ̃pɔʀte] ◆ **vt** importieren. ◆ **vi** von Bedeutung sein ▸ **peu importe !** das ist egal! ▸ **ce livre est écrit n'importe comment** [mal] das Buch wurde hingeschludert ▸ **n'importe quel** irgendein ▸ **ce n'est pas n'importe qui** er ist nicht (einfach) irgendwer.
import-export [ɛ̃pɔʀɛkspɔʀ] **nm** Import-Export *der*.
importuner [3] [ɛ̃pɔʀtyne] **vt** belästigen.
imposable [ɛ̃pozabl] **adj** steuerpflichtig.
imposant, e [ɛ̃pozɑ̃, ɑ̃t] **adj** imposant.
imposer [3] [ɛ̃poze] **vt** besteuern ▸ **imposer qqch à qqn** jn zu etw zwingen. ◆ **s'imposer vp** geboten sein.
impossible [ɛ̃pɔsibl] **adj** unmöglich ▸ **il est impossible de lui en vouloir** man kann ihm dafür einfach nicht böse sein ▸ **il est impossible que** es ist nicht möglich, dass.
impôt [ɛ̃po] **nm** Steuer *die* ▸ **impôts locaux** Kommunalsteuern ▸ **impôt sur le revenu** Einkommensteuer ▸ **payer ses impôts** Steuern zahlen.
impraticable [ɛ̃pʀatikabl] **adj** unbefahrbar.
imprégner [18] [ɛ̃pʀeɲe] **vt** tränken ▸ **imprégner qqch de** etw tränken in / mit. ◆ **s'imprégner de vp + prép 1.** [liquide] sich voll°saugen mit **2.** *fig* [ambiance, culture] in sich *(D)* auf°nehmen.
impression [ɛ̃pʀesjɔ̃] **nf 1.** [sentiment] Eindruck *der* **2.** [d'un livre] Druck *der*

▸ **avoir l'impression que** den Eindruck haben, dass ▸ **avoir l'impression de faire qqch** den Eindruck haben, etw zu tun.

impressionnant, e [ɛ̃pʀesjɔnɑ̃, ɑ̃t] **adj** beeindruckend.

impressionner [3] [ɛ̃pʀesjɔne] **vt** beeindrucken.

imprévisible [ɛ̃pʀevizibl] **adj 1.** [personne] unberechenbar **2.** [réaction] unvorhersehbar.

imprévu, e [ɛ̃pʀevy] ◆ **adj** unvorhergesehen. ◆ **nm** : **l'imprévu** das Unvorhergesehene.

imprimante [ɛ̃pʀimɑ̃t] **nf** Drucker ***der*** ▸ **imprimante à jet d'encre** Tintenstrahldrucker ▸ **imprimante laser** Laserdrucker.

imprimé, e [ɛ̃pʀime] ◆ **adj** [tissu] bedruckt. ◆ **nm 1.** [formulaire] Vordruck ***der*** **2.** [tissu] Druckstoff ***der*** **3.** [publicitaire] Werbeschrift ***die***.

imprimer [3] [ɛ̃pʀime] **vt** drucken.

imprimerie [ɛ̃pʀimʀi] **nf 1.** [métier] Druckwesen ***das*** **2.** [lieu] Druckerei ***die***.

imprimeur [ɛ̃pʀimœʀ] **nm** Drucker ***der***, -in ***die***.

impro [ɛ̃pʀo] (*abr de* **improvisation**) **nf** *fam* Improvisation ***die***.

imprononçable [ɛ̃pʀɔnɔ̃sabl] **adj** unaussprechlich.

improviser [3] [ɛ̃pʀɔvize] **vt & vi** improvisieren.

improviste [ɛ̃pʀɔvist] ◆ **à l'improviste adv** unangemeldet.

imprudence [ɛ̃pʀydɑ̃s] **nf** Unvorsichtigkeit ***die***.

imprudent, e [ɛ̃pʀydɑ̃, ɑ̃t] **adj** unvorsichtig.

impuissant, e [ɛ̃pɥisɑ̃, ɑ̃t] **adj** [sans recours] machtlos.

impulsif, ive [ɛ̃pylsif, iv] **adj** impulsiv.

impureté [ɛ̃pyʀte] **nf** Unreinheit ***die***.

inabordable [inabɔʀdabl] **adj** [prix] unerschwinglich.

inacceptable [inaksɛptabl] **adj** inakzeptabel.

inaccessible [inaksesibl] **adj** unzugänglich.

inachevé, e [inaʃve] **adj** unvollendet.

inactif, ive [inaktif, iv] **adj** untätig.

inadapté, e [inadapte] **adj** ungeeignet.

inadéquat, e [inadekwa, at] **adj** unangemessen.

inadmissible [inadmisibl] **adj** unzulässig.

inanimé, e [inanime] **adj 1.** [sans connaissance] regungslos **2.** [mort] leblos.

inaperçu, e [inapɛʀsy] **adj** : **passer inaperçu** unbemerkt bleiben.

inapte [inapt] **adj** : **inapte à qqch** für etw ungeeignet ▸ **inapte à faire qqch** unfähig, etw zu tun.

inattendu, e [inatɑ̃dy] **adj** unerwartet.

inattention [inatɑ̃sjɔ̃] **nf** Unaufmerksamkeit ***die*** ▸ **faute d'inattention** Flüchtigkeitsfehler ***der***.

inaudible [inodibl] **adj** unhörbar.

inauguration [inogyʀasjɔ̃] **nf 1.** [d'un monument] Einweihung ***die*** **2.** [d'une exposition] Eröffnung ***die***.

inaugurer [3] [inogyʀe] **vt 1.** [monument] ein◦weihen **2.** [exposition] eröffnen.

incalculable [ɛ̃kalkylabl] **adj** [très élevé] unermesslich.

incandescent, e [ɛ̃kɑ̃desɑ̃, ɑ̃t] **adj** glühend.

incapable [ɛ̃kapabl] ◆ **nmf** unfähiger Mensch. ◆ **adj** : **être incapable de faire qqch** unfähig sein, etw zu tun.

incapacité [ɛ̃kapasite] **nf** Unfähigkeit *die* ▸ **être dans l'incapacité de faire qqch** unfähig sein, etw zu tun.

incarcérer [18] [ɛ̃karsere] **vt** inhaftieren.

incarner [3] [ɛ̃karne] **vt** verkörpern.

incassable [ɛ̃kasabl] **adj** unzerbrechlich.

incendie [ɛ̃sɑ̃di] **nm** Brand *der*.

incendier [9] [ɛ̃sɑ̃dje] **vt** in Brand stecken.

incertain, e [ɛ̃sɛrtɛ̃, ɛn] **adj 1.** [couleur] unbestimmbar **2.** [avenir, nombre] ungewiss **3.** [temps] unbeständig.

incertitude [ɛ̃sɛrtityd] **nf** Ungewissheit *die* ▸ **être dans l'incertitude** im Ungewissen sein.

incessamment [ɛ̃sesamɑ̃] **adv** unverzüglich.

incessant, e [ɛ̃sesɑ̃, ɑ̃t] **adj** ständig.

incident [ɛ̃sidɑ̃] **nm** Zwischenfall *der* ▸ **sans incident** ohne Zwischenfälle.

incinérer [18] [ɛ̃sinere] **vt 1.** [corps] ein∘äschern **2.** [ordures] verbrennen.

incisive [ɛ̃siziv] **nf** Schneidezahn *der*.

inciter [3] [ɛ̃site] **vt** : **inciter les consommateurs à acheter** die Verbraucher zum Kaufen an∘regen.

incivilité [ɛ̃sivilite] **nf 1.** [manque de courtoisie] Unzivilisiertheit *die* **2.** [acte] kleineres Vergehen.

incliné, e [ɛ̃kline] **adj 1.** [siège] schräg gestellt **2.** [tête] geneigt.

incliner [3] [ɛ̃kline] **vt** neigen. ◆ **s'incliner vp** sich neigen ▸ **s'incliner devant** [adversaire] kapitulieren vor *(+ D)*.

inclure [96] [ɛ̃klyr] **vt 1.** [insérer] ein∘fügen **2.** [contenir] ein∘schließen.

inclus, e [ɛ̃kly, yz] ◆ **pp** → **inclure.** ◆ **adj** einschließlich ▸ **jusqu'au 15 mai inclus** bis einschließlich 15. Mai.

incognito [ɛ̃kɔɲito] ◆ **adv** inkognito. ◆ **nm** Inkognito *das*.

incohérent, e [ɛ̃kɔerɑ̃, ɑ̃t] **adj** zusammenhanglos.

incollable [ɛ̃kɔlabl] **adj** [riz] nicht klebend ▸ **il est incollable en géo** in Geo ist er unschlagbar.

incolore [ɛ̃kɔlɔr] **adj** farblos.

incommoder [3] [ɛ̃kɔmɔde] **vt** stören.

incomparable [ɛ̃kɔ̃parabl] **adj** unvergleichlich.

incompatible [ɛ̃kɔ̃patibl] **adj 1.** [caractère, situation] unvereinbar **2.** INFORM inkompatibel.

incompétent, e [ɛ̃kɔ̃petɑ̃, ɑ̃t] **adj** inkompetent.

incomplet, ète [ɛ̃kɔ̃plɛ, ɛt] **adj** unvollständig.

incompréhensible [ɛ̃kɔ̃preɑ̃sibl] **adj** unverständlich.

inconditionnel, elle [ɛ̃kɔ̃disjɔnɛl] **nm, f** : **un inconditionnel de** ein überzeugter Anhänger *(+ G)*.

incongru, e [ɛ̃kɔ̃gry] **adj 1.** [malséant] unschicklich **2.** [bizarre] merkwürdig.

inconnu, e [ɛ̃kɔny] ◆ **adj** unbekannt. ◆ **nm, f** Unbekannte *der, die*. ◆ **nm** : **l'inconnu** das Unbekannte. ◆ **inconnue nf 1.** MATH Unbekannte *die* **2.** [incertitude] unbekannter Faktor.

inconsciemment [ɛ̃kɔ̃sjamɑ̃] **adv** unbewusst.

inconscient, e [ɛ̃kɔ̃sjɑ̃, ɑ̃t] ◆ **adj 1.** [évanoui] bewusstlos **2.** [imprudent] leichtfertig. ◆ **nm** : **l'inconscient** das Unbewusste.

inconsolable [ɛ̃kɔ̃sɔlabl] **adj** untröstlich.

incontestable [ɛ̃kɔ̃tɛstabl] **adj** unbestreitbar.

incontrôlé, e [ɛ̃kɔ̃tʀole] **adj** [bande, groupe] außer Kontrolle geraten.

inconvénient [ɛ̃kɔ̃venjɑ̃] **nm** Nachteil *der*.

incorporer [3] [ɛ̃kɔʀpɔʀe] **vt** bei°mengen ▸ **incorporer qqch à qqch** einer Sache *(D)* etw bei°mengen.

incorrect, e [ɛ̃kɔʀɛkt] **adj** unkorrekt.

incorrigible [ɛ̃kɔʀiʒibl] **adj** unverbesserlich.

incrédule [ɛ̃kʀedyl] **adj** ungläubig.

incroyable [ɛ̃kʀwajabl] **adj** unglaublich.

incrusté, e [ɛ̃kʀyste] **adj** : **incrusté de** [décoré de] verziert mit.

incruster [3] [ɛ̃kʀyste] ◆ **s'incruster vp** [tache, saleté] sich fest°setzen.

inculpé, e [ɛ̃kylpe] **nm, f** Angeklagte *der, die*.

inculper [3] [ɛ̃kylpe] **vt** an°klagen ▸ **inculper qqn de qqch** jn einer Sache *(G)* beschuldigen.

inculte [ɛ̃kylt] **adj 1.** [terre] unbebaut **2.** [personne] ungebildet.

incurable [ɛ̃kyʀabl] **adj** unheilbar.

Inde [ɛ̃d] **nf** : **l'Inde** Indien *nt*.

indécent, e [ɛ̃desɑ̃, ɑ̃t] **adj** unschicklich.

indécis, e [ɛ̃desi, iz] **adj 1.** [hésitant] unentschlossen **2.** [vague] unbestimmt.

indéfini, e [ɛ̃defini] **adj** undefinierbar.

indéfiniment [ɛ̃definimɑ̃] **adv** unendlich lange.

indemne [ɛ̃dɛmn] **adj** unverletzt ▸ **sortir indemne de qqch** etw heil überstehen.

indemnisation [ɛ̃dɛmnizasjɔ̃] **nf** Entschädigung *die*.

indemniser [3] [ɛ̃dɛmnize] **vt** entschädigen.

indemnité [ɛ̃dɛmnite] **nf** Entschädigung *die* ▸ **indemnité de chômage** Arbeitslosengeld *das*.

indépendamment [ɛ̃depɑ̃damɑ̃] ◆ **indépendamment de prép 1.** [abstraction faite de] unabhängig von **2.** [en plus de] abgesehen von.

indépendance [ɛ̃depɑ̃dɑ̃s] **nf** Unabhängigkeit *die*.

indépendant, e [ɛ̃depɑ̃dɑ̃, ɑ̃t] **adj 1.** [pays, financièrement] unabhängig **2.** [caractère, travailleur] selbstständig **3.** [logement, pièce] separat ▸ **être indépendant l'un de l'autre** [sans relation avec] voneinander unabhängig sein.

indescriptible [ɛ̃dɛskʀiptibl] **adj** unbeschreiblich.

index [ɛ̃dɛks] **nm 1.** [doigt] Zeigefinger *der* **2.** [d'un livre] Index *der*.

indicateur [ɛ̃dikatœʀ] **adj m** → **poteau**.

indicatif, ive [ɛ̃dikatif, iv] ◆ **nm 1.** [téléphonique] Vorwahl *die* **2.** [d'une émission] Erkennungsmusik *die* **3.** GRAMM Indikativ *der*. ◆ **adj** : **à titre indicatif** zur Information.

indication [ɛ̃dikasjɔ̃] **nf** Angabe *die* ▸ **'indications : ...'** [sur un médicament] 'Indikation'.

indice [ɛ̃dis] **nm 1.** [signe] Anzeichen *das* **2.** [dans une enquête] Indiz *das*.

indien, enne [ɛ̃djɛ̃, ɛn] **adj 1.** [d'Inde] indisch **2.** [d'Amérique] indianisch. ◆ **Indien, enne nm, f 1.** [d'Inde] Inder

der, -in *die* **2.** [d'Amérique] Indianer *der*, -in *die*.
indifféremment [ɛ̃difeʀamɑ̃] **adv** unterschiedslos.
indifférence [ɛ̃difeʀɑ̃s] **nf** Gleichgültigkeit *die*.
indifférent, e [ɛ̃difeʀɑ̃, ɑ̃t] **adj** gleichgültig.
indigène [ɛ̃diʒɛn] **nmf** Einheimische *der, die*.
indigeste [ɛ̃diʒɛst] **adj** unverdaulich.
indigestion [ɛ̃diʒɛstjɔ̃] **nf** Verdauungsstörung *die*.
indignation [ɛ̃diɲasjɔ̃] **nf** Empörung *die*.
indigner [3] [ɛ̃diɲe] ◆ **s'indigner vp** : **s'indigner de qqch** sich über etw *(A)* empören.
indiquer [3] [ɛ̃dike] **vt** [révéler] verraten ▸ **indiquer qqn / qqch à qqn** a) [montrer] jm jn / etw zeigen b) [conseiller] jm jn / etw empfehlen.
indirect, e [ɛ̃diʀɛkt] **adj** indirekt ▸ **chemin indirect** Umweg *der*.
indirectement [ɛ̃diʀɛktəmɑ̃] **adv** indirekt.
indiscipliné, e [ɛ̃disipline] **adj** disziplinlos.
indiscret, ète [ɛ̃diskʀɛ, ɛt] **adj** indiskret.
indiscrétion [ɛ̃diskʀesjɔ̃] **nf 1.** [caractère] Taktlosigkeit *die* **2.** [gaffe] Indiskretion *die*.
indiscutable [ɛ̃diskytabl] **adj** unbestreitbar, unbestritten.
indispensable [ɛ̃dispɑ̃sabl] **adj 1.** [personne, chose] unentbehrlich **2.** [démarche] unerlässlich.
individu [ɛ̃dividy] **nm** Individuum *das*.
individualiste [ɛ̃dividɥalist] **adj** individualistisch.
individuel, elle [ɛ̃dividɥɛl] **adj** Einzel- ▸ **maison individuelle** Einfamilienhaus *das*.
indolore [ɛ̃dɔlɔʀ] **adj** schmerzlos.
Indonésie [ɛ̃dɔnezi] **nf** : **l'Indonésie** Indonesien *nt*.
indulgent, e [ɛ̃dylʒɑ̃, ɑ̃t] **adj** nachsichtig.
industrialisé, e [ɛ̃dystʀijalize] **adj** industrialisiert ▸ **pays industrialisé** Industrieland *das*.
industrie [ɛ̃dystʀi] **nf** Industrie *die*.
industriel, elle [ɛ̃dystʀijɛl] **adj** Industrie-.
inédit, e [inedi, it] **adj** unveröffentlicht.
inefficace [inefikas] **adj 1.** [méthode, médicament] wirkungslos **2.** [personne] untüchtig.
inégal, e, aux [inegal, o] **adj 1.** [longueur, chances] ungleich **2.** [terrain] uneben **3.** [travail, résultats] nicht konstant.
inégalité [inegalite] **nf** Ungleichheit *die* ▸ **inégalités sociales** soziale Unterschiede.
inépuisable [inepɥizabl] **adj** unerschöpflich.
inerte [inɛʀt] **adj** regungslos.
inespéré, e [inɛspeʀe] **adj** unverhofft.
inestimable [inɛstimabl] **adj** unschätzbar.
inévitable [inevitabl] **adj** unvermeidlich.
inexact, e [inegza(kt), akt] **adj** ungenau.
inexcusable [inɛkskyzabl] **adj** unverzeihlich.
inexistant, e [inɛgzistɑ̃, ɑ̃t] **adj** nicht vorhanden.
inexplicable [inɛksplikabl] **adj** unerklärlich.

inexpliqué, e [inɛksplike] adj ungeklärt.

in extremis [inɛkstʀemis] adv in letzter Minute.

infaillible [ɛ̃fajibl] adj unfehlbar.

infarctus [ɛ̃faʀktys] nm Infarkt *der*.

infatigable [ɛ̃fatigabl] adj unermüdlich.

infect, e [ɛ̃fɛkt] adj widerlich.

infecter [4] [ɛ̃fɛkte] ◆ **s'infecter** vp sich infizieren.

infection [ɛ̃fɛksjɔ̃] nf **1.** MÉD Infektion *die* **2.** [odeur] Gestank *der*.

inférieur, e [ɛ̃feʀjœʀ] adj **1.** [du dessous] untere(r, s), Unter- **2.** [qualité] minder ▸ **inférieur à a)** [en quantité] niedriger als **b)** [en qualité] minderwertiger als.

infériorité [ɛ̃feʀjɔʀite] nf Unterlegenheit *die* ▸ **complexe d'infériorité** Minderwertigkeitskomplex ▸ **en infériorité numérique** zahlenmäßig unterlegen ▸ **sentiment d'infériorité** Minderwertigkeitsgefühl.

infernal, e, aux [ɛ̃fɛʀnal, o] adj **1.** [bruit] höllisch **2.** [enfant] unausstehlich.

infesté, e [ɛ̃fɛste] adj : **infesté de** verseucht von.

infidèle [ɛ̃fidɛl] adj untreu.

infiltrer [3] [ɛ̃filtʀe] ◆ **s'infiltrer** vp ein∘sickern.

infime [ɛ̃fim] adj winzig.

infini, e [ɛ̃fini] ◆ adj unendlich. ◆ nm Unendliche *das* ▸ **à l'infini** endlos lange.

infiniment [ɛ̃finimɑ̃] adv unendlich ▸ **je vous remercie infiniment** ich bin Ihnen unendlich dankbar.

infinitif [ɛ̃finitif] nm Infinitiv *der*.

infirme [ɛ̃fiʀm] ◆ adj behindert. ◆ nmf Behinderte *der, die*.

infirmerie [ɛ̃fiʀməʀi] nf Krankenzimmer *das*.

infirmier, ère [ɛ̃fiʀmje, ɛʀ] nm, f Krankenpfleger *der*, -schwester *die*.

infirmité [ɛ̃fiʀmite] nf Behinderung *die*.

inflammable [ɛ̃flamabl] adj entflammbar.

inflammation [ɛ̃flamasjɔ̃] nf Entzündung *die*.

inflation [ɛ̃flasjɔ̃] nf Inflation *die*.

inflexible [ɛ̃flɛksibl] adj unbeugsam.

infliger [17] [ɛ̃fliʒe] vt : **infliger qqch à qqn** jm etw auf∘erlegen.

influence [ɛ̃flyɑ̃s] nf Einfluss *der* ▸ **avoir de l'influence sur qqn** Einfluss auf jn haben.

influencer [16] [ɛ̃flyɑ̃se] vt beeinflussen.

influent, e [ɛ̃flyɑ̃, ɑ̃t] adj einflussreich.

info [ɛ̃fo] nf *fam* Info *die* ▸ **c'est lui qui m'a donné cette info** die Info habe ich von ihm. ◆ **infos** nfpl *fam* Nachrichten *pl* ▸ **regarder / écouter les infos** die Nachrichten ansehen / hören.

informaticien, enne [ɛ̃fɔʀmatisjɛ̃, ɛn] nm, f Informatiker *der*, -in *die*.

informatif, ive [ɛ̃fɔʀmatif, iv] adj informativ.

information [ɛ̃fɔʀmasjɔ̃] nf Information *die* ▸ **d'information** [réunion, site] Informations-. ◆ **informations** nfpl Nachrichten *pl*.

informatique [ɛ̃fɔʀmatik] ◆ adj EDV-, Informatik-. ◆ nf EDV *die*, Informatik *die* ▸ **faire de l'informatique** [étudier] Informatik studieren.

informatisé, e [ɛ̃fɔʀmatize] adj mit Computern ausgerüstet.

informe [ɛ̃fɔʀm] adj unförmig.

informer [3] [ɛ̃fɔʀme] **vt** : **informer qqn de** jn informieren über *(+ A)* ▸ **informer qqn que** jn darüber informieren, dass. ◆ **s'informer (de)** vp + prép sich informieren (über *(+ A)*).

infoutu, e [ɛ̃futy] **adj** *fam* : **être infoutu de faire qqch** unfähig sein, etw zu tun.

infraction [ɛ̃fʀaksjɔ̃] **nf** Vergehen *das* ▸ **être en infraction** sich ordnungswidrig verhalten.

infranchissable [ɛ̃fʀɑ̃ʃisabl] **adj** **1.** [mur] unübersteigbar **2.** [rivière] unüberquerbar.

infrarouge [ɛ̃fʀaʀuʒ] **nm** Infrarot *das.*

infrastructure [ɛ̃fʀastʀyktyʀ] **nf** [économique, technique] Infrastruktur *die.*

infuser [3] [ɛ̃fyze] **vi** : **laisser infuser** ziehen lassen.

infusion [ɛ̃fyzjɔ̃] **nf** Kräutertee *der.*

> ⚠ Infusion est un faux ami. Il se traduit par ***perfusion*** et non par « infusion ».

ingénieur [ɛ̃ʒenjœʀ] **nmf** *(aussi :* **ingénieure** *nf)* Ingenieur *der,* -in *die.*

ingénieux, euse [ɛ̃ʒenjø, øz] **adj** **1.** [personne] einfallsreich **2.** [idée] schlau.

ingrat, e [ɛ̃gʀa, at] **adj** **1.** [personne] undankbar **2.** [visage, physique] unschön.

ingratitude [ɛ̃gʀatityd] **nf** Undankbarkeit *die.*

ingrédient [ɛ̃gʀedjɑ̃] **nm** Zutat *die.*

inhabité, e [inabite] **adj** unbewohnt.

inhabituel, elle [inabitɥɛl] **adj** ungewöhnlich.

inhumain, e [inymɛ̃, ɛn] **adj** unmenschlich.

inimaginable [inimaʒinabl] **adj** **1.** [bruit, confusion] unvorstellbar **2.** [histoire, situation] unglaublich.

ininflammable [inɛ̃flamabl] **adj** nicht entflammbar.

ininterrompu, e [inɛ̃tɛʀɔ̃py] **adj** ununterbrochen.

initiale [inisjal] **nf** Anfangsbuchstabe *der.*

initialisation [inisjalizasjɔ̃] **nf** Initialisierung *die.*

initialiser [3] [inisjalize] **vt** initialisieren.

initiation [inisjasjɔ̃] **nf** Einführung *die* ▸ **un cours d'initiation à** ein Einführungskurs in *(+ A).*

initiative [inisjativ] **nf** Initiative *die* ▸ **prendre l'initiative de faire qqch** die Initiative ergreifen und etw tun ▸ **prendre l'initiative de qqch** etw an◦regen.

injecter [4] [ɛ̃ʒɛkte] **vt** spritzen.

injection [ɛ̃ʒɛksjɔ̃] **nf** Injektion *die.*

injure [ɛ̃ʒyʀ] **nf** Schimpfwort *das.*

injurier [9] [ɛ̃ʒyʀje] **vt** beschimpfen.

injurieux, euse [ɛ̃ʒyʀjø, øz] **adj** **1.** [propos] abfällig **2.** [article] beleidigend.

injuste [ɛ̃ʒyst] **adj** ungerecht.

injustice [ɛ̃ʒystis] **nf** **1.** [inégalité] Ungerechtigkeit *die* **2.** [acte] Unrecht *das.*

injustifié, e [ɛ̃ʒystifje] **adj** nicht gerechtfertigt.

inné, e [ine] **adj** angeboren.

innocence [inɔsɑ̃s] **nf** **1.** [d'un suspect] Unschuld *die* **2.** [naïveté] Arglosigkeit *die* ▸ **en toute innocence** in aller Unschuld.

innocent, e [inɔsɑ̃, ɑ̃t] ◆ **adj** **1.** unschuldig **2.** [naïf] arglos. ◆ **nm, f** Unschuldige *der, die.*

innocenter [3] [inɔsɑ̃te] **vt DR** für unschuldig erklären.
innombrable [inɔ̃bʀabl] **adj** zahllos.
innovant, e [in(n)ɔvɑ̃, ɑ̃t] **adj** innovativ.
innover [3] [inɔve] **vi** Neuerungen ein◦führen.
inoccupé, e [inɔkype] **adj** frei.
inodore [inɔdɔʀ] **adj** geruchlos.
inoffensif, ive [inɔfɑ̃sif, iv] **adj** harmlos.
inondation [inɔ̃dasjɔ̃] **nf** Überschwemmung *die*.
inondé, e [inɔ̃de] **adj 1.** [champ, maison, cave] überschwemmt **2.** *fig* : **être inondé de réclamations / de mauvaises nouvelles** mit Beschwerden / schlechten Nachrichten überhäuft werden.
inonder [3] [inɔ̃de] **vt 1.** [région] überschwemmen **2.** *fig* durchnässen.
inoubliable [inublijabl] **adj** unvergesslich.
inox® [inɔks] **nm** Edelstahl *der*.
inoxydable [inɔksidabl] **adj** rostfrei.
inquiet, ète [ɛ̃kjɛ, ɛt] **adj 1.** [personne] besorgt **2.** [regard] ängstlich ▸ **être inquiet (pour qqch / qqn)** sich *(D)* (wegen jm / etw) Sorgen machen.
inquiétant, e [ɛ̃kjetɑ̃, ɑ̃t] **adj 1.** [regard] beunruhigend **2.** [situation] besorgniserregend.
inquiéter [18] [ɛ̃kjete] **vt** beunruhigen. ◆ **s'inquiéter vp** sich *(D)* Sorgen machen.
inquiétude [ɛ̃kjetyd] **nf** Sorge *die*.
insalubre [ɛ̃salybʀ] **adj 1.** [logement, restaurant] unhygienisch **2.** [climat] ungesund.
inscription [ɛ̃skʀipsjɔ̃] **nf 1.** [à l'université] Einschreibung *die* **2.** [sur une liste] Eintragung *die* **3.** [sur un mur] Inschrift *die*.
inscrire [99] [ɛ̃skʀiʀ] **vt 1.** ein◦tragen **2.** [dans un club] an◦melden. ◆ **s'inscrire vp** [sur une liste] sich ein◦tragen ▸ **s'inscrire à un club** einem Verein bei◦treten.
inscrit, e [ɛ̃skʀi, it] **pp & 3ᵉ pers. du sg. de l'ind. prés.** → **inscrire**.
insecte [ɛ̃sɛkt] **nm** Insekt *das*.
insecticide [ɛ̃sɛktisid] **nm** Insektenbekämpfungsmittel *das*.
insensé, e [ɛ̃sɑ̃se] **adj 1.** [aberrant] wahnwitzig **2.** [extraordinaire] verrückt.
insensible [ɛ̃sɑ̃sibl] **adj 1.** unempfindlich **2.** [léger] unmerklich ▸ **être insensible à a)** [douleur, froid] unempfindlich sein gegenüber *(+ D)* **b)** [art, charme] unempfänglich sein für.
inséparable [ɛ̃sepaʀabl] **adj** unzertrennlich.
insérer [18] [ɛ̃seʀe] **vt 1.** ein◦fügen **2. INFORM** ein◦legen.
insertion [ɛ̃sɛʀsjɔ̃] **nf** Einfügen *das*.
insigne [ɛ̃siɲ] **nm** Anzeichen *das*.
insignifiant, e [ɛ̃siɲifjɑ̃, ɑ̃t] **adj** unbedeutend.
insinuer [7] [ɛ̃sinɥe] **vt** zu verstehen geben.
insipide [ɛ̃sipid] **adj** [aliment] fade.
insistance [ɛ̃sistɑ̃s] **nf** Beharrlichkeit *die* ▸ **avec insistance** beharrlich.
insister [3] [ɛ̃siste] **vi** beharrlich sein ▸ **insister pour faire qqch** darauf bestehen, etw zu tun ▸ **insister sur qqch** etw nachdrücklich betonen.
insolation [ɛ̃sɔlasjɔ̃] **nf** Sonnenstich *der* ▸ **attraper une insolation** einen Sonnenstich bekommen.
insolence [ɛ̃sɔlɑ̃s] **nf** Frechheit *die*.
insolent, e [ɛ̃sɔlɑ̃, ɑ̃t] **adj** frech.

insolite [ɛ̃sɔlit] **adj** ungewöhnlich.
insoluble [ɛ̃sɔlybl] **adj** [problème] unlösbar.
insomnie [ɛ̃sɔmni] **nf** Schlaflosigkeit *die* ▸ **avoir des insomnies** an Schlaflosigkeit leiden.
insonorisé, e [ɛ̃sɔnɔʀize] **adj** schallisoliert.
insouciant, e [ɛ̃susjɑ̃, ɑ̃t] **adj** sorglos.
inspecter [4] [ɛ̃spɛkte] **vt 1.** [contrôler] durchsuchen **2.** [regarder] mustern.
inspecteur, trice [ɛ̃spɛktœʀ, tʀis] **nm, f 1.** [de police] Inspektor *der*, -in *die* **2.** SCOL ≃ Schulrat *der*, -rätin *die*.
inspection [ɛ̃spɛksjɔ̃] **nf** [contrôle] Inspektion *die*.
inspiration [ɛ̃spiʀasjɔ̃] **nf 1.** [respiration] Einatmen *das* **2.** [idées] Inspiration *die*.
inspirer [3] [ɛ̃spiʀe] ◆ **vt** inspirieren. ◆ **vi** ein°atmen ▸ **ça ne m'inspire pas** davon bin ich nicht begeistert ▸ **inspirer qqch à qqn** jm etw ein°flößen. ◆ **s'inspirer de vp + prép 1.** [suj : auteur] sich inspirieren lassen von **2.** [suj : théorie] sich stützen auf *(+ A)*.
instable [ɛ̃stabl] **adj 1.** [objet] wackelig **2.** [équilibre] gefährdet **3.** *fig* [personne, esprit] unbeständig.
installation [ɛ̃stalasjɔ̃] **nf 1.** [emménagement] Einrichtung *die* **2.** [structure] Anlage *die* ▸ **installation électrique** Elektroanlage *die*.
installer [3] [ɛ̃stale] **vt 1.** [poser] stellen **2.** [eau, électricité & INFORM] installieren **3.** [aménager] ein°richten **4.** [loger] unter°bringen. ◆ **s'installer vp 1.** [dans un appartement] sich ein°richten **2.** [dans un fauteuil, commerçant, docteur] sich nieder°lassen ▸ **je vous en prie, installez-vous** setzen Sie sich doch bitte.
instant [ɛ̃stɑ̃] **nm** Augenblick *der* ▸ **il sort à l'instant** er ist gerade eben fortgegangen ▸ **pour l'instant** vorerst.
instantané, e [ɛ̃stɑ̃tane] **adj 1.** [immédiat] sofortig **2.** [café, potage] Instant-.
instinct [ɛ̃stɛ̃] **nm** Instinkt *der* ▸ **instinct de survie** Überlebensinstinkt.
instinctif, ive [ɛ̃stɛ̃ktif, iv] **adj** instinktiv.
instit [ɛ̃stit] **nmf** *fam* Grundschullehrer *der*, -in *die*.
institut [ɛ̃stity] **nm** Institut *das* ▸ **institut de beauté** Kosmetiksalon *der*.
instituteur, trice [ɛ̃stitytœʀ, tʀis] **nm, f 1.** [d'école primaire] Grundschullehrer *der*, -in *die* **2.** [de maternelle] Erzieher *der*, -in *die*.
institution [ɛ̃stitysjɔ̃] **nf** Institution *die*.
instructif, ive [ɛ̃stʀyktif, iv] **adj** lehrreich.
instruction [ɛ̃stʀyksjɔ̃] **nf 1.** [enseignement] Ausbildung *die* **2.** [culture] Bildung *die*. ◆ **instructions nfpl 1.** [ordres] Anweisungen *pl* **2.** [mode d'emploi] Gebrauchsanweisung *die*.
instruire [98] [ɛ̃stʀɥiʀ] ◆ **s'instruire vp** sich bilden.
instruit, e [ɛ̃stʀɥi, it] ◆ **pp & 3e pers. du sg. de l'ind. prés.** → **instruire.** ◆ **adj** [cultivé] gebildet.
instrument [ɛ̃stʀymɑ̃] **nm** Instrument *das* ▸ **instrument à cordes** Streichinstrument ▸ **instrument à percussion** Schlaginstrument ▸ **instrument à vent** Blasinstrument ▸ **instrument (de musique)** (Musik)instrument ▸ **instrument électronique** elektronisches Instrument.
insuffisant, e [ɛ̃syfizɑ̃, ɑ̃t] **adj** ungenügend.
insuline [ɛ̃sylin] **nf** Insulin *das*.

insulte [ɛ̃sylt] nf Beleidigung *die*.

insulter [3] [ɛ̃sylte] vt beleidigen.

insupportable [ɛ̃sypɔʀtabl] adj **1.** [douleur, situation] unerträglich **2.** [enfant] unausstehlich.

insurmontable [ɛ̃syʀmɔ̃tabl] adj [difficulté] unüberwindlich.

intact, e [ɛ̃takt] adj **1.** [non abîmé] heil **2.** [non entamé] vollständig.

intégral, e, aux [ɛ̃tegʀal, o] adj vollständig.

intégralement [ɛ̃tegʀalmɑ̃] adv vollständig.

intégration [ɛ̃tegʀasjɔ̃] nf **1.** [sociale, raciale] Eingliederung *die* **2.** [unification] Integration *die* ▸ **intégration (dans qqch)** [action] Aufnahme *die* (in etw *(A)*).

intégrer [8] [ɛ̃tegʀe] vt ein∘fügen. ◆ **s'intégrer** vp : **(bien) s'intégrer** sich (gut) integrieren.

intégrisme [ɛ̃tegʀism] nm Fundamentalismus *der*.

intellectuel, elle [ɛ̃telɛktɥɛl] ◆ adj **1.** [capacités, activité] geistig **2.** [personne] intellektuell. ◆ nm, f Intellektuelle *der, die*.

intelligence [ɛ̃teliʒɑ̃s] nf Intelligenz *die* ▸ **intelligence artificielle** künstliche Intelligenz.

intelligent, e [ɛ̃teliʒɑ̃, ɑ̃t] adj intelligent.

intempéries [ɛ̃tɑ̃peʀi] nfpl schlechtes Wetter.

intense [ɛ̃tɑ̃s] adj **1.** [chaleur, froid] stark **2.** [joie] heftig.

intensif, ive [ɛ̃tɑ̃sif, iv] adj intensiv.

intensité [ɛ̃tɑ̃site] nf **1.** [regard, sentiment, activité] Intensität *die* **2.** [douleur, froid, tempête] Stärke *die*.

intention [ɛ̃tɑ̃sjɔ̃] nf Absicht *die* ▸ **avoir l'intention de faire qqch** die Absicht haben, etw zu tun.

intentionné, e [ɛ̃tɑ̃sjɔne] adj : **bien intentionné** wohlgesinnt ▸ **mal intentionné** übel gesinnt.

interactif, ive [ɛ̃tɛʀaktif, iv] adj interaktiv.

intercalaire [ɛ̃tɛʀkalɛʀ] nm Trennblatt *das*.

intercaler [3] [ɛ̃tɛʀkale] vt ein∘schieben.

intercepter [4] [ɛ̃tɛʀsɛpte] vt ab∘fangen.

interchangeable [ɛ̃tɛʀʃɑ̃ʒabl] adj austauschbar.

interclasse [ɛ̃tɛʀklas] nm kleine Pause ▸ **à l'interclasse** in der kleinen Pause.

intercours [ɛ̃tɛʀkuʀ] nm = **interclasse**.

interculturel, elle [ɛ̃tɛʀkyltyʀɛl] adj interkulturell.

interdiction [ɛ̃tɛʀdiksjɔ̃] nf Verbot *das* ▸ '**interdiction de fumer**' 'Rauchen verboten'.

interdire [103] [ɛ̃tɛʀdiʀ] vt verbieten.

interdit, e [ɛ̃tɛʀdi, it] ◆ **pp, 3ᵉ pers. du sg. de l'ind. prés. & 3ᵉ pers. du sg. de l'ind. passé simple** → **interdire.** ◆ adj verboten ▸ **il est interdit de prendre des photos** Fotografieren ist verboten.

intéressant, e [ɛ̃teʀɛsɑ̃, ɑ̃t] adj interessant.

intéresser [4] [ɛ̃teʀese] vt **1.** [attirer] interessieren **2.** [concerner] betreffen. ◆ **s'intéresser à** vp + prép sich interessieren für.

intérêt [ɛ̃teʀɛ] nm **1.** [importance] Bedeutung *die* **2.** [avantage] Vorteil *der* **3.** [avidité] Eigennutz *der* ▸ **tu as intérêt à y aller tout de suite** du solltest besser sofort hingehen ▸ **dans l'intérêt de** im Interesse von. ◆ **intérêts** **nmpl** Zinsen *pl.*

interface [ɛ̃tɛʀfas] **nf** Schnittstelle *die.*

intérieur, e [ɛ̃teʀjœʀ] ◆ **adj** **1.** [interne] innere(r, s) **2.** [politique, cour] Innen- **3.** [marché, commerce, mer] Binnen-. ◆ **nm** **1.** [dedans] Innere *das* **2.** [maison] Inneneinrichtung *die* ▸ **à l'intérieur** drinnen ▸ **à l'intérieur de** im Inneren *(+ G).*

intérim [ɛ̃teʀim] **nm** [travail temporaire] Zeitarbeit *die* ▸ **assurer l'intérim** die Vertretung übernehmen ▸ **ministre par intérim** Interimsminister *der.*

intérimaire [ɛ̃teʀimɛʀ] ◆ **nmf** Aushilfskraft *die.* ◆ **adj** Übergangs-.

interligne [ɛ̃tɛʀliɲ] **nm** Zeilenabstand *der.*

interlocuteur, trice [ɛ̃tɛʀlɔkytœʀ, tʀis] **nm, f** Gesprächspartner *der,* -in *die.*

intermédiaire [ɛ̃tɛʀmedjɛʀ] ◆ **adj** Zwischen-. ◆ **nmf** Vermittler *der,* -in *die.* ◆ **nm** : **par l'intermédiaire de** über *(+ A).*

interminable [ɛ̃tɛʀminabl] **adj** endlos.

intermittent, e [ɛ̃tɛʀmitɑ̃, ɑ̃t] ◆ **adj** **1.** [travail, effort] zeitweilig **2.** [fièvre] intermittierend. ◆ **nm, f** : **les intermittents du spectacle** die für die Spielzeit beschäftigten Personen.

internat [ɛ̃tɛʀna] **nm** [école] Internat *das.*

international, e, aux [ɛ̃tɛʀnasjɔnal, o] **adj** international.

internationalement [ɛ̃tɛʀnasjɔnalmɑ̃] **adv** international ▸ **connu internationalement** international bekannt.

internationaliser [3] [ɛ̃tɛʀnasjɔnalize] **vt** internationalisieren.

internaute [ɛ̃tɛʀnot] **nmf** Internetbenutzer *der,* -in *die.*

interne [ɛ̃tɛʀn] ◆ **adj** intern. ◆ **nmf** SCOL Internatsschüler *der,* -in *die* ▸ **interne des hôpitaux** Assistenzarzt *der,* -ärztin *die.*

interner [3] [ɛ̃tɛʀne] **vt** [malade] ein∘weisen.

Internet, internet [ɛ̃tɛʀnɛt] **nm** Internet *das* ▸ **café Internet** Internetcafé *das.*

interpellation [ɛ̃tɛʀpelasjɔ̃] **nf** [par la police] Festnahme *die.*

interpeller [26] [ɛ̃tɛʀpəle] **vt** [appeler] an∘sprechen.

Interphone® [ɛ̃tɛʀfɔn] **nm** Sprechanlage *die.*

interprète [ɛ̃tɛʀpʀɛt] **nmf** **1.** [traducteur] Dolmetscher *der,* -in *die* **2.** [musicien] Interpret *der,* -in *die* **3.** [acteur] Darsteller *der,* -in *die.*

interpréter [18] [ɛ̃tɛʀpʀete] **vt** **1.** interpretieren **2.** [personnage] dar∘stellen **3.** [traduire] dolmetschen.

interro [ɛ̃teʀo] **nf** *fam* SCOL Test *der.*

interrogation [ɛ̃teʀɔgasjɔ̃] **nf** Frage *die* ▸ **interrogation (écrite)** Klassenarbeit *die.*

interrogatoire [ɛ̃teʀɔgatwaʀ] **nm** Verhör *das.*

interroger [17] [ɛ̃teʀɔʒe] **vt** **1.** befragen **2.** SCOL prüfen ▸ **interroger qqn sur qqch** jn zu etw ou über etw *(A)* befragen.

interrompre [78] [ɛ̃tɛʀɔ̃pʀ] **vt** **1.** unterbrechen **2.** [arrêter l'activité de] ab∘brechen.

interrupteur [ɛ̃teʀyptœʀ] **nm** Schalter *der.*

interruption [ɛ̃terypsjɔ̃] **nf** **1.** [coupure, arrêt] Unterbrechung *die* **2.** [dans un discours] Zwischenruf *der* ▸ **sans interruption** ununterbrochen.

intersection [ɛ̃tɛʀsɛksjɔ̃] **nf** Kreuzung *die*.

intervalle [ɛ̃tɛʀval] **nm** **1.** [distance] Zwischenraum *der* **2.** [dans le temps] Zeitraum *der* ▸ **à deux jours d'intervalle** im Abstand von zwei Tagen.

intervenir [40] [ɛ̃tɛʀvəniʀ] **vi** **1.** ein°greifen **2.** [oralement] sich zu Wort melden **3.** [avoir lieu] ein°treten.

intervention [ɛ̃tɛʀvɑ̃sjɔ̃] **nf** **1.** [action] Eingreifen *das* **2.** [parole] Beitrag *der* **3.** [chirurgicale] Eingriff *der*.

intervenu, e [ɛ̃tɛʀvəny] **pp** → **intervenir**.

interview [ɛ̃tɛʀvju] **nf** Interview *das*.

interviewer [3] [ɛ̃tɛʀvjuve] **vt** interviewen.

intestin [ɛ̃tɛstɛ̃] **nm** Darm *der*.

intestinal, e, aux [ɛ̃tɛstinal, o] **adj** Darm-.

intime [ɛ̃tim] **adj** **1.** [personnel] intim **2.** [très proche] eng.

intimider [3] [ɛ̃timide] **vt** ein°schüchtern.

intimité [ɛ̃timite] **nf** **1.** [familiarité] Vertrautheit *die* **2.** [vie privée] Privatsphäre *die*.

intituler [3] [ɛ̃tityle] ◆ **s'intituler vp** : **le livre s'intitule...** das Buch trägt den Titel ...

intolérable [ɛ̃tɔleʀabl] **adj** **1.** [douleur] unerträglich **2.** [comportement] unzumutbar.

intox [ɛ̃tɔks] **nf** *fam* Schwindel *der* ▸ **tout ça, c'est de l'intox** das ist alles Schwindel.

intoxication [ɛ̃tɔksikasjɔ̃] **nf** : **intoxication alimentaire** Lebensmittelvergiftung *die*.

intoxiquer [3] [ɛ̃tɔksike] **vt** [empoisonner] vergiften. ◆ **s'intoxiquer vp** [s'empoisonner] sich vergiften.

intradermique [ɛ̃tʀadɛʀmik] **adj** intrakutan.

intraduisible [ɛ̃tʀadɥizibl] **adj** unübersetzbar.

intramusculaire [ɛ̃tʀamyskylɛʀ] **adj** intramuskulär.

intranet [ɛ̃tʀanɛt] **nm** Intranet *das*.

intransigeant, e [ɛ̃tʀɑ̃ziʒɑ̃, ɑ̃t] **adj** unnachgiebig.

intrigue [ɛ̃tʀig] **nf** Handlung *die*.

intriguer [3] [ɛ̃tʀige] **vt** neugierig machen.

intro [ɛ̃tʀo] (*abr de* introduction) **nf** *fam* Einleitung *die* ▸ **'passer l'intro'** [sur site Web] Intro überspringen.

introduction [ɛ̃tʀɔdyksjɔ̃] **nf** **1.** [d'un texte, d'un discours] Einleitung *die* **2.** [à une science, à un art] Einführung *die*.

introduire [98] [ɛ̃tʀɔdɥiʀ] **vt** **1.** [enfoncer] hinein°stecken **2.** [implanter] ein°führen. ◆ **s'introduire vp** ein°dringen ▸ **s'introduire dans une maison** [cambrioleur] in ein Haus ein°brechen.

introduit, e [ɛ̃tʀɔdɥi, it] **pp & 3e pers. du sg. de l'ind. prés.** → **introduire**.

introuvable [ɛ̃tʀuvabl] **adj** unauffindbar.

intrus, e [ɛ̃tʀy, yz] **nm, f** Eindringling *der*.

intuition [ɛ̃tɥisjɔ̃] **nf** Vorgefühl *das* ▸ **avoir de l'intuition** Intuition haben.

inusable [inyzabl] **adj** unverwüstlich.

inutile [inytil] **adj** nutzlos.

inutilisable [inytilizabl] **adj** unbrauchbar.
invalide [ɛ̃valid] **nmf** Invalide *der, die*.
invariable [ɛ̃vaʀjabl] **adj** unveränderlich.
invasion [ɛ̃vazjɔ̃] **nf 1.** MIL Einfall *der* **2.** [irruption] Eindringen *das*.
inventaire [ɛ̃vɑ̃tɛʀ] **nm** Aufstellung *die* ▸ **faire l'inventaire de qqch** eine Bestandsaufnahme von etw machen.
inventer [3] [ɛ̃vɑ̃te] **vt** erfinden.
inventeur, trice [ɛ̃vɑ̃tœʀ, tʀis] **nm, f** Erfinder *der*, -in *die*.
invention [ɛ̃vɑ̃sjɔ̃] **nf** Erfindung *die*.
inverse [ɛ̃vɛʀs] **nm** Gegenteil *das* ▸ **à l'inverse de** im Gegensatz zu.
inverser [3] [ɛ̃vɛʀse] **vt** um°kehren.
investir [32] [ɛ̃vɛstiʀ] **vt** investieren ▸ **investir (qqch dans qqch)** (etw in etw *(A)*) investieren. ◆ **s'investir dans vp + prép** alle verfügbaren Energien stecken in *(+ A)*.
investissement [ɛ̃vɛstismɑ̃] **nm** Investition *die*.
invisible [ɛ̃vizibl] **adj** unsichtbar.
invitation [ɛ̃vitasjɔ̃] **nf** Einladung *die*.
invité, e [ɛ̃vite] **nm, f** Gast *der*.
inviter [3] [ɛ̃vite] **vt** ein°laden ▸ **inviter qqn à faire qqch** jn auf°fordern, etw zu tun.
involontaire [ɛ̃vɔlɔ̃tɛʀ] **adj** unfreiwillig, ungewollt.
invraisemblable [ɛ̃vʀɛsɑ̃blabl] **adj** unwahrscheinlich.
iode [jɔd] **nm** → **teinture**.
ira [iʀa] → **aller**.
Irak [iʀak] **nm** : **l'Irak** der Irak, Irak *nt*.
irakien, enne [iʀakjɛ̃, ɛn] **adj** irakisch. ◆ **Irakien, enne nm, f** Iraker *der*, -in *die*.
Iran [iʀɑ̃] **nm** : **l'Iran** der Iran, Iran *nt*.
iranien, enne [iʀanjɛ̃, ɛn] **adj** iranisch. ◆ **Iranien, enne nm, f** Iraner *der*, -in *die*.
Iraq [iʀak] = **Irak**.
iraquien, enne [iʀakjɛ̃, ɛn] = **irakien**.
irlandais, e [iʀlɑ̃dɛ, ɛz] **adj** irisch. ◆ **Irlandais, e nm, f** Ire *der*, Irin *die*.
Irlande [iʀlɑ̃d] **nf** : **l'Irlande du Nord** Nordirland *nt* ▸ **la République d'Irlande** die Republik Irland.
IRM [iɛʀɛm] (*abr de* Imagerie par résonance magnétique) **nm** MÉD Kernspintomografie *die* ▸ **passer une IRM** eine Kernspintomografie machen.
ironie [iʀɔni] **nf** Ironie *die*.
ironique [iʀɔnik] **adj** ironisch.
irrationnel, elle [iʀasjɔnɛl] **adj** irrational.
irrécupérable [iʀekypeʀabl] **adj** ruiniert.
irréel, elle [iʀeɛl] **adj** unwirklich.
irrégulier, ère [iʀegylje, ɛʀ] **adj 1.** unregelmäßig **2.** [illégal] ungesetzlich.
irremplaçable [iʀɑ̃plasabl] **adj** unersetzlich.
irréparable [iʀepaʀabl] **adj 1.** [moteur, vêtement] nicht mehr zu reparieren **2.** [erreur] nicht wiedergutzumachen.
irrésistible [iʀezistibl] **adj** unwiderstehlich.
irrespirable [iʀɛspiʀabl] **adj** [air] sehr stickig.
irrigation [iʀigasjɔ̃] **nf** Bewässerung *die*.
irriguer [3] [iʀige] **vt** [un champ] bewässern.
irritation [iʀitasjɔ̃] **nf 1.** MÉD Reizung *die* **2.** [colère] Gereiztheit *die*.

irriter [3] [iʀite] **vt 1.** MÉD reizen **2.** [énerver] auf∘regen.

irruption [iʀypsjɔ̃] **nf** [gén] Eindringen *das*.

islam [islam] **nm** : **l'islam** der Islam.

Islamabad [islamabad] **n** Islamabad *nt*.

islamiste [islamist] ◆ **adj** islamistisch. ◆ **nmf** Islamist *der*, -in *die*.

islamophobie [islamɔfɔbi] **nf** Islamophobie *die*.

islandais, e [islɑ̃dɛ, ɛz] **adj** isländisch. ◆ **islandais nm** [langue] Isländisch(e) (*das*). ◆ **Islandais, e nm, f** Isländer *der*, -in *die*.

Islande [islɑ̃d] **nf** : **l'Islande** Island *nt*.

isolant, e [izɔlɑ̃, ɑ̃t] ◆ **adj** Isolier-. ◆ **nm** Isoliermaterial *das*.

isolation [izɔlasjɔ̃] **nf** Isolierung *die*.

isolé, e [izɔle] **adj 1.** [à l'écart] abgelegen **2.** [contre le bruit, thermiquement] isoliert.

isoler [3] [izɔle] **vt** isolieren. ◆ **s'isoler vp** sich isolieren.

Israël [isʀaɛl] **nm** Israel *nt*.

israélien, enne [isʀaeljɛ̃, ɛn] **adj** israelisch. ◆ **Israélien, enne nm, f** Israeli *der, die*.

israélite [isʀaelit] **adj** israelitisch. ◆ **Israélite nmf** Israelit *der*, -in *die*.

issu, e [isy] **adj** : **être issu de a)** [famille] ab∘stammen von **b)** [processus, théorie] hervor∘gehen aus.

issue [isy] **nf** [sortie] Ausgang *der* ▸ **'issue de secours'** 'Notausgang' ▸ **'voie sans issue'** 'Sackgasse'.

Italie [itali] **nf** : **l'Italie** Italien *nt*.

italien, enne [italjɛ̃, ɛn] ◆ **adj** italienisch. ◆ **nm** [langue] Italienisch(e) (*das*). ◆ **Italien, enne nm, f** Italiener *der*, -in *die*.

italique [italik] ◆ **adj** kursiv. ◆ **nm** Kursivschrift *die* ▸ **écrire en italique** kursiv schreiben.

itinéraire [itineʀɛʀ] **nm** Route *die* ▸ **itinéraire bis** Ausweichstrecke *die*.

IUT (*abr de* **institut universitaire de technologie**) **nm** *technische Fachhochschule in Frankreich*.

IVG (*abr de* **interruption volontaire de grossesse**) : **pratiquer une IVG** einen Schwangerschaftsabbruch durchführen.

ivoire [ivwaʀ] **nm 1.** [d'éléphant] Elfenbein *das* **2.** [des dents] Zahnbein *das*.

ivre [ivʀ] **adj** betrunken.

ivrogne [ivʀɔɲ] **nmf** Säufer *der*, -in *die*.

J j

j' pron → **je**.

jacinthe [ʒasɛ̃t] **nf** Hyazinthe *die*.

Jacuzzi® [ʒakuzi] **nm** Whirlpool *der*.

jadis [ʒadis] **adv** einst.

jaillir [32] [ʒajiʀ] **vi** [eau] heraus∘spritzen.

jalousie [ʒaluzi] **nf 1.** [envie] Neid *der* **2.** [en amour] Eifersucht *die*.

jaloux, ouse [ʒalu, uz] **adj 1.** [envieux] neidisch **2.** [possessif] eifersüchtig ▸ **être jaloux de** eifersüchtig sein auf *(+ A)*.

jamaïquain, e, jamaïcain, e [ʒamaikɛ̃, ɛn] **adj** jamaikanisch, jamaikisch. ◆ **Jamaïquain, e, Jamaïcain, e** nm, f Jamaikaner *der*, -in *die*.

Jamaïque [ʒamaik] nf : **la Jamaïque** Jamaika *nt*.

jamais [ʒamɛ] adv nie(mals) ▸ **je ne reviendrai jamais plus** ich komme nie wieder ▸ **c'est le plus long voyage que j'aie jamais fait** das ist die längste Reise, die ich je unternommen habe ▸ **plus que jamais** mehr denn je ▸ **si jamais...** falls ...

jambe [ʒɑ̃b] nf **1.** Bein *das* **2.** [de pantalon] Hosenbein *das*.

jambon [ʒɑ̃bɔ̃] nm Schinken *der* ▸ **jambon blanc** gekochter Schinken ▸ **jambon cru** roher Schinken.

jambonneau [ʒɑ̃bɔno] (*pl* -**x**) nm Eisbein *das*.

jante [ʒɑ̃t] nf Felge *die*.

janvier [ʒɑ̃vje] nm Januar *der* ▸ **en janvier, au mois de janvier** im Januar ▸ **début janvier** Anfang Januar ▸ **le deux janvier** am zweiten Januar.

Japon [ʒapɔ̃] nm : **le Japon** Japan *nt*.

japonais, e [ʒapɔnɛ, ɛz] ◆ adj japanisch. ◆ nm [langue] Japanisch(e) (*das*). ◆ **Japonais, e** nm, f Japaner *der*, -in *die*.

jardin [ʒaʀdɛ̃] nm Garten *der* ▸ **jardin d'enfants** Kindergarten ▸ **jardin public** öffentliche Grünanlage.

jardinage [ʒaʀdinaʒ] nm Gartenarbeit *die*.

jardiner [3] [ʒaʀdine] vi im Garten arbeiten.

jardinier, ère [ʒaʀdinje, ɛʀ] nm, f Gärtner *der*, -in *die*.

jardinière [ʒaʀdinjɛʀ] nf [de fleurs] Blumenkasten *der* ▸ **jardinière de légumes** gemischtes Gemüse.

jargon [ʒaʀgɔ̃] nm [langue spécialisée] Jargon *der*.

jarret [ʒaʀɛ] nm : **jarret de veau** Kalbshachse *die*.

jauge [ʒoʒ] nf Messstab *der* ▸ **jauge d'essence** Benzinuhr *die*.

jaune [ʒon] ◆ adj gelb. ◆ nm Gelb *das* ▸ **jaune d'œuf** Eigelb.

jaunir [32] [ʒoniʀ] vi vergilben.

jaunisse [ʒonis] nf Gelbsucht *die*.

Javel [ʒavɛl] nf : **(eau de) Javel** *gechlortes Reinigungsmittel*.

jazz [dʒaz] nm Jazz *der*.

je [ʒə] pron ich ▸ **je viens d'arriver** ich bin eben angekommen.

jean [dʒin] nm Jeans *die*.

je-m'en-foutiste [ʒmɑ̃futist] adj *fam* wurstig ▸ **il est je-m'en-foutiste** ihm ist alles egal.

jerrican [ʒeʀikan] nm Benzinkanister *der*.

Jérusalem [ʒeʀyzalɛm] n Jerusalem *nt*.

Jésus-Christ [ʒezykʀi] nm Jesus Christus ▸ **après Jésus-Christ** nach Christus ▸ **avant Jésus-Christ** vor Christus.

jet[1] [ʒɛ] nm [de liquide] Strahl *der* ▸ **jet d'eau** Wasserstrahl.

jet[2] [dʒɛt] nm [avion] Jet *der*.

jetable [ʒətabl] adj Wegwerf-.

jetée [ʒəte] nf Pier *der*.

jeter [27] [ʒəte] vt **1.** [lancer] werfen **2.** [mettre à la poubelle] weg∘werfen. ◆ **se jeter** vp : **se jeter dans** [suj : rivière] münden in *(+ A)* ▸ **se jeter sur** sich stürzen auf *(+ A)*.

jeton [ʒətɔ̃] nm Chip *der*.

jet-set [dʒɛtsɛt] nf Jetset *der*.

jeu [ʒø] (*pl* -x) nm 1. Spiel *das* 2. [assortiment] Satz *der* ▸ **le jeu** [au casino] das Spiel ▸ **jeu de cartes** Kartenspiel ▸ **jeu de mots** Wortspiel ▸ **jeu de société** Gesellschaftsspiel ▸ **jeu électronique** elektronisches Spiel ▸ **jeu vidéo** Videospiel ▸ **les jeux Olympiques** die Olympischen Spiele.

jeudi [ʒødi] nm Donnerstag *der* ▸ **nous sommes** ou **c'est jeudi** heute ist Donnerstag ▸ **jeudi 13 septembre** Donnerstag, der 13. September ▸ **nous sommes partis jeudi** wir sind (am) Donnerstag losgefahren ou abgereist ▸ **jeudi dernier** (am) letzten Donnerstag ▸ **jeudi prochain** (am) nächsten Donnerstag ▸ **jeudi matin** (am) Donnerstagmorgen ▸ **le jeudi** donnerstags ▸ **à jeudi !** bis Donnerstag!

jeun [ʒœ̃] ◆ **à jeun** adv mit nüchternem Magen.

jeune [ʒœn] ◆ adj jung. ◆ nmf Jugendliche *der, die* ▸ **jeune fille** Mädchen *das* ▸ **jeune homme** junger Mann ▸ **les jeunes** die Jugend.

jeûne [ʒøn] nm Fasten *das*.

jeûner [3] [ʒøne] vi fasten.

jeunesse [ʒœnɛs] nf Jugend *die*.

job [dʒɔb] nm *fam* Job *der*.

jockey [ʒɔkɛ] nmf Jockey *der*.

jogging [dʒɔgiŋ] nm 1. [vêtement] Jogginganzug *der* 2. [course] Jogging *das* ▸ **faire du jogging** joggen.

joie [ʒwa] nf Freude *die*.

joindre [82] [jwɛ̃dʀ] vt 1. [relier] zusammen◦fügen 2. [contacter] erreichen ▸ **joindre qqch à qqch** einer Sache (D) etw bei◦legen. ◆ **se joindre à** vp + prép : **se joindre à qqn** sich jm an◦schließen.

joint, e [ʒwɛ̃, ɛ̃t] ◆ pp & 3ᵉ pers. du sg. de l'ind. prés. → **joindre.** ◆ nm 1. Dichtung *die* 2. *fam* [drogue] Joint *der* ▸ **joint de culasse** Zylinderkopfdichtung.

joker [ʒɔkɛʀ] nm Joker *der*.

joli, e [ʒɔli] adj hübsch.

jongleur, euse [ʒɔ̃glœʀ, øz] nm, f Jongleur *der*, -in *die*.

jonquille [ʒɔ̃kij] nf Osterglocke *die*.

Jordanie [ʒɔʀdani] nf : **la Jordanie** Jordanien *nt*.

joual [ʒwal] nm QUÉBEC *französischer Dialekt in Kanada*.

joue [ʒu] nf Backe *die*.

jouer [6] [ʒwe] ◆ vi spielen. ◆ vt 1. spielen 2. [somme] aufs Spiel setzen ▸ **jouer à** spielen ▸ **jouer de** spielen ▸ **jouer un rôle dans qqch** *fig* bei etw eine Rolle spielen.

jouet [ʒwɛ] nm Spielzeug *das*.

joueur, euse [ʒwœʀ, øz] nm, f Spieler *der*, -in *die* ▸ **être mauvais joueur** ein schlechter Verlierer sein ▸ **joueur de cartes** Kartenspieler ▸ **joueur de flûte** Flötenspieler ▸ **joueur de foot** Fußballer *der*.

jour [ʒuʀ] nm Tag *der* ▸ **chaque jour** jeden Tag ▸ **il fait jour** es ist hell ▸ **jour de l'an** Neujahrstag ▸ **jour de fermeture** Ruhetag ▸ **jour férié** Feiertag ▸ **huit jours** acht Tage ▸ **quinze jours** vierzehn Tage ▸ **de jour** tagsüber ▸ **du jour au lendemain** von heute auf morgen ▸ **de nos jours** heutzutage ▸ **mettre qqch à jour** etw auf den neuesten Stand bringen.

journal [ʒuʀnal] (*pl* -aux) nm Zeitung *die* ▸ **journal (intime)** Tagebuch *das* ▸ **journal télévisé** Fernsehnachrichten.

journaliste [ʒuʀnalist] nmf Journalist *der*, -in *die*.

journée [ʒuʀne] **nf** Tag *der* ▸**bonne journée** (noch einen) schönen Tag ▸**dans la journée** im Laufe des Tages ▸**toute la journée** den ganzen Tag (lang).

joyeux, euse [ʒwajø, øz] **adj** fröhlich ▸**joyeux anniversaire !** herzlichen Glückwunsch zum Geburtstag! ▸**joyeux Noël !** frohe Weihnachten!

judaïsme [ʒydaism] **nm** jüdische Religion.

judo [ʒydo] **nm** Judo *der* ▸**faire du judo** Judo machen.

juge [ʒyʒ] **nmf** **1.** Richter *der*, -in *die* **2.** SPORT Schiedsrichter *der*, -in *die* ▸**juge d'enfants** Jugendrichter *der*, -in *die*.

jugement [ʒyʒmɑ̃] **nm** **1.** [gén] Urteil *das* **2.** [discernement] Urteilsvermögen *das*.

juger [17] [ʒyʒe] **vt** **1.** ein Urteil fällen über *(+ A)* **2.** [estimer] ein˞schätzen.

juif, ive [ʒɥif, ʒɥiv] **adj** jüdisch. ◆ **Juif, ive nm, f** Jude *der*, Jüdin *die*.

juillet [ʒɥijɛ] **nm** Juli *der* ▸**le 14-Juillet** *französischer Nationalfeiertag* ▸**en juillet, au mois de juillet** im Juli ▸**début juillet** Anfang Juli ▸**le deux juillet** am zweiten Juli.

> ⓘ **Le 14-Juillet**
>
> Der 14. Juli ist der französische Nationalfeiertag und erinnert an den Sturm auf die Bastille im Jahre 1789. Heute gehört zu den offiziellen Feierlichkeiten eine große Militärparade auf den Champs-Élysées und ein spektakuläres Feuerwerk. Viele Feuerwehrkasernen organisieren am 14. Juli einen bal des pompiers.

juin [ʒyɛ̃] **nm** Juni *der* ▸**en juin, au mois de juin** im Juni ▸**début juin** Anfang Juni ▸**le deux juin** am zweiten Juni.

juke-box [dʒukbɔks] **nm inv** Musikbox *die*.

julienne [ʒyljɛn] **nf** *in feine Streifen geschnittenes Gemüse.*

jumeau, elle, eaux [ʒymo, ɛl, o] ◆ **adj** [maisons] Doppel-. ◆ **nm, f** : **des jumeaux** Zwillinge ▸**frère jumeau** Zwillingsbruder *der*.

jumelé, e [ʒymle] **adj** : **être jumelé avec** eine Städtepartnerschaft haben mit ▸**'ville jumelée avec...'** 'Partnerstadt von ...'.

jumelles [ʒymɛl] **nfpl** Fernglas *das*.

jument [ʒymɑ̃] **nf** Stute *die*.

jungle [ʒœ̃gl] **nf** Dschungel *der*.

jupe [ʒyp] **nf** Rock *der* ▸**jupe droite** gerader Rock ▸**jupe plissée** Faltenrock.

jupon [ʒypɔ̃] **nm** Unterrock *der*.

Jura [ʒyʀa] **nm** Jura *der*.

jurer [3] [ʒyʀe] ◆ **vi** schwören. ◆ **vt** : **jurer (à qqn) que** (jm) schwören, dass ▸**jurer de faire qqch** hoch und heilig versprechen, etw zu tun.

juridique [ʒyʀidik] **adj** **1.** [acte, preuve] Rechts- **2.** [vocabulaire, formation] juristisch.

juriste [ʒyʀist] **nmf** Jurist *der*, -in *die*.

jury [ʒyʀi] **nm** **1.** [de tribunal] Geschworene *pl* **2.** [de compétition, de concours] Jury *die*.

jus [ʒy] **nm** Saft *der* ▸**jus de fruit** Fruchtsaft ▸**jus d'orange** Orangensaft.

jusque [ʒysk(ə)] ◆ **jusqu'à prép** : **allez jusqu'à l'église** gehen Sie bis zur Kirche ▸**jusqu'à ce que je parte** bis ich gehe ▸**jusqu'à présent** bis jetzt. ◆ **jusqu'ici adv** **1.** [dans l'espace] bis hierhin **2.** [dans le temps] bisher. ◆ **jusque-là adv** bis dahin.

juste [ʒyst] ◆ **adj 1.** richtig **2.** [équitable] gerecht **3.** [vêtement, insuffisant] knapp. ◆ **adv 1.** [seulement] nur **2.** [exactement] genau **3.** [chanter, jouer] richtig ▸ **au juste** eigentlich.

justement [ʒystəmɑ̃] **adv 1.** [précisément] genau **2.** [à plus forte raison] eben darum.

justesse [ʒystɛs] ◆ **de justesse adv** mit knapper Not.

justice [ʒystis] **nf 1.** [tribunaux] Justiz *die* **2.** [équité] Gerechtigkeit *die*.

justificatif, ive [ʒystifikatif, iv] **adj** : **pièce justificative** Beweisstück *das*. ◆ **justificatif nm** COMM Beleg *der*.

justifier [9] [ʒystifje] **vt** rechtfertigen. ◆ **se justifier vp** sich rechtfertigen.

jute [ʒyt] **nm** : **(toile de) jute** Jute *die*.

juteux, euse [ʒytø, øz] **adj** saftig.

Kk

K7 [kasɛt] (*abr de* cassette) **nf** MC *die (Musikkassette)*.

Kaboul [kabul] **n** Kabul *nt*.

kaki [kaki] **adj inv** kakifarben.

Kampala [kɑ̃pala] **n** Kampala *nt*.

kangourou [kɑ̃guʀu] **nm** Känguru *das*.

karaoké [kaʀaɔke] **nm** Karaoke *das*.

karaté [kaʀate] **nm** Karate *das*.

kart [kaʀt] **nm** Gokart *der*.

karting [kaʀtiŋ] **nm** Gokartfahren *das*.

kasher, casher [kaʃɛr] **adj inv** koscher.

Katar [kataʀ] **nm** : **le Katar** Katar *nt* ▸ **au Katar** in Katar.

Katmandou, Katmandu [katmɑ̃du] **n** Katmandu *nt*, Kathmandu *nt*.

kayak [kajak] **nm 1.** [bateau] Kajak *der* **2.** [sport] Kajakfahren *das*.

Kazakhstan [kazakstɑ̃] **nm** : **le Kazakhstan** Kasachstan *nt*.

Kenya [kenja] **nm** : **le Kenya** Kenia *nt* ▸ **au Kenya** in Kenia.

képi [kepi] **nm** Käppi *das*.

kermesse [kɛʀmɛs] **nf 1.** [fête de charité] Wohltätigkeitsbasar *der* **2.** [fête foraine] Kirmes *die*.

ⓘ La kermesse

Mit kermesse bezeichnet man einerseits das Fest, das alljährlich in Gemeinden am Tag der Weihe der jeweiligen Kirche stattfindet, andererseits ein Fest im Freien, das eine Schule oder eine Pfarrgemeinde für einen karitativen Zweck veranstaltet. Es werden Spiel- und Lotteriestände aufgebaut und selbstgebackener Kuchen angeboten.

kérosène [keʀɔzɛn] **nm** Kerosin *das*.

ketchup [kɛtʃœp] **nm** Ketchup *der ODER das*.

keuf [kœf] **nm** *fam* Bulle *der*.

keum [kœm] **nm** *fam* Typ *der*.

Kfé SMS *abr écrite de* **café**.

kg (*abr de* kilogramme) kg *(Kilogramm)*.

Khartoum [kaʀtum] **n** Khartum *nt*.

kidnapper [3] [kidnape] **vt** kidnappen.

Kiev [kjɛf] **n** Kiev *nt*.

kif(f)er [3] [kife] **vt** *fam* stehen auf *(+ A)* ▸ **je kiffe ton ordi** ich finde deinen Computer geil.

Kigali [kigali] **n** Kigali *nt*.

kilo(gramme) [kilɔ(gram)] **nm** Kilo(gramm) *das*.

kilométrage [kilɔmetʀaʒ] **nm** Kilometerstand *der* ▸ **kilométrage illimité** unbegrenzte Kilometerzahl.

kilomètre [kilɔmɛtʀ] **nm** Kilometer *der* ▸ **100 kilomètres heure** 100 Stundenkilometer.

kilt [kilt] **nm** Kilt *der*.

kiné [kine] *fam* ◆ **nmf** (*abr de* kinésithérapeute) Physiotherapeut *der*, -in *die*. ◆ **nf** (*abr de* kinésithérapie) Physio *die (Physiotherapie)* ▸ **faire des séances de kiné** Krankengymnastik machen.

kinésithérapeute [kineziteʀapøt] **nmf** Krankengymnast *der*, -in *die*.

Kingston [kiŋstɔn] **n** Kingston *nt*.

Kingstown [kiŋʃstaun] **n** Kingstown *nt*.

Kinshasa [kinʃasa] **n** Kinshasa *nt*.

kiosque [kjɔsk] **nm** Pavillon *der* ▸ **kiosque à journaux** Zeitungskiosk *der*.

kir [kiʀ] **nm** *Aperitif aus Johannisbeerlikör und Weißwein* ▸ **kir royal** *Aperitif aus Johannisbeerlikör und Champagner*.

Kirghizistan [kiʀgizistɑ̃] **nm** : **le Kirghizistan** Kirgisistan *nt*.

kirsch [kiʀʃ] **nm** Kirschwasser *das*.

kit [kit] **nm** (Bau)satz *der*, Kit *das* ▸ **en kit** zum Zusammenbauen ▸ **kit main libre** Freisprech-Telefon *das*.

kite(surf) [kajt(sœʀf)] **nm** Kitesurfen *das*.

kiwi [kiwi] **nm** Kiwi *die*.

Klaxon® [klaksɔn] **nm** Hupe *die*.

klaxonner [3] [klaksɔne] **vi** hupen.

Kleenex® [klinɛks] **nm** ≃ Tempo® *das*.

km (*abr de* kilomètre) km *(Kilometer)*.

km / h (*abr de* kilomètre par heure) km / h *(Kilometer pro Stunde)*.

Ko, ko [kao] (*abr de* kilo-octet) **nm inv** KB *das (Kilobyte)*.

K-O [kao] **adj inv** k. o.

Kosovo [kɔsɔvo] **nm** : **le Kosovo** Kosovo *der ODER das* ▸ **au Kosovo** im Kosovo.

kouglof [kuglɔf] **nm** Gugelhupf *der*.

Koweït [kɔwɛjt] **nm** : **le Koweït** Kuwait *nt*, Kuweit *nt*.

Kuala Lumpur [kwalalumpuʀ] **n** Kuala Lumpur *nt*.

K-way® [kawɛ] **nm inv** Regenjacke *die*.

kyste [kist] **nm** Zyste *die*.

L

l (*abr écrite de* litre) l *(Liter)*.

l' **art** → **le**.

la [la] **art** → **le**.

là [la] **adv** **1.** [lieu] da, dort **2.** [temps] da ▸ **passer par là** [de ce côté] dort entlang◦gehen ▸ **habiter par là** [dans les environs] dort irgendwo wohnen ▸ **cette fille-là** dieses Mädchen (da) ▸ **ce jour-là** an jenem Tag.

là-bas [laba] **adv** dort.

labo [labo] *fam* **nm** *abr de* **laboratoire**.

laboratoire [labɔʀatwaʀ] **nm** Labor(atorium) *das*.

labourer [3] [labuʀe] **vt** (um)pflügen.

labyrinthe [labiʀɛ̃t] **nm 1.** Labyrinth *das* **2.** *fig* [de rues] Gewirr *das*.

lac [lak] **nm** See *der* ▸ **le lac de Constance** der Bodensee ▸ **le lac Léman** der Genfer See.

lacer [16] [lase] **vt** (zu)schnüren.

lacet [lasɛ] **nm 1.** [de chaussures] Schnürsenkel *der* **2.** [virage] Schleife *die*.

lâche [laʃ] ◆ **adj 1.** [peureux] feige **2.** [nœud] lose **3.** [corde] locker. ◆ **nmf** Feigling *der*.

lâcher [3] [laʃe] ◆ **vt 1.** [laisser partir] los◦lassen **2.** [desserrer] lockern **3.** [parole] von sich geben. ◆ **vi 1.** [corde] reißen **2.** [freins] versagen ▸ **lâche-moi !** *fam* lass mich in Ruhe!

lâcheté [laʃte] **nf** Feigheit *die*.

là-dedans [laddɑ̃] **adv** darin ▸ **je ne sais pas ce que je viens faire là-dedans** ich weiß nicht, was ich damit zu tun habe.

là-dessous [ladsu] **adv** darunter ▸ **il y a quelque chose là-dessous** *fig* da steckt etwas dahinter.

là-dessus [ladsy] **adv** darauf ▸ **je n'ai rien à dire là-dessus** *fig* ich habe dazu nichts zu sagen.

là-haut [lao] **adv** da oben.

laïc *(f* **laïque)**, **laïque** [laik] ◆ **adj** nicht religiös. ◆ **nm, f** Laie *der*.

laïcité [laisite] **nf** Trennung *die* von Kirche und Staat.

laid, e [lɛ, lɛd] **adj** hässlich.

laideur [lɛdœʀ] **nf** Hässlichkeit *die*.

lainage [lɛnaʒ] **nm** Wollkleidung *die*.

laine [lɛn] **nf** Wolle *die* ▸ **en laine** Woll-, aus Wolle.

laïque [laik] **adj** nicht religiös.

laisse [lɛs] **nf** Leine *die* ▸ **tenir un chien en laisse** einen Hund an der Leine führen.

laisser [4] [lese] ◆ **vt 1.** lassen **2.** [vendre] überlassen **3.** [donner] hinterlassen. ◆ **v aux : laisser qqn faire qqch** jn etw tun lassen ▸ **laisser tomber** fallen lassen ▸ **laisser un message** eine Nachricht hinterlassen. ◆ **se laisser vp** sich lassen ▸ **se laisser aller** sich gehen lassen ▸ **se laisser faire** a) [par lâcheté] sich alles gefallen lassen b) [se laisser tenter] sich überreden lassen.

lait [lɛ] **nm** Milch *die* ▸ **lait démaquillant** Reinigungsmilch ▸ **lait solaire** Sonnenmilch ▸ **lait de toilette** *Creme zur Gesichts- und Körperpflege*.

laitage [lɛtaʒ] **nm** Milchprodukt *das*.

laiteux, euse [lɛtø, øz] **adj** milchig.

laitier [lɛtje] **adj m** → **produit**.

laiton [lɛtɔ̃] **nm** Messing *das*.

laitue [lety] **nf** Kopfsalat *der*.

lambeau [lɑ̃bo] (*pl* -x) **nm** Fetzen *der*.

lambic [lɑ̃bik] **nm** BELG *spontan gärendes Malz- und Weißbier*.

lambris [lɑ̃bʀi] **nm** Täfelung *die*.

lame [lam] **nf 1.** [de couteau, d'épée] Klinge *die* **2.** [de verre, de métal] Plättchen *das* **3.** [vague] Welle *die* ▸ **lame de rasoir** Rasierklinge.

lamelle [lamɛl] **nf** Lamelle *die*.

lamentable [lamɑ̃tabl] **adj 1.** [pitoyable] jämmerlich **2.** [très mauvais] erbärmlich.

lamenter [3] [lamɑ̃te] ◆ **se lamenter vp** jammern.

lampadaire [lɑ̃padɛʀ] **nm 1.** [dans un appartement] Stehlampe *die* **2.** [dans la rue] Straßenlaterne *die*.

lampe [lɑ̃p] **nf** Lampe *die* ▸ **lampe de chevet** Nachttischlampe ▸ **lampe de poche** Taschenlampe.
lance [lɑ̃s] **nf** Lanze *die* ▸ **lance d'incendie** Feuerspritze *die*.
lancement [lɑ̃smɑ̃] **nm** [d'un produit] Einführung *die*.
lance-pierres [lɑ̃spjɛʀ] **nm inv** (Stein) schleuder *die*.
lancer [16] [lɑ̃se] **vt 1.** [jeter] werfen **2.** [produit] auf den Markt bringen **3.** [mode] ein°führen. ◆ **se lancer vp 1.** [se jeter] sich stürzen **2.** [oser] sich trauen ▸ **se lancer dans des explications confuses** sich in wirren Erklärungen ergehen.
landau [lɑ̃do] **nm** Kinderwagen *der*.
lande [lɑ̃d] **nf** Heide *die*.
langage [lɑ̃gaʒ] **nm** Sprache *die*.
langer [17] [lɑ̃ʒe] **vt** wickeln.
langouste [lɑ̃gust] **nf** Languste *die*.
langoustine [lɑ̃gustin] **nf** Kaisergranat *der*.
langue [lɑ̃g] **nf 1.** Zunge *die* **2.** [langage] Sprache *die* ▸ **langue étrangère** Fremdsprache ▸ **langue maternelle** Muttersprache ▸ **langue vivante** lebende Sprache.
langue-de-chat [lɑ̃gdəʃa] (*pl* **langues-de-chat**) **nf** *Keks in Form einer Katzenzunge.*
languette [lɑ̃gɛt] **nf** Lasche *die*.
lanière [lanjɛʀ] **nf** Riemen *der*.
lanterne [lɑ̃tɛʀn] **nf** Laterne *die* ▸ **les lanternes** AUTO [feu de position] das Standlicht.
Laos [laɔs] **nm** : **le Laos** Laos *nt* ▸ **au Laos** in Laos.
La Paz [lapaz] **n** La Paz *nt*.
lapin [lapɛ̃] **nm** Kaninchen *das* ▸ **lapin nain** Zwergkaninchen ▸ **poser un lapin à qqn** *fam* jn versetzen.
laque [lak] **nf 1.** [pour coiffer] Haarspray *das* **2.** [peinture] Lack *der*.
laqué [lake] **adj m** → **canard**.
laquelle [lakɛl] **pron rel** → **lequel**.
lard [laʀ] **nm** Speck *der*.
lardon [laʀdɔ̃] **nm** Speckwürfel *der*.
large [laʀʒ] ◆ **adj 1.** [rivière, route] breit **2.** [vêtement] weit **3.** [généreux] großzügig **4.** [tolérant] liberal. ◆ **nm** offene See. ◆ **adv** großzügig ▸ **ça fait 2 mètres de large** es ist 2 Meter breit ▸ **au large de** vor der Küste *(+ G)*.
largement [laʀʒəmɑ̃] **adv 1.** [abondamment] reichlich **2.** [au minimum] gut ▸ **il y en a largement assez** es gibt mehr als genug.
largeur [laʀʒœʀ] **nf** Breite *die*.
larme [laʀm] **nf** Träne *die* ▸ **être en larmes** in Tränen aufgelöst sein.
lasagne(s) [lazaɲ] **nfpl** Lasagne *die*.
laser [lazɛʀ] **nm** Laser *der*.
lasser [3] [lase] **vt** langweilen. ◆ **se lasser de vp + prép** : **se lasser de qqch** einer Sache *(G)* überdrüssig werden.
latéral, e, aux [lateʀal, o] **adj** Seiten-.
latin [latɛ̃] **nm** Latein(ische) (*das*).
latino [latino] ◆ **adj** Latino-. ◆ **nmf** Latino *der*, -na *die*.
latino-américain, e [latinoameʀikɛ̃, ɛn] (*mpl* **latino-américains**, *fpl* **latino-américaines**) **adj** lateinamerikanisch. ◆ **Latino-Américain, e nm, f** Lateinamerikaner *der*, -in *die*.
latitude [latityd] **nf** Breitengrad *der*.
latte [lat] **nf** Latte *die*.
lauréat, e [lɔʀea, at] **nm, f** Preisträger *der*, -in *die*.

laurier [lɔʀje] **nm** Lorbeer *der* ▸ **feuille de laurier** Lorbeerblatt *das* ▸ **laurier rose** Oleander *der*.

lavable [lavabl] **adj** waschbar ▸ **lavable en machine** waschmaschinenfest.

lavabo [lavabo] **nm** Waschbecken *das*. ◆ **lavabos nmpl** Toilette *die*.

lavage [lavaʒ] **nm 1.** [de linge] Waschen *das* **2.** [de voiture] Wäsche *die*.

La Valette [lavalɛt] **n** Valletta *nt*.

lavande [lavɑ̃d] **nf** Lavendel *der*.

lave [lav] **nf** Lava *die*.

lave-linge [lavlɛ̃ʒ] **nm inv** Waschmaschine *die*.

laver [3] [lave] **vt 1.** [linge] waschen **2.** [sol] auf∘wischen **3.** [plaie, tache] aus∘waschen. ◆ **se laver vp** sich waschen ▸ **se laver les mains** sich *(D)* die Hände waschen ▸ **se laver les dents** sich *(D)* die Zähne putzen.

laverie [lavʀi] **nf** : **laverie automatique** Waschsalon *der*.

lavette [lavɛt] **nf** [tissu] Spültuch *das*.

lave-vaisselle [lavvesɛl] **nm inv** Geschirrspülmaschine *die*.

lavoir [lavwaʀ] **nm** Waschhaus *das*.

laxatif [laksatif] **nm** Abführmittel *das*.

layette [lɛjɛt] **nf** Babyausstattung *die*.

LCD (*abr de* **liquid cristal display**) **nm** LCD-Anzeige *die*.

le, la [lə, la] (*pl* **les** [lɛ]) ◆ **art 1.** [désigne une personne, une chose, un animal] der, die, das ▸ **le lac** der See ▸ **le soleil** die Sonne ▸ **l'homme** der Mann ▸ **les enfants** die Kinder ▸ **j'adore le thé** ich liebe Tee **2.** [désigne le moment] : **nous sommes le 3 août** heute ist der 3. August ▸ **Bruxelles, le 21 mars 2012** Brüssel, den 21. März 2012 ▸ **le matin** a) [habituellement] vormittags b) [moment précis] am Vormittag ▸ **le samedi** a) [habituellement] samstags b) [moment précis] am Samstag **3.** [marque l'appartenance] : **se laver les mains** sich *(D)* die Hände waschen ▸ **elle a les yeux bleus** sie hat blaue Augen ▸ **ouvre la bouche !** mach den Mund auf! **4.** [chaque] : **six euros le kilo** sechs Euro das Kilo ▸ **c'est 40 euros la nuit** das kostet 40 Euro pro Nacht ◆ **pron 1.** [représente une personne, une chose, un animal] : **regarde-le !** sieh ihn ou sie ou es an! ▸ **prends-la !** nimm ihn ou sie ou es! ▸ **tu ne la crois pas, j'espère ?** du glaubst ihr doch hoffentlich nicht? **2.** [reprend un mot, une phrase] es ▸ **je l'avais entendu dire** ich hatte es schon gehört.

Le Cap [ləkap] **n** [ville] Kapstadt *nt*.

lèche-cul [lɛʃky] (*pl inv* ou **lèche-culs**) **nmf** *vulg* Arschkriecher *der*, -in *die*.

lécher [18] [leʃe] **vt 1.** [glace, eau] lecken **2.** [plat] aus∘lecken.

lèche-vitrines [lɛʃvitʀin] **nm inv** : **faire du lèche-vitrines** einen Schaufensterbummel machen.

leçon [ləsɔ̃] **nf 1.** [cours] (Unterrichts)stunde *die* **2.** [devoirs] Lektion *die* **3.** [conclusion] Lehre *die* ▸ **faire la leçon à qqn** jm eine Lektion erteilen.

lecteur, trice [lɛktœʀ, tʀis] ◆ **nm, f** Leser *der*, -in *die*. ◆ **nm** INFORM Laufwerk *das* ▸ **lecteur de cassettes** Kassettenrekorder *der* ▸ **lecteur de CD / DVD** CD- / DVD-Player *der*, CD- / DVD-Laufwerk ▸ **lecteur de disquette** Diskettenlaufwerk ▸ **lecteur laser** CD-Player *der* ▸ **lecteur MP3 / WMA** MP3- / WMA-Player *der*.

lecture [lɛktyʀ] **nf 1.** Lesen *das* **2.** [d'une cassette] Abspielen *das*.

légal, e, aux [legal, o] **adj** legal, gesetzlich.

légaliser [3] [legalize] **vt 1.** [pratique, contrat] legalisieren **2.** [signature] beglaubigen.

légalité [legalite] **nf 1.** [d'acte, de contrat] Gesetzmäßigkeit ***die*** **2.** [loi] Legalität ***die***.

légende [leʒɑ̃d] **nf** Legende ***die***.

léger, ère [leʒe, ɛʀ] **adj 1.** leicht **2.** [café] schwach ▸ **à la légère** leichtfertig.

légèrement [leʒɛʀmɑ̃] **adv** leicht ▸ **être habillé légèrement** etwas Leichtes an◦haben ▸ **s'habiller légèrement** etwas Leichtes an◦ziehen.

légèreté [leʒɛʀte] **nf 1.** [faible poids] Leichtigkeit ***die*** **2.** [insouciance] Leichtfertigkeit ***die***.

législatif, ive [leʒislatif, iv] **adj** gesetzgebend. ◆ **législatives nfpl** Parlamentswahlen ***pl***.

législation [leʒislasjɔ̃] **nf** Gesetzgebung ***die***.

légitime [leʒitim] **adj 1.** [enfant] ehelich **2.** [union] rechtmäßig **3.** [demande, sentiment] berechtigt ▸ **légitime défense** Notwehr ***die***.

léguer [18] [lege] **vt 1.** [fortune] vermachen **2.** *fig* [tradition, passion] weiter◦geben.

légume [legym] **nm** Gemüseart ***die*** ▸ **les légumes** das Gemüse.

Léman [lemɑ̃] **n** → **lac**.

lendemain [lɑ̃dmɛ̃] **nm** : **le lendemain** am nächsten Tag ▸ **le lendemain de** am Tag nach ▸ **le lendemain matin** am nächsten Morgen.

lent, e [lɑ̃, lɑ̃t] **adj 1.** [geste] langsam **2.** [processus] schleichend.

lentement [lɑ̃tmɑ̃] **adv** langsam.

lenteur [lɑ̃tœʀ] **nf** Langsamkeit ***die***.

lentille [lɑ̃tij] **nf** Linse ***die*** ▸ **lentille de contact** Kontaktlinse.

léopard [leɔpaʀ] **nm** Leopard ***der***.

lequel, laquelle [ləkɛl, lakɛl] (***mpl*** **lesquels** [lekɛl], ***fpl*** **lesquelles** [lekɛl]) **pron 1.** [sujet] der, die, das **2.** [interrogatif] welche(r, s) ▸ **pour lequel / laquelle / lesquels / lesquelles** für den / die / das / die.

les [le] **art & pron pl** → **le**.

léser [18] [leze] **vt** benachteiligen.

lésion [lezjɔ̃] **nf** Verletzung ***die***.

Lesotho [lezɔto] **nm** : **le Lesotho** Lesotho ***nt*** ▸ **au Lesotho** in Lesotho.

lesquelles [lekɛl] **pron rel** → **lequel**.

lesquels [lekɛl] **pron rel** → **lequel**.

lessive [lesiv] **nf 1.** [poudre, liquide] Waschmittel ***das*** **2.** [linge] Wäsche ***die*** ▸ **faire la lessive** Wäsche waschen.

lessiver [3] [lesive] **vt** ab◦waschen ▸ **être lessivé** *fam* fix und fertig sein.

Lettonie [letɔni] **nf** : **la Lettonie** Lettland ***nt***.

lettre [letʀ] **nf 1.** [de l'alphabet] Buchstabe ***der*** **2.** [courrier] Brief ***der*** ▸ **en toutes lettres** a) [mot] ausgeschrieben b) [chiffre] in Worten ▸ **lettre de motivation** Bewerbungsbrief.

leucémie [løsemi] **nf** Leukämie ***die***.

leur [lœʀ] ◆ **pron** ihnen. ◆ **adj** ihr ▸ **je vais leur dire** ich werde ihnen sagen ▸ **je le leur ai pris** ich habe es ihnen weggenommen. ◆ **le leur, la leur** (***pl*** **les leurs**) **pron** ihre(r, s) ; der ihre, die ihre, das ihre ▸ **ce n'est pas ma voiture, c'est la leur** das ist nicht mein Wagen, sondern ihrer.

levant [ləvɑ̃] **adj m** → **soleil**.

levé, e [lәve] **adj** auf(gestanden) ▸ **le poing levé** die erhobene geballte Faust.

levée [lәve] **nf** [du courrier] Leerung *die*.

lever [19] [lәve] ◆ **vt 1.** [bras, doigt] heben **2.** [passerelle] hoch°ziehen **3.** [vitre] schließen **4.** [soulever] hoch°heben. ◆ **nm** Aufstehen *das* ▸ **le lever du jour** der Tagesanbruch ▸ **le lever du soleil** der Sonnenaufgang ▸ **lever les yeux** auf°blicken. ◆ **se lever vp 1.** [personne] auf°stehen **2.** [jour] an°brechen **3.** [soleil] auf°gehen **4.** [temps] auf°klaren.

levier [lәvje] **nm** Hebel *der* ▸ **levier de vitesse** Schalthebel.

lèvre [lɛvʀ] **nf** Lippe *die*.

levure [lәvyʀ] **nf** Hefe *die*.

lexique [lɛksik] **nm** Wortverzeichnis *das*.

lézard [lezaʀ] **nm** Eidechse *die*.

lézarder [3] [lezaʀde] ◆ **se lézarder vp** [mur] Risse bekommen.

liaison [ljɛzɔ̃] **nf 1.** [aérienne, routière] Verbindung *die* **2.** [amoureuse] Verhältnis *das* **3.** [phonétique] Liaison *die* ▸ **être en liaison avec** in Verbindung stehen mit.

liane [ljan] **nf** Liane *die*.

liasse [ljas] **nf** Bündel *das*.

Liban [libɑ̃] **nm** : **le Liban** der Libanon.

libanais, e [libanɛ, ɛz] **adj** libanesisch. ◆ **Libanais, e nm, f** Libanese *der*, -sin *die*.

libellule [libelyl] **nf** Libelle *die*.

libéral, e, aux [libeʀal, o] **adj** liberal.

libération [libeʀasjɔ̃] **nf 1.** [d'une ville] Befreiung *die* **2.** [de prison] Entlassung *die* ▸ **Libération** *linksorientierte französische Tageszeitung.*

libérer [18] [libeʀe] **vt** entlassen. ◆ **se libérer vp 1.** [de ses chaînes] sich befreien **2.** [de ses occupations] sich frei°machen ▸ **je vais essayer de me libérer pour venir** ich werde versuchen, mich freizumachen.

liberté [libɛʀte] **nf** Freiheit *die* ▸ **en liberté** [animaux] in freier Wildbahn.

libraire [librɛʀ] **nmf** Buchhändler *der*, -in *die*.

librairie [librɛʀi] **nf** Buchhandlung *die*.

libre [libʀ] **adj** frei ▸ **tu es libre ce soir ?** hast du heute Abend etwas vor? ▸ **laisser qqn libre de faire qqch** es jm frei°stellen, etw zu tun.

librement [librәmɑ̃] **adv** frei.

libre-service [librәsɛʀvis] (*pl* **libres-services**) **nm 1.** [magasin] Selbstbedienungsladen *der* **2.** [restaurant] Selbstbedienungsrestaurant *das*.

Libreville [librәvil] **n** Libreville *nt*.

Libye [libi] **nf** : **la Libye** Libyen *nt*.

libyen, enne [libjɛ̃, ɛn] **adj** libysch. ◆ **Libyen, enne nm, f** Libyer *der*, -in *die*.

licence [lisɑ̃s] **nf 1.** Lizenz *die* **2.** [diplôme] *akademischer Grad nach 3-jährigem Studium in Frankreich.*

licenciement [lisɑ̃simɑ̃] **nm** Entlassung *die*.

licencier [9] [lisɑ̃sje] **vt** entlassen ▸ **elle s'est fait licencier** sie ist entlassen worden.

Liechtenstein [liʃtɛnʃtajn] **nm** : **le Liechtenstein** Liechtenstein *nt* ▸ **au Liechtenstein** in Liechtenstein.

liège [ljɛʒ] **nm** Kork *der*.

Liège [ljɛʒ] **n** Lüttich *nt*.

liégeois [ljeʒwa] **adj m** → **café, chocolat**.

lien [ljɛ̃] **nm** 1. [ruban, sangle] Band *das* 2. [relation] Zusammenhang *der* ▸ **lien hypertexte** Link *der*.

lier [9] [lje] **vt** 1. [attacher] zusammen-binden 2. [par contrat] binden 3. [phénomènes, idées] in Verbindung bringen ▸ **lier conversation avec qqn** ein Gespräch mit jm an-knüpfen. ◆ **se lier vp** : **se lier (d'amitié) avec qqn** sich mit jm an-freunden.

lierre [ljɛʀ] **nm** Efeu *der*.

lieu [ljø] (*pl* -x) **nm** Ort *der* ▸ **lieu de naissance** Geburtsort ▸ **avoir lieu** statt-finden ▸ **au lieu de** anstelle *(+ G)*.

lièvre [ljɛvʀ] **nm** Hase *der*.

lifting [liftiŋ] **nm** [de la peau] Gesichtsstraffung *die*.

ligament [ligamɑ̃] **nm** Band *das*.

ligne [liɲ] **nf** 1. Linie *die* 2. [téléphonique] Leitung *die* ▸ **aller à la ligne** eine neue Zeile an-fangen ▸ **être en ligne** a) [au téléphone] gerade telefonieren b) INFORM online sein ▸ **se mettre en ligne** sich in einer Reihe auf-stellen ▸ **ligne blanche** [sur la route] weiße Linie ▸ **ligne de bus** Buslinie ▸ **ligne de métro** U-Bahn-Linie ▸ **ligne droite** gerade Linie ▸ **en ligne droite** in Luftlinie ▸ **'grandes lignes'** 'Fernzüge'.

ligoter [3] [ligɔte] **vt** fesseln.

lilas [lila] **nm** Flieder *der*.

Lima [lima] **n** Lima *nt*.

limace [limas] **nf** (Nackt)schnecke *die*.

limande [limɑ̃d] **nf** Plattfisch *der*.

lime [lim] **nf** Feile *die* ▸ **lime à ongles** Nagelfeile.

limer [3] [lime] **vt** feilen.

limitation [limitasjɔ̃] **nf** Beschränkung *die* ▸ **limitation de vitesse** Geschwindigkeitsbeschränkung.

limite [limit] ◆ **nf** Grenze *die*. ◆ **adj** Höchst- ▸ **date limite** Stichtag *der* ▸ **à la limite** höchstens.

limité, e [limite] **adj** begrenzt, beschränkt ▸ **'vitesse limitée'** Geschwindigkeitsbegrenzung.

limiter [3] [limite] **vt** [dépenses, activité] beschränken. ◆ **se limiter à vp + prép** sich beschränken auf *(+ A)*.

limitrophe [limitʀɔf] **adj** 1. [frontalier] Grenz- 2. [voisin] angrenzend, benachbart ▸ **être limitrophe de qqch** an etw *(A)* grenzen.

limonade [limɔnad] **nf** Limonade *die*.

limpide [lɛ̃pid] **adj** klar.

lin [lɛ̃] **nm** Leinen *das*.

linge [lɛ̃ʒ] **nm** Wäsche *die* ▸ **laver son linge** Wäsche waschen ▸ **linge de maison** Haushaltswäsche.

lingerie [lɛ̃ʒʀi] **nf** [sous-vêtements] Damenunterwäsche *die*.

lingette [lɛ̃ʒɛt] **nf** Reinigungstuch *das* ▸ **lingette antibactérienne** antibakterielles Reinigungstuch ▸ **lingette démaquillante** Abschminktuch.

lingot [lɛ̃go] **nm** : **lingot (d'or)** (Gold) barren *der*.

lino(léum) [lino, linɔleɔm] **nm** Linoleum *das*.

lion [ljɔ̃] **nm** Löwe *der*. ◆ **Lion nm** Löwe *der*.

liqueur [likœʀ] **nf** Likör *der*.

liquidation [likidasjɔ̃] **nf** : **'liquidation totale'** 'Räumungsverkauf'.

liquide [likid] ◆ **adj** [aliment] flüssig. ◆ **nm** [boisson, produit] Flüssigkeit *die* ▸ **(argent) liquide** Bargeld *das* ▸ **payer en liquide** (in) bar bezahlen ▸ **liquide de frein** Bremsflüssigkeit ▸ **liquide vaisselle** Spülmittel *das*.

liquider [3] [likide] **vt** [vendre] (aus) verkaufen.

lire [106] [liʀ] **vt & vi** lesen.

Lisbonne [lisbɔn] **n** Lissabon *nt*.

liseuse [lizøz] **nf** 1. INFORM E-Book-Reader *der* 2. [lampe] Leselampe *die*.

lisible [lizibl] **adj** leserlich.

lisière [lizjɛʀ] **nf** Rand *der* ▸ **lisière d'un champ** Feldrain *der*.

lisse [lis] **adj** glatt.

liste [list] **nf** Liste *die* ▸ **liste d'attente** Warteliste ▸ **liste déroulante** Dropdownmenü *das* ▸ **être sur liste rouge** eine Geheimnummer haben.

lit [li] **nm** Bett *das* ▸ **aller au lit** ins Bett gehen ▸ **lit de camp** Feldbett ▸ **lit double, grand lit** französisches Bett ▸ **lit simple, lit à une place, petit lit** Einzelbett ▸ **lits jumeaux** Doppelbett ▸ **lits superposés** Etagenbett ▸ **lit supplémentaire** Zusatzbett.

litchi [litʃi] **nm** Litschi *die*.

literie [litʀi] **nf** Bettzeug *das*.

litière [litjɛʀ] **nf** Streu *die*.

litige [litiʒ] **nm** Streit *der*.

litre [litʀ] **nm** Liter *der*.

littéraire [liteʀɛʀ] **adj** 1. literarisch 2. [études] geisteswissenschaftlich.

littéral, e, aux [liteʀal, o] **adj** wörtlich.

littérature [liteʀatyʀ] **nf** Literatur *die*.

littoral [litɔʀal] (*pl* **-aux**) **nm** Küstenstreifen *der*.

Lituanie [litɥani] **nf** : **la Lituanie** Litauen *nt*.

live [lajv] **adj inv** live.

livide [livid] **adj** bleich.

living(-room) [liviŋ(rum)] (*pl* **living(-room)s**) **nm** Wohnzimmer *das*.

livraison [livʀɛzɔ̃] **nf** Lieferung *die* ▸ **livraison à domicile** Lieferung ins Haus ▸ **'livraison des bagages'** 'Gepäckausgabe'.

livre¹ [livʀ] **nm** Buch *das* ▸ **livre de français** Französischbuch ▸ **livre numérique** E-Book *das*.

livre² [livʀ] **nf** Pfund *das* ▸ **livre (sterling)** Pfund (Sterling).

livrer [3] [livʀe] **vt** 1. [marchandise] liefern 2. [trahir] verraten.

livret [livʀɛ] **nm** kleines Buch ▸ **livret (de caisse) d'épargne** Sparbuch ▸ **livret de famille** Stammbuch ▸ **livret scolaire** Zeugnisheft *das*.

livreur, euse [livʀœʀ, øz] **nm, f** Ausfahrer *der*, -in *die*.

Ljubljana [ljubljana] **n** Ljubljana *nt*, Laibach *nt*.

LMD, lmd [ɛlɛmde] (*abr de* licence-master-doctorat) **nm** Bologna-System *das*.

local, e, aux [lɔkal, o] ◆ **adj** örtlich. ◆ **nm** Raum *der* ▸ **dans les locaux** in den Büroräumen.

> ⚠ Lokal est un faux ami. Il se traduit par ***café*** et non par « local ».

locataire [lɔkatɛʀ] **nmf** Mieter *der*, -in *die*.

location [lɔkasjɔ̃] **nf** 1. [par propriétaire] Vermietung *die* 2. [par locataire] Mieten *das* 3. [logement] Mietunterkunft *die* 4. [d'un billet] Vorverkauf *der* ▸ **'location de voitures'** 'Autovermietung'.

locomotive [lɔkɔmɔtiv] **nf** Lokomotive *die*.

loge [lɔʒ] **nf** 1. [de concierge] Hausmeisterwohnung *die* 2. [d'acteur] Garderobe *die*.

logement [lɔʒmɑ̃] nm **1.** [hébergement] Unterkunft *die* **2.** [appartement] Wohnung *die* ▸ **le logement** [l'immobilier] der Wohnungsmarkt.

loger [17] [lɔʒe] ◆ vt beherbergen. ◆ vi wohnen.

logger [3] [loge] ◆ **se logger** vp sich ein◦loggen.

logiciel [lɔʒisjɛl] nm Software *die*, Programm *das* ▸ **logiciel de navigation** Navigationsprogramm.

logique [lɔʒik] ◆ adj logisch. ◆ nf Logik *die*.

logiquement [lɔʒikmɑ̃] adv logischerweise.

logo [logo] nm Logo *das*.

loi [lwa] nf Gesetz *das* ▸ **interdit par la loi** gesetzlich verboten ▸ **la loi de l'offre et de la demande** das Gesetz von Angebot und Nachfrage.

loin [lwɛ̃] adv **1.** [dans l'espace] weit (weg) **2.** [dans le temps] weit ▸ **au loin** in der Ferne ▸ **de loin** a) [dans l'espace] von Weitem b) *fig* [nettement] bei Weitem ▸ **loin de là** *fig* [au contraire] bei Weitem nicht.

lointain, e [lwɛ̃tɛ̃, ɛn] ◆ adj **1.** [dans l'espace] entfernt **2.** [dans le temps] fern **3.** [hautain] hochmütig. ◆ nm : **dans le lointain** in der Ferne.

Loire [lwaʀ] nf : **la Loire** [fleuve] die Loire.

loisirs [lwaziʀ] nmpl **1.** [temps libre] Freizeit *die* **2.** [activités] Freizeitbeschäftigungen *pl*.

LOL (*abr écrite de* **laughing out loud**) SMS LOL.

lombaire [lɔ̃bɛʀ] nm Lendenwirbel *der*.

Lomé [lome] n Lome *nt*.

Londonien, enne [lɔ̃dɔnjɛ̃, ɛn] nm, f Londoner *der*, -in *die*.

Londres [lɔ̃dʀ] n London *nt*.

long, longue [lɔ̃, lɔ̃g] adj lang ▸ **ça fait 10 mètres de long** das ist 10 Meter lang ▸ **le long de qqch** an einer Sache *(D)* entlang ▸ **de long en large** hin und her ▸ **à la longue** mit der Zeit.

longeole [lɔ̃ʒɔl] nf SUISSE Longeole *die*.

longer [17] [lɔ̃ʒe] vt **1.** [sujet : route] entlang◦führen **2.** [sujet : piéton] entlang◦gehen ▸ **longez la rivière sur 500 mètres** gehen Sie den Fluss 500 Meter entlang.

longitude [lɔ̃ʒityd] nf Längengrad *der*.

longtemps [lɔ̃tɑ̃] adv lange ▸ **depuis longtemps** seit Langem.

longue [lɔ̃g] adj f → **long**.

longuement [lɔ̃gmɑ̃] adv lange.

longueur [lɔ̃gœʀ] nf Länge *die* ▸ **à longueur de temps** die ganze Zeit ▸ **longueur d'onde** Wellenlänge ▸ **saut en longueur** Weitsprung *der*.

longue-vue [lɔ̃gvy] (*pl* **longues-vues**) nf Fernrohr *das*.

loquet [lɔkɛ] nm Riegel *der*.

lorraine [lɔʀɛn] adj f → **quiche**.

Lorraine [lɔʀɛn] nf : **la Lorraine** Lothringen *nt*.

lors [lɔʀ] ◆ **lors de** prép bei.

lorsque [lɔʀskə] conj **1.** [avec présent et futur] wenn **2.** [fait unique dans le passé] als.

losange [lɔzɑ̃ʒ] nm Raute *die*.

loser [luzœʀ] nm *fam* Loser *der*.

lot [lo] nm [prix] Gewinn *der* ▸ **(gagner) le gros lot** das große Los (ziehen).

loterie [lɔtʀi] nf Lotterie *die*.

lotion [lɔsjɔ̃] nf Lotion *die* ▸ **lotion après-rasage** Aftershave *das*.

lotissement [lɔtismɑ̃] nm Siedlung *die*.

loto [lɔto] **nm** [national] Lotto *das* ▸ **le loto sportif** der ou das Toto.

lotte [lɔt] **nf** Seeteufel *der* ▸ **lotte à l'américaine** *mit Zwiebeln, Weißwein und Tomaten zubereiteter Seeteufel.*

louche [luʃ] ◆ **adj** nicht ganz koscher. ◆ **nf** Schöpfkelle *die*.

loucher [3] [luʃe] **vi** schielen.

louer [6] [lwe] **vt 1.** [suj : locataire] mieten **2.** [suj : propriétaire] vermieten ▸ **'à louer'** 'zu vermieten'.

loukoum [lukum] **nm** Lokum *das*.

loup [lu] **nm** Wolf *der*.

loupe [lup] **nf** Lupe *die*.

louper [3] [lupe] **vt** *fam* **1.** [examen] verpfuschen **2.** [train] verpassen.

lourd, e [luʀ, luʀd] ◆ **adj 1.** schwer **2.** [sans finesse] plump **3.** [orageux] schwül. ◆ **adv** : **peser lourd** *fig* schwer wiegen.

lourdement [luʀdəmɑ̃] **adv 1.** [marcher] schwerfällig **2.** [se tromper] gewaltig.

lourdeur [luʀdœʀ] **nf** : **avoir des lourdeurs d'estomac** ein Völlegefühl haben.

lourdingue [luʀdɛ̃g] **adj** *fam* [personne, plaisanterie, réflexion] albern.

Louvre [luvʀ] **nm** : **le Louvre** der Louvre.

> ⓘ **Le Louvre**
>
> In Paris liegt am rechten Seine-Ufer das musée du Louvre, das größte Museum der Welt. Von seinen 300 000 Exponaten werden ca. 35 000 ausgestellt. Seit 1989 gelangt man über eine gläserne Pyramide in der Hofmitte zum Haupteingang. Um die unterirdische Eingangshalle herum befinden sich eine Einkaufspassage, Restaurants und ein Parkhaus.

low-cost [lokɔst] **adj inv** Billig-.

loyal, e, aux [lwajal, o] **adj** aufrichtig.

loyauté [lwajote] **nf** Fairness *die*.

loyer [lwaje] **nm** Miete *die* ▸ **payer son loyer** die Miete bezahlen.

lu, e [ly] **pp** → **lire**.

Luanda [lwɑ̃da] **n** Luanda *nt*.

lubrifiant [lybʀifjɑ̃] **nm** Schmiermittel *das*.

lucarne [lykaʀn] **nf** Dachluke *die*.

lucide [lysid] **adj 1.** [conscient] klar (bei Verstand) **2.** [clairvoyant] hellsichtig.

lueur [lɥœʀ] **nf** Schein *der* ▸ **elle avait une lueur de colère dans les yeux** ihre Augen funkelten vor Zorn.

luge [lyʒ] **nf** Schlitten *der* ▸ **faire de la luge** Schlitten fahren.

lugubre [lygybʀ] **adj** düster.

lui[1] [lɥi] ◆ **pron 1.** [complément d'objet indirect] ihm, ihr ▸ **dites-le lui tout de suite** sagen Sie es ihm ou ihr sofort ▸ **je lui ai serré la main** ich habe ihm ou ihr die Hand gegeben **2.** [après une préposition, un comparatif] ihm, ihn ▸ **j'y vais sans lui** ich gehe ohne ihn dorthin ▸ **je n'habite plus chez lui** ich wohne nicht mehr bei ihm ▸ **j'en ai eu moins que lui** ich habe weniger bekommen als er **3.** [pour renforcer le sujet] er ▸ **lui au moins, il a compris !** er hat es wenigstens verstanden! ▸ **et lui, qu'est-ce qu'il en pense ?** und was hält er davon? ▸ **c'est lui qui nous a renseignés** er hat uns die Auskunft erteilt.

lui[2] [lɥi] **pp** → **luire**.

luire [97] [lɥiʀ] **vi** glänzen.

luisant, e [lɥizɑ̃, ɑ̃t] **adj** glänzend. → **ver**.

lumbago [lœ̃bago] **nm** Hexenschuss *der*.

lumière [lymjɛʀ] **nf** Licht *das* ▸ **allumer la lumière** das Licht an◦machen.

luminaire [lyminɛʀ] **nm** Leuchte *die*.

lumineux, euse [lyminø, øz] **adj 1.** [éclairé] erleuchtet **2.** [teint, sourire] strahlend.

luminosité [lyminozite] **nf** Helligkeit *die* ▸ **réglage de la luminosité** Helligkeitsregler *der*.

lunatique [lynatik] **adj** launisch.

lunch [lœnʃ] (*pl* -s ou -es) **nm** Lunch *der*.

lundi [lœ̃di] **nm** Montag *der* ▸ **nous sommes** ou **c'est lundi** heute ist Montag ▸ **lundi 13 septembre** Montag, der 13. September.

lune [lyn] **nf** Mond *der* ▸ **lune de miel** Flitterwochen *pl* ▸ **pleine lune** Vollmond.

lunette [lynɛt] **nf** Fernglas *das* ▸ **lunette arrière** Rückfenster *das*. ◆ **lunettes nfpl** Brille *die* ▸ **lunettes de soleil** Sonnenbrille.

Lusaka [lysaka] **n** Lusaka *nt*.

lustre [lystʀ] **nm** Kronleuchter *der*.

lutte [lyt] **nf 1.** [combat] Kampf *der* **2.** SPORT Ringen *das*.

lutter [3] [lyte] **vi** kämpfen ▸ **lutter contre** a) [adversaire] kämpfen gegen b) [maladie, racisme] bekämpfen.

luxation [lyksasjɔ̃] **nf** Verrenkung *die*.

luxe [lyks] **nm** Luxus *der* ▸ **de (grand) luxe** Luxus-.

Luxembourg [lyksɑ̃buʀ] **nm : le Luxembourg** Luxemburg *nt*.

luxembourgeois, e [lyksɑ̃burʒwa, az] ◆ **adj** luxemburgisch. ◆ **nm** [langue] Letzeburgisch(e) (*das*). ◆ **Luxembourgeois, e nm, f** Luxemburger *der*, -in *die*.

luxueux, euse [lyksɥø, øz] **adj** Luxus-.

lycée [lise] **nm** Gymnasium *das* ▸ **lycée professionnel** Berufsschule *die* ▸ **lycée technique** Fachoberschule *die*.

ⓘ **Le lycée**

Das lycée entspricht in etwa der gymnasialen Oberstufe. Die Schüler müssen sich für einen der drei Zweige (allgemeinbildend, technisch oder berufsbildend) entscheiden. Innerhalb dieser Ausrichtungen erfolgt eine weitere Spezialisierung in bestimmten Fächern. Nach drei Jahren schließt man das lycée mit dem Abitur, dem baccalauréat, kurz bac, ab.

lycéen, enne [liseɛ̃, ɛn] **nm, f** Gymnasiast *der*, -in *die*.

Lycra® [likʀa] **nm** Lycra® *das*.

Lyon [ljɔ̃] **n** Lyon *nt*.

lyophilisé, e [ljɔfilize] **adj 1.** Trocken- **2.** [café] Pulver-.

lys [lis] **nm** Lilie *die*.

Mm

m (*abr de* mètre) m (*Meter*).

m' pron → **me**.

M. (*abr de* Monsieur) Hr. (*Herr*).

ma [ma] **adj** → **mon**.

macadam [makadam] **nm** Schotterstraße *die*.

macaron [makaʀɔ̃] **nm** [gâteau] Makrone *die*.

macaronis [makaʀɔni] **nmpl** Makkaroni *pl*.

macédoine [masedwan] **nf** : **macédoine (de légumes)** gemischtes Gemüse ▸ **macédoine de fruits** Obstsalat *der*.

Macédoine [masedwan] **nf** : **la Macédoine** Makedonien *nt*.

macérer [18] [maseʀe] **vi** ziehen.

mâcher [3] [maʃe] **vt** kauen.

machin [maʃɛ̃] **nm** *fam* Dings *das*.

machinal, e, aux [maʃinal, o] **adj** automatisch.

machine [maʃin] **nf** Maschine *die* ▸ **machine à coudre** Nähmaschine ▸ **machine à laver** Waschmaschine ▸ **machine à sous** Spielautomat *der*.

⚠ Maschine est un faux ami. Il se traduit souvent, selon le contexte, par ***avion*** ou ***appareil*** et non systématiquement par « machine ».

machiniste [maʃinist] **nmf** [d'autobus] Busfahrer *der*, -in *die* ▸ **'faire signe au machiniste'** 'Bitte dem Busfahrer Zeichen geben'.

mâchoire [maʃwaʀ] **nf** Kiefer *der*.

maçon, onne [masɔ̃, ɔn] **nm, f** Maurer *der*, -in *die*.

macro [makʀo] **nf** INFORM Makro *das*.

macrovision [makʀovizjɔ̃] **nf** : **système macrovision** Macrovision-System *das*.

Madagascar [madagaskaʀ] **n** Madagaskar *nt* ▸ **à Madagascar** auf Madagaskar.

madame [madam] (*pl* **mesdames** [medam]) **nf** : **madame X** Frau X ▸ **bonjour madame !** guten Tag Frau X! ▸ **bonjour mesdames !** guten Tag meine Damen! ▸ **Madame !** [pour appeler le professeur] Frau X!

madeleine [madlɛn] **nf** *Biskuitgebäck*.

mademoiselle [madmwazɛl] (*pl* **mesdemoiselles** [medmwazɛl]) **nf** : **mademoiselle X** Frau X ▸ **bonjour mademoiselle !** guten Tag Frau X! ▸ **bonjour mesdemoiselles !** guten Tag meine Damen! ▸ **Mademoiselle,** [dans une lettre] sehr geehrte Frau X,.

madère [madɛʀ] **nm** → **sauce**.

Madrid [madʀid] **n** Madrid *nt*.

maf(f)ia [mafja] **nf** Mafia *die* ▸ **la Maf(f)ia** die Mafia.

magasin [magazɛ̃] **nm** Geschäft *das* ▸ **grand magasin** Kaufhaus *das* ▸ **en magasin** vorrätig.

magasiner [3] [magazine] **vi** QUÉBEC Einkäufe machen ▸ **magasiner un contrat** einen Vertrag aus◦handeln.

magazine [magazin] **nm** Zeitschrift *die*.

Maghreb [magʀɛb] **nm** : **le Maghreb** der Maghreb.

Maghrébin, e [magʀebɛ̃, in] **nm, f** Maghrebiner *der*, -in *die*.

magicien, enne [maʒisjɛ̃, ɛn] **nm, f** Zauberer *der*, Zauberin *die*.

magie [maʒi] **nf** Zauberei *die* ▸ **magie noire** schwarze Magie.

magique [maʒik] **adj** magisch.

magistrat, e [maʒistʀa, at] **nm, f** **1.** [juge] Richter *der*, -in *die* **2.** [procureur] Staatsanwalt *der*, -anwältin *die*.

magnésium [maɲezjɔm] **nm** Magnesium *das*.

magnétique [maɲetik] **adj** Magnet-.

magnétoscope [maɲetɔskɔp] **nm** Videorekorder *der*.

magnifique [maɲifik] **adj** wunderschön.

magret [magʀɛ] **nm** : **magret (de canard)** Entenbrust *die*.

Mahomet [maɔmɛ] **n** Mohammed.

mai [mɛ] **nm** Mai *der* ▸ **le premier mai** der Erste Mai ▸ **en mai, au mois de mai** im Mai ▸ **début mai** Anfang Mai.

ⓘ Le 1er Mai

Wie in Deutschland bezeichnet man den 1. Mai auch in Frankreich als Tag der Arbeit, an dem die Gewerkschaften traditionell zu Demonstrationen aufrufen. An diesem Tag werden in Frankreich Maiglöckchen, du muguet, als Glücksbringer und Frühlingsboten verschenkt.

maigre [mɛgʀ] **adj** mager.

maigrir [32] [megʀiʀ] **vi** ab◦nehmen.

mail [mɛl] = **e-mail**.

mailing [meliŋ] **nf** : **liste de mailing** Mailingliste *die*.

mailing list [mɛliŋlist] **nf** Mailingliste *die*.

maille [maj] **nf** Masche *die*.

maillon [majɔ̃] **nm** Kettenglied *das*.

maillot [majo] **nm** Trikot *das* ▸ **maillot de bain** Badeanzug *der* ▸ **maillot de corps** Unterhemd *das* ▸ **le maillot jaune** das Gelbe Trikot.

main [mɛ̃] **nf** Hand *die* ▸ **se donner la main** sich die Hand geben ▸ **fait (à la) main** handgemacht ▸ **prendre qqch en main** etw in die Hand nehmen ▸ **mains libres** [téléphone] Freisprech-Telefon *das*.

main-d'œuvre [mɛ̃dœvʀ] **nf** Arbeitskräfte *pl*.

maintenant [mɛ̃tnɑ̃] **adv** jetzt.

maintenir [40] [mɛ̃tniʀ] **vt 1.** [soutenir] ab◦stützen **2.** [affirmer] fest◦halten an *(+ D)* **3.** [conserver] aufrecht◦erhalten. ◆ **se maintenir vp** [temps, tendance] sich halten.

maintenu, e [mɛ̃tny] **pp** → **maintenir**.

maire [mɛʀ] **nmf** Bürgermeister *der*, -in *die*.

mairie [meʀi] **nf** [bâtiment] Rathaus *das*.

mais [mɛ] **conj 1.** [objection, restriction] aber **2.** [après négation] sondern ▸ **mais non !** aber nein!

maïs [mais] **nm** Mais *der*.

maison [mɛzɔ̃] ◆ **nf** Haus *das*. ◆ **adj inv** hausgemacht ▸ **à la maison a)** [travailler, rester] zu Hause **b)** [rentrer] nach Hause ▸ **maison de campagne** Landhaus ▸ **maison de la culture** Kulturzentrum *das*.

maître, esse [mɛtʀ, mɛtʀɛs] **nm, f** [d'un animal] Herrchen *das*, Frauchen ▸ **maître (d'école)** Lehrer *der* ▸ **maître d'hôtel** Oberkellner *der* ▸ **maître nageur** Bademeister *der*.

maîtresse [mɛtʀɛs] **nf** [amie] Geliebte *die* ; → **maître**.

maîtrise [metʀiz] **nf** *Hochschulabschluss nach vierjährigem Studium*.

maîtriser [3] [metʀize] **vt 1.** [personne] bezwingen **2.** [incendie] in den Griff bekommen **3.** [sentiment] zügeln **4.** [sujet] beherrschen.

majestueux, euse [maʒɛstɥø, øz] **adj** majestätisch.

majeur, e [maʒœʀ] ◆ **adj 1.** [adulte] volljährig **2.** [principal] größte(r, s). ◆ **nm** [doigt] Mittelfinger *der* ▸ **la majeure partie (de)** der größte Teil *(+ G)*.

majoration [maʒɔʀasjɔ̃] **nf** Aufschlag *der*.

majorette [maʒɔʀɛt] **nf** Majorette *die*.

majoritaire [maʒɔʀitɛʀ] **adj** Mehrheits-.

majorité [maʒɔʀite] nf **1.** [âge] Volljährigkeit *die* **2.** [plus grand nombre] Mehrzahl *die* ▸ **en majorité** größtenteils ▸ **la majorité de** die Mehrheit *(+ G).*

Majorque [maʒɔʀk] n Mallorca *nt* ▸ **à Majorque** auf Mallorca.

majuscule [maʒyskyl] nf Großbuchstabe *der* ▸ **écrire en majuscules** mit Großbuchstaben schreiben.

mal [mal] (*pl* **maux** [mo]) ◆ nm [contraire du bien] Böse *das.* ◆ adv schlecht ▸ **avoir mal** Schmerzen haben ▸ **j'ai mal au cœur** mir ist schlecht ▸ **avoir mal au dos** Rückenschmerzen haben ▸ **avoir mal à la gorge** Halsschmerzen haben ▸ **avoir mal à la tête** Kopfschmerzen haben ▸ **avoir mal au ventre** Bauchschmerzen haben ▸ **ça fait mal** das tut weh ▸ **faire mal à qqn** jm weh°tun ▸ **se faire mal** sich *(D)* weh°tun ▸ **mal de gorge** Halsschmerzen *pl* ▸ **avoir le mal de mer** seekrank sein ▸ **maux de tête** Kopfschmerzen ▸ **il est pas mal, ce garçon** *fam* [assez bon, assez beau] dieser Junge sieht nicht schlecht aus ▸ **pas mal de** *fam* recht viel(e).

Malabo [malabo] n Malabo *nt.*

malade [malad] ◆ adj **1.** krank **2.** [sur un bateau] seekrank. ◆ nmf Kranke *der, die* ▸ **être malade** krank sein ▸ **malade mental** Geisteskranke.

maladie [maladi] nf Krankheit *die* ▸ **maladie sexuellement transmissible** Geschlechtskrankheit.

maladresse [maladʀɛs] nf Ungeschicklichkeit *die.*

maladroit, e [maladʀwa, at] adj ungeschickt.

malaise [malɛz] nm **1.** MÉD Übelkeit *die* **2.** [angoisse] Unbehagen *das* ▸ **j'ai un malaise** mir wird schwindelig.

Malaisie [malɛzi] nf : **la Malaisie** Malaysia *nt.*

malaria [malaʀja] nf Malaria *die.*

Malawi [malawi] nm [État] : **le Malawi** Malawi *nt.*

malaxer [3] [malakse] vt durch°kneten.

malbouffe [malbuf] nf ungesunde Ernährung.

malchance [malʃɑ̃s] nf Pech *das.*

Maldives [maldiv] nfpl : **les (îles) Maldives** die Malediven ▸ **aux Maldives** auf den Malediven.

mâle [mal] ◆ adj männlich. ◆ nm **1.** [homme] Mann *der* **2.** [animal] Männchen *das.*

malentendant, e [malɑ̃tɑ̃dɑ̃, ɑ̃t] ◆ adj schwerhörig. ◆ nm, f Schwerhörige *der, die.*

malentendu [malɑ̃tɑ̃dy] nm Missverständnis *das.*

malfaiteur [malfɛtœʀ] nm Übeltäter *der,* -in *die.*

malfamé, e [malfame] adj verrufen.

malformation [malfɔʀmasjɔ̃] nf Missbildung *die.*

malgache [malgaʃ] adj madagassisch. ◆ **malgache** nm [langue] Madagassisch(e) (*das*). ◆ **Malgache** nmf Madagasse *der,* -sin *die.*

malgré [malgʀe] prép trotz *(+ G)* ▸ **malgré tout** a) [quoi qu'il arrive] trotz allem b) [pourtant] dennoch.

malheur [malœʀ] nm **1.** [malchance] Pech *das* **2.** [événement] Unglück *das.*

malheureusement [malœʀøzmɑ̃] adv leider.

malheureux, euse [malœʀø, øz] adj unglücklich.

malhonnête [malɔnɛt] adj **1.** [personne] unehrlich **2.** [action] unredlich.

malhonnêteté [malɔnɛtte] **nf 1.** [de personne] Unehrlichkeit *die* **2.** [de procédé] Unehrenhaftigkeit *die*.

Mali [mali] **nm** : **le Mali** Mali *nt*.

malicieux, euse [malisjø, øz] **adj** verschmitzt.

malin, igne [malɛ̃, iɲ] **adj** [habile, intelligent] pfiffig.

malle [mal] **nf** großer Reisekoffer.

mallette [malɛt] **nf** Köfferchen *das*.

malmener [19] [malməne] **vt** übel zu✂richten.

malnutrition [malnytʀisjɔ̃] **nf** Unterernährung *die*.

Malouines [malwin] **nfpl** : **les (îles) Malouines** die Malvinen, die Falklandinseln.

malpoli, e [malpɔli] **adj** unhöflich.

malsain, e [malsɛ̃, ɛn] **adj** ungesund.

Malte [malt] **n** Malta *nt* ▸ **à Malte** auf Malta.

maltraitance [maltʀɛtɑ̃s] **nf** Misshandlung *die*.

maltraiter [4] [maltʀete] **vt** misshandeln.

maman [mamɑ̃] **nf** Mama *die*.

mamie [mami] **nf** Oma *die*.

mammifère [mamifɛʀ] **nm** Säugetier *das* ▸ **mammifères marins** Meeressäugetiere.

manager [manadʒɛʀ] **nm** Manager *der*, -in *die*.

Managua [managwa] **n** Managua *nt*.

manche [mɑ̃ʃ] ◆ **nf 1.** [de vêtement] Ärmel *der* **2.** [de jeu, de match] Satz *der*. ◆ **nm 1.** [d'outil, de balai] Stiel *der* **2.** [de guitare] Hals *der* ▸ **à manches courtes** kurzärmelig ▸ **à manches longues** langärmelig.

Manche [mɑ̃ʃ] **nf** : **la Manche** der Ärmelkanal.

manchette [mɑ̃ʃɛt] **nf** Manschette *die* ▸ **boutons de manchette** Manschettenknöpfe *pl*.

manchot, e [mɑ̃ʃo, ɔt] ◆ **adj 1.** [privé d'une main] einhändig **2.** [privé d'un bras] einarmig. ◆ **nm, f 1.** [privé d'une main] Einhändige *der, die* **2.** [privé d'un bras] Einarmige *der, die*. ◆ **manchot nm** [animal] Pinguin *der*.

mandarine [mɑ̃daʀin] **nf** Mandarine *die*.

mandat [mɑ̃da] **nm** [postal] Anweisung *die*.

manège [manɛʒ] **nm 1.** [attraction] Karussel *das* **2.** [d'équitation] Reitbahn *die*.

manette [manɛt] **nf** Hebel *der* ▸ **manette de jeux** Joystick *der*.

manga [mɑ̃ga] **nm** Manga *der ODER das*.

mangeable [mɑ̃ʒabl] **adj** essbar.

mangeoire [mɑ̃ʒwaʀ] **nf** Trog *der*.

manger [17] [mɑ̃ʒe] **vt & vi** essen ▸ **donner à manger à qqn** jn füttern.

mangue [mɑ̃g] **nf** Mango *die*.

maniable [manjabl] **adj** [outil] handlich.

maniaque [manjak] **adj** [très soigneux] pedantisch ▸ **maniaque sexuel** Sexualtäter *der*.

manie [mani] **nf** Tick *der*.

manier [9] [manje] **vt** handhaben.

manière [manjɛʀ] **nf** Art *die* ▸ **de manière à** damit ▸ **de toute manière** auf jeden Fall. ◆ **manières nfpl** [attitude] Manieren *pl* ▸ **faire des manières** sich zieren.

maniéré, e [manjeʀe] **adj** affektiert.

manif [manif] **nf** *fam* Demo *die*.

manifestant, e [manifɛstɑ̃, ɑ̃t] **nm, f** Demonstrant *der*, -in *die*.

manifestation [manifɛstasjɔ̃] **nf** **1.** [défilé] Demonstration *die* **2.** [culturelle] Veranstaltung *die*.

manifester [3] [manifɛste] ◆ **vt** zeigen. ◆ **vi** demonstrieren. ◆ **se manifester vp** zutage treten.

manigancer [16] [manigɑ̃se] **vt** aus∘hecken.

Manille [manij] **n** Manila *nt*.

manipulation [manipylasjɔ̃] **nf** **1.** [d'un outil, d'un produit] Handhabung *die* **2.** [tromperie] Manipulation *die*.

manipuler [3] [manipyle] **vt** **1.** handhaben **2.** *fig* manipulieren.

manivelle [manivɛl] **nf** Kurbel *die*.

mannequin [mankɛ̃] **nm** **1.** [femme] Mannequin *das* **2.** [homme] Dressman *der* **3.** [de vitrine] Schaufensterpuppe *die*.

manœuvre [manœvʀ] **nf** Manöver *das*.

manœuvrer [5] [manœvʀe] ◆ **vt** lenken. ◆ **vi** manövrieren.

manoir [manwaʀ] **nm** Schlösschen *das*.

manquant, e [mɑ̃kɑ̃, ɑ̃t] **adj** fehlend ▸ **la pièce manquante** das fehlende Teil.

manque [mɑ̃k] **nm** : **le manque de** der Mangel an *(+ D)*.

manquer [3] [mɑ̃ke] ◆ **vt** **1.** [train] verpassen **2.** [cible] verfehlen **3.** [occasion] versäumen. ◆ **vi** **1.** [échouer] fehl∘schlagen **2.** [être absent] fehlen ▸ **elle nous manque** sie fehlt uns ▸ **il me manque dix euros** mir fehlen zehn Euro ▸ **manquer de** mangeln an *(+ D)* ▸ **il a manqué (de) se faire écraser** er wäre beinahe überfahren worden.

mansardé, e [mɑ̃saʀde] **adj** Mansarden-.

manteau [mɑ̃to] (*pl* **-x**) **nm** Mantel *der*.

manucure [manykyʀ] **nmf** Maniküre *die*.

manuel, elle [manɥɛl] ◆ **adj** **1.** [activité, métier] manuell **2.** [non automatique] Hand-. ◆ **nm** Handbuch *das*.

manufacturé, e [manyfaktyʀe] **adj** Fertig-.

manufacturer [3] [manyfaktyʀe] **vt** industriell herstellen.

manuscrit [manyskʀi] **nm** Manuskript *das*.

mappemonde [mapmɔ̃d] **nf** **1.** [carte] Weltkarte *die* **2.** [globe] Globus *der*.

Maputo [maputo] **n** Maputo *nt*.

maquereau [makʀo] (*pl* **-x**) **nm** Makrele *die*.

maquette [makɛt] **nf** Modell *das*.

maquillage [makijaʒ] **nm** Schminke *die*.

maquiller [3] [makije] ◆ **se maquiller vp** sich schminken.

maracas [maʀakas] **nfpl** Maracas *pl*.

maracu(d)ja [maʀakudʒa] **nm** Maracuja *die*.

marais [maʀɛ] **nm** Sumpf *der* ▸ **le Marais** *historisches Viertel im Stadtzentrum von Paris*.

ⓘ Le Marais

Das Marais-Viertel in Paris ist ein historisches Viertel im Stadtzentrum. Es ist das jüdische Viertel um die rue des Rosiers, ein beliebter Wohnort für Homosexuelle und ein bekannter Ort für Einkaufsbummel. Es ist bekannt für seine **hôtels particuliers**; einige behergergen Museen wie das Picasso-Museum.

marathon [maʀatɔ̃] **nm** Marathon(lauf) *der*.

marbre [maʀbʀ] **nm** Marmor *der*.

marbré, e [maʀbʀe] **adj** marmoriert ; → **gâteau**.

marchand, e [maʀʃɑ̃, ɑ̃d] **nm, f** Händler *der*, -in *die* ▸ **marchand ambulant** fliegender Händler ▸ **marchand de fruits et légumes** ou **de primeurs** Obst- und Gemüsehändler ▸ **marchand de journaux** Zeitungshändler.

marchander [3] [maʀʃɑ̃de] **vi** handeln.

marchandise [maʀʃɑ̃diz] **nf** Ware *die*.

marche [maʀʃ] **nf 1.** [à pied] Fußmarsch *der* **2.** [d'escalier] Stufe *die* **3.** [fonctionnement] Betrieb *der* ▸ **bouton marche / arrêt** Start- / Stop-Taste *die* ▸ **en marche** in Betrieb ▸ **marche arrière** AUTO Rückwärtsgang *der* ▸ **repartir en marche avant** wieder vorwärts fahren.

marché [maʀʃe] **nm 1.** [lieu de vente] Markt *der* **2.** [contrat] Handel *der* ▸ **faire son marché** (auf dem Markt) ein∘kaufen ▸ **bon marché** preiswert ▸ **par-dessus le marché** noch dazu ▸ **marché couvert** Markthalle *die* ▸ **marchés financiers** Finanzmärkte *pl*.

marchepied [maʀʃəpje] **nm** Trittbrett *das*.

marcher [3] [maʀʃe] **vi 1.** gehen **2.** [fonctionner] funktionieren ▸ **marcher pendant 2 heures** 2 Stunden laufen ▸ **faire marcher qqch** etw in Betrieb setzen ▸ **faire marcher qqn** *fam* jn rein∘legen.

mardi [maʀdi] **nm** Dienstag *der* ▸ **mardi gras** Faschingsdienstag ▸ **nous sommes** ou **c'est mardi** heute ist Dienstag ▸ **mardi 13 septembre** Dienstag, der 13. September ▸ **nous sommes partis mardi** wir sind (am) Dienstag losgefahren ou abgereist ▸ **mardi dernier** (am) letzten Dienstag ▸ **mardi prochain** (am) nächsten Dienstag ▸ **mardi matin** (am) Dienstagmorgen ▸ **le mardi** dienstags ▸ **à mardi !** bis Dienstag!

mare [maʀ] **nf** Tümpel *der*.

marécage [maʀekaʒ] **nm** Sumpf *der*.

marécageux, euse [maʀekaʒø, øz] **adj 1.** [terrain] sumpfig **2.** [plante] Sumpf-.

marée [maʀe] **nf** Gezeiten *pl* ▸ **(à) marée basse / haute** (bei) Ebbe / Flut.

margarine [maʀgaʀin] **nf** Margarine *die*.

marge [maʀʒ] **nf 1.** [d'un livre, d'une feuille de papier] Rand *der* **2.** [de manœuvre] Spielraum *der* ▸ **il n'est que 8 heures, nous avons de la marge** es ist erst 8, wir haben noch genügend Zeit.

marginal, e, aux [maʀʒinal, o] **nm, f** Außenseiter *der*, -in *die*.

marguerite [maʀgəʀit] **nf** Margerite *die*.

mari [maʀi] **nm** (Ehe)mann *der*.

mariage [maʀjaʒ] **nm 1.** [noce] Heirat *die* **2.** [institution] Ehe *die* **3.** [cérémonie] Hochzeit *die*.

marié, e [maʀje] ◆ **adj** verheiratet. ◆ **nm, f** Bräutigam *der*, Braut *die* ▸ **jeunes mariés** neu vermähltes Paar.

marier [9] [maʀje] ◆ **se marier vp** heiraten ▸ **se marier avec qqn** jn heiraten.

marin, e [maʀɛ̃, in] ◆ **adj** Meeres-. ◆ **nm** Seemann *der*.

marina [maʀina] **nf** Jachthafen *der*.

marine [maʀin] ◆ **adj inv** marine-. ◆ **nm** Marine(blau) *das*. ◆ **nf 1.** [administration] See(schifffahrt) *die* **2.** [navires] Marine *die* ▸ **bleu marine** marineblau.

mariner [3] [maʀine] **vi** ziehen.

marinière [maʀinjɛʀ] **nf** → **moule**[2]

marionnette [maʀjɔnɛt] **nf 1.** [figurine] Puppe *die* **2.** [à fils] Marionette *die*.

maritime [maʀitim] **adj 1.** [gare] See- **2.** [ville] Küsten-.

marketing [maʀkɛtiŋ] **nm** Marketing *das*.

marmelade [maʀməlad] **nf** Marmelade *die* ▸ **marmelade d'oranges** Orangenmarmelade.

marmite [maʀmit] **nf** (Koch)topf *der*.

marmonner [3] [maʀmɔne] **vt** murmeln.

Maroc [maʀɔk] **nm** : **le Maroc** Marokko *nt*.

marocain, e [maʀɔkɛ̃, ɛn] **adj** marokkanisch. ◆ **Marocain, e nm, f** Marokkaner *der*, -in *die*.

maroquinerie [maʀɔkinʀi] **nf 1.** [objets] Lederwaren *pl* **2.** [boutique] Lederwarengeschäft *das*.

marque [maʀk] **nf 1.** [trace] Spur *die* **2.** [nombre de points] Spielstand *der* **3.** [commerciale] Marke *die* ▸ **un vêtement de marque** ein Markenkleidungsstück.

marqué, e [maʀke] **adj 1.** [différence, tendance] deutlich **2.** [ridé] gezeichnet.

marquer [3] [maʀke] ◆ **vt 1.** [écrire] notieren **2.** [impressionner] prägen **3.** [point, but] erzielen. ◆ **vi** schreiben.

marqueur [maʀkœʀ] **nm** Textmarker *der*.

marquis, e [maʀki, iz] **nm, f** Marquis *der*, -e *die*.

marraine [maʀɛn] **nf** Patentante *die*.

marrant, e [maʀɑ̃, ɑ̃t] **adj** *fam* lustig.

marre [maʀ] **adv** *fam* : **en avoir marre de qqch** etw satt∘haben ▸ **j'en ai marre** ich habe es satt.

marrer [3] [maʀe] ◆ **se marrer vp** *fam* lachen.

marron [maʀɔ̃] ◆ **adj inv** braun. ◆ **nm 1.** (Ess)kastanie *die* **2.** [couleur] Braun *das* ▸ **marron glacé** *kandierte Kastanie*.

marronnier [maʀɔnje] **nm** (Edel)kastanie *die*.

mars [maʀs] **nm** März *der* ▸ **en mars, au mois de mars** im März ▸ **début mars** Anfang März ▸ **le deux mars** am zweiten März.

Marseille [maʀsɛj] **n** Marseille *nt*.

marteau [maʀto] (*pl* -**x**) **nm** Hammer *der* ▸ **marteau piqueur** Pressluft-hammer.

martiniquais, e [maʀtinikɛ, ɛz] **adj** von ou aus Martinique.

Martinique [maʀtinik] **nf** : **la Martinique** Martinique *nt*.

martyr, e [maʀtiʀ] ◆ **adj** misshandelt. ◆ **nm, f** Märtyrer *der*, -in *die*.

martyre [maʀtiʀ] **nm** [douleur, peine] Martyrium *das* ▸ **souffrir le martyre** Höllenqualen leiden.

martyriser [3] [maʀtiʀize] **vt** quälen.

marxiste [maʀksist] ◆ **adj** marxistisch. ◆ **nmf** Marxist *der*, -in *die*.

mascara [maskaʀa] **nm** Wimperntusche *die*.

mascotte [maskɔt] **nf** Maskottchen *das*.

masculin, e [maskylɛ̃, in] ◆ **adj** männlich. ◆ **nm** Maskulinum *das*.

masochiste [mazɔʃist] ◆ **adj** masochistisch. ◆ **nmf** Masochist *der*, -in *die*.

masque [mask] **nm** Maske *die*.

masquer [3] [maske] **vt** verdecken.

massacre [masakʀ] **nm** Massaker *das*.

massacrer [3] [masakʀe] **vt 1.** [tuer] nieder∘metzeln **2.** *fig* [texte, morceau de musique] verschandeln.

massage [masaʒ] **nm** Massage *die*.

masse [mas] **nf 1.** [bloc] Masse *die* **2.** [outil] Vorschlaghammer *der* ▸ **une masse** ou **des masses de** eine Menge ▸ **en masse** massenweise.

masser [3] [mase] **vt** [dos, personne] massieren. ◆ **se masser vp** [se grouper] sich drängen.

masseur, euse [masœʀ, øz] **nm, f** Masseur *der*, -in *die*.

massif, ive [masif, iv] ◆ **adj** massiv. ◆ **nm 1.** [de fleurs] Beet *das* **2.** [montagneux] Massiv *das* ▸ **massif de fleurs** Blumenbeet ▸ **le Massif central** das Zentralmassiv.

massivement [masivmɑ̃] **adv** massenweise.

massue [masy] **nf** Keule *die*.

master [mastɛʀ] **nm** [à l'université] Master *der*.

mastic [mastik] **nm** Kitt *der*.

mastiquer [3] [mastike] **vt** [mâcher] kauen.

mat, e [mat] ◆ **adj 1.** [métal, photo] matt **2.** [peau] dunkel. ◆ **adj inv** [aux échecs] matt.

mât [ma] **nm** Mast *der*.

match [matʃ] (*pl* -s ou -es) **nm** Spiel *das* ▸ **faire match nul** unentschieden spielen.

matelas [matla] **nm** Matratze *die* ▸ **matelas pneumatique** Luftmatratze.

matelassé, e [matlase] **adj** gesteppt ▸ **enveloppe matelassée** gefütterter Umschlag.

mater [3] [mate] **vt 1.** [personne] bezwingen **2.** [révolte] nieder◦schlagen **3.** *fam* [regarder] schielen nach.

matérialiser [3] [mateʀjalize] ◆ **se matérialiser vp** sich erfüllen.

matériaux [mateʀjo] **nmpl** Baustoffe *pl*.

matériel, elle [mateʀjɛl] ◆ **adj** materiell. ◆ **nm 1.** [outillage] Ausrüstung *die* **2.** INFORM Hardware *die* ▸ **matériel de camping** Campingausrüstung.

maternel, elle [matɛʀnɛl] **adj 1.** [femme] mütterlich **2.** [amour, lait] Mutter- ▸ **les grands-parents maternels** die Großeltern mütterlicherseits.

maternelle [matɛʀnɛl] **nf** : **(école) maternelle** ≃ Kindergarten *der*.

maternité [matɛʀnite] **nf** [clinique] Entbindungsklinik *die* ▸ **être en congé (de) maternité** im Mutterschaftsurlaub sein.

mathématiques [matematik] **nfpl** Mathematik *die*.

maths [mat] **nfpl** *fam* Mathe *die*.

matière [matjɛʀ] **nf 1.** [matériau] Stoff *der* **2.** SCOL Fach *das* ▸ **matière première** Rohstoff ▸ **matières grasses** Fett *das*.

Matignon [matiɲɔ̃] **n** : **(l'hôtel) Matignon** *Amtssitz des französischen Premierministers.*

> ⓘ **Matignon**
>
> Das im 18. Jh. erbaute Hôtel Matignon liegt in der rue de Varenne in Paris. Seit 1935 dient das Gebäude als Amtssitz des Premierministers, weshalb Matignon in der Presse oft als Synonym für den Premierminister und die Regierung verwendet wird.

matin [matɛ̃] **nm 1.** [début du jour] Morgen *der* **2.** [partie de la journée] Vormittag *der* ▸ **le matin** a) [début du jour] morgens b) [partie de la journée] vormittags.

matinal, e, aux [matinal, o] **adj** Morgen- ▸ **être matinal** Frühaufsteher sein.

matinée [matine] **nf 1.** [matin] Vormittag *der* **2.** [spectacle] Matinee *die* ▸ **dans la matinée** im Laufe des Vormittags.

matos [matos] **nm** *fam* Zeug *das* ▸ **ils ont un sacré matos** sie haben jede Menge Zeug.

matraque [matʀak] **nf** Knüppel *der*.

maudire [104] [modiʀ] **vt** verfluchen.

maudit, e [modi, it] ◆ **pp, 3ᵉ pers. du sg. de l'ind. prés. & 3ᵉ pers. du sg. de l'ind. passé simple** → **maudire.** ◆ **adj** verdammt.

Maurice [moʀis] → **île.**

Mauritanie [moʀitani] **nf** : **la Mauritanie** Mauretanien *nt*.

maussade [mosad] **adj 1.** [humeur] mürrisch **2.** [temps] trüb.

mauvais, e [movɛ, ɛz] **adj 1.** schlecht **2.** [faux] falsch **3.** [méchant] böse ▸ **il fait mauvais** es ist schlechtes Wetter ▸ **mauvais en** schlecht in.

mauve [mov] **adj** blasslila.

maux [mo] **nmpl** → **mal.**

max. [maks] (*abr de* maximum) max. *(Maximum)*.

maximum [maksimɔm] **nm** Maximum *das* ▸ **au maximum** höchstens.

Mayence [majɑ̃s] **n** Mainz *nt*.

mayonnaise [majɔnɛz] **nf** Mayonnaise *die*.

mazout [mazut] **nm** Heizöl *das*.

me [mə] **pron** mich, mir ▸ **me voici** hier bin ich ▸ **je me lève** ich stehe auf ▸ **je me brosse les dents** ich putze mir die Zähne.

mec [mɛk] **nm** *fam* Kerl *der*, Typ *der*.

mécanicien, enne [mekanisjɛ̃, ɛn] **nm, f** Kfz-Mechaniker *der*, -in *die*.

mécanique [mekanik] ◆ **adj 1.** [non électrique] mechanisch **2.** [geste] automatisch. ◆ **nf 1.** [mécanisme] Mechanik *die* **2.** [étude des machines] Maschinenbau *der*.

mécanisme [mekanism] **nm** Mechanismus *der*.

méchamment [meʃamɑ̃] **adv** boshaft.

méchanceté [meʃɑ̃ste] **nf** Bosheit *die*.

méchant, e [meʃɑ̃, ɑ̃t] **adj** böse.

mèche [mɛʃ] **nf 1.** [de cheveux] Strähne *die* **2.** [de lampe] Docht *der* **3.** [d'explosif] Zündschnur *die*.

méchoui [meʃwi] **nm** *nordafrikanischer Hammelspießbraten*.

méconnaissable [mekɔnɛsabl] **adj** : **être méconnaissable** kaum wiederzuerkennen sein.

mécontent, e [mekɔ̃tɑ̃, ɑ̃t] **adj** unzufrieden.

médaille [medaj] **nf 1.** [récompense] Medaille *die* **2.** [médaillon] Anhänger *der* **3.** [de chien] Hundesmarke *die*.

médaillon [medajɔ̃] **nm** Medaillon *das*.

médecin [mɛdsɛ̃] **nmf** Arzt *der*, Ärztin *die* ▸ **médecin traitant** behandelnder Arzt.

médecine [mɛdsin] **nf** Medizin *die*.

Medef [medɛf] (*abr de* Mouvement des entreprises de France) **nm** *Dachorganisation der französischen Arbeitgeberverbände* ; ≃ BDA **die** *(Bundesvereinigung der Deutschen Arbeitgeberverbände)*.

media [medja] **nm** Medium *das*. ◆ **médias nmpl** Medien *pl*.

médiatique [medjatik] **adj** [personnalité] medienwirksam.

médical, e, aux [medikal, o] **adj** medizinisch.

médicament [medikamɑ̃] **nm** Medikament *das* ▸ **prendre ses médicaments** seine Medikamente ein◦nehmen.

médiéval, e, aux [medjeval, o] **adj** mittelalterlich.

médiocre [medjɔkʀ] **adj 1.** [élève, résultats] mittelmäßig **2.** [temps] schlecht.

méditation [meditasjɔ̃] **nf** Meditation *die*.

méditer [3] [medite] ◆ **vt** nach◦sinnen über *(+ A)*. ◆ **vi** nach◦sinnen.

Méditerranée [mediteʀane] **nf** : **la (mer) Méditerranée** das Mittelmeer.

méditerranéen, enne [mediteʀaneɛ̃, ɛn] **adj** Mittelmeer-.

méduse [medyz] **nf** Qualle *die*.

meeting [mitiŋ] **nm 1.** POL Versammlung *die* **2.** SPORT Veranstaltung *die* ▸ **meeting d'athlétisme** Leichtathletikwettkämpfe *pl*.

méfiance [mefjɑ̃s] **nf** Misstrauen *das*.

méfiant, e [mefjɑ̃, ɑ̃t] **adj** misstrauisch.

méfier [9] [mefje] ◆ **se méfier vp** sich vor◦sehen ▸ **se méfier de qqn / qqch** jm / etw misstrauen.

méga [mega] *(abr de* mégaoctet*)* **nm** Megabyte *das*.

mégapixel [megapiksɛl] **nm** Megapixel *das*.

mégot [mego] **nm** (Zigaretten)kippe *die*.

meilleur, e [mɛjœʀ] ◆ **adj 1.** [comparatif] besser **2.** [superlatif] beste(r, s). ◆ **nm, f** Beste *der, die, das*.

mél [mel] **nm** Mail *die*.

mélancolie [melɑ̃kɔli] **nf** Schwermut *die*.

mélange [melɑ̃ʒ] **nm** Mischung *die*.

mélanger [17] [melɑ̃ʒe] **vt 1.** [mêler] (ver)mischen **2.** [confondre] durcheinander◦bringen.

Melba [mɛlba] **adj inv** → **pêche**.

mêlée [mele] **nf** Gedränge *das*.

mêler [4] [mele] **vt** (ver)mischen ▸ **mêler qqn à qqch** jn in etw *(A)* verwickeln. ◆ **se mêler vp** : **se mêler à qqch** [se mélanger à] sich mit etw vermischen ▸ **se mêler de qqch** sich in etw *(A)* ein◦mischen.

mélodie [melɔdi] **nf** Melodie *die*.

melon [məlɔ̃] **nm** Melone *die*.

membre [mɑ̃bʀ] **nm 1.** Glied *das* **2.** [d'un club] Mitglied *das*.

même [mɛm] ◆ **adj 1.** [identique] selbe(r, s) **2.** [semblable] gleiche(r, s) ▸ **nous avons les mêmes places qu'à l'aller** wir haben die gleichen Plätze wie auf der Hinfahrt **3.** [sert à renforcer] : **elle est la gentillesse même** sie ist die Freundlichkeit in Person ▸ **c'est cela même** es ist genau, wie Sie sagen ◆ **pron** : **le même, la même** derselbe, dieselbe, dasselbe ▸ **tu as vu la voiture de Pierre ? j'ai la même que lui** hast du Pierres Wagen gesehen? ich habe denselben wie er

◆ **adv 1.** [sert à renforcer] sogar ▸ **même les sandwichs sont chers ici** hier sind sogar die Sandwichs teuer ▸ **il n'y a même pas de cinéma** hier gibt es noch nicht einmal ein Kino **2.** [exactement] genau ▸ **c'est aujourd'hui même** das ist genau heute **3.** [dans des expressions] : **coucher à même le sol** direkt auf dem Boden schlafen ▸ **être à même de faire qqch** in der Lage sein, etw zu tun ▸ **je vais me coucher — eh bien, je vais faire de même** ich gehe ins Bett — gut, dann gehe ich auch ▸ **de même que** genauso wie

◆ **même si conj** selbst wenn.

mémé [meme] **nf** *fam* Oma *die*.

mémoire [memwaʀ] **nf 1.** [souvenir] Gedächtnis *das* **2.** INFORM Speicher *der* ▸ **mémoire cache** Cache(speicher) *der*

▸ **mémoire morte** ROM-Speicher, Fest(wert)speicher ▸ **mémoire tampon** Zwischenspeicher ▸ **mémoire vive** RAM-Speicher, Arbeitsspeicher ▸ **de mémoire** aus dem Gedächtnis.

menace [mənas] **nf 1.** [intimidation] Drohung *die* **2.** [danger] Bedrohung *die*.

menacer [16] [mənase] ◆ **vt** bedrohen. ◆ **vi** im Anzug sein ▸ **menacer de faire qqch** drohen, etw zu tun.

ménage [menaʒ] **nm** [famille] Haushalt *der* ▸ **faire le ménage** sauber machen.

ménager¹ [17] [menaʒe] **vt** haushalten mit.

ménager², ère [menaʒe, ɛʀ] **adj** Haushalts- ▸ **tâches ménagères** Hausarbeit *die*.

ménagère [menaʒɛʀ] **nf** [couverts] Bestecksatz *der*.

ménagerie [menaʒʀi] **nf** Tiergehege *das*.

mendiant, e [mɑ̃djɑ̃, ɑ̃t] ◆ **nm, f** Bettler *der*, -in *die*. ◆ **nm** *Gebäckstück aus Feigen, Rosinen, Mandeln und Nüssen.*

mendier [9] [mɑ̃dje] **vi** betteln.

mener [9] [məne] ◆ **vt 1.** [sujet : personne] bringen **2.** [sujet : route] führen **3.** [diriger] leiten. ◆ **vi** SPORT führen ▸ **qui mène ?** wer führt?

menottes [mənɔt] **nfpl** Handschellen *pl*.

mensonge [mɑ̃sɔ̃ʒ] **nm** Lüge *die*.

mensualité [mɑ̃sɥalite] **nf** Monatsrate *die*.

mensuel, elle [mɑ̃sɥɛl] ◆ **adj** monatlich. ◆ **nm** Monatsschrift *die*.

mensurations [mɑ̃syʀasjɔ̃] **nfpl** Körpermaße *pl*.

mental, e, aux [mɑ̃tal, o] **adj 1.** [maladie, état] Geistes- **2.** [calcul] Kopf-.

mentalité [mɑ̃talite] **nf** Mentalität *die*.

menteur, euse [mɑ̃tœʀ, øz] **nm, f** Lügner *der*, -in *die*.

menthe [mɑ̃t] **nf** Pfefferminz *(sans article)* ▸ **menthe à l'eau** *mit Wasser verdünnter Pfefferminzsirup.*

mention [mɑ̃sjɔ̃] **nf** [à un examen] Auszeichnung *die* ▸ **'rayer les mentions inutiles'** 'Nichtzutreffendes streichen'.

mentionner [3] [mɑ̃sjɔne] **vt** erwähnen.

mentir [37] [mɑ̃tiʀ] **vi** lügen.

menton [mɑ̃tɔ̃] **nm** Kinn *das*.

menu, e [məny] ◆ **adj** zierlich. ◆ **adv** fein. ◆ **nm 1.** [liste des plats] Speisekarte *die* **2.** [repas & INFORM] Menü *das* ▸ **menu Démarrer** Startmenü ▸ **menu déroulant** Pulldown-Menü ▸ **menu enfant** Kinderteller *der* ▸ **menu gastronomique** Feinschmeckermenü ▸ **menu touristique** Touristenmenü.

menuisier, ère [mənɥizje, ɛʀ] **nm, f** Tischler *der*, -in *die*.

mépris [mepʀi] **nm** Verachtung *die*.

méprisant, e [mepʀizɑ̃, ɑ̃t] **adj** verächtlich.

mépriser [3] [mepʀize] **vt** verachten.

mer [mɛʀ] **nf** Meer *das* ▸ **en mer** auf See ▸ **la mer du Nord** die Nordsee.

mercerie [mɛʀsəʀi] **nf** [boutique] Kurzwarengeschäft *das*.

merci [mɛʀsi] **interj** danke ▸ **merci beaucoup !** vielen Dank!

mercredi [mɛʀkʀədi] **nm** Mittwoch *der* ▸ **nous sommes** OU **c'est mercredi** heute ist Mittwoch ▸ **mercredi 13 septembre** Mittwoch, der 13. September ▸ **nous sommes partis mercredi** wir sind (am) Mittwoch losgefahren OU abgereist ▸ **mercredi dernier** (am) letzten Mittwoch ▸ **mercredi prochain** (am) nächsten Mittwoch ▸ **mercredi matin** (am) Mittwochmorgen ▸ **le mercredi** mittwochs ▸ **à mercredi !** bis Mittwoch!

merde [mɛʀd] ◆ **interj** *vulg* Scheiße. ◆ **nf** *vulg* Scheiße *die*.

merder [3] [mɛʀde] **vi** *vulg* : **j'ai complètement merdé en littérature anglaise** ich habe englische Literatur total vermasselt.

merdique [mɛʀdik] **adj** *fam* beschissen.

mère [mɛʀ] **nf** Mutter *die* ▸ **mère biologique** biologische Mutter.

merguez [mɛʀgɛz] **nf** *scharf gewürztes nordafrikanisches Bratwürstchen*.

méridional, e, aux [meʀidjɔnal, o] **adj** südfranzösisch.

meringue [məʀɛ̃g] **nf** Baiser *das*.

mérite [meʀit] **nm** Verdienst *der* ▸ **il a du mérite à se lever si tôt** es ist schon beachtlich, dass er so früh aufsteht.

mériter [3] [meʀite] **vt** verdienen.

merlan [mɛʀlɑ̃] **nm** Wittling *der*.

merle [mɛʀl] **nm** Amsel *die*.

merlu [mɛʀly] **nm** Seehecht *der*.

mérou [meʀu] **nm** Zackenbarsch *der*.

merveille [mɛʀvɛj] **nf** [objet, spectacle] Wunder *das*.

merveilleux, euse [mɛʀvɛjø, øz] **adj** wunderbar.

mes [mɛ] **adj pl** → **mon**.

mésaventure [mezavɑ̃tyʀ] **nf** Missgeschick *das*.

mesdames [medam] **nfpl** → **madame**.

mesdemoiselles [medmwazɛl] **nfpl** → **mademoiselle**.

mesquin, e [mɛskɛ̃, in] **adj** kleinlich.

message [mesaʒ] **nm** Nachricht *die* ▸ **laisser un message** eine Nachricht hinterlassen ▸ **prendre un message** etwas aus°richten.

messager, ère [mesaʒe, ɛʀ] **nm, f** Bote *der*, -tin *die*.

messagerie [mesaʒʀi] **nf** Eilguttransport *der* ▸ **messagerie électronique** Mailbox *die*, elektronischer Briefkasten.

messe [mɛs] **nf** Messe *die*.

> ⚠ Messe est un faux ami. Il se traduit souvent par *foire*, et non systématiquement par « messe ».

messieurs [mesjø] **nmpl** → **monsieur**.

mesure [məzyʀ] **nf** **1.** [calcul] Messung *die* **2.** [dimension] Maß *das* **3.** [rythme] Takt *der* **4.** [décision] Maßnahme *die* ▸ **sur mesure** [vêtement] maßgeschneidert ▸ **dans la mesure du possible** falls möglich ▸ **(ne pas) être en mesure de faire qqch** (nicht) in der Lage sein, etw zu tun.

mesuré, e [məzyʀe] **adj** gemäßigt.

mesurer [3] [məzyʀe] **vt** messen ▸ **il mesure 2 mètres** er ist 2 Meter groß.

met [mɛ] **3e pers. du sg. de l'ind. prés.** → **mettre**.

métal [metal] (*pl* -aux) **nm** Metall *das*.

métallique [metalik] **adj** metallisch.

météo [meteo] **nf** : **(bulletin) météo** Wetterbericht *der* ▸ **météo marine** Seewetterbericht *der*.

météorologique [meteɔʀɔlɔʒik] **adj** Wetter-.

méthode [metɔd] **nf** **1.** [moyen] Methode *die* **2.** [manuel] Lehrbuch *das* ▸ **agir avec méthode** methodisch vor°gehen.

méthodique [metɔdik] **adj** methodisch.

méticuleux, euse [metikylø, øz] **adj** sorgfältig.

métier [metje] **nm** Beruf *der*.

métis, isse [metis] **nm, f** Mischling *der*.

mètre [mɛtʀ] **nm 1.** [mesure] Meter *der* **2.** [ruban] Metermaß *das*.

métro [metʀo] **nm** U-Bahn *die*, Metro *die* ▸ **métro aérien** Hochbahn *die*.

métropole [metʀɔpɔl] **nf 1.** [ville] Metropole *die* **2.** [pays] Mutterland *das*.

metteur, euse [mɛtœʀ, øz] **nm, f** : **metteur en scène** [de théâtre, de cinéma] Regisseur *der*, -in *die*.

mettre [84] [mɛtʀ] ◆ **vt 1.** [à plat] legen **2.** [verticalement] stellen ▸ **mettre qqch debout** etw hin∘stellen **3.** [vêtement] an∘ziehen ; [lunettes, chapeau] auf∘setzen ; [écharpe, cravate] um∘binden **4.** [temps] brauchen ▸ **nous avons mis deux heures par l'autoroute** über die Autobahn haben wir zwei Stunden gebraucht **5.** [argent] aus∘geben ▸ **combien voulez-vous mettre ?** wie viel wollen Sie ausgeben? **6.** [s'investir] : **y mettre du sien** Einsatz zeigen **7.** [déclencher] an∘machen ▸ **mettre le chauffage** die Heizung an∘stellen ▸ **mettre qqch en marche** etw ein∘schalten ▸ **mettre qqch en route** etw in Gang bringen **8.** [dans un état différent] : **mettre qqn en colère** jn wütend machen **9.** [écrire] schreiben

◆ **se mettre vp 1.** [debout] sich stellen ; [assis] sich setzen ; [couché] sich legen ▸ **se mettre debout** sich hin∘stellen ▸ **se mettre au lit** sich ins Bett legen **2.** [dans un état différent] : **se mettre en colère** sich auf∘regen ▸ **se mettre d'accord** sich einigen **3.** [vêtement, maquillage] : **elle s'est mis du rouge à lèvres** sie hat sich die Lippen geschminkt ▸ **je n'ai rien à me mettre** ich habe nichts anzuziehen **4.** [commencer] : **se mettre à faire qqch** an∘fangen, etw zu tun ▸ **se mettre au travail, s'y mettre** sich an die Arbeit machen.

meuble [mœbl] **nm** Möbel *das*.

meublé [mœble] **nm** möblierte Wohnung.

meubler [5] [mœble] **vt** ein∘richten.

meuf [mœf] **nf** *fam* Frau *die*.

meugler [5] [møgle] **vi** muhen.

meule [møl] **nf** [de foin] Schober *der*.

meunière [mønjɛʀ] **adj f** → **sole**.

meurt [mœʀ] → **mourir**.

meurtre [mœʀtʀ] **nm** Mord *der*.

meurtrier, ère [mœʀtʀije, ɛʀ] **nm, f** Mörder *der*, -in *die*.

meurtrir [32] [mœʀtʀiʀ] **vt** brandmarken.

meurtrissure [mœʀtʀisyʀ] **nf 1.** [blessure] blauer Fleck **2.** [sur un fruit] Druckstelle *die*.

meute [møt] **nf** [de chiens] Meute *die*.

mexicain, e [mɛksikɛ̃, ɛn] **adj** mexikanisch. ◆ **Mexicain, e nm, f** Mexikaner *der*, -in *die*.

Mexico [mɛksiko] **n** Mexiko *nt*.

Mexique [mɛksik] **nm** : **le Mexique** Mexiko *nt*.

mezzanine [mɛdzanin] **nf** Zwischengeschoss *das*.

mi [mi] **nm** E *das*.

mi- [mi] **préf** halb ▸ **à la mi-mars** Mitte März ▸ **à mi-chemin** auf halbem Weg.

miauler [3] [mjole] **vi** miauen.

miche [miʃ] **nf** Laib *der*.

mi-chemin [miʃmɛ̃] ◆ **à mi-chemin loc adv** auf halbem Weg.

micro [mikʀo] nm **1.** [amplificateur] Mikro *das* **2.** [micro-ordinateur] PC *der.*

microbe [mikʀɔb] nm Mikrobe *die.*

microcrédit [mikʀokʀedi] (*pl* **microcrédits**) nm Mikrokredit *der.*

Micronésie [mikʀɔnezi] nf : **la Micronésie** Mikronesien *nt* ▸ **les États fédérés de Micronésie** die Föderierten Staaten von Mikronesien.

micro-ondes [mikʀoɔ̃d] nm inv : **(four à) micro-ondes** Mikrowelle *die.*

micro-ordinateur [mikʀoɔʀdinatœʀ] (*pl* **micro-ordinateurs**) nm PC *der,* Kleincomputer *der.*

microprocesseur [mikʀopʀɔsesœʀ] nm Mikroprozessor *der.*

microscope [mikʀɔskɔp] nm Mikroskop *das.*

microscopique [mikʀɔskɔpik] adj winzig klein.

midi [midi] nm Mittag *der* ▸ **à midi** a) [à 12h] (heute) Mittag b) [à l'heure du déjeuner] mittags ▸ **le Midi** Südfrankreich *nt.*

mie [mi] nf Brotkrume *die.*

miel [mjɛl] nm Honig *der.*

mien [mjɛ̃] ◆ **le mien, la mienne** [lemjɛ̃, lamjɛn] (*mpl* **les miens** [lemjɛ̃], *fpl* **les miennes** [lemjɛn]) **pron** meine(r, s).

miette [mjɛt] nf [de pain] Krümel *der* ▸ **réduire** ou **mettre en miettes** [verre] in tausend Stücke zerbrechen.

mieux [mjø] adj & adv besser ▸ **être mieux que** a) [personne] besser aus∘sehen als b) [chose] schöner sein als ▸ **c'est ce qu'il fait le mieux** das kann er am besten ▸ **ça va mieux** [situation] es geht besser ▸ **qqn va mieux** jm geht es besser ▸ **ça vaut mieux** das ist besser ▸ **de mieux en mieux** immer besser ▸ **c'est le mieux** das ist das Beste.

mignon, onne [miɲɔ̃, ɔn] **adj 1.** [joli] niedlich **2.** [gentil] lieb.

migraine [migʀɛn] nf Migräne *die.*

migrer [3] [migʀe] **vi** aus∘wandern.

mijoter [3] [miʒɔte] **vi** schmoren.

Milan [milɑ̃] n Mailand *nt.*

milieu [miljø] (*pl* **-x**) nm **1.** [centre] Mitte *die* **2.** [environnement] Umgebung *die* **3.** [groupe] Milieu *das* ▸ **au milieu (de)** in der Mitte (*(+ G)*).

militaire [militɛʀ] ◆ **adj** Militär-. ◆ **nmf** Soldat *der,* -in *die.*

militant, e [militɑ̃, ɑ̃t] nm, f Aktivist *der,* -in *die.*

milk-shake [milkʃɛk] (*pl* **milk-shakes**) nm Milchshake *der.*

mille [mil] **num** tausend ▸ **deux mille euros** zweitausend Euro ▸ **en mille morceaux** in tausend Stücken ▸ **mille euros** tausend Euro.

mille-feuille [milfœj] (*pl* **mille-feuilles**) nm Blätterteigschnitte *die.*

millénaire [milenɛʀ] ◆ **nm** Jahrtausend *das.* ◆ **adj** tausendjährig.

mille-pattes [milpat] nm inv Tausendfüßler *der.*

mille un [milœ̃] **num** tausendundeins.

milliard [miljaʀ] nm Milliarde *die* ▸ **un milliard de...** eine Milliarde ...

milliardaire [miljaʀdɛʀ] **nmf** Milliardär *der,* -in *die.*

millième [miljɛm] **num** tausendste(r, s).

millier [milje] nm Tausend *das* ▸ **des milliers de** Tausende von.

milligramme [miligʀam] nm Milligramm *das.*

millilitre [mililitʀ] nm Milliliter *der.*

millimètre [milimɛtʀ] nm Millimeter *der.*

million [miljɔ̃] **nm** Million *die*.
millionnaire [miljɔnɛʀ] **nmf** Millionär *der*, -in *die*.
mime [mim] **nmf** Mime *der*, -min *die*.
mimer [3] [mime] **vt** mimen.
mimosa [mimɔza] **nm** Mimose *die*.
min (*abr écrite de* minute) Min. *(Minute)*.
min. (*abr écrite de* minimum) min. *(Minimum)*.
minable [minabl] **adj** *fam* erbärmlich.
mince [mɛ̃s] ◆ **adj 1.** [personne] schlank **2.** [tissu, tranche] dünn. ◆ **interj** verflixt.
mincir [32] [mɛ̃siʀ] **vi** schlanker werden.
mine [min] **nf 1.** Mine *die* **2.** [visage] Gesichtsausdruck *der* ▸ **avoir bonne / mauvaise mine** gut / schlecht aus°sehen ▸ **faire mine de faire qqch** so tun, als wolle man etw tun.
miner [3] [mine] **vt 1.** [terrain] verminen **2.** *fig* [moral] zermürben.
minerai [minʀɛ] **nm** Erz *das*.
minéral, e, aux [mineʀal, o] ◆ **adj** Mineral-. ◆ **nm** Mineral *das*.
minéralogique [mineʀalɔʒik] **adj** → **plaque**.
mineur, e [minœʀ] ◆ **adj 1.** [enfant] minderjährig **2.** [peu important] untergeordnet. ◆ **nm** Bergmann *der*.
miniature [minjatyʀ] ◆ **adj** Miniatur-. ◆ **nf 1.** Miniatur *die* **2.** [peinture] Miniaturmalerei *die* ▸ **en miniature** im Kleinformat.
minibar [minibaʀ] **nm** Minibar *die*.
minibus [minibys] **nm** Kleinbus *der*.
minidisque [minidisk] **nm : minidisque dur** Minifestplatte *die*.
minijupe [miniʒyp] **nf** Minirock *der*.
minimiser [3] [minimize] **vt** herunter°spielen.
minimum [minimɔm] ◆ **adj** Minimal-. ◆ **nm** Minimum *das* ▸ **au minimum** mindestens.
ministère [ministɛʀ] **nm** Ministerium *das*.
ministre [ministʀ] **nmf** Minister *der*, -in *die*.
minoritaire [minɔʀitɛʀ] **adj** Minderheits-.
minorité [minɔʀite] **nf** Minderheit *die*.
Minsk [minsk] **n** Minsk *nt*.
minuit [minɥi] **nm** Mitternacht *die*.
minuscule [minyskyl] **adj 1.** [écriture] klein **2.** [très petit] winzig ▸ **écrire en minuscule(s)** mit Kleinbuchstaben schreiben ▸ **en minuscules** kleingeschrieben.
minute [minyt] **nf** Minute *die* ▸ **d'une minute à l'autre** jeden Augenblick ▸ **j'arrive dans une minute** ich komme sofort.
minuter [3] [minyte] **vt** zeitlich begrenzen.
minuterie [minytʀi] **nf** Zeitschalter *der*.
minuteur [minytœʀ] **nm** Schaltuhr *die*.
minutieux, euse [minysjø, øz] **adj** sorgfältig.
miracle [miʀakl] **nm** Wunder *das*.
mirage [miʀaʒ] **nm** Fata Morgana *die*.
miroir [miʀwaʀ] **nm** Spiegel *der*.
mis, e [mi, miz] **pp & 1re et 2e pers. du sg. de l'ind. passé simple → mettre**.
mise [miz] **nf** Einsatz *der* ▸ **mise à jour** Update *das* ▸ **mise en page** Layout *das* ▸ **mise en scène** Inszenierung *die*.

miser [3] [mize] ◆ **miser sur v + prép** **1.** [au jeu] setzen auf *(+ A)* **2.** [compter sur] zählen auf *(+ A)*.
misérable [mizeʀabl] **adj 1.** [pauvre] armselig **2.** [lamentable] erbärmlich.
misère [mizɛʀ] **nf** [pauvreté] Elend *das*.
missile [misil] **nm** Rakete *die*.
mission [misjɔ̃] **nf 1.** [tâche] Auftrag *der* **2.** RELIG Mission *die*.
mistral [mistʀal] **nm** Mistral *der*.
mitaine [mitɛn] **nf** *fingerloser Handschuh*.
mite [mit] **nf** Motte *die*.
mi-temps [mitɑ̃] **nf inv** Halbzeit *die* ▸ **travailler à mi-temps** halbtags arbeiten.
mitoyen, enne [mitwajɛ̃, ɛn] **adj 1.** [mur] angrenzend **2.** [maison] Reihen-.
mitrailler [3] [mitʀaje] **vt 1.** [tirer sur] unter Beschuss nehmen **2.** *fam* [photographier] Fotos schießen von.
mitraillette [mitʀajɛt] **nf** Maschinenpistole *die*.
mitrailleuse [mitʀajøz] **nf** Maschinengewehr *das*.
mixer [3] [mikse] **vt** verquirlen.
mixe(u)r [miksœʀ] **nm** Mixer *der*.
mixte [mikst] **adj** gemischt ▸ **mariage mixte** gemischte Ehe.
ml (*abr écrite de* millilitre) ml *(Milliliter)*.
Mlle (*abr écrite de* mademoiselle) Frl. *(Fräulein)*.
mm (*abr écrite de* millimètre) mm *(Millimeter)*.
Mme (*abr écrite de* madame) Fr. *(Frau)*.
Mo (*abr de* mégaoctet) MB *(Megabyte)*.
mobile [mɔbil] ◆ **adj 1.** [cloison, pièce] beweglich **2.** [visage, regard] unruhig. ◆ **nm 1.** [d'un crime] Motiv *das* **2.** [objet suspendu] Mobile *das* **3.** [téléphone portable] Handy *das*.
mobilier [mɔbilje] **nm** Mobiliar *das*.
mobiliser [3] [mɔbilize] **vt 1.** [troupes] mobil°machen **2.** [ressources] mobilisieren.
mobilité [mɔbilite] **nf** Beweglichkeit *die* ▸ **mobilité sociale** Aufstiegsmöglichkeit.
Mobylette® [mɔbilɛt] **nf** Mofa *das*.
mocassin [mɔkasɛ̃] **nm 1.** [d'indien] Mokassin *der* **2.** [de ville] Slipper *der*.
moche [mɔʃ] **adj** *fam* **1.** [laid] hässlich **2.** [choquant] mies.
mode [mɔd] ◆ **nf** Mode *die*. ◆ **nm 1.** [manière] Art *die* **2.** GRAMM & INFORM Modus *der* ▸ **à la mode** modisch ▸ **mode d'emploi** Gebrauchsanweisung *die*.
modèle [mɔdɛl] **nm 1.** [exemple] Vorbild *das* **2.** [de voiture, de chaussure] Modell *das* ▸ **modèle réduit** Modell.
modeler [25] [mɔdle] **vt** modellieren.
modélisme [mɔdelism] **nm** Modellbau *der*.
modération [mɔdeʀasjɔ̃] **nf** Mäßigung *die* ▸ **'à consommer avec modération'** *nur zum Verbrauch in kleinen Mengen geeignet*.
modéré, e [mɔdeʀe] **adj 1.** [personne] gemäßigt **2.** [augmentation] mäßig.
moderne [mɔdɛʀn] **adj** modern.
moderniser [3] [mɔdɛʀnize] **vt** modernisieren.
modeste [mɔdɛst] **adj 1.** [humble] bescheiden **2.** [pauvre] einfach.
modestie [mɔdɛsti] **nf** Bescheidenheit *die* ▸ **sans fausse modestie** ohne falsche Bescheidenheit.
modification [mɔdifikasjɔ̃] **nf** (Ver)änderung *die*.
modifier [9] [mɔdifje] **vt** ändern.

modulation [mɔdylasjɔ̃] **nf** : **modulation de fréquence** Frequenzmodulation *die*.

moelle [mwal] **nf** Mark *das* ▸ **moelle épinière** Rückenmark.

moelleux, euse [mwalø, øz] **adj** weich ▸ **moelleux au chocolat** Schokoladenkuchen *der*.

mœurs [mœʀ(s)] **nfpl** Sitten *pl*.

Mogadiscio [mɔgadiʃjo] **n** Mogadischu *nt*.

mohair [mɔɛʀ] **nm** Mohair *der*.

moi [mwa] **pron** mich, mir ▸ **elle est comme moi** sie ist wie ich ▸ **moi, je crois que** ich glaube, dass ▸ **il est à moi** es gehört mir ▸ **moi-même** (ich) selbst.

moindre [mwɛ̃dʀ] **adj** gering ▸ **le moindre...** a) [le moins important] der / die / das geringste b) [le moins grand] der / die / das kleinste ▸ **il s'énerve au moindre incident** er regt sich wegen jeder Kleinigkeit auf.

moine [mwan] **nm** Mönch *der*.

moineau [mwano] (*pl* -x) **nm** Spatz *der*.

moins [mwɛ̃] ◆ **adv** 1. [gén] weniger ▸ **moins ancien (que)** jünger (als) ▸ **moins vite (que)** langsamer (als) ▸ **moins souvent** seltener ▸ **ils ont accepté de gagner moins** sie haben sich damit einverstanden erklärt, weniger zu verdienen ▸ **moins de** a) [une quantité inférieure de] weniger b) [en deçà de] keine 2. [superlatif] : **c'est la nourriture qui coûte le moins** die Lebensmittel kosten am wenigsten ▸ **la ville la moins intéressante que nous ayons visitée** die uninteressanteste Stadt, die wir besichtigt haben ▸ **fatiguez-vous le moins possible** strengen Sie sich so wenig wie möglich an 3. [dans des expressions] : **à moins de rouler** ou **que nous ne roulions toute la nuit, ...** es sei denn, wir fahren die ganze Nacht durch ▸ **au moins** wenigstens ▸ **de** ou **en moins** weniger ▸ **j'ai deux ans de moins qu'elle** ich bin zwei Jahre jünger als sie ▸ **de moins en moins** immer weniger ▸ **moins tu y penseras, mieux ça ira** je weniger du darüber nachdenkst, umso besser wird es dir gehen ◆ **prép** 1. [pour indiquer l'heure] : **3 heures moins le quart** Viertel vor drei 2. [pour soustraire, indiquer la température] minus ▸ **ça fait 210 euros, moins une remise de 10 %** das macht 210 Euro, abzüglich der 10 % Ermäßigung ▸ **il fait moins 2 (°C)** es sind minus 2 Grad.

mois [mwa] **nm** Monat *der* ▸ **au mois de ...** im ...

moisi, e [mwazi] ◆ **adj** verschimmelt. ◆ **nm** Schimmel *der* ▸ **sentir le moisi** nach Schimmel riechen.

moisir [32] [mwaziʀ] **vi** schimmeln.

moisissure [mwazisyʀ] **nf** Schimmel *der*.

moisson [mwasɔ̃] **nf** (Getreide)ernte *die*.

moissonner [3] [mwasɔne] **vt** ernten.

moissonneuse [mwasɔnøz] **nf** Mähdrescher *der*.

moite [mwat] **adj** feucht ▸ **avoir les mains moites** feuchte Hände haben.

moitié [mwatje] **nf** Hälfte *die* ▸ **la moitié de** die Hälfte von ▸ **à moitié** halb ▸ **à moitié prix** zum halben Preis.

moit-moit [mwatmwat] **adv** *fam* : **faire moit-moit** halbe-halbe machen.

moka [mɔka] **nm** 1. [gâteau] Mokkacremetorte *die* 2. [café] Mokka *der*.

molaire [mɔlɛʀ] **nf** Backenzahn *der*.

Moldavie [mɔldavi] **nf** : **la Moldavie** Moldavien *nt*.

molle [mɔl] **adj f** → **mou.**

mollet [mɔlɛ] **nm** Wade *die.*

molletonné, e [mɔltɔne] **adj** mit Molton gefüttert.

mollusque [mɔlysk] **nm** Weichtier *das.*

môme [mom] **nmf** *fam* Gör *das.*

moment [mɔmɑ̃] **nm** Moment *der* ▸ **c'est le moment de...** der Zeitpunkt ist günstig, um... ▸ **au moment où** in dem Augenblick, wo ▸ **du moment que** solange ▸ **en ce moment** im Augenblick ▸ **pour le moment** im Augenblick.

momentané, e [mɔmɑ̃tane] **adj** vorübergehend.

momentanément [mɔmɑ̃tanemɑ̃] **adv** vorübergehend.

momie [mɔmi] **nf** Mumie *die.*

mon, ma [mɔ̃, ma] (*pl* **mes** [me]) **adj** mein(e) ▸ **mes chats** meine Katzen ▸ **ma maison** mein Haus ▸ **mon père** mein Vater.

Monaco [mɔnako] **n** Monaco *nt.*

monarchie [mɔnaʀʃi] **nf** Monarchie *die.*

monastère [mɔnastɛʀ] **nm** Kloster *das.*

monde [mɔ̃d] **nm** Welt *die* ▸ **il y a du monde** ou **beaucoup de monde** es sind viele Leute da ▸ **tout le monde** jeder(mann) ▸ **Le Monde** *französische Tageszeitung.*

mondial, e, aux [mɔ̃djal, o] **adj** Welt-.

mondialement [mɔ̃djalmɑ̃] **adv** weltweit.

mondialisation [mɔ̃djalizasjɔ̃] **nf** Globalisierung *die.*

mondialiste [mɔ̃djalist] **adj** Globalisierungs-.

monétaire [mɔnetɛʀ] **adj** Währungs-.

Mongolie [mɔ̃gɔli] **nf** : **la Mongolie** die Mongolei ▸ **la Mongolie-Extérieure** die Äußere Mongolei ▸ **la Mongolie-Intérieure** die Innere Mongolei.

moniteur, trice [mɔnitœʀ, tʀis] ◆ **nm, f 1.** [de ski, d'auto-école] Lehrer *der,* -in *die* **2.** [de colonie] Leiter *der,* -in *die.* ◆ **nm** Monitor *der.*

monnaie [mɔnɛ] **nf 1.** [argent] Geld *das* **2.** [devise] Währung *die* **3.** [pièces] Kleingeld *das* ▸ **avoir la monnaie de 10 euros** 10 Euro klein haben ▸ **faire de la monnaie** (Geld) wechseln.

monokini [mɔnɔkini] **nm** Monokini *der* ▸ **faire du monokini** oben ohne gehen.

monologue [mɔnɔlɔg] **nm** Monolog *der.*

monopole [mɔnɔpɔl] **nm** COMM Monopol *das.*

monopoliser [3] [mɔnɔpɔlize] **vt** für sich beanspruchen.

monotone [mɔnɔtɔn] **adj** eintönig.

monotonie [mɔnɔtɔni] **nf** Eintönigkeit *die.*

Monrovia [mɔ̃ʀɔvja] **n** Monrovia *nt.*

monsieur [məsjø] (*pl* **messieurs** [mesjø]) **nm** Herr *der* ▸ **monsieur X** Herr X ▸ **bonjour, monsieur X !** guten Tag Herr X! ▸ **bonjour, messieurs !** guten Tag meine Herren! ▸ **Monsieur !** [pour appeler le professeur] Herr X!

monstre [mɔ̃stʀ] ◆ **nm** Ungeheuer *das.* ◆ **adj** *fam* Riesen-.

monstrueux, euse [mɔ̃stʀyø, øz] **adj** monströs.

mont [mɔ̃] **nm** Berg *der* ▸ **le mont Blanc** der Montblanc ▸ **le Mont-Saint-Michel** der Mont-Saint-Michel.

→

ⓘ Le Mont-Saint-Michel

Der Mont-Saint-Michel ist eine kleine Felseninsel direkt vor der Küste der Normandie, die bei Flut vom Wasser umspült wird. Heute ist sie durch einen Straßendamm mit dem Festland verbunden und lockt viele Touristen an. Auf der Insel, die die UNESCO zum Weltkulturerbe erklärt hat, befindet sich ein berühmtes Benediktinerkloster im gotischen Stil.

montage [mɔ̃taʒ] **nm** Aufbau *der*.

montagnard, e [mɔ̃taɲaʀ, aʀd] ◆ **adj** Berg-. ◆ **nm, f** Bergbewohner *der*, -in *die*.

montagne [mɔ̃taɲ] **nf** Berg *der* ▸ **à la montagne** im Gebirge ▸ **montagnes russes** Achterbahn *die*.

montagneux, euse [mɔ̃taɲø, øz] **adj** bergig.

montant, e [mɔ̃tɑ̃, ɑ̃t] ◆ **adj** [marée] steigend. ◆ **nm 1.** [somme] Betrag *der* **2.** [d'une fenêtre, d'une porte] Pfosten *der* **3.** [d'une échelle] Holm *der*.

montée [mɔ̃te] **nf 1.** [pente] Steigung *die* **2.** [ascension] Aufstieg *der* **3.** [des prix] Anstieg *der*.

monter [3] [mɔ̃te] ◆ **vi** *(aux.* **être***)* **1.** steigen **2.** [personne] hoch°gehen **3.** [route] an°steigen. ◆ **vt** *(aux.* **avoir***)* **1.** [escalier, côte] hoch°gehen **2.** [chauffage] auf°drehen **3.** [meuble, tente, décor, société] auf°bauen **4.** [cheval] reiten **5.** [pièce de théâtre] auf°führen **6.** [porter en haut] hoch°tragen ▸ **monter le son** lauter stellen ▸ **monter un coup** ein Ding drehen ▸ **monter les blancs en neige / la mayonnaise** Eiweiß steif / Mayonnaise schaumig schlagen ▸ **ça monte** es geht bergauf ▸ **monter à bord (d'un avion)** an Bord (eines Flugzeugs) gehen ▸ **monter à cheval** reiten.

Montevideo [mɔ̃tevideo] **n** Montevideo *nt*.

montgolfière [mɔ̃gɔlfjɛʀ] **nf** Heißluftballon *der*.

montre [mɔ̃tʀ] **nf** Uhr *die*.

Montréal [mɔ̃ʀeal] **n** Montreal *nt*.

montrer [3] [mɔ̃tʀe] **vt** zeigen ▸ **montrer qqn / qqch du doigt** mit dem Finger auf jn / etw zeigen. ◆ **se montrer vp** sich zeigen ▸ **se montrer courageux** Mut beweisen.

monture [mɔ̃tyʀ] **nf 1.** [de lunettes] Brillengestell *das* **2.** [cheval] Ross *das*.

monument [mɔnymɑ̃] **nm** Bauwerk *das* ▸ **monument aux morts** Kriegerdenkmal *das*.

moquer [3] [mɔke] ◆ **se moquer de vp + prép** sich lustig machen über *(+ A)* ▸ **je m'en moque** das ist mir egal.

moques [mɔk] **nfpl** BELG *mit Sirup gefüllte und mit Nelken gewürzte Biskuitrolle, die in Scheiben geschnitten und gebraten wird.*

moquette [mɔkɛt] **nf** Teppichboden *der*.

moqueur, euse [mɔkœʀ, øz] **adj** spöttisch.

moral, e, aux [mɔʀal, o] ◆ **adj 1.** [conduite, principes] moralisch **2.** [psychologique] seelisch. ◆ **nm** geistige Verfassung ▸ **avoir le moral** in guter Stimmung sein.

morale [mɔʀal] **nf** Moral *die* ▸ **faire la morale à qqn** jm eine Moralpredigt halten.

moralement [mɔʀalmɑ̃] **adv 1.** [psychologiquement] seelisch **2.** [du point de vue de la morale] moralisch.

moralité [mɔʀalite] **nf 1.** [d'individu] Sittlichkeit *die* **2.** [d'histoire] Moral *die* **3.** [d'acte, de geste] Moralität *die*.

morceau [mɔʀso] (*pl* -x) **nm** Stück *das* ▸ **morceau de sucre** Stück Zucker ▸ **en mille morceaux** in tausend Stücke.
morceler [24] [mɔʀsəle] **vt** zerstückeln. ◆ **se morceler vp** : **se morceler (en qqch)** (in etw *(A)*) zersplittern.
mordiller [3] [mɔʀdije] **vt** knabbern an *(+ D)*.
mordre [76] [mɔʀdʀ] **vt** beißen ▸ **je me suis fait mordre** ich wurde gebissen.
morfler [3] [mɔʀfle] **vi** *fam* : **il a morflé !** ihn hat's erwischt.
morgue [mɔʀg] **nf 1.** [lieu] Leichenhalle *die* **2.** *sout* [attitude] Hochnäsigkeit *die*.
morille [mɔʀij] **nf** Morchel *die*.
Moroni [mɔʀɔni] **n** Moroni *nt*.
mors [mɔʀ] **nm** Gebiss *das*.
morse [mɔʀs] **nm 1.** Walross *das* **2.** [code] Morsealphabet *das*.
morsure [mɔʀsyʀ] **nf** Biss *der*.
mort, e [mɔʀ, mɔʀt] ◆ **pp** → **mourir.** ◆ **adj 1.** tot **2.** [décédé] verstorben **3.** [plante] eingegangen **4.** [piles] leer. ◆ **nm, f** Tote *der, die*. ◆ **nf** Tod *der* ▸ **être en danger de mort** in Lebensgefahr sein ▸ **être mort de peur** vor Angst wie gelähmt sein.
mortalité [mɔʀtalite] **nf** Sterblichkeit *die*.
mortel, elle [mɔʀtɛl] **adj 1.** [qui peut mourir] sterblich **2.** [qui tue] tödlich.
mort-né, mort-née [mɔʀne] (*mpl* **mort-nés**, *fpl* **mort-nées**) **adj** [enfant] tot geboren.
morue [mɔʀy] **nf** Kabeljau *der*.
mosaïque [mɔzaik] **nf** Mosaik *das*.
Moscou [mɔsku] **n** Moskau *nt*.
mosquée [mɔske] **nf** Moschee *die*.
mot [mo] **nm 1.** [terme] Wort *das* **2.** [message] Nachricht *die* ▸ **mot à mot** [traduire] wörtlich ▸ **mot de passe** Kennwort ▸ **mots croisés** Kreuzworträtsel *das*.
motard, e [mɔtaʀ, aʀd] **nm, f 1.** [motocycliste] Motorradfahrer *der*, -in *die* **2.** [gendarme, policier] Polizist *der*, -in *die* (auf einem Motorrad).
mot-clé (*pl* **mots-clés**), **mot-clef** (*pl* **mots-clefs**) [mokle] **nm** Stichwort *das*.
motel [mɔtɛl] **nm** Motel *das*.
moteur [mɔtœʀ] **nm** Motor *der* ▸ **moteur de recherche** Suchmaschine *die*.
motif [mɔtif] **nm 1.** [raison] Grund *der* **2.** [dessin] Motiv *das*.
motivation [mɔtivasjɔ̃] **nf** Motivation *die* ▸ **lettre de motivation** ausführliches Bewerbungsschreiben.
motivé, e [mɔtive] **adj** motiviert.
motiver [3] [mɔtive] **vt** [stimuler] motivieren ▸ **motiver qqch a)** [provoquer] Grund für etw sein **b)** [justifier] einen Grund für etw an°geben.
moto [mɔto] **nf** Motorrad *das*.
motocross [mɔtɔkʀɔs] **nm** Motocross *das*.
motocycliste [mɔtɔsiklist] **nmf** Motorradfahrer *der*, -in *die*.
motte [mɔt] **nf** Klumpen *der*.
mou, molle [mu, mɔl] *(**mou** devient **mol** [mɔl] devant voyelle ou « h » muet)* **adj 1.** [sans consistance] weich **2.** [sans énergie] schlapp.
mouche [muʃ] **nf** Fliege *die*.
moucher [3] [muʃe] ◆ **se moucher vp** sich *(D)* die Nase putzen.
moucheron [muʃʀɔ̃] **nm** kleine Fliege.
mouchoir [muʃwaʀ] **nm** Taschentuch *das* ▸ **mouchoir en papier** Papiertaschentuch.
moudre [85] [mudʀ] **vt** mahlen.

moue [mu] nf schiefes Gesicht ▸ **faire la moue** das Gesicht verziehen.

mouette [mwɛt] nf Möwe *die*.

moufle [mufl] nf Fäustling *der*.

moufter [3] [mufte] vi *fam* : **sans moufter** ohne einen Muks.

mouillé, e [muje] adj nass.

mouiller [3] [muje] vt nass machen. ◆ **se mouiller** vp **1.** [sous l'eau, la pluie] nass werden **2.** *fam* in etw *(A)* hineingezogen werden.

mouillette [mujɛt] nf *schmales Stück Brot zum Eintunken.*

moulant, e [mulɑ̃, ɑ̃t] adj eng anliegend.

moule[1] [mul] nm Form *die* ▸ **moule à gâteau** Kuchenform ▸ **moule à tarte** Quicheform.

moule[2] [mul] nf Miesmuschel *die* ▸ **moules marinières** *Miesmuscheln in Weißweinsoße.*

mouler [3] [mule] vt [statue] gießen ▸ **mouler qqch** [suj : vêtement] sich (eng) an etw *(A)* an◦schmiegen.

moulin [mulɛ̃] nm Mühle *die* ▸ **moulin à café** Kaffeemühle ▸ **moulin à poivre** Pfeffermühle ▸ **moulin à vent** Windmühle.

Moulinette® [mulinɛt] nf Gemüsezerkleinerer *der*.

moulu, e [muly] adj gemahlen.

moulure [mulyʀ] nf Zierleiste *die*.

mourant, e [muʀɑ̃, ɑ̃t] adj : **être mourant** im Sterben liegen.

mourir [42] [muʀiʀ] vi **1.** [personne, animal] sterben **2.** [plante] ein◦gehen **3.** [civilisation] unter◦gehen ▸ **mourir de faim a)** [de malnutrition] verhungern **b)** *fig* vor Hunger sterben ▸ **je meurs d'envie de faire qqch** ich würde etw wahnsinnig gerne tun.

moussaka [musaka] nf Moussaka *die*.

moussant, e [musɑ̃, ɑ̃t] adj : **bain moussant** Schaumbad *das*.

mousse [mus] nf **1.** [bulles] Schaum *der* **2.** [plante] Moos *das* **3.** CULIN Mousse *die* ▸ **mousse au chocolat** Schokoladenmousse ▸ **mousse à raser** Rasierschaum.

mousseline [muslin] ◆ nf [tissu] Musselin *der*. ◆ adj inv : **purée** ou **pommes mousseline** *feines Kartoffelpüree* ▸ **sauce mousseline** *Sauce hollandaise mit Schlagsahne.*

mousser [3] [muse] vi schäumen.

mousseux, euse [musø, øz] ◆ adj **1.** [shampooing] schäumend **2.** [chocolat] schaumig. ◆ nm : **du (vin) mousseux** Schaumwein *der*.

moustache [mustaʃ] nf Schnurrbart *der* ▸ **des moustaches** [d'animal] Barthaare.

moustachu, e [mustaʃy] adj schnurrbärtig.

moustiquaire [mustikɛʀ] nf Moskitonetz *das*.

moustique [mustik] nm (Stech)mücke *die*.

moutarde [mutaʀd] nf Senf *der*.

mouton [mutɔ̃] nm **1.** Schaf *das* **2.** CULIN Hammelfleisch *das*.

mouvement [muvmɑ̃] nm Bewegung *die*.

mouvementé, e [muvmɑ̃te] adj bewegt.

moyen, enne [mwajɛ̃, ɛn] ◆ adj **1.** [intermédiaire] mittlere(r, s) **2.** [température, salaire, prix] durchschnittlich **3.** [passable] mittelmäßig. ◆ nm Mittel *das* ▸ **au moyen de** mithilfe *(+ G)* ▸ **il n'y a pas moyen de faire qqch** es ist unmöglich, etw zu tun. ◆ **moyens** nmpl Mittel *pl* ▸ **avoir des moyens** begabt sein ▸ **avoir les moyens de faire**

qqch es sich *(D)* leisten können, etw zu tun ▸ **perdre tous ses moyens** ein Blackout haben.

Moyen Âge [mwajɛnaʒ] **nm** Mittelalter *das*.

moyennant [mwajɛnɑ̃] **prép** gegen.

moyenne [mwajɛn] **nf** Mittel *das* ▸ **avoir la moyenne** [à un devoir, un examen] ≃ die Note "ausreichend" haben ▸ **en moyenne** durchschnittlich.

Moyen-Orient [mwajɛnɔʀjɑ̃] **nm** : **le Moyen-Orient** der Mittlere Osten ▸ **au Moyen-Orient** im Mittleren Osten.

Mozambique [mɔzɑ̃bik] **nm** : **le Mozambique** Moçambique *nt*, Mozambique *nt*, Mosambik *nt*.

MP3 [ɛmpetʀwa] **nm** MP3 *die* ▸ **lecteur MP3** MP3-Player *der*.

MST (*abr de* **maladie sexuellement transmissible**) **nf** Geschlechtskrankheit *das* ▸ **attraper une MST** sich *(D)* eine Geschlechtskrankheit holen.

muer [7] [mɥe] **vi** [animal] sich häuten ▸ **sa voix mue** er ist im Stimmbruch.

muet, muette [mɥɛ, ɛt] **adj** stumm ▸ **le (cinéma) muet** der Stummfilm.

muguet [mygɛ] **nm** Maiglöckchen *das*.

mule [myl] **nf 1.** weibliches Maultier **2.** [chaussure] Hausschuh *der*.

mulet [mylɛ] **nm** Maultier *das*.

multicolore [myltikɔlɔʀ] **adj** bunt.

multilingue [myltilɛ̃g] **adj** mehrsprachig.

multiple [myltipl] ◆ **adj** vielfach. ◆ **nm** Vielfache *das*.

multiplication [myltiplikasjɔ̃] **nf 1.** MATH Multiplikation *die* **2.** [accroissement] Vermehrung *die*.

multiplier [10] [myltiplije] **vt 1.** MATH multiplizieren **2.** [augmenter] vermehren ▸ **2 multiplié par 9** 2 mal 9. ◆ **se multiplier** **vp** sich vermehren.

multipropriété [myltipʀɔpʀijete] **nf** Miteigentum *das (an einer Ferienwohnung)* ▸ **appartement en multipropriété** Timesharingwohnung *die*.

multitude [myltityd] **nf** : **une multitude de** eine Vielzahl von.

multizone [myltizon] **adj** regionalcodefrei.

Munich [mynik] **n** München *nt*.

municipal, e, aux [mynisipal, o] **adj** städtisch.

municipalité [mynisipalite] **nf** Stadtverwaltung *die*.

munir [32] [myniʀ] **vt** : **munir qqn / qqch de** jn / etw versehen mit. ◆ **se munir de** **vp + prép** mit◦nehmen.

munitions [mynisjɔ̃] **nfpl** Munition *die*.

muqueuse [mykøz] **nf** Schleimhaut *die*.

mur [myʀ] **nm 1.** [extérieur] Mauer *die* **2.** [intérieur] Wand *die* ▸ **faire le mur** aus◦reißen ▸ **mur du son** Schallmauer.

mûr, e [myʀ] **adj** [fruit] reif.

muraille [myʀaj] **nf** Mauer *die*.

mural, e, aux [myʀal, o] **adj** Wand-.

muralisme [myʀalism] **nm** Wandmalerei *die*.

mûre [myʀ] **nf** Brombeere *die*.

murer [3] [myʀe] **vt** zu◦mauern.

mûrir [32] [myʀiʀ] **vi** [fruit] reifen.

murmure [myʀmyʀ] **nm** Murmeln *das*.

murmurer [3] [myʀmyʀe] **vi** murmeln.

muscade [myskad] **nf** : **(noix) muscade** Muskatnuss *die*.

muscat [myska] **nm** Muskateller *der*.

muscle [myskl] **nm** Muskel *der.*
musclé, e [myskle] **adj** muskulös.
musculaire [myskylɛʀ] **adj** Muskel-.
musculation [myskylasjɔ̃] **nf** Bodybuilding *das* ▸ **faire de la musculation** Bodybuilding machen.
museau [myzo] (*pl* -x) **nm 1.** [de chien, de renard] Schnauze *die* **2.** CULIN Sülze *die.*
musée [myze] **nm** Museum *das.*
muselière [myzəljɛʀ] **nf** Maulkorb *der.*
musical, e, aux [myzikal, o] **adj** Musik-.
music-hall [myzikol] (*pl* **music-halls**) **nm** Varieté *das.*
musicien, enne [myzisjɛ̃, ɛn] **nm, f** Musiker *der,* -in *die.*
musique [myzik] **nf** Musik *die* ▸ **musique de chambre** Kammermusik ▸ **musique électronique** elektronische Musik ▸ **musique lyrique** Vokalmusik ▸ **musique de film** Filmmusik ▸ **musique populaire** Volksmusik ▸ **musique traditionnelle** traditionelle Musik.
musulman, e [myzylmɑ̃, an] ◆ **adj** muslimisch. ◆ **nm, f** Moslem *der,* Moslime *die.*
mutation [mytasjɔ̃] **nf** [d'un employé] Versetzung *die.*
mutiler [3] [mytile] **vt** verstümmeln.
mutuel, elle [mytɥɛl] **adj** gegenseitig.
mutuelle [mytɥɛl] **nf** ≃ Zusatzversicherung *die.*
mutuellement [mytɥɛlmɑ̃] **adv** gegenseitig.
myope [mjɔp] **adj** kurzsichtig.
myosotis [mjozɔtis] **nm** Vergissmeinnicht *das.*
myrtille [miʀtij] **nf** Heidelbeere *die.*
mystère [mistɛʀ] **nm 1.** [secret] Geheimnis *das* **2.** [énigme] Rätsel *das* ▸ **Mystère®** *mit Mandeln bestreutes Dessert aus Vanilleeis und Meringen.*
mystérieusement [misteʀjøzmɑ̃] **adv** auf geheimnisvolle Weise.
mystérieux, euse [misteʀjø, øz] **adj 1.** [plein de mystère] geheimnisvoll **2.** [inconnu] mysteriös.
mythe [mit] **nm** Mythos *der.*
mythologie [mitɔlɔʒi] **nf** Mythologie *die.*

Nn

N (*abr écrite de* nord) N *(Nord).*
n' **adv** → **ne.**
nacre [nakʀ] **nf** Perlmutt *das.*
nage [naʒ] **nf** Schwimmen *das* ▸ **en nage** schweißgebadet.
nageoire [naʒwaʀ] **nf** Flosse *die.*
nager [17] [naʒe] ◆ **vi** schwimmen. ◆ **vt** : **nager le crawl** kraulen ▸ **nager la brasse** brust°schwimmen.
nageur, euse [naʒœʀ, øz] **nm, f** Schwimmer *der,* -in *die.*
naïf, naïve [naif, iv] **adj** naiv.
nain, e [nɛ̃, nɛn] ◆ **nm, f** Zwerg *der.* ◆ **adj** Zwerg- ▸ **nain de jardin** Gartenzwerg.
Nairobi [nɛʀɔbi] **n** Nairobi *nt.*
naissance [nɛsɑ̃s] **nf** Geburt *die* ▸ **à sa naissance...** bei seiner / ihrer Geburt ...

naître [92] [nɛtʀ] **vi 1.** [personne] geboren werden **2.** [sentiment] entstehen ▸ **je suis né le... à...** ich bin am ... in ... geboren.

naïve [naiv] **adj f → naïf.**

naïveté [naivte] **nf** Naivität *die.*

Namibie [namibi] **nf : la Namibie** Namibia *nt.*

nana [nana] **nf** *fam* Frau *die.*

nappe [nap] **nf 1.** [linge] Tischdecke *die* **2.** [de pétrole] Schicht *die* ▸ **nappe de brouillard** Nebelbank *die.*

nappé, e [nape] **adj : nappé de** überzogen mit.

napperon [napʀɔ̃] **nm** kleine Tischdecke.

narcotrafic [naʀkotʀafik] **nm** Drogenhandel *der.*

narcotrafiquant, e [naʀkotʀafikɑ̃, ɑ̃t] **nm, f** Drogenhändler *der,* -in *die.*

narine [naʀin] **nf** Nasenloch *das.*

narrateur, trice [naʀatœʀ, tʀis] **nm, f** Erzähler *der,* -in *die.*

nase [naz] **adj** *fam* **1.** [appareil, meuble] kaputt **2.** [fatigué, malade] fertig ▸ **je suis nase** ich bin total fertig.

naseaux [nazo] **nmpl** Nüstern *pl.*

Nassau [naso] **n** Nassau *nt.*

natal, e [natal] **adj** Geburts-.

natalité [natalite] **nf : (taux de) natalité** Geburtenziffer *die.*

natation [natasjɔ̃] **nf** Schwimmen *das,* Schwimmsport *der* ▸ **faire de la natation** schwimmen.

natif, ive [natif, iv] **adj : natif de** gebürtig aus.

nation [nasjɔ̃] **nf** Nation *die.*

national, e, aux [nasjɔnal, o] **adj** National- ▸ **route nationale** ≃ Bundesstraße *die.*

nationale [nasjɔnal] **nf** ≃ Bundesstraße *die.*

nationaliser [3] [nasjɔnalize] **vt** verstaatlichen.

nationalisme [nasjɔnalism] **nm** Nationalismus *der.*

nationalité [nasjɔnalite] **nf** Staatsangehörigkeit *die.*

native [nativ] **adj f → natif.**

natte [nat] **nf 1.** [tresse] Zopf *der* **2.** [tapis] Matte *die.*

naturaliser [3] [natyʀalize] **vt** ein◦bürgern.

nature [natyʀ] ◆ **nf** Natur *die.* ◆ **adj inv 1.** [yaourt] Natur- **2.** [omelette] einfach **3.** [thé, café] schwarz ▸ **nature morte** Stillleben *das.*

naturel, elle [natyʀɛl] ◆ **adj 1.** natürlich **2.** [normal] selbstverständlich. ◆ **nm 1.** [caractère] Naturell *das* **2.** [simplicité] Natürlichkeit *die.*

naturellement [natyʀɛlmɑ̃] **adv** natürlich.

naturiste [natyʀist] **nmf** Nudist *der,* -in *die.*

naufrage [nofʀaʒ] **nm** Schiffbruch *der* ▸ **faire naufrage** Schiffbruch erleiden.

nausée [noze] **nf** Übelkeit *die* ▸ **qqn a la nausée** jm ist übel.

nautique [notik] **adj 1.** [base] Wassersport- **2.** [sport] Wasser- ▸ **sports nautiques** Wassersportarten.

naval, e [naval] **adj 1.** [combat] See- **2.** [chantier] Schiffs- ▸ **chantier naval** Schiffswerft *die.*

navarin [navaʀɛ̃] **nm** *mit Karotten, Kartoffeln und kleinen weißen Rüben zubereitetes Hammelragout.*

navet [navɛ] **nm 1.** *kleine weiße Rübe* **2.** *fam* langweiliger Film.

navette [navɛt] **nf 1.** [bus] Pendelbus *der* **2.** [train] Pendelzug *der* ▸ **faire la navette (entre)** [suj : autobus, personne] pendeln (zwischen *(+ D)*).

navigateur, trice [navigatœʀ, tʀis] ◆ **nm, f** Seefahrer *der*, -in *die*. ◆ **nm** INFORM Browser *der*.

navigation [navigasjɔ̃] **nf 1.** [maritime] Schifffahrt *die* **2.** INFORM Navigation *die* ▸ **navigation aérienne** Luftfahrt *die* ▸ **navigation de plaisance** Motorboot- und Segelsport.

naviguer [3] [navige] **vi 1.** [sujet : bateau, marin] fahren **2.** INFORM surfen.

navire [naviʀ] **nm** Schiff *das*.

navré, e [navʀe] **adj** betrübt ▸ **je suis navré** es tut mir leid.

NB *(abr écrite de* nota bene*)* NB.

Ndjamena [ndjamena] **n** N'Djamena *nt*.

ne [nə] **adv** → **jamais, pas, personne, plus, que, rien**.

né, e [ne] **pp** → **naître**.

néanmoins [neɑ̃mwɛ̃] **adv** dennoch.

néant [neɑ̃] **nm** Nichts *das* ▸ **réduire qqch à néant** etw zunichte◦machen.

nécessaire [nesesɛʀ] ◆ **adj** notwendig. ◆ **nm 1.** [ce qui est indispensable] Nötige *das* **2.** [outils] Necessaire *das* ▸ **il est nécessaire de faire qqch** etw muss getan werden ▸ **nécessaire de toilette** Reisenecessaire.

nécessité [nesesite] **nf 1.** [obligation] Notwendigkeit *die* **2.** [condition] Not *die*.

nécessiter [3] [nesesite] **vt** erfordern.

nécropole [nekʀɔpɔl] **nf** Nekropole *die*.

nectarine [nɛktaʀin] **nf** Nektarine *die*.

néerlandais, e [neɛʀlɑ̃dɛ, ɛz] ◆ **adj** niederländisch. ◆ **nm** [langue] Niederländisch(e) *(das)*. ◆ **Néerlandais, e nm, f** Niederländer *der*, -in *die*.

nef [nɛf] **nf** Schiff *das*.

néfaste [nefast] **adj** verhängnisvoll.

négatif, ive [negatif, iv] ◆ **adj 1.** negativ **2.** GRAMM Verneinungs-. ◆ **nm** Negativ *das*.

négation [negasjɔ̃] **nf** Verneinung *die*.

négationnisme [negasjɔnism] **nm** Leugnung *die* des Holocausts.

négligé, e [negliʒe] **adj** ungepflegt.

négligeable [negliʒabl] **adj** unbedeutend.

négligent, e [negliʒɑ̃, ɑ̃t] **adj** nachlässig.

négliger [17] [negliʒe] **vt** vernachlässigen.

négociant, e [negɔsjɑ̃, ɑ̃t] **nm, f** : **négociant en vins** Wein(groß)händler *der*.

négociations [negɔsjasjɔ̃] **nfpl** Verhandlungen *pl*.

négocier [9] [negɔsje] ◆ **vt 1.** [discuter de] verhandeln **2.** [virage] nehmen. ◆ **vi** verhandeln.

neige [nɛʒ] **nf** Schnee *der*.

neiger [23] [neʒe] **v impers** : **il neige** es schneit.

neigeux, euse [nɛʒø, øz] **adj 1.** [enneigé] verschneit **2.** [blanc] schneeweiß.

nénette [nenɛt] **nf** *fam* Tussi *die*.

nénuphar [nenyfaʀ] **nm** Seerose *die*.

néoclassique [neɔklasik] **adj** neoklassisch.

néon [neɔ̃] **nm** [tube] Neonröhre *die*.

néo-zélandais, e [neɔzelɑ̃dɛ, ɛz] *(mpl inv, fpl* néo-zélandaises*)* **adj** neuseeländisch. ◆ **Néo-Zélandais, e nm, f** Neuseeländer *der*, -in *die*.

Népal [nepal] **nm** : **le Népal** Nepal *nt*.

nerd [nɛʀd] **nm** *péj* Nerd *der*.

nerf [nɛʀ] nm Nerv *der* ▸ **du nerf !** jetzt aber ran! ▸ **être à bout de nerfs** mit den Nerven am Ende sein.

nerveusement [nɛʀvøzmɑ̃] **adv** nervös.

nerveux, euse [nɛʀvø, øz] **adj 1.** [maladie] Nerven- **2.** [personne, rire] nervös.

nervosité [nɛʀvozite] **nf** Nervosität *die*.

n'est-ce pas [nɛspa] **adv** nicht wahr ▸ **le petit déjeuner est compris, n'est-ce pas ?** das Frühstück ist doch inbegriffen, oder? ▸ **tu viens, n'est-ce pas ?** du kommst, nicht wahr?

net, nette [nɛt] ◆ **adj 1.** [image] scharf **2.** [propre] einwandfrei **3.** [marqué] klar **4.** [prix, salaire] netto. ◆ **adv 1.** [s'arrêter] auf der Stelle **2.** [se casser] sauber.

> ⚠ Nett est un faux ami. Il se traduit par ***gentil*** et non par « net ».

Net [nɛt] **nm** : **le Net INFORM** das Netz, das Internet.

netcam [nɛtkam] **nf INFORM** Webcam *die*.

netéconomie [nɛtekɔnɔmi] **nf** Internetwirtschaft *die*.

nettement [nɛtmɑ̃] **adv 1.** [clairement] klar **2.** [beaucoup, très] deutlich ▸ **elle est nettement plus forte que lui** sie ist deutlich besser als er ▸ **il va nettement mieux** es geht ihm eindeutig besser.

netteté [nɛtte] **nf 1.** [d'une image] Schärfe *die* **2.** [d'une explication] Klarheit *die*.

nettoyage [netwajaʒ] **nm** [ménage] Säuberung *die* ▸ **nettoyage à sec** chemische Reinigung *die*.

nettoyer [13] [nɛtwaje] **vt** reinigen ▸ **faire nettoyer un vêtement** ein Kleidungsstück reinigen lassen.

neuf, neuve [nœf, nœv] ◆ **adj** neu. ◆ **num** neun ▸ **remettre qqch à neuf** etw erneuern ▸ **quoi de neuf ?** was gibt es Neues? ▸ **elle habite (au) neuf rue Lepic** sie wohnt in der Rue Lepic Nummer neun ▸ **le neuf de pique** die Pikneun ▸ **il est neuf heures** es ist neun Uhr ▸ **le neuf janvier** am neunten Januar ▸ **page neuf** Seite neun ▸ **ils étaient neuf** sie waren zu neunt.

neurone [nøʀɔn] **nm** Neuron *das*.

neutre [nøtʀ] **adj 1.** neutral **2. GRAMM** sächlich.

neuve [nœv] **adj f** → **neuf**.

neuvième [nœvjɛm] **num** neunte(r, s) ▸ **le neuvième étage** der neunte Stock ▸ **il est arrivé neuvième** er wurde Neunter.

neveu [nəvø] (*pl* **-x**) **nm** Neffe *der*.

New Delhi [njudeli] **n** Neu-Delhi *nt*.

new wave [njuwɛv] ◆ **nf inv** New Wave *der*. ◆ **adj inv** New-Wave-.

nez [ne] **nm** Nase *die* ▸ **se trouver nez à nez avec qqn** auf jn stoßen.

NF (*abr écrite de* norme française) *französische Industrienorm*.

ni [ni] **conj** : **je n'aime ni la guitare ni le piano** ich mag weder Gitarre noch Klavier ▸ **elle n'est ni mince ni grosse** sie ist weder schlank noch dick.

niais, e [njɛ, njɛz] **adj** einfältig.

Niamey [njamɛ] **n** Niamey *nt*.

Nicaragua [nikaʀagwa] **nm** : **le Nicaragua** Nicaragua *nt*.

Nice [nis] **n** Nizza *nt*.

niche [niʃ] **nf 1.** [à chien] Hütte *die* **2.** [dans un mur] Nische *die*.

niçoise [niswaz] **adj f** → **salade**.

Nicosie [nikɔzi] **n** Nikosia *nt*.

nicotine [nikɔtin] **nf** Nikotin *das*.

nid [ni] **nm** Nest *das*.

nid-de-poule [nidpul] (*pl* **nids-de-poule**) **nm** Schlagloch *das*.

nièce [njɛs] **nf** Nichte *die*.

nier [9] [nje] **vt** leugnen ▸ **nier avoir fait qqch** leugnen, etw getan zu haben ▸ **nier que** leugnen, dass.

Niger [niʒɛʀ] **nm 1.** [fleuve] : **le Niger** der Niger **2.** [État] : **le Niger** Niger *nt* ▸ **au Niger** in Niger.

Nigeria [niʒeʀja] **nm** : **le Nigeria** Nigeria *nt* ▸ **au Nigeria** in Nigeria.

Nil [nil] **nm** : **le Nil** der Nil.

n'importe [nɛ̃pɔʀt] **adv** = **importer**.

niveau [nivo] (*pl* **-x**) **nm 1.** [hauteur] Stand *der* **2.** [qualité] Niveau *das* ▸ **au niveau de qqch a)** [à la hauteur de] auf der Höhe von etw **b)** [de la même qualité que] auf dem Niveau von etw ▸ **niveau d'huile** Ölstand ▸ **niveau de vie** Lebensstandard *der*.

n° (*abr écrite de* numéro) Nr. (*Nummer*).

noble [nɔbl] ◆ **adj** [famille, sang] adelig. ◆ **nmf** Adelige *der, die*.

noblesse [nɔblɛs] **nf** [nobles] Adel *der*.

noce [nɔs] **nf** Hochzeit *die* ▸ **noces d'or** goldene Hochzeit.

nocif, ive [nɔsif, iv] **adj** schädlich.

nocturne [nɔktyʀn] ◆ **adj** nächtlich. ◆ **nf** [d'un magasin] verkaufsoffener Abend ▸ **'nocturne le jeudi'** langer Donnerstag.

Noël [nɔɛl] ◆ **nm** Weihnachten *das*. ◆ **nf** : **Joyeux Noël** Frohe Weihnachten ▸ **la Noël** (das) Weihnachten.

> **ⓘ Noël**
>
> Weihnachten beginnt in Frankreich am 24. Dezember mit dem Weihnachtsabend, an dem es traditionsgemäß Truthahn mit Kastanien und als Nachtisch eine mit Buttercreme gefüllte Biskuitrolle, die bûche gibt. Die Geschenke, die der Père Noël (Weihnachtsmann) bringt, werden erst am 25. Dezember aufgemacht. Der 26. Dezember ist im Gegensatz zu Deutschland kein gesetzlicher Feiertag.

nœud [nø] **nm 1.** Knoten *der* **2.** [ruban] Schleife *die* ▸ **nœud papillon** Fliege *die*.

noir, e [nwaʀ] ◆ **adj 1.** [couleur] schwarz **2.** [sombre] dunkel. ◆ **nm 1.** [couleur] Schwarz *das* **2.** [obscurité] Dunkelheit *die* ▸ **il fait noir** es ist dunkel ▸ **dans le noir** im Dunkeln ▸ **noir et blanc** schwarzweiß. ◆ **Noir, e nm, f** Schwarze *der, die*.

noircir [32] [nwaʀsiʀ] ◆ **vt** [colorer] schwärzen. ◆ **vi** [fruit, ciel] schwarz werden.

noisetier [nwaztje] **nm** Haselnussstrauch *der*.

noisette [nwazɛt] ◆ **nf 1.** Haselnuss *die* **2.** [morceau] haselnussgroßes Stück. ◆ **adj inv** nussbraun ▸ **une noisette de beurre** ein Stückchen Butter.

noix [nwa] **nf 1.** Nuss *die* **2.** [de noyer] Walnuss *die* **3.** [morceau] nussgroßes Stück ▸ **noix de cajou** Cashewnuss.

nom [nɔ̃] **nm 1.** Name *der* **2.** GRAMM Hauptwort *das* ▸ **nom commun** Gattungsname ▸ **nom de domaine national** Länderkennung *die* ▸ **nom de famille** Familienname.

nomade [nɔmad] **nmf** Nomade *der*, -din *die*.

nombre [nɔ̃bʀ] **nm 1.** MATH Zahl *die* **2.** [quantité] Anzahl *die* ▸ **un grand nombre de** sehr viele.

nombreux, euse [nɔ̃bʀø, øz] **adj** **1.** [personnes, objets] zahlreich **2.** [famille] kinderreich **3.** [groupe] groß ▸ **peu nombreux** a) [groupe] klein b) [personnes, objets] wenig.

nombril [nɔ̃bʀil] **nm** Bauchnabel *der*.

nommer [3] [nɔme] **vt** **1.** [appeler] nennen **2.** [à un poste] ernennen. ◆ **se nommer vp** heißen.

non [nɔ̃] **adv** nein ▸ **non ?** [exprime la surprise] das gibt's doch nicht! ▸ **non plus** auch nicht ▸ **non seulement..., mais...** nicht nur ... sondern auch ...

non-alcoolisé, e [nɔnalkɔlize] **adj** alkoholfrei.

nonante [nɔnɑ̃t] **num** BELG SUISSE neunzig.

nonchalant, e [nɔ̃ʃalɑ̃, ɑ̃t] **adj** lässig.

non-fumeur, euse [nɔ̃fymœʀ, øz] **nm, f** Nichtraucher *der*, -in *die*.

nord [nɔʀ] ◆ **adj inv** Nord-. ◆ **nm** Norden *der* ▸ **au nord (de)** nördlich (von) ▸ **le Nord** [région] der Norden.

nord-africain, e [nɔʀafʀikɛ̃, ɛn] (*mpl* **nord-africains**, *fpl* **nord-africaines**) **adj** nordafrikanisch. ◆ **Nord-Africain, e nm, f** Nordafrikaner *der*, -in *die*.

nord-américain, e [nɔʀameʀikɛ̃, ɛn] (*mpl* **nord-américains**, *fpl* **nord-américaines**) **adj** nordamerikanisch. ◆ **Nord-Américain, e nm, f** Nordamerikaner *der*, -in *die*.

nord-est [nɔʀɛst] ◆ **adj inv** Nordost-. ◆ **nm** Nordosten *der* ▸ **au nord-est (de)** nordöstlich (von).

nordique [nɔʀdik] **adj** **1.** nordisch **2.** QUÉBEC [du nord canadien] aus Nordkanada.

nord-ouest [nɔʀwɛst] ◆ **adj inv** Nordwest-. ◆ **nm** Nordwesten *der* ▸ **au nord-ouest (de)** nordwestlich (von).

normal, e, aux [nɔʀmal, o] **adj** **1.** normal **2.** [habituel] üblich ▸ **ce n'est pas normal** [pas juste] das ist nicht normal ou in Ordnung.

normale [nɔʀmal] **nf** : **la normale** [la moyenne] das Normalmaß.

normalement [nɔʀmalmɑ̃] **adv** **1.** [sans problème] normal **2.** [habituellement] normalerweise.

normand, e [nɔʀmɑ̃, ɑ̃d] **adj** (aus) der Normandie.

Normandie [nɔʀmɑ̃di] **nf** : **la Normandie** die Normandie.

norme [nɔʀm] **nf** Norm *die*.

Norvège [nɔʀvɛʒ] **nf** : **la Norvège** Norwegen *nt*.

norvégien, enne [nɔʀveʒjɛ̃, ɛn] ◆ **adj** norwegisch. ◆ **nm** [langue] Norwegisch(e) (*das*). ◆ **Norvégien, enne nm, f** Norweger *der*, -in *die*.

nos [no] **adj pl** → **notre**.

nosocomial, e, aux [nozɔkɔmjal, o] **adj** : **infection / maladie nosocomiale** Krankenhausinfektion *die*.

nostalgie [nɔstalʒi] **nf** **1.** [mal du pays] Heimweh *das* **2.** [mélancolie] Sehnsucht *die* ▸ **avoir la nostalgie de** a) [mal du pays] Heimweh haben nach b) [mélancolie] Sehnsucht haben nach.

nostalgique [nɔstalʒik] **adj** wehmütig.

notaire [nɔtɛʀ] **nm** Notar *der*, -in *die*.

notamment [nɔtamɑ̃] **adv** besonders.

notation [nɔtasjɔ̃] **nf** **1.** MUS Notenschrift *die* **2.** SCOL Benotung *die*.

note [nɔt] **nf** **1.** Note *die* **2.** [remarque] Anmerkung *die* **3.** [facture] Rechnung *die* ▸ **note de musique** Note ▸ **prendre des notes** sich *(D)* Notizen machen.

noter [3] [nɔte] **vt 1.** [écrire] notieren **2.** [élève, devoir] benoten **3.** [remarquer] bemerken.

notice [nɔtis] **nf** [mode d'emploi] Kurzbeschreibung *die*.

notifier [9] [nɔtifje] **vt** : **notifier qqch à qqn** jm etw bekannt geben.

notion [nɔsjɔ̃] **nf** Begriff *der* ▸ **avoir des notions de** Grundkenntnisse haben in *(+ D)*.

notoriété [nɔtɔʀjete] **nf** Bekanntheit *die*.

notre [nɔtʀ] (*pl* **nos** [no]) **adj** unser(e) ▸ **notre maison** unser Haus.

nôtre [notʀ] ◆ **le nôtre, la nôtre** [lənotr, lanotr] (*pl* **les nôtres** [lenotr]) **pron** unsere *der, die, das*.

Nouakchott [nwakʃɔt] **n** Nouakchott *nt*.

nouer [6] [nwe] **vt 1.** [lacet] zu◦schnüren **2.** [cravate] binden **3.** [cheveux] zusammen◦binden.

nougat [nuga] **nm** ≃ türkischer Honig.

nougatine [nugatin] **nf** Krokant *der*.

nouilles [nuj] **nfpl** Nudeln *pl*.

nounours [nunuʀs] **nm** *fam* Teddy *der*.

nourrice [nuʀis] **nf** Tagesmutter *die*.

nourrir [32] [nuʀiʀ] **vt 1.** [personne] ernähren **2.** [animal] füttern **3.** [entretenir] nähren. ◆ **se nourrir vp** [s'alimenter] : **se nourrir (de qqch)** sich (von etw) ernähren.

nourrissant, e [nuʀisɑ̃, ɑ̃t] **adj** nahrhaft.

nourrisson [nuʀisɔ̃] **nm** Säugling *der*.

nourriture [nuʀityʀ] **nf** Nahrung *die*.

nous [nu] **pron 1.** [sujet] wir **2.** [objet, réfléchi] uns ▸ **nous-mêmes** (wir) selbst.

nouveau, nouvelle [nuvo, nuvɛl] (*mpl* **-x**) *(***nouvel** [nuvɛl] *devant voyelle ou « h » muet)* ◆ **adj** neu. ◆ **nm, f** Neue *der, die* ▸ **rien de nouveau** nichts Neues ▸ **à** ou **de nouveau** erneut.

nouveau-né, e, s [nuvone] **nm, f** Neugeborene *das*.

nouveauté [nuvote] **nf** Neuheit *die*.

nouvel [nuvɛl] **adj m** → **nouveau**.

nouvelle [nuvɛl] **nf 1.** [information] Nachricht *die* **2.** [roman] Novelle *die* ▸ **les nouvelles** die Nachrichten ▸ **donner de ses nouvelles** von sich hören lassen.

Nouvelle-Calédonie [nuvɛlkaledɔni] **nf** : **la Nouvelle-Calédonie** Neukaledonien *nt*.

Nouvelle-Zélande [nuvɛlzelɑ̃d] **nf** : **la Nouvelle-Zélande** Neuseeland *nt*.

novembre [nɔvɑ̃bʀ] **nm** November *der* ▸ **en novembre, au mois de novembre** im November ▸ **début novembre** Anfang November ▸ **le deux novembre** am zweiten November.

noyade [nwajad] **nf** Ertrinken *das*.

noyau [nwajo] (*pl* **-x**) **nm** Kern *der*.

noyé, e [nwaje] **nm, f** Ertrunkene *der, die*.

noyer [13] [nwaje] ◆ **nm** Walnussbaum *der*. ◆ **vt 1.** [personne, animal] ertränken **2.** [moteur] absaufen lassen. ◆ **se noyer vp** [par accident] ertrinken.

NPI (*abr de* **nouveaux pays industriels**) **nmpl** NIC *die (newly industrialized country)*, neue Industrieländer.

nu, e [ny] **adj 1.** [personne, jambes] nackt **2.** [pièce, arbre] kahl ▸ **pieds nus** barfuß ▸ **tout nu** vollkommen nackt ▸ **nu-tête** mit bloßem Kopf.

nuage [nɥaʒ] **nm** Wolke *die*.

nuageux, euse [nɥaʒø, øz] **adj** bewölkt.

nuance [nɥɑ̃s] **nf 1.** [teinte] Nuance *die* **2.** [différence] feiner Unterschied.

nubuck [nybyk] **nm** Nubukleder *das* ▸ **des chaussures en nubuck** Schuhe aus Nubukleder.

nucléaire [nykleɛʀ] **adj** Atom-.

nudiste [nydist] **nmf** Nudist *der*, -in *die*.

nui [nɥi] **pp** → **nuire**.

nuire [97] [nɥiʀ] ◆ **nuire à v + prép** schaden *(+ D)*.

nuisette [nɥizɛt] **nf** Kurznachthemd *das*.

nuisible [nɥizibl] **adj** schädlich ▸ **nuisible à** schädlich für.

nuit [nɥi] **nf** Nacht *die* ▸ **la nuit** nachts ▸ **bonne nuit !** gute Nacht! ▸ **il fait nuit** es ist dunkel. ◆ **de nuit** ◆ **adj** Nacht-. ◆ **adv** nachts.

nul, nulle [nyl] **adj** unter aller Würde ▸ **être nul** *fam* [personne] eine Niete sein ▸ **être nul en qqch** eine Niete in etw *(D)* sein ▸ **nulle part** nirgends.

numérique [nymeʀik] **adj** digital. → **appareil**.

numérisé, e [nymeʀize] **adj** digitalisiert.

numériser [3] [nymeʀize] **vt** digitalisieren.

numéro [nymeʀo] **nm** Nummer *die* ▸ **numéro de compte** Kontonummer ▸ **numéro d'immatriculation** amtliches Kennzeichen ▸ **numéro de téléphone** Telefonnummer ▸ **numéro vert** *gebührenfreie Telefonnummer.*

numéroter [3] [nymeʀɔte] **vt** nummerieren ▸ **place numérotée** nummerierter Platz.

nunuche [nynyʃ] **adj** *fam* albern.

nu-pieds [nypje] **nm inv** *Sandale mit Zehenriemchen.*

nuque [nyk] **nf** Nacken *der*.

Nuremberg [nyʀɛ̃bɛʀ] **n** Nürnberg *nt*.

nutritif, ive [nytʀitif, iv] **adj** Nähr-.

nutrition [nytʀisjɔ̃] **nf MÉD** Ernährung *die*.

Nylon® [nilɔ̃] **nm** Nylon® *das*.

Oo

O *(abr écrite de* **ouest**) W *(West)*.

oasis [ɔazis] **nf** Oase *die*.

obéir [32] [ɔbeiʀ] **vi** gehorchen ▸ **obéir à qqn / qqch** jm / etw gehorchen.

obéissant, e [ɔbeisɑ̃, ɑ̃t] **adj** gehorsam.

obèse [ɔbɛz] **adj** fettleibig.

obésité [ɔbezite] **nf** Fettleibigkeit *die*.

objectif, ive [ɔbʒɛktif, iv] ◆ **adj** objektiv. ◆ **nm 1.** [but] Ziel *das* **2.** [d'appareil photo] Objektiv *das*.

objection [ɔbʒɛksjɔ̃] **nf** Einwand *der*.

objet [ɔbʒɛ] **nm 1.** Gegenstand *der* **2.** [but] Ziel *das* ▸ **objets perdus** Fundsachen ▸ **(bureau des) objets trouvés** Fundbüro *das*.

obligation [ɔbligasjɔ̃] **nf** Verpflichtung *die* ▸ **être dans l'obligation de faire qqch** gezwungen sein, etw zu tun ▸ **obligations familiales / professionnelles** familiäre / berufliche Verpflichtungen.

obligatoire [ɔbligatwaʀ] **adj** Pflicht-.

obligatoirement [ɔbligatwaʀmɑ̃] **adv** unbedingt.

obligé, e [ɔbliʒe] **adj** : **c'est obligé** *fam* das ist Vorschrift ▸ **être obligé de faire qqch** verpflichtet sein, etw zu tun.
obliger [17] [ɔbliʒe] **vt** : **obliger qqn à faire qqch** jn dazu zwingen, etw zu tun.
oblique [ɔblik] **adj** schräg.
oblitérer [18] [ɔbliteʀe] **vt** entwerten.
obscène [ɔpsɛn] **adj** obszön.
obscur, e [ɔpskyʀ] **adj 1.** dunkel **2.** [peu connu] obskur.
obscurcir [32] [ɔpskyʀsiʀ] **vt** verdunkeln. ◆ **s'obscursir vp** sich verdunkeln.
obscurité [ɔpskyʀite] **nf** Dunkelheit *die*.
obséder [18] [ɔpsede] **vt** : **obséder qqn** jm nicht aus dem Kopf gehen.
obsèques [ɔpsɛk] **nfpl** *sout* Trauerfeier *die* ▸ **assister aux obsèques de qqn** an js Beisetzung teil◦nehmen.
observateur, trice [ɔpsɛʀvatœʀ, tʀis] **adj** : **être observateur** ein guter Beobachter sein.
observation [ɔpsɛʀvasjɔ̃] **nf 1.** Bemerkung *die* **2.** [d'un phénomène] Beobachtung *die*.
observatoire [ɔpsɛʀvatwaʀ] **nm** Observatorium *das*.
observer [3] [ɔpsɛʀve] **vt 1.** [regarder] beobachten **2.** [respecter] beachten **3.** [remarquer] fest◦stellen.
obsession [ɔpsesjɔ̃] **nf** Zwangsvorstellung *die*.
obstacle [ɔpstakl] **nm** Hindernis *das*.
obstiné, e [ɔpstine] **adj 1.** [personne] starrköpfig **2.** [recherches] zäh.
obstiner [3] [ɔpstine] ◆ **s'obstiner vp** stur bleiben ▸ **s'obstiner à faire qqch** darauf beharren, etw zu tun.
obstruer [3] [ɔpstʀye] **vt 1.** [boucher] verstopfen **2.** [gêner] versperren.
obtenir [40] [ɔptəniʀ] **vt 1.** [récompense, faveur] erhalten **2.** [résultat] erzielen.
obtenu, e [ɔptəny] **pp** → **obtenir**.
obturateur [ɔptyʀatœʀ] **nm** [d'appareil photo] Verschluss *der*.
obus [ɔby] **nm** Granate *die*.
OC (*abr de* ondes courtes) KW *(Kurzwelle)*.
occasion [ɔkazjɔ̃] **nf 1.** [chance] Gelegenheit *die* **2.** [bonne affaire] Schnäppchen *das* ▸ **avoir l'occasion de faire qqch** die Gelegenheit haben, etw zu tun ▸ **à l'occasion de** anlässlich *(+ G)* ▸ **d'occasion** Gebraucht-.
occasionnel, elle [ɔkazjɔnɛl] **adj 1.** [accidentel] gelegentlich **2.** [temporaire, saisonnier] Gelegenheits-.
occasionnellement [ɔkazjɔnɛlmɑ̃] **adv** gelegentlich.
occasionner [3] [ɔkazjɔne] **vt** verursachen.
Occident [ɔksidɑ̃] **nm** : **l'Occident** der Westen.
occidental, e, aux [ɔksidɑ̃tal, o] **adj** westlich.
occidentaliser [3] [ɔksidɑ̃talize] **vt** der westlichen Kultur an◦passen.
occupation [ɔkypasjɔ̃] **nf 1.** [par une armée] Besetzung *die* **2.** [activité] Beschäftigung *die*.
occupé, e [ɔkype] **adj 1.** [par une activité, peu disponible] beschäftigt **2.** [place, toilettes, ligne de téléphone] besetzt ▸ **ça sonne occupé** es ist besetzt.
occuper [3] [ɔkype] **vt 1.** [pays, ville] besetzen **2.** [emplacement, surface] ein◦nehmen **3.** [poste, fonctions] inne◦haben ▸ **au moins ça l'occupe** so hat er wenigstens etwas zu tun. ◆ **s'occuper de vp 1.** [activité, travail]

sich beschäftigen mit **2.** [encadrer, prendre soin de] sich kümmern um.

occurrence [ɔkyʀɑ̃s] ◆ **en l'occurrence adv** in diesem Fall.

océan [ɔseɑ̃] **nm** Ozean *der*.

Océanie [ɔseani] **nf** : **l'Océanie** Ozeanien *nt*.

ocre [ɔkʀ] **adj inv** ockerfarben.

octane [ɔktan] **nm** : **indice d'octane** Oktanzahl *die*.

octante [ɔktɑ̃t] **num** BELG achtzig.

octet [ɔktɛ] **nm** Byte *das*.

octobre [ɔktɔbʀ] **nm** Oktober *der* ▸ **en octobre, au mois d'octobre** im Oktober ▸ **début octobre** Anfang Oktober ▸ **le deux octobre** am zweiten Oktober.

octogonal, e, aux [ɔktɔgɔnal, o] **adj** achteckig.

oculiste [ɔkylist] **nmf** Augenarzt *der*, -ärztin *die*.

odeur [ɔdœʀ] **nf** Geruch *der*.

odieux, euse [ɔdjø, øz] **adj** grässlich.

odorat [ɔdɔʀa] **nm** Geruchssinn *der*.

œil [œj] (*pl* **yeux** [jø]) **nm** Auge *das* ▸ **à l'œil** *fam* [gratuitement] umsonst ▸ **avoir qqn à l'œil** *fam* jn im Auge behalten ▸ **mon œil !** *fam* von wegen!

œillet [œjɛ] **nm 1.** [fleur] Nelke *die* **2.** [de chaussure] Öse *die*.

œsophage [ezɔfaʒ] **nm** Speiseröhre *die*.

œuf [œf] **nm** Ei *das* ▸ **œuf à la coque** weich gekochtes Ei ▸ **œuf dur** hart gekochtes Ei ▸ **œuf de Pâques** Osterei ▸ **œuf poché** pochiertes Ei ▸ **œuf sur le plat** Spiegelei ▸ **œufs brouillés** Rührei ▸ **œufs à la neige** *Vanillesoße mit Eischnee*.

œuvre [œvʀ] **nf** Werk *das* ▸ **mettre qqch en œuvre** etw ein◦setzen ▸ **œuvre d'art** Kunstwerk.

offenser [3] [ɔfɑ̃se] **vt** kränken.

offert, e [ɔfɛʀ, ɛʀt] **pp** → **offrir**.

office [ɔfis] **nm 1.** [organisme] Stelle *die* **2.** [messe] Gottesdienst *der* ▸ **faire office de** dienen als ▸ **d'office** von vornherein ▸ **avocat commis d'office** Pflichtverteidiger *der* ▸ **office de tourisme** Fremdenverkehrsamt *das*.

officiel, elle [ɔfisjɛl] **adj** offiziell.

officiellement [ɔfisjɛlmɑ̃] **adv** offiziell.

officier [ɔfisje] **nm** [militaire] Offizier *der*, -in *die*.

offre [ɔfʀ] **nf** Angebot *das* ▸ **offres d'emploi** Stellenangebote ▸ **'offre spéciale'** 'Sonderangebot'.

offrir [34] [ɔfʀiʀ] **vt** : **offrir à qqn de faire qqch** jm an◦bieten, etw zu tun. ◆ **s'offrir vp** sich *(D)* leisten.

OGM (*abr de* organisme génétiquement modifié) **nm inv** *genetisch veränderter Organismus*.

oie [wa] **nf** Gans *die*.

oignon [ɔɲɔ̃] **nm** Zwiebel *die* ▸ **petits oignons** kleine Zwiebeln.

oiseau [wazo] (*pl* **-x**) **nm** Vogel *der*.

OK [ɔke] **interj** O. K.

ola [ɔla] **nf** La-ola-Welle *die*.

olive [ɔliv] **nf** Olive *die* ▸ **olive noire / verte** schwarze /grüne Olive.

olivier [ɔlivje] **nm** Olivenbaum *der*.

olympique [ɔlɛ̃pik] **adj** olympisch, Olympia-.

Oman [ɔman] **n** Oman *nt* ▸ **le sultanat d'Oman** das Sultanat Oman.

ombragé, e [ɔ̃bʀaʒe] **adj** schattig.

ombre [ɔ̃bʀ] **nf** Schatten *der* ▸ **à l'ombre (de)** im Schatten (*(+ G)*) ▸ **ombre chinoise** Schattenspiel *das* ▸ **ombre à paupières** Lidschatten.

ombrelle [ɔ̃bʀɛl] **nf** Sonnenschirm *der*.

omelette [ɔmlɛt] **nf** Omelett *das* ▸ **omelette norvégienne** *warm servierte Süßspeise aus Biskuit, Vanilleeis und Baiserteig.*

omission [ɔmisjɔ̃] **nf** Auslassung *die* ▸ **c'est une omission de ma part** das ist ein Versäumnis meinerseits.

omnibus [ɔmnibys] **nm** : **(train) omnibus** *Nahverkehrs- oder S-Bahn-Zug, der an jeder Station Halt macht.*

omoplate [ɔmɔplat] **nf** Schulterblatt *das.*

on [ɔ̃] **pron 1.** man **2.** *fam* wir ▸ **on a frappé** es hat geklopft.

oncle [ɔ̃kl] **nm** Onkel *der.*

onctueux, euse [ɔ̃ktɥø, øz] **adj** cremig.

onde [ɔ̃d] **nf** Welle *die* ▸ **grandes ondes** Langwelle(n) ▸ **ondes courtes** Kurzwelle(n) ▸ **ondes moyennes** Mittelwelle(n).

ondulé, e [ɔ̃dyle] **adj** gewellt ▸ **tôle ondulée** Wellblech *das.*

ongle [ɔ̃gl] **nm** Nagel *der (von Finger, Zehe)* ▸ **ongle incarné** eingewachsener Nagel.

ont [ɔ̃] **3e pers. du pl. de l'ind. prés.** → **avoir.**

ONU [ɔny] *(abr de* Organisation des Nations unies) **nf** UNO *die (United Nations Organization).*

onze [ɔ̃z] **num** elf ▸ **elle habite (au) onze rue Lepic** sie wohnt in der Rue Lepic Nummer elf ▸ **il est onze heures** es ist elf Uhr ▸ **le onze janvier** am elften Januar ▸ **page onze** Seite elf ▸ **ils étaient onze** sie waren zu elft.

onzième [ɔ̃zjɛm] **num** elfte(r, s) ▸ **le onzième étage** der elfte Stock ▸ **il est arrivé onzième** er wurde Elfter.

opaque [ɔpak] **adj 1.** [verre] undurchsichtig **2.** [collant] blickdicht.

opéra [ɔpeʀa] **nm** Oper *die.*

opérateur, trice [ɔpeʀatœʀ, tʀis] ◆ **nm, f** [au téléphone] Vermittlung *die.* ◆ **nm** INFORM Operator *der* ▸ **opérateur téléphonique** [fournisseur] Telefonanbieter *der.*

opération [ɔpeʀasjɔ̃] **nf 1.** Operation *die* **2.** [financière, commerciale] Geschäft *das.*

opérer [18] [ɔpeʀe] ◆ **vt** operieren. ◆ **vi** vor∘gehen ▸ **se faire opérer (de qqch)** (an etw *(D)*) operiert werden.

opérette [ɔpeʀɛt] **nf** Operette *die.*

ophtalmo [ɔftalmo] **nmf** *fam* Augenarzt *der,* -ärztin *die.*

ophtalmologiste [ɔftalmɔlɔʒist] **nmf** Augenarzt *der,* -ärztin *die.*

opinion [ɔpinjɔ̃] **nf** Meinung *die* ▸ **l'opinion (publique)** die öffentliche Meinung.

opportun, e [ɔpɔʀtœ̃, yn] **adj** geeignet.

opportuniste [ɔpɔʀtynist] **adj** opportunistisch.

opposant, e [ɔpozɑ̃, ɑ̃t] ◆ **adj** Oppositions-. ◆ **nm, f** : **opposant (à qqch)** Gegner *der,* -in *die* (einer Sache *(G)*).

opposé, e [ɔpoze] ◆ **adj 1.** [avis, caractères] gegensätzlich **2.** [intérêt, direction] entgegengesetzt **3.** [d'en face] gegenüberliegend. ◆ **nm** Gegenteil *das* ▸ **opposé à** a) [inverse] gegenüber von b) [hostile à] gegen ▸ **à l'opposé de** a) [du côté opposé à] auf der anderen Seite von b) [contrairement à] im Gegensatz zu.

opposer [3] [ɔpoze] **vt 1.** [argument] entgegen∘setzen **2.** [résistance] entgegen∘bringen ▸ **le match oppose l'équipe de Reims à celle de Caen** in diesem Spiel stehen sich die Mannschaften von Reims und Caen gegenüber. ◆ **s'opposer vp**

sich gegenüber◦stehen ▸ **s'opposer à** a) [affronter] sich widersetzen b) [interdire] verbieten.

opposition [ɔpozisjɔ̃] **nf 1.** [différence] Gegensatz *der* **2.** [désapprobation] Widerstand *der* **3.** POL Opposition *die* ▸ **faire opposition (à un chèque)** einen Scheck sperren lassen ▸ **faire opposition sur une carte bancaire** eine Bankkarte sperren lassen.

oppressant, e [ɔpresɑ̃, ɑ̃t] **adj** drückend.

oppresser [4] [ɔprese] **vt** : **oppresser qqn** a) jm den Atem nehmen b) *fig* jn bedrücken.

oppression [ɔpresjɔ̃] **nf** Unterdrückung *die*.

opprimer [3] [ɔprime] **vt** unterdrücken.

opter [3] [ɔpte] **vi** : **opter pour qqn / qqch** sich für jn /etw entscheiden.

opticien, enne [ɔptisjɛ̃, ɛn] **nm, f** Optiker *der*, -in *die*.

optimisme [ɔptimism] **nm** Optimismus *der*.

optimiste [ɔptimist] ◆ **adj** optimistisch. ◆ **nmf** Optimist *der*, -in *die*.

option [ɔpsjɔ̃] **nf 1.** SCOL Wahlfach *das* **2.** [accessoire] Zusatzausstattung *die* ▸ **en option** als Extra.

optionnel, elle [ɔpsjɔnɛl] **adj 1.** [matière] Wahl- **2.** [accessoire] Zusatz-.

optique [ɔptik] ◆ **adj** Seh-. ◆ **nf 1.** Optik *die* **2.** [point de vue] Blickwinkel *der*.

or [ɔr] ◆ **conj** aber. ◆ **nm** Gold *das* ▸ **en or** a) [montre] golden b) [dent] Gold-.

orage [ɔraʒ] **nm** Gewitter *das*.

orageux, euse [ɔraʒø, øz] **adj** gewittrig.

oral, e, aux [ɔral, o] ◆ **adj** mündlich. ◆ **nm** mündliche Prüfung ▸ **'voie orale'** 'oral'.

orange [ɔrɑ̃ʒ] ◆ **adj inv** orange(farben). ◆ **nm** Orange *das*. ◆ **nf** Apfelsine *die*, Orange *die* ▸ **orange pressée** frisch gepresster Orangensaft.

orbite [ɔrbit] **nf 1.** [de planète] Umlaufbahn *die* **2.** [de l'œil] Augenhöhle *die*.

Orcades [ɔrkad] **nfpl** : **les Orcades** die Orkneyinseln.

orchestre [ɔrkɛstr] **nm 1.** [musiciens] Orchester *das* **2.** [au théâtre] Parkett *das*.

orchidée [ɔrkide] **nf** Orchidee *die*.

ordi [ɔrdi] (*abr de* **ordinateur**) **nm** *fam* Computer *der*.

ordinaire [ɔrdinɛr] ◆ **adj 1.** [normal] üblich **2.** [banal] gewöhnlich. ◆ **nm** [essence] Normalbenzin *das* ▸ **sortir de l'ordinaire** ungewöhnlich sein ▸ **d'ordinaire** gewöhnlich.

ordinateur [ɔrdinatœr] **nm** Computer *der* ▸ **ordinateur de poche** Taschencomputer ▸ **ordinateur portable** Laptop *der*.

ordonnance [ɔrdɔnɑ̃s] **nf** [médicale] Rezept *das* ▸ **'médicament délivré sur ordonnance'** auf Rezept verkauftes Medikament.

ordonné, e [ɔrdɔne] **adj** ordentlich.

ordonner [3] [ɔrdɔne] **vt 1.** [commander] an◦ordnen **2.** [ranger] ordnen ▸ **ordonner à qqn de faire qqch** jm befehlen, etw zu tun.

ordre [ɔrdr] **nm 1.** [commandement] Befehl *der* **2.** [organisation] Ordnung *die* **3.** [enchaînement] Reihenfolge *die* ▸ **donner l'ordre de faire qqch** den Befehl erteilen, etw zu tun ▸ **jusqu'à nouvel ordre** bis auf Weiteres ▸ **en ordre** in Ordnung ▸ **mettre de l'ordre dans** a) [pièce] auf◦räumen b) [papiers] Ordnung bringen in *(+ A)* ▸ **dans l'ordre** der Reihenfolge nach ▸ **à l'ordre de** [chèque] an *(+ A)*.

ordures [ɔʀdyʀ] **nfpl** Müll *der*.

oreille [ɔʀɛj] **nf** Ohr *das*.

oreiller [ɔʀeje] **nm** Kopfkissen *das*.

oreillons [ɔʀɛjɔ̃] **nmpl** Mumps *die ODER der*.

organe [ɔʀgan] **nm** Organ *das*.

organigramme [ɔʀganigʀam] **nm** **1.** [hiérarchique] Organigramm *das* **2.** INFORM Flussdiagramm *das*.

organique [ɔʀganik] **adj** organisch.

organisateur, trice [ɔʀganizatœʀ, tʀis] **nm, f** Organisator *der*, -in *die*.

organisation [ɔʀganizasjɔ̃] **nf** Organisation *die* ▸ **manquer d'organisation** nicht gut planen können.

organisé, e [ɔʀganize] **adj** organisiert ▸ **c'est une fille très organisée** sie ist jemand, der gut planen kann.

organiser [3] [ɔʀganize] **vt** organisieren. ◆ **s'organiser vp** sich *(D)* seine Zeit (gut) einteilen.

organisme [ɔʀganism] **nm** **1.** [corps] Organismus *der* **2.** [organisation] Einrichtung *die*.

orge [ɔʀʒ] **nf** Gerste *die*.

orgue [ɔʀg] **nm** Orgel *die* ▸ **orgue de Barbarie** Drehorgel.

orgueil [ɔʀgœj] **nm** Hochmut *der*.

orgueilleux, euse [ɔʀgœjø, øz] **adj** hochmütig.

Orient [ɔʀjɑ̃] **nm** : **l'Orient** der Orient.

oriental, e, aux [ɔʀjɑ̃tal, o] **adj** orientalisch.

orientation [ɔʀjɑ̃tasjɔ̃] **nf** **1.** [direction] Orientierung *die* **2.** [d'une maison] Lage *die* **3.** SCOL Berufsberatung *die*.

orienter [3] [ɔʀjɑ̃te] **vt** **1.** [tourner] aus◦richten **2.** [débat, recherches] lenken ▸ **orienter qqn** a) [voyageur] jm den Weg weisen b) SCOL jn beruflich beraten. ◆ **s'orienter vp** sich zurecht◦finden ▸ **s'orienter vers qqch** sich einer Sache *(D)* zu◦wenden.

orifice [ɔʀifis] **nm** Öffnung *die*.

origan [ɔʀigɑ̃] **nm** Origano *der*.

originaire [ɔʀiʒinɛʀ] **adj** : **être originaire de** stammen aus.

original, e, aux [ɔʀiʒinal, o] ◆ **adj** **1.** [d'origine] Original- **2.** [nouveau] originell **3.** [excentrique] sonderbar. ◆ **nm, f** [excentrique] Sonderling *der*. ◆ **nm** [peinture, écrit] Original *das*.

originalité [ɔʀiʒinalite] **nf** **1.** [nouveauté] Originalität *die* **2.** [excentricité] Wunderlichkeit *die*.

origine [ɔʀiʒin] **nf** **1.** [début, d'un mot, d'une coutume] Ursprung *der* **2.** [cause] Ursache *die* **3.** [d'une personne, d'une famille] Herkunft *die* ▸ **être à l'origine de** die Ursache sein für ▸ **à l'origine** ursprünglich ▸ **être d'origine française** gebürtiger Franzose sein, gebürtige Französin sein.

ORL (*abr de* oto-rhino-laryngologiste) **nmf** HNO-Arzt *der*, -Ärztin *die (Hals-Nasen-Ohren-Arzt)*.

ornement [ɔʀnəmɑ̃] **nm** Schmuck *der*.

orner [3] [ɔʀne] **vt** schmücken ▸ **orner qqch de** etw schmücken mit.

ornière [ɔʀnjɛʀ] **nf** Spurrille *die*.

orphelin, e [ɔʀfəlɛ̃, in] **nm, f** Waise *die*.

orphelinat [ɔʀfəlina] **nm** Waisenhaus *das*.

orque [ɔʀk] **nf** Schwertwal *der*.

Orsay [ɔʀsɛ] **n** : **le musée d'Orsay** *Kunstmuseum in Paris*.

ⓘ Le musée d'Orsay

Der ehemalige Kopfbahnhof wurde im Jahre 1986 als Kunstmuseum eröffnet. Neben Wechsel- und Sonderausstellungen werden dort seit seiner Einweihung auf drei Ebenen Kunstwerke aller Kunstrichtungen aus den Jahren 1848 bis 1914 beherbergt.

orteil [ɔʀtɛj] **nm** Zeh *der* ▸ **gros orteil** großer Zeh.

orthographe [ɔʀtɔgʀaf] **nf 1.** [règles] Rechtschreibung *die* **2.** [d'un mot] Schreibweise *die*.

orthophoniste [ɔʀtɔfɔnist] **nmf** Logopäde *der*, -din *die*.

ortie [ɔʀti] **nf** Brennnessel *die*.

os [ɔs] **nm** Knochen *der*.

osciller [3] [ɔsile] **vi 1.** [se balancer] schwingen **2.** [varier] schwanken.

osé, e [oze] **adj** gewagt.

oseille [ozɛj] **nf** Sauerampfer *der*.

oser [3] [oze] **vt** wagen ▸ **oser faire qqch** es wagen, etw zu tun.

osier [ozje] **nm** (Korb)weide *die*.

Oslo [ɔslo] **n** Oslo *nt*.

osselets [ɔslɛ] **nmpl** *Geschicklichkeitsspiel für Kinder*.

otage [ɔtaʒ] **nm** Geisel *die* ▸ **prendre en otage** als Geisel nehmen.

otarie [ɔtaʀi] **nf** Ohrenrobbe *die*.

ôter [3] [ote] **vt** ab◦legen ▸ **ôter qqch à qqn** jm etw weg◦nehmen ▸ **3 ôté de 10 égale 7** 10 weniger 3 macht 7.

otite [ɔtit] **nf** Ohrenentzündung *die*.

oto-rhino(-laryngologiste) [ɔtɔʀinɔlaʀɛ̃gɔlɔʒist] (*pl* **oto-rhino-(laryngologiste)s**) **nmf** Hals-Nasen-Ohren-Arzt *der*, -Ärztin *die*.

Ottawa [ɔtawa] **n** Ottawa *nt*.

ou [u] **conj** oder ▸ **ou bien** oder (aber) ▸ **ou... ou** entweder ... oder.

où [u] ◆ **adv** wo ▸ **où habitez-vous ?** wo wohnen Sie? ▸ **d'où êtes-vous ?** woher kommen Sie? ▸ **par où faut-il passer ?** wo müssen wir entlang? ▸ **où vas-tu ?** wohin gehst du? ▸ **nous ne savons pas où dormir** wir wissen nicht, wo wir schlafen sollen
◆ **pron 1.** [spatial] : **le village où j'habite** das Dorf, in dem ich wohne ▸ **le pays d'où je viens** das Land, aus dem ich komme ▸ **la ville par où nous venons de passer** die Stadt, durch die wir gerade gefahren sind **2.** [temporel] : **le jour où** der Tag, an dem ▸ **juste au moment où** gerade als.

Ouagadougou [wagadugu] **n** Wagadugu *nt*.

ouate [wat] **nf** Watte *die*.

oubli [ubli] **nm** Versehen *das*.

oublier [10] [ublije] **vt** vergessen ▸ **oublier de faire qqch** vergessen, etw zu tun.

oubliettes [ublijɛt] **nfpl** Verlies *das*.

ouest [wɛst] ◆ **adj inv** West-. ◆ **nm** Westen *der* ▸ **à l'ouest (de)** im Westen (von).

ouf [uf] **interj** uff.

Ouganda [ugɑ̃da] **nm** : **l'Ouganda** Uganda *nt* ▸ **en Ouganda** in Uganda.

oui [wi] **adv** ja.

ouïe [wi] **nf** Gehör *das*. ◆ **ouïes nfpl** Kiemen *die*.

Oulan Bator [ulan batɔʀ] **n** Ulan Bator *nt*.

ouragan [uʀagɑ̃] **nm** Orkan *der*.

ourlet [uʀlɛ] **nm** Saum *der*.

ours [uʀs] **nm** Bär *der* ▸ **ours en peluche** Teddy(bär) *der*.

oursin [uʀsɛ̃] **nm** Seeigel *der*.

outil [uti] **nm** Werkzeug *das* ▸ **boîte** ou **caisse à outils** Werkzeugkasten *der*. ◆ **outils nmpl** INFORM Extras *pl*.

outillage [utijaʒ] **nm** Werkzeug *das*.

outre [utʀ] **prép** neben *(+ A, + D)* ▸ **en outre** außerdem ▸ **outre mesure** übermäßig.

outré, e [utʀe] **adj** empört.

outre-mer [utʀəmɛʀ] **adv** Übersee-.

ouvert, e [uvɛʀ, ɛʀt] ◆ **pp** → **ouvrir**. ◆ **adj 1.** offen **2.** [magasin, restaurant] geöffnet ▸ **'ouvert le lundi'** 'montags geöffnet'.

ouvertement [uvɛʀtəmɑ̃] **adv** offen.

ouverture [uvɛʀtyʀ] **nf 1.** Öffnung *die* **2.** [inauguration, de la pêche] Eröffnung *die*.

ouvrable [uvʀabl] **adj** → **jour**.

ouvrage [uvʀaʒ] **nm 1.** [construction] Bauwerk *das* **2.** [couture, tricot] Handarbeit *die* **3.** [livre] Werk *das*.

ouvré, e [uvʀe] **adj** : **jour ouvré** Werktag *der*.

ouvre-boîtes [uvʀəbwat] **nm inv** Dosenöffner *der*.

ouvre-bouteilles [uvʀəbutɛj] **nm inv** Flaschenöffner *der*.

ouvreur, euse [uvʀœʀ, øz] **nm, f** Platzanweiser *der*, -in *die*.

ouvrier, ère [uvʀije, ɛʀ] ◆ **adj** Arbeiter-. ◆ **nm, f** Arbeiter *der*, -in *die*.

ouvrir [34] [uvʀiʀ] ◆ **vt 1.** [bouche, porte] auf∘machen **2.** [débat] eröffnen **3.** [enquête] ein∘leiten **4.** [fichier] öffnen. ◆ **vi** öffnen. ◆ **s'ouvrir vp** auf∘gehen.

Ouzbékistan [uzbekistɑ̃] **nm** : **(l')** **Ouzbékistan** Usbekistan *nt*.

ovaire [ɔvɛʀ] **nm** Eierstock *der*.

ovale [ɔval] **adj** oval.

OVNI, Ovni [ɔvni] (*abr de* **objet volant non identifié**) **nm** UFO *das (unbekanntes Flugobjekt)*, Ufo *das*.

oxyder [3] [ɔkside] ◆ **s'oxyder vp** oxidieren.

oxygène [ɔksiʒɛn] **nm** Sauerstoff *der*.

oxygénée [ɔksiʒene] **adj f** → **eau**.

ozone [ozɔn] **nm** Ozon *das* ▸ **couche d'ozone** Ozonschicht *die*.

P p

pacifique [pasifik] **adj** friedlich ▸ **l'océan Pacifique** der Pazifische Ozean ▸ **le Pacifique** der Pazifik.

pack [pak] **nm** [de bouteilles] Pack *der*.

PACS [paks] (*abr de* **Pacte civil de solidarité**) **nm** eingetragene Partnerschaft.

pacsé, e [pakse] **nm, f** *fam Person mit einem eingetragenen Partner*.

pacser [3] [paxe] ◆ **se pacser vp** seine Partnerschaft eintragen lassen.

pacte [pakt] **nm** Pakt *der*.

paella [paela] **nf** Paella *die*.

pagaille, pagaye, pagaïe [pagaj] **nf** *fam* Schlachtfeld *das*.

pagayer [11] [pageje] **vi** paddeln.

page [paʒ] **nf** Seite *die* ▸ **page de garde** Titelblatt *das* ▸ **les pages jaunes** die Gelben Seiten.

paie [pɛ] **nf** = **paye**.

paiement [pɛmɑ̃] **nm 1.** [action] Bezahlung *die* **2.** [somme] Zahlung *die*.

paillasson [pajasɔ̃] **nm** Fußmatte *die*.

paille [paj] **nf 1.** [de blé] Stroh *das* **2.** [pour boire] Strohhalm *der*.

paillette [pajɛt] **nf** Paillette *die*.

paillote [pajɔt] **nf** Strohhütte *die*.

pain [pɛ̃] **nm** Brot *das* ▸ **pain au chocolat** Schokoladencroissant *der ODER das* ▸ **pain complet** Vollkornbrot ▸ **pain doré** QUÉBEC *arme Ritter mit Zucker* ▸ **pain d'épice** Lebkuchen *der* ▸ **pain de mie** Toastbrot ▸ **pain perdu** arme Ritter *pl* ▸ **pain aux raisins** Rosinenschnecke *die*.

ⓘ **Le pain**

In Frankreich isst man zu jeder Mahlzeit Brot, meistens das typische Stangenbrot: das Baguette. Die rund 30 französischen Brotsorten werden meistens aus Weizenmehl, seltener aus Vollkorn oder Sauerteig, zubereitet.

pair, e [pɛʀ] ◆ **adj** gerade. ◆ **nm** : **jeune fille au pair** Au-pair-Mädchen *das*.

paire [pɛʀ] **nf** Paar *das* ▸ **une paire de ciseaux** eine Schere.

paisible [pezibl] **adj 1.** [animal] friedlich **2.** [endroit] ruhig.

paître [31] [pɛtʀ] **vi** weiden.

paix [pɛ] **nf** Frieden *der* ▸ **avoir la paix** seine Ruhe haben.

Pakistan [pakistɑ̃] **nm** : **le Pakistan** Pakistan *nt*.

pakistanais, e [pakistanɛ, ɛz] **adj** pakistanisch.

palace [palas] **nm** Luxushotel *das*.

palais [palɛ] **nm 1.** [résidence] Palast *der* **2.** ANAT Gaumen *der* ▸ **Palais de justice** Gericht(sgebäude) *das*.

Palatinat [palatina] **nm** : **le Palatinat** die Pfalz.

pâle [pal] **adj** blass.

Palestine [palɛstin] **nf** : **la Palestine** Palästina *nt*.

palestinien, enne [palɛstinjɛ̃, ɛn] **adj** palästinensisch. ◆ **Palestinien, enne nm, f** Palästinenser *der*, -in *die*.

palette [palɛt] **nf 1.** [de peintre] Palette *die* **2.** [viande] Schulterstück *das*.

palier [palje] **nm** [d'escalier] Treppenabsatz *der*.

pâlir [32] [paliʀ] **vi** erblassen.

palissade [palisad] **nf** Palisadenzaun *der*.

palm [palm] **nm** [agenda électronique] Palm *der*.

palmarès [palmaʀɛs] **nm** [de chansons] Hitparade *die* ▸ **avoir de nombreuses victoires à son palmarès** zahlreiche Siege vorzuweisen haben.

palme [palm] **nf** Schwimmflosse *die*.

⚠ Palme est un faux ami. Il se traduit par ***palmier*** et non par « palme ».

palmé, e [palme] **adj** : **pattes palmées** Schwimmfüße.

palmier [palmje] **nm 1.** [arbre] Palme *die* **2.** [gâteau] Schweinsohr *das*.

palourde [paluʀd] **nf** Venusmuschel *die*.

palpitant, e [palpitɑ̃, ɑ̃t] **adj** spannend.

palpiter [3] [palpite] **vi** pochen.

paludisme [palydism] **nm** Malaria *die*.

pamplemousse [pɑ̃pləmus] **nm** Grapefruit *die*.

pan [pɑ̃] **nm 1.** [de mur] Wandfläche *die* **2.** [d'étoffe] Stoffbahn *die*.

panaché [panaʃe] **nm** : **(demi) panaché** Radler *der*, Alsterwasser *das*.

Panama [panama] **nm** [pays] : **le Panama** Panama *nt*.

panaris [panaʀi] **nm** Nagelbettentzündung *die*.

pan-bagnat [pɑ̃baɲa] (*pl* **pans-bagnats**) **nm** *rundes Sandwich mit Salat, Tomaten, Eiern, Thunfisch*.

pancarte [pɑ̃kaʀt] **nf** Schild *das*.

pancréas [pɑ̃kʀeas] **nm** Bauchspeicheldrüse *die*.

pané, e [pane] **adj** paniert.

panier [panje] **nm** Korb *der* ▸ **panier à provisions** Einkaufskorb.

panier-repas [panjeʀəpa] (*pl* **paniers-repas**) **nm** Lunchpaket *das*.

panini [panini] (*pl inv* ou **paninis**) **nm** Panini *das*.

panique [panik] **nf** Panik *die*.

paniquer [3] [panike] ◆ **vt** in Panik versetzen. ◆ **vi** in Panik geraten.

panne [pan] **nf** Panne *die* ▸ **être en panne** eine Panne haben ▸ **tomber en panne** eine Panne haben ▸ **panne d'électricité** ou **de courant** Stromausfall *der* ▸ **avoir une panne d'essence** ou **sèche** kein Benzin mehr haben ▸ **'en panne'** 'außer Betrieb'.

panneau [pano] (*pl* **-x**) **nm** **1.** [d'indication] Schild *das* **2.** [de bois, de verre] Platte *die* ▸ **panneau d'affichage** Anzeigetafel *die* ▸ **panneau de signalisation** Verkehrsschild.

panoplie [panɔpli] **nf** **1.** [déguisement] Kostüm *das (zur Verkleidung)* **2.** [collection] Arsenal *das*.

panorama [panɔʀama] **nm** Panorama *das*.

pansement [pɑ̃smɑ̃] **nm** Verband *der* ▸ **pansement adhésif** Heftpflaster *das*.

pantacourt [pɑ̃takuʀ] **nm** Caprihose *die*.

pantalon [pɑ̃talɔ̃] **nm** Hose *die*.

panthère [pɑ̃tɛʀ] **nf** Panther *der*.

pantin [pɑ̃tɛ̃] **nm** Hampelmann *der*.

pantoufle [pɑ̃tufl] **nf** Pantoffel *der*.

PAO (*abr de* publication assistée par ordinateur) **nf** DTP *das*, Desktop-Publishing *das*.

paon [pɑ̃] **nm** Pfau *der*.

papa [papa] **nm** Papa *der*.

papaye [papaj] **nf** Papaya *die*.

pape [pap] **nm** Papst *der*.

papet [papɛ] **nm** : **papet vaudois** SUISSE Waadtländer Papet.

papeterie [papɛtʀi] **nf** [magasin] Schreibwarengeschäft *das*.

papi [papi] **nm** Opa *der*.

papier [papje] **nm** **1.** [matière] Papier *das* **2.** [feuille] Blatt *das* Papier ▸ **papier à cigarette** Zigarettenpapier ▸ **papier alu** Alufolie *die* ▸ **papier cadeau** Geschenkpapier ▸ **papier d'emballage** Packpapier ▸ **papier hygiénique** ou **toilette** Toilettenpapier ▸ **papier à lettres** Briefpapier ▸ **papier de verre** Glaspapier ▸ **papiers (d'identité)** (Ausweis)papiere ▸ **papier à en-tête** Papier mit Briefkopf.

papillon [papijɔ̃] **nm** Schmetterling *der* ▸ **(brasse) papillon** Delfin(schwimmen) *das*.

papillote [papijɔt] **nf** : **en papillote** in Alufolie gegart.

papoter [3] [papɔte] **vi** plaudern.

Papouasie-Nouvelle-Guinée [papwazinuvɛlgine] **nf** : **la Papouasie-Nouvelle-Guinée** Papua-Neuguinea *nt*.

paquebot [pakbo] **nm** Passagierschiff *das*.

pâquerette [pakʀɛt] **nf** Gänseblümchen *das*.

Pâques [pak] **nm** Ostern *das*.

ⓘ Pâques

Traditionsgemäß stehen die Glocken in Frankreich vor Ostern still. Den Kindern wird erzählt, dass die Glocken nach Rom fliegen, gesegnet werden und mit Süßigkeiten zurückkehren, die sie dann überall auf ihrer Reise verstreuen. Am Ostersonntag läuten dann die Glocken den ganzen Vormittag und die Kinder dürfen die Leckereien suchen gehen.

paquet [pakɛ] **nm** **1.** Paket *das* **2.** [de cigarettes] Schachtel *die* **3.** [de chewing-gum] Päckchen *das* **4.** INFORM Datenpaket *das* ▸ **paquet de cartes** Kartenspiel *das* ▸ **paquet-cadeau** Geschenkpackung *die*.

par [paʀ] ◆ **prép** **1.** [à travers] durch ▸ **passer par Brême** über Bremen fahren ▸ **passer par la rue du Montparnasse** durch die Rue du Montparnasse fahren **2.** [indique le moyen] : **voyager par (le) train** mit dem Zug reisen ▸ **par lettre** brieflich ▸ **gagner par tricherie** durch Schummeln gewinnen **3.** [introduit l'agent] von ▸ **les dégâts ont été causés par un passant** der Schaden wurde von einem Passanten verursacht ▸ **le logiciel est protégé par un code** die Software ist durch einen Code geschützt **4.** [indique la cause] : **faire qqch par intérêt / amitié** etw aus Eigennutz / Freundschaft tun **5.** [distributif] : **150 euros par personne** 150 Euro pro Person ▸ **trois par trois** zu dritt **6.** [dans des expressions] : **par endroits** stellenweise ▸ **par moments** zeitweise ▸ **par-ci par-là** hier und da.

paraben [paʀabɛn] **nm** Paraben *das* ▸ **sans paraben** parabenfrei.

parabolique [paʀabɔlik] **adj** → **antenne**.

paracétamol [paʀasetamɔl] **nm** *fiebersenkendes, schmerzstillendes Mittel.*

parachute [paʀaʃyt] **nm** Fallschirm *der*.

parachutiste [paʀaʃytist] **nmf** Fallschirmspringer *der*, -in *die*.

parade [paʀad] **nf** [défilé] Parade *die*.

paradis [paʀadi] **nm** Paradies *das* ▸ **paradis fiscal** Steuerparadies.

paradoxal, e, aux [paʀadɔksal, o] **adj** paradox.

paradoxe [paʀadɔks] **nm** Paradox *das*.

parages [paʀaʒ] **nmpl** : **dans les parages** in der Gegend.

paragraphe [paʀagʀaf] **nm** Absatz *der*.

Paraguay [paʀagwɛ] **nm** : **le Paraguay** Paraguay *nt*.

paraître [91] [paʀɛtʀ] **vi** **1.** [sembler] scheinen **2.** [apparaître, livre] erscheinen ▸ **il paraît que** es heißt, dass.

parallèle [paʀalɛl] ◆ **adj** parallel. ◆ **nm** Parallele *die* ▸ **parallèle à** parallel zu.

paralympique [paʀalɛ̃pik] **adj** paralympisch.

paralysé, e [paʀalize] **adj** gelähmt ▸ **être paralysé de peur** vor Angst wie gelähmt sein.

paralyser [3] [paʀalize] **vt** **1.** [personne] lähmen **2.** [trafic] lahm◦legen.

paralysie [paʀalizi] **nf** Lähmung *die*.

paramétrer [18] [paʀametʀe] **vt** INFORM ein◦stellen.

parapente [paʀapɑ̃t] **nm** **1.** [parachute] Gleitschirm *der* **2.** [activité] Gleitschirmfliegen *das* ▸ **faire du parapente** Gleitschirm fliegen.

parapet [paʀapɛ] **nm** Brüstung *die*.

parapharmacie [paʀafaʀmasi] **nf** [produits] Drogerieprodukte *pl.*

parapluie [paʀaplɥi] **nm** Regenschirm *der.*

parasite [paʀazit] **nm** Parasit *der.* ◆ **parasites nmpl** Störgeräusche *pl.*

parasol [paʀasɔl] **nm** Sonnenschirm *der.*

paratonnerre [paʀatɔnɛʀ] **nm** Blitzableiter *der.*

paravent [paʀavɑ̃] **nm** Wandschirm *der.*

parc [paʀk] **nm 1.** Park *der* **2.** [de bébé] Laufstall *der* ▸ **parc animalier** Tierpark ▸ **parc automobile** Fuhrpark ▸ **parc d'attractions** Vergnügungspark ▸ **parc de stationnement** Parkplatz *der* ▸ **parc zoologique** zoologischer Garten.

parce que [paʀsk(ə)] **conj** weil.

parchemin [paʀʃəmɛ̃] **nm** Pergament *das.*

parcmètre [paʀkmɛtʀ] **nm** Parkuhr *die.*

parcourir [45] [paʀkuʀiʀ] **vt 1.** [distance] zurück∘legen **2.** [livre, article] überfliegen ▸ **parcourir qqch** [lieu] durch etw gehen.

parcours [paʀkuʀ] **nm** Strecke *die* ▸ **parcours santé** Trimm-dich-Pfad *der.*

parcouru, e [paʀkuʀy] **pp** → **parcourir.**

par-derrière [paʀdɛʀjɛʀ] ◆ **adv 1.** [attaquer] von hinten **2.** [passer] hintenherum. ◆ **prép** : **passer par-derrière la maison** hinter dem Haus vorbei∘gehen.

par-dessous [paʀdəsu] ◆ **adv** darunter durch. ◆ **prép** : **par-dessous qqch** unter etw *(D)* durch.

pardessus [paʀdəsy] **nm** Mantel *der.*

par-dessus [paʀdəsy] ◆ **adv** darüber. ◆ **prép** über *(+ A).*

par-devant [paʀdəvɑ̃] ◆ **adv** vorneherum. ◆ **prép** [en face de] vor *(+ D).*

pardon [paʀdɔ̃] **nm** : **demander pardon à qqn** jn um Verzeihung bitten ▸ **pardon !** Verzeihung!

pardonner [3] [paʀdɔne] **vt** verzeihen ▸ **elle ne lui a jamais pardonné de l'avoir quittée** sie hat ihm nie verziehen, dass er sie verlassen hat.

pare-brise [paʀbʀiz] **nm inv** Windschutzscheibe *die.*

pare-chocs [paʀʃɔk] **nm inv** Stoßstange *die.*

pare-feu [paʀfø] **nm** Firewall *die ODER der.*

pareil, eille [paʀɛj] **adj & adv** gleich ▸ **une somme pareille** eine solche Summe.

parent, e [paʀɑ̃, ɑ̃t] **nm, f** Verwandte *der, die* ▸ **les parents** [le père et la mère] die Eltern.

parenthèse [paʀɑ̃tɛz] **nf 1.** [signe] (runde) Klammer **2.** [commentaire] Einschub *der* **3.** [digression] Exkurs *der.* ◆ **entre parenthèses adj** [mot] in Klammern.

paresse [paʀɛs] **nf** Faulheit *die.*

paresseux, euse [paʀɛsø, øz] ◆ **adj** faul. ◆ **nm, f** Faulenzer *der,* -in *die.*

parfait, e [paʀfɛ, ɛt] ◆ **adj** perfekt. ◆ **nm** Parfait *das (Eis).*

parfaitement [paʀfɛtmɑ̃] **adv 1.** [très bien] perfekt **2.** [en réponse] jawohl.

parfois [paʀfwa] **adv** manchmal.

parfum [paʀfœ̃] **nm 1.** [odeur] Duft *der* **2.** [de toilette] Parfüm *das* **3.** [goût] Geschmack *der.*

parfumé, e [paʀfyme] **adj 1.** [personne, linge] parfümiert **2.** [fruit] aromatisch.

parfumer [3] [paʀfyme] **vt 1.** [mouchoir] parfümieren **2.** [aliment] aromatisieren ▸ **les fleurs parfument la pièce** die Blumen verbreiten einen angenehmen Duft im Raum ▸ **parfumé au citron** mit Zitronengeschmack. ◆ **se parfumer vp** sich parfümieren.

parfumerie [paʀfymʀi] **nf 1.** [boutique] Parfümerie *die* **2.** [produits] Parfümeriewaren *die*.

pari [paʀi] **nm** Wette *die* ▸ **faire un pari** eine Wette ab⸗schließen.

parier [9] [paʀje] **vt** wetten (um) ▸ **je (te) parie que** ich wette (mit dir), dass ▸ **parier sur** setzen auf *(+ A)*.

Paris [paʀi] **n** Paris *nt*.

paris-brest [paʀibʀɛst] **nm inv** *mit Creme gefülltes Gebäck aus Brandteig.*

parisien, enne [paʀizjɛ̃, ɛn] **adj** pariserisch, Pariser. ◆ **Parisien, enne nm, f** Pariser *der*, -in *die*.

parité [paʀite] **nf** [des salaires, des prix] Gleichheit *die*.

parka [paʀka] **nm & nf** Parka *die* ODER *der*.

parking [paʀkiŋ] **nm** Parkplatz *der*.

parlement [paʀləmɑ̃] **nm** Parlament *das* ▸ **le Parlement européen** das Europäische Parlament.

parlementaire [paʀləmɑ̃tɛʀ] ◆ **nmf** Parlamentarier *der*, -in *die*. ◆ **adj** parlamentarisch.

parler [3] [paʀle] ◆ **vi** sprechen, reden. ◆ **vt** sprechen ▸ **parler à qqn de qqch** mit jm über etw *(A)* sprechen ou reden.

parmesan [paʀməzɑ̃] **nm** Parmesan *der*.

parmi [paʀmi] **prép 1.** [au milieu de] zwischen *(+ D)* **2.** [entre] unter *(+ D)*.

parodie [paʀɔdi] **nf** Parodie *die*.

paroi [paʀwa] **nf 1.** [mur, montagne] Wand *die* **2.** [d'un objet] Innenwand *die*.

paroisse [paʀwas] **nf** Pfarrgemeinde *die*.

parole [paʀɔl] **nf** Wort *das* ▸ **adresser la parole à qqn** jn an⸗sprechen ▸ **couper la parole à qqn** jm das Wort ab⸗schneiden ▸ **prendre la parole** das Wort ergreifen ▸ **tenir (sa) parole** Wort halten. ◆ **paroles nfpl** [d'une chanson] Text *der*.

parquet [paʀkɛ] **nm** [plancher] Parkett *das*.

parrain [paʀɛ̃] **nm** (Tauf)pate *der*.

parrainer [4] [paʀɛne] **vt** : **parrainer qqch** Schirmherr einer Sache *(G)* sein.

parsemer [19] [paʀsəme] **vt** : **parsemer qqch de qqch** etw mit etw bestreuen.

part [paʀ] **nf 1.** [de gâteau] Stück *das* **2.** [d'un héritage] Anteil *der* ▸ **prendre part à** teil⸗nehmen an *(+ D)* ▸ **à part** [sauf] außer ▸ **de la part de** von ▸ **d'une part..., d'autre part** einerseits ..., andererseits ▸ **autre part a)** [sans mouvement] anderswo, woanders **b)** [avec mouvement] anderswohin, woandershin ▸ **nulle part a)** [sans mouvement] nirgends, nirgendwo **b)** [avec mouvement] nirgendwohin ▸ **quelque part a)** [sans mouvement] irgendwo **b)** [avec mouvement] irgendwohin.

partage [paʀtaʒ] **nm** Aufteilung *die*.

partager [17] [paʀtaʒe] **vt** (auf)teilen. ◆ **se partager vp** : **se partager qqch** sich etw teilen.

partenaire [paʀtənɛʀ] **nmf** Partner *der*, -in *die*.

partenariat [paʀtənaʀja] **nm** Zusammenarbeit *die*.

parterre [paʀtɛʀ] **nm 1.** [de fleurs] (Blumen)beet *das* **2.** [au théâtre] Parkett *das*.

parti [paʀti] **nm** [politique] Partei *die* ▸ **prendre parti pour** Partei ergreifen für ▸ **parti pris** Voreingenommenheit *die*.

partial, e, aux [paʀsjal, o] **adj** parteiisch.

participant, e [paʀtisipɑ̃, ɑ̃t] **nm, f** Teilnehmer *der*, -in *die*.

participation [paʀtisipasjɔ̃] **nf** 1. [à un jeu] Teilnahme *die* 2. [financière] Beteiligung *die*.

participer [3] [paʀtisipe] ◆ **participer à** v + prép 1. [prendre part à] teil°nehmen an *(+ D)* 2. [payer pour] sich beteiligen an *(+ D)*.

particularité [paʀtikylaʀite] **nf** Besonderheit *die*.

particulier, ère [paʀtikylje, ɛʀ] **adj** 1. [personnel] Privat- 2. [spécial] besondere(r, s) 3. [peu ordinaire] eigenartig ▸ **en particulier** [surtout] besonders.

particulièrement [paʀtikyljɛʀmɑ̃] **adv** besonders.

partie [paʀti] **nf** 1. Teil *der* 2. [au jeu, en sport] Partie *die* ▸ **en partie** zum Teil, teilweise ▸ **faire partie de** gehören zu ▸ **parties externes** ANAT äußere Köperpartien ▸ **parties internes** ANAT innere Körperpartien.

partiel, elle [paʀsjɛl] ◆ **adj** Teil-. ◆ **nm** [examen] Teilprüfung *die*.

partiellement [paʀsjɛlmɑ̃] **adv** teilweise.

partir [43] [paʀtiʀ] **vi** 1. [à pied] weg°gehen 2. [en véhicule] weg°fahren 3. [en train] ab°fahren 4. [en avion] ab°fliegen 5. [moteur] an°springen 6. [coup de feu] los°gehen 7. [tache] heraus°gehen ▸ **être bien / mal parti** gut / schlecht an°fangen ▸ **partir de** aus°gehen von ▸ **à partir de...** von ... an ou ab.

partisan, e [paʀtizɑ̃, an] ◆ **nm, f** 1. [d'un parti] Anhänger *der*, -in *die* 2. [d'une cause] Befürworter *der*, -in *die*. ◆ **adj** : **être partisan de qqch** für etw sein ▸ **être partisan de faire qqch** dafür sein, etw zu tun.

partition [paʀtisjɔ̃] **nf** Partitur *die*.

partout [paʀtu] **adv** überall.

paru, e [paʀy] **pp** → **paraître**.

parution [paʀysjɔ̃] **nf** Erscheinen *das*.

parvenir [40] [paʀvəniʀ] ◆ **parvenir à** v + prép erreichen ▸ **qqn parvient à faire qqch** es gelingt jm, etw zu tun.

parvenu, e [paʀvəny] ◆ **pp** → **parvenir**. ◆ **nm, f** *péj* Emporkömmling *der*.

parvis [paʀvi] **nm** Vorplatz *der*.

pas[1] [pa] ◆ **adv** 1. [avec « ne »] : **je n'aime pas les épinards** ich mag keinen Spinat ▸ **elle ne dort pas encore** sie schläft noch nicht ▸ **je n'ai pas terminé** ich bin noch nicht fertig ▸ **il n'y a pas de train pour Lille aujourd'hui** heute fährt kein Zug nach Lille ▸ **les passagers sont priés de ne pas fumer** die Passagiere werden gebeten, das Rauchen einzustellen 2. [sans « ne »] : **tu viens ou pas ?** kommst du oder nicht ▸ **c'est un endroit pas très agréable** das ist ein ziemlich ungemütlicher Ort ▸ **ça vous dérange si j'ouvre la fenêtre ? — non, pas du tout** stört es Sie, wenn ich das Fenster aufmache? — nein, nicht im Geringsten ▸ **tu as aimé la pièce ? — pas tellement** hat dir das Stück gefallen? — nicht besonders ▸ **Paul s'est marié ? — pas possible !** Paul hat geheiratet? — nicht möglich!

pas[2] [pa] **nm** Schritt *der* ▸ **à deux pas de** ganz in der Nähe von ▸ **pas à pas** Schritt für Schritt ▸ **sur le pas de la porte** auf der Türschwelle.

passable [pasabl] **adj** annehmbar.

passage [pasaʒ] **nm 1.** [de livre, de film] Passage *die* **2.** [chemin] Durchgang *der* **3.** [d'un bus, d'un train] Vorbeifahren *das* ▸ **être de passage** auf der Durchreise sein ▸ **passage clouté** ou **(pour) piétons** Fußgängerüberweg *der* ▸ **passage à niveau** Bahnübergang *der* ▸ **passage protégé** Fußgängerüberweg *der* ▸ **passage souterrain** Unterführung *die*.

passager, ère [pasaʒe, ɛʀ] ◆ **adj** vorübergehend. ◆ **nm, f 1.** [de bateau, d'avion] Passagier *der* **2.** [de voiture] Insasse *der*, -sin *die* ▸ **passager clandestin** blinder Passagier.

passant, e [pasɑ̃, ɑ̃t] ◆ **nm, f** Passant *der*, -in *die*. ◆ **nm** (Gürtel)schlaufe *die*.

passe [pas] **nf** Pass *der*.

passé, e [pase] ◆ **adj 1.** [terminé] vergangen **2.** [décoloré] verblichen. ◆ **nm** Vergangenheit *die* ▸ **passé composé** Perfekt *das* ▸ **il a 20 ans passés** er ist über 20 ▸ **il est 11 heures passées** es ist nach 11 Uhr.

passe-partout [paspaʀtu] **nm inv** [clé] Hauptschlüssel *der*.

passe-passe [paspas] **nm inv** : **tour de passe-passe** Zaubertrick *der*.

passeport [paspɔʀ] **nm** (Reise)pass *der*.

passer [3] [pase] ◆ **vi** *(aux.* **être***)* **1.** [en véhicule] vorbei◦fahren **2.** [à pied] vorbei◦gehen ▸ **passer par** a) [en véhicule] durch◦fahren durch b) [à pied] durch◦gehen durch **3.** [faire une visite rapide] vorbei◦kommen ▸ **passer voir qqn** bei jm vorbei◦schauen **4.** [facteur, autobus] kommen **5.** [à travers un obstacle] durch◦kommen ▸ **laisser passer** durch◦lassen **6.** [à la télé, à la radio] kommen ▸ **ce film passe demain soir à la télé** der Film kommt morgen im Fernsehen **7.** [au cinéma] laufen ▸ **il y a un western qui passe au Rex** im Rex läuft ein Western **8.** [temps] vergehen ▸ **comme le temps passe !** wie die Zeit vergeht! **9.** [disparaître] vorüber◦gehen **10.** [couleur] verbleichen **11.** [à un niveau différent] : **je passe en 3ᵉ** ich komme in die neunte **12.** [dans des expressions] : **passons !** lassen wir das! ▸ **en passant** a) [en chemin] unterwegs b) [dire, remarquer] nebenbei
◆ **vt** *(aux.* **avoir***)* **1.** [temps, vacances] verbringen ▸ **nous avons passé l'après-midi à chercher un hôtel** wir haben den ganzen Nachmittag ein Hotel gesucht **2.** [frontière, douane] überqueren ▸ **passer une rivière à la nage** einen Fluss durchschwimmen **3.** [obstacle] über◦winden **4.** [examen, visite médicale] machen **5.** [vidéo, CD] spielen **6.** : **c'est la première fois qu'on passe ce film à la télé** dieser Film wird zum ersten Mal im Fernsehen gezeigt **7.** [vitesse] : **passer la quatrième** in den vierten Gang schalten **8.** [mettre, faire passer] : **passer le bras par la fenêtre** den Arm zum Fenster hinaus◦strecken ▸ **passer l'aspirateur** Staub saugen **9.** [café, liquide] filtern ▸ **passer la soupe** die Suppe durchseihen **10.** [sauter] : **passer son tour** aus◦setzen **11.** [donner, transmettre] weiter◦geben ▸ **passer qqch à qqn** a) [objet] jm etw geben b) [maladie] jn mit etw an◦stecken ▸ **je vous la passe** [au téléphone] ich gebe sie Ihnen
◆ **passer pour v + prép** gelten als ▸ **se faire passer pour** sich aus◦geben als.
◆ **se passer vp 1.** [arriver] : **qu'est-ce qui se passe ?** was ist los? **2.** [se dérouler] ab◦laufen ▸ **bien / mal se passer** gut / schlecht laufen **3.** [crème, eau] : **se passer un peu d'eau sur le visage**

→

sich frisch machen ▸ **se passer de l'huile solaire sur les jambes** sich *(D)* die Beine mit Sonnenöl ein∘cremen.
◆ **se passer de** vp + prép **: se passer de qqch** auf etw *(A)* verzichten ▸ **se passer de qqn** ohne jn auskommen können.

passerelle [pasʀɛl] **nf 1.** [pont] Steg *der* **2.** [d'embarquement] Gangway *die* **3.** [sur un bateau] Kommandobrücke *die*.

passe-temps [pastɑ̃] **nm inv** Zeitvertreib *der*.

passible [pasibl] **adj : ce délit est passible d'un an de prison** auf diese Straftat steht ein Jahr Gefängnis.

passif, ive [pasif, iv] ◆ **adj** passiv. ◆ **nm** Passiv *das*.

passion [pasjɔ̃] **nf 1.** [amoureuse] Leidenschaft *die* **2.** [pour un sport, une activité] Begeisterung *die*.

passionnant, e [pasjɔnɑ̃, ɑ̃t] **adj 1.** [histoire, film] fesselnd **2.** [métier] hochinteressant.

passionné, e [pasjɔne] **adj** leidenschaftlich ▸ **être passionné de musique** ein leidenschaftlicher Musikliebhaber sein.

passionner [3] [pasjɔne] **vt** begeistern. ◆ **se passionner pour** vp + prép sich begeistern für.

passoire [paswaʀ] **nf** Sieb *das*.

password [paswɔʀd] **nm** Passwort *das*.

pastel [pastɛl] **adj inv** Pastell-.

pastèque [pastɛk] **nf** Wassermelone *die*.

pasteur [pastœʀ] **nm** Pfarrer *der* ▸ **l'Institut Pasteur** das Pasteur-Institut.

pasteurisé, e [pastœʀize] **adj** pasteurisiert.

pastille [pastij] **nf** Pastille *die*.

pastis [pastis] **nm** *Aperitif aus Anisschnaps mit Wasser.*

patate [patat] **nf** *fam* Kartoffel *die* ▸ **patates pilées** QUÉBEC Kartoffelpüree *das*.

patauger [17] [patoʒe] **vi** waten.

pâte [pat] **nf** Teig *der* ▸ **pâte d'amandes** Marzipan *das* ▸ **pâte brisée** Mürbeteig ▸ **pâte feuilletée** Blätterteig ▸ **pâte de fruits** Geleefrüchte ▸ **pâte à modeler** Knetmasse *die*. ◆ **pâtes nfpl** Nudeln *die*.

pâté [pate] **nm 1.** [charcuterie] Pastete *die* **2.** [de sable] Sandkuchen *der* **3.** [tache] (Tinten)klecks *der* ▸ **pâté chinois** QUÉBEC *eine Art Auflauf mit je einer Schicht Kartoffelpüree, Rinderhackfleisch und Mais* ▸ **pâté de maisons** Häuserblock *der*.

pâtée [pate] **nf** Hundefutter *das*.

paternel, elle [patɛʀnɛl] **adj** väterlich, Vater- ▸ **les grands-parents paternels** die Großeltern väterlicherseits.

pâteux, euse [patø, øz] **adj** breiig.

patiemment [pasjamɑ̃] **adv** geduldig.

patience [pasjɑ̃s] **nf 1.** Geduld *die* **2.** [jeu de cartes] Patience *die*.

patient, e [pasjɑ̃, ɑ̃t] ◆ **adj** geduldig. ◆ **nm, f** Patient *der*, -in *die*.

patienter [3] [pasjɑ̃te] **vi** sich gedulden.

patin [patɛ̃] **nm : patins à glace** Schlittschuhe ▸ **patins à roulettes** Rollschuhe.

patinage [patinaʒ] **nm 1.** [à glace] Schlittschuhlaufen *das* **2.** [à roulettes] Rollschuhlaufen *das* ▸ **patinage artistique** Eiskunstlauf *der*.

patiner [3] [patine] **vi 1.** [avec patins à glace] Schlittschuh laufen **2.** [avec patins à roulettes] Rollschuh laufen **3.** [voiture] rutschen **4.** [roues] durch∘drehen.

patineur, euse [patinœʀ, øz] **nm, f 1.** [à glace] Schlittschuhläufer *der*, -in *die* **2.** [à roulettes] Rollschuhläufer *der*, -in *die*.

patinoire [patinwaʀ] **nf** Eisbahn *die*.

pâtisserie [patisʀi] **nf 1.** [gâteau] Stück *das* Kuchen **2.** [magasin] Konditorei *die*.

pâtissier, ère [patisje, ɛʀ] **nm, f** Konditor *der*, -in *die*.

patois [patwa] **nm** Mundart *die*.

patrie [patʀi] **nf** Vaterland *das*.

patrimoine [patʀimwan] **nm** Erbe *das*.

patriote [patʀijɔt] **nmf** Patriot *der*, -in *die*.

patriotique [patʀijɔtik] **adj** patriotisch.

patron, onne [patʀɔ̃, ɔn] ◆ **nm, f 1.** [chef] Chef *der*, -in *die* **2.** [employeur] Arbeitgeber *der*, -in *die* **3.** [d'un hôtel, restaurant] Wirt *der*, -in *die*. ◆ **nm** Schnittmuster *das*.

patronat [patʀɔna] **nm** : **le patronat** die Arbeitgeber *pl*.

patrouille [patʀuj] **nf** Streife *die*.

patrouiller [3] [patʀuje] **vi** auf Streife gehen.

patte [pat] **nf 1.** [de canin, de félin] Pfote *die* **2.** [d'oiseau, d'insecte, de cheval] Bein *das* **3.** [de chaussures] Zunge *die* **4.** [de boutonnage] Knopfleiste *die* **5.** [de cheveux] Kotelette *die*.

pâturage [patyʀaʒ] **nm** Weide *die*.

paume [pom] **nf** Handfläche *die*.

paumé, e [pome] *fam* ◆ **adj 1.** [personne] hilflos **2.** [lieu] verloren. ◆ **nm, f** gestrandete Existenz.

paumer [3] [pome] **vt** *fam* verschlampen. ◆ **se paumer vp** *fam* **1.** [à pied] sich verlaufen **2.** [en voiture] sich verfahren.

paupière [popjɛʀ] **nf** (Augen)lid *das*.

paupiette [popjɛt] **nf** Roulade *die*.

pause [poz] **nf** Pause *die* ▸ **'pause'** 'Pause'.

pause-café [pozkafe] (*pl* **pauses-café**) **nf** Kaffeepause *die*.

pauvre [povʀ] **adj** arm.

pauvreté [povʀəte] **nf** Armut *die*.

pavé, e [pave] ◆ **adj** gepflastert. ◆ **nm 1.** [bloc de pierre] Pflasterstein *der* **2.** INFORM Tastenblock *der* ▸ **pavé numérique** Ziffernblock *der*.

pavillon [pavijɔ̃] **nm** [maison individuelle] Haus *das*.

payant, e [pɛjɑ̃, ɑ̃t] **adj 1.** [spectacle] eintrittspflichtig **2.** [parking, service] gebührenpflichtig **3.** [hôte] zahlend.

paye [pɛj] **nf** Lohn *der*.

payer [11] [peje] **vt 1.** [achat, impôts] (be)zahlen **2.** [employé] bezahlen ▸ **bien / mal payé** gut / schlecht bezahlt ▸ **payer qqch à qqn** *fam* jm etw bezahlen ▸ **'payez ici'** 'Geldeinwurf'.

pays [pei] **nm** Land *das* ▸ **les gens du pays** [de la région] die Einheimischen ▸ **de pays** [jambon, fromage] aus örtlicher Herstellung ▸ **le pays de Galles** Wales *nt*.

paysage [peizaʒ] **nm** Landschaft *die*.

paysan, anne [peizɑ̃, an] **nm, f** Bauer *der*, Bäuerin *die*.

Pays-Bas [peiba] **nmpl** : **les Pays-Bas** die Niederlande.

PC (*abr de* Parti communiste) **nm** KP *die* (*Kommunistische Partei*).

PCV nm : **appeler en PCV** ein R-Gespräch führen.

P-DG (*abr de* président-directeur général, présidente-directrice générale) **nmf** ≃ Generaldirektor *der*, -in *die*.

péage [peaʒ] **nm 1.** [taxe] Maut *die* **2.** [lieu] Maut(stelle) *die*.

peau [po] (*pl* -x) **nf 1.** Haut *die* **2.** [d'animal] Leder *das* **3.** [d'orange, de banane] Schale *die* ▸ **peau de chamois** Fensterleder.

pêche [pɛʃ] **nf 1.** [fruit] Pfirsich *der* **2.** [activité] Fischerei *die* ▸ **aller à la pêche à la ligne** angeln gehen ▸ **aller à la pêche** fischen gehen ▸ **pêche en mer** Hochseefischerei ▸ **pêche Melba** Pfirsich Melba.

péché [peʃe] **nm** Sünde *die*.

pêcher [4] [peʃe] ◆ **vt** fangen. ◆ **vi 1.** [en mer] fischen **2.** [à la ligne] angeln. ◆ **nm** Pfirsichbaum *der*.

pêcheur, euse [pɛʃœʀ, øz] **nm, f 1.** [en mer] Fischer *der*, -in *die* **2.** [à la ligne] Angler *der*, -in *die*.

pédagogie [pedagɔʒi] **nf** Pädagogik *die*.

pédagogique [pedagɔʒik] **adj** pädagogisch ▸ **méthode pédagogique** Lehrmethode *die*.

pédale [pedal] **nf** Pedal *das*.

pédaler [3] [pedale] **vi** (in die Pedale) treten.

pédalier [pedalje] **nm** Tretkurbel *die*.

Pédalo® [pedalo] **nm** Tretboot *das*.

pédestre [pedɛstʀ] **adj** → **randonnée**.

pédiatre [pedjatʀ] **nmf** Kinderarzt *der*, -ärztin *die*.

pédicure [pedikyʀ] **nmf** Fußpfleger *der*, -in *die*.

pedigree [pedigʀe] **nm** Stammbaum *der*.

pédophile [pedɔfil] ◆ **nmf** Pädophile *der, die*. ◆ **adj** pädophil.

pédopsychiatre [pedɔpsikjatʀ] **nmf** Kinder- und Jugendpsychiater *der*, -in *die*.

peigne [pɛɲ] **nm** Kamm *der*.

peigner [4] [peɲe] **vt** kämmen. ◆ **se peigner vp** sich kämmen.

peignoir [pɛɲwaʀ] **nm** Morgenrock *der* ▸ **peignoir de bain** Bademantel *der*.

peindre [81] [pɛ̃dʀ] **vt 1.** [mur, porte] (an)streichen **2.** [portrait, paysage] malen **3.** *fig* [décrire] schildern ▸ **peindre qqch en blanc** etw weiß streichen.

peine [pɛn] **nf 1.** [tristesse] Kummer *der* **2.** [effort] Mühe *die* **3.** [punition] Strafe *die* ▸ **avoir de la peine** Kummer haben ▸ **avoir de la peine à faire qqch** etw nur mit Mühe tun können ▸ **ce n'est pas la peine** das ist nicht nötig ▸ **ce n'est pas la peine de faire qqch** es ist nicht nötig, etw zu tun ▸ **valoir la peine** sich lohnen ▸ **à peine** kaum ▸ **sous peine d'amende** bei Geldstrafe ▸ **peine de mort** Todesstrafe.

peiner [4] [pene] ◆ **vi** sich ab°mühen. ◆ **vt** betrüben.

peint, e [pɛ̃, pɛ̃t] **pp** → **peindre**.

peintre [pɛ̃tʀ] **nmf** Maler *der*, -in *die*.

peinture [pɛ̃tyʀ] **nf 1.** [matière] Farbe *die* **2.** [œuvre d'art] Gemälde *das* **3.** [art] Malerei *die*.

péjoratif, ive [peʒɔʀatif, iv] **adj** abwertend.

Pékin [pekɛ̃] **n** Peking *nt*.

pelage [pəlaʒ] **nm** Fell *das*.

pêle-mêle [pɛlmɛl] **adv** durcheinander.

peler [25] [pəle] ◆ **vt** schälen. ◆ **vi** sich schälen.

pèlerin [pɛlʀɛ̃] **nm** Pilger *der*, -in *die*.

pèlerinage [pɛlʀinaʒ] **nm** Wallfahrt *die*.

pelle [pɛl] **nf** Schaufel *die*.

pellicule [pelikyl] **nf** Film *der*. ◆ **pellicules nfpl** Schuppen *pl*.

pelote [pəlɔt] **nf** Knäuel *das*.

peloton [plɔtɔ̃] **nm** [de cyclistes] Hauptfeld *das*.

pelotonner [3] [pəlɔtɔne] ◆ **se pelotonner vp** sich zusammen°rollen.

pelouse [pəluz] **nf** Rasen *der* ▸ **'pelouse interdite'** 'Rasen betreten verboten'.

peluche [pəlyʃ] **nf** : **(animal en) peluche** [jouet] Stofftier *das*.

pelure [pəlyʀ] **nf** Schale *die*.

pénal, e, aux [penal, o] **adj** Straf-.

pénaliser [3] [penalize] **vt** benachteiligen.

penalty [penalti] (*pl* **-s** ou **-ies**) **nm** Elfmeter *der*.

pencher [3] [pɑ̃ʃe] **vt** neigen ▸ **pencher pour** neigen zu. ◆ **se pencher par vp + prép** : **se pencher par la fenêtre** sich aus dem Fenster beugen.

pendant [pɑ̃dɑ̃] **prép** während *(+ G)* ▸ **pendant que** während.

pendentif [pɑ̃dɑ̃tif] **nm** Anhänger *der*.

penderie [pɑ̃dʀi] **nf 1.** [placard] Kleiderschrank *der* **2.** [pièce] Ankleidezimmer *das*.

pendre [73] [pɑ̃dʀ] ◆ **vt** auf°hängen. ◆ **vi** hängen. ◆ **se pendre vp** sich erhängen ▸ **se pendre à** sich hängen an *(+ A)*.

pendule [pɑ̃dyl] **nf 1.** Standuhr *die* **2.** [murale] Wanduhr *die*.

pénétrer [18] [penetʀe] **vi** : **pénétrer dans une maison / pièce** ein Haus / Zimmer betreten.

pénible [penibl] **adj 1.** [travail] mühsam **2.** [souvenir, sensation] schmerzvoll **3.** *fam* [agaçant] lästig.

péniche [peniʃ] **nf** Lastkahn *der*.

pénicilline [penisilin] **nf** Penizillin *das*.

péninsule [penɛ̃syl] **nf** Halbinsel *die*.

pénis [penis] **nm** Penis *der*.

pénombre [penɔ̃bʀ] **nf** Halbdunkel *das*.

pense-bête [pɑ̃sbɛt] (*pl* **pense-bêtes**) **nm 1.** [signe] Merkzeichen *das* **2.** [liste] Merkzettel *der*.

pensée [pɑ̃se] **nf 1.** [idée] Gedanke *der* **2.** [esprit] Gedanken *pl* **3.** [fleur] Stiefmütterchen *das*.

penser [3] [pɑ̃se] **vt & vi** denken ▸ **qu'est-ce que tu en penses ?** was hältst du davon? ▸ **penser faire qqch** vor°haben, etw zu tun ▸ **penser à** denken an *(+ A)* ▸ **penser à faire qqch** daran denken, etw zu tun.

pensif, ive [pɑ̃sif, iv] **adj** nachdenklich.

pension [pɑ̃sjɔ̃] **nf 1.** [hôtel] Pension *die* **2.** [allocation] Rente *die* ; → **demi-pension** ▸ **être en pension** im Internat sein ▸ **pension complète** Vollpension ▸ **pension de famille** (Fremden) pension.

pensionnaire [pɑ̃sjɔnɛʀ] **nmf 1.** [élève] Internatsschüler *der*, -in *die* **2.** [d'un hôtel] Pensionsgast *der*.

pensionnat [pɑ̃sjɔna] **nm** Internat *das*.

pente [pɑ̃t] **nf 1.** [inclinaison] Steigung *die* **2.** [côte] Hang *der* ▸ **en pente** abfallend.

Pentecôte [pɑ̃tkot] **nf** : **la Pentecôte** (das) Pfingsten.

pentu, e [pɑ̃ty] **adj 1.** [chemin] steil **2.** [toit] schräg.

pénurie [penyʀi] **nf** Knappheit *die*.

pépé [pepe] **nm** *fam* Opa *der*.

pépin [pepɛ̃] **nm 1.** [graine] Kern *der* **2.** *fam* Problem *das*.

perçant, e [pɛʀsɑ̃, ɑ̃t] **adj** durchdringend.

percepteur, trice [pɛʀsɛptœʀ, tʀis] **nm, f** Steuereinnehmer *der*, -in *die*.

perceptible [pɛʀsɛptibl] **adj** wahrnehmbar.

perception [pɛʀsɛpsjɔ̃] **nf 1.** [recouvrement] Erhebung *die* **2.** [sensation] Wahrnehmung *die*.

percer [16] [pɛʀse] ◆ **vt 1.** [perforer] durch∘bohren **2.** [trou, ouverture] bohren **3.** [mystère, intentions] ergründen. ◆ **vi 1.** [dent] durch∘kommen **2.** [réussir] Erfolg haben ▸ **elle espère percer dans la chanson** sie hofft, dass ihr als Sängerin der Durchbruch gelingt.

perceuse [pɛʀsøz] **nf** Bohrmaschine *die*.

percevoir [52] [pɛʀsəvwaʀ] **vt 1.** [son, nuance] wahr∘nehmen **2.** [argent] ein∘nehmen.

perche [pɛʀʃ] **nf** [tige] Stange *die*.

percher [3] [pɛʀʃe] ◆ **se percher vp** [oiseau] sich nieder∘lassen ▸ **se percher sur qqch** [personne] sich auf etw *(A)* schwingen.

perchoir [pɛʀʃwaʀ] **nm** Sitzstange *die*.

perçu, e [pɛʀsy] **pp** → **percevoir**.

percussions [pɛʀkysjɔ̃] **nfpl** Schlaginstrumente *pl*.

percuter [3] [pɛʀkyte] **vt** : **percuter qqch** gegen etw prallen.

perdant, e [pɛʀdɑ̃, ɑ̃t] **nm, f** Verlierer *der*, -in *die*.

perdre [77] [pɛʀdʀ] **vt & vi** verlieren ▸ **perdre qqn de vue** jn aus den Augen verlieren. ◆ **se perdre vp** sich verirren.

perdreau [pɛʀdʀo] (*pl* -x) **nm** junges Rebhuhn.

perdrix [pɛʀdʀi] **nf** Rebhuhn *das*.

perdu, e [pɛʀdy] **adj** [isolé] abgelegen.

père [pɛʀ] **nm 1.** Vater *der* **2.** [religieux] Pater *der* ▸ **le père Noël** der Weihnachtsmann.

perfection [pɛʀfɛksjɔ̃] **nf** Vollkommenheit *die*.

perfectionné, e [pɛʀfɛksjɔne] **adj** hoch entwickelt.

perfectionnement [pɛʀfɛksjɔnmɑ̃] **nm** Vervollkommnung *die*.

perfectionner [3] [pɛʀfɛksjɔne] **vt** vervollkommnen. ◆ **se perfectionner vp** sich vervollkommnen ▸ **se perfectionner en anglais** seine Englischkenntnisse vervollkommnen.

perforer [3] [pɛʀfɔʀe] **vt 1.** durch∘bohren **2.** [carte] lochen.

performance [pɛʀfɔʀmɑ̃s] **nf** [d'un sportif] Leistung *die* ▸ **performances** [d'un ordinateur, d'une voiture] Leistung.

performant, e [pɛʀfɔʀmɑ̃, ɑ̃t] **adj** leistungsfähig.

perfusion [pɛʀfyzjɔ̃] **nf** Infusion *die* ▸ **être sous perfusion** Infusionen bekommen.

péril [peʀil] **nm** Gefahr *die* ▸ **en péril** in Gefahr.

périlleux, euse [peʀijø, øz] **adj** gefährlich.

périmé, e [peʀime] **adj** abgelaufen.

périmètre [peʀimɛtʀ] **nm** Umfang *der.*

période [peʀjɔd] **nf** Zeit *die* ▸ **une période de 3 mois** ein Zeitraum von 3 Monaten.

périodique [peʀjɔdik] ◆ **adj** periodisch (wiederkehrend). ◆ **nm** Zeitschrift *die.*

péripéties [peʀipesi] **nfpl** Zwischenfälle *pl.*

périph [peʀif] (*abr de* **périphérique**) **nm** *fam* : **le périph** die Stadtautobahn.

périphérie [peʀifeʀi] **nf** Stadtrand *der* ▸ **à la périphérie de** am Stadtrand von.

périphérique [peʀifeʀik] ◆ **adj** Rand-. ◆ **nm** INFORM Peripheriegerät *das* ▸ **le (boulevard) périphérique** *ringförmige Stadtautobahn* ▸ **périphériques de sortie** INFORM Ausgabegerät *das.*

périr [32] [peʀiʀ] **vi** *sout* um◦kommen.

périssable [peʀisabl] **adj** verderblich.

perle [pɛʀl] **nf** Perle *die.*

permanence [pɛʀmanɑ̃s] **nf 1.** [bureau] Bereitschaftsdienst *der* **2.** SCOL *Arbeitsraum in der Schule, in dem die Schüler unter Aufsicht arbeiten können* ▸ **en permanence** ständig.

permanent, e [pɛʀmanɑ̃, ɑ̃t] **adj** ständig.

permanente [pɛʀmanɑ̃t] **nf** Dauerwelle *die.*

perméable [pɛʀmeabl] **adj** wasserdurchlässig.

permettre [84] [pɛʀmɛtʀ] **vt** erlauben ▸ **permettre à qqn de faire qqch** jm erlauben, etw zu tun. ◆ **se permettre vp** : **se permettre de faire qqch** sich *(D)* erlauben, etw zu tun ▸ **pouvoir se permettre qqch** sich *(D)* etw erlauben können ▸ **pouvoir se permettre de faire qqch** es sich *(D)* erlauben können, etw zu tun.

permis, e [pɛʀmi, iz] ◆ **pp & 1re et 2e pers. du sg. de l'ind. passé simple** → **permettre.** ◆ **nm** Genehmigung *die* ▸ **il est permis de…** es ist erlaubt zu … ▸ **permis de pêche** Angelschein *der.*

permission [pɛʀmisjɔ̃] **nf 1.** [autorisation] Erlaubnis *die* **2.** MIL Urlaub *der* ▸ **demander la permission de faire qqch** um Erlaubnis bitten, etw tun zu dürfen.

Pérou [peʀu] **nm** : **le Pérou** Peru *nt.*

perpendiculaire [pɛʀpɑ̃dikylɛʀ] **adj** senkrecht ▸ **rue perpendiculaire** Seitenstraße *die.*

perpétuel, elle [pɛʀpetɥɛl] **adj** ständig.

perpétuité [pɛʀpetɥite] **nf** *sout* Ewigkeit *die* ▸ **à perpétuité** lebenslänglich.

perplexe [pɛʀplɛks] **adj** perplex.

perquisitionner [3] [pɛʀkizisjɔne] ◆ **vi** eine Haussuchung machen. ◆ **vt** durchsuchen.

perron [peʀɔ̃] **nm** Treppe *die* (vor der Eingangstür).

perroquet [peʀɔkɛ] **nm** Papagei *der.*

perruche [peʀyʃ] **nf** Wellensittich *der.*

perruque [peʀyk] **nf** Perücke *die.*

persécuter [3] [pɛʀsekyte] **vt** verfolgen.

persécution [pɛʀsekysjɔ̃] **nf** Verfolgung *die.*

persévérant, e [pɛʀseveʀɑ̃, ɑ̃t] **adj** ausdauernd.

persévérer [18] [pɛʀseveʀe] **vi** durch◦halten.

persienne [pɛʀsjɛn] **nf** ≃ Jalousie *die.*

persil [pɛʀsi] **nm** Petersilie *die.*

persillé, e [pɛʀsije] **adj** Petersilien-.

persistant, e [pɛʀsistɑ̃, ɑ̃t] **adj** andauernd.
persister [3] [pɛʀsiste] **vi** [douleur] an°halten ▸ **persister dans qqch** auf etw *(A)* beharren ▸ **persister à faire qqch** etw weiter tun.
perso [pɛʀso] (*abr de* personnel) **adj** *fam* privat, persönlich.
personnage [pɛʀsɔnaʒ] **nm 1.** [de roman, film] Figur *die* **2.** [personnalité] Persönlichkeit *die*.
personnalisé, e [pɛʀsɔnalize] **adj** [papier à lettres, voiture, crédit] personalisiert.
personnaliser [3] [pɛʀsɔnalize] **vt** INFORM personalisieren ▸ **personnaliser qqch** einer Sache *(D)* eine persönliche Note geben.
personnalité [pɛʀsɔnalite] **nf** Persönlichkeit *die*.
personne [pɛʀsɔn] ◆ **nf** Person *die*. ◆ **pron** niemand ▸ **il n'y a personne** es ist niemand da ▸ **en personne** (höchst) persönlich ▸ **par personne** pro Person ▸ **personne âgée** älterer Mensch.
personnel, elle [pɛʀsɔnɛl] ◆ **adj** persönlich, eigen. ◆ **nm** Belegschaft *die*.
personnellement [pɛʀsɔnɛlmɑ̃] **adv** persönlich.
personnifier [9] [pɛʀsɔnifje] **vt** personifizieren.
perspective [pɛʀspɛktiv] **nf 1.** [d'un tableau, point de vue] Perspektive *die* **2.** [panorama] Ausblick *der* **3.** [possibilité] Aussicht *die*.
persuader [3] [pɛʀsɥade] **vt** überzeugen ▸ **persuader qqn de qqch** jn von etw überzeugen.
persuasif, ive [pɛʀsɥazif, iv] **adj** überzeugend.
perte [pɛʀt] **nf** Verlust *der* ▸ **perte de temps** Zeitverschwendung *die*.
pertinent, e [pɛʀtinɑ̃, ɑ̃t] **adj** treffend.
perturbation [pɛʀtyʀbasjɔ̃] **nf** Störung *die* ▸ **des perturbations dans les transports** Behinderungen im öffentlichen Verkehr.
perturber [3] [pɛʀtyʀbe] **vt 1.** [plans, fête] stören **2.** [troubler] durcheinander°bringen.
péruvien, enne [peʀyvjɛ̃, ɛn] **adj** peruanisch. ◆ **Péruvien, enne nm, f** Peruaner *der*, -in *die*.
pesant, e [pəsɑ̃, ɑ̃t] **adj 1.** [gros] schwer **2.** [importun] belastend.
pesanteur [pəzɑ̃tœʀ] **nf** Schwerkraft *die*.
pèse-personne [pɛzpɛʀsɔn] **nm inv** Personenwaage *die*.
peser [19] [pəze] **vt & vi** wiegen ▸ **peser lourd** schwer°wiegend sein.
pessimisme [pesimism] **nm** Pessimismus *der*.
pessimiste [pesimist] ◆ **adj** pessimistisch. ◆ **nmf** Pessimist *der*, -in *die*.
peste [pɛst] **nf** Pest *die*.
pesto [pɛsto] **nm** Pesto *der ODER das* ▸ **pâtes au pesto** Nudeln mit Pesto.
pétale [petal] **nm** Blütenblatt *das*.
pétanque [petɑ̃k] **nf** *provenzalische Variante des französischen Boulespiels*.
pétard [petaʀ] **nm** Knaller *der*.
pété, e [pete] **adj** *fam* **1.** [ivre, drogué] dicht **2.** [cassé] kaputt.
péter [18] [pete] **vi 1.** *fam* [se casser] kaputt°gehen **2.** *vulg* [personne] furzen ▸ **il a pété les plombs** OU **un boulon** *fam* er ist durchgedreht.

pétillant, e [petijɑ̃, ɑ̃t] **adj 1.** [eau] sprudelnd **2.** [vin] perlend **3.** [yeux] funkelnd.

pétiller [3] [petije] **vi 1.** [champagne] perlen **2.** [yeux] funkeln.

petit, e [p(ə)ti, it] ◆ **adj** klein. ◆ **nm, f** Kleine *der, die.* ◆ **nm** [d'un animal] Junge *das* ▸ **petit à petit** nach und nach ▸ **petit ami** Freund *der* ▸ **petite amie** Freundin *die* ▸ **petit pain** Brötchen *das* ▸ **petit pot** Gläschen *das* Babynahrung ▸ **petites annonces** Kleinanzeigen.

petit-beurre [p(ə)tibœʀ] (*pl* **petits-beurre**) **nm** Butterkeks *der.*

petit-déj' [pətidɛʒ] **nm** *fam* Frühstück *das.*

petit déjeuner [p(ə)tideʒœne] **nm** Frühstück *das* ▸ **'petit déjeuner compris'** 'Frühstück inbegriffen'.

petite-fille [p(ə)titfij] (*pl* **petites-filles**) **nf** Enkelin *die.*

petit-fils [p(ə)tifis] (*pl* **petits-fils**) **nm** Enkel *der.*

petit-four [p(ə)tifuʀ] (*pl* **petits-fours**) **nm** *süßes oder salziges Kleingebäck mit Füllung.*

pétition [petisjɔ̃] **nf** Petition *die.*

petit pois [pətipwa] (*pl* **petits pois**) **nm** Erbse *die.*

petits-enfants [p(ə)tizɑ̃fɑ̃] **nmpl** Enkel(kinder) *pl.*

petit-suisse [p(ə)tisɥis] (*pl* **petits-suisses**) **nm** *Quark in Portionspackungen.*

pétrole [petʀɔl] **nm** Erdöl *das.*

pétrolier [petʀɔlje] **nm** Öltanker *der.*

peu [pø] ◆ **adv 1.** [en quantité] wenig ▸ **peu de temps** wenig Zeit ▸ **peu de gens** wenige Leute ▸ **j'ai peu voyagé** ich bin wenig gereist ▸ **ils sont peu nombreux** sie sind wenige ▸ **peu après** kurz darauf **2.** [en fréquence] selten **3.** [dans le temps] : **sous** ou **avant** ou **d'ici peu** in Kürze ▸ **il y a peu** vor Kurzem **4.** [dans des expressions] : **à peu près** ungefähr ▸ **peu à peu** allmählich **5.** [avec un] : **un (tout) petit peu** ein (ganz) kleines bisschen ▸ **un peu de** ein bisschen.

peuple [pœpl] **nm** Volk *das.*

peupler [5] [pœple] **vt** bevölkern.

peuplier [pøplije] **nm** Pappel *die.*

peur [pœʀ] **nf** Angst *die* ▸ **avoir peur (de qqch)** (vor etw *(D)*) Angst haben ▸ **avoir peur de faire qqch** Angst davor haben, etw zu tun ▸ **faire peur à qqn** [suj : personne, spectacle] jm Angst machen.

peureux, euse [pœʀø, øz] **adj** ängstlich.

peut [pø] **3ᵉ pers. du sg. de l'ind. prés.** → **pouvoir.**

peut-être [pøtɛtʀ] **adv** vielleicht ▸ **peut-être que** vielleicht.

peux [pø] **1ʳᵉ et 2ᵉ pers. du sg. de l'ind. prés.** → **pouvoir.**

phalange [falɑ̃ʒ] **nf** Fingerglied *das.*

pharaon [faʀaɔ̃] **nm** Pharao *der.*

phare [faʀ] **nm 1.** [de voiture] Scheinwerfer *der* **2.** [sur la côte] Leuchtturm *der.*

pharmacie [faʀmasi] **nf 1.** [magasin] Apotheke *die* **2.** [armoire] Hausapotheke *die.*

pharmacien, enne [faʀmasjɛ̃, ɛn] **nm, f** Apotheker *der,* -in *die.*

phase [faz] **nf** Phase *die* ▸ **phase terminale** MÉD Endstadium *das.*

phénoménal, e, aux [fenɔmenal, o] **adj** phänomenal.

phénomène [fenɔmɛn] **nm** Phänomen *das.*

philatélie [filateli] **nf** Briefmarkenkunde *die.*

Philippines [filipin] **nfpl** : **les Philippines** die Philippinen.

philo [filo] (*abr de* **philosophie**) **nf** *fam* Philosophie *die.*

philosophe [filɔzɔf] ◆ **adj** gelassen. ◆ **nmf** Philosoph *der,* -in *die* ▸ **être très philosophe** äußerst gelassen sein.

philosophie [filɔzɔfi] **nf** **1.** [matière] Philosophie *die* **2.** [sagesse] Gelassenheit *die.*

Phnom Penh [pnɔmpɛn] **n** Phnom Penh *nt.*

phobie [fɔbi] **nf** Phobie *die.*

phonétique [fɔnetik] **adj** phonetisch.

phoque [fɔk] **nm** Seehund *der.*

phosphorescent, e [fɔsfɔʀesɑ̃, ɑ̃t] **adj** phosphoreszierend.

photo [fɔto] **nf** **1.** Foto *das* **2.** [art] Fotografie *die* ▸ **prendre qqn /qqch en photo** jn /etw fotografieren ▸ **prendre une photo (de)** ein Foto machen (von).

photocopie [fɔtɔkɔpi] **nf** Fotokopie *die* ▸ **faire une photocopie de qqch** etw fotokopieren.

photocopier [9] [fɔtɔkɔpje] **vt** fotokopieren.

photocopieuse [fɔtɔkɔpjøz] **nf** (Foto)kopierer *der.*

photographe [fɔtɔgʀaf] **nmf** Fotograf *der,* -in *die.*

photographie [fɔtɔgʀafi] **nf** Fotografie *die.*

photographier [9] [fɔtɔgʀafje] **vt** fotografieren.

Photomaton® [fɔtɔmatɔ̃] **nm** Fotoautomat *der.*

phrase [fʀaz] **nf** Satz *der.*

physionomie [fizjɔnɔmi] **nf** Gesicht *das.*

physique [fizik] ◆ **adj** **1.** [travail, exercice] körperlich **2.** [propriété, science] physikalisch. ◆ **nf** Physik *die.* ◆ **nm** Äußere *das.*

physiquement [fizikmɑ̃] **adv** **1.** [d'apparence] rein äußerlich, vom Aussehen her **2.** [corporellement] physisch.

pianiste [pjanist] **nmf** Pianist *der,* -in *die.*

piano [pjano] **nm** Klavier *das* ▸ **jouer du piano** Klavier spielen.

pic [pik] **nm** [montagne] Bergspitze *die* ▸ **à pic** **a)** [descendre] steil **b)** *fig* [tomber, arriver] gerade recht ▸ **couler à pic** sofort unter∘gehen.

pichet [piʃɛ] **nm** Krug *der.*

pickpocket [pikpɔkɛt] **nm** Taschendieb *der.*

picorer [3] [pikɔʀe] **vt** [suj : oiseau] (auf)picken.

picotement [pikɔtmɑ̃] **nm** Kribbeln *das.*

picoter [3] [pikɔte] **vt** kribbeln.

pie [pi] **nf** Elster *die.*

pièce [pjɛs] **nf** **1.** [argent] Geldstück *das* **2.** [salle] Zimmer *das* **3.** [sur un vêtement] Flicken *der* **4.** [morceau] Teil *das* ▸ **20 euros pièce** 20 Euro das Stück ▸ **(maillot de bain) une pièce** einteiliger Badeanzug ▸ **pièce d'identité** Ausweis *der* ▸ **pièce de monnaie** Münze *die* ▸ **pièce montée** *mehrstöckige Torte* ▸ **pièce de rechange** Ersatzteil ▸ **pièce (de théâtre)** (Theater)stück *das.*

pied [pje] **nm** Fuß *der* ▸ **à pied** zu Fuß ▸ **au pied de** am Fuße *(+ G)* ▸ **avoir pied** stehen können *(im Wasser)* ▸ **mettre sur pied** auf die Beine stellen ▸ **prendre son pied** *fam* seinen Spaß haben.

piège [pjɛʒ] **nm** Falle *die* ▸ **être pris au piège** in der Falle sitzen.

piéger [22] [pjeʒe] **vt 1.** [animal] fangen **2.** [tromper] in die Falle locken ▸ **voiture piégée** Autobombe *die*.

piercing [piʀsiŋ] **nm** Piercing *das*.

pierre [pjɛʀ] **nf** Stein *der* ▸ **pierre précieuse** Edelstein.

piétiner [3] [pjetine] ◆ **vt** nieder∘trampeln. ◆ **vi** [foule] stampfen.

piéton, onne [pjetɔ̃, ɔn] ◆ **nm, f** Fußgänger *der*, -in *die*. ◆ **adj** = **piétonnier**.

piétonnier, ère [pjetɔnje, ɛʀ] **adj** Fußgänger-.

pieu [pjø] (*pl* **-x**) **nm** Pfahl *der*.

pieuvre [pjœvʀ] **nf** Krake *der*.

pif(f)er [3] [pife] **vt** *fam* : **je ne peux pas le piffer !** ich kann ihn nicht ausstehen!

pifomètre [pifɔmɛtʀ] **nm** *fam* : **faire qqch au pifomètre** etw nach Gefühl machen.

pigeon [piʒɔ̃] **nm** Taube *die*.

piger [17] [piʒe] **vt & vi** kapieren ▸ **tu piges ?** kapierst du das?

pignon [piɲɔ̃] **nm** [de pomme de pin] Pinienkern *der*.

pilaf [pilaf] **nm** → **riz**.

pile [pil] ◆ **nf 1.** [tas] Stapel *der* **2.** [électrique] Batterie *die*. ◆ **adv** genau ▸ **jouer qqch à pile ou face** etw durch Kopf oder Zahl entscheiden ▸ **pile ou face ?** Kopf oder Zahl? ▸ **s'arrêter pile** wie angewurzelt stehen bleiben ▸ **trois heures pile** Punkt drei Uhr.

pile-poil [pilpwal] **adv** *fam* genau ▸ **je suis arrivé pile-poil à l'heure** ich bin auf die Minute genau angekommen.

piler [3] [pile] ◆ **vt** zerkleinern. ◆ **vi** *fam* scharf bremsen.

pilier [pilje] **nm** Pfeiler *der*.

pili-pili [pilipili] **nm inv** *afrikanische rote Pfefferschote*.

piller [3] [pije] **vt** plündern.

pilote [pilɔt] ◆ **nmf 1.** [d'avion] Pilot *der*, -in *die* **2.** [de voiture] Rennfahrer *der*, -in *die*. ◆ **nm** INFORM Treiber *der*.

piloter [3] [pilɔte] **vt 1.** [avion, voiture] steuern **2.** [guider] herum∘führen.

pilotis [pilɔti] **nm** Pfahl *der*.

pilule [pilyl] **nf** Pille *die* ▸ **pilule du lendemain** Pille danach ▸ **prendre la pilule** die Pille nehmen.

piment [pimɑ̃] **nm** [épice] scharfe Würze ▸ **piment doux** Paprika *die*.

pimenté, e [pimɑ̃te] **adj** scharf.

pin¹ [pɛ̃] **nm** Kiefer *die*.

pin² [pin] (*abr de* **personal identification number**) **nm** PIN *die*.

pinard [pinaʀ] **nm** *fam* Wein *der*.

pince [pɛ̃s] **nf 1.** [outil] Zange *die* **2.** [de crabe] Schere *die* **3.** [de vêtement] Abnäher *der* ▸ **pantalon à pinces** Bundfaltenhose *die* ▸ **pince à cheveux** Haarklemme *die* ▸ **pince à épiler** Pinzette *die* ▸ **pince à linge** Wäscheklammer *die*.

pinceau [pɛ̃so] (*pl* **-x**) **nm** Pinsel *der*.

pincée [pɛ̃se] **nf** Prise *die*.

pincer [16] [pɛ̃se] **vt 1.** [corde] zupfen **2.** [coincer] kneifen.

pinède [pinɛd], **pineraie** [pinʀɛ], **pinière** [pinjɛʀ] **nf** Kiefernforst *der*.

pingouin [pɛ̃gwɛ̃] **nm** Pinguin *der*.

ping-pong [piŋpɔ̃g] **nm** Tischtennis *das*.

pintade [pɛ̃tad] **nf** Perlhuhn *das*.

pioche [pjɔʃ] **nf 1.** [outil] Kreuzhacke *die* **2.** [aux cartes] Stapel *der*.

piocher [3] [pjɔʃe] **vi** [une carte] ziehen.

pion [pjɔ̃] **nm** Spielfigur *die*.

pionnier, ère [pjɔnje, ɛʀ] **nm, f** Pionier *der*, -in *die*.

pipe [pip] **nf** Pfeife *die*.

pipi [pipi] **nm** *fam* : **faire pipi** Pipi machen.

piquant, e [pikɑ̃, ɑ̃t] ◆ **adj** [épicé] scharf. ◆ **nm 1.** [épine d'animal] Stachel *der* **2.** [épine de végétal] Dorn *der*.

pique [pik] ◆ **nf** [méchanceté] Stichelei *die*. ◆ **nm** [aux cartes] Pik *das*.

pique-nique [piknik] (*pl* **pique-niques**) **nm** Picknick *das*.

pique-niquer [3] [piknike] **vi** picknicken.

piquer [3] [pike] ◆ **vt 1.** [suj : aiguille, pointe] piken **2.** [suj : guêpe, moustique] stechen **3.** [sujet : ortie, fumée, poivre] brennen. ◆ **vi 1.** [insecte] stechen **2.** [épice] brennen ▸ **je me suis fait piquer** ich wurde gestochen.

piquet [pikɛ] **nm** Pflock *der*.

piqûre [pikyʀ] **nf 1.** [d'insecte] Stich *der* **2.** [d'ortie] Stelle *die (, an der man mit einer Brennnessel in Berührung gekommen ist)* **3.** MÉD Spritze *die* ▸ **piqûre de rappel** Wiederholungsimpfung *die*.

piratage [piʀataʒ] **nm** Raubkopieren *das* ▸ **piratage informatique** Hacken *das*.

pirate [piʀat] ◆ **nm** Pirat *der*. ◆ **adj** : **radio pirate** Piratensender *der* ▸ **cassette pirate** Raubkopie *die (einer Kassette)* ▸ **pirate de l'air** Luftpirat.

pirater [3] [piʀate] **vt 1.** [cassette] eine Raubkopie an°fertigen von **2.** [système informatique] unberechtigt ein°dringen in *(+ A)*.

pire [piʀ] ◆ **adj 1.** [comparatif] schlimmer **2.** [superlatif] schlimmste(r, s). ◆ **nm** : **le pire** das Schlimmste.

pirouette [piʀwɛt] **nf** Umdrehung *die*.

pis [pi] **nm** [de vache] Euter *das*.

piscine [pisin] **nf** Schwimmbad *das*.

pissenlit [pisɑ̃li] **nm** Löwenzahn *der*.

pisser [3] [pise] **vi** *vulg* pinkeln.

pistache [pistaʃ] **nf** Pistazie *die*.

piste [pist] **nf 1.** [chemin] Pfad *der* **2.** [indice, trace] Spur *die* **3.** [de cirque] Manege *die* **4.** [de ski] Piste *die* **5.** [d'athlétisme] Bahn *die* ▸ **piste (d'atterrissage)** Landebahn ▸ **piste cyclable** Radweg *der* ▸ **piste de danse** Tanzfläche *die* ▸ **piste bleue / verte / rouge / noire** blaue / grüne / rote / schwarze Piste.

pistolet [pistɔlɛ] **nm** Pistole *die*.

piston [pistɔ̃] **nm 1.** [de moteur] Kolben *der* **2.** [aider] Schützenhilfe *die* ▸ **donner un coup de piston à qqn** *fam* jm Schützenhilfe leisten.

pistonner [3] [pistɔne] **vt** : **pistonner qqn** jm nach°helfen.

pithiviers [pitivje] **nm** *Kuchen mit Marzipanfüllung*.

pitié [pitje] **nf** Mitleid *das* ▸ **avoir pitié de qqn** mit jm Mitleid haben ▸ **faire pitié à qqn** jm leid°tun.

pitoyable [pitwajabl] **adj 1.** [triste] mitleiderregend **2.** [méprisable] erbärmlich.

pittoresque [pitɔʀɛsk] **adj** malerisch.

pivoine [pivwan] **nf** Pfingstrose *die*.

pivotant, e [pivɔtɑ̃, ɑ̃t] **adj** : **fauteuil pivotant** Drehsessel *der*.

pivoter [3] [pivɔte] **vi** sich um°drehen.

pixellisation [pikselizasjɔ̃] **nf** Pixelung *die*.

pizza [pidza] **nf** Pizza *die*.

pizzeria [pidzeʀja] **nf** Pizzeria *die*.

PJ ◆ **nf** (*abr de* **police judiciaire**) ≃ Kripo *die (Kriminalpolizei)*. ◆ (*abr écrite de* pièce(s) jointe(s)) Anl. *(Anlage)* ▸ **envoyer un fichier en PJ** eine Datei als Attachment verschicken.

placard [plakaʀ] **nm** Schrank *der*.

placarder [3] [plakaʀde] **vt** an°-schlagen.

place [plas] **nf 1.** Platz *der* **2.** [emploi] Stelle *die* ▸ **changer qqch de place** etw um°stellen ▸ **à la place** stattdessen ▸ **sur place** an Ort und Stelle ▸ **place assise** Sitzplatz.

placement [plasmɑ̃] **nm** Anlage *die*.

placer [16] [plase] **vt 1.** [mettre] setzen, stellen, legen **2.** [argent] an°legen. ◆ **se placer vp 1.** [se mettre] sich hin°setzen **2.** [se classer] sich platzieren.

plafond [plafɔ̃] **nm 1.** [d'une salle] Decke *die* **2.** [limite] Obergrenze *die*.

plafonnier [plafɔnje] **nm** Deckenleuchte *die*.

plage [plaʒ] **nf** Strand *der* ▸ **plage arrière** Heckablage *die*.

plaider [4] [plede] ◆ **vt** verteidigen. ◆ **vi** ein Plädoyer halten ▸ **plaider contre qqn** gegen jn aus°sagen ▸ **plaider pour qqn** a) [avocat] jn verteidigen b) *fig* für jn sprechen.

plaie [plɛ] **nf 1.** [blessure] Wunde *die* **2.** [fléau] Plage *die*.

plaindre [80] [plɛ̃dʀ] **vt** beklagen. ◆ **se plaindre vp** sich beklagen ▸ **se plaindre de** sich beklagen über *(+ A)*.

plaine [plɛn] **nf** Ebene *die*.

plaint, e [plɛ̃, plɛ̃t] **pp** → **plaindre**.

plainte [plɛ̃t] **nf** Klage *die* ▸ **porter plainte** Anzeige erstatten.

plaintif, ive [plɛ̃tif, iv] **adj** jammernd.

plaire [110] [plɛʀ] **vi** gefallen ▸ **plaire à qqn** jm gefallen ▸ **s'il vous / te plaît** bitte. ◆ **se plaire vp** [quelque part] sich wohl°fühlen.

plaisance [plɛzɑ̃s] **nf** → **navigation, port**.

plaisanter [3] [plɛzɑ̃te] **vi** Spaß machen.

plaisanterie [plɛzɑ̃tʀi] **nf** Scherz *der*.

plaisir [pleziʀ] **nm** Freude *die* ▸ **faire plaisir à qqn** a) [service] jm einen Gefallen tun b) [joie] jm eine Freude machen ▸ **avec plaisir !** aber gerne!

plan [plɑ̃] **nm 1.** Plan *der* **2.** [structure] Gliederung *die* **3.** [niveau] Ebene *die* ▸ **au premier / second plan** [d'une photo] im Vordergrund / Hintergrund ▸ **gros plan** Großaufnahme *die* ▸ **plan d'eau** Wasserfläche *die* ▸ **plan vigipirate** *Programm zur Bekämpfung des Terrorismus*.

planche [plɑ̃ʃ] **nf** Brett *das* ▸ **faire la planche** den toten Mann machen ▸ **planche à découper** Tranchierbrett ▸ **planche à roulettes** Skateboard *das* ▸ **planche à voile** Surfbrett.

plancher [plɑ̃ʃe] **nm** Boden *der*.

planer [3] [plane] **vi** [oiseau] gleiten.

planète [planɛt] **nf** Planet *der*.

planeur [planœʀ] **nm** Segelflugzeug *das*.

planifier [9] [planifje] **vt** planen.

planning [planiŋ] **nm** Terminplan *der*.

plantage [plɑ̃taʒ] **nm** INFORM Absturz *der* ▸ **elle a subi un gros plantage aux législatives** sie hat bei den Wahlen eine Riesenniederlage eingesteckt.

plantation [plɑ̃tasjɔ̃] **nf 1.** [plante] Pflanzung *die* **2.** [exploitation agricole] Plantage *die*.

plante [plɑ̃t] **nf** Pflanze *die* ▸ **plante des pieds** (Fuß)sohle *die* ▸ **plante grasse** Sukkulente *die* ▸ **plante verte** Grünpflanze.

planter [3] [plɑ̃te] ◆ **vt 1.** [graines] pflanzen **2.** [enfoncer] ein°schlagen. ◆ **vi** INFORM ab°stürzen ▸ **mon ordinateur a encore planté** mein Computer ist schon wieder abgestürzt.

plaque [plak] **nf 1.** [de verre, de métal] Platte *die* **2.** [de chocolat] Tafel *die* **3.** [sur un mur] Schild *das* **4.** [tache] Fleck *der* ▸ **plaque chauffante / de cuisson** Herdplatte ▸ **plaque d'immatriculation** ou **minéralogique** Nummernschild ▸ **glisser sur une plaque de verglas** auf dem Glatteis aus∘rutschen.

plaqué, e [plake] **adj** : **plaqué or** vergoldet ▸ **plaqué argent** versilbert.

plaquer [3] [plake] **vt 1.** [aplatir] drücken **2.** [au rugby] nieder∘werfen ▸ **plaquer ses cheveux** seine Haare glatt streichen.

plaquette [plakɛt] **nf 1.** [de beurre] Paket *das* **2.** [de chocolat] Tafel *die* ▸ **plaquette de frein** Bremsklotz *der*.

plasma [plasma] **nm** : **écran (à) plasma** Plasmabildschirm *der*.

plastifié, e [plastifje] **adj** mit Kunststoffüberzug.

plastique [plastik] **nm** Kunststoff *der* ▸ **sac en plastique** Plastiktüte *die*.

plat, e [pla, plat] ◆ **adj 1.** flach **2.** [eau] still. ◆ **nm 1.** [assiette] Platte *die* **2.** [de menu] Gericht *das* ▸ **à plat** a) [pneu] platt b) [batterie] leer c) *fam* [fatigué] ausgelaugt ▸ **à plat ventre** auf dem ou den Bauch ▸ **plat cuisiné** Fertiggericht ▸ **plat du jour** Tagesgericht ▸ **plat principal / de résistance** Hauptgericht.

platane [platan] **nm** Platane *die*.

plateau [plato] (*pl* -x) **nm 1.** [de cuisine] Tablett *das* **2.** [plaine] Hochebene *die* **3.** [de télévision, de cinéma] Studio *das* ▸ **plateau de fromages** Käseplatte *die*.

plate-bande [platbɑ̃d] (*pl* **plates-bandes**) **nf** Beet *das*.

plate-forme [platfɔʀm] (*pl* **plates-formes**) **nf** Plattform *die*.

platine [platin] **nf** : **platine cassette** Kassettendeck *das* ▸ **platine laser** CD-Player *der*.

plâtre [platʀ] **nm 1.** Gips *der* **2.** MÉD Gipsverband *der*.

plâtrer [3] [platʀe] **vt** ein∘gipsen.

plausible [plozibl] **adj** plausibel.

plébiscite [plebisit] **nm** SUISSE [référendum] Referendum *das*.

plein, e [plɛ̃, plɛn] ◆ **adj** voll. ◆ **nm** Tankfüllung *die* ▸ **faire le plein (d'essence)** voll∘tanken ▸ **plein de** a) [rempli de] voller b) *fam* [beaucoup de] massenhaft ▸ **en plein air** Freiluft- ▸ **en pleine forme** in Hochform ▸ **en pleine nuit** mitten in der Nacht ▸ **en plein milieu de qqch** mitten in etw *(D)* ▸ **pleins phares** mit aufgeblendeten Scheinwerfern ▸ **travailler à plein temps** ganztags arbeiten.

pleurer [5] [plœʀe] **vi** weinen.

pleurnicher [3] [plœʀniʃe] **vi** quengeln.

pleurote [plœʀɔt] **nm** Austernpilz *der*.

pleut [plø] **3e pers. du sg. de l'ind. prés.** → **pleuvoir**.

pleuvoir [68] [pløvwaʀ] ◆ **vi** regnen. ◆ **v impers** : **il pleut à verse** es regnet in Strömen.

Plexiglas® [plɛksiglas] **nm** Plexiglas® *das*.

pli [pli] **nm 1.** Falte *die* **2.** [aux cartes] Stich *der* ▸ **pli (d'un pantalon)** Bügelfalte ▸ **faux pli** Knitterfalte.

pliant, e [plijɑ̃, ɑ̃t] ◆ **adj** Klapp-. ◆ **nm** Klappstuhl *der*.

plier [10] [plije] ◆ **vt 1.** [lettre] falten **2.** [vêtement] zusammen∘legen **3.** [lit] zusammen∘klappen **4.** [tente] ab∘schlagen **5.** [courber] biegen. ◆ **vi** sich biegen.

plinthe [plɛ̃t] **nf** Fußbodenleiste *die*.

plissé, e [plise] **adj** Plissee-.

plisser [3] [plise] **vt** **1.** [papier] falten **2.** [yeux] zusammen◦kneifen **3.** [front] runzeln.

plomb [plɔ̃] **nm** **1.** Blei *das* **2.** [de chasse] (Schrot)kugel *die* **3.** [de pêche] Senker *der* ▸ **les plombs** die Sicherung.

plombage [plɔ̃baʒ] **nm** Plombe *die*.

plombe [plɔ̃b] **nf** *fam* Stunde *die* ▸ **ça fait trois plombes que j'attends** ich warte schon seit drei Stunden.

plomberie [plɔ̃bʀi] **nf** Heizungs- und Sanitärinstallationen *pl*.

plombier [plɔ̃bje] **nm** Klempner *der*, -in *die*.

plongeant, e [plɔ̃ʒɑ̃, ɑ̃t] **adj** : **décolleté plongeant** tiefer Ausschnitt ▸ **une vue plongeante sur qqch** ein Blick von oben auf etw *(A)*.

plongée [plɔ̃ʒe] **nf** Tauchen *das* ▸ **plongée sous-marine** Tauchsport *der*.

plongeoir [plɔ̃ʒwaʀ] **nm** Sprungbrett *das*.

plongeon [plɔ̃ʒɔ̃] **nm** Kopfsprung *der*.

plonger [17] [plɔ̃ʒe] ◆ **vi** tauchen. ◆ **vt** (ein)tauchen ▸ **être plongé dans ses pensées / son travail** in Gedanken / seine Arbeit versunken sein. ◆ **se plonger dans vp + prép** sich vertiefen in *(+ A)*.

plongeur, euse [plɔ̃ʒœʀ, øz] **nm, f** Taucher *der*, -in *die*.

plu [ply] **pp** → **plaire, pleuvoir**.

pluie [plɥi] **nf** Regen *der*.

plumage [plymaʒ] **nm** Gefieder *das*.

plume [plym] **nf** Feder *die*.

plupart [plypaʀ] **nf** : **la plupart (de)** der Großteil *(+ G)* ▸ **la plupart du temps** meistens.

pluriculturel, elle [plyʀikyltyʀɛl] **adj** multikulturell.

pluriel [plyʀjɛl] **nm** Plural *der*.

plus [ply(s)] ◆ **adv** **1.** [comparatif] : **plus souvent (que)** öfter (als) **2.** [superlatif de l'adjectif] : **c'est ce qui me plaît le plus ici** das gefällt mir hier am besten ▸ **l'hôtel le plus confortable** das bequemste Hotel **3.** [superlatif de l'adverbe] : **le plus souvent** meistens ▸ **le plus courageusement** am mutigsten ▸ **le plus vite possible** so schnell wie möglich **4.** [davantage] mehr ▸ **je ne veux pas dépenser plus** ich will nicht mehr ausgeben ▸ **plus d'argent** mehr Geld ▸ **plus de 2 000 manifestants** mehr als 2 000 Demonstranten **5.** [avec « ne »] kein(e), nicht … mehr ▸ **je ne veux plus de fromage, merci** danke, ich möchte keinen Käse mehr ▸ **on ne se parle plus** wir sprechen nicht mehr miteinander **6.** [dans des expressions] : **de plus** [d'autre part] außerdem ▸ **de plus en plus** immer mehr ▸ **de plus en plus de problèmes** immer mehr Probleme ▸ **en plus** a) [en supplément] zusätzlich b) [d'autre part] dazu noch ▸ **en plus du poisson, il y a une salade** außer dem Fisch gibt es noch Salat ▸ **plus ou moins** mehr oder weniger ▸ **plus tu y penseras, plus tu t'inquiéteras** je mehr du daran denkst, desto mehr Sorgen machst du dir
◆ **prép** plus
◆ **nm** **1.** [signe] Pluszeichen *das* **2.** [atout] Pluspunkt *der*.

plusieurs [plyzjœʀ] **adj & pron** mehrere.

plus-que-parfait [plyskəpaʀfɛ] **nm** Plusquamperfekt *das*.

plutôt [plyto] **adv** **1.** [de préférence] lieber **2.** [assez] ziemlich ▸ **plutôt que (de) faire qqch** anstatt etw zu tun.

pluvieux, euse [plyvjø, øz] **adj** regnerisch.

PMR [peɛmɛʀ] (*abr de* personne à mobilité réduite) **nf** Behinderte *der, die*, Person *die* mit eingeschränkter Mobilität.
PMU® **nm** *französischer Totalisator mit Wettannahmestellen.*
pneu [pnø] **nm** Reifen *der.*
pneumatique [pnømatik] **adj** → **canot, matelas**.
pneumonie [pnømɔni] **nf** Lungenentzündung *die*.
PO (*abr écrite de* petites ondes) MW (*Mittelwelle*).
poche [pɔʃ] **nf** 1. [de vêtement] Tasche *die* 2. [de sac] Fach *das* ▸ **de poche** [livre, lampe] Taschen-.
poché, e [pɔʃe] **adj** [œil] blau ▸ **avoir un œil poché** ein blaues Auge haben.
pocher [3] [pɔʃe] **vt** CULIN pochieren ▸ **pocher un œil à qqn** jm ein blaues Auge schlagen.
pochette [pɔʃɛt] **nf** 1. [de rangement] Etui *das* 2. [sac à main] Handtasche *die (ohne Henkel)* 3. [mouchoir] Einstecktuch *das* ▸ **pochette d'alumettes** Streichholzbriefchen *das*.
Podcast® [pɔdkast] **nm** Podcast *der*.
podcaster [3] [pɔdkaste] **vt** [une émission] mit Podcast senden OU verbreiten.
Podgorica [pɔdgɔʀika] **n** Podgorica *nt*.
podium [pɔdjɔm] **nm** Podium *das*.
poêle¹ [pwal] **nf** Pfanne *die* ▸ **poêle (à frire)** Bratpfanne.
poêle² [pwal] **nm** Ofen *der* ▸ **poêle à mazout** Ölofen.
poème [pɔɛm] **nm** Gedicht *das*.
poésie [pɔezi] **nf** 1. [art] Poesie *die* 2. [poème] Gedicht *das*.
poète, poétesse [pɔɛt, pɔetɛs] **nm, f** Dichter *der*, -in *die*.
poétique [pɔetik] **adj** poetisch.
poids [pwa] **nm** 1. Gewicht *das* 2. SPORT Kugel *die* ▸ **perdre du poids** ab°nehmen ▸ **prendre du poids** zu°nehmen ▸ **poids lourd** Lastwagen *der*.
poignard [pwaɲaʀ] **nm** Dolch *der*.
poignarder [3] [pwaɲaʀde] **vt** erdolchen.
poignée [pwaɲe] **nf** 1. [de porte] Türklinke *die* 2. [de valise] Griff *der* 3. : **une poignée de** eine Handvoll ▸ **poignée de main** Händedruck *der*.
poignet [pwaɲɛ] **nm** 1. Handgelenk *das* 2. [de vêtement] Manschette *die*.
poil [pwal] **nm** 1. Haar *das* 2. [de pinceau, de brosse à dents] Borste *die* ▸ **à poil** *fam* nackt ▸ **au poil** *fam* prima.
poilant, e [pwalɑ̃, ɑ̃t] **adj** *fam* witzig.
poilu, e [pwaly] **adj** behaart.
poing [pwɛ̃] **nm** Faust *die* ▸ **un coup de poing** ein Faustschlag.
point [pwɛ̃] **nm** 1. Punkt *der* 2. [de couture] Stich *der* 3. [de tricot] Muster *das* ▸ **à point** [steak] durch(gebraten) ▸ **au point** ausgereift ▸ **être sur le point de faire qqch** im Begriff sein, etw zu tun ▸ **point de côté** Seitenstechen *das* ▸ **point de départ** Ausgangspunkt ▸ **point d'exclamation** Ausrufezeichen *das* ▸ **point faible** Schwachpunkt ▸ **point d'interrogation** Fragezeichen *das* ▸ **(au) point mort** (im) Leerlauf ▸ **point de repère** Anhaltspunkt ▸ **points cardinaux** Himmelsrichtungen ▸ **points de suspension** (drei) Pünktchen ▸ **points (de suture)** Stiche. ◆ **point final** ◆ **nm** Schlusspunkt. ◆ **interj** basta.
point de vue [pwɛ̃dvy] (*pl* **points de vue**) **nm** 1. [endroit] Aussichtspunkt *der* 2. [opinion] Standpunkt *der*.

pointe [pwɛ̃t] **nf 1.** [extrémité] Spitze *die* **2.** [clou] Nagel *der* ▸ **sur la pointe des pieds** auf Zehenspitzen ▸ **de pointe** Spitzen-. ◆ **en pointe adj & adv** spitz. ◆ **pointes nfpl** [chaussons] Spitzen *pl.*

pointer [3] [pwɛ̃te] ◆ **vt** richten. ◆ **vi** stechen.

pointeur [pwɛ̃tœʀ] **nm** : **pointeur de la souris** Mauszeiger *der.*

pointillé [pwɛ̃tije] **nm** : **les pointillés** die gestrichelte Linie.

pointu, e [pwɛ̃ty] **adj** spitz.

pointure [pwɛ̃tyʀ] **nf** (Schuh)größe *die* ▸ **quelle pointure faites-vous ?** welche Größe haben Sie?

point-virgule [pwɛ̃viʀgyl] (*pl* **points-virgules**) **nm** Strichpunkt *der.*

poire [pwaʀ] **nf** Birne *die* ▸ **poire Belle-Hélène** Birne Helene.

poireau [pwaʀo] (*pl* **-x**) **nm** Porree *der.*

poirier [pwaʀje] **nm** Birnbaum *der.*

pois [pwa] **nm** [rond] Punkt *der* ▸ **à pois** gepunktet ▸ **pois chiche** Kichererbse *die.*

poison [pwazɔ̃] **nm** Gift *das.*

poisseux, euse [pwasø, øz] **adj** schmierig.

poisson [pwasɔ̃] **nm** Fisch *der* ▸ **poisson d'avril !** April April! ▸ **faire un poisson d'avril à qqn** jn in den April schicken ▸ **poisson d'eau douce** Süßwasserfisch ▸ **poisson de mer** Seefisch ▸ **poissons du lac** Suisse Seefische ▸ **poisson rouge** Goldfisch. ◆ **Poissons nmpl** Fische *pl.*

poissonnerie [pwasɔnʀi] **nf** Fischgeschäft *das.*

poissonnier, ère [pwasɔnje, ɛʀ] **nm, f** Fischhändler *der*, -in *die.*

poitrine [pwatʀin] **nf** Brust *die.*

poivre [pwavʀ] **nm** Pfeffer *der.*

poivré, e [pwavʀe] **adj** gepfeffert.

poivrier [pwavʀije] **nm** Pfefferstreuer *der.*

poivrière [pwavʀijɛʀ] **nf** = **poivrier**.

poivron [pwavʀɔ̃] **nm** Paprika *die ODER der.*

poivrot, e [pwavʀo, ɔt] **nm, f** *fam* Säufer *der*, -in *die.*

poker [pɔkɛʀ] **nm** Poker.

polaire [pɔlɛʀ] ◆ **adj** Polar-. ◆ **nf** [textile, vêtement] Fleece *das.*

Polaroid® [pɔlaʀɔid] **nm 1.** [appareil] Polaroidkamera® *die* **2.** [photo] Polaroidaufnahme® *die.*

pôle [pol] **nm** Pol *der* ▸ **pôle Nord** Nordpol ▸ **pôle Sud** Südpol.

poli, e [pɔli] **adj 1.** [bien élevé] höflich **2.** [verre, bois] poliert.

police [pɔlis] **nf 1.** [ordre public] Polizei *die* **2.** INFORM Schriftart *die* ▸ **police d'assurance** Versicherungspolice *die* ▸ **police secours** ≃ Notruf *der* ▸ **police de caractère** Font *der.*

policier, ère [pɔlisje, ɛʀ] ◆ **adj 1.** [roman, film] Kriminal- **2.** [enquête] Polizei-. ◆ **nm, f** Polizist *der*, -in *die.*

poliment [pɔlimɑ̃] **adv** höflich.

politesse [pɔlitɛs] **nf** Höflichkeit *die* ▸ **par politesse** aus Höflichkeit.

politicien, enne [pɔlitisjɛ̃, ɛn] **nm, f** Politiker *der*, -in *die.*

politique [pɔlitik] ◆ **adj** politisch. ◆ **nf** Politik *die* ▸ **un homme /une femme politique** ein Politiker /eine Politikerin.

politiquement [pɔlitikmɑ̃] **adv** politisch ▸ **politiquement correct** politisch korrekt.

pollen [pɔlɛn] **nm** Pollen *der.*

pollué, e [pɔlye] **adj** verschmutzt.

polluer [7] [pɔlɥe] **vt** verschmutzen.

pollution [pɔlysjɔ̃] **nf** Verschmutzung *die*.

polo [pɔlo] **nm** [vêtement] Polohemd *das*.

polochon [pɔlɔʃɔ̃] **nm** *große Nackenrolle*.

Pologne [pɔlɔɲ] **nf : la Pologne** Polen *nt*.

polonais, e [pɔlɔnɛ, ɛz] **adj** polnisch. ◆ **polonais nm** [langue] Polnisch(e) (*das*). ◆ **Polonais, e nm, f** Pole *der*, -lin *die*.

polycopié [pɔlikɔpje] **nm** Skript *das*.

polyester [pɔliɛstɛʀ] **nm** Polyester *der*.

Polynésie [pɔlinezi] **nf : la Polynésie** Polynesien *nt*.

polystyrène [pɔlistiʀɛn] **nm** Styropor® *das*.

polyvalent, e [pɔlivalɑ̃, ɑ̃t] **adj 1.** [salle] Mehrzweck- **2.** [employé] vielseitig.

POM [pɔm] (*abr de* Pays d'outre-mer) **nmpl** *französische Überseegebiete*.

pommade [pɔmad] **nf** Salbe *die*.

pomme [pɔm] **nf 1.** Apfel *der* **2.** [de douche] Duschkopf *die* **3.** [d'arrosoir] Brause *die* ▸ **tomber dans les pommes** *fam* um∘kippen ▸ **pomme de pin** Tannenzapfen *der* ▸ **pommes dauphine** *eine Art Kroketten aus Kartoffelpüree* ▸ **pommes noisettes** *kleine Kroketten*.

pomme de terre [pɔmdətɛʀ] (*pl* **pommes de terre**) **nf** Kartoffel *die*.

pommette [pɔmɛt] **nf** Backenknochen *der*.

pommier [pɔmje] **nm** Apfelbaum *der*.

pompe [pɔ̃p] **nf** Pumpe *die* ▸ **pompe à essence** Zapfsäule *die* ▸ **pompe à vélo** Luftpumpe ▸ **pompes funèbres** Bestattungsinstitut *das*.

pomper [3] [pɔ̃pe] **vt** pumpen.

pompier [pɔ̃pje] **nm** Feuerwehrmann *der* ▸ **les pompiers** die Feuerwehr.

pompiste [pɔ̃pist] **nmf** Tankwart *der*, -in *die*.

pompon [pɔ̃pɔ̃] **nm** Bommel *der*.

poncer [16] [pɔ̃se] **vt** (ab)schleifen.

ponctualité [pɔ̃ktɥalite] **nf** Pünktlichkeit *die*.

ponctuation [pɔ̃ktɥasjɔ̃] **nf** Zeichensetzung *die*.

ponctuel, elle [pɔ̃ktɥɛl] **adj 1.** [à l'heure] pünktlich **2.** [limité] vereinzelt.

pondre [75] [pɔ̃dʀ] **vt** legen.

poney [pɔnɛ] **nm** Pony *das*.

pont [pɔ̃] **nm 1.** Brücke *die* **2.** [vacances] *verlängertes Wochenende (mit einem Urlaubstag zwischen Wochenende und Feiertag)* ▸ **faire le pont** einen Brückentag nehmen.

pont-levis [pɔ̃ləvi] (*pl* **ponts-levis**) **nm** Zugbrücke *die*.

ponton [pɔ̃tɔ̃] **nm** Ponton *der*.

pop [pɔp] ◆ **adj inv** Pop-. ◆ **nm & nf** Popmusik *die*.

pop-corn [pɔpkɔʀn] **nm inv** Popcorn *das*.

populaire [pɔpylɛʀ] **adj 1.** [, milieu] Volks- **2.** [apprécié] beliebt.

population [pɔpylasjɔ̃] **nf** Bevölkerung *die*.

pop-up [pɔpœp] **nm** Pop-up-Fenster *das*.

porc [pɔʀ] **nm 1.** Schwein *das* **2.** CULIN Schweinefleisch *das*.

porcelaine [pɔʀsəlɛn] **nf** [matériau] Porzellan *das*.

porche [pɔʀʃ] **nm** Vorhalle *die*.

pore [pɔʀ] **nm** Pore *die*.

poreux, euse [pɔʀø, øz] **adj** porös.

porno [pɔʀno] *fam* ◆ **adj** Porno-. ◆ **nm** Porno *der*.

pornographique [pɔʀnɔgʀafik] **adj** Porno-.

port [pɔʀ] **nm 1.** Hafen *der* **2.** INFORM Port *der*, Schnittstelle *die* ▸ **port fluvial** Binnenhafen ▸ **port de plaisance** Jachthafen ▸ **port Ethernet** Ethernet-Schnittstelle ▸ **port jeux** Gameport ▸ **port modem interne** interne Modemschnittstelle ▸ **port parallèle** Parallelport ▸ **port série** serieller Port ▸ **port USB** USB-Schnittstelle ▸ **'port payé'** 'Gebühr bezahlt'.

portable [pɔʀtabl] ◆ **adj** tragbar. ◆ **nm 1.** [téléphone] Handy *das* **2.** [ordinateur] Laptop *der*.

portail [pɔʀtaj] **nm 1.** Tor *das* **2.** INFORM Portal *das*.

portant, e [pɔʀtɑ̃, ɑ̃t] **adj** : **il est bien / mal portant** es geht ihm gut / schlecht.

portatif, ive [pɔʀtatif, iv] **adj** tragbar.

Port-au-Prince [pɔʀopʀɛ̃s] **n** Port-au-Prince *nt*.

porte [pɔʀt] **nf 1.** [d'une maison, d'un jardin] Tür *die* **2.** [d'une ville] Tor *das* ▸ **mettre qqn à la porte** jn vor die Tür setzen ▸ **porte d'embarquement** Flugsteig *der* ▸ **porte d'entrée** Eingangstür.

porte-avions [pɔʀtavjɔ̃] **nm inv** Flugzeugträger *der*.

porte-bagages [pɔʀtbagaʒ] **nm inv** Gepäckträger *der*.

porte-bébé [pɔʀtbebe] (*pl* **porte-bébés**) **nm** Babytragetasche *die*.

porte-bonheur [pɔʀtbɔnœʀ] **nm inv** Glücksbringer *der*.

porte-clefs [pɔʀtəkle] **nm** = **porte-clés**.

porte-clés [pɔʀtəkle] **nm inv** Schlüsselanhänger *der*.

portée [pɔʀte] **nf 1.** [d'un son, d'une arme] Reichweite *die* **2.** [d'une femelle] Wurf *der* **3.** MUS Notenlinie *die* ▸ **à la portée de qqn** [intellectuelle] für jn verständlich ▸ **à portée de voix** in Hörweite ▸ **hors de portée** außer Reichweite.

porte-fenêtre [pɔʀtfənɛtʀ] (*pl* **portes-fenêtres**) **nf** Fenstertür *die*.

portefeuille [pɔʀtəfœj] **nm** Brieftasche *die*.

porte-jarretelles [pɔʀtʒaʀtɛl] **nm inv** Straps *der*.

portemanteau [pɔʀtmɑ̃to] (*pl* **-x**) **nm 1.** [sur pied] Kleiderständer *der* **2.** [mural] Kleiderhaken *der*.

porte-monnaie [pɔʀtmɔnɛ] **nm inv** Geldbeutel *der*.

porte-parole [pɔʀtpaʀɔl] **nmf inv** Sprecher *der*, -in *die*.

porter [3] [pɔʀte] ◆ **vt 1.** tragen **2.** [apporter] bringen. ◆ **vi** tragen ▸ **porter bonheur / malheur** Glück / Unglück bringen ▸ **porter plainte** Anzeige erstatten ▸ **la discussion porte sur** in dem Gespräch geht es um. ◆ **se porter vp** : **il se porte bien / mal** es geht ihm gut / schlecht.

porte-savon [pɔʀtsavɔ̃] (*pl* **porte-savons**) **nm** Seifenschale *die*.

porte-serviette [pɔʀtsɛʀvjɛt] (*pl* **porte-serviettes**) **nm** Handtuchhalter *der*.

porteur, euse [pɔʀtœʀ, øz] **nm, f 1.** [de bagages] Gepäckträger *der* **2.** [d'une maladie] Träger *der*, -in *die*.

portier, ère [pɔʀtje] **nm, f** Portier *der*, -sfrau *die*.

portière [pɔʀtjɛʀ] **nf** Wagentür *die*.

portillon [pɔʀtijɔ̃] **nm** Pforte *die* ▸ **portillon automatique** *automatisch schließende Sperre auf den Metrobahnsteigen.*

portion [pɔʀsjɔ̃] **nf 1.** [partie] (An)-teil *der* **2.** [de nourriture] Portion *die.*

portique [pɔʀtik] **nm** Turngerüst *das.*

Port Louis [pɔʀlwi] **n** Port Louis *nt.*

porto [pɔʀto] **nm** Portwein *der.*

Port of Spain [pɔʀtɔvspɛn] **n** Port-of-Spain *nt.*

Porto-Novo [pɔʀtonɔvo] **n** Porto Novo *nt.*

Porto Rico [pɔʀtoʀiko], **Puerto Rico** [pɥɛʀtoʀiko] **n : (le) Porto Rico** Puerto Rico *nt.*

portrait [pɔʀtʀɛ] **nm 1.** [tableau, photo] Porträt *das* **2.** [description] Beschreibung *die.*

portrait-robot [pɔʀtʀɛʀɔbo] **nm** Phantombild *das.*

portuaire [pɔʀtɥɛʀ] **adj** Hafen- ▸ **ville portuaire** Hafenstadt *die.*

portugais, e [pɔʀtygɛ, ɛz] ◆ **adj** portugiesisch. ◆ **nm** [langue] Portugiesisch(e) (*das*). ◆ **Portugais, e nm, f** Portugiese *der,* -sin *die.*

Portugal [pɔʀtygal] **nm : le Portugal** Portugal *nt.*

pose [poz] **nf 1.** [d'une vitre] Anbringen *das* **2.** [d'une moquette] Verlegen *das* **3.** [attitude] Pose *die* ▸ **prendre la pose** eine Pose ein°nehmen.

poser [3] [poze] ◆ **vt 1.** [à la verticale, question] stellen **2.** [à l'horizontale] legen **3.** [rideaux, tapisserie] an°bringen **4.** [moquette] verlegen **5.** [problème] auf°werfen. ◆ **vi** Modell stehen. ◆ **se poser vp** landen.

positif, ive [pozitif, iv] **adj** positiv.

position [pozisjɔ̃] **nf 1.** [d'objet, de navire] Lage *die* **2.** [troupe, situation] Position *die* **3.** [du corps] Haltung *die* **4.** [opinion] Einstellung *die.*

posologie [pozɔlɔʒi] **nf** Dosierung *die.*

posséder [18] [pɔsede] **vt** besitzen.

possessif, ive [pɔsesif, iv] **adj 1.** [jaloux] besitzergreifend **2.** GRAMM Possessiv-.

possibilité [pɔsibilite] **nf** Möglichkeit *die* ▸ **avoir la possibilité de faire qqch** die Möglichkeit haben, etw zu tun.

possible [pɔsibl] **adj** möglich ▸ **le plus de... possible** so viel ... wie möglich ▸ **dès que possible, le plus tôt possible** so bald wie möglich ▸ **si possible** wenn möglich ▸ **faire son possible (pour faire qqch)** sein Möglichstes tun(, um etw zu tun).

postal, e, aux [pɔstal, o] **adj** Post-.

poste[1] [pɔst] **nm 1.** [emploi] Posten *der* **2.** [de ligne téléphonique] Apparat *der* ▸ **poste (de police)** Polizeidienststelle *die* ▸ **poste de radio** Radio *das* ▸ **poste de secours** Rettungsstation *die* ▸ **poste de télévision** Fernseher *der.*

poste[2] [pɔst] **nf** Post *die* ▸ **poste restante** postlagernd.

poster[1] [3] [pɔste] **vt** [lettre] ab°schicken.

poster[2] [pɔstɛʀ] **nm** Poster *das.*

postérieur, e [pɔsteʀjœʀ] ◆ **adj 1.** [dans le temps] später **2.** [partie, membres] Hinter-. ◆ **nm** Hintern *der.*

postier, ère [pɔstje, ɛʀ] **nm, f** Postbeamte *der,* -tin *die.*

postillons [pɔstijɔ̃] **nmpl** Speicheltröpfchen *pl.*

Post-it® [pɔstit] **nm inv** Haftnotiz *die.*

post-scriptum [pɔstskʀiptɔm] **nm inv** Nachsatz *der.*

postuler [3] [pɔstyle] ◆ **vi** : **postuler à qqch** sich um etw bewerben. ◆ **vt** : **postuler qqch** von einer Sache aus◦gehen.

posture [pɔstyʀ] **nf** Haltung *die*.

pot [po] **nm** [récipient] Topf *der* ▸ **pot à eau** Wasserkrug *der* ▸ **pot d'échappement** Auspuff *der* ▸ **pot de fleurs** Blumentopf.

ⓘ Prendre un pot

In der französischen Arbeitswelt ist es üblich, zu bestimmten Anlässen einen Umtrunk unter Kollegen zu organisieren. Der Abschluss eines wichtigen Vertrags oder die Verabschiedung eines Kollegen können den Anlass dazu bieten. In manchen Betrieben werden auch besondere Festtage zusammen gefeiert.

potable [pɔtabl] **adj** → **eau**.

potage [pɔtaʒ] **nm** Suppe *die*.

potager, ère [pɔtaʒe, ɛʀ] ◆ **adj** Gemüse-. ◆ **nm** : **(jardin) potager** Gemüsegarten *der*.

pot-au-feu [pɔtofø] **nm inv** *in Brühe gekochtes Rindfleisch mit Gemüse.*

pot-de-vin [podvɛ̃] (*pl* **pots-de-vin**) **nm** Schmiergeld *das*.

pote [pɔt] **nm** *fam* Kumpel *der*.

poteau [pɔto] (*pl* **-x**) **nm** Pfosten *der* ▸ **poteau indicateur** Wegweiser *der*.

potée [pɔte] **nf** *Gericht aus gedünsteten Kartoffeln, Kohl und Speck.*

potentiel, elle [pɔtɑ̃sjɛl] ◆ **adj** potenziell. ◆ **nm** Potenzial *das*.

poterie [pɔtʀi] **nf 1.** [art] Töpferhandwerk *das* **2.** [objet] Töpferware *die*.

potimarron [pɔtimaʀɔ̃] **nm** Hokkaidokürbis *der*.

potiron [pɔtiʀɔ̃] **nm** Kürbis *der*.

pot-pourri [popuʀi] (*pl* **pots-pourris**) **nm** Potpourri *das*.

pou [pu] (*pl* **-x**) **nm** Laus *die*.

poubelle [pubɛl] **nf** Mülleimer *der* ▸ **mettre qqch à la poubelle** etw in den Mülleimer werfen.

pouce [pus] **nm** Daumen *der*.

pouding [pudiŋ] **nm** ≃ Plumpudding *der* ▸ **pouding de cochon** QUÉBEC *eine Art Hackbraten mit gehackter Schweineleber.*

poudre [pudʀ] **nf 1.** Pulver *das* **2.** [maquillage] Puder *der* ▸ **lait en poudre** Milchpulver.

poudreux, euse [pudʀø, øz] **adj** Pulver-. ◆ **poudreuse nf** Pulverschnee *der*.

pouf [puf] **nm** Puff *der*.

pouffer [3] [pufe] **vi** : **pouffer (de rire)** los◦lachen.

poulailler [pulaje] **nm** Hühnerstall *der*.

poulain [pulɛ̃] **nm** Fohlen *das*.

poule [pul] **nf** Huhn *das* ▸ **poule au pot** *Hühnereintopf mit Schinken und Gemüse.*

poulet [pulɛ] **nm** Hähnchen *das* ▸ **poulet basquaise** *Gericht aus Hähnchen, Speck, Paprika und Tomaten.*

poulie [puli] **nf** Seilrolle *die*.

pouls [pu] **nm** Puls *der* ▸ **prendre le pouls à qqn** jm den Puls fühlen.

poumon [pumɔ̃] **nm** Lunge *die*.

poupée [pupe] **nf** Puppe *die*.

pour [puʀ] ◆ **prép 1.** [gén] für ▸ **c'est pour vous** das ist für Sie ▸ **pour moi** [à mon avis] meiner Meinung nach ▸ **je voudrais pour cinq euros de bonbons** ich möchte Bonbons für fünf Euro ▸ **nous en avons eu pour 120 euros** es hat uns 120 Euro gekostet ▸ **signe pour moi** unterschreib für mich **2.** [à desti- →

nation de] nach ▸ **le vol pour Munich** der Flug nach München ▸ **partir pour** fahren nach **3.** [en raison de] für ▸ **on l'a puni pour avoir insulté son professeur** man hat ihn bestraft, weil er seinen Lehrer beleidigt hat **4.** [afin de] : **pour faire qqch** um etw zu tun **5.** [en faveur de] : **je suis pour !** ich bin dafür! ▸ **avoir de la sympathie pour qqn** Sympathie für jn empfinden

◆ **nm** : **le pour et le contre** das Für und das Wider

◆ **pour que** conj *(+ subjonctif)* damit ▸ **pour que ses enfants fassent des études** damit seine Kinder studieren können.

pourboire [puʀbwaʀ] **nm** Trinkgeld *das*.

ⓘ Le pourboire

Ein pourboire, d. h. Trinkgeld, gibt man in Frankreich Kellnern, Museumsführern, Taxifahrern, Gepäckträgern und dem Friseur. Das pourboire ist keine Pflicht, aber selbst wenn "service inclus" angegeben ist, wird es in den meisten Fällen erwartet. In Restaurants und Cafés ist es üblich, das Trinkgeld auf dem Tisch liegen zu lassen.

pour cent [puʀsɑ̃] **adv** Prozent *das*.

pourcentage [puʀsɑ̃taʒ] **nm** Prozentsatz *der*.

pourchasser [3] [puʀʃase] **vt** verfolgen.

pourpre [puʀpʀ] ◆ **adj** purpurrot. ◆ **nm** Purpur *der*.

pourquoi [puʀkwa] **adv** warum ▸ **c'est pourquoi...** deshalb ▸ **pourquoi pas ?** warum nicht?

pourra [puʀa] 3ᵉ pers. du sg. de l'ind. fut. → **pouvoir**.

pourri, e [puʀi] **adj 1.** [avarié] faul **2.** [corrompu, gâté] verdorben.

pourrir [32] [puʀiʀ] **vi** verfaulen.

pourriture [puʀityʀ] **nf** Fäulnis *die*.

poursuite [puʀsɥit] **nf** Verfolgung *die* ▸ **se lancer à la poursuite de qqn** jn verfolgen.

poursuivi, e [puʀsɥivi] **pp** → **poursuivre**.

poursuivre [89] [puʀsɥivʀ] **vt 1.** [voleur] verfolgen **2.** DR gerichtlich verfolgen **3.** [continuer] weiter∘führen. ◆ **se poursuivre vp** weiter∘gehen.

pourtant [puʀtɑ̃] **adv** dennoch.

pourtour [puʀtuʀ] **nm 1.** [circonférence] Umfang *der* **2.** [abords] Umkreis *der*.

pourvu [puʀvy] ◆ **pourvu que conj 1.** [condition] vorausgesetzt, dass **2.** [souhait] hoffentlich.

poussée [puse] **nf 1.** [pression] Druck *der* **2.** [de maladie, de fièvre] Anfall *der*.

pousse-pousse [puspus] **nm inv** SUISSE [poussette] Sportwagen *der*.

pousser [3] [puse] ◆ **vt 1.** [déplacer] zur Seite rücken **2.** [appuyer sur] schieben **3.** [bousculer] zur Seite drängen **4.** [cri] aus∘stoßen. ◆ **vi 1.** [appuyer] drücken **2.** [dans une file d'attente] drängeln **3.** [plante] wachsen **4.** *fam* [exagérer] übertreiben ▸ **pousser qqn à faire qqch** jn dazu drängen, etw zu tun ▸ **faire pousser** [plante, légumes] ziehen ▸ **'poussez'** 'drücken'. ◆ **se pousser vp** Platz machen.

poussette [pusɛt] **nf** Sportwagen *der*.

poussière [pusjɛʀ] **nf** Staub *der*.

poussiéreux, euse [pusjeʀø, øz] **adj** staubig.

poussin [pusɛ̃] **nm** Küken *das*.

poutine [putin] nf QUÉBEC *gebratene Kartoffeln, mit Käse bestreut und mit einer scharfen Soße übergossen.*

poutre [putʀ] **nf** Balken *der*.

pouvoir [58] [puvwaʀ] ◆ **nm** Macht *die* ▸ **les pouvoirs publics** die öffentliche Hand
◆ **vt 1.** [avoir la possibilité] : **pouvoir faire qqch** etw tun können ▸ **pourriez-vous ... ?** könnten Sie ...? ▸ **je n'en peux plus** ich kann nicht mehr ▸ **je n'y peux rien** ich kann nichts dafür **2.** [être autorisé à] : **pouvoir faire qqch** etw tun können ou dürfen
◆ **se pouvoir vp** : **il se peut que...** es kann sein, dass ... ▸ **ça se pourrait (bien)** das könnte (gut) sein.

Prague [pʀag] **n** Prag *nt*.

prairie [pʀeʀi] **nf** Wiese *die*.

praline [pʀalin] **nf 1.** [confiserie] gebrannte Mandel **2.** BELG [chocolat] Praline *die*.

praliné, e [pʀaline] **adj 1.** [amande] gebrannt **2.** [glace, crème] mit gebrannten Mandeln.

pratiquant, e [pʀatikɑ̃, ɑ̃t] **adj** praktizierend.

pratique [pʀatik] ◆ **adj** praktisch.
◆ **nf 1.** [d'un sport] Treiben *das* **2.** [d'une activité] Ausübung *die* **3.** [expérience] Praxis *die* ▸ **mettre qqch en pratique** etw in die Praxis um◦setzen.

pratiquement [pʀatikmɑ̃] **adv** [presque] praktisch.

pratiquer [3] [pʀatike] **vt 1.** [sport] treiben **2.** [activité] aus◦üben **3.** [foi] leben ▸ **pratiquer le golf** Golf spielen ▸ **pratiquer un sport** einen Sport aus◦üben.

pré [pʀe] **nm** Wiese *die*.

préalable [pʀealabl] ◆ **nm** : **préalable de qqch** Voraussetzung *die* für etw. ◆ **adj** vorherig. ◆ **au préalable loc adv** zuvor.

préau [pʀeo] (*pl* -**x**) **nm** Pausenhalle *die*.

préavis [pʀeavi] **nm** Kündigung *die*.

précaire [pʀekɛʀ] **adj 1.** [emploi] unsicher **2.** [santé] labil **3.** [situation] heikel.

précaution [pʀekosjɔ̃] **nf** Vorsichtsmaßnahme *die* ▸ **prendre des précautions** Vorsichtsmaßnahmen treffen ▸ **avec précaution** vorsichtig.

précédent, e [pʀesedɑ̃, ɑ̃t] **adj** vorherig.

précéder [18] [pʀesede] **vt** : **précéder qqch** einer Sache *(D)* voraus◦gehen ▸ **précéder qqn** vor jm her◦gehen.

précieux, euse [pʀesjø, øz] **adj** wertvoll.

précipice [pʀesipis] **nm** Abgrund *der*.

précipitation [pʀesipitasjɔ̃] **nf** Eile *die*. ◆ **précipitations nfpl** Niederschläge *pl*.

précipité[1] [pʀesipite] **nm** [en chimie] Niederschlag *der*.

précipité[2]**, e** [pʀesipite] **nm** [départ] überstürzt ▸ **une décision précipitée** eine übereilte Entscheidung.

précipiter [3] [pʀesipite] **vt** überstürzen ▸ **précipiter qqch du haut de qqch** etw von etw hinunter◦werfen.
◆ **se précipiter vp 1.** [tomber] sich stürzen **2.** [se dépêcher] sich sehr beeilen ▸ **se précipiter dans** sich stürzen in *(+ A)* ▸ **se précipiter vers** ou **sur** sich stürzen auf *(+ A)*.

précis, e [pʀesi, iz] **adj** genau ▸ **à cinq heures précises** um Punkt fünf.

précisément [pʀesizemɑ̃] **adv** genau ▸ **pas précisément** nicht gerade.

préciser [3] [presize] **vt 1.** [déterminer] genau an◦geben **2.** [clarifier] präzisieren. ◆ **se préciser vp** konkreter werden.

précision [presizjɔ̃] **nf 1.** [d'une montre, d'une description] Präzision *die* **2.** [explication] genauere Angabe.

précoce [prekɔs] **adj 1.** [enfant] frühreif **2.** [printemps] früh.

préconiser [3] [prekɔnize] **vt** empfehlen.

prédécesseur [predesesœr] **nm** Vorgänger *der*, -in *die*.

prédiction [prediksjɔ̃] **nf** Voraussage *die*.

prédire [103] [predir] **vt** voraus◦sagen.

prédit, e [predi, it] **pp → prédire**.

prédominer [3] [predɔmine] **vt** vor◦herrschen.

préfabriqué, e [prefabrike] **adj** Fertig-.

préface [prefas] **nf** Vorwort *das*.

préfecture [prefɛktyr] **nf** Präfektur *die* ▸ **préfecture de police** ≃ Polizeipräfektur.

préférable [preferabl] **adj** : **être préférable** besser sein.

préféré, e [prefere] ◆ **adj** Lieblings-. ◆ **nm, f** Liebling *der*.

préférence [preferɑ̃s] **nf** Vorzug *der* ▸ **de préférence** vorzugsweise.

préférer [18] [prefere] **vt** vor◦ziehen ▸ **préférer faire qqch** vor◦ziehen, etw zu tun ▸ **je préférerais qu'elle s'en aille** es wäre mir lieber, wenn sie ginge.

préfet [prefɛ] **nm** Präfekt *der*, -in *die*.

préhistoire [preistwar] **nf** Vorgeschichte *die*.

préhistorique [preistɔrik] **adj** vorgeschichtlich ▸ **homme préhistorique** Urmensch *der*.

préjudice [preʒydis] **nm** Schaden *der* ▸ **porter préjudice à qqn** jm Schaden zu◦fügen.

préjugé [preʒyʒe] **nm** Vorurteil *das*.

prélasser [3] [prelase] ◆ **se prélasser vp** sich rekeln.

prélèvement [prelɛvmɑ̃] **nm 1.** [d'argent] Abbuchung *die* **2.** [de part] : **prélèvement de sang** Blutabnahme *die*.

prélever [19] [prelәve] **vt 1.** [somme] ab◦buchen **2.** [part] entnehmen **3.** [sang] ab◦nehmen.

prématuré, e [prematyre] ◆ **adj 1.** [enfant] früh geboren **2.** [jugement, conclusion] voreilig. ◆ **nm, f** früh geborenes Kind ▸ **naissance prématurée** Frühgeburt *die*.

prémédité, e [premedite] **adj** vorausgeplant.

premier, ère [prәmje, ɛr] ◆ **adj** erste(r, s). ◆ **nm, f** Erste *der, die, das* ▸ **en premier** zuerst ▸ **Premier Ministre** Premierminister *der* ▸ **le premier de l'An** der Neujahrstag.

première [prәmjɛr] **nf 1.** SCOL ≃ elfte Klasse **2.** [vitesse] erster Gang **3.** [au théâtre] Premiere *die* ▸ **voyager en première (classe)** erster Klasse reisen.

premièrement [prәmjɛrmɑ̃] **adv** erstens.

prenais [prәnɛ] **1re et 2e pers. du sg. de l'ind. imparfait → prendre**.

prendre [79] [prɑ̃dr] ◆ **vt 1.** [gén] nehmen ▸ **prendre qqch à qqn** jn etw weg◦nehmen ▸ **qu'est-ce que vous prendrez ?** [à boire] was darf ich Ihnen anbieten? ▸ **prendre un verre** einen trinken ▸ **quelle route**

dois-je prendre ? welchen Weg soll ich fahren? ▸ **prendre l'avion** fliegen ▸ **prendre le train** mit dem Zug fahren ▸ **prendre une mesure** eine Maßnahme ergreifen ▸ **prendre un message** etwas ausrichten ▸ **qu'est-ce qui te prend ?** was hast du? **2.** [emmener, emporter] mit°nehmen **3.** [attraper, surprendre] : **prendre du poisson** Fische fangen ▸ **le voleur s'est fait prendre** der Dieb ist erwischt worden **4.** [considérer] : **vous me prenez pour un imbécile** Sie wollen mich wohl für dumm verkaufen **5.** [poids] : **prendre du poids** zu°nehmen
◆ **vi 1.** [sauce, ciment] fest werden **2.** [feu] an°gehen **3.** [se diriger] : **prenez à droite** biegen Sie rechts ab
◆ **se prendre vp 1.** [se considérer] : **se prendre pour** sich halten für **2.** [dans des expressions] : **s'en prendre à qqn** [en paroles] jn an°greifen ▸ **s'y prendre bien / mal** sich geschickt / ungeschickt an°stellen ▸ **elle s'y prend très bien avec les enfants** sie kann sehr gut mit Kindern umgehen.

prenne [pʀɛn] **1re et 3e pers. du sg. du subj. prés.** → **prendre**.

prénom [pʀenɔ̃] nm Vorname *der*.

préoccupé, e [pʀeɔkype] adj besorgt.

préoccuper [3] [pʀeɔkype] vt beunruhigen. ◆ **se préoccuper de** vp + prép sich kümmern um.

préparatifs [pʀepaʀatif] nmpl Vorbereitungen *pl*.

préparation [pʀepaʀasjɔ̃] nf **1.** [d'un départ] Vorbereitung *die* **2.** [d'un repas] Zubereitung *die*.

préparer [3] [pʀepaʀe] vt **1.** [départ] vor°bereiten **2.** [repas] zu°bereiten **3.** [concours, examen] sich vor°bereiten auf *(+ A)* ▸ **être préparé à** [à une nouvelle, à un examen] vorbereitet sein für ou auf *(+ A)*. ◆ **se préparer** vp **1.** sich fertig machen **2.** [s'annoncer] sich an°bahnen ▸ **se préparer à faire qqch** sich darauf vor°bereiten, etw zu tun.

préposition [pʀepozisjɔ̃] nf Präposition *die*.

près [pʀɛ] adv : **observer qqn de près** jn ganz genau beobachten ▸ **suivre qqn / qqch de près** dicht hinter jm / etw her°gehen ou her°fahren ▸ **tout près** ganz in der Nähe ▸ **près de** a) [dans l'espace] in der Nähe von b) [presque] beinahe ▸ **près d'ici** hier in der Nähe.

presbyte [pʀɛsbit] ◆ adj weitsichtig. ◆ nmf Weitsichtige *der, die*.

prescrire [99] [pʀɛskʀiʀ] vt **1.** [médicament] verschreiben **2.** [repos] verordnen.

prescrit, e [pʀɛskʀi, it] pp & **3e pers. du sg. de l'ind. prés.** → **prescrire**.

présélectionner [3] [pʀeseleksjione] vt [heure, programme] vor°wählen.

présence [pʀezɑ̃s] nf Anwesenheit *die* ▸ **en présence de** in Anwesenheit ou Gegenwart *(+ G)*.

présent, e [pʀezɑ̃, ɑ̃t] ◆ adj anwesend. ◆ nm GRAMM Präsens *das* ▸ **à présent (que)** jetzt, (wo).

présentateur, trice [pʀezɑ̃tatœʀ, tʀis] nm, f **1.** [des informations] Nachrichtensprecher *der*, -in *die* **2.** [d'une émission] Moderator *der*, -in *die*.

présentation [pʀezɑ̃tasjɔ̃] nf Vorführung *die*. ◆ **présentations** nfpl : **faire les présentations** die Gäste einander vor°stellen.

présenter [3] [pʀezɑ̃te] vt **1.** [produit, film] vor°führen **2.** [émission] moderieren **3.** [montrer] vor°legen ▸ **présenter qqn à qqn** jn jm vor°stellen ▸ **présenter ses excuses** sich entschuldigen ▸ **présenter ses vœux** Wünsche aus∘sprechen. ◆ **se présenter** **vp** **1.** [occasion] sich bieten **2.** [difficulté] auf∘tauchen **3.** [dire son nom] sich vor∘stellen **4.** [à un rendez-vous] erscheinen ▸ **se présenter bien / mal** sich gut / schlecht an∘lassen ▸ **présentez-vous à 9 heures** kommen Sie um 9.

préservatif [prezɛrvatif] **nm** Kondom *das*.

préservation [prezɛrvasjɔ̃] **nf** Schutz *der*.

préserver [3] [prezpɛste] **vt** **1.** [nature] schützen **2.** [droit] wahren ▸ **préserver qqn / qqch de** jn / etw schützen vor *(+ D)*.

président, e [prezidɑ̃, ɑ̃t] **nm, f** **1.** [d'une assemblée, d'une société] Präsident *der*, -in *die* **2.** [d'un groupe, d'une association] Vorsitzende *der, die* ▸ **président de la République** Staatspräsident.

présider [3] [prezide] **vt** : **présider qqch** einer Sache *(D)* vor∘sitzen.

presque [prɛsk] **adv** fast ▸ **presque pas de** fast kein, fast keine.

presqu'île [prɛskil] **nf** Halbinsel *die*.

presse [prɛs] **nf** [journaux] Presse *die* ▸ **presse à sensation** Boulevardpresse.

pressé, e [prese] **adj** **1.** [voyageur] in Eile **2.** [urgent] eilig **3.** [citron, orange] ausgepresst ▸ **être pressé de faire qqch** es eilig haben, etw zu tun.

presse-agrumes [prɛsagrym] **nm inv** Saftpresse *die*.

presse-citron [prɛssitrɔ̃] **nm inv** Zitruspresse *die*.

pressentiment [presɑ̃timɑ̃] **nm** Vorahnung *die*.

presser [4] [prese] ◆ **vt** **1.** [fruit] aus∘pressen **2.** [bouton] aus∘drücken **3.** [faire se dépêcher] zur Eile an∘treiben. ◆ **vi** : **le temps presse** die Zeit drängt ▸ **rien ne presse** es hat keine Eile. ◆ **se presser vp** sich beeilen.

pressing [presiŋ] **nm** Reinigung *die*.

pression [prɛsjɔ̃] **nf** **1.** Druck *der* **2.** [bouton] Druckknopf *der* ▸ **(bière) pression** Fassbier *das*.

prestataire [prɛstatɛr] **nmf** Leistungsträger *der*, -in *die* ▸ **prestataire de service** Dienstleistungserbringer *der*.

prestidigitateur, trice [prɛstidiʒitatœr, tris] **nm, f** Zauberkünstler *der*, -in *die*.

prestige [prɛstiʒ] **nm** Prestige *das*.

prêt, e [prɛ, prɛt] ◆ **adj** fertig. ◆ **nm** Darlehen *das* ▸ **être prêt à faire qqch** bereit sein, etw zu tun.

prêt-à-porter [prɛtapɔrte] **nm** Konfektion(skleidung) *die*.

prétendre [73] [pretɑ̃dr] **vt** : **prétendre que** behaupten, dass.

prétentieux, euse [pretɑ̃sjø, øz] **adj** eingebildet.

prétention [pretɑ̃sjɔ̃] **nf** Eingebildetheit *die* ▸ **sans prétention** [personne] natürlich.

prêter [4] [prete] **vt** verleihen ▸ **prêter qqch à qqn** jm etw leihen ▸ **prêter attention à qqn / qqch** jm / einer Sache Aufmerksamkeit schenken.

prétexte [pretɛkst] **nm** Vorwand *der* ▸ **sous prétexte que** unter dem Vorwand, dass.

prétimbré, e [pretɛ̃bre] **adj** frankiert ▸ **enveloppe prétimbrée** frankierter Umschlag.

Pretoria [pretɔrja] **n** Pretoria *nt*.

prêtre [prɛtr] **nm** Priester *der*, -in *die*.

preuve [prœv] **nf** Beweis *der* ▸ **faire preuve de** beweisen ▸ **faire ses preuves** sich bewähren.

prévenir [40] [prevnir] **vt** warnen ▸ **prévenir qqch** einer Sache *(D)* vor∘beugen.

préventif, ive [prevɑ̃tif, iv] **adj** vorbeugend.

prévention [prevɑ̃sjɔ̃] **nf** Vorbeugung *die* ▸ **prévention routière** Unfallverhütungsmaßnahmen *pl*.

prévenu, e [prevny] **pp** → **prévenir**.

prévisible [previzibl] **adj** vorhersehbar.

prévision [previzjɔ̃] **nf** Vorhersage *die* ▸ **en prévision de** im Hinblick auf *(+ A)* ▸ **prévisions météorologiques** Wetteraussichten *pl*.

prévoir [63] [prevwar] **vt 1.** [anticiper] vor∘hersehen **2.** [organiser, envisager] vor∘sehen ▸ **comme prévu** wie vorgesehen.

prévoyant, e [prevwajɑ̃, ɑ̃t] **adj** vorausschauend.

prévu, e [prevy] **pp** → **prévoir**.

prier [10] [prije] ◆ **vi** beten. ◆ **vt** : **prier qqn / qqch** zu jm / etw beten ▸ **prier qqn de faire qqch** jn bitten, etw zu tun ▸ **je vous / t'en prie** bitte.

prière [prijɛr] **nf** Gebet *das* ▸ **'prière de ne pas fumer'** 'bitte nicht rauchen'.

primaire [primɛr] **adj 1.** SCOL Grund- **2.** *péj* primitiv.

prime [prim] **nf** Prämie *die* ▸ **en prime** [avec un achat] als Werbegeschenk.

primeurs [primœr] **nfpl 1.** [légumes] Frühgemüse *das* **2.** [fruits] Frühobst *das*.

primevère [primvɛr] **nf** Primel *die*.

primitif, ive [primitif, iv] **adj 1.** primitiv **2.** [initial] Ur-.

prince [prɛ̃s] **nm 1.** [souverain] Fürst *der* **2.** [non régnant] Prinz *der*.

princesse [prɛ̃sɛs] **nf 1.** [souveraine] Fürstin *die* **2.** [non régnante] Prinzessin *die*.

principal, e, aux [prɛ̃sipal, o] ◆ **adj** Haupt-. ◆ **nm, f** [d'un collège] Direktor *der*, -in *die* ▸ **principal adjoint** stellvertretender Schuldirektor ▸ **le principal** [l'essentiel] die Hauptsache.

principalement [prɛ̃sipalmɑ̃] **adv** hauptsächlich.

principe [prɛ̃sip] **nm** [règle de conduite] Grundsatz *der* ▸ **en principe** im Prinzip.

printemps [prɛ̃tɑ̃] **nm** Frühling *der* ▸ **au printemps** im Frühling OU Frühjahr.

priori [prijɔri] → **a priori**.

prioritaire [prijɔritɛr] **adj 1.** [important, urgent] vorrangig **2.** [sur la route] vorfahrtsberechtigt ▸ **être prioritaire** a) [urgent] Vorrang haben b) [sur la route] Vorfahrt haben.

priorité [prijɔrite] **nf 1.** [en importance, en urgence] Vorrang *der* **2.** [sur la route] Vorfahrt *die* ▸ **priorité à droite** Vorfahrt von rechts ▸ **laisser la priorité à qqn / qqch** jm / etw die Vorfahrt lassen.

pris, e [pri, iz] **pp & 1re et 2e pers. du sg. de l'ind. passé simple** → **prendre**.

prise [priz] **nf 1.** [à la pêche] Fang *der* **2.** [point d'appui] Halt *der* ▸ **prise audio** Audiobuchse *die* ▸ **prise (de courant)** a) [dans le mur] Steckdose *die* b) [fiche] Stecker *der* ▸ **prise multiple** Mehrfachsteckdose *die* ▸ **prise de sang** Blutprobe *die*.

prison [prizɔ̃] **nf** Gefängnis *das* ▸ **en prison** im Gefängnis.

prisonnier, ère [prizɔnje, ɛr] **nm, f** Häftling *der*.

privé, e [prive] **adj** Privat- ▸ **en privé** unter vier Augen.

priver [3] [pRive] **vt** : **priver qqn de qqch** jm etw entziehen. ◆ **se priver vp** sich *(D)* nichts gönnen ▸ **se priver de qqch** sich *(D)* etw versagen.

privilège [pRivilɛʒ] **nm** Privileg *das.*

privilégié, e [pRivileʒje] **adj** privilegiert.

prix [pRi] **nm** Preis *der* ▸ **à tout prix** um jeden Preis.

probable [pRɔbabl] **adj** wahrscheinlich.

probablement [pRɔbabləmɑ̃] **adv** wahrscheinlich.

problème [pRɔblɛm] **nm 1.** [difficulté] Problem *das* **2.** [de maths] Aufgabe *die.*

procédé [pRɔsede] **nm** Verfahren *das.*

procéder [18] [pRɔsede] **vi 1.** [agir] vor°gehen **2.** [se livrer] : **procéder à qqch** etw vor°nehmen.

procès [pRɔsɛ] **nm** Prozess *der* ▸ **faire un procès à qqn** einen Prozess gegen jn an°strengen.

procession [pRɔsesjɔ̃] **nf** Prozession *die.*

processus [pRɔsesys] **nm** Prozess *der.*

procès-verbal [pRɔsɛvɛRbal] (*pl* -aux) **nm** [contravention] Strafmandat *das.*

prochain, e [pRɔʃɛ̃, ɛn] **adj** nächste(r, s) ▸ **la semaine prochaine** nächste Woche.

prochainement [pRɔʃɛnmɑ̃] **adv** demnächst.

proche [pRɔʃ] **adj** nahe ▸ **être proche de a)** [lieu, but] nah sein an *(+ D)* **b)** [personne, ami] sich *(D)* nahe°stehen ▸ **le Proche-Orient** der Nahe Osten.

procuration [pRɔkyRasjɔ̃] **nf** Vollmacht *die* ▸ **voter par procuration** jn per Vollmacht für sich abstimmen lassen ▸ **donner procuration à qqn** jm eine Vollmacht erteilen.

procurer [3] [pRɔkyRe] ◆ **se procurer vp** sich *(D)* verschaffen.

prodigieux, euse [pRɔdiʒjø, øz] **adj** unglaublich.

producteur, trice [pRɔdyktœR, tRis] **nm, f 1.** [de pétrole, de cinéma] Produzent *der,* -in *die* **2.** [de blé] Erzeuger *der,* -in *die.*

productif, ive [pRɔdyktif, iv] **adj 1.** [activité, personne] produktiv **2.** [capital] gewinnbringend.

production [pRɔdyksjɔ̃] **nf** [de marchandises] Produktion *die.*

produire [98] [pRɔdɥiR] **vt 1.** [pétrole, film] produzieren **2.** [blé] erzeugen. ◆ **se produire vp** sich ereignen.

produit, e [pRɔdɥi, it] ◆ **pp & 3ᵉ pers. du sg. de l'ind. prés.** → **produire.** ◆ **nm** Produkt *das* ▸ **produit alimentaire** Lebensmittel *das* ▸ **produits de beauté** Kosmetikartikel *der,* Pflegeprodukt *das* ▸ **produit de douche** Duschmittel *das* ▸ **produit de maquillage** Schminkartikel ▸ **produit frais** Frischeprodukt ▸ **produits laitiers** Milchprodukte ▸ **produit de luxe** hochwertiges Produkt ▸ **produit de marque** Markenprodukt.

prof [pRɔf] **nmf** *fam* Lehrer *der,* -in *die.*

professeur [pRɔfɛsœR] **nmf** *(aussi :* **professeure** *nf)* **1.** [à l'école] Lehrer *der,* -in *die* **2.** [à l'université] Professor *der,* -in *die* ▸ **professeur d'anglais** Englischlehrer ▸ **professeur de piano** Klavierlehrer.

profession [pRɔfɛsjɔ̃] **nf** Beruf *der* ▸ **exercer une profession libérale** freiberuflich arbeiten.

professionnel, elle [pRɔfɛsjɔnɛl] ◆ **adj 1.** [activité, expérience] Berufs- **2.** [sportif] professionell. ◆ **nm, f** Fachmann *der,* -frau *die.*

profil [pʀɔfil] nm Profil *das* ▸ **de profil** von der Seite.

profit [pʀɔfi] nm **1.** [avantage] Nutzen *der* **2.** [d'une entreprise] Gewinn *der* ▸ **au profit de qqn** zugunsten js ▸ **tirer profit de qqch** Gewinn aus etw ziehen.

profitable [pʀɔfitabl] adj gewinnbringend.

profiter [3] [pʀɔfite] ◆ **profiter de** v + prép aus°nutzen ▸ **profiter du soleil** die Sonne genießen.

profiterole [pʀɔfitʀɔl] nf : **profiteroles au chocolat** *Vanilleeis in Brandteig mit Schokoladensoße.*

profond, e [pʀɔfɔ̃, ɔ̃d] adj tief.

profondeur [pʀɔfɔ̃dœʀ] nf Tiefe *die* ▸ **à 10 mètres de profondeur** in 10 Meter Tiefe.

programmateur [pʀɔgʀamatœʀ] nm Programmwahlknopf *der*.

programme [pʀɔgʀam] nm **1.** Programm *das* **2.** SCOL Lehrplan *der*.

programmer [3] [pʀɔgʀame] vt **1.** [projet, activité] planen **2.** [magnétoscope, four] ein°stellen **3.** INFORM programmieren.

programmeur, euse [pʀɔgʀamœʀ, øz] nm, f Programmierer *der*, -in *die*.

progrès [pʀɔgʀɛ] nm Fortschritt *der* ▸ **un élève en progrès** ein Schüler, der Fortschritte macht ▸ **faire des progrès** Fortschritte machen.

progresser [4] [pʀɔgʀese] vi Fortschritte machen.

progressif, ive [pʀɔgʀesif, iv] adj **1.** [croissant] steigend **2.** [en étapes] schrittweise.

progressivement [pʀɔgʀesivmɑ̃] adv schrittweise.

proie [pʀwa] nf Beute *die*.

projecteur [pʀɔʒɛktœʀ] nm **1.** [lumière] Scheinwerfer *der* **2.** [de films, de diapositives] Projektor *der*.

projectile [pʀɔʒɛktil] nm Geschoss *das*.

projection [pʀɔʒɛksjɔ̃] nf [de films, de diapositives] Vorführung *die*.

projectionniste [pʀɔʒɛksjɔnist] nmf Filmvorführer *der*, -in *die*.

projet [pʀɔʒɛ] nm Plan *der* ▸ **projet de loi** Gesetzesentwurf *der*.

projeter [27] [pʀɔʒte] vt **1.** [film, diapositives] vor°führen **2.** [lancer] schleudern **3.** [envisager] planen ▸ **projeter de faire qqch** planen, etwzu tun.

prolongation [pʀɔlɔ̃gasjɔ̃] nf Verlängerung *die*. ◆ **prolongations** nfpl Verlängerung *die*.

prolongement [pʀɔlɔ̃ʒmɑ̃] nm Verlängerung *die* ▸ **cette impasse est dans le prolongement de la rue de Paris** diese Sackgasse ist die Verlängerung der Rue de Paris.

prolonger [17] [pʀɔlɔ̃ʒe] vt verlängern. ◆ **se prolonger** vp [durer] an°dauern.

promenade [pʀɔmnad] nf **1.** [à pied] Spaziergang *der* **2.** [en vélo, en voiture] Spazierfahrt *die* **3.** [lieu] Promenade *die* ▸ **faire une promenade** a) [à pied] einen Spaziergang machen b) [en vélo, en voiture] eine Spazierfahrt machen.

promener [19] [pʀɔmne] vt **1.** [à pied] spazieren führen **2.** [en voiture] spazieren fahren. ◆ **se promener** vp **1.** [à pied] spazieren gehen **2.** [en vélo, en voiture] spazieren fahren.

promesse [pʀɔmɛs] nf Versprechen *das* ▸ **tenir ses promesses** sein Versprechen halten.

promettre [84] [pʀɔmetʀ] vt versprechen ▸ **promettre qqch à qqn** jm etw versprechen ▸ **promettre à qqn de faire qqch** jm versprechen, etw zu tun.

promis, e [pRɔmi, iz] **pp & 1re et 2e pers. du sg. de l'ind. passé simple → promettre**.

promo [pRɔmo] (*abr de* **promotion**) **nf** *fam* [sur un produit] Sonderangebot *das* ▸ **en promo** [article] im Sonderangebot.

promotion [pRɔmɔsjɔ̃] **nf 1.** [dans un emploi] Beförderung *die* **2.** COMM Bewerben *das* ▸ **'en promotion'** im Sonderangebot.

promouvoir [56] [pRɔmuvwaR] **vt** [nommer] befördern.

pronom [pRɔnɔ̃] **nm** Pronomen *das*.

prononcer [16] [pRɔnɔ̃se] **vt** aus∘sprechen ▸ **prononcer un discours** eine Rede halten. ◆ **se prononcer vp 1.** [mot] ausgesprochen werden **2.** [exprimer une opinion] : **se prononcer sur qqch** sich zu etw äußern.

prononciation [pRɔnɔ̃sjasjɔ̃] **nf** Aussprache *die*.

pronostic [pRɔnɔstik] **nm** Prognose *die*.

propagande [pRɔpagɑ̃d] **nf** Propaganda *die*.

propager [17] [pRɔpaʒe] **vt** verbreiten. ◆ **se propager vp** sich aus∘breiten.

prophète [pRɔfɛt] **nm** Prophet *der*.

prophétie [pRɔfesi] **nf** Prophezeiung *die*.

propice [pRɔpis] **adj** günstig.

proportion [pRɔpɔRsjɔ̃] **nf 1.** [équilibre] Proportion *die* **2.** [pourcentage] Anteil *der*.

proportionnel, elle [pRɔpɔRsjɔnɛl] **adj** : **proportionnel à** im Verhältnis zu.

propos [pRɔpo] ◆ **nmpl** Worte *pl*. ◆ **nm** : **à propos, ...** übrigens, ... ▸ **à propos de** was ... betrifft ▸ **tenir des propos inacceptables** Frechheiten von sich geben.

proposer [3] [pRɔpoze] **vt 1.** [offrir] an∘bieten **2.** [suggérer] vor∘schlagen ▸ **proposer à qqn de faire qqch** jm vor∘schlagen, etw zu tun.

proposition [pRɔpozisjɔ̃] **nf 1.** [offre] Angebot *das* **2.** [suggestion] Vorschlag *der*.

propre [pRɔpR] **adj** sauber ▸ **au sens propre** im eigentlichen Sinn ▸ **avec ma propre voiture** mit meinem eigenen Auto.

proprement [pRɔpRəmɑ̃] **adv** ordentlich.

propreté [pRɔpRəte] **nf** Sauberkeit *die*.

propriétaire [pRɔpRijetɛR] **nmf 1.** [d'un chien, d'une voiture] Besitzer *der*, -in *die* **2.** [d'une maison] Eigentümer *der*, -in *die*.

propriété [pRɔpRijete] **nf 1.** [maison] Besitz *der* **2.** [caractéristique] Eigenschaft *die* ▸ **'propriété privée'** 'Privatgrundstück'. ◆ **propriétés nfpl** INFORM Eigenschaften *pl*.

proprio [pRɔpRijo] **nmf** *fam* Vermieter *der*, -in *die*.

prose [pRoz] **nf** Prosa *die*.

prospectus [pRɔspɛktys] **nm** Prospekt *der*.

prospère [pRɔspɛR] **adj** blühend.

prospérer [18] [pRɔspeRe] **vi** gedeihen, blühen.

prostituée [pRɔstitɥe] **nf** Prostituierte *die*.

prostitution [pRɔstitysjɔ̃] **nf** Prostitution *die*.

protection [pRɔtɛksjɔ̃] **nf** Schutz *der*.

protège-cahier [pRɔtɛʒkaje] (*pl* **protège-cahiers**) **nm** Schutzumschlag *der* *(für Heft)*.

protéger [22] [pʀɔteʒe] **vt 1.** [défendre] beschützen **2.** [mettre à l'abri] schützen ▸ **protéger qqn de** ou **contre qqch** jn vor etw *(D)* ou gegen etw schützen. ◆ **se protéger de** vp + prép [s'abriter de] sich schützen vor *(+ D)*.

protège-slip [pʀɔtɛʒslip] (*pl* **protège-slips**) nm Slipeinlage *die*.

protestant, e [pʀɔtɛstɑ̃, ɑ̃t] ◆ **adj** protestantisch. ◆ **nm, f** Protestant *der*, -in *die*.

protestantisme [pʀɔtɛstɑ̃tism] **nm** Protestantismus *der*.

protester [3] [pʀɔtɛste] **vi** protestieren.

prothèse [pʀɔtɛz] **nf** Prothese *die*.

protocole [pʀɔtɔkɔl] **nm** Protokoll *das*.

prototype [pʀɔtɔtip] **nm** Prototyp *der*.

prouesse [pʀuɛs] **nf** außergewöhnliche Leistung.

prouver [3] [pʀuve] **vt** beweisen ▸ **prouver le contraire** das Gegenteil beweisen.

provenance [pʀɔvnɑ̃s] **nf** Herkunft *die* ▸ **en provenance de** aus.

provençal, e, aux [pʀɔvɑ̃sal, o] **adj** provenzalisch.

Provence [pʀɔvɑ̃s] **nf** : **la Provence** die Provence.

provenir [40] [pʀɔvniʀ] ◆ **provenir de** v + prép stammen aus.

proverbe [pʀɔvɛʀb] **nm** Sprichwort *das*.

province [pʀɔvɛ̃s] **nf** Provinz *die* ▸ **la province** *die französischen Regionen im Gegensatz zur Hauptstadt Paris.*

provincial, e, aux [pʀɔvɛ̃sjal, o] ◆ **adj** Provinz-. ◆ **nm** : **le provincial** QUÉBEC die Provinzregierung.

proviseur [pʀɔvizœʀ] **nmf** *(aussi : proviseure nf)* Direktor *der*, -in *die*.

provisions [pʀɔvizjɔ̃] **nfpl 1.** Einkäufe *pl* **2.** [réserves] Vorräte *pl* ▸ **faire ses provisions** seine Einkäufe machen.

provisoire [pʀɔvizwaʀ] **adj** provisorisch.

provisoirement [pʀɔvizwaʀmɑ̃] **adv** provisorisch.

provocant, e [pʀɔvɔkɑ̃, ɑ̃t] **adj** provokativ.

provoquer [3] [pʀɔvɔke] **vt 1.** [occasionner] verursachen **2.** [défier] provozieren.

proximité [pʀɔksimite] **nf** : **à proximité (de)** in der Nähe (von).

prudemment [pʀydamɑ̃] **adv** vorsichtig.

prudence [pʀydɑ̃s] **nf** Vorsicht *die* ▸ **avec prudence** vorsichtig.

prudent, e [pʀydɑ̃, ɑ̃t] **adj** vorsichtig.

prune [pʀyn] **nf** Pflaume *die*.

pruneau [pʀyno] (*pl* **-x**) **nm** Backpflaume *die*.

PS **nm 1.** (*abr de* **post-scriptum**) PS **2.** (*abr de* **parti socialiste**) *französische sozialistische Partei.*

pseudonyme [psødɔnim] **nm** Pseudonym *das*.

psychanalyse [psikanaliz] **nf** Psychoanalyse *die* ▸ **être en psychanalyse** eine Psychoanalyse machen.

psychanalyste [psikanalist] **nmf** Psychoanalytiker *der*, -in *die*.

psychiatre [psikjatʀ] **nmf** Psychiater *der*, -in *die*.

psychiatrique [psikjatʀik] **adj** psychiatrisch.

psychique [psiʃik] **adj** psychisch, seelisch.

psychologie [psikɔlɔʒi] **nf 1.** [science] Psychologie *die* **2.** [tact] Einfühlungsvermögen *das*.

psychologique [psikɔlɔʒik] **adj** psychisch.

psychologue [psikɔlɔg] **nmf** Psychologe *der*, -gin *die*.

PTOM [ptɔm] (*abr de* Pays et territoires d'outre-mer) **nm** *Überseegebiete der EU-Mitgliedstaaten*.

pu [py] **pp → pouvoir**.

pub[1] [pœb] **nm** Pub *der ODER das*.

pub[2] [pyb] **nf** *fam* Werbung *die*.

public, ique [pyblik] ◆ **adj** öffentlich. ◆ **nm** Publikum *das* ▸ **en public** in der Öffentlichkeit.

publication [pyblikasjɔ̃] **nf** Veröffentlichung *die*.

publicitaire [pyblisitɛʀ] **adj** Werbe-.

publicité [pyblisite] **nf** Werbung *die*.

publier [10] [pyblije] **vt** veröffentlichen.

puce [pys] **nf 1.** [insecte] Floh *der* **2.** INFORM Chip *der* ▸ **mettre la puce à l'oreille de qqn** *fig* jm einen Floh ins Ohr setzen.

pudding [pudiŋ] **nm** = **pouding**.

pudeur [pydœʀ] **nf 1.** [physique] Scham *die* **2.** [morale] Zurückhaltung *die*.

pudique [pydik] **adj 1.** [décent] schamhaft **2.** [discret] diskret.

puer [7] [pɥe] ◆ **vi** stinken. ◆ **vt** : **puer qqch** [sentir] nach etw stinken.

puériculteur, trice [pɥeʀikyltœʀ, tʀis] **nm, f** Säuglingspfleger *der*, Säuglingsschwester *die*.

puéril, e [pɥeʀil] **adj** kindisch.

puis [pɥi] **adv** dann.

puisque [pɥiskə] **conj** da.

puissance [pɥisɑ̃s] **nf 1.** Macht *die* **2.** [force] Stärke *die*.

puissant, e [pɥisɑ̃, ɑ̃t] **adj 1.** [influent] mächtig **2.** [fort] kräftig.

puisse [pɥis] **1re et 3e pers. du sg. du subj. prés. → pouvoir**.

puits [pɥi] **nm** [à eau] Brunnen *der* ▸ **puits de pétrole** Ölbohrloch *das*.

pull [pyl] **nm** Pulli *der*.

pull-over [pylɔvɛʀ] (*pl* **pull-overs**) **nm** Pullover *der*.

pulpe [pylp] **nf** Fruchtfleisch *das*.

pulsation [pylsasjɔ̃] **nf** Schlag *der*.

pulvériser [3] [pylveʀize] **vt 1.** [projeter] sprühen **2.** [détruire] vernichten.

punaise [pynɛz] **nf 1.** [insecte] Wanze *die* **2.** [clou] Heftzwecke *die*.

punch[1] [pɔ̃ʃ] **nm** [boisson] Punsch *der*.

punch[2] [pœnʃ] **nm** *fam* [énergie] Elan *der*.

punir [32] [pyniʀ] **vt** bestrafen.

punition [pynisjɔ̃] **nf** Strafe *die*.

pupille [pypij] **nf** Pupille *die*.

pupitre [pypitʀ] **nm 1.** [bureau] Pult *das* **2.** [à musique] Notenständer *der*.

pur, e [pyʀ] **adj** rein ▸ **un whisky pur** ein Whisky pur.

purée [pyʀe] **nf** Püree *das* ▸ **purée (de pommes de terre)** Kartoffelpüree.

pureté [pyʀte] **nf** Reinheit *die*.

purger [17] [pyʀʒe] **vt 1.** MÉD entschlacken **2.** [radiateur, tuyau] entlüften **3.** [peine de prison] ab◦büßen.

purifiant, e [pyʀifjɑ̃, ɑ̃t] **adj 1.** [crème, lotion] Reinigungs- **2.** [air] reinigend.

purifier [9] [pyʀifje] **vt** reinigen.

pur-sang [pyʀsɑ̃] **nm inv** Vollblüter *der*.

pus [py] **nm** Eiter *der*.

putain [pytɛ̃] ◆ **nf** *vulg & péj* [prostituée] Nutte *die*, Hure *die*. ◆ **interj** *vulg* [merde] : **putain !** verdammt!

puzzle [pœzl] **nm** Puzzle *das*.

PV (*abr de* procès-verbal) **nm** Strafzettel *der*.

PVC **nm** PVC *das*.

pyjama [piʒama] **nm** Schlafanzug *der*.

pylône [pilon] **nm** Leitungsmast *der*.

Pyongyang [pjɔ̃gjɑ̃g] **n** Pyongyang *nt*, Pjöngjang *nt*.

pyramide [piʀamid] **nf** Pyramide *die*.

Pyrénées [piʀene] **nfpl** : **les Pyrénées** die Pyrenäen.

Pyrex® [piʀɛks] **nm** feuerfestes Glas.

python [pitɔ̃] **nm** Python *der*.

Qq

Qatar [kataʀ] = **Katar**.

QI (*abr de* quotient intellectuel) **nm** IQ *der (Intelligenzquotient)*.

qu' **pron rel & conj** → **que**.

quad [kwad] **nm** **1.** [moto] Quad *das* **2.** [rollers] Quad-Skater *der ODER das*.

quadra [kwadʀa] (*abr de* quadragénaire) **nmf** *fam* Vierzigjährige *der, die*.

quadragénaire [kwadʀaʒenɛʀ] ◆ **nmf** Vierziger *der*, -in *die*. ◆ **adj** vierzigjährig.

quadrillé, e [kadʀije] **adj** kariert.

quadruple [k(w)adʀypl] **nm** : **le quadruple (de)** das Vierfache (von).

quai [kɛ] **nm** **1.** [de port] Kai *der* **2.** [de gare] Bahnsteig *der*.

qualification [kalifikasjɔ̃] **nf** [sport, expérience] Qualifikation *die*.

qualifié, e [kalifje] **adj** Fach- ▸ **non qualifié** ohne Berufsausbildung.

qualifier [9] [kalifje] **vt** : **qualifier qqn / qqch de** jn / etw bezeichnen als. ◆ **se qualifier** **vp** sich qualifizieren.

qualité [kalite] **nf** **1.** [d'un produit] Qualität *die* **2.** [d'une personne] Eigenschaft *die* ▸ **de (bonne) qualité** von (guter) Qualität.

quand [kɑ̃] ◆ **conj** **1.** [dans un passé défini] als **2.** [dans le futur, toutes les fois que] wenn ▸ **viens quand tu voudras** komm, wann du willst **3.** [dans des expressions] : **quand même** [malgré tout] trotzdem
◆ **adv** wann ▸ **je me demande quand il va arriver** ich frage mich, wann er kommen wird.

quant [kɑ̃] ◆ **quant à** **prép** was ... betrifft.

quantité [kɑ̃tite] **nf** Menge *die* ▸ **une quantité** ou **des quantités de** [beaucoup de] eine ganze Menge.

quarantaine [kaʀɑ̃tɛn] **nf** [isolement] Quarantäne *die* ▸ **une quarantaine** an die vierzig ▸ **une quarantaine de caisses** an die vierzig Kisten ▸ **avoir la quarantaine** um die vierzig sein.

quarante [kaʀɑ̃t] **num** vierzig ▸ **elle habite (au) quarante rue Lepic** sie wohnt in der Rue Lepic Nummer vierzig ▸ **il a quarante ans** er ist vierzig ▸ **ils étaient quarante** sie waren zu vierzig ▸ **page quarante** Seite vierzig.

quarantième [karɑ̃tjɛm] **num** vierzigste(r, s).

quart [kaʀ] **nm** Viertel *das* ▸ **cinq heures et quart** Viertel nach fünf ▸ **cinq heures moins le quart** Viertel vor fünf ▸ **un quart d'heure** eine Viertelstunde.

quartier [kaʀtje] **nm 1.** Viertel *das* **2.** [d'une ville] (Stadt)viertel *das*.

ⓘ **Le Quartier latin**

Das Quartier latin am linken Seine-Ufer ist das Pariser Studentenviertel. Es liegt rund um die Sorbonne und erstreckt sich über Teile des 5. und 6. arrondissement. Neben den bedeutenden Fakultäten und Gymnasien, die sich dort befinden, ist es auch für seine vielen Buchhandlungen und Bibliotheken bekannt.

quart-monde [kaʀmɔ̃d] (*pl* **quarts-mondes**) **nm** [pays sous-developpés] ärmste Entwicklungsländer ▸ **le quart-monde** die Vierte Welt.

quartz [kwaʀts] **nm** Quarz *der* ▸ **montre à quartz** Quarzuhr *die*.

quasiment [kazimɑ̃] **adv** fast.

quatorze [katɔʀz] **num** vierzehn ▸ **elle habite (au) quatorze rue Lepic** sie wohnt in der Rue Lepic Nummer vierzehn ▸ **il a quatorze ans** er ist vierzehn ▸ **il est quatorze heures** es ist vierzehn Uhr ▸ **ils étaient quatorze** sie waren zu vierzehnt ▸ **le quatorze janvier** am vierzehnten Januar ▸ **page quatorze** Seite vierzehn.

quatorzième [katɔʀzjɛm] **num** vierzehnte(r, s).

quatre [katʀ] **num** vier ▸ **le quatre de pique** die Pikvier ▸ **elle habite (au) quatre rue Lepic** sie wohnt in der Rue Lepic Nummer vier ▸ **monter les escaliers quatre à quatre** die Stufen hinauf◦eilen ▸ **à quatre pattes** auf allen vieren ▸ **il est quatre heures** es ist vier Uhr ▸ **le quatre janvier** am vierten Januar ▸ **page quatre** Seite vier ▸ **ils étaient quatre** sie waren zu viert.

quatre-quarts [katkaʀ] **nm inv** *Kuchen, der zu gleichen Teilen aus Mehl, Butter, Zucker und Eiern besteht.*

quatre-quatre [kat(ʀə)katʀ] **nm inv** Geländewagen *der*.

quatre-vingt [katʀəvɛ̃] **num** = **quatre-vingts**.

quatre-vingt-dix [katʀəvɛ̃dis] **num** neunzig ▸ **elle habite (au) quatre-vingt-dix rue Lepic** sie wohnt in der Rue Lepic Nummer neunzig ▸ **il a quatre-vingt-dix ans** er ist neunzig ▸ **ils étaient quatre-vingt-dix** sie waren zu neunzig ▸ **page quatre-vingt-dix** Seite neunzig.

quatre-vingt-dixième [katʀəvɛ̃dizjɛm] **num** neunzigste(r, s).

quatre-vingtième [katʀəvɛ̃tjɛm] **num** achtzigste(r, s).

quatre-vingts [katʀəvɛ̃] **num** achtzig ▸ **elle habite (au) quatre-vingts rue Lepic** sie wohnt in der Rue Lepic Nummer achtzig ▸ **il a quatre-vingts ans** er ist achtzig ▸ **ils étaient quatre-vingts** sie waren zu achtzig ▸ **page quatre-vingts** Seite achtzig ▸ **quatre-vingt trois ans** dreiundachtzig Jahre.

quatrième [katʀijɛm] ◆ **num** vierte(r, s). ◆ **nf 1.** SCOL ≃ achte Klasse **2.** [vitesse] vierter Gang ▸ **le quatrième étage** der vierte Stock ▸ **il est arrivé quatrième** er wurde Vierter.

que [kə] ◆ **conj 1.** [introduit une subordonnée] dass ▸ **je sais que tu es là** ich weiß, dass du da bist ▸ **il prétend qu'il est malade** er behauptet, er sei krank **2.** [exprime l'hypothèse] : **que nous partions aujourd'hui ou**

demain... ob wir heute oder morgen abreisen ... **3.** [remplace une autre conjonction] : **comme il pleut et que je n'ai pas de parapluie...** da es regnet und ich keinen Regenschirm habe, ... **4.** [exprime une restriction] : **ne... que** nur ▸ **je n'ai qu'une sœur** ich habe nur eine Schwester **5.** [dans une comparaison] → **aussi, autant, même, moins, plus**.
◆ **pron rel** der, die, das ▸ **le tableau que vous voyez là-bas** das Gemälde, das Sie dort sehen ▸ **les livres qu'il m'a prêtés** die Bücher, die er mir geliehen hat
◆ **pron interr** was ▸ **je ne sais plus que faire** ich weiß nicht mehr, was ich machen soll
◆ **adv** [exclamatif] wie ▸ **que c'est beau !, qu'est-ce que c'est beau !** ist das schön!

Québec [kebɛk] **nm** : **le Québec** Quebec *nt*.

québécisme [kebesism] **nm** *spezieller Ausdruck Quebecs*.

québécois, e [kebekwa, az] **adj** aus Quebec. ◆ **Québécois, e nm, f** Quebecer *der*, -in *die*.

quel, quelle [kɛl] ◆ **adj 1.** [interrogatif] welche(r, s) ▸ **quelle est la vendeuse qui vous a conseillé ?** welche Verkäuferin hat Sie beraten? ▸ **quelle heure est-il ?** wie spät ist es? ▸ **quel est ton vin préféré ?** welchen Wein magst du am liebsten? **2.** [exclamatif] : **quel dommage !** wie schade! ▸ **quel beau temps !** was für ein schönes Wetter! **3.** [avec « que »] : **tous les Français, quels qu'ils soient** alle Franzosen ohne Ausnahme ▸ **quel que soit le menu, il est toujours content** was auch immer es zu essen gibt, er ist immer zufrieden
◆ **pron** [interrogatif] welche(r, s) ▸ **quel est le plus intéressant des deux musées ?** welches der beiden Museen ist interessanter?

quelconque [kɛlkɔ̃k] **adj 1.** [n'importe quel] irgendein(e) **2.** [chose banal] Nullachtfünfzehn- **3.** [personne ordinaire] mittelmäßig ▸ **un chiffre quelconque** irgendeine Zahl.

quelque [kɛlk(ə)] ◆ **adj 1.** [un peu de] : **à quelque distance** in einiger Entfernung ▸ **dans quelque temps** demnächst **2.** [avec « que »] welche(r, s) auch immer ▸ **quelque route que je prenne** welchen Weg ich auch immer einschlagen mag
◆ **adv** : **quelque 200 km** etwa 200 km
◆ **quelques adj 1.** [plusieurs] einige ▸ **j'ai quelques lettres à écrire** ich muss einige Briefe schreiben ▸ **aurais-tu quelques pièces pour le téléphone ?** hast du ein paar Münzen zum Telefonieren? **2.** [dans des expressions] : **50 euros et quelques** knapp über 50 Euro ▸ **il est midi et quelques** es ist kurz nach zwölf.

quelque chose [kɛlkəʃoz] **pron** etwas ▸ **il s'est passé quelque chose de bizarre** es ist etwas Komisches passiert.

quelquefois [kɛlkəfwa] **adv** manchmal.

quelque part [kɛlkəpaʀ] **adv 1.** [sans mouvement] irgendwo **2.** [avec mouvement] irgendwohin.

quelques-uns, quelques-unes [kɛlkəzœ̃, kɛlkəzyn] **pron** einige.

quelqu'un [kɛlkœ̃] **pron** jemand.

qu'en-dira-t-on [kɑ̃diʀatɔ̃] **nm inv** : **le qu'en-dira-t-on** das Gerede der Leute.

quenelle [kənɛl] **nf** Klößchen *das*.

qu'est-ce que [kɛskə] **pron interr** = **que**.

qu'est-ce qui [kɛski] **pron interr** = **que**.

question [kɛstjɔ̃] **nf** Frage *die* ▸ **l'affaire en question** die betreffende Angelegenheit ▸ **il est question de qqch** es ist die Rede von etw ▸ **il est question de faire qqch** es ist die Rede davon, etw zu tun ▸ **(il n'en est) pas question !** das kommt nicht in Frage! ▸ **remettre qqch en question** etw infrage stellen.

questionnaire [kɛstjɔnɛʀ] **nm** Fragebogen *der*.

questionner [3] [kɛstjɔne] **vt** aus°fragen.

quête [kɛt] **nf 1.** [d'argent] Sammlung *die* **2.** [recherche] : **en quête de** auf der Suche nach ▸ **faire la quête** (Geld) sammeln.

quêter [4] [kete] **vi** sammeln.

quetsche [kwɛtʃ] **nf** Zwetschge *die*.

queue [kø] **nf 1.** [d'un animal] Schwanz *der* **2.** [d'un avion] Heck *das* **3.** [d'un train] Ende *das* **4.** [file d'attente] Schlange *die* ▸ **faire la queue** Schlange stehen ▸ **à la queue du peloton** hinten im Feld ▸ **à la queue leu leu** im Gänsemarsch ▸ **faire une queue de poisson à qqn** jn schneiden *(mit dem Auto)*.

queue-de-cheval [kødʃəval] (*pl* **queues-de-cheval**) **nf** Pferdeschwanz *der*.

qui [ki] ◆ **pron rel 1.** [sujet] der, die, das ▸ **les passagers qui descendent à Nice** die Passagiere, die in Nizza aussteigen ▸ **le livre qui me plaît le plus** das Buch, das mir am besten gefällt **2.** [complément d'objet direct] : **tu vois qui je veux dire** du weißt, wen ich meine ▸ **suis qui tu veux** folge, wem du willst **3.** [avec une préposition] der, die, das ▸ **la personne à qui j'ai parlé** die Person, mit der ich gesprochen habe
◆ **pron** : **qui plus est, ...** darüber hinaus ...
◆ **pron interr 1.** [sujet] wer ▸ **qui êtes-vous ?** wer sind Sie? ▸ **je voudrais savoir qui sera là** ich möchte wissen, wer da sein wird **2.** [complément d'objet] wen, wem ▸ **qui demandez-vous ?, qui est-ce que vous demandez ?** wen möchten Sie sprechen? ▸ **qui a-t-il félicité ?** wem hat er gratuliert? ▸ **à qui as-tu écrit ?** wem hast du geschrieben? ▸ **à qui dois-je m'adresser ?** an wen muss ich mich wenden?

quiche [kiʃ] **nf** : **quiche lorraine** *Speckkuchen*.

quiconque [kikɔ̃k] **pron 1.** [n'importe qui] irgendjemand **2.** [celui qui] jeder.

quille [kij] **nf 1.** [de jeu] Kegel *der* **2.** [d'un bateau] Kiel *der*.

quincaillerie [kɛ̃kajʀi] **nf** [boutique] Eisen- und Haushaltswarengeschäft *das*.

quinoa [kinɔa] **nm** Quinoa *die ODER das*.

quinqua [kɛ̃ka] (*abr de* quinquagénaire) **nmf** *fam* Fünfzigjährige *der, die*.

quinquagénaire [kɛ̃kaʒenɛʀ] ◆ **nmf** Fünfziger *der*, -in *die*. ◆ **adj** fünfzigjährig.

quinquennat [kɛ̃kena] **nm** fünfjährige Amtszeit.

quinte [kɛ̃t] **nf** : **quinte de toux** Hustenanfall *der*.

quintuple [kɛ̃typl] **nm** Fünffache *das* ▸ **le quintuple (de)** das Fünffache (von).

quinzaine [kɛ̃zɛn] **nf** [deux semaines] ≃ vierzehn Tage ▸ **une quinzaine (de)** [environ quinze] etwa fünfzehn ▸ **la première quinzaine de juillet** die erste Julihälfte.

quinze [kɛ̃z] **num** fünfzehn ▸ **elle habite (au) quinze rue Lepic** sie wohnt in der Rue Lepic Nummer fünfzehn

▸ **dans quinze jours** in vierzehn Tagen ▸ **il a quinze ans** er ist fünfzehn ▸ **il est quinze heures** es ist fünfzehn Uhr ▸ **ils étaient quinze** sie waren zu fünfzehnt ▸ **le quinze janvier** am fünfzehnten Januar ▸ **page quinze** Seite fünfzehn.

quinzième [kɛ̃zjɛm] **num** fünfzehnte(r, s).

quiproquo [kipʀɔko] **nm** Verwechslung *die*.

Quito [kito] **n** Quito *nt*.

quittance [kitɑ̃s] **nf** Quittung *die* ▸ **quittance de loyer** Mietquittung.

quitte [kit] **adj** : **être quitte (envers qqn)** (mit jm) quitt sein ▸ **nous partons dès ce soir, quitte à nous arrêter en chemin** wir fahren heute Abend los, auch wenn wir unterwegs haltmachen müssen.

quitter [3] [kite] **vt** verlassen ▸ **ne quittez pas** [au téléphone] einen Moment bitte. ◆ **se quitter vp** sich trennen.

quiz [kwiz] **nm** Quiz *das*.

quoi [kwa] ◆ **pron interr 1.** [gén] : **c'est quoi ?** *fam* was ist das? ▸ **quoi de neuf ?** was gibt's Neues? ▸ **quoi ?** was? ▸ **je ne sais pas quoi dire** ich weiß nicht, was ich sagen soll ▸ **quoi ? qu'est-ce que tu dis ?** hä? was hast du gesagt? **2.** [après une préposition] was, womit, woran ▸ **à quoi penses-tu ?** woran denkst du? ▸ **à quoi bon ?** was nützt das schon? ▸ **par quoi va-t-on commencer ?** womit fangen wir an? **3.** [dans des expressions] : **allez, quoi !** *fam* komm schon! ▸ **tu viens ou quoi ?** *fam* kommst du oder nicht? ▸ **quoi que** was auch immer ▸ **quoi qu'il dise** was er auch sagen mag ▸ **quoi qu'il en soit, …** wie dem auch sei, … ▸ **si tu as besoin de quoi que ce soit** wenn du irgendetwas brauchst
◆ **pron rel** [après une préposition] : **il te faut travailler dur, sans quoi…** du musst hart arbeiten, sonst … ▸ **ce à quoi je pense** das, woran ich denke ▸ **avoir de quoi manger /vivre** genug zum Essen /Leben haben ▸ **avez-vous de quoi écrire ?** haben Sie etwas zum Schreiben? ▸ **merci — il n'y a pas de quoi** danke — nichts zu danken.

quoique [kwakə] **conj** obwohl.

quotidien, enne [kɔtidjɛ̃, ɛn] ◆ **adj** täglich. ◆ **nm** [journal] Tageszeitung *die*.

quotidiennement [kɔtidjɛnmɑ̃] **adv** (tag)täglich.

quotient [kɔsjɑ̃] **nm** Quotient *der* ▸ **quotient intellectuel** Intelligenzquotient.

Rr

rab [ʀab] **nm** *fam* Nachschlag *der* ▸ **avoir qqch en rab** noch etw bekommen.

rabâcher [3] [ʀabaʃe] **vt** *fam* herunter°leiern.

rabais [ʀabɛ] **nm** Rabatt *der*.

rabaisser [4] [ʀabɛse] **vt** herab°setzen.

rabat [ʀaba] **nm** Klappe *die*.

Rabat [ʀaba] **n** Rabat *nt*.

rabat-joie [ʀabajwa] **nm inv** Spielverderber *der*.

rabattre [83] [ʀabatʀ] **vt 1.** [replier] herunter°klappen **2.** [gibier] treiben.

◆ **se rabattre** vp [automobiliste] wieder ein∘scheren ▸ **se rabattre sur** vorlieb∘nehmen mit.

rabbin [ʀabɛ̃] nm Rabbiner *der.*

rabibocher [3] [ʀabibɔʃe] vt *fam* **1.** [réconcilier] versöhnen **2.** [rafistoler] zusammen∘flicken. ◆ **se rabibocher** vp sich versöhnen.

rabot [ʀabo] nm Hobel *der.*

raboter [3] [ʀabɔte] vt (ab)hobeln.

rabougri, e [ʀabugʀi] adj **1.** [végétation] verkümmert **2.** [vieillard] verhutzelt.

raccommoder [3] [ʀakɔmɔde] vt flicken.

raccompagner [3] [ʀakɔ̃paɲe] vt zurück∘bringen.

raccord [ʀakɔʀ] nm **1.** [de papier peint] Ansatz *der* **2.** [de tuyau] Anschlussstück *das.*

raccourci [ʀakuʀsi] nm **1.** Abkürzung *die* **2.** INFORM Verknüpfung *die* ▸ **raccourci clavier** Shortcut *der.*

raccourcir [32] [ʀakuʀsiʀ] ◆ vt kürzen. ◆ vi kürzer werden.

raccrocher [3] [ʀakʀɔʃe] ◆ vt **1.** [remorque] wieder an∘hängen **2.** [tableau] wieder auf∘hängen. ◆ vi **1.** auf∘legen **2.** *fam* [abandonner] an den Nagel hängen ▸ **ne raccroche pas !** [au téléphone] leg nicht auf!

race [ʀas] nf Rasse *die* ▸ **de race** reinrassig.

rachat [ʀaʃa] nm **1.** DR & FIN Rückkauf *der* **2.** [d'entreprise] Ankauf *der* **3.** [de dette] Ablösung *die.*

racheter [28] [ʀaʃte] vt **1.** [acheter de nouveau] wieder kaufen **2.** [sujet : personne] ab∘büßen **3.** [sujet : chose] wieder∘gut∘machen ▸ **racheter qqch à qqn** jm etw ab∘kaufen.

racial, e, aux [ʀasjal, o] adj Rassen-.

racine [ʀasin] nf Wurzel *die* ▸ **racine carrée** Quadratwurzel.

racisme [ʀasism] nm Rassismus *der.*

raciste [ʀasist] adj rassistisch.

racket [ʀakɛt] nm Erpressung *die.*

racketter [3] [ʀakɛte] vt erpressen.

raclée [ʀakle] nf *fam* **1.** [correction] Tracht Prügel *die* **2.** [défaite] Schlappe *die.*

racler [3] [ʀakle] vt ab∘kratzen. ◆ **se racler** vp : **se racler la gorge** sich räuspern.

raclette [ʀaklɛt] nf Raclette *die ODER das.*

racontars [ʀakɔ̃taʀ] nmpl *fam* Klatsch *der.*

raconter [3] [ʀakɔ̃te] vt erzählen ▸ **raconter qqch à qqn** jm etw erzählen ▸ **raconter à qqn que** jm erzählen, dass.

radar [ʀadaʀ] nm Radar *der ODER das.*

rade [ʀad] nf Reede *die*, Hafenbucht *die.*

radeau [ʀado] (*pl* -x) nm Floß *das.*

radiateur [ʀadjatœʀ] nm **1.** [de chauffage] Heizkörper *der* **2.** [d'automobile] Kühler *der.*

radiations [ʀadjasjɔ̃] nfpl Strahlung *die.*

radical, e, aux [ʀadikal, o] ◆ adj radikal. ◆ nm [d'un mot] Wortstamm *der.*

radieux, euse [ʀadjø, øz] adj strahlend.

radin, e [ʀadɛ̃, in] adj *fam* knauserig.

radio [ʀadjo] nf **1.** [appareil] Radio *das* **2.** [station] Sender *der* **3.** MÉD Röntgenbild *das* ▸ **à la radio** im Radio ▸ **passer une radio** sich röntgen lassen.

radioactif, ive [ʀadjɔaktif, iv] adj radioaktiv.

radiocassette [ʀadjɔkasɛt] **nf** Radiorekorder *der*.

radiographie [ʀadjɔgʀafi] **nf** MÉD Röntgenbild *das*.

radiologue [ʀadjɔlɔg] **nmf** Röntgenarzt *der*, -ärztin *die*.

radiophonique [ʀadjɔfɔnik] **adj** Radio-, Rundfunk-.

radio-réveil [ʀadjɔʀevɛj] (*pl* **radios-réveils**) **nm** Radiowecker *der*.

radis [ʀadi] **nm** Radieschen *das*.

radoter [3] [ʀadɔte] **vi** faseln.

radoucir [32] [ʀadusiʀ] ◆ **se radoucir vp** milder werden.

rafale [ʀafal] **nf 1.** [de vent] Bö *die* **2.** [de coups de feu] Salve *die*.

raffermir [32] [ʀafɛʀmiʀ] **vt 1.** [muscle] kräftigen **2.** [peau] straffen.

raffiné, e [ʀafine] **adj 1.** [personne, manières] geschliffen **2.** [sucre, pétrole] raffiniert.

raffinement [ʀafinmɑ̃] **nm** Schliff *der*.

raffinerie [ʀafinʀi] **nf** Raffinerie *die*.

raffoler [3] [ʀafɔle] ◆ **raffoler de v + prép** eine Schwäche haben für.

rafler [3] [ʀafle] **vt** : **rafler qqch** *fam* [emporter] sich *(D)* etw unter den Nagel reißen.

rafraîchir [32] [ʀafʀɛʃiʀ] **vt 1.** [atmosphère] ab∘kühlen **2.** [boisson] kühlen **3.** [vêtement] wieder her∘richten **4.** [coiffure] nach∘schneiden (lassen). ◆ **se rafraîchir vp 1.** [boire] sich erfrischen **2.** [temps] ab∘kühlen.

rafraîchissant, e [ʀafʀɛʃisɑ̃, ɑ̃t] **adj** erfrischend.

rafraîchissement [ʀafʀɛʃismɑ̃] **nm** Erfrischung *die*.

rage [ʀaʒ] **nf 1.** [maladie] Tollwut *die* **2.** [colère] Wut *die* ▸ **rage de dents** heftige Zahnschmerzen.

ragots [ʀago] **nmpl** *fam* Klatsch *der*.

ragoût [ʀagu] **nm** Ragout *das*.

raide [ʀɛd] **adj 1.** [cheveux] glatt **2.** [corde] straff **3.** [personne, démarche] steif **4.** [pente] steil ▸ **tomber raide mort** tot um∘fallen.

raidir [32] [ʀediʀ] **vt** an∘spannen. ◆ **se raidir vp** steif werden.

raie [ʀɛ] **nf 1.** [rayure] Streifen *der* **2.** [dans les cheveux] Scheitel *der* **3.** [poisson] Rochen *der*.

rails [ʀaj] **nmpl** Gleise *pl*.

rainure [ʀɛnyʀ] **nf** Rille *die*.

raisin [ʀɛzɛ̃] **nm** Weintraube *die* ▸ **raisins secs** Rosinen.

raison [ʀɛzɔ̃] **nf 1.** [intelligence] Verstand *der* **2.** [motif] Grund *der* **3.** [dominer] : **avoir raison de qqn** jn überwältigen ▸ **avoir raison de qqch** etw überwinden ▸ **à raison de** zum Preis von ▸ **avoir raison** recht haben ▸ **avoir raison de faire qqch** etw zu Recht tun ▸ **en raison de** aufgrund *(+ G)*.

raisonnable [ʀɛzɔnabl] **adj** vernünftig.

raisonnement [ʀɛzɔnmɑ̃] **nm** Überlegung *die*.

raisonner [3] [ʀɛzɔne] ◆ **vi** nach∘denken. ◆ **vt** zur Vernunft bringen.

rajeunir [32] [ʀaʒœniʀ] ◆ **vi** jünger werden. ◆ **vt** : **ça le rajeunit** [suj : coupe de cheveux] das macht ihn jünger.

rajouter [3] [ʀaʒute] **vt** hinzu∘fügen.

ralenti [ʀalɑ̃ti] **nm 1.** [d'un moteur] Leerlauf *der* **2.** [au cinéma] Zeitlupe *die* ▸ **au ralenti a)** [fonctionner] mit halber Kraft **b)** [passer une scène] in Zeitlupe.

ralentir [32] [ralɑ̃tiʀ] ◆ **vt** [mouvement, trafic] verlangsamen. ◆ **vi** **1.** [personne, voiture] langsamer fahren **2.** [mouvement, trafic] sich verlangsamen.

râler [3] [ʀale] **vi** *fam* schimpfen.

rallonge [ʀalɔ̃ʒ] **nf** **1.** [de table] Ausziehplatte *die* **2.** [électrique] Verlängerungsschnur *die*.

rallonger [17] [ʀalɔ̃ʒe] ◆ **vt** **1.** [vêtement] aus°lassen **2.** [parcours, voyage] verlängern. ◆ **vi** länger werden.

rallumer [3] [ʀalyme] **vt** **1.** [lampe] wieder an°machen **2.** [feu, cigarette] wieder an°zünden.

rallye [ʀali] **nm** Rallye *die*.

RAM [ʀam] (*abr de* Random-Access Memory) **nf inv** RAM *das*.

ramadan [ʀamadɑ̃] **nm** Ramadan *der*.

Ramallah [ʀamala] **n** Ramallah *nt*.

ramassage [ʀamasaʒ] **nm** : **ramassage scolaire** Schülerabholdienst *der*.

ramasser [3] [ʀamase] **vt** **1.** [objet tombé] auf°heben **2.** [feuilles] auf°sammeln **3.** [coquillages, champignons] sammeln.

rambarde [ʀɑ̃baʀd] **nf** Reling *die*.

rame [ʀam] **nf** **1.** [aviron] Ruder *das* **2.** [de métro] Zug *der*.

ramener [19] [ʀamne] **vt** **1.** [raccompagner] nach Hause bringen **2.** [amener de nouveau] wieder hin°bringen **3.** [objet] zurück°bringen.

ramequin [ʀamkɛ̃] **nm** **1.** [récipient] Schälchen *das (feuerfest)* **2.** CULIN *mit Käsecreme gefülltes Törtchen.*

ramer [3] [ʀame] **vi** **1.** [sport] rudern **2.** *fam* [avoir du mal] sich ab°strampeln.

ramollir [32] [ʀamɔliʀ] **vt** weich machen. ◆ **se ramollir vp** weich werden.

ramoner [3] [ʀamɔne] **vt** [cheminée] fegen.

rampe [ʀɑ̃p] **nf** **1.** [d'escalier] Geländer *das* **2.** [d'accès] Auffahrt *die*.

ramper [3] [ʀɑ̃pe] **vi** kriechen.

rampon [ʀɑ̃pɔ̃] **nm** SUISSE Nüsslisalat *der*.

rancarder [3] [ʀɑ̃kaʀde] **vt** *fam* [renseigner] : **rancarder qqn** jm einen Tipp geben.

rance [ʀɑ̃s] **adj** ranzig.

ranch [ʀɑ̃tʃ] (*pl* -s ou -es) **nm** Ranch *die*.

rançon [ʀɑ̃sɔ̃] **nf** Lösegeld *das* ▸ **la rançon du succès** der Preis für den Erfolg.

rancune [ʀɑ̃kyn] **nf** Groll *der* ▸ **sans rancune !** nichts für ungut!

rancunier, ère [ʀɑ̃kynje, ɛʀ] **adj** nachtragend.

randonnée [ʀɑ̃dɔne] **nf** Wanderung *die* ▸ **randonnée cycliste** Radwanderung.

rang [ʀɑ̃] **nm** Rang *der* ▸ **se mettre en rangs** sich in Zweierreihen auf°stellen.

rangé, e [ʀɑ̃ʒe] **adj** aufgeräumt.

rangée [ʀɑ̃ʒe] **nf** Reihe *die*.

rangement [ʀɑ̃ʒmɑ̃] **nm** **1.** [d'une chambre, de vêtements] Aufräumen *das* **2.** [placard] Schrank *der* ▸ **faire du rangement** Ordnung machen.

ranger [17] [ʀɑ̃ʒe] **vt** auf°räumen. ◆ **se ranger vp** [en voiture] zur Seite fahren.

Rangoon [ʀɑ̃gun] **n** Rangun *nt*.

ranimer [3] [ʀanime] **vt** **1.** [blessé] wieder°beleben **2.** [feu] wieder an°fachen.

rap [ʀap] **nm** Rap *der*.

rapace [ʀapas] **nm** Greifvogel *der*.

rapatrier [10] [ʀapatʀije] **vt** repatriieren.

râpe [ʀap] **nf** **1.** Reibe *die* **2.** SUISSE *fam* [avare] Geizhals *der* ▸ **râpe à fromage** Käsereibe.

râper [3] [ʀape] **vt 1.** [fromage, pomme] reiben **2.** [chocolat, bois] raspeln.

rapetisser [3] [ʀaptise] **vi** kleiner werden.

râpeux, euse [ʀapø, øz] **adj 1.** [rugueux] rau **2.** [vin] sauer.

rapide [ʀapid] **adj** schnell.

rapidement [ʀapidmɑ̃] **adv** schnell.

rapidité [ʀapidite] **nf** Schnelligkeit *die*.

rapido [ʀapido], **rapidos** [ʀapidos] **adv** *fam* schnell.

rapiécer [20] [ʀapjese] **vt** aus°bessern.

rappel [ʀapɛl] **nm** Nachzahlung *die* ▸ **'rappel'** *Verkehrsschild, das an den letzte Verkehrshinweis erinnert.*

rappeler [24] [ʀaple] **vt** zurück°rufen ▸ **rappelez-moi votre nom** wie war noch Ihr Name? ◆ **se rappeler vp** sich erinnern an *(+ A)*.

rapport [ʀapɔʀ] **nm 1.** [compte-rendu] Bericht *der* **2.** [point commun] Zusammenhang *der* **3.** [relation] Beziehung *die* ▸ **par rapport à** im Vergleich zu.

rapporter [3] [ʀapɔʀte] ◆ **vt 1.** [rendre] zurück°bringen **2.** [argent, avantage] ein°bringen. ◆ **vi** [être avantageux] einträglich sein. ◆ **se rapporter à vp + prép** sich beziehen auf *(+ A)*.

rapporteur, euse [ʀapɔʀtœʀ, øz] ◆ **nm, f** Petze *die*. ◆ **nm** MATH Winkelmesser *der*.

rapprocher [3] [ʀapʀɔʃe] **vt 1.** [dans l'espace] heran°rücken **2.** [dans le temps] näher bringen. ◆ **se rapprocher vp** sich nähern ▸ **se rapprocher de qqn a)** [dans l'espace] sich jm nähern **b)** [affectivement] jm näher°kommen.

raquette [ʀakɛt] **nf 1.** Schläger *der* **2.** [pour la neige] Schneeschuh *der*.

rare [ʀaʀ] **adj** selten.

rarement [ʀaʀmɑ̃] **adv** selten.

ras, e [ʀa, ʀaz] ◆ **adj 1.** [très court] sehr kurz **2.** [cuillère] gestrichen **3.** [verre] randvoll. ◆ **adv** : **(à) ras** sehr kurz ▸ **au ras de** knapp über *(+ D)* ▸ **à ras bord** bis zum Rand ▸ **en avoir ras le bol** *fam* die Nase (gestrichen) voll haben.

raser [3] [ʀaze] **vt 1.** [barbe, personne] rasieren **2.** [frôler] streifen. ◆ **se raser vp** sich rasieren.

rasoir [ʀazwaʀ] **nm** Rasierapparat *der* ▸ **rasoir électrique** elektrischer Rasierapparat.

rassasié, e [ʀasazje] **adj** satt.

rassembler [3] [ʀasɑ̃ble] **vt 1.** [personnes] versammeln **2.** [objets] zusammen°suchen. ◆ **se rassembler vp** sich versammeln.

rasseoir [65] [ʀaswaʀ] ◆ **se rasseoir vp** sich wieder setzen.

rassis, e [ʀasi, iz] ◆ **pp & 1re et 2e pers. du sg. de l'ind. passé simple** → **rasseoir.** ◆ **adj** [pâtisseries] altbacken.

rassurant, e [ʀasyʀɑ̃, ɑ̃t] **adj** beruhigend.

rassurer [3] [ʀasyʀe] **vt** beruhigen.

rat [ʀa] **nm** Ratte *die*.

ratatiné, e [ʀatatine] **adj** verschrumpelt.

ratatouille [ʀatatuj] **nf** Ratatouille *die* ODER *das*.

rate [ʀat] **nf** Milz *die*.

râteau [ʀato] (*pl* -x) **nm** Rechen *der*.

rater [3] [ʀate] ◆ **vt 1.** [cible] verfehlen **2.** [train] verpassen. ◆ **vi** scheitern ▸ **rater un examen** bei einer Prüfung durch°fallen.

ration [ʀasjɔ̃] **nf** Ration *die*.

rationnel, elle [ʀasjɔnɛl] **adj** vernünftig.

Ratisbonne [ratisbɔn] **n** Regensburg *nt*.

ratisser [3] [ratise] **vt** harken.

RATP **nf** *Pariser Verkehrsbetriebe*.

rattacher [3] [rataʃe] **vt** : **rattacher qqch à** a) [attacher] etw wieder an∘binden an *(+ A)* b) [relier] etw an∘gliedern an *(+ A)*.

ratte [rat] **nf** CULIN La Ratte Kartoffel *die*.

rattrapage [ratrapaʒ] **nm** SCOL Nachhilfe *die*.

rattraper [3] [ratrape] **vt** **1.** [évadé] wieder ein∘fangen **2.** [objet] auf∘fangen **3.** [retard] auf∘holen. ◆ **se rattraper** **vp** **1.** [se retenir] sich fest∘halten **2.** [d'une erreur] es wieder∘gut∘machen **3.** [sur le temps perdu] auf∘holen.

rature [ratyr] **nf** Streichung *die*.

rauque [rok] **adj** rau.

ravages [ravaʒ] **nmpl** : **faire des ravages** a) [dégâts] großen Schaden an∘richten b) *fam* [dans les cœurs] alle Herzen brechen.

ravaler [3] [ravale] **vt** [façade] renovieren.

rave [rav] **nf** Rübe *die*.

ravi, e [ravi] **adj** sehr erfreut ▸ **ravi de faire votre connaissance !** sehr erfreut, Sie kennenzulernen!

ravin [ravɛ̃] **nm** Schlucht *die*.

ravioli(s) [ravjɔli] **nmpl** Ravioli *pl*.

ravissant, e [ravisɑ̃, ɑ̃t] **adj** bezaubernd.

ravisseur, euse [ravisœr, øz] **nm, f** Entführer *der*, -in *die*.

ravitaillement [ravitajmɑ̃] **nm** **1.** [action] Versorgung *die* **2.** [provisions] Verpflegung *die*.

ravitailler [3] [ravitaje] **vt** **1.** [en denrées] (mit Proviant) versorgen **2.** [en carburant] betanken. ◆ **se ravitailler** **vp** **1.** [en denrées] sich versorgen **2.** [en carburant] auf∘tanken.

rayé, e [rɛje] **adj** **1.** [tissu] gestreift **2.** [disque, verre] verkratzt.

rayer [11] [rɛje] **vt** **1.** [abîmer] verkratzen **2.** [barrer] (durch)streichen.

rayon [rɛjɔ̃] **nm** **1.** [de soleil, de lumière] Strahl *der* **2.** [de roue] Speiche *die* **3.** MATH Radius *der* ▸ **rayons X** Röntgenstrahlen.

rayonnage [rɛjɔnaʒ] **nm** Regal *das*.

rayonnement [rɛjɔnmɑ̃] **nm** **1.** [physique] Strahlung *die* **2.** [brillance, splendeur] Ausstrahlung *die*.

rayonner [3] [rɛjɔne] **vi** **1.** [visage, personne] strahlen **2.** [touriste, randonneur] Ausflüge machen ▸ **rayonner autour de** [ville] strahlenförmig aus∘gehen von.

rayure [rɛjyr] **nf** **1.** [sur un tissu] Streifen *der* **2.** [sur un disque, sur du verre] Kratzer *der* ▸ **à rayures** gestreift.

raz(-)de(-)marée [radmare] **nm inv** Flutwelle *die*.

ré [re] **nm inv** D *das*.

réacteur [reaktœr] **nm** **1.** [d'avion] Strahltriebwerk *das* **2.** [de centrale nucléaire] Reaktor *der*.

réaction [reaksjɔ̃] **nf** Reaktion *die*.

réagir [32] [reaʒir] **vi** reagieren.

réalisateur, trice [realizatœr, tris] **nm, f** [de cinéma, de télévision] Regisseur *der*, -in *die*.

réalisation [realizasjɔ̃] **nf** **1.** [exécution] Verwirklichung *die* **2.** [cinéma & TV] Regie *die*.

réaliser [3] [realize] **vt** **1.** [projet, rêve] verwirklichen **2.** [exploit] vollbringen **3.** [film] machen **4.** [comprendre] begreifen. ◆ **se réaliser** **vp** [rêve, souhait] wahr werden.

réaliste [Realist] **adj** realistisch.

réalité [Realite] **nf** Realität *die* ▸ **en réalité** in Wirklichkeit ▸ **réalité virtuelle** virtuelle Realität.

réanimation [Reanimasjɔ̃] **nf** Intensivstation *die*.

réanimer [3] [Reanime] **vt** wieder∘beleben.

réapprovisionner [3] [ReapRɔvizjɔne] **vt** COMM [magasin, commerçant] neu beliefern. ◆ **se réapprovisionner vp** sich wieder ein∘decken.

rebelle [Rəbɛl] **adj** **1.** [personne] rebellisch **2.** [mèche] widerspenstig. ◆ **rebelle nmf** Rebell *der*, -in *die*.

rebeller [4] [Rəbɛle] ◆ **se rebeller vp** rebellieren.

rebelote [rəbəlɔt] **nf** : **rebelote !** *fam* wie könnt's auch anders sein!

rebondir [32] [Rəbɔ̃diR] **vi** zurück∘prallen.

rebondissement [Rəbɔ̃dismɑ̃] **nm** [d'une affaire] neue Entwicklung.

rebord [RəbɔR] **nm** Fensterbrett *das*.

reboucher [3] [Rəbuʃe] **vt** zu∘stöpseln.

rebrousse-poil [RəbRuspwal] ◆ **à rebrousse-poil adv** [caresser] gegen den Strich.

rebrousser [3] [RəbRuse] **vt** : **rebrousser chemin** um∘kehren.

rébus [Rebys] **nm** Bilderrätsel *das*.

récalcitrant, e [RekalsitRɑ̃, ɑ̃t] **adj** widerspenstig.

recalé, e [Rəkale] **adj** *fam* : **recalée en juin, j'ai réussi en septembre** im Juni durchgefallen, habe ich es im September geschafft.

récapituler [3] [Rekapityle] **vt** zusammen∘fassen.

recaser [3] [Rəkaze] **vt** *fam* [personne] anderswo unter∘bringen. ◆ **se recaser vp** *(emploi réfléchi) fam* [retrouver un emploi] wieder einen Job finden.

récemment [Resamɑ̃] **adv** vor Kurzem.

recensement [Rəsɑ̃smɑ̃] **nm** Zählung *die*.

récent, e [Resɑ̃, ɑ̃t] **adj** neu.

récépissé [Resepise] **nm** **1.** [d'objet] Empfangsschein *der* **2.** [d'argent] Quittung *die*.

récepteur [RessɛptœR] **nm** **1.** [radio] Empfangsgerät *das* **2.** [téléphonique] Hörer *der*.

réception [Resɛpsjɔ̃] **nf** **1.** [fête] Empfang *der* **2.** [d'un hôtel] Rezeption *die* ▸ **à réception du colis** bei Empfang des Pakets ▸ **laisser qqch à la réception** etw an der Rezeption hinterlassen ▸ **'s'adresser à la réception'** 'wenden Sie sich an die Rezeption'.

réceptionniste [Resɛpsjɔnist] **nmf** [d'un hôtel] Empfangschef *der*, -dame *die*.

recette [Rəsɛt] **nf** **1.** [de cuisine] Rezept *das* **2.** [argent gagné] Einnahme *die*.

recevoir [52] [Rəsəvwar] **vt** **1.** [colis, lettre] erhalten **2.** [balle, coup] ab∘bekommen **3.** [accueillir] empfangen ▸ **être reçu à un examen** eine Prüfung bestehen.

rechange [Rəʃɑ̃ʒ] ◆ **de rechange adj** Ersatz-.

recharge [RəʃaRʒ] **nf** **1.** [de briquet] Nachfüllungspatrone *die* **2.** [de stylo] Ersatzmine *die*.

rechargeable [RəʃaRʒabl] **adj** [briquet, stylo] nachfüllbar.

recharger [17] [RəʃaRʒe] **vt** **1.** [briquet, stylo] nach∘füllen **2.** [arme] nach∘laden.

réchaud [reʃo] **nm** Kocher *der* ▸ **réchaud à gaz** Gaskocher.
réchauffement [reʃofmɑ̃] **nm** Erwärmung *die* ▸ **réchauffement de la planète** Erderwärmung.
réchauffer [3] [reʃofe] **vt** [plat] auf°wärmen. ◆ **se réchauffer vp** sich auf°wärmen ▸ **se réchauffer les mains** seine Hände auf°wärmen.
recherche [rəʃɛrʃ] **nf** Forschung *die* ▸ **faire des recherches** Nachforschungen an°stellen ▸ **faire de la recherche** Forscher(in) sein ▸ **être à la recherche de** auf der Suche sein nach.
rechercher [3] [rəʃɛrʃe] **vt** suchen.
rechute [rəʃyt] **nf** Rückfall *der* ▸ **faire une rechute** einen Rückfall haben.
rechuter [3] [rəʃyte] **vi** einen Rückfall erleiden.
récidiver [3] [residive] **vi** DR rückfällig werden.
récif [resif] **nm** Riff *das*.
récipient [resipjɑ̃] **nm** Behälter *der*.
réciproque [resiprɔk] **adj** gegenseitig.
récit [resi] **nm 1.** [rapport] Bericht *der* **2.** [conte] Erzählung *die*.
récital [resital] **nm** Konzert *das*.
récitation [resitasjɔ̃] **nf** Aufsagen *das*.
réciter [3] [resite] **vt** auf°sagen.
réclamation [reklamasjɔ̃] **nf** Reklamation *die* ▸ **faire une réclamation** eine Reklamation vor°bringen.
réclame [reklam] **nf** Reklame *die* ▸ **être en réclame** im Angebot sein ▸ **faire de la réclame pour qqch** für etw Werbung machen.
réclamer [3] [reklame] **vt** verlangen.
réclusion [reklyzjɔ̃] **nf** DR Haft *die*.
recoiffer [3] [rəkwafe] ◆ **se recoiffer vp** seine Haare wieder in Ordnung bringen.
recoin [rəkwɛ̃] **nm** Winkel *der*.
recoller [3] [rəkɔle] **vt** wieder zusammen°kleben.
récolte [rekɔlt] **nf** Ernte *die*.
récolter [3] [rekɔlte] **vt** ernten.
recommandation [rəkɔmɑ̃dasjɔ̃] **nf** Empfehlung *die*.
recommandé, e [rəkɔmɑ̃de] **adj** eingeschrieben ▸ **envoyer qqch en recommandé** etw als Einschreiben schicken.
recommander [3] [rəkɔmɑ̃de] **vt** empfehlen ▸ **être recommandé par qqn** von jm empfohlen werden. ◆ **se recommander vp** Suisse [insister] bestehen auf *(+ D)*.
recommencer [16] [rəkɔmɑ̃se] ◆ **vt 1.** [refaire du début] von vorne an°fangen **2.** [reprendre] wieder auf°nehmen. ◆ **vi** [pluie, spectacle] wieder an°fangen ▸ **recommencer à faire qqch** wieder an°fangen, etw zu tun.
récompense [rekɔ̃pɑ̃s] **nf** Belohnung *die*.
récompenser [3] [rekɔ̃pɑ̃se] **vt** belohnen.
recomposé, e [rəkɔ̃poze] **adj** [famille] Patchwork-.
réconcilier [9] [rekɔ̃silje] **vt** versöhnen. ◆ **se réconcilier vp** sich versöhnen ou wieder vertragen.
reconduire [98] [rəkɔ̃dɥir] **vt** [raccompagner] zurück°begleiten.
reconduit, e [rəkɔ̃dɥi, it] **pp & 3ᵉ pers. du sg. de l'ind. prés.** → **reconduire**.
reconfigurer [3] [rəkɔ̃figyre] **vt** INFORM um°konfigurieren.
réconforter [3] [rekɔ̃fɔrte] **vt** trösten.

reconnaissance [rəkɔnɛsɑ̃s] **nf** Dankbarkeit *die*.

reconnaissant, e [rəkɔnɛsɑ̃, ɑ̃t] **adj** dankbar ▸ **je vous suis très reconnaissant** ich bin Ihnen sehr dankbar.

reconnaître [91] [rəkɔnɛtʀ] **vt 1.** [se rappeler] wieder°erkennen **2.** [admettre] ein°sehen.

reconnu, e [rəkɔny] **pp** → **reconnaître**.

reconstituer [7] [rəkɔ̃stitɥe] **vt** wieder zusammen°setzen.

reconstruire [98] [rəkɔ̃stʀɥiʀ] **vt** wieder°auf°bauen.

reconstruit, e [rəkɔ̃stʀɥi, it] **pp** & **3e pers. du sg. de l'ind. prés.** → **reconstruire**.

recontacter [3] [rəkɔ̃takte] **vt** sich wieder in Verbindung setzen mit ▸ **nous vous recontacterons (ultérieurement)** wir werden uns (zu einem späteren Zeitpunkt) wieder mit Ihnen in Verbindung setzen.

reconvertir [32] [rəkɔ̃vɛʀtiʀ] ◆ **se reconvertir vp** [personne] sich umschulen lassen ▸ **se reconvertir dans l'informatique** in die Computerbranche über°wechseln.

recopier [9] [rəkɔpje] **vt** ab°schreiben.

record [rəkɔʀ] **nm** Rekord *der*.

recoucher [3] [rəkuʃe] ◆ **se recoucher vp** wieder ins Bett ou schlafen gehen.

recoudre [36] [rəkudʀ] **vt 1.** [bouton] wieder an°nähen **2.** [vêtement] flicken.

recourbé, e [ʀekuʀbe] **adj** gebogen.

recours [ʀəkuʀ] **nm** : **avoir recours à qqn** sich an jn wenden ▸ **avoir recours à des mesures** Maßnahmen ergreifen.

recouvert, e [rəkuvɛʀ, ɛʀt] **pp** → **recouvrir**.

recouvrir [34] [rəkuvʀiʀ] **vt** bedecken ▸ **recouvrir qqch de qqch** etw mit etw bedecken.

récréation [ʀekʀeasjɔ̃] **nf** Pause *die*.

recroqueviller [3] [rəkʀɔkvije] ◆ **se recroqueviller vp** sich zusammen°rollen.

recrutement [rəkʀytmɑ̃] **nm 1.** [de personnel] Einstellung *die* **2.** MIL Rekrutierung *die*.

recruter [3] [rəkʀyte] **vt** ein°stellen.

rectangle [ʀɛktɑ̃gl] **nm** Rechteck *das*.

rectangulaire [ʀɛktɑ̃gylɛʀ] **adj** rechteckig.

rectificatif, ive [ʀɛktifikatif, iv] **adj** berichtigend. ◆ **rectificatif nm** Berichtigung *die*.

rectifier [9] [ʀɛktifje] **vt** berichtigen.

rectiligne [ʀɛktiliɲ] **adj** geradlinig.

recto [ʀɛkto] **nm** Vorderseite *die* ▸ **recto verso** beidseitig.

reçu, e [rəsy] ◆ **pp** → **recevoir.** ◆ **nm** Quittung *die*.

recueil [rəkœj] **nm** Sammlung *die*.

recueillir [41] [rəkœjiʀ] **vt 1.** [dons, fonds] sammeln **2.** [accueillir] auf°nehmen. ◆ **se recueillir vp** sich sammeln.

recul [rəkyl] **nm 1.** [d'arme] Rückstoß *der* **2.** [repli] Rückzug *der* **3.** [régression] Rückgang *der* ▸ **prendre du recul** a) [pour sauter] Anlauf nehmen b) *fig* Abstand gewinnen ▸ **l'économie est en net recul** mit der Wirtschaft geht es deutlich bergab.

reculé, e [rəkyle] **adj 1.** [isolé] abgelegen **2.** [dans le temps] lang zurückliegend.

reculer [3] [rəkyle] ◆ **vt 1.** zurück°schieben **2.** [date] verschieben. ◆ **vi 1.** [d'un pas] zurück°gehen **2.** [se replier] zurück◦weichen **3.** [voiture] rückwärts◦fahren.

reculons [Rəkylɔ̃] ◆ **à reculons adv** rückwärts.

récup [Rekyp] **nf** *fam* Weiterverwendung *die*.

récupérer [18] [RekypeRe] ◆ **vt 1.** [reprendre] zurück◦bekommen **2.** [pour réutiliser] sammeln **3.** [heures, journées de travail] nach◦holen. ◆ **vi** sich erholen.

recyclable [Rəsiklabl] **adj** wiederverwertbar.

recyclage [Rəsiklaʒ] **nm 1.** [de déchets] Recycling *das* **2.** [professionnel] Umschulung *die*.

recycler [3] [Rəsikle] **vt** [déchets] recyceln.

rédacteur, trice [RedaktœR, tRis] **nm, f** Redakteur *der*, -in *die* ▸ **rédacteur en chef** Chefredakteur.

rédaction [Redaksjɔ̃] **nf** [à l'école] Aufsatz *der*.

redémarrer [3] [RədemaRe] **vi 1.** [véhicule] wieder los◦fahren **2.** [moteur] wieder an◦springen **3.** *fig* [activité] wieder in Gang kommen **4.** INFORM neu starten.

redescendre [73] [Rədesɑ̃dR] **vi 1.** [ascenseur] wieder hinunter◦fahren **2.** [avion] wieder sinken.

redevance [Rədəvɑ̃s] **nf** Gebühr *die* ▸ **redevance télé** Rundfunkgebühr.

rediffusion [Rədifyzjɔ̃] **nf** [émission] Wiederholung *die*.

rédiger [17] [Rediʒe] **vt** ab◦fassen.

redimensionner [3] [Rədimɑ̃sjɔne] **vt** neu dimensionieren.

redire [102] [RədiR] **vt** noch einmal sagen.

redonner [3] [Rədɔne] **vt 1.** [rendre] wieder◦geben **2.** [donner à nouveau] noch einmal geben ▸ **redonner confiance à qqn** jm das Selbstvetrauen zurück◦geben ▸ **redonner qqch à qqn a)** [rendre] jm etw zurück◦geben **b)** [donner plus] jm etw noch einmal geben.

redoublement [Rədubləmɑ̃] **nm** Wiederholen *das*.

redoubler [3] [Rəduble] ◆ **vt** SCOL wiederholen. ◆ **vi 1.** SCOL sitzen bleiben **2.** [pluie] sich verstärken.

redoutable [Rədutabl] **adj** furchtbar.

redouter [3] [Rədute] **vt** fürchten.

redressement [RədRɛsmɑ̃] **nm 1.** [d'une entreprise] Sanierung *die* **2.** [fiscal] Veränderung *die* ▸ **redressement fiscal** Steuernachzahlung *die*.

redresser [4] [RədRɛse] ◆ **vt 1.** [relever] wieder auf◦richten **2.** [remettre droit] gerade biegen. ◆ **vi** [conducteur] gegen◦lenken. ◆ **se redresser vp** sich auf◦richten.

réduction [Redyksjɔ̃] **nf 1.** [sur un prix] Ermäßigung *die* **2.** [diminution] Verringerung *die* **3.** [copie] verkleinerte Nachbildung.

réduire [98] [Redɥir] **vt 1.** verringern **2.** INFORM minimieren, reduzieren ▸ **réduire en miettes** zertrümmern ▸ **réduire en poudre** zermahlen.

réduit, e [Redɥi, it] ◆ **pp & 3ᵉ pers. du sg. de l'ind. prés.** → **réduire.** ◆ **adj 1.** [tarif] ermäßigt **2.** [vitesse] niedrig. ◆ **nm 1.** [local] dunkles Loch **2.** [renfoncement] Nische *die*.

rééducation [Reedykasjɔ̃] **nf** Krankengymnastik *die*.

réel, elle [Reɛl] **adj** wirklich.

réellement [Reɛlmɑ̃] **adv** wirklich.

réexpédier [9] [Reɛkspedje] **vt** zurück◦schicken.

refaire [109] [ʀəfɛʀ] **vt 1.** [faire à nouveau] noch einmal machen **2.** [remettre en état] neu machen.

refait, e [ʀəfɛ, ɛt] **pp & 3ᵉ pers. du sg. de l'ind. prés. → refaire.**

réfectoire [ʀefɛktwaʀ] **nm** Speisesaal *der*.

référence [ʀefeʀɑ̃s] **nf** Zeichen *das* ▸ **ouvrage de référence** Nachschlagewerk *das* ▸ **faire référence à** sich beziehen auf *(+ A)*.

référencer [16] [ʀefeʀɑ̃se] **vt INFORM** verlinken.

référendum [ʀefeʀɛ̃dɔm] **nm** Volksentscheid *der*.

refermer [3] [ʀəfɛʀme] **vt** wieder zu∘machen. ◆ **se refermer vp** sich wieder schließen.

réfléchi, e [ʀefleʃi] **adj GRAMM** reflexiv.

réfléchir [32] [ʀefleʃiʀ] ◆ **vt** reflektieren. ◆ **vi** nach∘denken. ◆ **se réfléchir vp** sich wider∘spiegeln.

reflet [ʀəflɛ] **nm 1.** [dans un miroir] Spiegelbild *das* **2.** [de cheveux] Schimmer *der*.

refléter [18] [ʀəflete] **vt** reflektieren. ◆ **se refléter vp** sich wider∘spiegeln.

réflexe [ʀeflɛks] **nm** Reflex *der*.

réflexion [ʀeflɛksjɔ̃] **nf 1.** [pensée] Nachdenken *das* **2.** [remarque, critique] Bemerkung *die*.

reformater [3] [ʀəfɔʀmate] **vt INFORM** um∘formatieren.

réforme [ʀefɔʀm] **nf** Reform *die*.

réformer [3] [ʀefɔʀme] **vt 1.** [transformer] reformieren **2. MIL** aus∘mustern.

refouler [3] [ʀəfule] **vt 1.** [foule] zurück∘drängen **2.** [sentiment] unter∘drücken **3.** [larmes] zurück∘halten **4.** [problème] verdrängen.

refrain [ʀəfʀɛ̃] **nm** Refrain *der*.

réfrigérateur [ʀefʀiʒeʀatœʀ] **nm** Kühlschrank *der*.

réfrigérer [18] [ʀefʀiʒeʀe] **vt** ein∘frieren.

refroidir [32] [ʀəfʀwadiʀ] ◆ **vt 1.** [aliment] ab∘kühlen **2.** [décourager] ab∘schrecken. ◆ **vi** ab∘kühlen. ◆ **se refroidir vp** ab∘kühlen.

refroidissement [ʀəfʀwadismɑ̃] **nm 1.** [de la température] Temperaturrückgang *der* **2.** [rhume] Erkältung *die*.

refuge [ʀəfyʒ] **nm 1.** [en montagne] Hütte *die* **2.** [pour sans-abri] Zuflucht *die*.

réfugié, e [ʀefyʒje] **nm, f** Flüchtling *der*.

réfugier [9] [ʀefyʒje] ◆ **se réfugier vp** flüchten.

refus [ʀəfy] **nm** Ablehnung *die*.

refuser [3] [ʀəfyze] **vt 1.** [invitation, cadeau] ab∘lehnen **2.** [clients] ab∘weisen ▸ **refuser qqch à qqn** jm etw verweigern ▸ **être refusé à un examen** bei einer Prüfung durch∘fallen.

regagner [3] [ʀəgaɲe] **vt 1.** [reprendre] wieder∘gewinnen **2.** [rejoindre] zurück∘kehren in *(+ A)* ▸ **veuillez regagner vos places** gehen Sie bitte auf Ihre Plätze zurück.

régaler [3] [ʀegale] **vt** : **c'est moi qui régale** das geht auf meine Kosten. ◆ **se régaler vp** es sich *(D)* schmecken lassen ▸ **tu vas te régaler !** du wirst es genießen!

regard [ʀəgaʀ] **nm** Blick *der*.

regarder [3] [ʀəgaʀde] **vt 1.** [observer] an∘sehen **2.** [concerner] an∘gehen ▸ **ça ne te regarde pas** das geht dich nichts an ▸ **regarder la télévision** fernsehen ▸ **regarder qqn manger** jm beim Essen zu∘sehen.

régénérant, e [ReʒeneRɑ̃, ɑ̃t] **adj** regenerierend.
reggae [Rege] **nm** Reggae *der*.
régime [Reʒim] **nm 1.** [alimentaire] Diät *die* **2.** [d'un moteur] Drehzahl *die* **3.** [de bananes] Fruchtstand *der* **4.** POL Regierungsform *die* ▸ **être / se mettre au régime** eine Diät machen / an°fangen.
régiment [Reʒimɑ̃] **nm** Regiment *das*.
région [Reʒjɔ̃] **nf** Region *die*.

ⓘ **Les Régions**

Die Regionen bilden nach dem Staat die größten Verwaltungseinheiten in Frankreich. Auch wenn sie im Zuge der Dezentralisierung ihre Zuständigkeitsbereiche ausgedehnt haben, bleibt Frankreich im Vergleich zu Deutschland ein stark zentralisierter Staat. Die 27 Regionen (davon 4 in Übersee) sind in 101 départements unterteilt.

régional, e, aux [Reʒjɔnal, o] **adj** regional.
registre [RəʒistR] **nm** [livre] Register *das*.
réglable [Reglabl] **adj** verstellbar ▸ **réglable en hauteur / profondeur** höhen- / tiefenverstellbar.
réglage [Reglaʒ] **nm** Einstellung *die*.
règle [Rɛgl] **nf 1.** [instrument] Lineal *das* **2.** [loi] Regel *die* ▸ **être en règle** sich *(D)* nichts zuschulden kommen lassen ▸ **en règle générale** in der Regel ▸ **règles du jeu** Spielregeln. ◆ **règles nfpl** [menstruation] Tage *pl*.
règlement [Rɛgləmɑ̃] **nm 1.** [lois] Vorschrift *die* **2.** [paiement] Zahlung *die* ▸ **règlement intérieur** Betriebsordnung *die*.
réglementaire [Rɛgləmɑ̃tɛR] **adj** [imposé] vorschriftsmäßig.
réglementation [Rɛgləmɑ̃tasjɔ̃] **nf** [ensemble de règles] Bestimmungen *pl*, Vorschriften *pl*.
régler [18] [Regle] **vt 1.** [appareil, moteur, son] ein°stellen **2.** [payer] bezahlen **3.** [problème] klären.
réglisse [Reglis] **nf** Lakritz *der ODER das*.
règne [Rɛɲ] **nm** Herrschaft *die*.
régner [8] [Reɲe] **vi** herrschen.
regret [RəgRɛ] **nm** Bedauern *das* ▸ **avoir des regrets d'avoir fait qqch** es bedauern, etw getan zu haben.
regrettable [RəgRɛtabl] **adj** bedauerlich ▸ **c'est regrettable que** es ist bedauerlich, dass.
regretter [4] [RəgRɛte] **vt 1.** [erreur, décision] bedauern **2.** [personne] vermissen ▸ **regretter de faire qqch** bedauern, etw zu tun ▸ **regretter que** bedauern, dass.
regrouper [3] [RəgRupe] **vt** zusammen°fassen. ◆ **se regrouper vp** sich versammeln.
régulier, ère [Regylje, ɛR] **adj 1.** [constant] gleichmäßig **2.** [fréquent, habituel] regelmäßig **3.** [légal] ordnungsgemäß.
régulièrement [RegyljɛRmɑ̃] **adv 1.** [de façon constante] gleichmäßig **2.** [souvent] regelmäßig.
rehausseur [RəosœR] **nm** Sitzerhöhung *die*.
rein [Rɛ̃] **nm** Niere *die*. ◆ **reins nmpl** [dos] Kreuz *das*.
réincarner [3] [Reɛ̃kaRne] ◆ **se réincarner vp** wiedergeboren werden.

reine [rɛn] **nf 1.** [d'un royaume] Königin *die* **2.** [aux échecs, aux cartes] Dame *die*.

réinitialisation [reinisjalizasjɔ̃] **nf** erneute Initialisierung.

réinitialiser [3] [reinisjalize] **vt** INFORM neu intitialisieren.

réinscriptible [reɛ̃skriptibl] **adj** wiederbeschreibbar.

réinsertion [reɛ̃sɛrsjɔ̃] **nf** Wiedereingliederung *die*.

rejeter [27] [rəʒte] **vt 1.** [relancer] zurück◦werfen **2.** [refuser] zurück◦weisen.

rejoindre [82] [rəʒwɛ̃dr] **vt 1.** [personne] wieder treffen **2.** [arriver à] erreichen **3.** [aboutir à] münden in *(+ D)*.

rejoint, e [rəʒwɛ̃, ɛ̃t] **pp & 3ᵉ pers. du sg. de l'ind. prés.** → **rejoindre**.

réjouir [32] [reʒwir] ◆ **se réjouir vp** sich freuen ▸ **se réjouir de faire qqch** sich freuen, etw zu tun.

réjouissant, e [reʒwisɑ̃, ɑ̃t] **adj** erfreulich.

relâcher [3] [rəlaʃe] **vt** [prisonnier] frei◦lassen ▸ **il a relâché son attention** seine Aufmerksamkeit ließ nach. ◆ **se relâcher vp 1.** [corde] sich lockern **2.** [discipline] nach◦lassen.

relais [rəlɛ] **nm 1.** [auberge] Raststätte *die* **2.** SPORT Staffellauf *der* ▸ **prendre le relais de qqn** jn ab◦lösen.

relancer [16] [rəlɑ̃se] **vt 1.** [balle] zurück◦werfen **2.** [solliciter] bedrängen.

relatif, ive [rəlatif, iv] **adj 1.** relativ **2.** GRAMM Relativ- ▸ **relatif à** betreffend.

relation [rəlasjɔ̃] **nf 1.** [rapport] Beziehung *die* **2.** [personne] Bekannte *der, die* ▸ **être / entrer en relation(s) avec qqn** mit jm in Verbindung stehen / treten ▸ **relation amoureuse** Liebesbeziehung.

relativement [rəlativmɑ̃] **adv** verhältnismäßig.

relaxation [rəlaksasjɔ̃] **nf** Entspannung *die*.

relaxer [3] [rəlakse] ◆ **se relaxer vp** sich entspannen.

relayer [11] [rəleje] **vt** ab◦lösen. ◆ **se relayer vp** : **se relayer (pour faire qqch)** sich (bei etw) ab◦lösen.

relevé, e [rəlve] **adj** scharf ▸ **relevé de compte** Kontoauszug *der* ▸ **relevé de notes** Zeugnis *das* ▸ **relevé d'identité bancaire** *Bescheinigung mit der Bankverbindung*.

relever [19] [rəlve] **vt 1.** [tête] heben **2.** [col] hoch◦schlagen **3.** [remarquer] entdecken **4.** [épicer] würzen. ◆ **se relever vp** wieder auf◦stehen.

relief [rəljɛf] **nm** Relief *das* ▸ **en relief** [carte] Relief-.

relier [9] [rəlje] **vt** verbinden.

religieuse [rəliʒjøz] **nf** CULIN *mit Creme gefülltes Gebäckstück aus Brandteig*.

religieux, euse [rəliʒjø, øz] ◆ **adj** Kirchen-. ◆ **nm, f** Ordensbruder *der*, Ordensschwester *die*.

religion [rəliʒjɔ̃] **nf** Religion *die*.

relire [106] [rəlir] **vt 1.** [lire à nouveau] nochmals lesen **2.** [pour corriger] Korrektur lesen.

reliure [rəljyr] **nf** [couverture] Einband *der*.

relooker [3] [rəluke] **vt** *fam* neu stylen.

relou [rəlu] **adj** *fam* [idiot] blöd ▸ **elle est relou, ta blague** das ist ein blöder Witz ▸ **tu deviens relou avec tes questions** [agaçant] du nervst mit deinen Fragen.

relu, e [rəly] **pp** → **relire**.

remanier [9] [ʀəmanje] **vt 1.** [texte] überarbeiten **2.** [équipe] um◦organisieren.

remarcher [3] [ʀəmaʀʃe] **vi** [mécanisme] wieder funktionieren.

remarquable [ʀəmaʀkabl] **adj 1.** [événement] bemerkenswert **2.** [personne] hervorragend.

remarque [ʀəmaʀk] **nf 1.** [observation] Bemerkung *die* **2.** [note] Anmerkung *die*.

remarquer [3] [ʀəmaʀke] **vt** bemerken ▸ **remarque, ...** nebenbei bemerkt, ... ▸ **se faire remarquer** (unangenehm) auf◦fallen.

rembobiner [3] [ʀɑ̃bɔbine] **vt** zurück◦spulen.

rembourré, e [ʀɑ̃buʀe] **adj** gepolstert.

remboursement [ʀɑ̃buʀsəmɑ̃] **nm** Rückzahlung *die*.

rembourser [3] [ʀɑ̃buʀse] **vt** zurück◦zahlen ▸ **rembourser qqch à qqn** jm etw erstatten.

remède [ʀəmɛd] **nm** Mittel *das*.

remédier [9] [ʀəmedje] ◆ **remédier à v + prép** : **remédier à qqch** einer Sache *(D)* Abhilfe schaffen.

remémorer [3] [ʀəmemɔʀe] ◆ **se remémorer vp** *sout* : **se remémorer qqch** sich einer Sache *(G)* entsinnen.

remerciements [ʀəmɛʀsimɑ̃] **nmpl** Dank *der*.

remercier [9] [ʀəmɛʀsje] **vt 1.** [dire merci] danken **2.** [congédier] entlassen ▸ **remercier qqn de** ou **pour qqch** jm für etw danken ▸ **remercier qqn d'avoir fait qqch** jm dafür danken, dass er etw getan hat.

remettre [84] [ʀəmɛtʀ] **vt 1.** [à plat] zurück◦legen **2.** [verticalement] zurück◦stellen **3.** [vêtement] wieder an◦ziehen **4.** [retarder] verschieben ▸ **remettre qqch à qqn** jm etw übergeben ▸ **remettre qqch en état** etw wieder instand setzen. ◆ **se remettre vp** [se rétablir] sich erholen ▸ **se remettre à faire qqch** wieder an◦fangen, etw zu tun ▸ **se remettre de** sich erholen von.

remis, e [ʀəmi, iz] **pp & 1re et 2e pers. du sg. de l'ind. passé simple → remettre**.

remise [ʀəmiz] **nf 1.** [abri] Schuppen *der* **2.** [rabais] Nachlass *der* ▸ **faire une remise à qqn** jm Nachlass gewähren.

remontant [ʀəmɔ̃tɑ̃] **nm** Stärkungsmittel *das*.

remontée [ʀəmɔ̃te] **nf** : **remontées mécaniques** Skilifte *pl*.

remonte-pente [ʀəmɔ̃tpɑ̃t] (*pl* **remonte-pentes**) **nm** Schlepplift *der*.

remonter [3] [ʀəmɔ̃te] ◆ **vt** *(aux. avoir)* **1.** höher hängen **2.** [côte, escalier] wieder hinauf◦gehen **3.** [moteur, pièces] wieder zusammen◦bauen **4.** [montre] auf◦ziehen. ◆ **vi** *(aux. être)* **1.** [retourner en haut] wieder hinauf◦gehen **2.** [augmenter] wieder steigen **3.** [dans une voiture] wieder ein◦steigen **4.** [à cheval] wieder auf◦sitzen ▸ **remonter à** zurück◦gehen auf *(+ A)*.

remords [ʀəmɔʀ] **nm** Gewissensbisse *pl*.

remorque [ʀəmɔʀk] **nf** Anhänger *der*.

remorquer [3] [ʀəmɔʀke] **vt** ab◦schleppen.

remorqueur [ʀəmɔʀkœʀ] **nm** Schlepper *der*.

remous [ʀəmu] **nm** Strudel *der* ▸ **bain à remous** Whirlpool *der*.

remparts [ʀɑ̃paʀ] **nmpl** Stadtmauer *die*.

remplaçant, e [ʀɑ̃plasɑ̃, ɑ̃t] **nm, f** **1.** [d'enseignant] Vertreter *der*, -in *die* **2.** [de sportif] Ersatzspieler *der*, -in *die*.

remplacer [16] [ʀɑ̃plase] **vt 1.** [changer] aus∘wechseln **2.** [prendre la place de] vertreten ▸ **remplacer qqn / qqch par** jn / etw ersetzen durch.

remplir [32] [ʀɑ̃pliʀ] **vt 1.** [verre, salle] füllen **2.** [questionnaire] aus∘füllen ▸ **remplir qqch de** etw füllen mit. ◆ **se remplir (de) vp + prép** sich füllen (mit).

remporter [3] [ʀɑ̃pɔʀte] **vt 1.** [reprendre] wieder mit∘nehmen **2.** [gagner] erringen ▸ **remporter la victoire** den Sieg davon∘tragen.

remue-ménage [ʀəmymenaʒ] **nm inv** Durcheinander *das*.

remuer [7] [ʀəmɥe] **vt 1.** bewegen **2.** [mélanger] um∘rühren.

rémunération [ʀemyneʀasjɔ̃] **nf** Bezahlung *die*.

rémunérer [18] [ʀemyneʀe] **vt** bezahlen.

renard [ʀənaʀ] **nm** Fuchs *der*.

rencontre [ʀɑ̃kɔ̃tʀ] **nf** Begegnung *die* ▸ **aller à la rencontre de qqn** jm entgegen∘gehen.

rencontrer [3] [ʀɑ̃kɔ̃tʀe] **vt 1.** [par hasard] begegnen **2.** [faire la connaissance de] kennen∘lernen **3.** [équipe adverse] an∘treten gegen. ◆ **se rencontrer vp 1.** [par hasard] sich begegnen **2.** [faire connaissance] sich kennen∘lernen ▸ **on ne s'est pas déjà rencontrés ?** sind wir uns schon mal begegnet?

rendez-vous [ʀɑ̃devu] **nm 1.** [d'affaires] Termin *der* **2.** [amoureux] Rendezvous *das* **3.** [lieu] Treffpunkt *der* ▸ **rendez-vous chez moi à 14 h** wir treffen uns um 14 Uhr bei mir ▸ **avoir rendez-vous avec qqn** mit jm verabredet sein ▸ **donner rendez-vous à qqn** sich mit jm verabreden ▸ **prendre rendez-vous** einen Termin vereinbaren.

rendormir [36] [ʀɑ̃dɔʀmiʀ] ◆ **se rendormir vp** wieder ein∘schlafen.

rendre [73] [ʀɑ̃dʀ] ◆ **vt 1.** zurück∘geben **2.** [faire devenir] machen. ◆ **vi** [vomir] sich übergeben ▸ **rendre la monnaie** Geld heraus∘geben ▸ **rendre visite à** besuchen. ◆ **se rendre vp** [armée, soldat] sich ergeben ▸ **se rendre à** *sout* sich begeben in *(+ A)* ▸ **se rendre à Paris** sich nach Paris begeben ▸ **se rendre à son travail** zur Arbeit gehen ▸ **se rendre utile** sich nützlich machen.

rênes [ʀɛn] **nfpl** Zügel *pl.*

renfermé, e [ʀɑ̃fɛʀme] ◆ **adj** unzugänglich. ◆ **nm** : **sentir le renfermé** muffig riechen.

renfermer [3] [ʀɑ̃fɛʀme] **vt** enthalten.

renfoncement [ʀɑ̃fɔ̃smɑ̃] **nm** Vertiefung *die*.

renforcer [16] [ʀɑ̃fɔʀse] **vt** verstärken.

renforts [ʀɑ̃fɔʀ] **nmpl** Verstärkung *die*.

renier [9] [ʀənje] **vt** verleugnen.

renifler [3] [ʀənifle] **vi** schnüffeln.

renne [ʀɛn] **nm** Ren(tier) *das*.

renommé, e [ʀənɔme] **adj** renommiert.

renommée [ʀənɔme] **nf** Renommee *das*.

renommer [3] [ʀənɔme] **vt** um∘benennen.

renoncer [16] [ʀənɔ̃se] ◆ **renoncer à v + prép** verzichten auf *(+ A)* ▸ **renoncer à faire qqch** darauf verzichten, etw zu tun.

renouer [6] [ʀənwe] ◆ **vt** wieder auf∘nehmen. ◆ **vi** : **renouer avec qqn** zu jm wieder Kontakt auf∘nehmen.

renouvelable [Rənuvlabl] **adj** erneuerbar.

renouveler [24] [Rənuvle] **vt** erneuern. ◆ **se renouveler vp** sich wiederholen.

rénovation [Renɔvasjɔ̃] **nf** Renovierung *die*.

rénover [3] [Renɔve] **vt** renovieren.

renseignement [Rɑ̃sɛɲmɑ̃] **nm** Auskunft *die* ▸ **les renseignements** die Auskunft ▸ **les renseignements téléphoniques** die Telefonauskunft.

renseigner [4] [Rɑ̃seɲe] **vt** : **renseigner qqn (sur)** jm Auskunft geben (über *(+ A)*). ◆ **se renseigner (sur) vp + prép** sich erkundigen (über *(+ A)*).

rentabilité [Rɑ̃tabilite] **nf** Rentabilität *die*.

rentable [Rɑ̃tabl] **adj** rentabel.

rente [Rɑ̃t] **nf** Rente *die*.

rentrée [Rɑ̃tRe] **nf** : **rentrée d'argent** Geldeinnahme *die* ▸ **rentrée des classes** Schulbeginn *der*.

ⓘ La rentrée

In Frankreich hat der Tag, an dem die Sommerferien zu Ende gehen, eine gesellschaftsübergreifende Bedeutung. Nach der langen Ruhephase beginnt im September mit la rentrée die Zeit, in der auch wieder Politik und Handel in Gang kommen.

rentrer [3] [Rɑ̃tRe] ◆ **vi** *(aux. être)* **1.** [entrer] (wieder) herein∘kommen, (wieder) hinein∘gehen **2.** [chez soi] zurück∘kehren **3.** [être contenu] hinein∘passen. ◆ **vt** *(aux. avoir)* stecken ▸ **rentrer dans** a) [à pied] hinein∘rennen in *(+ A)* b) [en véhicule] fahren gegen ▸ **rentrer le ventre** den Bauch ein∘ziehen. ◆ **se rentrer dedans vp** *fam* zusammen∘stoßen.

renverser [3] [Rɑ̃vɛRse] **vt 1.** [liquide] verschütten **2.** [piéton] an∘fahren **3.** [gouvernement] stürzen ▸ **se faire renverser** überfahren werden. ◆ **se renverser vp** [bouteille, liquide] um∘kippen.

renvoi [Rɑ̃vwa] **nm 1.** [d'un salarié] Kündigung *die* **2.** [d'un élève] Schulverweis *der* **3.** [rot] Aufstoßen *das* **4.** INFORM Querverweis *der* ▸ **l'eau gazeuse me donne des renvois** von Mineralwasser muss ich rülpsen.

renvoyer [30] [Rɑ̃vwaje] **vt 1.** [balle, image, rayon] zurück∘werfen **2.** [lettre] zurück∘schicken **3.** [salarié] kündigen *(+ D)* **4.** [élève] verweisen.

réorganiser [3] [Reɔrganize] **vt** um∘organisieren.

répandre [74] [Repɑ̃dR] **vt 1.** [renverser] verschütten **2.** [nouvelle] verbreiten. ◆ **se répandre vp 1.** [liquide] aus∘laufen **2.** [nouvelle, maladie] sich verbreiten.

répandu, e [Repɑ̃dy] **adj** verbreitet.

réparateur, trice [ReparatœR, tRis] **nm, f** Techniker *der*, -in *die*.

réparation [Reparasjɔ̃] **nf** Reparatur *die* ▸ **être en réparation** repariert werden.

réparer [3] [Repare] **vt** reparieren ▸ **faire réparer qqch** etw reparieren lassen.

repartir [43] [RəpaRtiR] **vi 1.** [partir] wieder weg∘gehen **2.** [rentrer] zurück∘gehen ▸ **le taxi est déjà reparti** das Taxi ist schon wieder weggefahren.

répartir [32] [RepaRtiR] **vt** verteilen. ◆ **se répartir vp** untereinander auf∘teilen ▸ **se répartir en trois groupes** sich in drei Gruppen auf∘teilen.

répartition [repaʀtisjɔ̃] **nf 1.** [partage] Aufteilen *das* **2.** [résultat] Aufteilung *die*.

repas [ʀəpa] **nm** Mahlzeit *die*.

repassage [ʀəpasaʒ] **nm** Bügeln *das* ▸ **faire du repassage** bügeln.

repasser [3] [ʀəpase] ◆ **vt** *(aux.* **avoir***)* [linge] bügeln. ◆ **vi** *(aux.* **être***)* wieder vorbei∘kommen ▸ **repasser le standard (téléphonique)** wieder mit der Vermittlung verbunden werden.

repêchage [ʀəpeʃaʒ] **nm** [examen] Nachholprüfung *die*.

repêcher [4] [ʀəpeʃe] **vt 1.** [retirer de l'eau] aus dem Wasser heraus∘holen **2.** [à un examen] durchkommen lassen ▸ **être repêché** [concours] bestehen.

repeindre [81] [ʀəpɛ̃dʀ] **vt** neu streichen.

repeint, e [ʀəpɛ̃, ɛ̃t] **pp & 3ᵉ pers. du sg. de l'ind. prés.** → **repeindre**.

répercussions [repɛʀkysjɔ̃] **nfpl** Auswirkungen *pl*.

répercuter [3] [repɛʀkyte] **vt** [ordre, consigne] weiter∘leiten. ◆ **se répercuter vp** [se ressentir] : **se répercuter sur qqch** sich auf etw *(A)* aus∘wirken.

repère [ʀəpɛʀ] **nm** Markierung *die* ▸ **faire un repère sur qqch** etw markieren ▸ **ne plus avoir ses repères** *fig* orientierungslos sein.

repérer [18] [ʀəpeʀe] **vt 1.** [remarquer un lieu] ausfindig machen **2.** [remarquer une personne] bemerken. ◆ **se repérer vp** sich zurecht∘finden.

répertoire [repɛʀtwaʀ] **nm 1.** [carnet] Adressbuch *das* **2.** [d'un acteur, d'un musicien] Repertoire *das* **3.** INFORM Verzeichnis *das*.

répéter [18] [repete] **vt 1.** wiederholen **2.** [rôle] ein∘studieren **3.** [œuvre musicale] üben. ◆ **se répéter vp** [se reproduire] sich wiederholen.

répétitif [repetitif] **adj 1.** [fréquent] wiederkehrend **2.** [monotone] eintönig.

replacer [16] [ʀəplase] **vt 1.** [à plat] wieder an seinen Platz legen **2.** [verticalement] wieder an seinen Platz stellen.

replier [10] [ʀəplije] **vt 1.** [lettre, vêtement] zusammen∘falten **2.** [chaise] zusammen∘klappen.

réplique [replik] **nf 1.** [réponse] Erwiderung *die* **2.** [copie] Nachbildung *die*.

répliquer [3] [replike] ◆ **vt** erwidern. ◆ **vi** [avec insolence] frech antworten.

répondeur [repɔ̃dœʀ] **nm** : **répondeur (téléphonique)** Anrufbeantworter *der*.

répondre [75] [repɔ̃dʀ] ◆ **vi** antworten. ◆ **vt** antworten ▸ **répondre à qqn** a) [oralement, par lettre] jm antworten b) [avec insolence] jm frech antworten.

réponse [repɔ̃s] **nf** Antwort *die*.

reportage [ʀəpɔʀtaʒ] **nm** Reportage *die*.

reporter¹ [ʀəpɔʀtɛʀ] **nmf** Reporter *der*, -in *die*.

reporter² [3] [ʀəpɔʀte] **vt 1.** [rapporter] zurück∘bringen **2.** [date, réunion] verschieben.

repos [ʀəpo] **nm** Ruhe *die* ▸ **deux jours de repos par semaine** zwei freie Tage pro Woche.

reposant, e [ʀəpozɑ̃, ɑ̃t] **adj** erholsam.

repose-poignets [ʀəpozpwaɲɛ] **nm inv** Handgelenkentlaster *der*.

reposer [3] [ʀəpoze] ◆ **vt 1.** [à plat] zurück∘legen **2.** [verticalement] zurück∘stellen. ◆ **vi** [être enterré] ruhen. ◆ **se reposer vp** sich erholen.

repousser [3] [Rəpuse] ◆ **vt 1.** [objet] zurück◦schieben **2.** [ennemi] zurück◦drängen **3.** [retarder] verschieben. ◆ **vi** nach◦wachsen ▸ **mes cheveux repoussent vite** meine Haare wachsen schnell nach ▸ **repousser une réunion** ein Treffen verschieben.

reprendre [79] [RəpRɑ̃dR] **vt 1.** [objet] wieder ab◦holen **2.** [activité] wieder auf◦nehmen **3.** [prisonnier] wieder fassen **4.** [se resservir] nach◦nehmen ▸ **reprendre son souffle** wieder zu Atem kommen.

représailles [RəpRezaj] **nfpl** Repressalien *pl*.

représentant, e [RəpRezɑ̃tɑ̃, ɑ̃t] **nm, f** [porte-parole] Repräsentant *der*, -in *die* ▸ **représentant de commerce** Handelsvertreter *der*, -in *die*.

représentatif, ive [RəpRezɑ̃tatif, iv] **adj** repräsentativ.

représentation [RəpRezɑ̃tasjɔ̃] **nf 1.** [spectacle] Vorstellung *die* **2.** [image] Darstellung *die*.

représenter [3] [RəpRezɑ̃te] **vt** dar◦stellen.

répression [RepResjɔ̃] **nf** Unterdrückung *die*.

réprimer [3] [RepRime] **vt** unterdrücken.

repris, e [RəpRi, iz] **pp** & **1re et 2e pers. du sg. de l'ind. passé simple** : **'ni repris, ni échangé'** keine Rücknahme, keine Erstattung. → **reprendre**.

reprise [RəpRiz] **nf 1.** [économique] Aufschwung *der* **2.** [rachat] Rücknahme *die* ▸ **à plusieurs reprises** mehrfach ▸ **faire une reprise** stopfen.

repriser [3] [RəpRize] **vt** stopfen.

reproche [RəpRɔʃ] **nm** Vorwurf *der*.

reprocher [3] [RəpRɔʃe] **vt** : **reprocher qqch à qqn** jm etw vor◦werfen.

reproduction [RəpRɔdyksjɔ̃] **nf 1.** [copie] Nachdruck *der* **2.** [des animaux] Fortpflanzung *die*.

reproduire [98] [RəpRɔdɥiR] **vt** nach◦drucken. ◆ **se reproduire vp 1.** [avoir lieu de nouveau] sich wiederholen **2.** [animaux] sich fort◦pflanzen.

reproduit, e [RəpRɔdɥi, it] **pp** & **3e pers. du sg. de l'ind. prés.** → **reproduire**.

reptile [Rɛptil] **nm** Reptil *das*.

république [Repyblik] **nf** Republik *die* ▸ **la République démocratique du Congo** die Demokratische Republik Kongo ▸ **la République centrafricaine** die Zentralafrikanische Republik ▸ **la République française** die Französische Republik ▸ **la République populaire de Chine** die Volksrepublik China.

ⓘ La République

Frankreich ist eine Republik seit 1792, als im Zuge der Französischen Revolution zum ersten Mal die Republik ausgerufen wurde, mit einigen Unterbrechungen bis zur heutigen fünften Republik. Ihre Ideale für Freiheit, Gleichheit, Brüderlichkeit und Gerechtigkeit sind weltweit annerkannt und ihre Symbole, wie die französische Fahne und die Marianne, sind allgegenwärtig.

répugnant, e [Repyɲɑ̃, ɑ̃t] **adj** widerwärtig.

réputation [Repytasjɔ̃] **nf** Ruf *der*.

réputé, e [Repyte] **adj** bekannt.

requête [Rəkɛt] **nf 1.** Gesuch *das* **2.** INFORM Abfrage *die*.

requin [Rəkɛ̃] **nm** Hai(fisch) *der*.

RER **nm** *regionales Schnellbahnnetz* ; ≃ S-Bahn *die*.

rescapé, e [reskape] **nm, f** Überlebende *der, die*.

rescousse [reskus] **nf** : **aller à la rescousse de qqn** jm zu Hilfe kommen.

réseau [rezo] (*pl* -x) **nm** Netz *das* ▸ **réseau local** Lokalnetz ▸ **réseau social** soziales Netzwerk ▸ **réseau Wi-fi** Wi-fi-Netz.

réseauter [3] [rezote] **vi** *fam* sich vernetzen.

réservation [rezɛrvasjɔ̃] **nf 1.** [d'un voyage] Buchung *die* **2.** [d'un billet] Reservierung *die*.

réserve [rezɛrv] **nf 1.** [provision] Reserve *die* **2.** [discrétion] Zurückhaltung *die* **3.** [parc] Reservat *das* ▸ **en réserve** auf Vorrat.

réservé, e [rezɛrve] **adj** reserviert.

réserver [3] [rezɛrve] **vt 1.** [chambre] reservieren **2.** [billet] vor◦bestellen ▸ **réserver qqch à qqn** etw für jn bestimmen. ◆ **se réserver vp** sich *(D)* den Hunger auf◦sparen.

réservoir [rezɛrvwar] **nm** [à essence] Tank *der*.

reset [retsɛt] **nm** Reset-Taste *die*.

résidence [rezidɑ̃s] **nf 1.** *sout* [domicile] Wohnsitz *der* **2.** [immeuble] Wohnanlage *die* ▸ **résidence secondaire** zweiter Wohnsitz.

résidentiel, elle [rezidɑ̃sjɛl] **adj** Wohn-.

résider [3] [rezide] **vi** *sout* ansässig sein.

résigner [3] [reziɲe] ◆ **se résigner vp** sich ab◦finden ▸ **se résigner à qqch** sich mit etw ab◦finden ▸ **se résigner à faire qqch** sich damit ab◦finden, etw zu tun.

résiliation [reziljasjɔ̃] **nf** Kündigung *die*.

résilier [9] [rezilje] **vt** kündigen.

résine [rezin] **nf** Harz *das*.

résistance [rezistɑ̃s] **nf** Widerstand *der*.

résistant, e [rezistɑ̃, ɑ̃t] ◆ **adj** [solide] widerstandsfähig. ◆ **nm, f** Widerstandskämpfer *der*, -in *die*.

résister [3] [reziste] ◆ **résister à v + prép 1.** [lutter contre] widerstehen **2.** [supporter] stand◦halten.

résolu, e [rezɔly] ◆ **pp** → **résoudre.** ◆ **adj** [décidé] entschlossen.

résolution [rezɔlysjɔ̃] **nf** [décision] Beschluss *der* ▸ **haute résolution** INFORM hohe Bildauflösung.

résonner [3] [rezɔne] **vi** wider◦hallen.

résoudre [88] [rezudr] **vt** lösen.

respect [respɛ] **nm 1.** [d'une personne] Respekt *der* **2.** [des lois] Achtung *die* ▸ **avoir du respect pour qqn / qqch** Respekt vor jm / etw haben.

respecter [4] [respɛkte] **vt 1.** [personne] respektieren **2.** [lois] achten.

respectif, ive [respɛktif, iv] **adj** jeweilige(r, s).

respiration [respirasjɔ̃] **nf** Atmung *die*.

respirer [3] [respire] ◆ **vi** atmen. ◆ **vt** ein◦atmen.

responsabilité [respɔ̃sabilite] **nf** Verantwortung *die* ▸ **prendre ses responsabilités** Verantwortung übernehmen ▸ **sous la responsabilité de qqn** unter js Verantwortung.

responsable [respɔ̃sabl] ◆ **adj 1.** [coupable] verantwortlich **2.** [raisonnable] verantwortungsvoll. ◆ **nmf 1.** [coupable] Verantwortliche *der, die* **2.** [d'une administration, d'un magasin] Leiter *der*, -in *die* ▸ **être responsable de** verantwortlich sein für.

resquiller [3] [ʀɛskije] **vi** *fam* [se faufiler] sich vor°drängeln.

ressaisir [32] [ʀəseziʀ] ◆ **se ressaisir vp** sich zusammen°nehmen.

ressemblant, e [ʀəsɑ̃blɑ̃, ɑ̃t] **adj** wirklichkeitsgetreu.

ressembler [3] [ʀəsɑ̃ble] ◆ **ressembler à v + prép 1.** [en apparence] ähneln **2.** [par le caractère] ähnlich sein. ◆ **se ressembler vp 1.** [en apparence] sich ähneln **2.** [par le caractère] sich ähnlich sein.

ressemeler [24] [ʀəsəmle] **vt** neu besohlen.

ressentir [37] [ʀəsɑ̃tiʀ] **vt** empfinden.

resserrer [4] [ʀəseʀe] **vt 1.** [ceinture] enger schnallen **2.** [nœud] fester ziehen. ◆ **se resserrer vp** [route] sich verengen.

resservir [38] [ʀəsɛʀviʀ] ◆ **vt** nach°geben. ◆ **vi** nochmals gebraucht werden. ◆ **se resservir vp** : **se resservir (de)** [plat] sich *(D)* nach°nehmen (von).

ressort [ʀəsɔʀ] **nm** Feder *die*.

ressortir [32] [ʀəsɔʀtiʀ] **vi 1.** [sortir à nouveau] wieder hinaus°gehen **2.** [se détacher] heraus°kommen.

ressortissant, e [ʀəsɔʀtisɑ̃, ɑ̃t] **nm, f** Staatsangehörige *der, die*.

ressources [ʀəsuʀs] **nfpl 1.** [naturelles] Bodenschätze *pl* **2.** [argent] Geldmittel *pl*.

ressusciter [3] [ʀesysite] **vi** auf°erstehen.

restant [ʀɛstɑ̃] **nm** Rest *der*.

restaurant [ʀɛstɔʀɑ̃] **nm** Restaurant *das* ▸ **voiture restaurant** Speisewagen *der*.

restauration [ʀɛstɔʀasjɔ̃] **nf 1.** [rénovation] Restaurierung *die* **2.** [gastronomie] Gaststättengewerbe *das*.

restaurer [3] [ʀɛstɔʀe] **vt** restaurieren.

reste [ʀɛst] **nm** Rest *der* ▸ **un reste de** ein Rest (von) ▸ **les restes** [d'un repas] die Reste.

rester [3] [ʀɛste] **vi 1.** bleiben **2.** [subsister] übrig bleiben ▸ **il n'en reste que deux** es sind nur noch zwei übrig.

restituer [7] [ʀɛstitɥe] **vt** zurück°geben.

resto [ʀɛsto] **nm** *fam* Lokal *das* ▸ **les Restos du cœur** *Essensausgabe für Bedürftige*.

Restoroute® [ʀɛstoʀut] **nm** Raststätte *die*.

restreindre [81] [ʀɛstʀɛ̃dʀ] **vt** beschränken.

restreint, e [ʀɛstʀɛ̃, ɛ̃t] ◆ **pp & 3e pers. du sg. de l'ind. prés.** → **restreindre.** ◆ **adj** beschränkt.

résultat [ʀezylta] **nm** Ergebnis *das*.

résumé [ʀezyme] **nm** Zusammenfassung *die* ▸ **en résumé** zusammenfassend, kurz und gut.

résumer [3] [ʀezyme] **vt** zusammen°fassen.

rétablir [32] [ʀetabliʀ] **vt 1.** [l'ordre] wieder°herstellen **2.** [l'électricité] wieder ein°schalten. ◆ **se rétablir vp** wieder gesund werden.

retard [ʀətaʀ] **nm 1.** [d'un train, d'une personne] Verspätung *die* **2.** [d'un élève, d'un pays] Rückstand *der* ▸ **avoir une heure de retard** eine Stunde Verspätung haben ▸ **être en retard (sur)** im Rückstand sein (hinsichtlich *(+ G)*) ▸ **l'avion a du retard** das Flugzeug hat Verspätung ▸ **je suis arrivé en retard** ich bin zu spät gekommen.

retardé, e [RətaRde] **adj** verspätet.

retarder [3] [RətaRde] **vi** : **ma montre retarde (de cinq minutes)** meine Uhr geht (fünf Minuten) nach.

retenir [40] [RətniR] **vt 1.** zurück∘halten **2.** [réserver] reservieren **3.** [se souvenir de] behalten ▸ **retenir son souffle** den Atem an∘halten ▸ **je retiens 1** [dans une opération] ich behalte 1. ◆ **se retenir vp** : **se retenir (à qqch)** sich (an etw *(D)*) fest∘halten ▸ **se retenir (de faire qqch)** sich beherrschen(, um etw nicht zu tun).

retentir [32] [Rətɑ̃tiR] **vi** [son] schallen, erschallen.

retenu, e [Rətny] **pp** → **retenir.**

retenue [Rətny] **nf 1.** SCOL Nachsitzen *das* **2.** [dans une opération] behaltene Zahl.

réticent, e [Retisɑ̃, ɑ̃t] **adj** zurück∘haltend.

retiré, e [RətiRe] **adj 1.** [lieu] entlegen **2.** [personne, vie] zurückgezogen.

retirer [3] [RətiRe] **vt 1.** [extraire] heraus∘holen **2.** [vêtement] aus∘ziehen **3.** [billet, colis, bagages, argent] ab∘holen **4.** [permis] ab∘nehmen ▸ **retirer qqch à qqn** jm etw ab∘nehmen.

retomber [3] [Rətɔ̃be] **vi 1.** [tomber à nouveau] wieder fallen **2.** [après un saut] landen **3.** [pendre] herab∘fallen ▸ **retomber malade** wieder krank werden.

retouche [Rətuʃ] **nf** [en couture] Änderung *die.*

retour [RətuR] **nm 1.** [d'une personne, d'un événement] Rückkehr *die* **2.** [trajet] Rückfahrt *die* ▸ **être de retour** [personne] zurück sein ▸ **au retour** [sur le chemin] auf dem Rückweg.

retourner [3] [RətuRne] ◆ **vt** *(aux.* **avoir***)* **1.** [mettre à l'envers] wenden **2.** [renvoyer] zurück∘schicken. ◆ **vi** *(aux.* **être***)* zurück∘kehren. ◆ **se retourner vp 1.** [voiture] sich überschlagen **2.** [bateau] kentern **3.** [tourner la tête] sich um∘drehen.

retrait [RətRɛ] **nm** [d'argent] Abheben *das* ▸ **retrait des bagages** Gepäckausgabe *die.*

retraite [RətRɛt] **nf** Ruhestand *der* ▸ **être à la retraite** im Ruhestand sein ▸ **prendre sa retraite** in den Ruhestand gehen.

retraité, e [RətRete] **nm, f** Rentner *der,* -in *die.*

retransmission [RətRɑ̃smisjɔ̃] **nf** [à la radio] Übertragung *die.*

rétrécir [32] [RetResiR] **vi** [vêtement] ein∘laufen. ◆ **se rétrécir vp** [route] sich verengen.

rétro [RetRo] ◆ **adj inv** im Retrolook. ◆ **nm** *fam* Rückspiegel *der.*

rétrograder [3] [RetRɔgRade] **vi** [automobiliste] hinunter∘schalten.

rétroprojecteur [RetRɔpRɔʒɛktœR] **nm** Overheadprojektor *der.*

rétrospective [RetRɔspɛktiv] **nf** Retrospektive *die.*

retrousser [3] [RətRuse] **vt** hoch∘krempeln.

retrouvailles [RətRuvaj] **nfpl** Wiedersehen *das.*

retrouver [3] [RətRuve] **vt 1.** [objet perdu] wieder∘finden **2.** [personne perdue de vue] wieder treffen **3.** [rejoindre] treffen. ◆ **se retrouver vp 1.** [se réunir] sich treffen **2.** [dans une situation] da∘stehen **3.** [dans un lieu] sich wieder∘finden.

rétroviseur [RetRɔvizœR] **nm** Rückspiegel *der.*

réunion [Reynjɔ̃] **nf** Versammlung *die* ▸ **salle de réunion** Sitzungssaal *der.*

Réunion [reynjɔ̃] **nf** : **la Réunion** (La) Réunion *nt*.

réunionnais, e [reynjɔnɛ, ɛz] **adj** von (La) Réunion.

réunir [32] [reyniʀ] **vt** **1.** [personnes] versammeln **2.** [informations] zusammen◦tragen **3.** [fonds] auf◦bringen. ◆ **se réunir vp** sich versammeln.

réussi, e [reysi] **adj** gelungen ▸ **la soirée a été très réussie** es war ein sehr gelungener Abend.

réussir [32] [reysiʀ] ◆ **vi** **1.** [tentative] gelingen **2.** [socialement, professionnellement] es schaffen. ◆ **vt** : **qqn réussit qqch** jm gelingt etw ▸ **réussir (à) un examen** eine Prüfung bestehen ▸ **réussir à qqn** [aliment, climat] jm gut bekommen.

réussite [reysit] **nf** **1.** [succès] Erfolg *der* **2.** [jeu] Patience *die*.

revanche [ʀəvɑ̃ʃ] **nf** **1.** [vengeance] Rache *die* **2.** [au jeu] Revanche *die* ▸ **en revanche** hingegen.

rêve [ʀɛv] **nm** Traum *der*.

réveil [revɛj] **nm** [pendule] Wecker *der* ▸ **à son réveil** beim Wachwerden.

réveiller [4] [reveje] **vt** wecken. ◆ **se réveiller vp** **1.** auf◦wachen **2.** [douleur, souvenir] wieder auf◦leben.

réveillon [revɛjɔ̃] **nm** **1.** [repas du 24 décembre] Weihnachtsessen *das* **2.** [repas du 31 décembre] Silvesteressen *das* **3.** [fête du 24 décembre] Heiligabend *der* **4.** [fête du 31 décembre] Silvesterfeier *die*.

réveillonner [3] [revɛjɔne] **vi** **1.** [faire un repas le 24 décembre] ein Weihnachtsessen zu sich nehmen **2.** [faire un repas le 31 décembre] ein Silvesteressen zu sich nehmen **3.** [participer à la fête du 24 décembre] Weihnachten feiern **4.** [participer à la fête du 31 décembre] Silvester feiern.

révélation [revelasjɔ̃] **nf** Enthüllung *die*.

révéler [18] [revele] **vt** enthüllen. ◆ **se révéler vp** **1.** [apparaître] sich zeigen **2.** [s'avérer] : **se révèler qqch** sich als etw erweisen.

revenant, e [ʀəvnɑ̃, ɑ̃t] **nm, f** Gespenst *das* ▸ **tiens, un revenant / une revenante !** lebst du auch noch?

revendication [ʀəvɑ̃dikasjɔ̃] **nf** Forderung *die*.

revendre [73] [ʀəvɑ̃dʀ] **vt** (wieder) verkaufen.

revenir [40] [ʀəvniʀ] **vi** **1.** [venir à nouveau] wieder◦kommen **2.** [d'où l'on arrive] zurück◦kommen ▸ **faire revenir qqch** CULIN etw an◦braten ▸ **revenir cher** ein teurer Spaß sein ▸ **ça nous est revenu à 100 euros** das hat uns 100 Euro gekostet ▸ **ça me revient maintenant** jetzt fällt es mir wieder ein ▸ **ça revient au même** das läuft aufs Gleiche hinaus ▸ **revenir sur sa décision** seine Entscheidung rückgängig machen ▸ **revenir sur ses pas** um◦kehren.

revenu, e [ʀəvny] ◆ **pp** → **revenir.** ◆ **nm** Einkommen *das*.

rêver [4] [ʀeve] ◆ **vi** träumen. ◆ **vt** : **rêver que** träumen, dass ▸ **rêver de** träumen von ▸ **rêver de faire qqch** davon träumen, etw zu tun.

réverbère [revɛʀbɛʀ] **nm** Straßenlaterne *die*.

revers [ʀəvɛʀ] **nm** **1.** [d'une pièce, de la main] Rückseite *die* **2.** [d'une veste] Revers *das* **3.** [d'un pantalon] Aufschlag *der* **4.** SPORT Rückhand *die*.

réversible [revɛʀsibl] **adj** beidseitig tragbar.

revêtement [ʀəvɛtmɑ̃] **nm 1.** [d'un mur] Verkleidung *die* **2.** [d'une route] Belag *der*.

rêveur, euse [ʀɛvœʀ, øz] **adj** verträumt.

réviser [3] [ʀevize] **vt** [leçons] wiederholen ▸ **faire réviser sa voiture** seinen Wagen überholen lassen.

révision [ʀevizjɔ̃] **nf** [d'une voiture] Inspektion *die*. ◆ **révisions nfpl** SCOL Wiederholen *das*.

revitalisant, e [ʀəvitalizɑ̃, ɑ̃t] **adj** revitalisierend.

revoir [62] [ʀəvwaʀ] **vt 1.** [retrouver] wieder∘sehen **2.** [leçons] sich *(D)* noch einmal an∘sehen. ◆ **au revoir interj** auf Wiedersehen.

révoltant, e [ʀevɔltɑ̃, ɑ̃t] **adj** empörend.

révolte [ʀevɔlt] **nf** [émeute] Aufstand *der*.

révolter [3] [ʀevɔlte] **vt** [suj : spectacle, attitude] empören. ◆ **se révolter vp 1.** [se soulever] sich auf∘lehnen **2.** [s'indigner] sich empören.

révolution [ʀevɔlysjɔ̃] **nf** Revolution *die* ▸ **la Révolution (française)** die Französische Revolution.

révolutionnaire [ʀevɔlysjɔnɛʀ] ◆ **adj** revolutionär. ◆ **nmf** Revolutionär *der*, -in *die*.

revolver [ʀevɔlvɛʀ] **nm** Revolver *der*.

revue [ʀəvy] **nf 1.** [magazine] Zeitschrift *die* **2.** [spectacle] Revue *die* ▸ **passer qqch en revue** etw mustern.

Reykjavik [ʀɛkjavik] **n** Reykjavik *nt*.

rez-de-chaussée [ʀedʃose] **nm inv** Erdgeschoss *das*.

Rhénanie [ʀenani] **nf : la Rhénanie** das Rheinland.

Rhin [ʀɛ̃] **nm : le Rhin** der Rhein.

rhinocéros [ʀinɔseʀɔs] **nm** Nashorn *das*.

Rhône [ʀon] **nm : le Rhône** die Rhône.

rhubarbe [ʀybaʀb] **nf** Rhabarber *der*.

rhum [ʀɔm] **nm** Rum *der*.

rhumatismes [ʀymatism] **nmpl** Rheuma *das* ▸ **avoir des rhumatismes** Rheuma haben.

rhume [ʀym] **nm** Schnupfen *der* ▸ **avoir un rhume** Schnupfen haben ▸ **rhume des foins** Heuschnupfen.

ri [ʀi] **pp** → **rire**.

ricaner [3] [ʀikane] **vi 1.** [méchamment] hämisch lachen **2.** [bêtement] dumm lachen.

riche [ʀiʃ] ◆ **adj 1.** [personne, pays] reich **2.** [nourriture, aliment] nahrhaft. ◆ **nmf** Reiche *der, die* ▸ **riche en** reich an *(+ D)*.

richesse [ʀiʃɛs] **nf** Reichtum *der*. ◆ **richesses nfpl** [minières, archéologiques] Reichtümer *pl*.

ricochet [ʀikɔʃɛ] **nm : faire des ricochets** hüpfen.

ride [ʀid] **nf** Falte *die*.

ridé, e [ʀide] **adj 1.** [personne] faltig **2.** [pomme] schrumplig.

rideau [ʀido] (*pl* **-x**) **nm 1.** [sur une fenêtre, au théâtre] Vorhang *der* **2.** [d'un magasin] Rollladen *der* **3.** *fig* [de pluie] Schleier *der*.

ridicule [ʀidikyl] **adj** lächerlich.

ridiculiser [3] [ʀidikylize] **vt** lächerlich machen. ◆ **se ridiculiser vp** sich lächerlich machen.

rien [ʀjɛ̃] **pron** nichts ▸ **ne... rien** nichts ▸ **ça ne fait rien** das macht nichts ▸ **de rien** gern geschehen ▸ **pour rien** umsonst ▸ **rien d'intéressant** nichts Interessantes ▸ **rien du tout** gar nichts ▸ **rien que** nur.

Riga [riga] n Riga *nt*.
rigide [riʒid] **adj** steif.
rigole [rigɔl] **nf 1.** [caniveau] Rinne *die* **2.** [eau] Rinnsal *das*.
rigoler [3] [rigɔle] **vi 1.** *fam* lachen **2.** [plaisanter] Spaß machen.
rigolo, ote [rigɔlo, ɔt] **adj** *fam* witzig.
rigoureux, euse [riguRø, øz] **adj 1.** [hiver] streng **2.** [analyse, esprit] gewissenhaft.
rigueur [rigœR] ◆ **à la rigueur adv** allenfalls.
rillettes [rijɛt] **nfpl** *Schweine- oder Entenpastete im eigenen Schmalz.*
rime [rim] **nf** Reim *der*.
rinçage [rɛ̃saʒ] **nm** [du linge] Ausspülen *das*.
rincer [16] [rɛ̃se] **vt 1.** [verre] aus∘spülen **2.** [linge] spülen **3.** [vaisselle] ab∘spülen.
ring [riŋ] **nm 1.** Ring *der* **2.** BELG [route] Ring *der*.
riposter [3] [ripɔste] **vi 1.** [en paroles] erwidern **2.** [militairement] zurück∘schlagen.
ripou [ripu] (*pl* **ripoux** ou **ripous**) *fam* ◆ **adj** korrupt. ◆ **nm** : **ce flic est un ripou** dieser Polizist ist korrupt ▸ **ce monde ripou** diese korrupte Welt.
riquiqui [rikiki] **adj inv** *fam* [minuscule] winzig ▸ **une portion riquiqui** eine winzige Portion.
rire [95] [riR] ◆ **nm** Lachen *das*. ◆ **vi** lachen ▸ **rire aux éclats** schallend lachen ▸ **tu veux rire ?** soll das ein Scherz sein? ▸ **pour rire** zum Spaß.
risotto [rizɔto] **nm** Risotto *der*.
risque [risk] **nm** Risiko *das* ▸ **prendre des risques** Risiken ein∘gehen.
risqué, e [riske] **adj** riskant.
risquer [3] [riske] **vt 1.** riskieren **2.** [proposition, question] wagen. ◆ **risquer de v + prép** [être en danger de] Gefahr laufen zu ▸ **ça risque de ne pas lui plaire** das gefällt ihm vielleicht nicht.
rissolé, e [risɔle] **adj** gebraten.
ristourne [risturn] **nf** Preisnachlass *der*, Rabatt *der*.
rite [rit] **nm 1.** Ritual *das* **2.** *fig* Gepflogenheit *die*.
rivage [rivaʒ] **nm** Ufer *das*.
rival, e, aux [rival, o] ◆ **adj** gegnerisch. ◆ **nm, f** Rivale *der*, -lin *die*.
rivaliser [3] [rivalize] **vi** : **rivaliser avec qqn / qqch** mit jm / etw rivalisieren.
rivalité [rivalite] **nf** Rivalität *die*.
rive [riv] **nf** Ufer *das* ▸ **la rive gauche / droite** [à Paris] das linke / rechte Seine-Ufer.
riverain, e [rivRɛ̃, ɛn] **nm, f** [d'une rue] Anwohner *der*, -in *die* ▸ **'interdit sauf aux riverains'** 'Anlieger frei'.
rivière [rivjɛR] **nf** Fluss *der*.
Riyad [rijad], **Riad** [rijad] **n** Riad *nt*, Rijat *nt*, Riyat *nt*.
riz [ri] **nm** Reis *der* ▸ **riz cantonais** *Reis mit Omelettstücken und Erbsen* ▸ **riz au lait** Milchreis ▸ **riz pilaf** Pilawreis ▸ **riz sauvage** QUÉBEC Wildreis.
rizière [rizjɛR] **nf** Reisfeld *das*.
RMI (*abr de* revenu minimum d'insertion) **nm** Sozialhilfemindestsatz *die*.
RN (*abr de* route nationale) **nf** ≃ B *die (Bundesstraße)*.
robe [rɔb] **nf 1.** [vêtement de femme] Kleid *das* **2.** [d'un cheval] Fell *das* ▸ **robe de chambre** Morgenmantel *der* ▸ **robe du soir** Abendkleid.

robinet [rɔbinɛ] **nm** Wasserhahn *der* ▸ **robinet d'arrêt** Absperrhahn *der*.

robot [rɔbo] **nm 1.** [industriel] Roboter *der* **2.** [ménager] Küchenmaschine *die*.

robuste [rɔbyst] **adj** kräftig.

roc [rɔk] **nm** Fels *der*.

rocade [rɔkad] **nf** Umgehungsstraße *die*.

roche [rɔʃ] **nf** Fels *der*.

rocher [rɔʃe] **nm 1.** [bloc] Felsen *der* **2.** [matière] Fels *der* **3.** [au chocolat] großer Schokoladentrüffel.

rocheux, euse [rɔʃø, øz] **adj** felsig. ◆ **Rocheuses nfpl** : **les Rocheuses** die Rocky Mountains.

rock [rɔk] **nm** Rock *der*.

rodage [rɔdaʒ] **nm** [d'un véhicule] Einfahren *das*.

rôder [3] [rode] **vi** herum∘streunen.

rœsti [røʃti] **nmpl** SUISSE Rösti *pl*.

rognons [rɔɲɔ̃] **nmpl** Nieren *pl*.

roi [rwa] **nm** König *der* ▸ **les Rois, la fête des Rois** der Dreikönigstag.

Roland-Garros [rɔlɑ̃garɔs] **n** : **(le tournoi de) Roland-Garros** *Turnier in der Tennisanlage "Roland-Garros" in Paris*.

rôle [rol] **nm** Rolle *die*.

roller [rɔlœr] **nm** Inlineskates *pl* ▸ **faire du roller** skaten.

ROM [rɔm] (*abr de* read only memory) **nf** ROM *das*.

romain, e [rɔmɛ̃, ɛn] **adj** römisch.

roman, e [rɔmɑ̃, an] ◆ **adj** romanisch. ◆ **nm** [récit] Roman *der*.

romancier, ère [rɔmɑ̃sje, ɛr] **nm, f** Romanautor *der*, -in *die*.

romantique [rɔmɑ̃tik] **adj** romantisch.

romarin [rɔmarɛ̃] **nm** Rosmarin *der*.

Rome [rɔm] **n** Rom *nt*.

rompre [78] [rɔ̃pr] **vi** sich trennen.

romsteck [rɔmstɛk] **nm** Rumpsteak *das*.

ronces [rɔ̃s] **nfpl** Brombeergestrüpp *das*.

rond, e [rɔ̃, rɔ̃d] ◆ **adj** rund. ◆ **nm** Kreis *der* ▸ **en rond** im Kreis.

ronde [rɔ̃d] **nf 1.** [de policiers] Rundgang *der* **2.** [danse] Reigen *der* ▸ **faire la ronde** Ringelreihen spielen ▸ **à la ronde** [aux alentours] in der Umgebung.

rondelle [rɔ̃dɛl] **nf** [tranche] Scheibe *die*.

rond-point [rɔ̃pwɛ̃] (*pl* **ronds-points**) **nm** Kreisverkehr *der*.

ronfler [3] [rɔ̃fle] **vi** schnarchen.

ronger [17] [rɔ̃ʒe] **vt 1.** [os] ab∘nagen **2.** [suj : rouille] zerfressen. ◆ **se ronger vp** : **se ronger les ongles** an den Nägeln kauen ▸ **se ronger d'inquiétude** sich *(D)* große Sorgen machen.

rongeur [rɔ̃ʒœr] **nm** Nagetier *das*.

ronronner [3] [rɔ̃rɔne] **vi** schnurren.

roquefort [rɔkfɔr] **nm** Roquefort(käse) *der*.

rosace [rozas] **nf** [vitrail] Rosette *die*.

rosbif [rɔzbif] **nm** Roastbeef *das*.

rose [roz] ◆ **adj** rosa(farben). ◆ **nm** Rosa *das*. ◆ **nf** Rose *die* ▸ **rose bonbon** babyrosa.

rosé, e [roze] ◆ **adj** rosé. ◆ **nm** Rosé *der*.

roseau [rozo] (*pl* -x) **nm** Schilfrohr *das*.

rosée [roze] **nf** Tau *der*.

rosier [rozje] **nm** Rosenstrauch *der*.

rossignol [rɔsiɲɔl] **nm** Nachtigall *die*.

rot [ro] **nm** Rülpser *der*.

roter [3] [rote] **vi** rülpsen.

rôti [roti] **nm** Braten *der*.

rôtie [ʀoti] nf QUÉBEC Toast *der.*
rotin [ʀɔtɛ̃] nm Rattan *das.*
rôtir [32] [ʀotiʀ] vt & vi braten *(auf einem sich drehendem Spieß).*
rôtissoire [ʀotiswaʀ] nf [électrique] Grillgerät *das (mit sich drehendem Bratspieß).*
rotule [ʀɔtyl] nf Kniescheibe *die.*
roucouler [3] [ʀukule] vi gurren.
roue [ʀu] nf Rad *das* ▸ **roue de secours** Ersatzrad.
rougail [ʀugaj] nm *pikante Soßenspezialität der Réunion.*
rouge [ʀuʒ] ◆ adj **1.** rot **2.** [fer] rot glühend. ◆ nm **1.** Rot *das* **2.** [vin] Rotwein *der* ▸ **le feu est passé au rouge** die Ampel ist auf Rot umgesprungen ▸ **rouge à lèvres** Lippenstift *der* ▸ **rouge sang** blutrot.
rouge-gorge [ʀuʒgɔʀʒ] (*pl* **rouges-gorges**) nm Rotkehlchen *das.*
rougeole [ʀuʒɔl] nf Masern *pl.*
rouget [ʀuʒɛ] nm [poisson] Rotbarbe *die*, Rotbarsch *der.*
rougeurs [ʀuʒœʀ] nfpl rote Flecken *pl.*
rougir [32] [ʀuʒiʀ] vi rot werden.
rouille [ʀuj] nf **1.** Rost *der* **2.** [sauce] *Paprikamajonäse mit Knoblauch.*
rouillé, e [ʀuje] adj **1.** verrostet **2.** *fig* eingerostet.
rouiller [3] [ʀuje] vi rosten.
rouleau [ʀulo] (*pl* -x) nm **1.** [de papier] Rolle *die* **2.** [de tissu] Ballen *der* **3.** [pinceau] Farbroller *der* **4.** [vague] Welle *die* ▸ **rouleau à pâtisserie** Nudelholz *das* ▸ **rouleau de printemps** Frühlingsrolle.
roulement [ʀulmɑ̃] nm regelmäßiger Wechsel ▸ **travailler par roulement** in Schichten arbeiten ▸ **roulement à billes** Kugellager *das* ▸ **roulement de tambour** Trommelwirbel *der.*
rouler [3] [ʀule] ◆ vt **1.** [nappe, tapis] auf◦rollen **2.** [voler] übers Ohr hauen. ◆ vi **1.** fahren **2.** [balle, caillou] rollen ▸ **rouler les r** das r rollen ▸ **rouler à bicyclette** (mit dem) Fahrrad fahren ▸ **'roulez au pas'** 'Schritttempo fahren'. ◆ **se rouler** vp sich wälzen.
roulette [ʀulɛt] nf Rolle *die* ▸ **la roulette** das Roulette.
roulotte [ʀulɔt] nf Wohnwagen *der.*
Roumanie [ʀumani] nf : **la Roumanie** Rumänien *nt.*
rousse [ʀus] adj & nf → **roux.**
rousseur [ʀusœʀ] nf → **tache.**
routard, e [ʀutaʀ, aʀde] nm, f *fam* Rucksacktourist *der.*
route [ʀut] nf **1.** [voie] Straße *die* **2.** [itinéraire] Weg *der* ▸ **mettre qqch en route** a) [machine] etw in Gang setzen b) [processus] etw in die Wege leiten ▸ **se mettre en route** sich auf den Weg machen ▸ **'route barrée'** 'gesperrt'.

> ⚠ Route est un faux ami. Il se traduit par ***itinéraire*** et non par « route ».

routeur [ʀutœʀ] nm Router *der.*
routier, ère [ʀutje, ɛʀ] ◆ adj Straßen-. ◆ nm, f Fernfahrer *der*, -in *die.* ◆ nm [restaurant] ≃ Rasthaus *das.*
routine [ʀutin] nf Routine *die.*
rouvrir [34] [ʀuvʀiʀ] vt wieder auf◦machen.
roux, rousse [ʀu, ʀus] ◆ adj **1.** [cheveux] rot **2.** [personne] rothaarig **3.** [arbre] Rot- **4.** [chat] rotbraun. ◆ nm, f Rothaarige *der, die.*
royal, e, aux [ʀwajal, o] adj königlich.
royaume [ʀwajom] nm Reich *das.*
Royaume-Uni [ʀwajomyni] nm : **le Royaume-Uni** das Vereinigte Königreich.

RTT (*abr de* réduction du temps de travail) ◆ **nf** *Arbeitszeitverkürzung.* ◆ **adj** : **jours RTT** *(im Rahmen der Arbeitszeitverkürzung vom Arbeitgeber gewährte)* freie Tage. ◆ **nm** : **j'ai pris un RTT** ich habe mir einen Tag freigenommen.

Ruanda [rwɑ̃da] **nm** : **le Ruanda** Ruanda *nt* ▸ **au Ruanda** in Ruanda.

ruban [rybɑ̃] **nm 1.** Band *das* **2.** [d'imprimante] Farbband *das* ▸ **ruban adhésif** Klebeband.

rubéole [rybeɔl] **nf** Röteln *pl.*

rubis [rybi] **nm** Rubin *der.*

rubrique [rybrik] **nf** Rubrik *die.*

ruche [ryʃ] **nf** Bienenstock *der.*

rude [ryd] **adj 1.** rau **2.** [travail] hart.

rudimentaire [rydimɑ̃tɛr] **adj** rudimentär.

rue [ry] **nf** Straße *die* ▸ **rue piétonne** Fußgängerzone *die.*

ruelle [ryɛl] **nf** Gasse *die.*

ruer [7] [rɥe] **vi** aus◦schlagen. ◆ **se ruer vp** : **se ruer dans /sur** sich stürzen in / auf *(+ A).*

rugby [rygbi] **nm** Rugby *das.*

rugir [32] [ryʒir] **vi** brüllen.

rugueux, euse [rygø, øz] **adj** rau.

ruine [rɥin] **nf** [financière] Ruin *der* ▸ **en ruine** verfallen ▸ **tomber en ruine** verfallen. ◆ **ruines nfpl** [vestiges] Ruinen *pl.*

ruiné, e [rɥine] **adj** ruiniert.

ruiner [3] [rɥine] **vt 1.** ruinieren **2.** *fig* in den Ruin stürzen. ◆ **se ruiner vp** sich ruinieren.

ruisseau [rɥiso] (*pl* -x) **nm** Bach *der.*

ruisseler [24] [rɥisle] **vi** [liquide] rinnen ▸ **ruisseler de** triefen vor *(+ D)* ▸ **son visage ruisselait de larmes** sein Gesicht war tränenüberströmt.

rumeur [rymœr] **nf 1.** [bruit] Gemurmel *das* **2.** [nouvelle] Gerücht *das.*

ruminer [3] [rymine] **vi** wieder◦käuen.

rupture [ryptyr] **nf 1.** [de relations diplomatiques] Abbruch *der* **2.** [d'une relation amoureuse] Trennung *die.*

rural, e, aux [ryral, o] **adj** ländlich.

ruse [ryz] **nf** List *die.*

rusé, e [ryze] **adj** listig.

russe [rys] ◆ **adj** russisch. ◆ **nm** [langue] Russisch(e) *(das).* ◆ **Russe nmf** Russe *der,* -sin *die.*

Russie [rysi] **nf** : **la Russie** Russland *nt.*

Rustine® [rystin] **nf** Flicken *der (für Fahrrad).*

rustique [rystik] **adj** rustikal.

Rwanda [rwɑ̃da] = **Ruanda.**

ryad [riad] **nm** Riad *der.*

rythme [ritm] **nm 1.** Rhythmus *der* **2.** [de la marche] Tempo *das* ▸ **battre le rythme** den Takt schlagen.

S s

S (*abr écrite de* sud) S *(Süd).*

s' pron → **se.**

sa adj f → **son**[1]

SA (*abr de* société anonyme) **nf** ≃ AG *die (Aktiengesellschaft).*

sable [sabl] **nm** Sand *der* ▸ **sables mouvants** Treibsand.

sablé, e [sable] ◆ **nm** (trockenes) Butterplätzchen. ◆ **adj** : **pâte sablée**

Mürbeteig *der* ▸ **biscuit sablé** Butterplätzchen.

sablier [sablije] **nm** Sanduhr *die*.

sablonneux, euse [sablɔnø, øz] **adj** sandig.

sabot [sabo] **nm 1.** [de cheval, de vache] Huf *der* **2.** [chaussure] Holzschuh *der* ▸ **sabot de Denver** (Park)kralle *die*.

sabre [sabʀ] **nm** Säbel *der*.

sac [sak] **nm 1.** [pour transporter] Tasche *die* **2.** [de pommes de terre] Sack *der* ▸ **sac de couchage** Schlafsack ▸ **sac à dos** Rucksack ▸ **sac à main** Handtasche.

saccadé, e [sakade] **adj 1.** [respiration] stoßweise **2.** [gestes] abgehackt.

saccager [17] [sakaʒe] **vt 1.** [détruire] verwüsten **2.** [bouleverser] erschüttern.

sachant [saʃɑ̃] **p prés** → **savoir**.

sache [saʃ] **1re et 3e pers. du sg. du subj. prés.** → **savoir**.

sachet [saʃɛ] **nm** Tüte *die* ▸ **sachet de thé** Teebeutel *der*.

sacoche [sakɔʃ] **nf 1.** [sac] Umhängetasche *die* **2.** [de vélo] Satteltasche *die*.

sac-poubelle [sakpubɛl] (*pl* **sacs-poubelle**) **nm** Müllbeutel *der*.

sacre [sakʀ] **nm 1.** [de roi] Krönung **2.** [d'évêque] Weihe *die*.

sacré, e [sakʀe] **adj 1.** [temple, texte] heilig **2.** [musique, art] Kirchen- **3.** *fam* verdammt.

sacrifice [sakʀifis] **nm** [effort] Opfer *das*.

sacrifier [9] [sakʀifje] **vt** [renoncer à] opfern. ◆ **se sacrifier vp** sich auf°opfern.

sadique [sadik] **adj** sadistisch.

safari [safaʀi] **nm** Safari *die*.

safran [safʀɑ̃] **nm** Safran *der*.

sage [saʒ] **adj 1.** [avisé] weise, klug **2.** [obéissant] brav.

sage-femme [saʒfam] (*pl* **sages-femmes**) **nf** Hebamme *die*.

sagesse [saʒɛs] **nf** Weisheit *die*.

Sagittaire [saʒitɛʀ] **nm** Schütze *der*.

Sahara [saaʀa] **nm** : **le Sahara** die Sahara ▸ **au Sahara** in der Sahara.

saignant, e [sɛɲɑ̃, ɑ̃t] **adj** [viande] englisch.

saigner [4] [seɲe] **vi** bluten ▸ **qqn saigne du nez** jd hat Nasenbluten.

saillant, e [sajɑ̃, ɑ̃t] **adj 1.** [corniche] hervorspringend **2.** [pommettes] hervorstehend **3.** [veines] hervortretend.

sain, e [sɛ̃, sɛn] **adj** gesund ▸ **sain et sauf** wohlbehalten.

saint, e [sɛ̃, sɛ̃t] ◆ **adj** heilig. ◆ **nm, f** Heilige *der, die* ▸ **saint François** der heilige Franziskus ▸ **la Saint-François** *Namenstag der Personen mit Vornamen Franz.*

Saint-Domingue [sɛ̃dɔmɛ̃g] **n** Santo Domingo *nt*.

Saint-Germain-des-Prés [sɛ̃ʒɛʀmɛ̃depʀe] **nm** *Pariser literarisches und künstlerisches Viertel.*

ⓘ **Saint-Germain-des-Prés**

Wo einst Persönlichkeiten wie Jean-Paul Sartre und Simone de Beauvoir, Hemingway und Picasso verkehrten, liegt heute noch das literarische und künstlerische Zentrum von Paris. Neben zahlreichen Bars, Cafés und Buchläden findet man in jenem Viertel außerdem die älteste Kirche von Paris mit demselben Namen wie das Viertel.

Saint-Jacques-de-Compostelle [sɛ̃ʒakdəkɔ̃pɔstɛl] **n** Santiago de Compostela.

Saint-Marin [sɛ̃maʀɛ̃] **n** San Marino *nt*.

Saint-Sylvestre [sɛ̃silvɛstʀ] **nf : la Saint-Sylvestre** Silvester *nt*.

sais [sɛ] **1re et 2e pers. du sg. de l'ind. prés. → savoir**.

saisie [sezi] **nf : saisie de données** Datenerfassung *die*.

saisir [32] [seziʀ] **vt 1.** [empoigner, occasion] ergreifen **2.** [avec force] packen **3.** [comprendre] begreifen **4.** DR [biens] pfänden **5.** INFORM ein°geben.

saison [sɛzɔ̃] **nf** Jahreszeit *die* ▸ **haute saison** Hochsaison *die* ▸ **basse saison** Nebensaison *die*.

salade [salad] **nf** Salat *der* ▸ **salade de fruits** Obstsalat ▸ **salade mêlée** SUISSE gemischter Salat ▸ **salade mixte** gemischter Salat ▸ **salade niçoise** Nizzasalat.

saladerie [saladʀi] **nf** Salatbar *die*.

saladier [saladje] **nm** Salatschüssel *die*.

salaire [salɛʀ] **nm** Gehalt *das*.

salami [salami] **nm** Salami *die*.

salarié, e [salaʀje] **nm, f** Beschäftigte *der, die*.

salaud [salo] *vulg* ◆ **nm** *péj* Schweinehund *der*. ◆ **adj m** gemein.

sale [sal] **adj 1.** [linge, mains, etc.] schmutzig **2.** *fam* [temps] eklig **3.** *fam* [histoire, mentalité] übel.

salé, e [sale] ◆ **adj 1.** [eau] Salz- **2.** [plat] gesalzen. ◆ **nm : petit salé aux lentilles** *gepökeltes Schweinefleisch mit Linsen*.

saler [3] [sale] **vt 1.** [plat] salzen **2.** [chaussée] streuen.

saleté [salte] **nf 1.** Schmutz *der* **2.** [état] Schmutzigkeit *die*.

salière [saljɛʀ] **nf** Salzstreuer *der*.

salir [32] [saliʀ] **vt** schmutzig machen. ◆ **se salir vp** sich schmutzig machen.

salissant, e [salisɑ̃, ɑ̃t] **adj** schmutzempfindlich.

salive [saliv] **nf** Speichel *der*.

salle [sal] **nf** Saal *der* ▸ **salle d'attente a)** [chez le médecin] Wartezimmer *das* **b)** [à la gare] Wartesaal ▸ **salle de bains** Badezimmer ▸ **salle de classe** Klassenzimmer ▸ **salle d'embarquement** Wartehalle *die* ▸ **salle à manger** Esszimmer ▸ **salle d'opération** Operationssaal ▸ **salle omnisports** Sporthalle ▸ **salle polyvalente** Mehrzweckhalle ▸ **salle de spectacle** Veranstaltungssaal.

salon [salɔ̃] **nm 1.** [séjour] Wohnzimmer *das* **2.** [exposition] Messe *die* ▸ **salon de coiffure** Frisiersalon *der* ▸ **salon d'essayage** Umkleidekabine *die* ▸ **salon de thé** ≃ Café *das*.

salope [salɔp] **nf** *vulg & péj* Schlampe *die*.

saloperie [salɔpʀi] **nf** *vulg* **1.** [salissure] Dreck *der* **2.** [action, propos] Gemeinheit *die*.

salopette [salɔpɛt] **nf** Latzhose *die*.

salsifis [salsifi] **nmpl** Schwarzwurzeln *pl*.

saluer [7] [salɥe] **vt 1.** grüßen **2.** MIL salutieren ▸ **saluer de la tête** mit dem Kopf nicken.

salut [saly] ◆ **nm** Gruß *der*. ◆ **interj** *fam* **1.** [bonjour] hallo **2.** [au revoir] tschüs.

salutations [salytasjɔ̃] **nfpl : meilleures salutations** [dans une lettre] mit freundlichen Grüßen.

Salvador [salvadɔʀ] **nm : le Salvador** El Salvador *nt*.

samara [samaʀa] **nm** [en Afrique] Zehensandale *die*.

samaritain [samaʀitɛ̃] **nm** SUISSE Samariter *der*.

samedi [samdi] **nm** Samstag *der* ▸ **nous sommes** ou **c'est samedi** heute ist Samstag ▸ **samedi 13 septembre** Samstag, der 13. September ▸ **nous sommes partis samedi** wir sind (am) Samstag losgefahren ou abgereist ▸ **samedi dernier** (am) letzten Samstag ▸ **samedi prochain** (am) nächsten Samstag ▸ **samedi matin** (am) Samstagmorgen ▸ **le samedi** samstags ▸ **à samedi !** bis Samstag!

Samoa [samɔa] **n** Samoainseln *pl*.

SAMU [samy] **nm** Rettungsdienst *der*.

Sanaa [sanaa] **n** Sanaa *nt*.

sanction [sɑ̃ksjɔ̃] **nf 1.** [punition] Bestrafung *die* **2.** [politique, économique] Sanktion *die*.

sanctionner [3] [sɑ̃ksjɔne] **vt** bestrafen.

sandale [sɑ̃dal] **nf** Sandale *die*.

sandwich [sɑ̃dwitʃ] **nm** Sandwich *das* ▸ **sandwich club** Clubsandwich.

sang [sɑ̃] **nm** Blut *das* ▸ **se faire du mauvais sang** sich *(D)* Sorgen machen.

sang-froid [sɑ̃fʀwa] **nm inv** Kaltblütigkeit *die* ▸ **de sang-froid** kaltblütig.

sanglant, e [sɑ̃glɑ̃, ɑ̃t] **adj** blutig.

sangle [sɑ̃gl] **nf** Gurt *der*.

sanglier [sɑ̃glije] **nm** Wildschwein *das*.

sanglot [sɑ̃glo] **nm** Schluchzer *der*.

sangloter [3] [sɑ̃glɔte] **vi** schluchzen.

sangria [sɑ̃gʀija] **nf** Sangria *die*.

sanguin [sɑ̃gɛ̃] **adj m** → **groupe**.

sanguine [sɑ̃gin] **nf** [orange] Blutorange *die*.

Sanisette® [sanizɛt] **nf** *selbstreinigendes öffentliches WC*.

sanitaire [sanitɛʀ] **adj** Gesundheits-. ◆ **sanitaires nmpl** [d'un camping] Sanitäranlagen *pl*.

San José [sɑ̃ʒoze] **n** San José *nt*.

sans [sɑ̃] **prép** ohne ▸ **sans faire qqch** ohne etw zu tun ▸ **sans que personne s'en rende compte** ohne dass jemand etwas merkt ou gemerkt hat.

sans-abri [sɑ̃zabʀi] **nmf** Obdachlose *der, die*.

San Salvador [sɑ̃salvadɔʀ] **n** San Salvador *nt*.

sans-gêne [sɑ̃ʒɛn] ◆ **adj inv** unverschämt. ◆ **nm inv** [désinvolture] Unverschämtheit *die*.

sans-papier [sɑ̃papje] **nmf** Person *die* ohne Papiere.

sans-plomb [sɑ̃plɔ̃] **nm** Bleifrei *das*.

santé [sɑ̃te] **nf** Gesundheit *die* ▸ **être en bonne santé** bei guter Gesundheit sein ▸ **en mauvaise santé** nicht sehr gesund ▸ **(à ta) santé !** zum Wohl!

Santiago [sɑ̃tjago] **n** Santiago *nt*.

saoul, e [su, sul] **adj** = **soûl**.

saouler [3] [sule] **vt** = **soûler**.

saphir [safiʀ] **nm** Saphir *der*.

sapin [sapɛ̃] **nm** Tanne *die* ▸ **sapin de Noël** Weihnachtsbaum *der*.

Sarajevo [saʀajevo] **n** Sarajevo *nt*, Sarajewo *nt*.

sarcophage [saʀkɔfaʒ] **nm** Sarkophag *der*.

Sardaigne [saʀdɛɲ] **nf** : **la Sardaigne** Sardinien *nt*.

sardine [saʀdin] **nf** Sardine *die*.

SARL (*abr de* **société à responsabilité limitée**) **nf** GmbH *die (Gesellschaft mit beschränkter Haftung)*.

sarrasin [sarazɛ̃] **nm** Buchweizen *der* ▸ **'galette de sarrasin'** Buchweizenbrätling *der*.

Sarre [saʀ] **nf** : **la Sarre** das Saarland.

Sarrebruck [saʀbʀyk] **n** Saarbrücken *nt*.

sashimi [saʃimi] **nm** CULIN Sashimi *das*.

satellite [satelit] **nm** 1. Satellit *der* 2. [d'un aéroport] Einstiegsmöglichkeit *die (auf dem Flugfeld)* ▸ **satellite artificiel** künstlicher Satellit ▸ **satellite de télécommunications** Nachrichtensatellit ▸ **satellite météorologique** Wettersatellit.

satin [satɛ̃] **nm** Satin *der*.

satiné, e [satine] **adj** 1. [tissu, peau] seidig 2. [peinture] seidenmatt.

satirique [satiʀik] **adj** satirisch.

satisfaction [satisfaksjɔ̃] **nf** Zufriedenheit *die*.

satisfaire [109] [satisfɛʀ] **vt** 1. [contenter] zufrieden∘stellen 2. [besoin] befriedigen 3. [appétit] stillen.

satisfaisant, e [satisfəzɑ̃, ɑ̃t] **adj** zufriedenstellend.

satisfait, e [satisfɛ, ɛt] ◆ **pp & 3e pers. du sg. de l'ind. prés.** → **satisfaire.** ◆ **adj** zufrieden ▸ **être satisfait de** zufrieden sein mit.

saturé, e [satyʀe] **adj** 1. [mémoire d'ordinateur] voll 2. [autoroute] überlastet.

sauce [sos] **nf** Soße *die* ▸ **en sauce** in Soße ▸ **sauce blanche** helle Soße ▸ **sauce chasseur** Jägersoße ▸ **sauce madère** Madeirasoße ▸ **sauce tartare** ≃ Remouladensoße ▸ **sauce tomate** Tomatensoße.

saucée [sose] **nf** *fam* Guss *der* ▸ **prendre** ou **recevoir la saucée** klatschnass werden.

saucer [16] [sose] **vt** : **saucer son assiette** seinen Teller mit Brot aus∘wischen.

saucisse [sosis] **nf** Würstchen *das* ▸ **saucisse sèche** Dauerwurst *die*.

saucisson [sosisɔ̃] **nm** (Dauer)wurst *die*.

sauf, sauve [sof, sov] ◆ **adj** → **sain.** ◆ **prép** außer *(+ D)* ▸ **sauf erreur** Irrtum vorbehalten.

sauge [soʒ] **nf** Salbei *der*.

saugrenu, e [sogʀəny] **adj** abstrus.

saule [sol] **nm** Weide *die* ▸ **saule pleureur** Trauerweide.

saumon [somɔ̃] ◆ **nm** Lachs *der*. ◆ **adj inv** : **(rose) saumon** lachsrosa ▸ **saumon fumé** geräucherter Lachs.

sauna [sona] **nm** Sauna *die*.

saupoudrer [3] [sopudʀe] **vt** : **saupoudrer qqch de** etw bestreuen mit.

saur [sɔʀ] **adj m** → **hareng**.

saura [sɔʀa] **3e pers. du sg. de l'ind. fut.** → **savoir**.

saut [so] **nm** 1. Sprung *der* 2. INFORM Umbruch *der* ▸ **faire un saut chez qqn** auf einen Sprung bei jm vorbei∘schauen ▸ **saut à la perche** Stabhochsprung ▸ **saut en hauteur** Hochsprung ▸ **saut en longueur** Weitsprung ▸ **saut périlleux** Salto mortale *der* ▸ **saut de colonne** Spaltenumbruch ▸ **saut de page** Seitenumbruch.

sauté, e [sote] **adj** gebraten. ◆ **sauté nm** Ragout *das* ▸ **sauté de veau** Kalbsragout.

saute-mouton [sotmutɔ̃] **nm inv** : **jouer à saute-mouton** Bock springen.

sauter [3] [sote] ◆ **vi** 1. [bondir] springen 2. [exploser] in die Luft fliegen 3. [se défaire] ab∘springen 4. [plombs] heraus∘springen. ◆ **vt** 1. [obstacle] springen über *(+ A)* **2.** [passage, classe] überspringen ▸ **faire sauter qqch** a) [faire exploser] etw in die Luft sprengen b) CULIN etw braten.

sauterelle [sotʀɛl] **nf** Heuschrecke *die*.

sautiller [3] [sotije] **vi** hüpfen.

sauvage [sovaʒ] ◆ **adj** wild. ◆ **nmf** [barbare] Wilde *der, die*.

sauvegarde [sovgaʀd] **nf 1.** INFORM Speicherung *die*, Speichern *das* **2.** [copie] Sicherungskopie *die* ▸ **sauvegarde automatique** automatische Speicherung.

sauvegarder [3] [sovgaʀde] **vt 1.** [protéger] wahren **2.** INFORM speichern.

sauver [3] [sove] **vt 1.** retten **2.** INFORM sichern ▸ **sauver qqn / qqch de qqch** jn / etw vor etw *(D)* retten ▸ **sauver en .doc** INFORM als .doc speichern. ◆ **se sauver vp** [s'échapper] davon°laufen.

sauvetage [sovtaʒ] **nm** Rettung *die*.

sauveteur [sovtœʀ] **nm** Retter *der*, -in *die*.

sauvette [sovɛt] ◆ **à la sauvette loc adv** auf die Schnelle.

SAV (*abr de* service après-vente) **nm** Kundendienst *der*.

savane [savan] **nf** Savanne *die*.

savant, e [savɑ̃, ɑ̃t] ◆ **adj** gelehrt. ◆ **nm, f** Gelehrte *der, die*.

savarin [savaʀɛ̃] **nm** *mit Alkohol getränkter Napfkuchen*.

saveur [savœʀ] **nf** Geschmack *der*.

Savoie [savwa] **nf** : **la Savoie** Savoyen *nt*.

savoir [59] [savwaʀ] **vt 1.** [nouvelle, fait] wissen **2.** [langue, leçon] können ▸ **savoir faire qqch** etw tun können ▸ **je n'en sais rien** ich habe keine Ahnung.

savoir-faire [savwaʀfɛʀ] **nm inv** Know-how *das*.

savoir-vivre [savwaʀvivʀ] **nm inv** Lebensart *die*.

savon [savɔ̃] **nm** Seife *die* ▸ **savon de Marseille** Kernseife.

savonner [3] [savɔne] **vt** ein°seifen.

savonnette [savɔnɛt] **nf** Seife *die*.

savourer [3] [savuʀe] **vt** genießen.

savoureux, euse [savuʀø, øz] **adj** [aliment] köstlich.

savoyarde [savwajaʀd] **adj f** → **fondue**.

Saxe [saks] **nf** : **la Saxe** Sachsen *nt*.

saxo [sakso] ◆ **nm** *fam* [instrument] Saxofon *das*. ◆ **nm, f** [musicien] Saxofonist *der*, -in *die*.

saxophone [saksɔfɔn] **nm** Saxofon *das*.

sbrinz [ʃbʀints] **nm** SUISSE Sbrinz *der*.

scandale [skɑ̃dal] **nm** Skandal *der* ▸ **faire du** OU **un scandale** Krach schlagen ▸ **faire scandale** Staub auf°wirbeln.

scandaleux, euse [skɑ̃dalø, øz] **adj** skandalös.

scandinave [skɑ̃dinav] **adj** skandinavisch.

Scandinavie [skɑ̃dinavi] **nf** : **la Scandinavie** Skandinavien *nt*.

scanner[1] [3] [skane] **vt** scannen.

scanner[2] [skanɛʀ], **scanneur** [skanœʀ] **nm** Scanner *der*.

scaphandre [skafɑ̃dʀ] **nm** Taucheranzug *der*.

scarabée [skaʀabe] **nm** Pillendreher *der*.

scarification [skaʀifikasjɔ̃] **nf** Hautritzung *die*.

scarole [skaʀɔl] **nf** Endiviensalat *der*.

sceller [4] [sele] **vt** [cimenter] ein°zementieren.

scénario [senaʀjo] **nm** Drehbuch *das*.

scène [sɛn] **nf 1.** Szene *die* **2.** [estrade] Bühne *die* ▸ **faire une scène (à qqn)** (jm) eine Szene machen ▸ **mettre qqch en scène** a) [pièce de théâtre] etw inszenieren b) [film] bei etw Regie führen.

sceptique [sɛptik] **adj** skeptisch.

schéma [ʃema] **nm** Schema *das*.

schématique [ʃematik] **adj** schematisch.

schublig [ʃublig] **nm** SUISSE Schüblig *der*.

sciatique [sjatik] **nf** Ischias *der*.

scie [si] **nf** Säge *die*.

science [sjɑ̃s] **nf** Wissenschaft *die* ▸ **sciences naturelles** Naturwissenschaften.

science-fiction [sjɑ̃sfiksjɔ̃] **nf** Science-Fiction *die*.

scientifique [sjɑ̃tifik] ◆ **adj** wissenschaftlich. ◆ **nmf** Wissenschaftler *der*, -in *die*.

scier [9] [sje] **vt** sägen.

scintiller [3] [sɛ̃tije] **vi** funkeln.

sciure [sjyʀ] **nf** Sägemehl *das*.

sclérose [skleʀoz] **nf 1.** Sklerose *die* **2.** *fig* Erstarrung *die* ▸ **sclérose en plaques** multiple Sklerose.

scolaire [skɔlɛʀ] **adj** Schul-.

scolariser [3] [skɔlaʀize] **vt** ein°schulen.

scolarité [skɔlaʀite] **nf 1.** [études] Schulbesuch *der*, Schulausbildung *die* **2.** [durée] Schulzeit *die*.

scoop [skup] **nm** Knüller *der*.

scooter [skutœʀ] **nm** Motorroller *der* ▸ **scooter des mers** Jetski *der*.

score [skɔʀ] **nm** Ergebnis *das*.

Scorpion [skɔʀpjɔ̃] **nm** Skorpion *der*.

Scotch® [skɔtʃ] **nm** Tesafilm® *der*.

scotch [skɔtʃ] **nm** Scotch *der*.

scotché, e [skɔtʃe] **adj** *fam & fig* : **être scotché devant la télévision** am Fernseher kleben.

scout, e [skut] **nm, f** Pfadfinder *der*, -in *die*.

scrupule [skʀypyl] **nm** Skrupel *der*.

scrutin [skʀytɛ̃] **nm 1.** Wahl *die* **2.** [système] Wahlrecht *das*.

sculpter [3] [skylte] **vt 1.** [bois] schnitzen **2.** [pierre] meißeln.

sculpteur [skyltœʀ] **nmf** *(aussi :* **sculptrice** *nf)* Bildhauer *der*, -in *die*.

sculpture [skyltyʀ] **nf** Skulptur *die*.

SDF (*abr de* sans domicile fixe) **nmf** *Person ohne festen Wohnsitz*.

se [sə] ◆ **pron 1.** [réfléchi : complément d'objet direct] sich ▸ **elle se regarde dans le miroir** sie betrachtet sich im Spiegel **2.** [réfléchi : complément d'objet indirect] sich ▸ **se faire mal** sich *(D)* weh°tun **3.** [réciproque : complément d'objet direct] sich, einander ▸ **se battre** sich schlagen **4.** [réciproque : complément d'objet indirect] sich ▸ **ils s'écrivent toutes les semaines** sie schreiben sich jede Woche ▸ **se parler** miteinander sprechen **5.** [avec certains verbes, vide de sens] : **se décider** sich entschließen ▸ **se mettre à faire qqch** an°fangen, etw zu tun **6.** [passif] : **ce produit se vend bien** dieses Erzeugnis verkauft sich gut ▸ **ce produit se vend partout** dieses Erzeugnis wird überall verkauft **7.** [à valeur de possessif] sich ▸ **se laver les mains** sich *(D)* die Hände waschen.

séance [seɑ̃s] **nf 1.** [réunion] Sitzung *die* **2.** [de gymnastique] Stunde *die* **3.** [de cinéma] Vorstellung *die*.

seau [so] (*pl* -x) nm Eimer *der* ▸ **seau à champagne** Sektkübel *der*.

sec, sèche [sɛk, sɛʃ] adj **1.** trocken **2.** [ton, remarque] schroff **3.** [fruit, légume] getrocknet ▸ **à sec** a) [rivière] ausgetrocknet b) [sans argent] blank ▸ **au sec** im Trockenen, ins Trockene ▸ **d'un coup sec** mit einem Ruck.

sécateur [sekatœʀ] nm Gartenschere *die*.

séchage [seʃaʒ] nm Trocknen *das*.

sèche [sɛʃ] adj f → **sec**.

sèche-cheveux [sɛʃʃəvø] nm inv Föhn *der*.

sèche-linge [sɛʃlɛ̃ʒ] nm inv Wäschetrockner *der*.

sèchement [sɛʃmɑ̃] adv schroff ▸ **parler sèchement** kurz angebunden sein.

sécher [18] [seʃe] ◆ vt **1.** trocknen **2.** *fam* [cours] schwänzen. ◆ vi **1.** trocknen **2.** *fam* [à un examen] nichts wissen.

sécheresse [seʃʀɛs] nf Trockenheit *die*.

séchoir [seʃwaʀ] nm : **séchoir (à cheveux)** Haartrockner *der* ▸ **séchoir (à linge)** (Wäsche)trockner *der*.

second, e [səgɔ̃, ɔ̃d] adj zweite(r, s) ▸ **il est arrivé second** er kam als Zweiter.

secondaire [səgɔ̃dɛʀ] adj nebensächlich.

seconde [səgɔ̃d] nf **1.** Sekunde *die* **2.** SCOL ≃ zehnte Klasse **3.** [vitesse] zweiter Gang ▸ **voyager en seconde (classe)** zweiter Klasse reisen.

secouer [6] [səkwe] vt **1.** [agiter] schütteln **2.** [bouleverser] erschüttern **3.** [inciter à agir] auf∘rütteln.

secourir [45] [səkuʀiʀ] vt : **secourir qqn** a) [d'un danger] jm bei∘stehen ou Hilfe leisten b) [moralement] jm bei∘stehen.

secouriste [səkuʀist] nmf Sanitäter *der*, -in *die*.

secours [səkuʀ] nm Hilfe *die* ▸ **appeler au secours** um Hilfe rufen ▸ **secours d'urgence** Rettungsdienst *der* ▸ **premiers secours** Erste Hilfe ▸ **porter secours à qqn** jm Hilfe leisten.

secouru, e [səkuʀy] pp → **secourir**.

secousse [səkus] nf Stoß *der*.

secret, ète [səkʀɛ, ɛt] ◆ adj geheim, Geheim-. ◆ nm Geheimnis *das* ▸ **en secret** heimlich.

secrétaire [səkʀetɛʀ] ◆ nmf Sekretär *der*, -in *die*. ◆ nm [meuble] Sekretär *der*.

secrétariat [səkʀetaʀja] nm Sekretariat *das*.

secte [sɛkt] nf Sekte *die*.

secteur [sɛktœʀ] nm **1.** Sektor *der* **2.** [électrique] (Strom)netz *das* **3.** [domaine] Bereich *der* ▸ **fonctionner sur secteur** einen Netzanschluss haben.

section [sɛksjɔ̃] nf **1.** [portion] Abschnitt *der* **2.** [de ligne d'autobus] Zone *die*.

sectionner [3] [sɛksjɔne] vt **1.** [trancher] ab∘trennen **2.** [artère] durch∘trennen **3.** *fig* [diviser] auf∘teilen.

Sécu [seky] nf *fam* : **la Sécu** *französische Sozialversicherung*.

sécurité [sekyʀite] nf Sicherheit *die* ▸ **en sécurité** in Sicherheit ▸ **la sécurité routière** die Verkehrssicherheit ▸ **la Sécurité sociale** *französische Sozialversicherung*.

sédentaire [sedɑ̃tɛʀ] adj sesshaft ▸ **mener une vie trop sédentaire** zu wenig Bewegung haben.

séduction [sedyksjɔ̃] nf Verführung *die* ▸ **pouvoir de séduction** Anziehungskraft *die*.

séduire [98] [sedɥiʀ] **vt 1.** [suj : personne] verführen **2.** [suj : projet, idée] reizen.

séduisant, e [sedɥizɑ̃, ɑ̃t] **adj 1.** [personne] verführerisch **2.** [projet, idée] verlockend.

séduit, e [sedɥi, it] **pp & 3ᵉ pers. du sg. de l'ind. prés.** → **séduire**.

segment [sɛgmɑ̃] **nm** Segment *das*.

ségrégation [segʀegasjɔ̃] **nf** : **ségrégation raciale** Rassentrennung *die*.

seigle [sɛgl] **nm** Roggen *der*.

seigneur [sɛɲœʀ] **nm** Feudalherr *der* ▸ **le Seigneur** der Herr(gott).

sein [sɛ̃] **nm** Brust *die* ▸ **au sein de** in *(+ D)*.

Seine [sɛn] **nf** : **la Seine** [fleuve] die Seine.

séisme [seism] **nm** Erdbeben *das*.

séismique [seismik] = **sismique**.

seize [sɛz] **num** sechzehn ▸ **elle habite (au) seize rue Lepic** sie wohnt in der Rue Lepic Nummer sechzehn ▸ **il a seize ans** er ist sechzehn ▸ **il est seize heures** es ist sechzehn Uhr ▸ **ils étaient seize** sie waren zu sechzehnt ▸ **le seize janvier** am sechzehnten Januar ▸ **page seize** Seite sechzehn.

seizième [sɛzjɛm] **num** sechzehnte(r, s).

séjour [seʒuʀ] **nm** Aufenthalt *der* ▸ **(salle de) séjour** Wohnzimmer *das*.

séjourner [3] [seʒuʀne] **vi** sich auf∘halten.

sel [sɛl] **nm** Salz *das* ▸ **sels de bain** Badesalz.

sélection [selɛksjɔ̃] **nf** Auswahl *die*.

sélectionner [3] [selɛksjɔne] **vt 1.** aus∘wählen **2.** INFORM markieren ▸ **sélectionner tout** alles markieren.

self-service [sɛlfsɛʀvis] (*pl* **self-services**) **nm 1.** [restaurant] Selbstbedienungsrestaurant *das* **2.** [station-service] SB-Tankstelle *die*.

selle [sɛl] **nf** Sattel *der*.

selon [səlɔ̃] **prép 1.** [en accord avec] gemäß *(+ D)* **2.** [en fonction de] je nach ▸ **selon moi / toi** meiner / deiner Ansicht nach ▸ **selon que** je nachdem, ob.

semaine [səmɛn] **nf** Woche *die* ▸ **en semaine** unter der Woche.

semblable [sɑ̃blabl] **adj** ähnlich ▸ **être semblable à qqn / qqch** jm / einer Sache ähnlich sein.

semblant [sɑ̃blɑ̃] **nm** : **faire semblant de faire qqch** so tun, als ob man etw tun würde ▸ **un semblant de** so etwas wie.

sembler [3] [sɑ̃ble] **vi** zu sein scheinen ▸ **il semble que** es scheint, dass ▸ **il me semble que** mir scheint, dass.

semelle [səmɛl] **nf** Sohle *die*.

semer [19] [səme] **vt 1.** säen **2.** [se débarrasser de] ab∘hängen.

semestre [səmɛstʀ] **nm** Halbjahr *das*.

séminaire [seminɛʀ] **nm** Seminar *das*.

semi-précieux, euse [səmipresjø, øz] (*mpl* **semi-précieux**, *fpl* **semi-précieuses**) **adj** : **pierre semi-précieuse** Halbedelstein *der*.

semi-remorque [səmiʀəmɔʀk] (*pl* **semi-remorques**) **nm** Sattelschlepper *der*.

semoule [səmul] **nf** Gries *der*.

sénat [sena] **nm** Senat *der*.

sénateur, trice [senatœʀ, tʀis] **nm, f** Senator *der*, -in *die*.

Sénégal [senegal] **nm** : **le Sénégal** (der) Senegal.

senior [senjɔʀ] ◆ **adj** SPORT [tourisme, clientèle, menu] Senioren-. ◆ **nmf** SPORT Senior *der*, -in *die*.

sens [sɑ̃s] **nm 1.** [direction] Richtung *die* **2.** [signification] Sinn *der* ▸ **aller en sens inverse** in die entgegengesetzte Richtung gehen / fahren ▸ **sens dessus dessous** durcheinander ▸ **avoir du bon sens** gesunden Menschenverstand haben ▸ **sens giratoire** Kreisverkehr *der* ▸ **sens unique** Einbahnstraße *die* ▸ **'sens interdit'** 'Durchfahrt verboten'.

sensation [sɑ̃sasjɔ̃] **nf** Gefühl *das* ▸ **faire sensation** Aufmerksamkeit erregen.

sensationnel, elle [sɑ̃sasjɔnɛl] **adj** [formidable] einfach spitze.

sensibiliser [3] [sɑ̃sibilize] **vt** *fig* [informer] : **sensibiliser qqn à qqch** jm etw bewusst machen.

sensible [sɑ̃sibl] **adj 1.** [émotif] empfindsam **2.** [fragile] empfindlich **3.** [perceptible] spürbar ▸ **sensible à** a) [qui est touché par] empfänglich für b) [qui perçoit] empfindlich für.

sensiblement [sɑ̃sibləmɑ̃] **adv 1.** [à peu près] annähernd **2.** [de façon perceptible] spürbar.

sensuel, elle [sɑ̃sɥɛl] **adj** sinnlich.

sentence [sɑ̃tɑ̃s] **nf** Urteilsspruch *der*.

sentier [sɑ̃tje] **nm** Pfad *der* ▸ **sentier de randonnée** Wanderweg *der*.

sentiment [sɑ̃timɑ̃] **nm** Gefühl *das* ▸ **'sentiments dévoués** ou **respectueux'** 'hochachtungsvoll'.

sentimental, e, aux [sɑ̃timɑ̃tal, o] **adj** gefühlvoll.

sentir [37] [sɑ̃tiʀ] **vt 1.** [odeur] riechen **2.** [goût] schmecken **3.** [au toucher] fühlen **4.** [avoir une odeur de] riechen nach ▸ **sentir bon / mauvais** gut / schlecht riechen. ◆ **se sentir vp** : **se sentir bien** sich gut fühlen ▸ **je me sens bizarre** mir ist ganz komisch.

Séoul [seul] **n** Seoul *nt*.

séparation [sepaʀasjɔ̃] **nf** Trennung *die*.

séparément [sepaʀemɑ̃] **adv** getrennt.

séparer [3] [sepaʀe] **vt 1.** trennen **2.** [diviser] teilen ▸ **séparer qqn / qqch de** jn / etw trennen von. ◆ **se séparer vp 1.** [couple] sich trennen **2.** [se diviser] sich teilen ▸ **se séparer de** sich trennen von.

sept [sɛt] **num** sieben ▸ **le sept de pique** die Piksieben ▸ **elle habite (au) sept rue Lepic** sie wohnt in der Rue Lepic Nummer sieben ▸ **il est sept heures** es ist sieben Uhr ▸ **le sept janvier** am siebten Januar ▸ **page sept** Seite sieben ▸ **ils étaient sept** sie waren zu siebt.

septante [sɛptɑ̃t] **num** BELG SUISSE siebzig.

septembre [sɛptɑ̃bʀ] **nm** September *der* ▸ **en septembre, au mois de septembre** im September ▸ **début septembre** Anfang September ▸ **le deux septembre** am zweiten September.

septième [sɛtjɛm] **num** siebte(r, s) ▸ **le septième étage** der siebte Stock ▸ **il est arrivé septième** er wurde Siebter.

séquelles [sekɛl] **nfpl** Folgen *pl*.

séquence [sekɑ̃s] **nf** [de film] Sequenz *die*.

séquoia [sekɔja] **nm** Sequoia *die*.

sera [səʀa] **3ᵉ pers. du sg. de l'ind. fut.** → **être**.

serbe [sɛʀb] **adj** serbisch. ◆ **Serbe nmf** Serbe *der*, -bin *die*.

Serbie [sɛʀbi] **nf** : **la Serbie** Serbien *nt*.

séré [seʀe] **nm** SUISSE Quark *der*.

serein, e [səʀɛ̃, ɛn] **adj** gelassen.

sérénité [seʀenite] **nf** Gelassenheit *die*.

sergent [sɛʀʒɑ̃] **nm** ≃ Unteroffizier *der*.

série [seʀi] **nf 1.** [succession] Reihe *die* **2.** [ensemble] Satz *der* ▸ **série (télévisée)** (Fernseh)serie *die*.

sérieusement [seʀjøzmɑ̃] **adv 1.** [sans plaisanter] ernst **2.** [consciencieusement] ernsthaft **3.** [gravement] ernstlich.

sérieux, euse [seʀjø, øz] ◆ **adj 1.** [qui ne plaisante pas] ernst **2.** [consciencieux] ernsthaft **3.** [grave] schwer. ◆ **nm** : **avec sérieux** [travailler] ernsthaft ▸ **garder son sérieux** ernst bleiben ▸ **prendre qqch au sérieux** etw ernst nehmen.

seringue [səʀɛ̃g] **nf** Spritze *die*.

sermon [sɛʀmɔ̃] **nm 1.** Predigt *die* **2.** *péj* [leçon] Moralpredigt *die*.

séropositif, ive [seʀɔpozitif, iv] **adj** HIV-positiv.

serpent [sɛʀpɑ̃] **nm** Schlange *die*.

serpentin [sɛʀpɑ̃tɛ̃] **nm** [de fête] Luftschlange *die*.

serpillière [sɛʀpijɛʀ] **nf** Scheuerlappen *der*.

serre [sɛʀ] **nf** [à plantes] Gewächshaus *das* ▸ **effet de serre** Treibhauseffekt *der*.

serré, e [seʀe] **adj 1.** [vêtement] eng **2.** [spectateurs, passagers] (dicht) gedrängt.

serrer [4] [seʀe] **vt 1.** [cou] zu°schnüren **2.** [suj : vêtements] kneifen an *(+ D)* **3.** [rapprocher] zusammen°drücken **4.** [poings] ballen **5.** [dents] zusammen°beißen **6.** [nœud] zu°ziehen **7.** [vis] an°ziehen ▸ **serrer qqn dans ses bras** jn in die Arme schließen ▸ **serrer la main à qqn** jm die Hand drücken ▸ **'serrez à droite'** 'rechts einordnen'. ◆ **se serrer vp** zusammen°rücken ▸ **se serrer contre qqn** sich an jn schmiegen.

serre-tête [sɛʀtɛt] **nm inv** Haarreif *der*.

serrure [seʀyʀ] **nf** Schloss *das*.

serrurier [seʀyʀje] **nm** Schlosser *der*, -in *die*.

sers [sɛʀ] **1re et 2e pers. du sg. de l'ind. prés. & 2e pers. du sg. de l'impératif prés.** → **servir**.

sérum [seʀɔm] **nm** Serum *das* ▸ **sérum physiologique** physiologische Kochsalzlösung.

serveur, euse [sɛʀvœʀ, øz] **nm, f** Kellner *der*, -in *die*. ◆ **serveur nm INFORM** Server *der* ▸ **serveur de courrier** Mailserver.

serviable [sɛʀvjabl] **adj** hilfsbereit.

service [sɛʀvis] **nm 1.** [manière de servir] Bedienung *die* **2.** [faveur] Gefälligkeit *die* **3.** [de vaisselle] Service *das* **4.** [département] Abteilung *die* **5.** **SPORT** Aufschlag *der* ▸ **faire le service** bedienen ▸ **être de service** Dienst haben ▸ **premier / deuxième service** [au restaurant] erster / zweiter Durchgang *(in Speisewagen, Kantine)* ▸ **service militaire** Wehrdienst *der* ▸ **'service compris / non compris'** 'Bedienung inbegriffen / nicht inbegriffen'.

serviette [sɛʀvjɛt] **nf** [cartable] Aktentasche *die* ▸ **serviette hygiénique** Damenbinde *die* ▸ **serviette (de table)** Serviette *die* ▸ **serviette de bain** Badetuch *das* ▸ **serviette (de toilette)** Handtuch *das*.

servir [38] [sɛʀviʀ] ◆ **vt 1.** [client] bedienen **2.** [à table] : **servir qqch à qqn** a) [plat] jm etw servieren b) [boisson] jm etw ein°schenken ▸ **il m'a servi abondamment** er hat mir reichlich aufgetan ▸ **qu'est-ce que je vous sers ?** was darf ich Ihnen bringen? ▸ **'servir frais'** 'kühl trinken'
◆ **vi 1.** [être utile] : **servir à qqch** zu etw dienen ▸ **servir à faire qqch** dazu →

dienen, etw zu tun ▸ **ça ne sert à rien de faire qqch** es hat keinen Zweck, etw zu tun **2.** [avec « de »] : **servir (à qqn) de qqch** [objet] (jm) als etw *(A)* dienen **3.** [au tennis] auf◦schlagen ▸ **c'est à toi de servir** du hast Aufschlag **4.** [aux cartes] geben

◆ **se servir** vp [de la nourriture, de la boisson] : **servez-vous !** bedienen Sie sich!

◆ **se servir de** vp + prép [objet] benutzen.

ses [sɛ] adj pl → **son**[1]

sésame [sezam] nm [graine] Sesam *der*.

set [sɛt] nm SPORT Satz *der* ▸ **set (de table)** Set *das*.

seuil [sœj] nm [entrée] Schwelle *die*.

seul, e [sœl] ◆ adj allein. ◆ nm, f : **le seul** der ou die ou das Einzige ▸ **un seul** ein Einziger, eine Einzige, ein Einziges ▸ **(tout) seul** (ganz) allein ▸ **parler tout seul** Selbstgespräche führen.

seulement [sœlmɑ̃] adv nur ▸ **non seulement... mais encore** ou **en plus** nicht nur ..., sondern auch ▸ **si seulement...** wenn ... nur.

sève [sɛv] nf Saft *der*.

sévère [sevɛʀ] adj **1.** streng **2.** [échec, pertes] schwer.

sévérité [seveʀite] nf Strenge *die*.

Séville [sevij] n Sevilla *nt*.

sévir [32] [seviʀ] vi **1.** [punir] hart durch◦greifen **2.** [épidémie] wüten **3.** [crise] herrschen.

sexe [sɛks] nm **1.** [catégorie] Geschlecht *das* **2.** [organe] Geschlechtsteile *pl* **3.** [sexualité] Sex *der*.

sexiste [sɛksist] adj sexistisch.

sexuel, elle [sɛksɥɛl] adj : **éducation sexuelle** Sexualkunde *die* ▸ **rapports sexuels** Geschlechtsverkehr *der*.

Seychelles [sɛʃɛl] nfpl : **les Seychelles** die Seychellen.

sgml nm SGML *das*.

shampo(o)ing [ʃɑ̃pwɛ̃] nm **1.** [produit] Shampoo *das* **2.** [lavage] Haarwäsche *die* ▸ **un shampooing et une coupe** Waschen und Schneiden.

Shetland [ʃɛtlɑ̃d] nfpl : **les Shetland** die Shetlandinseln.

shit [ʃit] nm *fam* Shit *der*.

shopping [ʃɔpiŋ] nm Einkaufsbummel *der* ▸ **faire du shopping** einen Einkaufsbummel machen.

short [ʃɔʀt] nm Shorts *pl*.

show [ʃo] nm Show *die*.

si [si] ◆ conj **1.** [au cas où] wenn ▸ **si tu veux, on y va** wenn du willst, gehen wir **2.** [hypothèse improbable] falls ▸ **si elle gagne au loto** falls sie im Lotto gewinnen sollte **3.** [avec un imparfait ou un plus-que-parfait] wenn ▸ **ce serait bien si vous pouviez** es wäre schön, wenn Sie könnten ▸ **si j'avais su que...** wenn ich gewusst hätte, dass ... **4.** [dans une question] : **(et) si on allait à la piscine ?** wir könnten auch ins Schwimmbad gehen **5.** [exprime un souhait] : **si seulement tu m'en avais parlé avant !** wenn du mir nur früher etwas davon gesagt hättest! **6.** [dans une question indirecte] ob ▸ **dites-moi si vous venez** sagt mir, ob ihr kommt **7.** [puisque] : **si..., c'est que...** wenn ..., dann ...

◆ adv **1.** [tellement] so ▸ **si... que** so ..., dass ▸ **ce n'est pas si facile que ça** das ist nicht so einfach ▸ **si bien que** sodass **2.** [oui] doch.

SICAV [sikav] nf inv [titre] Investmentfondsanteil *der*.

SIDA [sida] nm Aids *das*.

sidérurgie [sideʀyʀʒi] **nf** [industrie] Eisen- und Stahlindustrie *die*.

siècle [sjɛkl] **nm** Jahrhundert *das* ▸ **au vingtième siècle** im zwanzigsten Jahrhundert.

siège [sjɛʒ] **nm** Sitz *der*.

sien [sjɛ̃] ◆ **le sien, la sienne** [lesjɛn, lasjɛn] (*mpl* **les siens** [lesjɛ̃], *fpl* **les siennes** [lesjɛn]) **pron** 1. [à lui] seine(r, s) 2. [à elle] ihre(r, s).

sieste [sjɛst] **nf** Mittagsschlaf *der* ▸ **faire la sieste** einen Mittagsschlaf machen.

sifflement [sifləmɑ̃] **nm** [du vent, d'une bouilloire] Pfeifen *das*.

siffler [3] [sifle] ◆ **vi** pfeifen. ◆ **vt** 1. [air] pfeifen 2. [acteur] aus∘pfeifen 3. [chien] pfeifen nach 4. [femme] hinterher∘pfeifen.

sifflet [siflɛ] **nm** 1. [instrument] Trillerpfeife *die* 2. [au spectacle] Pfiff *der*.

sigle [sigl] **nm** Abkürzung *die*.

signal [siɲal] (*pl* **-aux**) **nm** Signal *das* ▸ **signal d'alarme** Notsignal.

signalement [siɲalmɑ̃] **nm** Beschreibung *die*.

signaler [3] [siɲale] **vt** 1. [par un geste, une pancarte] an∘zeigen 2. [faire remarquer] aufmerksam machen auf *(+ A)*.

signalisation [siɲalizasjɔ̃] **nf** 1. [panneaux] Beschilderung *die* 2. [feux] Signale *pl*.

signature [siɲatyʀ] **nf** [nom] Unterschrift *die*.

signe [siɲ] **nm** 1. Zeichen *das* 2. [indice] Anzeichen *das* ▸ **faire signe à qqn (de faire qqch)** jm ein Zeichen geben(, dass er etw tun kann) ▸ **c'est bon / mauvais signe** das ist ein gutes / schlechtes Zeichen ▸ **faire le signe de croix** sich bekreuzigen ▸ **signe du zodiaque** Sternzeichen.

signer [3] [siɲe] ◆ **vt** 1. [document] unterschreiben 2. [œuvre] signieren. ◆ **vi** unterschreiben.

significatif, ive [siɲifikatif, iv] **adj** bedeutsam.

signification [siɲifikasjɔ̃] **nf** Bedeutung *die*.

signifier [9] [siɲifje] **vt** bedeuten.

silence [silɑ̃s] **nm** 1. [absence de bruit] Stille *die* 2. [fait de ne pas parler] Schweigen *das* ▸ **en silence** leise.

silencieux, euse [silɑ̃sjø, øz] **adj** 1. [endroit] ruhig 2. [personne] still 3. [moteur, lave-linge] leise.

silhouette [silwɛt] **nf** 1. [forme] Silhouette *die* 2. [corps] Figur *die*.

sillonner [3] [sijɔne] **vt** durchkreuzen ▸ **sillonner une région** kreuz und quer durch eine Gegend reisen.

SIM [sim] (*abr de* subscriber identity module) **nm** INFORM : **carte SIM** SIM-Karte *die*.

similaire [similɛʀ] **adj** gleichartig.

simple [sɛ̃pl] **adj** 1. einfach 2. [feuille, chambre] Einzel- 3. [personne] treuherzig.

simplement [sɛ̃pləmɑ̃] **adv** 1. [sans complication] einfach 2. [seulement] einfach nur.

simplicité [sɛ̃plisite] **nf** 1. [facilité] Einfachheit *die* 2. [d'une personne, d'un style] Natürlichkeit *die*.

simplifier [9] [sɛ̃plifje] **vt** vereinfachen.

simuler [3] [simyle] **vt** vor∘täuschen.

simultané, e [simyltane] **adj** gleichzeitig.

simultanément [simyltanemɑ̃] **adv** gleichzeitig.

sincère [sɛ̃sɛʀ] **adj** 1. [personne] ehrlich 2. [chagrin, remords] aufrichtig.

sincèrement [sɛ̃sɛʀmɑ̃] **adv 1.** [franchement] ganz offen **2.** [vraiment] aufrichtig ▸ **sincèrement, je crois que vous vous trompez** ehrlich gesagt glaube ich, dass Sie sich irren.

sincérité [sɛ̃seʀite] **nf 1.** [d'une personne] Ehrlichkeit *die* **2.** [d'un sentiment] Aufrichtigkeit *die*.

Singapour [sɛ̃gapuʀ] **n** Singapur *nt*.

singe [sɛ̃ʒ] **nm** Affe *der*.

singulier, ière [sɛ̃gylje, ɛʀ] ◆ **adj** einzigartig. ◆ **nm** GRAMM Singular *der*.

sinistre [sinistʀ] ◆ **adj 1.** [endroit, air] finster **2.** [bruit] beängstigend. ◆ **nm** [catastrophe] Katastrophe *die*.

sinistré, e [sinistʀe] ◆ **adj 1.** [région] verwüstet **2.** [population] geschädigt. ◆ **nm, f** Geschädigte *der, die*.

sinon [sinɔ̃] **conj 1.** [autrement] sonst **2.** [si ce n'est] wenn nicht (sogar) ▸ **personne, sinon lui** keiner außer ihm.

sinueux, euse [sinɥø, øz] **adj** gewunden.

sinusite [sinyzit] **nf** Nebenhöhlenentzündung *die*.

sirène [siʀɛn] **nf** Sirene *die*.

sirop [siʀo] **nm** Sirup *der* ▸ **sirop de fruits** Sirup.

siroter [3] [siʀɔte] **vt** schlürfen.

sismique [sismik], **séismique** [seismik] **adj** seismisch, Erdbeben- ▸ **secousse sismique** Erdstoß *der*.

site [sit] **nm 1.** [paysage] Landschaft *die* **2.** [emplacement] Lage *die* **3.** INFORM Site *die* ▸ **site FTP / Internet** FTP-Site / Internet-Site ▸ **site personnel / professionnel** persönliche Site / professionelle Site ▸ **site touristique** Sehenswürdigkeit *die*.

situation [sitɥasjɔ̃] **nf 1.** Lage *die* **2.** [emploi] Stellung *die* ▸ **situation familiale** Familiensituation *die*.

situé, e [sitɥe] **adj** gelegen ▸ **bien / mal situé** gut / schlecht gelegen.

situer [7] [sitɥe] ◆ **se situer vp** [géographiquement] liegen.

six [sis] **num** sechs ▸ **le six de pique** die Piksechs ▸ **elle habite (au) six rue Lepic** sie wohnt in der Rue Lepic Nummer sechs ▸ **il est six heures** es ist sechs Uhr ▸ **le six janvier** am sechsten Januar ▸ **page six** Seite sechs ▸ **ils étaient six** sie waren zu sechst.

sixième [sizjɛm] ◆ **num** sechste(r, s). ◆ **pron** Sechste *der, die, das*. ◆ **nf** SCOL ≃ sechste Klasse. ◆ **nm** [fraction] Sechstel *das* ▸ **le sixième étage** der sechste Stock ▸ **le sixième (arrondissement)** das sechste Arrondissement ▸ **il est arrivé sixième** er wurde Sechster.

Skaï® [skaj] **nm** Kunstleder *das*.

skateboard [skɛtbɔʀd] **nm 1.** [planche] Skateboard *das* **2.** [sport] Skateboardfahren *das*.

sketch [skɛtʃ] **nm** Sketch *der*.

ski [ski] **nm 1.** [planche] Ski *der* **2.** [sport] Skilaufen *das* ▸ **faire du ski** Ski fahren ▸ **ski alpin** alpiner Skilauf ▸ **ski de fond** Skilanglauf *der* ▸ **ski nautique** Wasserski.

skier [10] [skje] **vi** Ski laufen.

skieur, euse [skjœʀ, øz] **nm, f** Skiläufer *der*, -in *die*.

Skopje [skɔpje] **n** Skopje *nt*.

sky-surfing [skajsœʀfiŋ] (*pl* **sky-surfings**), **sky-surf** [skajsœʀf] (*pl* **sky-surfs**) **nm** SPORT Skysurfen *das*.

slalom [slalɔm] **nm** Slalom *der*.

slam [slam] **nm** [poésie] Slam-Poetry *die*.

slim [slim] **nm** [pantalon] enge Hose.

slip [slip] **nm** Slip *der* ▸ **slip de bain** Badehose *die*.

slogan [slɔgɑ̃] **nm** Slogan *der*.

slovaque [slɔvak] ◆ **adj** slowakisch. ◆ **nm** [langue] Slowakisch(e) (*das*). ◆ **Slovaque nmf** Slowake *der*, -kin *die*.

Slovaquie [slɔvaki] **nf** : **la Slovaquie** die Slowakei.

slovène [slɔvɛn] ◆ **adj** slowenisch. ◆ **nm** [langue] Slowenisch(e) (*das*). ◆ **Slovène nmf** Slowene *der*, -nin *die*.

Slovénie [slɔveni] **nf** : **la Slovénie** Slowenien *nt*.

smartphone® [smaʀtfon] **nm** Smartphone *das*.

SMIC [smik] **nm** garantierter Mindestlohn.

smoking [smɔkiŋ] **nm** Smoking *der*.

SMS nm SMS *die* ▸ **envoyer un SMS** eine SMS senden.

snack(-bar) [snak(bar)] (*pl* **snack(-bar)s**) **nm** Imbiss *der*.

SNCF nf *französische Eisenbahngesellschaft*.

sniffer [3] [snife] **vi & vt** *fam* schnüffeln ▸ **sniffer de la colle** Klebstoff schnüffeln.

snob [snɔb] ◆ **adj** snobistisch. ◆ **nmf** Snob *der*.

snowboard [snobɔʀd] **nm 1.** [planche] Snowboard *das* **2.** SPORT Snowboardfahren *das* ▸ **faire du snowboard** Snowboard fahren.

soap opera [sopɔpeʀa] (*pl* **soap operas**), **soap** [sop] (*pl* **soaps**) **nm** Soap *die*.

sobre [sɔbʀ] **adj 1.** [qui ne boit pas] enthaltsam **2.** [simple] schlicht.

sociable [sɔsjabl] **adj** gesellig.

social, e, aux [sɔsjal, o] **adj 1.** [politique, sciences] Sozial- **2.** [inégalités] sozial.

socialisme [sɔsjalism] **nm** Sozialismus *der*.

socialiste [sɔsjalist] ◆ **adj** sozialistisch. ◆ **nmf** Sozialist *der*, -in *die*.

société [sɔsjete] **nf** Gesellschaft *die*.

sociologie [sɔsjɔlɔʒi] **nf** Soziologie *die*.

socle [sɔkl] **nm** Sockel *der* ▸ **socle de détecteur** Meldersockel.

socquette [sɔkɛt] **nf** Söckchen *das*.

soda [sɔda] **nm** Limonade *die*.

sœur [sœʀ] **nf** Schwester *die*.

sofa [sɔfa] **nm** Sofa *das*.

Sofia [sɔfja] **n** Sofia *nt*.

soi [swa] **pron** sich (selbst) ▸ **en soi** an sich ▸ **cela va de soi** das versteht sich von selbst.

soi-disant [swadizɑ̃] ◆ **adj inv 1.** [qui se dit] Pseudo- **2.** [que l'on dit] vermeintlich. ◆ **adv** angeblich.

soie [swa] **nf** Seide *die*.

soif [swaf] **nf** Durst *der* ▸ **avoir soif** Durst haben ▸ **ça (me) donne soif** das macht Durst.

soigné, e [swaɲe] **adj 1.** [travail] sorgfältig **2.** [personne, mains] gepflegt.

soigner [3] [swaɲe] **vt 1.** [malade, maladie] behandeln **2.** [présentation] pflegen **3.** [travail] sorgfältig erledigen **4.** [s'occuper de] umsorgen.

soigneusement [swaɲøzmɑ̃] **adv** sorgfältig.

soigneux, euse [swaɲø, øz] **adj** sorgfältig.

soin [swɛ̃] **nm** Sorgfalt *die* ▸ **prendre soin de faire qqch** darauf achten, etw zu tun. ◆ **soins nmpl 1.** [médicaux] Behandlung *die* **2.** [de beauté] Pflege *die* ▸ **premiers soins** Erste Hilfe.

soir [swaʀ] **nm** Abend *der* ▸ **le soir** abends.

soirée [swaʀe] **nf 1.** [soir] Abend *der* **2.** [réception] Party *die*.

sois [swa] **1re et 2e pers. du sg. du subj. prés. & 2e pers. du sg. de l'impératif prés. → être.**

soit¹ [swa] **3e pers. du sg. du subj. prés. → être.**

soit² [swa(t)] **conj : soit... soit** entweder ... oder.

soixantaine [swasɑ̃tɛn] **nf** an die sechzig ▸ **avoir la soixantaine** um die sechzig sein, an die sechzig Jahre alt sein ▸ **une soixantaine de personnes** ungefähr sechzig Leute.

soixante [swasɑ̃t] **num** sechzig ▸ **elle habite (au) soixante rue Lepic** sie wohnt in der Rue Lepic Nummer sechzig ▸ **il a soixante ans** er ist sechzig ▸ **ils étaient soixante** sie waren zu sechzig ▸ **page soixante** Seite sechzig.

soixante-dix [swasɑ̃tdis] **num** siebzig ▸ **elle habite (au) soixante-dix rue Lepic** sie wohnt in der Rue Lepic Nummer siebzig ▸ **il a soixante-dix ans** er ist siebzig ▸ **ils étaient soixante-dix** sie waren zu siebzig ▸ **page soixante-dix** Seite siebzig.

soixante-dixième [swasɑ̃tdizjɛm] **num** siebzigste(r, s).

soixantième [swasɑ̃tjɛm] **num** sechzigste(r, s).

soja [sɔʒa] **nm** Soja *die* ▸ **germe de soja** Sojasprosse *die*.

sol [sɔl] **nm** Boden *der*.

solaire [sɔlɛʀ] **adj** Sonnen-.

soldat, e [sɔlda, at] **nm, f** Soldat *der*, -in *die*.

solde [sɔld] **nm** [d'un compte bancaire] Kontostand *der*. ◆ **en solde** ◆ **adj** [article] heruntergesetzt. ◆ **adv** [acheter] im Schlussverkauf. ◆ **soldes nmpl 1.** [vente] Schlussverkauf *der* **2.** [articles] Schlussverkaufswaren *pl*.

soldé, e [sɔlde] **adj** heruntergesetzt.

solder [3] [sɔlde] **vt 1.** [compte] ab∘schließen **2.** [article] herab∘setzen. ◆ **se solder vp : se solder par qqch** mit etw ab∘schließen.

sole [sɔl] **nf** Seezunge *die* ▸ **sole meunière** Seezunge Müllerinart.

soleil [sɔlɛj] **nm 1.** Sonne *die* **2.** [chaleur] Hitze *die* ▸ **il fait (du) soleil** *fam* die Sonne scheint ▸ **au soleil** in der Sonne ▸ **soleil levant** Sonnenaufgang *der* ▸ **soleil couchant** Sonnenuntergang *der*.

solennel, elle [sɔlanɛl] **adj** feierlich.

solfège [sɔlfɛʒ] **nm** Musiklehre *die* ▸ **faire du solfège** Noten lesen lernen.

solidaire [sɔlidɛʀ] **adj : être solidaire de qqn** mit jm solidarisch sein.

solidarité [sɔlidaʀite] **nf** Solidarität *die*.

solide [sɔlid] **adj 1.** [matériau, construction] solide **2.** [personne, santé] robust.

solidité [sɔlidite] **nf** [d'un matériau, d'une construction] Festigkeit *die*.

soliste [sɔlist] **nmf** Solist *der*, -in *die*.

solitaire [sɔlitɛʀ] ◆ **adj** einsam. ◆ **nmf** Einzelgänger *der*, -in *die*.

solitude [sɔlityd] **nf** Einsamkeit *die*.

solliciter [3] [sɔlisite] **vt** bitten um.

soluble [sɔlybl] **adj** löslich.

solution [sɔlysjɔ̃] **nf** Lösung *die*.

solvable [sɔlvabl] **adj** zahlungsfähig, solvent.

Somalie [sɔmali] **nf : la Somalie** Somalia *nt*.

sombre [sɔ̃bʀ] **adj 1.** düster **2.** [couleur] dunkel.

sommaire [sɔmɛʀ] ◆ **adj 1.** [explication, résumé] knapp **2.** [repas] spärlich **3.** [logement] sehr einfach. ◆ **nm** [d'un livre] Inhaltsverzeichnis *das*.

somme[1] [sɔm] **nm** : **faire un somme** ein Nickerchen machen.

somme[2] [sɔm] **nf** Summe *die* ▸ **faire la somme de** zusammen∘zählen ▸ **en somme** kurz ▸ **somme toute** alles in allem.

sommeil [sɔmɛj] **nm** Schlaf *der* ▸ **avoir sommeil** müde sein.

sommelier, ère [sɔməlje, ɛʀ] **nm, f** Kellermeister *der*, -in *die*.

sommes [sɔm] **1**[re] **pers. du pl. de l'ind. prés.** → **être**.

sommet [sɔmɛ] **nm 1.** Spitze *die* **2.** [d'une montagne] Gipfel *der*.

sommier [sɔmje] **nm** Rost *der*.

somnambule [sɔmnɑ̃byl] ◆ **adj** mondsüchtig. ◆ **nmf** Schlafwandler *der*, -in *die*.

somnifère [sɔmnifɛʀ] **nm** Schlafmittel *das*.

somnoler [3] [sɔmnɔle] **vi** dösen.

somptueux, euse [sɔ̃ptɥø, øz] **adj** prachtvoll.

son[1], **sa** [sɔ̃, sa] (*pl* **ses** [se]) **adj** sein(e), ihr(e).

son[2] [sɔ̃] **nm 1.** [bruit] Ton *der* **2.** [de blé] Kleie *die* ▸ **son et lumière** *mit Text und Musik untermalte Lichtschau.*

sondage [sɔ̃daʒ] **nm** Umfrage *die*.

sonde [sɔ̃d] **nf** MÉD Sonde *die*.

songer [17] [sɔ̃ʒe] ◆ **songer à v + prép** [envisager de] denken an *(+ A)* ▸ **songer à faire qqch** [envisager de] daran denken, etw zu tun.

songeur, euse [sɔ̃ʒœʀ, øz] **adj** nachdenklich.

sonner [3] [sɔne] ◆ **vi** läuten. ◆ **vt 1.** [cloche] läuten **2.** [suj : horloge] schlagen.

sonnerie [sɔnʀi] **nf 1.** [son de cloches, de réveil, de téléphone] Läuten *das* **2.** [de porte] Klingel *die* **3.** [de portable] Klingelton *der*.

sonnette [sɔnɛt] **nf** Klingel *die* ▸ **sonnette d'alarme** [dans un train] Notbremse *die*.

sono [sɔno] **nf** *fam* Verstärkeranlage *die*.

sonore [sɔnɔʀ] **adj 1.** [phénomène, signal] akustisch **2.** [voix] klangvoll **3.** [rire] schallend ▸ **signal sonore** [sur un répondeur] Piepton *der*.

sonorité [sɔnɔʀite] **nf** [d'un instrument, d'une voix] Klang *der*.

sont [sɔ̃] **3**[e] **pers. du pl. de l'ind. prés.** → **être**.

sophistiqué, e [sɔfistike] **adj 1.** [femme, élégance] anspruchsvoll **2.** [technique] hoch entwickelt.

sorbet [sɔʀbɛ] **nm** Sorbet *der ODER das*.

Sorbonne [sɔʀbɔn] **nf** : **la Sorbonne** die Sorbonne.

ⓘ La Sorbonne

Die **Sorbonne** wurde 1257 von Robert de Sorbon als Theologenschule gegründet und ist damit die älteste Pariser Universität. Sie hat eine juristische Fakultät (**Panthéon-Sorbonne** oder **Paris I**), eine Rechtsfakultät (**Paris II** oder **Assas**), eine philologische Fakultät, bekannter unter dem Namen **Paris III Sorbonne-Nouvelle** und eine literarische Fakultät (**la Sorbonne** oder **Paris IV**).

sorcier, ère [sɔʀsje, ɛʀ] **nm, f** Hexenmeister *der*, Hexe *die*.

sordide [sɔʀdid] **adj** [crime, affaire] dreckig.

sort [sɔʀ] **nm** Schicksal *das* ▸ **tirer au sort** aus◦losen.

sorte [sɔʀt] **nf** Sorte *die* ▸ **une sorte de** eine Art (von) ▸ **de (telle) sorte que** [afin que] sodass ▸ **en quelque sorte** in gewisser Weise.

sortie [sɔʀti] **nf 1.** [porte] Ausgang *der* **2.** [excursion] Ausflug *der* **3.** [au cinéma, au restaurant] Ausgehen *das* **4.** [d'un livre] Erscheinen *das* **5.** [d'un film] Anlaufen *das* ▸ **sortie de secours** Notausgang ▸ **'sortie de véhicules'** 'Ausfahrt' ▸ **à la sortie de l'école** bei Schulschluss ▸ **à la sortie des bureaux** bei Büroschluss.

sortir [32] [sɔʀtiʀ] ◆ **vi** *(aux.* **être***)* **1.** [aller dehors] weg◦gehen **2.** [livre] heraus◦kommen **3.** [film] an◦laufen **4.** [aller au cinéma, au restaurant] aus◦gehen. ◆ **vt** *(aux.* **avoir***)* **1.** [chien] aus◦führen **2.** [livre] heraus◦bringen ▸ **sortir de** a) weg◦gehen von b) [venir au-dehors de] hervor◦kommen aus ▸ **sortir de la fac** von der Uni kommen. ◆ **s'en sortir vp 1.** [personne en difficulté] sich aus der Affäre ziehen **2.** [malade, accidenté] davon◦kommen.

SOS nm 1. [de bateau, d'avion] SOS *das* **2.** *fig* Hilferuf *der* ▸ **SOS Médecins** ≃ Notarzt *der*.

sosie [sɔzi] **nm** Doppelgänger *der*.

sou [su] **nm** : **ne plus avoir un sou** keinen Pfennig mehr haben. ◆ **sous nmpl** *fam* Kohle *die*.

souche [suʃ] **nf 1.** [d'arbre] Stumpf *der* **2.** [de carnet] Beleg *der (der im Scheckheft etc. verbleibt)*.

souci [susi] **nm** Sorge *die* ▸ **se faire du souci (pour)** sich *(D)* Sorgen machen (um).

soucier [9] [susje] ◆ **se soucier de vp + prép** sich *(D)* Sorgen machen um.

soucieux, euse [susjø, øz] **adj** besorgt.

soucoupe [sukup] **nf** Untertasse *die* ▸ **soucoupe volante** fliegende Untertasse.

soudain, e [sudɛ̃, ɛn] **adj & adv** plötzlich.

Soudan [sudɑ̃] **nm** : **le Soudan** der Sudan, Sudan *nt* ▸ **au Soudan** im Sudan, in Sudan ▸ **Sud Soudan** Südsudan *nt*.

souder [3] [sude] **vt** schweißen.

soudure [sudyʀ] **nf 1.** [opération] Schweißen *das* **2.** [partie soudée] Schweißnaht *die*.

souffert [sufɛʀ] **pp** → **souffrir**.

souffle [sufl] **nm 1.** [respiration] Atem *der* **2.** [d'une explosion] Druckwelle *die* ▸ **un souffle d'air** ou **de vent frais** ein frischer Lufthauch.

soufflé [sufle] **nm** Soufflé *das* ▸ **soufflé au fromage** Käsesoufflé.

souffler [3] [sufle] ◆ **vt** aus◦blasen. ◆ **vi 1.** blasen **2.** [haleter] schnaufen ▸ **souffler qqch à qqn** [à un examen] jm etw vor◦sagen.

soufflet [suflɛ] **nm 1.** [pour le feu] Blasebalg *der* **2.** [de train] Gelenk *das*.

souffrance [sufʀɑ̃s] **nf** Schmerz *der*.

souffrant, e [sufʀɑ̃, ɑ̃t] **adj** *sout* unpässlich.

souffrir [34] [sufʀiʀ] **vi** leiden ▸ **souffrir de** a) [maladie] leiden an *(+ D)* b) [chaleur, froid] leiden unter *(+ D)*.

soufre [sufʀ] **nm** Schwefel *der*.

souhait [swɛ] **nm** Wunsch *der* ▸ **à tes souhaits !** Gesundheit!

souhaitable [swɛtabl] **adj** wünschenswert.

souhaiter [4] [swete] **vt : souhaiter que** wünschen, dass ▸ **souhaiter qqch à qqn** jm etw wünschen ▸ **souhaiter faire qqch** etw zu tun wünschen ▸ **souhaiter bonne chance / un bon anniversaire à qqn** jm viel Glück / alles Gute zum Geburtstag wünschen.

Soukhoumi [sukumi] **n** Sochumi *nt*.

soûl, e [su, sul] **adj** betrunken.

soulagement [sulaʒmɑ̃] **nm** Erleichterung *die*.

soulager [17] [sulaʒe] **vt 1.** [d'une charge] entlasten **2.** [douleur, maux de tête] lindern ▸ **soulager qqn** [d'une souffrance physique] jm Linderung verschaffen.

soûler [3] [sule] ◆ **se soûler vp** sich betrinken.

soulever [19] [sulve] **vt 1.** [couvercle, jupe] hoch°heben **2.** [enthousiasme, protestations] hervor°rufen **3.** [problème] auf°werfen. ◆ **se soulever vp 1.** [se redresser] sich erheben **2.** [se rebeller] sich auf°lehnen.

soulier [sulje] **nm** Schuh *der*.

souligner [3] [suliɲe] **vt** unterstreichen.

soumettre [84] [sumɛtʀ] **vt : soumettre qqn / qqch à qqch** jn / etw einer Sache *(D)* unterwerfen ▸ **soumettre qqch à qqn** [idée, projet] jm etw unterbreiten. ◆ **se soumettre à vp + prép : se soumettre à qqch** sich einer Sache *(D)* unterwerfen.

soumis, e [sumi, iz] ◆ **pp** → **soumettre.** ◆ **adj** unterwürfig.

soumission [sumisjɔ̃] **nf 1.** [obéissance] Ergebenheit *die*, Folgsamkeit *die* **2.** [subordination] Befolgung *die* von Vorschriften.

soupape [supap] **nf** Ventil *das*.

soupçon [supsɔ̃] **nm** Verdacht *der* ▸ **être au-dessus de tout soupçon** über jeden Verdacht erhaben sein.

soupçonner [3] [supsɔne] **vt** verdächtigen.

soupe [sup] **nf** Suppe *die* ▸ **soupe à l'oignon** Zwiebelsuppe ▸ **soupe de légumes** Gemüsesuppe.

souper [3] [supe] ◆ **nm** Abendessen *das*. ◆ **vi 1.** [très tard] spät abends essen **2.** [dîner] zu Abend essen.

soupeser [19] [supəze] **vt** in der Hand wiegen.

soupière [supjɛʀ] **nf** Suppenschüssel *die*.

soupir [supiʀ] **nm** Seufzer *der* ▸ **pousser un soupir** seufzen.

soupirer [3] [supiʀe] **vi** seufzen.

souple [supl] **adj 1.** [matière] weich **2.** [sportif] gelenkig.

souplesse [suplɛs] **nf** Gelenkigkeit *die*.

source [suʀs] **nf** Quelle *die*.

sourcil [suʀsi] **nm** Augenbraue *die*.

sourd, e [suʀ, suʀd] **adj** taub.

sourdingue [suʀdɛ̃g] **adj** *fam* taub.

sourd-muet, sourde-muette [suʀmɥɛ, suʀdmuɛt] (*mpl* **sourds-muets**, *fpl* **sourdes-muettes**) **nm, f** Taubstumme *der, die*.

souriant, e [suʀjɑ̃, ɑ̃t] **adj** lächelnd.

sourire [95] [suʀiʀ] ◆ **nm** Lächeln *das*. ◆ **vi** lächeln ▸ **sourire à qqn** jn an°lächeln.

souris [suʀi] **nf** Maus *die* ▸ **souris optique** optische Maus ▸ **souris à roulette** Kugelmaus.

sournois, e [suʀnwa, az] **adj** heimtückisch.

sous [su] **prép** unter ▸ **sous enveloppe** in einem Umschlag ▸ **sous peu** binnen Kurzem.

sous-activité [suzaktivite] **nf** : **être en sous-activité** unterbeschäftigt sein.
sous-bois [subwa] **nm** Unterholz *das*.
sous-continent [sukɔ̃tinɑ̃] **nm** Subkontinent *der*.
souscrire [99] [suskʀiʀ] **vt 1.** [abonnement] ein°gehen **2.** [emprunt] zeichnen.
sous-développé, e, s [sudevlɔpe] **adj** unterentwickelt.
sous-effectif [suzefɛktif] (**pl sous-effectifs**) **nm** : **en sous-effectif** [entreprise, usine] unterbesetzt.
sous-entendre [73] [suzɑ̃tɑ̃dʀ] **vt** zu verstehen geben.
sous-entendu [suzɑ̃tɑ̃dy] (**pl sous-entendus**) **nm** Anspielung *die*.
sous-estimer [3] [suzɛstime] **vt** unterschätzen.
sous-louer [6] [sulwe] **vt 1.** [donner en location] untervermieten **2.** [prendre en location] als Untermieter(in) nehmen.
sous-marin, e, s [sumaʀɛ̃] ◆ **adj** unterseeisch. ◆ **nm 1.** U-Boot *das* **2.** QUÉBEC *Hotdogbrötchen mit geräuchertem Rindfleisch, Salat und Käse gefüllt und mit Pommes frites serviert.*
sous-marque [sumark] **nf** Submarke *die*.
sous-préfecture [supʀefɛktyʀ] (**pl sous-préfectures**) **nf** Unterpräfektur *die*.
sous-répertoire [suʀepɛʀtwaʀ] **nm** Unterverzeichnis *das*.
sous-sol [susɔl] (**pl sous-sols**) **nm** [d'une maison] Untergeschoss *das*.
sous-titrage [sutitʀaʒ] **nm** Untertitel ***pl*** ▸ **le sous-titrage est excellent** die Untertitel sind ausgezeichnet.
sous-titre [sutitʀ] (**pl sous-titres**) **nm** Untertitel *der*.
sous-titré, e, s [sutitʀe] **adj** mit Untertiteln.
soustraction [sustʀaksjɔ̃] **nf** Subtraktion *die*.
soustraire [112] [sustʀɛʀ] **vt** ab°ziehen.
sous-verre [suvɛʀ] **nm inv** Bild *das* unter Glas.
sous-vêtements [suvɛtmɑ̃] **nmpl** Unterwäsche *die*.
soute [sut] **nf** Frachtraum *der* ▸ **soute à bagages** Gepäckraum *der*.
soutenir [40] [sutniʀ] **vt 1.** [porter] stützen **2.** [défendre] unterstützen ▸ **soutenir que** behaupten, dass.
souterrain, e [sutɛʀɛ̃, ɛn] ◆ **adj** unterirdisch. ◆ **nm** unterirdischer Gang.
soutien [sutjɛ̃] **nm 1.** [support] Unterstützung *die* **2.** SCOL Stützkurs *der* ▸ **soutien scolaire** Nachhilfe *die*.
soutien-gorge [sutjɛ̃gɔʀʒ] (**pl soutiens-gorge**) **nm** BH *der*.
soutif [sutif] **nm** *fam* BH *der*.
souvenir [40] [suvniʀ] **nm 1.** [dans la mémoire] Erinnerung *die* **2.** [objet touristique] Andenken *das*. ◆ **se souvenir de vp + prép** sich erinnern an *(+ A)*.
souvent [suvɑ̃] **adv** oft.
souvenu, e [suvny] **pp** → **souvenir**.
souverain, e [suvʀɛ̃, ɛn] **nm, f** Herrscher *der*, -in *die*.
soyeux, euse [swajø, øz] **adj** seidig.
soyons [swajɔ̃] **1re pers. du pl. du subj. prés. & 1re pers. du pl. de l'impératif prés.** → **être**.
SPA **nf** Tierschutzverein *der*.
spacieux, euse [spasjø, øz] **adj** geräumig.
spaghetti(s) [spageti] **nmpl** Spaghetti *pl*.

sparadrap [spaʀadʀa] **nm** Heftpflaster *das*.
spatial, e, aux [spasjal, o] **adj** Raum-.
spatule [spatyl] **nf** Teigschaber *der*.
spätzli [ʃpetsli] **nmpl** SUISSE Spätzli *pl*.
spécial, e, aux [spesjal, o] **adj 1.** [particulier] speziell **2.** [bizarre] eigenartig.
spécialement [spesjalmɑ̃] **adv 1.** [exprès] speziell **2.** [particulièrement] besonders.
spécialisé, e [spesjalize] **adj** Fach-.
spécialiser [3] [spesjalize] ◆ **se spécialiser vp : se spécialiser (dans qqch)** sich (auf etw *(A)*) spezialisieren.
spécialiste [spesjalist] **nmf** [médecin] Facharzt *der*, -ärztin *die*.
spécialité [spesjalite] **nf 1.** [domaine] Fachgebiet *das* **2.** [culinaire] Spezialität *die*.
spécifique [spesifik] **adj** speziell.
spécimen [spesimɛn] **nm** Muster *das*.
spectacle [spɛktakl] **nm 1.** [au théâtre, au cinéma] Vorstellung *die* **2.** [vue] Anblick *der*.
spectaculaire [spɛktakylɛʀ] **adj** spektakulär.
spectateur, trice [spɛktatœʀ, tʀis] **nm, f** Zuschauer *der*, -in *die*.
speculoos [spekylos] **nmpl** BELG Spekulatius *pl*.
spéléologie [speleɔlɔʒi] **nf** Höhlenkunde *die*.
sphère [sfɛʀ] **nf** Kugel *die*.
spirale [spiʀal] **nf** Spirale *die* ▸ **en spirale** [coquillage] spiralförmig ▸ **escalier en spirale** Wendeltreppe *die*.
spirituel, elle [spiʀitɥɛl] **adj 1.** [de l'âme] geistig **2.** [personne, remarque] geistreich.
spiritueux [spiʀitɥø] **nm** Spirituose *die*.
splendide [splɑ̃did] **adj** [très beau] herrlich.
sponsor [spɔ̃sɔʀ] **nm** Sponsor *der*.
sponsoriser [3] [spɔ̃sɔʀize] **vt** sponsern.
spontané, e [spɔ̃tane] **adj** spontan.
spontanéité [spɔ̃taneite] **nf** Spontaneität *die*.
sport [spɔʀ] **nm** Sport *der* ▸ **sport d'équipe** Mannschaftssport ▸ **sports d'hiver** Wintersport ▸ **sport individuel** Individualsport.
sportif, ive [spɔʀtif, iv] ◆ **adj 1.** [athlétique] sportlich **2.** [épreuve, journal] Sport-. ◆ **nm, f** Sportler *der*, -in *die*.
spot [spɔt] **nm** Spot *der* ▸ **spot publicitaire** Werbespot.
spray [spʀɛ] **nm** Spray *der ODER das*.
sprint [spʀint] **nm** Sprint *der*.
square [skwaʀ] **nm** Grünanlage *die*.
squash [skwaʃ] **nm** Squash *das*.
squelette [skəlɛt] **nm** Skelett *das*.
squelettique [skəletik] **adj** [corps] spindeldürr, dürr.
Sri Lanka [sʀilɑ̃ka] **nm : le Sri Lanka** Sri Lanka *nt*.
St *(abr de* saint) hl. *(heilig)*, St *(Sankt)*.
stabiliser [3] [stabilize] **vt 1.** [gén] stabilisieren **2.** [meuble] sicher hin°stellen. ◆ **se stabiliser vp** [chose] sich stabilisieren.
stable [stabl] **adj 1.** [solide] standsicher **2.** [situation, prix] stabil **3.** [psychologiquement] ausgeglichen.
stade [stad] **nm 1.** [de sport] Stadion *das* **2.** [période] Stadium *das* ▸ **à ce stade, je ne peux plus rien faire** zum jetzigen Zeitpunkt kann ich nichts mehr tun ▸ **stade d'athlétisme** Leichtathletikstadion.

stage [staʒ] **nm** Praktikum *das* ▸ **faire un stage** ein Praktikum machen.
stagiaire [staʒjɛʀ] **nmf** Praktikant *der*, -in *die*.
stagner [3] [stagne] **vi** **1.** [eau] stehen **2.** [ne pas évoluer] stagnieren.
stalactite [stalaktit] **nf** Stalaktit *der*.
stalagmite [stalagmit] **nf** Stalagmit *der*.
stand [stɑ̃d] **nm** Stand *der*.
standard [stɑ̃daʀ] ◆ **adj inv** Standard-. ◆ **nm** [téléphonique] Vermittlung *die*.
standardiste [stɑ̃daʀdist] **nmf** Telefonist *der*, -in *die*.
standing [stɑ̃diŋ] **nm** Niveau *das*.
star [staʀ] **nf** Star *der*.
starter [staʀtɛʀ] **nm** Choke *der*.
station [stasjɔ̃] **nf** **1.** [de bus] Haltestelle *die* **2.** [de métro, de radio] Station *die* **3.** [de ski] Wintersportort *der* ▸ **station balnéaire** Badeort *der* ▸ **station de sport d'hiver** Wintersportort ▸ **station de taxis** Taxistand *der*.
stationnement [stasjɔnmɑ̃] **nm** Parken *das* ▸ **stationnement bilatéral / unilatéral autorisé** Parken auf beiden Seiten /einer Seite erlaubt ▸ **'stationnement payant'** 'kostenpflichtiges Parken'.
stationner [3] [stasjɔne] **vi** parken.
station-service [stasjɔ̃sɛʀvis] (*pl* **stations-service**) **nf** Tankstelle *die*.
statique [statik] **adj** **1.** [situation] festgefahren **2.** [en physique] statisch.
statistiques [statistik] **nfpl** Statistik *die*.
statue [staty] **nf** Statue *die*.
statuette [statɥɛt] **nf** kleine Statue.
statut [staty] **nm** Status *der*.
Ste (*abr écrite de* sainte) hl. *(heilige)*, St *(Sankt)*.
Sté (*abr écrite de* société) Ges. *(Gesellschaft)*, Fa *(Firma)*.
steak [stɛk] **nm** Steak *das* ▸ **steak frites** Steak mit Pommes frites ▸ **steak haché** Hacksteak ▸ **steak tartare** Beefsteak Tatar.
sténo [steno] **nf** Steno *die*.
sténodactylo [stenɔdaktilo] **nf** Stenotypistin *die*.
stéréo [steʀeo] ◆ **adj inv** Stereo-. ◆ **nf** Stereoanlage *die* ▸ **en stéréo** Stereo-.
stérile [steʀil] **adj** steril.
stérilet [steʀilɛ] **nm** Spirale *die*.
stérilisé, e [steʀilize] **adj** sterilisiert.
stériliser [3] [steʀilize] **vt** sterilisieren.
steward [stiwaʀt] **nm** Steward *der*.
stimuler [3] [stimyle] **vt** an°regen.
stock [stɔk] **nm** Lagerbestand *der* ▸ **en stock** auf Lager.
stocker [3] [stɔke] **vt** **1.** lagern **2.** INFORM (ab)speichern.
Stockholm [stɔkɔlm] **n** Stockholm *nt*.
stock-option [stɔkɔpsjɔ̃] **nf** Option *die*.
stop [stɔp] ◆ **nm** **1.** [panneau] Stoppschild *das* **2.** [phare] Bremslicht *das*. ◆ **interj** halt ▸ **faire du stop** per Anhalter fahren.
stopper [3] [stɔpe] ◆ **vt** stoppen. ◆ **vi** an°halten.
store [stɔʀ] **nm** Rollo *das*.
strapontin [stʀapɔ̃tɛ̃] **nm** Klappsitz *der*.
Strasbourg [stʀasbuʀ] **n** Straßburg *nt*.
stratégie [stʀateʒi] **nf** Strategie *die*.

stratégique [stʀateʒik] **adj** MIL strategisch.
stress [stʀɛs] **nm** Stress *der*.
stressant, e [stʀɛsɑ̃, ɑ̃t] **adj** stressig.
stressé, e [stʀɛse] **adj** gestresst.
stresser [4] [stʀɛse] ◆ **vt** stressen. ◆ **vi** gestresst sein.
strict, e [stʀikt] **adj** streng.
strictement [stʀiktəmɑ̃] **adv** [absolument] strengstens.
strident, e [stʀidɑ̃, ɑ̃t] **adj** schrill.
strié, e [stʀije] **adj** gestreift.
strophe [stʀɔf] **nf** Strophe *die*.
structure [stʀyktyʀ] **nf** Aufbau *der*.
studio [stydjo] **nm** **1.** [logement] Einzimmerwohnung *die* **2.** [de cinéma, de photo] Studio *das*.
stupéfait, e [stypefɛ, ɛt] **adj** erstaunt.
stupéfiant, e [stypefjɑ̃, ɑ̃t] ◆ **adj** verblüffend. ◆ **nm** Betäubungsmittel *das*.
stupide [stypid] **adj** dumm.
stupidité [stypidite] **nf** Dummheit *die*.
style [stil] **nm** Stil *der* ▸ **meuble de style** Stilmöbel *das* ▸ **style de musique** Musikstil.
styliste [stilist] **nmf** Stylist *der*, -in *die*.
stylo [stilo] **nm** Stift *der* ▸ **stylo (à) bille** Kugelschreiber *der* ▸ **stylo (à) plume** Füller *der*.
stylo-feutre [stiloføtʀ] (*pl* **stylos-feutres**) **nm** Filzstift *der*.
su, e [sy] **pp** → **savoir**.
subir [32] [sybiʀ] **vt** **1.** [opération] über sich *(A)* ergehen lassen **2.** [attaque] erleiden **3.** [changement] erfahren.
subit, e [sybi, it] **adj** (ganz) plötzlich.
subitement [sybitmɑ̃] **adv** (ganz) plötzlich.
subjectif, ive [sybʒɛktif, iv] **adj** subjektiv.
subjonctif [sybʒɔ̃ktif] **nm** Konjunktiv *der*.
sublime [syblim] **adj** fantastisch.
submerger [17] [sybmɛʀʒe] **vt** [suj : eau] überschwemmen ▸ **être submergé de qqch** mit etw überhäuft sein.
subsister [3] [sybziste] **vi** übrig bleiben.
substance [sypstɑ̃s] **nf** Substanz *die*.
substituer [7] [sypstitɥe] **vt** : **substituer qqch à qqch** etw durch etw ersetzen. ◆ **se substituer à vp + prép** : **se substituer à qqn** an js Stelle treten.
substitut [sypstity] **nm** Stellvertreter *der*, -in *die* des Staatsanwalts.
subtil, e [syptil] **adj** fein.
subtilité [syptilite] **nf** Feinheit *die*.
subvention [sybvɑ̃sjɔ̃] **nf** Subvention *die*.
subventionner [3] [sybvɑ̃sjɔne] **vt** subventionieren.
succéder [18] [syksede] ◆ **succéder à v + prép** folgen *(+ D)* ▸ **il a succédé à ses parents à la tête de l'entreprise** er ist der Nachfolger seiner Eltern an der Unternehmensspitze. ◆ **se succéder vp** [événements, jours] aufeinander folgen.
succès [syksɛ] **nm** Erfolg *der* ▸ **avoir du succès** Erfolg haben.
successeur [syksesœʀ] **nm** Nachfolger *der*, -in *die*.
successif, ive [syksesif, iv] **adj** nachfolgend.
succession [syksesjɔ̃] **nf** **1.** [série] Folge *die* **2.** [héritage] Erbschaft *die* ▸ **droits de succession** Erbschaftssteuer *die*.
succomber [3] [sykɔ̃be] **vi** [mourir] sterben ▸ **succomber à qqch** einer Sache *(D)* erliegen.

succulent, e [sykylɑ̃, ɑ̃t] **adj** köstlich.
succursale [sykyʀsal] **nf** Filiale *die*.
sucer [16] [syse] **vt** lutschen ▸ **sucer son pouce** am Daumen lutschen.
sucette [sysɛt] **nf 1.** [bonbon] Lutscher *der* **2.** [de bébé] Schnuller *der*.
sucre [sykʀ] **nm 1.** [produit] Zucker *der* **2.** [morceau] Stück *das* Zucker ▸ **sucre d'orge** Lutscher *der* aus Gerstenzucker ▸ **sucre en poudre** Streuzucker ▸ **sucre glace** Puderzucker.
Sucre [sykʀ] **n** Sucre *nt*.
sucré, e [sykʀe] **adj 1.** [goût] süß **2.** [avec sucre] gezuckert ▸ **eau sucrée** Zuckerwasser *das*.
sucrer [3] [sykʀe] **vt** zuckern.
sucreries [sykʀəʀi] **nfpl** Süßigkeiten *pl*.
sucrette® [sykʀɛt] **nf** Süßstoff *der*.
sucrier [sykʀije] **nm** Zuckerdose *die*.
sud [syd] ◆ **adj inv** Süd-. ◆ **nm** Süden *der* ▸ **au sud (de)** im Süden *(+ G)*.
sud-africain, e [sydafʀikɛ̃, ɛn] (*mpl* **sud-africains**, *fpl* **sud-africaines**) **adj** südafrikanisch.
sud-américain, e [sydameʀikɛ̃, ɛn] (*mpl* **sud-américains**, *fpl* **sud-américaines**) **adj** südamerikanisch. ◆ **Sud-Américain, e nm, f** Südamerikaner *der*, -in *die*.
sud-est [sydɛst] ◆ **adj inv** Südost-. ◆ **nm** Südosten *der* ▸ **au sud-est (de)** im Südosten *(+ G)*.
sudoku [sydɔku] **nm** Sudoku *das*.
sud-ouest [sydwɛst] ◆ **adj inv** Südwest-. ◆ **nm** Südwesten *der* ▸ **au sud-ouest (de)** im Südwesten *(+ G)*.
Suède [sɥɛd] **nf** : **la Suède** Schweden *nt*.
suédois, e [sɥedwa, az] ◆ **adj** schwedisch. ◆ **nm** [langue] Schwedisch(e) (*das*). ◆ **Suédois, e nm, f** Schwede *der*, -din *die*.
suer [7] [sɥe] **vi** schwitzen.
sueur [sɥœʀ] **nf** Schweiß *der* ▸ **être en sueur** schweißgebadet sein.
suffire [100] [syfiʀ] **vi** reichen ▸ **ça suffit !** das reicht! ▸ **il suffit de qqch pour** etw reicht, um ▸ **il suffit de faire qqch** man braucht nur etw zu tun.
suffisamment [syfizamɑ̃] **adv** genug ▸ **suffisamment de** genug.
suffisant, e [syfizɑ̃, ɑ̃t] **adj** ausreichend.
suffixe [syfiks] **nm** Suffix *das*, Nachsilbe *die*.
suffocant, e [syfɔkɑ̃, ɑ̃t] **adj** [air, chaleur] stickig.
suffoquer [3] [syfɔke] **vi** einen Erstickungsanfall bekommen.
suffrage [syfʀaʒ] **nm** (abgegebene) Stimme ▸ **suffrage restreint / universel / indirect** beschränktes / allgemeines / indirektes Wahlrecht.
suggérer [18] [sygʒeʀe] **vt** vor∘schlagen ▸ **suggérer à qqn de faire qqch** jm vor∘schlagen, etw zu tun.
suggestion [sygʒɛstjɔ̃] **nf** Anregung *die*.
suicide [sɥisid] **nm** Selbstmord *der*.
suicider [3] [sɥiside] ◆ **se suicider vp** Selbstmord begehen.
suie [sɥi] **nf** Ruß *der*.
suinter [3] [sɥɛ̃te] **vi 1.** [murs] schwitzen **2.** [liquide] durch∘sickern.
suis¹ [sɥi] **1re pers. du sg. de l'ind. prés.** → **être**.
suis² [sɥi] **1re et 2e pers. du sg. de l'ind. prés.** → **suivre**.
suisse [sɥis] **adj** schweizerisch, Schweizer. ◆ **Suisse** ◆ **nmf** Schwei-

zer *der*, -in *die*. ◆ **nf** : **la Suisse** die Schweiz.

suite [sɥit] **nf 1.** [série, succession] Reihe *die* **2.** [d'une histoire, d'un film] Fortsetzung *die* **3.** [appartement d'hôtel & MUS] Suite *die* ▸ **à la suite** nacheinander ▸ **à la** ou **par suite de** [à cause de] infolge *(+ G)* ▸ **à tout de suite** bis gleich ▸ **de suite** [d'affilée] ohne Unterbrechung. ◆ **suites nfpl** [conséquences] Folgen *pl*.

suivant, e [sɥivɑ̃, ɑ̃t] ◆ **adj** nächste(r, s). ◆ **nm, f** Nächste *der, die*. ◆ **prép** je nach ▸ **au suivant !** der Nächste!

suivi[1] [sɥivi] **nm 1.** [de personne] Betreuung *die* **2.** [de dossier] Bearbeitung *die*.

suivi[2], **e** [sɥivi] **pp** → **suivre**.

suivre [89] [sɥivʀ] **vt 1.** folgen **2.** [cours] besuchen ▸ **suivi de** gefolgt von ▸ **faire suivre** [courrier] nach∘senden ▸ **'à suivre'** 'Fortsetzung folgt'.

sujet [syʒɛ] **nm 1.** [thème] Thema *das* **2.** GRAMM Subjekt *das* **3.** [d'un roi] Untertan *der*, -in *die* ▸ **au sujet de** wegen *(+ G)*.

sunnite [synit] ◆ **adj** sunnitisch. ◆ **nmf** Sunnit *der*, -in *die*.

super [sypɛʀ] ◆ **adj inv** *fam* spitze. ◆ **nm** [carburant] Super *das*.

superbe [sypɛʀb] **adj** herrlich.

supérette [sypeʀɛt] **nf** kleiner Supermarkt.

superficie [sypɛʀfisi] **nf** Fläche *die*.

superficiel, elle [sypɛʀfisjɛl] **adj** oberflächlich.

superflu, e [sypɛʀfly] **adj** überflüssig.

supérieur, e [sypeʀjœʀ] ◆ **adj 1.** [du dessus] obere(r, s) **2.** [meilleur] höchste(r, s). ◆ **nm, f** [hiérarchique] Vorgesetzte *der, die* ▸ **être supérieur à qqn** [meilleur que] jm überlegen sein.

supériorité [sypeʀjɔʀite] **nf** Überlegenheit *die* ▸ **en supériorité numérique** zahlenmäßig überlegen.

supermarché [sypɛʀmaʀʃe] **nm** Supermarkt *der*.

superposé, e [sypɛʀpoze] **adj & pp** : **lits superposés** Etagenbett *das*.

superposer [3] [sypɛʀpoze] **vt** aufeinander∘legen.

superpuissance [sypɛʀpɥisɑ̃s] **nf** Supermacht *die*.

superstitieux, euse [sypɛʀstisjø, øz] **adj** abergläubisch.

superviser [3] [sypɛʀvize] **vt** überwachen.

suppléant, e [sypleɑ̃, ɑ̃t] ◆ **adj** stellvertretend. ◆ **nm, f** Stellvertreter *der*, -in *die*.

supplément [syplemɑ̃] **nm 1.** [surplus] Zusatz *der* **2.** [argent] Zuschlag *der* ▸ **être en supplément** extra berechnet werden.

supplémentaire [syplemɑ̃tɛʀ] **adj** zusätzlich ▸ **train supplémentaire** Sonderzug *der*.

supplice [syplis] **nm** Qual *die*.

supplier [10] [syplije] **vt** : **supplier qqn (de faire qqch)** jn an∘flehen(, etw zu tun).

support [sypɔʀ] **nm** Träger *der*.

supportable [sypɔʀtabl] **adj** erträglich.

supporter[1] [3] [sypɔʀte] **vt 1.** [endurer, tolérer] ertragen **2.** [soutenir] tragen.

supporter[2], **trice** [sypɔʀtɛʀ, tʀis] **nm, f** Fan *der*.

supposer [3] [sypoze] **vt** [imaginer] an∘nehmen ▸ **à supposer que...** (einmal) angenommen, (dass) ...

supposition [sypozisjɔ̃] **nf** Annahme *die*.

suppositoire [sypozitwaʀ] **nm** Zäpfchen *das*.

suppression [sypʀesjɔ̃] **nf** Streichung *die*.

supprimer [3] [sypʀime] **vt 1.** [document] vernichten **2.** [mot, passage] streichen **3.** [tuer] beseitigen **4.** INFORM löschen, entfernen.

suprême [sypʀɛm] **nm** : **suprême de volaille** *Geflügel in heller Soße*.

sur [syʀ] ◆ **prép 1.** [dessus] auf ▸ **sur la table** auf den ou dem Tisch **2.** [au-dessus de] über ▸ **l'orage est sur la ville** das Gewitter ist über der Stadt **3.** [indique la direction] : **on remonte sur Paris** wir fahren nach Paris ▸ **il se dirige droit sur nous** er kommt direkt auf uns zu ▸ **tournez sur la droite** biegen Sie rechts ab **4.** [fenêtre] : **vue sur cour** Blick auf den Hof ▸ **vue sur jardin** Blick auf den Garten ▸ **vue sur rue** Blick auf die Straße **5.** [indique la distance] auf ▸ **'travaux sur 10 kilomètres'** 'Baustelle auf 10 km' **6.** [au sujet de] über ▸ **un dépliant sur l'Auvergne** ein Prospekt über die Auvergne **7.** [dans une mesure] mal ▸ **un mètre sur deux** ein mal zwei Meter **8.** [dans une proportion] : **9 sur 10** 9 von 10 ▸ **un jour sur deux** alle zwei Tage ▸ **une fois sur deux** jedes zweite Mal.

sûr, e [syʀ] **adj** sicher ▸ **être sûr de qqch** sich *(D)* einer Sache *(D)* sicher sein ▸ **être sûr que** sich *(D)* sicher sein, dass ▸ **être sûr de soi** selbstsicher sein.

surbooké, e [syʀbuke] **adj** überbucht.

surbooking [syʀbukiŋ] **nm** Überbuchung *die*.

surbrillance [syʀbʀijɑ̃s] **nf** : **mettre qqch en surbrillance** INFORM etw markieren.

surcharger [17] [syʀʃaʀʒe] **vt** überladen.

surchauffé, e [syʀʃofe] **adj** überheizt.

surdimensionné, e [syʀdimɑ̃sjɔne] **adj** überdimensioniert.

surdité [syʀdite] **nf** Taubheit *die*.

surélevé, e [syʀelve] **adj 1.** [voie ferrée] Hoch- **2.** [arche] erhöht ▸ **rez-de-chaussée surélevé** Hochparterre *das*.

surélever [19] [syʀɛlve] **vt** erhöhen ▸ **surélever un bâtiment** ein Gebäude auf°stocken.

sûrement [syʀmɑ̃] **adv** sicher ▸ **sûrement pas !** ganz bestimmt nicht!

surestimer [3] [syʀɛstime] **vt** überschätzen.

sûreté [syʀte] **nf** : **mettre qqch en sûreté** etw in Sicherheit bringen.

surévaluer [7] [syʀevalɥe] **vt** überschätzen.

surexcité, e [syʀeksite] **adj** überdreht.

surf [sœʀf] **nm** Surfen *das* ▸ **surf des neiges** Snowboardfahren *das*.

surface [syʀfas] **nf** Oberfläche *die*.

surfer [3] [sœʀfe] **vi** surfen ▸ **surfer sur Internet** im Internet surfen.

surgelé, e [syʀʒəle] ◆ **adj** tiefgefroren. ◆ **nm** Tiefkühlprodukt *das*.

surgir [32] [syʀʒiʀ] **vi** (plötzlich) auf°-tauchen.

surimi [syʀimi] **nm** Surimi *das*.

Surinam, Suriname [syʀinam] **nm** : **le Surinam** Surinam *nt* ▸ **au Surinam** in Surinam.

sur-le-champ [syʀləʃɑ̃] **adv** auf der Stelle.

surlendemain [syʀlɑ̃dmɛ̃] **nm** : **le surlendemain** der übernächste Tag.

surligneur [syʀliɲœʀ] **nm** Textmarker *der*.
surmenage [syʀmənaʒ] **nm** Überarbeitung *die*.
surmené, e [syʀməne] **adj** überarbeitet.
sur-mesure [syʀməzyʀ] **nm inv** : **c'est du sur-mesure** das ist nach Maß gefertigt.
surmonter [3] [syʀmɔ̃te] **vt** überwinden.
surnaturel, elle [syʀnatyʀɛl] **adj** übernatürlich.
surnom [syʀnɔ̃] **nm** Spitzname *der*.
surnommer [3] [syʀnɔme] **vt** nennen.
surpasser [3] [syʀpase] **vt** übertreffen. ◆ **se surpasser vp** sich selbst übertreffen.
surpeuplé, e [syʀpœple] **adj** überbevölkert, übervölkert.
surplomber [3] [syʀplɔ̃be] **vt** hinein°ragen in *(+ A)*.
surplus [syʀply] **nm** Überschuss *der*.
surpoids [syʀpwa] **nm** Übergewicht *das*.
surprenant, e [syʀpʀənɑ̃, ɑ̃t] **adj** überraschend.
surprendre [79] [syʀpʀɑ̃dʀ] **vt** überraschen.
surpris, e [syʀpʀi, iz] ◆ **pp & 1re et 2e pers. du sg. de l'ind. passé simple → surprendre.** ◆ **adj** erstaunt ▸ **être surpris de** erstaunt sein über *(+ A)* ▸ **être surpris que** erstaunt sein, dass.
surprise [syʀpʀiz] **nf** Überraschung *die* ▸ **faire une surprise à qqn** jn überraschen ▸ **par surprise** überraschend.
surqualifié, e [syrkalifje] **adj** überqualifiziert.
surréservation [syrrezɛvasjɔ̃] **nf** = **surbooking**.
sursauter [3] [syʀsote] **vi** auf°schrecken.
surtaxe [syʀtaks] **nf** Nachgebühr *die*.
surtout [syʀtu] **adv** vor allem ▸ **surtout, fais bien attention !** und pass bloß auf! ▸ **surtout que** zumal.
survécu [syʀveky] **pp → survivre**.
surveillance [syʀvɛjɑ̃s] **nf** Aufsicht *die* ▸ **être sous surveillance** unter Aufsicht stehen.
surveillant, e [syʀvɛjɑ̃, ɑ̃t] **nm, f** SCOL Aufsicht *die*.
surveiller [4] [syʀvɛje] **vt 1.** [observer] überwachen **2.** [prendre soin de] achten auf *(+ A)*. ◆ **se surveiller vp** [faire un régime] auf°passen.
survenir [40] [syʀvəniʀ] **vi 1.** [personne] auf°tauchen **2.** [événement] sich ereignen.
survêt [syʀvɛt] (*abr de* survêtement) **nm** *fam* Trainingsanzug *der*.
survêtement [syʀvɛtmɑ̃] **nm** Trainingsanzug *der*.
survie [syʀvi] **nf** [de malade] Überleben *das*.
survivant, e [syʀvivɑ̃, ɑ̃t] **nm, f** Überlebende *der, die*.
survivre [90] [syʀvivʀ] **vi** : **survivre (à qqn / qqch)** (jn / etw) überleben.
survoler [3] [syʀvɔle] **vt** überfliegen.
sus [sy(s)] ◆ **en sus loc adv** : **en sus (de qqch)** zusätzlich (zu etw).
susceptible [sysɛptibl] **adj** (über) empfindlich ▸ **susceptible d'être amélioré** verbesserungsfähig ▸ **être susceptible de faire qqch** in der Lage sein, etw zu tun.
sushi [suʃi] **nm** Sushi *das*.
suspect, e [syspɛ, ɛkt] ◆ **adj 1.** [comportement, parole, individu] verdächtig

2. [aliment] komisch. ◆ **nm, f** Verdächtige *der, die*.

suspecter [4] [syspεkte] **vt** verdächtigen.

suspendre [73] [syspɑ̃dʀ] **vt 1.** [accrocher] auf◦hängen **2.** [arrêter] ein◦stellen **3.** [démettre] suspendieren.

suspens [syspɑ̃] ◆ **en suspens loc adv** in der Schwebe.

suspense [syspεns] **nm** Spannung *die*.

suspension [syspɑ̃sjɔ̃] **nf 1.** [d'une voiture] Aufhängung *die* **2.** [lampe] Hängelampe *die* **3.** [d'un fonctionnaire] Suspendierung *die*.

suture [sytyʀ] **nf** → **point**.

SUV (*abr de* sport utility vehicle) **nm** SUV *der ODER das*.

SVP (*abr écrite de* s'il vous plaît) bitte.

SVT (*abr de* sciences de la vie et de la Terre) **nfpl** Biologie *die*.

Swaziland [swazilɑ̃d] **nm** : **le Swaziland** Swasiland *nt*.

syllabe [silab] **nf** Silbe *die*.

symbole [sε̃bɔl] **nm** Symbol *das*.

symbolique [sε̃bɔlik] **adj** symbolisch.

symboliser [3] [sε̃bɔlize] **vt** symbolisieren.

symétrie [simetʀi] **nf** Symmetrie *die*.

symétrique [simetʀik] **adj** symmetrisch.

sympa [sε̃pa] **adj** *fam* nett.

sympathie [sε̃pati] **nf** Sympathie *die* ▸ **éprouver** ou **avoir de la sympathie pour qqn** für jn Sympathie empfinden.

sympathique [sε̃patik] **adj** nett.

sympathisant, e [sε̃patizɑ̃, ɑ̃t] **nm, f** Sympathisant *der*, -in *die*.

sympathiser [3] [sε̃patize] **vi** sich gut verstehen.

symphonie [sε̃fɔni] **nf** Sinfonie *die*.

symptôme [sε̃ptom] **nm** Symptom *das*.

synagogue [sinagɔg] **nf** Synagoge *die*.

synchroniser [3] [sε̃kʀɔnize] **vt** synchronisieren.

syncope [sε̃kɔp] **nf** : **faire une syncope** [perdre connaissance] in Ohnmacht fallen.

syndic [sε̃dik] **nm** (Haus)verwaltung *die*.

syndical, e, aux [sε̃dikal, o] **adj** Gewerkschafts-.

syndicaliste [sε̃dikalist] **nmf** Gewerkschaft(l)er *der*, -in *die*.

syndicat [sε̃dika] **nm** Gewerkschaft *die* ▸ **syndicat d'initiative** Fremdenverkehrsbüro *das*.

syndiquer [3] [sε̃dike] **vt** gewerkschaftlich organisieren. ◆ **se syndiquer vp** [adhérer à un syndicat] einer Gewerkschaft bei◦treten.

syndrome [sε̃dʀom] **nm** Syndrom *das* ▸ **syndrome immunodéficitaire acquis** erworbene Immunschwäche.

synonyme [sinɔnim] **nm** Synonym *das*.

synopsis [sinɔpsis] **nm** Synopsis *die*.

synthèse [sε̃tεz] **nf** Zusammenfassung *die*.

synthétique [sε̃tetik] ◆ **adj** synthetisch. ◆ **nm** Synthetik *das*.

synthétiseur [sε̃tetizœʀ] **nm** Synthesizer *der*.

Syrie [siʀi] **nf** : **la Syrie** Syrien *nt*.

syrien, enne [siʀjε̃, εn] **adj** syrisch. ◆ **Syrien, enne nm, f** Syrer *der*, -in *die*.

systématique [sistematik] **adj** systematisch.

système [sistεm] **nm** System *das* ▸ **système d'exploitation** INFORM Betriebssystem.

T t

t' pron → **te.**

ta [ta] **adj f** → **ton**[1]

tabac [taba] **nm 1.** [plante, produit] Tabak *der* **2.** [magasin] Tabakwarengeschäft *das.*

> ⓘ **Les tabacs**
>
> In Frankreich gibt es keine Zigarettenautomaten. Zigaretten kauft man in Tabakläden, den tabacs, die neben Tabakwaren auch Briefmarken, Metrofahrscheine und Lottoscheine anbieten. Die Tabakverkaufsstellen erkennt man an ihren roten, rautenförmigen Schildern.

tabagie [tabaʒi] **nf** QUÉBEC [bureau de tabac] Tabakwarengeschäft *das.*

table [tabl] **nf 1.** [meuble] Tisch *der* **2.** [tableau] Tabelle *die* ▸ **mettre la table** den Tisch decken ▸ **être à table** bei Tisch sitzen ▸ **se mettre à table** sich zu Tisch setzen ▸ **à table !** zu Tisch! ▸ **table basse** Couchtisch ▸ **table de chevet** ou **de nuit** Nachttisch ▸ **table des matières** Inhaltsverzeichnis *das* ▸ **table d'opération** Operationstisch ▸ **table d'orientation** Panoramatafel *die* ▸ **table à repasser** Bügelbrett *das.*

tableau [tablo] (*pl* -x) **nm 1.** [peinture] Bild *das* **2.** [panneau] Tafel *die* **3.** INFORM Tabelle *die* ▸ **tableau de bord** Armaturenbrett *das* ▸ **tableau (noir)** Schwarzes Brett.

tablette [tablɛt] **nf** [étagère] Ablage *die* ▸ **tablette de chocolat** Tafel *die* Schokolade ▸ **tablette de lecture** E-Book-Reader *der* ▸ **tablette tactile** Tablet-PC *der.*

> ⚠ Tablett est un faux ami. Il se traduit par ***plateau*** et non par « tablette ».

tableur [tablœʀ] **nm** Tabellenkalkulationsprogramm *das.*

tablier [tablije] **nm** Schürze *die.*

taboulé [tabule] **nm** *kaltes orientalisches Griesgericht mit Olivenöl, Minze, Zitrone und Tomaten.*

tabouret [tabuʀɛ] **nm** Hocker *der.*

tache [taʃ] **nf** Fleck *der* ▸ **taches de rousseur** Sommersprossen.

tâche [taʃ] **nf** Aufgabe *die* ▸ **tâches ménagères** Hausarbeit *die.*

tacher [3] [taʃe] **vt** beflecken. ◆ **se tacher vp 1.** [personne] sich beschmutzen **2.** [nappe] schmutzig werden.

tâcher [3] [taʃe] ◆ **tâcher de v + prép** sich bemühen.

tacheté, e [taʃte] **adj** gefleckt.

Tachkent [taʃ] **n** Taschkent *nt.*

taciturne [tasityʀn] **adj** schweigsam.

tact [takt] **nm** Takt *der.*

tactile [taktil] **adj** : **pavé tactile** Touchpad *das.*

tactique [taktik] **nf** Taktik *die.*

Tadjikistan [tadʒikistɑ̃] **nm** : **le Tadjikistan** Tadschikistan *nt.*

taffe [taf] **nf** *fam* Zug *der (an einer Zigarette).*

tag [tag] **nm** Graffiti *das.*

tagine [taʒin] **nm** *nordafrikanisches Ragout.*

tai-chi(-chuan) [tajʃi(ʃwan)] **nm inv** Tai-Chi *das.*

taie [tɛ] **nf** : **taie d'oreiller** Kopfkissenbezug *der.*

taille [taj] **nf 1.** Größe *die* **2.** [partie du corps] Taille *die* ▸ **être à la bonne taille** passen.

taille-crayon [tajkʀɛjɔ̃] (*pl* **taille-crayons**) **nm** Bleistiftspitzer *der.*

tailler [3] [taje] **vt 1.** [arbre] beschneiden **2.** [crayon] an°spitzen **3.** [tissu] zu°schneiden.

tailleur [tajœʀ] **nm 1.** [couturier] Schneider *der,* -in *die* **2.** [vêtement] Kostüm *das* ▸ **s'asseoir en tailleur** sich im Schneidersitz hin°setzen.

Taipei [tajpe] **n** Taipeh *nt.*

taire [111] [tɛʀ] ◆ **se taire vp 1.** [arrêter de parler] leise sein **2.** [rester silencieux] schweigen ▸ **tais-toi !** sei still!

Taiwan, Taïwan [tajwan] **n** Taiwan *nt,* Formosa *nt.*

talc [talk] **nm** Puder *das.*

talent [talɑ̃] **nm** Talent *das.*

Tallinn [talin] **n** Tallinn *nt.*

talon [talɔ̃] **nm 1.** [du pied] Ferse *die* **2.** [d'une chaussure] Absatz *der* **3.** [d'un chèque] Abschnitt *der* ▸ **talons hauts / plats** hohe / flache Absätze.

talus [taly] **nm** Böschung *die.*

tambour [tɑ̃buʀ] **nm** [instrument] Trommel *die.*

tambourin [tɑ̃buʀɛ̃] **nm** Tamburin *das.*

tamis [tami] **nm** Sieb *das.*

Tamise [tamiz] **nf** : **la Tamise** die Themse.

tamisé, e [tamize] **adj** [lumière] gedämpft.

tampon [tɑ̃pɔ̃] **nm 1.** [cachet] Stempel *der* **2.** [de tissu, de coton] Bausch *der* ▸ **tampon (hygiénique)** Tampon *der.*

tandem [tɑ̃dɛm] **nm** [vélo] Tandem *das.*

tandis [tɑ̃di] ◆ **tandis que conj** während.

tango [tɑ̃go] **nm** Tango *der.*

tanguer [3] [tɑ̃ge] **vi** schaukeln.

tank [tɑ̃k] **nm** Panzer *der.*

tant [tɑ̃] ◆ **adv 1.** [tellement] so sehr ▸ **il l'aime tant (que)** er liebt sie so sehr(, dass) ▸ **tant de (que)** so viel(, dass) **2.** [durée] : **tant que nous resterons ici** solange wir hier bleiben **3.** [dans des expressions] : **en tant que** als ▸ **tant bien que mal** mehr schlecht als recht ▸ **tant mieux** umso besser ▸ **elle n'est pas là — tant pis, je rappellerai** sie ist nicht da — das ist nicht weiter schlimm, ich rufe später noch einmal an ▸ **tant pis pour lui** da hat er selber Schuld ▸ **ça coûte tant** das kostet soundso viel ▸ **tant qu'à partir, partons maintenant** wenn wir schon gehen müssen, dann lasst uns gleich los **4.** [montant] : **il gagne tant de l'heure** er verdient so viel.

tante [tɑ̃t] **nf** Tante *die.*

tantôt [tɑ̃to] **adv** : **tantôt… tantôt** bald, … bald.

Tanzanie [tɑ̃zani] **nf** : **la Tanzanie** Tansania *nt.*

taon [tɑ̃] **nm** Bremse *die (Insekt).*

tapage [tapaʒ] **nm** Lärm *der.*

tapas [tapas] **nfpl** Tapas *pl* ▸ **'bar à tapas'** Tapasbar *die.*

tape [tap] **nf** Klaps *der.*

tapenade [tapənad] **nf** *provenzalische Würzpaste aus zerdrückten schwarzen Oliven, Kapern und Sardellen.*

taper [3] [tape] **vt 1.** [frapper] schlagen **2.** [code] ein∘geben ▸ **taper des pieds** mit den Füßen stampfen ▸ **taper sur** a) [porte] schlagen gegen b) [dos] schlagen auf *(+ A)*.

tapis [tapi] **nm** Teppich *der* ▸ **tapis roulant** a) [pour personnes] Laufband *das* b) [pour objets] Förderband *das* ▸ **tapis de sol** Matte *die* ▸ **tapis de souris** Mauspad *das*.

tapisser [3] [tapise] **vt** [mur, pièce] tapezieren ▸ **une allée tapissée de feuilles mortes** eine mit Laub bedeckte Allee.

tapisserie [tapisʀi] **nf 1.** [de laine] Wandbehang *der* **2.** [papier peint] Tapete *die*.

tapoter [3] [tapɔte] **vt** tätscheln.

taquiner [3] [takine] **vt** necken.

tard [taʀ] **adv** spät ▸ **plus tard** [après, dans l'avenir] später ▸ **à plus tard !** bis später! ▸ **au plus tard** spätestens.

tarder [3] [taʀde] **vi** : **elle ne va pas tarder (à arriver)** sie wird gleich kommen.

tarif [taʀif] **nm** Preis *der* ▸ **tarif lent** Langsamtarif *der* ▸ **tarif plein / réduit** voller / ermäßigter Preis.

tarir [32] [taʀiʀ] **vi** versiegen.

tarot [taʀo] **nm** [jeu] Tarock *das*.

tartare [taʀtaʀ] **adj** → **sauce, steak**.

tarte [taʀt] **nf** Kuchen *der* ▸ **tarte aux fraises** Erdbeerkuchen ▸ **tarte au maton** BELG *Sauermilchkuchen mit Mandeln* ▸ **tarte Tatin** *gestürzter Apfelkuchen mit Karamell.*

tartelette [taʀtəlɛt] **nf** Törtchen *das*.

Tartempion [taʀtɑ̃pjɔ̃] **n** *fam* Soundso *der, die* ▸ **c'est euh, Tartempion, qui me l'a donné** das hat mir Soundso gegeben.

tartiflette [taʀtiflɛt] **nf** *savoyisches Gericht aus Kartoffeln und geschmolzenem Reblochon-Käse.*

tartine [taʀtin] **nf** Butterbrot *das* ▸ **tartine de beurre** Butterbrot.

tartiner [3] [taʀtine] **vt** streichen ▸ **fromage à tartiner** Streichkäse *der* ▸ **pâte à tartiner** Brotaufstrich *der*.

tartre [taʀtʀ] **nm 1.** [sur les dents] Zahnstein *der* **2.** [calcaire] Kesselstein *der*.

tas [ta] **nm** Haufen *der* ▸ **mettre qqch en tas** etw aufeinander∘häufen ▸ **un** ou **des tas de** *fam* ein Haufen.

tasse [tas] **nf** Tasse *die* ▸ **boire la tasse** Wasser schlucken ▸ **tasse à café** Kaffeetasse ▸ **tasse à thé** Teetasse.

tasser [3] [tase] **vt 1.** [terre] fest∘stampfen **2.** [objets] zusammen∘drücken. ◆ **se tasser vp 1.** [s'affaisser] ab∘sacken **2.** [dans une voiture] sich zusammen∘drängen ▸ **ça se tasse** *fam* [ça s'arrange] das regelt sich.

tâter [3] [tate] **vt 1.** [toucher] betasten **2.** [pouls] fühlen. ◆ **se tâter vp** sich *(D)* unschlüssig sein.

tâtonner [3] [tatɔne] **vi** tasten.

tatouage [tatwaʒ] **nm** Tattoo *das*.

tatouer [6] [tatue] **vt** tätowieren.

taupe [top] **nf** Maulwurf *der*.

taureau [tɔʀo] (*pl* -x) **nm** Stier *der*. ◆ **Taureau nm** Stier *der*.

taux [to] **nm 1.** [proportion] Rate *die* **2.** [prix] Satz *der* ▸ **taux de change** Wechselkurs *der*.

taverne [tavɛʀn] **nf** QUÉBEC [café] Schenke *die*.

taxe [taks] **nf** Steuer *die* ▸ **toutes taxes comprises** inklusive Mehrwertsteuer ▸ **hors taxe** steuerfrei ▸ **taxe foncière** Grundsteuer ▸ **taxe d'habitation** Wohngebühr *die*.

taxer [3] [takse] **vt** besteuern.

taxi [taksi] **nm** Taxi *das*.

taxi-brousse [taksibʀus] (*pl* **taxis-brousse**) **nm** Buschtaxi *das (in Afrika)*.

Tbilissi [tbilisi] **n** Tiflis *nt*.

Tchad [tʃad] **nm** : **le Tchad** der Tschad, Tschad *nt* ▸ **au Tchad** im ou in Tschad.

tchatche [tʃatʃ] **nf** *fam* Quasselei *die* ▸ **avoir la tchatche** ununterbrochen quasseln.

tchatcher [3] [tʃatʃe] **vi** *fam* quasseln.

tchèque [tʃɛk] ◆ **adj** tschechisch. ◆ **nm** [langue] Tschechisch(e) (*das*) ▸ **la République tchèque** die Tschechische Republik. ◆ **Tchèque nmf** Tscheche *der*, -chin *die*.

tchétchène [tʃetʃɛn] **adj** tschetschenisch. ◆ **Tchétchène nmf** Tschetschene *der*, -nin *die*.

Tchétchénie [tʃeʃeni] **n** : **la Tchétchénie** Tschetschenien *nt*.

tchin-tchin [tʃintʃin] **interj** *fam* prost.

te [tə] **pron** dich, dir ▸ **je te connais** ich kenne dich ▸ **je te remercie** ich danke dir.

technicien, enne [tɛknisjɛ̃, ɛn] **nm, f** Techniker *der*, -in *die*.

technique [tɛknik] ◆ **adj 1.** [problème] technisch **2.** [mot] Fach-. ◆ **nf** Technik *die*.

techniquement [tɛknikmɑ̃] **adv** technisch.

techno [tɛkno] ◆ **adj** Techno-. ◆ **nf** Techno *der*.

technologie [tɛknɔlɔʒi] **nf** Technologie *die* ▸ **de haute technologie** Hightech-.

technologique [tɛknɔlɔʒik] **adj** technologisch.

technopole [tɛknɔpɔl] **nf** Technologie- und Forschungszentrum *das*.

teck, tek [tɛk] **nm** Teak(holz) *das*.

tee-shirt [tiʃœʀt] (*pl* **tee-shirts**) **nm** T-Shirt *das*.

Téhéran [teeʀɑ̃] **n** Teheran *nt*.

teindre [81] [tɛ̃dʀ] **vt** färben ▸ **se faire teindre (les cheveux)** sich *(D)* die Haare färben lassen.

teint, e [tɛ̃, tɛ̃t] ◆ **pp & 3ᵉ pers. du sg. de l'ind. prés.** → **teindre.** ◆ **nm** Teint *der*.

teinte [tɛ̃t] **nf** Farbton *der*.

teinté, e [tɛ̃te] **adj** getönt ▸ **teinté de qqch** *fig* mit etw durchsetzt, von etw durchzogen.

teinter [3] [tɛ̃te] **vt** färben.

teinture [tɛ̃tyʀ] **nf** Färbemittel *das* ▸ **teinture d'iode** Jodtinktur *die*.

teinturerie [tɛ̃tyʀʀi] **nf** [boutique] Reinigung *die*.

teinturier, ère [tɛ̃tyʀje, ɛʀ] **nm, f** Reinigungsfachmann *der*, -frau *die*.

tel, telle [tɛl] **adj** solche(r, s) ▸ **tel que** wie ▸ **une richesse telle que la sienne** ein Reichtum wie der seinige ▸ **un artiste tel que lui** ein Künstler wie er ▸ **tel quel** unverändert ▸ **tel ou tel** der eine oder andere.

tél. (*abr de* téléphone) Tel. *(Telefon)*.

Tel-Aviv [tɛlaviv] **n** Tel Aviv *nt*.

télé [tele] **nf** *fam* Fernsehen *das* ▸ **à la télé** im Fernsehen.

télécabine [telekabin] **nf** Seilbahn *die*.

Télécarte® [telekaʀt] **nf** Telefonkarte *die*.
téléchargeable [teleʃaʀʒabl] **adj 1.** [déposable] aufladbar **2.** [récupérable] herunterladbar.
téléchargement [teleʃaʀʒəmɑ̃] **nm** Herunterladen *das*, Download *das*.
télécharger [17] [teleʃaʀʒe] **vt** herunter°laden, runter°laden.
télécommande [telekɔmɑ̃d] **nf** Fernbedienung *die*.
télécommunications [telekɔmynikasjɔ̃] **nfpl** Fernmeldewesen *das*.
télécopie [telekɔpi] **nf** Fax *das*.
télécopieur [telekɔpjœʀ] **nm** Faxgerät *das*.
téléfilm [telefilm] **nm** Fernsehfilm *das*.
télégramme [telegʀam] **nm** Telegramm *das* ▸ **télégramme téléphoné** telefonisch übermitteltes Telegramm.
téléguidé, e [telegide] **adj** ferngesteuert.
téléjournal [teleʒuʀnal] **nm** Fernsehnachrichten *pl*.
téléobjectif [teleɔbʒɛktif] **nm** Teleobjektiv *das*.
téléphérique [telefeʀik] **nm** Seilbahn *die*.
téléphone [telefɔn] **nm** Telefon *das* ▸ **au téléphone** am Telefon ▸ **téléphone fixe** Festnetztelefon ▸ **téléphone portable** ou **mobile** Handy *das*, Mobiltelefon ▸ **téléphone sans fil** schnurloses Telefon.
téléphoner [3] [telefɔne] **vi** telefonieren ▸ **téléphoner à qqn** jn an°rufen. ◆ **se téléphoner vp** telefonieren.
téléphonie [telefɔni] **nf** Telefonie *die* ▸ **téléphonie sans fil** Schurlostelefonieren *das*.
téléphonique [telefɔnik] **adj** → **cabine, carte**.
télescope [teleskɔp] **nm** Teleskop *das*.
télescopique [teleskɔpik] **adj** [antenne] Teleskop-.
télésiège [telesjɛʒ] **nm** Sessellift *der*.
téléski [teleski] **nm** Skilift *der*.
téléspectateur, trice [telespɛktatœʀ, tʀis] **nm, f** Fernsehzuschauer *der*, -in *die*.
télévente [televɑ̃t] **nf** Telefonverkauf *der*.
télévisé, e [televize] **adj** Fernseh-.
téléviseur [televizœʀ] **nm** Fernseher *der*.
télévision [televizjɔ̃] **nf** Fernsehen *das* ▸ **à la télévision** im Fernsehen.
telle [tɛl] **adj** → **tel**.
tellement [tɛlmɑ̃] **adv 1.** [tant] so viel **2.** [si] so ▸ **tellement de** so viel ou viele ▸ **pas tellement** nicht besonders.
tellurique [telyʀik] **adj** Erd-.
téloche [telɔʃ] **nf** *fam* Glotze *die*.
témoignage [temwaɲaʒ] **nm** (Zeugen)aussage *die*.
témoigner [3] [temwaɲe] **vi** [en justice] aus°sagen.
témoin [temwɛ̃] **nm 1.** [spectateur] Zeuge *der*, -gin *die* **2.** SPORT Staffelstab *der* ▸ **être témoin de** Zeuge sein von.
tempe [tɑ̃p] **nf** Schläfe *die*.
tempérament [tɑ̃peʀamɑ̃] **nm** Temperament *das*.
température [tɑ̃peʀatyʀ] **nf** Temperatur *die*.
tempéré, e [tɑ̃peʀe] **adj** gemäßigt.
tempête [tɑ̃pɛt] **nf** Sturm *der* ▸ **tempête de neige** Schneesturm.

temple [tɑ̃pl] **nm 1.** [grec, égyptien, etc.] Tempel *der* **2.** [protestant] (evangelische) Kirche.

temporaire [tɑ̃pɔʀɛʀ] **adj 1.** [provisoire] vorübergehend **2.** [travail] Zeit-.

temporairement [tɑ̃pɔʀɛʀmɑ̃] **adv** vorübergehend.

temps [tɑ̃] **nm 1.** [durée] Zeit *die* **2.** [météo] Wetter *das* **3.** GRAMM Zeitform *die* **4.** MUS Takt *der* ▸ **avoir le temps de faire qqch** Zeit haben, etw zu tun ▸ **il est temps de / que** es ist Zeit zu /, dass ▸ **à temps** rechtzeitig ▸ **de temps en temps** von Zeit zu Zeit ▸ **en même temps** gleichzeitig ▸ **tout le temps** immer. ◆ **à temps complet** ◆ **adj** Vollzeit-. ◆ **adv** ganztags. ◆ **à temps partiel** ◆ **adj** Teilzeit-. ◆ **adv** halbtags.

tenace [tənas] **adj** [gén] hartnäckig.

tenant [tənɑ̃] **nm 1.** [défenseur] Verfechter *der* **2.** [de coupe] : **tenant du titre** Titelverteidiger *der*, -in *die* ▸ **les tenants et les aboutissants** der genaue Sachverhalt.

tendance [tɑ̃dɑ̃s] **nf 1.** [politique] Tendenz *die* **2.** [de la mode] Trend *der* ▸ **avoir tendance à** tendieren OU neigen zu.

tendeur [tɑ̃dœʀ] **nm** Spanner *der*.

tendinite [tɑ̃dinit] **nf** Sehnenscheidenentzündung *die*.

tendon [tɑ̃dɔ̃] **nm** Sehne *die*.

tendre [73] [tɑ̃dʀ] ◆ **adj 1.** [doux] zärtlich **2.** [viande] zart. ◆ **vt 1.** [étirer] spannen **2.** [bras] aus°strecken ▸ **tendre la main à qqn** jm die Hand reichen ▸ **tendre l'oreille** die Ohren spitzen ▸ **tendre un piège à qqn** jm eine Falle stellen. ◆ **se tendre vp 1.** sich spannen **2.** *fig* sich an°spannen.

tendrement [tɑ̃dʀəmɑ̃] **adv** zärtlich.

tendresse [tɑ̃dʀɛs] **nf** Zärtlichkeit *die*.

tendu, e [tɑ̃dy] **adj 1.** [personne] angespannt **2.** [rapports] gespannt.

tenir [40] [təniʀ] ◆ **vt 1.** [gén] halten ▸ **tenir la porte** jm die Tür auf°halten ▸ **tenir un plat au chaud** ein Gericht warm halten ▸ **tenir ses engagements** seinen Verpflichtungen nach°kommen **2.** [magasin, bar] führen **3.** [dans des expressions] : **tiens !, tenez !** [en donnant] hier!, bitte! ▸ **tiens, on dirait Paul !** guck mal, ist das nicht Paul? ▸ **tiens, je n'aurais jamais cru ça de lui !** was? das hätte ich nicht von ihm gedacht ◆ **vi 1.** [résister] halten **2.** [rester] bleiben ▸ **tenir debout** a) [objet] von alleine stehen bleiben b) [personne] stehen können **3.** [être contenu] hinein°passen ▸ **tenir bon** durch°halten.

◆ **tenir à v + prép** [être attaché à] hängen an *(+ D)* ▸ **si vous tenez à votre emploi** wenn Sie Ihren Arbeitsplatz behalten wollen ▸ **tenir à faire qqch** etw unbedingt tun wollen ▸ **tenir à ce que** darauf Wert legen, dass.

◆ **tenir de v + prép** [ressembler à] kommen nach ▸ **elle tient de sa mère** sie kommt nach ihrer Mutter.

◆ **se tenir vp 1.** [avoir lieu] statt°finden ▸ **le festival se tient dans le château** das Festival findet im Schloss statt **2.** [s'accrocher] sich (fest)halten ▸ **se tenir à** [personne, objet] sich fest°halten an *(+ D)* **3.** [être, rester] : **se tenir droit** sich gerade halten ▸ **se tenir tranquille** ruhig bleiben ▸ **elle se tenait près de la porte** sie stand neben der Tür **4.** [se comporter] : **bien / mal se tenir** sich gut / schlecht benehmen.

tennis [tenis] ◆ **nm** [sport] Tennis *das*. ◆ **nmpl** [chaussures] Tennisschuhe *die* ▸ **tennis de table** Tischtennis.

tension [tɑ̃sjɔ̃] **nf** **1.** Spannung *die* **2.** MÉD Blutdruck *der* ▸ **avoir de la tension** hohen Blutdruck haben.

tentacule [tɑ̃takyl] **nm** Fangarm *der*.

tentant, e [tɑ̃tɑ̃, ɑ̃t] **adj** verlockend.

tentation [tɑ̃tasjɔ̃] **nf** Versuchung *die*.

tentative [tɑ̃tativ] **nf** Versuch *der*.

tente [tɑ̃t] **nf** Zelt *das*.

tenter [3] [tɑ̃te] **vt** **1.** [essayer] versuchen **2.** [attirer] reizen ▸ **tenter de faire qqch** versuchen, etw zu tun.

tenu, e [təny] **pp** → **tenir**.

tenue [təny] **nf** Kleidung *die* ▸ **tenue de soirée** Abendkleidung.

ter [tɛʀ] **adv** [dans une adresse] c ▸ **11 ter** 11c.

TER [tɛʀ] (*abr de* Train Express Régional) **nm** ≃ RE *der*.

Tergal® [tɛʀgal] **nm** Tergal® *das*.

tergiverser [3] [tɛʀʒivɛʀse] **vi** zaudern ▸ **sans tergiverser** ohne zu zögern.

terme [tɛʀm] **nm** **1.** [mot] Begriff *der* **2.** [fin] Abschluss *der* ▸ **à court terme** kurzfristig ▸ **à long terme** langfristig.

terminaison [tɛʀminɛzɔ̃] **nf** GRAMM Endung *die*.

terminal [tɛʀminal] (*pl* **-aux**) **nm** **1.** [d'aéroport] Terminal *der ODER das* **2.** INFORM Terminal *das*.

terminale [tɛʀminal] **nf** SCOL *Abschlussklasse der französischen Gymnasien*.

terminer [3] [tɛʀmine] **vt** beenden. ◆ **se terminer vp** **1.** [histoire] enden, aus‿gehen **2.** [soirée] zu Ende gehen.

terminus [tɛʀminys] **nm** Endstation *die*.

terne [tɛʀn] **adj** stumpf.

terrain [tɛʀɛ̃] **nm** **1.** [emplacement] Gelände *das* **2.** [sol] Boden *der* ▸ **tout terrain** Gelände- ▸ **terrain de camping** Campingplatz *der* ▸ **terrain de football** Fußballplatz *der* ▸ **terrain de golf** Golfplatz *der* ▸ **terrain de jeux** Spielplatz *der* ▸ **terrain de sports** Sportplatz *der* ▸ **terrain vague** unbebautes Gelände.

terrasse [tɛʀas] **nf** Terrasse *die* ▸ **on mange en terrasse ?** [d'un café, restaurant] essen wir draußen?

terre [tɛʀ] **nf** **1.** Erde *die* **2.** [argile] Ton *der* ▸ **avoir des terres** [propriété] Ländereien besitzen ▸ **la Terre** die Erde ▸ **par terre** auf den ODER dem Boden.

terre-plein [tɛʀplɛ̃] (*pl* terre-pleins) **nm** Erdwall *der* ▸ **terre-plein central** Mittelstreifen *der*.

terrestre [tɛʀɛstʀ] **adj** **1.** [globe] Erd- **2.** [animal] Land-.

terreur [tɛʀœʀ] **nf** Schrecken *der*.

terrible [tɛʀibl] **adj** [catastrophe, accident] schrecklich ▸ **pas terrible** *fam* nicht besonders.

terrier [tɛʀje] **nm** [de lapin, de renard] Bau *der*.

terrifiant, e [tɛʀifjɑ̃, ɑ̃t] **adj** **1.** [effrayant] furchterregend **2.** *fam* [extraordinaire] wahnsinnig.

terrifier [9] [tɛʀifje] **vt** in Angst und Schrecken versetzen.

terrine [tɛʀin] **nf** **1.** [récipient] Terrine *die* **2.** CULIN Pastete *die*.

territoire [tɛʀitwaʀ] **nm** Hoheitsgebiet *das*.

terroriser [3] [tɛʀɔʀize] **vt** in Angst und Schrecken versetzen.

terrorisme [tɛʀɔʀism] **nm** Terrorismus *der*.

terroriste [tɛʀɔʀist] **nmf** Terrorist *der*, -in *die*.

tertiaire [tɛʀsjɛʀ] ◆ **adj** tertiär. ◆ **nm** COMM tertiärer Sektor, Dienstleistungssektor *der* ▸ **ère tertiaire** Tertiär *das*.

tes [te] **adj pl** → **ton**[1]

test [tɛst] **nm** Test *der* ▸ **test de dépistage du SIDA** Aidstest.

testament [tɛstamɑ̃] **nm** Testament *das*.

tester [3] [tɛste] **vt** testen.

testeur [tɛstœʀ] **nm** Testgerät *das*.

testicule [tɛstikyl] **nm** Hoden *der*.

tétanie [tetani] **nf** Tetanie *die*.

tétanos [tetanos] **nm** Tetanus *der*.

tête [tɛt] **nf 1.** ANAT Kopf *der* **2.** [visage] Gesicht *das* **3.** [partie avant] Spitze *die* ▸ **le wagon de tête** der vorderste Wagon ▸ **être en tête** an der Spitze sein ▸ **faire la tête** schmollen ▸ **en tête à tête** unter vier Augen, allein ▸ **tête de veau** [plat] Kalbskopf.

tête-à-queue [tɛtakø] **nm inv** : **faire un tête-à-queue** sich um die eigene Achse drehen.

téter [8] [tete] **vi** saugen.

tétine [tetin] **nf 1.** [de biberon] Sauger *der* **2.** [sucette] Schnuller *der*.

Tétrabrick® [tetʀabʀik] **nm** Tetrapack® *der*.

têtu, e [tety] **adj** starrköpfig.

teuf [tœf] **nf** *fam* Fete *die*.

tex mex [tɛksmɛks] ◆ **adj** Tex-Mex-. ◆ **nm** Tex-Mex *das* ▸ **un resto tex-mex** ein mexikanisches Restaurant.

texte [tɛkst] **nm** Text *der*.

textile [tɛkstil] **nm** Textilie *die*.

TF1 **n** *französische Privatfernsehanstalt für das erste Programm.*

TGV **nm** ≃ ICE *der*.

thaïlandais, e [tajlɑ̃dɛ, ɛz] **adj** thailändisch. ◆ **Thaïlandais, e nm, f** Thailänder *der*, -in *die*.

Thaïlande [tajlɑ̃d] **nf** : **la Thaïlande** Thailand *nt*.

thalassothérapie [talasɔteʀapi] **nf** Thalassotherapie *die*.

thé [te] **nm** Tee *der* ▸ **thé au citron** Tee mit Zitrone ▸ **thé au lait** Tee mit Milch ▸ **prendre son thé nature** seinen Tee schwarz trinken.

théâtral, e, aux [teatʀal, o] **adj** Theater-.

théâtre [teatʀ] **nm** Theater *das*.

théière [tejɛʀ] **nf** Teekanne *die*.

thème [tɛm] **nm 1.** [d'une exposition, d'un film] Thema *das* **2.** [traduction] Übersetzung *die (in die Fremdsprache)*.

théorie [teɔʀi] **nf** Theorie *die* ▸ **en théorie** theoretisch.

théorique [teɔʀik] **adj** theoretisch.

théoriquement [teɔʀikmɑ̃] **adv** [normalement] theoretisch.

thérapie [teʀapi] **nf 1.** Therapie *die* **2.** MÉD : **thérapie génique** Gentherapie.

thermal, e, aux [tɛʀmal, o] **adj** Thermal-.

thermomètre [tɛʀmɔmɛtʀ] **nm** Thermometer *das*.

Thermos® [tɛʀmos] **nf** : **(bouteille) Thermos** Thermosflasche® *die*.

thermostat [tɛʀmɔsta] **nm** Thermostat *das*.

thèse [tɛz] **nf 1.** [universitaire] Hausarbeit *die* **2.** [de doctorat] Dissertation *die* **3.** [idée] These *die*.

thon [tɔ̃] **nm** Thunfisch *der*.

Thurgovie [tyʀgɔvi] **nf** : **la Thurgovie** Thurgau *nt*.

Thuringe [tyʀɛ̃ʒ] **nf** : **la Thuringe** Thüringen *nt*.

thym [tɛ̃] nm Thymian *der*.

Tibet [tibɛ] nm : **le Tibet** Tibet *nt*.

tibia [tibja] nm Schienbein *das*.

tic [tik] nm Tick *der*.

ticket [tikɛ] nm Fahrschein *der* ▸ **ticket de caisse** Kassenbon *der* ▸ **ticket de cinéma** Kinokarte *die* ▸ **ticket de métro** U-Bahn-Fahrschein.

tiède [tjɛd] adj lauwarm.

tien [tjɛ̃] ◆ **le tien, la tienne** [letjɛn, latjɛn] (*mpl* **les tiens** [letjɛ̃], *fpl* **les tiennes** [letjɛn]) pron deine(r, s) ▸ **à la tienne !** auf dein Wohl!

tiendra [tjɛ̃dʀa] 3ᵉ pers. du sg. de l'ind. fut. → **tenir**.

tienne[1] [tjɛn] 1ʳᵉ et 3ᵉ pers. du sg. du subj. prés. → **tenir**.

tienne[2] [tjɛn] pron f → **tien**.

tiens [tjɛ̃] 1ʳᵉ et 2ᵉ pers. du sg. de l'ind. prés. → **tenir**.

Tiercé® [tjɛʀse] nm Pferdewette *die* ▸ **jouer au Tiercé**® ≃ im Pferdetoto spielen.

tiers [tjɛʀ] nm Drittel *das* ▸ **être assuré au tiers** *so versichert werden, dass die Kosten direkt von der Versicherung übernommen werden.*

tiers-monde [tjɛʀmɔ̃d] nm Dritte Welt.

tige [tiʒ] nf **1.** [de plante] Stiel *der* **2.** [de métal, de bois] Stift *der*.

tignasse [tiɲas] nf *fam* Löwenmähne *die*.

tigre [tigʀ] nm Tiger *der*.

tilleul [tijœl] nm **1.** [arbre] Linde *die* **2.** [tisane] Lindenblütentee *der*.

tilsit [tilsit] nm SUISSE [fromage] Tilsiter *der*.

timbale [tɛ̃bal] nf **1.** [gobelet] Becher *der* **2.** CULIN *in einer runden Form gebackener Auflauf aus Fleisch oder Meeresfrüchten in einer Teighülle.*

timbré, e [tɛ̃bʀe] adj **1.** [enveloppe] frankiert **2.** *fam* [fou] bekloppt.

timbre(-poste) [tɛ̃bʀ(əpɔst)] (*pl* **timbres(-poste)**) nm Briefmarke *die* ▸ **timbre de collection** Sammlerbriefmarke.

timbrer [3] [tɛ̃bʀe] vt frankieren.

timide [timid] adj schüchtern.

timidité [timidite] nf Schüchternheit *die*.

Timor-Oriental [timɔʀɔʀjɑ̃tal] nm Osttimor *nt*.

tipi [tipi] nm Tipi *das*.

tir [tiʀ] nm SPORT Schießen *das* ▸ **tir à l'arc** Bogenschießen.

tirage [tiʀaʒ] nm [au jeu] Ziehung *die* ▸ **tirage au sort** Auslosung *die*.

Tirana [tiʀana] n Tirana *nt*.

tire-bouchon [tiʀbuʃɔ̃] (*pl* **tire-bouchons**) nm Korkenzieher *der*.

tire-fesses [tiʀfɛs] nm inv Schlepplift *der*.

tirelire [tiʀliʀ] nf Sparbüchse *die*.

tirer [3] [tiʀe] ◆ vt **1.** [gén] ziehen **2.** [avec une arme] ab◦schießen ▸ **tirer un coup de feu** einen Schuss ab◦geben **3.** [sortir] : **tirer qqn / qqch de** jn /etw holen aus ▸ **tirer une conclusion de qqch** aus etw eine Schlussfolgerung ziehen ▸ **tirer la langue à qqn** jm die Zunge heraus◦strecken

◆ vi **1.** [avec une arme] schießen ▸ **tirer sur** schießen auf *(+ A)* **2.** [vers soi, vers le bas, etc.] : **tirer sur qqch** [pull, corde] an etw *(D)* ziehen **3.** SPORT [au football] schießen ; [au handball] werfen

◆ **s'en tirer** vp **1.** [se débrouiller] sich aus der Affäre ziehen **2.** [survivre] überleben.

tiret [tiʀɛ] **nm** Gedankenstrich *der.*
tirette [tiʀɛt] **nf** BELG [fermeture] Reißverschluss *der.*
tiroir [tiʀwaʀ] **nm** Schublade *die.*
tisane [tizan] **nf** Kräutertee *der.*
tisonnier [tizɔnje] **nm** Schürhaken *der.*
tisser [3] [tise] **vt** weben.
tissu [tisy] **nm** Stoff *der.*
titre [titʀ] **nm 1.** [d'un livre, d'un film] Titel *der* **2.** [de journal] Überschrift *die* ▸ **titre de transport** Fahrausweis *der.*
titulaire [titylɛʀ] **nmf** Inhaber *der,* -in *die.*
titularisation [titylaʀizasjɔ̃] **nf 1.** [d'un professeur d'université] Berufung *die* **2.** [d'un enseignant] Verbeamtung *die* **3.** [d'un sportif] Verpflichtung *die.*
tjr, tjrs (*abr écrite de* **toujours**) **SMS** immer.
toast [tost] **nm** [pain] Toast *der* ▸ **porter un toast à qqn** einen Trinkspruch auf jn aus°bringen.
toboggan [tɔbɔgɑ̃] **nm** Rutschbahn *die.*
toc [tɔk] **nm** unechter Schmuck ▸ **en toc** unecht.
tofu [tɔfu] **nm** CULIN Tofu *der.*
Togo [tɔgo] **nm** : **le Togo** Togo *nt* ▸ **au Togo** in Togo.
toi [twa] **pron 1.** [objet direct] dich **2.** [après prép +D] dir **3.** [après prép +A] dich **4.** [pour insister] du ▸ **il est comme toi** [après comparaison] er ist wie du ▸ **regarde-toi dans la glace** schau in den Spiegel ▸ **lève-toi** steh auf ▸ **toi-même** du selbst.
toile [twal] **nf 1.** [tissu] Leinen *das* **2.** [tableau] Gemälde *das* ▸ **toile d'araignée** Spinnennetz *das.*
toilette [twalɛt] **nf** Toilette *die* ▸ **faire sa toilette** sich waschen. ◆ **toilettes nfpl** Toilette *die* ▸ **aller aux toilettes** auf die Toilette gehen.
toit [twa] **nm** Dach *das.*
tôle [tol] **nf** Blech *das* ▸ **tôle ondulée** Wellblech.
tolérant, e [tɔleʀɑ̃, ɑ̃t] **adj** tolerant.
tolérer [18] [tɔleʀe] **vt** (er)dulden.
tomate [tɔmat] **nf** Tomate *die* ▸ **tomates farcies** gefüllte Tomaten.
tombe [tɔ̃b] **nf** Grab *das.*
tombeau, x [tɔ̃bo] **nm** Grabmal *das.*
tombée [tɔ̃be] **nf** : **à la tombée de la nuit** bei Einbruch der Nacht.
tomber [3] [tɔ̃be] **vi 1.** fallen **2.** [nuit] herein°brechen **3.** [date, fête] fallen auf *(+ A)* ▸ **ça tombe bien !** das trifft sich gut! ▸ **laisser tomber** a) [études, projet] auf°geben b) [ami] fallen lassen ▸ **tomber amoureux (de qqn)** sich (in jn) verlieben ▸ **tomber amoureux (de qqch)** sich (für etw) begeistern ▸ **tomber malade** krank werden ▸ **tomber en panne** a) [machine] kaputtgehen b) [en véhicule] eine Panne haben.
tombola [tɔ̃bɔla] **nf** Tombola *die.*
tome [tɔm] **nm** Band *der.*
tomme [tɔm] **nf** : **tomme vaudoise** SUISSE Waadtländer Tomme.
ton¹, ta [tɔ̃, ta] (*pl* **tes** [te]) **adj** dein(e) ▸ **ta voiture** dein Auto ▸ **ton frère** dein Bruder ▸ **ton ordinateur** dein Computer.
ton² [tɔ̃] **nm** Ton *der.*
tonalité [tɔnalite] **nf** [au téléphone] Freizeichen *das.*
tondeuse [tɔ̃døz] **nf** : **tondeuse (à gazon)** Rasenmäher *der.*
tondre [75] [tɔ̃dʀ] **vt 1.** [gazon] mähen **2.** [cheveux] scheren.
tongs [tɔ̃g] **nfpl** Gummilatschen *pl.*

tonique [tɔnik] **adj** [revigorant] stärkend ▸ **boisson tonique** Stärkungstrunk *der* ▸ **lotion tonique** Gesichtswasser *das*.

tonne [tɔn] **nf** Tonne *die*.

tonneau [tɔno] (*pl* -x) **nm** Fass *das* ▸ **faire des tonneaux** [voiture] sich überschlagen.

tonnerre [tɔnɛʀ] **nm** Donner *der* ▸ **coup de tonnerre** Donnerschlag *der*.

tonus [tɔnys] **nm** Schwung *der*.

torche [tɔʀʃ] **nf** Fackel *die* ▸ **torche électrique** Stablampe *die*.

torchon [tɔʀʃɔ̃] **nm** Geschirrtuch *das*.

tordre [76] [tɔʀdʀ] **vt** **1.** [linge] aus°wringen **2.** [bras, cou] um°drehen **3.** [plier] verbiegen. ◆ **se tordre vp** : **se tordre la cheville** sich *(D)* den Fuß verstauchen ▸ **se tordre de douleur** sich vor Schmerzen krümmen.

tornade [tɔʀnad] **nf** Tornado *der*.

torrent [tɔʀɑ̃] **nm** **1.** [cours d'eau] Wildbach *der* **2.** [flot] Strom *der* ▸ **il pleut à torrents** es regnet in Strömen.

torsade [tɔʀsad] **nf** : **pull à torsades** Pulli *der* mit Zopfmuster.

torse [tɔʀs] **nm** Oberkörper *der* ▸ **torse nu** mit nacktem Oberkörper.

tort [tɔʀ] **nm** : **avoir tort** unrecht haben ▸ **tu as tort de faire qqch** es ist ein Fehler von dir, etw zu tun ▸ **causer** ou **faire du tort à qqn** jm schaden ▸ **donner tort à qqn** jm nicht recht geben ▸ **être dans son tort, être en tort** Schuld haben.

torticolis [tɔʀtikɔli] **nm** Genickstarre *die*.

tortiller [3] [tɔʀtije] **vt** (zusammen)-drehen. ◆ **se tortiller vp** sich winden.

tortue [tɔʀty] **nf** Schildkröte *die*.

torture [tɔʀtyʀ] **nf** **1.** [pour faire avouer] Folter *die* **2.** [souffrance physique ou morale] Qual *die*.

torturer [3] [tɔʀtyʀe] **vt** **1.** [prisonnier] foltern **2.** [moralement] quälen.

tôt [to] **adv** früh ▸ **tôt ou tard** früher oder später.

total, e, aux [tɔtal, o] ◆ **adj** **1.** [chiffre] Gesamt- **2.** [confusion, obscurité] vollkommen **3.** [confiance] voll. ◆ **nm** [somme] Gesamtsumme *die*.

totalement [tɔtalmɑ̃] **adv** völlig.

totaliser [3] [tɔtalize] **vt** [additionner] zusammen°zählen.

totalitaire [tɔtalitɛʀ] **adj** totalitär.

totalité [tɔtalite] **nf** : **la totalité des électeurs** die Gesamtheit der Wähler, alle Wähler ▸ **la totalité de ses biens** sein gesamtes Vermögen ▸ **en totalité** [rembourser] vollständig.

touchant, e [tuʃɑ̃, ɑ̃t] **adj** rührend.

touche [tuʃ] **nf** **1.** [de piano, d'ordinateur, de téléphone] Taste *die* **2.** SPORT [ligne] Seitenlinie *die* ▸ **faire une touche avec qqn** *fam* jn ab°schleppen ▸ **touche d'annulation** Abbruchtaste ▸ **touche de contrôle** Steuerungstaste ▸ **touche de suppression** Löschtaste ▸ **touche dièse** Rautetaste ▸ **touche entrée** Enter-Taste ▸ **touche escape** ou **échappement** Escape-Taste ▸ **touche majuscule** Umschalttaste.

toucher [3] [tuʃe] **vt** **1.** [entrer en contact avec, émouvoir] berühren **2.** [argent] erhalten **3.** [chèque] ein°lösen **4.** [cible] treffen ▸ **toucher à** [objet, nourriture] an°rühren. ◆ **se toucher vp** aneinander grenzen.

touch pad [tuʃpad] **nm** Touchpad *das*.

touffe [tuf] **nf** [d'herbe] Büschel *das*.

touffu, e [tufy] **adj** **1.** buschig **2.** *fig* verworren ▸ **forêt touffue** dichter Wald.

touillette [tujɛt] **nf** *fam* Umrührstäbchen *das*.

toujours [tuʒuʀ] adv **1.** [tout le temps] immer **2.** [encore] immer noch ▸ **pour toujours** für immer.

toupie [tupi] nf Kreisel *der*.

tour¹ [tuʀ] nm Drehung *die* ▸ **faire un tour** [se promener] eine Runde drehen ▸ **faire le tour de qqch** um etw herum◦gehen ▸ **faire le tour du monde** eine Weltreise machen ▸ **jouer un tour à qqn** jm einen Streich spielen ▸ **c'est ton tour (de payer)** du bist dran (mit Zahlen) ▸ **à tour de rôle** der Reihe nach ▸ **le Tour de France** die Tour de France ▸ **tour de magie** Zaubertrick *der*.

ⓘ Le Tour de France

Die Tour de France findet seit 1903 jedes Jahr im Juli statt. Sie ist ein spektakuläres Ereignis für alle Radsport- und Frankreichfans. In Tagesetappen fahren die weltbesten Radrennfahrer die so genannte "große Schleife", la grande boucle, durch Frankreich. Der Schnellste in der Gesamtwertung trägt das Gelbe Trikot, le maillot jaune. Das Endziel sind die Pariser Champs-Élysées.

tour² [tuʀ] nf **1.** [d'un château] Turm *der* **2.** [immeuble] Hochhaus *das* ▸ **tour de contrôle** Kontrollturm ▸ **la tour Eiffel** der Eiffelturm.

ⓘ La tour Eiffel

Gustave Eiffel baute den Eiffelturm 1889 anlässlich der Weltausstellung in Paris. La tour Eiffel ist seither das bekannteste Wahrzeichen von Paris und gilt als eine der meistbesuchten Sehenswürdigkeiten der Welt. Von seiner Spitze aus, die man per Aufzug erreichen kann, überblickt man ganz Paris und einen Teil des Pariser Beckens.

tourbillon [tuʀbijɔ̃] nm Wirbel *der*.

tourbillonner [3] [tuʀbijɔne] vi **1.** (herum)◦wirbeln **2.** *fig* wirbeln.

tourisme [tuʀism] nm Tourismus *der* ▸ **faire du tourisme** (herum)reisen.

tourista [tuʀista] = **turista**.

touriste [tuʀist] nmf Tourist *der*, -in *die*.

touristique [tuʀistik] adj **1.** [dépliant, activité] Touristen- **2.** [ville, région] touristisch.

tourmenter [3] [tuʀmɑ̃te] vt [suj : pensée, sentiment] quälen. ◆ **se tourmenter** vp sich *(D)* Sorgen machen.

tournage [tuʀnaʒ] nm Dreharbeiten *pl*.

tournant [tuʀnɑ̃] nm Biegung *die*.

tournedos [tuʀnədo] nm Tournedos *pl* ▸ **tournedos Rossini** *Tournedos mit Gänseleberpastete*.

tournée [tuʀne] nf **1.** [d'un chanteur] Tournee *die* **2.** [du facteur, au bar] Runde *die* ▸ **c'est ma tournée !** ich gebe eine Runde aus.

tourner [3] [tuʀne] ◆ **vt 1.** drehen **2.** [clé] um◦drehen **3.** [pâte, salade] mischen **4.** [page] um◦blättern. ◆ **vi 1.** [manège, roue] sich drehen **2.** [route] eine Biegung machen **3.** [moteur, machine] laufen **4.** [lait] sauer werden **5.** [acteur] spielen ▸ **tourner le regard vers qqn** den Blick auf jn richten ▸ **tournez à gauche /droite** biegen Sie rechts /links ab ▸ **tourner autour de qqch** um etw herum◦gehen ▸ **qqn a la tête qui tourne** jm ist schwind(e)lig ▸ **mal tourner** [affaire] eine schlechte Wendung nehmen. ◆ **se tourner** vp sich um◦drehen ▸ **se tourner vers qqch** *fig* [activité] sich einer Sache *(D)* zu◦wenden.

tournesol [tuʀnəsɔl] nm Sonnenblume *die*.

tournevis [tuʀnəvis] nm Schraubenzieher *der*.

tourniquet [turnikɛ] **nm** [du métro] Drehkreuz *das*.

tournoi [turnwa] **nm** Turnier *das*.

tournure [turnyr] **nf** [expression] Wendung *die*.

tourte [turt] **nf** *mit Fleisch oder Gemüse gefüllte Pastete*.

tourterelle [turtərɛl] **nf** Turteltaube *die*.

tourtière [turtjɛr] **nf** QUÉBEC *mit Rinderhackfleisch und Zwiebeln gefüllte Pastete*.

tous [tus] **pron pl** → **tout**

Toussaint [tusɛ̃] **nf** : **la Toussaint** Allerheiligen *nt*.

> ⓘ **La Toussaint**
>
> An Allerheiligen legen die Franzosen Grabschmuck, in der Regel Chrysanthemen, auf die Gräber ihrer Angehörigen. Viele Franzosen nehmen dafür weite Anreisen auf sich. Das Schmücken der Gräber mit Kränzen und Grablichtern ist in Frankreich nicht üblich.

tousser [3] [tuse] **vi** husten.

tout, e [tu, tut] (*mpl* **tous** [tus], *fpl* **toutes** [tut]) ◆ **adj 1.** [avec un substantif singulier] ganze(r, s) ▸ **il a bu tout le vin** er hat den ganzen Wein getrunken ▸ **il a mangé tout un gâteau** er hat einen ganzen Kuchen gegessen ▸ **toute la journée** den ganzen Tag ▸ **tout le monde** alle ▸ **tout le temps** die ganze Zeit **2.** [avec un pronom démonstratif] : **prend tout ce que tu voudras** nimm alles, was du willst ▸ **tous ceux que j'ai vus** alle, die ich gesehen habe ▸ **tout ça** ou **cela** all das **3.** [avec un substantif pluriel] alle ▸ **tous les gâteaux** alle Kuchen ▸ **tous les jours** jeden Tag ▸ **toutes les deux /trois** alle beide /drei ▸ **tous les deux ans** alle zwei Jahre ▸ **toutes les fois que** jedesmal, wenn **4.** [n'importe quel] jede(r, s) ▸ **à toute heure** zu jeder Zeit
◆ **pron 1.** [la totalité] alles ▸ **je t'ai tout dit** ich habe dir alles gesagt ▸ **c'est tout** das ist alles ▸ **ce sera tout ?** [dans un magasin] was darf es sonst noch sein? ▸ **en tout** insgesamt **2.** [au pluriel : tout le monde] : **ils voulaient tous la voir** alle wollten sie sehen
◆ **adv 1.** [très, complètement] ganz ▸ **tout jeune** sehr jung ▸ **ils étaient tout seuls** sie waren ganz allein ▸ **tout en haut** ganz oben **2.** [avec un gérondif] : **tout en marchant** im Laufen **3.** [dans des expressions] : **tout à coup** plötzlich ▸ **tout à fait** a) [complètement] voll und ganz b) [exactement] ganz genau ▸ **tout à l'heure** a) [avant] vorhin b) [après] später ▸ **à tout à l'heure !** bis nachher! ▸ **à tout de suite !** bis gleich! ▸ **tout de même** a) [malgré tout] trotzdem ▸ **tout de suite** sofort
◆ **nm** : **le tout** [la totalité] das Ganze ▸ **le tout est de...** die Hauptsache ist ... ▸ **je n'ai pas du tout envie** ich habe überhaupt keine Lust.

toutefois [tutfwa] **adv** dennoch.

tout(-)terrain [tutɛrɛ̃] (*pl* **tous(-)terrains**) **adj** Gelände-.

toux [tu] **nf** Husten *der*.

toxico [tɔksiko] **nmf** *fam* Drogensüchtige *der, die*.

toxicomane [tɔksikɔman] **nmf** Süchtige *der, die*.

toxique [tɔksik] **adj** giftig.

TP nmpl *abr de* **travaux pratiques**.

trac [trak] **nm** : **avoir le trac** Lampenfieber haben.

traçabilité [trasabilite] **nf** *Möglichkeit, ein Produkt zurückzuverfolgen*.

tracasser [3] [tʀakase] **vt** plagen. ◆ **se tracasser vp** sich *(D)* Sorgen machen.

trace [tʀas] **nf** Spur *die* ▸ **trace de doigt** Fingerabdruck *der* ▸ **trace de pas** Fußspur.

tracer [16] [tʀase] **vt** zeichnen.

tract [tʀakt] **nm** Flugblatt *das*.

tracteur [tʀaktœʀ] **nm** [agricole] Traktor *der*.

trader [tʀedœʀ] **nm** Trader *der*.

tradition [tʀadisjɔ̃] **nf** Tradition *die*.

traditionnel, elle [tʀadisjɔnɛl] **adj** [méthode, costume] traditionell.

traducteur, trice [tʀadyktœʀ, tʀis] **nm, f** Übersetzer *der*, -in *die*.

traduction [tʀadyksjɔ̃] **nf** **1.** [processus] Übersetzen *das* **2.** [texte] Übersetzung *die*.

traduire [98] [tʀadɥiʀ] **vt** übersetzen.

trafic [tʀafik] **nm** **1.** [circulation] Verkehr *der* **2.** [commerce] Schwarzhandel *der* ▸ **trafic de drogue** Drogenhandel *der*.

traficoter [3] [tʀafikɔte] **vt** *fam* [manigancer] : **traficoter qqch** etw aus°hecken.

trafiquer [3] [tʀafike] ◆ **vt** schwarz handeln mit. ◆ **vi** Schwarzhandel treiben.

tragédie [tʀaʒedi] **nf** [épisode dramatique] Tragödie *die*.

tragique [tʀaʒik] **adj** tragisch.

trahir [32] [tʀaiʀ] **vt** **1.** verraten **2.** [confiance] enttäuschen. ◆ **se trahir vp** sich verraten.

trahison [tʀaizɔ̃] **nf** [de pays] Verrat *der*.

train [tʀɛ̃] **nm** Zug *der* ▸ **être en train de faire qqch** gerade etw tun ▸ **train d'atterrissage** Fahrgestell *das* ▸ **train de banlieue** ≃ Vorortzug ▸ **train express** Schnellzug ▸ **train rapide** Schnellzug ▸ **train régional** Regionalzug.

traîne [tʀɛn] **nf** [d'une robe] Schleppe *die* ▸ **être à la traîne** zurück°bleiben.

traîneau [tʀɛno] (*pl* -x) **nm** Schlitten *der*.

traînée [tʀene] **nf** [trace] Spur *die*.

traîner [4] [tʀene] ◆ **vt** schleppen. ◆ **vi** **1.** [par terre] schleifen **2.** [prendre du temps] sich hin°ziehen **3.** [s'attarder] trödeln **4.** [être en désordre] herum°liegen **5.** *péj* [dans la rue, dans les bars] herum°hängen ▸ **le procès traîne (en longueur)** der Prozess zieht sich in die Länge. ◆ **se traîner vp** **1.** [par terre] kriechen **2.** [avancer lentement] trödeln.

train-train [tʀɛ̃tʀɛ̃] **nm inv** Trott *der*.

traire [112] [tʀɛʀ] **vt** melken.

trait [tʀɛ] **nm** **1.** [ligne] Strich *der* **2.** [caractéristique] Zug *der* ▸ **d'un trait** [boire] in einem Zug ▸ **trait d'union** Bindestrich. ◆ **traits nmpl** Gesichtszüge *pl*.

traite [tʀɛt] **nf** : **d'une (seule) traite** in einem Zug.

traitement [tʀɛtmɑ̃] **nm** MÉD Behandlung *die* ▸ **traitement de texte** [programme] Textverarbeitung *die*.

traiter [4] [tʀete] **vt** behandeln ▸ **traiter qqn de** jn bezeichnen als. ◆ **traiter de v + prép** [suj : livre, exposé] handeln von.

traiteur [tʀɛtœʀ] **nm** Feinkosthändler *der*.

traître, esse [tʀɛtʀ, ɛs] **nm, f** Verräter *der*, -in *die*.

trajectoire [tʀaʒɛktwaʀ] **nf** Flugbahn *die*.

trajet [tʀaʒɛ] **nm** Strecke *die*.

tramontane [tʀamɔ̃tan] **nf** Tramontana *die*.

trampoline [tʀɑ̃pɔlin] **nm** Trampolin *das*.
tramway [tʀamwɛ] **nm** Straßenbahn *die*.
tranchant, e [tʀɑ̃ʃɑ̃, ɑ̃t] **adj** **1.** [couteau] scharf **2.** [ton] schneidend.
tranche [tʀɑ̃ʃ] **nf** **1.** [morceau] Scheibe *die* **2.** [d'un livre] Schnitt *der* ▸ **tranche d'âge** Altersgruppe *die* ▸ **tranche d'imposition** Steuerklasse *die*.
tranchée [tʀɑ̃ʃe] **nf** Graben *der*.
trancher [3] [tʀɑ̃ʃe] ◆ **vt** durch°-schneiden. ◆ **vi** eine Entscheidung fällen ▸ **trancher une question** eine Frage klären.
tranquille [tʀɑ̃kil] **adj** ruhig ▸ **rester tranquille** sich ruhig verhalten ▸ **soyez tranquille** [ne vous inquiétez pas] seien Sie unbesorgt.
tranquillisant [tʀɑ̃kilizɑ̃] **nm** Beruhigungsmittel *das*.
tranquillité [tʀɑ̃kilite] **nf** Ruhe *die* ▸ **en toute tranquillité** in aller Ruhe.
transaction [tʀɑ̃zaksjɔ̃] **nf** [bancaire] Geschäft *das*.
transcutané, e [tʀɑ̃skytane] **adj** MÉD transkutan.
transept [tʀɑ̃sɛpt] **nm** Querschiff *das*.
transférer [18] [tʀɑ̃sfeʀe] **vt** **1.** [prisonnier, bureau] verlegen **2.** [droits, fortune] übertragen ▸ **transférer un message** eine E-Mail weiter°leiten.
transfert [tʀɑ̃sfɛʀ] **nm** : **transfert de fichier** Dateiübertragung *die*.
transformateur [tʀɑ̃sfɔʀmatœʀ] **nm** Transformator *der*.
transformation [tʀɑ̃sfɔʀmasjɔ̃] **nf** **1.** [du caractère, du physique] Veränderung *die* **2.** [aménagement] Umgestaltung *die*.
transformer [3] [tʀɑ̃sfɔʀme] **vt** **1.** [maison, objet] um°gestalten **2.** [vêtement] ändern **3.** [personne, caractère] verändern ▸ **transformer qqch en qqch** etw in etw *(A)* verwandeln. ◆ **se transformer vp** sich verändern ▸ **se transformer en qqch** sich in etw *(A)* verwandeln.
transfusion [tʀɑ̃sfyzjɔ̃] **nf** : **transfusion (sanguine)** (Blut)transfusion *die*.
transgénique [tʀɑ̃senik] **adj** genmanipuliert.
transgresser [4] [tʀɑ̃sgʀese] **vt** übertreten.
transi, e [tʀɑ̃zi] **adj** : **être transi de froid / peur** vor Kälte / Angst starr sein.
transiger [17] [tʀɑ̃ziʒe] **vi** : **ne pas transiger sur qqch** auf etw *(A)* bestehen.
transistor [tʀɑ̃zistɔʀ] **nm** [radio] Transistorradio *das*.
transit [tʀɑ̃zit] **nm** : **passagers en transit** Transitreisende ▸ **transit intestinal** Verdauung *die*.
transition [tʀɑ̃zisjɔ̃] **nf** **1.** [passage, étape] : **transition de qqch à qqch** Übergang *der* von etw zu etw **2.** [dans un texte] Überleitung *die*.
transmettre [84] [tʀɑ̃smɛtʀ] **vt** : **transmettre qqch à qqn** a) [message, nouvelle, amitiés] jm etw übermitteln b) [maladie] etw auf jn übertragen. ◆ **se transmettre vp** [maladie] übertragen werden.
transmis, e [tʀɑ̃smi, iz] **pp & 1re et 2e pers. du sg. de l'ind. passé simple** → **transmettre**.
transmission [tʀɑ̃smisjɔ̃] **nf** Übertragung *die*.
transparent, e [tʀɑ̃spaʀɑ̃, ɑ̃t] **adj** durchsichtig.

transpercer [16] [tʀɑ̃spɛʀse] **vt** durchbohren.

transpiration [tʀɑ̃spiʀasjɔ̃] **nf** Schwitzen *das*.

transpirer [3] [tʀɑ̃spiʀe] **vi** schwitzen.

transplanter [3] [tʀɑ̃splɑ̃te] **vt** [plante] um◦pflanzen.

transport [tʀɑ̃spɔʀ] **nm** Transport *der* ▸ **les transports (en commun)** die öffentlichen Verkehrsmittel.

transporter [3] [tʀɑ̃spɔʀte] **vt** transportieren.

transporteur [tʀɑ̃spɔʀtœʀ] **nm** [personne] Spediteur *der* ▸ **transporteur routier** Straßentransportunternehmer *der*.

transvaser [3] [tʀɑ̃svaze] **vt** um◦füllen.

transversal, e, aux [tʀɑ̃svɛʀsal, o] **adj** Quer-.

trapèze [tʀapɛz] **nm** [de cirque] Trapez *das*.

trapéziste [tʀapezist] **nmf** Trapezkünstler *der*, -in *die*.

trappe [tʀap] **nf** Falltür *die*.

trapu, e [tʀapy] **adj** [personne] gedrungen.

traquer [3] [tʀake] **vt 1.** [animal] hetzen **2.** [personne] in die Enge treiben.

traumatiser [3] [tʀomatize] **vt 1.** [psychiquement] : **traumatiser qqn** jm einen Schock versetzen **2.** MÉD verletzen.

traumatisme [tʀomatism] **nm** Trauma *das* ▸ **traumatisme crânien** Schädeltrauma.

travail [tʀavaj] (*pl* **-aux**) **nm** Arbeit *die*. ◆ **travaux nmpl** [ménagers, agricoles] Arbeit *die* ▸ **travail à la chaîne** Fließbandarbeit ▸ **travaux pratiques** Übung *die* ▸ **'travaux'** 'Bauarbeiten'.

travailler [3] [tʀavaje] ◆ **vi** arbeiten. ◆ **vt 1.** [matière scolaire, passage musical] üben **2.** [bois, pierre] bearbeiten ▸ **travailler à temps partiel** eine Teilzeitbeschäftigung haben.

travailleur, euse [tʀavajœʀ, øz] ◆ **nm, f** Arbeiter *der*, -in *die*. ◆ **adj** fleißig ▸ **travailleur immigré /indépendant** Gastarbeiter /Selbstständige *der*.

travailliste [tʀavajist] ◆ **adj** POL der Labour-Partei. ◆ **nmf** POL Anhänger *der*, -in *die* der Labour-Partei.

traveller's check [tʀavlœʀʃɛk], **traveller's cheque** [tʀavlœʀʃɛk] (*pl* **traveller's-cheques**) **nm** Travellerscheck *der*.

travers [tʀavɛʀ] **nm** : **à travers** durch. ◆ **de travers** ◆ **adj** schief. ◆ **adv** : **marcher de travers** torkeln ▸ **regarder qqn de travers** jn schief an◦sehen ▸ **aller de travers** *fig* schief◦gehen ▸ **en travers (de)** quer (über *(+ D)*) ▸ **travers de porc** Spareribs *pl*.

traversée [tʀavɛʀse] **nf** [en bateau] Überfahrt *die*.

traverser [3] [tʀavɛʀse] ◆ **vt 1.** [rue, rivière] überqueren **2.** [transpercer] durchdringen. ◆ **vi** [piéton] über die Straße gehen.

traversin [tʀavɛʀsɛ̃] **nm** ≃ Nackenrolle *die*.

travesti, e [tʀavɛsti] **adj** Transvestiten-. ◆ **travesti nm** Transvestit *der*.

travestir [32] [tʀavɛstiʀ] **vt** verkleiden. ◆ **se travestir vp** sich verkleiden.

traviole [tʀavjɔl] ◆ **de traviole** *fam* ◆ **loc adj** [tableau, dents] schief. ◆ **loc adv 1.** [en biais] : **j'écris de traviole** ich schreibe schief **2.** [mal] : **il fait tout de traviole** er macht alles verkehrt.

trébucher [3] [tʀebyʃe] **vi** stolpern.

trèfle [tʀɛfl] **nm 1.** [plante] Klee *der* **2.** [aux cartes] Kreuz *das* ▸ **trèfle à quatre feuilles** vierblättriges Kleeblatt.

treize [trɛz] num dreizehn ▸ **elle habite (au) treize rue Lepic** sie wohnt in der Rue Lepic Nummer dreizehn ▸ **il a treize ans** er ist dreizehn ▸ **il est treize heures** es ist dreizehn Uhr ▸ **ils étaient treize** sie waren zu dreizehnt ▸ **le treize janvier** am dreizehnten Januar.

treizième [trɛzjɛm] num dreizehnte(r, s).

trekking [trɛkiŋ], **trek** [trɛk] nm Trekking *das* ▸ **faire du trekking** Trekking machen ▸ **faire un trek** einen Trek machen.

tréma [trema] nm **1.** [français] Trema *das* **2.** [allemand] Umlaut *der.*

tremblement [trɑ̃bləmɑ̃] nm : **tremblement de terre** Erdbeben *das* ▸ **tremblements** Zittern *das.*

trembler [3] [trɑ̃ble] vi zittern ▸ **trembler de peur /froid** vor Angst /Kälte zittern.

trempé, e [trɑ̃pe] adj [mouillé] durchnässt.

tremper [3] [trɑ̃pe] ◆ vt (ein)tauchen. ◆ vi ein∘weichen ▸ **faire tremper qqch** etw ein∘weichen.

tremplin [trɑ̃plɛ̃] nm Sprungbrett *das.*

trentaine [trɑ̃tɛn] nf an die dreißig ▸ **avoir la trentaine** um die dreißig sein, an die dreißig Jahre alt sein ▸ **une trentaine de personnes** etwa dreißig Leute.

trente [trɑ̃t] num dreißig ▸ **elle habite (au) trente rue Lepic** sie wohnt in der Rue Lepic Nummer dreißig ▸ **il a trente ans** er ist dreißig ▸ **ils étaient trente** sie waren zu dreißig ▸ **le trente janvier** am dreißigsten Januar ▸ **page trente** Seite dreißig.

trentenaire [trɑ̃tnɛr] ◆ adj dreißigjährig. ◆ nmf Dreißigjährige *der, die.*

trentième [trɑ̃tjɛm] num dreißigste(r, s).

très [trɛ] adv sehr ▸ **avoir très peur / faim** große Angst /großen Hunger haben ▸ **très bien** sehr gut ▸ **très malade** sehr krank.

trésor [trezɔr] nm Schatz *der.*

trésorier, ère [trezɔrje, ɛr] nm, f **1.** [d'association, de parti] Kassenführer *der,* -in *die* **2.** [de club] Kassenwart *der.*

tresse [trɛs] nf **1.** Zopf *der* **2.** SUISSE [pain] Zopf *der.*

tresser [4] [trese] vt flechten.

tréteau [treto] (*pl* **-x**) nm Bock *der.*

treuil [trœj] nm Winde *die.*

trêve [trɛv] nf **1.** [cessez-le-feu] Waffenruhe *die* **2.** *fig* [répit] Rast *die.*

tri [tri] nm : **faire un tri parmi** eine Auswahl treffen unter *(+ D)* ▸ **tri sélectif (des ordures ménagères)** Mülltrennung *die.*

triangle [trijɑ̃gl] nm Dreieck *das.*

triangulaire [trijɑ̃gylɛr] adj dreieckig.

triathlon [trijatlɔ̃] nm Triathlon *das.*

tribord [tribɔr] nm Steuerbord *das* ▸ **à tribord** steuerbords.

tribu [triby] nf Stamm *der.*

tribunal [tribynal] (*pl* **-aux**) nm Gericht *das* ▸ **tribunal d'instance** ≃ Zivilgericht der ersten Instanz.

tricher [3] [triʃe] vi mogeln.

tricheur, euse [triʃœr, øz] nm, f Mogler *der,* -in *die.*

tricolore [trikɔlɔr] adj **1.** [à trois couleurs] dreifarbig **2.** [français] : **drapeau tricolore** Trikolore *die.*

tricot [triko] nm **1.** [ouvrage] Strickarbeit *die* **2.** [pull] Pullover *der* ▸ **tricot de corps** Unterhemd *das.*

tricoter [3] [trikɔte] vt & vi stricken.

tricycle [tʀisikl] **nm** Dreirad *das*.

trier [10] [tʀije] **vt 1.** [sélectionner] aus°wählen **2.** [classer & **INFORM**] sortieren.

trimestre [tʀimɛstʀ] **nm 1.** [trois mois] Vierteljahr *das* **2. SCOL** Trimester *das*.

trimestriel, elle [tʀimɛstʀijɛl] **adj** vierteljährlich.

trinquer [3] [tʀɛ̃ke] **vi** an°stoßen.

triomphe [tʀijɔ̃f] **nm** Triumph *der*.

triompher [3] [tʀijɔ̃fe] **vi** triumphieren. ◆ **triompher de v + prép** bezwingen.

tripes [tʀip] **nfpl CULIN** Kaldaunen *pl*.

triple [tʀipl] ◆ **adj** dreifach. ◆ **nm : le triple (de)** das Dreifache (von).

tripler [3] [tʀiple] ◆ **vt** verdreifachen. ◆ **vi** sich verdreifachen.

Tripoli [tʀipoli] **n** Tripolis *nt*.

tripoter [3] [tʀipɔte] **vt** [objet] fummeln an *(+ D)*.

trisomique [tʀizɔmik] ◆ **adj : enfant trisomique** Kind *das* mit Down-Syndrom. ◆ **nmf** Mensch *der* mit Down-Syndrom.

triste [tʀist] **adj 1.** [personne, sourire, histoire] traurig **2.** [endroit] trostlos **3.** [couleur] trist.

tristesse [tʀistɛs] **nf** Traurigkeit *die*.

troc [tʀɔk] **nm** [échange] Tausch *der* ▸ **faire du troc** einen Tauschhandel machen.

trognon [tʀɔɲɔ̃] **nm** [de pomme, de poire] Kerngehäuse *das*.

trois [tʀwa] **num** drei ▸ **le trois de pique** die Pikdrei ▸ **elle habite (au) trois rue Lepic** sie wohnt in der Rue Lepic Nummer drei ▸ **il est trois heures** es ist drei Uhr ▸ **le trois janvier** am dritten Januar ▸ **page trois** Seite drei ▸ **ils étaient trois** sie waren zu dritt.

troisième [tʀwazjɛm] ◆ **num** dritte(r, s). ◆ **nf 1. SCOL** ≃ neunte Klasse **2.** [vitesse] dritter Gang ▸ **le troisième étage** der dritte Stock ▸ **il est arrivé troisième** er wurde Dritter.

trombe [tʀɔ̃b] **nf : des trombes d'eau** Wolkenbruch *der* ▸ **arriver en trombe** hereingestürmt kommen.

trombone [tʀɔ̃bɔn] **nm 1.** [agrafe] Büroklammer *die* **2. MUS** Posaune *die*.

trompe [tʀɔ̃p] **nf** [d'éléphant] Rüssel *der*.

tromper [3] [tʀɔ̃pe] **vt** betrügen. ◆ **se tromper vp** sich irren ▸ **je me suis trompé de numéro** ich habe mich verwählt ▸ **se tromper de jour** sich im Tag vertun.

trompette [tʀɔ̃pɛt] **nf** Trompete *die*.

trompeur, euse [tʀɔ̃pœʀ, øz] **adj** [apparence, statistiques] trügerisch.

tronc [tʀɔ̃] **nm : tronc (d'arbre)** (Baum)-stamm *der*.

tronçonneuse [tʀɔ̃sɔnøz] **nf** Motorsäge *die*.

trône [tʀon] **nm** Thron *der*.

trop [tʀo] **adv 1.** [en quantité] zu viel **2.** [en fréquence] zu oft **3.** [en intensité] zu sehr **4.** [avec adjectif] zu ▸ **trop de** zu viel ▸ **de** OU **en trop** zu viel.

trophée [tʀofe] **nm** Trophäe *die*.

tropical, e, aux [tʀɔpikal, o] **adj** Tropen-, tropisch.

tropique [tʀɔpik] **nm** Wendekreis *der*. ◆ **tropiques nmpl** Tropen *pl*.

trot [tʀo] **nm** Trab *der* ▸ **au trot** dalli dalli.

trotte [tʀɔt] **nf** *fam* **: il y a une bonne trotte d'ici à la plage** es ist ganz schön weit zum Strand.

trotter [3] [tʀɔte] **vi** traben.

trotteuse [tʀɔtøz] **nf** Sekundenzeiger *der*.

trottinette [tʀɔtinɛt] **nf** Roller *der*.

trottoir [tʀɔtwaʀ] **nm** Bürgersteig *der*.

trou [tʀu] nm Loch *das* ▸ **avoir un trou de mémoire** eine Gedächtnislücke haben.
troublant, e [tʀublɑ̃, ɑ̃t] adj **1.** [déconcertant] verwirrend **2.** [femme, décolleté] verführerisch ▸ **ressemblance troublante** täuschende Ähnlichkeit.
trouble [tʀubl] ◆ adj **1.** [eau] trübe **2.** [image] unscharf. ◆ adv : **voir trouble** verschwommen sehen. ◆ **troubles** nmpl [émeutes] Unruhen *pl.*
troubler [3] [tʀuble] vt **1.** [inquiéter] beunruhigen **2.** [émouvoir] ergreifen **3.** [vue] verschwommen machen, trüben **4.** [rendre perplexe] verwirren.
troué, e [tʀue] adj durchlöchert ▸ **des chaussettes toutes trouées** völlig durchlöcherte Socken.
trouer [3] [tʀue] vt (durch)löchern.
trouille [tʀuj] nf *fam* : **avoir la trouille** Muffe haben.
troupe [tʀup] nf [de théâtre] Truppe *die*.
troupeau [tʀupo] (*pl* -x) nm Herde *die*.
trousse [tʀus] nf Federmäppchen *das* ▸ **trousse de secours** Verbandkasten *der* ▸ **trousse de toilette** Kulturbeutel *der*.
trousseau [tʀuso] (*pl* -x) nm [de clefs] Schlüsselbund *der*.
trouver [3] [tʀuve] vt finden ▸ **je trouve que** ich finde, dass.
◆ **se trouver** vp sich befinden ▸ **se trouver mal** ohnmächtig werden.
truander [3] [tʀyɑ̃de] vt *fam* übers Ohr hauen, über den Tisch ziehen.
truc [tʀyk] nm *fam* **1.** [objet] Ding *das* **2.** [astuce] Trick *der*.
trucage [tʀykaʒ] nm Trick *der*.
Trucmuche [tʀykmyʃ] nm *fam* [personne] Dingsbums *der, die*.
truffe [tʀyf] nf **1.** [d'un animal] Nase *die* **2.** [champignon] Trüffel *die* ▸ **truffe (en chocolat)** Schokoladentrüffel.
truite [tʀɥit] nf Forelle *die* ▸ **truite aux amandes** *mit Mandeln zubereitete Forelle.*
truquage [tʀykaʒ] nm = **trucage**.
truquer [3] [tʀyke] vt [dés] zinken ▸ **truquer des élections** Wahlbetrug begehen.
T-shirt [tiʃœʀt] nm = **tee-shirt**.
tsigane [tsigan], **tzigane** [dzigan, tsigan] adj Zigeuner-. ◆ **Tsigane, Tzigane** nmf Zigeuner *der*, -in *die*.
tsunami [tsynami] nm Tsunami *der*.
TSVP (*abr écrite de* tournez s'il vous plaît) b. w. *(bitte wenden)*.
TTC (*abr de* toutes taxes comprises) adj MwSt. inkl *(Mehrwertsteuer inklusive)*.
tu¹ [ty] pron du.
tu², e [ty] pp → **taire**.
tuba [tyba] nm Schnorchel *der*.
tube [tyb] nm **1.** [tuyau] Rohr *das* **2.** [de dentifrice, de colle] Tube *die* **3.** *fam* [musique] Hit *der*.
tuberculose [tybɛʀkyloz] nf Tuberkulose *die*.
tuer [7] [tɥe] vt töten. ◆ **se tuer** vp **1.** [se suicider] sich *(D)* das Leben nehmen **2.** [accidentellement] verunglücken.
tuerie [tyʀi] nf Gemetzel *das*.
tue-tête [tytɛt] ◆ **à tue-tête** adv lauthals.
tueur, euse [tɥœʀ, øz] nm, f **1.** [assassin] Mörder *der*, -in *die* **2.** [d'abattoir] Schlächter *der*, -in *die* ▸ **tueur en série** Serienmörder.
tuile [tɥil] nf Ziegel *der* ▸ **tuile aux amandes** *Mandelgebäck*.
tulipe [tylip] nf Tulpe *die*.
tumeur [tymœʀ] nf Tumor *der*.
tunique [tynik] nf Tunika *die*.
Tunis [tynis] n Tunis *nt*.
Tunisie [tynizi] nf : **la Tunisie** Tunesien *nt*.

tunisien, enne [tynizjɛ̃, ɛn] **adj** tunesisch. ◆ **Tunisien, enne nm, f** Tunesier *der,* -in *die.*

tunnel [tynɛl] **nm** Tunnel *der* ▸ **le tunnel sous la Manche** der Eurotunnel.

turbo [tyʀbo] **adj inv** Turbo-.

turbot [tyʀbo] **nm** Steinbutt *der.*

turbulences [tyʀbylɑ̃s] **nfpl** Turbulenzen *pl.*

turbulent, e [tyʀbylɑ̃, ɑ̃t] **adj** lebhaft.

turc, turque [tyʀk] **adj** türkisch. ◆ **Turc, Turque nm, f** Türke *der,* -in *die.*

turista, tourista [tuʀista] **nf** *fam* Durchfall *der (auf Reisen).*

Turkménistan [tyʀkmenistɑ̃] **nm : le Turkménistan** Turkmenistan *nt.*

Turquie [tyʀki] **nf : la Turquie** die Türkei.

turquoise [tyʀkwaz] ◆ **adj** türkis. ◆ **nf** Türkis *der.*

tuteur, trice [tytœʀ, tʀis] **nm, f** Vormund *der.*

tutoyer [13] [tytwaje] **vt** duzen. ◆ **se tutoyer vp** sich duzen.

tutu [tyty] **nm** Tutu *das.*

tuyau [tɥijo] (*pl* **-x**) **nm** Rohr *das* ▸ **tuyau d'arrosage** Gartenschlauch *der* ▸ **tuyau d'échappement** Auspuffrohr.

tuyauterie [tɥijotʀi] **nf** Rohrleitungssystem *das.*

TV (*abr de* télévision) TV *(Fernsehen).*

TVA (*abr de* taxe sur la valeur ajoutée) **nf** MwSt. *(Mehrwertsteuer).*

tweed [twid] **nm** Tweed *der.*

tympan [tɛ̃pɑ̃] **nm** Trommelfell *das.*

type [tip] **nm** Typ *der* ▸ **je n'aime pas ce type !** ich kann den Typ nicht leiden!

typé, e [tipe] **adj** ausgeprägten Typs ▸ **être très typé** ein stark ausgeprägter Typ sein.

typhon [tifɔ̃] **nm** Taifun *der.*

typique [tipik] **adj** typisch.

tyran [tiʀɑ̃] **nm** Tyrann *der,* -in *die.*

tyrannique [tiʀanik] **adj** tyrannisch ▸ **pouvoir tyrannique** Willkürherrschaft *die.*

tzatziki [tzatziki] **nm** CULIN Zaziki *der ODER das.*

tzigane [dzigan, tsigan] = **tsigane.**

U u

UDF nf *französische liberal-konservative Partei.*

UE (*abr de* **Union européenne**) **nf** EU *die (Europäische Union).*

Ukraine [ykʀɛn] **nf : l'Ukraine** die Ukraine.

ulcère [ylsɛʀ] **nm** Geschwür *das.*

ULM nm Ultraleichtflugzeug *das.*

ultérieur, e [ylteʀjœʀ] **adj** spätere(r, s).

ultérieurement [ylteʀjœʀmɑ̃] **adv** zu einem späteren Zeitpunkt.

ultime [yltim] **adj** (aller)letzte(r, s).

ultra- [yltʀa] **préf** hoch-, ultra- ▸ **ultramoderne** hochmodern.

UMP [yɛmpe] (*abr de* **Union pour un mouvement populaire**) **nf** POL *französische Rechtspartei.*

un, une [œ̃, yn] (*pl* **des** [de]) ◆ **art** ein(e) ▸ **un homme** ein Mann ▸ **une femme** eine

Frau ▸ **un enfant** ein Kind ▸ **j'ai acheté des fleurs** ich habe Blumen gekauft
◆ **pron** einer, eine, ein(e)s ▸ **(l')un de mes amis /des plus intéressants** einer meiner Freunde /der interessantesten ▸ **l'un l'autre** gegenseitig ▸ **l'un…, l'autre** der eine …, der andere, die eine …, die andere, das eine …, das andere ▸ **l'un et l'autre** beide ▸ **l'un ou l'autre** der eine oder der andere, die eine oder die andere, das eine oder das andere ▸ **ni l'un ni l'autre** weder der eine noch der andere, weder die eine noch die andere, weder das eine noch das andere
◆ **num 1.** ein(e) ▸ **il est une heure** es ist ein Uhr ▸ **le premier janvier** am ersten Januar **2.** [page] eins ▸ **page une** Seite eins ▸ **elle habite (au) un rue Lepic** sie wohnt in der Rue Lepic Nummer eins.

unanime [ynanim] **adj** einstimmig ▸ **être unanimes à faire qqch** etw geschlossen tun.

unanimité [ynanimite] **nf** Einmütigkeit *die* ▸ **à l'unanimité** einstimmig.

uni, e [yni] **adj 1.** [tissu, couleur] uni(farben) **2.** [famille, couple] harmonisch.

unidose [ynidoz] **adj** Einzeldosis-.

unifier [9] [ynifje] **vt 1.** [pays, régions] vereinen **2.** [programmes] vereinheitlichen.

uniforme [ynifɔʀm] ◆ **adj** einheitlich.
◆ **nm** Uniform *die*.

uniformiser [3] [ynifɔʀmize] **vt** vereinheitlichen.

unilatéral [ynilateʀal] **adj** m → **stationnement**

union [ynjɔ̃] **nf** Union *die* ▸ **l'Union européenne** die Europäische Union.

unique [ynik] **adj 1.** [seul] einzige(r, s) **2.** [exceptionnel] einzigartig ▸ **enfant unique** Einzelkind *das* ▸ **monnaie unique** gemeinsame Währung.

uniquement [ynikmɑ̃] **adv** nur.

unir [32] [yniʀ] **vt** vereinen. ◆ **s'unir vp** sich vereinigen.

unisson [ynisɔ̃] **nm** : **à l'unisson** unisono.

unitaire [unitɛʀ] **adj** Stück-.

unité [ynite] **nf** Einheit *die* ▸ **à l'unité** pro Stück ▸ **unité centrale** Zentraleinheit.

univers [ynivɛʀ] **nm** Universum *das*.

universel, elle [ynivɛʀsɛl] **adj** universell.

universitaire [ynivɛʀsitɛʀ] **adj** Universitäts-.

université [ynivɛʀsite] **nf** Universität *die*.

urbain, e [yʀbɛ̃, ɛn] **adj** städtisch, Stadt-.

urbanisme [yʀbanism] **nm** Stadtplanung *die*.

urgence [yʀʒɑ̃s] **nf 1.** [d'une action] Dringlichkeit *die* **2.** MÉD Notfall *der* ▸ **d'urgence** dringend ▸ **(service des) urgences** Notfallstation *die*.

urgent, e [yʀʒɑ̃, ɑ̃t] **adj** eilig.

urgentissime [yʀʒɑ̃tisim] **adj** *fam* superdringend.

urgentiste [yʀʒɑ̃tist] **nmf** MÉD Notarzt *der*, -ärztin *die*.

urger [17] [yʀʒe] **vi** *fam* : **ça urge ?** ist es eilig? ▸ **j'ai du travail, mais ça n'urge pas** ich habe Arbeit, aber es ist nicht eilig.

urine [yʀin] **nf** Urin *der*.

uriner [3] [yʀine] **vi** urinieren.

urinoir [yʀinwaʀ] **nm** Pissoir *das*.

URL (*abr de* **uniform resource locator**) **nf** URL *die*.

urne [yʀn] **nf** Urne *die*.

urologue [yʀɔlɔg] **nmf** Urologe *der*, -gin *die*.

urticaire [yʀtikɛʀ] **nf** Nesselausschlag *der*.
Uruguay [yʀygwɛ] **nm** : **l'Uruguay** Uruguay *nt*.
USA nmpl : **les USA** die USA.
usage [yzaʒ] **nm** Verwendung *die* ▸ **'usage externe'** 'zur äußeren Anwendung' ▸ **'usage interne'** 'zum Einnehmen' ▸ **d'usage** gebräuchlich.
usagé, e [yzaʒe] **adj** gebraucht.
usager, ère [yzaʒe, ɛʀ] **nm, f** Benutzer *der*, -in *die*.
usé, e [yze] **adj 1.** [objet] abgenutzt **2.** [vêtement] abgetragen.
user [3] [yze] **vt 1.** [abîmer] ab°nutzen **2.** [consommer] verbrauchen. ◆ **s'user vp** sich ab°nutzen.
usine [yzin] **nf** Fabrik *die*.
usité, e [yzite] **adj** : **très / peu usité** sehr / kaum gebräuchlich.
ustensile [ystɑ̃sil] **nm** Utensil *das* ▸ **ustensile de cuisine** Küchenutensil.
usuel, elle [yzɥɛl] **adj** üblich, gebräuchlich.
usure [yzyʀ] **nf 1.** [détérioration] Abnutzung *die* **2.** [affaiblissement] Aufzehren *das*, Strapazieren *das*.
utérus [yteʀys] **nm** Gebärmutter *die*, Uterus *der*.
utile [ytil] **adj** nützlich.
utilisateur, trice [ytilizatœʀ, tʀis] **nm, f** Benutzer *der*, -in *die*.
utilisation [ytilizasjɔ̃] **nf** Benutzung *die*, Anwendung *die*.
utiliser [3] [ytilize] **vt** benutzen, verwenden.
utilité [ytilite] **nf** : **être d'une grande utilité** von großem Nutzen sein.
utopique [ytɔpik] **adj** utopisch.
UV (*abr de* **ultraviolets**) **nmpl** UV-Strahlen *pl (ultraviolette Strahlen)*.

V

va [va] **3e pers. du sg. de l'ind. prés.** → **aller**.
vacances [vakɑ̃s] **nfpl** Urlaub *der*, Ferien *pl* ▸ **bonnes vacances !** schöne Ferien! ▸ **être en vacances** Urlaub haben ▸ **prendre des vacances** Urlaub nehmen ▸ **partir en vacances** in Urlaub fahren ▸ **vacances scolaires** Schulferien.
vacancier, ère [vakɑ̃sje, ɛʀ] **nm, f** Urlauber *der*, -in *die*.
vacarme [vakaʀm] **nm** Lärm *der*.
vaccin [vaksɛ̃] **nm** Impfstoff *der*.
vaccination [vaksinasjɔ̃] **nf** Impfung *die*.
vacciner [3] [vaksine] **vt** : **vacciner qqn contre** jn impfen gegen.
vache [vaʃ] ◆ **nf** Kuh *die*. ◆ **adj** *fam* gemein ▸ **il est vache** er ist gemein.
vacherie [vaʃʀi] **nf** *fam* Gemeinheit *die*.
vacherin [vaʃʀɛ̃] **nm 1.** Eistorte *die* **2.** SUISSE Vacherin *der*.
Vaduz [vadyz] **n** Vaduz *nt*.
vagabond, e [vagabɔ̃, ɔ̃d] **nm, f** Landstreicher *der*, -in *die*.
vagin [vaʒɛ̃] **nm** Scheide *die*.
vague [vag] ◆ **adj** ungenau. ◆ **nf** Welle *die* ▸ **vague de chaleur** Hitzewelle.
vaguement [vagmɑ̃] **adv** mehr oder weniger.
vaille [vaj] **1re et 3e pers. du sg. du subj. prés.** → **valoir**.

vain [vɛ̃] ◆ **en vain adv** vergeblich.
vaincre [114] [vɛ̃kʀ] **vt 1.** [ennemi] besiegen **2.** [peur, obstacle] überwinden.
vaincu, e [vɛ̃ky] **nm, f** [équipe, sportif] Besiegte *der, die*.
vainqueur [vɛ̃kœʀ] **nm** Sieger *der*, -in *die*.
vais [vɛ] **1re pers. du sg. de l'ind. prés.** → **aller**.
vaisseau [vɛso] (*pl* -x) **nm** [veine] Gefäß *das* ▸ **vaisseau spatial** Raumschiff *das*.
vaisselle [vɛsɛl] **nf** Geschirr *das* ▸ **faire la vaisselle** ab°waschen.
valable [valabl] **adj 1.** [billet] gültig **2.** [excuse] annehmbar.
valait [valɛ] **3e pers. du sg. de l'ind. imparfait** → **valoir**.
valent [val] **3e pers. du pl. de l'ind. prés.** → **valoir**.
valet [valɛ] **nm** [aux cartes] Bube *der*.
valeur [valœʀ] **nf** Wert *der* ▸ **mettre en valeur** zur Geltung bringen ▸ **sans valeur** wertlos.
valider [3] [valide] **vt** [ticket] entwerten.
validité [validite] **nf** Gültigkeit *die* ▸ **date limite de validité** Gültigkeitsdauer *die*.
valise [valiz] **nf** Koffer *der* ▸ **faire ses valises** seine Koffer packen.
vallée [vale] **nf** Tal *das*.
vallonné, e [valɔne] **adj** hügelig.
valoche [valɔʃ] **nf** *fam* [valise] Koffer *der*.
valoir [60] [valwaʀ] ◆ **vi 1.** [coûter] kosten **2.** [avoir comme qualité] taugen. ◆ **v impers** : **il vaut mieux que tu restes** es ist besser, wenn du bleibst ▸ **ça vaut combien ?** was kostet das? ▸ **ça vaut la peine (de faire qqch)** es lohnt sich(, etw zu tun).
valse [vals] **nf** Walzer *der*.
valu [valy] **pp** → **valoir**.
vandale [vɑ̃dal] **nm** Vandale *der*, -lin *die*.
vandalisme [vɑ̃dalism] **nm** Vandalismus *der*.
vanille [vanij] **nf** Vanille *die*.
vaniteux, euse [vanitø, øz] **adj** eingebildet.
vannerie [vanʀi] **nf** [fabrication] Korbmacherei *die*.
vanter [3] [vɑ̃te] **vt** [louer] rühmen. ◆ **se vanter vp** an°geben.
Vanuatu [vanwatu] **n** Vanuatu *nt*.
vapeur [vapœʀ] **nf** [dans l'air] Dampf *der* ▸ **à vapeur** Dampf- ▸ **(à la) vapeur** gedämpft.
vaporisateur [vapɔʀizatœʀ] **nm** Zerstäuber *der*.
vaporiser [3] [vapɔʀize] **vt** [pulvériser] versprühen.
varappe [vaʀap] **nf** Klettern *das* ▸ **faire de la varappe** klettern.
variable [vaʀjabl] **adj 1.** [chiffre] unterschiedlich **2.** [temps] wechselhaft.
varice [vaʀis] **nf** Krampfader *die*.
varicelle [vaʀisɛl] **nf** Windpocken *pl*.
varices [vaʀis] **nfpl** Krampfadern *pl*.
varié, e [vaʀje] **adj 1.** [travail, paysage] abwechslungsreich **2.** CULIN verschieden ▸ **hors-d'œuvre variés** Vorspeisenplatte.
varier [9] [vaʀje] ◆ **vt** [diversifier] abwechslungsreich gestalten. ◆ **vi 1.** [ne pas être constant] wechselhaft sein **2.** [différer] verschieden sein.
variété [vaʀjete] **nf** [espèce] Sorte *die*. ◆ **variétés nfpl** Varieté *das* ▸ **variétés françaises** Variétés françaises *((französische Songs))*.
variole [vaʀjɔl] **nf** Pocken *pl*.
Varsovie [vaʀsɔvi] **n** Warschau *nt*.

vas [va] **2e pers. du sg. de l'ind. prés. → aller**.

vase [vaz] ◆ **nm** Vase *die*. ◆ **nf** Schlick *der*.

vaseux, euse [vazø, øz] **adj** *fam* schlickig.

vasistas [vazistas] **nm 1.** Klappfenster *das* **2.** [de toit] Dachfenster *das*.

vaste [vast] **adj** groß(zügig).

Vatican [vatikɑ̃] **nm : le Vatican** der Vatikan.

vaudra [vodʀa] **3e pers. du sg. de l'ind. fut. → valoir**.

vaut [vo] **3e pers. du sg. de l'ind. prés. → valoir**.

vautour [votuʀ] **nm** (Aas)geier *der*.

veau [vo] (*pl* **-x**) **nm 1.** Kalb *das* **2.** CULIN Kalbfleisch *das*.

vécu, e [veky] ◆ **pp → vivre**. ◆ **adj** erlebt ▸ **histoire vécue** wahre Geschichte.

vedette [vədɛt] **nf 1.** [acteur, sportif] Star *der* **2.** [bateau] Schnellboot *das*.

végétal, e, aux [veʒetal, o] ◆ **adj** Pflanzen-. ◆ **nm** Pflanze *die*.

végétalien, enne [veʒetaljɛ̃, ɛn] ◆ **adj** vegan. ◆ **nm, f** Veganer *der*, -in *die*.

végétarien, enne [veʒetaʀjɛ̃, ɛn] ◆ **adj** vegetarisch. ◆ **nm, f** Vegetarier *der*, -in *die*.

végétation [veʒetasjɔ̃] **nf** Vegetation *die*. ◆ **végétations nfpl** Wucherungen *pl*.

véhicule [veikyl] **nm** Fahrzeug *das*.

veille [vɛj] **nf** Vortag *der* ▸ **la veille au soir** am Abend vorher.

veillée [veje] **nf** Abend *der*.

veiller [4] [veje] **vi** auf∘bleiben ▸ **veiller à faire qqch** darauf achten, etw zu tun ▸ **veiller à ce que** darauf achten, dass ▸ **veiller sur qqn** auf jn achten.

veilleur [vejœʀ] **nm : veilleur de nuit** Nachtwächter *der*, -in *die*.

veilleuse [vejøz] **nf 1.** [lampe] Nachtlicht *das* **2.** [flamme] Sparflamme *die*.

veine [vɛn] **nf** Ader *die* ▸ **avoir de la veine** *fam* (saumäßiges) Glück haben.

Velcro® [vɛlkʀo] **nm** Klettverschluss *der*.

véliplanchiste [veliplɑ̃ʃist] **nmf** Windsurfer *der*, -in *die*.

vélo [velo] **nm** (Fahr)rad *das* ▸ **faire du vélo** Rad fahren ▸ **vélo de course** Rennrad ▸ **vélo tout terrain** Mountainbike *das*.

vélomoteur [velɔmɔtœʀ] **nm** Moped *das*.

velours [vəluʀ] **nm** Samt *der* ▸ **velours côtelé** Cord *der*.

velouté [vəlute] **nm : velouté d'asperge** Spargelcremesuppe *die*.

vendange [vɑ̃dɑ̃ʒ] **nf 1.** [raisins] Weinlese *die* **2.** [période] Weinlesezeit *die*.

vendanges [vɑ̃dɑ̃ʒ] **nfpl** Weinlese *die*.

vendeur, euse [vɑ̃dœʀ, øz] **nm, f 1.** [de grand magasin] Verkäufer *der*, -in *die* **2.** [sur un marché, ambulant] Händler *der*, -in *die*.

vendre [73] [vɑ̃dʀ] **vt** verkaufen ▸ **vendre qqch à qqn** jm etw verkaufen ▸ **'à vendre'** 'zu verkaufen'.

vendredi [vɑ̃dʀədi] **nm** Freitag *der* ▸ **vendredi saint** Karfreitag ▸ **nous sommes** ou **c'est vendredi** heute ist Freitag ▸ **vendredi 13 septembre** Freitag, der 13. September ▸ **nous sommes partis vendredi** wir sind (am) Freitag losgefahren ou abgereist ▸ **vendredi dernier** (am) letzten Freitag ▸ **vendredi prochain** (am) nächsten Freitag ▸ **vendredi matin** (am) Freitagmorgen ▸ **le vendredi** freitags ▸ **à vendredi !** bis Freitag!

vénéneux, euse [venenø, øz] **adj** giftig.

Venezuela [venezɥela] nm : **le Venezuela** Venezuela *nt.*

vengeance [vɑ̃ʒɑ̃s] nf Rache *die.*

venger [17] [vɑ̃ʒe] ◆ **se venger** vp sich rächen.

venimeux, euse [vənimø, øz] adj giftig.

venin [vənɛ̃] nm Gift *das.*

venir [40] [vəniʀ] vi kommen ▸ **venir de a)** [arriver de] kommen aus **b)** [avoir pour origine] kommen von ▸ **venir de faire qqch** gerade etw getan haben ▸ **faire venir qqn** [docteur, réparateur] jn kommen lassen.

Venise [vəniz] n Venedig *nt.*

vent [vɑ̃] nm Wind *der* ▸ **il y a** ou **il fait du vent** es ist windig ▸ **vent d'ouest** Westwind.

vente [vɑ̃t] nf Verkauf *der* ▸ **être en vente** zu verkaufen sein ▸ **mettre qqch en vente** etw zum Verkauf an•bieten ▸ **vente par correspondance** Versandhandel *der* ▸ **vente aux enchères** Versteigerung *die.*

venté, e [vɑ̃te] adj windig.

venteux, euse [vɑ̃tø, øz] adj windig.

ventilateur [vɑ̃tilatœʀ] nm Ventilator *der*, Lüfter *der.*

ventiler [3] [vɑ̃tile] vt [aérer] (be)lüften.

ventouse [vɑ̃tuz] nf Saugnapf *der.*

ventre [vɑ̃tʀ] nm Bauch *der* ▸ **avoir du ventre** einen Bauch haben.

venu, e [vəny] pp → **venir.** ◆ **venue** nf **1.** [de personne] Ankunft *die* **2.** [d'événement] Eintreffen *das.*

ver [vɛʀ] nm Wurm *der* ▸ **ver luisant** Glühwürmchen *das* ▸ **ver de terre** Regenwurm.

véranda [veʀɑ̃da] nf Veranda *die.*

verbe [vɛʀb] nm GRAMM Verb *das.*

verdâtre [vɛʀdatʀ] adj grünlich.

verdict [vɛʀdikt] nm Urteilsspruch *der.*

verdoyant, e [vɛʀdwajɑ̃, ɑ̃t] adj (satt) grün.

verdure [vɛʀdyʀ] nf Grün *das.*

véreux, euse [veʀø, øz] adj wurmstichig.

verger [vɛʀʒe] nm Obstgarten *der.*

verglacé, e [vɛʀglase] adj vereist.

verglas [vɛʀgla] nm Glatteis *das.*

vérification [veʀifikasjɔ̃] nf Überprüfung *die.*

vérifier [9] [veʀifje] vt überprüfen.

véritable [veʀitabl] adj echt.

vérité [veʀite] nf Wahrheit *die* ▸ **dire la vérité** die Wahrheit sagen.

verlan [vɛʀlɑ̃] nm *französische Jugendsprache, bei der die Silben vertauscht werden.*

vermicelle [vɛʀmisɛl] nm Fadennudel *die.*

verni, e [vɛʀni] adj Lack-.

vernir [32] [vɛʀniʀ] vt lackieren.

vernis [vɛʀni] nm Lack *der* ▸ **vernis à ongles** Nagellack.

vernissage [vɛʀnisaʒ] nm [d'exposition] Vernissage *die.*

verra [vɛʀa] 3ᵉ pers. du sg. de l'ind. fut. → **voir**.

verre [vɛʀ] nm Glas *das* ▸ **boire** ou **prendre un verre** einen trinken gehen ▸ **verre à pied** Stielglas ▸ **verre à vin** Weinglas.

verrière [vɛʀjɛʀ] nf Glasdach *das.*

verrine [vɛʀin] nf *kleine Vor- oder Nachspeise im Glas.*

verrou [vɛʀu] nm Riegel *der.*

verrouillage [vɛʀujaʒ] nm [dispositif] Verriegelung *die.*

verrouiller [3] [vɛʀuje] vt **1.** [fermer à clé] verriegeln **2.** INFORM sperren.

verrue [vɛʀy] **nf** Warze *die*.

vers [vɛʀ] ◆ **nm** Vers *der*. ◆ **prép** **1.** [direction] in Richtung **2.** [époque] um **3.** [heure] gegen.

Versailles [vɛʀsaj] **n** Versailles *nt*.

> ⓘ **Versailles**
>
> Versailles, ursprünglich das Jagdschloss von Ludwig XIII., wurde unter Ludwig XIV. ab 1661 zu einem beeindruckenden Königspalast im klassischen Stil umgebaut. Die Spiegelgalerie, auf 75 Metern mit Spiegeln an den Wänden ausgekleidet, und der mit Wasserbecken und Springbrunnen verzierte Schlosspark gehören zu den bekanntesten Sehenswürdigkeiten des Schlosses.

versant [vɛʀsɑ̃] **nm** [d'une montagne] Hang *der*.

versatile [vɛʀsatil] **adj** unbeständig.

verse [vɛʀs] ◆ **à verse** **adv** in Strömen ▸ **il pleut à verse** es gießt in Strömen.

Verseau [vɛʀso] **nm** Wassermann *der*.

versement [vɛʀsəmɑ̃] **nm** Zahlung *die*.

verser [3] [vɛʀse] ◆ **vt** **1.** [liquide] gießen **2.** [argent] (ein)zahlen. ◆ **vi** *fig* ab◦driften ▸ **verser dans qqch** in etw *(A)* verfallen.

verseur [vɛʀsœʀ] **adj m** → **bec**.

version [vɛʀsjɔ̃] **nf** **1.** [exemplaire] Ausführung *die* **2.** [interprétation] Version *die* **3.** [traduction] Übersetzung *die (in die Muttersprache)* ▸ **en version française** in französicher Fassung ▸ **(en) version originale** (in) Originalfassung.

verso [vɛʀso] **nm** Rückseite *die*.

vert, e [vɛʀ, vɛʀt] ◆ **adj** **1.** grün **2.** [vin] sauer. ◆ **nm** Grün *das* ▸ **vert bouteille** flaschengrün ▸ **vert émeraude** smaragdgrün ▸ **vert de gris** graugrün.

vertébrale [vɛʀtebʀal] **adj f** → **colonne**.

vertèbre [vɛʀtɛbʀ] **nf** Wirbel *der (Knochen)*.

vertical, e, aux [vɛʀtikal, o] **adj** senkrecht.

verticalement [vɛʀtikalmɑ̃] **adv** senkrecht.

vertige [vɛʀtiʒ] **nm** : **j'ai le vertige** **a)** [peur du vide] ich bin nicht schwindelfrei **b)** [étourdissement] mir ist schwindelig.

vertigineux, euse [vɛʀtiʒinø, øz] **adj** [vitesse, prix] Schwindelerregend.

verveine [vɛʀvɛn] **nf** Eisenkraut *das*.

ves [vɛstɔ̃] **nm** Jackett *das*.

vessie [vesi] **nf** Blase *die*.

veste [vɛst] **nf** **1.** [d'homme] Jackett *das* **2.** [de femme] Jacke *die*.

> ⚠ Weste est un faux ami. Il se traduit par ***gilet*** (de costume) et non par « veste ».

vestiaire [vɛstjɛʀ] **nm** Garderobe *die*.

vestibule [vɛstibyl] **nm** Flur *der*.

vestiges [vɛstiʒ] **nmpl** Überreste *pl*.

vestimentaire [vɛstimɑ̃tɛʀ] **adj** : **tenue vestimentaire** Bekleidung *die*.

vêtements [vɛtmɑ̃] **nmpl** Kleidung *die*.

vétérinaire [veteʀinɛʀ] **nmf** Tierarzt *der*, -ärztin *die*.

vététiste [vetetist] **nmf** Mountainbiker *der*, -in *die*.

vêtu, e [vety] **adj** : **vêtu de qqch** mit etw bekleidet, in etw *(A)* gekleidet.

vétuste [vetyst] **adj** [immeuble, locaux] baufällig, verkommen.

veuf, veuve [vœf, vœv] ◆ **adj** verwitwet. ◆ **nm, f** Witwer *der*, Witwe *die*.

veuille [vœj] **1re et 3e pers. du sg. du subj. prés. → vouloir.**

veuve [vœv] **adj f → veuf.**

veux [vø] **1re et 2e pers. du sg. de l'ind. prés. → vouloir.**

vexant, e [vɛksɑ̃, ɑ̃t] **adj** beleidigend.

vexer [4] [vɛkse] **vt** kränken. ◆ **se vexer vp** beleidigt sein.

VF nf *abr de* **version française.**

viaduc [vjadyk] **nm** Viadukt *der.*

viande [vjɑ̃d] **nf** Fleisch *das* ▸ **viande des Grisons** Suisse Bündner Fleisch.

vibration [vibʀasjɔ̃] **nf** Vibration *die.*

vibrer [3] [vibʀe] **vi** vibrieren.

vibreur [vibʀœʀ] **nm** Schwingungserzeuger *der* ▸ **mettre son téléphone portable en mode vibreur** sein Handy auf Vibrationsalarm stellen.

vice [vis] **nm** Laster *das.*

vice versa [vis(e)vɛʀsa] **adv** umgekehrt.

vicieux, euse [visjø, øz] **adj** pervers.

victime [viktim] **nf** Opfer *das* ▸ **être victime de qqch** das Opfer einer Sache *(G)* sein.

victoire [viktwaʀ] **nf** Sieg *der.*

Victoria [viktɔʀja] **n** Victoria *nt.*

vidange [vidɑ̃ʒ] **nf** [d'une auto] Ölwechsel *der.*

vide [vid] ◆ **adj** leer. ◆ **nm 1.** [espace] Leere *die* **2.** [absence d'air] Vakuum *das* ▸ **sous vide** [aliment] vakuumverpackt ▸ **vide juridique** Lücke *die* in der Gesetzgebung.

vide-greniers [vidgʀənje] **nm inv** Trödelmarkt *der.*

vidéo [video] ◆ **adj inv** Video-. ◆ **nf 1.** [art] Videotechnik *die* **2.** [film] Videofilm *der.*

vidéoclip [videoklip] **nm** Videoclip *der.*

vidéoprojecteur [videɔpʀɔʒektœʀ] **nm** Videoprojektor *der*, Videobeamer *der.*

vide-ordures [vidɔʀdyʀ] **nm inv** Müllschlucker *der.*

vider [3] [vide] **vt 1.** [bouteille, tiroir] (aus)leeren **2.** [poulet, poisson] aus◦nehmen ▸ **vider l'eau d'une piscine** das Wasser aus einem Schwimmbad ab◦lassen. ◆ **se vider vp 1.** [salle] sich leeren **2.** [baignoire] ab◦laufen.

videur [vidœʀ] **nm** Rausschmeißer *der*, -in *die.*

vie [vi] **nf** Leben *das* ▸ **en vie** am Leben.

vieil [vjɛj] **adj m → vieux.**

vieillard [vjɛjaʀ] **nm** Greis *der.*

vieille [vjɛj] **adj f → vieux.**

vieillesse [vjejɛs] **nf** Alter *das.*

vieillir [32] [vjejiʀ] ◆ **vi** altern. ◆ **vt** : **ça le vieillit** [suj : coupe de cheveux] das macht ihn älter.

viendra [vjɛ̃dʀa] **3e pers. du sg. de l'ind. fut. → venir.**

Vienne [vjɛn] **n** Wien *nt.*

viens [vjɛ̃] **1re et 2e pers. du sg. de l'ind. prés. → venir.**

Vientiane [vjɑ̃tjan] **n** Vientiane *nt.*

vierge [vjɛʀʒ] **adj** [cassette, CD, DVD] unbespielt. ◆ **Vierge nf** [signe du zodiaque] Jungfrau *die.*

Vietnam [vjɛtnam] **nm** : **le Vietnam** Vietnam *nt.*

vieux, vieille [vjø, vjɛj] ***(mpl* vieux** [vjø]***) (vieil*** [vjɛj] ***devant voyelle ou « h » muet)*** **adj** alt ▸ **vieux jeu** altmodisch.

vif, vive [vif, viv] **adj** lebhaft.

vigile [viʒil] **nm** Wachmann *der.*

vigne [viɲ] **nf 1.** [plante] Rebstock *der* **2.** [terrain] Weinberg *der*.

vignette [viɲɛt] **nf 1.** [automobile] Kfz-Steuermarke *die* **2.** [de médicament] *Preisschild auf Arzneimittelpackungen, das an die französischen Krankenkassen geschickt werden muss.*

vignoble [viɲɔbl] **nm 1.** [région] Weinanbaugebiet *das* **2.** [vigne] Weinberg *der*.

vigoureux, euse [viguʀø, øz] **adj** kräftig.

vigueur [vigœʀ] **nf** Kraft *die* ▸ **les prix en vigueur** die gültigen Preise ▸ **entrer en vigueur** in Kraft treten.

VIH, V.I.H. (*abr de* **Virus d'Immunodéficience Humaine**) **nm** HIV *das (Human Immundeficiency Virus)*.

vilain, e [vilɛ̃, ɛn] **adj 1.** [méchant] böse **2.** [laid] hässlich.

villa [vila] **nf** Villa *die*.

village [vilaʒ] **nm** Dorf *das*.

villageois, e [vilaʒwa, az] **nm, f** Dorfbewohner *der*, -in *die* ▸ **les villageois** die Dörfler.

ville [vil] **nf** Stadt *die* ▸ **aller en ville** in die Stadt gehen ▸ **vieille ville** Altstadt.

Villette [vilɛt] **nf : (le parc de) la Villette** *wissenschaftlich-technisches Informations- und Veranstaltungszentrum in Paris.*

Vilnius [vilnjys] **n** Vilnius *nt*.

vin [vɛ̃] **nm** Wein *der* ▸ **vin blanc** Weißwein ▸ **vin doux** lieblicher Wein ▸ **vin rosé** Rosé *der* ▸ **vin rouge** Rotwein ▸ **vin sec** trockener Wein ▸ **vin de table** Tafelwein.

ⓘ Le vin

Frankreich ist einer der größten Weinproduzenten der Welt. Zu den bekanntesten Anbaugebieten gehören Burgund, das Elsass, Bordeaux und Umgebung, die Champagne und das Languedoc-Roussillon. Die **AOC** (**appellation d'origine contrôlée**) und die **VDQS** (**vin délimité de qualité supérieure**) sind Gütesiegel, die eine erstklassige Qualität und die Herkunft der Weine garantieren.

vinaigre [vinɛgʀ] **nm** Essig *der*.

vinaigrette [vinɛgʀɛt] **nf** Vinaigrette *die*.

vingt [vɛ̃] **num** zwanzig ▸ **elle habite (au) vingt rue Lepic** sie wohnt in der Rue Lepic Nummer zwanzig ▸ **il a vingt ans** er ist zwanzig ▸ **ils étaient vingt** sie waren zu zwanzig ▸ **le vingt janvier** am zwanzigsten Januar ▸ **page vingt** Seite zwanzig.

vingtaine [vɛ̃tɛn] **nf : une vingtaine (de)** ungefähr zwanzig.

vingtième [vɛ̃tjɛm] **num** zwanzigste(r, s).

vinicole [vinikɔl] **adj** Weinbau-.

vintage [vɛ̃taʒ, vintɛdʒ] ◆ **adj inv** Vintage-. ◆ **nm : le vintage est très tendance aujourd'hui** der Vintage-Stil ist in.

vinyle [vinil] **nm** Vinyl *das*.

viol [vjɔl] **nm** Vergewaltigung *die*.

violemment [vjɔlamɑ̃] **adv** heftig.

violence [vjɔlɑ̃s] **nf 1.** [force, brutalité] Gewalt *die* **2.** [d'un orage] Heftigkeit *die* ▸ **violence routière** Gewalt im Straßenverkehr.

violent, e [vjɔlɑ̃, ɑ̃t] **adj 1.** [personne] gewalttätig **2.** [vent, orage] heftig **3.** [geste] gewaltsam.

violer [3] [vjɔle] **vt** vergewaltigen.

violet, ette [vjɔlɛ, ɛt] ◆ **adj** violett. ◆ **nm** Violett *das*.

violette [vjɔlɛt] **nf** Veilchen *das*.

violon [vjɔlɔ̃] nm Geige *die*.

violoncelle [vjɔlɔ̃sɛl] nm Cello *das*.

violoniste [vjɔlɔnist] nmf Geiger *der*, -in *die*.

vipère [vipɛʀ] nf Viper *die*.

virage [viʀaʒ] nm Kurve *die*.

viral, e, aux [viʀal, o] adj Virus-.

virement [viʀmɑ̃] nm Überweisung *die*.

virer [3] [viʀe] ◆ vi **1.** [tourner] sich drehen **2.** : **virer de bord** wenden. ◆ vt [argent] überweisen.

virgule [viʀgyl] nf Komma *das*.

viril, e [viʀil] adj männlich.

virtuel, elle [viʀtɥɛl] adj virtuell.

virtuelle [viʀtɥɛl] adj f → **réalité**.

virtuose [viʀtɥoz] nmf Virtuose *der*, -sin *die*.

virus [viʀys] nm Virus *der*.

vis [vis] nf Schraube *die*.

visa [viza] nm Visum *das*.

visage [vizaʒ] nm Gesicht *das*.

vis-à-vis [vizavi] ◆ **vis-à-vis de** prép [envers] : **vis-à-vis de qqn** jm gegenüber.

viser [3] [vize] vt **1.** [cible] zielen auf *(+ A)* **2.** [concerner] an∘gehen.

viseur [vizœʀ] nm **1.** [de carabine] Visier *das* **2.** [d'appareil photo] Sucher *der*.

visibilité [vizibilite] nf Sicht *die*.

visible [vizibl] adj **1.** [perceptible] sichtbar **2.** [évident] offensichtlich.

visière [vizjɛʀ] nf Schirm *der*.

visioconférence [vizjokɔ̃feʀɑ̃s] nf Videokonferenz *die*.

vision [vizjɔ̃] nf Sehen *das*.

visionneuse [vizjɔnøz] nf Diabetrachter *der*.

visiophone [vizjɔfɔn] nm Bildtelefon *das*.

visite [vizit] nf **1.** [d'un musée, d'une ville] Besichtigung *die* **2.** [d'un ami] Besuch *der* ▸ **rendre visite à qqn** jn besuchen ▸ **visite guidée** Führung *die* ▸ **visite médicale** (ärztliche) Untersuchung.

visiter [3] [vizite] vt besichtigen ▸ **faire visiter qqch à qqn** jn durch etw führen.

visiteur, euse [vizitœʀ, øz] nm, f Besucher *der*, -in *die*.

visser [3] [vise] vt **1.** [vis] fest∘schrauben **2.** [couvercle] zu∘drehen.

visuel, elle [vizɥɛl] adj Seh- ▸ **mémoire visuelle** visuelles Gedächtnis.

vital, e, aux [vital, o] adj lebenswichtig.

vitalité [vitalite] nf Vitalität *die*.

vitamine [vitamin] nf Vitamin *das*.

vite [vit] adv schnell.

vitesse [vitɛs] nf **1.** [rapidité] Geschwindigkeit *die* **2.** [d'une voiture, d'un vélo] Gang *der* ▸ **à toute vitesse** in aller Eile.

viticulteur, trice [vitikyltœʀ, tʀis] nm, f Winzer *der*, -in *die*.

vitrage [vitʀaʒ] nm [verrière] Verglasung *die*.

vitrail [vitʀaj] (*pl* **-aux**) nm Buntglasfenster *das*.

vitre [vitʀ] nf **1.** [de maison] Scheibe *die* **2.** [de véhicule] Fenster *das*.

vitré, e [vitʀe] adj Glas-.

vitrine [vitʀin] nf **1.** [de magasin] Schaufenster *das* **2.** [meuble] Vitrine *die* ▸ **en vitrine** im Schaufenster ▸ **faire les vitrines** einen Schaufensterbummel machen.

vivable [vivabl] adj erträglich.

vivacité [vivasite] nf Lebhaftigkeit *die*.

vivant, e [vivɑ̃, ɑ̃t] adj **1.** [en vie] lebend **2.** [animé] belebt.

vive [viv] ◆ adj → **vif.** ◆ interj es lebe ▸ **vive les mariés !** ein Hoch auf das Brautpaar!

vivement [vivmɑ̃] ◆ **adv 1.** [répondre] scharf **2.** [bouger] rasch. ◆ **interj** : **vivement demain !** wäre der Tag nur schon vorbei!

vivifiant, e [vivifiɑ̃, ɑ̃t] **adj** belebend.

vivre [90] [vivʀ] ◆ **vi** leben. ◆ **vt** [passer] erleben ▸ **vivre des moments difficiles** schlimme Zeiten durch◦machen.

VO **nf** *abr de* **version originale**.

vocabulaire [vɔkabylɛʀ] **nm 1.** [de personne] Wortschatz *der* **2.** [dictionnaire] Vokabular *das*.

vodka [vɔdka] **nf** Wodka *der*.

vœu [vø] (*pl* -x) **nm** Wunsch *der* ▸ **meilleurs vœux** mit den besten Wünschen ▸ **présenter ses vœux** Wünsche aussprechen.

voici [vwasi] **prép** hier ist ou sind ▸ **le voici** da ist er ▸ **voici ma fille** das ist meine Tochter ▸ **voici votre clef** hier ist Ihr Schlüssel.

voie [vwa] **nf 1.** [chemin] Weg *der* **2.** [sur une route] Spur *die* ▸ **en voie de guérison** auf dem Weg der Besserung ▸ **en voie de disparition** vom Aussterben bedroht ▸ **voie ferrée** Gleis *das* ▸ **voie sans issue** Sackgasse *die* ▸ **'par voie orale'** 'zum Einnehmen' ▸ **voies de communication** Verbindungsweg.

voilà [vwala] **prép** dort ist ou sind ▸ **voilà ce qui s'est passé** das ist passiert ▸ **voilà Pierre** da ist Pierre.

voile [vwal] ◆ **nm** Schleier *der*. ◆ **nf** Segel *das* ▸ **faire de la voile** segeln.

voilé, e [vwale] **adj 1.** [roue] verbogen **2.** [femme] verschleiert **3.** [ciel] bedeckt **4.** [son] gedämpft.

voiler [3] [vwale] ◆ **se voiler vp** [yeux, ciel, femme] sich verschleiern.

voilier [vwalje] **nm** Segelboot *das*.

voir [62] [vwaʀ] **vt 1.** sehen **2.** [rendre visite à] besuchen ▸ **ça n'a rien à voir** das hat nichts damit zu tun ▸ **qqch n'a rien à voir avec qqch** etw hat mit etw nichts zu tun ▸ **voyons !** hör mal! ▸ **faire voir qqch à qqn** jm etw zeigen. ◆ **se voir vp 1.** [être visible] auf◦fallen **2.** [se rencontrer] sich treffen.

voisin, e [vwazɛ̃, in] ◆ **adj** Nachbar-. ◆ **nm, f** Nachbar *der*, -in *die*.

voisinage [vwazinaʒ] **nm** Nachbarschaft *die*.

voiture [vwatyʀ] **nf** Wagen *der* ▸ **voiture de sport** Sportwagen ▸ **voiture restaurant** Speisewagen.

voix [vwa] **nf** Stimme *die* ▸ **à voix basse** leise ▸ **à voix haute** laut.

vol [vɔl] **nm 1.** [groupe d'oiseaux] Schwarm *der* **2.** [trajet en avion] Flug *der* **3.** [délit] Diebstahl *der* ▸ **c'est à 3 km à vol d'oiseau** von hier sind es 3 km Luftlinie ▸ **en vol** während des Fluges ▸ **vol régulier** Linienflug.

volage [vɔlaʒ] **adj** flatterhaft.

volaille [vɔlaj] **nf** : **la volaille** das Geflügel.

volant [vɔlɑ̃] **nm 1.** [de voiture] Lenkrad *das* **2.** [de nappe, de jupe] Rüsche *die* **3.** [de badminton] Federball *der* ▸ **à volants** [nappe, jupe] Rüschen-.

vol-au-vent [vɔlovɑ̃] **nm inv** Blätterteigpastete *die*.

volcan [vɔlkɑ̃] **nm** Vulkan *der*.

voler [3] [vɔle] ◆ **vt 1.** [argent, objet] stehlen **2.** [personne] bestehlen. ◆ **vi** fliegen.

volet [vɔlɛ] **nm 1.** [de fenêtre] Fensterladen *der* **2.** [d'imprimé] Teil *der*.

voleur, euse [vɔlœʀ, øz] **nm, f** Dieb *der*, -in *die* ▸ **au voleur !** haltet den Dieb!

volière [vɔljɛʀ] **nf** Voliere *die*.

volley(-ball) [vɔlɛ(bɔl)] **nm** Volleyball *der*.

volontaire [vɔlɔ̃tɛʀ] ◆ **adj** [geste, engagement] freiwillig. ◆ **nmf** [pour une tâche] Freiwillige *der, die*.

volontairement [vɔlɔ̃tɛʀmɑ̃] **adv** absichtlich.

volonté [vɔlɔ̃te] **nf** Wille *der* ▸ **bonne volonté** guter Wille ▸ **y mettre de la mauvaise volonté** es an gutem Willen fehlen lassen.

volontiers [vɔlɔ̃tje] **adv** gerne.

volt [vɔlt] **nm** Volt *das*.

volume [vɔlym] **nm 1.** [dimensions] Volumen *das* **2.** [son] Lautstärke *die* **3.** [livre] Band *der* ▸ **réglage du volume** Lautstärkeregler *der*.

volumineux, euse [vɔlyminø, øz] **adj** groß.

volupté [vɔlypte] **nf 1.** [des sens] Sinnenfreude *die* **2.** [morale, esthétique] Genuss *der*.

vomir [32] [vɔmiʀ] ◆ **vi** sich übergeben. ◆ **vt** erbrechen.

vomissement [vɔmismɑ̃] **nm** Erbrechen *das* ▸ **il a été pris de vomissements** er musste sich übergeben.

vont [vɔ̃] **3e pers. du pl. de l'ind. prés.** → **aller**.

vos [vo] **adj pl** → **votre**.

Vosges [voʒ] **nfpl** : **les Vosges** die Vogesen.

vote [vɔt] **nm** Wahl *die*.

voter [3] [vɔte] **vi** wählen.

votre [vɔtʀ] (*pl* **vos** [vo]) **adj 1.** [de vouvoiement] Ihr(e) **2.** [collectif] euer(e) ▸ **votre cousin** euer /Ihr Vetter ▸ **votre livre** euer /Ihr Buch.

vôtre [votʀ] ◆ **le vôtre, la vôtre** [ləvotʀ, lavotʀ] (*pl* **les vôtres** [levotʀ]) **pron 1.** [de vouvoiement] Ihre(r, s) **2.** [collectif] eure(r, s) ▸ **à la vôtre !** prost!

voudra [vudʀa] **3e pers. du sg. de l'ind. fut.** → **vouloir**.

vouloir [57] [vulwaʀ] ◆ **vt 1.** [exiger] wollen ▸ **vouloir que** wollen, dass ▸ **si tu veux** wenn du willst **2.** [désirer] mögen ▸ **voulez-vous boire quelque chose ?** möchten Sie etwas trinken? ▸ **sans le vouloir** unabsichtlich ▸ **je voudrais…** ich möchte … **3.** [accepter] : **je veux bien** gerne ▸ **veuillez vous asseoir** setzen Sie sich bitte **4.** [dans des expressions] : **ne pas vouloir de** nicht haben wollen ▸ **en vouloir à qqn** jm böse sein ▸ **vouloir dire** a) [suj : personne] meinen b) [suj : mot] bedeuten ▸ **ce que tu as écrit ne veut rien dire** was du geschrieben hast, ergibt keinen Sinn
◆ **s'en vouloir vp** : **je m'en veux de ne pas l'avoir aidé** ich mache mir Vorwürfe, weil ich ihm nicht geholfen habe.

voulu, e [vuly] **pp** → **vouloir**.

vous [vu] ◆ **pron 1.** [sujet, désigne plusieurs personnes] ihr ▸ **c'est à vous de le faire** ihr müsst es tun **2.** [objet, réfléchi] euch ▸ **allez-y vous-mêmes les enfants** geht doch selbst hin, Kinder **3.** [désigne une personne] Sie ▸ **allez-y vous-même(s) Madame Joseph /Mesdames** gehen Sie doch selbst hin, Frau Joseph /meine Damen **4.** [personne : objet indirect] Ihnen ▸ **je vous fais confiance** Ihnen vertraue ich **5.** [personne : sens réfléchi] sich ▸ **habillez-vous !** ziehen Sie sich an!

voûte [vut] **nf** Gewölbe *das*.

voûté, e [vute] **adj** krumm.

vouvoyer [13] [vuvwaje] **vt** siezen. ◆ **se vouvoyer vp** sich siezen.

→

ⓘ Vouvoiement

Das **vouvoiement** ist das französische Pendant zum deutschen Siezen. In die Form des **tutoiement**, des Duzens, geht man wie in Deutschland über, wenn man sich besser kennengelernt hat. Im Arbeitsleben siezen sich die Kollegen oft unter Verwendung des Vornamens.

voyage [vwajaʒ] **nm** Reise *die* ▸ **j'ai dû faire deux voyages** ich musste zweimal hin- und her∘fahren ▸ **bon voyage !** gute Reise! ▸ **partir en voyage** verreisen ▸ **voyage de noces** Hochzeitsreise ▸ **voyage organisé** Gruppenreise.

voyager [17] [vwajaʒe] **vi** reisen.

voyageur, euse [vwajaʒœʀ, øz] **nm, f** Reisende *der, die*.

voyagiste [vwajaʒist] **nm** Reiseveranstalter *der*.

voyant, e [vwajɑ̃, ɑ̃t] ◆ **adj** auffallend. ◆ **nm** : **voyant lumineux** Kontrolllicht *das*.

voyelle [vwajɛl] **nf** Vokal *der*.

voyons [vwajɔ̃] **1re pers. du pl. de l'ind. prés. & 1re pers. du pl. de l'impératif prés.** → **voir.**

voyou [vwaju] **nm** Ganove *der*.

vrac [vʀak] ◆ **en vrac** ◆ **adv** [en désordre] durcheinander. ◆ **adj** [thé] lose.

vrai, e [vʀɛ] **adj 1.** [exact] wahr **2.** [véritable] echt ▸ **ce n'est pas vrai** das stimmt nicht ▸ **à vrai dire** ehrlich gesagt.

vraiment [vʀɛmɑ̃] **adv** wirklich.

vraisemblable [vʀɛsɑ̃blabl] **adj** wahrscheinlich.

VTC (*abr de* **vélo tout chemin**) **nm** Trekkingrad *das*.

VTT **nm** [abr de vélo tout terrain] Mountainbike *das*.

vu, e [vy] ◆ **pp** → **voir.** ◆ **adj** : **être bien /mal vu de qqn** bei jm gut / schlecht angeschrieben sein ▸ **vu qqch** in Anbetracht einer Sache *(G)* ▸ **vu que** da.

vue [vy] **nf 1.** [sens] Sehvermögen *das* **2.** [panorama] Aussicht *die* **3.** [vision, spectacle] Anblick *der* ▸ **avec vue sur...** mit Blick auf ... ▸ **en vue de faire qqch** [pour] um etw zu tun ▸ **à vue d'œil** merklich.

vulgaire [vylgɛʀ] **adj 1.** [grossier] ordinär **2.** [quelconque] ganz gewöhnlich.

vulnérable [vylneʀabl] **adj** [psychologiquement] verletzlich ▸ **point vulnérable** wunder Punkt.

Ww

wagon [vagɔ̃] **nm** Wagen *der*.

wagon-lit [vagɔ̃li] (*pl* **wagons-lits**) **nm** Schlafwagen *der*.

wagon-restaurant [vagɔ̃ʀɛstɔʀɑ̃] (*pl* **wagons-restaurants**) **nm** Speisewagen *der*.

Walkman® [wɔkman] **nm** Walkman® *der*.

wallon, onne [walɔ̃, ɔn] **adj** wallonisch. ◆ **Wallon, onne** **nm, f** Wallone *der*, -nin *die*.

Wallonie [walɔni] **nf** : **la Wallonie** Wallonien *nt*.

Wap [wap] nm WAP *das.*

wasabi [wazabi] nm Wasabi *der ODER das.*

Washington [waʃiŋtɔn] n Washington *nt.*

waterproof [watɛʀpʀuf] adj inv **1.** [étanche] wasserdicht **2.** [résistant à l'eau] wasserfest.

waterzoï [watɛʀzɔj] nm BELG *Geflügel- oder Fischragout mit Gemüse und Sahnesoße.*

watt [wat] nm Watt *das.*

WAV [wav] nm WAV *das.*

W-C [vese] nmpl WC *das.*

webcam [wɛbkam] nf Webcam *die.*

webcast [wɛbkast] nm INFORM Webcast *das.*

webcasting [wɛbkastiŋ] nm Webcasting *das.*

webmail [wɛbmɛl] nm Webmail *die.*

webmaster [wɛbmastœʀ], **webmestre** [wɛbmɛstʀ] nm Webmaster *der.*

webtélé [wɛbtele] nf Internetfernsehen *das.*

webzine [wɛbzin] nm INFORM Webzine *das.*

week-end [wikɛnd] (*pl* **week-ends**) nm Wochenende *das* ▸ **bon week-end !** schönes Wochenende!

Wellington [wɛliŋtɔn] n Wellington *nt.*

Westphalie [vɛstfali] nf : **la Westphalie** Westfalen *nt.*

whisky [wiski] nm Whisky *der.*

Wi-Fi [wifi] nm WLAN *das.*

Windhoek [vindœk] n Windhoek *nt.*

Wurtemberg [wyʀtɛ̃bɛʀ] nm : **le Wurtemberg** Württemberg *nt.*

Xx

xénophobe [gzenɔfɔb] ◆ nmf fremdenfeindlich eingestellter Mensch. ◆ adj fremdenfeindlich, ausländerfeindlich.

XML (*abr de* **Extensible Markup Language**) nm XML *das.*

Yy

y [i] ◆ adv **1.** [indique le lieu où l'on est] da, dort ▸ **nous y resterons une semaine** wir werden eine Woche dort bleiben **2.** [indique le lieu où l'on va] dahin, dorthin ▸ **j'y vais !** [au téléphone] ich gehe schon ran! **3.** [dedans] hinein ▸ **mets-y du sel** tu noch etwas Salz rein **4.** [dessus] da, dort ▸ **va voir sur la table si les clefs y sont** schau mal nach, ob der Schlüssel auf dem Tisch liegt ◆ pron **1.** : **pensez-y** **a)** [y réfléchir] denken Sie darüber nach **b)** [s'en souvenir] denken Sie daran ▸ **n'y comptez pas** darauf sollten Sie sich nicht verlassen **2.** → **aller, avoir**.

yacht [jot] nm Jacht *die.*

Yamoussoukro [jamasukʀo] **n** Yamoussoukro *nt*.

Yaoundé [jaunde] **n** Yaunde *nt*, Jaunde *nt*.

yaourt [jauʀt] **nm** Joghurt *der*.

Yémen [jemɛn] **nm** : **le Yémen** Jemen *nt* ▸ **au Yémen** in Jemen ▸ **le Yémen du Nord** Nordjemen *nt* ▸ **le Yémen du Sud** Südjemen *nt*.

yeux [jø] **nmpl** → **œil**.

yoga [jɔga] **nm** Yoga *das*.

yoghourt [jɔguʀt] **nm** = **yaourt**.

yougoslave [jugɔslav] **adj** jugoslawisch. ◆ **Yougoslave** **nmf** Jugoslawe *der*, -win *die*.

Yougoslavie [jugɔslavi] **nf** : **la Yougoslavie** Jugoslawien *nt*.

youpi [jupi] **interj** juhu.

Yo-Yo® [jojo] **nm inv** Jo-Jo *das*.

Z z

Zagreb [zagʀɛb] **n** Zaghreb *nt*.

Zambie [zɑ̃bi] **nf** : **la Zambie** Sambia *nt*.

zapper [3] [zape] **vi** zappen.

zèbre [zɛbʀ] **nm** Zebra *das*.

zèle [zɛl] **nm** Eifer *der* ▸ **faire du zèle** *péj* übereifrig sein.

zélé, e [zele] **adj** eifrig.

zen [zɛn] ◆ **nm** Zen *das*. ◆ **adj inv** Zen- ▸ **être** ou **rester zen** gelassen sein ou bleiben.

zéro [zeʀo] **nm** **1.** [chiffre] Null *die* **2.** SCOL ≃ Sechs *die*.

zeste [zɛst] **nm** Schale *die*.

zigzag [zigzag] **nm** Zickzack *der* ▸ **en zigzag** [route] im Zickzack.

zigzaguer [3] [zigzage] **vi** **1.** [route] im Zickzack verlaufen **2.** [voiture] im Zickzack fahren.

Zimbabwe [zimbabwe] **nm** : **le Zimbabwe** Simbabwe *nt*.

zipper [3] [zipe] **vt** zippen.

zizanie [zizani] **nf** Zwist *der* ▸ **semer la zizanie** Unfrieden stiften.

zizi [zizi] **nm** *fam* Pimmel *der*.

zodiaque [zɔdjak] **nm** → **signe**.

zona [zɔna] **nm** Gürtelrose *die*.

zone [zon] **nf** Bereich *der* ▸ **zone bleue** Kurzparkerzone *die* ▸ **zone industrielle** Industriegebiet *das* ▸ **zone piétonne** ou **piétonnière** Fußgängerzone *die* ▸ **zone de texte** Textfeld *das*.

zoo [zo(o)] **nm** Zoo *der*.

zoologique [zɔɔlɔʒik] **adj** → **parc**.

zoom [zum] **nm** Zoom *das* ▸ **zoom numérique / optique** Bildlupe *die*.

Zurich [zyʀik] **n** Zürich *nt*.

zut [zyt] **interj** verflixt.

Grammaire du français

Französische Grammatik

Sommaire Inhaltsverzeichnis

1. Nomen

1. 1. Nomen

- Im Französischen sind alle Nomen männlich oder weiblich. Am besten ist es, die Artikel auswendig zu lernen.

un bâtiment ein Gebäude	**une maison** ein Haus
un concept ein Konzept	**une idée** eine Idee

- Generell sind folgende Endungen männlich:

-age, -eau, -eu, -i, -ier, -illon, -in, -isme, -ment, -oir, -ou

- während weibliche Nomen oft folgendermaßen enden:

-aison, -ance, -e, -ence, -ense, -gion, -tion, -oi, -sion, -té

1. 2. Regelmäßige Pluralformen

- In den meisten Fällen ist die Pluralendung ***-s***:

un lit ein Bett	**des lit*s*** Betten
une maison ein Haus	**des maison*s*** Häuser

1.3. Unregelmäßige Pluralformen

- Endungen auf ***-s, -x, -z*** ändern sich nicht im Plural:

un fils ein Sohn	**des fils** Söhne
un prix ein Preis	**des prix** Preise
un nez eine Nase	**des nez** Nasen

- Endungen auf ***-eau, -au, -eu*** werden im Plural zu ***-eaux, -aux, -eux***:

un cadeau ein Geschenk	**des cadeau*x*** Geschenke
un feu ein Feuer	**des feu*x*** Feuer

2. Artikel

- Im Französischen gibt es den bestimmten Artikel, den unbestimmten Artikel und den Teilungsartikel.

2.1. Der bestimmte Artikel

- Das Französische hat zwei bestimmte Artikeln: ***le*** der ist der männliche Artikel und ***la*** die der weibliche.

Formen

	Singular		Plural
	männl.	*weibl.*	
Standard	**le**	**la**	**les**
Vokal oder stummes ***h***	**l'**	**l'**	**les**
mit ***à***	**au**	**à la**	**aux**
mit ***de***	**du**	**de la**	**des**

- Wenn das Nomen im Singular mit einem Vokal oder stummen h beginnt, ist der bestimmte Artikel immer ***l'***.

  männl. **l'homme** der Mann

  weibl. **l'orage** der Sturm

- Im Singular werden ***le*** + ***à*** zu ***au*** und ***le*** + ***de*** zu ***du***. Im Plural werden ***les*** + ***à*** zu ***aux*** und ***les*** + ***de*** zu ***des***.

  Je vais *au* marché. ***à* + *le* = *au***
  Ich gehe *zum* Markt.

  Le ministre parle *aux* journalistes ***à* + *les* = *aux***
  Der Minister spricht *zu den* Journalisten.

  Le château *du* comte est à vendre. ***de* + *le* = *du***
  Das Schloss *des* Grafen ist zu verkaufen.

  Il aime bien parler *des* voitures. ***de* + *les* = *des***
  Er spricht gern *über* Autos.

2.2. Der unbestimmte Artikel

- Im Französischen heißt der unbestimmte Artikel ***un*** ein für männliche und sächliche Nomen und ***une*** eine für weibliche Nomen. Im Plural heißt er ***des*** in der männlichen und weiblichen Form.

	Singular	*Plural*
männl.	**un**	**des**
weibl.	**une**	

***un* parapluie** *ein* Regenschirm
***une* rue** *eine* Straße
***des* chats** Katzen

2.3. Der Teilungsartikel

- Der Teilungsartikel wird verwendet, um unzählbare Mengen anzugeben (z. B. ein Glas Wasser):

  Je voudrais *de* l'eau. Ich möchte gern Wasser.

  J'ai besoin *d'*air. Ich brauche Luft.

Formen

	Singular		*Plural*
	männl.	*weibl.*	
	du	**de la**	**des**
Vokal oder stummes ***h***	**de l'**	**de l'**	

2.4. Die Possessivbegleiter

- Der Possessivbegleiter steht vor dem Nomen und stimmt in Geschlecht und Zahl mit ihm überein.

  ***Mon* sac est jaune.** *Meine* Tasche ist gelb.

  ***Ma* cousine dort.** *Meine* Kusine schläft.

Formen

Person		*Singular*		*Plural*
		männl.	*weibl.*	*männl.+ weibl.*
Singular	1[Pers]	**mon**	**ma**	**mes**
	2[Pers]	**ton**	**ta**	**tes**
	3[Pers]	**son**	**sa**	**ses**
Plural	1[Pers]	**notre**		**nos**
	2[Pers]	**votre**		**vos**
	3[Pers]	**leur**		**leurs**

3. Pronomen

- Pronomen stehen für Nomen. Zum Beispiel:

  Anna geht zur Schule. *Sie* war zu spät.

  Das Pronomen *sie* steht für *Anna*.

3.1. Personalpronomen und Objektpronomen

a) Personalpronomen

- Sie stehen im Satz für das Subjekt und entsprechen unserem ich, du, er/sie/es, wir, ihr, sie.

	Direktes Pronomen	*Indirektes Objektpronomen*	*Objektpronomen*	*(unverbunden)*
Person				
Singular				
1. Person	**je**	**me, m'**	**me, m'**	**moi**
2. Person	**tu**	**te, t'**	**te, t'**	**toi**
3. Person (m)	**il**	**le, l'**	**lui**	**lui**
3. Person (w)	**elle**	**la, l'**	**lui**	**elle**
Plural				
1. Person	**nous**	**nous**	**nous**	**nous**
2. Person	**vous**	**vous**	**vous**	**vous**
3. Person (m)	**ils**	**les**	**leur**	**eux**
3. Person (w)	**elles**	**les**	**leur**	**elles**

Vous ist auch die Höflichkeitsform.

b) Direkte und indirekte Objektpronomen

- Objektpronomen stehen immer vor dem Verb. Direkte Objektpronomen stehen für direkte Objekte im Satz und werden ohne Präpositionen verwendet. Sie lauten ***me***, ***te***, ***le***, ***la***, ***nous***, ***vous*** und ***les***.

  Il *le* connaît. *(connaître quelqu'un)*
  Er kennt *ihn*. (jemanden kennen)

  Il ne *les* voit pas. *(voir quelqu'un)*
  Er sieht *sie* nicht. (jemanden sehen)

- Indirekte Objektpronomen stehen für Nomen mit der Präposition ***à***. Sie lauten ***me***, ***te***, ***lui***, ***nous***, ***vous*** und ***leur***.

  Il *lui* parle. *(parler **à** quelqu'un)*
  Er spricht mit *ihr*. (mit jemandem sprechen)

Il *leur* a donné un livre. *(donner qqc. **à** qqn.)*
Er gibt *ihnen* ein Buch.(jemandem etwas *geben)*

c) Unverbundene Objektpronomen

- Diese Pronomen sind: ***moi*, *toi*, *lui*, *elle*, *nous*, *vous*, *eux*, *elles*** und werden nach einer Präposition verwendet oder um das Subjekt zu betonen.
- Nach einer Präposition:
  Ma femme travaille avec *moi*. Meine Frau arbeitet mit *mir*.
  Je fais un effort pour *toi*. Ich bemühe mich für *dich*.
- Zur Betonung:
  ***Moi*, j'adore nager.** *Ich*, ich liebe Schwimmen.

3.2. Reflexivpronomen

- Reflexivpronomen beziehen sich auf das Subjekt und gehören zu einem Verb. Sie stehen im Französischen vor dem Verb.

Formen:

	Singular	*Plural*
1. Person	**me, m'**	**nous**
2. Person	**te, t'**	**vous**
3. Person	**se, s'**	**se, s'**

Je *me* suis acheté un microscope.
Ich habe *mir* ein Mikroskop gekauft.
Il *s'*ennuie souvent.
Er langweilt *sich* oft.

3.3. Pronominaladverbien *en* & *y*

En

- Das Pronominaladverb ***en*** kann oft mit *davon* übersetzt werden. Es steht meistens für die Präposition ***de*** + Nomen **oder** Pronomen.
  A-t-elle mangé *du* gâteau? Oui, elle *en* a mangé.
  Hat sie Kuchen gegessen? Ja, sie hat *davon* gegessen.
  Il parle *de* l'accident. Il *en* parle souvent.
  Er spricht vom Unfall. Er spricht oft *davon*.

Y

- ***Y*** **steht oft für** dorthin **oder** daran. **Es ersetzt oft die Präpositionen *à*, *dans*** oder ***sur*** + Pronomen **oder** Nomen.

Je vais *à* Nice. J'*y* vais.
Ich fahre nach Nizza. Ich fahre ***dorthin***.

Pense *à* mon offre. Pense-*y*.
Denk an mein Angebot. Denk ***daran***.

4. Adjektive

- Adjektive beschreiben generell Nomen. Im Französischen steht das Adjektiv meistens nach dem Nomen.
- Ausnahmen: oft kurze Adjektive wie ***grand***, ***bon***, ***beau***, ***joli***, ***petit***, ***gros***, ***nouveau***, ***premier*** usw.

Formen:

- Im Französischen stimmt das Adjektiv in Zahl und Geschlecht mit dem Nomen überein:

un stylo bleu ein blauer Stift
une voiture bleue ein blaues Auto
des chemises bleues blaue Hemden

a) Die weibliche Form von Adjektiven

- In den meisten Fällen hängt man ein ***-e*** an die männliche Form des Adjektivs an. Wenn die männliche Form bereits auf ***-e*** endet, sind die männliche und weibliche Form gleich.
- Die Endungen mancher Adjektive auf ***-x*** oder ***-f*** werden zu ***-se***, ***-ce*** oder ***-ve***:

heureux froh **heureu*se*** froh
doux sanft **dou*ce*** sanft
actif aktiv **acti*ve*** aktiv

b) Die Pluralform von Adjektiven

- In den meisten Fällen wird der Plural eines Adjektivs durch das Anhängen eines ***–s*** gebildet. Wenn männliche Adjektive bereits mit ***-x*** oder ***-s*** im Singular enden, ändern sie sich nicht im Plural:

chaud heiß / **chaud(e)*s*** heiße

Aber:

un homme sérieux ein besonnener Mann
des hommes sérieux besonnene Männer

4.1 Der Komparativ von Adjektiven

- Der *Komparativ* wird im Französischen folgendermaßen geformt:
  - Komparativ der Überlegenheit: ***plus*** *+ Adjektiv +* ***que***
  - Komparativ der Unterlegenheit: ***moins*** *+ Adjektiv +* ***que***
  - Komparativ der Gleichheit: ***aussi*** *+ Adjektiv +* ***que***

  Michelle est *plus* grande *que* Claire.
  Michelle ist größer *als* Claire.

  Il a *moins* de bagages *que* toi.
  Er hat *weniger* Gepäck *als* du.

  Il est *aussi* bon musicien *que* ma tante.
  Er ist ein *genauso* guter Musiker *wie* meine Tante.

4.2 Der Superlativ von Adjektiven

- der *Superlativ*: ***le / la / les plus*** *+ Adjektiv*

  Il est *le* plus courageux. Er ist am mutigsten.

Vermerk: Wenn der Superlativ gleich nach dem Nomen steht, wird der bestimmte Artikel einmal vor dem Nomen und einmal vor dem Adjektiv wiederholt.
Elle est *l'*élève *la* plus intelligente de la classe.
Sie ist *die* intelligenteste Schülerin der Klasse.

5. Adverbien

- Adverbien beziehen sich auf Verben oder Adjektive. Im Französischen gibt es oft einen Unterschied zwischen der Form des Adjektivs und der des Adverbs, im Deutschen nicht.

Formen:

- Um ein Adverb zu bilden, wird meistens die Endung ***-ment*** an die weibliche Form des Adjektivs angehängt:

Adjektiv (weiblich) + ***-ment***		
männlich	*weiblich*	*Adverb*
doux weich	**douce**	**doucement** weich
clair klar	**claire**	**clairement** klar

- Ein Adverb steht fast immer nach dem Verb.

  Il marche *lentement*. Er geht langsam.

6. Verben

- Im Französischen gibt es drei Gruppen oder Konjugationen von Verben. Zu welcher Gruppe ein Verb gehört, hängt meist von seiner Infinitivendung ab:

1. Gruppe: Verben auf ***-er*** wie ***chanter*** singen.

2. Gruppe: Verben auf ***-ir*** (das Partizip Präsens endet auf ***-issant***) wie ***finir*** enden.

3. Gruppe: endet auf ***-oir*** oder ***-ir*** (das Partizip Präsens auf ***-ant***) wie ***apercevoir*** wahrnehmen, ***mourir*** sterben, ***naître*** geboren sein.

6.1. Die Zeiten

a) Das Präsens

- Im Präsens oder in der Gegenwart werden Handlungen und Aktionen beschrieben, die gerade stattfinden.

1. Gruppe	2. Gruppe	3. Gruppe
je chant-***e***	je fin-***is***	j'aper-***çois***
tu chant-***es***	tu fin-***is***	tu aper-***çois***
il/elle chant-***e***	il/elle fin-***it***	il/elle aper-***çoit***
nous chant-***ons***	nous fin-***issons***	nous aper-***cevons***
vous chant-***ez***	vous fin-***issez***	vous aper-***cevez***
ils/elles chant-***ent***	ils/elles fin-***issent***	ils/elles aper-***çoivent***

b) Das Präteritum

- Das Präteritum drückt Vorgänge oder Ereignisse in der Vergangenheit aus, die entweder lange andauern oder sich wiederholen. Für das Präteritum werden folgende Endungen an den Wortstamm der 1. Person Plural Präsens angehängt:

1. Gruppe	2. Gruppe	3. Gruppe
je chant-***ais***	je finiss-***ais***	j'apercev-***ais***
tu chant-***ais***	tu finiss-***ais***	tu apercev-***ais***
il/elle chant-***ait***	il/elle finiss-***ait***	il/elle apercev-***ait***
nous chant-***ions***	nous finiss-***ions***	nous apercev-***ions***
vous chant-***iez***	vous finiss-***iez***	vous apercev-***iez***
ils/elles chant-***aient***	ils/elles finiss-***aient***	ils/elles apercev-***aient***

c) Das Perfekt

- Das Perfekt ist ebenfalls eine Vergangenheitsform und drückt Vorgänge oder Ereignisse aus, die bereits abgeschlossen sind. Es wird im Französischen meist mit dem Hilfsverb **avoir** haben gebildet:

  ***J'ai parlé* avec le chef.** Ich *habe* mit dem Chef *gesprochen*.
- Aber manche Verben, wie z. B. reflexive Verben, bilden das Perfekt mit dem Hilfsverb ***être*** sein. In diesem Fall stimmt das Partizip Perfekt mit dem Subjekt überein:

  Elle *s'est* vite *changée*. Sie *hat sich* schnell *umgezogen*.

d) Die Zukunft

- Die Zukunft drückt Vorgänge oder Ereignisse aus, die erst passieren werden. An die Infinitivform werden folgende Endungen angehängt:

1. Gruppe	2. Gruppe	3. Gruppe
je chanter-***ai***	je finir-***ai***	j'apercevr-***ai***
tu chanter-***as***	tu finir-***as***	tu apercevr-***as***
il/elle chanter-***a***	il/elle finir-***a***	il/elle apercevr-***a***
nous chanter-***ons***	nous finir-***ons***	nous apercevr-***ons***
vous chanter-***ez***	vous finir-***ez***	vous apercevr-***ez***
ils/elles chanter-***ont***	ils/elles finir-***ont***	ils/elles apercevr-***ont***

- Ein paar unregelmäßige Formen von Verben der 3. Gruppe:

faire machen: **je *fer*-ai, tu feras, il / elle fera, nous ferons, vous ferez, ils / elles feront**

aller gehen: **j'*ir*-ai, tu iras, il / elle ira, nous irons, vous irez, ils / elles iront.**

voir sehen: **je *verr*-ai, tu verras, il / elle verra, nous verrons, vous verrez, ils / elles verront**

6.2. Besonderheiten

- Oft wird das Pronomen ***il*** unpersönlich verwendet:

  ***il* faut que** *man* muss　　***il* a l'air** *er* sieht aus wie

  ***il* me semble que** *es* scheint mir, dass
- für das Wetter:

  ***Il* pleut.** *Es* regnet.　　***Il* neigera.** *Es* wird schneien.

Conjugaison des verbes français

Konjugation der französischen Verben

Abréviations: ind prés = présent de l'indicatif ; **ind fut** = futur de l'indicatif ; subj prés = présent du subjonctif ; **imp** = impératif ; **pprés** = participe présent ; **pp** = participe passé

Die Nummer der Konjugationstabelle entspricht der Nummer in eckligen Klammern in den Einträgen des Wörterbuchs.

1. avoir

ind prés ai, as, a, avons, avez, ont ; **imparfait** avais, avais, avait, avions aviez, avaient ; **ind fut** aurai, auras, aura, aurons, aurez, auront ; **subj prés** que j'aie, que tu aies, qu'il ait, que nous ayons, que vous ayez, qu'ils aient ; **imp** aie, ayons ; **pprés** ayant ; **pp** eu

2. être

ind prés suis, es, est, sommes, êtes, sont ; **imparfait** étais, étais, était, étions, étiez, étaient ; **ind fut** serai, seras, sera, serons, serez, seront ; **subj prés** que je sois, que tu sois, qu'il soit, que nous soyons, que vous soyez, qu'ils soient ; **imp** sois, soyons ; **pprés** étant ; **pp** été

3. chanter

ind prés chante, chantes, chante, chantons, chantez, chantent ; **imparfait** chantais, chantais chantait, chantions, chantiez, chantaient ; **ind fut** chanterai, chanteras, chantera, chanterons, chanterez, chanteront ; **subj prés** que je chante, que tu chantes, qu'il chante, que nous chantions, que vous chantiez, qu'ils chantent ; **imp** chante, chantons ; **pprés** chantant ; **pp** chanté

4. baisser

ind prés baisse, baissons ; **imparfait** baissais ; **ind fut** baisserai ; **subj prés** que je baisse ; **imp** baisse, baissons ; **pprés** baissant ; **pp** baissé

5. pleurer

ind prés pleure, pleurons ; **imparfait** pleurais ; **ind fut** pleurerai ; **subj prés** que je pleure ; **imp** pleure, pleurons ; **pprés** pleurant ; **pp** pleuré

6. jouer

ind prés joue, jouons ; **imparfait** jouais ; **ind fut** jouerai ; **subj prés** que je joue ; **imp** joue, jouons ; **pprés** jouant ; **pp** joué

7. saluer

ind prés salue; saluons ; **imparfait** saluais ; **ind fut** saluerai ; **subj prés** que je salue ; **imp** salue, saluons ; **pprés** saluant ; **pp** salué

8. arguer

ind prés argue, arguons **imparfait** arguais ; **ind fut** arguerai ; **subj prés** que j'argue ; **imp** argue, arguons ; **pprés** arguant ; **pp** argué

9. copier

ind prés copie, copions ; **imparfait** copiais ; **ind fut** copierai ; **subj prés** que je copie ; **imp** copie, copions ; **pprés** copiant ; **pp** copié

10. prier

ind prés prie, prions ; **imparfait** priais ; **ind fut** prierai ; **subj prés** que je prie ; **imp** prie, prions ; **pprés** priant ; **pp** prié

11. payer

ind prés paie, payons, paient ; **imparfait** payais ; **ind fut** paierai ; **subj prés** que je paie ; **imp** paie, payons ; **pprés** payant ; **pp** payé

12. grasseyer

ind prés grasseye, grasseyons ; **imparfait** grasseyais ; **ind fut** grasseyerai ; **subj prés** que je grasseye ; **imp** grasseye, grasseyons ; **pprés** grasseyant ; **pp** grasseyé

13. ployer

ind prés ploie, ployons, ploient ; **imparfait** ployais ; **ind fut** ploierai ; **subj prés** que je ploie ; **imp** ploie, ployons ; **pprés** ployant ; **pp** ployé

14. essuyer

ind prés essuie, essuyons, essuient ; **imparfait** essuyais ; **ind fut** essuirai ; **subj prés** que j'essuie, que nous essuyions ; **imp** essuie, essuyons ; **pprés** essuyant ; **pp** essuyé

15. créer

ind prés crée, créons ; **imparfait** créais ; **ind fut** créerai ; **subj prés** que je crée ; **imp** crée, créons ; **pprés** créant ; **pp** créé

16. avancer

ind prés avance, avançons, avancent ; **imparfait** avançais ; **ind fut** avancerai ; **subj prés** que j'avance ; **imp** avance, avançons ; **pprés** avançant ; **pp** avancé

17. manger

ind prés mange, mangeons ; **imparfait** mangeais ; **ind fut** mangerai ; **subj prés** que je mange ; **imp** mange, mangeons ; **pprés** mangeant ; **pp** mangé

18. céder

ind prés cède, cédons, cèdent ; **imparfait** cédais ; **ind fut** céderai ; **subj prés** que je cède ; **imp** cède, cédons ; **pprés** cédant ; **pp** cédé

19. semer

ind prés sème, semons sèment ; **imparfait** semais ; **ind fut** sèmerai ; **subj prés** que je sème ; **imp** sème, semons ; **pprés** semant ; **pp** semé

20. rapiécer

ind prés rapièce, rapiéçons, rapiècent ; **imparfait** rapiéçais ; **ind fut** rapiécerai ; **subj prés** que je rapièce ; **imp** rapièce, rapiéçons ; **pprés** rapiéçant ; **pp** rapiécé

21. acquiescer

ind prés acquiesce, acquiesçons, acquiescent ; **imparfait** acquiesçais ; **ind fut** acquiescerai ; subj prés que j'acquiesce ; **imp** acquiesce, acquiesçons ; **pprés** acquiesçant ; **pp** acquiescé

22. siéger

ind prés siège, siégeons, siègent ; **imparfait** siégeais ; **ind fut** siégerai ; **subj prés** que je siège ; **imp** siège, siégeons ; **pprés** siégeant ; **pp** siégé

23. déneiger

ind prés déneige, déneigeons ; **imparfait** déneigeais ; **ind fut** déneigerai ; **subj prés** que je déneige ; **imp** déneige, déneigeons ; **pprés** déneigeant ; **pp** déneigé

24. appeler

ind prés appelle, appelons, appellent ; **imparfait** appelais ; **ind fut** appellerai ; **subj prés** que j'appelle ; **imp** appelle, appelons ; **pprés** appelant ; **pp** appelé

25. peler

ind prés pèle, pelons, pèlent ; **imparfait** pelais ; **ind fut** pèlerai ; **subj prés** que je pèle ; **imp** pèle, pelons ; **pprés** pelant ; **pp** pelé

26. interpeller

ind prés interpelle, interpellons ; **imparfait** interpellais ; **ind fut** interpellerai ; **subj prés** que j'interpelle ; **imp** interpelle, interpellons ; **pprés** interpellant ; **pp** interpellé

27. jeter

ind prés jette, jetons, jettent ; **imparfait** jetais ; **ind fut** jetterai ; **subj prés** que je jette ; **imp** jette, jetons ; **pprés** jetant ; **pp** jeté

28. acheter

ind prés achète, achetons, achètent ; **imparfait** achetais ; **ind fut** achèterai ; **subj prés** que j'achète ; **imp** achète, achetons ; **pprés** achetant ; **pp** acheté

29. dépecer

ind prés dépèce, dépeçons, dépècent ; **imparfait** dépeçais ; **ind fut** dépècerai ; **subj prés** que je dépèce ; **imp** dépèce, dépeçons ; **pprés** dépeçant ; **pp** dépecé

30. envoyer

ind prés envoie, envoyons, envoient ; **imparfait** envoyais ; **ind fut** enverrai ; **subj prés** que j'envoie ; **imp** envoie, envoyons ; **pprés** envoyant ; **pp** envoyé

31. aller

ind prés vais, allons, vont ; **imparfait** allais ; **ind fut** irai ; **subj prés** que j'aille ; **imp** va, allons ; **pprés** allant ; **pp** allé

32. finir

ind prés finis, finis, finit, finissons, finissez, finissent ; **imparfait** finissais, finissais, finissait, finissions, finissiez, finissaient; **ind fut** finirai, finiras, finira, finirons, finirez, finiront ; **subj prés** que je finisse, que tu finisses, qu'il finisse, que nous finissions, que vous finissiez, qu'ils finissent ; **imp** finis, finissons ; **pprés** finissant ; **pp** fini

33. haïr

ind prés je hais, haïssons ; **imparfait** haïssais ; **ind fut** haïrai ; **subj prés** que je haïsse ; **imp** hais, haïssons ; **pprés** haïssant ; **pp** haï

34. ouvrir

ind prés ouvre, ouvrons ; **imparfait** ouvrais ; **ind fut** ouvrirai ; **subj prés** que j'ouvre ; **imp** ouvre, ouvrons ; **pprés** ouvrant ; **pp** ouvert

35. fuir

ind prés fuis, fuyons, fuient ; **imparfait** fuyais ; **ind fut** fuirai ; **subj prés** que je fuie ; **imp** fuis, fuyons ; **pprés** fuyant ; **pp** fui

36. dormir

ind prés dors, dormons ; **imparfait** dormais ; **ind fut** dormirai ; **subj prés** que je dorme ; **imp** dors, dormons ; **pprés** dormant ; **pp** dormi

37. mentir

ind prés mens, mentons ; **imparfait** mentais ; **ind fut** mentirai ; **subj prés** que je mente ; **imp** mentais ; **pprés** mentant ; **pp** menti

38. servir

ind prés sers, servons ; **imparfait** servais ; **ind fut** servirai ; **subj prés** que je serve ; **imp** sers, servons ; **pprés** servant ; **pp** servi

39. acquérir

ind prés acquiers, acquérons, acquièrent ; **imparfait** acquérais ; **ind fut** acquerrai ; **subj prés** que j'acquière ; **imp** acquiers, acquérons ; **pprés** acquérant ; **pp** acquis

40 venir

ind prés viens, venons, viennent ; **imparfait** venais ; **ind fut** viendrai ; **subj prés** que je vienne ; **imp** viens, venons ; **pprés** venant ; **pp** venu

41. cueillir

ind prés cueille, cueillons ; **imparfait** cueillais ; **ind fut** cueillerai ; **subj prés** que je cueille ; **imp** cueille, cueillons ; **pprés** cueillant ; **pp** cueilli

42. mourir

ind prés meurs, mourons, meurent ; **imparfait** mourais ; **ind fut** mourrai ; **subj prés** que je meure ; **imp** meurs, mourons ; **pprés** mourant ; **pp** mort

43. partir

ind prés pars, partons ; **imparfait** partais ; **ind fut** partirai ; **subj prés** que je parte ; **imp** pars, partons ; **pprés** partant ; **pp** parti

44. revêtir

ind prés revêts, revêtons ; **imparfait** revêtais ; **ind fut** revêtirai ; **subj prés** que je revête ; **imp** revêts, revêtons ; **pprés** revêtant ; **pp** revêtu

45. courir

ind prés cours, courons ; **imparfait** courais ; **ind fut** courrai ; **subj prés** que je coure ; **imp** cours, courons ; **pprés** courant; **pp** couru

46. faillir

ind prés faillis, faillissons ; **imparfait** faillissais ; **ind fut** faillirai ; **subj prés** que je faillisse ; **pprés** faillissant ; **pp** failli

47. défaillir

ind prés défaille, défaillons ; **imparfait** défaillais ; **ind fut** défaillirai ; **subj prés** que je défaille ; **imp** défaille, défaillons ; **pprés** défaillant ; **pp** défailli

48. bouillir

ind prés bous, bouillons ; **imparfait** bouillais ; **ind fut** bouillirai ; **subj prés** que je bouille ; **imp** bous, bouillons ; **pprés** bouillant ; **pp** bouilli

49. gésir

ind prés gis, gisons ; **imparfait** gisais ; **pprés** gisant

50. saillir

ind prés il saille, ils saillent ; **imparfait** il saillait ; **ind fut** il saillera ; **subj prés** qu'il saille, qu'ils saillent ; **pprés** saillant ; **pp** sailli

51. ouïr

ind prés ouïs, ouïssons ; **imparfait** ouïssais ; **ind fut** ouïrai ; **subj prés** que j'ouïsse ; **imp** ouïs, ouïssons ; **pprés** oyant ; **pp** ouï

52. recevoir

ind prés reçois, recevons, reçoivent ; **imparfait** recevais ; **ind fut** recevrai ; **subj prés** que je reçoive ; **imp** reçois, recevons ; **pprés** recevant ; **pp** reçu

53. devoir

ind prés dois, devons, doivent ; **imparfait** devais ; **ind fut** devrai ; **subj prés** que je doive ; **pprés** devant ; **pp** dû

54. mouvoir

ind prés meus, mouvons, meuvent ; **imparfait** mouvais ; **ind fut** mouvrai ; **subj prés** meuve, mouvions, meuvent ; **imp** meus, mouvons ; **pprés** mouvant ; **pp** mû

55. émouvoir

ind prés émeus, émouvons, émeuvent ; **imparfait** émouvais ; **ind fut** émouvrai ; **subj prés** que j'émeuve ; **imp** émeus, émouvons ; **pprés** émouvant ; **pp** ému

56. promouvoir

ind prés promeus, promouvons, promeuvent ; **imparfait** promouvais ; **ind fut** promouvrai ; subj prés que je promeuve ; **imp** promeus, promouvons ; **pprés** promouvant ; **pp** promu

57. vouloir

ind prés veux, voulons, veulent ; **imparfait** voulais ; **ind fut** voudrai ; **subj prés** que je veuille, que nous voulions, qu'ils veuillent ; **imp** veuille, veuillons ; **pprés** voulant ; **pp** voulu

58. pouvoir

ind prés peux, pouvons, peuvent ; **imparfait** pouvais ; **ind fut** pourrai ; **subj prés** que je puisse ; **pprés** pouvant ; **pp** pu

59. savoir

ind prés sais, savons ; **imparfait** savais ; **ind fut** saurai ; **subj prés** que je sache ; **imp** sache, sachons ; **pprés** sachant ; **pp** su

60. valoir

ind prés vaux, valons ; **imparfait** valais ; **ind fut** vaudrai ; **subj prés** que je vaille ; **imp** vaux, valons ; **pprés** valant ; **pp** valu

61. prévaloir

ind prés prévaux, prévalons ; **imparfait** prévalais ; **nd fut** prévaudrai ; **subj prés** que je prévale ; **imp** prévaux, prévalons ; **pprés** prévalant ; **pp** prévalu

62. voir

ind prés vois, voyons, voient ; **imparfait** voyais ; **ind fut** verrai ; **subj prés** que je voie ; **imp** vois, voyons ; **pprés** voyant ; **pp** vu

63. prévoir

ind prés prévois, prévoyons, prévoient ; **imparfait** prévoyais ; **ind fut** prévoirai ; **subj prés** que je prévoie ; **imp** prévois, prévoyons ; **pprés** prévoyant ; **pp** prévu

64. pourvoir

ind prés pourvois, pourvoyons, pourvoient ; **imparfait** pourvoyais ; **ind fut** pourvoirai ; **subj prés** que je pourvoie ; **imp** pourvois, pourvoyons ; **pprés** pourvoyant ; **pp** pourvu

65. asseoir

ind prés assieds, asseyons, assoient ; **imparfait** asseyais ; **ind fut** assiérai ; **subj prés** que j'asseye ; **imp** assieds, asseyons ; **pprés** asseyant ; **pp** assis

66. surseoir

ind prés sursois, sursoyons, sursoient ; **imparfait** sursoyais ; **ind fut** surseoirai ; **subj prés** que je surseoie ; **imp** sursois, sursoyons ; **pprés** sursoyant ; **pp** sursis

67. seoir

ind prés il sied, ils siéent ; **imparfait** il seyait ; **ind fut** il siéra ; **subj prés** qu'il siée, qu'ils siéent ; **pprés** seyant

68. pleuvoir

ind prés il pleut ; **imparfait** il pleuvait ; **ind fut** il pleuvra ; **subj prés** qu'il pleuve ; **pprés** pleuvant ; **pp** plu

69. falloir

ind prés il faut ; **imparfait** il fallait ; **ind fut** il faudra ; **subj prés** qu'il faille ; **pp** fallu

70. échoir

ind prés il échoit, ils échoient ; **imparfait** il échoyait ; **ind fut** il échoira ; **subj prés** qu'il échoie ; **pprés** échéant ; **pp** échu

71. déchoir

ind prés déchois, déchoyons, déchoient ; **ind fut** déchoirai ; **subj prés** que je déchoie, qu'ils déchoient ; **pp** déchu

72. choir

ind prés je chois, ils choient ; **ind fut** choirai ; **pp** chu

73. vendre

ind prés vends, vends, vend, vendons, vendez, vendent ; **imparfait** vendais, vendais, vendait, vendions, vendiez, vendaient ; **ind fut** vendrai, vendras, vendra, vendrons, vendrez, vendront ; **subj prés** que je vende, que tu vendes, qu'il vende, que nous vendions, que vous vendiez, qu'ils vendent ; **imp** vends, vendons ; **pprés** vendant ; **pp** vendu

74. répandre

ind prés répands, répandons ; **imparfait** répandais ; **ind fut** répandrai; **subj prés** que je répande ; **imp** répands, répandons ; **pprés** répandant ; **pp** répandu

75. répondre

ind prés réponds, répondons ; **imparfait** répondais ; **ind**

fut répondrai ; **subj prés** que je réponde ; **imp** réponds, répondons ; **pprés** répondant ; **pp** répondu

76. mordre

ind prés mors, mordons ; **imparfait** mordais ; **ind fut** mordrai ; **subj prés** que je morde ; **imp** mors, mordons ; **pprés** mordant ; **pp** mordu

77. perdre

ind prés perds, perdons ; **imparfait** perdais ; **ind fut** perdrai ; **subj prés** que je perde ; **imp** perds, perdons ; **pprés** perdant ; **pp** perdu

78. rompre

ind prés romps, rompons ; **imparfait** rompais ; **ind fut** romprai ; **subj prés** que je rompe ; **imp** romps, rompons ; **pprés** rompant ; **pp** rompu

79. prendre

ind prés prends, prenons, prennent ; **imparfait** prenais ; **ind fut** prendrai ; **subj prés** que je prenne ; **imp** prends, prenons ; **pprés** prenant ; **pp** pris

80. craindre

ind prés crains, craignons ; **imparfait** craignais ; **ind fut** craindrai ; **subj prés** que je craigne ; **imp** crains, craignons ; **pprés** craignant ; **pp** craint

81. peindre

ind prés peins, peignons ; **imparfait** peignais ; **ind fut** peindrai ; **subj prés** que je peigne ; **imp** peins, peignons ; **pprés** peignant ; **pp** peint

82. joindre

ind prés joins, joignons ; **imparfait** joignais ; **ind fut** joindrai ; **subj prés** que je joigne ; **imp** joins, joignons ; **pprés** joignant ; **pp** joint

83. battre

ind prés bats, battons ; **imparfait** battais ; **ind fut** battrai ; **subj prés** que je batte ; **imp** bats, battons ; **pprés** battant ; **pp** battu

84. mettre

ind prés mets, mettons ; **imparfait** mettais ; **ind fut** mettrai ; **subj prés** que je mette ; **imp** mets, mettons ; **pprés** mettant ; **pp** mis

85. moudre

ind prés mouds, moulons ; **imparfait** moulais ; **ind fut** moudrai ; **subj prés** que je moule ; **imp** mouds, moulons ; **pprés** moulant ; **pp** moulu

86. coudre

ind prés couds, cousons ; **imparfait** cousait ; **ind fut** coudrai ; **subj prés** que je couse ; **imp** couds, cousons ; **pprés** cousant ; **pp** cousu

87. absoudre

ind prés absous, absolvons ; **imparfait** absolvais ; **ind fut** absoudrai ; **subj prés** que j'absolve ; **imp** absous, absolvons ; **pprés** absolvant ; **pp** absous

88. résoudre

ind prés résous, résolvons ; **imparfait** résolvais ; **ind fut** résoudrai ; **subj prés** que je résolve ; **imp** résous, résolvons ; **pprés** résolvant ; **pp** résolu

89. suivre

ind prés suis, suivons ; **imparfait** suivais ; **ind fut** suivrai ; **subj prés** que je suive ; **imp** suis, suivons ; **pprés** suivant ; **pp** suivi

90. vivre

ind prés vis, vivons ; **imparfait** vivais ; **ind fut** vivrai ; **subj prés** que je vive, que nous vivions ; **imp** vis, vivons ; **pprés** vivant ; **pp** vécu

91. paraître

ind prés parais, paraissons ; **imparfait** paraissais ; **ind fut** paraîtrai ; **subj prés** que je paraisse ; **imp** parais, paraissons ; **pprés** paraissant ; **pp** paru

92. naître

ind prés nais, naissons ; **imparfait** naissais ; **ind fut** naîtrai ; **subj prés** que je naisse ; **imp** nais, naissons ; **pprés** naissant ; **pp** né

93. croître

ind prés croîs, croissons ; **imparfait** croissait ; **ind fut** croîtrai ; **subj prés** que je croisse ; **imp** croîs, croissons ; **pprés** croissant ; **pp** crû

94. accroître

ind prés accrois, accroissons ; **imparfait** accroissait ; **ind fut** accroîtrai ; **subj prés** que j'accroisse ; **imp** accrois, accroissons ; **pprés** accroissant ; **pp** accru

95. rire

ind prés ris, rions ; **imparfait** riais ; **ind fut** rirai ; **subj prés** que je rie ; **imp** ris, rions ; **pprés** riant ; **pp** ri

96. conclure

ind prés conclus, concluons ; **imparfait** concluais ; **ind fut** conclurai ; **subj prés** que je conclue ; **imp** conclus, concluons ; **pprés** concluant ; **pp** conclu

97. nuire

ind prés nuis, nuisons ; **imparfait** nuisais ; **ind fut** nuirai ; **subj prés** que je nuise ; **imp** nuis, nuisons ; **pprés** nuisant ; **pp** nui

98. conduire

ind prés conduis, conduisons ; **imparfait** conduisais ; **ind fut** conduirai ; **subj prés** que je conduise ; **imp** conduis, conduisons ; **pprés** conduisant ; **pp** conduit

99. écrire

ind prés écris, écrivons ; **imparfait** écrivais ; **ind fut** écrirai ; **subj prés** que j'écrive ; **imp** écris, écrivons ; **pprés** écrivant ; **pp** écrit

100. suffire

ind prés suffis, suffisons ; **imparfait** suffisais ; **ind fut** suffirai ; **subj prés** que je suffise ; **pprés** suffisant ; **pp** suffi

101. confire

ind prés confis, confisons ; **imparfait** confisais ; **ind fut** confirai ; **subj prés** que je confise ; **imp** confis, confisons ; **pprés** confisant ; **pp** confit

102. dire

ind prés dis, disons ; **imparfait** disais ; **ind fut** dirai ; **subj prés** que je dise ; **imp** dis, disons ; **pprés** disant ; **pp** dit

103. contredire

ind prés contredis, contredisons ; **imparfait** contredisais ; **ind fut** contredirai ; **subj prés** que je contredise ; **imp** contredis, contredisons ; **pprés** contredisant ; **pp** contredit

104. maudire

ind prés maudis, maudissons ; **imparfait** maudissais ; **ind fut** maudirai ; **subj prés** que je maudisse ; **imp** maudis, maudissons ; **pprés** maudissant ; **pp** maudit

105. bruire

ind prés bruis ; **imparfait** bruyais ; **ind fut** bruirai ; **pp** bruit

106. lire

ind prés lis, lisons ; **imparfait** lisais ; **ind fut** lirai ; **subj prés** que je lise, que nous lisions ; **imp** lis, lisons ; **pprés** lisant ; **pp** lu

107. croire

ind prés crois, croyons, croient ; **imparfait** croyais ; **ind fut** croirai ; **subj prés** que je croie ; **imp** crois, croyons ; **pprés** croyant ; **pp** cru

108. boire

ind prés bois, buvons, boivent ; **imparfait** buvais ; **ind fut** boirai ; **subj prés** que je boive ; **imp** bois, buvons ; **pprés** buvant ; **pp** bu

109. faire

ind prés fais, faisons, font ; **imparfait** faisais ; **ind fut** ferai ; **subj prés** que je fasse ; **imp** fais, faisons, faites ; **pprés** faisant ; **pp** fait

110. plaire

ind prés plais, plaisons ; **imparfait** plaisais ; **ind fut** plairai ; **subj prés** que je plaise ; **imp** plais, plaisons ; **pprés** plaisant ; **pp** plu

111. taire

ind prés tais, taisons ; **imparfait** taisais ; **ind fut** tairai ; **subj prés** que je taise ; **imp** tais, taisons ; **pprés** taisant ; **pp** tu

112. extraire

ind prés extrais, extrayons, extraient ; **imparfait** extrayais ; **ind fut** extrairai ; **subj prés** que j'extraie ; **imp** extrais, extrayons ; **pprés** extrayant ; **pp** extrait

113. clore

ind prés clos, closons ; **ind fut** clorai ; **subj prés** que je close ; **imp** clos ; **pprés** closant ; **pp** clos

114. vaincre

ind prés vaincs, vainquons ; **imparfait** vainquais ; **ind fut** vaincrai ; **subj prés** que je vainque ; **imp** vaincs, vainquons ; **pprés** vainquant ; **pp** vaincu

115. frire

ind prés fris ; **ind fut** frirai ; **imp** fris ; **pp** frit

116. foutre

ind prés fous, foutons ; **imparfait** foutais ; **ind fut** foutrai ; **subj prés** que je foute ; **imp** fous, foutons ; **pprés** foutant ; **pp** foutu

Grammaire de l'allemand

Deutsche Grammatik

Sommaire Inhaltsverzeichnis

1. Les genres

1.1 Les genres en allemand

- Il existe trois genres en allemand qui sont le masculin, le féminin et le neutre et auxquels correspondent :
- - trois articles définis : ***der, die, das***
  - deux articles indéfinis : ***ein*** pour le masculin et le neutre et ***eine*** pour le féminin.

***der* Mann**	*l'*homme	***ein* Mann**	*un* homme
***die* Frau**	*la* femme	***eine* Frau**	*une* femme
***das* Kind**	*l'*enfant	***ein* Kind**	*un* enfant

1.2 Les suffixes

- Les noms terminés par ***-ade, -age, -ei, -heit, -keit, -ie, -in, -schaft, -ung*** sont féminins.

die Marmelade la confiture	**die Garage** le garage
die Bäckerei la boulangerie	**die Schönheit** la beauté
die Eitelkeit la vanité	**die Familie** la famille
die Vaterschaft la paternité	**die Verbindung** la liaison

- Les noms terminés par ***-chen, -lein*** sont neutres.

das Mädchen la petite fille	**das Büchlein** le petit livre

- Les noms terminés par ***-ling, -or, -ismus*** sont masculins.

der Lehrling l'apprenti	**der Doktor** le docteur
der Feminismus le féminisme	

1.3 Les noms communs

- Ils prennent toujours une majuscule.

  Jeden *T*ag geht *S*tefan mit seinem *V*ater zum *F*ußball.
  Tous les jours, Stéphane va au foot avec son père.

2. Le pluriel

2.1 L'article défini

- On emploie au pluriel un seul article défini pour les trois genres : ***die***.

der Hund le chien	***die* Hunde** *les* chiens

2.2 La formation du pluriel

- On forme le pluriel soit par l'ajout d'une terminaison (par exemple ***-er***, ***-en*** ou ***-e*** pour citer les plus fréquentes), soit par celui d'une inflexion (le « **Umlaut** »), sur ***a***, ***o***, ou ***u*** ou encore en cumulant les deux.

der **Mann**	*l'*homme	***die*** **Männer**	*les* hommes
die **Frau**	*la* femme	***die*** **Frauen**	*les* femmes
das **Kind**	*l'*enfant	***die*** **Kinder**	*les* enfants

2.3 L'article indéfini

- Au pluriel, l'article indéfini n'existe pas : on met le nom au pluriel.

  Heute kommen *Freunde* zum Essen.
  Aujourd'hui, *des amis* viennent manger.

3. Le système de la déclinaison

3.1 Les noms sont déclinés selon leur fonction

- L'allemand est une langue à déclinaison, c'est-à dire que la forme du groupe nominal renseigne sur sa fonction dans la phrase. En allemand, il existe quatre cas et la déclinaison est essentiellement portée par le déterminant. Il convient donc de mémoriser les marques significatives des différents genres car elles permettent de repérer les cas et de décliner sans erreur.

  Dieser Pulli ist wirklich toll!
  Ce pull est vraiment chouette !

- **dieser Pulli** est sujet → on trouve un ***-r*** à la fin du déterminant défini car le mot est masculin

  Und wie findest du diesen Pulli?
  Et comment trouves-tu ce pull-là ?

- **diesen Pulli** est COD → on trouve un ***-n*** à la fin du déterminant défini ***Pulli***, masculin et COD

3.2 Comment reconnaître les marques des cas ?

- Il existe une marque significative qui renseigne sur le genre, le nombre et le cas d'un groupe nominal. Elle correspond à la dernière lettre portée par l'article défini au genre et au cas considéré.

	masculin	*féminin*	*neutre*	*pluriel*
Nominatif	**der Hund**	**die Katze**	**das Pferd**	**die Tiere**
Accusatif	**den Hund**	**die Katze**	**das Pferd**	**die Tiere**
Datif	**dem Hund**	**der Katze**	**dem Pferd**	**den Tieren**
Génitif	**des Hundes**	**der Katze**	**des Pferdes**	**der Tiere**

3.3 Les doubles marques

- Au génitif masculin et neutre, on trouve une double marque en *-s* : on ajoute un *-s* au nom et au déterminant.
- Au datif pluriel, on a une double marque en *-n* : on ajoute un *-n* au nom et au déterminant.

4. L'emploi des cas

4.1. Le nominatif

- Le nominatif s'emploie pour le sujet et son attribut.

  Mein Cousin **wohnt in Berlin.**
  Mon cousin habite à Berlin.

  Du bist ***mein bester Freund.***
  Tu es *mon meilleur ami*.

4.2. L'accusatif

- L'accusatif s'emploie essentiellement pour le complément d'objet direct (COD) et pour indiquer le lieu où le sujet va, ainsi qu'après 5 prépositions.

  Er kauft ***einen neuen Computer.***
  Il s'achète *un nouvel ordinateur.*

« ***einen neuen Computer*** » : COD, donc à l'accusatif masculin : on ajoute un *-n* sur le déterminant et un autre à l'adjectif.

  Ich gehe ***ins Wohnzimmer.***
  Je vais *dans le salon.*

- « ***ins Wohnzimmer*** » indique le lieu où le sujet va, il est donc à l'accusatif neutre : on ajoute un *-s* au déterminant qui est contracté ici avec la préposition. (**in das** = **ins**).

4.3. Le datif

- Le datif s'emploie essentiellement pour les compléments d'objet indirect (COI) et pour indiquer le lieu où le sujet fait l'action, ainsi qu'après 7 prépositions.
- Les 7 prépositions sont ***aus*** hors de, de ; ***bei*** chez [avec localisation] ; ***mit*** avec ; ***nach*** après, à, en ; ***seit*** depuis ; ***von*** de ; ***zu*** chez [avec direction].

  Ich schenke ***meiner Mutter*** **Blumen zum Geburtstag.**
  J'offre des fleurs ***à ma mère*** pour son anniversaire.

- « meiner Mutter » est le COI, et donc au datif féminin : on ajoute un *-r* au possessif.

  Heute essen wir *auf der Terrasse*.
  Aujourd'hui, on mange *sur la terrasse*.

- « auf der Terrasse » est un complément circonstantiel exprimant le lieu où le sujet fait l'action, il est donc au datif féminin : on met donc un *-r* en terminaison sur l'article.

4.4. Le génitif

- Le génitif est le cas le moins employé, on l'utilise en général pour le complément du nom.

  Das ist das Autos *meines Großvaters*.
  C'est la voiture *de mon grand-père*.

5. Les adjectifs et les adverbes

5.1 L'adjectif épithète

- Il se place toujours avant le nom et se décline

  Ich habe ein *gutes* Buch gelesen.
  J'ai lu un *bon* livre.

- On ajoute ***-es*** à l'adjectif ***gut*** car ***Buch*** est neutre et COD.

5.2 L'adjectif attribut

- Il est invariable et se place après le verbe d'état.

  Deine Katze sieht *nett* aus.
  Ta chatte a l'air *gentille*.

5.3 L'adverbe

- Il peut avoir la même forme que l'adjectif lui correspondant.
- **Der Wagen ist *schnell*.** ***schnell*** est un adjectif
  La voiture est *rapide*.
- **Der Wagen fährt *schnell*.** ***schnell*** est un adverbe
  La voiture va *vite*.

6. La place du verbe dans une phrase énonciative

6.1 Dans un phrase principale

- Dans une principale, le verbe conjugué se place en 2e position.

  In den Ferien *fahren* wir nach Spanien.
  Pendant les vacances, nous ***allons*** en Espagne.

Remarque : on peut trouver un sujet, un complément ou un adverbe avant le verbe. Si le sujet n'est pas placé en première position, il se mettra derrière le verbe.

6.2 Dans une phrase subordonnée

- Le verbe conjugué se place en dernière position dans une subordonnée.
  Ich hoffe, *dass* wir Sevilla *besichtigen werden*.
  J'espère que nous *visiterons* Séville.

7. Les trois types de questions

7.1 La question en *W*

- Les pronoms interrogatifs commencent tous par *w-* en allemand :

was : qu'est ce que, ***wie*** : comment, ***wie alt*** : quel âge, ***wie viel*** : combien de, ***wer*** : qui (et sa déclinaison), ***wann*** : quand, ***warum*** : pourquoi, ***wo*** : où (lieu où l'on est), ***wohin*** : où (lieu où l'on va), ***woher*** : d'où ?

- Le verbe conjugué suit le pronom interrogatif, simple ou composé.
  ***Warum* ist Maja heute nicht da?**
  Pourquoi Maja n'est-elle pas là aujourd'hui ?

7.2 La question commençant par le verbe

- La forme « est-ce que » n'existe pas en allemand, il suffit de commencer une question par le verbe conjugué si on peut y répondre par oui ou par non.
  ***Hat* sie dir etwas gesagt?**
  *Est-ce qu'*elle t'a dit quelque chose ?

7.3 La question indirecte

Son verbe conjugué sera toujours placé en fin de phrase puisque c'est une subordonnée. Elle est :

- soit introduite par le pronom interrogatif en *w-* :
  Ich möchte wissen, *warum* Maja heute nicht da *ist*.
  Je voudrais savoir *pourquoi* Maja n'*est* pas là aujourd'hui.
- soit introduite par le pronom interrogatif ***ob*** (= si)
  Ich möchte wissen, *ob* sie dir etwas *gesagt hat*.
  Je voudrais savoir *si* elle t'*a dit* quelque chose.

8. La conjugaison au présent

8.1 Règle générale de formation

- On utilise le radical du verbe (infinitif *en*) + terminaisons du présent.

Verbe régulier *spielen* jouer	Verbe fort en *a* *schlafen* dormir	Verbe fort en *e* *lesen* lire
ich spiel*e*	ich schlaf*e*	ich les*e*
du spiel*st*	du schl*ä*f*st*	du l*ie*s*t*
er/sie/es spiel*t*	er/sie/es schl*ä*f*t*	er/sie/es l*ie*s*t*
wir spiel*en*	wir schlaf*en*	wir les*en*
ihr spiel*t*	ihr schlaf*t*	ihr les*t*
sie spiel*en*	sie schlaf*en*	sie les*en*

8.2 Les auxiliaires au présent

haben avoir	*sein* être	*werden* devenir	*wollen* vouloir
ich habe	ich bin	ich werde	ich w*i*ll
du *hast*	du bist	du w*irst*	du w*i*llst
er/sie/es *hat*	er/sie/es ist	er/sie/es w*ird*	er w*i*ll
wir haben	wir sind	wir werden	wir wollen
ihr habt	ihr seid	ihr werdet	ihr wollt
sie haben	sie sind	sie werden	sie wollen

8.3 L'expression du futur

- Le présent avec un complément de temps futur exprime le futur.

  Nächste Woche *sehen* wir uns den neuen Film von F. Akin an.

  La semaine prochaine, on *va aller voir* le nouveau film de F. Akin.

9.La conjugaison au parfait

- Le parfait est formé avec le passé composé d'un auxiliaire conjugué + un participe passé.

9.1 Les verbes réguliers

- On utilise le participe passé = ***ge*** + radical + ***t***

spielen jouer	*rennen* courir
ich habe gespielt	ich bin gerannt

9.2 Les verbes irréguliers (ou forts)

- On utilise le participe passé = *ge* + radical parfois modifié + *en*.

singen chanter	***gehen*** marcher
ich habe gesungen	ich bin gegangen

9.3 Choisir un auxiliaire : haben ou sein?

- ***Haben*** est plus employé, notamment pour tous les verbes suivis d'un COD, ou réfléchis, ou pronominaux.

  Sie *hat* sich den Arm *gebrochen*.
  Elle *s'est cassé* le bras.

- ***Sein*** s'emploie pour les verbes qui expriment un changement de lieu ou d'état.

  König Ludwig XIV. *ist* 1715 *gestorben*.
  Louis XIV *est mort* en 1715.

10. Le prétérit

- Le prétérit correspond au passé simple et à l' imparfait français.

10.1 À l'oral

- Le prétérit des auxiliaires est beaucoup employé en liaison avec du parfait.

  Das Telefon *hat geklingelt*, als wir im Garten *waren*.
  Le téléphone ***a sonné*** alors que nous ***étions*** dans le jardin.

10.2 À l'écrit

- Le prétérit est le temps du récit. On l'utilise dans les contes, les récits et les articles de journal.

Remarque : le prétérit n'a jamais de ***t*** à la 3e pers. du sing.
Es *war* einmal eine Königstochter.
Il ***était*** une fois une princesse.

10.3 Formation du prétérit des verbes réguliers

- Radical du verbe + ***te*** + terminaisons du prétérit (identiques à celles des verbes de modalité) : **-ø, -st, -ø, -(e)n, -(e)t, -(e)n.**

  Sie *lebte* in einem Turm.
  Elle ***habitait*** dans une tour.

10.4 Formation du prétérit des verbes irréguliers (ou forts)

- Radical du verbe avec modification vocalique + terminaisons : *-ø, -st, -ø, -(e)n, -(e)t, -(e)n*.

  Als sie aus dem Fenster *sah*, bemerkte sie eine Schwalbe.
  Lorqu'elle *regarda* par la fenêtre, elle aperçut une hirondelle.

10.5 Formation du prétérit des verbes faibles irréguliers

- Ils modifient leur radical comme les verbes forts tout en prenant le *-te* du radical des verbes faibles.

  Sie verstand, dass sie ihr eine gute Nachricht brach*te*.
  (**brachte** vient de bringen).
  Elle comprit qu'elle lui apportait une bonne nouvelle.

Verbes irréguliers allemands

Unregelmäßige deutsche Verben

Infinitiv	*Präsens*	*Präteritum*	*Perfekt*
beginnen	beginnt	begann	hat begonnen
beißen	beißt	biss	hat gebissen
bitten	bittet	bat	hat gebeten
bleiben	bleibt	blieb	ist geblieben
bringen	bringt	brachte	hat gebracht
denken	denkt	dachte	hat gedacht
dürfen	darf	durfte	hat gedurft/dürfen
essen	isst	aß	hat gegessen
fahren	fährt	fuhr	hat/ist gefahren
finden	findet	fand	hat gefunden
fliegen	fliegt	flog	hat/ist geflogen
fließen	fließt	floss	ist geflossen
geben	gibt	gab	hat gegeben
gehen	geht	ging	ist gegangen
gelten	gilt	galt	hat gegolten
geschehen	geschieht	geschah	ist geschehen
gießen	gießt	goss	hat gegossen
greifen	greift	griff	hat gegriffen
haben	hat	hatte	hat gehabt
halten	hält	hielt	hat gehalten
heben	hebt	hob	hat gehoben
heißen	heißt	hieß	hat geheißen
helfen	hilft	half	hat geholfen
kennen	kennt	kannte	hat gekannt
kommen	kommt	kam	ist gekommen

Infinitiv	*Präsens*	*Präteritum*	*Perfekt*
können	kann	konnte	hat können/gekonnt
lassen	lässt	ließ	hat gelassen/lassen
laufen	läuft	lief	hat/ist gelaufen
leihen	leiht	lieh	hat geliehen
lesen	liest	las	hat gelesen
liegen	liegt	lag	hat gelegen
lügen	lügt	log	hat gelogen
messen	misst	maß	hat gemessen
mögen	mag	mochte	hat gemocht/mögen
müssen	muss	musste	hat gemusst/müssen
nehmen	nimmt	nahm	hat genommen
nennen	nennt	nannte	hat genannt
raten	rät	riet	hat geraten
reißen	reißt	riss	hat/ist gerissen
rennen	rennt	rannte	ist gerannt
riechen	riecht	roch	hat gerochen
rufen	ruft	rief	hat gerufen
schieben	schiebt	schob	hat geschoben
schießen	schießt	schoss	hat/ist geschossen
schlafen	schläft	schlief	hat geschlafen
schlagen	schlägt	schlug	hat/ist geschlagen
schließen	schließt	schloss	hat geschlossen
schneiden	schneidet	schnitt	hat geschnitten
schreiben	schreibt	schrieb	hat geschrieben
schreien	schreit	schrie	hat geschrie(e)n

Infinitiv	*Präsens*	*Präteritum*	*Perfekt*
schwimmen	schwimmt	schwamm	hat/ist geschwommen
sehen	sieht	sah	hat gesehen
sein	ist	war	ist gewesen
singen	singt	sang	hat gesungen
sitzen	sitzt	saß	hat gesessen
sprechen	spricht	sprach	hat gesprochen
springen	springt	sprang	hat/ist gesprungen
stehen	steht	stand	hat gestanden
stehlen	stiehlt	stahl	hat gestohlen
sterben	stirbt	starb	ist gestorben
stoßen	stößt	stieß	hat/ist gestoßen
streiten	streitet	stritt	hat gestritten
tragen	trägt	trug	hat getragen
treten	tritt	trat	hat getreten
trinken	trinkt	trank	hat getrunken
tun	tut	tat	hat getan
verlieren	verliert	verlor	hat verloren
waschen	wäscht	wusch	hat gewaschen
werden	wird	wurde	ist geworden/worden
werfen	wirft	warf	hat geworfen
wissen	weiß	wusste	hat gewusst
wollen	will	wollte	hat gewollt/wollen
ziehen	zieht	zog	hat/ist gezogen
zwingen	zwingt	zwang	hat gezwmungen

Guide de conversation

Sprachführer

Sommaire Inhaltsverzeichnis

Sommaire Inhaltsverzeichnis

Saluer qqn	Jn begrüßen
• Bonjour !	Guten Tag! Guten Morgen! [le matin]
• Bonsoir !	Guten Abend!
• Salut !	Hallo!
• Comment vas-tu ? [zu einem Freund]	Wie geht's (dir)?
• Ça va ?	Schön dich/Sie zu sehen.
• Comment allez-vous ? [Höflichkeitsform]	Wie geht es Ihnen?
• Très bien, merci.	Danke, bestens.
• Bien, merci.	Danke, gut.
• Et toi ?/Et vous ?	Und dir?/Und Ihnen?

Se présenter	Sich vorstellen
• Je m'appelle Pierre.	Ich heiße Pierre.
• Je suis français.	Ich bin Franzose.
• Je viens de Paris.	Ich komme aus Paris.
• Salut, moi c'est Marc.	Hallo, ich heiße Marc.
• Je me présente, je m'appelle Lola.	Darf ich mich vorstellen, ich heiße Lola.
• Je ne crois pas que nous nous connaissons.	Ich glaube nicht, dass wir uns kennen.

Présenter qqn	Jn vorstellen
• Voici M. Durand.	Das ist Herr Durand.
• Je vous présente M. Durand.	Darf ich Ihnen Herrn Durand vorstellen?

• Enchanté/enchantée.	Angenehm.
• Ravi de vous rencontrer/faire votre connaissance.	Ich freue mich sehr, Sie kennenzulernen.
• J'espère que vous avez fait bon voyage.	Ich hoffe, Sie hatten eine angenehme Reise.
• Bienvenue.	Herzlich willkommen.
• Je vais faire les présentations : …	Darf ich Sie miteinander bekannt machen:…

Prendre congé	**Sich verabschieden**
• Au revoir.	Auf Wiedersehen!
• À tout à l'heure.	Bis gleich!
• À bientôt.	Bis bald!
• À plus.	Bis dann!
• À plus tard.	Bis später!
• À un de ces jours.	Bis bald!
• À lundi.	Bis Montag.
• Bonsoir.	Guten Abend.
• Bonne nuit.	Gute Nacht.
• Je vous souhaite un bon voyage.	Ich wünsche Ihnen eine angenehme Reise.
• Heureux d'avoir fait votre connaissance.	Es freut mich, Sie kennen gelernt zu haben.
• Je vais devoir vous laisser.	Ich muss leider gehen.
• Salut la compagnie !	Tschüss alle zusammen!
• Mes amitiés à …	Viele Grüße an…
• Bonne continuation.	Weiterhin viel Erfolg!

Remercier	Sich bedanken
• Merci.	Danke.
• Merci beaucoup.	Vielen Dank.
• Vous de même.	Gleichfalls.
• Merci de votre aide.	Danke für Ihre Hilfe.
• Un grand merci pour tout.	Vielen Dank für alles.
• Je ne sais comment vous remercier.	Ich weiß gar nicht, wie ich Ihnen danken soll.
• Je vous suis très reconnaissant de …	Ich bin Ihnen sehr dankbar, dass…

Répondre à des remerciements	Auf einen Dank antworten
• Il n'y a pas de quoi.	Keine Ursache.
• De rien.	Bitte.
• Je vous en prie. Je t'en prie. [Höflichkeitsform]	Bitte schön. Bitte sehr. Gern geschehen!
• Ce n'est rien.	Nichts zu danken!
• C'est la moindre des choses.	Aber das ist doch selbstverständlich!

Présenter ses excuses	Sich entschuldigen
• Excusez-moi !	Entschuldigen Sie!
• Excuse-moi !	Entschuldige!
• Pardon.	Entschuldigung. Verzeihung.
• Je suis désolé.	Es tut mir leid.
• Je suis vraiment désolé.	Es tut mir wirklich leid.
• Désolé.	Es tut mir leid.

• Je suis désolé d'être en retard.	Entschuldigen Sie meine Verspätung.
• Je suis désolé de vous déranger.	Entschuldigen Sie die Störung.
• J'ai bien peur de devoir annuler le rendez-vous.	Ich fürchte, ich muss das Treffen absagen.
• Toutes mes excuses.	Entschuldigen Sie vielmals!

Accepter des excuses	Eine Entschuldigung annehmen
• Ce n'est pas grave.	Das ist nicht schlimm.
• Ça ne fait rien.	Das macht nichts.
• Il n'y a pas de mal.	Kein Grund zur Sorge.
• C'est oublié.	Schon vergessen!
• N'en parlons plus.	Reden wir nicht mehr davon.
• Ne vous excusez pas.	Sie brauchen sich nicht zu entschuldigen.

Exprimer des vœux	Wünsche aussprechen
• Bonne chance !	Viel Glück! Viel Erfolg! [à un examen]
• Amuse-toi bien !	Viel Spaß!
• Bon appétit !	Guten Appetit!
• Bon anniversaire !	Herzlichen Glückwunsch (zum Geburtstag)! Alles Gute (zum Geburtstag)!
• Joyeuses Pâques !	Frohe Ostern!
• Joyeux Noël !	Frohe Weihnachten! Fröhliche Weihnachten!
• Bonne année !	Frohes neues Jahr! Guten Rutsch (ins neue Jahr)!

• Bon week-end !	Schönes Wochenende!
• Bonnes vacances !	Schöne Ferien!
• Meilleurs vœux !	Alles Gute!
• Bonne journée !	Einen schönen Tag!
• Santé !	Prost!
• À votre santé !	Auf Ihr/euer Wohl!
• Bonne continuation !	Weiterhin viel Erfolg!
• Félicitations !	Herzlichen Glückwunsch!

Le temps	Das Wetter
• Il fait très beau aujourd'hui.	Heute ist sehr schönes Wetter.
• Il fait beau.	Es ist schönes Wetter.
• Il y a du soleil.	Die Sonne scheint.
• Il pleut.	Es regnet.
• Le ciel est couvert.	Es ist bedeckt.
• On annonce de la pluie pour demain.	Für morgen ist Regen angesagt.
• Quel temps épouvantable !	Was für ein schreckliches Wetter!
• Il fait (très) chaud.	Es ist (sehr) heiß.
• Il fait (très) froid.	Es ist (sehr) kalt.
• Quel temps fait-il ?	Wie ist das Wetter?
• Il y a une éclaircie.	Es klart etwas auf.
• Le temps est humide.	Es ist feucht.
• Le temps est très lourd.	Es ist sehr schwül.
• Pensez-vous que les températures vont remonter ?	Meinen Sie, dass es wärmer wird?
• J'espère que le temps va changer !	Ich hoffe, das Wetter wird besser!

Exprimer une opinion	Seine Meinung sagen
• Ça me plaît.	Das gefällt mir.
• Ça ne me plaît pas.	Das gefällt mir nicht.
• Oui, volontiers.	Ja, gerne.
• Non merci.	Nein, danke.
• Cela vous dirait-il de venir au cinéma avec nous ?	Hätten Sie/hättet ihr Lust, mit uns ins Kino zu kommen?
• Oui, avec grand plaisir.	Ja, sehr gerne!
• Je ne suis pas d'accord.	Ich sehe das anders.
• Je suis totalement de votre avis.	Ich bin ganz Ihrer Meinung.
• Ce n'est pas ma tasse de thé.	Das ist nicht mein Fall.
• Cela me tenterait bien.	Das würde mich schon reizen.
• Je préférerais quelque chose d'autre.	Ich würde etwas anderes vorziehen.
• J'adore la voile.	Ich segle sehr gern.
• À mon avis, …	Meiner Meinung nach…
• En ce qui me concerne, …	Was mich angeht,…

Au téléphone	Am Telefon
• Allô !	[pour appeler] Hallo! [en décrochant on dit le nom de l'entreprise et son nom de famille]
• Anne Martin à l'appareil.	Hier ist Anne Martin.
• Je voudrais parler à M. Meier.	Ich hätte gerne mit Herrn Meier gesprochen.
• J'appelle de la part de Mme Schmitt.	Ich rufe im Auftrag von Frau Schmitt an.

• Je rappellerai dans dix minutes.	Ich rufe in zehn Minuten noch mal an.
• Je préfère patienter.	Ich warte lieber.
• Puis-je lui laisser un message ?	Kann ich ihm/ihr etwas ausrichten?
• Excusez-moi, j'ai dû faire un mauvais numéro.	Entschuldigung, ich habe mich verwählt.
• Qui est à l'appareil ?	Wer spricht dort?
• Ne quittez pas, je vous le passe.	Bleiben Sie bitte dran, ich verbinde Sie.
• Pouvez-vous rappeler dans une heure ?	Können Sie in einer Stunde noch mal anrufen?
• Elle est absente jusqu'à demain.	Sie ist bis morgen nicht da.
• Je pense que vous faites erreur.	Ich glaube, Sie haben sich verwählt.

Relations professionnelles	**Berufliche Kontakte**
• Bonjour, je fais partie de Biotech.	Guten Tag, ich komme von Biotech.
• J'ai rendez-vous avec M. Martin à 14 h 30.	Ich habe um 14.30 Uhr einen Termin bei Herrn Martin.
• Voici ma carte de visite.	Hier ist meine Visitenkarte.
• Je voudrais voir le directeur.	Ich möchte bitte den Direktor sprechen.
• Mon adresse e-mail est paul@easyconnect.com.	Meine E-mail-Adresse ist paul@easyconnect.com.
• J'appelle pour prendre rendez-vous.	Ich rufe an, um einen Termin zu vereinbaren.
• Seriez-vous libre pour déjeuner ?	Hätten Sie zum Mittagessen Zeit?

• Ma secrétaire vous rappellera pour fixer une date.	Meine Sekretärin wird sich bei Ihnen melden, um einen Termin mit Ihnen zu vereinbaren.
• J'appelle de la part de Mme Schmitt.	Ich rufe im Auftrag von Frau Schmitt an.
• Je suis absent jusqu'à demain.	Ich bin bis morgen nicht da. Ich bin bis morgen außer Hause.

Louer une voiture	**Ein Auto mieten**
• Je voudrais louer une voiture climatisée pour une semaine.	Ich möchte ein Auto mit Klimaanlage für eine Woche mieten.
• Quel est le tarif pour une journée ?	Wie viel kostet das pro Tag?
• Le kilométrage est-il illimité ?	Gibt es eine Kilometerbegrenzung?
• Combien coûte l'assurance tous risques ?	Was kostet die Vollkaskoversicherung?
• Est-il possible de rendre la voiture à l'aéroport ?	Kann ich das Auto am Flughafen abgeben?
• Voici mon permis de conduire.	Hier ist mein Führerschein.

Circuler en voiture	**Im Auto**
• Comment rejoint-on le centre-ville/l'autoroute ?	Wie kommt man ins Zentrum/ auf die Autobahn?
• Y a-t-il un parking près d'ici ?	Ist hier in der Nähe ein Parkplatz?
• Est-ce que je peux stationner ici ?	Kann ich hier parken?

• Je cherche une station-service.	Ich suche eine Tankstelle.
• Où se trouve le garage le plus proche ?	Wo befindet sich die nächste Autowerkstatt?
• Est-ce bien la direction de la gare ?	Geht es hier zum Bahnhof?
• Est-ce que c'est loin en voiture ?	Ist das weit mit dem Auto?

À la station-service	An der Tankstelle
• Le plein, s'il vous plaît.	Volltanken, bitte.
• Je voudrais vérifier la pression des pneus.	Ich würde gerne den Reifendruck überprüfen.
• Pompe (numéro) 3.	Zapfsäule (Nummer) 3, bitte.
• Vous ne vendez pas de GPL ?	Verkaufen Sie kein Flüssiggas?
• Je voudrais une paire d'essuie-glaces.	Ich hätte gerne ein paar Scheibenwischer.

Chez le garagiste	In der Autowerkstatt
• Je suis en panne.	Ich habe eine Panne.
• Je suis en panne d'essence.	Ich habe kein Benzin mehr.
• L'air conditionné ne marche pas.	Die Klimaanlage funktioniert nicht.
• J'ai perdu le pot d'échappement.	Ich habe den Auspuff verloren.
• Ma voiture perd de l'huile.	Mein Auto verliert Öl.
• Le moteur chauffe.	Der Motor läuft heiß.
• Le moteur fait un drôle de bruit.	Der Motor macht ein komisches Geräusch.

• Pourriez-vous vérifier les freins ?	Können Sie bitte die Bremsen überprüfen?
• Pourriez-vous vérifier le niveau d'eau ?	Können Sie bitte den Kühlwasserstand überprüfen?
• La batterie est à plat.	Die Batterie ist leer.
• J'ai crevé.	Ich habe einen Platten.
• Il faut réparer le pneu.	Der Reifen muss repariert werden.
• Combien vont coûter les réparations ?	Wie viel wird die Reparatur kosten?

Prendre un taxi	Ein Taxi nehmen
• Pourriez-vous m'appeler un taxi ?	Könnten Sie mir bitte ein Taxi rufen?
• Où est la station de taxis ?	Wo ist der Taxistand?
• Je voudrais réserver un taxi pour 8 heures.	Ich hätte gerne ein Taxi für 8 Uhr.
• Combien coûte un taxi d'ici au centre-ville ?	Wie viel kostet ein Taxi von hier bis ins Zentrum?
• Combien de temps met-on pour aller à l'aéroport ?	Wie lang braucht man von hier bis zum Flughafen?
• Puis-je monter devant ?	Kann ich vorne sitzen?
• À la gare routière/à la gare/à l'aéroport, s'il vous plaît.	Zum Busbahnhof/Bahnhof/Flughafen, bitte.
• Veuillez vous arrêter ici/au feu/au coin de la rue.	Halten Sie bitte hier/an der Ampel/an der Ecke.
• Pourriez-vous m'attendre ?	Könnten Sie bitte auf mich warten?
• Je vous dois combien ?	Wie viel schulde ich Ihnen?

• Pourrais-je avoir une fiche ?	Kann ich bitte eine Quittung haben?
• Gardez la monnaie.	Stimmt so.

Prendre le car	**Mit dem Überlandbus fahren**
• Quand part le prochain car pour Stuttgart ?	Wann fährt der nächste Bus nach Stuttgart?
• De quel quai part-il ?	Von welchem Bussteig fährt er ab?
• Combien de temps met le car pour Heidelberg ?	Wie lange braucht der Bus bis Heidelberg?
• Combien coûte un aller-retour pour Weimar ?	Wie viel kostet die Hin- und Rückfahrt nach Weimar?
• Vous avez des tarifs réduits ?	Gibt es Ermäßigung?
• Y a-t-il des toilettes dans le car ?	Gibt es eine Toilette im Bus?
• Le car est-il climatisé ?	Ist der Bus klimatisiert?
• Excusez-moi, cette place est-elle occupée ?	Entschuldigung, ist dieser Platz besetzt?
• Cela vous ennuie si je baisse le store ?	Stört es Sie, wenn ich die Vorhänge zuziehe?
• Arrêt demandé	Wagen hält

Prendre le train	**Mit dem Zug fahren**
• Où se trouvent les guichets ?	Wo sind die Fahrkartenschalter?
• À quelle heure part le prochain train pour Paris ?	Um wie viel Uhr fährt der nächste Zug nach Paris?
• De quel quai part-il ?	Von welchem Gleis fährt er?

• Combien coûte un aller-retour pour Leipzig ?	Wie viel kostet die Hin- und Rückfahrt nach Leipzig?
• Y a-t-il un tarif jeune ?	Gibt es eine Ermäßigung für Jugendliche?
• Y a-t-il une consigne ?	Gibt es eine Gepäckaufbewahrung?
• Une place côté fenêtre (dans un wagon) non-fumeur(s) dans le sens de la marche, s'il vous plaît.	Einen Fensterplatz im Nichtraucherabteil in Fahrtrichtung, bitte.
• Je voudrais réserver une couchette dans le train de 21h pour Paris.	Ich möchte einen Platz im Liegewagen für den Nachtzug um 21 Uhr nach Paris reservieren.
• Est–ce que je dois composter mon billet ?	Muss ich meine Fahrkarte entwerten?
• Excusez-moi, cette place est-elle libre ?	Entschuldigung, ist dieser Platz frei?
• Où est la voiture restaurant ?	Wo befindet sich der Speisewagen?

À l'aéroport	Am Flughafen
• Où se trouve le terminal 1/la porte 2 ?	Wo befindet sich das Terminal 1 das Gate 2?
• Où est le comptoir Air France ?	Wo ist der Air-France-Schalter?
• Où dois-je enregistrer mes bagages ?	Wo kann man einchecken?
• J'aimerais une place côté couloir/hublot.	Ich hätte gerne einen Platz am Gang/am Fenster.
• À quelle heure est l'embarquement ?	Um wie viel Uhr gehen wir an Bord?

• J'ai raté ma correspondance.	Ich habe meinen Anschluss verpasst.
• J'ai perdu ma carte d'embarquement.	Ich habe meine Bordkarte verloren.
• Quand part le prochain vol pour Hambourg ?	Wann geht der nächste Flug nach Hamburg?
• Où récupère-t-on les bagages ?	Wo ist die Gepäckausgabe?
• Où se trouve la navette pour le centre-ville ?	Wo fährt der Shuttle zum Stadtzentrum ab?
• Quel est le moyen le plus rapide pour se rendre en ville ?	Wie kommt man am schnellsten in die Stadt?

Demander son chemin	Nach dem Weg fragen
• Pourriez-vous m'indiquer où nous sommes sur le plan ?	Können Sie mir bitte auf der Karte zeigen, wo wir sind?
• Où se trouve la gare routière/la poste ?	Wo befindet sich der Busbahnhof/die Post?
• Excusez-moi, comment faire pour aller à Königsallee ?	Entschuldigung, wie komme ich zur Königsallee?
• Où puis-je embarquer ?	Wo geht es an Bord?
• Pardon, où sont les ferrys ?	Entschuldigung, wo sind die Fähren?
• Est-ce que je dois continuer tout droit pour le musée d'art moderne ?	Geht es zum Museum für moderne Kunst geradeaus?
• Est-ce loin ?	Ist es weit?
• Est-ce bien la direction du métro ?	Geht es hier zur U-Bahn?
• Peut-on y aller à pied ?	Kann man dort zu Fuß hingehen?
• Faut-il prendre le bus/le métro ?	Muss man den Bus/die U-Bahn nehmen?

• Où est la station de métro la plus proche ?	Wo ist die nächste U-Bahn-Haltestelle?
• Y a-t-il un arrêt de bus à proximité ?	Ist hier in der Nähe eine Bushaltestelle?
• Pourriez-vous m'aider ? Je crois que je me suis perdu.	Können Sie mir bitte helfen? Ich glaube, ich habe mich verlaufen.

Se déplacer en ville	In der Stadt
• Quel est le bus pour l'aéroport ?	Welcher Bus fährt zum Flughafen?
• Où puis-je prendre le bus pour la gare ?	Wo fährt der Bus zum Bahnhof ab?
• J'aimerais un aller simple/un aller-retour pour Francfort.	Ich hätte gerne eine einfache Fahrkarte/eine Rückfahrkarte nach Frankfurt.
• Pourriez-vous me prévenir quand nous serons arrivés/à cet arrêt ?	Könnten Sie mir bitte Bescheid sagen, wenn wir da/an dieser Haltestelle sind?
• Est-ce que ce bus va à la gare ?	Fährt dieser Bus zum Bahnhof?
• Où faut-il prendre la ligne 12 vers Tutzing ?	Wo fährt die Linie 12 nach Tutzing ab?
• À quelle heure est le dernier métro/tramway ?	Um wie viel Uhr fährt die letzte U-Bahn/Straßenbahn?
• Un carnet (de tickets), s'il vous plaît.	Ein Fahrscheinheft, bitte.
• Où est le centre commercial ?	Wo ist das Einkaufszentrum?
• Peut-on y aller à pied ?	Kann man zu Fuß dorthin gehen?

Au café	Im Café
• Cette table/chaise est-elle libre ?	Ist dieser Tisch/Stuhl frei?
• S'il vous plaît !	Entschuldigung!

• Pourriez-vous nous apporter la carte des consommations ?	Könnten Sie uns bitte die Karte bringen?
• Deux cafés noirs, s'il vous plaît.	Zwei Tassen Kaffee, bitte.
• Je voudrais un café crème/ au lait.	Ich hätte gerne einen Milchkaffee.
• Un thé nature/citron/au lait.	Einen schwarzen Tee/mit Zitrone/mit Milch.
• Qu'est-ce que vous avez comme boissons chaudes/ fraîches ?	Was haben Sie für heiße/kalte Getränke?
• Avez-vous du soda sans sucre ?	Haben Sie zuckerfreie Limonade?
• Pourrais-je avoir des glaçons ?	Könnte ich Eiswürfel bekommen?
• Un jus d'orange/une eau minérale.	Einen Orangensaft/ein Mineralwasser.
• Puis-je avoir une autre bière ?	Könnte ich noch ein Bier bekommen?
• Où sont les toilettes ?	Wo ist die Toilette?
• Y a-t-il une zone fumeur ?	Gibt es einen Raucherbereich?

Au restaurant	Im Restaurant
• J'aimerais réserver une table pour 20 heures.	Ich möchte gerne einen Tisch für 20 Uhr bestellen.
• Une table pour deux personnes.	Einen Tisch für zwei Personen.
• Peut-on avoir une table dans la zone non-fumeurs ?	Könnten wir einen Tisch im Nichtraucherbereich haben?
• Voulez-vous quelque chose à boire/à manger ?	Möchten Sie etwas trinken/ essen?
• Avez-vous un menu enfant/ végétarien ?	Haben Sie einen Kinderteller/ vegetarische Gerichte?

• Nous aimerions prendre un apéritif.	Wir hätten gerne einen Aperitif.
• Une bouteille/un verre de vin blanc/rouge de la cuvée du patron, s'il vous plaît.	Eine Flasche/ein Glas weißen/roten Hauswein, bitte.
• Quelle est votre spécialité ?	Was ist Ihre Spezialität?
• Saignant/à point/bien cuit.	Englisch/medium/durchgebraten.
• Qu'est-ce que vous avez comme desserts ?	Was für Desserts haben Sie?
• L'addition, s'il vous plaît.	Zahlen, bitte.

À l'hôtel	**Im Hotel**
• Nous voudrions une chambre double/deux chambres simples.	Wir hätten gerne ein Doppelzimmer/zwei Einzelzimmer.
• J'aimerais une chambre pour deux nuits.	Ich hätte gerne ein Zimmer für zwei Nächte.
• J'ai réservé une chambre au nom de Berger.	Ich habe ein Zimmer auf den Namen Berger reserviert.
• J'ai réservé une chambre avec douche/avec salle de bains.	Ich habe ein Zimmer mit Dusche/Bad reserviert.
• Y a-t-il un parking réservé aux clients de l'hôtel ?	Gibt es einen Parkplatz für die Hotelgäste?
• La clé de la chambre 121, s'il vous plaît.	Den Schlüssel für Zimmer 121, bitte.
• Pourrais-je avoir un oreiller/une couverture supplémentaire ?	Könnte ich ein zusätzliches Kissen/eine zusätzliche Decke bekommen?
• Est-ce qu'il y a des messages pour moi ?	Ist Post für mich da? **[courrier]** Hat jemand für mich angerufen? **[téléphone]**

• À quelle heure est le petit déjeuner ?	Um wie viel Uhr gibt es Frühstück?
• J'aimerais prendre le petit déjeuner dans ma chambre.	Ich würde gerne auf meinem Zimmer frühstücken.
• Pourriez-vous me réveiller à 7 heures ?	Könnten Sie mich um 7 Uhr wecken?
• Je voudrais régler.	Ich würde gerne zahlen.

Les achats	Einkaufen
• Combien ça coûte ?/C'est combien ?	Wie viel kostet das?
• Je cherche des lunettes de soleil.	Ich suche eine Sonnenbrille.
• L'avez-vous en bleu ?	Haben Sie das in Blau?
• Je cherche un maillot de bain.	Ich suche eine Badehose. [hommes] Ich suche einen Badeanzug. [femmes]
• Je fais du 38.	Ich habe Größe 36.
• Je chausse du 40.	Ich habe Schuhgröße 40.
• Est-ce que je peux l'essayer ?	Kann ich das anprobieren?
• Est-ce que je peux l'échanger/ le faire rembourser ?	Kann ich das umtauschen/ zurückgeben?
• Où se trouvent les cabines d'essayage ?	Wo sind die Umkleidekabinen?
• Avez-vous la taille au-dessus/ en dessous ?	Haben Sie das eine Größe größer/kleiner da?
• Vendez-vous des enveloppes/ des plans de la ville ?	Verkaufen Sie Umschläge/ Stadtpläne?
• Une pellicule photo, s'il vous plaît.	Einen Film, bitte.
• À quelle heure fermez-vous ?	Um wie viel Uhr schließen Sie?

À l'office de tourisme	Bei der Touristeninformation
• À quelle heure le musée ferme-t-il ?	Um wie viel Uhr schließt das Museum?
• Où se trouve la piscine la plus proche ?	Wo ist das nächste Schwimmbad?
• Pourriez-vous m'indiquer une église (catholique) à proximité ?	Wo finde ich hier in der Nähe eine (katholische) Kirche?
• Savez-vous quand a lieu la messe/le prochain office religieux ?	Wissen Sie, wann der nächste Gottesdienst stattfindet?
• Y a-t-il un cinéma près d'ici ?	Gibt es hier in der Nähe ein Kino?
• À quelle distance se trouve la plage ?	Wie weit ist der Strand von hier entfernt?
• Avez-vous un plan de la ville ?	Haben Sie einen Stadtplan?
• Je cherche un hôtel pas trop cher.	Ich suche ein günstiges Hotel.
• Pouvez-vous me recommander un hôtel près du centre ?	Können Sie mir ein zentral gelegenes Hotel empfehlen?
• Avez-vous un guide des restaurants de la ville ?	Haben Sie einen Restaurantführer?

Le sport	Sport
• Nous aimerions voir un match de football, y en a-t-il un ce soir ?	Wir würden gerne ein Fußballspiel sehen, ist heute Abend eines?
• Où se trouve le stade ?	Wo ist das Stadion?
• Où peut-on louer des vélos ?	Wo können wir Fahrräder leihen?
• Je voudrais réserver un court (de tennis) pour 19 heures.	Ich möchte einen Tennisplatz für 19 Uhr reservieren.

• C'est combien pour une heure de cours ?	Wie viel kostet eine Stunde Unterricht?
• La piscine est-elle ouverte tous les jours ?	Ist das Schwimmbad jeden Tag geöffnet?
• Où peut-on se changer ?	Wo kann man sich umziehen?
• Peut-on louer du matériel ?	Können wir eine Ausrüstung leihen?
• Est-ce que vous louez des bateaux/pédalos ?	Vermieten Sie Boote/ Tretboote?
• Où peut-on faire un bowling par ici ?	Wo kann man hier Bowling spielen?
• J'aimerais faire une randonnée/une randonnée à vélo.	Ich möchte gerne eine Wanderung/eine Fahrradtour machen.

À la banque	In der Bank
• En petites coupures, s'il vous plaît.	In kleinen Scheinen, bitte.
• Cela fait combien ?	Wie viel macht das?
• Je voudrais échanger des chèques de voyage.	Ich möchte Reiseschecks einlösen.
• Je voudrais faire un transfert d'argent.	Ich möchte Geld überweisen.
• Quel est le montant de la commission ?	Wie hoch sind Ihre Gebühren?
• Où se trouve le distributeur de billets ?	Wo befindet sich der Bankautomat?
• Le distributeur a avalé ma carte de crédit.	Der Bankautomat hat meine Bankkarte geschluckt.
• Ma carte de crédit ne fonctionne pas.	Meine Bankkarte funktioniert nicht.

Au bureau de poste	Bei der Post
• Combien ça coûte pour envoyer une lettre/une carte postale à Paris ?	Wie viel kostet ein Brief/eine Postkarte nach Paris?
• Je voudrais dix timbres pour la France.	Ich hätte gerne zehn Briefmarken für Frankreich.
• Je voudrais envoyer ce paquet en recommandé.	Ich möchte dieses Päckchen als Einschreiben verschicken.
• Quel est le tarif pour un courrier urgent ?	Wie viel kostet ein Eilbrief?
• Combien de temps mettra-t-il pour arriver ?	Wann wird er wohl ankommen?
• J'aurais voulu une télécarte à 50 unités/dix euros.	Ich hätte gerne eine Telefonkarte für fünfzig Einheiten/zehn Euro.
• Puis-je envoyer un fax ?	Kann ich ein Fax schicken?
• Je voudrais envoyer un e-mail, pouvez-vous m'indiquer un cybercafé ?	Ich möchte eine E-Mail verschicken, kennen Sie ein Internetcafé?
• Je voudrais consulter l'annuaire.	Ich möchte etwas im Telefonbuch nachschauen.

Chez le médecin	Beim Arzt
• J'ai vomi.	Ich habe mich übergeben.
• J'ai la diarrhée.	Ich habe Durchfall.
• J'ai mal là.	Mir tut es hier weh.
• J'ai mal à la tête.	Ich habe Kopfschmerzen.
• J'ai mal à la gorge.	Ich habe Halsschmerzen.
• J'ai mal au ventre.	Ich habe Bauchschmerzen.

• Je ne peux plus marcher.	Ich kann nicht mehr laufen.
• Mon fils tousse.	Mein Sohn hustet.
• Il a de la fièvre.	Er hat Fieber.
• Je suis allergique à la pénicilline.	Ich bin allergisch gegen Penizillin.
• Je ne supporte pas les antibiotiques.	Ich vertrage keine Antibiotika.
• Je crois que j'ai une otite.	Ich glaube ich habe eine Ohrenentzündung.
• Je fais de l'hypertension.	Ich leide unter Bluthochdruck
• Je suis diabétique.	Ich bin Diabetiker/ Diabetikerin.
• Je crois que je me suis cassé le poignet.	Ich glaube, ich habe mir das Handgelenk gebrochen.
• Combien de temps dois-je suivre le traitement ?	Wie lange dauert die Behandlung?

Chez le dentiste	**Beim Zahnarzt**
• J'ai une rage de dents.	Ich habe Zahnschmerzen.
• C'est une molaire qui me fait mal.	Ein Backenzahn tut mir weh.
• J'ai perdu un plombage.	Ich habe eine Plombe verloren.
• J'ai certainement une carie.	Ich habe sicher Karies.
• Une de mes incisives s'est cassée.	Einer meiner Schneidezähne ist abgebrochen.
• Mes dents de sagesse me font souffrir.	Meine Weisheitszähne tun mir weh.
• Il faudrait refaire mon bridge.	Meine Brücke sollte neu gemacht werden.

• J'ai perdu mon appareil dentaire.	Ich habe meine Zahnspange verloren.
• Pourriez-vous me faire une anesthésie locale ?	Könnten Sie mir eine Spritze geben?

À la pharmacie	In der Apotheke
• Je voudrais un médicament contre les maux de tête/le mal de gorge/la diarrhée.	Können Sie mir etwas gegen Kopfschmerzen/ Halsschmerzen/ Durchfall geben?
• Il me faudrait de l'aspirine/ des pansements.	Ich bräuchte Aspirin/Pflaster.
• J'aurais voulu une crème solaire haute protection.	Ich hätte gerne eine Sonnencreme mit hohem Lichtschutzfaktor.
• Auriez-vous une lotion contre les piqûres d'insectes ?	Haben Sie eine Salbe gegen Insektenstiche?
• J'ai une ordonnance de mon médecin français.	Ich habe ein Rezept von meinem französischen Arzt.
• Vendez-vous ce médicament sans ordonnance ?	Verkaufen Sie dieses Medikament ohne Rezept?
• Pourriez-vous me recommander un médecin ?	Können Sie mir einen Arzt empfehlen?
• Où se trouve le médecin de garde ?	Welcher Arzt hat Bereitschaft?

Urgences	Notfälle
• Appelez un médecin/les pompiers/la police !	Rufen Sie einen Arzt/die Feuerwehr/die Polizei!
• Appelez une ambulance !	Rufen Sie einen Krankenwagen!

• **Pouvez-vous nous emmener aux urgences ?**	Können Sie uns zur Notaufnahme bringen?
• **Où est l'hôpital le plus proche ?**	Wo ist das nächste Krankenhaus?
• **Le groupe sanguin de mon fils est O+ (o plus).**	Mein Sohn hat Blutgruppe 0+ (Null plus).
• **Je dois voir un médecin/un dentiste de toute urgence.**	Ich muss dringend zum Arzt/ Zahnarzt.
• **On m'a volé.**	Ich bin bestohlen worden.
• **Il y a eu un accident.**	Es ist ein Unfall passiert.
• **On m'a volé ma voiture.**	Mein Auto ist gestohlen worden.
• **Nous avons été agressés.**	Wir sind überfallen worden.

Les chiffres et l'heure

Zahlen und Uhrzeit

Sommaire — Inhaltsverzeichnis

Nombres cardinaux		Grundzahlen
zéro	0	null
un	1	eins
deux	2	zwei
trois	3	drei
quatre	4	vier
cinq	5	fünf
six	6	sechs
sept	7	sieben
huit	8	acht
neuf	9	neun
dix	10	zehn
onze	11	elf
douze	12	zwölf
treize	13	dreizehn
quatorze	14	vierzehn
quinze	15	fünfzehn
seize	16	sechzehn
dix-sept	17	siebzehn
dix-huit	18	achtzehn
dix-neuf	19	neunzehn
vingt	20	zwanzig
vingt et un	21	einundzwanzig
trente	30	dreißig
quarante	40	vierzig
cinquante	50	fünfzig
soixante	60	sechzig
soixante-dix	70	siebzig
soixante et onze	71	einundsiebzig
quatre-vingts	80	achtzig
quatre-vingts-un	81	einundachtzig
quatre-vingt-dix	90	neunzig
cent	100	(ein)hundert
cent un	101	(ein)hunderteins
mille	1 000/1000	(ein)tausend

Nombres ordinaux Ordnungszahlen

premier	1er/1.	erste
deuxième	2ème/2.	zweite
troisième	3ème/3.	dritte
quatrième	4ème/4.	vierte
cinquième	5ème/5.	fünfte
sixième	6ème/6.	sechste
septième	7ème/7.	siebte
huitième	8ème/8.	achte
neuvième	9ème/9.	neunte
dixième	10ème/10.	zehnte
onzième	11ème/11.	elfte
douzième	12ème/12.	zwölfte
treizième	13ème/13.	dreizehnte
quatorzième	14ème/14.	vierzehnte
quinzième	15ème/15.	fünfzehnte
seizième	16ème/16.	sechzehnte
dix-septième	17ème/17.	siebzehnte
dix-huitième	18ème/18.	achtzehnte
dix-neuvième	19ème/19.	neunzehnte
vingtième	20ème/20.	zwanzigste
vingt et unième	21ème/21.	einundzwanzigste
vingt-deuxième	22e/22.	zweiundzwanzigste
vingt-troisième	23e/23.	dreiundzwanzigste
vingt-quatrième	24e/24.	vierundzwanzigste
vingt-cinquième	25e/25.	fünfundzwanzigste
vingt-sixième	26e/26.	sechsundzwanzigste
vingt-septième	27e/27.	siebenundzwanzigste

Nombres ordinaux Ordnungszahlen

vingt-huitième	28e/28.	achtundzwanzigste
vingt-neuvième	29e/29.	neunundzwanzigste
trentième	30ème/30.	dreißigste
quarantième	40ème/40.	vierzigste
cinquantième	50ème/50.	fünfzigste
centième	100ème/100.	(ein)hundertste
cent unième	101ème/101.	(ein)hunderterste
millième	1 000ème/1000.	(ein)tausendste

Valeurs mathématiques Zahlangaben

un demi	1/2	ein halb
deux tiers	2/3	zwei Drittel
trois quarts	3/4	drei Viertel
un dixième	1/10	ein Zehntel
un centième	1/100	ein Hundertstel
un millième	1/1 000-1/1000	ein Tausendstel

Le calcul / Rechenbeispiele

huit plus deux égal dix	8+2=10	acht plus zwei ist zehn acht plus zwei macht / gleich zehn
neuf moins trois égal six	9-3=6	neun minus drei ist sechs
sept fois trois égal vingt et un	7×3=21	sieben mal drei ist einundzwanzig
vingt divisé par quatre égal cinq	20:4=5	zwanzig (geteilt) durch vier ist fünf
la racine carrée de neuf est trois	$\sqrt{9}=3$	die Wurzel aus neun ist drei
cinq au carré égal vingt-cinq	$5^2=25$	fünf im Quadrat macht fünfundzwanzig

Longueur Längenmaße

millimètre	mm	Millimeter
centimètre	cm	Zentimeter
mètre	m	Meter
kilomètre	km	Kilometer

Superficie Flächenmaße

centimètre carré	cm^2	Quadratzentimeter
mètre carré	m^2	Quadratmeter
are (= 100 m^2)	a	Ar (= 100 m^2)
hectare (= 10 000 m^2)	ha	Hektar (= 10,000 m^2)
kilomètre carré	km^2	Quadratkilometer

Capacité Hohlmaße

décilitre	dl	Deziliter
litre	l	Liter

Volume Raummaße

centimètre cube	cm^3	Kubikzentimeter
mètre cube	m^3	Kubikmeter

Poids Gewichte

milligramme	mg	Milligramm
gramme	g	Gramm
hectogramme	hg	Hektogramm
livre	500 g	Pfund
kilo(gramme)	kg	Kilo(gramm)
quintal	q	Doppelzentner (in D) Zentner (in A, CH)
tonne	t	Tonne

La date Das Datum

seize octobre mille neuf cent soixante-quinze	16/10/1975	sechzehnter Oktober neunzehnhundertfünfundsiebzig
mille quatre cent quatre-vingt-douze	1492	vierzehnhundertzweiundneunzig
deux mille douze	2012	zweitausendzwölf
le dix-huitième siècle	s. XVIII/ XVIIIe s.	im achtzehnten Jahrhundert

La semaine Die Woche

le lendemain	am folgenden Tag
le matin	der Morgen/Vormittag
l'après-midi	der Nachmittag
le soir/la soirée	der Abend
la nuit	die Nacht
avant-hier	vorgestern
hier	gestern
hier matin	gestern früh/Morgen/Vormittag
hier soir	gestern Abend
aujourd'hui	heute
ce matin	heute früh/Morgen/Vormittag
ce soir	heute Abend
cette nuit	heute Nacht
demain	morgen
demain matin	morgen früh/Vormittag
demain après-midi	morgen Nachmittag
après-demain	übermorgen
la veille	am Vortag

L'heure Die Uhrzeit

cinq heures		fünf Uhr (morgens)
sept heures cinq		sieben Uhr fünf oder fünf nach sieben
huit heures dix		acht Uhr zehn oder zehn nach acht
neuf heures et quart ou neuf heures quinze		neun Uhr fünfzehn oder Viertel nach neun
dix heures vingt		zehn Uhr zwanzig oder zwanzig nach zehn
onze heures et demie		elf Uhr dreißig oder halb zwölf
midi minuit		zwölf Uhr (mittags) Mitternacht
midi et demie		zwölf Uhr dreißig oder halb eins
une heure/treize heure une heure (du matin)		ein Uhr (mittags) oder dreizehn Uhr ein Uhr (nachts)
deux ou quatorze heures		zwei ou vierzehn Uhr
quatre heures moins le quart ou quinze heures quarante-cinq		Viertel vor vier oder drei viertel vier oder fünfzehn Uhr fünfundvierzig
cinq ou dix-sept heures vingt-trois		fünf oder siebzehn Uhr dreiundzwanzig

Allemand-Français

Deutsch-Französisch

A

A [aː] (*pl inv*) (*abk für* **Autobahn**) **die** A *f.*

à [aː] **präp** *(+ A)* à ▸ **15 Stück à 2,95 Euro** 15 pièces à 2,95 euros.

Aachen [aːxn̩] **nt** Aix-la-Chapelle.

Aal [aːl] (*pl* **-e**) **der** anguille *f.*

Aargau ['aːɐ̯gau] **der** Argovie *f.*

ab [ap] ◆ **präp** *(+ D)* à partir de ▸ **ab 8 Uhr** à partir de 8 heures ▸ **ab 18 (Jahren)** à partir de 18 ans ▸ **wir fliegen ab Paris** notre vol part de Paris ▸ **ab Dortmund 12.35 Uhr** départ de Dortmund à 12 h 35
◆ **adv** [los, weg] : **ab ins Bett!** allez hop, au lit !
◆ **ab und zu adv** de temps en temps.

Abb. (*abk für* **Abbildung**) fig. *(figure)*.

ab◦bauen ['apbauən] **vt 1.** [Gerüst, Bühne, Zelt] démonter **2.** [Defizit, Personal] réduire **3.** [Kohle, Erz] extraire.

ab◦bestellen ['apbəʃtɛlən] **vt 1.** [Zimmer] annuler **2.** [Zeitung] résilier l'abonnement de.

ab◦biegen ['apbiːgn̩] **vi** *(unreg, ist)* tourner ▸ **nach rechts / links abbiegen** tourner à droite / gauche.

Abbiegespur ['apbiːgəʃpuːɐ̯] (*pl* **-en**) **die** voie *f* de sélection.

ab◦bilden ['apbɪldn̩] **vt** représenter.

Abbildung ['apbɪldʊŋ] (*pl* **-en**) **die** illustration *f.*

ab◦blenden ['apblɛndn̩] **vi** se mettre en code.

Abblendlicht ['apblɛntlɪçt] **das** feux *mpl* de croisement.

ab◦brechen ['apbrɛçn̩] ◆ **vt** *(unreg, hat)* **1.** [Zweig, Brot] casser **2.** [Konzert, Gespräch] interrompre **3.** EDV annuler.
◆ **vi** *(unreg, ist)* **1.** [Zweig, Henkel] se casser **2.** [Stimme, Geräusch] cesser.

ab◦bringen ['apbrɪŋən] **vt** *(unreg)* **1.** [ablenken] : **jn von etw abbringen** détourner qqn de qqch **2.** [beeinflussen] : **jn davon abbringen, etw zu tun** dissuader qqn de faire qqch.

Abbruchtaste ['apbrʊxtastə] (*pl* **-n**) **die** touche *f* d'annulation.

ab◦buchen ['apbuːxn̩] **vt** prélever.

ab◦dichten ['apdɪçtn̩] **vt** calfeutrer.

Abdichtung ['apdɪçtʊŋ] **die** calfeutrage *m.*

Abend ['aːbn̩t] (*pl* **-e** ['aːbn̩də]) **der** soirée *f* ▸ **guten Abend!** bonsoir ! ▸ **am Abend** le soir ▸ **heute / gestern / morgen Abend** ce / hier / demain soir ▸ **zu Abend essen** dîner ▸ **bunter Abend** soirée au programme varié.

Abendbrot ['aːbn̩tbroːt] **das** *(ohne pl)* repas *m* du soir.

ⓘ Abendbrot

Littéralement, « pain du soir » (en Suisse Brotzeit, en Autriche Nachtmahl). Pour les Allemands, le repas du soir est souvent frugal et froid : du pain, des tomates, un peu de charcuterie et du fromage.

Abendessen ['a:bn̩tɛsn̩] (*pl inv*) **das** dîner *m*.

Abendgarderobe ['a:bn̩tgardəro:bə] (*pl* -n) **die** (*ohne pl*) tenue *f* de soirée.

Abendkasse ['a:bn̩tkasə] (*pl* -n) **die** vente *f* au guichet (*avant le spectacle*).

Abendmahl ['a:bn̩tma:l] (*pl* -e) **das** **1.** Cène *f* **2.** [Kommunion] communion *f*.

abends ['a:bn̩ts] **adv** le soir ▸ **spät abends** tard dans la soirée.

Abenteuer ['a:bn̩tɔyɐ] (*pl inv*) **das** aventure *f*.

Abenteuerurlaub ['a:bn̩tɔyɐu:ɐ̯laup] (*pl* -e) **der** circuit *m* évasion.

aber [a:'bɐ] ◆ **konj** mais. ◆ **adv** : **jetzt ist aber Schluss!** ça suffit maintenant ! ▸ **das ist aber nett!** comme c'est gentil ! ▸ **aber gerne!** mais volontiers ! ▸ **du kommst aber spät!** tu arrives bien tard ! ▸ **aber bitte!** mais je vous en ODER je t'en prie !

Aberglaube [a:'bɐglaubə] **der** superstition *f*.

abergläubisch [a:'bɐglɔybɪç] **adj** superstitieux(euse).

ab◦fahren ['apfa:rən] ◆ **vi** (*unreg, ist*) **1.** [starten] partir **2.** [von Autobahn] quitter l'autoroute. ◆ **vt** (*unreg, hat*) **1.** [Reifen] user **2.** [Weg, Strecke] parcourir.

Abfahrt ['apfa:ɐ̯t] (*pl* -en) **die** **1.** [von Zug, Bus] départ *m* **2.** [von Autobahn] sortie *f* **3.** [von Skifahrer] descente *f*.

Abfahrtszeit ['apfa:rtstsait] (*pl* -en) **die** heure *f* de départ.

Abfall ['apfal] (*pl* -**fälle** [fɛlə]) **der** [Müll] ordures *fpl*.

Abfalleimer ['apfallaimɐ] (*pl inv*) **der** poubelle *f*.

ab◦fallen ['apfalən] **vi** (*unreg, ist*) [Apfel] tomber.

abfällig ['apfɛlɪç] **adj** désobligeant(e).

ab◦färben ['apfɛrbn̩] **vi** [Material] déteindre.

Abfertigungsschalter ['apfɛrtɪgʊŋsʃaltɐ] (*pl inv*) **der** guichet *m* d'enregistrement.

Abfindung ['apfɪndʊŋ] (*pl* -en) **die** dédommagement *m*, indemnisation *f*.

ab◦fliegen ['apfli:gn̩] **vi** (*unreg, ist*) partir.

Abflug ['apflu:k] (*pl* -**flüge** [fly:gə]) **der** départ *m*.

Abflughalle ['apflu:khalə] (*pl* -n) **die** hall *f* d'embarquement.

Abflugtag ['apflu:kta:k] (*pl* -e) **der** jour *m* du départ (*en avion*).

Abflugterminal ['apflu:ktøɐ̯minəl] (*pl* -s) **das** terminal *m*.

Abflugzeit ['apflu:ktsait] (*pl* -en) **die** heure *f* de départ.

Abfluss ['apflʊs] (*pl* -**flüsse** [flysə]) **der** [im Waschbecken] bonde *f*.

Abfrage ['apfra:gə] (*pl* -n) **die** requête *f*.

Abführmittel ['apfy:rmɪtl] (*pl inv*) **das** laxatif *m*.

Abgase ['apga:zə] **pl** gaz *mpl* d'échappement.

Abgasgrenzwert ['apga:sgrɛntsvɛ:ɐ̯t] (*pl* -e) **der** valeur *f* limite des gaz d'échappement.

ab◦geben ['apge:bn̩] **vt** (*unreg*) **1.** [Brief, Formular] remettre **2.** [an der Garderobe] déposer **3.** [Wärme, Feuchtigkeit] dégager **4.** [Erklärung] faire **5.** [Urteil] émettre ▸ **jm etw abgeben** donner qqch à qqn ▸ **'billig abzugeben'** cédons à bas prix.

abgebildet ['apgəbɪldɛt] **adj** : **wie abgebildet** comme sur le schéma.

abgekocht ['apgəkɔxt] **adj** : **abgekochtes Wasser trinken** faire bouillir l'eau avant de la boire.

abgelaufen ['apgəlaufn̩] **adj 1.** [Pass] périmé(e) **2.** [Zeit] écoulé(e).

abgemacht ['apgəmaxt] **interj** entendu.

abgenutzt ['apgənʊtst] **adj** usé(e).

abgepackt ['apgəpakt] **adj** conditionné(e).

abgeschlossen ['apgəʃlɔsn̩] ◆ **pp** → **abschließen.** ◆ **adj** : **abgeschlossene Berufsausbildung** formation achevée.

ab◦gewöhnen ['apgəwø:nən] **vt** : **sich** *(D)* **das Rauchen abgewöhnen** arrêter de fumer.

abgezählt ['apgətsɛ:lt] **adj** : **das Geld abgezählt bereithalten** préparer l'appoint.

abhaken ['apha:kn̩] **vt** cocher.

Abhang ['aphaŋ] (*pl* **-hänge** [hɛŋə]) **der** pente *f*.

ab◦hängen ['aphɛŋən] ◆ **vt 1.** [Anhänger] décrocher **2.** [Verfolger] semer. ◆ **vi** *(unreg)* : **das hängt vom Wetter ab** cela dépend du temps ▸ **das hängt davon ab, ob ...** cela dépend si...

abhängig ['aphɛŋɪç] **adj** dépendant(e) ▸ **abhängig sein von** dépendre de.

ab◦heben ['aphe:bn̩] ◆ **vt** *(unreg)* **1.** [Telefon] décrocher **2.** [Geld] retirer. ◆ **vi** *(unreg)* [Flugzeug] décoller.

ab◦heften ['aphɛftn̩] **vt** classer.

ab◦holen ['apho:lən] **vt** aller chercher.

Abitur [abi:'tu:ɐ̯] **das** baccalauréat *m*.

> ⓘ **Abitur**
>
> Communément appelé Abi, l'Abitur est l'équivalent de notre baccalauréat et donne accès aux études universitaires. En Allemagne, le système éducatif ne dépend pas de l'État fédéral mais des Länder.

ab◦kaufen ['apkaufn̩] **vt 1.** [kaufen] : **jm etw abkaufen** acheter qqch à qqn **2.** *fam* [glauben] : **das kaufe ich dir nicht ab** tu ne vas pas me faire avaler ça.

ab◦klappern ['apklapɐn] **vt** faire ▸ **alle Geschäfte abklappern** faire tous les magasins.

Abkommen ['apkɔmən] (*pl inv*) **das** accord *m*.

ab◦kühlen ['apky:lən] **vi** *(ist)* **1.** refroidir **2.** [Luft] se refroidir ▸ **es kühlt ab** [Wetter] ça se rafraîchit. ◆ **sich abkühlen ref** se refroidir, se rafraîchir.

ab◦kürzen ['apkyrtsn̩] **vt 1.** [Strecke] raccourcir **2.** [Wort] abréger.

Abkürzung ['apkyrtsʊŋ] (*pl* **-en**) **die 1.** [von Strecke] raccourci *m* **2.** [von Wort] abréviation *f*.

ab◦legen ['aple:gn̩] ◆ **vt 1.** [Mantel] retirer **2.** [Gewohnheit, Charakterzug] abandonner **3.** [Prüfung] passer. ◆ **vi** [Schiff] lever l'ancre ▸ **legen Sie bitte ab!** débarrassez-vous !

ab◦lehnen ['aple:nən] **vt 1.** [Vorschlag, Bitte] décliner **2.** [Person, Ansicht] refuser.

ab◦lenken ['aplɛŋkn̩] **vt** distraire.

ab◦lesen ['aple:zn̩] **vt** *(unreg)* **1.** [Temperatur, Kilometerstand] relever **2.** [Text] lire.

ab◦liefern ['apli:fɐn] **vt** remettre.

ab◦lösen ['aplø:zn̩] **vt 1.** [Etikett, Pflaster] décoller **2.** [Person] relayer. ◆ **sich ablösen ref 1.** [Personen] se relayer **2.** [Tapete, Etikett] se décoller.

ab◦machen ['apmaxn̩] **vt 1.** [entfernen] retirer **2.** [vereinbaren] convenir de ▸ **mit jm etw abmachen** convenir de qqch avec qqn.

ab◦melden ['apmɛldn̩] **vt** **1.** [Telefon] résilier l'abonnement de **2.** [Auto] retirer de la circulation **3.** [Person] rayer des listes. ◆ **sich abmelden** **ref** [Person] se décommander.

ab◦montieren ['apmɔn'tiːrən] **vt** démonter ▸ **etw (von etw) abmontieren** démonter qqch (de qqch).

ab◦nehmen ['apneːmən] ◆ **vt** *(unreg)* **1.** [Bild, Wäsche, Telefon] décrocher **2.** [Brille, Hut, Bein] enlever **3.** [Blut] prélever. ◆ **vi** *(unreg)* **1.** [Anzahl] diminuer **2.** [Person] perdre du poids ▸ **jm etw abnehmen** a) [Arbeit, Last] décharger qqn de qqch b) [abkaufen] prendre qqch à qqn ▸ **fünf Kilo abnehmen** perdre cinq kilos ▸ **das nehme ich dir nicht ab** *fam* tu ne me feras pas avaler ça.

Abonnement [abɔnə'mɑ̃ː] (*pl* **-s**) **das** abonnement *m*.

abonnieren [abɔ'niːrən] **vt** s'abonner à.

ab◦raten ['apraːtn̩] **vi** *(unreg, + D)* : **jm vom Kauf eines Autos abraten** déconseiller à qqn l'achat d'une voiture.

ab◦räumen ['aprɔymən] **vt** débarrasser.

ab◦reagieren ['apreagiːrən] ◆ **sich abreagieren** **ref** se défouler ▸ **sich an jm abreagieren** se défouler sur qqn.

ab◦rechnen ['aprɛçnən] ◆ **vi** **1.** [mit Rechnung] faire les comptes **2.** *fam* [sich rächen] régler ses comptes. ◆ **vt** [subtrahieren] déduire.

Abrechnung ['aprɛçnʊŋ] (*pl* **-en**) **die** comptes *mpl*.

ab◦reiben ['apraibn̩] **vt** *(unreg)* **1.** [Fläche, Gegenstand] frotter **2.** [Schmutz] enlever.

Abreise ['apraizə] **die** départ *m*.

ab◦reisen ['apraizn̩] **vi** *(ist)* partir.

ab◦reißen ['apraisn̩] ◆ **vt** *(unreg, hat)* **1.** [Pflaster, Zettel] arracher **2.** [Haus] démolir. ◆ **vi** *(unreg, ist)* **1.** [Seil] lâcher **2.** [Verbindung] cesser.

ab◦richten ['aprɪçtn̩] **vt** dresser.

ab◦runden ['aprʊndn̩] **vt** arrondir.

abrupt [ap'rʊpt] ◆ **adj** brusque. ◆ **adv** brusquement.

ABS [aːbeː'ʔɛs] (*abk für* **Antiblockiersystem**) **das** ABS *m*.

Abs. **1.** (*abk für* **Absender**) exp. *(expéditeur)* **2.** (*abk für* **Absatz**) alinéa *m*.

ab◦sagen ['apzaːgn̩] ◆ **vt** annuler. ◆ **vi** *(+ D)* annuler le rendez-vous avec.

Absatz ['apzats] (*pl* **-sätze**) **der** **1.** [vom Schuh] talon *m* **2.** [Verkauf] vente *f* **3.** [im Text] paragraphe *m*.

ab◦schaffen ['apʃafən] **vt** **1.** [Institution] supprimer **2.** [Gesetz] abroger **3.** [Haustier, Auto] se débarrasser de.

ab◦schalten ['apʃaltn̩] ◆ **vt** éteindre. ◆ **vi** **1.** [entspannen] décrocher **2.** [Gerät] se débrancher.

abscheulich [ap'ʃɔylɪç] **adj** horrible.

ab◦schicken ['apʃɪkn̩] **vt** envoyer.

ab◦schieben ['apʃiːbn̩] **vt** *(unreg)* [Flüchtling] refouler.

Abschied ['apʃiːt] (*pl* **-e** [ʃiːdə]) **der** adieux *mpl*.

Abschlagszahlung ['apʃlaːkstsaːlʊŋ] (*pl* **-en**) **die** paiement *m* échelonné.

Abschleppdienst ['apʃlɛpdiːnst] (*pl* **-e**) **der** service *m* de dépannage.

ab◦schleppen ['apʃlɛpn̩] **vt** **1.** [Auto] dépanner **2.** *fam* [mitnehmen] lever.

Abschleppseil ['apʃlɛpzail] (*pl* **-e**) **das** câble *m* de remorquage.

Abschleppwagen ['apʃlɛpvaːgn̩] (*pl* *inv*) **der** dépanneuse *f*.

abschließbar ['apʃliːsbaːɐ̯] **adj** [Schrank] que l'on peut fermer à clé.

ab◦schließen ['apʃliːsn̩] ◆ **vt** *(unreg)* **1.** [Tür, Wohnung] fermer à clé **2.** [beenden] terminer **3.** [Vertrag] conclure. ◆ **vi** : **abschließen mit** se terminer par.

Abschluss ['apʃlʊs] (*pl* **-schlüsse**) **der** [von Schule, Studium] diplôme *m* de fin d'études.

ab◦schmecken ['apʃmɛkn̩] **vt** vérifier l'assaisonnement de.

ab◦schminken ['apʃmɪŋkn̩] **vt** démaquiller. ◆ **sich abschminken ref** se démaquiller.

ab◦schneiden ['apʃnaidn̩] ◆ **vt** *(unreg)* couper. ◆ **vi** *(unreg)* **: gut / schlecht abschneiden** obtenir un bon / mauvais résultat ▸ **sich ein Stück Käse abschneiden** se couper un morceau de fromage ▸ **jm die Haare abschneiden** couper les cheveux à qqn.

Abschnitt ['apʃnɪt] (*pl* **-e**) **der 1.** [von Karte, Ticket] talon *m* **2.** [im Text] paragraphe *m* **3.** [von Strecke] tronçon *m*.

ab◦schrauben ['apʃraubn̩] **vt** dévisser.

ab◦schreiben ['apʃraibn̩] **vt** *(unreg)* [Text] copier ▸ **etw abschreiben können** *fam* faire son deuil de qqch.

absehbar ['apzeːbaːɐ̯] **adj** prévisible.

abseits ['apzaits] **adv** SPORT hors-jeu ▸ **abseits stehen / bleiben** être / rester à l'écart.

Absender ['apzɛndɐ] (*pl* *inv*) **der** expéditeur *m*.

ab◦setzen ['apzɛtsn̩] **vt 1.** [Hut, Brille] enlever **2.** [Tasche, Glas] poser **3.** [Mitfahrer] déposer **4.** [Medikament] arrêter de prendre **5.** [Film, Theaterstück] retirer **6.** [von der Steuer] déduire. ◆ **sich absetzen ref 1.** [Kalk, Schlamm] se déposer **2.** *fam* [fliehen] décamper.

ab◦sichern ['apzɪçɐn] **vt** protéger. ◆ **sich absichern ref** se protéger.

Absicht ['apzɪçt] (*pl* **-en**) **die** [Vorhaben] intention *f* ▸ **mit Absicht** intentionnellement.

absichtlich ['apzɪçtlɪç] ◆ **adj** intentionnel(elle). ◆ **adv** intentionnellement.

absolut [apzo'luːt] ◆ **adj** absolu(e). ◆ **adv** absolument.

abspeichern ['apʃpaiçɐn] **vt** enregistrer.

ab◦sperren ['apʃpɛrən] ◆ **vt 1.** [Straße] barrer **2.** [Tür, Wohnung] verrouiller. ◆ **vi** verrouiller.

Absperrung ['apʃpɛrʊŋ] (*pl* **-en**) **die** barrage *m*.

ab◦sprechen ['apʃprɛçn̩] **vt** *(unreg)* convenir de ▸ **mit jm etw absprechen** convenir de qqch avec qqn. ◆ **sich absprechen ref** se mettre d'accord.

Abstand ['apʃtant] (*pl* **-stände** [ʃtɛndə]) **der 1.** [räumlich] espace *m* **2.** [zeitlich] intervalle *m* **3.** [innere Distanz] recul *m* ▸ **mit Abstand** de loin ▸ **Abstand halten** garder ses distances.

Abstecher ['apʃtɛçɐ] (*pl* *inv*) **der** détour *m* ▸ **einen Abstecher machen** faire un détour.

ab◦stellen ['apʃtɛlən] **vt 1.** [Gerät] éteindre **2.** [Strom] couper **3.** [Fahrrad] déposer **4.** [hinstellen] poser **5.** [Missstand, Problem] mettre fin à.

Abstellraum ['apʃtɛlraum] (*pl* **-räume** [rɔymə]) **der** débarras *m*.

Abstieg ['apʃtiːk] **der 1.** [ins Tal] descente *f* **2.** SPORT relégation *f*.

ab◦stimmen ['apʃtɪmən] **vi** voter ▸ **abstimmen über** *(+ A)* voter ▸ **abstimmen auf** *(+ A)* [anpassen] adapter à.

Abstimmung ['apʃtɪmʊŋ] (*pl* -en) **die** [Wahl] vote *m*.

abstrakt [ap'strakt] **adj** abstrait(e).

ab∘strampeln ['apʃtrampl̩n] ◆ **sich abstrampeln ref** *fam* galérer.

ab∘streiten ['apʃtraitn̩] **vt** *(unreg)* [widersprechen] contester.

ab∘stürzen ['apʃtyrtsn̩] **vi** *(ist)* **1.** [Flugzeug] s'écraser **2.** EDV planter.

absurd [ap'zʊrt] **adj** absurde.

Abt. (*abk für* Abteilung) dépt. *(département)*.

Abtei [ap'tai] (*pl* -en) **die** abbaye *f*.

Abteil [ap'tail] (*pl* -e) **das** [im Zug] compartiment *m*.

Abteilung [ap'tailʊŋ] (*pl* -en) **die 1.** [in Firma] département *m* **2.** [in Kaufhaus] rayon *m*.

Abtreibung ['aptraibʊŋ] (*pl* -en) **die** avortement *m*.

ab∘trocknen ['aptrɔknən] **vt 1.** [Geschirr] essuyer **2.** [Person] sécher ▸ **sich (D) etw abtrocknen** s'essuyer qqch. ◆ **sich abtrocknen ref** s'essuyer.

abwärts ['abvɛrts] **adv** vers le bas.

Abwasch ['apvaʃ] **der** vaisselle *f*.

ab∘waschen ['apvaʃn̩] ◆ **vt** *(unreg)* **1.** [Geschirr, Kacheln] laver **2.** [Schmutz] éponger. ◆ **vi** *(unreg)* faire la vaisselle.

Abwasser ['apvasɐ] (*pl* -wässer [vɛsɐ]) **das** eaux usées.

ab∘wechseln ['apvɛksl̩n] **vi** alterner. ◆ **sich abwechseln ref 1.** [Personen] se relayer **2.** [Zustände, Landschaften] alterner.

abwechselnd ['apvɛksl̩nt] **adv** tour à tour.

Abwechslung ['apvɛkslʊŋ] (*pl* -en) **die** changement *m*.

abweisend ['apvaiznt] **adj** négatif(ive).

ab∘werten ['apveːɐ̯tn̩] **vt 1.** [Person, Idee] déprécier **2.** [Währung] dévaluer.

Abwertung ['apveːɐ̯tʊŋ] (*pl* -en) **die** [von Währung] dévaluation *f*.

abwesend ['apveːzn̩t] ◆ **adj** absent(e). ◆ **adv** d'un air absent.

ab∘wickeln ['apvɪkl̩n] **vt 1.** [Schnur] dévider **2.** [Geschäft] réaliser.

ab∘wischen ['apvɪʃn̩] **vt** essuyer.

Abwrackprämie ['apvrakprɛːmiə] **die** prime *f* à la casse.

ab∘zahlen ['aptsaːlən] **vt** payer à tempérament.

Abzeichen ['aptsaiçn̩] (*pl inv*) **das** insigne *m*.

ab∘ziehen ['aptsiːən] ◆ **vt** *(unreg)* *(hat)* **1.** [Hülle, Bett] défaire **2.** [Stimme, Anzahl] déduire **3.** [Foto] tirer. ◆ **vi** *(unreg, ist)* **1.** [Rauch] s'échapper **2.** *fam* [weggehen] décamper.

Abzug ['aptsuːk] (*pl* -züge [tsyːgə]) **der** [Foto] tirage *m*.

abzüglich ['aptsyːklɪç] **präp** *(+ G, + D)* : **abzüglich einer Sache** déduction faite de qqch.

Abzweigung ['aptsvaigʊŋ] (*pl* -en) **die** embranchement *m*.

Account [ɛ'kaunt] (*pl* -s) **der** compte *m* *(Internet)*.

ach [ax] **interj** ah ▸ **ach, wie schade!** comme c'est dommage ! ▸ **ach, wirklich?** ah vraiment ? ▸ **ach ja!** ah oui ! ▸ **ach so!** ah bon !

Achse ['aksə] (*pl* -n [aksn̩]) **die** AUTO axe *m*.

Achsel [aksl̩] (*pl* -n) **die** aisselle *f*.

acht ['axt] **num** huit ▸ **fünf vor acht** huit heures moins cinq ▸ **fünf nach acht**

huit heures cinq ▸ **acht Uhr fünfundvierzig (8.45 Uhr)** huit heures quarante-cinq (8h45) ▸ **um acht** à huit heures ▸ **sie ist acht** elle a huit ans.

Acht ['axt] : **Acht geben** faire attention.

achte, r, s ['axtə] **adj** huitième ▸ **der achte Juni** le huit juin ▸ **Hamburg, den 8.6.2012** Hambourg, le 8 /6 /2012.

achteckig ['axt|ɛkɪç] **adj** octogonal(e).

Achtel ['axtl̩] (**pl** *inv*) **das** huitième *m*.

achten ['axtn̩] ◆ **vt** respecter. ◆ **vi** : **achte nicht auf ihn** ne fais pas attention à lui ▸ **auf die Schilder achten** respecter les panneaux.

Achterbahn ['axtɐba:n] (**pl** **-en**) **die** montagnes *fpl* russes.

acht◦geben ['axtge:bn̩] **vi** ***(unreg)*** faire attention.

Achtung ['axtʊŋ] **die** [Respekt] respect *m* ▸ **Achtung!** [Vorsicht!] attention ! ▸ **alle Achtung!** chapeau !

achtzehn ['axtse:n] **num** dix-huit.

achtzig [a'xtsɪç] **num** quatre-vingts.

Acker ['akɐ] (**pl** **Äcker**) **der** champ *m*.

ADAC [a:de:la:'tse:] **der** Automobile-Club allemand.

Adapter [a'daptɐ] (**pl** *inv*) **der** adaptateur *m*.

adden ['ɛdən] **vt** [im Internet] ajouter.

addieren [a'di:rən] ◆ **vt** additionner. ◆ **vi** faire le total.

ade [a'de:] **adv** adieu.

Ader ['a:dɐ] (**pl** **-n** ['a:dɐn̩]) **die** [Blutgefäß] veine *f*.

ADHS [a:de:ha:'ɛs] (*abk für* **Aufmerksamkeitsdefizit-Hyperaktivitätssyndrom**) TDAH *m (Trouble Déficitaire de l'Attention avec ou sans Hyperactivité)*.

Adler ['a:dlɐ] (**pl** *inv*) **der** aigle *m*.

Administrator, torin [atmini'stra:to:ɐ̯, to:rɪn] (**mpl** **-en**) **der, die EDV** administrateur *m*, -trice *f*.

adoptieren [adɔp'ti:rən] **vt** adopter.

Adoptivkind [adɔp'ti:fkɪnt] (**pl** **-er** [kɪndɐ]) **das** enfant adoptif.

Adressbuch [a'drɛsbu:x] (**pl** **-bücher** [by:çɐ]) **das 1.** [persönlich] carnet *m* d'adresses **2.** [von Stadt] registre *m* d'adresses.

Adresse [a'drɛsə] (**pl** **-n**) **die** adresse *f* ▸ **E-Mail-Adresse** adresse *f* électronique ▸ **IP-Adresse** adresse *f* IP.

adressieren [a'drɛsi:rən] **vt** : **(etw an jn) adressieren** adresser (qqch à qqn).

Advent [at'vɛnt] **der** Avent *m*.

> **ⓘ Advent**
>
> L'Allemagne a une riche tradition autour de l'Avent, qui débute quatre dimanches avant Noël et finit le 24 décembre. Les chrétiens se préparent à Noël avec les calendriers, les couronnes et les chants de l'Avent.

Adventskranz [at'vɛntskrants] (**pl** **-kränze** [krɛntsə]) **der** couronne *f* de l'Avent.

Aeroklub ['aeroklʊp] **der** aéro-club *m*.

Affäre [a'fɛ:rə] (**pl** **-n**) **die 1.** [Skandal] affaire *f* **2.** [Verhältnis] aventure *f*.

Affe [afə] (**pl** **-n**) **der** singe *m*.

Afghanistan [af'ga:nɪsta:n] **nt** Afghanistan *m*.

Afrika ['a:frika] **nt** Afrique *f*.

Afrikaner, in [a:fri'ka:nɐ, nərɪn] (**mpl** *inv*) **der, die** Africain *m*, -e *f*.

afrikanisch ['a:frika:nɪʃ] **adj** africain(e).

After ['aftɐ] (**pl** *inv*) **der** anus *m*.

After-Work-Party ['a:ftɐ'vœ:ɐ̯kpa:ti] (*pl* -s) **die** soirée *f* after work.

AG [a:'ge:] (*pl* -s) (*abk für* **Aktiengesellschaft**) **die** ≃ SA *f (société anonyme)*.

aggressiv [agrɛ'si:f] ◆ **adj** agressif(ive). ◆ **adv** avec agressivité.

ah [a:] **interj** ah ▸ **ah so!** ah bon ! ▸ **ah ja!** ah oui !

aha [a'ha] **interj 1.** [Ausdruck von Verständnis] voilà **2.** [Ausdruck von Bestätigung] ah oui.

ähneln ['ɛ:nəln] **vi** *(+ D)* ressembler à.

ahnen [a:nən] **vt** [vermuten] se douter de, présumer ▸ **du ahnst es nicht!** *fam* pas possible !

ähnlich ['ɛ:nlɪç] ◆ **adj** semblable. ◆ **adv** de la même manière ▸ **jm / etw ähnlich sein oder sehen** ressembler à qqn / qqch.

Ähnlichkeit ['ɛ:nlɪçkait] (*pl* -**en**) **die** ressemblance *f*.

Ahnung ['a:nʊŋ] (*pl* -**en**) **die** [Vorgefühl] pressentiment *m* ▸ **keine Ahnung!** aucune idée !

ahnungslos ['a:nʊŋslo:s] ◆ **adj** inconscient(e). ◆ **adv** sans se douter de rien.

Aids ['e:ts] **nt** sida *m*.

Aidstest ['e:e:tstɛst] (*pl* -s) **der** test *m* de dépistage du sida.

Airbag ['ɛ:ɐ̯bɛk] (*pl* -s) **der** AUTO airbag *m*.

Akkordeon [a'kɔrdeɔn] (*pl* -s) **das** accordéon *m*.

Akku ['aku] (*pl* -s) **der** TECH accu *m*.

Akkulaufzeit ['akulauftsait] (*pl* -**en**) **die** temps *m* de charge de la batterie.

Akkusativ ['akuzati:f] (*pl* -**e** [ti:və]) **der** GRAMM accusatif *m*.

Akne ['aknə] **die** acné *f*.

Akt [akt] (*pl* -**e**) **der 1.** [Handlung, von Drama] acte *m* **2.** [Bild] nu *m* **3.** [Zeremonie] cérémonie *f*.

Akte ['aktə] (*pl* -**n**) **die** dossier *m*.

Aktenkoffer ['aktn̩kɔfɐ] (*pl inv*) **der** attaché-case *m*.

Aktie ['aktsiə] (*pl* -**n**) **die** action *f*.

Aktiengesellschaft ['aktsiəngəzɛlʃaft] (*pl* -**en**) **die** ≃ société *f* anonyme.

Aktienindex ['aktsiənɪndɛks] (*pl* -**indizes**) **der** indice *m* boursier.

aktiv [ak'ti:f] ◆ **adj** actif(ive). ◆ **adv** activement.

aktivieren [akti'vi:rən] **vt** activer.

aktualisieren [aktuali'zi:rən] **vt** actualiser, mettre à jour.

aktuell [ak'tuɛl] **adj** actuel(elle).

Akupressur [akuprɛ'su:ɐ̯] (*pl* -**en**) **die** acupression *f*.

Akupunktur [akupʊŋktu:ɐ̯] (*pl* -**en**) **die** MED acupuncture *f*.

Akustik [a'kʊstɪk] **die** acoustique *f*.

Akzent [ak'tsɛnt] (*pl* -**e**) **der** accent *m*.

akzeptabel [aktsɛp'ta:bəl] **adj** acceptable.

akzeptieren [aktsɛp'ti:rən] **vt** accepter.

Alarm [a'larm] **der** alarme *f* ▸ **Alarm schlagen** donner l'alarme ▸ **Alarm auslösen** déclencher l'alarme.

Alarmanlage [a'larmlanla:gə] (*pl* -**en**) **die** alarme *f* ▸ **'durch Alarmanlage gesichert'** [in Museen, an Autos] 'protégé par un système d'alarme'.

Albanien [al'ba:niən] **nt** Albanie *f*.

albern ['albɐrn] ◆ **adj 1.** [Dokument] stupide **2.** [Person] nunuche. ◆ **adv** bêtement.

Albtraum ['alptraum] (*pl* -**träume** [trɔymə]) **der** cauchemar *m*.

Album ['album] (*pl* **-ben**) **das** album *m*.

Alge ['algə] (*pl* **-n**) **die** algue *f*.

Algerien [al'geːriən] **nt** Algérie *f*.

Algier ['alʒiːɐ̯] **nt** Alger.

alias ['aːlias] **adv** alias.

Alkie ['akkias] (*mpl* **-s**) **der** *fam* alco(o)lo *mf*.

Alkohol ['alkohoːl] **der** alcool *m*.

alkoholarm [alko'hoːlarm] **adj** peu alcoolisé(e).

alkoholfrei [alko'hoːlfrai] **adj** sans alcool, non-alcoolisé(e).

Alkoholiker, in [alko'hoːlikɐ, likərın] (*mpl inv*) **der, die** alcoolique *mf*.

alkoholisch [alko'hoːliʃ] **adj** alcoolisé(e).

alkoholkrank [alko'hoːlkraŋk] **adj** alcoolique.

Alkolock ['alkolɔk] (*pl* **-s**) **der** éthylotest *m* antidémarrage, Alcolock® *m*.

all [al] **det** : **all ihr Geld** tout son argent ▸ **all diese Kinder** tous ces enfants ▸ **all das** tout cela.

All [al] **das** univers *m*.

alle, r, s ['alə] ◆ **det 1.** [sämtliche] tout le, toute la, tous les, toutes les ▸ **alle beide** tous (toutes) les deux ▸ **alle 50 Meter** tous les 50 mètres ▸ **alle zwei Wochen** toutes les deux semaines **2.** [völlig] : **in aller Höflichkeit** très poliment **3.** [jede] tout, toute, tous, toutes ▸ **Bücher aller Art** des livres de toutes sortes
◆ **pron** tous (toutes) ▸ **alle auf einmal** tous à la fois ▸ **alle sind da** tout le monde est là
◆ **adj** *fam* : **die Butter ist alle** il n'y a plus de beurre.

Allee [a'leː] (*pl* **-n**) **die** allée *f*.

allein [a'lain] ◆ **adj** seul(e). ◆ **adv** seul(e) ▸ **allein Petra** seule Petra ▸ **von allein** tout seul, toute seule.

alleinerziehend [a'lainɛɐ̯'tsiːənt] **adj** : **alleinerziehende Mutter** mère *f* célibataire.

Alleingang [a'laingaŋ] (*pl* **-gänge** [gɛŋə]) **der** action *f* individuelle ▸ **etw im Alleingang tun** n'avoir besoin de personne pour faire qqch.

alleinstehend [a'lain'ʃteːənt] **adj 1.** [Person] qui vit seul(e) **2.** [Haus] isolé(e).

allemal [alə'maːl] **adv** [sicher] à coup sûr.

allenfalls ['alən'fals] **adv** tout au plus.

allerdings ['alɐ'dıŋs] **adv 1.** [aber] toutefois **2.** [ja] effectivement.

allererste, r, s ['alɐ'eːɐstə] **adj** tout premier (toute première).

allergen [alɛrg'eːn] **adj** allergénique.

Allergie [alɛr'giː] (*pl* **-n**) **die** MED allergie *f*.

allergisch [a'lɛrgıʃ] ◆ **adj** allergique. ◆ **adv** [reagieren] de façon allergique ▸ **allergisch gegen** *(+ A)* allergique à.

allerhand ['alɐ'hant] **adj** pas mal de.

Allerheiligen [alɐ'hailıgŋ] **nt** Toussaint *f*.

alles ['aləs] **pron** : **das ist alles** c'est tout ▸ **trotz allem** malgré tout ▸ **vor allem** avant tout.

Alleskleber ['aləskleːbɐ] (*pl inv*) **der** colle universelle.

allgemein [algə'main] ◆ **adj 1.** [von allen] de tous **2.** [für alle] universel(elle) **3.** [unspezifisch] général(e). ◆ **adv 1.** [von allen] universellement **2.** [unspezifisch] de façon générale ▸ **im Allgemeinen** en général ▸ **allgemeine Wehrpflicht** service *m* militaire obligatoire.

Allinclusive-Urlaub [ɔlin'kluːzɪf-luːɐ̯laup] (*pl* -e) **der** séjour *m* en formule tout compris.

alljährlich [al'jɛːɐ̯lɪç] ◆ **adj** annuel(elle). ◆ **adv** tous les ans.

allmählich [al'mɛːlɪç] ◆ **adj** progressif(ive). ◆ **adv** progressivement.

Allradantrieb ['alraːtantriːp] (*pl* -e) **der** transmission *f* intégrale.

Alltag ['altaːk] **der** vie quotidienne.

alltäglich [al'tɛːklɪç] **adj** [normal] quotidien(enne).

allzu ['altsuː] **adv** bien trop ▸ **allzu sehr** beaucoup trop ▸ **allzu viel** beaucoup trop.

Allzweckreiniger ['altsvɛkrainiːgɐ] (*pl inv*) **der** détergent universel.

Alm [alm] (*pl* -en) **die** alpage *m*.

Aloe vera ['aːloe'veraː] **die** aloe vera *m inv*.

Alpen ['alpn̩] **pl** Alpes *fpl*.

Alpenverein ['alpn̩fɛɐ̯ain] **der** club alpin.

Alpenvorland ['alpn̩foːɐ̯lant] **das** contreforts *mpl* des Alpes.

alphabetisch [alfa'beːtɪʃ] ◆ **adj** alphabétique. ◆ **adv** par ordre alphabétique.

alpin [al'piːn] **adj** [Landschaft, im Sport] alpin(e).

Alptraum ['alptraum] **der** = **Albtraum**.

als [als] ◆ **konj 1.** [zeitlich] quand, lorsque ▸ **erst als es dunkel wurde, gingen sie los** ils ne sont partis qu'à la nuit tombée **2.** [vergleichend] que ▸ **der Wein ist besser, als ich dachte** le vin est meilleur que je ne pensais ▸ **das Essen war mehr als reichlich** le repas était plus que copieux **3.** [Angabe von Vermutung] : **er tut, als wüsste er von nichts** il fait comme s'il ne savait rien ▸ **als ob** comme si ▸ **es sieht so aus, als habe er ...** on dirait qu'il... **4.** [Angabe von Urteil, Zweck] : **versteh es als Kompliment** prends-le comme un compliment **5.** [Angabe von Identität] en tant que ▸ **als Kind aß ich gerne Bonbons** quand j'étais petit, j'aimais les bonbons ▸ **als Clown verkleidet** déguisé en clown.

also ['alzo] ◆ **interj** eh bien. ◆ **konj 1.** [das heißt] c'est-à-dire **2.** [demnach] alors, donc. ◆ **adv** [demnach] donc ▸ **also dann** bon, eh bien.

Alsterwasser ['alstɐvasɐ] (*pl inv*) **das** NORDDT panaché *m*.

alt [alt] (*komp* **älter**, *superl* **am ältesten**) **adj 1.** [betagt, langjährig] vieux (vieille) **2.** [zur Altersangabe] âgé(e) de **3.** [ehemalig] ancien(enne) ▸ **wie alt sind Sie?** quel âge avez-vous ? ▸ **zwei Jahre älter sein** avoir deux ans de plus ▸ **12 Jahre alt** âgé de 12 ans.

Alt¹ [alt] (*pl inv*) **das** [Bier] *bière brune d'origine rhénane*.

Alt² [alt] (*pl* -e) **der** MUS alto *m*.

Altar [al'taːɐ̯] (*pl* **Altäre** ['tɛːrə]) **der** autel *m*.

Altbier ['altbiːɐ̯] (*pl inv*) **das** *bière brune d'origine rhénane*.

Altenheim ['altn̩haim] (*pl* -e) **das** maison *f* de retraite.

Alter ['altɐ] **das 1.** [Lebensalter] âge *m* **2.** [hohes Alter] vieillesse *f* ▸ **im Alter von** à l'âge de.

alternativ [altɛrna'tiːf] **adj 1.** [wahlweise] autre **2.** [unkonventionell] alternatif(ive).

Alternative [altɛrna'tiːvə] (*pl* -n) **die** [Möglichkeit] alternative *f*.

Altersgrenze ['altɐsgrɛntsə] (*pl* -n) **die** limite *f* d'âge.

Altersheim ['altɐshaim] (*pl* -e), **Altenheim** (*pl* -e) **das** maison *f* de retraite.

Altglas ['altglas] **das** verre usagé.

Altglascontainer ['altgla:skɔnte:nɐ] (*pl inv*) **der** conteneur *m* de récupération du verre.

altmodisch ['altmo:dɪʃ] **adj** démodé(e).

Altpapier ['altpapi:ɐ] **das** papier *m* recyclable.

Altstadt ['altʃtat] **die** vieille ville *f*.

Alufolie ['a:lufo:liə] **die** papier *m* aluminium.

Aluminium [alu'mi:niʊm] **das** aluminium *m*.

am [am] **präp** : **am besten** le mieux ▸ **am Abend** le soir ▸ **am Flughafen** à l'aéroport ▸ **am Freitag** vendredi ▸ **am Meer** au bord de la mer.

Amateur, in [ama'tø:ɐ, tø:rɪn] (*mpl* -e) **der, die** amateur *m*.

Ambulanz [ambu'lants] (*pl* -en) **die** 1. [Krankenwagen] ambulance *f* 2. [im Krankenhaus] service *m* des consultations externes.

Ameise ['a:maizə] (*pl* -n) **die** fourmi *f*.

amen ['a:mɛn] **interj** amen.

Amerika [a'me:rika] **nt** Amérique *f*.

Amerikaner, in [ame:ri'ka:nɐ, 'ka:nərɪn] (*mpl inv*) **der, die** Américain *m*, -e *f*.

amerikanisch [ame:ri'ka:nɪʃ] **adj** américain(e).

Amerikanisch(e) [ame:ri'ka:nɪʃ(ə)] **das** américain *m*.

Amerikanismus [amerika'nɪsmʊs] (*pl* -men) **der** américanisme *m*.

Ampel ['ampl] (*pl* -n) **die** [im Verkehr] feu *m (de circulation)*.

Amphitheater [am'fi:tea:tɐ] (*pl inv*) **das** amphithéâtre *m*.

Amsel ['amsl] (*pl* -n) **die** merle *m*.

Amsterdam [amstɐ'dam] **nt** Amsterdam.

Amt [amt] (*pl* **Ämter** [ɛmtɐ]) **das** 1. [Behörde] service *m* 2. [Stellung] poste *m*.

amtlich ['amtlɪç] **adj** 1. [behördlich] administratif(ive) 2. [offiziell] officiel(elle).

amüsieren [amy'zi:rən] **vt** amuser. ◆ **sich amüsieren ref** s'amuser.

Amüsierviertel [amy'zi:ɐfɪrtl] (*pl inv*) **das** quartier *m* chaud.

an [an] ◆ **präp** *(+ A, + D)* 1. [räumlich] à ▸ **sich an den Tisch setzen** se mettre à table ▸ **an dieser Stelle** à cet endroit 2. [fast] : **an die 30 Grad** environ 30 degrés 3. *(+ D)* [zeitlich] : **an einem Freitag** un vendredi ▸ **an diesem Tag** ce jour-là ▸ **an meinem Geburtstag** le jour de mon anniversaire 4. [mit] avec ▸ **am Stock gehen** marcher avec une canne ▸ **an der Leine führen** tenir en laisse 5. [an einer Institution] à, dans ▸ **Lehrer an einem Gymnasium** professeur dans un lycée 6. [Angabe einer Ankunftszeit] : **an Münster 13.45 Uhr** arrivée à Münster à 13 h 45
◆ **adv** 1. [ein] : **Licht an!** lumière ! ▸ **an - aus** marche - arrêt ▸ **an und für sich** en général 2. [ab] : **von heute an** à partir d'aujourd'hui.

Analgetikum [anal'ge:tikum] **das** antalgique *m*.

analog [analo:g] **adj** analogique.

Analphabetismus [analfabe'tɪsmʊs] **der** illettrisme *m*.

Analyse [ana'ly:zə] (*pl* -n) **die** analyse *f*.

analysieren [analy'ziːrən] vt analyser.

Ananas ['ananas] (*pl inv*) die ananas *m*.

Anbau ['anbau] (*pl* -ten [tɛn]) der **1.** [Gebäude] annexe *f* **2.** [von Pflanzen] culture *f*.

an◦bieten ['anbiːtn̩] vt (*unreg*) **1.** [Getränk, Stuhl] offrir **2.** [Ware, Kursus] proposer ▸ **darf ich Ihnen etwas anbieten?** que puis-je vous offrir ?

an◦braten ['anbraːtn̩] vt (*unreg*) saisir (*viande*).

an◦brechen ['anbrɛçn̩] ◆ vt (*unreg, hat*) [Packung] entamer. ◆ vi (*unreg, ist*) **1.** [Tag] se lever **2.** [Nacht] tomber.

an◦brennen ['anbrɛnən] vi (*unreg, ist*) [Speisen] brûler ▸ **anbrennen lassen** oublier sur le feu.

an◦bringen ['anbrɪŋən] vt (*unreg*) **1.** [Regal, Lampe] fixer **2.** *fam* [mitbringen] ramener.

an◦dauern ['andauɐn] vi se prolonger.

andauernd ['andauɐn̩t] ◆ adj persistant(e). ◆ adv constamment.

Andenken ['andɛŋkn̩] (*pl inv*) das **1.** [Souvenir] souvenir *m* **2.** [Erinnerung] mémoire *f* ▸ **zum Andenken an** en souvenir de.

andere, r, s ['andərə] adj autre ▸ **etwas anderes** quelque chose d'autre ▸ **der andere** l'autre ▸ **ein anderer / eine andere** un / une autre ▸ **unter anderem** entre autres.

andererseits ['andərɐzaits], **andrerseits** ['andrɐzaits] adv d'autre part.

ändern ['ɛndɐn] vt **1.** [Kleid] transformer **2.** [Plan] modifier **3.** [Person] changer. ◆ **sich ändern** ref changer.

andernfalls ['andɐnfals], **anderenfalls** ['andərɐnfals] adv autrement, sinon.

anders ['andɐs] ◆ adv autrement. ◆ adj autre ▸ **anders als** autrement que ▸ **irgendwo anders** quelque part ailleurs ▸ **jemand anders** quelqu'un d'autre.

andersherum ['andɐshɛrum] adv dans l'autre sens.

anderswo ['andɐsvoː] adv *fam* ailleurs.

anderthalb [andɐ'halp] num un et demi (une et demie).

Änderung ['ɛndərʊŋ] (*pl* -en) die **1.** modification *f* **2.** *fam* chamboulement *m* ▸ **Änderungen vorbehalten** sous réserves de modification.

Änderungsschneiderei ['ɛndərʊŋsʃnaidərai] (*pl* -en) die retouches *fpl*.

an◦deuten ['andɔytn̩] vt faire allusion à.

Andorra [an'dɔra] nt Andorre *f*.

aneinander [anlai'nandɐ] adv **1.** [stoßen, grenzen] l'un contre l'autre (l'une contre l'autre) **2.** [denken] l'un à l'autre (l'une à l'autre).

Anfahrt ['anfaːɐ̯t] (*pl* -en) die trajet *m*.

Anfang ['anfaŋ] (*pl* -fänge [fɛŋə]) der début *m* ▸ **am Anfang** au début.

an◦fangen ['anfaŋən] vi (*unreg*) commencer ▸ **mit etw anfangen** commencer qqch ▸ **dort anfangen** commencer là-bas.

Anfänger, in ['anfɛŋɐ, fɛŋərɪn] (*mpl inv*) der, die débutant *m*, -e *f*.

anfangs ['anfaŋs] adv au début.

an◦fassen ['anfasn̩] vt [berühren] toucher.

Anflug ['anfluːk] der [von Flugzeug] approche *f*.

an◦fordern ['anfɔrdɐn] vt exiger.

Anforderung ['anfɔrdərʊŋ] (*pl* **-en**) **die** exigence *f*.

Anfrage ['anfra:gə] (*pl* **-n**) **die** *amt* demande *f*.

an◦fühlen ['anfy:lən] ◆ **sich anfühlen** ref : **sich weich / gut anfühlen** être doux / agréable au toucher.

an◦führen ['anfy:rən] **vt** [leiten] mener.

Anführungszeichen ['anfy:rʊŋstsaiçn] (*pl inv*) **das** guillemet *m* ▸ **in Anführungszeichen** entre guillemets.

Angabe ['anga:bə] (*pl* **-n**) **die** [Information] indication *f* ▸ **nähere Angaben** précisions *fpl* ▸ **technische Angaben** indications *fpl* techniques.

an◦geben ['ange:bn̩] ◆ **vt** *(unreg)* **1.** [Namen, Quellen] indiquer **2.** [Tempo, Ton] donner. ◆ **vi** frimer.

Angeber ['ange:bɐ] (*pl inv*) **der** crâneur *m*.

angeblich [ange:plıç] ◆ **adj** prétendu(e). ◆ **adv** : **er ist angeblich Millionär** il paraît qu'il est millionnaire.

angeboren ['angəbo:rən] **adj** inné(e).

Angebot ['angəbo:t] (*pl* **-e**) **das 1.** [Anbieten] offre *f* **2.** [Sortiment] choix *m* **3.** [Sonderangebot] offre spéciale.

angeheitert ['angəhaitɐt] **adj** émoustillé(e).

an◦gehen ['ange:ən] **vt** *(unreg)* : **das geht Sie nichts an** cela ne vous regarde pas.

Angehörige ['angəhø:rigə] (*pl* **-n**) **der, die 1.** [in Familie] parent *m* **2.** [von Firma, Gruppe] membre *m*.

Angel ['aŋl̩] (*pl* **-n**) **die** [zum Fischen] canne *f* à pêche.

Angelegenheit ['angəle:gnhait] (*pl* **-en**) **die** affaire *f*.

angeln ['aŋln̩] **vi & vt** [fischen] pêcher à la ligne.

Angelschein ['aŋl̩ʃain] (*pl* **-e**) **der** permis *m* de pêche.

angenehm ['angəne:m] ◆ **adj** agréable. ◆ **adv** agréablement. ◆ **interj** enchanté(e).

angesichts ['angəzıçts] **präp** *(+ G, + D)* eu égard à.

angespannt ['angəʃpant] **adj** tendu(e).

Angestellte ['angəʃtɛltə] (*pl* **-n**) **der, die** employé *m*, -e *f*.

angestrengt ['angəʃtrɛŋt] ◆ **adv** [nachdenken] avec concentration. ◆ **adj** [Gesichtsausdruck] tendu(e).

angetrunken ['angətrʊŋkn̩] **adj** éméché(e).

an◦gewöhnen ['angəvø:nən] **vt** : **sich** *(D)* **angewöhnen, bei offenem Fenster zu schlafen** prendre l'habitude de dormir avec la fenêtre ouverte.

Angewohnheit ['angəvo:nhait] (*pl* **-en**) **die** habitude *f*.

Anglizismus [anglı'tsısmʊs] (*pl* **-men**) **der** anglicisme *m*.

Angora [aŋ'go:ra] **nt** [Wolle] angora *m*.

an◦greifen ['angraifn̩] **vt & vi** *(unreg)* attaquer.

Angst [aŋst] (*pl* **Ängste** [ɛŋstə]) **die** peur *f* ▸ **Angst haben vor** *(+ D)* avoir peur de ▸ **jm Angst machen** faire peur à qqn.

ängstlich ['ɛŋstlıç] ◆ **adj** peureux(euse). ◆ **adv** craintivement.

an◦haben ['anhabn̩] **vt** *(unreg)* [Hose, Schuhe] porter ▸ **jm nichts anhaben können** n'avoir aucune prise sur qqn.

an◦halten ['anhaltn] ◆ **vi** *(unreg)* **1.** [stoppen] s'arrêter **2.** [andauern] persister. ◆ **vt** *(unreg)* [Auto, Uhr] arrêter.

Anhalter, in ['anhaltɐ, 'anhaltərın] *(mpl inv)* **der, die** auto-stoppeur *m*, -euse *f* ▸ **per Anhalter fahren** ODER **reisen** faire de l'auto-stop.

Anhaltspunkt ['anhaltsp̮uŋkt] *(pl -e)* **der** repère *m*.

an◦hängen ['anhɛŋən] **vt 1.** [Anhänger] accrocher **2.** [unterschieben] mettre sur le dos de **3.** EDV attacher ▸ **eine Woche an die Ferien anhängen** prolonger ses vacances d'une semaine ▸ **eine Datei anhängen** attacher un fichier.

Anhänger ['anhɛŋɐ] *(pl inv)* **der 1.** [Wagen] remorque *f* **2.** [Schmuck] pendentif *m*.

Anhängerkupplung ['anhɛŋɐkupluŋ] *(pl -en)* **die** boule *f* d'attelage.

anhänglich ['anhɛŋlıç] **adj** affectueux(euse).

Anhieb ['anhi:p] **der** : **auf Anhieb** d'emblée.

an◦hören ['anho:rən] **vt** écouter ▸ **sich gut / schlecht anhören** a) [Stimme, Person] sonner bien / mal b) [Plan, Idee] sembler bon / mauvais.

Animateur, in [anima'tøːɐ̯, rın] *(mpl -e)* **der, die** animateur *m*, -trice *f*.

Ankara ['aŋkara] **nt** Ankara.

Anker ['aŋkɐ] *(pl inv)* **der** ancre *f*.

an◦kleben ['ankle:bn̩] **vt** coller.

Ankleidekabine ['anklaidəkabi:nə] *(pl -n)* **die** cabine *f* d'essayage.

anklickbar ['anklıkbaːɐ̯] **adj** cliquable.

anklicken ['anklıkn̩] **vt** cliquer.

an◦kommen ['ankɔmən] **vi** *(unreg, ist)* **1.** [Zug, Reisende, Brief] arriver **2.** [gefallen] avoir la cote ▸ **ankommen auf** *(+A)* dépendre de.

an◦kreuzen ['ankrɔytsn̩] **vt** cocher.

an◦kündigen ['ankyndıgn̩] **vt** [Kursus, Vortrag] annoncer. ◆ **sich ankündigen ref 1.** [Besucher] annoncer son arrivée **2.** [Winter, Regen, Ereignis] s'annoncer.

Ankunft ['ankunft] **die** arrivée *f*.

Anlage ['anla:gə] *(pl -n)* **die 1.** [Gelände] terrain *m* **2.** TECH installation *f*.

an◦lassen ['anlasn̩] **vt** *(unreg)* **1.** [Motor] démarrer **2.** [Hose, Schuhe] garder **3.** [Licht, Apparat] laisser allumé(e).

Anlasser ['anlasɐ] *(pl inv)* **der** démarreur *m*.

Anlauf ['anlauf] **der 1.** SPORT élan *m* **2.** [Versuch] essai *m*.

an◦laufen ['anlaufn̩] ◆ **vi** *(unreg, ist)* [Motor, Aktion, Arbeiten] démarrer. ◆ **vt** *(unreg, hat)* [Hafen] mettre le cap sur.

an◦legen ['anle:gn̩] ◆ **vt 1.** [Liste, Register] constituer **2.** [Geld] placer **3.** [Schmuck, Verband] mettre **4.** [Garten] aménager. ◆ **vi** [Schiff] accoster ▸ **es darauf anlegen, jn zu verletzen** chercher à blesser qqn. ◆ **sich anlegen ref** : **sich mit dem Nachbarn anlegen** se quereller avec son voisin.

Anlegestelle ['anle:gəʃtɛlə] *(pl -n)* **die** embarcadère *m*.

Anleitung ['anlaituŋ] *(pl -en)* **die 1.** [Text] notice, mode *m* d'emploi **2.** [Anweisung] direction *f* ▸ **ich arbeite unter seiner Anleitung** je travaille sous sa direction.

Anlieger, in ['anli:gɐ] *(mpl inv)* **der, die** riverain *m* ▸ **'Anlieger frei'** 'interdit sauf riverain'.

an◦machen ['anmaxn̩] **vt 1.** [anstellen] allumer **2.** *fam* [Person] allumer **3.** [Salat] assaisonner.

an∘mailen ['anmeːlən] **vt** envoyer un mail à.

Anmeldeformular ['anmɛldəfɔrmulaːɐ̯] (*pl* -e) **das** bulletin *m* d'inscription.

an∘melden ['anmɛldn̩] **vt** [Fernseher, Auto] déclarer ▸ **jn bei jm anmelden** prendre rendez-vous chez qqn pour qqn. ◆ **sich anmelden ref** : **sich zu einem Segelkurs anmelden** s'inscrire à un cours de voile.

Anmeldung ['anmɛldʊŋ] (*pl* -en) **die 1.** [Einschreibung] inscription *f* **2.** [amtlich] déclaration *f* **3.** [Termin] rendez-vous *m* **4.** [Rezeption] accueil *m*.

Anmerkung ['anmɛrkʊŋ] (*pl* -en) **die** annotation *f*.

Anmietung ['anmiːtʊŋ] **die** location *f*.

an∘nähen ['annɛːən] **vt** coudre.

annähernd ['annɛːɐnt] **adv** approximativement.

Annahme ['annaːmə] (*pl* -n) **die 1.** [von Brief, Paket] réception *f* **2.** [Vermutung] supposition *f* ▸ **'keine Annahme von 5 Cent-Stücken'** 'la machine n'accepte pas les pièces de 5 centimes'.

an∘nehmen ['anneːmən] **vt** *(unreg)* **1.** [vermuten] supposer **2.** [nehmen] recevoir **3.** [akzeptieren] accepter **4.** [Form, Farbe] prendre ▸ **annehmen, dass** supposer que.

Annona [a'noːna] (*pl* -nen) **die** corossol *m*.

Annonce [a'nɔŋsə] (*pl* -n) **die** annonce *f*.

Anorak ['anorak] (*pl* -s) **der** anorak *m*.

an∘packen ['anpakn̩] **vt 1.** [berühren] saisir **2.** *fam* [arbeiten] attaquer ▸ **mit anpacken** *fam* filer un coup de main.

an∘passen ['anpasn̩] **vt** adapter ▸ **etw an etw *(A)* anpassen** adapter qqch à qqch. ◆ **sich anpassen ref** s'adapter.

Anpassung ['anpasʊŋ] **die** adaptation *f*.

an∘probieren ['anprobiːrən] **vt** essayer.

Anrede ['anreːdə] (*pl* -n) **die** *formule de début de lettre ou de discours*.

an∘regen ['anreːgn̩] ◆ **vt 1.** [Aktion] être à l'origine de **2.** [Verdauung, Fantasie] stimuler. ◆ **vi** [Tee, Kaffee] stimuler.

Anregung ['anreːgʊŋ] (*pl* -en) **die** [Hinweis] incitation *f*.

an∘richten ['anrɪçtn̩] **vt** [Chaos, Schaden] causer.

Anruf ['anruːf] (*pl* -e) **der** appel *m*.

Anrufbeantworter ['anruːfbəlantvɔrtɐ] (*pl inv*) **der** répondeur *m*, boîte *f* vocale.

an∘rufen ['anruːfn̩] **vt & vi** *(unreg)* appeler.

Anruferkennung ['anruːflɐ̯kɛnʊŋ] (*pl* -en) **die** affichage *m* du numéro appelant.

Ansage ['anzaːgə] (*pl* -n) **die** annonce *f*.

an∘schaffen ['anʃafn̩] ◆ **sich anschaffen ref** [kaufen] : **sich *(D)* ein Auto anschaffen** s'acheter une voiture.

an∘schalten ['anʃaltn̩] **vt** [Licht, Fernsehen] allumer ▸ **etw anschalten** mettre qqch en marche.

an∘schauen ['anʃauən] **vt** regarder ▸ **sich *(D)* etw anschauen** regarder qqch.

Anschein ['anʃain] **der** apparence *f* ▸ **es hat den Anschein, dass** il semble que.

anscheinend [an'ʃainənt] **adv** apparemment.

an∘schieben ['anʃiːbn̩] **vt** *(unreg)* pousser.

Anschlag ['anʃlaːk] (*pl* -schläge [ʃlɛgə]) **der** [Attentat] attentat *m* ▸ **'bis zum An-**

schlag drehen' [Knopf an Automaten] 'tourner à fond'.

an∘schließen ['anʃliːsn̩] **vt** *(unreg)* **1.** [Gerät, Telefon] brancher **2.** [mit Schloss] attacher. ◆ **sich anschließen ref** *(unreg)* [Person] suivre ▸ **sich jm anschließen** se joindre à qqn.

anschließend ['anʃliːsn̩t] **adv** ensuite.

Anschluss ['anʃlʊs] (*pl* **-schlüsse** [ʃlʏsə]) **der 1.** EDV branchement *m* **2.** [für Telefon, Wasser, Gas] ligne *f* **3.** [von Zug] correspondance *f* **4.** [zu Personen] contact *m* ▸ **kein Anschluss unter dieser Nummer!** ce numéro n'est pas attribué ▸ **Sie haben Anschluss nach Basel, 15.39 Uhr** vous avez une correspondance pour Bâle à 15h39.

Anschlussflug ['anʃlʊsfluːk] (*pl* **-flüge** [flyːgə]) **der** correspondance *f*.

an∘schnallen ['anʃnalən] **vt** attacher. ◆ **sich anschnallen ref** attacher sa ceinture.

Anschrift ['anʃrɪft] (*pl* **-en**) **die** adresse *f*.

an∘schwellen ['anʃvɛlən] **vi** *(unreg, ist)* [Körperteil] enfler.

an∘sehen ['anzeːən] **vt** *(unreg)* regarder ▸ **sich** *(D)* **etw ansehen a)** [Film, Gemälde] regarder qqch **b)** [Stadt, Museum] visiter qqch **c)** [prüfend] examiner qqch.

Ansehen ['anzeːən] **das** [Ruf] image *f* ▸ **jn vom Ansehen kennen** connaître qqn de vue.

an sein [anzain] **vi** *(unreg, ist)* être allumé(e).

an∘setzen ['anzɛtsn̩] **vt 1.** [Bowle, Teig] préparer **2.** [Termin] fixer **3.** [Glas] porter à la bouche ▸ **Rost / Fett ansetzen** commencer à rouiller / grossir.

Ansicht ['anzɪçt] (*pl* **-en**) **die 1.** [von Stadt] vue *f* **2.** [Meinung] avis *m* **3.** EDV affichage *m* ▸ **meiner Ansicht nach** à mon avis.

Ansichtskarte ['anzɪçtskartə] (*pl* **-n**) **die** carte postale.

ansonsten [an'zɔnstn̩] **adv** sinon.

an∘spielen ['anʃpiːlən] ◆ **vi** : **auf eine Schwäche anspielen** faire allusion à un point faible. ◆ **vt** SPORT passer le ballon à.

Anspielung ['anʃpiːlʊŋ] (*pl* **-en**) **die** allusion *f*.

Ansprache ['anʃpraːxə] (*pl* **-n**) **die** allocution *f*.

Ansprechpartner, in ['anʃprɛçpartnɐ, nərɪn] (*mpl inv*) **der, die** interlocuteur *m*, -trice *f*.

an∘springen ['anʃprɪŋən] ◆ **vi** *(unreg, ist)* [Motor] démarrer. ◆ **vt** *(unreg, hat)* [angreifen] sauter sur ▸ **auf einen Vorschlag anspringen** être emballé par une proposition.

Anspruch ['anʃprʊx] (*pl* **-sprüche** [ʃpryçə]) **der** [Recht] prétention *f* ▸ **Anspruch auf** *(+ A)* prétention à. ◆ **Ansprüche pl** [Forderungen] exigences ▸ **hohe Ansprüche haben** être exigeant.

anspruchslos ['anʃprʊxsloːs] **adj** simple.

anspruchsvoll ['anʃprʊxsfɔl] **adj** exigeant(e).

anstatt [an'ʃtat] ◆ **präp** *(+ G, + D)* au lieu de. ◆ **konj** au lieu de.

an∘stecken ['anʃtɛkn̩] **vt 1.** [Brosche] épingler **2.** [Person] contaminer. ◆ **sich anstecken ref** : **ich habe mich bei meinem Freund angesteckt** j'ai été contaminé par mon ami ▸ **ich habe ihn mit meinem Schnupfen angesteckt** je lui ai passé mon rhume.

ansteckend ['anʃtɛkənt] **adj** contagieux(euse).

an◦stehen ['anʃteːən] **vi** *(unreg)* **1.** [in Warteschlange] faire la queue **2.** [Termin] être fixé(e) **3.** [Problem] être en suspens.

anstelle [an'ʃtɛlə] **präp** *(+ G, + D)* à la place de.

an◦stellen ['anʃtɛlən] **vt 1.** [Gerät] mettre en marche **2.** [Mitarbeiter] embaucher **3.** [Dummheiten] faire. ◆ **sich anstellen ref** [Wartende] faire la queue ▸ **sich geschickt / dumm anstellen** s'y prendre bien / mal.

an◦streichen ['anʃtraiçn̩] **vt** *(unreg)* peindre.

an◦strengen ['anʃtrɛŋən] **vt** fatiguer. ◆ **sich anstrengen ref** se donner du mal.

anstrengend ['anʃtrɛŋənt] **adj** fatigant(e).

Antarktis [ant'|arktɪs] **die** Antarctique *f*.

Anteil ['antail] (*pl* **-e**) **der** part *m*.

Antenne [an'tɛnə] (*pl* **-n**) **die** antenne *f* ▸ **Relais-Antenne** antenne-relais *f*.

Antiamerikanismus ['anti|amerika'nɪsmʊs] **der** antiaméricanisme *m*.

Antibabypille [anti'beːbipɪlə] (*pl* **-n**) **die** pilule contraceptive.

Antibiotikum [anti'bi̯oːtikʊm] (*pl* **-ka** [anti'bi̯oːtika]) **das** MED antibiotique *m*.

Antifaltencreme [anti'faltənkreːm] (*pl* **-s**) **die** crème *f* antirides.

Antiglobalisierungsbewegung [antiglobaːlɪ'ziːrʊŋsbəveːgʊŋ] **die** altermondialisme *m*.

Antihistamin [antihɪsta'miːn] (*pl* **-e**) **das** MED antihistaminique *m*.

antik [an'tiːk] **adj** antique.

Antillen [an'tɪlən] **pl** Antilles *fpl*.

Antiquariat [antikva'ri̯aːt] (*pl* **-e**) **das** librairie *f* de livres anciens ▸ **modernes Antiquariat** librairie *f* de livres d'occasion.

Antiquität [antikvi'tɛːt] (*pl* **-en**) **die** antiquité *f*.

Antiquitätenhändler, in [antikvi'tɛːtənhɛntlɐ] (*mpl inv*) **der, die** antiquaire *mf*.

Antrag ['antraːk] (*pl* **-träge** [trɛgə]) **der** demande *f* ▸ **einen Antrag auf etw** *(A)* **stellen** faire une demande de qqch.

an◦treffen ['antrɛfn̩] **vt** *(unreg)* trouver.

an◦treiben ['antraibn̩] **vt** *(unreg)* **1.** [zur Eile] stimuler **2.** [Maschine] propulser.

an◦treten ['antreːtn̩] ◆ **vt** *(unreg, hat)* commencer. ◆ **vi** *(unreg, ist)* se mettre en rang.

Antrieb ['antriːp] **der 1.** [von Maschine] propulsion *f* **2.** [Motivation] impulsion *f* ▸ **aus eigenem Antrieb** de mon / ton / son etc. propre chef.

Antritt ['antrɪt] **der** [Beginn] début *m* ▸ **vor Antritt der Reise** avant le départ en voyage.

Antwerpen [ant'vɛrpn̩] **nt** Anvers.

Antwort ['antvɔrt] (*pl* **-en**) **die** réponse *f*.

antworten ['antvɔrtn̩] **vi** répondre ▸ **antworten auf** *(+ A)* répondre à ▸ **jm antworten** répondre à qqn.

An- und Verkauf [an|ʊnt'fɛɐ̯kauf] **der** achat-vente *m*.

Anwalt ['anvalt] (*pl* **-wälte**) **der** avocat *m*.

Anwältin ['anvɛltɪn] (*pl* **-nen**) **die** [Rechtsanwältin] avocate *f*.

Anweisung ['anvaizuŋ] (*pl* -en) **die** 1. [Befehl] instruction *f* 2. [Finanzen] virement *m*.

an◦wenden ['anvɛndn] **vt** *(unreg)* 1. employer 2. EDV appliquer.

Anwender ['anvɛndɐ] (*pl inv*) **der** EDV utilisateur *m*.

Anwendung ['anvɛnduŋ] (*pl* -en) **die** EDV application *f* ▸ **eine Anwendung starten** lancer une application.

anwesend ['anve:znt] **adj** présent(e).

Anwohner, in ['anvo:nɐ, nərın] (*mpl inv*) **der, die** riverain *m*.

Anwohnerparkplatz ['anvo:nɐpark-plats] (*pl* -plätze) **der** parking *m* riverain.

Anxiolytikum [anksio:'lytikum] (*pl* -ka) **das** anxiolytique *m*.

Anzahl ['antsa:l] **die** nombre *m*.

Anzahlung ['antsa:luŋ] (*pl* -en) **die** acompte *m*.

Anzeichen ['antsaiçn] (*pl inv*) **das** signe *m*.

Anzeige ['antsaigə] (*pl* -n) **die** 1. [in Zeitung] annonce *f* 2. [bei Polizei] plainte *f*.

an◦zeigen ['antsaign] **vt** 1. [Delikt] signaler 2. EDV afficher 3. [Temperatur, Zeit] indiquer.

an◦ziehen ['antsi:ən] **vt** *(unreg)* 1. [Kleidung, Schuhe] mettre 2. [Personen, Ungeziefer] attirer 3. [Schraube, Knoten] serrer ▸ **ein Kind anziehen** habiller un enfant. ◆ **sich anziehen ref** *(unreg)* s'habiller.

Anzug ['antsu:k] (*pl* -züge [tsy:gə]) **der** [Bekleidung] costume *m*.

anzüglich ['antsy:klıç] **adj** salace.

an◦zünden ['antsyndn] **vt** allumer.

an◦zweifeln ['antsvaifln] **vt** mettre en doute.

AOK [a:lo:'ka:] **die** *caisse primaire allemande d'assurance maladie.*

Apfel ['apfl] (*pl* **Äpfel** ['ɛpfl]) **der** pomme *f*.

Apfelbaum ['apflbaum] (*pl* -bäume [bɔymə]) **der** pommier *m*.

Apfelkorn ['apflkɔrn] **der** eau-de-vie *f* de pomme.

Apfelkuchen ['apflku:xn] (*pl inv*) **der** tarte *f* aux pommes.

Apfelmus ['apflmu:s] **das** compote *f* de pommes.

Apfelsaft ['apflzaft] **der** jus *m* de pommes.

Apfelsine [apfl'zi:nə] (*pl* -n) **die** orange *f*.

Apfelwein ['apflvain] **der** cidre *m*.

Apostroph [apo'stro:f] (*pl* -e) **der** apostrophe *f*.

Apotheke [apo'te:kə] (*pl* -n) **die** pharmacie *f*.

apothekenpflichtig [apo'te:kn-pflıçtıç] **adj** vendu(e) uniquemement en pharmacie.

Apotheker, in [apo'te:kɐ, kərın] (*mpl inv*) **der, die** pharmacien *m*, -enne *f*.

App. (*abk für* Appartement) appt. *(appartement)*.

Apparat [apa'ra:t] (*pl* -e) **der** appareil *m* ▸ **am Apparat!** c'est lui-même ! (c'est elle-même !).

Appartement [apartə'mɑ̃:] (*pl* -s) **das** 1. [Wohnung] appartement *m* 2. [im Hotel] suite *f*.

⚠ Appartement ist ein falscher Freund. Das Wort bedeutet nicht "Appartement", sondern ***Wohnung***.

Appenzell ['apntsɛl] **nt** canton *m* d'Appenzell.

Appenzell-Außerrhoden ['apṇtsɛl-lausɐroːdṇ] **nt** Appenzell *m* Rhodes-Extérieures.

Appenzell-Innerrhoden ['apṇtsɛl-Inɐroːdṇ] **nt** Appenzell *m* Rhodes-Intérieures.

Appetit [apə'tiːt] **der** appétit *m* ▸ **guten Appetit** bon appétit !

appetitlich [apə'tiːtlɪç] **adj** appétissant(e).

Applaus [a'plaus] **der** applaudissements *mpl*.

Aprikose [apri'koːzə] (*pl* -n) **die** abricot *m*.

April [a'prɪl] **der** avril *m* ▸ **am ersten April** le premier avril ▸ **Anfang / Ende April** début /fin avril ▸ **Mitte April** à la mi-avril ▸ **Berlin, den 12. April 2012** Berlin, le 12 avril 2012 ▸ **im April** en avril.

Aprilscherz [a'prɪlʃɛrts] (*pl* -e) **der** poisson *m* d'avril.

apropos [apro'poː] **adv** à propos.

Aquanudel ['akvanuːdəl] (*pl* -n) **die** frite *f* aquatique.

Aquarell [akva'rɛl] (*pl* -e) **das** aquarelle *f*.

Aquarium [a'kvaːrjum] (*pl* **-rien** [rjən]) **das** aquarium *m*.

Äquator [ɛ'kvaːtɔr] **der** équateur *m*.

arabisch ['araːbɪʃ] **adj** arabe.

Arbeit ['arbait] (*pl* -en) **die** travail *m*.

arbeiten ['arbaitṇ] **vi** **1.** [Person] travailler **2.** [Maschine] fonctionner.

Arbeiter, in ['arbaitɐ, tərɪn] (*mpl inv*) **der, die** ouvrier *m*, -ère *f*.

Arbeitgeber, in ['arbaitgeːbɐ, bərɪn] (*mpl inv*) **der, die** employeur *m*, -euse *f*.

Arbeitnehmer, in ['arbaitneːmɐ, neːmərɪn] (*mpl inv*) **der, die** salarié *m*, -e *f*.

Arbeitsagentur ['arbaitslagɛntuːɐ̯] (*pl* -en) **die** agence *f* pour l'emploi.

Arbeitsamt ['arbaitslamt] (*pl* **-ämter** ['arbaitsɛmtɐ]) **das** agence *f* pour l'emploi.

Arbeitsbescheinigung ['arbaitsbəʃainɪgʊŋ] (*pl* -en) **die** certificat *m* de travail.

Arbeitserlaubnis ['arbaitsɛɐ̯laupnɪs] (*pl* -se [nɪsə]) **die** permis *m* de travail.

arbeitslos ['arbaitsloːs] **adj** au chômage.

Arbeitslose ['arbaitsloːzə] (*pl* -n) **der, die** chômeur *m*, -euse *f*.

Arbeitslosigkeit ['arbaitsloːzɪçkait] **die** *(ohne pl)* chômage *m*.

Arbeitsplatz ['arbaitsplats] (*pl* **-plätze** ['arbaitsplɛtsə]) **der** **1.** [Anstellung] emploi *m* **2.** [Ort] lieu *m* de travail.

Arbeitsspeicher ['arbaitsʃpaiçɐ] (*pl inv*) **der** mémoire *f* vive.

Arbeitszeit ['arbaitstsait] (*pl* -en) **die** horaires *mpl* de travail.

Arbeitszimmer ['arbaitstsɪmɐ] (*pl inv*) **das** bureau *m*.

Architekt, in [arçi'tɛkt, tɪn] (*mpl* -en) **der, die** architecte *mf*.

Archiv [ar'çiːf] (*pl* -e [ar'çiːvə]) **das** archives *fpl*.

Ardennen [ar'dɛnən] **pl** Ardennes *fpl*.

arg [ark] (*komp* **ärger**, *superl* **am ärgsten**) **adj** mauvais(e).

Ärger ['ɛrgɐ] **der** colère *f* ▸ **Ärger mit jm haben** avoir des ennuis avec qqn.

ärgerlich ['ɛrgerlɪç] **adj** **1.** [verärgert] en colère **2.** [unangenehm] fâcheux(euse).

ärgern ['ɛrgɐn] vt embêter. ◆ **sich ärgern** ref s'énerver ▸ **sich ärgern über** *(+ A)* se mettre en colère contre.

Argument [argu'mɛnt] (*pl* **-e**) das argument *m*.

Arktis ['arktɪs] die Arctique *m*.

arm [arm] (*komp* **ärmer**, *superl* **am ärmsten**) adj pauvre.

Arm [arm] (*pl* **-e** ['armə]) der bras *m*.

Armaturenbrett [arma'tu:rənbrɛt] (*pl* **-er**) das tableau *m* de bord.

Armband ['armbant] (*pl* **-bänder** ['bɛndɐ]) das bracelet *m*.

Armbanduhr ['armbantlu:ɐ] (*pl* **-en** [u:rən]) die montre-bracelet *f*.

Armbruch ['armbrʊx] (*pl* **-brüche** ['bryçə]) der fracture *f* du bras.

Armee [ar'me:] (*pl* **-n** [ar'me:ən]) die armée *f*.

Ärmel ['ɛrml̩] (*pl inv*) der manche *f*.

Ärmelkanal ['ɛrml̩kana:l] der Manche *f*.

Armlehne ['armle:nə] (*pl* **-n**) die accoudoir *m*.

Armut ['armu:t] die *(ohne pl)* pauvreté *f*.

Aroma [a'ro:ma] (*pl* **-men** [mən]) das arôme *m*.

arrogant [aro'gant] adj arrogant(e).

Arsch ['arʃ] (*pl* **Ärsche** ['ɛrʃə]) der *vulg* **1.** [Po] cul *m* **2.** [Idiot] con *m*.

Arschkriecher, in ['arʃkri:çɐ, çərɪn] (*mpl inv*) der, die *fam* lèche-cul *mf*.

Arschloch ['arʃlɔx] (*pl* **-löcher**) das *fam* chieur *m*, -euse *f*, enfoiré *m*, -e *f* ▸ **er/sie ist ein richtiges Arschloch** c'est un vrai chieur/une vraie chieuse.

Art ['a:ɐ̯t] (*pl* **-en**) die **1.** [Weise] manière *f* **2.** [Charakter, Eigenschaft] manière *f* d'être **3.** [Sorte, von Lebewesen] espèce *f* ▸ **die Art und Weise** la façon ▸ **auf seine Art** à sa façon ▸ **eine Art (von) ...** une espèce de...

Artensterben ['a:rtn̩ʃtɛrbn̩] das *(ohne pl)* disparition *f* des espèces.

Artenvielfalt ['a:ɐ̯tn̩fi:lfalt] die biodiversité *f*.

Arterie [ar'te:ri̯ə] (*pl* **-n**) die artère *f*.

artig ['a:ɐ̯tɪç] adj sage.

Artikel [ar'ti:kl̩] (*pl inv*) der article *m*.

Artischocke [arti'ʃɔkə] (*pl* **-n**) die artichaut *m*.

Artist, in [ar'tɪst, tɪstɪn] (*mpl* **-en**) der, die saltimbanque *mf*.

artistisch [ar'tɪstɪʃ] adj acrobatique.

Arznei [a:ɐ̯ts'nai̯] (*pl* **-en**) die médicament *m*.

Arzt [a:ɐ̯tst] (*pl* **Ärzte** ['ɛ:ɐ̯tstə]) der médecin *m*.

Arzthelferin ['a:ɐ̯tsthɛlfərɪn] (*pl* **-nen**) die secrétaire médicale.

Ärztin ['ɛ:ɐ̯tstɪn] (*pl* **-nen**) die médecin *m*.

ärztlich ['ɛ:ɐ̯tstlɪç] adj médical(e).

Asbest [as'bɛst] (*pl* **-e**) das amiante *m* ▸ **von Asbest sanieren** désamianter.

Asche ['aʃə] die cendre *f* ▸ **'keine heiße Asche einfüllen'** 'ne pas déposer de cendres chaudes'.

Aschenbecher ['aʃn̩bɛçɐ] (*pl inv*) der cendrier *m*.

Aschermittwoch [aʃɐ'mɪtvɔx] der mercredi *m* des Cendres.

Asien ['a:zi̯ən] nt Asie *f*.

Aspekt [as'pɛkt] (*pl* **-e**) der aspect *m*.

Asphalt [as'falt] (*pl* **-e**) der asphalte *m*.

Aspirin® [aspi'ri:n] das aspirine *f*.

aß [a:s] prät → **essen**.

Assi ['asi] (*pl* **-s**) der *fam* parasite *m*.

Ast [ast] (*pl* **Äste** ['ɛstə]) **der** branche *f*.

Asteroid [astero'iːt] (*pl* **-e**) **der** astéroïde *m*.

Asthma ['astma] **das** asthme *m*.

astrein ['astrain] **adj** *fam* impec.

Astrologie [astro'loːgiː] **die** astrologie *f*.

Astronomie [astronoː'miː] **die** astronomie *f*.

ASU ['aːzu] (*abk für* **Abgassonderuntersuchung**) contrôle *m* antipollution.

Asyl [a'zyːl] (*pl* **-e**) **das 1.** [Schutz] asile *m* **2.** [Unterkunft] foyer *m*.

Asylant [azy'lant] (*pl* **-en**) **der** réfugié *m* politique.

At [ɛt] (*pl* **-s**) **das** arobase *m*.

Atem ['aːtəm] **der** respiration *f* ▶ **außer Atem** à bout de souffle.

atemlos ['aːtəmloːs] ◆ **adj** essoufflé(e). ◆ **adv** hors d'haleine.

Atemnot ['aːtəmnoːt] **die** difficultés *fpl* respiratoires.

Athen [a'teːn] **nt** Athènes.

Athlet, in [at'leːt, tɪn] (*mpl* **-en**) **der, die** athlète *mf*.

Atlantik [at'lantɪk] **der** Atlantique *m*.

Atlantische Ozean [at'lantɪʃəoːtseaːn] **der** océan *m* Atlantique.

Atlas ['atlas] (*pl* **-se** ODER **Atlanten**) **der** [Buch] atlas *m*.

atmen ['aːtmən] **vi & vt** respirer.

Atmosphäre [atmɔs'fɛːrə] (*pl* **-n**) **die 1.** [Luft] atmosphère *f* **2.** [Stimmung] ambiance *f*.

Atom [a'toːm] (*pl* **-e**) **das** atome *m*.

Atomkraft [a'toːmkraft] **die** énergie *f* nucléaire.

Atomkraftwerk [a'toːmkraftvɛrk] (*pl* **-e**) **das** centrale *f* nucléaire.

Atomwaffe [a'toːmvafə] (*pl* **-n**) **die** arme *f* nucléaire.

Attachment [ɛ'tɛtʃmənt] (*pl* **-s**) **das** pièce *f* jointe.

Attentat ['atntaːt] (*pl* **-e**) **das** attentat *m*.

Attest [a'tɛst] (*pl* **-e**) **das** certificat *m* médical.

Attraktion [atrak'tsjoːn] (*pl* **-en**) **die** attraction *f*.

attraktiv [atrak'tiːf] **adj 1.** [Person] séduisant(e) **2.** [Angebot] intéressant(e).

Attrappe [a'trapə] (*pl* **-n**) **die** leurre *m*.

ätzend ['ɛtsnt] **adj 1.** [Chemikalie] corrosif(ive) **2.** *fam* [unangenehm] nul (nulle).

au [au] **interj 1.** [Ausdruck von Schmerz] aïe **2.** [Ausdruck von Begeisterung] chouette.

Aubergine [obɛr'ʒiːnə] (*pl* **-n**) **die** aubergine *f*.

auch [aux] **adv 1.** [ebenfalls, sogar] aussi **2.** [bestimmt, Ausdruck einer Begründung] bien ▶ **was auch kommen mag** quoi qu'il arrive.

Audio- ['audio] **adj** audio *(inv)*.

Audioblog ['audioblɔk] **der** ODER **das** audioblog *m*.

Audioguide ['audiogait] (*pl* **-s**) **der** audioguide *m*.

audiovisuell [audiovi'zuɛl] **adj** audiovisuel(elle).

auf [auf] ◆ **präp** *(+ D, + A)* **1.** [räumlich] sur ▶ **auf dem Land** à la campagne ; [für Straße, Insel, Welt] dans **2.** [während] : **auf der Reise** pendant le voyage ▶ **auf der Hochzeit** au mariage **3.** [Angabe der Art und Weise] : **auf diese Art** de cette manière ▶ **auf Deutsch** en allemand **4.** [Angabe einer

→

Beschäftigung] : **auf Reisen** en voyage ▸ **auf die Schule gehen** aller à l'école **5.** [Angabe einer Folge] : **Schlag auf Schlag** coup sur coup ▸ **von Freitag auf Samstag** de vendredi à samedi **6.** [Angabe eines Wunsches] : **auf dass ...** (pour) que... ▸ **auf Ihr Wohl!** à votre santé ! **7.** [Angabe eines Abstandes] à ▸ **bis auf 50 Meter** à 50 mètres ◆ **adv** [offen] : **Tür auf!** ouvre oder ouvrez la porte !

◆ **auf einmal adv** tout d'un coup.

◆ **auf und ab adv** de haut en bas, de bas en haut ▸ **auf und ab gehen** marcher de long en large.

auf∘atmen ['aufa:tmən] **vi** pousser un soupir de soulagement.

Aufbau ['aufbau] **der 1.** [Struktur] structure *f* **2.** [Bauen] construction *f*.

auf∘bauen ['aufbauən] **vt 1.** [Zelt, Gerüst] monter **2.** [Organisation] créer.

auf∘bewahren ['aufbəva:rən] **vt 1.** [Gepäck] garder **2.** [Lebensmittel] conserver.

aufblasbar ['aufblasba:ɐ] **adj** gonflable.

auf∘bleiben ['aufblaibn̩] **vi *(unreg, ist)* 1.** [Person] rester debout ODER éveillé(e) **2.** [Tür, Geschäft] rester ouvert(e).

auf∘blenden ['aufblɛndn̩] **vi** faire des appels de phares.

auf∘brechen ['aufbrɛçn̩] ◆ **vt *(unreg, hat)*** [Tür] forcer. ◆ **vi *(ist)*** [abreisen] se mettre en route.

auf∘bringen ['aufbriŋən] **vt *(unreg)*** [beschaffen] réunir.

Aufbruch ['aufbrux] **der** départ *m*.

auf∘decken ['aufdɛkn̩] **vt** découvrir ▸ **eine Karte aufdecken** retourner une carte.

auf∘drehen ['aufdre:ən] **vt** [Wasserhahn, Verschluss] ouvrir.

aufdringlich ['aufdrɪŋlɪç] **adj** importun(e).

aufeinander [auflain'nadɐ] **adv 1.** [einer auf dem anderen] l'un sur l'autre (l'une sur l'autre) **2.** [nacheinander] l'un l'autre (l'une l'autre) **3.** [gegenseitig] mutuellement.

Aufenthalt ['auflɛnthalt] ***(pl*** -e) **der 1.** [von Person] séjour *m* **2.** [bei Reise] arrêt *m* ▸ **10 Minuten Aufenthalt** 10 minutes d'arrêt !

Aufenthaltsgenehmigung ['auflɛnthaltsgəne:mɪguŋ] ***(pl*** -en) **die** permis *m* de séjour.

Aufenthaltsraum ['auflɛnthaltsraum] ***(pl*** -räume [alts'rɔymə]) **der** salle *f* de séjour.

auf∘essen ['aufɛsn̩] **vt *(unreg)*** finir (de manger).

auf∘fahren ['auffa:rən] **vi *(unreg, ist)*** heurter ▸ **dicht auffahren** s'approcher très près.

Auffahrt ['auffa:ɐt] ***(pl*** -en) **die 1.** [zu Haus] chemin *m* d'accès **2.** [zu Autobahn] bretelle *f* d'accès.

Auffahrunfall ['auffa:ɐlunfal] ***(pl*** -unfälle [fɛlə]) **der** collision *f*.

auf∘fallen ['auffalən] **vi *(unreg, ist)*** se faire remarquer ▸ **jm fällt etw auf** qqch frappe qqn.

auffallend ['auffalənt] **adj 1.** [Schönheit, Intelligenz] remarquable **2.** [Ähnlichkeit] accentué(e).

auffällig ['auffɛlɪç] ◆ **adj 1.** [Verhalten] singulier(ère) **2.** [Kleidung] flashy ***(ohne pl)***. ◆ **adv** singulièrement.

auf∘fangen ['auffaŋən] **vt *(unreg)*** [Ball] attraper.

auf∘fordern ['aυffɔrdɐn] **vt 1.** [bitten] inviter **2.** [befehlen] ordonner.

auf∘frischen ['aυffrɪʃn̩] **vt** rafraîchir.

auf∘führen ['aυffyːrən] **vt 1.** [auf Bühne] représenter **2.** [auf Liste] énumérer.

Aufführung ['aυffyːrυŋ] (*pl* **-en**) **die** représentation *f.*

Aufgabe ['aυfgaːbə] (*pl* **-n**) **die 1.** [Verpflichtung] devoir *m* **2.** [von Wettkampf] abandon *m* **3.** [von Paket, Koffer] envoi *m.*

Aufgang ['aυfgaŋ] (*pl* **-gänge** [gɛŋə]) **der** [von Treppe] escalier *m.*

auf∘geben ['aυfgeːbn̩] ◆ **vt** *(unreg)* **1.** [Gewohnheit] arrêter **2.** [Stelle] quitter **3.** [Geschäft] fermer **4.** [Schularbeiten] donner à faire **5.** [Koffer, Paket, Brief] envoyer. ◆ **vi** [resignieren] abandonner.

auf∘gehen ['aυfgeːən] **vi** *(unreg, ist)* **1.** [Sonne, Mond] se lever **2.** [Knoten] se défaire **3.** [Teig] lever.

aufgehoben ['aυfgəhoːbn̩] ◆ **pp** → **aufheben.** ◆ **adj** : **bei jm gut / schlecht aufgehoben sein** être / ne pas être entre de bonnes mains chez qqn.

aufgelegt ['aυfgəleːgt] **adj** : **gut / schlecht aufgelegt sein** être bien / mal disposé.

aufgrund [aυf'grυnt] **präp** *(+ G, + D)* en raison de.

auf∘halten ['aυfhaltn̩] **vt** *(unreg)* **1.** [Tür] tenir ouvert **2.** [Person] retarder. ◆ **sich aufhalten ref** [sich befinden] séjourner.

auf∘hängen ['aυfhɛŋən] **vt 1.** [Wäsche] étendre **2.** [Bild] accrocher.

auf∘heben ['aυfheːbn̩] **vt** *(unreg)* **1.** [hochnehmen] ramasser **2.** [aufbewahren] garder.

Aufheben ['aυfheːbn̩] **das** : **Aufheben der Gruppierung** dégroupage *m.*

auf∘holen ['aυfhoːlən] ◆ **vt** rattraper. ◆ **vi** gagner du terrain.

auf∘horchen ['aυfhɔrçn̩] **vi** tendre l'oreille.

auf∘hören ['aυfhørən] **vi 1.** [beenden] arrêter **2.** [zu Ende sein] se terminer ▸ **mit dem Rauchen aufhören** arrêter de fumer.

auf∘klappen ['aυfklapn̩] **vt** ouvrir.

auf∘klären ['aυfklɛːrən] **vt 1.** [Verbrechen] élucider **2.** [Missverständnis] dissiper **3.** [informieren] informer.

Aufklärung ['aυfklɛːrυŋ] **die 1.** [von Verbrechen] explication *f* **2.** [von Missverständnis] éclaircissement *m* **3.** [Information] information *f.*

Aufkleber ['aυfkleːbɐ] (*pl inv*) **der** autocollant *m.*

auf∘kommen ['aυfkɔmən] **vi** *(unreg, ist)* [entstehen] naître ▸ **aufkommen für** [zahlen] prendre en charge.

auf∘krempeln ['aυfkrɛmpl̩n] **vt** : **die Ärmel / Hosenbeine aufkrempeln** retrousser ses manches / son pantalon.

auf∘kriegen ['aυfkriːgn̩] **vt** *fam* [öffnen können] arriver à ouvrir.

Auflage ['aυflaːgə] (*pl* **-n**) **die** [von Zeitung, Buch] édition *f.*

auf∘lassen ['aυflasn̩] **vt** *(unreg)* **1.** [Tür] laisser ouvert **2.** [Mütze, Hut] garder.

Auflauf ['aυflaυf] (*pl* **-läufe** [lɔyfə]) **der 1.** KÜCHE gratin *m* **2.** [von Menschen] attroupement *m.*

auf∘legen ['aυfleːgn̩] ◆ **vt** [Tischdecke] poser. ◆ **vi** [am Telefon] raccrocher.

auf∘leuchten ['aυflɔyçtn̩] **vi** *(hat, ist)* s'allumer.

auf∘listen ['aυflɪstn̩] **vt** faire la liste de.

auf◦lösen ['auflø:zn] vt 1. [Tablette, Organisation] dissoudre 2. [Vertrag] rompre.

Auflösung ['auflø:zuŋ] (*pl* -en) die 1. [von Rätsel] solution *f* 2. [von Organisation] dissolution *f*.

auf◦machen ['aufmaxn] vt ouvrir ▸ **jm aufmachen** ouvrir à qqn. ◆ **sich aufmachen** ref [abreisen] partir.

aufmerksam ['aufmɛrkzam] adj 1. [konzentriert] attentif(ive) 2. [höflich] attentionné(e) ▸ **aufmerksam machen auf** *(+ A)* attirer l'attention sur.

Aufmerksamkeit ['aufmɛrkzamkait] (*pl* -en) die 1. [Interesse] attention *f* 2. [Geschenk] petit cadeau.

Aufnahme ['aufna:mə] (*pl* -n) die 1. [Foto] cliché *m* 2. [von Protokoll, Aussage, Platte] enregistrement *m* 3. [in Krankenhaus] admissions *fpl* 4. [in Verein] accueil *m*.

auf◦nehmen ['aufne:mən] vt *(unreg)* 1. [Gast] accueillir 2. [Foto] prendre (en photo) 3. [Protokoll, Aussage, Platte] enregistrer ▸ **Kontakt aufnehmen** prendre contact.

Aufnehmer ['aufne:mɐ] (*pl inv*) der NORDDT serpillière *f*.

auf◦passen ['aufpasn] vi faire attention ▸ **aufpassen auf** *(+ A)* faire attention à ▸ **pass auf!** fais attention !

auf◦pumpen ['aufpʊmpn] vt gonfler.

auf◦raffen ['aufrafn] ◆ **sich aufraffen** ref [aufstehen] se relever ▸ **sich dazu aufraffen, etw zu tun** se résoudre à faire qqch.

auf◦räumen ['aufrɔymən] vt & vi ranger.

auf◦regen ['aufre:gn] vt énerver. ◆ **sich aufregen** ref s'énerver.

Aufregung ['aufre:gʊŋ] (*pl* -en) die effervescence *f*.

auf◦rollen ['aufrɔlən] vt 1. [auseinanderrollen] dérouler 2. [zusammenrollen] enrouler.

Aufruf ['aufru:f] (*pl* -e) der appel *m* ▸ **letzter Aufruf** dernier appel ▸ **dringender Aufruf für Flug LH 404** dernier appel pour les passagers du vol LH 404.

auf◦rufen ['aufru:fn] vt *(unreg)* 1. [Person] appeler 2. [Flug] annoncer.

auf◦runden ['aufrʊndn] vt arrondir.

Aufsatz ['aufzats] (*pl* -sätze [zɛtsə]) der SCHULE rédaction *f*, dissertation *f*.

auf◦schieben ['aufʃi:bn] vt *(unreg)* [Termin] repousser.

Aufschlag ['aufʃla:k] (*pl* -schläge [ʃlɛ:gə]) der 1. SPORT service *m* 2. [auf Preis] supplément *m*.

auf◦schließen ['aufʃli:sn] vt *(unreg)* ouvrir.

Aufschnitt ['aufʃnɪt] der 1. [von Wurst] charcuterie *f* (en tranches) 2. [von Käse] assortiment *m* de fromages en tranches.

auf◦schreiben ['aufʃraibn] vt *(unreg)* noter.

Aufsehen ['aufze:ən] das : **Aufsehen erregen** faire sensation.

auf sein ['aufzain] vi *(unreg, ist)* *fam* 1. [Raum, Geschäft, Tür] être ouvert 2. [wach sein] être debout.

Aufsicht ['aufzɪçt] die 1. [Person] surveillant *m*, -e *f* 2. [Kontrolle] surveillance *f*.

auf◦spannen ['aufʃpanən] vt [Regenschirm] ouvrir.

Aufstand ['aufʃtant] (*pl* -stände [ʃtɛndə]) der soulèvement *m*.

auf◦stehen ['aufʃteːən] vi *(unreg, ist)* **1.** [von Stuhl, Bett] se lever **2.** [Tür, Fenster] être ouvert.

auf◦stellen ['aufʃtɛlən] vt **1.** [Zelt] monter **2.** [Behauptung] avancer.

Aufstellung ['aufʃtɛlʊŋ] (*pl* -**en**) **die** **1.** [von Mannschaft] sélection *f* **2.** [Liste] état *m*.

Aufstieg ['aufʃtiːk] **der** **1.** [auf Berg] ascension *f* **2.** [Erfolg] avancement *m*.

auf◦stocken ['aufʃtɔkn̩] vt **1.** [höher bauen] surélever **2.** [vergrößern] augmenter.

Auftakt ['auftakt] (*pl* -**e**) **der** **1.** MUS anacrouse *f* **2.** [Beginn] amorce *f*.

auf◦tanken ['auftaŋkn̩] vi faire le plein.

auf◦tauchen ['auftauxn̩] vi *(ist)* **1.** [erscheinen, auftreten] apparaître **2.** [aus dem Wasser] émerger.

auf◦tauen ['auftauən] vt [Gefrorenes] décongeler.

auf◦teilen ['auftailən] vt répartir.

Auftrag ['auftraːk] (*pl* -**träge** [trɛːgə]) **der** mission *f*.

auf◦tragen ['auftraːgn̩] vt *(unreg)* **1.** [Farbe] appliquer **2.** [Aufgabe] charger ▸ **er hat mir aufgetragen, dich zu grüßen** il m'a chargé de te saluer.

auf◦treten ['auftreːtn̩] vi *(unreg, ist)* **1.** [mit Fuß] poser le pied **2.** [auf Bühne] se produire **3.** [Problem] se manifester.

Auftritt ['auftrɪt] (*pl* -**e**) **der** [Theater] apparition *f* (sur scène).

auf◦wachen ['aufvaxn̩] vi *(ist)* se réveiller.

Aufwand ['aufvant] **der** investissement *m*.

auf◦wärmen ['aufvɛrmən] vt [Essen] réchauffer.

aufwärts ['aufvɛrts] adv vers le haut.

auf◦wecken ['aufvɛkn̩] vt réveiller.

auf◦werten ['aufveːɐ̯tn̩] vt revaloriser.

auf◦wischen ['aufvɪʃn̩] vt nettoyer.

auf◦zählen ['auftsɛːlən] vt énumérer.

auf◦zeichnen ['auftsaiçnən] vt **1.** [skizzieren] tracer **2.** [Film, Musik] enregistrer.

auf◦ziehen ['auftsiːən] vt *(unreg)* **1.** [Uhr] remonter **2.** [Kind, Tier] élever **3.** *fam* SCHULE bizuter.

Aufzug ['auftsuːk] (*pl* -**züge** [tsyːgə]) **der** [Fahrstuhl] ascenseur *m*.

Auge ['augə] (*pl* -**n**) **das** œil *m* ▸ **unter vier Augen** entre quatre yeux ▸ **ein blaues Auge** un œil au beurre noir ▸ **etw im Auge behalten** garder un œil sur qqch.

Augenarzt ['augn̩aːɐ̯tst] (*pl* -**ärzte**) **der** ophtalmologiste *m*.

Augenblick ['augn̩blɪk] (*pl* -**e**) **der** [Moment] instant *m* ▸ **einen Augenblick, bitte!** un instant, je vous prie ! ▸ **im Augenblick** pour l'instant.

augenblicklich ['augn̩blɪklɪç] adv [sofort] tout de suite.

Augenbraue ['augn̩brauə] (*pl* -**n**) **die** sourcil *m*.

Augenbrauenstift ['augn̩brauənʃtɪft] (*pl* -**e**) **der** crayon *m* (à sourcils).

Augencreme ['augn̩kreːm] (*pl* -**s**) **die** crème *f* contour des yeux.

Augenfarbe ['augn̩farbə] (*pl* -**n**) **die** couleur *f* des yeux.

Augenoptiker, in ['augn̩ɔptɪkɐ, kərɪn] (*mpl inv*) **der, die** opticien *m*, -enne *f*.

Augentropfen ['augn̩trɔpfn̩] pl gouttes *fpl* pour les yeux.

August [au'gust] **der** août *m* ▸ **am ersten August** le premier août ▸ **Anfang / Ende August** début /fin août ▸ **Mitte August** à la mi-août ▸ **Berlin, den 12. August 2012** Berlin, le 12 août 2012 ▸ **im August** en août.

Auktion [auk'tsjo:n] (*pl* **-en**) **die** vente *f* aux enchères.

Aus ['aus] **das** fin *f* ▸ **ins Aus gehen** SPORT sortir en touche.

aus [aus] ◆ **präp** *(+ D)* **1.** [gen] de ▸ **aus dem Haus gehen** sortir de la maison ▸ **aus Amerika** d'Amérique ▸ **jd aus der Gruppe** quelqu'un du groupe **2.** [zur Angabe der Entfernung] : **aus 50 m Entfernung** à une distance de 50 m **3.** [zur Angabe des Materials] en, de ▸ **aus Plastik** en plastique **4.** [zur Angabe des Grundes] par ▸ **aus welchem Grund?** pour quelle raison ? ▸ **aus Spaß** pour s'amuser ▸ **aus Wut** de colère ▸ **aus Liebe** par amour
◆ **adv 1.** [außer Funktion] éteint(e) ▸ **aus und an** arrêt - marche ▸ **Licht aus!** éteins oder éteignez la lumière ! **2.** [zu Ende] fini(e) ▸ **etw ist aus und vorbei** qqch est bien fini.

aus◦arbeiten ['aus|arbaitn̩] **vt** élaborer.

aus◦baden ['ausba:dn̩] **vt** : **einen Fehler ausbaden** payer les pots cassés.

aus◦bauen ['ausbauən] **vt 1.** [Haus] agrandir **2.** [Kenntnisse] élargir **3.** [Motor] démonter.

aus◦bessern ['ausbɛsɐn] **vt** réparer.

aus◦beulen ['ausbɔylən] **vt** débosseler.

aus◦beuten ['ausbɔytn̩] **vt** exploiter.

Ausbildung ['ausbɪldʊŋ] (*pl* **-en**) **die** [von Person] formation *f*.

aus◦brechen ['ausbrɛçn̩] **vi** *(unreg, ist)* **1.** [fliehen] s'échapper **2.** [Feuer, Krankheit] éclater.

aus◦breiten ['ausbraitn̩] **vt 1.** [Decke] étaler **2.** [Waren, Karten] présenter **3.** [Arme] étendre. ◆ **sich ausbreiten ref** se répandre.

ausdauernd ['ausdauɐnt] **adj** résistant(e).

aus◦denken ['ausdɛŋkn̩] **vt** *(unreg)* : **sich** *(D)* **ein Geschenk ausdenken** trouver un cadeau ▸ **sich** *(D)* **eine Geschichte ausdenken** inventer une histoire.

Ausdruck[1] ['ausdrʊk] (*pl* **-drücke** [drykə]) **der** expression *f*.

Ausdruck[2] ['ausdrʊk] (*pl* **-e**) **der** EDV sortie *f*.

aus◦drucken ['ausdrʊkn̩] **vt** EDV imprimer.

aus◦drücken ['ausdrykn̩] **vt** [Gedanke, Wunsch] exprimer. ◆ **sich ausdrücken ref** s'exprimer.

auseinander [aus|ai'nandɐ] **adv** [eines aus dem anderen] l'un de l'autre (l'une de l'autre) ▸ **auseinanderliegen** être distant l'un de l'autre ▸ **drei Jahre auseinander sein** avoir trois ans d'écart.

auseinander◦gehen [aus|ai'nandɐge:ən] **vi** *(unreg, ist)* **1.** se séparer **2.** [Meinungen] diverger.

auseinander◦nehmen [aus|ai'nandɐne:mən] **vt** *(unreg)* démonter.

Auseinandersetzung [aus|ai'nandɐzɛtsʊŋ] (*pl* **-en**) **die** dispute *f*.

aus◦fahren ['ausfa:rən] ◆ **vt** *(unreg, hat)* [Ware] livrer. ◆ **vi** *(unreg, ist)* se promener (en voiture).

Ausfahrt ['ausfa:ɐt] (*pl* **-en**) **die** sortie *f* ▸ **'Ausfahrt frei halten!'** 'sortie de voiture'.

aus◦fallen ['ausfalən] **vi** *(unreg, ist)* **1.** [Veranstaltung] être annulé **2.** [Gerät] ne pas fonctionner **3.** [Haare, Zähne] tomber ▸ **gut / schlecht ausfallen** donner de bons / mauvais résultats.

ausfindig ['ausfındıç] **adv** : **eine Adresse ausfindig machen** trouver une adresse.

aus◦flippen ['ausflıpən] **vi** *(ist) fam* flipper.

Ausflug ['ausflu:k] (*pl* **-flüge** [fly:gə]) **der** excursion *f*.

Ausflugsboot ['ausflu:ksbo:t] (*pl* **-e**) **das** vedette *f*.

Ausflugslokal ['ausflu:ksloka:l] (*pl* **-e**) **das** restaurant *m* touristique.

Ausflugsziel ['ausflu:kstsi:l] (*pl* **-e**) **das** but *m* de promenade.

Ausfluss ['ausflus] (*pl* **-flüsse** [flysə]) **der** écoulement *m*.

aus◦fragen ['ausfra:gn̩] **vt** questionner.

ausführbar ['ausfy:rba:ɐ̯] **adj EDV** exécutable.

aus◦führen ['ausfy:rən] **vt 1.** [ins Ausland] exporter **2.** [einladen, Hund] sortir **3.** [Arbeit, Plan, Befehl] effectuer **4. EDV** exécuter.

ausführlich ['ausfy:ɐ̯lıç] ◆ **adj** détaillé(e). ◆ **adv** en détail.

aus◦füllen ['ausfylən] **vt** [Formular] remplir.

Ausgabe ['ausga:bə] (*pl* **-n**) **die 1.** [von Geld] dépense *f* **2.** [von Gepäck, von Essen] distribution *f* **3.** [von Buch] édition *f*.

Ausgabegerät ['ausga:bəgərɛ:t] (*pl* **-e**) **das** périphérique *m* de sortie.

Ausgang ['ausgaŋ] (*pl* **-gänge** [gɛŋə]) **der** sortie *f*.

aus◦geben ['ausge:bn̩] **vt** *(unreg)* **1.** [Geld] dépenser **2.** [verteilen] distribuer ▸ **jm einen ausgeben** *fam* offrir un verre à qqn. ◆ **sich ausgeben ref** : **sich als Arzt ausgeben** se faire passer pour un médecin.

ausgebucht ['ausgəbu:xt] **adj** complet(ète).

ausgefallen ['ausgəfalən] **adj** farfelu(e).

aus◦gehen ['ausge:ən] **vi** *(unreg, ist)* **1.** [verlöschen] s'éteindre **2.** [zu Veranstaltung] sortir **3.** [zu Ende gehen] se terminer ▸ **mir ist das Geld / das Benzin ausgegangen** je n'ai plus d'argent / d'essence ▸ **davon ausgehen, dass** partir du principe que.

ausgelastet ['ausgəlastət] **adj** : **voll / nicht ausgelastet sein** être bien / ne pas être trop occupé(e).

ausgeleiert ['ausgəlaiɐt] **adj** ample.

ausgenommen ['ausgənɔmən] **konj** sauf si.

ausgerechnet ['ausgərɛçnət] **adv** justement ▸ **ausgerechnet heute!** juste aujourd'hui !

ausgeschaltet ['ausgəʃaltət] **adj** éteint(e).

ausgeschildert ['ausgəʃıldɐt] **adj** balisé(e).

ausgeschlossen ['ausgəʃlɔsn̩] **adj** : **ausgeschlossen sein** être exclu(e).

ausgestellt ['ausgəʃtɛlt] **adj** : **die Rechnung ist auf meinen Namen ausgestellt** la facture est établie à mon nom.

ausgewiesen ['ausgəvi:zn̩] **adj** : **'ausgewiesen durch: Personalausweis'** 'pièce d'identité fournie : carte d'identité'.

ausgewogen ['ausgəvoːgn̩] adj équilibré(e).

ausgezeichnet ['ausgətsaiçnət] ◆ adj 1. [sehr gut] excellent(e) 2. [mit Preis] étiqueté(e). ◆ adv à la perfection.

ausgiebig ['ausgiːbɪç] adj long (longue).

aus◦gießen ['ausgiːsn̩] vt *(unreg)* 1. [Wasser, Milch] verser 2. [Flasche, Schüssel] vider.

aus◦gleichen ['ausglaiçn̩] vt *(unreg)* 1. [Differenzen] harmoniser 2. [Mangel] compenser.

Ausguss ['ausgʊs] (*pl* -güsse [gysə]) der évier *m*.

aus◦halten ['aushaltn̩] vt *(unreg)* supporter.

Aushang ['aushaŋ] (*pl* -hänge [hɛŋə]) der annonce *f*.

aus◦hecken ['aushɛkn̩] vt *fam* : **etw aushecken** traficoter qqch.

aus◦helfen ['aushɛlfn̩] vi *(unreg)* aider ▸ **jm aushelfen** aider qqn.

Aushilfe ['aushɪlfə] (*pl* -n) die auxiliaire *mf*.

aus◦kennen ['auskɛnən] ◆ **sich auskennen** ref *(unreg)* s'y connaître ▸ **sich in der Stadt auskennen** bien connaître la ville.

aus◦kommen ['auskɔmən] vi *(unreg, ist)* se débrouiller ▸ **mit jm gut / schlecht / nicht auskommen** bien / mal / ne pas s'entendre avec qqn.

Auskunft ['auskʊnft] (*pl* -künfte [kynftə]) die 1. [Information] renseignement *m* 2. [am Telefon] renseignements *mpl* 3. [am Bahnhof] guichet *m* d'information.

aus◦lachen ['auslaxn̩] vt se moquer de.

aus◦laden ['auslaːdn̩] vt *(unreg)* [Gepäck, Fahrzeug] décharger.

Auslage ['auslaːgə] (*pl* -n) die étalage *m*. ◆ **Auslagen** pl [Spesen] dépenses *fpl*.

aus◦lagern ['auslaːgɐn] vt délocaliser.

Ausland ['auslant] das étranger *m* ▸ **im Ausland** à l'étranger.

Ausländer, in ['auslɛndɐ, dərɪn] (*mpl inv*) der, die étranger *m*, -ère *f*.

ausländerfeindlich ['auslɛndɐfaintlɪç] adj xénophobe.

ausländisch ['auslɛndɪʃ] adj étranger(ère).

Auslandsgespräch ['auslantsgəʃprɛːç] (*pl* -e [lands'gəʃprɛːçə]) das communication internationale.

Auslandsschutzbrief ['auslantsʃʊtsbriːf] (*pl* -e) der *assurance automobile complémentaire pour un voyage à l'étranger.*

aus◦lassen ['auslasn̩] vt *(unreg)* [überspringen] sauter ▸ **seinen Ärger an jm auslassen** passer ses nerfs sur qqn.

Auslauf ['auslauf] der : **Auslauf haben** avoir de l'espace ▸ **Auslauf brauchen** avoir besoin d'espace.

aus◦laufen ['auslaufn̩] vi *(unreg, ist)* 1. [Flüssigkeit] couler 2. [Gefäß, Tank] se vider.

aus◦legen ['ausleːgn̩] vt 1. [ausbreiten] poser 2. [mit Teppich] revêtir 3. [Geld] avancer.

aus◦leihen ['auslaiən] vt *(unreg)* : **jm ein Buch ausleihen** prêter un livre à qqn ▸ **sich *(D)* einen Stift ausleihen** emprunter un crayon.

Auslese ['ausleːzə] (*pl* -n) die 1. [Auswahl] sélection *f* 2. [Wein] cru *m*.

Ausloggen ['auslɔgn̩] das EDV déconnexion *f*.

aus∘löschen ['auslœʃn̩] **vt** éteindre.

Auslöser ['ausløzɐ] (*pl inv*) **der** [am Fotoapparat] déclencheur *m*.

aus∘machen ['ausmaxn̩] **vt 1.** éteindre **2.** [absprechen] convenir de ▸ **etw mit jm ausmachen** convenir de qqch avec qqn ▸ **das macht mir nichts aus** ça ne me fait rien.

Ausmaß ['ausmaːs] (*pl* **-e**) **das** étendue *f*.

Ausnahme ['ausnaːmə] (*pl* **-n**) **die** exception *f* ▸ **eine Ausnahme machen** faire une exception.

ausnahmsweise ['ausnaːmsvaizə] **adv** exceptionnellement.

aus∘nutzen ['ausnʊtsn̩] **vt 1.** [Gelegenheit, Zeit] utiliser **2.** [Person] exploiter.

aus∘packen ['auspakn̩] **vt 1.** [Paket, Ware] déballer **2.** [Koffer] défaire.

Auspuff ['auspʊf] (*pl* **-e**) **der** pot *m* d'échappement.

aus∘rangieren ['ausraŋʒiːrən] **vt** mettre au rancart.

aus∘rechnen ['ausrɛçnən] **vt** [Entfernung, Betrag] calculer ▸ **sich** *(D)* **etw ausrechnen** [vorstellen] escompter qqch.

Ausrede ['ausreːdə] (*pl* **-n**) **die** prétexte *m*.

aus∘reichen ['ausraiçn̩] **vi** suffire.

Ausreise ['ausraizə] **die** sortie *f* du territoire.

Ausreisegenehmigung ['ausraizəgənеːmɪgʊŋ] (*pl* **-en**) **die** autorisation *f* de sortie du territoire.

aus∘reißen ['ausraisn̩] ◆ **vi** *(unreg, ist)* [weglaufen] fuguer. ◆ **vt** *(unreg, hat)* [reißen] arracher.

aus∘renken ['ausrɛŋkn̩] **vt** : **sich** *(D)* **den Arm ausrenken** se déboîter le bras.

aus∘richten ['ausrɪçtn̩] **vt** : **ich soll dir ausrichten, dass er morgen kommt** je dois te prévenir qu'il arrive demain ▸ **kann ich ihm etwas ausrichten?** puis-je lui transmettre un message ?

aus∘rufen ['ausruːfn̩] **vt** *(unreg)* [über Lautsprecher] annoncer ▸ **jn ausrufen lassen** faire appeler qqn par haut-parleur.

Ausrufezeichen ['ausruːfətsaiçn̩] (*pl inv*) **das** point *m* d'exclamation.

aus∘ruhen ['ausruːən] ◆ **sich ausruhen ref** se reposer.

Ausrüstung ['ausrystʊŋ] (*pl* **-en**) **die** équipement *m*.

aus∘rutschen ['ausrʊtʃn̩] **vi** *(ist)* déraper.

aus∘sagen ['auszaːgn̩] **vt** déclarer.

aus∘schalten ['ausʃaltn̩] **vt** éteindre.

Ausschank ['ausʃaŋk] **der** vente *f*.

Ausschau ['ausʃau] **die** : **nach jm Ausschau halten** guetter qqn.

aus∘schlafen ['ausʃlaːfn̩] **vi** *(unreg)* dormir tout son soûl.

Ausschlag ['ausʃlaːk] (*pl* **-schläge** [ʃlɛːgə]) **der** MED éruption *f* ▸ **den Ausschlag geben** être déterminant.

aus∘schließen ['ausʃliːsn̩] **vt** *(unreg)* exclure.

ausschließlich ['ausʃliːslɪç] ◆ **adv** exclusivement. ◆ **präp** *(+ G, + D)* à l'exception de.

aus∘schneiden ['ausʃnaidn̩] **vt** *(unreg)* **1.** découper **2.** EDV couper.

Ausschreitungen ['ausʃraitʊŋən] **pl** excès *mpl*.

aus∘schütteln ['ausʃytl̩n] **vt** secouer.

aus∘schütten ['ausʃytn̩] **vt 1.** [Gefäß] vider **2.** [Flüssigkeit] jeter.

aus◦schwenken [ʃvɛŋkn̩] **vi** *(ist)* pivoter.

aus◦sehen ['ausze:ən] **vi** *(unreg)* avoir l'air ▸ **es sieht nach Regen aus** on dirait qu'il va pleuvoir ▸ **gut / schlecht aussehen** a) [Person, Gegenstand] avoir bonne / mauvaise mine b) [Situation] bien / mal se présenter ▸ **wie sieht es aus?** comment ça se présente ?

aus sein ['auszain] **vi** *(unreg, ist)* **1.** [zu Ende sein] être fini(e) **2.** [abgeschaltet sein] être éteint(e) ▸ **aus sein auf** *(+ A)* [zielen auf] rechercher qqch.

außen ['ausn̩] **adv** à l'extérieur ▸ **von außen** de l'extérieur ▸ **nach außen** vers l'extérieur.

Außenbordmotor ['ausn̩bɔrtmo:to:ɐ̯] (*pl* -en) **der** moteur *m* hors-bord.

Außenrückspiegel ['ausn̩rykʃpi:gl̩] (*pl inv*) **der** rétroviseur extérieur.

Außenseite ['ausn̩zaitə] (*pl* -n) **die** face extérieure.

Außenseiter, in ['ausn̩zaitɐ, tərɪn] (*mpl inv*) **der, die 1.** [in Gruppe] marginal *m*, -e *f* **2.** SPORT outsider *m*.

Außenspiegel ['ausn̩ʃpi:gl̩] (*pl inv*) **der** rétroviseur extérieur.

Außentemperatur ['ausn̩tɛmpəratu:ɐ̯] (*pl* -en) **die** température extérieure.

außer ['ausɐ] ◆ **präp** *(+ D)* **1.** [ausgenommen] excepté **2.** [neben] à part. ◆ **konj** sauf si ▸ **alle außer ihm** tous sauf lui ▸ **nichts außer …** rien sinon ▸ **außer sich** *(D)* **sein** être hors de soi ▸ **außer Betrieb** hors service.

außerdem ['ausɐde:m] **adv** en outre.

außerehelich ['ausɐle:əlɪç] **adj** extraconjugal(e).

außergewöhnlich ['ausɐgəvø:nlɪç] ◆ **adj** extraordinaire. ◆ **adv** extraordinairement.

außerhalb ['ausɐhalp] ◆ **präp** *(+ G, + D)* **1.** [zeitlich] en dehors de **2.** [räumlich] à l'extérieur de. ◆ **adv** à l'extérieur.

äußerlich ['ɔysɐlɪç] ◆ **adj 1.** [Wirkung, Eindruck] extérieur(e) **2.** [Anwendung, Verletzung] externe. ◆ **adv** [wirken, anwenden] à l'extérieur.

äußern ['ɔysɐn] **vt** exprimer. ◆ **sich äußern ref** s'exprimer ▸ **sich äußern zu** se prononcer sur.

außerordentlich ['ausɐlɔrdn̩tlɪç] ◆ **adj** extraordinaire. ◆ **adv** extraordinairement.

außerplanmäßig ['ausɐpla:nmɛ:sɪç] ◆ **adj** [Zug] supplémentaire. ◆ **adv** [fahren] exceptionnellement.

außerschulisch ['ausɐʃu:lɪʃ] **adj** extrascolaire.

äußerst ['ɔysɐst] **adv** extrêmement.

aus◦setzen ['auszɛtsn̩] ◆ **vt 1.** [Hund, Kind] abandonner **2.** [Preis, Belohnung] offrir. ◆ **vi 1.** [Herz, Musik] s'arrêter brusquement **2.** [Person] s'interrompre ▸ **an allem etwas auszusetzen haben** trouver toujours qqch à redire.

Aussicht ['auszɪçt] (*pl* -en) **die 1.** [Blick] vue *f* **2.** [Chance] perspectives *fpl*.

aussichtslos ['auszɪçtslo:s] **adj** sans issue.

Aussichtsplattform ['auszɪçtsplatfɔrm] (*pl* -en) **die** point *m* de vue *(plateforme)*.

Aussichtspunkt ['auszɪçtspuŋkt] (*pl* -e) **der** point *m* de vue.

Aussichtsterrasse ['auszɪçtstɛrasə] (*pl* -n) **die** belvédère *m*.

Aussichtsturm ['auszıçtʃtʊrm] (*pl* -türme [tyrmə]) **der** point *m* de vue *(tour)*.

Aussiedler, in ['auszi:dlɐ, dlərın] (*mpl inv*) **der, die** *personne d'origine allemande ayant vécu dans un pays de l'Est et retournant vivre en Allemagne*.

ⓘ **Aussiedler / Spätaussiedler**

Un Aussiedler est un immigré d'origine allemande revenu après la Seconde Guerre mondiale, (souvent en provenance des pays de l'Est). On appelle Spätaussiedler les personnes revenues après 1993.

aus◦spannen ['ausʃpanən] **vi** se détendre.

Aussprache ['ausʃpra:xə] (*pl* -n) **die** [von Wörtern] prononciation *f*.

aus◦sprechen ['ausʃprɛxn̩] ◆ **vt** *(unreg)* **1.** [artikulieren] prononcer **2.** [Gedanke, Verdacht] exprimer. ◆ **vi** *(unreg)* [zu Ende reden] exprimer sa pensée jusqu'au bout. ◆ **sich aussprechen ref** *(unreg)* s'exprimer ▸ **sich aussprechen mit** s'expliquer avec.

aus◦spucken ['ausʃpʊkn̩] **vt & vi** cracher.

aus◦spülen ['ausʃpy:lən] **vt** rincer.

Ausstattung ['ausʃtatʊŋ] (*pl* -en) **die 1.** [von Zimmer] aménagement *m* **2.** [von Auto] équipement *m*.

aus◦stehen ['ausʃte:ən] **vt** *(unreg) fam* pif(f)er ▸ **ich kann ihn nicht ausstehen!** je ne peux pas le piffer !

aus◦steigen ['ausʃtaign̩] **vi** *(unreg, ist)* [aus Fahrzeug, Zug] descendre ▸ **'Aussteigen bitte Knopf drücken'** [Anzeige an Bus- und Straßenbahntür] 'appuyer pour ouvrir'.

aus◦stellen ['ausʃtɛlən] **vt 1.** [Gerät] éteindre **2.** [im Museum] exposer **3.** [Pass, Quittung] établir.

Ausstellung ['ausʃtɛlʊŋ] (*pl* -en) **die** [im Museum] exposition *f*.

aus◦sterben ['ausʃtɛrbən] **vi** *(unreg, ist)* disparaître.

aus◦strahlen ['ausʃtra:lən] **vt** [Programm] diffuser.

Ausstrahlung ['ausʃtra:lʊŋ] **die 1.** [von Programm] diffusion *f* **2.** [von Person] rayonnement *m*.

aus◦strecken ['ausʃtrɛkn̩] **vt** étendre. ◆ **sich ausstrecken ref** s'étendre.

aus◦streichen ['ausʃtraiçn̩] **vt** *(unreg)* **1.** [durchstreichen] rayer **2.** [bestreichen] : **etw mit Butter ausstreichen** beurrer qqch.

aus◦suchen ['auszu:xn̩] **vt** choisir ▸ **sich** *(D)* **etw aussuchen** se choisir qqch.

Austausch ['austauʃ] **der** échange *m*.

aus◦teilen ['austailən] **vt** distribuer.

Auster ['austɐ] (*pl* -n) **die** huître *f*.

Austernpilz ['austɐnpılts] **der** pleurote *m*.

Australien [aus'tra:li̯ən] **nt** Australie *f*.

aus◦trinken ['austrıŋkn̩] **vt** *(unreg)* vider.

aus◦trocknen ['austrɔknən] ◆ **vt** *(hat)* dessécher. ◆ **vi** *(ist)* se dessécher.

Ausverkauf ['ausfɛɐ̯kauf] **der** soldes *fpl*.

ausverkauft ['ausfɛɐ̯kauft] **adj 1.** épuisé(e) **2.** [Konzert] complet(ète).

Auswahl ['ausva:l] **die** choix *m*.

aus◦wandern ['ausvandɐn] **vi** *(ist)* émigrer, migrer.

auswärts ['ausvɛrts] **adv** à l'extérieur ▸ **auswärts essen** sortir manger ▸ **auswärts spielen** jouer à l'extérieur.

aus◦wechseln ['ausvɛksl̩n] **vt** remplacer.

aus◦weichen ['ausvaiçn̩] **vi** *(unreg, + D) (ist)* éviter.

Ausweis ['ausvais] (*pl* -e) **der** carte *f* d'identité.

Ausweiskontrolle ['ausvaiskɔntrɔlə] (*pl* -n) **die** contrôle *m* d'identité.

Ausweisnummer ['ausvaisnʊmɐ] (*pl* -n) **die** numéro *m* de carte d'identité.

Ausweispapiere ['ausvaispapi:rə] **pl** papiers *mpl* d'identité.

aus◦wringen ['ausvrɪŋən] **vt** *(unreg)* essorer *(à la main)*.

Auswurf ['ausvʊrf] (*pl* **-würfe**) **der** éjection *f*.

Auswurftaste ['ausvʊrftastə] (*pl* -n) **die** bouton *m* d'éjection.

aus◦zahlen ['austsa:lən] **vt** [Lohn, Zinsen] payer. ◆ **sich auszahlen ref** être payant(e).

Auszahlungsbetrag ['austsa:lʊŋsbətra:k] (*pl* **-beträge** [trɛ:gə]) **der** montant *m* du paiement.

aus◦zeichnen ['austsaiçnən] **vt** [ehren] remettre un prix à.

aus◦ziehen ['austsi:ən] ◆ **vt** *(unreg, hat)* **1.** [Kleidung, Schuhe] enlever **2.** [Tisch] mettre les rallonges **3.** [Person] déshabiller. ◆ **vi** *(unreg, ist)* [aus Wohnung] déménager ▸ **jm etw ausziehen** enlever qqch à qqn ▸ **zieh dir die Strümpfe aus!** enlève tes chaussettes ! ◆ **sich ausziehen ref** se déshabiller.

Auszubildende ['austsu:bɪldn̩də] (*pl* -n) **der, die** apprenti *m*, -e *f*.

Autismus [au'tɪsmʊs] **der** MED autisme *m*.

Auto ['auto] (*pl* -s) **das** voiture *f*.

Autoatlas ['auto|atlas] (*pl* **-atlanten** [atlantn̩]) **der** atlas routier.

Autobahn ['autoba:n] (*pl* **-en**) **die** autoroute *f*.

> ⓘ **Autobahn**
>
> Depuis 2005, il existe un péage pour poids lourds sur les autoroutes (ainsi que sur les nationales depuis 2011). Sauf indication contraire, il n'y a pas de limitation de vitesse pour les voitures.

Autobahngebühr ['autoba:ngəby:ɐ̯] (*pl* **-en**) **die** péage *m*.

Autobahnkreuz ['autoba:nkrɔyts] (*pl* -e) **das** échangeur *m*.

Autobahnmeisterei ['autoba:nmaistərai] (*pl* **-en**) **die** centre *m* d'entretien routier.

Autobahnring ['autoba:nrɪŋ] (*pl* -e) **der** rocade *f*.

Autobombe ['autobɔmbə] (*pl* -n) **die** voiture *f* piégée.

Autofähre ['autofɛ:rə] (*pl* -n) **die** car-ferry *m*.

Autofahrer, in ['autofa:rɐ, rərɪn] (*mpl inv*) **der, die** automobiliste *mf*.

Autogramm [auto'gram] (*pl* -e) **das** autographe *m*.

Autokorrektur ['autokorɛktu:ɐ̯] **die** correction *f* automatique.

Automat [auto'ma:t] (*pl* **-en**) **der** [für Zigaretten, Kaugummi] distributeur *m*.

Automatik [auto'ma:tɪk] **die** [von Auto] dispositif *m* automatique.

Automatikgetriebe [auto'ma:tɪkgətri:bə] (*pl inv*) **das** boîte *f* de vitesses automatique.

Automatikwagen [auto'maːtɪkvaːgn̩] (*pl inv*) **der** voiture *f* à transmission automatique.

automatisch [auto'maːtɪʃ] ◆ **adj** automatique. ◆ **adv** automatiquement.

Autor ['autoːɐ̯] (*pl* **Autoren**) **der** auteur *m*.

Autoradio ['autoraːdi̯o] (*pl* **-s**) **das** autoradio *m*.

Autoreifen ['autoraifn̩] (*pl inv*) **der** pneu *m* (de voiture).

Autoreisezug ['autoraizəʦuːk] (*pl* **-züge** [ʦyːgə]) **der** train *m* autocouchettes.

Autoreparatur ['autoreparatuːɐ̯] (*pl* **-en**) **die** réparation *f* automobile.

Autorin [au'toːrɪn] (*pl* **-nen**) **die** auteur *m*.

Autoschlange ['autoʃlaŋə] (*pl* **-n**) **die** file *f* de voitures.

Autostopp ['autoʃtɔp] **der** autostop *m* ▸ **per Autostopp fahren** voyager en auto-stop.

Autounfall ['auto|ʊnfal] (*pl* **-unfälle** [fɛlə]) **der** accident *m* de voiture.

Autovermietung ['autofɛɐ̯miːtʊŋ] (*pl* **-en**) **die** location *f* de voitures.

Autowaschanlage ['autovaʃanlaːgə] (*pl* **-n**) **die** station *f* de lavage.

Autowäsche ['autovɛʃə] (*pl* **-n**) **die** station *f* de lavage.

Autozubehör ['autoʦuːbəhøːɐ̯] **das** accessoire *m* pour auto.

Avocado [avo'kaːdo] (*pl* **-s**) **die** avocat *m*.

Axt [akst] (*pl* **Äxte** [ɛkstə]) **die** hache *f*.

Azubi [a'ʦuːbi] (*pl* **-s**) **der, die** *fam* apprenti *m*, -e *f*.

Bb

B [beː] (*pl inv*) (*abk für* **Bundesstraße**) **die** ≃ RN *f (route nationale)*.

Baby ['beːbi] (*pl* **-s**) **das** bébé *m*.

Babybett ['beːbibɛt] (*pl* **-en**) **das** lit *m* de bébé.

Babyboom ['beːbibuːm] **der** baby boom *m*.

Babyfläschchen ['beːbiflɛʃçən] (*pl inv*) **das** biberon *m*.

Babyfon® ['beːbifoːn] (*pl* **-e**) **das** interphone *m* (bébé), babyphone® *m*.

Babyklappe ['beːbiklapə] (*pl* **-n**) **die** tour *m* d'abandon.

Babynahrung ['beːbinaːrʊŋ] **die** aliments *mpl* pour bébés.

Babysitter, in ['beːbizɪtɐ] (*mpl inv*) **der, die** baby-sitter *mf*.

Babysitz ['beːbizɪʦ] (*pl* **-e**) **der** siège-bébé *m*.

Baby-Wickelraum ['beːbivɪkl̩raum] (*pl* **-räume** [rɔymə]) **der** *salle pour changer les bébés*.

Bach [bax] (*pl* **Bäche** ['bɛxə]) **der** ruisseau *m*.

Bachelor ['bɛtʃəlɐ] (*pl* **-s**) **der** SCHULE ≃ licencié *m*, -e *f*.

Backbord ['bakbɔrt] **nt** bâbord *m*.

Backe ['bakə] (*pl* **-n**) **die** [Wange] joue *f*.

backen ['bakn̩] (*präs* **bäckt** ODER **backt**, *prät* **backte** ODER **buk**, *pp* **gebacken**) ◆ **vt**

[Kuchen, Brot] faire (cuire). ◆ **vi** [Bäcker] faire de la pâtisserie.

Bäcker ['bɛkɐ] (*pl inv*) **der** boulanger *m*.

Bäckerei [bɛkə'rai] (*pl* -en) **die** boulangerie *f*.

Bäckerin ['bɛkərɪn] (*pl* -nen) **die** boulangère *f*.

Backmischung ['bakmɪʃʊŋ] (*pl* -en) **die** *préparation en poudre pour gâteaux*.

Backofen ['bak|oːfn̩] (*pl* -öfen [øfn̩]) **der** four *m*.

Backpflaume ['bakpflaumə] (*pl* -en) **die** pruneau *m*.

Backpulver ['bakpʊlvɐ] **das** levure *f* chimique.

bäckt ['bɛkt] **präs** → **backen**.

Back-up (*pl* -s), **Backup** (*pl* -s) ['bɛk|ap] **das** EDV sauvegarde *f*.

Backwaren pl *pain, pâtisserie et viennoiserie*.

Bad [baːt] (*pl* **Bäder** ['bɛːdɐ]) **das 1.** [Badezimmer] salle *f* de bains **2.** [Baden] bain *m* **3.** [Kurort] station thermale ▸ **mit Bad und WC** avec salle de bains et WC.

ⓘ **Bad**

On trouve ce mot devant le nom des villes de cure, nombreuses en Allemagne (Bad Tölz, Bad Füssing, Bad Reichenhall, Bad Pyrmont, etc.) ; les cures médicalisées sont partiellement prises en charge.

Badeanzug ['baːdə|antsuːk] (*pl* -anzüge [tsyːgə]) **der** maillot *m* de bain *(pour femme)*.

Badegast ['baːdəgast] (*pl* -gäste [gɛstə]) **der 1.** curiste *m* **2.** [Schwimmer] nageur *m*, -euse *f*.

Badehose ['baːdəhoːzə] (*pl* -n) **die** maillot *m* de bain *(pour homme)*.

Badekappe ['baːdəkapə] (*pl* -n) **die** bonnet *m* de bain.

Bademeister, in ['baːdəmaistɐ, maistərɪn] (*mpl inv*) **der, die** maître *m* nageur, maître *f* nageuse.

Bademütze ['baːdəmytsə] (*pl* -n ['mytsən]) **die** bonnet *m* de bain.

baden ['baːdn̩] ◆ **vi 1.** [in Badewanne] prendre un bain **2.** [schwimmen] se baigner. ◆ **vt** donner un bain à ▸ **baden gehen** aller se baigner.

Baden-Württemberg ['baːdn̩vyrtəmbɛrk] **nt** Bade-Wurtemberg *m*.

Badeort ['baːdəɔrt] (*pl* -e) **der** station *f* balnéaire.

Badesachen ['baːdəzaxn̩] **pl** affaires *fpl* de bain.

Badeschlappen ['baːdəʃlapən] (*pl inv*) savates *fpl*.

Badetuch ['baːdətuːx] (*pl* -tücher [tyːçɐ]) **das** drap *m* de bain.

Badewanne ['baːdəvanə] (*pl* -n) **die** baignoire *f*.

Badezimmer ['baːdətsɪmɐ] (*pl inv*) **das** salle *f* de bains.

Badminton ['bɛtmɪntən] **das** badminton *m*.

baff [baf] **adj** : **baff sein** *fam* être baba.

BAFöG ['baːfœk] **das** *loi fédérale sur les bourses d'études, par extension la bourse elle-même*.

Bagdad ['bakdat] **nt** Bagdad.

Bagger ['bagɐ] (*pl inv*) **der** excavatrice *f*.

Baggersee ['bagɐzeː] (*pl* -n) **der** lac artificiel.

Baggy ['bɛgi] (*pl* -s) **die** baggy *m*.

bäh [bɛː] **interj** *fam* berk.

Bahn ['ba:n] (*pl* -en) **die 1.** [Zug] chemin *m* de fer **2.** [Straßenbahn] tram *m* **3.** SPORT longueur *f* **4.** [von Stoff, Tapete] lé *m* ▸ **mit der Bahn** par le train.

Bahnbus ['ba:nbus] (*pl* -se) **der** ≃ bus *m* SNCF.

Bahncard® ['ba:nka:ɐ̯t] (*pl* -s) **die** *carte offrant une réduction sur les chemins de fer allemands.*

Bahngesellschaft ['ba:ngəzɛlʃaft] **die** *une des compagnies qui composent la Bundesbahn.*

Bahnhof ['ba:nho:f] (*pl* -höfe [ho:fə]) **der** gare *f.*

Bahnhofsmission ['ba:nho:fsmɪsjo:n] (*pl* -en) **die** *service d'accueil caritatif dans les gares.*

Bahnlinie ['ba:nli:ni̯ə] (*pl* -n) **die** [Strecke] ligne *f* (de chemin de fer).

Bahnpolizei ['ba:npolitsai̯] **die** police *f* des chemins de fer.

Bahnsteig ['ba:nʃtaik] (*pl* -e) **der** quai *m* ▸ **am selben Bahnsteig gegenüber** sur le même quai.

Bahnübergang ['ba:nly:bɐgaŋ] (*pl* -gänge [gɛŋə]) **der** passage *m* à niveau ▸ **unbeschrankter Bahnübergang** passage à niveau non gardé.

Bahnverbindung ['ba:nfɛɐ̯bɪnduŋ] (*pl* -en) **die** liaison *f* ferroviaire.

Bakterie [bak'te:ri̯ə] (*pl* -n) **die** microbe *m.*

balancieren [balɑ̃'si:rən] ◆ **vt** tenir en équilibre. ◆ **vi** se tenir en équilibre.

bald [balt] **adv** [in Kürze] bientôt ▸ **bis bald!** à bientôt !

Baldrian ['baldria:n] **der** valériane *f.*

Balken ['balkn̩] (*pl inv*) **der** [aus Holz] poutre *f.*

Balkon [bal'kɔŋ] (*pl* -e) **der** balcon *m.*

Ball [bal] (*pl* **Bälle** [bɛlə]) **der 1.** [zum Spielen, beim Tennis] balle *f* **2.** [Fußball] ballon *m* **3.** [Fest] bal *m.*

ⓘ Ballsaison

Grande tradition en Autriche, en particulier à Vienne, la saison des bals coïncide avec la période du carnaval. L'Opernball (bal de l'Opéra) est le plus réputé mais aussi le plus élitiste.

Ballaststoffe [ba'lastʃtɔfə] **pl** fibres *fpl.*

Ballett [ba'lɛt] (*pl* -e) **das 1.** [Aufführung] ballet *m* **2.** SPORT danse *f* classique.

Ballon [ba'lɔŋ] (*pl* -s) **der** ballon *m.*

Ballspiel ['balʃpi:l] (*pl* -e) **das** jeu *m* de balle.

Ballungsgebiet ['baluŋsgəbi:t] (*pl* -e) **das** agglomération *f.*

Baltikum ['baltikum] **das** pays *mpl* Baltes ▸ **im Baltikum** dans les pays Baltes.

Bambus ['bambus] (*pl* -se) **der** bambou *m.*

banal [ba'na:l] **adj 1.** *abw* [geistlos] insignifiant(e) **2.** [einfach] banal(e).

Banane [ba'na:nə] (*pl* -n) **die** banane *f.*

band [bant] **prät** → **binden.**

Band¹ [bant] (*pl* **Bänder** [dɐ]) **das 1.** [Schnur] ruban *m* **2.** [Tonband] bande *f.*

Band² [bant] (*pl* **Bände** [də]) **der** [Buch] volume *m.*

Band³ [bɛnt] (*pl* -s) **die** MUS groupe *m.*

Bandage [ban'da:ʒə] (*pl* -n) **die** bandage *m.*

bandagieren [banda'ʒi:rən] **vt** bander.

Bandscheibe ['bantʃaibə] (*pl* **-n**) **die** disque *m* (intervertébral).

Bangkok ['baŋkɔk] **nt** Bangkok.

Bangladesch [baŋgla'dɛʃ] **nt** Bangladesh *m*.

Bank¹ [baŋk] (*pl* **-en**) **die** [für Geld] banque *f*.

Bank² [baŋk] (*pl* **Bänke** [bɛŋkə]) **die** [zum Sitzen] banc *m*.

Bankanweisung ['baŋkǀanvaizʊŋ] (*pl* **-en**) **die** virement *m* bancaire.

Bankenkrise ['baŋkənkri:zə] (*pl* **-n**) **die** crise *f* bancaire.

Bankett [baŋ'kɛt] (*pl* **-e**) **das** banquet *m*.

Bankkonto ['baŋkkɔnto] (*pl* **-konten** [kɔntn̩]) **das** compte *m* bancaire.

Bankleitzahl ['baŋklaitsa:l] (*pl* **-en**) **die** code *m* (de la) banque.

Banknote ['baŋkno:tə] (*pl* **-n**) **die** billet *m* de banque.

bankrott [baŋ'krɔt] **adj** en faillite ▸ **bankrott sein** être en faillite.

Bankverbindung ['baŋkfɛɐ̯bɪndʊŋ] (*pl* **-en**) **die** référence *f* bancaire.

bar [ba:ɐ̯] ◆ **adj** liquide. ◆ **adv** en espèces ▸ **in bar** en espèces.

Bar [ba:ɐ̯] (*pl* **-s**) **die** bar *m*.

Bär [bɛ:ɐ̯] (*pl* **-en**) **der** ours *m*.

barfuß ['ba:ɐ̯fu:s] ◆ **adv** pieds nus. ◆ **adj** : **barfuß sein** être pieds nus.

barg [bark] **prät** → **bergen**.

Bargeld ['ba:ɐ̯gɛlt] **das** espèces *fpl*.

bargeldlos ['ba:ɐ̯gɛltlo:s] ◆ **adj** par virement. ◆ **adv** avec un titre de paiement.

Bariton ['ba:ritɔn] (*pl* **-e**) **der** baryton *m*.

Barkeeper ['ba:ɐ̯ki:pɐ] (*pl inv*) **der** barman *m*.

barock [ba'rɔk] **adj** baroque.

Barometer [baro'me:tɐ] (*pl inv*) **das** baromètre *m*.

Barriere [ba'rie:rə] (*pl* **-n**) **die** barrière *f*.

barsch [barʃ] ◆ **adj** bourru(e). ◆ **adv** d'un ton bourru.

Barscheck ['ba:ɐ̯ʃɛk] (*pl* **-s**) **der** chèque *m* payable au comptant.

Bart [ba:ɐ̯t] (*pl* **Bärte** ['bɛ:ɐ̯tə]) **der** barbe *f*.

Barzahlung ['ba:ɐ̯tsa:lʊŋ] (*pl* **-en**) **die** paiement *m* comptant.

Basar [ba'za:ɐ̯] (*pl* **-e**) **der 1.** [Veranstaltung] vente *f* de charité **2.** [Markt] bazar *m*.

Basel ['ba:zl̩] **nt** Bâle.

Basel-Land ['ba:zl̩lant] **nt** Bâle-Campagne.

Basel-Stadt ['ba:zl̩ʃtat] **nt** Bâle-Ville.

Basilikum [ba'zi:likʊm] **das** basilic *m*.

Basis ['bazɪs] **die** [Grundlage] base *f*.

Baskenland ['baskn̩lant] **nt** Pays *m* basque.

Basketball ['ba:skətbal] **der** basket-ball *m*.

Bass [bas] (*pl* **Bässe** ['bɛsə]) **der** basse *f*.

basta ['basta] **interj** *fam* basta.

basteln ['bastl̩n] **vt & vi** bricoler.

bat [ba:t] **prät** → **bitten**.

Batterie [batə'ri:] (*pl* **-n**) **die 1.** [von Auto] batterie *f* **2.** [von Kamera, Radio] pile *f* ▸ **wieder aufladbare Batterie** pile rechargeable ▸ **Lithium-Ionen-Batterie** batterie Lithium Ion.

⚠ Batterie ist ein falscher Freund. Das Wort bedeutet nicht immer "Batterie", sondern oft *Akku*.

batteriebetrieben [batə'ri:bətri:bn̩] adj à piles.

Bau [bau] (*pl* **-ten** [tn̩]) **der 1.** [Bauen] construction *f* **2.** [Gebäude] bâtiment *m* **3.** [Baustelle] chantier *m*.

Bauarbeiten ['bau|arbaitn̩] **pl** travaux *mpl* ▸ **'wegen Bauarbeiten gesperrt'** route barrée pour cause de travaux.

Bauarbeiter, in ['bau|arbaitɐ, tərın] (*mpl inv*) **der, die** ouvrier *m*, -ère *f* du bâtiment.

Bauch [baux] (*pl* **Bäuche** [bɔyçə]) **der** ventre *m*.

Bauchschmerzen ['bauxʃmɛrtsn̩] **pl** douleurs *fpl* abdominales ▸ **Bauchschmerzen haben** avoir mal au ventre.

Bauchspeck ['bauxʃpɛk] **der** lard *m*.

Bauchspeicheldrüse ['bauxʃpaiçl̩dry:zə] (*pl* **-n**) **die** pancréas *m*.

Baudenkmal ['baudɛŋkma:l] (*pl* **-mäler** [mɛ:lɐ]) **das** monument *m* historique.

bauen ['bauən] ◆ **vt** construire. ◆ **vi** construire ▸ **bauen an** *(+ D)* travailler à ▸ **bauen auf** *(+ A)* compter sur.

Bauer ['bauɐ] (*pl* **-n**) **der 1.** [Beruf] paysan *m* **2.** [Schachfigur] pion *m* **3.** [Spielkarte] valet *m*.

Bäuerin ['bɔyərın] (*pl* **-nen**) **die** paysanne *f*.

Bauernbrot ['bauɐnbro:t] (*pl* **-e**) **das** pain *m* de campagne.

Bauernfrühstück ['bauɐnfry:ʃtyk] (*pl* **-e**) **das** *repas constitué de pommes de terre sautées, d'œufs brouillés et de lard.*

Bauernhof ['bauɐnho:f] (*pl* **-höfe** [hø:fə]) **der** ferme *f*.

baufällig ['baufɛlıç] **adj** délabré(e).

Baum [baum] (*pl* **Bäume** ['bɔymə]) **der** arbre *m*.

Baumarkt ['baumarkt] (*pl* **-märkte** [mɛrktə]) **der** *grande surface spécialisée dans la construction et le bricolage.*

Baumklettern ['baumklɛtɐn] **das** Accrobranche® *m*.

Baumstruktur ['baumʃtrʊktu:ɐ] **die** arborescence *f*.

Baumwolle ['baumvɔlə] **die** coton *m*.

Baustelle ['bauʃtɛlə] (*pl* **-n**) **die** chantier *m* ▸ **'Vorsicht Baustelle!'** 'Travaux'.

Baustellenausfahrt ['bauʃtɛlən|ausfa:ɐt] (*pl* **-en**) **die** sortie *f* de chantier.

Bauwerk ['bauvɛrk] (*pl* **-e**) **das** édifice *m*.

Bayern ['baiɐn] **nt** Bavière *f*.

Bayreuther Festspiele [bai'rɔytɐ'fɛstʃpi:lə] **pl** festival *m* de Bayreuth.

ⓘ **Bayreuther Festspiele**

Fondé en 1876 par Richard Wagner, le festival de Bayreuth, dédié exclusivement aux œuvres du compositeur, a lieu chaque année en été dans le Festspielhaus, édifice construit sous le roi Louis II de Bavière.

Bazillus [ba'tsılʊs] (*pl* **Bazillen**) **der** bacille *m*.

Bd. (*abk für* **Band**) vol. *(volume)*.

beabsichtigen [bə'lapzıçtıgən] **vt** avoir l'intention de.

beachten [bə'laxtn̩] **vt** tenir compte de.

Beamer ['bi:mɐ] (*pl inv*) **der** vidéo projecteur *m*.

Beamte [bəˈamtə] (*pl* -n) **der** fonctionnaire *m*.

Beamtin [bəˈamtɪn] (*pl* -nen) **die** fonctionnaire *f*.

beanspruchen [bəˈanʃpruxn̩] **vt** 1. [strapazieren, abnutzen] user 2. [Zeit, Hilfe, Platz] nécessiter ▸ **jn stark beanspruchen** prendre toute son énergie à qqn.

beanstanden [bəˈanʃtandn̩] **vt** contester ▸ **nichts zu beanstanden** rien à objecter.

Beanstandung [bəˈanʃtandʊŋ] (*pl* -en) **die** réclamation *f*.

beantragen [bəˈantraːgn̩] **vt** demander.

beantworten [bəˈantvɔrtn̩] **vt** répondre à.

bearbeiten [bəˈarbaitn̩] **vt** 1. [Antrag] être chargé de 2. [Feld, Stein, Holz] travailler.

Bearbeitungsgebühr [bəˈarbaitʊŋsgəbyːɐ] (*pl* -en) **die** frais *mpl* de dossier.

beatmen [bəˈatmən] **vt** : **jn künstlich beatmen** pratiquer la respiration artificielle sur qqn.

beaufsichtigen [bəˈaufzɪçtiːgn̩] **vt** surveiller.

beauftragen [bəˈauftraːgn̩] **vt** : **jn mit einer Übersetzung beauftragen** charger qqn d'une traduction ▸ **er hat mich beauftragt, Sie anzurufen** il m'a chargé de vous appeler.

Becher [ˈbɛxɐ] (*pl inv*) **der** gobelet *m*.

Becken [ˈbɛkn̩] (*pl inv*) **das** 1. [Waschbecken] lavabo *m* 2. [Schwimmbecken, Körperteil] bassin *m* 3. MUS cymbales *fpl*.

Beckenrand [ˈbɛkn̩rant] **der** bord *m* du bassin ▸ **'Springen vom Beckenrand nicht erlaubt!'** 'interdit de plonger du bord !'.

bedanken [bəˈdaŋkn̩] ◆ **sich bedanken ref** : **wir bedanken uns für die freundliche Aufnahme** nous vous remercions pour cet accueil chaleureux.

Bedarf [bəˈdarf] **der** besoins *mpl* ▸ **bei Bedarf** en cas de besoin.

Bedarfshaltestelle [bəˈdarfshaltəʃtɛlə] (*pl* -n) **die** arrêt facultatif.

bedauerlich [bəˈdauɐlɪç] **adj** regrettable.

bedauern [bəˈdauɐn] ◆ **vt** 1. [bemitleiden] plaindre 2. [schade finden] regretter. ◆ **vi** regretter ▸ **bedaure!** je regrette !

bedecken [beˈdɛkn̩] **vt** 1. [Boden] recouvrir 2. [Schultern] couvrir.

bedeckt [bəˈdɛkt] **adj** couvert(e).

bedeuten [bəˈdɔytn̩] **vt** signifier ▸ **das hat nichts zu bedeuten** cela ne veut rien dire.

bedeutend [bəˈdɔytn̩t] **adj** important(e).

Bedeutung [bəˈdɔytʊŋ] (*pl* -en) **die** 1. signification *f* 2. [Wichtigkeit] importance *f*.

bedienen [bəˈdiːnən] ◆ **vt** 1. [Gast, Kunde] servir 2. [Maschine] faire fonctionner. ◆ **vi** [Kellner] servir. ◆ **sich bedienen ref** se servir ▸ **bedienen Sie sich!** servez-vous !

Bedienung [bəˈdiːnʊŋ] (*pl* -en) **die** 1. [von Gast, Kunde] service *m* 2. [von Maschine] utilisation *f* 3. [Kellner] serveur *m*, -euse *f* ▸ **inklusive Bedienung** service compris.

Bedienungsanleitung [bəˈdiːnʊŋsanlaitʊŋ] (*pl* -en) **die** mode *m* d'emploi.

Bedienungshandbuch [bəˈdiːnʊŋshantbuːx] (*pl* **-bücher** [byːçɐ]) **das** manuel *m* d'utilisation.

Bedingung [bəˈdɪŋʊŋ] (*pl* **-en**) **die** condition *f* ▸ **unter einer Bedingung** à une condition.

bedrohen [bəˈdroːən] **vt** menacer.

Bedürfnis [bəˈdyrfnɪs] (*pl* **-nisse**) **das** besoin *m*.

beeilen [bəˈlailən] ◆ **sich beeilen ref** se dépêcher.

beeindrucken [bəˈlaindrʊkn̩] **vt** impressionner.

beeinflussen [bəˈlainflʊsn̩] **vt** influencer.

beenden [bəˈlɛndn̩] **vt** terminer.

Beerdigung [bəˈleːɐdɪgʊŋ] (*pl* **-en**) **die** enterrement *m*.

Beere [ˈbeːrə] (*pl* **-n**) **die** baie *f*.

Beet [beːt] (*pl* **-e**) **das** parterre *m*.

Beete [ˈbeːtə] **die** : **Rote Beete** betterave *f* (rouge).

befahl [bəˈfaːl] **prät** → **befehlen.**

befahrbar [bəˈfaːɐbaːɐ] **adj** praticable.

befahren [bəfˈaːrən] (**präs befährt, prät befuhr, pp befahren**) **vt** emprunter.

Befehl [bəˈfeːl] (*pl* **-e**) **der** ordre *m*.

befehlen [bəˈfeːlən] (**präs befiehlt, prät befahl, pp befohlen**) **vt** ordonner.

befestigen [bəˈfɛstɪgn̩] **vt** [anbringen] attacher.

befiehlt [bəˈfiːlt] **präs** → **befehlen.**

befinden (**prät befand, pp befunden**) ◆ **sich befinden ref** se trouver ▸ **'Sie befinden sich hier'** 'vous êtes ici'.

befohlen [bəˈfoːlən] **pp** → **befehlen.**

befolgen [bəˈfɔlgn̩] **vt** suivre.

befördern [bəˈfœrdɐn] **vt 1.** [mit Auto, Zug] transporter **2.** [beruflich] promouvoir.

Beförderung [bəˈfœrdərʊŋ] (*pl* **-en**) **die 1.** [Transport] transport *m* **2.** [beruflich] promotion *m*.

Beförderungsbedingungen [bəˈfœrdərʊŋsbədɪŋʊŋən] **pl** *amt règlement applicable dans les transports en commun.*

Beförderungsentgelt [bəˈfœrdərʊŋslɛntgəlt] **das** *amt* dédommagement *m* pour le transport.

befragen [bəˈfraːgn̩] **vt** débriefer.

befreien [bəˈfraiən] **vt** libérer. ◆ **sich befreien ref** se libérer.

befreundet [bəˈfrɔyndət] **adj** ami(e) ▸ **befreundet sein mit** être ami avec.

befriedigend [bəˈfriːdɪgn̩t] **adj** [zufriedenstellend] satisfaisant(e).

befristet [bəˈfrɪstət] **adj** limité(e) dans le temps.

Befund [bəˈfʊnt] (*pl* **-e** [fʊndə]) **der** diagnostic *m* ▸ **ohne Befund** résultat : néant.

befürchten [bəˈfyrçtn̩] **vt** craindre.

begabt [bəˈgaːpt] **adj** doué(e).

Begabung [bəˈgaːbʊŋ] (*pl* **-en**) **die** don *m* ▸ **eine Begabung (für etw) haben** être doué(e) (pour qqch).

begann [bəˈgan] **prät** → **beginnen.**

begegnen [bəˈgeːgnən] **vi** *(ist, + D)* [zusammentreffen mit] rencontrer. ◆ **sich begegnen ref** se rencontrer.

begehrt [bəˈgeːɐt] **adj** convoité(e).

begeistert [bəˈgaistɐt] ◆ **adj** enthousiaste. ◆ **adv** avec enthousiasme.

Beginn [bəˈgɪn] **der** début *m* ▸ **zu Beginn** au début.

beginnen [bəˈgɪnən] (*prät* **begann**, *pp* **begonnen**) **vt & vi** commencer ▸ **beginnen mit** commencer par.

beglaubigen [bəˈglaubɪgn̩] **vt** certifier.

Beglaubigung [bəˈglaubɪgʊŋ] (*pl* **-en**) **die** authentification *f*.

begleiten [bəˈglaitn̩] **vt** accompagner.

Begleitperson [bəˈglaitpɛrzoːn] (*pl* **-en**) **die** accompagnateur *m*, -trice *f*.

Begleitung [bəˈglaitʊŋ] **die** compagnie *f* ▸ **in js Begleitung** en compagnie de qqn.

beglückwünschen [bəˈglykvynʃn̩] **vt** féliciter.

begonnen [bəˈgɔnən] **pp** → **beginnen**.

Begräbnis [bəˈgrɛːbnɪs] (*pl* **-se**) **das** enterrement *m*.

begreifen [bəˈgraifn̩] (*prät* **begriff**, *pp* **begriffen**) ◆ **vt** saisir. ◆ **vi** comprendre.

Begrenzung [bəˈgrɛntsʊŋ] (*pl* **-en**) **die** **1.** [zeitlich] limitation *f* **2.** [räumlich] délimitation *f*.

Begriff [bəˈgrɪf] (*pl* **-e**) **der** [Wort] terme *m*.

begründen [bəˈgryndn̩] **vt** justifier.

Begründer, in [bəˈgryndɐ, dərɪn] (*mpl inv*) **der, die** fondateur *m*, -trice *f*.

Begründung [bəˈgryndʊŋ] (*pl* **-en**) **die** justification *f*.

begrüßen [bəˈgryːsn̩] **vt** [Person] saluer ▸ **Gäste begrüßen** accueillir des invités.

Begrüßung [bəˈgryːsʊŋ] (*pl* **-en**) **die** salutation *f*.

behalten [bəˈhaltn̩] (*präs* **behält**, *prät* **behielt**, *pp* **behalten**) **vt** **1.** [nicht abgeben] garder **2.** [sich erinnern] retenir ▸ **etw für sich behalten** [nicht erzählen] garder qqch pour soi.

Behälter [bəˈhɛltɐ] (*pl inv*) **der** réservoir *m*.

behandeln [bəˈhandl̩n] **vt** traiter ▸ **gut / schlecht behandeln** bien / mal traiter ▸ **mit Antibiotika behandeln** soigner aux antibiotiques.

Behandlung [bəˈhandlʊŋ] (*pl* **-en**) **die** traitement *m*.

behaupten [bəˈhauptn̩] **vt** [versichern] affirmer. ◆ **sich behaupten ref** [sich durchsetzen] s'affirmer.

Behauptung [bəˈhauptʊŋ] (*pl* **-en**) **die** **1.** [Versicherung] affirmation *f* **2.** [von Standpunkt, Stellung] maintien *m*.

beheimatet [bəˈhaimatət] **adj** : **beheimatet in** *(+ D)* **a)** [Mensch] domicilié(e) à ODER en **b)** [Tier, Pflanze] originaire de.

beheizt [bəˈhaitst] **adj** chauffé(e).

behelfen [bəˈhɛlfn̩] (*präs* **behilft**, *prät* **behalf**, *pp* **beholfen**) ◆ **sich behelfen ref** : **sich mit etw behelfen** se contenter de qqch.

beherbergen [bəˈhɛrbɛrgn̩] **vt** héberger.

beherrschen [bəˈhɛrʃn̩] **vt** **1.** [bestimmen] dominer **2.** [Sprache] maîtriser. ◆ **sich beherrschen ref** se dominer.

behilflich [bəˈhɪlflɪç] **adj** : **kann ich Ihnen behilflich sein?** est-ce que je peux vous aider ?

behindern [bəˈhɪndɐn] **vt** **1.** [Sicht] boucher **2.** [Person, Verkehr] gêner.

behindert [bəˈhɪndɐt] **adj** handicapé(e).

Behinderte [bəˈhɪndɐtə] (*pl* **-n**) **der, die** handicapé *m*, -e *f*.

Behindertenaufzug [bəˈhɪndɐtn̩-lauftsuːk] (*pl* **-aufzüge** [tsyːgə]) **der** ascenseur *m* pour handicapés.

behindertengerecht [bəˈhɪndɐtŋ̩gərɛçt] ◆ **adj** aménagé(e) pour les handicapés. ◆ **adv** : **behindertengerecht konzipieren / anlegen** concevoir / aménager en fonction des besoins des handicapés.

Behindertensport [bəˈhɪndɐrtn̩ʃpɔrt] **der** handisport *m*.

Behinderung [bəˈhɪndərʊŋ] (*pl* **-en**) **die 1.** [körperlich, geistig] handicap *m* **2.** [im Verkehr] obstacle *m* ▸ **mit Behinderungen muss gerechnet werden** des ralentissements sont à prévoir.

Behörde [bəˈhœrdə] (*pl* **-n**) **die** administration *f*.

bei [bai] ◆ **präp** *(+ D)* **1.** [in Amt, auf Veranstaltung, Angabe von Zeitpunkt] à ▸ **bei der Post** à la poste ▸ **beim Signal** au signal **2.** [mit Person, zu Hause] chez ▸ **bei mir** chez moi ▸ **etw bei sich** *(D)* **haben** avoir qqch sur ODER avec soi **3.** [in der Nähe] près ODER à côté de **4.** [Angabe von Umständen, von Zeitspanne] par ▸ **bei einem Unfall** dans un accident ▸ **bei Regen** par temps de pluie ▸ **bei Gelegenheit** à l'occasion ▸ **bei Tag / Nacht** de jour / nuit.

bei◦bringen [ˈbaiˈbrɪŋən] **vt** *(unreg)* [lehren] enseigner.

beichten [ˈbaiçtn̩] ◆ **vt** confesser. ◆ **vi** se confesser.

beide [ˈbaidə] ◆ **pron** les deux. ◆ **adj** les deux.

beidseitig [ˈbaitsaitɪç] ◆ **adj** [Einverständnis] mutuel(elle). ◆ **adv** des deux côtés.

Beifahrer, in [ˈbaifaːrɐ, rərɪn] (*mpl inv*) **der, die** [im PKW] passager *m*, -ère *f*.

Beifahrerairbag [ˈbaifaːrɐlɛːɐ̯bɛk] (*pl* **-s**) **der** AUTO airbag *m* passager.

Beifahrersitz [ˈbaifaːrɐzɪts] (*pl* **-e**) **der** siège *m* du passager.

Beifall [ˈbaifal] **der** applaudissements *mpl* ▸ **Beifall spenden** ODER **klatschen** applaudir.

beige [beːʃ] **adj** beige.

Beilage [ˈbailagə] (*pl* **-n**) **die** [zum Essen] garniture *f*.

Beileid [ˈbailait] **das** condoléances *fpl* ▸ **herzliches** ODER **aufrichtiges Beileid** sincères condoléances.

beiliegend [ˈbailiːgn̩t] **adj** *amt* ci-joint(e).

beim [baim] **präp** = **bei** + **dem**.

Bein [ˈbain] (*pl* **-e**) **das 1.** jambe *f* **2.** [von Tisch] pied *m*.

beinahe [baiˈnaːə] **adv** presque.

Beinbruch [ˈbainrbʊx] (*pl* **-brüche**) **der** fracture *f* de la jambe ▸ **das ist doch kein Beinbruch!** *fam & fig* ce n'est pas un drame !

Beipackzettel [ˈbaipaktsɛtl̩] (*pl inv*) **der** notice *f*.

Beirut [ˈbairuːt] **nt** Beyrouth.

Beisammensein [baiˈzamənzain] **das** réunion *f*.

Beispiel [ˈbaiʃpiːl] (*pl* **-e**) **das 1.** [Exempel] exemple *m* **2.** [Vorbild] modèle *m* ▸ **zum Beispiel** par exemple.

beispielsweise [ˈbaiʃpiːlsvaizə] **adv** par exemple.

beißen [ˈbaisn̩] (*prät* **biss**, *pp* **gebissen**) ◆ **vt** [verletzen] mordre. ◆ **vi 1.** mordre **2.** [Insekt, Rauch] piquer.

Beitrag [ˈbaitraːk] (*pl* **-träge** [trɛːgəl]) **der** contribution *f*.

bei◦treten [ˈbaitreːtn̩] **vt** *(unreg, ist)* : **einer Sache beitreten** s'affilier à qqch.

Beitrittskandidat ['baitrɪtskandidaːt] (*pl* -en) **der** Etat *m* candidat à l'adhésion à l'Union européenne.

beitrittswillig ['baitrɪtsvɪlɪç] **adj** disposé(e) à adhérer à l'UE.

bekämpfen [bə'kɛmpfn̩] **vt** **1.** [Korruption] combattre **2.** [Insekten, Krankheit] lutter contre.

bekannt [bə'kant] **adj** connu(e) ▸ **bekannt sein mit** connaître.

Bekannte [bəkantə] (*pl* -n) **der, die** connaissance *f*.

bekannt geben [bə'kantgeːbn̩] **vt** *(unreg)* annoncer.

bekannt machen [bə'kantmaxn̩] **vt** rendre public ▸ **jn mit jm bekannt machen** présenter qqn à qqn.

Bekanntschaft [bə'kantʃaft] (*pl* -en) **die** **1.** [Kontakt] connaissance *f* **2.** [Gruppe] connaissances *fpl*.

beklagen [bə'klaːgn̩] ◆ **sich beklagen ref** se plaindre.

bekleckern [bə'klɛkɐn] **vt** tacher. ◆ **sich bekleckern ref** se barbouiller ▸ **sich mit etw bekleckern** se barbouiller de qqch.

Bekleidung [bə'klaidʊŋ] **die** vêtements *mpl*.

bekommen [bə'kɔmən] (*prät* **bekam**, *pp* **bekommen**) ◆ **vt** *(hat)* **1.** recevoir **2.** [Ausweis] obtenir **3.** [finden] trouver **4.** [Rente] toucher **5.** [Ärger] avoir **6.** [körperl. Veränderung] commencer à avoir **7.** [Kind, Besuch] attendre **8.** [Krankheit] attraper. ◆ **vi** *(ist)* : **das Alleinsein bekommt ihm gut / schlecht** il supporte bien / mal la solitude ▸ **etw geschenkt bekommen** recevoir qqch en cadeau ▸ **etw geliehen bekommen** se faire prêter qqch ▸ **was bekommen Sie?** que désirez-vous ? ▸ **was bekommen Sie dafür?** je vous dois combien ? ▸ **etw zu essen / trinken bekommen** avoir qqch à manger / à boire ▸ **ich bekomme noch 10 Euro von dir** tu me dois encore 10 euros ▸ **ich habe gute Plätze bekommen** j'ai réussi à avoir de bonnes places.

bekömmlich [bə'kœmlɪç] **adj** digeste.

beladen [bə'laːdn̩] (*präs* **belädt**, *prät* **belud**, *pp* **beladen**) **vt** charger.

Belag [bə'laːk] (*pl* **Beläge** [bə'lɛːgə]) **der** **1.** [auf Brot, Bremse] garniture *f* **2.** [auf Straße] revêtement *m*.

belangen [bə'laŋən] **vt** [Rechtswesen] : **jn für etw belangen** poursuivre qqn pour qqch.

Belarus ['beːlaːrʊs] **nt** Belarus *m*.

belasten [bə'lastn̩] **vt** **1.** [deprimieren] préoccuper **2.** [Umwelt, Luft] être néfaste à **3.** [mit Gewicht] charger.

belästigen [bə'lɛstɪgn̩] **vt** **1.** [sexuell] harceler **2.** [stören] importuner.

Belastung [bə'lastʊŋ] (*pl* -en) **die** **1.** charge *f* **2.** [psychisch] poids *m*.

belebt [bə'leːpt] **adj** animé(e).

Beleg [bə'leːk] (*pl* -e [leːgə]) **der** [Quittung] justificatif *m*.

belegt [bə'leːkt] **adj** **1.** occupé(e) **2.** [Stimme] voilé(e) **3.** [Zunge] chargé(e) ▸ **belegtes Brötchen / Brot** petit pain / pain garni ▸ **voll belegt** complet(ète).

belehren [bə'leːrən] **vt** : **jn über seine Rechte belehren** informer qqn de ses droits.

beleidigen [bə'laidɪgn̩] **vt** [Person] offenser.

Beleidigung [bə'laidɪgʊŋ] (*pl* -en) **die** [Bemerkung, Handlung] offense *f*.

Beleuchtung [bə'lɔyçtʊŋ] **die** [Scheinwerfer, Lampen] éclairage *m*.

Belgien ['bɛlgi̯ən] **nt** Belgique *f*.

Belgier ['bɛlgiɐ] (*pl inv*) **der** Belge *m*.

Belgierin ['bɛlgiərɪn] (*pl* **-nen**) **die** Belge *f*.

belgisch ['bɛlgɪʃ] **adj** belge.

Belgrad ['bɛlgra:t] **nt** Belgrade.

belichten [bə'lɪçtn̩] **vt & vi** exposer.

Belichtung [bə'lɪçtʊŋ] (*pl* **-en**) **die** FOTO exposition *f*.

Belichtungsmesser [bə'lɪçtʊŋsmɛsɐ] (*pl inv*) **der** posemètre *m*.

Belichtungszeit [bə'lɪçtʊŋstsait] (*pl* **-en**) **die** durée *f* d'exposition.

Belieben [bə'li:bn̩] **das** : **nach Belieben** à volonté.

beliebig [bə'li:bɪç] ◆ **adj** n'importe quel (n'importe quelle). ◆ **adv** : **beliebig viel** autant que tu veux ODER vous voulez ▸ **in beliebiger Reihenfolge** dans n'importe quel ordre.

beliebt [bə'li:pt] **adj** apprécié(e).

beliefern [bə'li:fɐn] **vt** [Kunde] fournir.

bellen ['bɛlən] **vi** aboyer.

belohnen [bə'lo:nən] **vt** récompenser.

Belohnung [bə'lo:nʊŋ] (*pl* **-en**) **die** [Geld, Geschenk] récompense *f*.

Belüftung [bə'lyftʊŋ] **die** aération *f*.

belügen [bə'ly:gn̩] (*prät* **belog**, *pp* **belogen**) **vt** mentir à. ◆ **sich belügen ref** se mentir.

bemerkbar [bə'mɛrkba:ɐ] **adj** sensible ▸ **sich bemerkbar machen** a) [durch Rufen, Klopfen] se faire remarquer b) [sich zeigen] se montrer.

bemerken [bə'mɛrkn̩] **vt** [wahrnehmen, merken] remarquer.

Bemerkung [bə'mɛrkʊŋ] (*pl* **-en**) **die** remarque *f* ▸ **eine Bemerkung machen** faire une remarque.

bemühen [bə'my:ən] ◆ **sich bemühen ref** s'efforcer de.

Bemühungen [bə'my:ʊŋən] **pl** efforts *mpl*.

benachrichtigen [bə'naxrɪçtɪgn̩] **vt** prévenir.

Benachrichtigung [bə'naxrɪçtɪgʊŋ] (*pl* **-en**) **die** information *f*.

benehmen [bə'ne:mən] (*präs* **benimmt**, *prät* **benahm**, *pp* **benommen**) ◆ **sich benehmen ref** : **sich gut / schlecht benehmen** bien / mal se conduire.

beneiden [bə'naidn̩] **vt** envier.

Benin [bɛ'ni:n] **nt** Bénin *m*.

benötigen [bə'nø:tɪgn̩] **vt** avoir besoin de.

benutzen [bə'nʊtsn̩] **vt 1.** utiliser **2.** [Aufzug, Auto] prendre.

benützen [bə'nʏtsn̩] = **benutzen**.

Benutzer, in [bə'nʊtsɐ, tsərɪn] (*mpl inv*) **der, die** utilisateur *m*, -trice *f*.

benutzerfreundlich [bə'nʊtsɐfrɔyntlɪç] **adj** EDV convivial(e).

Benutzeroberfläche [bə'nʊtsɐlo:bɐflɛçə] (*pl* **-n**) **die** EDV surface *f* utilisateur.

Benzin [bɛn'tsi:n] **das** essence *f* ▸ **bleifreies Benzin** essence sans plomb ▸ **Benzin tanken** prendre de l'essence.

Benzinkanister [bɛn'tsi:nkanɪstɐ] (*pl inv*) **der** bidon *m* d'essence.

Benzinpumpe [bɛn'tsi:npʊmpə] (*pl* **-n**) **die** pompe *f* à essence.

beobachten [bə'lo:baxtn̩] **vt 1.** observer **2.** [bemerken] constater.

Beobachter, in [bə'lo:baxtɐ, tərɪn] (*mpl inv*) **der, die** observateur *m*, -trice *f*.

bequem [bə'kve:m] ◆ **adj 1.** confortable **2.** [faul] indolent(e). ◆ **adv** confortablement ▸ **machen Sie es sich bequem!** mettez-vous à l'aise !

Bequemlichkeit [bəˈkveːmlɪçkait] **die 1.** [Komfort] confort *m* **2.** [Faulheit] fainéantise *f*.

beraten [bəˈraːtn] (*präs* **berät**, *prät* **beriet**, *pp* **beraten**) ◆ **vt 1.** [Kunden] conseiller **2.** [Plan] débattre de. ◆ **vi** [diskutieren] délibérer. ◆ **sich beraten ref** : **sich mit seinem Anwalt beraten** consulter son avocat.

Beratung [bəˈraːtʊŋ] (*pl* **-en**) **die 1.** [juristisch, ärztlich] consultation *f* **2.** [durch Psychologen] aide *f* **3.** [im Ausschuss] délibération *f*.

Beratungsstelle [bəˈraːtʊŋsʃtɛlə] (*pl* **-n**) **die** centre *m* d'information.

berechnen [bəˈrɛçnən] **vt 1.** [ausrechnen] calculer **2.** [verlangen] compter ▸ **jm für eine Konsultation 60 Euro berechnen** facturer une consultation 60 euros à qqn.

berechtigt [bəˈrɛçtɪçt] **adj** [Zweifel] justifié(e) ▸ **berechtigt sein** [befugt] être habilité(e).

Bereich [bəˈraiç] (*pl* **-e**) **der 1.** [räumlich] région *f* **2.** [thematisch] domaine *m* **3.** EDV secteur *m*.

bereichernd [bəˈraiçɐnt] **adj** épanouissant(e).

bereisen [bəˈraizn] **vt** parcourir.

bereit [bəˈrait] **adj** prêt(e) ▸ **bereit sein** [fertig sein] être prêt ▸ **bereit sein zu** [willens sein] être prêt(e) à.

bereit◦halten [bəˈraithaltn] **vt** *(unreg)* [Pass, Kleingeld] garder à portée de main. ◆ **sich bereithalten ref** se tenir prêt(e).

bereit machen [bəˈraitmaxn] **vt** préparer. ◆ **sich bereit machen ref** se préparer.

bereits [bəˈraits] **adv** déjà.

Bereitschaft [bəˈraitʃaft] **die** disposition *f*.

Bereitschaftsdienst [bəˈraitʃaftsdiːnst] (*pl* **-e**) **der** service *m* de permanence.

Bereitschaftspolizei [bəˈraitʃaftspoliˈtsai] **die** brigade *f* antiémeutes.

bereit◦stehen [bəˈraitʃteːən] **vi** *(unreg)* être prêt(e).

bereuen [bəˈrɔyən] **vt** regretter.

Berg [bɛrk] (*pl* **-e** [ˈbɛrgə]) **der** montagne *f*. ◆ **Berge pl** [Gebirge] montagne *f* ▸ **in die Berge** à la montagne.

bergab [bɛrkˈlap] **adv** en descendant la côte ▸ **bergab fahren** ODER **laufen** descendre une côte.

bergauf [bɛrkˈlauf] **adv** en montant la côte ▸ **bergauf fahren** ODER **laufen** monter une côte.

Bergbahn [ˈbɛrkbaːn] (*pl* **-en**) **die** train *m* à crémaillère.

Bergbau [ˈbɛrkbau] **der** industrie minière.

bergen [ˈbɛrgn] (*präs* **birgt**, *prät* **barg**, *pp* **geborgen**) **vt** [retten] porter secours à.

Bergführer, in [ˈbɛrkfyːrɐ, rərɪn] (*mpl inv*) **der, die** guide *m* de haute montagne.

Berghütte [ˈbɛrkhytə] (*pl* **-n**) **die** refuge *m*.

bergig [ˈbɛrgɪç] **adj** montagneux(euse).

Bergnot [ˈbɛrknoːt] **die** : **in Bergnot geraten** se retrouver en détresse *(en montagne)*.

Bergschuh [ˈbɛrkʃuː] (*pl* **-e**) **der** chaussure *f* de montagne.

berg◦steigen [ˈbɛrkʃtaign] **vi** *(unreg, ist)* faire de l'alpinisme.

Bergsteigen ['bɛrkʃtaign̩] **das** alpinisme *m*.

Bergsteiger, in ['bɛrkʃtaigɐ, gərɪn] (*mpl inv*) **der, die** alpiniste *mf*.

Bergtour ['bɛrktuːɐ̯] (*pl* **-en**) **die** excursion *f* en montagne.

Bergung ['bɛrgʊŋ] (*pl* **-en**) **die** [Rettung] sauvetage *m*.

Bergwacht ['bɛrkvaxt] **die** service *m* de sauvetage en montagne.

Bergwanderung ['bɛrkvandərʊŋ] (*pl* **-en**) **die** randonnée *f* en montagne.

Bergwerk ['bɛrkvɛrk] (*pl* **-e**) **das** mine *f*.

Bericht [bə'rɪçt] (*pl* **-e**) **der** rapport *m*.

berichten [bə'rɪçtn̩] **vi** faire un rapport.

berichtigen [bə'rɪçtɪgn̩] **vt** [Fehler] corriger. ◆ **sich berichtigen ref** se reprendre.

Berichtigung [bə'rɪçtɪgʊŋ] (*pl* **-en**) **die** correction *f*.

Berlin [bɛr'liːn] **nt** Berlin.

Berliner [bɛr'liːnɐ] (*pl inv*) **der** [Gebäck] *beignet fourré*.

Berliner Mauer [bɛr'liːnɐ'mauɐ] **die** mur *m* de Berlin.

> ⓘ **Berliner Mauer**
>
> Construit en 1961, le mur de Berlin incarnait la séparation entre l'Allemagne de l'Est (RDA) et l'Allemagne de l'Ouest (RFA). La chute de ce « mur de la honte », le 9 novembre 1989, est le symbole de la réunification.

Bern [bɛrn] **nt** Berne.

berüchtigt [bə'ryçtɪçt] **adj** tristement célèbre.

berücksichtigen [bə'rykzɪçtɪgn̩] **vt** tenir compte de.

Beruf [bə'ruːf] (*pl* **-e**) **der** [Arbeit, Ausbildung] profession *f* ▸ **Tischler von Beruf sein** être menuisier de métier ▸ **was sind Sie von Beruf?** quelle profession exercez-vous ?

beruflich [bə'ruːflɪç] ◆ **adj** professionnel(elle). ◆ **adv** pour raisons professionnelles.

Berufsausbildung [bə'ruːfs|ausbɪldʊŋ] (*pl* **-en**) **die** formation *f* professionnelle.

Berufsschule [bə'ruːfsʃuːlə] (*pl* **-n**) **die** ≃ centre *m* de formation d'apprentis.

berufstätig [bə'ruːfstɛːtɪç] **adj** actif(ive).

Berufstätige [bə'ruːfstɛːtɪgə] (*pl* **-n**) **der, die** personne *f* en activité.

Berufsverkehr [bə'ruːfsfɛɐ̯keːɐ̯] **der** trafic *m* aux heures de pointe.

Berufung [bə'ruːfʊŋ] (*pl* **-en**) **die** [Universitätsprofessor] titularisation *f*.

beruhigen [bə'ruːɪgn̩] **vt** calmer. ◆ **sich beruhigen ref** se calmer.

Beruhigungsmittel [bə'ruːɪgʊŋsmɪtl̩] (*pl inv*) **das** tranquillisant *m*.

berühmt [bə'ryːmt] **adj** célèbre ▸ **berühmt sein wegen** ODER **für** être célèbre pour.

berühren [bə'ryːrən] **vt** toucher ▸ **'bitte nicht berühren!'** 'prière de ne pas toucher'. ◆ **sich berühren ref** se toucher.

beschädigen [bə'ʃɛːdɪgn̩] **vt** endommager.

beschädigt [bə'ʃɛːdɪçt] **adj** abimé.

beschäftigen [bə'ʃɛftɪgn̩] **vt 1.** [Angestellte] employer **2.** [gedanklich] préoccuper. ◆ **sich beschäftigen ref** : **sich mit seinen Kindern beschäftigen** s'occuper de ses enfants ▸ **sich mit**

einem Projekt beschäftigen s'occuper d'un projet.

Beschäftigung [bəˈʃɛftɪɡʊŋ] (*pl* -en) **die 1.** [Arbeit] emploi *m* **2.** [Hobby] activité *f*.

Bescheid [bəˈʃait] (*pl* -e [ˈʃaidə]) **der** [Nachricht] avis *m* ▸ **jm Bescheid geben** ODER **sagen** prévenir qqn ▸ **Bescheid wissen** être au courant.

bescheiden [bəˈʃaidn̩] **adj 1.** modeste **2.** [Essen] frugal(e).

bescheinigen [bəˈʃainɪɡn̩] **vt** attester.

Bescheinigung [bəˈʃainɪɡʊŋ] (*pl* -en) **die** attestation *f*.

bescheißen [bəˈʃaisn̩] (*prät* **beschiss**, *pp* **beschissen**) **vt** *vulg* : **jn um zwei Euro bescheißen** arnaquer qqn de deux euros ▸ **er hat uns beschissen** il nous a entubés.

bescheuert [bəˈʃɔyɐt] **adj** *fam* lourdingue.

beschimpfen [bəˈʃɪmpfn̩] **vt** insulter.

beschissen [bəˈʃɪsn̩] **adj** *vulg* **1.** [Situation, Wetter] pourri(e) **2.** [Bezahlung] merdique.

Beschlag [bəˈʃlaːk] (*pl* **Beschläge**) **der** renfort *m* métallique, ferrure *f* ▸ **jn / etw in Beschlag nehmen oder mit Beschlag belegen** *fig* accaparer qqn / qqch, monopoliser qqn / qqch.

beschlagnahmen [bəˈʃlaːknaːmən] **vt** [Beute] confisquer.

beschleunigen [bəˈʃlɔynɪɡn̩] **vt** accélérer. ◆ **sich beschleunigen ref** s'accélérer.

Beschleunigung [bəˈʃlɔynɪɡʊŋ] **die** accélération *f*.

Beschleunigungsspur [bəˈʃlɔynɪɡʊŋsʃpuːɐ̯] (*pl* -en) **die** voie *f* d'accélération.

beschließen [bəˈʃliːsn̩] (*prät* **beschloss**, *pp* **beschlossen**) **vt 1.** [entscheiden] décider **2.** [Gesetz] arrêter.

Beschluss [bəˈʃlʊs] (*pl* **Beschlüsse** [ˈʃlʏsə]) **der** décision *f*.

beschränken [bəˈʃrɛŋkn̩] **vt** [Geschwindigkeit, Anzahl] limiter.

Beschränkung [bəˈʃrɛŋkʊŋ] (*pl* -en) **die** [von Tempo, von Anzahl] limitation *f*.

beschreibbar [bəˈʃraibbaːɐ̯] **adj** : **wieder beschreibbare CD** CD réinscriptible.

beschreiben [bəˈʃraibn̩] (*prät* **beschrieb**, *pp* **beschrieben**) **vt** [schildern] décrire ▸ **den Weg beschreiben** indiquer le chemin.

Beschreibung [bəˈʃraibʊŋ] (*pl* -en) **die** description *f*.

beschriften [bəˈʃrɪftn̩] **vt** [Brief] écrire l'adresse sur.

beschuldigen [bəˈʃʊldɪɡn̩] **vt** accuser.

Beschuldigung [bəˈʃʊldɪɡʊŋ] (*pl* -en) **die** accusation *f*.

beschützen [bəˈʃʏtsn̩] **vt** protéger.

Beschwerde [bəˈʃveːɐ̯də] (*pl* -n) **die** [Beanstandung] plainte *f*. ◆ **Beschwerden pl** [Gesundheitsprobleme] ennuis *mpl* (de santé).

beschweren [bəˈʃveːrən] ◆ **sich beschweren ref** se plaindre.

beschwipst [bəˈʃvɪpst] **adj** éméché(e).

beseitigen [bəˈzaitɪɡn̩] **vt** [Abfall, Problem] éliminer.

Besen [ˈbeːzn̩] (*pl inv*) **der** balai *m*.

besetzt [bəˈzɛtst] **adj** : **besetzt sein** être occupé(e).

Besetztzeichen [bəˈzɛtsttsaiçn̩] **das** *tonalité d'une ligne occupée*.

Besetzung [bəˈzɛtsʊŋ] (*pl* -en) **die 1.** [am Theater] distribution *f* **2.** [Eroberung] occupation *f*.

besichtigen [bəˈzɪçtɪgn̩] **vt** visiter.

Besichtigung [bəˈzɪçtɪgʊŋ] (*pl* -en) **die** visite *f* ▸ **'zur Besichtigung freigegeben'** [Schild an Museen und Sehenswürdigkeiten] 'ouvert au public'.

besiegen [bəˈziːgn̩] **vt** vaincre.

Besitz [bəˈzɪts] **der** propriété *f*.

besitzen [bəˈzɪtsn̩] (*prät* **besaß**, *pp* **besessen**) **vt** 1. posséder 2. [ausgerüstet sein mit] avoir.

Besitzer, in [bəˈzɪtsɐ, tsərɪn] (*mpl inv*) **der, die** propriétaire *mf*.

besoffen [bəˈzɔfn̩] **adj** *fam* soûl(e).

besondere, r, s [bəˈzɔndərə] **adj** particulier(ère).

besonders [bəˈzɔndɐs] **adv** particulièrement ▸ **nicht besonders** *fam* [nicht gut] pas très bien ▸ **nicht besonders sein** *fam* [nicht gut] ne pas être génial.

besorgen [bəˈzɔrgn̩] **vt** [holen, kaufen] procurer.

besorgt [bəˈzɔrkt] ◆ **adj** soucieux(euse). ◆ **adv** l'air soucieux.

besprechen [bəˈʃprɛçn̩] (*präs* **bespricht**, *prät* **besprach**, *pp* **besprochen**) **vt** [diskutieren] discuter de.

besser [ˈbɛsɐ] ◆ **komp** → **gut.** ◆ **adj** 1. [sehr gut] de qualité 2. *abw* [kaum besser] amélioré(e). ◆ **adv** [lieber] plutôt ▸ **du solltest besser verschwinden** tu ferais mieux de disparaître.

bessern [ˈbɛsɐn] ◆ **sich bessern ref** s'améliorer.

Besserung [ˈbɛsərʊŋ] **die** : **gute Besserung!** bon rétablissement !

beständig [bəˈʃtɛndɪç] **adj** [Wetter] stable.

Bestandteil [bəˈʃtanttail] (*pl* -e) **der** élément *m*.

bestätigen [bəˈʃtɛːtɪgn̩] **vt** confirmer. ◆ **sich bestätigen ref** se confirmer.

Bestätigung [bəˈʃtɛtɪgʊŋ] (*pl* -en) **die** confirmation *f*.

beste, r, s [ˈbɛstə] ◆ **superl** → **gut.** ◆ **adj** [optimal] meilleur(e). ◆ **adv** : **am besten** le mieux.

Beste [ˈbɛstə] (*pl* -n) **der, die, das** meilleur *m*, -e *f*.

Bestechung [bəˈʃtɛçʊŋ] (*pl* -en) **die** corruption *f*.

Besteck [bəˈʃtɛk] (*pl* -e) **das** [zum Essen] couverts *mpl*.

bestehen [bəˈʃteːən] (*prät* **bestand**, *pp* **bestanden**) ◆ **vt** [Prüfung] réussir. ◆ **vi** 1. [existieren] exister 2. [bei Prüfung] réussir ▸ **bestehen auf** *(+ D)* ne pas démordre de ▸ **bestehen aus** se composer de.

bestehend [bəˈʃteːənt] **adj** existant(e).

besteigen [bəˈʃtaign̩] (*prät* **bestieg**, *pp* **bestiegen**) **vt** 1. [Berg] faire l'ascension de 2. [Thron] monter sur.

bestellen [bəˈʃtɛlən] ◆ **vt** 1. [anfordern] commander 2. [reservieren] retenir 3. [Nachricht] transmettre. ◆ **vi** [im Lokal] commander.

Bestellformular [bəˈʃtɛlfɔrmulaːɐ̯] (*pl* -e) **das** bon *m* de commande.

Bestellnummer [bəˈʃtɛlnʊmɐ] (*pl* -n) **die** numéro *m* de commande.

Bestellung [bəˈʃtɛlʊŋ] (*pl* -en) **die** 1. commande *f* 2. [Reservierung] réservation *f* ▸ **auf Bestellung** sur commande.

bestens [ˈbɛstn̩s] **adv** très bien.

bestimmen [bəˈʃtɪmən] ◆ **vt** 1. [befehlen, anordnen] décider 2. [festlegen] fixer 3. [prüfen, klassifizieren] classer. ◆ **vi** [befehlen] décider ▸ **bestimmt sein für** être destiné à.

bestimmt [bəˈʃtɪmt] ◆ **adv 1.** [sehr wahrscheinlich] certainement **2.** [sicher] sûrement **3.** [entschlossen] avec détermination. ◆ **adj 1.** [gewiss] précis(e) **2.** [festgelegt] fixé(e) **3.** [entschlossen] déterminé(e).

Bestimmung [bəˈʃtɪmʊŋ] (*pl* **-en**) **die 1.** [Vorschrift] disposition *f* **2.** [Klassifizierung] classification *f*.

Bestimmungsland [bəˈʃtɪmʊŋslant] (*pl* **-länder** [lɛndɐ]) **das** *amt* pays *m* destinataire.

Bestimmungsort [bəˈʃtɪmʊŋsǀǀɔrt] (*pl* **-e**) **der** *amt* destination *f*.

bestmöglich [ˈbɛstmøːklɪç] ◆ **adj** meilleur(e) possible. ◆ **adv** le mieux possible.

bestrafen [bəˈʃtraːfn̩] **vt** punir.

bestrahlen [bəˈʃtraːlən] **vt** [Patienten, Haut] traiter aux rayons.

bestreiken [bəˈʃtraikn̩] **vt** : **dieser Betrieb wird bestreikt** le personnel de cette entreprise fait grève.

bestreiten [bəˈʃtraitn̩] (*prät* **bestritt**, *pp* **bestritten**) **vt** [leugnen] contester.

bestürzt [bəˈʃtyrtst] **adj** consterné(e).

Besuch [bəˈzuːx] (*pl* **-e**) **der 1.** [Besuchen] visite *f* **2.** [Gast] invité *m*, -e *f* **3.** [von Schule] fréquentation *f* ▸ **zu Besuch sein bei** être en visite chez.

besuchen [bəˈzuːxn] **vt 1.** [Person] rendre visite à **2.** [Veranstaltung, Schule] aller à **3.** [Kurs] suivre.

Besucher, in [bəˈzuːxɐ, xərɪn] (*mpl inv*) **der, die** visiteur *m*, -euse *f* ▸ **'nur für Besucher'** 'parking réservé aux visiteurs'.

Besuchszeit [bəˈzuːxstsait] (*pl* **-en**) **die** heures *fpl* de visite.

besucht [bəˈzuːxt] **adj** : **gut / schlecht besucht sein** être bien / mal fréquenté.

Betablocker [ˈbeːtablɔkɐ] (*pl inv*) **der** bêtabloquant *m*.

betätigen [bəˈʃtɛːtɪgn̩] **vt** [Hebel] actionner.

betäuben [bəˈtɔybn̩] **vt** MED anesthésier.

Betäubung [bəˈtɔybʊŋ] (*pl* **-en**) **die** MED anesthésie *f* ▸ **unter Betäubung stehen** être sous anesthésie.

beteiligen [bəˈtailɪgən] **vt** : **die Mitarbeiter sind am Gewinn beteiligt** les collaborateurs sont intéressés au résultat ▸ **er war am Projekt beteiligt** il a participé au projet. ◆ **sich beteiligen ref** participer, prendre part.

Beteiligung [bəˈtailɪgʊŋ] (*pl* **-en**) **die** participation *f*.

beten [ˈbeːtn̩] **vi** prier.

Beton [beːˈtɔŋ] **der** béton *m*.

betonen [bəˈtoːnən] **vt 1.** [Wort] accentuer **2.** [Notwendigkeit] souligner.

betont [bəˈtoːnt] **adj 1.** [Wort] accentué(e) **2.** [auffallend] prononcé(e) ▸ **unbetonter Vokal** voyelle non accentuée.

Betonung [bəˈtoːnʊŋ] (*pl* **-en**) **die** [von Wort] accentuation *f*.

betörend [bəˈtøːrənt] **adj** envoûtant(e).

betrachten [bəˈtraxtn̩] **vt** [ansehen] contempler ▸ **etw / jn betrachten als** considérer qqch / qqn comme. ◆ **sich betrachten ref** se regarder.

Betrachter, in [bəˈtraxtɐ, tərɪn] (*mpl inv*) **der, die** observateur *m*, -trice *f*.

beträchtlich [bəˈtrɛxtlɪç] ◆ **adj** considérable. ◆ **adv** considérablement.

Betrag [bəˈtraːk] (*pl* **Beträge** [bəˈtrɛːgə]) **der** montant *m* ▸ **angezeigter Betrag** somme affichée ▸ **Betrag dankend erhalten** *amt* paiement enregistré.

betragen [bəˈtraːgn̩] (*präs* **beträgt**, *prät* **betrug**, *pp* **betragen**) **vt** **1.** [Preis] s'élever à **2.** [Entfernung, Temperatur] être de. ◆ **sich betragen ref** [sich benehmen] se conduire.

betreffen [bəˈtrɛfn̩] (*präs* **betrifft**, *prät* **betraf**, *pp* **betroffen**) **vt** **1.** [angehen] concerner **2.** [berühren] toucher.

betreiben [bəˈtraibn̩] (*prät* **betrieb**, *pp* **betrieben**) **vt** [Handel] faire ▸ **betrieben werden mit** *(+ D)* fonctionner à.

betreten [bəˈtreːtn̩] (*präs* **betritt**, *prät* **betrat**, *pp* **betreten**) **vt** entrer dans ▸ **'Betreten verboten!'** 'entrée interdite !'.

betreuen [bəˈtrɔyən] **vt** s'occuper de.

Betreuer, in [bəˈtrɔyɐ, trɔyərɪn] (*mpl inv*) **der, die** **1.** [von Patienten, Touristen] accompagnateur *m*, -trice *f* **2.** [von Kindern] animateur *m*, -trice *f*.

Betrieb [bəˈtriːp] (*pl* **-e** [bəˈtriːbə]) **der** **1.** [Firma] entreprise *f* **2.** [Aktivität, Verkehr] animation *f* ▸ **außer Betrieb** hors service ▸ **in Betrieb** en marche.

betrieben [bəˈtriːbn̩] **pp** → **betreiben**.

betriebsbereit [bəˈtriːpsbərait] **adj** opérationnel.

Betriebsdauer [bəˈtriːpsdauɐ] **die** autonomie *f*.

Betriebsrat [bəˈtriːpsraːt] (*pl* **-räte** [rɛːtə]) **der** comité *m* d'entreprise.

Betriebssystem [bəˈtriːpszysteːm] (*pl* **-e**) **das** système *m* d'exploitation.

betrifft [bəˈtrɪft] **präs** → **betreffen**.

betrinken [bəˈtriːŋkn̩] (*prät* **betrank**, *pp* **betrunken**) ◆ **sich betrinken ref** s'enivrer.

betroffen [bəˈtrɔfn̩] ◆ **pp** → **betreffen**. ◆ **adj** **1.** [nicht verschont] concerné(e) **2.** [gerührt] affecté(e). ◆ **adv** avec consternation.

Betrug [bəˈtruːk] **der** **1.** [einer Person] escroquerie *f* **2.** [im Rechtswesen] fraude *f* ▸ **das ist Betrug!** c'est du vol !

betrügen [bəˈtryːgn̩] (*prät* **betrog**, *pp* **betrogen**) **vt** tromper. ◆ **sich betrügen ref** se tromper.

Betrüger, in [bəˈtryːgɐ, gərɪn] (*mpl inv*) **der, die** escroc *m*.

betrunken [bəˈtrʊŋkn̩] **adj** ivre.

Bett [bɛt] (*pl* **-en**) **das** [Möbel] lit *m* ▸ **das Bett machen** faire le lit ▸ **zu** ODER **ins Bett gehen** aller se coucher ▸ **französisches Bett** lit double.

Bettdecke [ˈbɛtdɛkə] (*pl* **-n**) **die** couverture *f*.

Bettler, in [ˈbɛtlɐ, lərɪn] (*mpl inv*) **der, die** mendiant *m*, -e *f*.

Bettsofa [ˈbɛtzoːfa] (*pl* **-s**) **das** canapé-lit *m*.

Betttuch [ˈbɛttuːx] (*pl* **-tücher** [tyːçɐ]) **das** drap *m*.

Bettwäsche [ˈbɛtvɛʃə] **die** linge *m* de lit.

Bettzeug [ˈbɛttsɔyk] **das** *draps, couette et oreiller*.

betucht [bəˈtuːxt] **adj** *fam* [Person] : **gut betucht** friqué(e).

beugen [ˈbɔygn̩] **vt** **1.** [Kopf, Knie] courber **2.** [Wort] décliner.

Beule [ˈbɔylə] (*pl* **-n**) **die** bosse *f*.

beunruhigend [bəˈlʊnruːɪgn̩t] **adj** *fam* flippant(e).

beunruhigt [bəˈlʊnruːɪçt] **adj** : **über etw** *(A)* **beunruhigt sein** être inquiet (inquiète) au sujet de qqch.

beurteilen [bəˈluːɐ̯tailən] **vt** juger.

Beutel [ˈbɔytl̩] (*pl inv*) **der** **1.** [Tasche] sac *m* **2.** [Plastikbeutel] sachet *m*.

Bevölkerung [bəˈfœlkərʊŋ] (*pl* -en) **die** population *f.*

bevollmächtigt [bəˈfɔlmɛxtɪçt] **adj** mandaté(e).

bevor [bəˈfoːɐ̯] **konj** avant que.

bevorzugen [bəˈfoːɐ̯tsuːgn̩] **vt** préférer.

bewacht [bəˈvaxt] **adj** gardé(e).

bewährt [bəˈvɛːrt] **adj** éprouvé(e).

bewegen [bəˈveːgn̩] **vt 1.** [Gegenstand, Körperteil] bouger **2.** [rühren] toucher. ◆ **sich bewegen ref 1.** [sich rühren] bouger **2.** [sportlich] faire de l'exercice.

Bewegung [bəˈveːgʊŋ] (*pl* -en) **die** mouvement *m* ▸ **sich in Bewegung setzen** se mettre en branle.

Beweis [bəˈvais] (*pl* -e [vaizə]) **der** [für Theorie, Annahme] preuve *f.*

beweisen [bəˈvaizn̩] (*prät* **bewies**, *pp* **bewiesen**) **vt** prouver.

bewerben [bəˈvɛrbn̩] (*präs* **bewirbt**, *prät* **bewarb**, *pp* **beworben**) ◆ **sich bewerben ref** : **sich bewerben (um)** postuler pour.

Bewerbung [bəˈvɛrbʊŋ] (*pl* -en) **die** candidature *f.*

Bewerbungsunterlagen [bəˈvɛrbʊŋsʊntɐlaːgn̩] **pl** dossier *m* de candidature.

bewilligen [bəˈvɪlɪgn̩] **vt** accorder.

bewirten [bəˈvɪrtn̩] **vt** : **jn (mit etw) bewirten** servir (qqch) à qqn.

Bewohner, in [bəˈvoːnɐ, nərɪn] (*mpl inv*) **der, die** habitant *m*, -e *f.*

bewohnt [bəˈvoːnt] **adj** habité(e).

bewölkt [bəˈvœlkt] **adj** couvert(e) ▸ **es ist bewölkt** le ciel est couvert.

Bewölkung [bəˈvœlkʊŋ] **die** nuages *mpl.*

bewundern [bəˈvʊndɐn] **vt** admirer.

bewusst [bəˈvʊst] ◆ **adj 1.** [absichtlich] délibéré(e) **2.** [überlegt] conscient(e). ◆ **adv 1.** [absichtlich] délibérément **2.** [überlegt] sciemment **3.** [bei Bewusstsein] consciemment ▸ **etw bewusst machen** faire qqch en connaissance de cause.

bewusstlos [bəˈvʊstloːs] **adj** sans connaissance.

bezahlen [bəˈtsaːlən] **vt** & **vi** payer.

bezahlt [bəˈtsaːlt] **adj** payé(e).

Bezahlung [bəˈtsaːlʊŋ] **die 1.** [Bezahlen] paiement *m* **2.** [Geld] rémunération *f.*

Bezeichnung [bəˈtsaiçnʊŋ] (*pl* -en) **die** [Wort] désignation *f* ▸ '**genaue Bezeichnung des Inhalts**' 'description complète de l'envoi'.

beziehen [bəˈtsiːən] (*prät* **bezog**, *pp* **bezogen**) **vt 1.** [Kissen, Sofa] recouvrir **2.** [Haus] emménager dans **3.** [Ware, Zeitung] recevoir (régulièrement) **4.** [Einkünfte] toucher ▸ **das Bett beziehen** faire le lit. ◆ **sich beziehen ref** : **sich beziehen auf** (+ *A*) **a)** [in Zusammenhang stehen mit] concerner **b)** [sich berufen auf] faire référence à.

Beziehung [bəˈtsiːʊŋ] (*pl* -en) **die 1.** [Zusammenhang] rapport *m* **2.** [Verbindung, Kontakt, Verhältnis] relation *f.*

Beziehungskiste [bəˈtsiːʊŋskɪstə] (*pl* -n) **die** *fam* relation *f* ▸ **er hat wieder Probleme mit seiner Beziehungskiste** il a encore des problèmes de couple.

beziehungsweise [bəˈtsiːʊŋsvaizə] **konj 1.** [genauer gesagt] plus précisément **2.** [und] et aussi **3.** [oder] ou.

Bezirk [bəˈtsɪrk] (*pl* -e) **der** *amt* circonscription *f.*

bezweifeln [bəˈtsvaifl̩n] **vt** douter de.

BH [beːˈhaː] (*pl* -s) (*abk für* Büstenhalter) **der** *fam* soutif *m.*

Bhf. *abk für* **Bahnhof.**

Bhutan ['bu:tan] **nt** Bhoutan *m.*

Bibel ['bi:bəl] (*pl* **-n**) **die** Bible *f.*

Bibliothek [biblio'te:k] (*pl* **-en**) **die** bibliothèque *f.*

biegen ['bi:gn̩] (*prät* **bog**, *pp* **gebogen**) ◆ **vt** *(hat)* [Metall, Körperteil] courber. ◆ **vi** *(ist)* **: in die Straße biegen** tourner dans la rue. ◆ **sich biegen ref** [Ast, Metall] plier.

Biegung ['bi:gʊŋ] (*pl* **-en**) **die** [von Straße] tournant *m.*

Biene ['bi:nə] (*pl* **-n**) **die** abeille *f.*

Bienenstich ['bi:nənʃtɪç] (*pl* **-e**) **der** **1.** [Insektenstich] piqûre *f* d'abeille **2.** [Kuchen] *gâteau fourré de crème vanille et garnie d'amandes effilées.*

Bier ['bi:ɐ̯] (*pl* **-e** ['bi:rə]) **das** bière *f* ▸ **ein Glas Bier** un verre de bière ▸ **Bier vom Fass** bière pression.

ⓘ Bier

L'Allemagne compte plus de 5000 variétés de bières, parmi lesquelles la blonde Pils, la plus produite et la plus consommée. Depuis 1516, la Reinheitsgebot (loi sur la pureté de fabrication de la bière) garantit la qualité et l'origine des bières allemandes.

Biergarten ['bi:ɐ̯gartn̩] (*pl* **-gärten** [gɛrtn̩]) **der** *jardin ou terrasse où l'on sert diverses boissons, dont de la bière et à manger.*

ⓘ Biergarten

Ce terme d'origine bavaroise désigne les conviviales brasseries en plein air que l'on retrouve un peu partout en Allemagne. On les appelle Gartenwirtschaften en Suisse et Gastgärten en Autriche.

Bierglas ['bi:ɐ̯gla:s] (*pl* **-gläser** [glɛ:zɐ]) **das** verre *m* à bière.

Bierzelt ['bi:ɐ̯tsɛlt] (*pl* **-e**) **das** *tente où l'on boit de la bière dans le cadre d'une fête populaire.*

bieten ['bi:tn̩] (*prät* **bot**, *pp* **geboten**) ◆ **vt 1.** [Gelegenheit, Luxus, Geld] offrir **2.** [Anblick] présenter. ◆ **vi** [bei Auktion] enchérir. ◆ **sich bieten ref 1.** [Chance] se présenter **2.** [Anblick] s'offrir au regard.

Bild ['bɪlt] (*pl* **-er** ['bɪldɐ]) **das 1.** [Zeichnung] dessin *m* **2.** [Gemälde] tableau *m* **3.** [Foto] photo *f* **4.** [Vorstellung] idée *f* **5.** [im Fernsehen, Abbild] image *f.*

Bildauflösung ['bɪltlaufløːzʊŋ] (*pl* **-en**) **die** définition *f.*

Bildbearbeitungsprogramm ['bɪltbeǀarbaitʊŋsprogram] (*pl* **-e**) **das** logiciel *m* de traitement d'images.

bilden ['bɪldn̩] **vt** former. ◆ **sich bilden ref 1.** [sich formen] se former **2.** [sich informieren] s'instruire.

Bilderbuch ['bɪldɐbu:x] (*pl* **-bücher** ['bɪldɐby:çɐ]) **das** livre *m* d'images.

Bildhauer, in ['bɪlthauɐ, hauərɪn] (*mpl inv*) **der, die** sculpteur *m*, -trice *f.*

Bildlaufleiste ['bɪltlauflaistə] (*pl* **-n**) **die** barre *f* de défilement.

Bildlupe ['bɪltlu:pə] (*pl* **-n**) **die** zoom *m* optique, zoom *m* numérique.

Bildschirm ['bɪltʃɪrm] (*pl* **-e**) **der** écran *m* ▸ **'Bildschirm berühren!'** [bei Computer-Fahrplananzeige, etc.] 'toucher l'écran'.

Bildschirmausdruck ['bɪltʃɪrmausdrʊk] (*pl* **-e**) **der** capture *f* d'écran.

Bildschirmschoner ['bɪltʃɪrmʃo:nɐ] (*pl inv*) **der** EDV économiseur *m* d'écran.

Bildschirmtext ['bɪltʃɪrmtɛkst] **der** ≃ vidéotexte *m.*

Bildtelefon ['bɪlttelǝfo:n] **das** visiophone *m*.

Bildung ['bɪldʊŋ] **die** formation *f*.

Billard ['bɪljart] **das** billard *m*.

billig ['bɪlɪç] ◆ **adj 1.** [preisgünstig, minderwertig] bon marché **2.** *abw* [Ausrede] facile. ◆ **adv** [preisgünstig] à bon marché.

bin [bɪn] **präs** → **sein**.

binär [bɪnɛ:ɐ̯] **adj** binaire.

Binde ['bɪndǝ] (*pl* **-n**) **die 1.** [Monatsbinde] serviette *f* hygiénique **2.** [Verband] bandage *m*.

Bindehautentzündung ['bɪndǝhaut|ɛnttsyndʊŋ] (*pl* **-en**) **die** conjonctivite *f*.

binden ['bɪndn̩] (*prät* **band**, *pp* **gebunden**) **vt 1.** [festbinden] attacher **2.** [zusammenbinden] nouer **3.** [Buch] relier **4.** [in Ehe, Versprechen, Küche] lier.

Bindestrich ['bɪndǝʃtrɪç] (*pl* **-e**) **der** trait *m* d'union.

Bindfaden ['bɪntfa:dn] (*pl* **-fäden** [fɛ:dn̩]) **der** ficelle *f*.

Bindung ['bɪndʊŋ] (*pl* **-en**) **die 1.** [Verpflichtung, Zuneigung] lien *m* **2.** [für Ski] fixation *f*.

bio- ['bio] (*abk für* **biologisch**) **adj** bio *(biologique)*.

> **ⓘ Bio**
>
> Les Allemands sont très consommateurs de produits bio, de plus en plus accessibles grâce aux enseignes de hard discount qui développent leurs propres marques. Ils sont contrôlés selon la **EG-Öko-Verordnung** (norme écologique européenne).

Bio ['bio] (*abk für* **Biologie**) **das 1.** bio *m* *(biologie)* **2.** *fam* Sciences nat *fpl*.

Biodiesel ['biodi:zl] (*pl inv*) **der** biocarburant *m*.

Biodiversität ['biodivɛrzitɛ:t] **die** biodiversité *f*.

biodynamisch [biody'na:mɪʃ] ◆ **adj** : **biodynamischer Anbau** culture *f* biologique. ◆ **adv** : **biodynamisch anbauen** cultiver de manière biologique.

bioethisch ['bio|e:tɪʃ] **adj** relatif(ive) à la bioéthique.

Biogas ['bioga:s] (*pl* **-e**) **das** biogaz *m*.

Biokost ['biokɔst] **die** produits *mpl* biologiques.

Biokraftstoff ['biokraftʃtɔf] **der** biocombustible *m*.

Bioladen ['biola:dn̩] (*pl* **-läden** [lɛ:dn̩]) **der** magasin *m* de produits biologiques.

Biologe, gin [bio'lo:gǝ, gɪn] (*mpl* **-n**) **der, die** biologiste *mf*.

Biologie [biolo'gi:] **die 1.** biologie *f* **2.** [Schule] SVT *fpl (sciences de la vie et de la Terre)*.

Biopic ['biopɪk] **das** biopic *m*.

Biorhythmus ['biorytmʊs] (*pl* **-rhythmen**) **der** biorythme *m*.

Biosiegel ['biozi:gǝl] (*mpl inv*) **das** label *m* bio.

Biospritanteil ['bioʃprɪt|antail] (*pl* **-e**) **der** proportion *f* d'éthanol dans l'essence.

Bioterrorist, in ['biotɛro:rɪst, tɪn] (*mpl* **-en**) **der, die** bioterroriste *mf*.

bioterroristisch ['biotɛro:rɪstɪʃ] **adj** bioterroriste.

Biotop [bio'to:p] (*pl* **-e**) **der** ODER **das** biotope *m*.

bipolar ['bɪpo:la:ɐ̯] **adj** bipolaire.

birgt ['bɪrkt] **präs** → **bergen**.

Birne [bɪrnə] (*pl* -n) **die 1.** [Obst] poire *f* **2.** [Glühbirne] ampoule *f* **3.** *fam* [Kopf] caboche *f*.

bis [bɪs] ◆ **präp** *(+ A)* **1.** [zeitlich, räumlich] jusqu'à ▸ **bis wann?** jusqu'à quand ? ▸ **noch 200 km bis Paris** encore 200 km jusqu'à Paris ▸ **bis wo?** jusqu'où ? ▸ **bis bald!** à bientôt ! ▸ **bis dann!** à plus tard ! **2.** [zwischen] à ▸ **zwei bis drei Tage** deux à trois jours ▸ **von Montag bis Freitag** du lundi au vendredi **3.** [Angabe von Grenze] : **bis zu** jusqu'à ▸ **bis zu 20 Personen** 20 personnes maximum, jusqu'à 20 personnes **4.** [außer] : **bis auf** *(+ A)* à part, excepté
◆ **konj** jusqu'à ce que ▸ **warte, bis ich komme** attends que j'arrive.

Bischof ['bɪʃɔf] (*pl* **Bischöfe**) **der** évêque *m*.

bisexuell ['bɪzɛksu̯ɛl] **adj** bisexuel(elle).

bisher [bɪs'heːɐ̯] **adv** [bis jetzt] jusqu'ici.

bisherig [bɪs'heːrɪç] **adj 1.** [ehemalig] ancien(enne) **2.** [bisher gewesen] : **seine bisherige Stellung** le poste qu'il a occupé jusqu'à maintenant.

Biskuit [bɪs'kviːt] (*pl* -s) **das & der** biscuit *m*.

biss [bɪs] **prät** → **beißen**.

Biss [bɪs] (*pl* -e) **der** morsure *f*.

bisschen ['bɪsçən] **adj** peu de ▸ **das bisschen** ce soupçon de ▸ **ein bisschen** un peu de, un peu ▸ **kein bisschen** pas du tout de, pas du tout.

bissig ['bɪsɪç] **adj** [Tier] méchant(e).

bist ['bɪst] **präs** → **sein**.

Bit [bɪt] **das** bit *m*.

bitte ['bɪtə] ◆ **adv** s'il te plaît, s'il vous plaît. ◆ **interj** je t'en prie, je vous en prie ▸ **aber bitte** mais je t'en prie, mais je vous en prie ▸ **ach bitte** excuse-moi, excusez-moi ▸ **bitte schön** ODER **sehr** je t'en prie, je vous en prie ▸ **ja bitte?** [am Telefon] allô, oui ▸ **wie bitte?** pardon ?

Bitte ['bɪtə] (*pl* -n) **die** prière *f*, demande *f* ▸ **eine Bitte haben** avoir une requête.

bitten ['bɪtn̩] (*prät* **bat**, *pp* **gebeten**) **vt** prier ▸ **bitten um** demander.

bitter ['bɪtɐ] ◆ **adj 1.** [Geschmack] amer(ère) **2.** *fig* [Erfahrung] dur(e) **3.** [Armut] extrême. ◆ **adv** amèrement ▸ **bitter schmecken** avoir un goût amer.

Blähung ['blɛːʊŋ] (*pl* -en) **die** ballonnement *m*.

blamieren [bla'miːrən] **vt** ridiculiser.
◆ **sich blamieren ref** se ridiculiser.

Blankoscheck ['blaŋkoʃɛk] (*pl* -s) **der** chèque *m* en blanc.

Blase ['blaːzə] (*pl* -n) **die 1.** [auf der Haut] ampoule *f* **2.** [Harnblase] vessie *f*.

blasen ['blaːzn̩] (*präs* **bläst**, *prät* **blies**, *pp* **geblasen**) **vi** [pusten] souffler.

Blasenentzündung ['blaːzn̩|ɛnttsyndʊŋ] (*pl* -en) **die** cystite *f*.

blass [blas] **adj** [Haut, Person] pâle.

bläst [blɛːst] **präs** → **blasen**.

Blatt [blat] (*pl* **Blätter** ['blɛtɐ]) **das 1.** [Papier, von Pflanzen] feuille *f* **2.** [Zeitung] journal *m* **3.** [bei Kartenspiel] jeu *m*.

blättern [blɛtɐn] **vi** défiler, faire défiler.

Blätterteig ['blɛtɐtaik] **der** pâte feuilletée.

Blattspinat ['blatʃpinaːt] **der** épinards *mpl* en branches.

blau [blau] **adj** [Farbe] bleu(e) ▸ **Forelle blau** truite au bleu ▸ **blau sein** être soûl(e).

Blau [blau] **das** bleu *m*.

Blaubeere ['blaubeːrə] (*pl* **-n**) **die** myrtille *f*.

Blaulicht ['blaulɪçt] **das** gyrophare *m*.

blau◦machen ['blaumaxn̩] **vi** *fam* ne pas aller au travail ODER en cours.

Blazer ['bleːzɐ] (*pl inv*) **der** blazer *m*.

Blech [blɛx] (*pl* **-e**) **das 1.** [Metall] tôle *f* **2.** [Kuchenblech] plaque *f* de four.

Blechschaden ['blɛxʃaːdn̩] **der** dégâts matériels.

Bleibe ['blaibə] **die** gîte *m*.

bleiben ['blaibn̩] (*prät* **blieb**, *pp* **geblieben**) ◆ **vi** *(ist)* rester. ◆ **vimp** *(ist)* **: es bleibt dabei** ça tient toujours.

bleifrei ['blaifrai] **adj** [Benzin] sans plomb.

Bleistift ['blaiʃtɪft] (*pl* **-e**) **der** crayon *m*.

Bleistiftspitzer ['blaiʃtɪftʃpɪtsɐ] (*pl inv*) **der** taille-crayon *m*.

Blende ['blɛndə] (*pl* **-n**) **die** diaphragme *m*.

blenden ['blɛndn̩] ◆ **vt** [anstrahlen] éblouir. ◆ **vi** [Licht, Sonne] être aveuglant.

Blick [blɪk] (*pl* **-e**) **der 1.** regard *m* **2.** [Aussicht] vue *f*.

blieb [bliːp] **prät** → **bleiben**.

blind [blɪnt] ◆ **adj** aveugle. ◆ **adv** à l'aveuglette.

Blindbewerbung ['blɪntbəvɛrbʊŋ] (*pl* **-en**) **die** candidature *f* spontanée.

Blinddarmentzündung ['blɪntdarm+ɛnttsyndʊŋ] (*pl* **-en**) **die** appendicite *f*.

Blinde ['blɪndə] (*pl* **-n**) **der, die** aveugle *mf*.

Blindenschrift ['blɪndn̩ʃrɪft] **die** braille *m*.

Bling-Bling ['blɪŋblɪŋ] **der** *fam* bling-bling *m* ▸ **die Bling-Bling-Generation** la génération bling-bling.

blinken ['blɪnkn̩] **vi 1.** [Autofahrer] mettre son clignotant **2.** [Auto & EDV] clignoter.

Blinker ['blɪnkɐ] (*pl inv*) **der** AUTO clignotant *m*.

Blinklicht ['blɪnklɪçt] (*pl* **-er**) **das** AUTO feu *m* clignotant.

Blitz ['blɪts] (*pl* **-e**) **der 1.** [bei Gewitter] éclair *m*, foudre *f* **2.** [von Kamera] flash *m* ▸ **wie der Blitz** comme l'éclair.

blitzen ['blɪtsn̩] ◆ **vt** [Autofahrer] prendre au flash. ◆ **vi** [mit Blitzlicht] photographier au flash. ◆ **vimp : es blitzt** il y a des éclairs ▸ **geblitzt werden** AUTO se faire prendre par un radar.

Blitzlicht ['blɪtslɪçt] (*pl* **-er**) **das** flash *m*.

Block [blɔk] (*pl* **Blöcke**) **der 1.** [großes Stück, Schreibblock] bloc *m* **2.** [Gebäude] pâté *m* de maisons.

Blockflöte ['blɔkfløːtə] (*pl* **-n**) **die** flûte *f* à bec.

Blockhaus ['blɔkhaus] (*pl* **-häuser** [hɔyzɐ]) **das** cabane *f*.

Blockheizkraftwerk ['blɔkhaitskraftvɛrk] (*pl* **-e**) **das** centrale *f* thermique en montage-bloc.

blockieren [blɔ'kiːrən] ◆ **vt** bloquer. ◆ **vi** se bloquer.

Blockschrift ['blɔkʃrɪft] **die** caractères *mpl* d'imprimerie.

blöd [bløːt] ◆ **adj 1.** *fam* [dumm, unangenehm] idiot(e) **2.** *fam* [unerfreulich] stupide. ◆ **adv** *fam* [dumm] bêtement.

Blödmann ['bløːtman] (*pl* **-männer**) **der** *fam* connard *m*.

Blödsinn [bløːtzɪn] **der** idioties *fpl*.

Blog ['blɔg] (*abk für* Weblog) **der ODER das** blog *m*, carnet *m*.

bloggen ['blɔgən] **vi** [im Internet] blogger.

Blogger, in ['blɔgɐ, rɪn] (*mpl inv*) **der, die** blogueur *m*, -euse *f*.

Blogosphäre [blɔgo'sfɛ:rə] **die** blogosphère *f*.

blond [blɔnt] **adj** blond(e).

bloß [blo:s] **adv** **1.** [lediglich] juste **2.** [Ausdruck von Ratlosigkeit] bien **3.** [Ausdruck von Ärger] donc ▸ **ich habe bloß noch zwei** je n'en ai plus que deux ▸ **pass bloß auf!** surtout fais attention !

Bluetoothtechnologie ['blu:tu:θtɛçnologi:] **die** technologie *f* Bluetooth.

blühen ['bly:ən] **vi** fleurir.

Blume ['blu:mə] (*pl* -n) **die** [Pflanze] fleur *f*.

Blumenkasten ['blu:mənkastn̩] (*pl* -kästen [kɛstn̩]) **der** jardinière *f*.

Blumenkohl ['blu:mənko:l] **der** chou-fleur *m*.

Blumenstand ['blu:mənʃtant] (*pl* -stände [ʃtɛndə]) **der** stand *m* de fleuriste.

Blumenstrauß ['blu:mənʃtraus] (*pl* -sträuße) **der** bouquet *m* (de fleurs).

Blumentopf ['blu:məntɔpf] (*pl* -töpfe [tœpfə]) **der** pot *m* de fleurs.

Bluse ['blu:zə] (*pl* -n) **die** chemisier *m*.

> ⚠ Blouse ist ein falscher Freund. Das Wort bedeutet nicht "Bluse", sondern ***Kittel***.

Blut [blu:t] **das** sang *m* ▸ **Blut spenden** donner son sang.

Blutbild ['blu:tbɪlt] (*pl* -er [bɪldɐ]) **das** hémogramme *m*.

Blutdruck ['blu:tdrʊk] **der** tension artérielle ▸ **hoher Blutdruck** hypertension *f* ▸ **niedriger Blutdruck** hypotension *f*.

bluten ['blu:tn̩] **vi** saigner.

Bluter, in ['blu:tɐ, tərɪn] (*mpl inv*) **der, die** hémophile *mf*.

Bluterguss ['blu:tlɛ:ɐgʊs] (*pl* -ergüsse [gysə]) **der** hématome *m*.

Blutgruppe ['blu:tgrʊpə] (*pl* -n) **die** groupe sanguin.

Blutprobe ['blu:tpro:bə] (*pl* -n) **die** prise *f* de sang.

Blutspende ['blu:tʃpɛndə] (*pl* -n) **die** don *m* du sang.

blutstillend ['blu:tʃtɪlənt] **adj** hémostatique.

Blutübertragung ['blu:tly:bɐtra:gʊŋ] (*pl* -en) **die** transfusion sanguine.

Blutung ['blu:tʊŋ] (*pl* -en) **die** hémorragie *f*.

Blutvergiftung ['blu:tfɛɐgɪftʊŋ] (*pl* -en) **die** septicémie *f*.

Blutwurst ['blu:tvʊrst] (*pl* -würste [vyrstə]) **die** boudin *m*.

Blutzuckermessgerät ['blu:ttsʊkɐmɛsgərɛ:t] (*pl* -e) **das** lecteur *m* de glycémie.

BLZ *abk für* **Bankleitzahl**.

Bockbier ['bɔkbi:ɐ] (*pl* -e) **das** bière *f* de mars.

Bocksbeutel ['bɔksbɔytl̩] (*pl inv*) **der** **1.** [Flasche] flasque *f* **2.** [Wein] *vin blanc de Franconie présenté dans une bouteille plate.*

Bockwurst ['bɔkvʊrst] (*pl* -würste [vyrstə]) **die** saucisse *f* de Strasbourg.

Boden ['bo:dn̩] (*pl* **Böden** [bø:dən]) **der** **1.** [Erde, im Raum] sol *m* **2.** [Speicher] grenier *m* **3.** [von Gefäß, Koffer] fond *m*.

Bodennebel ['bo:dn̩ne:bl̩] **der** brouillard *m*.

Bodenpersonal ['bo:dn̩perzona:l] **das** [am Flughafen] personnel *m* au sol.

Bodenschätze ['bo:dn̩ʃetsə] **pl** ressources *fpl* naturelles.

Bodensee ['bo:dn̩ze:] **der** lac *m* de Constance.

Bodyart ['bɔdɪla:t] **die** body art *m*.

Bodybuilding ['bɔdibɪldɪŋ] **das** bodybuilding *m*.

Böe [bø:] (*pl* **-n** [bø:ən]) **die** rafale *f* (de vent).

bog [bo:k] **prät** → **biegen**.

Bogen ['bo:gn̩] (*pl* **Bögen** [bø:gn̩]) **der** **1.** [Form] arc *m* de cercle **2.** SPORT [Waffe] arc *m*.

Bohne ['bo:nə] (*pl* **-n**) **die** [Gemüse] haricot *m*.

bohren ['bo:rən] ◆ **vt** creuser. ◆ **vi** **1.** [Zahnarzt] passer la fraise **2.** [mit Bohrmaschine] forer.

Bohrer ['bo:rɐ] (*pl inv*) **der** **1.** [beim Zahnarzt] fraise *f* **2.** [Bohrmaschine] perceuse *f*.

Bohrmaschine ['bo:ɐmaʃi:nə] (*pl* **-n**) **die** perceuse *f*.

böig ['bø:ɪç] **adj** en rafales.

Boiler ['bɔylɐ] (*pl inv*) **der** chauffe-eau *m*.

Boje ['bo:jə] (*pl* **-n**) **die** balise *f*.

Bolero [bo'le:ro] **der** boléro *m*.

Bombe ['bɔmbə] (*pl* **-n**) **die** bombe *f*.

Bombenanschlag ['bɔmbn̩lanʃla:k] (*pl* **-anschläge**) **der** attentat *m* à la bombe.

Bon [bɔŋ] (*pl* **-s**) **der** **1.** [Kassenzettel] ticket *m* **2.** [Gutschein] bon *m*.

Bonbon [bɔŋ'bɔŋ] (*pl* **-s**) **das** bonbon *m*.

Bonsai ['bɔnzai] **der** bonsaï *m*.

Bonus ['bo:nʊs] (*pl* **-se** ODER *inv*) **der** **1.** WIRTSCH rabais *m* **2.** AUTO bonus *m*.

Bonusmeile ['bo:nʊsmailə] (*pl* **-n**) **die** miles *mpl*.

Bonuszahlung ['bo:nʊstsa:lʊŋ] (*pl* **-en**) **die** bonus *m*.

Bonze ['bɔntsə] (*pl* **-n**) **der** RELIG bonze *m*.

Boot [bo:t] (*pl* **-e**) **das** bateau *m* ▸ **Boot fahren** faire du bateau.

Boots ['bu:ts] **pl** boots *mpl*.

Bootsverleih ['bo:tsfɛɐ̯lai] **der** location *f* de bateaux.

Bord ['bɔrt] **der** : **an Bord** à bord ▸ **von Bord gehen** a) [Flugzeug] descendre de l'avion b) [Schiff] débarquer.

Bordkarte ['bɔrtkartə] (*pl* **-n**) **die** carte *f* d'accès à bord.

Bordstein ['bɔrtʃtain] **der** bordure *f* du trottoir.

Bordsteinkante ['bɔrtʃtainkantə] (*pl* **-n**) **die** bord *m* du trottoir.

borgen ['bɔrgn̩] **vt** **1.** [entleihen] emprunter **2.** [verleihen] prêter ▸ **sich *(D)* etw borgen** emprunter qqch.

Börse ['bœrzə] (*pl* **-n**) **die** **1.** Bourse *f* **2.** [Portemonnaie] bourse *f*.

Börseninformation ['bœrzn̩lɪnfɔrmatsjo:n] (*pl* **-en**) **die** informations *fpl* sur la Bourse.

Böschung ['bœʃʊŋ] (*pl* **-en**) **die** talus *m*.

böse [bø:zə] ◆ **adj** **1.** [bösartig, schlecht] méchant(e) **2.** *fam* [wütend] en colère. ◆ **adv** **1.** [schlimm] gravement **2.** [bösartig, wütend] méchamment ▸ **böse sein auf *(+ A)*** en vouloir à ▸ **jm böse sein** en vouloir à qqn.

Bosnien-Herzegowina ['bɔsniən-hɛrts'əgo:vina] **nt** Bosnie-Herzégovine *f*.

bot [boːt] prät → **bieten**.
botanische Garten [bo'taːnɪʃə'gartn̩] (pl -Gärten) der jardin m botanique.
Botschaft ['boːtʃaft] (pl -en) die 1. ambassade f 2. [Nachricht] message m.
Botschafter, in ['boːtʃaftɐ, tərɪn] (mpl inv) der, die ambassadeur m, -drice f.
Botsuana [bɔ'tsu̯aːna] nt Botswana m.
Boutique [bu'tiːk] (pl -n) die boutique f de vêtements.
Bowle ['boːlə] (pl -n) die *punch à base de fruits, vin blanc et mousseux.*
Bowling ['boːlɪŋ] das bowling m.
Box [bɔks] (pl -en) die 1. [Dose, Kiste] boîte f 2. [Lautsprecher] baffle m.
boxen ['bɔksn̩] ◆ vi faire de la boxe. ◆ vt boxer.
Boxershorts ['bɔksɐʃoːɐts] pl boxer-short m.
Boykott [bɔy'kɔt] (pl -s) der boycott m.
brach [braːx] prät → **brechen**.
brachte ['braxtə] prät → **bringen**.
Branchenverzeichnis ['brɑ̃ːʃn̩fɛɐtsaiçnɪs] (pl -se) das pages fpl jaunes.
Brand [brant] (pl **Brände** [brɛndə]) der [Feuer] incendie m ▸ **etw in Brand setzen oder stecken** mettre le feu à qqch ▸ **in Brand geraten** s'enflammer.
Brandenburg ['brandn̩bʊrk] nt Brandebourg m.
Brandung ['brandʊŋ] die ressac m.
Brandwunde ['brantvʊndə] (pl -n) die brûlure f.
brannte ['brantə] prät → **brennen**.
brät [brɛːt] präs → **braten**.
braten ['braːtn̩] (präs **brät**, prät **briet**, pp **gebraten**) ◆ vt faire cuire. ◆ vi cuire.
Braten ['braːtn̩] (pl inv) der rôti m.
Brathähnchen ['braːthɛːnçən] (pl inv) das poulet rôti.
Bratkartoffeln ['braːtkartɔfl̩n] pl pommes de terre sautées.
Bratpfanne ['braːtpfanə] (pl -n) die poêle f à frire.
Bratwurst ['braːtvʊrst] (pl -würste [vyrstə]) die saucisse f à griller.
Brauch ['braux] (pl **Bräuche** ['brɔyçə]) der coutume f.
brauchen ['brauxn̩] vt 1. [benötigen, verwenden] avoir besoin de 2. [verbrauchen] consommer ▸ **etw für / zu etw brauchen** avoir besoin de qqch pour qqch.
brauen ['brauən] vt [Bier] brasser.
Brauerei [brauə'rai] (pl -en) die brasserie f.
braun [braun] adj 1. [Farbe] brun(e), marron 2. [gebräunt] bronzé(e).
Braun [braun] das marron m.
Bräune ['brɔynə] die bronzage m.
bräunen ['brɔynən] vt 1. [Haut] faire bronzer 2. [Braten] faire dorer. ◆ **sich bräunen** ref bronzer.
braun gebrannt ['braungəbrant] adj bronzé(e).
Bräunungsstudio ['brɔynʊŋsʃtuːdio] (pl -s) das centre m de bronzage.
brausen ['brauzn̩] vi 1. *(hat)* [duschen] prendre une douche 2. *(ist)* [sausen] mugir.
Braut ['braut] (pl **Bräute** [brɔytə]) die mariée f.
Bräutigam ['brɔytɪgam] (pl -e [gamə]) der marié m.
brav [braːf] adj [Kind] gentil(ille).
bravo ['braːvo] interj bravo.
BRD [beːlɛr'deː] die RFA f.

Breakdance ['bre:kda:ns] **der** breakdance *f.*

brechen ['brɛçn] (*präs* **bricht**, *prät* **brach**, *pp* **gebrochen**) ◆ **vt** *(hat)* **1.** [zerbrechen] casser **2.** [Brot, Vertrag] rompre **3.** [erbrechen] vomir. ◆ **vi** *(ist)* **1.** [Leder] se craqueler **2.** [Holz] se casser. ◆ **vi** *(hat)* [erbrechen] vomir ▸ **sich** *(D)* **etw brechen** se casser qqch.

Brechreiz ['brɛçraits] **der** nausée *f.*

Bregenz ['bre:gɛnts] **nt** Bregenz.

Brei [brai] **der** [Speise] bouillie *f.*

breit [brait] **adj 1.** [groß] large **2.** [mit Maßangabe] de large **3.** [allgemein] grand(e).

Breitband ['braitbant] **das** large bande *f.*

Breitbandanschluss ['braitbantlanʃlʊs] (*pl* **-schlüsse**) **der** connexion *f* large bande.

Breite ['braitə] (*pl* **-n**) **die** largeur *f.*

Bremen ['bre:mən] **nt** Brême.

Bremsbelag ['brɛmsbəla:k] (*pl* **-beläge** [lɛ:gə]) **der** plaquette *f* de frein.

Bremse ['brɛmzə] (*pl* **-n**) **die 1.** frein *m* **2.** [Insekt] taon *m.*

bremsen ['brɛmzn̩] ◆ **vt 1.** [Auto, Fahrrad] freiner **2.** [Person, Fortschritt] arrêter. ◆ **vi** freiner.

Bremsflüssigkeit ['brɛmsflysɪçkait] **die** liquide *m* de freins.

Bremslicht ['brɛmslɪçt] (*pl* **-er**) **das** feu *m* stop.

Bremspedal ['brɛmspeda:l] (*pl* **-e**) **das** pédale *f* de frein.

brennbar ['brɛnba:ɐ̯] **adj** inflammable.

Brennelement ['brɛnlelement] (*pl* **-e**) **das** élément *m* combustible.

brennen ['brɛnən] (*prät* **brannte**, *pp* **gebrannt**) ◆ **vi 1.** [verbrennen, wehtun] brûler **2.** [eingeschaltet sein] être allumé. ◆ **vt 1. EDV** graver **2.** [Schnaps] distiller **3.** [Ton, Ziegel] cuire. ◆ **vimp** : **es brennt!** au feu !

Brennholz ['brɛnhɔlts] **das** bois *m* de chauffage.

Brennnessel ['brɛnnɛsl] (*pl* **-n**) **die** ortie *f.*

Brennspiritus ['brɛnʃpi:ritʊs] **der** alcool *m* à brûler.

Brennstoff ['brɛnʃtɔf] (*pl* **-e**) **der** [zum Heizen] carburant *m.*

Brett [brɛt] (*pl* **-er**) **das 1.** planche *f* **2.** [Spielbrett] échiquier *m* ▸ **das Schwarze Brett** le tableau noir.

Brettspiel ['brɛtʃpi:l] (*pl* **-e**) **das** *jeu de société se jouant sur un échiquier, un damier, etc.*

Brezel ['bre:tsl] (*pl* **-n**) **die** bretzel *m.*

bricht ['brɪçt] **präs** → **brechen**.

Brief ['bri:f] (*pl* **-e**) **der** lettre *f* ▸ **eingeschriebener Brief** lettre recommandée.

Brieffreund, in ['bri:ffrɔynt, frɔyndɪn] (*mpl* **-e**) **der, die** correspondant *m*, -e *f.*

Briefkasten ['bri:fkastn̩] (*pl* **-kästen** [kɛstn̩]) **der** boîte *f* aux lettres ▸ **elektronischer Briefkasten** boîte *f* électronique, messagerie *f* électronique.

Briefmarke ['bri:fmarkə] (*pl* **-n**) **die** timbre *m.*

Briefmarkenautomat ['bri:fmarkn̩lautoma:t] (*pl* **-en**) **der** distributeur *m* de timbres.

Briefpapier ['bri:fpapi:ɐ̯] **das** papier *m* à lettres.

Brieftasche ['bri:ftaʃə] (*pl* **-n**) **die** portefeuille *m.*

Briefträger, in ['bri:ftrɛ:gɐ, gərɪn] (*mpl inv*) **der, die** facteur *m*, -trice *f*.

Briefumschlag ['bri:f|ʊmʃla:k] (*pl* -umschläge [ʃlɛ:gə]) **der** enveloppe *f*.

Briefwaage ['bri:fva:gə] (*pl* -n) **die** pèse-lettres *m*.

Briefwechsel [bri:fvɛks̮l] (*pl inv*) **der** correspondance *f*.

briet [bri:t] **prät** → **braten**.

Brille ['brɪlə] (*pl* -n) **die** [für Augen] lunettes *fpl*.

Brillenetui ['brɪlən|ɛtvi:] (*pl* -s) **das** étui *m* à lunettes.

bringen ['brɪŋən] (*prät* **brachte**, *pp* **gebracht**) **vt 1.** [Gegenstand] apporter **2.** [Person] emmener **3.** [Ergebnis] amener **4.** [Artikel, Sendung] diffuser ▸ **jm etw bringen** apporter qqch à qqn ▸ **jn nach Hause bringen** ramener qqn à la maison.

Brise ['bri:zə] (*pl* -n) **die** brise *f*.

Brite ['brɪtə] (*pl* -n) **der** Britannique *m*.

Britin ['brɪtɪn] (*pl* -nen) **die** Britannique *f*.

britisch ['brɪtɪʃ] **adj** britannique.

Brokkoli ['brɔkoli] **der** brocoli *m*.

Brombeere ['brɔmbe:rə] (*pl* -n) **die** mûre *f*.

Bronchitis [brɔn'çi:tɪs] **die** bronchite *f*.

Bronze ['brɔŋsə] **die** bronze *m*.

Broschüre [brɔ'ʃy:rə] (*pl* -n) **die** brochure *f*.

Brot [bro:t] (*pl* -e) **das 1.** [Brotlaib] pain *m* **2.** [Brotscheibe] tranche *f* de pain.

ⓘ **Brot**

On compte plus de 200 variétés de pains en Allemagne, parmi lesquels le Roggenbrot (pain de seigle), le Schwarzbrot (pain noir), le Vollkornbrot (pain complet) et les Brötchen (petits pains du petit déjeuner, au sésame, pavot, céréales, etc.).

Brotaufstrich ['bro:t|aufʃtrɪç] (*pl* -e) **der** pâte *f* à tartiner.

Brötchen ['brø:tçən] (*pl inv*) **das** petit pain ▸ **belegtes Brötchen** sandwich *mpl*.

Brotmesser ['bro:tmɛsɐ] (*pl inv*) **das** couteau *m* à pain.

browsen ['brauzn̩] **vi** naviguer.

Browser ['brauzɐ] (*pl inv*) **der** EDV navigateur *m*, browser *m*.

Bruch [brʊx] (*pl* **Brüche** ['bryçə]) **der 1.** [Knochenbruch] fracture *f* **2.** [Brechen] rupture *f* **3.** [Leistenbruch] hernie *f* **4.** [Zahl] fraction *f*.

Bruchteil ['brʊxtail] (*pl* -e) **der** fraction *f*.

Brücke ['brykə] (*pl* -n) **die 1.** pont *m* **2.** [Zahnbrücke] bridge *m*.

Brückentechnologie ['brykn̩tɛçnologi:] (*pl* -n) **die** technologie *f* de transition.

Bruder ['bru:dɐ] (*pl* **Brüder**) **der** frère *m*.

Brüderschaft ['bry:dɐʃaft] **die** : **Brüderschaft trinken** *trinquer avec quelqu'un et se mettre à le tutoyer.*

Brügge ['brygə] **nt** Bruges.

Brühe ['bry:ə] (*pl* -n) **die** bouillon *m*.

Brühwürfel ['bry:vyrfl̩] (*pl inv*) **der** bouillon *m* cube.

brüllen ['brylən] **vi** hurler.

brummen ['brʊmən] **vi 1.** [Bär] grogner **2.** [Insekt] bourdonner **3.** [Motor, Maschine] ronfler.

Brunch [brantʃ] (*pl* -e(s)) **der** brunch *m*.

brunchen ['brantʃn̩] **vi** bruncher.

Brunei ['bru:nai] **nt** Brunei *m*.

Brunnen ['brʊnən] (*pl inv*) **der** **1.** puits *m* **2.** [Springbrunnen] fontaine *f*.

Brüssel ['brysl̩] **nt** Bruxelles.

Brust [brʊst] (*pl* **Brüste** ['brystə]) **die** poitrine *f*.

Brustschwimmen ['brʊstʃvɪmən] **das** brasse *f*.

Brüstung ['brystʊŋ] (*pl* **-en**) **die** balustrade *f*.

brutal [bru'ta:l] **adj** brutal(e).

brutto ['brʊto] **adv** brut.

Btx [be:te:'ɪks] *abk für* **Bildschirmtext**.

Buch [bu:x] (*pl* **Bücher** ['by:çɐ]) **das** livre *m* ▸ **Buch führen** tenir registre.

buchen ['bu:xn̩] ◆ **vt 1.** [reservieren] réserver **2.** WIRTSCH comptabiliser. ◆ **vi** [reservieren] réserver.

Bücherei [by:çɛ'rai] (*pl* **-en**) **die** bibliothèque *f*.

Buchhalter, in ['bu:xhaltɐ, tərɪn] (*mpl inv*) **der, die** comptable *mf*.

Buchhändler, in ['bu:xhɛndlɐ, lərɪn] (*mpl inv*) **der, die** libraire *mf*.

Buchhandlung ['bu:xhandlʊŋ] (*pl* **-en**) **die** librairie *f*.

Buchmesse ['bu:xmɛsə] (*pl* **-n**) **die** Salon *m* du livre.

Büchse ['byksə] (*pl* **-n**) **die** boîte *f*.

Büchsenmilch ['byksn̩mɪlç] **die** lait concentré.

Büchsenöffner ['byksn̩œfnɐ] (*pl inv*) **der** ouvre-boîtes *m*.

Buchstabe ['bu:xʃta:bə] (*pl* **-n**) **der** lettre *f* ▸ **kleiner Buchstabe** minuscule *f* ▸ **großer Buchstabe** majuscule *f*.

buchstabieren ['bu:xʃta:'bi:rən] **vt** épeler.

Bucht [bʊxt] (*pl* **-en**) **die** baie *f*.

Buchung ['bu:xʊŋ] (*pl* **-en**) **die** réservation *f*.

bücken ['bykn̩] ◆ **sich bücken ref** se baisser.

Budapest ['bu:dapɛst] **nt** Budapest.

Bude ['bu:də] (*pl* **-n**) **die 1.** [Kiosk] stand *m* **2.** *fam* [Wohnung] piaule *f*.

budgetieren [bydʃə'ti:rən] **vt** budgéter.

Buenos Aires ['bue:nɔs'aires] **nt** Buenos Aires.

Büfett [by'fe:] (*pl* **-s**) **das** buffet *m* ▸ **kaltes Büfett** buffet froid.

Bügel ['by:gl̩] (*pl inv*) **der** [Kleiderbügel] cintre *m*.

Bügel-BH ['by:gl̩be:ha:] **der** soutien-gorge *m* à balconnet.

Bügeleisen ['by:gl̩laizn̩] (*pl inv*) **das** fer *m* à repasser.

bügelfrei ['by:gl̩frai] **adj** qui ne se repasse pas.

bügeln ['by:gl̩n] **vt & vi** repasser.

Bügelspray ['by:gl̩ʃpre:] **das** amidon *m* en aérosol.

Bühne ['by:nə] (*pl* **-n**) **die** scène *f*.

buk [bu:k] **prät** → **backen**.

Bukarest ['bu:karɛst] **nt** Bucarest.

bummeln ['bʊml̩n] **vi** *(ist)* **1.** [langsam gehen] flâner **2.** *(hat)* [langsam sein] traîner.

bumsen ['bʊmzn̩] ◆ **vi 1.** *(hat) fam* [knallen] : **es hat gebumst** a) [Lärm] il y a eu un grand boum b) [beim Unfall] il y a eu un accident **2.** *(ist) fam* [prallen] : **gegen** ODER **an etw** *(A)* **bumsen** se cogner contre qqch **3.** *(hat) fam* [schlagen] : **gegen** ODER **an etw** *(A)* **bumsen** cogner à qqch **4.** *(hat) fam* [koitieren] baiser. ◆ **vt** *(hat) fam* baiser.

Bund[1] [bʊnt] (*pl* **Bünde** ['byndə]) **der** **1.** [Zusammenschluss] alliance *f* **2.** *fam* [Bundeswehr] armée *(allemande)*.

Bund[2] [bʊnt] (*pl* **Bunde** ['bʊndə]) **das** [von Gemüse, von Blumen] botte *f*.

Bundesbürger, in ['bʊndəsbyrgɐ, gərɪn] (*mpl inv*) **der, die** citoyen *m*, -enne *f* d'Allemagne fédérale.

Bundeskanzler, in ['bʊndəskantslɐ, lərɪn] (*mpl inv*) **der, die** chancelier fédéral (chancelière fédérale).

Bundesland ['bʊndəslant] (*pl* **-länder** [lɛndɐ]) **das** Land *m*.

Bundesliga ['bʊndəsli:gɐ] **die** SPORT *division nationale allemande*.

> ⓘ **Bundesliga**
>
> Ce terme désigne le niveau national supérieur de compétition sportive. La plus connue est celle de football, mais il existe également une Bundesliga de basket, de hockey sur glace, de handball, de tennis de table et d'échecs.

Bundesrat ['bʊndəsra:t] (*pl* **-räte**) **der** **1.** [Parlament] Bundesrat *m*, conseil *m* fédéral **2.** [Parlamentarier] membre *m* du Bundesrat.

> ⓘ **Bundesrat**
>
> Une des deux chambres législatives de la République fédérale d'Allemagne et aussi de l'Autriche, composée des représentants désignés par les différents Länder.

Bundesrätin ['bʊndəsrɛ:tɪn] (*pl* **-nen**) **die** membre *m* du Bundesrat.

Bundesregierung ['bʊndəsregi:rʊŋ] (*pl* **-en**) **die** gouvernement fédéral.

Bundesrepublik ['bʊndəsrepubli:k] **die** **1.** République fédérale *f* **2.** [Deutschland] République fédérale d'Allemagne.

Bundesstraße ['bʊndəsʃtra:sə] (*pl* **-n**) **die** ≃ route nationale.

Bundestag ['bʊndəsta:k] **der** Bundestag *m*.

Bundesverfassungsgericht ['bʊndəsfɛɐ̯'fasʊŋsgərɪçt] **das** *(ohne pl)* Cour *f* constitutionnelle allemande.

Bundeswehr ['bʊndəsve:ɐ̯] **die** *armée allemande*.

bundesweit ['bʊndəsvait] ◆ **adj** qui concerne toute l'Allemagne. ◆ **adv** dans toute l'Allemagne.

Bündnis ['byntnɪs] (*pl* **-se**) **das** alliance *f*.

Bungalow ['bʊŋgalo] (*pl* **-s**) **der** bungalow *m*.

bunt [bʊnt] ◆ **adj** [vielfarbig] multicolore. ◆ **adv** [vielfarbig] en couleurs ▸ **bunter Abend** soirée divertissante à programme varié.

Buntstift ['bʊntʃtɪft] (*pl* **-e**) **der** crayon *m* de couleur.

Burg [bʊrk] (*pl* **-en** ['bʊrgn̩]) **die** château fort.

bürgen ['byrgn̩] **vi** se porter garant.

Burgenland ['bʊrgn̩lant] **das** Burgenland *m*.

Bürger, in ['byrgɐ, gərɪn] (*mpl inv*) **der, die** [Einwohner] citoyen *m*, -enne *f*.

bürgerlich ['byrgɐlɪç] **adj** [Küche, Hotel] bourgeois(e).

Bürgermeister, in ['byrgɐmaistɐ, tərɪn] (*mpl inv*) **der, die** maire *m*.

Bürgersteig ['byrgɐʃtaik] (*pl* **-e** [ʃtaigə]) **der** trottoir *m*.

Burgund [bʊr'gʊnt] **nt** Bourgogne *f*.

Burka ['bʊrka] **die** burqa *f*, burka *f*.

Burkina Faso [bʊr'kiːna 'faːzo] **nt** Burkina (Faso) *m*.

Burma ['bʊrma] **nt** Birmanie *f*.

Büro [by'roː] (*pl* -s) **das** bureau *m*.

Büroklammer [by'roːklamɐ] (*pl* -n) **die** trombone *m*.

Bürokommunikation ['byːrokɔmunikatsjoːn] **die** bureautique *f*.

Bürste ['byrstə] (*pl* -n) **die** brosse *f*.

bürsten ['byrstn̩] **vt** brosser.

Bus [bʊs] (*pl* -se) **der** bus *m*.

Busbahnhof ['bʊsbaːnhoːf] (*pl* **-höfe** [høːfə]) **der** gare routière.

Busen ['buːzn̩] (*pl inv*) **der** poitrine *f*.

Busfahrer, in ['bʊsfaːrɐ, rərɪn] (*mpl inv*) **der, die** conducteur *m*, -trice *f* de bus ▸ **'Fahrscheine beim Busfahrer'** 'achat des billets auprès du conducteur'.

Bushaltestelle ['bʊshaltəʃtɛlə] (*pl* -n) **die** arrêt *m* de bus.

Business ['bɪznɪs] **das** *fam* business *m*.

Business Class ['bɪznɪsklaːs] **die** classe *f* affaires.

Buslinie ['bʊsliːnjə] (*pl* -n) **die** ligne *f* de bus.

Busreise ['bʊsraizə] (*pl* -n) **die** voyage *m* en bus.

Bußgeld ['buːsgɛlt] (*pl* -er [gɛldɐ]) **das** amende *f*.

Bußgeldbescheid ['buːsgɛltbəʃait] (*pl* -e [ʃaidə]) **der** procès-verbal *m*.

Büstenhalter ['bystn̩haltɐ] (*pl inv*) **der** soutien-gorge *m*.

Busverbindung ['bʊsfɛɐ̯bɪndʊŋ] (*pl* -en) **die** correspondance *f* par autocar.

Butangas [bu'taːngaːs] **das** Butagaz® *m*.

Butter ['bʊtɐ] **die** beurre *m*.

Butterbrot ['bʊtɐbroːt] (*pl* -e) **das** tartine beurrée.

Butterfahrt ['bʊtɐfaːɐ̯t] (*pl* -en) **die** croisière-shopping *f*.

Butterkäse ['bʊtɐkɛːzə] (*pl inv*) **der** *fromage crémeux non tartinable*.

Buttermilch ['bʊtɐmɪlç] **die 1.** babeurre *m* **2.** [zum Trinken] lait fermenté.

Butterschmalz ['bʊtɐʃmalts] **das** beurre clarifié.

Byte [bait] (*pl* -s) **das** octet *m*.

bzw. *abk für* **beziehungsweise**.

C

ca. (*abk für* circa) env. (*environ*).

Cabaret [kaba'reː] (*pl* -s) **das** cabaret *m*.

Cabrio ['kaːbrio] (*pl* -s) **das** décapotable *f*.

Café [ka'feː] (*pl* -s) **das** café *m*.

Cafeteria [kafetə'riːa] (*pl* -s) **die** cafétéria *f*.

Caffè Latte [kafe'latə] (*pl inv*) **der** Caffè *m* Latte.

Caffè macchiato [kafemaki̯'aːto] (*pl inv*) **der** Caffè *m* Macchiato.

campen ['kɛːmpn̩] **vi** camper.

Camping ['kɛːmpɪŋ] **das** camping *m*.

Campingbus ['kɛːmpɪŋbʊs] (*pl* -se) **der** camping-car *m*.

Campingführer ['kɛːmpɪŋfyːrɐ] (*pl inv*) **der** guide *m* des campings.

Campingplatz ['kɛːmpɪŋplats] (*pl* **-plätze** [plɛtsə]) **der** terrain *m* de camping.

Campingwagen ['kɛːmpɪŋvagn̩] (*pl inv*) **der** caravane *f*.

Capuccino [kapʊ'tʃiːno] (*pl inv*) **der** cappuccino *m*.

Carsharing ['kaːrʃeːrɪŋ] **das** covoiturage *m*, autopartage *m*.

Carvingski ['karvɪŋʃiː] (*pl inv* ODER **-er**) **der** SPORT carving *m*, ski *m* parabolique.

Cashewnuss ['kɛːʃunʊs] (*pl* **-nüsse** [nysə]) **die** noix *f* de cajou.

ccm (*abk für* Kubikzentimeter) cm^3 *(centimètre cube)*.

CD [tseː'deː] (*pl* **-s**) (*abk für* Compactdisc) **die** CD *m*.

CD-Brenner [tseː'deːbrɛnɐ] (*pl inv*) **der** graveur *m* de CD.

CD-ROM [tseːdeː'rɔm] (*pl inv*) (*abk für* Compactdisk read only memory) **die** EDV CD-ROM *m*.

CD-Spieler [tseː'deːʃpiːlɐ] (*pl inv*) **der** lecteur *m* de CD.

Cello ['tʃɛlo] (*pl* **-s**) **das** violoncelle *m*.

Celsius ['tsɛlzi̯ʊs] : **10 Grad Celsius** 10 degrés Celsius.

Cent [tsɛnt] (*pl inv*) **der** [in EU] centime *m* (d'euro).

Chai Latte ['tʃai'latə] (*pl inv*) **der** thé *m* Chai Latte.

Champagner [ʃam'panjɐ] **der** champagne *m*.

Champignon ['ʃampɪnjɔŋ] (*pl* **-s**) **der** champignon *m*.

> ⚠ Champignon ist ein falscher Freund. Das Wort bedeutet nicht "Champignon", sondern ***Pilz***.

Chance ['ʃɑ̃ːsə] (*pl* **-n**) **die** chance *f*.

Chanson [ʃɑ̃'sɔ̃] (*pl* **-s**) **das** chanson *f* (satirique).

Chaos ['kaːɔs] **das** chaos *m*.

chaotisch [ka'oːtɪʃ] **adj** désordonné(e).

Charakter [ka'raktɐ] (*pl* **Charaktere** [karak'teːrə]) **der** [von Person] personnalité *f* ▸ **er ist ein übler Charakter** il a mauvais caractère.

charakteristisch [karaktə'rɪstɪʃ] **adj** caractéristique.

charmant [ʃar'mant] ◆ **adj** charmant(e). ◆ **adv** de façon charmante.

Charmeoffensive ['ʃarmlɔfɛnziːvə] (*pl* **-n**) **die** offensive *f* de charme.

Charterflug ['tʃartɐfluːk] (*pl* **-flüge** [flyːgə]) **der** vol *m* charter.

Chartermaschine ['tʃartɐmaʃiːnə] (*pl* **-n**) **die** charter *m*.

chartern ['tʃartɐn] **vt** affréter.

Chat [tʃɛt] **der** chat *m*, clavardage QUÉBEC.

Chatroom ['tʃɛtruːm] (*pl* **-s**) **der** EDV forum *m* de discussion.

chatten ['tʃɛtn̩] **vi** chatter, tchatter, clavarder QUÉBEC.

chauvinistisch [ʃovi'nɪstɪʃ] **adj** **1.** [nationalistisch] chauvin(e) **2.** [sexistisch] machiste.

checken ['tʃɛkn̩] **vt** **1.** [untersuchen] vérifier **2.** *fam* [verstehen] piger.

Chef, in [ʃɛf, 'ʃɛfɪn] (*mpl* **-s**) **der, die** chef *m*.

Chefarzt, ärztin ['ʃɛflaːɐ̯tst, ɛːɐ̯tstɪn] (*mpl* **-ärzte**) **der, die** médecin-chef *m*.

Chemie [çe'miː] **die** chimie *f*.

chemisch ['çeːmɪʃ] **adj** chimique ▸ **chemische Reinigung** nettoyage *m* à sec.

Chemotherapie ['çeːmoterapiː] (*pl* **-n**) **die** chimiothérapie *f*.

chic [ʃɪk] **adj 1.** chic **2.** *fam* chicos.
Chicorée ['ʃikoreː] **die ODER der** endive *f.*
Chiffre ['ʃɪfrə] (*pl* -n) **die** [von Zeitungsanzeige] référence *f.*
Chile ['tʃiːle] **nt** Chili *m* ▸ **in Chile** au Chili.
Chili ['tʃiːli] **der** [Gewürz] poivre *m* de cayenne.
China ['çiːna] **nt** Chine *f.*
Chinarestaurant ['çiːnarɛstorɑ̃ː] (*pl* -s) **das** restaurant chinois.
Chinese [çi'neːzə] (*pl* -n) **der** Chinois *m.*
Chinesin [çi'neːzɪn] (*pl* -nen) **die** Chinoise *f.*
chinesisch [çi'neːzɪʃ] **adj** chinois(e).
Chinesisch(e) [çi'neːzɪʃ(ə)] **das** chinois *m.*
Chip [tʃɪp] (*pl* -s) **der 1.** EDV puce *f* **2.** [im Spielsalon] jeton *m.*
Chipkarte ['tʃɪpkartə] (*pl* -n) **die** EDV carte *f* à puce.
Chips ['tʃɪps] **pl** KÜCHE chips *fpl.*
Chirurg, in [çiː'rʊrk, rʊrgɪn] (*mpl* -en) **der, die** chirurgien *m,* -enne *f.*
Chlor [kloːɐ̯] **das** chlore *m.*
chlorfrei ['kloːɐ̯frai̯] **adj** sans chlore ▸ **'chlorfrei gebleicht'** 'blanchi sans chlore'.
Choke ['tʃoːk] (*pl* -s) **der** starter *m.*
Cholera ['koːlera] **die** choléra *m.*
Cholesterin [kolɛste'riːn] **das** cholestérol *m.*
cholesterinfrei [kolɛste'riːnfrai̯] **adj** sans cholestérol.
cholesterinsenkend [kolɛste'riːnzɛŋkənt] **adj** qui fait baisser le taux de cholestérol.
Chor [koːɐ̯] (*pl* **Chöre** ['køːrə]) **der 1.** [Sänger] chorale *f* **2.** [in Kirche] chœur *m.*
Christ, in [krɪst, tɪn] (*mpl* -en) **der, die** chrétien *m,* -enne *f.*
Christi Himmelfahrt ['krɪstiː'hɪmlfaːɐ̯t] **nt** Ascension *f.*
Chronik ['kroːnɪk] (*pl* -en) **die** chronique *f.*
chronisch ['kroːnɪʃ] **adj** [Krankheit] chronique.
chronologisch [krono'loːgɪʃ] **adj** chronologique.
circa ['tsɪrka] **adv** environ.
City ['sɪti] (*pl* -s ['sɪtiz]) **die** centre-ville *m.*
clever ['klɛvɐ] **adj** futé(e).
Clique ['klɪkə] (*pl* -n) **die** bande *f.*
Clown ['klau̯n] (*pl* -s) **der** clown *m.*
Club ['klʊp] (*pl* -s) **der** club *m.*
Cluburlaub ['klʊplu:ɐ̯laup] (*pl* -e [laubə]) **der** vacances *fpl* en hôtel-club.
Coach [koːtʃ] (*pl* -s) **der 1.** SPORT entraîneur *m* **2.** [psychologisch] coach *m.*
coachen ['koːʃn] **vt** coacher.
Coaching ['koːtʃɪŋ] **das** coaching *m.*
CO_2-Ausstoß [tseːloː'tsvai̯lau̯sʃtoːs] **der** émission *f* de CO_2.
CO_2-Bilanz [tseːloː'tsvai̯bilants] **die** bilan *m* carbone.
Cocktail ['kɔkteːl] (*pl* -s) **der** cocktail *m.*
Cola ['koːla] (*pl* -s) **die ODER das** coca *m.*
Comic ['kɔmɪk] (*pl* -s) **der** bande dessinée.
Computer [kɔm'pjuːtɐ] (*pl inv*) **der** ordinateur *m.*
CO_2-neutral [tseːloː'tsvai̯nɔytraːl] **adj** neutre en CO_2.
Container [kɔn'teːnɐ] (*pl inv*) **der** conteneur *m.*

cool [ku:l] **adj & adv** *fam* cool.

Cord [kɔrt] **der** velours *m*.

Cornflakes ['ko:ɐnfle:ks] **pl** cornflakes *mpl*.

Couch [kautʃ] (**pl -en** [kautʃn̩]) **die** divan *m*.

Cousin [ku'zɛ:] (**pl -s** [zɛ̃:s]) **der** cousin *m*.

Cousine [ku'zi:nə] (**pl -n**) **die** cousine *f*.

Creme [kre:m] (**pl -s**) **die** crème *f*.

Curry ['kœri] (**pl -s**) **das 1.** [Gewürz] curry *m* **2.** [Gericht] *plat indien au curry*.

Currywurst ['kœrivurst] (**pl -würste** [vyrstə]) **die** *saucisse grillée avec ketchup et saupoudrée de curry*.

Cursor ['kø:ɐzɐ] **der** curseur *m* ▸ **den Cursor auf … setzen** positionner le curseur sur…

Cybermobbing ['saibɐmɔbɪŋ] **das** cyber-intimidation *f*.

Cyberspace ['saibɐspe:s] **das** cyberespace *m*.

Dd

da [da:] ◆ **adv 1.** [gen] là ▸ **da, wo** là où ▸ **da lang** par là ▸ **bleib da!** reste là ! ▸ **da sein** être là ▸ **da und dort** ici et là ▸ **da bist du ja!** te voilà ! ▸ **da hat er Recht** là, il a raison **2.** [plötzlich] : **da fällt mir ein …** tiens oder tenez, ...
◆ **konj** [weil] comme ▸ **da wir Urlaub hatten, fuhren wir ans Meer** comme nous avions des vacances, nous sommes partis à la mer.

dabei [da'bai] **adv 1.** [räumlich] près **2.** [gleichzeitig] en même temps **3.** [doch] pourtant ▸ **jm dabei helfen, etw zu tun** aider qqn à faire qqch.

dabei◦bleiben [da'baiblaibn̩] **vi** *(unreg, ist)* rester.

dabei◦haben [da'baiha:bn̩] **vt** *(unreg)* avoir avec soi.

dabei sein [da'baizain] **vi** *(unreg, ist)* **1.** [anwesend sein] être présent(e) **2.** [beschäftigt sein] : **dabei sein, etw zu tun** être en train de faire qqch.

Dach [dax] (**pl Dächer** ['dɛçɐ]) **das** toit *m*.

Dachboden ['daxbo:dn̩] (**pl -böden** [bø:dn̩]) **der** grenier *m*.

Dachbox ['daxbɔks] (**pl -en**) **die** coffre *m* de toit.

Dachgepäckträger ['daxgəpɛktre:gɐ] (**pl inv**) **der** galerie *f*.

dachte ['daxtə] **prät** → **denken**.

dadurch ['da:durç] ◆ **adv 1.** [durch etwas] par, de ce fait **2.** [deshalb] ainsi.
◆ **konj** : **dadurch, dass …** du fait que.

dafür [da'fy:ɐ] ◆ **adv 1.** [für etwas] pour cela, en, y **2.** [trotzdem] par contre.
◆ **konj** : **dafür, dass** bien que.

dafür◦können [da'fy:ɐkœnən] **vt** *(unreg)* : **nichts dafürkönnen** n'y être pour rien.

dagegen [da'ge:gn̩] **adv 1.** [gegen etwas] contre **2.** [als Gegensatz] par rapport à ▸ **dagegen sein** être contre ▸ **etwas dagegen haben, dass** être contre le fait que ▸ **nichts dagegen haben, dass** ne rien avoir contre (le fait que).

daheim [da'haim] **adv** à la maison.

daher ['dahe:ɐ] **adv** [deshalb] donc.

dahin [da'hɪn] **adv 1.** [räumlich] là-bas **2.** [zeitlich] : **bis dahin** jusque là.

dahinten [da'hɪntn̩] **adv** là-bas.

dahinter [da'hɪntɐ] **adv** derrière.

dahinter◦kommen [da'hɪntɐkɔmən] **vi** *(unreg, ist)* découvrir le pot aux roses.

Dakar [da'kaːɐ̯] **nt** Dakar.

Dämagoge, gin [dɛma'goːgə, gɪn] *(mpl* -n) **der, die** démagogue.

damals ['daːmaːls] **adv** à cette époque.

Damaskus [da'maskʊs] **nt** Damas.

Dame ['daːmə] *(pl* -n) **die 1.** [Person] dame *f* **2.** [Spiel] jeu *m* de dames ▸ **meine Damen und Herren** mesdames et messieurs. ◆ **Damen pl** [Damentoilette] femmes *fpl*.

Damenbinde ['daːmənbɪndə] *(pl* -n) **die** serviette *f* hygiénique.

Damenschuh ['daːmənʃuː] *(pl* -e) **der** chaussure *f* pour dames.

Damentoilette ['daːməntoalɛtə] *(pl* -n) **die** toilettes *fpl* pour dames.

damit [da'mɪt] ◆ **konj** pour que. ◆ **adv 1.** [mit etwas] avec cela **2.** [dadurch] en conséquence ▸ **was meinst du damit?** que veux-tu dire par là ?

Damm [dam] *(pl* **Dämme** ['dɛmə]) **der** digue *f*.

dämmern ['dɛmɐn] **vimp** : **es dämmert** a) [am Morgen] le jour se lève b) [am Abend] la nuit tombe.

Dämmerung ['dɛmərʊŋ] *(pl* -en) **die 1.** [am Morgen] aube *f* **2.** [am Abend] crépuscule *m*.

dämmrig ['dɛmrɪç] **adj** sombre.

Dampf [dampf] *(pl* **Dämpfe** ['dɛmpfə]) **der** vapeur *f*.

Dampfbad ['dampfbaːt] *(pl* -**bäder** ['bɛːdɐ]) **das** bain *m* de vapeur.

Dampfbügeleisen ['dampfbyːgl̩laizn̩] *(pl inv)* **das** fer *m* (à repasser) à vapeur.

dampfen ['dampfn̩] **vi** fumer.

dämpfen ['dɛmpfn̩] **vt 1.** [Ton, Licht] adoucir **2.** [Wut, Begeisterung] calmer **3.** [kochen] cuire à l'étuvée.

Dampfer ['dampfɐ] *(pl inv)* **der** bateau *m* à vapeur.

Dampfkochtopf ['dampfkɔxtɔpf] *(pl* -**kochtöpfe**) **der** autocuiseur *m*.

Dampfnudel ['dampfnuːdl̩] *(pl* -n) **die** SÜDDT *sorte de brioche que l'on fait cuire à la vapeur.*

danach [da'naːx] **adv 1.** [nach etwas] après cela **2.** [zeitlich] après ▸ **kurz danach** peu après.

Däne ['dɛːnə] *(pl* -n ['dɛːnən]) **der** Danois *m*.

daneben [da'neːbn̩] **adv 1.** [räumlich] à côté **2.** [vergleichend] en comparaison.

Dänemark ['dɛːnəmark] **nt** Danemark *m*.

Dänin ['dɛːnɪn] *(pl* -**nen**) **die** Danoise *f*.

dänisch ['dɛːnɪʃ] **adj** danois(e).

Dänisch(e) ['dɛːnɪʃ(ə)] **das** danois *m*.

Dank [daŋk] **der** remerciement *m* ▸ **vielen Dank!, schönen Dank!, besten Dank!, herzlichen Dank!** merci beaucoup ! ▸ **vielen Dank im Voraus** merci d'avance.

dankbar ['daŋkbaːɐ̯] **adj** reconnaissant(e) ▸ **jm dankbar sein für** être reconnaissant à qqn de.

danke ['daŋkə] **interj** merci ▸ **danke, gleichfalls!** vous ODER toi de même ! ▸ **danke schön!** merci bien ! ▸ **danke sehr!** merci beaucoup !

danken ['daŋkn̩] **vi** remercier ▸ **jm danken** remercier qqn ▸ **danken für** remercier de ▸ **nichts zu danken!** de rien !

dann [dan] **adv 1.** [danach, dahinter] ensuite **2.** [zu dieser Zeit] alors ▸ **bis dann!** à la prochaine ! ▸ **also dann** bien, alors.

daran [da'ran] **adv 1.** [räumlich] contre **2.** [an etwas] y, en ▸ **daran denken** y penser ▸ **daran zweifeln** en couter.

darauf [da'rauf] **adv 1.** [räumlich] (là-)dessus **2.** [zeitlich] après **3.** [auf etwas] y, en, cela ▸ **ich achte darauf** j'y prends garde ▸ **sie ist stolz darauf** elle en est fière ▸ **wir warten darauf** nous attendons cela.

daraus [da'raus] **adv 1.** [aus Gefäß, Behälter] y **2.** [aus Material, Tatsache] en.

darf [darf] **präs** → **dürfen**.

darin [da:'rɪn] **adv 1.** [räumlich] (là-)dedans **2.** [in etwas] en cela.

Darlehen ['darle:ən] (*pl inv*) **das** prêt *m*.

Darm [darm] (*pl* **Därme** ['dɛrmə]) **der** intestin *m*.

Darmgrippe ['darmgrɪpə] **die** grippe intestinale.

Darsteller, in ['da:ɐ̯ʃtɛlɐ, lərɪn] (*mpl inv*) **der, die** interprète *mf*.

Darstellung ['da:ɐ̯ʃtɛlʊŋ] (*pl* **-en**) **die 1.** [in Bild] représentation *f* **2.** [in Text] description *f*.

darüber [da'ry:bɐ] **adv** [räumlich] au-dessus ▸ **darüber sprechen** en parler ▸ **darüber nachdenken** y réfléchir.

darum [da'rʊm] **adv** [deshalb] c'est pourquoi ▸ **darum geht es nicht** il ne s'agit pas de cela ▸ **er hat sich darum gekümmert** il s'en est occupé ▸ **er bittet ihn darum** il le lui demande.

darunter [da'rʊntɐ] **adv 1.** [räumlich] au-dessous **2.** [weniger] moins **3.** [in Menge] parmi ceux-là ODER celles-là **4.** [unter etwas] en, par là ▸ **darunter leiden** en souffrir ▸ **darunter verstehen** comprendre par là.

das [das] ◆ **det** [Nominativ] le (la), l'. ◆ **pron 1.** [Demonstrativpronomen] cela, ça **2.** [Relativpronomen] qui, que, qu' ▸ **'bitte das Rauchen einstellen'** veuillez vous abstenir de fumer ▸ **das Segeln** la voile.

da sein ['da:zain] **vi** *(unreg, ist)* [anwesend sein] être là ▸ **da sein für** être là pour.

dass [das] **konj 1.** [im Objekt-, Subjektsatz] que **2.** [vor Wunsch] pourvu que ▸ **so, dass ...** tellement... que.

dasselbe [das'zɛlbə] **det** & **pron** le même (la même).

DAT [dat] (*abk für* **Digital Audio Tape**) **das** DAT.

Datei [da'tai] (*pl* **-en** [taiən]) **die** EDV fichier *m*.

Dateiformat [da'taifɔrma:t] (*pl* **-e**) **das** format *m* de fichier.

Dateiübertragung [da'taily:bɐtra:gʊŋ] (*pl* **-en**) **der** transfert *m* de fichier.

Daten ['datn̩] **pl** données *fpl*.

Datenabgleich ['da:tənlapglaiç] (*pl* **-e**) **der** croisement *m* de données.

Datenbank ['datn̩baŋk] (*pl* **-en**) **die** base *f* de données.

Datendiebstahl ['da:tn̩di:pʃta:l] (*pl* **-stähle**) **der** vol *m* de données.

Datenerfassung ['datn̩lɛɐ̯fasʊŋ] (*pl* **-en**) **die** saisie *f* de données.

Datenhandel ['da:tn̩handəl] **der** commerce *m* de données.

Datenklau ['da:tn̩klau] **der** *(ohne pl)* vol *m* de données informatiques.

Datenschutz ['da:tn̩ʃʊts] **der** protection *f* des données.

Datenverarbeitung ['da:tn̩fɛɐ̯larbaitʊŋ] **die 1.** EDV : **(elektronische) Datenverarbeitung** informatique *f* **2.** [Bearbeitung] traitement *m* de données.

Dativ ['da:ti:f] (*pl* **-e**) **der** datif *m*.
Dattel ['datl] (*pl* **-n**) **die** datte *f*.
Datum ['da:tum] (*pl* **Daten** ['da:tn]) **das** date *f*.
Dauer ['dauɐ] **die** durée *f* ▸ **auf (die) Dauer** à la longue.
Dauerkarte ['dauɐkartə] (*pl* **-n**) **die** abonnement *m*.
dauern ['dauɐn] **vi** durer.
dauernd ['dauɐnt] ◆ **adj** permanent(e). ◆ **adv** en permanence.
Dauerparkplatz ['dauɐparkplats] (*pl* **-plätze** [plɛtsə]) **der** parking *m (loué au mois ou à l'année)*.
Dauerwelle ['dauɐvɛlə] (*pl* **-n**) **die** permanente *f*.
Daumen ['daumən] (*pl inv*) **der** pouce *m* ▸ **jm die Daumen drücken** croiser les doigts pour qqn.
Daunendecke ['daunəndɛkə] (*pl* **-n**) **die** couette *f*.
davon [da'fɔn] **adv 1.** [räumlich] de là **2.** [von Menge] en **3.** [von etwas] en, le ▸ **davon sprechen** en parler ▸ **er weiß davon** il le sait.
davor [da'fo:ɐ] **adv 1.** [räumlich] devant **2.** [zeitlich] avant ▸ **kurz davor** juste avant ▸ **davor Angst haben** en avoir peur.
dazu [da'tsu:] **adv 1.** [außerdem] en plus **2.** [zu etwas] en, y ▸ **dazu Lust haben** en avoir envie ▸ **dazu beitragen** y contribuer.
dazu◦geben [da'tsu:ge:bn] **vt** *(unreg)* ajouter.
dazu◦gehören [da'tsu:gəhø:rən] **vi 1.** [Person] faire partie de **2.** [Zubehör] aller avec.
dazu◦kommen [da'tsu:kɔmən] **vi** *(unreg, ist)* **1.** [Zeit haben] arriver à **2.** [zu Gruppe] se joindre à **3.** [zu Menge, Summe] s'ajouter à ▸ **kommt noch etwas dazu?** et avec ça ?
dazwischen [da'tsvɪʃn] **adv** entre.
dazwischen◦kommen [da'tsvɪʃnkɔmən] **vi** *(unreg, ist)* survenir ▸ **mir ist etwas dazwischengekommen** j'ai eu un contretemps.
DDR [de:de:'ɛɐ] *(abk für* Deutsche Demokratische Republik) **die** RDA *f (République Démocratique Allemande)*.
Deal [di:l] (*pl* **-s**) **der** deal *m*.
dealen ['di:lən] **vi** *fam* : **(mit etw) dealen** dealer (qqch).
debuggen [di'bagn] **vt** débuguer.
Deck [dɛk] (*pl* **-s**) **das** pont *m* ▸ **an Deck** sur le pont.
Decke ['dɛkə] (*pl* **-n** ['dɛkn]) **die 1.** [von Bett] couverture *f* **2.** [von Tisch] nappe *f* **3.** [von Raum] plafond *m*.
Deckel ['dɛkl] (*pl inv*) **der** [von Gefäß] couvercle *m* ▸ **'Deckel schließen'** 'refermer le couvercle'.
decken ['dɛkn] **vt** couvrir ▸ **decken über** *(+ A)* étendre sur.
Deckenfluter ['dɛkənflu:tɐ] (*pl inv*) **der** lampadaire *m* à éclairage indirect.
Decoder [de'ko:dɐ] (*pl inv*) **der** [für Pay-TV] décodeur *m*.
defekt [de'fɛkt] **adj** défectueux(euse).
definieren [defi'ni:rən] **vt** définir.
Defizit ['de:fitsɪt] (*pl* **-e**) **das** déficit *m*.
defragmentieren [de:frakmɛn'ti:rən] **vt** défragmenter.
Defragmentierung [de:frakmɛn'ti:rʊŋ] (*pl* **-en**) **die** défragmentation *f*.
deftig ['dɛftɪç] **adj** consistant(e).
dehnbar ['de:nba:ɐ] **adj** extensible.
Deich [daiç] (*pl* **-e**) **der** digue *f*.
dein, e [dain] **det** ton (ta), tes.

deine, r, s ODER **deins** ['dainə] **pron** le tien (la tienne), les tiens (les tiennes).

Deklination [deːklına'tsjoːn] (*pl* -en) **die** GRAMM déclinaison *f.*

deklinieren [deklı'niːrən] **vt** GRAMM décliner.

Dekolletee [dekɔl'teː] (*pl* -s), **Dekolleté** (*pl* -s) **das** décolleté *m.*

Dekoration [dekora'tsjoːn] (*pl* -en [nən]) **die** décoration *f.*

Delfin [dɛl'fiːn] (*pl* -e) **der** dauphin *m.*

delikat [deːli'kaːt] **adj 1.** [Angelegenheit] délicat(e) **2.** [Speise] exquis(e).

Delikatesse [delika'tɛsə] (*pl* -n) **die** produit *m* d'épicerie fine.

Delle ['dɛlə] (*pl* -n) **die** creux *m* ▸ **der Kotflügel hat eine Delle** l'aile est cabossée.

Delphin [dɛl'fiːn] (*pl* -e), **Delfin** (*pl* -e) **der** dauphin *m.*

dem [deːm] ◆ **det** au (à la), à l'. ◆ **pron 1.** [Demonstrativpronomen] à celui-ci (à celle-ci), à ceci **2.** [Relativpronomen] à qui, à quoi, auquel (à laquelle).

demenzkrank [de'mɛntskraŋk] **adj** atteint(e) de démence.

demnächst [deːm'nɛːçst] **adv** prochainement.

Demokratie [demokra'tiː] (*pl* -n) **die** démocratie *f.*

demokratisch [demo'kraːtɪʃ] ◆ **adj** démocratique. ◆ **adv** démocratiquement.

demolieren [demo'liːrən] **vt** démolir.

Demonstration [demɔnstra'tsjoːn] (*pl* -en) **die** manifestation *f.*

> ⚠ Démonstration ist ein falscher Freund. Das Wort bedeutet nicht "Demonstration", sondern ***Beweis*** oder ***Vorführung***.

demonstrieren [demɔn'striːrən] **vi** manifester ▸ **demonstrieren gegen / für** manifester contre / pour.

demotiviert [deːmoti'viːərt] **adj** démotivé(e).

den [deːn] ◆ **det** le (la), l', aux. ◆ **pron 1.** [Demonstrativpronomen] celui-ci (celle-ci) **2.** [Relativpronomen] que.

denen ['deːnən] **pron 1.** [Demonstrativpronomen] à ceux-ci (à celles-ci) **2.** [Relativpronomen] à qui, auxquels (auxquelles).

Den Haag [deːn'haːk] **nt** La Haye.

denken ['dɛnkn̩] (*prät* **dachte**, *pp* **gedacht**) ◆ **vt** [meinen] penser. ◆ **vi** [überlegen] penser ▸ **denken an** *(+ A)* [planen, sich erinnern an, berücksichtigen] penser à ▸ **denken von** ODER **über** *(+ A)* penser de ▸ **sich** *(D)* **etw denken** s'imaginer.

Denkmal ['dɛnkmaːl] (*pl* -mäler [mɛːlɐ]) **das** monument *m.*

Denkmalschutz ['dɛnkmaːlʃʊts] **der** protection *f* des monuments ▸ **unter Denkmalschutz stehen** être classé (monument historique).

denn [dɛn] ◆ **konj** [weil] car. ◆ **adv** [in Fragen] donc ▸ **ist denn das die Möglichkeit!** c'est incroyable !

dennoch ['dɛnɔx] **adv** néanmoins.

Deo [deːo] (*pl* -s) **das** déodorant *m.*

Deodorant [delodo'rant] (*pl* -s) **das** déodorant *m.*

deodorierend [delodo'riːrənt] **das** antiperspirant(e).

Deponie [depo'niː] (*pl* -n) **die** décharge *f* publique.

deponieren [depo'niːrən] **vt** déposer.

Depression [deprɛ'sjoːn] (*pl* -en) **die** dépression *f.*

deprimieren [depri'miːrən] **vt** déprimer.

deprimierend [deprɪ'miːrənt] **adj** *fam* flippant(e).

der [deːɐ̯] ◆ **det 1.** [Nominativ] le (la), l' **2.** [Genitiv] du (de la), de l' **3.** [Dativ] au (à la), à l'. ◆ **pron 1.** [Demonstrativpronomen] celui-ci (celle-ci) **2.** [Relativpronomen] qui.

deren ['deːrɛn] **pron 1.** [Demonstrativpronomen] de ceux-ci (de celles-ci) **2.** [Relativpronomen] dont, de qui, desquels (desquelles).

dermatologisch [dɛrmato'loːgɪʃ] **adj** dermatologique.

derselbe [deːɐ̯'zɛlbə] **det & pron** le même (la même).

derzeit ['deːɐ̯tsait] **adv** actuellement.

des [dɛs] **det** du, de la, de l'.

deshalb ['dɛshalp] **adv** pour cette raison.

Desinfektion [dɛsɪnfɛk'tsjoːn] **die** désinfection *f*.

Desinfektionsmittel [dɛːsɪnfɛk-'tsjoːnsmɪtl̩] (*pl inv*) **das** désinfectant *m*.

desinfizieren [dɛːsɪnfi'tsiːrən] **vt** désinfecter.

Desktop ['dɛsktɔp] (*pl* -s) **das** bureau *m*.

dessen [dɛsn̩] **pron 1.** [Demonstrativpronomen] de celui-ci (de celle-ci) **2.** [Relativpronomen] dont, de qui, duquel (de laquelle).

Dessert [de'seːɐ̯] (*pl* -s [dɛseːɐ̯ts]) **das** dessert *m* ▸ **zum Dessert** en dessert.

desto ['dɛsto] **konj** → **je**.

deswegen ['dɛsveːgn̩] **adv** c'est pourquoi.

Detail [de'tai̯] (*pl* -s) **das** détail *m*.

Detektiv, in [detɛk'tiːf, tiːvɪn] (*mpl* -e [tiːvə]) **der, die** détective *m*.

deutlich ['dɔytlɪç] ◆ **adj 1.** [Schrift, Aussprache] clair(e) **2.** [Anspielung] direct(e) **3.** [Gefühl, Ahnung] net (nette). ◆ **adv 1.** [erkennen] distinctement **2.** [sich ausdrücken] clairement ▸ **deutlich sprechen** bien articuler.

deutsch ['dɔytʃ] ◆ **adj** allemand(e). ◆ **adv** en allemand.

Deutsch(e) ['dɔytʃ(ə)] **das** [Sprache] allemand *m* ▸ **auf Deutsch** en allemand.

Deutsche ['dɔytʃə] (*pl* -n ['dɔytʃn̩]) **der, die** [Person] Allemand *m*, -e *f*.

Deutsche Bahn ['dɔytʃə'baːn] **die** *chemins de fer allemands*.

Deutsche Bundesbank ['dɔytʃə-'bʊndəsbaŋk] **die** *banque centrale allemande*.

Deutschland ['dɔytʃlant] **nt** Allemagne *f*.

deutschsprachig ['dɔytʃʃpraːxɪç] **adj** germanophone.

Devisen [de'viːzn̩] **pl** devises *fpl*.

Devisenkurs [de'viːzn̩kʊrs] (*pl* -e) **der** taux *m* de change.

Dezember [detsɛmbɐ] **der** décembre *m* ▸ **am ersten Dezember** le premier décembre ▸ **Anfang / Ende Dezember** début / fin décembre ▸ **Mitte Dezember** à la mi-décembre ▸ **Berlin, den 12. Dezember 2012** Berlin, le 12 décembre 2012 ▸ **im Dezember** en décembre.

d.h. (*abk für* das heißt) c.-à-d. (*c'est-à-dire*).

Dia ['diːa] (*pl* -s) **das** diapo *f*.

Diabetes [dia'beːtɛs] **der** diabète *m*.

Diabetiker, in [dia'beːtɪkɐ, kərɪn] (*mpl inv*) **der, die** diabétique *mf* ▸ **'für Diabe-**

tiker geeignet' [auf Nahrungsmittelpackungen] 'pour diabétiques'.

Diagnose [dia'gno:zə] (*pl* -n) **die** diagnostic *m*.

Dialekt [dia'lεkt] (*pl* -e) **der** dialecte *m*.

> ⓘ **Dialekt**
>
> Du fait de l'unification tardive de l'Allemagne, de nombreux dialectes très différents y subsistent encore, parallèlement au Hochdeutsch qui est la langue standard officielle.

Dialog [dia'lo:k] (*pl* -e [lo:gə]) **der** dialogue *m*.

Dialyse [dia'ly:zə] (*pl* -n) **die** MED dialyse *f*.

Diarahmen ['diara:mən] (*pl inv*) **der** monture *f*.

Diät [di'ε:t] (*pl* -en) **die** régime *m* ▸ **eine Diät machen** faire un régime.

Diavortrag ['diafo:ɐ̯tra:k] (*pl* -vorträge [trε:gə]) **der** *conférence avec projection de diapositives.*

dich [dɪç] **pron** te, t'.

dicht [dɪçt] ◆ **adj 1.** [Behälter, Dach, Fenster] étanche **2.** [Wald, Nebel, Haare] épais(aisse) **3.** [Verkehr] dense. ◆ **adv 1.** [undurchlässig] de façon étanche **2.** [eng] très ▸ **dicht daneben stehen** être juste à côté ▸ **dicht davor** juste devant.

Dichter, in ['dɪçtɐ, tərɪn] (*mpl inv*) **der, die** poète *m*, poétesse *f*.

Dichtung ['dɪçtʊŋ] (*pl* -en) **die 1.** [Literatur] littérature *f* **2.** [Dichtungsring] joint *m*.

Dichtungsring ['dɪçtʊŋsrɪŋ] (*pl* -e) **der** joint *m* d'étanchéité.

dick [dɪk] ◆ **adj 1.** [Person] gros (grosse) **2.** [umfangreich, grob] épais(aisse) **3.** [bei Maßangabe] d'une épaisseur de **4.** [geschwollen] enflé(e) **5.** [dicht] gros (grosse). ◆ **adv** [auftragen, anrühren] en couche épaisse.

Dickmilch ['dɪkmɪlç] **die** lait *m* caillé.

die [di:] ◆ **det 1.** [Nominativ, Akkusativ Singular] le, la, l' **2.** [Nominativ, Akkusativ Plural] les. ◆ **pron 1.** [Demonstrativpronomen] celui-là, celle-là **2.** [Relativpronomen] qui, que.

Dieb, in [di:p, 'di:bɪn] (*mpl* -e ['di:bə]) **der, die** voleur *m*, -euse *f*.

Diebstahl ['di:pʃta:l] (*pl* -stähle [ʃtε:lə]) **der** vol *m* ▸ **einen Diebstahl anzeigen** signaler un vol.

Diebstahlversicherung ['di:pʃta:lfεɐ̯zɪçərʊŋ] (*pl* -en) **die** assurance *f* contre le vol.

Diele ['di:lə] (*pl* -n) **die** [Flur] vestibule *m*.

dienen ['di:nən] **vi** *(+ D)* servir à.

Dienst ['di:nst] (*pl* -e) **der 1.** [Arbeit] service *m* **2.** [Hilfe] service *m* ▸ **im Dienst** en service ▸ **der öffentliche Dienst** la fonction publique.

Dienstag ['di:nsta:k] (*pl* -e [ta:gə]) **der** mardi *m* ▸ **am Dienstag** mardi.

dienstags ['di:nsta:ks] **adv** le mardi.

Dienstfahrt ['di:nstfa:ɐ̯t] (*pl* -en) **die** déplacement professionnel.

Dienstleistung ['di:nstlaistʊŋ] (*pl* -en) **die** prestation *f* de service.

dienstlich ['di:nstlɪç] ◆ **adj** [Reise, Anruf] professionnel(elle). ◆ **adv** [kommen, anrufen] pour raisons professionnelles.

Dienstreise ['di:nstraizə] (*pl* -n) **die** déplacement professionnel.

Dienststelle ['di:nstʃtεlə] (*pl* -n) **die** *amt* autorités *fpl*.

Dienstzeit ['di:nsttsait] (*pl* -en) **die** horaires *mpl* de travail.

dies [di:s] **pron** = **diese**.

diese, r, s ODER **dies** [di:zə, 'di:zɐ, di:zəs, di:z] ◆ **det** **1.** [mit Geste, mit Bezug auf Bekanntes] ce, cet, cette **2.** [der, die, das jetzige] ce ...-ci, cet ...-ci, cette ...-ci **3.** [mit Wertung] ce, cet, cette. ◆ **pron** celui-ci, celle-ci ▸ **dieses Jahr** cette année-ci.

Diesel ['di:zl] (*pl inv*) **der** **1.** [Wagen] diesel *m* **2.** [Treibstoff] gas-oil *m*.

dieselbe [di:'zɛlbə] **det** & **pron** le même, la même.

Dieselkraftstoff ['di:zlkraftʃtɔf] (*pl* -e) **der** diesel *m*.

Dieselmotor ['di:zlmoto:ɐ] (*pl* -en ['to:ʀan]) **der** moteur *m* diesel.

Dieselöl ['di:zl|ø:l] **das** gas-oil *m*.

dieser ['di:zɐ] **det** → **diese**.

dieses [di:zəs] **det** → **diese**.

diesig [di:zıç] **adj** brumeux(euse).

diesmal ['di:sma:l] **adv** cette fois-ci.

diesseits ['di:szaits] ◆ **adv** de ce côté-ci. ◆ **präp** (+ *G*, + *D*) de ce côté de.

Differenz [dıfə'rɛnts] (*pl* -en) **die** différence *f*. ◆ **Differenzen pl** [Meinungsverschiedenheiten] différends *mpl*.

digital [digi'ta:l] **adj** numérique.

Digitalanzeige [digi'ta:l|antsaigə] (*pl* -n) **die** affichage *m* numérique.

digitalisieren [digitali'zi:rən] **vt** numériser.

digitalisiert [digita:lı'si:ɐt] **adj** numérisé(e).

Digitaluhr [digi'ta:l|u:ɐ] (*pl* -en) **die** montre *f* (à affichage) numérique.

Diktat [dık'ta:t] (*pl* -e) **das** [in Schule] dictée *f*.

Diktatur [dıkta'tu:ɐ] (*pl* -en) **die** dictature *f*.

diktieren [dık'ti:rən] **vt** dicter.

Dill [dıl] **der** aneth *m*.

DIN [di:n] (*abk für* **Deutsche Industrienorm**) DIN.

Ding [dıŋ] (*pl* -e ['dıŋə]) **das** **1.** [Gegenstand, Angelegenheit] chose *f* **2.** *fam* [seltsamer Gegenstand] truc *m*.

Dings [dıŋs] **der, die, das** *fam* machin *m*.

Dingsbums ['dıŋsbums] *fam* ◆ **der, die** [personne] Trucmuche *m*. ◆ **das** bitoniau *m*.

DIN-Norm ['di:nnɔrm] (*pl* -en [di:nnɔrmən]) **die** *norme industrielle allemande*.

Dinosaurier [dino'zauriɐ] (*pl inv*) **der** dinosaure *m*.

Diphterie [dıfte'ri:] **die** diphtérie *f*.

Diplom [di'plo:m] (*pl* -e) **das** [Titel] diplôme *m*.

Diplomat, in [diplo'ma:t, tın] (*mpl* -en) **der, die** diplomate *mf*.

dir [di:ɐ] **pron** te, t', toi.

direkt [di'rɛkt] ◆ **adj** direct(e). ◆ **adv** **1.** [ohne Umweg, unvermittelt] directement **2.** [ohne Zwischenraum, Zwischenzeit] juste ▸ **direkt neben** juste à côté de.

Direktflug [di'rɛktflu:k] (*pl* -flüge [fly:gə]) **der** vol direct.

Direktor [di'rɛkto:ɐ] (*pl* **Direktoren** [dirɛk'to:rən]) **der** directeur *m*.

Direktorin [dirɛk'to:rın] (*pl* -nen) **die** directrice *f*.

Direktübertragung [di'rɛkt|y:bɐtra:guŋ] (*pl* -en) **die** retransmission *f* en direct.

Dirigent, in [diri'gɛnt, tın] (*mpl* -en) **der, die** chef *m* d'orchestre.

dirigieren [diri'gi:rən] ◆ **vt** MUS [Chor, Orchester] diriger. ◆ **vi** MUS [Dirigent] diriger.

Discounter [dɪs'kauntɐ] (*pl inv*) **der** magasin *m* discount.

Diskette [dɪs'kɛtə] (*pl* -n) **die** disquette *f.*

Disko ['dɪsko] (*pl* -s) **die** *fam* boîte *f* ▸ **in die Disko gehen** aller en boîte.

Diskothek [dɪsko'te:k] (*pl* -en) **die** [Lokal] discothèque *f.*

diskret [dɪs'kre:t] ◆ **adj** discret(ète). ◆ **adv** discrètement.

diskriminieren [dɪskrimi'ni:rən] **vt** [Minderheiten] discriminer.

Diskriminierung [dɪskrimi'ni:rʊŋ] (*pl* -en) **die** discrimination *f.*

Diskussion [dɪskʊ'si̯o:n] (*pl* -en) **die** débat *m.*

Diskussionsforum [dɪskʊ'si̯o:nsfo:rʊm] (*pl* -foren) **das** forum *m* de discussion.

diskutieren [dɪskʊ'ti:rən] **vt & vi** discuter ▸ **diskutieren mit** discuter avec ▸ **diskutieren über** discuter de.

Distanz [dɪs'tants] (*pl* -en) **die** distance *f.*

Distel ['dɪstl̩] (*pl* -n) **die** chardon *m.*

diverse [di'vɛrzə] **adj** divers(es).

dividieren [divi'di:rən] **vt & vi** diviser.

DLRG [de:ɛlɛr'ge:] **die** *société de sauvetage allemande.*

DM (*abk für* Deutsche Mark) DM.

D-Mark ['de:mark] (*pl inv*) **die** deutschemark *m.*

doch [dɔx] ◆ **adv** 1. [konzessiv] pourtant 2. [verstärkend] donc. ◆ **interj** [ja] si. ◆ **konj** [aber] pourtant ▸ **nicht doch!** mais non !

Documenta [dɔku'mɛnta] **die** *exposition d'art moderne se tenant à Kassel tous les quatre ou cinq ans.*

> **ⓘ Documenta**
>
> Cette exposition d'art contemporain se tient tous les cinq ans à Kassel en Allemagne. Durant cent jours, les artistes du monde entier exposent leurs œuvres dans divers musées, dont le Fridericianum, ouvert en 1779.

Doktor ['dɔkto:ɐ̯] (*pl* **Doktoren** ['to:rən]) **der** 1. *fam* [Arzt] docteur *m* 2. [Titel] titre *m* de docteur.

Doktorin [dɔk'to:rɪn] (*pl* -nen) **die** *fam* [Ärztin] doctoresse *f.*

Doku ['doku] (*pl* -s) **die** doc *f.*

Dokument [doku'mɛnt] (*pl* -e) **das** [Urkunde] document *m.*

Dokumenta [dokumɛnta] **die** *exposition d'art contemporain.*

Dokumentation [dokumɛnta'tsi̯o:n] (*pl* -en) **die** documentation *f.*

dolmetschen ['dɔlmɛtʃn̩] **vi** servir d'interprète.

Dolmetscher, in ['dɔlmɛtʃɐ, tʃərɪn] (*mpl inv*) **der, die** interprète *mf.*

Dom [do:m] (*pl* -e) **der** cathédrale *f.*

Domäne [do'mɛ:nə] (*pl* -n) **die** domaine *m.*

dominieren [domi'ni:rən] ◆ **vt** [Gespräch, Spiel, Raum] dominer. ◆ **vi** prédominer.

Domino ['do:mino] **das** [Spiel] dominos *mpl.*

Donau ['do:nau̯] **die** Danube *m.*

Döner ['dø:nɐ] (*pl inv*) **der** döner kebab *m.*

Donner ['dɔnɐ] **der** tonnerre *m.*

donnern ['dɔnɐn] **vimp : es donnert** il tonne.

Donnerstag ['dɔnɐsta:k] (*pl* -e [ta:gə]) **der** jeudi *m* ▸ **am Donnerstag** jeudi.

donnerstags ['dɔnɐsta:ks] **adv** le jeudi.

doof [do:f] *fam* ◆ **adj 1.** [dumm] idiot(e) **2.** [ärgerlich, schlecht] bête. ◆ **adv** bêtement.

Doping ['do:pɪŋ] (*pl* -s) **das** dopage *m*.

Doppelbett ['dɔpl̩bɛt] (*pl* -en) **das** lit *m* double.

Doppeldecker ['dɔpl̩dɛkɐ] (*pl inv*) **der** [Bus] autobus *m* à impériale.

Doppelklick ['dɔpl̩klɪk] (*pl* -s) **der** double-clic *m*.

doppelklicken ['dɔpl̩klɪkn̩] **vi** double-cliquer, faire un double-clic.

Doppelpunkt ['dɔpl̩pʊŋkt] (*pl* -e) **der** deux-points *m*.

Doppelstecker ['dɔpl̩ʃtɛkɐ] (*pl inv*) **der** prise *f* double.

doppelt ['dɔpl̩t] ◆ **adj** double. ◆ **adv** en double ▸ **doppelt so** deux fois plus.

Doppelzimmer ['dɔpl̩tsɪmɐ] (*pl inv*) **das** chambre *f* double.

Dorf [dɔrf] (*pl* **Dörfer** ['dœrfɐ]) **das** village *m*.

Dorn [dɔrn] (*pl* -en) **der** épine *f*.

Dörrobst ['dœrlo:pst] **das** fruits secs.

dort [dɔrt] **adv** là-bas ▸ **dort drüben** là-bas.

dorther ['dɔrthe:ɐ̯] **adv** de là-bas.

dorthin ['dɔrthɪn] **adv** là-bas.

Dose ['do:zə] (*pl* -n) **die** boîte *f*.

dösen ['dø:zn̩] **vi** somnoler.

Dosenmilch ['do:zn̩mɪlç] **die** lait concentré.

Dosenöffner ['do:zn̩lœfnɐ] (*pl inv*) **der** ouvre-boîtes *m inv*.

Dosenpfand ['do:zn̩pfant] **das** consigne *f* sur les canettes.

dosieren [do'zi:rən] **vt** doser.

Dosierung [do'zi:rʊŋ] (*pl* -en) **die** dosage *m*.

Dosierungsanleitung [do'zi:rʊŋs-lanlaitʊŋ] (*pl* -en) **die** posologie *f*.

Dosis ['dozɪs] (*pl* **Dosen**) **die** dose *f*.

Download ['daunlo:t] (*pl* -s) **das** téléchargement *m*.

Down-Syndrom ['daunzyndro:m] **das** trisomie *f* ▸ **Mensch mit Down-Syndrom** trisomique *mf*.

Dozent, in [do'tsɛnt, tɪn] (*mpl* -en) **der, die** maître *m* de conférences.

Dr. *abk für* **Doktor**.

Drachen ['draxn̩] (*pl inv*) **der 1.** [aus Papier] cerf-volant *m* **2.** SPORT [Fluggerät] delta-plane *m*.

Drachenfliegen ['draxn̩fli:gn̩] **das** vol *m* libre.

Dragee [dra'ʒe:] (*pl* -s) **das** dragée *f*.

Draht [dra:t] (*pl* **Drähte** ['drɛ:tə]) **der** fil *m* de fer.

Drahtseilbahn ['dra:tzailba:n] (*pl* -en) **die** téléphérique *m*.

Drama ['dra:ma] (*pl* **Dramen** ['dra:mən]) **das** drame *m*.

dramatisch [dra'ma:tɪʃ] **adj** [spannend] dramatique.

Dramaturg, in [drama'tʊrk, 'tʊrgɪn] (*mpl* -en) **der, die** *assistant du metteur en scène qui choisit et adapte les textes*.

dran [dran] **adv** *fam* **: ich bin dran** c'est mon tour.

dran◦bleiben ['dranblaibn̩] **vi** *(unreg, ist)* [am Telefon] rester en ligne ▸ **bitte**

bleiben Sie dran! ne quittez pas, s'il vous plaît !

drängeln ['drɛŋl̩n] **vi** [durch Schieben] jouer des coudes. ◆ **sich drängeln ref** : **er hat sich nach vorn gedrängelt** il s'est pressé vers l'avant.

drängen ['drɛŋən] **vt** pousser ▸ **ich habe ihn gedrängt anzurufen** je l'ai poussé à appeler.

dran◦kommen ['drankɔmən] **vi** *(unreg, ist)* **1.** [an die Reihe kommen] passer **2.** [heranreichen] arriver à atteindre.

drauf [drauf] **adv** *fam* : **er ist heute gut / schlecht drauf** [gut / schlecht gelaunt sein] il est bien / mal luné aujourd'hui.

draußen ['drausn̩] **adv** [nicht im Raum] dehors ▸ **nach draußen** dehors ▸ **von draußen** du dehors.

Dreadlocks ['drɛtlɔks] **pl** dreadlocks *fpl*.

Dreck [drɛk] **der** *fam* [Schmutz] crasse *f*.

dreckig ['drɛkɪç] **adj** *fam* [schmutzig] sale ▸ **dreckig machen** salir.

drehen ['dreːən] ◆ **vt 1.** tourner **2.** [Zigarette] rouler. ◆ **vi** [Fahrzeug, Wind] tourner ▸ **drehen an** *(+ D)* tourner ▸ **etw laut / leise drehen** monter / baisser le son de qqch. ◆ **sich drehen ref** se retourner ▸ **es dreht sich um** [thematisch] il s'agit de.

Drehzahlmesser ['dreːtsaːlmɛsɐ] (*pl inv*) **der** compte-tours *m inv*.

drei [drai] **num** trois ▸ **fünf vor drei** trois heures moins cinq ▸ **fünf nach drei** trois heures cinq ▸ **drei Uhr fünfundvierzig (3.45 Uhr)** trois heures quarante-cinq (3h45) ▸ **um drei** à trois heures ▸ **sie ist drei** elle a trois ans.

Dreieck ['draiʔɛk] (*pl* -e) **das** triangle *m*.

Dreieckstuch ['draiʔɛkstuːx] (*pl* -tücher [tyːxɐ]) **das** fichu *m*.

dreifach ['draifax] **num** triple.

dreihundert ['draihʊndɐt] **num** trois cents.

Dreikönigsfest [drai'køːnɪksfɛst] (*pl* -e) **das** Épiphanie *f*.

Dreikönigstag [drai'køːnɪkstaːk] **der** Épiphanie *f*.

dreimal ['draimaːl] **adv** trois fois.

dreispurig ['draiʃpuːrɪç] **adj** à trois voies.

dreißig ['draisɪç] **num** trente.

dreißigjährig ['draisɪçjɛːrɪç] **adj** trentenaire. ◆ **Dreißigjährige der, die** trentenaire *mf*.

drei viertel [draifɪrtl̩] **adv 1.** au trois quarts **2.** Süddt [in Uhrzeit] moins le quart.

dreizehn ['draitseːn] **num** treize.

Dresden ['dreːsdn̩] **nt** Dresde.

dressieren [drɛ'siːrən] **vt** dresser.

Dressing ['drɛsɪŋ] (*pl* -s) **das** assaisonnement *m*.

Dressur [drɛ'suːɐ] (*pl* -en) **die** dressage *m*.

drin [drɪn] **adv** : **das ist nicht drin** c'est hors de question ; = **darin**.

dringend ['drɪŋənt] ◆ **adj** urgent(e). ◆ **adv 1.** [sofort] tout de suite **2.** [nachdrücklich] instamment.

drinnen ['drɪnən] **adv** à l'intérieur.

dritt [drɪt] **num** : **zu dritt** à trois.

dritte, r, s ['drɪtə] **adj** troisième ▸ **der dritte Juni** le trois juin ▸ **Hamburg, den 3.6.2012** Hambourg, le 3 / 6 / 2012.

Drittel ['drɪtl̩] (*pl inv*) **das** tiers *m*.

drittens ['drɪtn̩s] **adv** troisièmement.

Dritte Reich ['drɪtə'raiç] **das** troisième Reich *m*.

Dritte Welt ['drɪtə'vɛlt] **die** tiers-monde *m*.

DRK [deːɛr'kaː] (*abk für* **Deutsches Rotes Kreuz**) **das** *Croix Rouge allemande*.

Droge ['droːgə] (*pl* **-n**) **die** [Rauschgift] drogue *f*.

drogenabhängig ['droːgn̩aphɛŋɪç] adj toxicomane.

Drogenbekämpfung ['droːgn̩bəkɛmpfʊŋ] **die** lutte *f* contre le trafic de drogue.

Drogenberatungsstelle ['droːgn̩bəraːtʊŋsʃtɛlə] (*pl* **-n**) **die** centre *m* d'assistance aux toxicomanes.

Drogenhandel ['droːgn̩handl̩] **der** narcotrafic *m*.

Drogensüchtige ['droːgn̩zyçtɪge] (*pl* **-n**) **der, die** *fam* toxico *mf*.

Drogerie [drogə'riː] (*pl* **-n** [riːən]) **die** droguerie *f*.

Drogeriemarkt [drogə'riːmarkt] (*pl* **-märkte** [mɛrktə]) **der** *magasin spécialisé dans les cosmétiques et les produits d'entretien*.

drohen ['droːən] **vi** menacer.

Drohne ['droːnə] (*pl* **-n**) **die** [Flugzeug] drone *m*.

Dropdownmenü [drɔp'daunməny:] (*pl* **-s**) **das** liste *f* déroulante.

drosseln ['drɔsl̩n] **vt** [Tempo] réduire.

drüben ['dryːbn̩] **adv 1.** [nebenan] à côté **2.** [auf der anderen Seite] de l'autre côté.

drüber ['dryːbɐ] **adv** *fam* = **darüber**.

Druck ['drʊk] (*pl* **-e**) **der 1.** [Kraft, von Hand, Finger] pression *f* **2.** [von Büchern] impression *f* **3.** [Gravur] gravure *f*.

Druckbuchstabe ['drʊkbuːxʃtaːbə] (*pl* **-n**) **der** caractère *m* d'imprimerie ▸ **'bitte in Druckbuchstaben schreiben!'** 'écrire en caractères d'imprimerie'.

drucken ['drʊkn̩] **vt** imprimer.

drücken ['drykn̩] ◆ **vi 1.** [pressen] appuyer **2.** [Schuhe] serrer. ◆ **vt 1.** [Tür, Knopf] : **drücken (auf (+ *A*))** appuyer sur **2.** [umarmen] étreindre. ◆ **sich drücken ref** *fam* [sich entziehen] : **sie hat sich vor dieser Arbeit gedrückt** elle s'est défilée devant ce travail ▸ **jm die Hand drücken** serrer la main de qqn.

drückend ['drykn̩t] **adj** [Hitze] accablant(e).

Drucker ['drʊkɐ] (*pl inv*) **der** imprimante *f*.

Druckknopf ['drʊkknɔpf] (*pl* **-knöpfe** [knœpfə]) **der** [an Kleidung] bouton-pression *m*.

Druckschrift ['drʊkʃrɪft] **die** caractères *mpl* d'imprimerie.

drunter ['drʊntɐ] **adv** : **drunter und drüber** *fam* sens dessus dessous ; = **darunter**.

Dschibuti [dʒi'buːti] **nt** Djibouti *m*.

Dschungel ['dʒʊŋl̩] (*pl inv*) **der** jungle *f*.

dt. *abk für* **deutsch**.

du [duː] **pron 1.** [als Anrede] tu **2.** [betont] toi ▸ **Du sagen** tutoyer ▸ **mit jm per Du sein** être à tu et à toi avec qqn.

Dublin ['dablɪn] **nt** Dublin.

Dudelsack ['duːdl̩zak] (*pl* **-säcke**) **der** cornemuse *f*.

Duett [du:'ɛt] (*pl* **-e**) **das** duo *m*.

duften ['dʊftn̩] ◆ **vi** sentir bon. ◆ **vimp** : **hier duftet es nach Jasmin** ici ça sent le jasmin.

dumm [dʊm] (*komp* **dümmer**, *superl* **am dümmsten**) ◆ **adj** bête. ◆ **adv** bêtement.

Dummkopf ['dʊmkɔpf] (*pl* **-köpfe** [kœpfə]) **der** imbécile *m*.
Dummschwätzer, in ['dʊmʃvɛtsɐ, rɪn] (*mpl inv*) **der, die** *fam* baratineur *m*, -euse *f*.
dumpf ['dʊmpf] ◆ **adj** [Klang] sourd(e). ◆ **adv** [klingen] sourdement.
Düne ['dy:nə] (*pl* **-n**) **die** dune *f*.
Dünger ['dʏŋɐ] **der** engrais *m*.
dunkel ['dʊŋkl̩] (*komp* **dunkler**, *superl* **am dunkelsten**) ◆ **adj** 1. [ohne Licht] sombre 2. [Farbe] foncé(e) 3. [Stimme] grave 4. [Bier] brun(e). ◆ **adv** [färben] en foncé ▸ **es wird dunkel** la nuit commence à tomber.
dunkelblond ['dʊŋkl̩blɔnt] **adj** blond foncé.
dunkelhaarig ['dʊŋkl̩ha:rɪç] **adj** aux cheveux foncés.
Dunkelheit ['dʊŋkl̩hait] **die** [nächtlich] obscurité *f*.
dünn [dʏn] ◆ **adj** 1. [Person] mince 2. [fein] fin(e) 3. [leicht, Getränk] léger(ère). ◆ **adv** légèrement ▸ **dünn auftragen** appliquer en couche fine.
Dünnpfiff ['dʏnpfɪf] **der** *fam* : **Dünnpfiff haben** avoir la chiasse.
dünsten ['dʏnstn̩] **vt** cuire à l'étuvée.
dunstig ['dʊnstɪç] **adj** [Wetter] brumeux(euse).
Duo ['du:o] (*pl* **-s**) **das** duo *m*.
Duo-Band- ['du:obant] **adj** bibande.
Dur [du:ɐ] **das** mode majeur.
durch [dʊrç] ◆ **präp** *(+ A)* 1. [quer hindurch, mithilfe] par 2. [kreuz und quer] à travers 3. [in Wasser, Schnee] dans 4. [wegen] à cause de. ◆ **adv** : **darf ich mal bitte durch?** puis-je passer ? ▸ **durch und durch nass** trempé jusqu'à la moelle ▸ **wir sind durch Köln gefahren** nous sommes passés par Cologne.
durch◦atmen ['dʊrçla:tmən] **vi** respirer à fond.
durchaus [dʊrç'laus] **adv** 1. [ohne Weiteres] tout à fait 2. [allerdings] absolument ▸ **durchaus nicht** [überhaupt] absolument pas.
Durchblutung [dʊrç'blu:tʊŋ] **die** circulation sanguine.
durch◦brechen ['dʊrçbrɛçn̩] ◆ **vt** *(unreg, hat)* [Stock] casser en deux. ◆ **vi** *(unreg, ist)* [Stock, Brett] se casser en deux.
durch◦brennen ['dʊrçbrɛnən] **vi** *(unreg, ist)* [Sicherung] sauter.
durch◦drehen ['dʊrçdre:ən] **vi** *(ist)* 1. [Räder] patiner 2. *fig* [Person] perdre la tête.
durcheinander [dʊrçlai'nandɐ] ◆ **adv** pêle-mêle. ◆ **adj** : **in der Wohnung ist alles durcheinander** dans l'appartement tout est sens dessus dessous ▸ **ich bin völlig durcheinander** je ne sais plus où j'en suis.
Durcheinander ['dʊrçlainandɐ] **das** désordre *m*.
durch◦fahren ['dʊrçfa:rən] **vi** *(unreg, ist)* 1. [durch Stadt, Tunnel] traverser 2. [ohne Pause] rouler sans s'arrêter.
Durchfahrt ['dʊrçfa:ɐt] **die** traversée *f* ▸ **auf der Durchfahrt sein** être de passage ▸ **'Durchfahrt verboten!'** 'passage interdit'.
Durchfall ['dʊrçfal] (*pl* **-fälle** [fɛlə]) **der** diarrhée *f*.
durch◦fragen ['dʊrçfra:gn̩] ◆ **sich durchfragen ref** demander son chemin ▸ **sich zum Bahnhof durchfragen** demander son chemin jusqu'à la gare.
durch◦führen ['dʊrçfy:rən] **vt** [Plan] réaliser.

Durchgang ['dʊrçgaŋ] (*pl* -gänge [gɛŋə]) **der** [Flur] couloir *m* ▸ '**kein Durchgang!**' 'passage interdit'.

Durchgangsverkehr ['dʊrçgaŋsfɛɐ̯keːɐ̯] **der** passage *m*.

durchgebrannt ['dʊrçgəbrant] ◆ **pp** → **durchbrennen.** ◆ **adj** [Glühbirne] grillé (e) ▸ **die Sicherung ist durchgebrannt** le fusible a sauté.

durchgebraten ['dʊrçgəbraːtn̩] **adj** bien cuit(e).

durchgefroren ['dʊrçgəfroːrən] **adj** gelé(e).

durch◦gehen ['dʊrçgeːən] **vi** *(unreg, ist)* **1.** [in Verkehrsmittel] avancer dans le fond **2.** [durch Öffnung] passer par **3.** [Zug] être direct(e).

durchgehend ['dʊrçgeːənt] ◆ **adj** [Verbindung] direct(e). ◆ **adv** : **durchgehend geöffnet** ouvert(e) toute la journée.

durchgeknallt ['dʊrçgəknalt] **adj** *fam* allumé(e).

durch◦halten ['dʊrçhaltn̩] ◆ **vi** *(unreg)* tenir bon. ◆ **vt** *(unreg)* [Kampf] aller jusqu'au bout de.

durch◦kommen ['dʊrçkɔmən] **vi** *(unreg, ist)* **1.** [durch Ort] passer **2.** [am Telefon] obtenir la communication **3.** [überleben] survivre.

durch◦lassen ['dʊrçlasn̩] **vt** *(unreg)* laisser passer.

durchlässig ['dʊrçlɛsɪç] **adj** perméable.

durchlöchern [dʊrç'lœçɐn] **vt** cribler.

durch◦machen ['dʊrçmaxn̩] **vt** [ertragen] traverser ▸ **die Nacht durchmachen** *fam* [feiern] passer une nuit blanche.

Durchmesser ['dʊrçmɛsɐ] (*pl inv*) **der** diamètre *m*.

Durchreise ['dʊrçraizə] **die** traversée *f* ▸ **auf der Durchreise sein** être de passage.

Durchreisevisum ['dʊrçraizəviːzʊm] (*pl* -visa [viːza]) **das** visa *m* de transit.

durch◦reißen ['dʊrçraisn̩] ◆ **vt** *(unreg, hat)* [Faden] casser. ◆ **vi** *(unreg, ist)* [Faden] se déchirer.

Durchsage ['dʊrçzaːgə] (*pl* -n ['dʊrçzaːgn̩]) **die** annonce *f* ▸ **Achtung, eine Durchsage!** votre attention, s'il vous plaît !

durch◦sagen ['dʊrçzaːgn̩] **vt** annoncer.

durchschauen [dʊrç'ʃauən] **vt** [Trick] percer à jour ▸ **jn durchschauen** voir clair dans le jeu de qqn.

durch◦schlagen ['dʊrçʃlaːgn̩] ◆ **sich durschlagen ref** *(unreg)* **1.** [zur Grenze] arriver à passer **2.** [finanziell] se débrouiller.

durch◦schneiden ['dʊrçʃnaidn̩] **vt** *(unreg)* trancher.

Durchschnitt ['dʊrçʃnɪt] **der** moyenne *f*.

durchschnittlich ['dʊrçʃnɪtlɪç] ◆ **adj** moyen(enne). ◆ **adv 1.** [im Durchschnitt] en moyenne **2.** [mittelmäßig] passablement.

Durchschnittsgeschwindigkeit ['dʊrçʃnɪtsgəʃvɪndɪçkait] **die** vitesse moyenne.

durch sein ['dʊrçzain] **vi** *(unreg, ist)* **1.** *fam* [Zug] être passé(e) **2.** *fam* [Fleisch] être cuit(e).

durch◦setzen ['dʊrçzɛtsn̩] **vt** imposer. ◆ **sich durchsetzen ref** [Person] s'imposer.

durchsichtig ['dʊrçzɪçtɪç] **adj** [Material] transparent(e).

durch◦stellen ['dʊrçʃtɛlən] **vt** [am Telefon] passer.

durch◦streichen ['dʊrçʃtraiçn̩] **vt** *(unreg)* rayer.

durchsuchen [dʊrç'zuːxn̩] **vt** fouiller.

Durchwahl ['dʊrçvaːl] **die** ligne directe.

durch◦wählen ['dʊrçvɛːlən] **vi** appeler directement.

durch◦ziehen ['dʊrçtsiːən] **vt** *(unreg)* **1.** [durch Öffnung] faire passer **2.** *fam* [Programm] mener à bien.

Durchzug ['dʊrçtsuːk] **der** [Luftzug] courant *m* d'air.

dürfen ['dyrfn̩] (*präs* **darf**, *prät* **durfte**, *pp* **dürfen** ODER **gedurft**) ◆ **aux** (*pp* **dürfen**) **1.** [als Erlaubnis] avoir le droit de ▸ **darf man hier parken?** est-ce qu'on peut se garer ici ? ▸ **Sie dürfen gerne hereinkommen** vous pouvez entrer **2.** [in Fragen] pouvoir ▸ **dürfte ich fragen, weshalb?** pourrais-je savoir pourquoi ? **3.** [als Aufforderung] devoir ▸ **das dürfen wir nicht vergessen** nous ne devons pas oublier cela **4.** [als Annahme] devoir ▸ **das dürfte genügen** cela devrait suffire
◆ **vi** & **vt** (*pp* **gedurft**) [als Erlaubnis] avoir le droit ▸ **das darfst du nicht** tu n'as pas le droit ▸ **wir dürfen heute in die Disco** nous avons le droit d'aller en boîte aujourd'hui.

Durst ['dʊrst] **der** soif *f* ▸ **Durst haben** avoir soif ▸ **auf etw (+ A) Durst haben** avoir envie de (boire) qqch.

durstig ['dʊrstɪç] **adj** assoiffé(e) ▸ **durstig sein** avoir soif.

Dusche ['duːʃə] (*pl* **-n** ['duːʃn̩]) **die** douche *f*.

duschen ['duːʃn̩] **vi** prendre une douche. ◆ **sich duschen ref** se doucher.

Duschgel ['duːʃgeːl] **das** gel *m* douche.

Duschkabine ['duːʃkabiːnə] (*pl* **-n**) **die** cabine *f* de douche.

Duschvorhang ['duːʃfoːɐ̯haŋ] (*pl* **-hänge** [hɛŋə]) **der** rideau *m* de douche.

Düsenflugzeug ['dyːzn̩fluːktsɔyk] (*pl* **-e** [tsɔygə]) **das** avion *m* à réaction.

düster ['dyːstɐ] **adj** [dunkel] sombre.

Dutzend ['dʊtsn̩t] (*pl inv*) **das** douzaine *f*. ◆ **Dutzende pl** des douzaines.

duzen ['duːtsn̩] **vt** tutoyer. ◆ **sich duzen ref** se tutoyer ▸ **sich duzen mit** tutoyer.

DVD [deːfau'deː] (*abk für* **Digital Video** ODER **Versatile Disc**) **die** DVD *m inv*.

DVD-Brenner [deːfau'deːbrɛnɐ] (*pl inv*) **der** graveur *m* de DVD.

Dynamo ['dyːnaːmos] (*pl* **-s**) **der** dynamo *f*.

DZ *abk für* **Doppelzimmer.**

D-Zug ['deːtsuːk] (*pl* **D-Züge** [tsygə]) **der** rapide *m*.

E e

E 10 [eː'tseːn] **das** E 10 *m*.

Ebbe ['ɛbə] (*pl* **-n**) **die** marée basse ▸ **Ebbe und Flut** le flux et le reflux.

eben ['eːbn̩] ◆ **adj** [Boden] plat(e). ◆ **adv** **1.** [vor Kurzem] à l'instant **2.** [schnell] en vitesse **3.** [knapp] de justesse. ◆ **interj** **1.** [genau] exactement

2. [Ausdruck von Widerspruch] justement ▸ **das ist eben nicht zu ändern** on ne peut rien y changer.

Ebene ['eːbənə] (*pl* -n) **die 1.** [Flachland] plaine *f* **2.** [Niveau] plan *m*.

ebenfalls ['eːbn̩fals] **adv 1.** [auch] également **2.** [gleichfalls] pareillement.

ebenso ['eːbn̩zoː] **adv** aussi.

ec [eː'tseː] *abk für* **Eurocheque**.

EC [eː'tseː] (*pl* -s) (*abk für* Eurocity) **der** EC *m*.

E-Card ['iːkaːt] (*pl* -s) **die** carte *f* électronique.

Echo ['ɛço] (*pl* -s) **das** écho *m*.

echt [ɛçt] ◆ **adj** véritable. ◆ **adv** *fam* vraiment.

Ecke ['ɛkə] (*pl* -n) **die 1.** coin *m* **2.** SPORT [Eckball] corner *m* ▸ **um die Ecke fahren** tourner au coin.

eckig ['ɛkɪç] **adj** [Form] anguleux(euse).

Economyklasse [ɪ'kɔnəmɪklasə] **die** classe *f* économique.

Edelstahl ['eːdl̩ʃtaːl] **der** acier *m* de qualité supérieure.

Edelstein ['eːdl̩ʃtain] (*pl* -e) **der** pierre précieuse.

Edelweiß ['eːdl̩vais] (*pl* -e) **das** edelweiss *m*.

EDV [eːdeː'fau] **die** informatique *f*.

Efeu ['eːfɔy] (*pl* -s) **das** lierre *m*.

Effekt [ɛ'fɛkt] (*pl* -e) **der** effet *m*.

egal [e'gaːl] **adj** [gleichgültig] sans importance ▸ **egal ob** peu importe si ▸ **etw ist jm egal** qqch est égal à qqn.

egoistisch [ego'ɪstɪʃ] **adj** égoïste.

Ehe ['eːə] (*pl* -n) **die** mariage *m*.

ehe ['eːə] **konj** avant que.

eheähnlich ['eːəlɛːnlɪç] **adj** : **sie leben in einem eheähnlichen Verhältnis** ils vivent maritalement.

Ehefrau ['eːəfrau] (*pl* -en) **die** épouse *f*.

Eheleute ['eːəlɔytə] **pl** époux *mpl*.

ehemalig ['eːəmaːlɪç] **adj** ancien(enne).

Ehemann ['eːəman] (*pl* -**männer** [mɛnɐ]) **der** époux *m*.

Ehepaar ['eːəpaːɐ̯] (*pl* -e [paːrə]) **das** couple *m (marié)*.

eher ['eːɐ̯] **adv 1.** [früher] plus tôt **2.** [lieber, vielmehr] plutôt.

Ehering ['eːərɪŋ] (*pl* -e) **der** alliance *f*.

ehrenamtlich ['eːrənlamtlɪç] **adj** bénévole.

Ehrengast ['eːrəngast] (*pl* -**gäste** [gɛstə]) **der** invité *m*, -e *f* d'honneur.

ehrgeizig ['eːɐ̯gaitsɪç] **adj** ambitieux(euse).

ehrlich ['eːɐ̯lɪç] ◆ **adj** [Person, Antwort] honnête. ◆ **adv** [antworten] honnêtement.

Ei [ai] (*pl* -**er** ['aiɐ̯]) **das 1.** œuf *m* **2.** [Eizelle] ovule *m* ▸ **ein weiches Ei** un œuf à la coque ▸ **ein hart gekochtes Ei** un œuf dur.

Eiche ['aiçə] (*pl* -n) **die** [Baum] chêne *m*.

Eichhörnchen ['aiçhœrnçən] (*pl inv*) **das** écureuil *m*.

Eid [ait] (*pl* -e ['aidə]) **der** serment *m*.

Eidechse ['aidɛksə] (*pl* -n) **die** lézard *m*.

eidesstattlich ['aidəsʃtatlɪç] ◆ **adj** solennel(elle). ◆ **adv** sur l'honneur.

Eidgenosse ['aitgənɔsə] (*pl* -n) **der** citoyen *m* helvétique.

Eidgenossin ['aitgənɔsɪn] (*pl* -nen) **die** citoyenne *f* helvétique.

Eierbecher ['aiɐ̯bɛçɐ] (*pl inv*) **der** coquetier *m*.

Eierstock ['aiɐʃtɔk] (*pl* **-stöcke** [ʃtœkə]) **der** ovaire *m*.

eifersüchtig ['aifɐzyçtɪç] **adj** jaloux(ouse).

eifrig ['aifrɪç] ◆ **adj** plein(e) de zèle. ◆ **adv** avec zèle.

Eigelb ['aigɛlp] (*pl* **-e** [gɛlbə]) **das** jaune *m* d'œuf.

eigen ['aign̩] **adj** propre.

eigenartig ['aign̩laːɐ̯tɪç] ◆ **adj** bizarre. ◆ **adv** bizarrement.

Eigenschaft ['aign̩ʃaft] (*pl* **-en** ['aign̩ʃaftn̩]) ◆ **die** [Charakteristikum] caractéristique *f*. ◆ **pl** EDV propriétés *fpl*.

eigentlich ['aign̩tlɪç] ◆ **adv** 1. [im Grunde] en fait 2. [übrigens] au fait 3. [Ausdruck von Ärger] mais enfin. ◆ **adj** [wirklich] véritable.

Eigentum ['aign̩tuːm] **das** [Besitz] propriété *f*.

Eigentümer, in ['aign̩tyːmɐ, tyːmərɪn] (*mpl inv*) **der, die** propriétaire *mf*.

Eigentumswohnung ['aign̩tuːmsvoːnʊŋ] (*pl* **-en**) **die** appartement *m* en copropriété.

eignen ['aignən] **ref** convenir.

Einparkhilfe ['ainparkhɪlfə] (*pl* **-n**) **die** aide *f* au stationnement.

Eilbrief ['ailbriːf] (*pl* **-e**) **der** lettre *f* exprès.

Eile ['ailə] **die** hâte *f* ▸ **in Eile sein** être pressé(e).

eilen ['ailən] **vi** *(ist)* se presser ▸ **'eilt!'** 'urgent'.

eilig ['ailɪç] ◆ **adj** 1. [dringend] urgent(e) 2. [schnell] pressé(e). ◆ **adv** [schnell] en toute hâte ▸ **es eilig haben** être pressé(e).

Eilsendung ['ailzɛndʊŋ] (*pl* **-en**) **die** envoi *m* exprès.

Eilzug ['ailtsuːk] (*pl* **-züge** [tsyːgə]) **der** train *m* express.

Eilzustellung ['ailtsuːʃtɛlʊŋ] (*pl* **-en**) **die** remise *f* par exprès.

Eimer ['aimɐ] (*pl inv*) **der** seau *m*.

ein, e [ain] ◆ **det** un (une) ▸ **ein Hund** un chien ▸ **eine Idee** une idée ▸ **ein Mädchen** une fille ▸ **eines Tages** un jour
◆ **adj** [als Zahl] un (une) ▸ **eine einzige Rose** une seule rose ▸ **ein Uhr** une heure ▸ **ein für alle Mal** une fois pour toutes
◆ **pron** 1. [Teil aus Menge] un (une) 2. *fam* [man] vous ▸ **er lässt einen nicht ausreden** il ne vous laisse pas parler
◆ **adv** : **ein - aus** marche - arrêt ▸ **sie geht bei uns ein und aus** elle est tout le temps chez nous ▸ **nicht ein noch aus wissen** ne pas savoir comment s'en tirer.

einander [ai'nandɐ] **pron** l'un l'autre (l'une l'autre).

ein◦arbeiten ['ainlarbaitn̩] **vt** [Person] briefer.

ein◦atmen ['ainlaːtmən] **vi** inspirer.

Einbahnstraße ['ainbaːnʃtraːsə] (*pl* **-n**) **die** rue *f* à sens unique.

Einbauküche ['ainbaukyçə] (*pl* **-n**) **die** cuisine intégrée.

Einbettzimmer ['ainbɛttsɪmɐ] (*pl inv*) **das** chambre *f* à un lit.

ein◦biegen ['ainbiːgn̩] **vi** *(unreg, ist)* tourner.

ein◦bilden ['ainbɪldn̩] **vt** : **sich** *(D)* **etw einbilden** s'imaginer qqch.

ein◦brechen ['ainbrɛçn̩] **vi** *(unreg, ist)* 1. [als Einbrecher] cambrioler 2. [ins Eis] passer à travers la glace.

Einbrecher, in ['ainbrɛçɐ, çərɪn] (*mpl inv*) **der, die** cambrioleur *m*, -euse *f*.

Einbruch ['ainbrʊx] (*pl* **-brüche** [bryçə]) **der 1.** [von Einbrecher] cambriolage *m* **2.** [von Nacht] tombée *f* ▸ **bei Einbruch der Nacht** à la tombée de la nuit.

Einbürgerung ['ainbyrgərʊŋ] **die** [von Person] naturalisation *f*.

Einbürgerungstest ['ainbyrgərʊŋstɛst] (*pl* -s) **der** ≃ test *m* de naturalisation.

ein◦checken ['aintʃɛkn̩] **vi** se présenter à l'enregistrement.

ein◦cremen ['ainkreːmən] **vt** enduire de crème. ◆ **sich eincremen ref** s'enduire de crème.

eindeutig ['aindɔytɪç] ◆ **adj** net (nette). ◆ **adv** nettement.

ein◦dringen ['aindrɪŋən] **vi** *(unreg, ist)* **1.** [Wasser] pénétrer **2.** [Einbrecher] s'introduire.

Eindruck ['aindrʊk] (*pl* **-drücke** [drykə]) **der** [von Person] impression *f* ▸ **den Eindruck haben, dass** avoir l'impression que.

eindrucksvoll ['aindrʊksfɔl] **adj** impressionnant(e).

eine ['ainə] → **ein.**

eineinhalb ['ain|ain'halp] **num** un et demi (une et demie).

einerseits ['ainɐzaits] **adv** : **einerseits ... andererseits** d'une part... d'autre part.

einfach ['ainfax] ◆ **adj** simple. ◆ **adv** : **einfach oder hin und zurück?** aller simple ou aller retour ? ▸ **einfach klasse!** vraiment super !

ein◦fahren ['ainfaːrən] **vi** *(unreg, ist)* [Zug] entrer en gare.

Einfahrt ['ainfaːɐ̯t] (*pl* **-en**) **die 1.** [Tor, Weg] entrée *f* **2.** [von Zug] entrée *f* en gare ▸ **Einfahrt haben** entrer en gare ▸ **'Einfahrt frei halten!'** 'sortie de voiture'.

Einfall ['ainfal] (*pl* **-fälle** [fɛlə]) **der** [Idee] idée (subite).

ein◦fallen ['ainfalən] **vt** *(unreg, ist)* venir à l'esprit.

Einfamilienhaus ['ainfamiːli̯ənhaus] (*pl* **-häuser** [hɔyzɐ]) **das** maison individuelle.

einfarbig ['ainfarbɪç] **adj** uni(e).

Einfluss ['ainflʊs] (*pl* **-flüsse** [flysə]) **der** influence *f* ▸ **Einfluss auf jn / etw haben** avoir de l'influence sur qqn / qqch.

ein◦frieren ['ainfriːrən] ◆ **vt** *(unreg, hat)* [Lebensmittel] congeler, réfrigérer. ◆ **vi** *(unreg, ist)* [Wasserleitung] geler.

einfügen [ain'fyːgn̩] **vt** EDV coller, insérer.

Einfuhr ['ainfuːɐ̯] (*pl* **-en** ['ainfuːrən]) **die** importation *f*.

Einfuhrbestimmungen ['ainfuːɐ̯bəʃtɪmʊŋən] **pl** modalités *fpl* d'importation.

ein◦führen ['ainfyːrən] **vt 1.** introduire **2.** [Waren] importer ▸ **jn in etw** *(A)* **einführen** initier qqn à qqch.

Einführung ['ainfyːrʊŋ] (*pl* **-en**) **die** introduction *f*.

ein◦füllen ['ainfylən] **vt** remplir.

Eingang ['aingaŋ] (*pl* **-gänge** [gɛŋə]) **der 1.** [von Haus] entrée *f* **2.** [von Post] arrivée *f* ▸ **'Eingang rechts um die Ecke'** 'entrée au coin à droite'.

Eingangshalle ['aingaŋshalə] (*pl* **-n**) **die** hall *m* d'entrée.

ein◦geben ['aingeːbn̩] **vt** *(unreg)* EDV entrer, saisir.

eingebildet ['aingəbɪldət] ◆ **adj 1.** [arrogant] prétentieux(euse) **2.** [ausgedacht] imaginaire. ◆ **adv** [arrogant] d'un air prétentieux.

ein◦gehen ['aingeːən] **vi** *(unreg, ist)* **1.** [Kleidung] rétrécir **2.** [sterben] dépérir ▸ **eingehen auf** *(+ A)* prêter attention à.

eingeschaltet ['aingəʃaltət] **adj** allumé(e).

eingeschlossen ['aingəʃlɔsn̩] **pp** → **einschließen.**

eingetragen ['aingətraːgn̩] **adj** enregistré(e) ▸ **eingetragenes Warenzeichen** marque déposée.

ein◦gewöhnen ['aingəvøːnən] ◆ **sich eingewöhnen ref** s'habituer à.

eingezogen ['aingətsoːgn̩] **pp** : **'warten, bis der Geldschein vollständig eingezogen ist'** 'attendre jusqu'à ce que le billet ait disparu' ; → **einziehen.**

ein◦greifen ['aingraifn̩] **vi** *(unreg)* [bei Streit] intervenir.

Eingriff ['aingrɪf] *(pl* **-e)** **der** [Operation] intervention *f.*

einheimisch ['ainhaimɪʃ] **adj** local(e).

Einheit ['ainhait] *(pl* **-en)** **die** unité *f.*

einheitlich ['ainhaitlɪç] ◆ **adj** [Vorschriften] homogène. ◆ **adv** [regeln] uniformément.

einhundert [ain'hʊndɐt] **num** cent.

einig ['ainɪç] **adj** uni(e) ▸ **sich einig sein** être d'accord.

einige, r, s ['ainiːgə] ◆ **det 1.** [ein paar] quelques **2.** [reichlich] pas mal de. ◆ **pron 1.** [ein paar] quelques-uns (quelques-unes) **2.** [viel, viele] pas mal.

einigen ['ainiːgn̩] ◆ **sich einigen ref** se mettre d'accord ▸ **sich über / auf etw** *(A)* **einigen** se mettre d'accord sur qqch.

einigermaßen ['ainiːgemaːsn̩] **adv** [relativ] relativement.

Einkauf ['ainkauf] *(pl* **-käufe** [kɔyfə]) **der** achat *m.*

ein◦kaufen ['ainkaufn̩] **vt** [Ware] acheter ▸ **einkaufen gehen** aller faire les courses.

Einkaufsbummel ['ainkaufsbʊml̩] *(pl inv)* **der** shopping *m* ▸ **einen Einkaufsbummel machen** faire du shopping.

Einkaufstasche ['ainkaufstaʃə] *(pl* **-n)** **die** cabas *m.*

Einkaufstüte ['ainkaufstyːtə] *(pl* **-n)** **die** sac *m (pour les courses).*

Einkaufswagen ['ainkaufsvaːgn̩] *(pl inv)* **der** chariot *m*, Caddie® *m.*

Einkaufszentrum ['ainkaufstsɛntrʊm] *(pl* **-zentren** [tsɛntrən]) **das** centre commercial.

ein◦kehren ['ainkeːrən] **vi** *(ist)* [in einem Gasthaus] faire halte.

ein◦klemmen ['ainklɛmən] **vt** coincer.

Einkommen ['ainkɔmən] *(pl inv)* **das** revenu *m.*

ein◦laden ['ainlaːdn̩] **vt** *(unreg)* **1.** [Gepäck] charger **2.** [nach Hause] inviter ▸ **einladen zu** inviter à.

Einladung ['ainlaːdʊŋ] *(pl* **-en)** **die** invitation *f.*

Einlage ['ainlaːgə] *(pl* **-n)** **die 1.** [in Programm] interlude *m* **2.** [in Schuh] semelle *f* orthopédique **3.** [in Suppe] garniture *f.*

Einlass ['ainlas] **der** entrée *f.*

ein◦laufen ['ainlaufn̩] **vi** *(unreg, ist)* **1.** [Wasser] couler **2.** [Kleidung] rétrécir.

ein◦leben ['ainleːbn̩] ◆ **sich einleben ref** s'adapter.

ein◦legen ['ainleːgn̩] **vt 1.** [Film] mettre **2.** AUTO [Gang] passer **3.** EDV insérer ▸ **den zweiten Gang einlegen** passer en seconde.

Einleitung ['ainlaitʊŋ] (*pl* **-en**) **die** **1.** [Text] introduction *f* **2.** *fam* intro *f* *(introduction)*.

ein◦liefern ['ainli:fɐn] **vt** amener.

Einlieferungsschein ['ainli:fərʊŋsʃain] (*pl* **-e**) **der** reçu *m*.

ein◦loggen ['ainlɔgn̩] ◆ **sich einloggen ref** se logger.

ein◦lösen ['ainløːzn̩] **vt** [Gutschein, Scheck] encaisser.

einmal ['ainmaːl] **adv 1.** [ein einziges Mal] une fois **2.** [irgendwann] un jour ▸ **auf einmal a)** [plötzlich] tout à coup **b)** [gleichzeitig] tout d'un coup ▸ **noch einmal** encore une fois.

einmalig ['ainmaːlɪç] **adj 1.** [einzig] unique **2.** [hervorragend] exceptionnel(elle).

ein◦mischen ['ainmɪʃn̩] ◆ **sich einmischen ref** mettre son grain de sel.

Einnahme ['ainnaːmə] (*pl* **-n**) **die** **1.** [Geld] rentrée *f* **2.** [von Medikament] prise *f*.

ein◦nehmen ['ainneːmən] **vt** *(unreg)* **1.** [Geld] gagner **2.** [Medikament] prendre.

ein◦ölen ['ainløːlən] **vt** enduire d'huile. ◆ **sich einölen ref** s'enduire d'huile.

ein◦ordnen ['ainɔrtnən] **vt** [in Regal, Kartei] classer. ◆ **sich einordnen ref** [in Schlange] se ranger.

ein◦packen ['ainpakn̩] **vt** emballer ▸ **einpacken oder zum Hieressen?** à emporter ou à consommer sur place ?

ein◦parken ['ainparkn̩] ◆ **vi** [Fahrer] se garer. ◆ **vt** [Wagen] garer.

ein◦prägen ['ainprɛːgn̩] **vt** mémoriser ▸ **du musst dir den Code gut einprägen** il faut que tu te souviennes bien du code.

ein◦räumen ['ainrɔymən] **vt** ranger.

ein◦reiben ['ainraibn̩] **vt** *(unreg)* **1.** [Person, Körperteil] passer de la crème sur **2.** [Salbe] faire pénétrer. ◆ **sich einreiben ref** s'enduire de.

ein◦reichen ['ainraiçn̩] **vt** [Antrag] déposer.

Einreise ['ainraizə] (*pl* **-n** ['ainraizən]) **die** entrée *f*.

ein◦reisen ['ainraizn̩] **vi** *(ist)* entrer *(dans un pays)*.

Einreisevisum ['ainraizəviːzʊm] (*pl* **-visa** [viːza]) **das** visa *m* d'entrée.

ein◦richten ['ainrɪçtn̩] **vt** [Wohnung, Zimmer] meubler.

Einrichtung ['ainrɪçtʊŋ] (*pl* **-en**) **die** **1.** [Möbel] aménagement *m* **2.** [Institution] organisme *m*.

eins [ains] ◆ **pron** → **ein.** ◆ **num** un (une) ▸ **fünf vor eins** une heure moins cinq ▸ **fünf nach eins** une heure cinq ▸ **ein Uhr fünfundvierzig (1.45 Uhr)** une heure quarante-cinq (1h45) ▸ **um eins** à une heure ▸ **sie ist eins** elle a un an ▸ **das macht eins zwanzig** ça fait un euro vingt.

einsam ['ainzam] ◆ **adj 1.** [Person] seul(e) **2.** [Gegend] isolé(e). ◆ **adv** [leben] en solitaire.

ein◦sammeln ['ainzamln̩] **vt** ramasser.

Einsatz ['ainzats] (*pl* **-sätze** [zɛtsə]) **der** **1.** [Verwendung] utilisation *f* **2.** [Geld] mise *f* **3.** [Engagement] engagement *m*.

ein◦scannen ['ainskɛnən] **vt** scanner.

ein◦schalten ['ainʃaltn̩] **vt** [Gerät] allumer.

ein◦schenken ['ainʃɛŋkn̩] **vt** servir ▸ **jm etw einschenken** verser qqch à qqn.

ein◦schieben ['ainʃiːbn̩] **vt** *(unreg)* intercaler.

ein◦schiffen ['ainʃɪfn̩] ◆ **sich einschiffen** ref embarquer.

ein◦schlafen ['ainʃla:fn̩] **vi** *(unreg, ist)* **1.** [Person] s'endormir **2.** [Körperteil] s'ankyloser **3.** *fig* [Kontakt] se relâcher.

ein◦schließen ['ainʃli:sn̩] **vt** *(unreg)* **1.** [Person, Gegenstand] enfermer **2.** [enthalten] inclure.

einschließlich ['ainʃli:slɪç] ◆ **präp** *(+ G, + D)* inclus. ◆ **adv** : **bis einschließlich Montag** jusqu'à lundi inclus.

ein◦schränken [ainʃrɛŋkn̩] **vt** limiter. ◆ **sich einschränken ref** se serrer la ceinture.

ein◦schreiben ['ainʃraibn̩] ◆ **sich einschreiben** ref *(unreg)* s'inscrire.

Einschreiben ['ainʃraibn̩] *(pl inv)* **das** recommandé *m*.

ein◦sehen ['ainze:ən] **vt** *(unreg)* [Fehler] reconnaître.

einseitig ['ainzaitɪç] ◆ **adj 1.** [Argumentation] partial(e) **2.** [Beschriftung] d'un seul côté **3.** [Liebe] non partagé(e). ◆ **adv 1.** [argumentieren] avec partialité **2.** [beschriften] sur un seul côté.

ein◦senden ['ainzɛndn̩] **vt** *(unreg)* envoyer.

ein◦setzen ['ainzɛtsn̩] ◆ **vt 1.** [Hilfsmittel] mettre en place **2.** [Personen] nommer **3.** [riskieren] mettre en jeu. ◆ **vi** [beginnen] commencer. ◆ **sich einsetzen ref** [sich engagieren] s'engager.

Einsicht ['ainzɪçt] *(pl* **-en***)* **die** [Erkenntnis] prise *f* de conscience.

ein◦sinken ['ainzɪŋkn̩] **vi** *(unreg, ist)* s'enfoncer.

Einspänner ['ainʃpɛ:nɐ] *(pl inv)* **der** ÖSTERR *café noir coiffé de chantilly.*

ein◦springen ['ainʃprɪŋən] **vi** *(unreg, ist)* : **er springt für mich ein** il me remplace.

Einspritzmotor ['ainʃprɪtsmo:to:ɐ] *(pl* **-en***)* **der** moteur *m* à injection.

Einspruch ['ainʃprʊx] *(pl* **-sprüche** [ʃpryçə]*)* **der** *amt* recours *m*.

einspurig [ainʃpu:rɪç] ◆ **adj** [Straße] à une seule voie. ◆ **adv** : **nur einspurig befahrbar** réduit à une seule voie.

ein◦stecken ['ainʃtɛkn̩] **vt 1.** [in Tasche] prendre **2.** [in Briefkasten] poster **3.** [Stecker] brancher.

ein◦steigen ['ainʃtaign̩] **vi** *(unreg, ist)* [ins Auto, in U-Bahn] monter ▸ **bitte einsteigen!** attention au départ !

ein◦stellen ['ainʃtɛlən] **vt 1.** [in Firma] embaucher **2.** [Programm, Blende] régler **3.** [beenden] interrompre. ◆ **sich einstellen ref** : **sich auf die neue Situation einstellen** s'adapter à la nouvelle situation.

Einstellung ['ainʃtɛlʊŋ] *(pl* **-en***)* **die 1.** [von Arbeitskräften] embauche *f* **2.** [Meinung] position *f* **3.** [von Sender, von Blende] réglage *m*.

Einstieg ['ainʃti:k] **der** : **'Einstieg nur mit Fahrausweis'** 'les voyageurs doivent être munis de billets' ▸ **'Einstieg nur vorne'** 'la montée se fait par l'avant'.

Einstufungstest ['ainʃtu:fʊŋstɛst] *(pl* **-s***)* **der** test *m* de niveau.

ein◦stürzen ['ainʃtyrtsn̩] **vi** *(ist)* s'écrouler.

Einsturzgefahr ['ainʃtʊrtsgəfa:ɐ] *(pl* **-en** [fa:rən]*)* **die** risque *m* d'éboulement ▸ **'Vorsicht, Einsturzgefahr!'** 'attention, risque d'éboulement !'.

eintägig ['aintɛ:gɪç] **adj** d'une journée.

ein◦tauschen ['aintauʃn̩] **vt** échanger.

eintausend ['aintauzn̩t] **num** mille.

ein◦teilen ['aintailən] **vt** répartir.

einteilig ['aintailɪç] **adj** d'une seule pièce ▸ **einteiliger Badeanzug** maillot de bain une pièce.

Einteilung ['aintailʊŋ] (*pl* -en) **die** répartition *f*.

Eintopf ['aintɔpf] (*pl* -töpfe [tœpfə]) **der** *sorte de pot-au-feu*.

ein◦tragen ['aintra:gn̩] **vt** *(unreg)* inscrire. ◆ **sich eintragen ref** s'inscrire.

ein◦treten ['aintre:tn̩] ◆ **vt** *(unreg, hat)* [zerstören] enfoncer. ◆ **vi** *(unreg, ist)* [in Raum] entrer ▸ **eintreten in** [in Verein] adhérer à.

Eintritt ['aintrɪt] (*pl* -e) **der** [in Zoo, Museum] entrée *f* ▸ **Eintritt frei** entrée libre.

Eintrittsgeld ['aintrɪtsgɛlt] (*pl* -er [gɛldɐ]) **das** prix d'entrée *m*.

Eintrittskarte ['aintrɪtskartə] (*pl* -en) **die** billet *m* d'entrée.

Eintrittspreis ['aintrɪtsprais] (*pl* -e [praizə]) **der** prix *m* d'entrée.

einvernehmlich ['ainfɛrne:mlɪç] **adj** consentant(e) ▸ **einvernehmliche Erwachsene** adultes consentants.

einverstanden ['ainfɛɐʃtandn̩] **adv** d'accord ▸ **einverstanden mit** d'accord avec ▸ **einverstanden!** d'accord !

ein◦wandern ['ainvandɐn] **vi** *(ist)* immigrer.

einwandfrei ['ainvantfrai] ◆ **adj** **1.** [fehlerlos] impeccable **2.** [Nachweis] irréfutable. ◆ **adv** parfaitement.

Einwegapparat ['ainve:klapara:t] (*pl* -e) **der** appareil *m* jetable.

Einwegflasche ['ainve:kflaʃə] (*pl* -n) **die** bouteille non consignée.

ein◦weichen ['ainvaiçn̩] **vt** faire tremper.

Einweihung ['ainvaiʊŋ] (*pl* -en) **die** inauguration *f*.

Einweihungsparty ['ainvaiʊŋspa:ɐ̯ti] (*pl* -s ['ainvaiʊŋspa:ɐ̯ti]) **die** pendaison *f* de crémaillère.

ein◦weisen ['ainvaizn̩] **vt** *(unreg)* [ins Krankenhaus] faire admettre.

ein◦werfen ['ainvɛrfn̩] **vt** *(unreg)* **1.** [Brief] poster **2.** [in Automaten] introduire **3.** [Frage, Bemerkung, im Sport] lancer.

ein◦wickeln ['ainvɪkl̩n] **vt** **1.** [Gegenstand] envelopper **2.** *fam* [Person] embobiner.

Einwohner, in ['ainvo:nɐ, nərɪn] (*mpl inv*) **der, die** habitant *m*, -e *f*.

Einwohnermeldeamt ['ainvo:nɐmɛldəlamt] (*pl* -ämter) **das** *service municipal chargé de répertorier les arrivées et les départs des habitants d'une ville*.

Einwurf ['ainvʊrf] (*pl* -würfe [vyrfə]) **der** **1.** [am Automaten] introduction *f* **2.** SPORT lancement *m* **3.** [Frage, Bemerkung] remarque *f*.

ein◦zahlen ['aintsa:lən] ◆ **vt** verser. ◆ **vi** effectuer un versement.

Einzahlung ['aintsa:lʊŋ] (*pl* -en) **die** versement *m*.

Einzahlungsschein ['aintsa:lʊŋsʃain] (*pl* -e) **der** bordereau *m* de versement.

ein◦zeichnen ['aintsaiçnən] **vt** dessiner ▸ **die Route in den Plan einzeichnen** faire figurer l'itinéraire sur le plan.

Einzel ['aintsl̩] (*pl inv*) **das** simple *m*.

Einzelbett ['aintsl̩bɛt] (*pl* -en) **das** lit *m* à une place.

Einzeldosis- ['aintsl̩dozɪs] **adj** unidose.

Einzelfahrschein ['aintsl̩fa:ɐ̯ʃain] (*pl* -e) **der** billet *m* simple.

Einzelgänger, in ['aintsl̩gɛŋɐ, ŋərɪn] *(mpl inv)* **der, die** solitaire *mf*.

Einzelhandel ['aintsl̩handl̩] **der** commerce *m* de détail.

Einzelheit ['aintsl̩hait] *(pl* **-en)** **die** détail *m*.

Einzelkabine ['aintsl̩kabi:nə] *(pl* -n) **die** cabine individuelle.

Einzelkind ['aintsl̩kɪnt] *(pl* -er [kɪndɐ]) **das** enfant *mf* unique.

einzeln ['aintsl̩n] ◆ **adj 1.** [vereinzelt] isolé(e) **2.** [ohne Gegenstück] seul(e). ◆ **adv 1.** [nacheinander] un par un (une par une) **2.** [extra] séparément.

einzelne, r, s ['aintsl̩nə] **pron 1.** [vereinzelte Person] quelques personnes **2.** [vereinzelte Sachen] certaines choses **3.** [Individuum] chacun(e) ▸ **jeder / jede / jedes Einzelne** chacun(e).

Einzel◦person ['aintsl̩pɛrzo:n] *(pl* -en) **die** individu *m*.

Einzelreisende ['aintsl̩raizn̩də] *(pl* -n) **der, die** voyageur individuel.

Einzelteil ['aintsl̩tail] *(pl* -e) **das** pièce *f*.

Einzelticket ['aintsl̩tɪkɛt] *(pl* -s) **das** billet *m*, ticket *m*.

Einzelzimmer ['aintsl̩tsɪmɐ] *(pl inv)* **das** chambre individuelle.

Einzelzimmerzuschlag ['aintsl̩tsɪmɐtsu:ʃla:k] *(pl* **-zuschläge** [ʃlɛ:gə]) **der** supplément *m* pour chambre individuelle.

ein◦ziehen ['aintsi:ən] ◆ **vi** *(unreg) (ist)* **1.** [in Wohnung] emménager **2.** [in Haut] pénétrer. ◆ **vt** *(unreg) (hat)* **1.** [vom Konto] encaisser **2.** [in Automaten] avaler.

einzig ['aintsɪç] ◆ **adj** [alleinig] seul(e). ◆ **adv** [ausschließlich] seulement.

Eis [ais] **das 1.** [Speiseeis, auf See] glace *f* **2.** [Eiswürfel] glaçon *m* ▸ **Eis am Stiel** Esquimau® *m*.

Eisbecher ['aisbɛçɐ] *(pl inv)* **der** coupe glacée.

Eiscafé ['aiskafe:] *(pl* -s) **das** glacier *m*.

Eiscreme ['aiskre:m] *(pl* -s) **die** crème glacée.

Eisen ['aizn̩] **das** [Metal] fer *m*.

Eisenbahn ['aizn̩ba:n] *(pl* **-en)** **die 1.** [Zug] train *m* **2.** [Institution] chemin *m* de fer.

Eisenbahnnetz ['aizn̩ba:nnɛts] *(pl* -e) **das** réseau ferré.

eisgekühlt ['aisgəky:lt] **adj** glacé(e).

Eishockey ['aishɔki] **das** hockey *m* sur glace.

eisig ['aizɪç] ◆ **adj** [Wetter, Kälte] glacial(e). ◆ **adv** : **eisig kalt** d'un froid glacial.

Eiskaffee ['aiskafe:] *(pl* -s) **der** café liégeois.

eiskalt ['aiskalt] **adj** glacial(e).

Eiskugel ['aisku:gl̩] *(pl* -n) **die** boule *f* de glace.

Eiskunstlauf ['aiskʊnstlauf] **der** patinage *m* artistique.

Eisschokolade ['aisʃokola:də] *(pl* -n) **die** chocolat *m* liégeois.

Eiswaffel ['aisvafl̩] *(pl* -n) **die** gaufrette *f*.

Eiswürfel ['aisvʏrfl̩] *(pl inv)* **der** glaçon *m*.

Eiszapfen ['aistsapfn̩] *(pl inv)* **der** stalactite *f* de glace.

eitel ['aitl̩] *(komp* **eitler**, *superl* **am eitelsten)** **adj** [Person] vaniteux(euse).

Eiter ['aitɐ] **der** pus *m*.

eitern ['aitɐn] **vi** suppurer.

Eiweiß ['aivais] (*pl* **-e**) **das 1.** [im Ei] blanc *m* d'œuf **2.** [Protein] albumine *f*.
ekelhaft ['e:kl̩haft] ◆ **adj** répugnant(e). ◆ **adv** de façon écœurante.
ekeln ['e:kl̩n] ◆ **sich ekeln ref** être dégoûté(e) ▸ **sich ekeln vor** être écœuré par.
Ekzem [ɛk'tse:m] (*pl* **-e**) **das** eczéma *m*.
elastisch [e'lastɪʃ] **adj** [Material] élastique.
Elbe ['ɛlbə] **die** Elbe *f*.
Electro [e'lɛktro] **der** électro *f inv*.
Elefant [elə'fant] (*pl* **-en**) **der** éléphant *m*.
elegant [ele'gant] ◆ **adj** élégant(e). ◆ **adv** avec élégance.
Elektriker, in [e'lɛktrɪkɐ, kərɪn] (*mpl inv*) **der, die** électricien *m*, -enne *f*.
elektrisch [e'lɛktrɪʃ] ◆ **adj** électrique. ◆ **adv** à l'électricité.
Elektrizität [elɛktritsi'tɛ:t] **die** électricité *f*.
Elektrofahrrad [e'lɛktrofa:ɐ̯ra:t] (*pl* **-räder**) **das** vélo *m* électrique.
Elektrogerät [e'lɛktrogərɛ:t] (*pl* **-e**) **das** appareil *m* électroménager.
Elektrogeschäft [e'lɛktrogəʃɛft] (*pl* **-e**) **das** magasin *m* d'électroménager.
Elektroherd [e'lɛktrohe:ɐ̯t] (*pl* **-e** [he:ɐ̯də]) **der** cuisinière *f* électrique.
Elektronik [elɛk'tro:nɪk] **die** électronique *f*.
elektronisch [elɛk'tro:nɪʃ] ◆ **adj** électronique. ◆ **adv** électroniquement.
Element [ele'mɛnt] (*pl* **-e**) **das** élément *m*.
Elend ['e:lɛnt] **das** [Armut] misère *f*.
elf [ɛlf] **num** onze ▸ **fünf vor elf** onze heures moins cinq ▸ **fünf nach elf** onze heures cinq ▸ **elf Uhr fünfundvierzig (11.45 Uhr)** onze heures quarante-cinq (11h45) ▸ **um elf** à onze heures ▸ **sie ist elf** elle a onze ans.
elfhundert [ɛlf'hʊndɐt] **num** mille cent.
Elfmeter [ɛlf'me:tɐ] (*pl inv*) **der** penalty *m*.
elfte, r, s ['ɛlftə] **adj** onzième ▸ **der elfte Juni** le onze juin ▸ **Hamburg, den 11.6.2012** Hambourg, le 11 /6 /2012.
Ellbogen ['ɛlbo:gn̩] (*pl inv*) **der** [Gelenk] coude *m*.
Elsass ['ɛlzas] **das** Alsace *f*.
Eltern ['ɛltɐn] **pl** parents *mpl*.
Elterngeld ['ɛltɐngɛlt] **das** allocation *f* parentale.
EM [e:'lɛm] (*abk für* **Europameisterschaft**) **die** championnat *m* d'Europe.
E-Mail ['i:me:l] (*pl* **-s**) **die** EDV e-mail *m*, mail *m*.
Emanze [e'mantsə] (*pl* **-n**) **die** *fam & abw* féministe *f* pure et dure, MLF *f*.
Emanzipation [emantsipa'tsjo:n] **die** émancipation *f*.
emanzipieren [ematsi'pi:rən] ◆ **sich emanzipieren ref** s'émanciper.
Emissionsrechte [emɪ'sjo:nsrɛçtə] (*pl inv*) droits *mpl* d'émission *(de CO2)*.
Emissionsrechte [emɪ'sjo:nsrɛçtə] **pl** droits *mpl* d'émission *(de CO2)*.
Emoticon [e'mo:tikɔn] (*pl* **-s**) **das** emoticon *m*.
emotional [emotsjo'na:l] **adj** émotionnel(elle).
empfahl [ɛm'pfa:l] **prät** → **empfehlen**.
empfand [ɛm'pfant] **prät** → **empfinden**.
Empfang [ɛm'pfaŋ] (*pl* **Empfänge** ['pfɛŋə]) **der 1.** réception *f* **2.** [von Per-

son] accueil *m* ▸ **jn in Empfang nehmen** accueillir qqn ▸ **etw in Empfang nehmen** réceptionner qqch.

empfangen [ɛm'pfaŋən] (*präs* **empfängt**, *prät* **empfing**, *pp* **empfangen**) vt recevoir.

Empfänger, in [ɛm'pfɛŋɐ, ŋərɪn] (*mpl inv*) der, die [Adressat] destinataire *mf*.

Empfängerabschnitt [ɛm'pfɛŋɐlapʃnɪt] (*pl* **-e**) **der** partie réservée au destinataire.

Empfängnisverhütung [ɛm'pfɛŋnɪsfɛɐ̯hy:tuŋ] **die** contraception *f*.

Empfangsbescheinigung [ɛm'pfaŋsbəʃainɪguŋ] (*pl* **-en**) **die** accusé *m* de réception.

empfängt [ɛm'pfɛ:ŋt] **präs** → **empfangen**.

empfehlen [ɛm'pfe:lən] (*präs* **empfiehlt**, *prät* **empfahl**, *pp* **empfohlen**) vt recommander ▸ **jm etw empfehlen** recommander qqch à qqn. ◆ **sich empfehlen** ref [ratsam sein] être indiqué pour.

empfehlenswert [ɛm'pfe:lənsve:ɐ̯t] adj recommandé(e).

Empfehlung [ɛm'pfe:luŋ] (*pl* **-en**) **die** recommandation *f*.

empfiehlt [ɛm'pfi:lt] **präs** → **empfehlen**.

empfinden [ɛm'pfɪndn̩] (*prät* **empfand**, *pp* **empfunden**) vt **1.** [Schmerz] ressentir **2.** [Gefühl] éprouver.

empfindlich [ɛm'pfɪntlɪç] adj **1.** [Person] sensible **2.** [Material] fragile.

empfing [ɛm'pfɪŋ] **prät** → **empfangen**.

empfohlen [ɛm'pfo:lən] **pp** → **empfehlen**.

empfunden [ɛm'pfʊndn̩] **pp** → **empfinden**.

empört [ɛm'pø:ɐ̯t] ◆ **adj** indigné(e). ◆ **adv** avec indignation.

Ende ['ɛndə] (*pl* **-n**) **das 1.** [räumlich, zeitlich] fin *f* **2.** [Endstück] bout *m* ▸ **am Ende** au bout ▸ **zu Ende sein** être terminé.

enden ['ɛndn̩] **vi** se terminer.

endgültig ['ɛntgyltɪç] ◆ **adj** définitif(ive). ◆ **adv** définitivement.

Endivie [ɛn'di:vjə] (*pl* **-n**) **die** chicorée *f*.

> ⚠ **Endive** ist ein falscher Freund. Das Wort bedeutet nicht "Endivie", sondern ***Chikorée***.

Endlagerung ['ɛntla:gəruŋ] (*pl* **-en**) **die** stockage *m* définitif.

endlich ['ɛntlɪç] **adv** enfin.

Endstation ['ɛntʃtatsjo:n] (*pl* **-en**) **die** terminus *m*.

Endung ['ɛndʊŋ] (*pl* **-en**) **die** GRAMM terminaison *f*.

Energie [enɛr'gi:] (*pl* **-n** [enɛr'gi:ən]) **die** énergie *f*.

Energieausweis [enɛr'gi:lausvais] (*pl* **-e**) **der** ≃ diagnostic *m* de performance énergétique.

Energieeffizienz [enɛr'gi:lɛfitsjɛnts] **die** efficience *f* énergétique.

Energiekrise [enɛr'gi:kri:zə] (*pl* **-n**) **die** crise *f* du pétrole.

Energiesparlampe [enɛr'gi:ʃpa:ɐlampə] (*pl* **-n**) **die** ampoule *f* basse consommation.

Energieverbrauch [enɛr'gi:fɛɐ̯braux] **der** consommation *f* d'énergie.

energisch [e'nɛrgɪʃ] **adj** énergique.

eng [ɛŋ] ◆ **adj** étroit(e). ◆ **adv 1.** [dicht gedrängt] tout près **2.** [anliegen] de manière moulante **3.** [nah] très près **4.** [verbunden] étroitement.

Engagement [ɑ̃gaʒə'mɑ̃ː] (*pl* -s) **das** engagement *m*.

engagieren [ɑ̃ga'ʒiːrən] **vt** engager. ◆ **sich engagieren ref** s'engager.

England ['ɛŋlant] **nt** Angleterre *f*.

Engländer, in ['ɛŋlɛndɐ, dərɪn] (*mpl inv*) **der, die** Anglais *m*, -e *f*.

englisch ['ɛŋlɪʃ] **adj** anglais(e).

Englisch(e) ['ɛŋlɪʃ(ə)] **das** anglais *m*.

Enkel, in ['ɛŋkl̩, kəlɪn] (*mpl inv*) **der, die** petit-fils *m*, petite-fille *f*.

enorm [e'nɔrm] ◆ **adj** énorme. ◆ **adv** énormément.

Ensemble [ɑ̃'sɑ̃ːbl̩] (*pl* -s) **das** troupe *f*.

entdecken [ɛnt'dɛkn̩] **vt** découvrir.

Ente ['ɛntə] (*pl* -n) **die** canard *m*.

entfernen [ɛnt'fɛrnən] **vt** **1.** [Schmutz] enlever **2.** EDV supprimer.

entfernt [ɛnt'fɛrnt] ◆ **adj 1.** éloigné(e) **2.** [abgelegen] reculé(e). ◆ **adv** [bekannt, verwandt] vaguement ▸ **weit entfernt von** loin de ▸ **50 km von München entfernt** à 50 km de Munich.

Entfernung [ɛnt'fɛrnʊŋ] (*pl* -en) **die 1.** [Distanz] distance *f* **2.** [Beseitigung] élimination *f*.

entführen [ɛnt'fyːrən] **vt 1.** [Person] enlever **2.** [Flugzeug] détourner.

Entführung [ɛnt'fyːrʊŋ] (*pl* -en) **die 1.** [von Person] enlèvement *m* **2.** [von Flugzeug] détournement *m*.

entgegen [ɛnt'geːgn̩] **präp** *(+ D)* contrairement à.

entgegengesetzt [ɛnt'geːgŋgəzɛtst] ◆ **adj** opposé(e). ◆ **adv** [liegen] à l'opposé.

entgegen◦kommen [ɛnt'geːgŋkɔmən] **vi** *(unreg, ist)* **1.** [räumlich] aller à la rencontre de **2.** [mit Angebot] satisfaire à ▸ **jm entgegenkommen** arranger qqn.

entgegenkommend [ɛnt'geːgŋkɔmənt] ◆ **adj 1.** [Auto] venant d'en face **2.** [Angebot, Person] conciliant(e). ◆ **adv** [sich verhalten] avec prévenance.

entgegnen [ɛnt'geːgnən] **vt** répliquer.

Entgelt [ɛnt'gɛlt] **das** rétribution *f* ▸ **Entgelt für Platzreservierung im Zuschlag enthalten** la réservation est comprise dans le supplément.

enthaaren [ɛnt'haːrən] **vt** [Beine, Achseln] épiler.

Enthaarungscreme [ɛnt'haːrʊŋskreːm] (*pl* -s) **die** crème *f* dépilatoire.

enthalten [ɛnt'haltn̩] (*präs* **enthält**, *prät* **enthielt**, *pp* **enthalten**) **vt 1.** [in Behälter] contenir **2.** [in Preis] comprendre. ◆ **sich enthalten ref** [nicht abstimmen] s'abstenir.

entkommen [ɛnt'kɔmən] (*prät* **entkam**, *pp* **entkommen**) **vi** *(ist)* s'échapper.

entkomprimieren ['ɛntkɔmprimiːrən] **vt** décompresser.

entlang [ɛnt'laŋ] ◆ **präp** *(+ A, + G)* le long de. ◆ **adv** : **an der Mauer entlang** le long du mur.

entlang◦gehen [ɛnt'laŋgeːən] **vt** *(unreg, ist)* longer.

entlassen [ɛnt'lasn̩] (*präs* **entlässt**, *prät* **entließ**, *pp* **entlassen**) **vt 1.** [Mitarbeiter] licencier **2.** [aus Krankenhaus, Schule] laisser sortir ▸ **aus der Schule entlassen werden** quitter l'école.

Entlassung [ɛnt'lasʊŋ] (*pl* -en) **die 1.** [Kündigung] licenciement *m* **2.** [aus Krankenhaus, Schule] sortie *f*.

Entlastungszug [ɛnt'lastʊŋstsuːk] (*pl* -züge [tsyːgə]) **der** train *m* supplémentaire.

entlaufen [ɛnt'laufn̩] (*präs* **entläuft**, *prät* **entlief**, *pp* **entlaufen**) **vi** *(ist)* [Tier] s'échapper.

entnehmen [ɛnt'neːmən] (*präs* **entnimmt**, *prät* **entnahm**, *pp* **entnommen**) **vt** [Geld] prélever.

entrahmt [ɛnt'raːmt] **adj** écrémé(e) ▸ **entrahmte Milch** lait écrémé.

Entschädigung [ɛnt'ʃɛːdɪgʊŋ] (*pl* -en) **die** [Geldsumme, Gegenstand] indemnité *f*.

entscheiden [ɛnt'ʃaidn̩] (*prät* **entschied**, *pp* **entschieden**) **vt** décider. ◆ **sich entscheiden ref** se décider ▸ **sich entscheiden für /gegen** se prononcer pour /contre.

Entscheidung [ɛnt'ʃaidʊŋ] (*pl* -en) **die** décision *f*.

entschließen [ɛnt'ʃliːsn̩] (*prät* **entschloss**, *pp* **entschlossen**) ◆ **sich entschließen ref** se décider.

entschlossen [ɛnt'ʃlɔsn̩] **pp** → **entschließen**.

Entschluss [ɛnt'ʃlʊs] (*pl* -schlüsse [ʃlysə]) **der** décision *f*.

entschuldigen [ɛnt'ʃʊldɪgn̩] **vt** excuser. ◆ **sich entschuldigen ref** s'excuser ▸ **sich entschuldigen für** s'excuser de ▸ **sich entschuldigen bei** s'excuser auprès de ▸ **entschuldigen Sie bitte!** excusez-moi !

Entschuldigung [ɛnt'ʃʊldɪgʊŋ] (*pl* -en) **die 1.** [Rechtfertigung] excuse *f* **2.** [Brief, Worte] mot *m* d'excuse ▸ **Entschuldigung!** pardon !

entsetzlich [ɛnt'zɛtslɪç] ◆ **adj** épouvantable. ◆ **adv** épouvantablement.

entsetzt [ɛnt'zɛtst] ◆ **adj** : **(über etw (A)) entsetzt sein** être épouvanté(e) (de qqch). ◆ **adv** avec effroi.

entsorgen [ɛnt'zɔrgn̩] **vt 1.** [Kernkraftwerk] éliminer les déchets dangereux de **2.** [Abfälle] éliminer.

Entsorgung [ɛnt'zɔrgʊŋ] (*pl* -en) **die** collecte *f* des déchets.

entspannen [ɛnt'ʃpanən] **vi & vt 1.** détendre **2.** [Person] déstresser. ◆ **sich entspannen ref** se détendre.

Entspannung [ɛnt'ʃpanʊŋ] **die** détente *f*.

entsprechen [ɛnt'ʃprɛçn̩] (*präs* **entspricht**, *prät* **entsprach**, *pp* **entsprochen**) **vi** [einem Zweck] répondre.

entsprechend [ɛnt'ʃprɛçn̩t] ◆ **adj** correspondant(e). ◆ **präp** *(+ D)* conformément à.

entstehen [ɛnt'ʃteːən] (*prät* **entstand**, *pp* **entstanden**) **vi** *(ist)* [Gebäude] être construit(e).

enttäuschen [ɛnt'tɔyʃn̩] **vt & vi** décevoir.

enttäuscht [ɛnt'tɔyʃt] **adj** déçu(e).

Enttäuschung [ɛnt'tɔyʃʊŋ] (*pl* -en) **die** déception *f*.

Entwässerung [ɛnt'vɛsərʊŋ] **die** assèchement *m*.

entweder ['ɛntveːdɐ] **konj** : **entweder ... oder** a) [zwischen Sätzen] ou (bien)… ou (bien) b) [zwischen Worten] soit… soit.

entwerfen [ɛnt'vɛrfn̩] (*präs* **entwirft**, *prät* **entwarf**, *pp* **entworfen**) **vt 1.** [Zeichnung] faire l'ébauche de **2.** [Plan, Programm] créer **3.** [Gebäude] concevoir le plan de.

entwerten [ɛnt'veːɐ̯tn̩] **vt** [Fahrkarte] composter.

Entwerter [ɛnt'veːɐ̯tɐ] (*pl inv*) **der** [für Fahrkarten] composteur *m*.

entwickeln [ɛnt'vɪkl̩n] **vt 1.** [Film, Talent] développer **2.** [Plan] élaborer. ◆ **sich entwickeln ref 1.** [Person] se développer **2.** [Konflikt] évoluer.

Entwickler [ɛnt'vɪklɐ] (*pl inv*) **der** développeur *m*.

Entwicklung [ɛnt'vɪklʊŋ] (*pl* **-en**) **die 1.** [von Film] développement *m* **2.** [von Person] évolution *f* **3.** [von Plan] élaboration *f* **4.** [von Konflikt] évolution *f*.

Entwicklungshilfe [ɛnt'vɪklʊŋshɪlfə] **die** aide *f* aux pays en voie de développement.

entwurzelt [ɛnt'vʊrtsl̩t] **adj** *fig* déraciné(e) ▸ **sie fühlen sich entwurzelt** ils se sentent déracinés.

Entziehungskur [ɛnt'tsiːʊŋskuːɐ̯] (*pl* **-en** [kuːrən]) **die** cure *f* de désintoxication.

entzippen [ɛnt'zɪpn̩] **vt** dézipper.

Entzug [ɛnt'tsuːk] **der** [von Drogen] désintoxication *f*.

Entzugserscheinung [ɛnt'tsuːksɛɐ̯ʃaɪ̯nʊŋ] (*pl* **-en**) **die** symptôme *m* de manque.

entzünden [ɛnt'tsʏndn̩] **vt** [Feuer] allumer. ◆ **sich entzünden ref** s'enflammer.

Entzündung [ɛnt'tsʏndʊŋ] (*pl* **-en**) **die** [von Wunde, Blinddarm] inflammation *f*.

Enzian ['ɛntsi̯aːn] (*pl* **-e**) **der** [Pflanze] gentiane *f*.

E-Pass ['eːpas] (*pl* **-Pässe**) **der** passeport *m* électronique.

Epidemie [epide'miː] (*pl* **-n**) **die** épidémie *f*.

Epilepsie [epilɛ'psiː] (*pl* **-n** [psiːən]) **die** épilepsie *f*.

er [eːɐ̯] **pron 1.** [unbetont] il, elle **2.** [betont] lui, elle.

Erbauer, in [ɛɐ̯'baue, bauərɪn] (*mpl inv*) **der, die** constructeur *m*, -trice *f*.

Erbe[1] ['ɛrbə] (*pl* **-n** ['ɛrbɪn]) **der** héritier *m*.

Erbe[2] ['ɛrbə] **das** héritage *m*.

erben ['ɛrbn̩] ◆ **vt** hériter de. ◆ **vi** hériter.

Erbgut ['ɛrpguːt] (*pl* **-güter**) **das** patrimoine *m* génétique.

Erbin ['ɛrbɪn] (*pl* **-nen**) **die** héritière *f*.

erblich ['ɛrplɪç] **adj** [Krankheit, Charakter] héréditaire.

erbrechen [eːɐ̯'brɛçn̩] (*präs* **erbricht**, *prät* **erbrach**, *pp* **erbrochen**) **vt** & **vi** vomir. ◆ **sich erbrechen ref** vomir.

Erbse ['ɛrpsə] (*pl* **-n**) **die** pois *m* ▸ **grüne Erbsen** petits pois.

Erdbeben ['eːɐ̯dbeːbn̩] (*pl inv*) **das** tremblement *m* de terre.

Erdbeere ['eːɐ̯dbeːrə] (*pl* **-n**) **die** [Obst] fraise *f*.

Erde ['eːɐ̯də] (*pl* **-n**) **die** terre *f*.

erden ['eːɐ̯dn̩] **vt** relier à la terre.

Erderwärmung ['eːɐ̯tlɛɐ̯vɛrmʊŋ] **die** réchauffement *m* de la Terre.

Erdgas ['eːɐ̯tgaːs] **das** gaz naturel.

Erdgeschoss ['eːɐ̯tgəʃɔs] (*pl* **-e**) **das** rez-de-chaussée *m*.

Erdnuss ['eːɐ̯tnʊs] (*pl* **-nüsse** [nʏsə]) **die** cacahuète *f*.

Erdöl ['eːɐ̯tløːl] **das** pétrole *m*.

Erdteil ['eːɐ̯ttaɪ̯l] (*pl* **-e**) **der** continent *m*.

ereignen [ɛɐ̯'laɪ̯gnən] ◆ **sich ereignen ref** se produire.

Ereignis [ɛɐ̯'laɪ̯gnɪs] (*pl* **-se**) **das** événement *m*.

erfahren [ɛɐ̯'faːrən] (*präs* **erfährt**, *prät* **erfuhr**, *pp* **erfahren**) ◆ **adj** expérimenté(e). ◆ **vt 1.** [Information] apprendre **2.** [erleben] faire l'expérience de ▸ **erfahren von a)** [von Person] apprendre par **b)** [von Tatsache] apprendre de.

Erfahrung [ɛɐ̯'faːrʊŋ] (*pl* **-en**) **die** expérience *f*.

Erfassung [ɛɐ̯fasʊŋ] (*pl* **-en**) **die** saisie *f*.

erfinden [ɛɐ̯'fɪndn̩] (*prät* **erfand**, *pp* **erfunden**) **vt** inventer.

Erfolg [ɛɐ̯'fɔlk] (*pl* **-e** [fɔlgə]) **der** succès *m* ▸ **viel Erfolg!** bonne chance !

erfolglos [ɛɐ̯'fɔlkloːs] ◆ **adj 1.** [Person] qui n'a pas de succès **2.** [Suche] infructueux(euse). ◆ **adv** sans succès.

erfolgreich [ɛɐ̯'fɔlkraiç] ◆ **adj 1.** [Person] couronné(e) de succès **2.** [Suche] fructueux(euse). ◆ **adv** avec succès.

erforderlich [ɛɐ̯'fɔrdɐlɪç] **adj** requis(e).

erforschen [ɛɐ̯'fɔrʃn̩] **vt** [Land, Natur] explorer.

erfreulich [ɛɐ̯'frɔylɪç] **adj** [Tag, Ereignis] réjouissant(e).

erfrieren [ɛɐ̯'friːrən] (*prät* **erfror**, *pp* **erfroren**) **vi** *(ist)* mourir de froid.

erfrischen [ɛɐ̯'frɪʃn̩] **vt** rafraîchir. ◆ **sich erfrischen ref** se rafraîchir.

erfrischend [ɛɐ̯'frɪʃn̩t] **adj** rafraîchissant(e).

Erfrischung [ɛɐ̯'frɪʃʊŋ] (*pl* **-en**) **die** [Getränk, Eis] rafraîchissement *m*.

erfüllen [ɛɐ̯'fylən] **vt 1.** [Wunsch] exaucer **2.** [Bedingung, Zweck] remplir **3.** [Pflicht] accomplir. ◆ **sich erfüllen ref** [Wunsch] se réaliser.

ergänzen [ɛɐ̯'gɛntsn̩] **vt** compléter.

ergeben ['ɛɐ̯'geːbn̩] (*präs* **ergibt**, *prät* **ergab**, *pp* **ergeben**) **vt** [beweisen] révéler. ◆ **sich ergeben ref** [kapitulieren] se rendre.

Ergebnis [ɛɐ̯'geːpnɪs] (*pl* **-se**) **das** résultat *m*.

ergebnislos [ɛɐ̯'geːpnɪsloːs] **adj** infructueux(euse).

ergiebig [ɛɐ̯'giːbɪç] **adj** abondant(e).

erhalten [ɛɐ̯'haltn̩] (*präs* **erhält**, *prät* **erhielt**, *pp* **erhalten**) **vt 1.** [Gabe, Information, Unterstützung] recevoir **2.** [Ergebnis] obtenir **3.** [bewahren] maintenir.

erhältlich [ɛɐ̯'hɛltlɪç] **adj** disponible ▸ **hier erhältlich** disponible ici.

erheben [ɛɐ̯'heːbn̩] (*prät* **erhob**, *pp* **erhoben**) **vt** : **Gebühren erheben** lever des taxes.

erheblich [ɛɐ̯'heːplɪç] ◆ **adj** considérable. ◆ **adv** considérablement.

erhitzen [ɛɐ̯'hɪtsn̩] **vt** [Fett, Wasser] chauffer.

erhöhen [ɛɐ̯'høːən] **vt 1.** [Zaun, Mauer] surélever **2.** [steigern] augmenter. ◆ **sich erhöhen ref** [steigen] augmenter.

erholen [ɛɐ̯'hoːlən] ◆ **sich erholen ref** se remettre ▸ **sich erholen von** se remettre de.

erholsam [ɛɐ̯'hoːlzam] **adj** reposant(e).

Erholung [ɛɐ̯'hoːlʊŋ] **die** repos *m* ▸ **gute Erholung!** reposez-vous bien !

erinnern [ɛɐ̯'ɪnɐn] **vt** rappeler ▸ **erinnern an** *(+ A)* rappeler. ◆ **sich erinnern ref** se souvenir ▸ **sich erinnern an** *(+ A)* se souvenir de.

Erinnerung [ɛɐ̯'ɪnərʊŋ] (*pl* **-en**) **die** souvenir *m*.

erkälten [ɛɐ̯'kɛltn̩] ◆ **sich erkälten ref** prendre froid.

erkältet [ɛɐ̯'kɛltət] **adj** enrhumé(e).
Erkältung [ɛɐ̯'kɛltʊŋ] (*pl* -en) **die** rhume *m.*
erkennen [ɛɐ̯'kɛnən] (*prät* erkannte, *pp* erkannt) **vt** reconnaître.
erklären [ɛɐ̯'klɛːrən] **vt 1.** [erläutern] expliquer **2.** [verkünden] déclarer ▸ **sich** *(D)* **etw erklären** s'expliquer qqch ▸ **jm etw erklären** expliquer qqch à qqn. ◆ **sich erklären ref : er hat sich bereit erklärt, mir zu helfen** il s'est déclaré prêt à m'aider.
Erklärung [ɛɐ̯'klɛːrʊŋ] (*pl* -en) **die** [Erläuterung] explication *f.*
erkundigen [ɛɐ̯'kʊndɪgn̩] ◆ **sich erkundigen ref** se renseigner ▸ **sich nach jm /etw erkundigen** se renseigner sur qqn /qqch.
erlassen [ɛɐ̯'lasn̩] (*präs* erlässt, *prät* erließ, *pp* erlassen) **vt** [Gebühren, Schulden] dispenser de.
erlauben [ɛɐ̯'laubn̩] **vt** [nicht verbieten] permettre ▸ **jm etw erlauben** permettre qqch à qqn.
Erlaubnis [ɛɐ̯'laupnɪs] **die 1.** [Erlauben] permission *f* **2.** [Schriftstück] autorisation *f.*
Erläuterung [ɛɐ̯'lɔytərʊŋ] (*pl* -en) **die** explication détaillée ▸ **'Erläuterung siehe Rückseite'** 'explication au verso'.
erleben [ɛɐ̯'leːbn̩] **vt** [erfahren] vivre.
Erlebnis [ɛɐ̯'leːpnɪs] (*pl* -se) **das** [Erfahrung] expérience *f.*
erledigen [ɛɐ̯'leːdɪgn̩] **vt** [Arbeit, Einkauf] liquider.
erledigt [ɛɐ̯'leːdɪçt] **adj : erledigt sein** a) *fam* [müde sein] être claqué b) [beendet sein] être classé.
erleichtert [ɛɐ̯'laiçtɐt] **adj** soulagé(e).
erlesen [ɛɐ̯'leːzn̩] **adj** de choix.
erlischt [ɛɐ̯'lɪʃt] **präs** → **erlöschen.**
Erlös [ɛɐ̯'løːs] (*pl* -e) **der** produit *m.*
erlosch [ɛɐ̯'lɔʃ] **prät** → **erlöschen.**
erloschen [ɛɐ̯'lɔʃn̩] **pp** → **erlöschen.**
erlöschen [ɛɐ̯'lœʃn̩] (*präs* erlischt, *prät* erlosch, *pp* erloschen) **vi** [Feuer, Licht] s'éteindre.
ermäßigt [ɛɐ̯'mɛːsɪçt] **adj** réduit(e).
Ermäßigung [ɛɐ̯'mɛːsɪgʊŋ] (*pl* -en) **die** réduction *f.*
ermöglichen [ɛɐ̯'møːklɪçn̩] **vt** permettre.
ermorden [ɛɐ̯'mɔrdn̩] **vt** assassiner.
ermutigen [ɛɐ̯'muːtɪgn̩] **vt** encourager.
ernähren [ɛɐ̯'nɛːrən] ◆ **sich ernähren ref** se nourrir.
Ernährung [ɛɐ̯'nɛrʊŋ] **die** alimentation *f.*
erneuern [ɛɐ̯'nɔyɐn] **vt** [Fensterscheibe, Schloss] rénover.
erneut [ɛɐ̯'nɔyt] **adj** nouveau(elle).
Ernst ['ɛrnst] **der** sérieux *m.*
ernst ['ɛrnst] ◆ **adj 1.** [Wesen, Person] grave **2.** [Angelegenheit, Krankheit, Angebot] sérieux(euse). ◆ **adv 1.** [ansehen] d'un air sérieux **2.** [meinen] sérieusement ▸ **jn /etw ernst nehmen** prendre qqn /qqch au sérieux.
Ernstfall ['ɛrnstfal] **der : im Ernstfall** en situation critique.
ernsthaft ['ɛrnsthaft] ◆ **adj 1.** [Person, Angebot] sérieux(euse) **2.** [Angelegenheit, Krankheit] grave. ◆ **adv 1.** [jn ansehen] d'un air sérieux **2.** [erkranken] gravement **3.** [drohen, nachdenken, sich bemühen] sérieusement.
Ernte ['ɛrntə] (*pl* -n) **die** récolte *f.*
Erntedankfest [ɛrntə'daŋkfɛst] (*pl* -e) **das** fête *f* de la moisson.

ernten ['ɛrntn̩] **vt 1.** [Getreide] moissonner **2.** [Obst] cueillir **3.** [Mais] récolter.

eröffnen [ɛɐ̯'lœfnən] **vt** ouvrir ▸ **ein Konto eröffnen** ouvrir un compte.

Eröffnung [ɛɐ̯'lœfnʊŋ] (*pl* -en) **die** ouverture *f*.

erotisch [e'roːtɪʃ] **adj** érotique.

erpressen [ɛɐ'prɛsn̩] **vt** : **jn (mit etw) erpressen** faire chanter qqn (avec qqch) ▸ **etw von jm erpressen** extorquer qqch à qqn.

Erpressung [ɛɐ̯'prɛsʊŋ] (*pl* -en) **die** chantage *m*.

erraten [ɛɐ̯'raːtn̩] (*präs* **errät**, *prät* **erriet**, *pp* **erraten**) **vt** deviner.

Erreger [ɛɐ̯'reːgɐ] (*pl inv*) **der** MED agent *m* pathogène.

erreichbar [ɛɐ̯'raiçbaːɐ̯] **adj 1.** [am Telefon] joignable **2.** [Ort] accessible.

erreichen [ɛɐ̯'raiçn̩] **vt 1.** [Ort] arriver à **2.** [Alter, Gewicht, mit der Hand] atteindre **3.** [telefonisch] joindre **4.** [durchsetzen] obtenir.

Ersatz [ɛɐ̯'zats] **der 1.** [Stellvertreter] remplacement *m* **2.** [Entschädigung] dédommagement *m*.

Ersatzreifen [ɛɐ̯'zatsraifn̩] (*pl inv*) **der** roue *f* de secours.

Ersatzteil [ɛɐ̯'zatstail] (*pl* -e) **das** pièce *f* de rechange.

erscheinen [ɛɐ̯'ʃainən] (*prät* **erschien**, *pp* **erschienen**) **vi** *(ist)* **1.** [sich zeigen] apparaître **2.** [Roman, Zeitung, wirken] paraître ▸ **gut /wichtig erscheinen** paraître bon /important.

erschöpft [ɛɐ̯'ʃœpft] ◆ **adj** [müde] épuisé(e). ◆ **adv** : **erschöpft nach Hause kommen** rentrer épuisé à la maison.

Erschöpfung [ɛɐ̯'ʃœpfʊŋ] **die** épuisement *m*.

erschrak [ɛɐ̯'ʃraːk] **prät** → **erschrecken**.

erschrecken[1] [ɛɐ̯'ʃrɛkn̩] **vt** *(hat)* effrayer ▸ **du hast mich erschreckt** tu m'as fait sursauter. ◆ **sich erschrecken ref** s'effrayer.

erschrecken[2] [ɛɐ̯'ʃrɛkn̩] (*präs* **erschrickt**, *prät* **erschrak**, *pp* **erschrocken**) **vi** *(ist)* être effrayé(e).

erschrickt [ɛɐ̯'ʃrɪkt] **präs** → **erschrecken**.

erschrocken [ɛɐ̯'ʃrɔkn̩] **pp** → **erschrecken**.

ersetzen [ɛɐ̯'zɛtsn̩] **vt 1.** [auswechseln] remplacer **2.** [Schaden] dédommager ▸ **voll ersetzen** dédommager à 100 %.

erst ['eɐ̯st] **adv 1.** [relativ spät] seulement **2.** [relativ wenig, noch relativ früh] ne… que **3.** [vor Kurzem] pas plus tard que **4.** [Ausdruck einer Steigerung] mais alors ▸ **erst einmal a)** [nur einmal] ne… qu'une seule fois **b)** [zuerst] d'abord.

erstatten [ɛɐ̯'ʃtatn̩] **vt** [Kosten] rembourser.

Erstattung [ɛɐ̯'ʃtatʊŋ] **die** [von Kosten] remboursement *m*.

Erstaufführung ['eɐ̯stlauffyːrʊŋ] (*pl* -en) **die** première *f*.

erstaunlich [ɛɐ̯'ʃtaunlɪç] **adj** étonnant(e).

erstaunt [ɛɐ̯'ʃtaunt] **adj** étonné(e) ▸ **erstaunt sein** être étonné.

Erste ['eɐ̯stə] (*pl* -n) **der, die, das** le premier (la première).

erste, r, s ['eɐ̯stə] **adj** premier(ère) ▸ **als erstes** d'abord ▸ **erste Klasse** première classe ▸ **der erste Juni** le premier juin ▸ **Hamburg, den 1.6.2012** Hambourg, le 1 /6 /2012.

Erste Hilfe ['eːɐ̯stə'hɪlfə] die = **Hilfe**.

erstens ['eːɐ̯stn̩s] adv premièrement.

erstklassig ['eːɐ̯stklasɪç] adj de toute première qualité.

erstrecken [ɛɐ̯'ʃtrɛkn̩] ◆ **sich erstrecken** ref **1.** [räumlich] s'étendre jusqu'à **2.** [zeitlich] s'étaler sur.

erteilen [ɛɐ̯'tailən] vt donner.

Ertrag [ɛɐ̯'traːk] (*pl* **Erträge** [trɛːgə]) der rendement *m*.

ertrinken [ɛɐ̯'trɪŋkn̩] (*prät* **ertrank**, *pp* **ertrunken**) vi *(ist)* se noyer.

Erw. *abk für* **Erwachsene**.

erwachen [ɛɐ̯vaxn̩] vi *(ist)* [Person] se réveiller.

erwachsen [ɛɐ̯'vaksn̩] adj adulte.

Erwachsene [ɛɐ̯'vaksənə] (*pl* **-n**) der, die adulte *mf* ▸ **ein Erwachsener, zwei Kinder, bitte!** un adulte, deux enfants, s'il vous plaît !

erwähnen [ɛɐ̯'vɛːnən] vt mentionner.

erwarten [ɛɐ̯'vartn̩] vt **1.** [warten auf] attendre **2.** [erhoffen] s'attendre à ▸ **einen Anruf erwarten** attendre un appel ▸ **ein Kind erwarten** attendre un enfant ▸ **erwartet werden** être attendu.

erweitern [ɛɐ̯'vaitɐn] vt [Raum] agrandir. ◆ **sich erweitern** ref s'élargir.

Erweiterung [ɛɐ̯'vaitərʊŋ] (*pl* **-en**) die EDV extension *f* (de fichier).

erwerbstätig [ɛɐ̯'vɛrpstɛːtɪç] adj actif(ive).

erwidern [ɛɐ̯'viːdɐn] vt **1.** [auf Frage] rétorquer **2.** [Besuch] rendre.

erwünscht [ɛɐ̯'vynʃt] adj [willkommen] souhaité(e).

erzählen [ɛɐ̯'tsɛːlən] vt raconter.

Erzählung [ɛɐ̯'tsɛːlʊŋ] (*pl* **-en**) die **1.** [mündlich] récit *m* **2.** [literarisches Werk] nouvelle *f*.

erzeugen [ɛɐ̯'tsɔygn̩] vt [produzieren] produire.

Erzeugnis [ɛɐ̯'tsɔyknɪs] (*pl* **-se**) das [Produkt] produit *m*.

erziehen [ɛɐ̯'tsiːən] (*prät* **erzog**, *pp* **erzogen**) vt élever.

Erziehung [ɛɐ̯'tsiːʊŋ] die éducation *f*.

Erziehungsberechtigte [ɛɐ̯'tsiːʊŋsbərɛçtɪgtə] (*pl* **-n**) der, die *personne qui dispose de l'autorité parentale*.

Erziehungszeit [ɛɐ̯'tsiːʊŋstsait] (*pl* **-en**) die **1.** [Kindererziehungszeit] congé *m* parental **2.** [zur Rentenberechnung] durée *f* d'éducation des enfants.

erzogen [ɛɐ̯'tsoːgn̩] ◆ pp → **erziehen**. ◆ adj : **seine Kinder sind gut / schlecht erzogen** ses enfants sont bien /mal élevés.

es [ɛs] pron **1.** [Personalpronomen im Nominativ] il, elle **2.** [Personalpronomen im Akkusativ] le, la, l' **3.** [unpersönliches Pronomen] il, ça ▸ **es ist drei Uhr** il est trois heures ▸ **es regnet / schneit** il pleut / neige ▸ **wer war es?** qui était-ce ?

Esel ['eːzl̩] (*pl inv*) der âne *m*.

Esoterik [ezo'teːrɪk] die ésotérisme *m*.

Espresso [ɛs'prɛso] (*pl* **-s**) der express *m*.

essbar ['ɛsbaːɐ̯] adj comestible.

essen ['ɛsn̩] (*präs* **isst**, *prät* **aß**, *pp* **gegessen**) vt & vi manger ▸ **essen gehen** aller au restaurant.

Essen ['ɛsn̩] (*pl inv*) das **1.** repas *m* **2.** *fam* [Nahrung] nourriture *f* ▸ **Essen machen / kochen** faire / préparer le repas ▸ **vor dem Essen** avant le repas.

Essig ['ɛsɪç] der vinaigre *m*.

Esslöffel ['ɛslœfl] (*pl inv*) der cuillère *f* à soupe.

Esszimmer ['ɛstsɪmɐ] (*pl inv*) das salle *f* à manger.

Estland ['ɛstlant] nt Estonie *f*.

Etage [e'taːʒə] (*pl* -n) die étage *m*.

Etagenbett [e'taːʒnbɛt] (*pl* -en) das lits superposés.

E-Tailer ['iːteːlɐ] (*pl inv*) der cyber-vendeur *m*, -euse *f*.

Etappe [e'tapə] (*pl* -n) die étape *f*.

E-Ticket ['iːtɪkət] (*pl* -s) das e-billet *m*.

Etikett [eti'kɛt] (*pl* -en) das étiquette *f*.

etliche, r, s ['ɛtlɪçə] ◆ det beaucoup de. ◆ pron beaucoup.

Etui [ɛt'viː] (*pl* -s) das étui *m*.

etwa ['ɛtva] adv **1.** [ungefähr] environ **2.** [zum Beispiel] notamment ▸ **ist es etwa schon 10 Uhr?** serait-il déjà 10 heures ?

etwas ['ɛtvas] ◆ pron **1.** [ein Teil, eine Angelegenheit, etwas Besonderes] quelque chose **2.** [ein wenig] un peu. ◆ det **1.** [irgendetwas] quelque chose de **2.** [ein wenig] un peu de. ◆ adv [ein wenig] un peu ▸ **etwas anderes** autre chose.

EU [eː'luː] (*abk für* **Europäische Union**) die UE *f (Union européenne)*.

EU-Beitritt [eː'luːbaitrɪt] (*pl* -e) der adhésion *f* à l'Union européenne.

EU-Beitrittsland [eː'luːbaitrɪtslant] (*pl* -länder) das pays *m* adhérant à l'Union européenne.

euch ['ɔyç] pron vous.

euer, e ['ɔyɐ] (*f: auch* **eure**) det votre, vos.

EU-Kommission [eː'luːkɔmɪsioːn] (*pl* -en) die Commission *f* européenne.

eure, r, s ['ɔyrə] ◆ pron le vôtre, la vôtre, les vôtres. ◆ det → **euer**.

EU-Richtlinie [eː'luːrɪçtliːnjə] (*pl* -n) die directive *f* communautaire.

Euro ['ɔyro] (*pl inv*) der euro *m*.

Eurocard ['ɔyrokaːɐ̯d] (*pl* -s) die eurocard *f*.

Eurocheque ['ɔyroʃɛk] (*pl* -s) der = **Euroscheck**.

Eurocity® ['ɔyrosɪti] (*pl* -s) der eurocity *m*.

Europa [ɔy'roːpa] nt Europe *f*.

Europäer, in [ɔyro'pɛːɐ, pɛːərɪn] (*mpl inv*) der, die Européen *m*, -enne *f*.

Europaparlament [ɔy'roːpaparlamɛnt] das Parlement européen.

Euroscheck ['ɔyroʃɛk] (*pl* -s) der eurochèque *m*.

Eurostück ['ɔyroʃtyk] (*pl* -e) das pièce *f* d'un euro.

ev. *abk für* **evangelisch**.

e.V. [eː'fau] *abk für* **eingetragener Verein**.

evangelisch [evaŋ'geːlɪʃ] adj protestant(e).

eventuell [evɛn'tu̯ɛl] ◆ adv éventuellement. ◆ adj éventuel(elle).

ewig ['eːvɪç] ◆ adj **1.** [nie endend] éternel(elle) **2.** *abw* [sehr lange] interminable **3.** *abw* [ständig wiederkehrend] sempiternel(elle). ◆ adv **1.** [nie endend] éternellement **2.** *abw* [sehr lange] interminablement **3.** *abw* [ständig wiederholt] toujours.

exakt [ɛ'ksakt] ◆ adj précis(e). ◆ adv avec précision.

Examen [ɛ'ksaːmən] (*pl inv*) das examen *m*.

Exemplar [ɛksɛm'plaːɐ̯] (*pl* -e) das exemplaire *m*.

Exil [ɛ'ksiːl] das exil *m*.

Existenz [ɛksɪ'stɛnts] (*pl* -en) **die** existence *f*.

existieren [ɛksɪ'stiːrən] **vi** [bestehen] exister.

exklusiv [ɛksklu'ziːf] ◆ **adj** **1.** [Geschäft, Mode] de luxe **2.** [Gäste, Publikum] distingué(e). ◆ **adv** **1.** [sich kleiden] de manière raffinée **2.** [ausschließlich] exclusivement ▸ **exklusiv essen gehen** aller dans un restaurant de luxe.

Exkursion [ɛkskʊr'zioːn] (*pl* -en) **die** excursion *f*.

Exorzist, in [ɛksɔr'tsɪst, tsɪstɪn] (*mpl* -en) **der, die** exorciste *mf*.

exotisch [ɛ'ksoːtɪʃ] **adj** exotique.

Expedition [ɛkspedi'tsioːn] (*pl* -en) **die** expédition *f*.

Experte [ɛks'pɛrtə] (*pl* -n) **der** expert *m*.

Expertin [ɛks'pɛrtɪn] (*pl* -nen) **die** experte *f*.

explodieren [ɛksplo'diːrən] **vi** *(ist)* **1.** [Bombe] exploser **2.** [fig: Person] éclater.

Explosion [ɛksplo'zioːn] (*pl* -en) **die** [von Bombe, Gasleitung] explosion *f*.

Export¹ [ɛks'pɔrt] (*pl* -e) **der** exportation *f*.

Export² [ɛks'pɔrt] (*pl inv*) **das** [Bier] *sorte de bière blonde*.

extra ['ɛkstra] ◆ **adv** **1.** *fam* [absichtlich] exprès **2.** [separat] à part **3.** [speziell] exprès **4.** [zusätzlich] en plus. ◆ **adj** [zusätzlich] supplémentaire.

Extraausgabe ['ɛkstra|ausgaːbə] (*pl* -n) **die** édition spéciale.

Extrablatt ['ɛkstrablat] **das** édition spéciale.

extrafein ['ɛkstrafain] **adj** extrafin(e).

extrem [ɛks'treːm] **adj** **1.** [ausgesprochen] extrême **2.** [radikal] extrémiste.

exzellent [ɛkstsɛ'lɛnt] **adj** excellent(e).

EZ *abk für* **Einzelzimmer**.

Ff

fabelhaft ['faːbl̩haft] **adj** fabuleux(euse).

Fabrik [fa'briːk] (*pl* -en) **die** usine *f*.

fabrikneu [fa'briːknɔy] **adj** sortant de l'usine.

Fach [fax] (*pl* **Fächer** ['fɛçɐ]) **das** **1.** [im Schrank] compartiment *m* **2.** [in der Schule] matière *f* **3.** [Fachgebiet] domaine *m*.

Fachabitur [fax|abiː'tuːɐ] (*pl* -e) **das** baccalauréat *m* technique.

Facharzt ['fax|aːɐtst] (*pl* -ärzte [ɛːɐtstə]) **der** spécialiste *m*.

Fachärztin ['fax|ɛːɐtstɪn] (*pl* -nen) **die** spécialiste *f*.

Fachausdruck ['fax|ausdrʊk] (*pl* -drücke [drykə]) **der** terme *m* technique.

Fachgeschäft ['faxgəʃɛft] (*pl* -e) **das** magasin spécialisé.

Fachmann ['faxman] (*pl* -leute [mɛnɐ] ODER -männer) **der** spécialiste *m*.

fachmännisch ['faxmɛnɪʃ] ◆ **adj** de spécialiste. ◆ **adv** en spécialiste.

Fachwerkhaus ['faxvɛrkhaus] (*pl* -häuser [hɔy̯zɐ]) **das** maison *f* à colombages.

fade ['faːdə] ◆ **adj** [Geschmack] fade. ◆ **adv** [schmecken] sans saveur.

Faden ['faːdn̩] (*pl* **Fäden** ['fɛːdn̩]) **der** [zum Nähen] fil *m*.

fähig ['fɛːɪç] **adj** [kompetent] capable ▸ **fähig sein zu** être capable de.

Fähigkeit ['fɛːɪçkai̯t] (*pl* **-en**) **die** capacité *f*.

Fahne ['faːnə] (*pl* **-n**) **die** [Flagge] drapeau *m* ▸ **eine Fahne haben** sentir l'alcool *(haleine)*.

Fahrausweis ['faːɐ̯ausvai̯s] (*pl* **-e** [vai̯zə]) **der** titre *m* de transport.

Fahrausweisautomat ['faːɐ̯ausvais|automaːt] (*pl* **-en**) **der** distributeur *m* automatique de billets.

Fahrausweisentwerter ['faːɐ̯ausvais|ɛntveːɐ̯tɐ] (*pl inv*) **der** composteur *m*.

Fahrausweiskontrolle ['faːɐ̯ausvaiskɔntrɔlə] (*pl* **-n**) **die** contrôle *m* des billets.

Fahrausweisverkauf ['faːɐ̯ausvai̯sfɛɐ̯kauf] **der** guichet *m*.

Fahrbahn ['faːɐ̯|baːn] (*pl* **-en**) **die** chaussée *f*.

Fahrbahnschäden ['faːɐ̯|baːnʃɛːdn̩] **pl** chaussée endommagée.

Fahrbahnverschmutzung ['faːɐ̯|baːnfɛɐ̯ʃmʊtsʊŋ] **die** : **'Fahrbahnverschmutzung'** 'chaussée salie *(panneau de signalisation)*'.

Fähre ['fɛːrə] (*pl* **-n**) **die** bac *m*.

fahren ['faːrən] (*präs* **fährt**, *prät* **fuhr**, *pp* **gefahren**) ◆ **vi** *(ist)* **1.** [Fahrer] conduire ▸ **wir fahren nach Wien** nous allons à Vienne ▸ **durch einen Tunnel fahren** passer sous un tunnel ▸ **durch Paris fahren** traverser Paris ▸ **über Berlin fahren** passer par Berlin ▸ **langsam fahren** conduire lentement ▸ **zu schnell fahren** conduire trop vite **2.** [mit Verkehrsmittel] : **mit dem Zug fahren** prendre le train **3.** [Fahrzeug] rouler ▸ **der Bus fährt bald** le bus part bientôt
◆ **vt** *(hat)* [Fahrzeug, Person] conduire
◆ **vt** *(ist)* **1.** [Entfernung] parcourir ; [Route] prendre ▸ **120 km / h fahren** faire du 120 km / h **2.** SPORT : **Ski / Rollschuh fahren** faire du ski / patin à roulettes.

Fahrer, in ['faːrɐ, rɐrɪn] (*mpl inv*) **der, die 1.** [in Auto] conducteur *m*, -trice *f* **2.** [in Bus, Taxi] chauffeur *m*.

Fahrerflucht ['faːrɐflʊxt] **die** délit *m* de fuite.

Fahrgast ['faːɐ̯gast] (*pl* **-gäste** [gɛːstə]) **der** passager *m*.

Fahrgeld ['faːɐ̯gɛlt] **das** frais *mpl* de transport.

Fahrgemeinschaft ['faːɐ̯gəmai̯nʃaft] (*pl* **-en**) **die** *groupe de personnes qui pratiquent le covoiturage.*

Fahrgestell ['faːɐ̯gəʃtɛl] (*pl* **-e**) **das** châssis *m*.

Fahrkarte ['faːɐ̯kartə] (*pl* **-n**) **die** billet *m*.

Fahrkartenausgabe ['faːɐ̯kartn̩|ausgaːbə] **die** guichet *m*.

Fahrkartenautomat ['faːɐ̯kartn̩|automaːt] (*pl* **-en**) **der** distributeur *m* automatique de billets.

Fahrkartenschalter ['faːɐ̯kartn̩ʃaltɐ] (*pl inv*) **der** guichet *m*.

Fahrkosten ['faːɐ̯kɔstn̩] **pl** frais *mpl* de déplacement.

Fahrplan ['faːɐ̯plaːn] (*pl* **-pläne** [plɛːnə]) der horaire *m*.

Fahrplanauszug ['faːɐ̯plaːn|austsuːk] (*pl* **-züge** [tsyːgə]) der horaires *mpl*.

Fahrplanhinweise ['faːɐ̯plaːnhɪnvaizə] **pl** indications *fpl* concernant les horaires.

fahrplanmäßig ['faːɐ̯plaːnmɛːsɪç] **adj** : **fahrplanmäßige Abfahrt** départ selon l'heure prévue.

Fahrpreis ['faːɐ̯prais] (*pl* **-e** [praizə]) **der** prix *m* du transport.

Fahrrad ['faːɐ̯raːt] (*pl* **-räder** [rɛːdɐ]) **das** bicyclette *f* ▸ **mit dem Fahrrad** à vélo.

Fahrradflickzeug ['faːɐ̯raːtflɪktsɔyk] **das** nécessaire *m* pour réparer un vélo.

Fahrrad-Mitnahme ['faːɐ̯raːtmɪtnaːmə] **die** bagage *m* accompagné.

Fahrradreparatur ['faːɐ̯raːtreparatuːɐ̯] (*pl* **-en** ['tuːrən]) **die** atelier *m* de réparation de bicyclettes.

Fahrradrikscha ['faːɐraːtrɪkʃa] (*pl* **-s**) **die** rickshaw *m*, pousse-pousse *m*.

Fahrradschlauch ['faːɐ̯raːtʃlaux] (*pl* **-schläuche** [ʃlɔyçə]) **der** chambre *f* à air.

Fahrradschloss ['faːɐ̯raːtʃlɔs] (*pl* **-schlösser** [ʃlœsɐ]) **das** antivol *m*.

Fahrradverleih ['faːɐ̯raːtfɛɐ̯lai] (*pl* **-e**) **der** location *f* de bicyclettes.

Fahrradweg ['faːɐ̯raːtveːk] (*pl* **-e** [veːgə]) **der** piste *f* cyclable.

Fahrschein ['faːɐ̯ʃain] (*pl* **-e**) **der** ticket *m* ▸ **'Fahrscheine hier entwerten'** 'compostez votre billet ici'.

Fahrscheinautomat ['faːɐ̯ʃain|automaːt] (*pl* **-en**) **der** distributeur *m* automatique de billets.

Fahrscheinentwerter ['faːɐ̯ʃain|ɛntveːɐ̯tɐ] (*pl inv*) **der** composteur *m*.

Fahrschule ['faːɐ̯ʃuːlə] (*pl* **-n**) **die** auto-école *f*.

Fahrspur ['faːɐ̯ʃpuːɐ̯] (*pl* **-en** [ʃpuːrən]) **die** file *f* ▸ **die Fahrspur wechseln** changer de file ▸ **die linke / rechte Fahrspur** la file de gauche / droite.

Fahrstreifen ['faːɐ̯ʃtraifn̩] (*pl inv*) **der** voie *f* ▸ **verengte Fahrstreifen** chaussée rétrécie.

Fahrstuhl ['faːɐ̯ʃtuːl] (*pl* **-stühle** [ʃtyːlə]) **der** ascenseur *m*.

Fahrt [faːɐ̯t] (*pl* **-en**) **die** **1.** [Fortbewegung] trajet *m* **2.** [Reise, Ausflug] voyage *m* ▸ **auf der Fahrt nach Berlin** en route pour Berlin ▸ **freie Fahrt auf der A3** circulation fluide sur l'A3 ▸ **gute Fahrt!** bon voyage ! ▸ **Fahrt ins Blaue** sortie *f* sans but défini.

fährt [fɛːɐ̯t] **präs** → **fahren**.

Fahrtantritt [faːɐ̯t|antrɪt] **der** départ *m* ▸ **'Fahrscheine vor Fahrtantritt entwerten'** 'composter les titres de transport avant le départ'.

Fahrtenschreiber ['faːɐ̯tn̩ʃraibɐ] (*pl inv*) **der** boîte noire.

Fahrtrichtung ['faːɐ̯trɪçtʊŋ] (*pl* **-en**) **die** sens *m* de la marche.

fahrtüchtig ['faːɐ̯tyçtɪç] **adj** **1.** [Person] en état de conduire **2.** [Fahrzeug] en état de marche.

Fahrtziel ['faːɐ̯ttsiːl] (*pl* **-e**) **das** destination *f*.

Fahrverbot ['faːɐ̯fɛɐ̯boːt] (*pl* **-e**) **das** **1.** [Führerscheinentzug] retrait *m* du permis (de conduire) **2.** [für Fahrzeuge] interdiction *f* de circuler.

Fahrzeit ['faːɐ̯tsait] (*pl* **-en**) **die** durée *f* du trajet.

Fahrzeug ['faːɐ̯tsɔyk] (*pl* **-e** [tsɔygə]) **das** véhicule *m*.

Fahrzeugbrief ['faːɐ̯tsɔykbriːf] (*pl* **-e**) der *carnet répertoriant les propriétaires successifs d'un véhicule.*

Fahrzeughalter, in ['faːɐ̯tsɔykhaltɐ, tərɪn] (*mpl inv*) **der, die** déten-teur *m*, -trice *f* d'un véhicule.

Fahrzeugpapiere ['faːɐ̯tsɔykpapiːrə] pl papiers *mpl* du véhicule.

Fahrzeugschein ['faːɐ̯tsɔykʃain] (*pl* **-e**) der carte grise.

Fahrziel ['faːɐ̯tsiːl] (*pl* **-e**) **das** destination *f*.

fair [fɛːɐ̯] adj correct(e).

Falklandinseln ['falklantɪnzln] **nt** les îles Falkland, les Malouines.

Fall [fal] (*pl* **Fälle** ['fɛlə]) **der** 1. [Situation, grammatisch] cas *m* 2. [Sturz] chute *f* 3. [Rechtsfall] affaire *f* ▸ **auf jeden / keinen Fall** en tout / aucun cas ▸ **für den Fall, dass** au cas où ▸ **in diesem Fall** dans ce cas.

fallen ['falən] (*präs* **fällt**, *prät* **fiel**, *pp* **gefallen**) vi *(ist)* tomber.

fallen lassen ['falənlasn̩] (*pp* **fallen lassen** ODER **fallen gelassen**) vt *(unreg)* 1. [Gegenstand] laisser tomber 2. [Bemerkung] laisser échapper.

fällig ['fɛlɪç] adj 1. [Rechnung] arrivé(e) à échéance 2. [notwendig] nécessaire ▸ **am 1.10. fällig** payable au 1 / 10.

falls [fals] **konj** au cas où.

Fallschirm ['falʃɪrm] (*pl* **-e**) **der** parachute *m*.

Fallschirmspringer, in ['falʃɪrmʃprɪŋɐ, ŋərɪn] (*mpl inv*) **der, die** parachutiste *mf*.

fällt [fɛlt] präs → **fallen**.

falsch [falʃ] ◆ adj 1. faux (fausse) 2. [nicht passend] mauvais(e). ◆ adv 1. [inkorrekt] mal 2. [hinterhältig] d'un air faux.

fälschen ['fɛlʃn̩] vt falsifier.

Falschfahrer, in ['falʃfaːrɐ, rərɪn] (*mpl inv*) **der, die** *personne qui conduit à contresens.*

Falschgeld ['falʃgɛlt] **das** fausse monnaie.

Fälschung ['fɛlʃʊŋ] (*pl* **-en**) **die** [Falschgeld, Bild] faux *m*.

Falte ['faltə] (*pl* **-n**) **die** 1. [Hautfalte] ride *f* 2. [im Stoff] pli *m*.

falten ['faltn̩] vt [Pullover, Papier] plier.

Familie [fa'miːli̯ə] (*pl* **-n** [fa'miːli̯ən]) **die** famille *f*.

Familienbesitz [fa'miːli̯ənbəzɪts] **der** : **der Betrieb ist in Familienbesitz** l'entreprise est une propriété familiale.

Familienname [fa'miːli̯ənnaːmə] (*pl* **-n**) **der** nom *m* de famille.

Familienstand [fa'miːli̯ənʃtant] **der** situation familiale.

Fan [fɛn] (*pl* **-s**) **der** fan *mf*.

fand [fant] prät → **finden**.

fangen ['faŋən] (*präs* **fängt**, *prät* **fing**, *pp* **gefangen**) vt 1. [Ball] attraper 2. [Fisch, Verbrecher] prendre. ◆ **Fangen das** : **Fangen spielen** jouer à chat perché.

fängt [fɛŋt] präs → **fangen**.

Fantasie [fanta'ziː] (*pl* **-n**) **die** imagination *f*.

fantastisch [fan'tastɪʃ] ◆ adj fantastique. ◆ adv [großartig] d'une façon remarquable.

FAQ (*abk für* **Frequently Asked Questions**) **die** foire *f* aux questions.

Farbband ['farpbant] (*pl* **-bänder** [bɛndɐ]) **das** ruban *m* (encreur).

Farbbild ['farpbɪlt] (*pl* **-er** [bɪldɐ]) **das** [Foto] photo *f* couleur.

Farbdrucker ['farpdrʊkɐ] (*pl inv*) **der** EDV imprimante *f* couleur.

Farbe ['farbə] (*pl* -n) **die 1.** [Eigenschaft] couleur *f* **2.** [zum Malen, Streichen] peinture *f*.

farbecht ['farp|ɛçt] **adj** qui ne déteint pas.

färben ['fɛrbn̩] **vt** [Stoff, Haare] teindre.

Farbfilm ['farpfɪlm] (*pl* -e) **der** pellicule *f* couleur.

Farbfoto ['farpfoto] (*pl* -s) **das** photo *f* couleur.

farbig ['farbɪç] ◆ **adj 1.** [mehrfarbig] en couleurs **2.** [einfarbig, Person] de couleur. ◆ **adv** [mehrfarbig] en couleurs.

Farbige ['farbiːgə] (*pl* -n) **der, die** homme *m*, femme *f* de couleur.

Farbposter ['farppoːstɐ] (*pl inv*) **das** poster *m* en couleurs.

Farbstoff ['farpʃtɔf] (*pl* -e) **der** colorant *m* ▸ **mit / ohne Farbstoff** avec / sans colorant.

Fasan [fa'zaːn] (*pl* -e) **der** faisan *m*.

Fasching ['faʃɪŋ] **der** carnaval *m*.

Faschismus [fa'ʃɪsmʊs] **der** fascisme *m*.

Faser ['faːzɐ] (*pl* -n) **die** fibre *f* ▸ **optische Faser** fibre optique.

Fass [fas] (*pl* **Fässer** ['fɛsɐ]) **das** tonneau *m* ▸ **vom Fass** à la pression.

Fassbier ['fasbiːɐ] **das** bière *f* à la pression.

fassen ['fasn̩] ◆ **vi** [mit den Händen] toucher. ◆ **vt 1.** [mit den Händen, begreifen] saisir **2.** [Verbrecher] prendre **3.** [Inhalt] contenir ▸ **etw nicht fassen können** ne pas pouvoir croire à qqch. ◆ **sich fassen ref** [sich beruhigen] se ressaisir.

Fassung ['fasʊŋ] (*pl* -en) **die 1.** [für Glühbirne] douille *f* **2.** [Selbstbeherrschung] contenance *f*.

fast [fast] **adv** presque ▸ **er wäre fast gestorben** il a failli mourir.

fasten ['fastn̩] **vi** [nichts essen] jeûner.

Fastenzeit ['fastn̩tsait] (*pl* -en) **die** jeûne *m*.

Fastnacht ['fastnaxt] **die** carnaval *m*.

faul [faul] **adj 1.** [Obst] tapé(e) **2.** [Person] paresseux(euse).

faulen ['faulən] **vi** *(hat) (ist)* pourrir.

faulenzen ['faulɛntsn̩] **vi 1.** paresser **2.** *fam* buller.

Faust [faust] (*pl* **Fäuste** ['fɔystə]) **die** poing *m* ▸ **auf eigene Faust** de son propre chef.

Favoriten [favo'rɪtn̩] **pl** favoris *mpl*.

Fax [faks] (*pl* -e) **das** fax *m*.

faxen [faksn̩] **vt** faxer.

Faxgerät [faksgərɛːt] (*pl* -e) **das** télécopieur *m*.

Faxnummer [faksnʊmɐ] (*pl* -n) **die** numéro *m* de fax.

FCKW [ɛftseːkaː'veː] **der** CFC *m*.

Februar ['feːbruaːɐ] **der** février *m* ▸ **am ersten Februar** le premier février ▸ **Anfang / Ende Februar** début / fin février ▸ **Mitte Februar** à la mi-février ▸ **Berlin, den 12. Februar 2012** Berlin, le 12 février 2012 ▸ **im Februar** en février.

fechten ['fɛçtn̩] (*präs* **ficht**, *prät* **focht**, *pp* **gefochten**) **vi** faire de l'escrime.

Feder ['feːdɐ] (*pl* -n) **die 1.** [vom Vogel, zum Schreiben] plume *f* **2.** [Metallfeder] ressort *m*.

Federball ['feːdɐbal] (*pl* **-bälle** [bɛlə]) **der** volant *m* ▸ **Federball spielen** jouer au volant.

Federbett ['fe:dɐbɛt] (*pl* -en) **das** édredon *m*.

Federhalter ['fe:dɐhaltɐ] (*pl inv*) **der** porte-plume *m*.

Federung ['fe:dərʊŋ] (*pl* -en) **die** [von Auto, Sofa] suspension *f*.

Federweiße ['fe:dɐvaisə] **der** *vin dont la fermentation n'est pas achevée*.

fegen ['fe:gn̩] ◆ **vt** [Boden, Raum] balayer. ◆ **vi** [sauber machen] balayer.

Fehlbetrag ['fe:lbətra:k] (*pl* -beträge [trɛ:gə]) **der** déficit *m* (dans la caisse).

fehlen ['fe:lən] ◆ **vi** [nicht vorhanden sein] manquer. ◆ **vi** *(+ D)* [vermisst werden] manquer à ▸ **was fehlt Ihnen / dir?** qu'est-ce que vous avez / tu as ?

Fehler ['fe:lɐ] (*pl inv*) **der 1.** [in Text, an Gerät] faute *f* **2.** [Irrtum] erreur *f*.

Fehlermeldung ['fe:lɐmɛldʊŋ] (*pl* -en) **die** EDV message *m* (d')erreur.

Fehlzündung ['fe:ltsyndʊŋ] (*pl* -en) **die** raté *m* (à l'allumage).

Feier ['faiɐ] (*pl* -n) **die** fête *f*.

Feierabend ['faiɐla:bn̩t] (*pl* -e [a:bn̩də]) **der** *soirée après le travail* ▸ **Feierabend machen** arrêter de travailler *(en fin de journée)*.

Feierlichkeiten ['faiɐlɪçkaitn̩] **pl** festivités *fpl*.

feiern ['faiɐn] ◆ **vt** [Person, Fest] fêter. ◆ **vi** faire la fête.

Feiertag ['faiɐta:k] (*pl* -e [ta:gə]) **der** jour férié ▸ **schöne Feiertage!** joyeuses fêtes !

feiertags ['faiɐta:ks] **adv** les jours fériés.

feige ['faigə] ◆ **adj** [Person] lâche. ◆ **adv** [weglaufen] lâchement.

Feige ['faigə] (*pl* -n) **die** [Frucht] figue *f*.

Feigling ['faiklɪŋ] (*pl* -e) **der** *abw* lâche *mf*.

Feile ['failə] (*pl* -n) **die** lime *f*.

feilen ['failən] **vt** limer.

fein [fain] ◆ **adj 1.** fin(e) **2.** [erfreulich] bien. ◆ **adv 1.** [dünn] finement **2.** [pulverförmig] fin **3.** *fam* [gut] bien **4.** [vornehm] avec élégance ▸ **fein gemacht!** *fam* c'est fin ! ◆ **Feinste der, die, das** : **vom Feinsten** de la meilleure qualité.

Feind, in [faint, dɪn] (*mpl* -e) **der, die** ennemi *m*, -e *f*.

feindlich ['faintlɪç] **adj 1.** [Person] ennemi(e) **2.** [Haltung] hostile.

Feinkost ['fainkɔst] **die** produit *m* d'épicerie fine.

Feinkostgeschäft ['fainkɔstgəʃɛft] (*pl* -e) **das** épicerie fine.

Feinschmecker, in ['fainʃmɛkɐ, kərɪn] (*mpl inv*) **der, die** gourmet *m*.

Feinstaub ['fainʃtaup] **der** poussières *fpl* fines.

Feinstaubbelastung ['fainʃtaupbəlastʊŋ] **die** charge *f* en poussières fines.

Feinstaubplakette ['fainʃtaupplakɛtə] (*pl* -n) **die** écovignette *f*.

Feinwaschmittel ['fainvaʃmɪtl̩] (*pl inv*) **das** lessive *f* pour textiles délicats.

Feld [fɛlt] (*pl* -er ['fɛldɐ]) **das 1.** [Acker] champ *m* **2.** [von Brettspiel, Formular] case *f* **3.** SPORT terrain *m*.

Feldsalat ['fɛltzala:t] **der** mâche *f*.

Feldweg ['fɛltve:k] (*pl* -e [ve:gə]) **der** chemin *m* de terre.

Felge ['fɛlgə] (*pl* -n) **die** [am Rad] jante *f*.

Felgenbremse ['fɛlgn̩brɛmzə] (*pl* -n) **die** frein *m* à tasseaux.

Fell [fɛl] (*pl* -e) **das 1.** [von Tier] pelage *m* **2.** [verarbeitet] peau *f*.

Fels [fɛls] (*pl* **-en**) **der** [Felsblock] roche *f.*

Felsen ['fɛlzn̩] (*pl inv*) **der** rocher *m.*

felsig ['fɛlzɪç] **adj** rocheux(euse).

feminin [femi'ni:n] **adj** féminin(e).

Femininum ['fe:mini:nʊm] (*pl* **Feminina**) **das** GRAMM féminin *m.*

Feminismus [femi'nɪsmʊs] **der** féminisme *m.*

feministisch [femi'nɪstɪʃ] **adj** féministe.

Fenchel ['fɛnçl̩] **der** fenouil *m.*

Fenster ['fɛnstɐ] (*pl inv*) **das** fenêtre *f.*

Fensterbrett ['fɛnstɐbrɛt] (*pl* **-er**) **das** rebord *m* de la fenêtre.

Fensterladen ['fɛnstɐla:dn̩] (*pl* **-läden** [lɛ:dn̩]) **der** volet *m.*

Fensterplatz ['fɛnstɐplats] (*pl* **-plätze** [plɛtsə]) **der** place *f* côté fenêtre.

Fensterscheibe ['fɛnstɐʃaibə] (*pl* **-n**) **die** vitre *f.*

Ferien ['fe:ri̯ən] **pl** vacances *fpl* ▸ **Ferien machen** être en vacances ▸ **die großen Ferien** les grandes vacances ▸ **schöne Ferien!** bonnes vacances !

Ferienbeginn ['fe:ri̯ənbəgɪn] **der** début *m* des vacances.

> ⓘ **Ferienbeginn**
>
> Les dates des vacances scolaires allemandes sont fixées par les **Länder** et peuvent donc varier selon les régions. La durée moyenne est de 6 à 7 semaines. Dans les premières régions, les vacances commencent à la mi-juin. Et elles se terminent à la mi-septembre pour les dernières régions.

Ferienbungalow ['fe:ri̯ənbʊŋgalo] (*pl* **-s**) **der** bungalow *m.*

Feriengast ['fe:ri̯əngast] (*pl* **-gäste** [gɛstə]) **der** vacancier *m*, -ère *f.*

Ferienhaus ['fe:ri̯ənhaus] (*pl* **-häuser** [hɔyzɐ]) **das** maison *f* de vacances.

Ferienlager ['fe:ri̯ənla:gɐ] (*pl inv*) **das** colonie *f* de vacances.

Ferienort ['fe:ri̯ənɔrt] (*pl* **-e**) **der** lieu *m* de villégiature.

Ferienwohnung ['fe:ri̯ənvo:nʊŋ] (*pl* **-en**) **die** appartement *m* (pour les vacances).

fern [fɛrn] **adj** [Land] lointain(e).

Fernbedienung ['fɛrnbədi:nʊŋ] (*pl* **-en**) **die** télécommande *f.*

Ferne ['fɛrnə] **die** lointain *m* ▸ **in der Ferne** au loin.

Ferngespräch ['fɛrngəʃprɛ:ç] (*pl* **-e**) **das** communication *f* longue distance.

ferngesteuert ['fɛrngəʃtɔyɐt] **adj** téléguidé(e).

Fernglas ['fɛrnglas] (*pl* **-gläser** [glɛ:zɐ]) **das** jumelles *fpl.*

fern◦halten ['fɛrnhaltn̩] **vt** *(unreg)* tenir éloigné(e). ◆ **sich fernhalten ref** se tenir à l'écart.

Fernheizung ['fɛrnhaitsʊŋ] (*pl* **-en**) **die** chauffage *m* urbain.

Fernlicht ['fɛrnlɪçt] **das** feux *mpl* de route.

Fernmeldeamt ['fɛrnmɛldəlamt] (*pl* **-ämter** [mɛldəlɛmtɐ]) **das** central *m* téléphonique.

Fernsehapparat ['fɛrnze:laparа:t] (*pl* **-e**) **der** téléviseur *m.*

fern◦sehen ['fɛrnze:ən] **vi** *(unreg)* regarder la télévision.

Fernsehen ['fɛrnze:ən] **das** télévision *f* ▸ **im Fernsehen** à la télévision.

Fernseher ['fɛrnze:ɐ] (*pl inv*) **der** télé(vision) *f.*

Fernsehhandy ['fɛrnze:hɛndi] (*pl* -s) das téléphone *m* portable avec télévision intégrée.

Fernsehprogramm ['fɛrnze:program] (*pl* -e) das programmes *mpl*.

Fernsehsendung ['fɛrnze:zɛndʊŋ] (*pl* -en) die émission *f* de télévision.

Fernsehzeitschrift ['fɛrnze:tsaitʃrɪft] (*pl* -en) die magazine-télé *m*.

Fernsprechamt ['fɛrnʃprɛçlamt] (*pl* -ämter [ʃprɛçlɛ:mtɐ]) das *amt* central *m* téléphonique.

Fernsteuerung ['fɛrnʃtɔyərʊŋ] (*pl* -en) die télécommande *f*.

Fernstraße ['fɛrnʃtra:sə] (*pl* -n) die route principale.

Fernverkehr ['fɛrnfɛɐ̯ke:ɐ̯] der transports *mpl* longues distances.

Ferse ['fɛrzə] (*pl* -n) die talon *m*.

fertig ['fɛrtɪç] adj **1.** [Kuchen, Haus, Text] prêt(e) **2.** *fam* [erschöpft] crevé(e) ▸ **fertig sein** a) [vollendet oder bereit sein] être prêt(e) b) *fam* [erschöpft sein] être crevé(e) c) *fam* [niedergeschlagen sein] être à bout ▸ **fertig sein mit** [am Ende sein mit] avoir fini de.

Fertiggericht ['fɛrtɪçgərɪçt] (*pl* -e) das plat cuisiné.

fertig machen ['fɛrtɪçmaxn̩] vt **1.** [beenden] terminer **2.** [bereit machen] préparer **3.** *fam* [zurechtweisen] étriller **4.** *fam* [erschöpfen] crever.

fest [fɛst] ◆ adj **1.** [eng] serré(e) **2.** [kräftig] ferme **3.** [Material, Kleidung] solide **4.** [verbindlich] fixe. ◆ adv **1.** [gen] fermement **2.** [straff] solidement.

Fest [fɛst] (*pl* -e) das [Feier] fête *f* ▸ **frohes Fest!** [frohe Weihnachten] joyeuses fêtes !

Festbetrag ['fɛstbətra:k] (*pl* -beträge [trɛ:gə]) der somme *f* fixe.

fest◦binden ['fɛstbɪndn̩] vt *(unreg)* attacher.

Festessen ['fɛstlɛsn̩] (*pl inv*) das repas *m* de fête.

fest◦halten ['fɛsthaltn̩] vt *(unreg)* **1.** [mit der Hand] tenir **2.** [dokumentieren] consigner. ◆ **sich festhalten** ref se cramponner ▸ **sich festhalten an** *(+ D)* se cramponner à.

Festiger ['fɛstɪgɐ] (*pl inv*) der [für Haar] gel fixant.

Festival ['fɛstival] (*pl* -s) das festival *m*.

Festland ['fɛstlant] das terre *f* ferme.

fest◦legen ['fɛstle:gn̩] vt [Treffpunkt, Route] fixer.

festlich ['fɛstlɪç] adj de fête.

fest◦machen ['fɛstmaxn̩] vt **1.** [Boot, Regal] attacher **2.** [Termin, Treffpunkt] fixer.

Festnahme ['fɛstna:mə] die [durch die Polizei] interpellation *f*.

fest◦nehmen ['fɛstne:mən] vt *(unreg)* arrêter.

Festnetz ['fɛstnɛts] (*pl* -e) das téléphone *m* fixe.

Festplatte ['fɛstplatə] (*pl* -n) die disque *m* dur.

Festpreis ['fɛstprais] (*pl* -e [praizə]) der prix *m* fixe.

fest◦setzen ['fɛstzɛtsn̩] vt [Termin] fixer.

Festspiele ['fɛstʃpi:lə] pl festival *m*.

fest◦stehen ['fɛstʃte:ən] vi *(unreg)* être fixé(e).

fest◦stellen ['fɛstʃtɛlən] vt **1.** [durch Ermittlung] déterminer **2.** [beobachten] constater.

Feststellung ['fɛstʃtɛlʊŋ] (*pl* -en) die [Anmerkung] constatation *f*.

Festwertspeicher ['fɛstvɛrtʃpaiçɐ] (*pl inv*) **der** mémoire *f* morte.

Festwochen ['fɛstvɔxə] **pl** festival *m* sur plusieurs semaines.

Feta ['feːta] **der** feta *f*.

Fete ['feːtə] (*pl* -n) **die** *fam* soirée *f*.

fett [fɛt] **adj 1.** [Fleisch, Gericht] gras (grasse) **2.** *abw* [Person, Körperteil] gros (grosse) ▸ **fett schreiben** écrire en gras.

Fett [fɛt] (*pl* -e) **das** graisse *f*.

fettarm ['fɛtlarm] **adj** allégé(e).

fettig ['fɛtıç] **adj** gras (grasse).

Fettstift ['fɛtʃtıft] (*pl* -e) **der** crayon gras.

feucht [fɔyçt] **adj** humide.

Feuchtigkeitscreme ['fɔyçtıçkaitskreːm] (*pl* -s) **die** crème hydratante.

Feuer ['fɔyɐ] (*pl inv*) **das 1.** feu *m* **2.** *fig* [Temperament] fougue *f* ▸ **Feuer machen** faire du feu ▸ **haben Sie Feuer, bitte?** avez-vous du feu, s'il vous plaît ? ▸ **jm Feuer geben** donner du feu à qqn ▸ **'Feuer und offenes Licht verboten!'** 'interdiction de faire du feu'.

Feueralarm ['fɔyɐlalarm] **der** alarme *f* au feu.

feuerfest ['fɔyɐfɛst] **adj** thermorésistant(e).

feuergefährlich ['fɔyɐgəfɛːɐlıç] **adj** inflammable.

Feuerlöscher ['fɔyɐlœʃɐ] (*pl inv*) **der** extincteur *m*.

Feuermelder ['fɔyɐmɛldɐ] (*pl inv*) **der** avertisseur *m* d'incendie.

Feuertreppe ['fɔyɐtrɛpə] (*pl* -n) **die** escalier *m* de secours.

Feuerwehr ['fɔyɐveːɐ] (*pl* -en [veːrən]) **die** pompiers *mpl*.

Feuerwehrmann ['fɔyɐveːɐman] (*pl* -männer [mɛnɐ]) **der** pompier *m*.

Feuerwehrzufahrt ['fɔyɐveːɐtsuːfaːɐt] (*pl* -en) **die** accès réservé aux pompiers.

Feuerwerk ['fɔyɐvɛrk] (*pl* -e) **das** feu *m* d'artifice.

Feuerzeug ['fɔyɐtsɔyk] (*pl* -e [tsɔygə]) **das** briquet *m*.

Fiaker ['fjakɐ] **der** fiacre *m*.

> ⓘ **Fiaker**
>
> Le fiacre est incontestablement le moyen de transport le plus romantique et le plus touristique pour découvrir Vienne, ou encore Salzbourg ou Weimar.

ficht [fıçt] **präs** → **fechten**.

Fieber ['fiːbɐ] **das** [Körpertemperatur] fièvre *f* ▸ **Fieber haben** avoir de la fièvre ▸ **Fieber messen** prendre la température.

Fieberthermometer ['fiːbɐtɛrmomeːtɐ] (*pl inv*) **das** thermomètre *m*.

fiebrig ['fiːbrıç] ◆ **adj** [Erkältung] fiévreux(euse). ◆ **adv** [glänzen] fiévreusement.

fiel [fiːl] **prät** → **fallen**.

Figur [fi'guːɐ] (*pl* -en) **die 1.** [Körperform] silhouette *f* **2.** [Person, Plastik] personnage *m* ▸ **eine gute Figur haben** avoir une jolie silhouette.

Filet [fi'leː] (*pl* -s) **das** filet *m*.

Filetsteak [fi'leːʃteːk] (*pl* -s) **das** filet *m*.

Filiale [fi'ljaːlə] (*pl* -n) **die** filiale *f*.

Film [fılm] (*pl* -e) **der 1.** [für Kamera] pellicule *f* **2.** [Kinofilm, Fernsehen] film *m*.

filmen ['fılmən] **vt** filmer.

Filmkamera ['fılmkaməra] (*pl* -s) **die** caméra *f*.

Filter ['fɪltɐ] (*pl inv*) **der** filtre *m* ▸ **mit / ohne Filter** avec / sans filtre ▸ **ADSL-Filter** filtre *m* ADSL.

Filtertüte ['fɪltɐty:tə] (*pl* -**n**) **die** filtre *m* à café.

Filzstift ['fɪltsʃtɪft] (*pl* -**e**) **der** crayon *m* feutre.

Finale [fi'na:lə] (*pl inv*) **das** SPORT finale *f*.

finanziell [finan'tsi̯ɛl] ◆ **adj** financier(ère). ◆ **adv** financièrement.

finanzieren [finan'tsi:rən] **vt** financer. ◆ **sich selbst finanzieren ref** s'autofinancer.

Finanzkrise [fi'nantskri:zə] (*pl* -**n**) **die** crise *f* financière.

finden ['fɪndn̩] (*prät* **fand**, *pp* **gefunden**) ◆ **vi** trouver. ◆ **vt 1.** [entdecken] découvrir **2.** [herausfinden, empfinden] trouver ▸ **ich finde, dass** je trouve que ▸ **wie findest du ...?** comment trouves-tu... ? ▸ **wo finde ich die Post, bitte?** où puis-je trouver la poste ? ◆ **sich finden ref** se retrouver.

Finderlohn ['fɪndɐlo:n] **der** récompense *f* (*accordée pour un objet trouvé*).

fing [fɪŋ] **prät** → **fangen**.

Finger ['fɪŋɐ] (*pl inv*) **der** doigt *m*.

Fingernagel ['fɪŋɐna:gl̩] (*pl* -**nägel** [nɛ:gl̩]) **der** ongle *m*.

Finne ['fɪnə] (*pl* -**n**) **der** Finlandais *m*.

Finnin ['fɪnɪn] (*pl* -**nen**) **die** Finlandaise *f*.

finnisch ['fɪnɪʃ] **adj 1.** [Staat] finlandais(e) **2.** [Sprache, Brauch] finnois(e).

Finnisch(e) ['fɪnɪʃ(ə)] **das** finnois *m*.

Finnland ['fɪnlant] **nt** Finlande *f*.

finster ['fɪnstɐ] **adj 1.** [Nacht, Raum] sombre **2.** [unheimlich] sinistre.

Firewall ['fai̯ɐwɔ:l] (*pl* -**s**) **die** firewall *m*, pare-feu *m*.

Firma ['fɪrma] (*pl* **Firmen** ['fɪrmən]) **die** entreprise *f*.

First Class ['fœ:stkla:s] **die** première classe *f*.

Fisch [fɪʃ] (*pl* -**e**) **der** poisson *m*. ◆ **Fische pl** [Sternzeichen] Poissons *pl*.

Fischbesteck ['fɪʃbəʃtɛk] (*pl* -**e**) **das** couverts *mpl* à poisson.

fischen ['fɪʃn̩] ◆ **vt** [Fische] pêcher. ◆ **vi** [angeln] pêcher.

Fischer, in ['fɪʃɐ, 'fɪʃərɪn] (*mpl inv*) **der, die** pêcheur *m*, -euse *f*.

Fischerboot ['fɪʃɐbo:t] (*pl* -**e**) **das** barque *f* de pêcheur.

Fischgericht ['fɪʃgərɪçt] (*pl* -**e**) **das** plat de poisson *m*.

Fischhändler, in ['fɪʃhɛndlɐ, lərɪn] (*mpl inv*) **der, die** poissonnier *m*, -ère *f*.

Fischstäbchen ['fɪʃʃtɛ:pçən] (*pl inv*) **das** bâtonnet *m* de poisson.

Fischsuppe ['fɪʃzʊpə] (*pl* -**n**) **die** soupe *f* de poisson.

fit [fɪt] **adj** en forme.

Fitness ['fɪtnɛs] **die** bonne condition *f*.

Fitnesstrainer, in ['fɪtnɛstre:nɐ, nərɪn] (*mpl inv*) **der, die** entraîneur *m* de fitness.

fix [fɪks] **adj 1.** *fam* [schnell] preste **2.** [Kosten] fixe **3.** *fam* : **fix und fertig a)** [vollendet] archi prêt(e) **b)** [müde] sur les rotules.

fixen ['fɪksn̩] *fam* ◆ **vt** se shooter à. ◆ **vi** se shooter.

FKK [ɛfka:'ka:] naturisme *m*.

FKK-Strand [ɛfka:'ka:ʃtrant] (*pl* -**Strände** [ʃtrɛ:ndə]) **der** plage *f* pour nudistes.

flach [flaç] ◆ **adj 1.** plat(e) **2.** [Wasser] peu profond(e). ◆ **adv** [niedrig] à plat.

Flachbildschirm ['flaxbɪltʃɪrm] (*pl* -e) **der** écran *m* plat.

Fläche ['flɛçə] (*pl* -n) **die** [Gebiet] surface *f*.

Flagge ['flagə] (*pl* -n) **die** pavillon *m* *(de bateau)*.

flambiert [flam'biːɐ̯t] **adj** flambé(e).

Flamme ['flamə] (*pl* -n) **die** [von Feuer] flamme *f*.

Flandern ['flandɐn] **nt** Flandres *fpl*.

Flanell [fla'nɛl] **das** flanelle *f*.

Flasche ['flaʃə] (*pl* -n) **die** [für Flüssigkeit] bouteille *f*.

Flaschenbier ['flaʃn̩biːɐ̯] **das** bière *f* en canette.

Flaschenöffner ['flaʃn̩lœfnɐ] (*pl inv*) **der** décapsuleur *m*.

Flaschenpfand ['flaʃn̩pfant] **das** consigne *f (pour une bouteille)*.

Flaschenweine ['flaʃn̩vainə] **pl** vins *mpl* en bouteille.

Flashspeicher ['flɛʃʃpaiçɐ] (*pl inv*) **der** mémoire *f* flash.

Flatrate ['flɛtreːt] (*pl* -s) **die** forfait *m* illimité.

Flatratetrinken ['flɛtreːttrɪŋkn̩] **das** beuverie *f* avec open bar.

Flaute ['flautə] (*pl* -n) **die** [Windstille] calme plat.

flechten ['flɛçtn̩] (*präs* **flicht**, *prät* **flocht**, *pp* **geflochten**) **vt** tresser.

Fleck [flɛk] (*pl* -e) **der 1.** [Schmutzfleck] tache *f* **2.** *fam* [Ort] coin *m* ▸ **blauer Fleck** bleu *m*.

Fleckentferner ['flɛklɛntfɛrnɐ] (*pl inv*) **der** détachant *m*.

Fledermaus ['fleːdɐmaus] (*pl* -**mäuse** ['mɔyzə]) **die** chauve-souris *f*.

Fleisch [flaiʃ] **das 1.** [Muskel] chair *f* **2.** [Nahrung] viande *f*.

Fleischbrühe ['flaiʃbryːə] (*pl* -n) **die** bouillon *m* de viande.

Fleischer ['flaiʃɐ] (*pl inv*) **der** boucher *m*.

Fleischerei [flaiʃə'rai] (*pl* -en) **die** boucherie *f*.

Fleischsalat ['flaiʃzalaːt] **der** *salade à base de saucisse, de cornichons et de mayonnaise.*

Fleisch- und Wurstwaren ['flaiʃlʊnt'vʊrstvaːrən] **pl** boucherie-charcuterie *f*.

Fleischvergiftung ['flaiʃfɛɐ̯gɪftʊŋ] (*pl* -en) **die** intoxication due à la viande.

fleißig ['flaisɪç] ◆ **adj** [Person] travailleur(euse). ◆ **adv** [arbeiten] assidûment.

Flexibilität [flɛksibili'tɛːt] **die** flexibilité *f*.

flicht [flɪçt] **präs** → **flechten**.

flicken ['flɪkn̩] **vt 1.** [Kleidung] raccommoder **2.** [Reifen] réparer.

Flickzeug ['flɪktsɔyk] **das** [für Reifen] nécessaire *m* de réparation.

Fliege ['fliːgə] (*pl* -n ['fliːgn̩]) **die 1.** [Insekt] mouche *f* **2.** [Schleife] nœud *m* papillon.

fliegen ['fliːgn̩] (*prät* **flog**, *pp* **geflogen**) ◆ **vt** *(hat)* piloter. ◆ **vi** *(ist)* **1.** voler **2.** [Person] prendre l'avion ▸ **nach Paris fliegen** prendre l'avion pour Paris ▸ **über Paris fliegen** passer par Paris.

fliehen ['fliːən] (*prät* **floh**, *pp* **geflohen**) **vi** *(ist)* fuir.

Fließband ['fliːsbant] (*pl* -**bänder** [bɛndɐ]) **das** chaîne *f* de montage.

fließen ['fliːsən] (*prät* **floss**, *pp* **geflossen**) **vi** *(ist)* **1.** [Flüssigkeit, Wasser] couler **2.** [Verkehr] être fluide.

fließend ['fli:sn̩t] ◆ adj [Verkehr] fluide. ◆ adv : **fließend Russisch sprechen** parler russe couramment ▸ **fließendes Wasser** eau courante.
Flipchart ['fliptʃa:t] (*pl* -s) die ODER das paperboard *m*.
Flipper ['flɪpɐ] (*pl inv*) der flipper *m*.
flippern ['flɪpɐn] vi jouer au flipper.
Flirt [flœɐ̯t] (*pl* -s) der flirt *m*.
flirten ['flœrtn̩] vi flirter.
Flitterwochen ['flɪtɐvɔxn̩] pl lune *f* de miel.
flocht [flɔxt] prät → **flechten**.
flog [flo:k] prät → **fliegen**.
floh [flo:] prät → **fliehen**.
Floh [flo:] (*pl* **Flöhe** ['flø:ə]) der puce *f*.
Flohmarkt ['flo:markt] (*pl* **-märkte** [mɛrktə]) der marché *m* aux puces.
Florenz [flo'rɛnts] nt Florence.
floss [flɔs] prät → **fließen**.
Floß [flo:s] (*pl* **Flöße** ['flø:sə]) das radeau *m*.
Flosse ['flɔsə] (*pl* -n) die **1.** [Schwimmflosse] palme *f* **2.** [von Tieren] nageoire *f*.
Flöte ['flø:tə] (*pl* -n) die flûte *f*.
fluchen ['flu:xn̩] vi jurer.
Flucht ['flʊxt] die [aus Land, Gefängnis, vor Feind] fuite *f*.
flüchten ['flʏçtn̩] vi *(ist)* se réfugier.
Flüchtling ['flʏçtlɪŋ] (*pl* -e) der réfugié *m*, -e *f*.
Flug [flu:k] (*pl* **Flüge** ['fly:gə]) der vol *m* ▸ **Flug nach Berlin** vol pour Berlin ▸ **Flug über London** vol avec escale à Londres ▸ **guten Flug!** bon vol !
Flugblatt ['flu:kblat] (*pl* **-blätter** [blɛtɐ]) das tract *m*.
Flügel ['fly:gl̩] (*pl inv*) der **1.** aile *f* **2.** [Instrument] piano *m* à queue.
Fluggast ['flu:kgast] (*pl* **-gäste** [gɛstə]) der passager *m*, -ère *f*.
Fluggepäck ['flu:kgəpɛk] das bagages *mpl*.
Fluggesellschaft ['flu:kgəzɛlʃaft] (*pl* -en) die compagnie aérienne.
Flughafen ['flu:kha:fn̩] (*pl* **-häfen** [hɛ:fn̩]) der aéroport *m*.
Fluginformation ['flu:klɪnfɔrmatsio:n] (*pl* -en) die informations *fpl* sur les vols.
Fluglotse ['flu:klo:tsə] (*pl* -n) der aiguilleur *m* du ciel.
Flugmeile ['flu:kmailə] (*pl* -n) die mile *m*.
Flugnummer ['flu:knʊmɐ] (*pl* -n) die numéro *m* de vol.
Flugplan ['flu:kpla:n] (*pl* **-pläne** [plɛ:nə]) der horaire *m* des services aériens.
Flugplatz ['flu:kplats] (*pl* **-plätze** [plɛtsə]) der aérodrome *m*.
Flugschein ['flu:kʃain] (*pl* -e) der billet *m* d'avion.
Flugscheinkontrolle ['flu:kʃainkɔntrɔlə] (*pl* -n) die contrôle *m* des billets d'avion.
Flugsteig ['flu:kʃtaik] (*pl* -e [ʃtaigə]) der porte *f* d'embarcation.
Flugstrecke ['flu:kʃtrɛkə] (*pl* -n) die ligne aérienne.
Flugticket ['flu:ktɪkət] (*pl* -s) das billet *m* d'avion.
Flugverbindung ['flu:kfɛɐ̯bɪndʊŋ] (*pl* -en) die liaison aérienne.
Flugverkehr ['flu:kfɛɐ̯ke:ɐ] der trafic aérien.
Flugzeug ['flu:ktsɔyk] (*pl* -e [tsɔygə]) das avion *m* ▸ **mit dem Flugzeug fliegen** prendre l'avion.

Flur [fluːɐ̯] (*pl* -e ['fluːrə]) **der** [Diele] couloir *m*.

Fluss [flʊs] (*pl* **Flüsse** ['flʏsə]) **der** [Wasserlauf] fleuve *m*.

flüssig ['flʏsɪç] ◆ **adj** [Material] liquide. ◆ **adv** [sprechen] couramment.

Flüssigkeit ['flʏsɪçkait] (*pl* **-en**) **die** liquide *m*.

Flüssigkristallbildschirm ['flʏsɪçkrɪstalbɪltʃɪrm] (*pl* -e) **der** écran *m* à cristaux liquides.

flüstern ['flʏstɐn] ◆ **vi** chuchoter. ◆ **vt** murmurer.

Flut [fluːt] (*pl* **-en**) **die 1.** [von Gezeiten] marée haute **2.** [von Beschwerden, Anträgen] flot *m*. ◆ **Fluten pl** [Wassermassen] flots *mpl*.

Flutlicht ['fluːtlɪçt] **das** projecteurs *mpl*.

focht [fɔxt] **prät** → **fechten**.

Fohlen ['foːlən] (*pl inv*) **das** poulain *m*.

Föhn [føːn] **der 1.** [Haartrockner] sèche-cheveux *m inv* **2.** [Wind] fœhn *m*.

föhnen ['føːnən] **vt** sécher ▸ **sich** *(D)* **die Haare föhnen** se sécher les cheveux.

Folge ['fɔlgə] (*pl* -n) **die 1.** [Konsequenz] conséquence *f* **2.** [Fortsetzung] épisode *m* ▸ **etw zur Folge haben** avoir qqch pour conséquence.

folgen ['fɔlgn̩] **vi** *(ist, + D)* **1.** [hinterhergehen, -fahren] suivre **2.** [sich anschließen] succéder ▸ **folgen auf** *(+ A)* [sich anschließen] succéder à ▸ **folgen aus** [als Konsequenz] résulter de ▸ **bitte folgen Sie mir!** veuillez me suivre, s'il vous plaît !

folgend ['fɔlgn̩t] **adj** suivant(e).

Folie ['foːli̯ə] (*pl* -n) **die** [für Lebensmittel] film *m* (étirable).

Folklore [fɔl'kloːrə] **die** foklore *m*.

folkloristisch [fɔlklo'rɪstɪʃ] **adj** folklorique.

Fön® [føːn] **der** = **Föhn**.

fönen ['føːnən] **vt** = **föhnen**.

fordern ['fɔrdɐn] **vt 1.** [verlangen] exiger **2.** [beanspruchen] solliciter.

fördern ['fœrdɐn] **vt** [Schüler, Plan] favoriser.

Forderung ['fɔrdərʊŋ] (*pl* **-en**) **die 1.** [Verlangen] exigence *f* **2.** [finanzieller Anspruch] arriéré *m*.

Forelle [fo'rɛlə] (*pl* -n) **die** truite *f* ▸ **Forelle blau** truite au bleu ▸ **Forelle Müllerinnenart** truite meunière.

Form [fɔrm] (*pl* **-en**) **die 1.** forme *f* **2.** [für Kuchen] moule *m* ▸ **in Form sein** être en forme.

Formalität [fɔrmali'tɛːt] (*pl* **-en**) **die** [Regel] formalité *f*.

Format [fɔr'maːt] (*pl* -e) **das** [Größe] format *m*.

formatieren [fɔrma'tiːrən] **vt** EDV formater.

Formblatt ['fɔrmblat] (*pl* **-blätter** [blɛtɐ]) **das** imprimé *m*.

formen ['fɔrmən] **vt** [Ton, Teig] former.

formlos ['fɔrmloːs] **adj** sous forme libre.

Formular [fɔrmu'laːɐ̯] (*pl* -e) **das** formulaire *m* ▸ **ein Formular ausfüllen** remplir un formulaire.

formulieren [fɔrmu'liːrən] **vt** formuler.

Forschung ['fɔrʃʊŋ] (*pl* **-en**) **die** recherche *f*.

Forst [fɔrst] (*pl* -e) **der** forêt *f*.

fort [fɔrt] **adv** : **fort damit!** enlève-moi ça ! ▸ **fort sein a)** [Person] être parti(e) **b)** [Gegenstand] avoir disparu.

fort◦bewegen ['fɔrtbəveːgn̩] **vt** déplacer. ◆ **sich fortbewegen ref** se déplacer.

fort◦fahren ['fɔrtfaːrən] ◆ **vi** *(unreg, ist)* **1.** [mit Auto, Zug] partir **2.** [weitermachen] continuer. ◆ **vt** *(unreg, hat)* [Auto] emmener.

fort◦gehen ['fɔrtgeːən] **vi** *(unreg, ist)* [weggehen] s'en aller.

fortgeschritten ['fɔrtgəʃrɪtn̩] **adj** avancé(e).

Fortgeschrittene ['fɔrtgəʃrɪtənə] (*pl* -n) **der, die** non débutant *m*, -e *f*.

Fortschritt ['fɔrtʃrɪt] (*pl* -e) **der** progrès *m* ▸ **Fortschritte machen** faire des progrès.

fort◦setzen ['fɔrtzɛtsn̩] **vt** poursuivre.

Fortsetzung ['fɔrtzɛtsʊŋ] (*pl* -en) **die** **1.** [von Streik, Verhandlungen] poursuite *f* **2.** [von Serie] suite *f*.

Forum ['foːrʊm] (*pl* **Foren**) **das** forum *m*.

Foto ['foːto] (*pl* -s) **das** photo *f*.

Fotoapparat ['foːtolaparaːt] (*pl* -e) **der** appareil photo *m*.

Fotograf, in [foto'graːf, foto'graːfɪn] (*mpl* -en) **der, die** photographe *mf*.

Fotografie [fotogra'fiː] (*pl* -n) **die** [Bild] photographie *f*.

fotografieren [fotogra'fiːrən] ◆ **vt** photographier. ◆ **vi** prendre des photos.

Fotohandy ['foːtohɛndi] (*pl* -s) **das** téléphone *m* portable avec appareil photo numérique.

Fotokopie [fotoko'piː] (*pl* -n) **die** photocopie *f*.

fotokopieren [fotoko'piːrən] ◆ **vt** photocopier. ◆ **vi** faire des photocopies.

Fotokopierer [fotoko'piːrɐ] (*pl inv*) **der** photocopieuse *f*, photocopieur *m*.

Fotosoftware ['foːtozɔftvɛːɐ̯] (*pl* -s) **die** logiciel *m* photo.

Fotovoltaik [fotovɔl'taːɪk] **die** conversion *f* photovoltaïque.

Foyer [fo̯a'jeː] (*pl* -s) **das** foyer *m*.

Fr. (*abk für* Frau) Mme. *(Madame)*.

Fracht [fraxt] (*pl* -en) **die** fret *m*.

Frack [frak] (*pl* **Fräcke** ['frɛːkə]) **der** frac *m*.

Frackzwang ['fraktsvaŋ] **der** : **'Frackzwang'** 'l'habit est obligatoire'.

Frage ['fraːgə] (*pl* -n) **die** question *f* ▸ **eine Frage haben** avoir une question ▸ **eine Frage stellen** poser une question ▸ **die Frage an** *(+ A)* la question à ▸ **die Frage nach** la question concernant ▸ **noch Fragen?** d'autres questions ? ▸ **in Frage stellen** [bezweifeln] remettre en question ▸ **nicht in Frage kommen** être hors de question.

Fragebogen ['fraːgəboːgn̩] (*pl* **-bögen** [bøːgn̩]) **der** questionnaire *m*.

fragen ['fraːgn̩] ◆ **vt & vi** demander. ◆ **vimp** : **es fragt sich** on peut se demander ▸ **fragen nach** demander. ◆ **sich fragen ref** se demander.

Fragezeichen ['fraːgətsaiçn̩] (*pl inv*) **das** point *m* d'interrogation.

Fraktion [frak'tsi̯oːn] (*pl* -en) **die** POL fraction *f*.

Franken ['fraŋkn̩] (*pl inv*) **der** [Währung] franc *m*.

Frankenwein ['fraŋkn̩vain] (*pl* -e) **der** vin *m* de Franconie.

Frankfurt am Main ['fraŋkfʊrtlammain] **nt** Francfort-sur-le-Main.

frankieren [fraŋ'kiːrən] **vt** affranchir.

Frankreich ['fraŋkraiç] **nt** France *f*.

Franzose [fran'tsoːzə] (*pl* **-n**) **der** Français *m*.

Französin [fran'tsøːzɪn] (*pl* **-nen**) **die** Française *f*.

französisch [fran'tsøːzɪʃ] **adj** français(e).

Französisch(e) [fran'tsøːzɪʃ(ə)] **das** français *m*.

Französisch-Guyana [frantsøːzɪʃ-gu'jaːna] **nt** Guyane française.

fraß [fraːs] **prät** → **fressen**.

Frau [frau] (*pl* **-en**) **die** **1.** femme *f* **2.** [als Anrede] Madame *f*.

Frauenarzt, ärztin ['frauənlaːɐ̯tst, ɛːɐ̯tstɪn] (*mpl* **-ärzte**) **der, die** gynécologue *mf*.

Frauenberatungsstelle ['frauənbəraːtʊŋsʃtɛlə] (*pl* **-n**) **die** centre *m* d'informations des femmes.

Frauenbewegung ['frauənbəveːgʊŋ] **die** mouvement *m* féministe.

Frauenbuchladen ['frauənbuːxlaːdn̩] (*pl* **-läden** [lɛːdn̩]) **der** librairie *f* pour femmes.

Frauencafé ['frauənkafeː] (*pl* **-s**) **das** *café réservé aux femmes.*

frauenfeindlich ['frauənfaintlɪç] **adj** mysogyne.

Frauenhaus ['frauənhaus] (*pl* **-häuser** [hɔyzɐ]) **das** foyer *m* pour femmes.

Fräulein ['frɔylain] **das** [als Anrede] Mademoiselle *f*.

Freak [friːk] **der** *fam* accro *mf* ▸ **er ist ein Fußballfreak** c'est un fan de foot.

frech [frɛç] ◆ **adj** [Kind, Frage] effronté(e). ◆ **adv** [antworten, lügen] effrontément.

Frechheit ['frɛçhait] (*pl* **-en**) **die** insolence *f*.

Freeclimbing ['friːklaimiŋ] **das** *varappe sans piton ni corde.*

frei [frai] ◆ **adj** **1.** libre **2.** [nackt] nu(e). ◆ **adv** **1.** [selbstbestimmt, improvisiert] librement **2.** [gratis] gratuitement ▸ **frei von** dépourvu(e) de ▸ **frei Haus** franco domicile ▸ **machen Sie sich bitte frei** déshabillez-vous, s'il vous plaît ▸ **im Freien** en plein air.

Freibad ['fraibaːt] (*pl* **-bäder** [bɛːdɐ]) **das** piscine découverte.

freiberuflich ['fraibəruːflɪç] **adj** indépendant(e) ▸ **freiberuflich tätig sein** être à son compte.

Freibier ['fraibiːɐ] **das** tournée gratuite *(de bière)*.

Freiburg ['fraibʊrk] **nt** Fribourg.

freigegeben ['fraigəgeːbn̩] **adv** : **'freigegeben ab 18 Jahren'** 'interdit au moins de 18 ans'.

frei◦haben ['fraihaːbn̩] **vi** *(unreg)* être en congé.

Freiheit ['fraihait] (*pl* **-en**) **die** liberté *f*.

Freikarte ['fraikartə] (*pl* **-n**) **die** carton *m* d'invitation, entrée gratuite.

frei◦lassen ['frailasn̩] **vt** *(unreg)* libérer.

freilich ['frailɪç] **adv** **1.** [allerdings] cependant **2.** SÜDDT [sicher] bien sûr.

Freilichtbühne ['frailɪçtbyːnə] (*pl* **-n**) **die** théâtre *m* en plein air.

frei◦machen ['fraimaxn̩] ◆ **vi** *fam* [Urlaub nehmen] être en congé. ◆ **vt** [Brief] affranchir. ◆ **sich freimachen** **ref** **1.** [Urlaub machen] être en congé **2.** [sich ausziehen] se libérer.

Freischaltcode ['fraiʃaltkoːt] (*pl* **-s**) **der** code *m* d'enregistrement.

frei◦schalten ['fraiʃaltn̩] **vt** valider.

Freisprech-Telefon ['fraiʃprɛçteleːfoːn] (*pl* **-e**) **das** (kit) main libre.

Freistoß ['fraiʃto:s] (*pl* **-stöße** [ʃtø:sə]) **der** coup franc.

Freitag ['fraita:k] (*pl* **-e** [ta:gə]) **der** vendredi *m* ▸ **am Freitag** vendredi.

freitags ['fraita:ks] **adv** le vendredi.

freiwillig ['fraivılıç] ◆ **adj** volontaire. ◆ **adv** de plein gré.

Freizeichen ['fraitsaiçn] (*pl inv*) **das** tonalité *f*.

Freizeit ['fraitsait] **die** loisirs *mpl*.

Freizeitausgleich ['fraitsaitlausglaiç] **der** compensation *f* du temps de travail.

Freizeitbad ['fraitsaitba:t] (*pl* **-bäder** [bɛ:dɐ]) **das** parc *m* aquatique.

Freizeitkleidung ['fraitsaitklaiduŋ] **die** vêtements *mpl* de loisirs.

Freizeitpark ['fraitsaitpark] (*pl* **-s**) **der** parc *m* de loisirs.

fremd [frɛmt] **adj** **1.** [ausländisch, unbekannt] étranger(ère) **2.** [von anderen] d'autrui ▸ **ich bin hier fremd** je ne suis pas d'ici.

Fremde ['frɛmdə] (*pl* **-n**) **der, die** [Unbekannter] étranger *m*, -ère *f*.

Fremdenführer, in ['frɛmdn̩fy:rɐ, rərın] (*mpl inv*) **der, die** guide *m* touristique.

Fremdenverkehrsamt ['frɛmdn̩fɛɐ̯ke:ɐ̯slamt] (*pl* **-ämter** [lɛ:mtɐ]) **das** office *m* de tourisme.

Fremdenverkehrsbüro ['frɛmdn̩fɛɐ̯ke:ɐ̯sbyro:] (*pl* **-s**) **das** syndicat *m* d'initiative.

Fremdenzimmer ['frɛmdn̩tsımɐ] (*pl inv*) **das** chambre *f* d'hôte.

Fremdsprache ['frɛmtʃpra:xə] (*pl* **-n**) **die** langue étrangère.

Fremdsprachenkenntnisse ['frɛmtʃpra:xn̩kɛntnısə] **pl** connaissances *fpl* linguistiques.

Fremdwort ['frɛmtvɔrt] (*pl* **-wörter**) **das** mot étranger.

Frequenz [fre'kvɛnts] (*pl* **-en**) **die** [von Radiosender] fréquence *f*.

fressen ['frɛsn̩] (*präs* **frisst**, *prät* **fraß**, *pp* **gefressen**) ◆ **vt** **1.** [Futter] manger **2.** *abw* [essen] bouffer **3.** [Benzin, Strom] consommer beaucoup. ◆ **vi** **1.** [Tier] manger **2.** *abw* [Mensch] bouffer.

Freude ['frɔydə] (*pl* **-n**) **die** joie *f* ▸ **jm eine Freude machen** faire plaisir à qqn.

freuen ['frɔyən] **vt** réjouir ▸ **freut mich sehr!** enchanté ! ◆ **sich freuen ref** se réjouir ▸ **sich freuen auf** *(+ A)* se réjouir à l'avance de ▸ **sich freuen über** *(+ A)* se réjouir de.

Freund, in ['frɔynt, 'frɔyndın] (*mpl* **-e**) **der, die** **1.** [Vertrauter] ami *m*, -e *f* **2.** [Geliebter] petit ami (petite amie) ▸ **Freunde und Bekannte** amis et connaissances.

freundlich ['frɔyntlıç] ◆ **adj** **1.** [Person, Gruß] aimable **2.** [angenehm] agréable. ◆ **adv** [grüßen] avec amabilité.

Freundschaft ['frɔyntʃaft] (*pl* **-en**) **die** [vertraute Beziehung] amitié *f*.

Frieden ['fri:dn̩] **der** paix *f*.

Friedensbewegung ['fri:dn̩sbəve:guŋ] (*pl* **-en**) **die** mouvement *m* pacifiste.

Friedhof ['fri:tho:f] (*pl* **-höfe** [hø:fə]) **der** cimetière *m*.

frieren ['fri:rən] (*prät* **fror**, *pp* **gefroren**) ◆ **vi** **1.** *(hat)* [Person] avoir froid **2.** *(ist)* [Wasser, See] geler. ◆ **vimp** *(hat)* : **heute Nacht soll es frieren** il va geler cette nuit.

Frikadelle [frika'dɛlə] (*pl* -n) **die** *boulette de viande hâchée.*

frisch [frɪʃ] ◆ **adj 1.** [Speise, Temperatur] frais (fraîche) **2.** [sauber, neu] propre. ◆ **adv** [neu] fraîchement ▸ **sich frisch machen** se rafraîchir ▸ **'Vorsicht, frisch gestrichen!'** 'attention, peinture fraîche !'.

Frischfleisch ['frɪʃflaiʃ] **das** viande fraîche.

Frischhaltebeutel ['frɪʃhaltəbɔytl] (*pl inv*) **der** sachet *m* plastique pour aliments.

Frischhaltefolie ['frɪʃhaltəfoːliə] (*pl* -n) **die** film *m* alimentaire étirable.

Frischkäse ['frɪʃkɛːzə] (*pl inv*) **der** fromage frais.

Friseur [fri'zøːɐ̯] (*pl* -e) **der** coiffeur *m*.

Friseurin [fri'zøːrɪn] (*pl* -nen) **der** coiffeuse *f*.

Friseuse [fri'zøːzə] (*pl* -n) **die** coiffeuse *f*.

frisieren [fri'ziːrən] **vt** coiffer. ◆ **sich frisieren ref** se coiffer.

frisst [frɪst] **präs** → **fressen**.

Frist [frɪst] (*pl* -en) **die** délai *m*.

fristgerecht ['frɪstgərɛçt] **adj** dans les délais.

Frisur [fri'zuːɐ̯] (*pl* -en ['zuːrən]) **die** coiffure *f*.

frittieren [fri'tiːrən] **vt** frire.

Frl. (*abk für* Fräulein) Mlle. *(Mademoiselle)*.

froh [froː] **adj** joyeux(euse) ▸ **froh sein über** *(+ A)* être content(e) de.

fröhlich ['frøːlɪç] ◆ **adj** gai(e). ◆ **adv** gaiement.

Fronleichnam [froːn'laiçnaːm] **nt** Fête-Dieu *f*.

fror [froːɐ̯] **prät** → **frieren**.

Frost [frɔst] (*pl* **Fröste** ['frœstə]) **der** gel *m*.

Frostgefahr ['frɔstgəfaːɐ̯] **die** risque *m* de gelées.

Frostschutzmittel ['frɔstʃʊtsmɪtl] (*pl inv*) **das** produit *m* anti-gel.

Frottee [frɔ'teː] (*pl* -s) **der ODER das** tissu-éponge *m*.

Frucht [frʊxt] (*pl* **Früchte** ['fryçtə]) **die** fruit *m*.

Fruchteis ['frʊxtlais] **das** sorbet *m*.

Früchtetee ['fryçtəteː] (*pl* -s) **der** tisane *f* aux fruits.

fruchtig ['frʊxtɪç] **adj** fruité(e).

Fruchtsaft ['frʊxtzaft] (*pl* -säfte [zɛːftə]) **der** jus *m* de fruit.

Fruchtsalat ['frʊxtzalaːt] (*pl* -e) **der** salade *f* de fruits.

früh [fryː] **adj & adv** tôt ▸ **zu früh** trop tôt ▸ **gestern / heute / morgen früh** hier / ce / demain matin.

früher ['fryːɐ] ◆ **adj** [ehemalig] ancien(enne). ◆ **adv** [damals] autrefois.

frühestens ['fryːɛstɛns] **adv** au plus tôt.

Frühjahr ['fryːjaːɐ̯] (*pl* -e) **das** printemps *m*.

Frühling ['fryːlɪŋ] (*pl* -e) **der** printemps *m* ▸ **im Frühling** au printemps.

Frühlingsrolle ['fryːlɪŋsrɔlə] (*pl* -n) **die** rouleau *m* de printemps.

Frühschicht ['fryːʃɪçt] (*pl* -en) **die** équipe *f* du matin.

Frühstück ['fryːʃtyk] (*pl* -e) **das** petit déjeuner ▸ **zum Frühstück** au petit déjeuner.

frühstücken ['fryːʃtykn̩] **vi** prendre son petit déjeuner.

Frühstücksraum ['fry:ʃtyksraum] (*pl* **-räume** [rɔymə]) **der** salle *f* du petit déjeuner.

Frust [frʊst] **der** *fam* frustration *f.*

frustrieren [frʊs'tri:rən] **vt** frustrer.

Fuchs [fʊks] (*pl* **Füchse** ['fyksə]) **der** renard *m.*

fühlen ['fy:lən] ◆ **vt** ressentir. ◆ **vi** chercher à tâtons ▸ **nach etw fühlen** porter la main à qqch. ◆ **sich fühlen ref** se sentir.

fuhr [fu:ɐ] **prät** → **fahren.**

führen ['fy:rən] ◆ **vt** 1. [Person, Gruppe] guider 2. [Geschäft, Aufsicht] diriger 3. [Buch, Konto] tenir 4. [Ware] faire 5. [machen] mener. ◆ **vi** mener ▸ **führen zu** [an ein Ziel] conduire à.

Führer ['fy:rɐ] (*pl inv*) **der** guide *m.*

Führerin ['fy:rərɪn] (*pl* **-nen**) **die** guide *f.*

Führerschein ['fy:rɐʃain] (*pl* **-e**) **der** permis *m* de conduire.

Führung ['fy:rʊŋ] (*pl* **-en**) **die** [Besichtigung] visite guidée ▸ **nächste Führung: 12.30 Uhr** prochaine visite : 12h30 ▸ **in Führung liegen** SPORT mener.

Fukushima [fuku'ʃi:ma] **nt** Fukushima.

füllen ['fylən] **vt** 1. [Gefäß] remplir 2. [Teig, Fleisch] farcir 3. [Flüssigkeit] verser.

Füller ['fylɐ] (*pl inv*) **der** stylo *m* plume.

Füllung ['fylʊŋ] (*pl* **-en**) **die** 1. [von Speise] farce *f* 2. [von Zahn] plombage *m.*

Fun- [fan] **adj** fun.

Fund [fʊnt] (*pl* **-e** ['fʊndə]) **der** 1. [Entdeckung] découverte *f* 2. [Fundsache] objet trouvé.

Fundamentalist, in [fʊndamɛn-ta'lɪst, tɪn] (*mpl* **-en**) **der, die** fondamentaliste *mf.*

Fundbüro ['fʊntbyro:] (*pl* **-s**) **das** bureau *m* des objets trouvés.

Fundsache ['fʊntzaxə] (*pl* **-n**) **die** objet trouvé.

fünf [fynf] **num** cinq ▸ **fünf vor fünf** cinq heures moins cinq ▸ **fünf nach fünf** cinq heures cinq ▸ **fünf Uhr fünfundvierzig (5.45 Uhr)** cinq heures quarante-cinq (5h45) ▸ **um fünf** à cinq heures ▸ **sie ist fünf** elle a cinq ans.

Fünfeuroschein [fynf'ɔyroʃain] (*pl* **-e**) **das** billet *f* de cinq euros.

fünfhundert ['fynfhʊndɐt] **num** cinq cents.

fünfmal ['fynfma:l] **adv** cinq fois.

fünfte, r, s ['fynftə] **adj** cinquième ▸ **der fünfte Juni** le cinq juin ▸ **Hamburg, den 5.6.2012** Hambourg, le 5/6/2012.

Fünftel ['fynftl̩] (*pl inv*) **das** cinquième *m.*

fünfzehn ['fynftse:n] **num** quinze.

fünfzig ['fynftsɪç] **num** cinquante.

Fünfzigeuroschein [fynftsɪç'ɔyroʃain] (*pl* **-e**) **der** billet *m* de cinquante euros.

Funk [fʊŋk] **der** radio *f.*

funken ['fʊŋkn̩] **vt** [Signal] transmettre.

Funkgerät ['fʊŋkgərɛ:t] (*pl* **-e**) **das** poste *m* radio.

Funktion [fʊnk'tsio:n] (*pl* **-en**) **die** fonction *f.*

funktionieren [fʊŋktsio'ni:rən] **vi** fonctionner.

Funktionsstörung [fʊŋ'tsio:nsʃtœrʊŋ] **die** dysfonctionnement *m.*

Funktionstaste [fʊŋktsi̯o:nstastə] (*pl* -n) **die** EDV touche *f* de fonction.

für [fy:ɐ̯] **präp** *(+ A)* pour ▸ **was für ein ...** quel genre de... ▸ **Tag für Tag** jour après jour.

furchtbar [ˈfʊrçtba:ɐ̯] ◆ **adj** terrible. ◆ **adv** énormément.

fürchten [ˈfʏrçtn̩] **vt** craindre. ◆ **sich fürchten ref** avoir peur ▸ **sich fürchten vor** *(+ D)* avoir peur de.

fürchterlich [ˈfʏrçtɐlɪç] ◆ **adj** épouvantable. ◆ **adv** terriblement.

furchterregend [ˈfʊrçtlɛɐ̯re:gn̩t] **adj** terrifiant(e).

Fürstentum [ˈfʏrstn̩tu:m] (*pl* -**tümer** [ty:mɐ]) **das** principauté *f*.

Fuß [fu:s] (*pl* **Füße** [ˈfy:sə]) **der** pied *m* ▸ **zu Fuß** à pied.

Fußball [ˈfu:sbal] (*pl* -**bälle** [bɛlə]) **der** 1. [Ball] ballon *m* de football 2. [Sport] football *m*.

Fußballmannschaft [ˈfu:sbalmanʃaft] (*pl* -en) **die** équipe *f* de football.

Fußballplatz [ˈfu:sbalplats] (*pl* -**plätze** [plɛtsə]) **der** terrain *m* de football.

Fußballspiel [ˈfu:sbalʃpi:l] (*pl* -e) **das** match *m* de football.

Fußballspieler, in [ˈfu:sbalʃpi:lɐ, lərɪn] (*mpl inv*) **der, die** footballeur *m*, -euse *f*.

Fußbank [ˈfu:sbaŋk] (*pl* -**bänke** [bɛŋkə]) **die** repose-pieds *m inv*.

Fußboden [ˈfu:sbo:dn̩] (*pl* -**böden** [bø:dn̩]) **der** plancher *m*.

Fußgänger, in [ˈfu:sgɛŋɐ, gɛŋərɪn] (*mpl inv*) **der, die** piéton *m*, -onne *f*.

Fußgängerbrücke [ˈfu:sgɛŋɐbrʏkə] (*pl* -n) **die** passerelle *f* pour piétons.

Fußgängerüberweg [ˈfu:sgɛŋɐly:bɐve:k] (*pl* -e [ˈfu:sgɛŋɐly:bɐve:gə]) **der** passage protégé.

Fußgängerzone [ˈfu:sgɛŋɐtso:nə] (*pl* -n) **die** zone piétonne.

Fußgelenk [ˈfu:sgəlɛŋk] (*pl* -e) **das** cheville *f*.

Fußnagel [ˈfu:sna:gl̩] (*pl* -**nägel** [nɛ:gl̩]) **der** ongle *m* de pied.

Fußweg [ˈfu:sve:k] (*pl* -e [ve:gə]) **der** trottoir *m*.

Fußzeile [ˈfu:stsailə] (*pl* -n) **die** pied *m* de page.

Futter [ˈfʊtɐ] **das** 1. [für Tiere] aliments *mpl* pour animaux 2. [von Mantel, Tasche] doublure *f*.

füttern [ˈfʏtɐn] **vt** 1. [Tier] donner à manger à 2. [Kind] faire manger ▸ **'bitte nicht füttern!'** 'prière de ne pas nourrir les animaux'.

Futur [fuˈtu:ɐ̯] (*pl* -e) **das** GRAMM futur *m*.

Gg

G20 [ge:ˈtsvantsɪç] WIRTSCH [Politik] : **der G20-Gipfel** le G20.

gab [ga:p] **prät** → **geben**.

Gabel [ˈga:bl̩] (*pl* -n [ˈga:bl̩]) **die** [Besteck] fourchette *f*.

gabeln [ˈga:bl̩n] ◆ **sich gabeln ref** [Weg] bifurquer.

Gabelung ['ga:bəlʊŋ] (*pl* **-en**) **die** bifurcation *f*.

Gabun [ga'bu:n] **nt** Gabon *m*.

Gag [gɛ(:)k] (*pl* **-s**) **der** gag *m*.

gähnen ['gɛ:nən] **vi** bâiller.

Gala ['ga:la] (*pl* **-s**) **die 1.** [Veranstaltung] gala *m* **2.** [Kleidung] habit *m* de gala.

Galerie [galə'ri:] (*pl* **-n** [ri:ən]) **die** galerie *f*.

Galle ['galə] (*pl* **-n**) **die** vésicule *f* biliaire.

galoppieren [galɔ'pi:rən] **vi** *(ist)* galoper.

galt [galt] **prät** → **gelten**.

Gambia ['gambi̯a] **nt** Gambie *f*.

Gameshow ['ge:mʃo:] (*pl* **-s**) **die** jeu *m* télévisé.

Gammelfleisch ['gaməlflai̯ʃ] **das** *fam* viande *f* avariée.

Gang ['gaŋ] (*pl* **Gänge** ['gɛŋə]) **der 1.** [Flur] couloir *m* **2.** [von Menü] plat *m* **3.** [von Fahrzeug] vitesse *f* **4.** [Gangart] démarche *f* **5.** [Spaziergang] tour *m* **6.** EDV marche *f* ▸ **in Gang setzen** démarrer ▸ **im ersten Gang** en première ▸ **etw in Gang bringen** mettre qqch en route.

Gangschaltung ['gaŋʃaltʊŋ] (*pl* **-en**) **die 1.** [von Auto] boîte *f* de vitesses **2.** [von Fahrrad] dérailleur *m*.

Gangway ['gɛŋve:] (*pl* **-s**) **die** passerelle *f*.

Gans [gans] (*pl* **Gänse** ['gɛnzə]) **die** oie *f*.

Gänsehaut ['gɛnzəhau̯t] **die** chair *f* de poule.

Gänseleberpastete ['gɛnzəle:bɐpaste:tə] (*pl* **-n**) **die** foie *m* gras.

ganz [gants] ◆ **adj 1.** [komplett, alle] tout (toute) **2.** [heil] entier(ère). ◆ **adv 1.** [sehr] tout **2.** [völlig] complètement **3.** [ziemlich] tout à fait ▸ **ganz bleiben** rester entier ▸ **ganz bestimmt** très certainement ▸ **ganz und gar** totalement ▸ **ganz und gar nicht** pas du tout ▸ **ganz gut** plutôt bien.

Ganzkörperscanner ['gantskœrpɐskɛnɐ] (*pl inv*) **der** scanner *m* corporel.

ganztägig ['gantstɛ:gɪç] ◆ **adj** d'une journée. ◆ **adv** toute la journée.

ganztags ['gantsta:ks] **adv** à plein temps.

Ganztagsschule ['gantsta:ksʃu:lə] (*pl* **-n**) **die** *école fréquentée le matin et l'après-midi par les élèves*.

gar [gar] ◆ **adj** [Speise] cuit(e). ◆ **adv** : **gar keiner** personne ▸ **gar nicht** pas du tout ▸ **gar nichts** rien du tout.

Garage [ga'ra:ʒə] (*pl* **-n**) **die** garage *m*.

Garantie [garan'ti:] (*pl* **-n**) **die** [auf Ware, Reparatur] garantie *f*.

garantieren [garan'ti:rən] **vt** & **vi** garantir ▸ **garantieren für** garantir.

garantiert [garan'ti:ɐt] **adv** à coup sûr.

Garderobe [gardə'ro:bə] (*pl* **-n**) **die 1.** [Kleidung] garde-robe *f* **2.** [Raum] vestiaire *m*.

Gardine [gar'di:nə] (*pl* **-n**) **die** rideau *m*.

Garn [garn] (*pl* **-e**) **das** fil *m*.

Garten ['gartn̩] (*pl* **Gärten** ['gɛrtn̩]) **der** jardin *m*.

Gartenlokal ['gartn̩loka:l] (*pl* **-e**) **das** *restaurant avec jardin ou terrasse*.

Gartenstuhl ['gartn̩ʃtu:l] (*pl* **-stühle** [ʃty:lə]) **der** chaise *f* de jardin.

Gärtner ['gɛrtnɐ] (*pl inv*) **der** jardinier *m*.

Gärtnerei ['gɛrtnərai̯] (*pl* **-en**) **die** jardinerie *f*.

Gärtnerin ['gɛrtnərɪn] (*pl* **-nen**) **die** jardinière *f*.

Garzeit ['ga:rtsait] (*pl* -en) **die** temps *m* de cuisson.

Gas [ga:s] (*pl* -e ['ga:zə]) **das** gaz *m* ▸ **Gas geben** accélérer.

Gasflasche ['ga:sflaʃə] (*pl* -n) **die** bouteille *f* de gaz.

Gasheizung ['ga:shaitsʊŋ] (*pl* -en) **die** chauffage *m* au gaz.

Gaskocher ['ga:skɔxɐ] (*pl inv*) **der** réchaud *m*.

Gaspedal ['ga:speda:l] (*pl* -e) **das** accélérateur *m*.

Gasse ['gasə] (*pl* -n) **die** [Straße] ruelle *f*.

Gast [gast] (*pl* **Gäste** ['gɛstə]) **der 1.** [zu Hause] invité *m*, -e *f* **2.** [in Restaurant, Hotel] client *m*, -e *f* ▸ **zu Gast sein bei jm** être invité chez qqn.

Gastarbeiter, in ['gastlarbaitɐ, tərɪn] (*mpl inv*) **der, die** travailleur immigré (travailleuse immigrée).

Gästebett ['gɛstəbɛt] (*pl* -en) **das** lit *m* (de la chambre d'amis).

Gästebuch ['gɛstəbu:x] (*pl* **-bücher** [by:çɐ]) **das** livre *m* d'or.

Gästehaus ['gɛstəhaus] (*pl* **-häuser** [hɔyzɐ]) **das** *résidence destinée à l'accueil d'hôtes étrangers*.

Gästezimmer ['gɛstətsɪmɐ] (*pl inv*) **das** chambre *f* d'amis.

gastfreundlich ['gastfrɔyntlɪç] **adj** hospitalier(ère).

Gastgeber, in ['gastge:bɐ, bərɪn] (*mpl inv*) **der, die** hôte *m*, hôtesse*f*.

Gasthaus ['gasthaus] (*pl* **-häuser** [hɔyzɐ]) **das** auberge *f*.

Gasthof ['gastho:f] (*pl* **-höfe** [hø:fə]) **der** auberge *f*.

Gastland ['gastlant] (*pl* **-länder** [lɛndɐ]) **das** pays *m* d'accueil.

Gastroenterologe, gin ['gastrolɛnterolo:gə, lo:gɪn] (*mpl* -n) **der, die** gastroentérologue *mf*.

Gastronomie [gastrono'mi:] **die** gastronomie *f*.

Gaststätte ['gastʃtɛtə] (*pl* -n) **die** auberge *f*.

Gaststube ['gastʃtu:bə] (*pl* -n) **die** salle *f* d'auberge.

Gastwirt, in ['gastvɪrt, tɪn] (*mpl* -e) **der, die** aubergiste *mf*.

Gate [ge:t] (*pl* -s) **das** porte *f*.

GAU [gau] (*pl* -s) (*abk für* **größter anzunehmender Unfall**) **der** accident *m* maximal prévisible.

Gaze ['ga:zə] **die** gaze *f*.

geändert [gə'ɛndɐt] **adj** : **geänderte Abfahrtszeiten** changement d'horaires *(de départ)* ▸ **geänderte Öffnungszeiten** modification des heures d'ouverture ▸ **Vorfahrt geändert** changement de priorité.

geb. *abk für* **geboren**.

Gebäck [gə'bɛk] (*pl* -e) **das** petits gâteaux.

gebacken [gə'bakn̩] **adj** cuit(e) au four.

Gebärmutter [gə'bɛ:ɐ̯mutɐ] (*pl* **-mütter** [mytɐ]) **die** utérus *m*.

Gebäude [gə'bɔydə] (*pl inv*) **das** bâtiment *m*.

gebeizt [gə'baitst] **adj** teinté(e).

geben ['ge:bn̩] (*präs* **gibt**, *prät* **gab**, *pp* **gegeben**) ◆ **vt 1.** [gen] donner ▸ **jm etw geben** donner qqch à qqn ▸ **er hat uns dafür 20 Euro gegeben** il nous a donné 20 euros en échange ▸ **den Fernseher in Reparatur geben** donner

la télé à réparer ▸ **Rabatt geben** accorder une remise **2.** [am Telefon] passer
◆ **vimp** : **es gibt keine Erdbeeren mehr** il n'y a plus de fraises ▸ **was gibt es zu essen?** qu'y a t-il à manger ?
◆ **sich geben ref** : **sich cool geben** jouer le décontracté (la décontractée).

gebeten [gə'beːtn̩] **pp → bitten.**

Gebiet [gə'biːt] (*pl* **-e** [gə'biːtə]) **das** [Gegend] région *f.*

Gebirge [gə'bɪrgə] (*pl inv*) **das** montagne *f.*

gebirgig [gə'bɪrgɪç] **adj** montagneux(euse).

Gebiss [gə'bɪs] (*pl* **-e**) **das 1.** [Zähne] dentition *f* **2.** [künstlich] dentier *m.*

gebissen [gə'bɪsn̩] **pp → beißen.**

Gebläse [gə'blɛːzə] (*pl inv*) **das** ventilation *f.*

geblasen [gə'blaːzn̩] **pp → blasen.**

gebleicht [gə'blaiçt] **adj** décoloré(e).

geblieben [gə'bliːbn̩] **pp → bleiben.**

gebogen [gə'boːgn̩] ◆ **pp → biegen.** ◆ **adj** courbe.

gebohnert [gə'boːnɐt] **adj** ciré(e).

geboren [gə'boːrən] **adj** : **geborene Maier** née Maier.

geborgen [gə'bɔrgn̩] **pp → bergen.**

geboten [gə'boːtn̩] **pp → bieten.**

gebracht [gə'braxt] **pp → bringen.**

gebrannt [gə'brant] **pp → brennen.**

gebraten [gə'braːtn̩] ◆ **pp → braten.** ◆ **adj 1.** [Fleisch] rôti(e) **2.** [Kartoffeln] sauté(e).

gebrauchen [gə'brauxn̩] **vt** utiliser ▸ **etw gebrauchen können** avoir besoin de qqch.

Gebrauchsanweisung [gə'brauxslanvaizʊŋ] (*pl* **-en**) **die** mode *m* d'emploi.

gebrauchsfertig [gə'brauxsfɛrtɪç] **adj** prêt(e) à l'emploi.

Gebrauchsgegenstand [gə'brauxsgeːgn̩ʃtant] (*pl* **-stände** [ʃtɛndə]) **der** objet *m* utilitaire.

gebraucht [gə'brauxt] **adj** d'occasion.

Gebrauchtwagen [gə'brauxtvaːgn̩] (*pl inv*) **der** voiture *f* d'occasion.

gebrochen [gə'brɔxn̩] ◆ **pp → brechen.** ◆ **adj** cassé(e). ◆ **adv** : **gebrochen Englisch sprechen** mal parler l'anglais.

Gebühr [gə'byːɐ̯] (*pl* **-en** [byːrən]) **die** redevance *f* ▸ **'Gebühr bezahlt Empfänger'** 'frais d'envoi à la charge du destinataire'.

ⓘ Praxisgebühr

Depuis 2004, les bénéficiaires des caisses d'assurance maladie doivent s'acquitter d'une somme de dix euros par trimestre pour soulager les dépenses de santé publique.

Gebühreneinheit [gə'byːrənlainhait] (*pl* **-en**) **die** unité *f* (de téléphone).

gebührenfrei [gə'byːrənfrai] **adj** gratuit(e).

Gebührenordnung [gə'byːrənlɔrdnʊŋ] (*pl* **-en**) **die** tarifs *mpl.*

gebührenpflichtig [gə'byːrənpflɪçtɪç] **adj** payant(e).

gebunden [gə'bʊndn̩] **pp → binden.**

Geburt [gə'buːɐ̯t] (*pl* **-en**) **die** naissance *f.*

Geburtsdatum [gə'buːɐ̯tsdaːtʊm] (*pl* **-daten** [daːtn̩]) **das** date *f* de naissance.

Geburtsjahr [gə'buːɐ̯tsjaːɐ̯] (*pl* **-e**) **das** année *f* de naissance.

Geburtsname [gə'buːɐ̯tsnaːmə] (*pl* **-n**) **der** nom *m* de jeune fille.

Geburtsort [gəˈbuːɐ̯tsˌɔrt] (*pl* -e) **der** lieu *m* de naissance.

Geburtstag [gəˈbuːɐ̯tstaːk] (*pl* -e [taːgə]) **der** anniversaire *m* ▸ **alles Gute zum Geburtstag** bon anniversaire.

Geburtstagsfeier [gəˈbuːɐ̯tstaːksfaiɐ̯] (*pl* -n) **die** fête *f* d'anniversaire.

Geburtsurkunde [gəˈbuːɐ̯tsˌuːɐ̯kʊndə] (*pl* -n) **die** extrait *m* d'acte de naissance.

gedacht [gəˈdaxt] **pp** → **denken**.

Gedächtnis [gəˈdɛçtnɪs] (*pl* -se [gəˈdɛçtnɪs]) **das** mémoire *f*.

Gedanke [gəˈdaŋkə] (*pl* -n) **der** pensée *f*.

Gedeck [gəˈdɛk] (*pl* -e) **das** couvert *m*.

Gedenk- [gəˈdɛnk] **adj** commémoratif(ive) ▸ **eine Gedenktafel** une plaque commémorative.

Gedenkfeier [gəˈdɛŋkfaiɐ̯] (*pl* -n) **die** commémoration *f*.

Gedenkstätte [gəˈdɛŋkʃtɛtə] (*pl* -n) **die** mémorial *m*.

Gedicht [gəˈdɪçt] (*pl* -e) **das** poème *m*.

Geduld [gəˈdʊlt] **die** patience *f* ▸ **bitte haben Sie etwas Geduld** veuillez patienter quelques minutes.

gedulden [gədʊldn̩] ◆ **sich gedulden** **ref** patienter ▸ **bitte gedulden Sie sich einen Augenblick** veuillez patienter un instant.

geduldig [gəˈdʊldɪç] ◆ **adj** patient(e). ◆ **adv** patiemment.

gedünstet [gəˈdynstət] **adj** cuit(e) à la vapeur.

gedurft [gəˈdʊrft] **pp** → **dürfen**.

geehrt [gəlˈeːɐ̯t] **adj** : **sehr geehrter Herr X** Monsieur ▸ **sehr geehrte Frau X** Madame ▸ **sehr geehrte Damen und Herren** Mesdames et Messieurs.

geeignet [gəˈlaignət] **adj** approprié(e) ▸ **geeignet für** destiné à ▸ **geeignet sein zu** être fait pour ▸ **für etw nicht geeignet sein** ne pas être fait pour qqch.

Gefahr [gəˈfaːɐ̯] (*pl* -en) **die** danger *m* ▸ **auf eigene Gefahr** à vos risques et périls.

gefahren [gəˈfaːrən] **pp** → **fahren**.

Gefahrenfall [gəˈfaːrənfal] **der** : **'nur im Gefahrenfall benutzen'** 'à n'utiliser qu'en cas de danger'.

gefährlich [gəˈfɛːɐ̯lɪç] **adj** dangereux(euse).

Gefälle [gəˈfɛlə] (*pl inv*) **das** dénivelé *m*.

gefallen [gəˈfalən] (*präs* **gefällt**, *prät* **gefiel**, *pp* **gefallen**) **vi** : **gefällt dir mein Kleid?** est-ce que ma robe te plaît ? ▸ **er lässt sich alles gefallen** il supporte tout ▸ **ich lasse mir nichts gefallen** je ne me laisse pas faire.

Gefallen [gəˈfalən] (*pl inv*) **der** service *m* ▸ **jm einen Gefallen tun** rendre un service à qqn.

gefälligst [ˈgəfɛlɪçst] **adv** : **hör gefälligst auf!** veux-tu bien arrêter !

gefangen [gəˈfaŋən] **pp** → **fangen**.

Gefängnis [gəˈfɛŋnɪs] (*pl* -se) **das** prison *f*.

Gefäß [gəˈfɛːs] (*pl* -e) **das** récipient *m*.

geflochten [gəˈflɔxtn̩] **pp** → **flechten**.

geflogen [gəˈfloːgn̩] **pp** → **fliegen**.

geflohen [gəˈfloːən] **pp** → **fliehen**.

geflossen [gəˈflɔsn̩] **pp** → **fließen**.

Geflügel [gəˈflyːgl̩] **das** volaille *f*.

gefochten [gəˈfɔxtn̩] **pp** → **fechten**.

gefressen [gəˈfrɛsn̩] **pp** → **fressen**.

Gefrierbeutel [gəˈfriːɐ̯bɔytl̩] (*pl inv*) **der** sac *m* congélation.

Gefriere [gəˈfriːrə] **die** *fam* congélo *m*.

gefrieren [gəˈfriːrən] (*präs* **gefriert**, *prät* **gefror**, *pp* **gefroren**) **vi** *(ist)* geler.
Gefrierfach [gəˈfriːɐ̯fax] (*pl* **-fächer** [fɛçɐ̯]) **das** freezer *m*.
Gefrierschrank [gəˈfriːrʃraŋk] (*pl* **-schränke**) **der** armoire *f* frigorifique.
Gefriertruhe [gəˈfriːɐ̯truːə] (*pl* **-n**) **die** congélateur *m*.
gefroren [gəˈfroːrən] ◆ **pp** → **frieren**. ◆ **adj** gelé(e).
gefrustet [gəˈfrustət] **adj** *fam* frustré(e).
Gefühl [gəˈfyːl] (*pl* **-e**) **das 1.** [Tastsinn] sensation *f* **2.** [Emotion] sentiment *m*.
gefüllt [gəˈfylt] **adj** [Speisen] farci(e).
gefunden [gəˈfʊndn̩] **pp** → **finden**.
gegangen [gəˈgaŋən] **pp** → **gehen**.
gegeben [gəˈgeːbn̩] **pp** → **geben**.
gegebenenfalls [gəˈgeːbənɛnfals] **adv** le cas échéant.
gegen [ˈgeːgn̩] **präp** *(+ A)* **1.** contre **2.** [zeitlich] vers **3.** [Angabe eines Vergleichs] à côté de ▸ **gegen etw sein** être contre qqch ▸ **etwas gegen jn haben** avoir quelque chose contre qqn.
Gegend [ˈgeːgn̩t] (*pl* **-en** [gn̩dn̩]) **die** région *f* ▸ **in der Gegend** dans la région.
gegeneinander [geːgn̩laiˈnandɐ] **adv** l'un contre l'autre (l'une contre l'autre).
Gegenfahrbahn [ˈgeːgn̩faːɐ̯baːn] (*pl* **-en**) **die** autre côté *m* de la chaussée.
Gegenmittel [ˈgeːgn̩mɪtl̩] (*pl inv*) **das** antidote *m*.
Gegenrichtung [ˈgeːgn̩rɪçtʊŋ] **die** sens *m* inverse.
Gegensatz [ˈgeːgn̩zats] (*pl* **-sätze** [zɛtsə]) **der** contraste *m* ▸ **im Gegensatz zu** contrairement à.
gegenseitig [ˈgeːgn̩zaitɪç] ◆ **adj** réciproque. ◆ **adv** réciproquement.
Gegensprechanlage [ˈgeːgn̩ʃprɛçanlaːgə] (*pl* **-n**) **die** Interphone® *m*.
Gegenstand [ˈgeːgn̩ʃtant] (*pl* **-stände** [ʃtɛndə]) **der** objet *m*.
Gegenteil [ˈgeːgn̩tail] **das** contraire *m* ▸ **im Gegenteil** au contraire.
gegenüber [geːgn̩ˈyːbɐ] **präp** *(+ D)* **1.** [räumlich] en face de **2.** [Angabe eines Vergleichs] par rapport à **3.** [Angabe einer Beziehung] vis-à-vis de ▸ **jm gegenüber** vis-à-vis de qqn.
Gegenverkehr [ˈgeːgn̩fɛɐ̯keːɐ̯] **der** trafic *m* en sens inverse.
Gegenwart [ˈgeːgn̩vart] **die** présent *m* ▸ **in Gegenwart von** en présence de.
Gegenwind [ˈgeːgn̩vɪnt] **der** vent *m* contraire.
gegessen [gəˈgɛsn̩] **pp** → **essen**.
geglichen [gəˈglɪçn̩] **pp** → **gleichen**.
geglitten [gəˈglɪtn̩] **pp** → **gleiten**.
Gegner, in [ˈgeːgnɐ, nərɪn] (*mpl inv*) **der, die** adversaire *mf*.
gegolten [gəˈgɔltn̩] **pp** → **gelten**.
gegossen [gəˈgɔsn̩] **pp** → **gießen**.
gegriffen [gəˈgrɪfn̩] **pp** → **greifen**.
gegrillt [gəˈgrɪlt] **adj** grillé(e).
Gehackte [gəˈhaktə] **das** KÜCHE viande hachée.
Gehalt [gəˈhalt] (*pl* **Gehälter** [gəˈhɛltɐ]) **das** [von Angestellten] salaire *m*.
gehässig [gəˈhɛsɪç] **adj** méchant(e).
gehauen [gəˈhauən] **pp** → **hauen**.
gehbehindert [ˈgeːbəhɪndɐt] **adj** handicapé(e).
geheim [gəˈhaim] **adj** secret(ète).
Geheimnis [gəˈhaimnɪs] (*pl* **-se**) **das** secret *m*.
geheimnisvoll [gəˈhaimnɪsfɔl] **adj** mystérieux(euse).

Geheimnummer [gəˈhaimnʊmɐ] (*pl* -n) **die 1.** [von Scheckkarte] code confidentiel **2.** [von Telefon] : **er hat eine Geheimnummer** il est sur liste rouge.

geheißen [gəˈhaisn̩] **pp** → **heißen**.

gehen [ˈgeːən] (*präs* **geht**, *prät* **ging**, *pp* **gegangen**) ◆ **vi** *(ist)* **1.** [aller] aller ▸ **einkaufen gehen** aller faire les courses **2.** [weggehen, kündigen] partir ▸ **der Zug geht in 5 Minuten** le train part dans 5 minutes **3.** [funktionieren] marcher ▸ **der Fahrstuhl geht leider nicht** malheureusement l'ascenseur ne marche pas **4.** [reichen] : **das Wasser geht mir bis zu den Knien** l'eau m'arrive aux genoux **5.** [passen] : **wie viele Personen gehen in das Auto?** combien de personnes tiennent dans la voiture ? ▸ **die Schnur geht nicht durch das Loch** la ficelle ne passe pas par le trou **6.** [Belastung] : **das geht über meine Kräfte** c'est au-dessus de mes forces **7.** [Teig] lever **8.** [Post] : **der Brief geht an Herrn Grau** la lettre est destinée à Monsieur Grau **9.** SPORT partir ▸ **der Ball geht ins Aus** la balle sort **10.** [gerichtet sein] : **das Fenster geht auf den Hof** la fenêtre donne sur la cour **11.** [sich richten] : **es muss immer nach ihrem Kopf gehen** il faut toujours lui céder
◆ **vimp** *(ist)* **1.** [sich befinden] : **wie geht's?** comment ça va ? ▸ **wie geht es Ihnen?** comment allez-vous ? ▸ **mir geht es gut / schlecht** je vais bien / mal **2.** [sich handeln um] : **es geht um meine Tochter** il s'agit de ma fille ▸ **es geht mir nur um eure Sicherheit** tout ce qui m'importe est votre sécurité.

Gehirn [gəˈhɪrn] (*pl* -e) **das** cerveau *m*.

Gehirnerschütterung [gəˈhɪrnlɛɐʃʏtərʊŋ] (*pl* -en) **die** commotion cérébrale.

gehoben [gəˈhoːbn̩] ◆ **pp** → **heben**. ◆ **adj** [Position, Dienst] élevé(e).

geholfen [gəˈhɔlfn̩] **pp** → **helfen**.

gehorchen [gəˈhɔrçn̩] **vi** obéir ▸ **jm gehorchen** obéir à qqn.

gehören [gəˈhøːrən] **vi** : **das Haus gehört mir** la maison m'appartient ▸ **das gehört zu meiner Arbeit** cela fait partie de mon travail ▸ **das Buch gehört in dieses Regal** le livre a sa place dans cette étagère. ◆ **sich gehören ref** : **es** ODER **das gehört sich nicht** cela ne se fait pas.

Gehörlose [gəˈhøːɐ̯loːzə] (*pl* -n) **der, die** sourd *m*, -e *f*.

gehorsam [gəˈhoːɐ̯zaːm] **adj** obéissant(e).

Gehwagen [ˈgeːvaːgən] (*pl inv*) **der** déambulateur *m*.

Gehweg [ˈgeːveːk] (*pl* -e [veːgə]) **der** trottoir *m*.

Geige [ˈgaigə] (*pl* -n) **die** violon *m*.

geil [gail] **adj 1.** *abw* [lüstern] lubrique **2.** *abw* [Person] excitant(e) **3.** *fam* [toll] d'enfer ▸ **auf jn geil sein** trouver qqn excitant(e).

Geisterbahn [ˈgaistɐbaːn] (*pl* -en) **die** train *m* fantôme.

Geisterfahrer, in [ˈgaistɐfaːrɐ, rərɪn] (*mpl inv*) **der, die** [auf Autobahn] *personne qui conduit à contresens*.

geizig [ˈgaitsɪç] **adj** avare.

gekannt [gəˈkant] **pp** → **kennen**.

geklungen [gəˈklʊŋən] **pp** → **klingen**.

gekniffen [gəˈknɪfn̩] **pp** → **kneifen**.

gekocht [gəˈkɔxt] **adj** cuit(e).

gekommen [gəˈkɔmən] **pp** → **kommen**.

gekonnt [gəˈkɔnt] **pp → können**.

gekrochen [gəˈkrɔxn̩] **pp → kriechen**.

gekühlt [gəˈkyːlt] **adj** [Getränk] rafraîchi(e) ▸ **'gekühlt mindestens haltbar bis ...'** 'date limite de conservation au réfrigérateur : ...'.

Gel [geːl] (*pl* -s) **das** gel *m*.

geladen [gəˈlaːdn̩] **pp → laden**.

gelähmt [gəˈlɛːmt] **adj** paralysé(e) ▸ **vor Angst wie gelähmt** paralysé de peur.

Gelände [gəˈlɛndə] (*pl inv*) **das** [Grundstück] terrain *m*.

Geländer [gəˈlɛndɐ] (*pl inv*) **das 1.** [von Treppe] rampe *f* **2.** [von Brücke] rambarde *f* **3.** [von Balkon] balustrade *f*.

gelang [gəˈlaŋ] **pp → gelingen**.

gelassen [gəˈlasn̩] ◆ **pp → lassen**. ◆ **adj** placide.

Gelatine [ʒelaˈtiːnə] **die** gélatine *f*.

gelaunt [gəˈlaunt] **adj** : **gut gelaunt** de bonne humeur ▸ **schlecht gelaunt** de mauvaise humeur.

gelb [gɛlp] **adj 1.** [Kleid, Heft] jaune **2.** [Ampel] orange.

Gelb [gɛlp] **das 1.** [Farbe] jaune *m* **2.** [von Ampel] orange *m*.

Gelbsucht [ˈgɛlpsʊxt] **die** MED jaunisse *f*.

Geld [gɛlt] (*pl* -er [ˈgɛldɐ]) **das** [Münzen, Banknoten] argent *m*.

Geldautomat [ˈgɛltǀautomaːt] (*pl* -en) **der** distributeur *m* de billets.

Geldbörse [ˈgɛltbœrze] (*pl* -n) **die** porte-monnaie *m inv*.

Geldbuße [ˈgɛltbuːsə] (*pl* -n) **die** amende *f*.

Geldeinwurf [ˈgɛltǀainvʊrf] **der** introduction *f* de la monnaie.

Geldkarte [ˈgɛltkartə] **die** *carte à puce prépayée*.

Geldrückgabe [ˈgɛltrykgaːbə] **die** retour *m* de monnaie.

Geldschein [ˈgɛltʃain] (*pl* -e) **der** billet *m* de banque.

Geldspielautomat [ˈgɛltʃpiːlǀautomaːt] (*pl* -en) **der** machine *f* à sous.

Geldstrafe [ˈgɛltʃtraːfə] (*pl* -n) **die** amende *f*.

Geldwechsel [ˈgɛltvɛksl̩] **der** change *m* ▸ **'kein Geldwechsel'** 'pas de change'.

Geldwechselautomat [ˈgɛltvɛksl̩ǀautomaːt] (*pl* -en) **der** distributeur *m* de monnaie.

Gelee [ʒəˈleː] (*pl* -s) **das** gelée *f*.

gelegen [gəˈleːgn̩] **pp → liegen**.

Gelegenheit [gəˈleːgn̩hait] (*pl* -en [gəˈleːgn̩hait]) **die** occasion *f* ▸ **bei Gelegenheit** à l'occasion.

gelegentlich [gəˈleːgn̩tlɪç] **adv** occasionnellement.

Gelenk [gəˈlɛŋk] (*pl* -e) **das** [von Knochen] articulation *f*.

Geliebte [gəˈliːptə] (*pl* -n) **der, die** amant *m*, maîtresse *f*.

geliehen [gəˈliːən] **pp → leihen**.

gelingen [gəˈlɪŋən] (*prät* **gelang**, *pp* **gelungen**) ◆ **vi** *(ist)* réussir. ◆ **vimp** : **es gelingt ihm nicht, eine Stelle zu finden** il ne parvient pas à trouver un emploi ▸ **dieses Bild ist ihr gut gelungen** elle a bien réussi ce dessin.

gelitten [gəˈlɪtn̩] **pp → leiden**.

gelockt [gəˈlɔkt] **adj** bouclé(e).

gelogen [gəˈloːgən] **pp → lügen**.

gelten [ˈgɛltn̩] (*präs* **gilt**, *prät* **galt**, *pp* **gegolten**) **vt & vi** être valable ▸ **gelten bis** être valable jusque.

Geltungsbereich ['gɛltʊŋsberaiç] (*pl* -e) **der** [von Fahrkarte] zone *f* de validité.

Geltungsdauer ['gɛltʊŋsdauɐ] **die** [von Fahrkarte, Ausweis] durée *f* de validité.

gelungen [gə'lʊŋən] **pp** → **gelingen**.

gemahlen [gə'ma:lən] ◆ **pp** → **mahlen**. ◆ **adj** [Kaffee] moulu(e).

Gemälde [gə'mɛ:ldə] (*pl inv*) **das** tableau *m*.

gemein [gə'main] **adj** [böse] odieux (odieuse).

Gemeinde [gə'maində] (*pl* -n) **die 1.** [Ort] commune *f* **2.** [kirchlich] paroisse *f*.

gemeinsam [gə'mainzam] ◆ **adj** commun(e). ◆ **adv** ensemble.

Gemeinschaft [gə'mainʃaft] (*pl* -en) **die** communauté *f*.

gemeint [gə'maint] **adj** : **das war nicht so gemeint** ce n'est pas ce que je voulais dire.

gemieden [gə'mi:dn̩] **pp** → **meiden**.

gemischt [gə'mɪʃt] **adj** [Gruppe] mixte ▸ **gemischter Salat** assiette *f* de crudités.

gemocht [gə'mɔxt] **pp** → **mögen**.

gemolken [gə'mɔlkn̩] **pp** → **melken**.

Gemüse [gə'my:zə] (*pl inv*) **das** légumes *mpl*.

Gemüsehändler, in [gə'my:zəhɛndlɐ, lərɪn] (*mpl inv*) **der, die** primeur *m*.

gemusst [gə'mʊst] **pp** → **müssen**.

gemütlich [gə'my:tlɪç] **adj 1.** [bequem] douillet(ette) **2.** [gastfreundlich] chaleureux(euse) **3.** [zwanglos] agréable **4.** [langsam] tranquille ▸ **es sich** *(D)* **gemütlich machen** se mettre à l'aise.

Gen [ge:n] (*pl* -e) **das** gène *m*.

genannt [gə'nant] **pp** → **nennen**.

genau [gə'nau] ◆ **adj** précis(e). ◆ **adv 1.** [aufmerksam] exactement **2.** [exakt] parfaitement ▸ **genau!** [richtig] tout à fait !

genauso [gə'nauzo:] **adv** tout aussi ▸ **genauso gut / schlecht / schnell** tout aussi bien / mal / vite.

genehmigen [gə'ne:mɪgn̩] **vt** autoriser.

Genehmigung [gə'ne:mɪgʊŋ] (*pl* -en) **die** autorisation *f*.

Generation [genəra'tsjo:n] (*pl* -en) **die** génération *f*.

generell [genə'rɛl] **adj** général(e).

genetisch [ge'ne:tɪʃ] **adv** génétiquement.

Genf [gɛnf] **nt** Genève.

Genfer See ['gɛnfɐze:] **der** lac *m* Léman.

Genforschung ['ge:nfɔrʃʊŋ] (*pl* -en) **die** recherche *f* génétique.

Genick [gə'nɪk] (*pl* -e) **das** nuque *f*.

genießbar [gə'ni:sba:ɐ̯] **adj** [Speise] comestible ▸ **nicht mehr genießbar** immangeable.

genießen [gə'ni:sn̩] (*prät* **genoss**, *pp* **genossen**) **vt 1.** [Freude] profiter de **2.** [Speise] savourer.

Genitiv ['ge:niti:f] (*pl* -e [ti:və]) **der** GRAMM génitif *m*.

genmanipuliert ['ge:nmanipuli:ɐt] **adj** génétiquement modifié(e).

genommen [gə'nɔmən] **pp** → **nehmen**.

genormt [gə'nɔrmt] **adj** standard.

genoss [gə'nɔs] **prät** → **genießen**.

genossen [gə'nɔsn̩] **pp** → **genießen**.

Gent [gɛnt] **nt** Gand.

Gentechnik ['ge:ntɛçnɪk] **die** génie *m* génétique.

gentechnisch ['ge:ntεçnɪʃ] ◆ **adj** génétique. ◆ **adv** génétiquement ▸ **gentechnisch verändert** par manipulations génétiques.

genug [gə'nu:k] **adv** assez ▸ **genug haben** en avoir assez.

genügen [gə'ny:gn̩] **vi** suffire ▸ **jm genügen** suffire à qqn ▸ **das genügt!** ça suffit !

Genuss [gə'nʊs] (*pl* **Genüsse** [nysə]) **der 1.** [Freude] plaisir *m* **2.** [Verzehr, Verbrauch] consommation *f*.

Geo [geo] **die** *fam* SCHULE géo *f*.

geöffnet [gə'lœfnət] **adj** [Geschäft, Schalter] ouvert(e).

geographisch, geografisch [geo'gra:fɪʃ] **adj** géographique.

geordnet [gə'lɔrdnət] **adj** rangé(e).

Georgien [ge'ɔrgi̯ən] **nt** Géorgie *f*.

Geothermie [geotεr'mi:] **die** géothermie *f*.

Gepäck [gə'pεk] **das** bagages *mpl*.

Gepäckabfertigung [gə'pεklapfεrti:gʊŋ] **die** enregistrement *m* des bagages.

Gepäckablage [gə'pεklapla:gə] (*pl* **-n**) **die** compartiment *m* à bagages.

Gepäckannahme [gə'pεklanna:mə] **die** guichet *m* d'enregistrement des bagages.

Gepäckaufbewahrung [gə'pεklaufbəva:rʊŋ] **die** consigne *f*.

Gepäckaufgabe [gə'pεklaufga:bə] **die** consigne *f*.

Gepäckausgabe [gə'pεklausga:bə] **die** guichet *m* de remise des bagages.

Gepäckkarren [gə'pεkkarən] (*pl inv*) **der** chariot *m* à bagages.

Gepäckkontrolle [gə'pεkkɔntrɔlə] (*pl* **-n**) **die** contrôle *m* des bagages.

Gepäcknetz [gə'pεknεts] (*pl* **-e**) **das** filet *m* à bagages.

Gepäckrückgabe [gə'pεkrykga:bə] **die** remise *f* des bagages.

Gepäckstück [gə'pεkʃtyk] (*pl* **-e**) **das** bagage *m*.

Gepäckträger [gə'pεktrε:gɐ] (*pl inv*) **der** [von Fahrrad] porte-bagages *m inv*.

Gepäckversicherung [gə'pεkfεɐzɪçərʊŋ] (*pl* **-en**) **die** assurance-bagages *f*.

Gepäckwagen [gə'pεkva:gn̩] (*pl inv*) **der** voiture *f* à bagages.

gepfiffen [gə'pfɪfn̩] **pp** → **pfeifen**.

gequollen [gə'kvɔlən] **pp** → **quellen**.

gerade [gə'ra:də] **adv 1.** [vor Kurzem] il y a un instant **2.** [jetzt] tout de suite **3.** [knapp] juste **4.** [besonders] justement ▸ **nicht gerade** pas vraiment.

geradeaus [gəra:də'laus] **adv** tout droit ▸ **immer geradeaus** toujours tout droit.

gerannt [gə'rant] **pp** → **rennen**.

geraspelt [gə'raspl̩t] **adj** râpé(e).

gerät [gə'rε:t] **präs** → **geraten**.

Gerät [gə'rε:t] (*pl* **-e**) **das** appareil *m*.

geraten [gə'ra:tn̩] (*präs* **gerät**, *prät* **geriet**, *pp* **geraten**) ◆ **pp** → **raten**. ◆ **vi** *(ist)* : **sie ist an einen Betrüger geraten** elle est tombée sur un arnaqueur ▸ **in Schwierigkeiten geraten** se retrouver en difficulté.

geräuchert [gə'rɔyçɐt] **adj** fumé(e).

geräumig [gə'rɔymɪç] **adj** spacieux(euse).

Geräusch [gə'rɔyʃ] (*pl* **-e**) **das** bruit *m*.

gerecht [gə'rεçt] **adj 1.** [Person, Entscheidung] juste **2.** [Teilung] équitable.

Gerechtigkeit [gə'rεçtɪçkait] **die** justice *f*.

Gericht [gəˈrɪçt] (*pl* -e) **das 1.** [Institution] tribunal *m* **2.** [Speise] plat *m*.

gerieben [gəˈriːbn̩] ◆ **pp** → **reiben.** ◆ **adj** râpé(e).

geriet [gəˈriːt] **prät** → **geraten.**

gering [gəˈrɪŋ] **adj 1.** [Menge, Größe] peu important(e) **2.** [unwichtig] petit(e) ▸ **nicht im Geringsten** pas le moins du monde.

geringfügig [gəˈrɪŋfyːgɪç] **adj** minime.

gerinnen [gəˈrɪnən] (*prät* **gerann**, *pp* **geronnen**) **vi** *(ist)* **1.** [Milch] se cailler **2.** [Blut] se coaguler.

gerissen [gəˈrɪsn̩] ◆ **pp** → **reißen.** ◆ **adj 1.** MED déchiré(e) **2.** *abw* [Person] malin(igne).

geritten [gəˈrɪtn̩] **pp** → **reiten.**

Germanistik [gɛrmaˈnɪstɪk] **die** études *fpl* de littérature et de linguistique allemandes.

gern [gɛrn] (*komp* **lieber**, *superl* **am liebsten**) **adv** avec plaisir ▸ **gern mögen** ODER **haben** bien aimer ▸ **gern geschehen!** il n'y a pas de quoi.

gerochen [gəˈrɔxn̩] **pp** → **riechen.**

geronnen [gəˈrɔnən] ◆ **pp** → **rinnen, gerinnen.** ◆ **adj** caillé(e).

geröstet [gəˈrœstət] **adj** grillé(e).

Gerste [ˈgɛrstə] **die** *(ohne pl)* orge *f*.

Geruch [gəˈrʊx] (*pl* **Gerüche** [gəˈryçə]) **der** odeur *f*.

gerufen [gəˈruːfn̩] **pp** → **rufen.**

gerungen [gəˈrʊŋən] **pp** → **ringen.**

gesalzen [gəˈzaltsn̩] ◆ **pp** → **salzen.** ◆ **adj** salé(e).

gesamt [gəˈzamt] **adj** tout(e).

gesamtdeutsch [gəˈzamtdɔytʃ] **adj** interallemand(e).

Gesamtschule [gəˈzamtʃuːlə] (*pl* **-n**) **die** *collège polyvalent du second degré en Allemagne*.

gesandt [gəˈzant] **pp** → **senden.**

Geschädigte [gəˈʃɛːdɪçtə] (*pl* **-n** [gəˈʃɛːdɪgtn̩]) **der, die** sinistré *m*, -e *f*.

Geschäft [gəˈʃɛft] (*pl* **-e**) **das 1.** [Laden] magasin *m* **2.** [Betrieb, Handel] affaire *f*.

Geschäftsbedingungen [gəˈʃɛftsbədɪŋʊŋən] **pl** conditions *fpl* de vente et d'achat.

Geschäftsfrau [gəˈʃɛftsfrau] (*pl* **-en**) **die** femme *f* d'affaires.

Geschäftsführer, in [gəˈʃɛftsfyːrɐ, rərɪn] (*mpl inv*) **der, die** gérant *m*, -e *f*.

Geschäftsleute [gəˈʃɛftslɔytə] **pl** hommes *mpl* d'affaires.

Geschäftsmann [gəˈʃɛftsman] (*pl* **-männer** [mɛnɐ]) **der** homme *m* d'affaires.

Geschäftsreise [gəˈʃɛftsraizə] (*pl* **-n**) **die** voyage *m* d'affaires.

Geschäftsschluss [gəˈʃɛftsʃlʊs] **der** fermeture *f* des magasins.

Geschäftsstelle [gəˈʃɛftsʃtɛlə] (*pl* **-n**) **die** agence *f*.

Geschäftsstraße [gəˈʃɛftsʃtraːsə] (*pl* **-n**) **die** rue *f* commerçante.

Geschäftszeiten [gəˈʃɛftstsaitn̩] **pl** heures *fpl* d'ouverture.

geschah [gəˈʃaː] **prät** → **geschehen.**

geschehen [gəˈʃeːən] (*präs* **geschieht**, *prät* **geschah**, *pp* **geschehen**) **vi** *(ist)* [Ereignis] se produire ▸ **jm geschehen** arriver à qqn ▸ **was geschieht nun mit dem Haus?** qu'est-ce que la maison va devenir ?

Geschenk [gəˈʃɛŋk] (*pl* **-e**) **das** cadeau *m*.

Geschenkartikel [gəˈʃɛŋkǀartiːkl̩] (*pl inv*) der article *m* cadeau.

Geschenkgutschein [gəˈʃɛŋkguːtʃain] (*pl* -e) der chèque *m* cadeau.

Geschenkpapier [gəˈʃɛŋkpapiːɐ̯] (*pl* -e [piːrə]) das papier *m* cadeaux.

Geschichte [gəˈʃɪçtə] (*pl* -n) **die** histoire *f*.

geschickt [gəˈʃɪkt] **adj** adroit(e).

geschieden [gəˈʃiːdn̩] ◆ **pp** → **scheiden.** ◆ **adj** divorcé(e).

geschieht [gəˈʃiːt] **präs** → **geschehen.**

geschienen [gəˈʃiːnən] **pp** → **scheinen.**

Geschirr [gəˈʃɪr] **das** [zum Essen] vaisselle *f* ▸ **Geschirr spülen** faire la vaisselle ▸ **Geschirr abtrocknen** essuyer la vaisselle.

Geschirrspülmaschine [gəˈʃɪrʃpyːlmaʃiːnə] (*pl* -n) **die** lave-vaisselle *m inv*.

Geschirrspülmittel [gəˈʃɪrʃpyːlmɪtl̩] (*pl inv*) **das** produit *m* vaisselle.

Geschirrtuch [gəˈʃɪrtuːx] (*pl* -tücher [tyːçɐ]) **das** torchon *m*.

geschissen [gəˈʃɪsn̩] **pp** → **scheißen.**

Geschlecht [gəˈʃlɛçt] **das 1.** [biologisch] sexe *m* **2.** GRAMM genre *m*.

Geschlechtskrankheit [gəˈʃlɛçtskraŋkhait] (*pl* -en) **die** MED maladie vénérienne.

Geschlechtsverkehr [gəˈʃlɛçtsfɛɐ̯keːɐ̯] **der** rapport sexuel.

geschlichen [gəˈʃlɪçn̩] **pp** → **schleichen.**

geschliffen [gəˈʃlɪfn̩] **pp** → **schleifen.**

geschlossen [gəˈʃlɔsn̩] ◆ **pp** → **schließen.** ◆ **adj** fermé(e) ▸ **geschlossene Ortschaft** agglomération.

geschlungen [gəˈʃlʊŋən] **pp** → **schlingen.**

Geschmack [gəˈʃmak] (*pl* Geschmäcker [gəˈʃmɛkɐ]) **der** goût *m* ▸ **einen guten / schlechten Geschmack haben** avoir bon / mauvais goût.

geschmacklos [gəˈʃmakloːs] **adj 1.** [Person, Ausstattung] sans goût **2.** [Speise] insipide.

Geschmacksstoff [gəˈʃmaksʃtɔf] **der** substance *f* aromatisante.

geschmackvoll [gəˈʃmakfɔl] **adj** [Ausstattung] de bon goût.

geschmissen [gəˈʃmɪsn̩] **pp** → **schmeißen.**

geschmolzen [gəˈʃmɔltsn̩] **pp** → **schmelzen.**

geschmort [gəˈʃmoːɐ̯t] **adj** [Speise] braisé(e).

Geschnetzelte [gəˈʃnɛtsl̩tə] **das** KÜCHE *viande coupée en fines lanières servie avec une sauce.*

geschnitten [gəˈʃnɪtn̩] ◆ **pp** → **schneiden.** ◆ **adj** en tranches ▸ **geschnitten oder am Stück?** en tranches ou en morceau ?

geschoben [gəˈʃoːbn̩] **pp** → **schieben.**

geschoren [gəˈʃoːrən] **pp** → **scheren.**

Geschoss [gəˈʃɔs] (*pl* -e) **das** [Etage] étage *m*.

geschossen [gəˈʃɔsn̩] **pp** → **schießen.**

Geschrei [gəˈʃrai] **das** cris *mpl*.

geschrieben [gəˈʃriːbn̩] **pp** → **schreiben.**

geschrien [gəˈʃriːən] **pp** → **schreien.**

geschwiegen [gəˈʃviːgn̩] **pp** → **schweigen.**

Geschwindigkeit [gəˈʃvɪndɪçkait] (*pl* -en [gəˈʃvɪndɪçkaitn̩]) **die** vitesse *f*.

Geschwindigkeitsbeschränkung [gəˈʃvɪndɪçkaitsbəʃrɛŋkʊŋ] (*pl* -en) **die** limitation *f* de vitesse.

Geschwindigkeitsübertretung [gə'ʃvɪndɪçkaitsly:bɐtre:tʊŋ] (*pl* **-en**) **die** excès *m* de vitesse.

Geschwister [gə'ʃvɪstɐ] **pl** frères et sœurs *mpl*.

geschwollen [gə'ʃvɔlən] ◆ **pp** → **schwellen.** ◆ **adj** enflé(e).

geschwommen [gə'ʃvɔmən] **pp** → **schwimmen.**

geschworen [gə'ʃvo:rən] **pp** → **schwören.**

geschwungen [gə'ʃvʊŋən] **pp** → **schwingen.**

Geschwür [gə'ʃvy:ɐ] (*pl* **-e** [ʃvy:rə]) **das** MED abcès *m*.

Gesellschaft [gə'zɛlʃaft] (*pl* **-en**) **die 1.** [System] société *f* **2.** [Gruppe] groupe *m* **3.** [Begleitung] compagnie *f* ▸ **jm Gesellschaft leisten** tenir compagnie à qqn.

Gesellschaftsraum [gə'zɛlʃaftsraum] (*pl* **-räume** [rɔymə]) **der** salon *m*.

gesessen [gə'zɛsn̩] **pp** → **sitzen.**

Gesetz [gə'zɛts] (*pl* **-e**) **das** loi *f*.

gesetzlich [gə'zɛtslɪç] **adj** légal(e) ▸ **gesetzlicher Feiertag** jour férié.

gesetzwidrig [gə'zɛtsvi:drɪç] **adj** illégal(e).

Gesicht [gə'zɪçt] (*pl* **-er**) **das** [von Person] visage *m*.

Gesichtscreme [gə'zɪçtskre:m] (*pl* **-s**) **die** crème *f* pour le visage.

Gesichtswasser [gə'zɪçtsvasɐ] **das** lotion *f* pour le visage.

gesoffen [gə'zɔfn̩] **pp** → **saufen.**

gesogen [gə'zo:gn̩] **pp** → **saugen.**

gespannt [gə'ʃpant] ◆ **adj 1.** [Person] impatient(e) **2.** [Atmosphäre] tendu(e). ◆ **adv** [warten] impatiemment ▸ **auf etw** *(A)* **gespannt sein** attendre qqch avec impatience.

Gespenst [gə'ʃpɛnst] (*pl* **-er**) **das** fantôme *m* ▸ **Gespenster sehen** *fig* avoir des hallucinations.

gesperrt [gə'ʃpɛrt] **adj** [Straße] barré(e).

gesponnen [gə'ʃpɔnən] **pp** → **spinnen.**

Gespräch [gə'ʃprɛ:ç] (*pl* **-e**) **das** conversation *f*.

gesprächig [gə'ʃprɛ:çɪç] **adj** bavard(e).

Gesprächsguthaben [gə'ʃprɛ:çsgu:tha:bən] (*pl inv*) **das** crédit *m* de communication.

Gesprächspartner, in [gə'ʃprɛ:çspartnɐ, nərɪn] (*mpl inv*) **der, die** interlocuteur *m*, -trice *f*.

gesprochen [gə'ʃprɔçn̩] **pp** → **sprechen.**

gesprungen [gə'ʃprʊŋən] ◆ **pp** → **springen.** ◆ **adj** [Glas] fêlé(e).

Gestalt [gə'ʃtalt] (*pl* **-en**) **die 1.** [Person] personnage *m* **2.** [Form, Figur] silhouette *f*.

gestanden [gə'ʃtandn̩] **pp** → **stehen.**

Gestank [gə'ʃtaŋk] **der** puanteur *f*.

gestatten [gə'ʃtatn̩] ◆ **vt** *geh* [erlauben] permettre. ◆ **vi** *geh* : **gestatten: Meier** je me présente : monsieur Meier ▸ **gestatten Sie?** vous permettez ?

gestattet [gə'ʃtatət] **adj** *amt* : **'Rauchen nicht gestattet'** 'défense de fumer'.

Geste ['ge:stə] (*pl* **-n**) **die** geste *m*.

gestern ['gɛstɐn] **adv** hier ▸ **gestern früh** ODER **Morgen** hier matin ▸ **gestern Mittag / Abend** hier midi / soir.

gestiegen [gə'ʃti:gn̩] **pp** → **steigen.**

gestochen [gəˈʃtɔxn̩] ◆ **pp** → **stechen.** ◆ **adv** : **das Foto ist gestochen scharf** la photo est très nette.

gestohlen [gəˈʃtoːlən] **pp** : **ich möchte meine Kreditkarte als gestohlen melden** je voudrais déclarer le vol de ma carte de crédit ; → **stehlen.**

gestorben [gəˈʃtɔrbn̩] **pp** → **sterben.**

gestreift [gəˈʃtraift] **adj** rayé(e).

gestrichen [gəˈʃtrɪçn̩] ◆ **pp** → **streichen.** ◆ **adj** [Löffel] ras(e) ▸ **'frisch gestrichen'** 'peinture fraîche'.

gestritten [gəˈʃtrɪtn̩] **pp** → **streiten.**

gestunken [gəˈʃtʊŋkn̩] **pp** → **stinken.**

gesund [gəˈzʊnt] (*komp* **gesünder**, *superl* **am gesündesten**) ◆ **adj** **1.** [Person] en bonne santé **2.** [Ernährung] sain(e). ◆ **adv** [gesundheitsfördernd] sainement ▸ **(wieder) gesund werden** se rétablir.

Gesundheit [gəˈzʊnthait] **die** santé *f* ▸ **Gesundheit!** à vos souhaits !

Gesundheitsreform [gəˈzʊnthaitsrefɔrm] (*pl* **-en**) **die** réforme *f* de la santé publique.

gesundheitsschädlich [gəˈzʊnthaitsʃɛːtlɪç] **adj** [Inhaltsstoff] nocif(ive).

gesungen [gəˈzʊŋən] **pp** → **singen.**

gesunken [gəˈzʊŋkn̩] **pp** → **sinken.**

getan [gəˈtaːn] **pp** → **tun.**

Getränk [gəˈtrɛŋk] (*pl* **-e**) **das** boisson *f* ▸ **alkoholische / nicht alkoholische Getränke** boissons alcoolisées / non alcoolisées.

Getränkeautomat [gəˈtrɛŋkəlautomaːt] (*pl* **-en**) **der** distributeur *m* de boissons.

Getränkekarte [gəˈtrɛŋkəkartə] (*pl* **-n**) **die** carte *f* des boissons.

Getränkemarkt [gəˈtrɛŋkəmarkt] (*pl* **-märkte** [mɛrktə]) **der** *supermarché qui ne vend que des boissons.*

Getreide [gəˈtraidə] **das** céréales *fpl.*

getrennt [gəˈtrɛnt] ◆ **adj** [Zimmer, Rechnung] séparé(e). ◆ **adv** [schlafen, kommen] séparément ▸ **getrennt leben** vivre séparé ▸ **getrennt zahlen** payer séparément.

Getriebe [gəˈtriːbə] (*pl inv*) **das** [von Auto, in Technik] boîte *f* de vitesses.

getrieben [gəˈtriːbn̩] **pp** → **treiben.**

Getriebeschaden [gəˈtriːbəʃadn̩] (*pl* **-schäden**) **der** panne *f* de boîte de vitesses.

getrocknet [gəˈtrɔknət] **adj** [Obst] sec (sèche).

getroffen [gəˈtrɔfn̩] **pp** → **treffen.**

getrunken [gəˈtrʊŋkn̩] **pp** → **trinken.**

gewachsen [gəˈvaksn̩] **pp** → **wachsen.**

Gewähr [gəˈvɛːɐ̯] **die** : **ohne Gewähr** sans garantie.

Gewalt [gəˈvalt] **die** **1.** [Brutalität, Kraft] violence *f* **2.** [Macht] pouvoir *m.*

gewaltfrei [gəˈvaltfrai] ◆ **adj** non violent(e). ◆ **adv** de manière non violente.

gewaltig [gəˈvaltɪç] **adj** **1.** [viel] énorme **2.** [riesig] immense.

Gewalttäter, in [gəˈvalttɛːtɐ, rɪn] (*mpl inv*) **der, die** criminel *m*, -elle *f.*

gewandt [gəˈvant] **pp** → **wenden.**

gewann [gəˈvan] **prät** → **gewinnen.**

gewaschen [gəˈvaʃn̩] **pp** → **waschen.**

Gewebe [gəˈveːbə] (*pl inv*) **das** tissu *m.*

Gewehr [gəˈveːɐ̯] (*pl* **-e**) **das** fusil *m.*

gewellt [gəˈvɛlt] **adj** [Haare] ondulé(e).

Gewerbegebiet [gəˈvɛrbəgəbiːt] (*pl* -e) **das** zone *f* d'activités industrielles et commerciales.

gewerblich [gəˈvɛrplɪç] **adj** [Nutzung] professionnel(elle).

Gewerkschaft [gəˈvɛrkʃaft] (*pl* -en) **die** syndicat *m*.

gewesen [gəˈveːzn̩] **pp** → **sein**.

Gewicht [gəˈvɪçt] (*pl* -e) **das** poids *m*.

Gewinn [gəˈvɪn] (*pl* -e) **der 1.** [Preis] lot *m* **2.** [Profit] bénéfice *m* **3.** [Sieg] victoire *f*.

gewinnen [gəˈvɪnən] (*prät* gewann, *pp* gewonnen) ◆ **vi** [bei Kartenspiel, Rennen] gagner. ◆ **vt 1.** [Spiel, Rennen] remporter **2.** [Pokal, Geld] gagner **3.** [produzieren] extraire ▸ **etw aus etw gewinnen** tirer qqch de qqch.

Gewinner, in [gəˈvɪnɐ, nərɪn] (*mpl inv*) **der, die** [in Sport, bei Kartenspiel] gagnant(e).

Gewinnspiel [gəˈvɪnʃpiːl] (*pl* -e) **das** jeu *m*.

Gewissen [gəˈvɪsn̩] **das** conscience *f*.

Gewissensbisse [gəˈvɪsn̩sbɪsə] **pl** remords *mpl*.

Gewitter [gəˈvɪtɐ] (*pl inv*) **das** [Wetter] orage *m*.

gewittrig [gəˈvɪtrɪç] **adj** [Gewitter ankündigend] orageux(euse).

gewogen [gəˈvoːgn̩] **pp** → **wiegen**.

gewöhnen [gəˈvøːnən] **vt** : **den Welpen an die Leine gewöhnen** habituer le chiot à la laisse. ◆ **sich gewöhnen ref** : **sich ans Alleinsein gewöhnen** s'habituer à la solitude.

Gewohnheit [gəˈvoːnhait] (*pl* -en) **die** habitude *f*.

gewöhnlich [gəˈvøːnlɪç] ◆ **adj 1.** [normal] habituel(elle) **2.** [primitiv] commun(e). ◆ **adv 1.** [normalerweise] habituellement **2.** [primitiv] de manière commune ▸ **wie gewöhnlich** comme d'habitude.

gewohnt [gəˈvoːnt] **adj** habituel(elle) ▸ **etw gewohnt sein** être habitué à qqch.

Gewölbe [gəˈvœlbə] (*pl inv*) **das** [Deckengewölbe] voûte *f*.

gewonnen [gəˈvɔnən] **pp** → **gewinnen**.

geworben [gəˈvɔrbn̩] **pp** → **werben**.

geworden [gəˈvɔrdn̩] **pp** → **werden**.

geworfen [gəˈvɔrfn̩] **pp** → **werfen**.

Gewürz [gəˈvyrts] (*pl* -e) **das** épice *f*.

Gewürzgurke [gəˈvyrtsgurkə] (*pl* -n) **die** cornichon *m*.

gewürzt [gəˈvyrtst] **adj** épicé(e) ▸ **scharf gewürzt** très épicé.

gewusst [gəˈvust] **pp** → **wissen**.

Gezeiten [gəˈtsaitn̩] **pl** marée *f*.

gezogen [gəˈtsoːgn̩] **pp** → **ziehen**.

gezwungen [gəˈtsvuŋən] **pp** → **zwingen**.

Ghana [ˈgaːna] **nt** Ghana *m*.

gibt [giːpt] **präs** → **geben**.

Gicht [gɪçt] **die** MED goutte *f*.

gierig [ˈgiːrɪç] **adj** avide.

gießen [ˈgiːsn̩] (*prät* goss, *pp* gegossen) ◆ **vt 1.** [schütten] verser **2.** [Pflanzen] arroser. ◆ **vimp** : **es gießt** [es regnet] il pleut des cordes.

Gießkanne [ˈgiːskanə] (*pl* -n) **die** arrosoir *m*.

Gift [gɪft] (*pl* -e) **das** poison *m*.

giftig [ˈgɪftɪç] ◆ **adj 1.** [Substanz, Pflanze] toxique **2.** *fig* [Person, Bemerkung] venimeux(euse). ◆ **adv** *fig* [böse] de manière venimeuse.

Giftmüll [ˈgɪftmyl] **der** déchets *mpl* toxiques.

Gigabyte ['gigabait] (*pl* -s) **das** gigaoctet *m*.

gilt [gɪlt] präs → **gelten**.

Gin [dʒɪn] **der** gin *m*.

ging [gɪŋ] prät → **gehen**.

Gipfel ['gɪpfl] (*pl inv*) **der** [von Berg] sommet *m* ▸ **das ist doch der Gipfel!** c'est le comble !

Gips [gɪps] **der** plâtre *m*.

Gipsbein ['gɪpsbain] (*pl* -e) **das** jambe plâtrée.

Gipsverband ['gɪpsfɛɐ̯bant] (*pl* -verbände [bɛndə]) **der** plâtre *m*.

Giraffe [gi'rafə] (*pl* -n [girafən]) **die** girafe *f*.

Girokonto ['ʒiːrokɔnto] (*pl* -konten [kɔntn̩]) **das** compte courant.

Gischt [gɪʃt] **die** écume *f*.

Gitarre [gi'tarə] (*pl* -n) **die** guitare *f*.

Gitter ['gɪtɐ] (*pl inv*) **das** grille *f*.

Gitterbett ['gɪtabɛt] (*pl* -en) **das** lit *m* à barreaux.

glänzen ['glɛntsn̩] **vi** briller.

glänzend ['glɛntsn̩t] **adj** brillant(e).

Glarus ['glaːrus] **nt** Glaris.

Glas [glaːs] (*pl* **Gläser** ['glɛːzɐ]) **das** **1.** verre *m* **2.** [Einmachglas] bocal *m* ▸ **aus Glas** en verre ▸ **ein Glas Wein** un verre de vin.

Gläschen ['glɛːsçən] (*pl inv*) **das** petit verre.

Glasscheibe ['glaːsʃaibə] (*pl* -n) **die** vitre *f*.

Glastür ['glaːstyːɐ̯] (*pl* -en) **die** porte vitrée.

glatt [glat] ◆ **adj 1.** [eben] lisse **2.** [rutschig] glissant(e) **3.** *fam* [problemlos] en douceur. ◆ **adv** *fam* [problemlos] sans incidents.

Glatteis ['glatlais] **das** verglas *m*.

Glatteisgefahr ['glatlaisgəfaːɐ̯] **die** risque *m* de verglas.

Glatze ['glatsə] (*pl* -n) **die** calvitie *f* ▸ **eine Glatze haben** être chauve.

glauben ['glaubn̩] **vt & vi** [meinen, denken] croire ▸ **glauben an** *(+ A)* croire à ▸ **jm glauben** croire qqn.

gleich [glaiç] ◆ **adj** même. ◆ **adv 1.** [identisch, ähnlich] de la même façon **2.** [egal] peu importe **3.** [sofort, bald] immédiatement **4.** [ebenso gut] aussi bien ▸ **bis gleich!** à tout de suite ! ▸ **gleich groß** de taille égale ▸ **das ist mir gleich** ça m'est égal.

gleichaltrig ['glaiçlaltrɪç] **adj** du même âge.

gleichberechtigt ['glaiçbərɛçtɪçt] **adj** [Mann und Frau] égal(e) en droits.

Gleichberechtigung ['glaiçbərɛçtɪgʊŋ] **die** égalité *f*.

gleiche, r, s ['glaiçə] **pron** : **er ist immer noch der Gleiche** il est toujours le même ▸ **das ist das Gleiche** c'est la même chose.

gleichen ['glaiçn̩] (*prät* **glich**, *pp* **geglichen**) **vi** *(+ D)* ressembler à.

gleichfalls ['glaiçfals] **adv** également ▸ **danke gleichfalls!** merci à vous aussi !

gleichgültig ['glaiçgyltɪç] **adj** indifférent(e).

gleichmäßig ['glaiçmɛːsɪç] ◆ **adj** régulier(ère). ◆ **adv** régulièrement.

Gleichstrom ['glaiçʃtroːm] **der** courant continu.

gleichzeitig ['glaiçtsaitɪç] ◆ **adj** simultané(e). ◆ **adv** simultanément.

Gleis [glais] (*pl* -e) **das** voie *f*.

gleiten ['glaitn] (*prät* **glitt**, *pp* **geglitten**) vi *(ist)* [rutschen] glisser.

Gleitschirm ['glaitʃɪrm] (*pl* **-e**) der SPORT parapente *m*.

Gleitsichtbrille ['glaitzɪçtbrɪlə] (*pl* **-n**) die lunettes *fpl* à verres progressifs.

Gleitzeit ['glaittsait] (*pl* **-en**) die horaire *m* flexible.

Gletscher ['glɛtʃɐ] (*pl inv*) der glacier *m*.

glich [glɪç] prät → **gleichen**.

Glied [gliːt] (*pl* **-er** ['gliːdɐ]) das **1.** [Einzelteil, Penis] membre *m* **2.** [Extremität] phalange *f*.

glitschig ['glɪtʃɪç] adj glissant(e).

glitt [glɪt] prät → **gleiten**.

glitzern ['glɪtsɐn] vi scintiller.

Globalisierung [globali'ziːrʊŋ] die *(ohne pl)* mondialisation *f*.

Glocke ['glɔkə] (*pl* **-n**) die cloche *f*.

Glotze ['glɔtsə] die *fam* téloche *f*.

Glück [glyk] das **1.** [Ereignis] chance *f* **2.** [Gefühl] bonheur *m* ▸ **viel Glück!** bonne chance ! ▸ **zum Glück** heureusement.

glücklich ['glyklɪç] ◆ adj heureux(euse). ◆ adv **1.** [froh] heureusement **2.** [günstig] bien.

glücklicherweise ['glyklɪçɐvaizə] adv heureusement.

Glücksspiel ['glyksʃpiːl] (*pl* **-e**) das [um Geld] jeu *m* de hasard.

Glückwunsch ['glykvʊnʃ] (*pl* **-wünsche** [vynʃə]) der félicitation *f* ▸ **herzlichen Glückwunsch!** toutes mes ODER nos félicitations.

Glühbirne ['glyːbɪrnə] (*pl* **-n**) die ampoule *f*.

glühen ['glyːən] vi **1.** [Kohle] rougeoyer **2.** [Gesicht, Wangen] brûler.

Glühwein ['glyːvain] der vin chaud.

Glut [gluːt] die [im Feuer] braise *f*.

Gnagi ['gnaːgi] (*pl* **-s**) das SCHWEIZ jambonneau *m*.

Gold [gɔlt] das [Metall] or *m* ▸ **aus Gold** en or.

golden ['gɔldn̩] adj **1.** [aus Gold] en or **2.** [goldfarben] doré(e).

Goldschmied, in ['gɔltʃmiːt, ʃmiːdɪn] (*mpl* **-e**) der, die orfèvre *m*.

Golf [gɔlf] das [Sportart] golf *m*.

Golfplatz ['gɔlfplats] (*pl* **-plätze** [plɛtsə]) der terrain *m* de golf.

Golfschläger ['gɔlfʃlɛːgɐ] (*pl inv*) der club *m* de golf.

gönnen [gœnən] vt : **sich *(D)* eine Pause gönnen** s'accorder une pause ▸ **ich gönne ihm seinen Erfolg** je reconnais son succès *(de bon cœur)*.

goss [gɔs] prät → **gießen**.

gotisch ['goːtɪʃ] adj gothique.

Gott [gɔt] (*pl* **Götter** ['gœtɐ]) der **1.** [christlich] Dieu **2.** [Gottheit] dieu *m* ▸ **Gott sei Dank!** Dieu soit loué ! ▸ **Grüß Gott!** SÜDDT bonjour ! ▸ **um Gottes willen!** par pitié !

Gottesdienst ['gɔtəsdiːnst] (*pl* **-e**) der office *m*.

GPS [geːpeː'ɛs] (*abk für* **Global Positioning System**) GPS *m*.

Grab [graːp] (*pl* **Gräber** [grɛːbɐ]) das [Grabstätte] tombe *f*.

graben ['graːbn̩] (*präs* **gräbt**, *prät* **grub**, *pp* **gegraben**) vt & vi creuser.

Graben ['graːbn̩] (*pl* **Gräben** ['grɛːbn̩]) der [Vertiefung] fossé *m*.

Grabstein ['graːpʃtain] (*pl* **-e**) der pierre tombale.

gräbt [grɛːpt] präs → **graben**.

Grad [graːt] (*pl* **-e** ['graːdə]) der degré *m* ▸ **drei Grad unter / über Null** moins / plus trois degrés.

Graffiti [gra'fiːti] pl graffitis *mpl*.

Grafik ['graːfɪk] (*pl* **-en**), **Graphik** (*pl* **-en**) die **1.** [Technik] arts *mpl* graphiques **2.** [Bild, Schema] graphique *m*.

Grafikkarte ['graːfɪkkartə] (*pl* **-n**) die carte *f* graphique.

Gramm [gram] (*pl inv*) das gramme *m*.

Grammatik [gra'matɪk] (*pl* **-en**) die grammaire *f*.

Grapefruit ['greːpfruːt] (*pl* **-s**) die pamplemousse *m*.

Grapefruitsaft ['greːpfruːtzaft] (*pl* **-säfte** [zɛːftə]) der jus *m* de pamplemousse.

Graphik ['graːfɪk] die = **Grafik**.

Gras [graːs] (*pl* **Gräser** ['grɛːzɐ]) das herbe *f*.

grässlich ['grɛslɪç] ◆ adj horrible. ◆ adv horriblement.

Gräte ['grɛːtə] (*pl* **-n**) die arête *f*.

gratis ['graːtɪs] ◆ adv gratuitement. ◆ adj gratuit(e) ▸ **gratis sein** être gratuit.

Gratulation [gratula'tsi̯oːn] (*pl* **-en**) die [Glückwunsch] félicitation *f*.

gratulieren [gratu'liːrən] vi féliciter ▸ **jm gratulieren zu** féliciter qqn pour.

grau [grau̯] adj gris(e).

Graubrot ['grau̯broːt] (*pl* **-e**) das pain bis.

Graubünden [grau̯'byndn̩] nt Grisons *mpl*.

grauhaarig ['grau̯haːrɪç] adj aux cheveux gris.

Graupelschauer ['grau̯pl̩ʃau̯ɐ] (*pl inv*) der giboulée *f*.

grausam ['grau̯zam] adj **1.** [brutal] cruel(elle) **2.** [furchtbar] terrible.

Graz [graːts] nt Graz.

greifen ['grai̯fn̩] (*prät* **griff**, *pp* **gegriffen**) ◆ vt saisir. ◆ vi **1.** [mit der Hand] saisir **2.** [Räder] avoir une bonne adhérence.

grell [grɛl] ◆ adj **1.** [Licht, Farbe] cru(e) **2.** [Ton] perçant(e). ◆ adv **1.** [leuchten] d'une lumière crue **2.** [klingen] d'un son perçant.

Grenada [grə'naːda] nt Grenade *f*.

Grenzbeamte ['grɛntsbəlamtə] (*pl* **-n**) der douanier *m*.

Grenzbeamtin ['grɛntsbəlamtin] (*pl* **-nen**) die douanière *f*.

Grenze ['grɛntsə] (*pl* **-n**) die **1.** [von Land, begrifflich] frontière *f* **2.** [Beschränkung, von Stadt, Grundstück] limite *f* ▸ **über die grüne Grenze gehen** passer clandestinement la frontière en rase campagne.

grenzen ['grɛntsn̩] vi **1.** border **2.** [Umfang] avoisiner ▸ **an den Wald grenzen** [räumlich] border la forêt ▸ **die Länder grenzen aneinander** les pays sont limitrophes.

Grenzkontrolle ['grɛntskɔntrɔlə] (*pl* **-n**) die contrôle douanier.

Grenzübergang ['grɛntslyːbɐgaŋ] (*pl* **-gänge** [gɛŋə]) der [Ort] passage *m* de la frontière.

Grenzverkehr ['grɛntsfɛɐ̯keːɐ̯] der trafic frontalier.

Grenzwert ['grɛntsveːɐ̯t] (*pl* **-e**) der [für Schadstoffe] valeur *f* limite.

Griebenschmalz ['griːbn̩ʃmalts] das *sorte de saindoux*.

Grieche ['griːçə] (*pl* **-n**) der Grec *m*.

Griechenland ['griːçn̩lant] nt Grèce *f*.

Griechin ['gri:çɪn] (*pl* **-nen**) **die** Grecque *f*.
griechisch ['gri:çɪʃ] **adj** grec (grecque).
Griechisch(e) ['gri:çɪʃ(ə)] **das** grec *m*.
Grieß [gri:s] **der** semoule *f*.
griff [grɪf] **prät** → **greifen**.
Griff [grɪf] (*pl* **-e**) **der 1.** [von Tür] poignée *f* **2.** [von Werkzeug] manche *m*.
Grill [grɪl] (*pl* **-e**) **der** [zum Grillen] gril *m*.
grillen ['grɪlən] ◆ **vt** griller. ◆ **vi** faire un barbecue.
Grillfest ['grɪlfɛst] (*pl* **-e**) **das** barbecue *m*.
Grillspieß ['grɪlʃpi:s] (*pl* **-e**) **der** [mit Fleisch] brochette *f*.
Grillstube ['grɪlʃtu:bə] (*pl* **-n**) **die** grill *m*.
Grillteller ['grɪltɛlɐ] (*pl inv*) **der** assiette *f* de grillades.
Grimasse [gri'masə] (*pl* **-n**) **die** grimace *f* ▸ **Grimassen schneiden** faire des grimaces.
grinsen ['grɪnzn] **vi** sourire ironiquement.
Grippe ['grɪpə] (*pl* **-n**) **die** grippe *f*.
Grippeschutzimpfung ['grɪpəʃʊtsǀɪmpfʊŋ] (*pl* **-en**) **die** vaccination *f* contre la grippe.
Grippewelle ['grɪpəvɛlə] (*pl* **-n**) **die** épidémie *f* de grippe.
grob [gro:p] (*komp* **gröber**, *superl* **am gröbsten**) **adj** grossier(ère) ▸ **grobes Salz** gros sel.
Grog [grɔk] (*pl* **-s**) **der** grog *m*.
groß [gro:s] (*komp* **größer**, *superl* **am größten**) ◆ **adj 1.** [räumlich, intensiv, bekannt, erwachsen] grand(e) **2.** [Buchstabe] majuscule **3.** [Auto, Tier, Vermögen] gros (grosse). ◆ **adv 1.** [glanzvoll] en grande pompe **2.** [räumlich] spacieusement ▸ **1,80 m groß sein** mesurer 1,80 m.
großartig ['gro:sǀa:ɐ̯tɪç] **adj** [sehr gut] magnifique.
Großaufnahme ['gro:sǀaufna:mə] (*pl* **-n**) **die** gros plan.
Großbritannien [gro:sbri'tanjən] **nt** Grande-Bretagne *f*.
Großbuchstabe ['gro:sbu:xʃta:bə] (*pl* **-n**) **der** majuscule *f*.
Größe ['grø:sə] (*pl* **-n**) **die 1.** [räumlich] superficie *f* **2.** [Menge, Gruppe, Kleidung, von Person] taille *f* **3.** [von Schuhen] pointure *f*.
Großeltern ['gro:sǀɛltɐn] **pl** grands-parents *mpl*.
Großhandel ['gro:shandl̩] **der** commerce *m* de gros.
Großmarkt ['gro:smarkt] (*pl* **-märkte** [mɛrktə]) **der** marché *m* de gros.
Großmutter ['gro:smʊtɐ] (*pl* **-mütter** [mytɐ]) **die** grand-mère *f*.
Großraumwagen ['gro:sraumva:gn̩] (*pl inv*) **der** [in Zug] voiture *f* salle.
groß◦schreiben ['gro:sʃraibn̩] **vt** *(unreg)* écrire en majuscules.
Großschreibung ['gro:sʃraibʊŋ] **die** majuscules *fpl*.
Großstadt ['gro:sʃtat] (*pl* **-städte** [ʃtɛ:tə]) **die** grande ville.
Großvater ['gro:sfa:tɐ] (*pl* **-väter** [fɛ:tɐ]) **der** grand-père *m*.
großzügig ['gro:stsy:gɪç] ◆ **adj** [freigiebig] généreux(euse). ◆ **adv** [freigiebig] généreusement.
Grotte ['grɔtə] (*pl* **-n**) **die** grotte *f*.
grub [gru:p] **prät** → **graben**.
Grübchen ['gry:pçən] (*pl inv*) **das** fossette *f*.
gruezi ['gryɛtsi] **interj** SCHWEIZ bonjour.

Gruft [grʊft] (*pl* **Grüfte** ['gryftə]) **die** caveau *m*.

grün [gry:n] **adj 1.** [Farbe] vert **2.** [Politik] écologiste ▸ **grüne Versicherungskarte** carte *f* d'assurance ▸ **Grüner Punkt** [auf Verpackungen] point *m* éco-emballage.

Grün [gry:n] **das** vert *m*.

Grünanlage ['gry:nlanla:gə] (*pl* -n) **die** espace vert.

Grund [grʊnt] (*pl* **Gründe** ['gryndə]) **der 1.** [Ursache, Motiv] raison *f* **2.** [von Gewässer] fond *m* ▸ **aus diesem Grund** pour cette raison ▸ **im Grunde** au fond ▸ **auf Grund** = **aufgrund** ▸ **zu Grunde** = **zugrunde**.

gründen ['gryndn̩] **vt** [Verein, Betrieb] fonder.

Gründer, in ['grynde, dərɪn] (*mpl inv*) **der, die** fondateur *m*, -trice *f*.

Grundgebühr ['grʊntgəby:ɐ̯] (*pl* -en [by:rən]) **die** [für Telefon] abonnement *m*.

Grundgesetz ['grʊntgəzɛts] **das** loi fondamentale.

> ⓘ **Grundgesetz**
>
> La République fédérale d'Allemagne est régie depuis 1949 par une constitution appelée Grundgesetz (Loi fondamentale), étendue en 1990 à l'ensemble de l'Allemagne réunifiée. Les Länder possèdent leurs propres constitutions, gouvernements et administrations.

Grundkurs ['grʊntkʊrs] (*pl* -e) **der** cours *m* pour débutants.

Grundlage ['grʊntla:gə] (*pl* -n) **die** base *f*.

gründlich ['gryntlɪç] ◆ **adj 1.** [Person] minutieux(euse) **2.** [Suche, Ausbildung, Kenntnisse] approfondi(e) **3.** [Säuberung] en profondeur. ◆ **adv** [planen, überlegen] dans les moindres détails.

Grundnahrungsmittel ['grʊntna:rʊŋsmɪtl] (*pl inv*) **das** aliment *m* de base.

Gründonnerstag [gry:n'dɔnɐsta:k] (*pl* -e [ta:gə]) **der** jeudi saint.

Grundrecht ['grʊntrɛçt] (*pl* -e) **das** droit fondamental.

Grundschule ['grʊntʃu:lə] (*pl* -n) **die** école *f* primaire.

Grundschullehrer, in ['grʊntʃu:le:rɐ, rərɪn] **der, die** instituteur *m*, -trice *f*.

Grundstück ['grʊntʃtyk] (*pl* -e) **das** terrain *m*.

Gründung ['gryndʊŋ] (*pl* -en) **die** création *f*.

Grüne[1] ['gry:nə] (*pl* -n) **der, die** : **die Grünen** les Verts.

Grüne[2] ['gry:nə] **das** vert *m* ▸ **im Grünen** en pleine nature.

Grünfläche ['gry:nflɛçə] (*pl* -n) **die** espace vert.

Grünkohl ['gry:nko:l] **der** chou vert.

Gruppe ['grʊpə] (*pl* -n) **die** groupe *m*.

Gruppenermäßigung ['grʊpn̩lɛɐ̯mɛ:sɪgʊŋ] (*pl* -en) **die** tarif *m* de groupes.

Gruppenkarte ['grʊpn̩kartə] (*pl* -n) **die** carte *f* de groupe.

Gruppenreise ['grʊpn̩raizə] (*pl* -n) **die** voyage organisé.

Gruß [gru:s] (*pl* **Grüße** ['gry:sə]) **der** [Handlung] salut *m* ▸ **herzliche Grüße an...** mes ODER nos meilleures amitiés à... ▸ **viele Grüße!** je vous ODER t'embrasse ▸ **mit freundlichen Grüßen** 'cordialement'.

grüßen ['gry:sn̩] ◆ **vi** [begrüßen] saluer. ◆ **vt 1.** [begrüßen] saluer **2.** [grüßen lassen] faire ses amitiés à ▸ **jn grüßen lassen** passer le bonjour à qqn ▸ **jn von jm grüßen** saluer qqn de la part de qqn ▸ **Grüß Gott!** SÜDDT bonjour !

Guatemala [guate'ma:la] **nt** Guatemala *m*.

gucken ['gʊkn̩] **vi** *fam* [sehen] regarder.

Guerillero [gerɪl'je:ro] **der** guérillero *m*.

Guinea [gi'ne:a] **nt** Guinée *f*.

Gulasch ['gu:laʃ] (*pl* **-s**) **der & das** goulasch *m*.

Gulaschkanone ['gu:laʃkano:nə] (*pl* **-n**) **die** roulante *f*.

gültig ['gyltɪç] **adj** [Ticket, Vertrag] valable.

Gültigkeit ['gyltɪçkait] **die** [von Ticket, Vertrag] validité.

Gummi ['gʊmi] (*pl* **-s**) **das 1.** [Material] caoutchouc *m* **2.** [Gummiring] élastique *m*.

gummiartig ['gʊmila:ɐ̯tɪç] **adj** caoutchouteux(euse).

Gummiband ['gʊmibant] (*pl* **-bänder** [bɛndɐ]) **das** élastique *m*.

Gummistiefel ['gʊmiʃti:fl̩] (*pl inv*) **der** botte *f* en caoutchouc.

Gunst ['gʊnst] **die** : **zu Gunsten von** = **zugunsten**.

günstig ['gynstɪç] **adj 1.** [vorteilhaft] favorable **2.** [preisgünstig] avantageux(euse).

gurgeln ['gʊrgl̩n] **vi** faire des gargarismes.

Gurke ['gʊrkə] (*pl* **-n**) **die** [Salatgurke] concombre *m* ▸ **saure Gurke** [Essiggurke] gros cornichon.

Gurt [gʊrt] (*pl* **-e**) **der 1.** [an Tasche, Sattel] sangle *f* **2.** [Sicherheitsgurt] ceinture *f* (de sécurité).

Gürtel ['gyrtl̩] (*pl inv*) **der** [an Hose] ceinture *f*.

Gürtelreifen ['gyrtl̩raifn̩] (*pl inv*) **der** pneu *m* à ceinture.

Gürtelrose ['gyrtl̩ro:zə] **die** zona *m*.

Gürteltasche ['gyrtl̩taʃə] (*pl* **-n**) **die** (sac *m*) banane *f*.

Guru ['gu:ru] (*pl* **-s**) **der** gourou *m*.

gut [gu:t] (*komp* **besser**, *superl* **am besten**) ◆ **adj** bon (bonne). ◆ **adv 1.** [zufriedenstellend, tadellos] bien **2.** [leicht] facile ▸ **jm ist nicht gut** qqn ne se sent pas bien ▸ **so gut wie** quasiment. ◆ **Gute** ['gu:tə] **das** bien *m* ▸ **alles Gute!** tous mes ODER nos vœux.

Gutachter, in ['gu:taxtɐ, tərɪn] (*mpl inv*) **der, die** expert *m*.

gutbürgerlich ['gu:tbyrgɐlɪç] **adj** bourgeois(e) ▸ **gutbürgerliche Küche** cuisine bourgeoise.

Güteklasse ['gy:təklasə] (*pl* **-n**) **die** catégorie *f*.

Güterbahnhof ['gy:tɐba:nho:f] (*pl* **-höfe** [hø:fə]) **der** gare *f* de marchandises.

Güterzug ['gy:tɐtsu:k] (*pl* **-züge** [tsy:gə]) **der** train *m* de marchandises.

gut gehen ['gu:tge:ən] ◆ **vi** *(unreg, ist)* **1.** [Projekt, Handlung] bien tourner **2.** [Geschäft] marcher bien. ◆ **vimp** *(unreg, ist)* : **mir geht es gut** je vais bien.

gut gelaunt ['gu:tgəlaunt] **adj** de bonne humeur.

gutgläubig ['gu:tglɔybɪç] **adj** crédule.

Guthaben ['gu:tha:bn̩] (*pl inv*) **das** crédit *m*.

Gutschein ['gu:tʃain] (*pl* **-e**) **der** bon *m*.

gut◦schreiben ['gu:tʃraibn̩] **vt** *(unreg)* créditer.

Gutschrift ['guːtʃrɪft] (*pl* **-en**) **die** [Quittung] avis *m* de crédit.

gut◦tun ['guːttuːn] **vi** *(unreg, + D)* faire du bien à ▸ **jm guttun** faire du bien à qqn.

Guyana [gu'jaːna] **nt** Guyana *m*.

Gymnasium [gym'naːzi̯ʊm] (*pl* **Gymnasien** [gym'naːzi̯ən]) **das** lycée *m*.

> ⚠ Gymnase ist ein falscher Freund. Das Wort bedeutet nicht "Gymnasium", sondern ***Turnhalle***.

Gymnastik [gym'nastɪk] **die** gymnastique *f*.

Gynäkologe [gynɛko'loːgə] (*pl* **-n**) **der** gynécologue *m*.

Gynäkologin [gynɛko'loːgɪn] (*pl* **-nen**) **die** gynécologue *f*.

Gyros ['gyːrɔs] **das** gyros *m*.

Hh

Haar [haːɐ̯] (*pl* **-e** ['haːrə]) **das 1.** [Kopfhaar] cheveu *m* **2.** [Körperbehaarung] poil *m* ▸ **sich** *(D)* **die Haare schneiden lassen** se faire couper les cheveux.

Haarbürste ['haːɐ̯byrstə] (*pl* **-n**) **die** brosse *f* à cheveux.

Haarfärbemittel ['haːɐ̯fɛrbəmɪtl̩] (*pl inv*) **das** coloration *f*.

Haarfestiger ['haːɐ̯fɛstɪgɐ] (*pl inv*) **der** fixateur *m*.

Haargel ['haːɐ̯geːl] (*pl* **-s**) **das** gel *m (pour cheveux)*.

Haarklammer ['haːɐ̯klamɐ] (*pl* **-n**) **die** pince *f* à cheveux.

Haarkur ['haːɐ̯kuːɐ̯] (*pl* **-en** [kuːrən]) **die** traitement *m* pour cheveux.

Haarnadel ['haːɐ̯naːdl̩] (*pl* **-n**) **die** épingle *f* à cheveux.

Haarnadelkurve ['haːɐ̯naːdl̩kʊrvə] (*pl* **-n**) **die** virage *m* en épingle à cheveux.

haarscharf ['haːɐ̯ʃarf] **adv 1.** [sehr nah] à un cheveu près **2.** *fig* [sehr genau] dans les moindres détails.

Haarschnitt ['haːɐ̯ʃnɪt] (*pl* **-e**) **der** coupe *f* de cheveux.

Haarshampoo ['haːɐ̯ʃampuː] (*pl* **-s**) **das** shampooing *m*.

Haarspange ['haːɐ̯ʃpaŋə] (*pl* **-n**) **die** barrette *f*.

Haarspray ['haːɐ̯ʃpreː] (*pl* **-s**) **das** laque *f*.

Haarspülung ['haːɐ̯ʃpyːlʊŋ] **die** après-shampoing *m*.

Haartrockner ['haːɐ̯trɔknɐ] (*pl inv*) **der** [beim Frisör] casque *m*.

Haarwaschmittel ['haːɐ̯vaʃmɪtl̩] (*pl inv*) **das** shampooing *m*.

Haarwasser ['haːɐ̯vasɐ] (*pl* **-wässer** [vɛsɐ]) **das** lotion *f* capillaire.

haben ['haːbn̩] (*präs* **hat**, *prät* **hatte**, *pp* **gehabt**) ◆ aux avoir
◆ **vt 1.** [gen] avoir ▸ **bei sich haben** avoir sur soi ▸ **Mathematik haben** avoir un cours de maths ▸ **Streit haben** se disputer ▸ **Besuch haben** avoir de la visite ▸ **Zeit haben** avoir du temps ▸ **es eilig haben** être pressé ▸ **Depressionen haben** être dépressif ▸ **Angst haben** avoir peur ▸ **etwas dagegen haben** voir une objection à ▸ **haben Sie etwas da-** →

gegen, wenn ich rauche? est-ce que cela vous dérange si je fume ? **2.** [mit Zeitangabe] : **wir haben zehn Uhr** il est dix heures **3.** [Angabe von Zwang] : **ich habe noch eine Woche zu arbeiten** je dois encore travailler une semaine.

Hackbraten ['hakbraːtn̩] (*pl inv*) **der** *viande hachée présentée sous forme de rôti et cuite au four.*

hacken ['hakn̩] **vt** [Holz] fendre.

Hacker ['hɛkɐ] (*pl inv*) **der** hacker *m.*

Hackfleisch ['hakflaiʃ] **das** viande hachée.

Hafen ['haːfn̩] (*pl* **Häfen** ['hɛːfn̩]) **der** port *m.*

Hafenrundfahrt ['haːfn̩rʊntfaːɐt] (*pl* **-en**) **die** tour *m* du port.

Hafenstadt ['haːfn̩ʃtat] (*pl* **-städte** [ʃtɛːtə]) **die** ville *f* portuaire.

Hafer ['haːfɐ] **der** avoine *f* ▸ **dich sticht wohl der Hafer!** *fig* ça va pas la tête ?

Haferflocken ['haːfɐflɔkn] **pl** flocons *mpl* d'avoine.

Haft [haft] **die** [Arrest] détention *f.*

haftbar ['haftbaːɐ] **adj** responsable.

haften ['haftn̩] **vi** [für Schaden] répondre de.

Haftpflichtversicherung ['haftpflıçtfɛɐzıçərʊŋ] (*pl* **-en**) **die** assurance *f* responsabilité civile.

Haftung ['haftʊŋ] **die** responsabilité *f.*

Haftungsbeschränkung ['haftʊŋsbəʃrɛŋkʊŋ] (*pl* **-en**) **die** limitation *f* de la responsabilité.

Hagebuttentee ['hagebʊtn̩teː] **der** infusion *f* de cynorhodon.

Hagel ['haːgl̩] **der** [Eisregen] grêle *f.*

hageln ['hagl̩n] **vimp** : **es hagelt** il grêle.

Hahn [haːn] (*pl* **Hähne** ['hɛːnə]) **der** **1.** [Tier] coq *m* **2.** [Wasserhahn] robinet *m.*

Hähnchen ['hɛːnçən] (*pl inv*) **das** [Brathähnchen] poulet *m* ▸ **ein halbes Hähnchen** un demi-poulet.

Hai [hai̯] (*pl* **-e**) **der** requin *m.*

Haiti [ha'iːti] **nt** Haïti *m.*

häkeln ['hɛːkl̩n] **vt** faire du crochet ▸ **etw häkeln** faire qqch au crochet.

Haken ['haːkn̩] (*pl inv*) **der** **1.** [an der Wand] crochet *m* **2.** [Zeichen] coche *f* ▸ **etw hat einen Haken** *fam* il y a un hic dans qqch.

Hakenkreuz ['haːkn̩krɔyts] (*pl* **-e**) **das** croix *f* gammée.

halb [halp] ◆ **adj** **1.** [fünfzig Prozent] demi(e) **2.** [vermindert] réduit(e) **3.** [fast ganz] la moitié de. ◆ **adv** [fünfzig Prozent, fast ganz] à moitié ▸ **halb sechs** cinq heures et demie ▸ **halb so groß** moitié moins grand ▸ **halb durch sein** KÜCHE être à moitié cuit.

halbautomatisch ['halp|automaːtıʃ] **adj** [Getriebe, Kamera] semi-automatique.

Halbe ['halbə] (*pl* **-n**) **die** ODER **der** [Bier] demi *m.*

Halbedelstein ['halp|eːdl̩ʃtain] **der** pierre *f* semi-précieuse.

halbe-halbe ['halbə'halbə] **adv** *fam* : **halbe-halbe machen** faire moit-moit.

halbfett ['halpfɛt] **adj** [Margarine, Käse] allégé(e).

Halbfinalist, in ['halpfinalıst, ıstın] (*mpl* **-en**) **der, die** demi-finaliste *mf.*

halbieren [hal'biːrən] **vt** [teilen] partager en deux.

Halbinsel ['halp|ınzl̩] (*pl* **-n**) **die** **1.** [klein] presqu'île *f* **2.** [groß] péninsule *f.*

Halbjahr ['halpjaːɐ̯] (*pl* -e [jaːrə]) das [Semester] semestre *m*.

Halbmond ['halpmoːnt] der demi-lune *f*.

Halbpension ['halppaŋzi̯oːn] die demi-pension *f* ▸ **ein Zimmer mit Halbpension** une chambre avec demi-pension.

Halbschuh ['halpʃuː] (*pl* -e) der chaussure basse.

halbtags ['halptaːks] adv à mi-temps.

Halbtagsarbeit ['halptaːksarbait] die travail *m* à mi-temps.

Halbzeit ['halptsait] (*pl* -en) die SPORT mi-temps *f inv*.

half [half] prät → **helfen**.

Hälfte ['hɛlftə] (*pl* -n) die moitié *f* ▸ **zur Hälfte** à moitié.

Halle ['halə] (*pl* -n) die **1.** [von Bahnhof, Flughafen, Hotel] hall *m* **2.** [zum Turnen] gymnase *m*.

Hallenbad ['halənbaːt] (*pl* -bäder) das piscine couverte.

Hallig ['halɪç] (*pl* -en ['halɪgn̩]) die *îlot inondable sur la côte de Frise*.

hallo ['halo] interj **1.** *fam* [Gruß] salut **2.** [am Telefon] allô.

Halloween [hɛlo'viːn] das Halloween.

Halogenlampe [halo'geːnlampə] (*pl* -n) die lampe *f* halogène.

Hals [hals] (*pl* **Hälse** ['hɛlzə]) der **1.** [Körperteil] cou *m* **2.** [Rachen] gorge *f*.

Halsausschnitt ['halsausʃnɪt] (*pl* -e) der encolure *f*.

Halsband ['halsbant] (*pl* -bänder ['bɛndɐ]) das [von Hund] collier *m*.

Halsentzündung ['halsɛnttsyndʊŋ] (*pl* -en) die angine *f*.

Halskette ['halskɛtə] (*pl* -n) die collier *m*.

Hals-Nasen-Ohren-Arzt, Ärztin [halsnaːzn̩'loːrənlaːɐ̯tst, ɛːɐ̯tstɪn] (*mpl* -Ärzte) der, die oto-rhino-laryngologiste *mf*.

Halsschmerzen ['halsʃmɛrtsn̩] pl maux *mpl* de gorge ▸ **Halsschmerzen haben** avoir mal à la gorge.

Halstuch ['halstuːx] (*pl* -tücher [tyːçɐ]) das foulard *m*.

halt [halt] ◆ adv Süddt [nun einmal] justement. ◆ interj halte-là.

Halt [halt] der : **Halt machen** [als Wanderer, Fahrer] faire (une) halte.

haltbar ['haltbaːɐ̯] adj [Lebensmittel] qui se conserve ▸ **'mindestens haltbar bis'** 'à consommer jusqu'au :'.

Haltbarkeitsdatum ['haltbaːɐ̯kaitsdaːtʊm] (*pl* -daten [daːtn̩]) das date *f* de péremption.

halten ['haltn̩] (*präs* **hält**, *prät* **hielt**, *pp* **gehalten**) ◆ vt **1.** [festhalten] tenir **2.** [einhalten] maintenir ▸ **ein Versprechen halten** tenir une promesse **3.** SPORT arrêter **4.** [Vortrag, Rede] faire **5.** [einschätzen, denken] : **jn für intelligent halten** considérer qqn comme intelligent ▸ **viel /wenig von jm /etw halten** avoir beaucoup /peu d'estime pour qqn /qqch
◆ vi **1.** [Fahrzeug] s'arrêter **2.** [Freundschaft] tenir **3.** [Lebensmittel] : **Frischmilch hält nicht lange** le lait frais ne se conserve pas longtemps **4.** [zur Unterstützung] : **ich halte zu dir, was immer passiert** je suis de ton côté, quoi qu'il arrive
◆ **sich halten** ref **1.** [sich festhalten] se retenir **2.** *fam* [Person] : **er hält sich fit** il se maintient en forme ▸ **er hält sich gut für seinen Alter** il est bien conservé pour son âge **3.** [in eine →

Richtung] : **sich rechts / links halten** rester à droite / gauche.

Halterung ['haltərʊŋ] (*pl* **-en**) **die** support *m*.

Haltestelle ['haltəʃtɛlə] (*pl* **-n**) **die** arrêt *m*.

Halteverbot ['haltəfɛɐ̯bo:t] **das** **1.** [Verbot] interdiction *f* de s'arrêter ODER de stationner **2.** [Stelle] emplacement interdit.

Halteverbotsschild ['haltəfɛɐ̯bo:tsʃɪlt] (*pl* **-er** [ʃɪldɐ]) **das** panneau *m* d'interdiction de stationnement.

halt◦machen ['haltmaxn̩] **vi** = **Halt**.

Haltung ['haltʊŋ] (*pl* **-en**) **die** **1.** [Körperhaltung] position *f* **2.** [Einstellung] attitude *f*.

Hamburg ['ambʊrk] **nt** Hambourg.

Hamburger ['hambʊrgɐ] **der** (*pl inv*) [zum Essen] hamburger *m*.

Hammelfleisch ['hamḷflai̯ʃ] **das** viande *f* de mouton.

Hammer ['hamɐ] (*pl* **Hämmer** ['hɛmɐ]) **der** marteau *m*.

hämmern ['hɛmɐn] **vi** **1.** [mit Hammer] donner des coups de marteau **2.** [mit Faust] tambouriner.

Hammerwerfen ['hamɐvɛrfn̩] **das** lancer *m* du marteau.

Hamster ['hamstɐ] (*pl inv*) **der** hamster *m*.

hamstern ['hamstɐn] **vt** faire des stocks de *(provisions)*.

Hand [hant] (*pl* **Hände** ['hɛndə]) **die** main *f* ▸ **aus erster / zweiter Hand** de première / seconde main ▸ **rechter / linker Hand** à droite / gauche.

Handarbeit ['hant|arbai̯t] (*pl* **-en**) **die** **1.** [Textilien] ouvrage *m* **2.** [Gegenstand] fabrication artisanale.

Handball ['hantbal] **der** handball *m*.

Handbremse ['hantbrɛmzə] (*pl* **-n**) **die** frein *m* à main.

Handbuch ['hantbu:x] (*pl* **-bücher** [by:çɐ]) **das** manuel *m*.

Handel ['handl̩] **der** commerce *m*.

handeln ['handl̩n] ◆ **vi** **1.** [Handel treiben] faire le commerce de **2.** [agieren] agir **3.** [feilschen] marchander. ◆ **vimp** : **es handelt sich um** il s'agit de ▸ **handeln von** [von Thema] traiter de.

Handelskammer ['handl̩skamɐ] (*pl* **-n**) **die** chambre *f* de commerce.

Handelspartner ['handl̩spartnɐ] (*pl inv*) **der** partenaire commercial.

Handelsschule ['handl̩sʃu:lə] (*pl* **-n**) **die** école *f* de commerce.

Handfeger ['hantfe:gɐ] (*pl inv*) **der** balayette *f*.

Handfläche ['hantflɛçə] (*pl* **-n**) **die** paume *f*.

Handgelenk ['hantgəlɛŋk] (*pl* **-e**) **das** poignet *m*.

handgemacht ['hantgəmaxt] **adj** fait(e) main.

Handgepäck ['hantgəpɛk] **das** bagage *m* à main.

handgeschrieben ['hantgəʃri:bn̩] **adj** manuscrit(e).

Handgriff ['hantgrɪf] (*pl* **-e**) **der** geste *m* ▸ **das kann man mit ein paar Handgriffen machen** on peut le faire en deux temps trois mouvements.

Handkoffer ['hantkɔfɐ] (*pl inv*) **der** mallette *f*.

Händler, in ['hɛndlɐ, lərɪn] (*mpl inv*) **der, die** commerçant *m*, -e *f*.

handlich ['hantlɪç] **adj** pratique.

Handlung ['handlʊŋ] (*pl* **-en**) die **1.** [von Roman, Film] action *f* **2.** [Tat, Aktion] acte *m*.

Handschlag ['hantʃlaːk] **der** : **per Handschlag** en topant.

Handschrift ['hantʃrɪft] (*pl* **-en**) die **1.** [Schrift] écriture *f* **2.** [Text] manuscrit *m*.

Handschuh ['hantʃuː] (*pl* **-e**) **der** gant *m*.

Handschuhfach ['hantʃuːfax] (*pl* **-fächer** ['hantʃuːfɛçɐ]) **das** boîte *f* à gants.

Handtasche ['hanttaʃə] (*pl* **-n**) **die** sac *m* à main.

Handtuch ['hanttuːx] (*pl* **-tücher** [tyːçɐ]) **das** serviette *f*.

Handwerker, in ['hantvɛrkɐ, kərɪn] (*mpl inv*) **der, die** artisan *m*, -e *f*.

Handy ['hɛndi] (*pl* **-s**) **das** [Telefon] (téléphone *m*) portable *m*.

Handzeichen ['hanttsaiçn̩] (*pl inv*) **das** signe *m* de la main.

Hang [haŋ] (*pl* **Hänge** ['hɛŋə]) **der** [Abhang] versant *m*.

Hängebrücke ['hɛŋəbrykə] (*pl* **-n**) **die** pont suspendu.

Hängematte ['hɛŋəmatə] (*pl* **-n**) **die** hamac *m*.

hängen[1] ['hɛŋən] (*prät* **hängte**, *pp* **gehängt**) **vt** [anbringen] suspendre ▸ **hängen an** *(+ A)* suspendre à.

hängen[2] ['hɛŋən] (*prät* **hing**, *pp* **gehangen**) **vi** [angebracht sein] être suspendu(e) ▸ **hängen an** *(+ D)* **a)** [örtlich] être suspendu à **b)** [emotional] tenir à.

hängen bleiben ['hɛŋənblaibn̩] **vi** *(unreg, ist)* [festhängen] rester accroché(e).

hängen lassen ['hɛŋənlasn̩] **vt** *(unreg)* [vergessen] laisser.

Hannover [ha'noːfɐ] **nt** Hanovre.

Hansestadt ['hanzəʃtat] (*pl* **-städte** [ʃtɛːtə]) **die** ville *f* hanséatique.

> **ⓘ Hansestadt**
>
> Ce terme désigne une ville qui appartenait autrefois à la Hanse, une association de villes marchandes (regroupant entre autres **Bremen, Hamburg, Lübeck** et **Rostock**) qui joua un rôle politique et économique majeur en Europe du Nord, du XIIe au XVIIe siècle.

Hantel ['hantl̩] (*pl* **-n**) **die** haltère *m*.

Häppchen ['hɛpçən] (*pl inv*) **das** [kleine Speise] canapé *m*.

Happy End ['hɛpi'lɛnt] (*pl* **-s**) **das** happy end *m*.

Hardrock ['haːɐ̯trɔk] **der** MUS hard-rock *m*.

Hardware ['haːɐ̯tvɛːɐ̯] (*pl* **-s**) **die** hardware *m*, matériel *m*.

Harke ['harkə] (*pl* **-n**) **die** râteau *m*.

harmlos ['harmloːs] **adj 1.** [Person, Tier] inoffensif(ive) **2.** [Krankheit] bénin(igne).

harmonisch [har'moːnɪʃ] **adj** harmonieux(euse).

Harn [harn] **der** urine *f*.

Harnblase ['harnblaːzə] (*pl* **-n**) **die** vessie *f*.

Harpune [har'puːnə] (*pl* **-n**) **die** harpon *m*.

hart [hart] (*komp* **härter**, *superl* **am härtesten**) ◆ **adj 1.** dur(e) **2.** [Schlag, Tritt] violent(e) **3.** [Winter] rude. ◆ **adv 1.** [arbeiten, zuschlagen] dur **2.** [urteilen, bestrafen] durement ▸ **hart sitzen** être mal assis.

Härte ['hɛrtə] **die** dureté *f*.

hart gekocht ['hartgəkɔxt] **adj** : **hart gekochtes Ei** œuf dur.

hartnäckig ['hartnɛkɪç] **adj 1.** [Person, Weigerung] opiniâtre **2.** [Krankheit] tenace.

Haschisch ['haʃɪʃ] **das** haschich *m*.

Hase ['haːzə] (*pl* **-n**) **der** lièvre *m*.

Haselnuss ['haːzl̩nʊs] (*pl* **-nüsse** [nʏsə]) **die** noisette *f*.

Hass [has] **der** haine *f*.

hassen [hasn̩] **vt 1.** [verabscheuen] haïr **2.** *fam* [nicht mögen] détester.

hässlich ['hɛslɪç] **adj** [Aussehen] laid(e).

hast [hast] **präs** → **haben**.

hastig ['hastɪç] **adj** hâtif(ive).

hat [hat] **präs** → **haben**.

hatte ['hatə] **prät** → **haben**.

hauchdünn ['hauxdʏn] **adj** extrêmement fin(e).

hauchen ['hauxn̩] **vi** [blasen] souffler.

hauen ['hauən] (*pp* **gehauen**) **vt 1.** *fam* [Person] frapper **2.** [mit Werkzeug] creuser.

Haufen ['haufn̩] (*pl inv*) **der** tas *m*.

häufig ['hɔyfɪç] ◆ **adj** fréquent(e). ◆ **adv** fréquemment.

Haupt [haupt] (*pl* **Häupter** ['hɔyptɐ]) **das** *geh* [Kopf] tête *f*.

Hauptbahnhof ['hauptbaːnhoːf] (*pl* **-höfe** [høːfə]) **der** gare centrale.

hauptberuflich ['hauptbəruːflɪç] ◆ **adj** : **hauptberufliche Tätigkeit** activité principale. ◆ **adv** : **er arbeitet hauptberuflich als Lehrer** l'enseignement est son activité principale.

Haupteingang ['hauptlaingaŋ] (*pl* **-gänge** [gɛŋə]) **der** entrée principale.

Hauptfach ['hauptfax] (*pl* **-fächer** [fɛçɐ]) **das** [in Schule, Studium] matière principale.

Hauptgericht ['hauptgərɪçt] (*pl* **-e**) **das** KÜCHE plat principal.

Hauptgeschäftszeit ['hauptgəʃɛftstsait] (*pl* **-en**) **die** heures *fpl* d'affluence ODER de pointe.

Hauptpost ['hauptpɔst] **die** poste centrale.

Hauptreisezeit ['hauptraizətsait] (*pl* **-en**) **die** saison *f* touristique.

Hauptrolle ['hauptrɔlə] (*pl* **-n**) **die** [im Film] rôle principal.

Hauptsache ['hauptzaxə] (*pl* **-n**) **die** essentiel *m*.

hauptsächlich ['hauptzɛçlɪç] **adv** essentiellement.

Hauptsaison ['hauptzɛzɔŋ] **die** haute saison.

Hauptschule ['hauptʃuːlə] (*pl* **-n**) **die** *en Allemagne, établissement scolaire qui offre un cycle court.*

Hauptstadt ['hauptʃtat] (*pl* **-städte** [ʃtɛːtə]) **die** capitale *f*.

Hauptstraße ['hauptʃtraːsə] (*pl* **-n**) **die 1.** [Vorfahrtsstraße] route principale **2.** [in Ort] rue ODER route principale.

Hauptverkehrsstraße ['hauptfɛɐ̯keːɐ̯sʃtraːsə] (*pl* **-n**) **die** route *f* à grand trafic.

Hauptverkehrszeit ['hauptfɛɐ̯keːɐ̯stsait] (*pl* **-en**) **die** heures *fpl* d'affluence ODER de pointe.

Haus [haus] (*pl* **Häuser** ['hɔyzɐ]) **das 1.** [Wohnhaus] maison *f* **2.** [Gebäude] immeuble *m* ▸ **nach Hause** à la maison ▸ **zu Hause** à la maison.

Hausapotheke ['hauslapote:kə] (*pl* -n) **die** pharmacie *f*.

Hausarbeit ['hauslarbait] (*pl* -en) **die** **1.** [im Haushalt] travaux *mpl* domestiques **2.** [Hausaufgabe] devoirs *mpl*.

Hausarzt, ärztin ['hauslaːɐ̯tst, ɛːɐ̯tstɪn] (*mpl* -ärzte) **der, die** médecin *mf* de famille.

Hausbewohner, in ['hausbəvoːnɐ, nərɪn] (*mpl inv*) **der, die** habitant *m*, -e *f* d'un immeuble.

hauseigen ['hauslaign̩] *adj* privé(e).

Hausflur ['hausfluːɐ̯] (*pl* -e [fluːrə]) **der** entrée *f* d'un immeuble.

Hausfrau ['hausfrau] (*pl* -en) **die** femme *f* au foyer.

hausgemacht ['hausgəmaxt] *adj* fait(e) maison.

Haushalt ['haushalt] (*pl* -e) **der** **1.** [Hausarbeit] ménage *m* **2.** [Etat] budget *m*.

Haushälter, in ['haushɛltɐ, tərɪn] (*mpl inv*) **der, die** gérant *m*, -e *f*.

Haushaltsreiniger ['haushaltsrainɪgɐ] (*pl inv*) **der** produit *m* d'entretien.

Haushaltswaren ['haushaltsvaːrən] *pl* articles *mpl* de ménage.

Hausmann ['hausman] (*pl* -männer) **der** homme *m* au foyer.

Hausmannskost ['hausmanskɔst] **die** [einfaches Essen] cuisine *f* maison.

Hausmarke ['hausmarkə] (*pl* -n) **die** [Wein] cuvée *f* du patron.

Hausmeister, in ['hausmaistɐ, maistərɪn] (*mpl inv*) **der, die** concierge *mf*.

Hausnummer ['hausnʊmɐ] (*pl* -n) **die** numéro *m* de la maison ODER de l'immeuble.

Hausordnung ['hauslɔrdnʊŋ] (*pl* -en) **die** règlement intérieur.

Hausschlüssel ['hausʃlysl̩] (*pl inv*) **der** clés *fpl* de la maison ODER de l'immeuble.

Hausschuh ['hausʃuː] (*pl* -e) **der** chausson *m*.

Haustier ['haustiːɐ̯] (*pl* -e [tiːrə]) **das** animal *m* domestique.

Haustür ['haustyːɐ̯] (*pl* -en [tyːrən]) **die** porte *f* d'entrée.

Hauszelt ['haustsɛlt] (*pl* -e) **das** tente *f*.

Haut [haut] (*pl* **Häute** ['hɔytə]) **die** peau *f*.

Hautarzt, ärztin ['hautlaːɐ̯tst, ɛːɐ̯tstɪn] (*pl* -ärzte [ɛːɐ̯tstə]) **der, die** dermatologue *mf*.

Hautausschlag ['hautlausʃlaːk] (*pl* -schläge [ʃlɛːgə]) **der** éruption cutanée.

Hautcreme ['hautkreːm] (*pl* -s) **die** crème *f*.

hauteng ['hautlɛŋ] *adj* moulant(e).

Hautfarbe ['hautfarbə] (*pl* -n) **die** couleur *f* de la peau.

Hautritzung ['hautrɪtsʊŋ] **die** scarification *f*.

Hbf. *abk für* **Hauptbahnhof**.

HDTV [haːdeːteː'fau] (*abk für* High Definition Television) **das** TVHD *f* *(télévision à haute définition)*.

Headset ['hɛtsɛt] (*pl* -s) **das** kit *m* mains libres.

Hebamme ['heːplamə] (*pl* -n ['heːbamə]) **die** sage-femme *f*.

Hebel ['heːbl̩] (*pl inv*) **der** [an Maschine] levier *m*.

heben ['heːbn̩] (*prät* **hob**, *pp* **gehoben**) *vt* [hochnehmen] soulever. ◆ **sich heben** *ref* [Vorhang, Schranke] se lever.

Heck [hɛk] (*pl* -s) das 1. [Auto] arrière *m* 2. [Schiff] poupe *f*.

Hecke ['hɛkə] (*pl* -n) die haie *f*.

Heckklappe ['hɛkklapə] (*pl* -n) die [von Auto] hayon *m*.

Heckscheibe ['hɛkʃaibə] (*pl* -n) die lunette *f* arrière.

Heckscheibenheizung ['hɛkʃaibn̩haitsʊŋ] (*pl* -en) die dégivrage *m* arrière.

Hecktür ['hɛktyːɐ̯] (*pl* -en [tyːrən]) die hayon *m*.

Hefe ['heːfə] die levure *f*.

Hefeteig ['heːfətaik] der pâte *f* levée.

Heft [hɛft] (*pl* -e) das cahier *m*.

Hefter ['hɛftɐ] (*pl inv*) der classeur *m*.

heftig ['hɛftɪç] ◆ adj [Sturm, Schlag] violent(e). ◆ adv violemment.

Heftklammer ['heːftklamɐ] (*pl* -n) die agrafe *f*.

Heftpflaster ['heːftpflastɐ] (*pl inv*) das sparadrap *m*.

Heftzwecke ['heːfttsvɛkə] (*pl* -n) die punaise *f*.

Heide ['haidə] die lande *f*.

Heidelbeere ['haidl̩beːrə] (*pl* -n) die myrtille *f*.

heikel ['haikl̩] (*komp* **heikler**, *superl* **am heikelsten**) adj [Problem] délicat(e).

heil [hail] adj intact(e).

Heilbad ['hailbaːt] (*pl* -bäder [bɛːdɐ]) das [Ort] station thermale.

heilbar ['hailbaːɐ̯] adj curable.

heilen ['hailən] ◆ vt guérir. ◆ vi cicatriser.

heilig ['hailɪç] adj [Person, Ort] saint(e).

Heiligabend ['hailɪçlaːbn̩t] der veille *f* de Noël.

Heilkräuter ['hailkrɔytɐ] pl herbes médicinales.

Heilmittel ['hailmɪtl̩] (*pl inv*) das remède *m*.

Heilpflanze ['hailpflantsə] (*pl* -n) die plante médicinale.

Heilpraktiker, in ['hailpraktɪkɐ, kərɪn] (*mpl inv*) der, die *praticien dans le domaine de la médecine parallèle.*

Heilquelle ['hailkvɛlə] (*pl* -n) die source thermale.

Heilung ['hailʊŋ] (*pl* -en) die 1. [durch Arzt] guérison *f* 2. [von Wunde] cicatrisation *f*.

Heim [haim] (*pl* -e) das 1. [Zuhause] chez soi *m* 2. [für Hilfsbedürftige] foyer *m*.

Heimat ['haimat] die [von Person] patrie *f*.

Heimatadresse ['haimaːtladrɛsə] (*pl* -n) die adresse *f* de la résidence principale.

Heimathafen ['haimaːthaːfn̩] (*pl* -häfen [hɛːfn̩]) der port *m* d'attache.

Heimatland ['haimaːtlant] (*pl* -länder [lɛndɐ]) das patrie *f*.

Heimatmuseum ['haimaːtmuzeːʊm] (*pl* -museen [muzeːn]) das musée régional.

Heimfahrt ['haimfaːɐ̯t] die retour *m* (à la maison).

heimlich ['haimlɪç] ◆ adj secret(ète). ◆ adv secrètement.

Heimreise ['haimraizə] die voyage *m* de retour.

Heimspiel ['haimʃpiːl] (*pl* -e) das SPORT match *m* à domicile.

Heimweg ['haimveːk] der chemin *m* du retour.

Heimweh ['haimveː] das mal *m* du pays.

Heimwerker, in ['haimvɛrkɐ, kərın] (*mpl inv*) **der, die** bricoleur *m*, -euse *f*.

Heirat ['hairaːt] (*pl* **-en**) **die** mariage *m*.

heiraten ['hairaːtn̩] ◆ **vt** épouser. ◆ **vi** se marier.

heiser ['haizɐ] ◆ **adj** enroué(e). ◆ **adv** d'une voix enrouée.

Heiserkeit ['haizɐkait] **die** extinction *f* de voix.

heiß [hais] ◆ **adj 1.** [sehr warm] très chaud(e) **2.** [Diskussion] vif (vive) **3.** [Liebe] grand(e) **4.** *fam* [toll] génial(e). ◆ **adv 1.** [lieben] passionnément **2.** [diskutieren] avec passion **3.** *fam* [toll] super bien ▶ **es ist heiß** il fait chaud ▶ **jm ist heiß** qqn a chaud ▶ **heiß baden** prendre un bain chaud ▶ **'heiße Getränke'** boissons chaudes.

heißen ['haisn̩] (*prät* **hieß**, *pp* **geheißen**) **vi 1.** [mit Namen] s'appeler **2.** [bedeuten] signifier ▶ **wie heißt das auf Deutsch?** comment cela se dit-il en allemand ? ▶ **wie heißen Sie / heißt du?** comment vous appelez-vous / t'appelles-tu ? ▶ **das heißt a)** [erklärend] c'est-à-dire **b)** [einschränkend] du moins.

heiß laufen ['haislaufn̩] **vi** *(unreg, ist)* [Motor] chauffer.

Heißluftballon ['haisluftbalɔŋ] (*pl* **-s**) **der** montgolfière *f*.

Heißwassergerät ['haisvasɐgərɛːt] (*pl* **-e**) **das** chauffe-eau *m inv*.

heiter ['haitɐ] **adj 1.** [Person, Stimmung] gai(e) **2.** [Wetter] clair(e).

heizbar ['haitsbaːɐ̯] **adj** [Raum] que l'on peut chauffer.

Heizdecke ['haitsdɛkə] (*pl* **-n**) **die** couverture chauffante.

heizen ['haitsn̩] ◆ **vt** [Raum] chauffer. ◆ **vi** se chauffer.

Heizgerät ['haitsgərɛːt] (*pl* **-e**) **das** [elektrisch] appareil *m* de chauffage.

Heizkörper ['haitskœrpɐ] (*pl inv*) **der** radiateur *m*.

Heizpilz ['haitspılts] (*pl* **-e**) **der** parasol *m* chauffant.

Heizung ['haitsʊŋ] (*pl* **-en**) **die 1.** [Heizungsanlage] chauffage *m* **2.** [Heizkörper] radiateur *m*.

hektisch ['hɛktıʃ] **adj** frénétique.

helfen ['hɛlfn̩] (*präs* **hilft**, *prät* **half**, *pp* **geholfen**) **vi** aider ▶ **jm helfen** aider qqn ▶ **jm helfen bei** aider qqn dans ▶ **sich** *(D)* **zu helfen wissen** savoir s'en sortir.

Helfer, in ['hɛlfɐ, fərın] (*mpl inv*) **der, die** assistant *m*, -e *f*.

Heli ['hɛli] (*pl* **-s**) **der** *fam* hélico *m*.

hell [hɛl] ◆ **adj** clair(e). ◆ **adv** : **hell leuchten** briller d'une lumière claire ▶ **es wird hell** le jour se lève.

hellblau ['hɛlblau] **adj** bleu clair.

hellblond ['hɛlblɔnt] **adj** blond clair.

Hellseher, in ['hɛlzeːɐ, ərın] (*mpl inv*) **der, die** voyant *m*, -e *f*.

Helm [hɛlm] (*pl* **-e**) **der** casque *m*.

Helsinki ['hɛlzıŋki] **nt** Helsinki.

Hemd [hɛmt] (*pl* **-en** [hɛmdn̩]) **das 1.** [Oberhemd] chemise *f* **2.** [Unterhemd] maillot *m* de corps.

Hemmung ['hɛmʊŋ] (*pl* **-en**) **die 1.** [Handlung] action *f* d'entraver **2.** [Hindernis] obstacle *m*, frein *m*. ◆ **Hemmungen pl** gêne *f*, complexes *mpl* ▶ **Hemmungen haben(, etw zu tun)** se sentir gêné(e) (de faire qqch).

Hendl ['heːndl̩] (*pl* **-n** ['heːndl̩n]) **das** SÜDDT ÖSTERR poulet rôti.

Hengst ['hɛŋst] (*pl* **-e**) **der** étalon *m*.

Henkel ['hɛŋkl̩] (*pl inv*) **der** anse *f*.

Hepatitis [hepa'tiːtıs] **die** hépatite *f*.

her [heːɐ̯] adv : **her damit!** donne-moi ça !

herab [hɛ'rap] adv en descendant.

herab∘setzen [hɛ'rapzɛtsn̩] vi [Preis, Tempo] réduire.

heran [hɛ'ran] adv : **etwas weiter rechts heran** un peu plus vers la droite ▸ **bis an den Rand heran** jusqu'au bord.

heran∘kommen [hɛ'rankɔmən] vi *(unreg, ist)* [sich nähern] s'approcher.

Heranwachsende [hɛ'ranvaksn̩də] *(pl -n)* der, die adolescent *m*, -e *f*.

herauf [hɛ'rauf] adv : **bis hier herauf** jusque-là ▸ **er kam die Straße herauf** il montait la rue.

herauf∘kommen [hɛ'raufkɔmən] vi & vt *(unreg, ist)* monter.

herauf∘setzen [hɛ'raufzɛtsn̩] vt [Preis] augmenter.

heraus [hɛ'raus] adv dehors.

heraus∘bekommen [hɛ'rausbəkɔmən] vt *(unreg)* **1.** [Geheimnis] deviner **2.** [entfernen] parvenir à extraire ▸ **Sie bekommen noch zwei Euro heraus** je vous dois encore deux euros.

heraus∘bringen [hɛ'rausbrɪŋən] vt *(unreg)* [Buch, Platte] sortir.

heraus∘finden [hɛ'rausfɪndən] vt *(unreg)* [Lösung] réussir à trouver.

heraus∘fordern [hɛ'rausfɔrdɐn] vt [provozieren] provoquer.

Heraus∘forderung [hɛ'rausfɔrdərʊŋ] *(pl -en)* **die** [Aufgabe] défi *m*.

heraus∘geben [hɛ'rausgeːbn̩] vt *(unreg)* **1.** [Buch, Zeitung] publier **2.** [Beute] rendre ▸ **auf zehn Euro herausgeben** rendre la monnaie sur dix euros ▸ **jm zwei Euro herausgeben** rendre à qqn deux euros.

Herausgeber, in [hɛ'rausgeːbɐ, bərɪn] *(mpl inv)* **der, die** éditeur *m*, -trice *f*.

heraus∘halten [hɛ'raushaltn̩] vt *(unreg)* [aus dem Fenster] tenir (dehors). ◆ **sich heraushalten** ref : **sich aus etw heraushalten** se tenir à l'écart de qqch.

heraus∘holen [hɛ'raushoːlən] vt sortir.

heraus∘kommen [hɛ'rauskɔmən] vi *(unreg, ist)* **1.** [nach draußen, Buch, Platte] sortir **2.** [Ergebnis] se dégager **3.** [bekannt werden] ressortir **4.** *fam* se dépatouiller ▸ **aus einer Situation herauskommen** se dépatouiller d'une situation.

heraus∘nehmen [hɛ'rausneːmən] vt *(unreg)* [nach draußen] sortir.

heraus∘stellen [hɛ'rausʃtɛlən] vt **1.** [nach draußen] mettre dehors **2.** [hervorheben] souligner. ◆ **sich herausstellen** ref [klar werden] s'avérer.

heraus∘suchen [hɛ'rauszuːxn̩] vt choisir.

heraus∘ziehen [hɛ'raustsiːən] vt *(unreg)* tirer.

herb [hɛrp] ◆ adj âpre. ◆ adv **1.** [bitter] amèrement **2.** [schlimm] rudement ▸ **herb riechen** avoir une odeur âpre.

Herberge ['hɛrbergə] *(pl -n)* **die** [Jugendherberge] auberge *f*.

her∘bringen ['heːɐ̯brɪŋən] vt *(unreg)* apporter.

Herbst [hɛrpst] *(pl -e)* **der** automne *m* ▸ **im Herbst** en automne.

herbstlich ['hɛrpstlɪç] adj automnal(e).

Herd [heːɐ̯t] *(pl -e* ['heːɐ̯də]*)* **der** [Küchenherd] cuisinière *f*.

Herde ['heːɐ̯də] *(pl -n)* **die** troupeau *m*.

herein [hɛ'rain] adv à l'intérieur ▸ **herein!** entrez !

herein∘fallen [hɛˈrainfalən] **vi** *(unreg, ist)* [getäuscht werden] tomber dans le panneau.

herein∘holen [hɛˈrainhoːlən] **vt** [holen] aller chercher ▸ **die Netze hereinholen** ramener les filets.

herein∘kommen [hɛˈrainkɔmən] **vi** *(unreg, ist)* [von draußen] entrer.

herein∘lassen [hɛˈrainlasn̩] **vt** *(unreg)* faire entrer.

herein∘legen [hɛˈrainleːgn̩] **vt** *fam* [täuschen] rouler.

Herfahrt [ˈheːɐ̯faːɐ̯t] **die** aller *m*.

her∘geben [ˈheːɐ̯geːbn̩] **vt** *(unreg)* [geben] donner.

her∘gehen [ˈheːɐ̯geːən] **vi** *(unreg, ist)* : **vor / hinter / neben jm hergehen** marcher devant / derrière / à côté de qqn.

her∘haben [ˈheːɐ̯haːbn̩] **vt** *(unreg) fam* : **wo hast du das her?** d'où est-ce que tu sors ça ?

Hering [ˈheːrɪŋ] (*pl* -e) **der 1.** hareng *m* **2.** [am Zelt] piquet *m*.

Heringstopf [ˈheːrɪŋstɔpf] (*pl* -töpfe [tœpfə]) **der** *harengs marinés préparés en salade avec oignons, mayonnaise et betteraves.*

her∘kommen [ˈheːɐ̯kɔmən] **vi** *(unreg, ist)* **1.** [Person] venir **2.** [Sache] provenir.

Herkunft [ˈheːɐ̯kʊnft] **die** origine *f*.

Herkunftsland [ˈheːɐ̯kʊnftslant] (*pl* -länder [lɛndɐ]) **das** pays *m* d'origine.

Herkunftsort [ˈheːɐ̯kʊnftsɔrt] (*pl* -e) **der** lieu *m* de provenance.

Heroin [heroˈiːn] **das** héroïne *f*.

Herr [hɛr] (*pl* -en [ˈhɛrən]) **der 1.** [Mann] monsieur *m* **2.** [als Anrede] Monsieur *m* ▸ **an Herrn Müller** à l'attention de Monsieur Müller. ◆ **Herren pl** [Herrentoilette] hommes.

Herrenbekleidung [ˈhɛrənbəklaidʊŋ] **die** vêtement *m* pour hommes.

Herrenfrisör, in [ˈhɛrənfrizøːɐ̯, rɪn] (*mpl* -e) **der** coiffeur *m*, -euse *f* pour hommes.

Herrenschuh [ˈhɛrənʃuː] (*pl* -e) **der** chaussure *f* d'hommes.

Herrentoilette [ˈhɛrəntoalɛtə] (*pl* -n) **die** toilettes *fpl* hommes.

herrlich [ˈhɛrlɪç] ◆ **adj** magnifique. ◆ **adv** : **herrlich tanzen** danser magnifiquement bien.

herrschen [ˈhɛrʃn̩] **vi** régner.

her sein [ˈheːɐ̯zain] **vi** *(unreg, ist)* [Person, Gegenstand] venir de ▸ **es ist erst drei Tage her** cela ne fait que trois jours.

her∘stellen [ˈheːɐ̯ʃtɛlən] **vt** [produzieren] fabriquer.

Hersteller, in [ˈheːɐ̯ʃtɛlɐ, lərɪn] (*mpl inv*) **der, die** fabricant *m*, -e *f*.

Herstellung [ˈheːɐ̯ʃtɛlʊŋ] **die** [Produktion] fabrication *f*.

herüber [hɛˈryːbɐ] **adv** par ici.

herum [hɛˈrʊm] **adv** : **um den Tisch herum** autour de la table.

herum∘basteln [hɛˈrʊmbastl̩n] ◆ **herumbasteln an** *(D)* **vi** bidouiller.

herum∘drehen [hɛˈrʊmdreːən] **vt** retourner. ◆ **sich herumdrehen ref** se retourner.

herum∘fahren [hɛˈrʊmfaːrən] **vi** *(unreg, ist)* **1.** [im Kreis] faire le tour de **2.** [umherfahren] se promener.

herum∘führen [hɛˈrʊmfyːrən] ◆ **vt** [Besucher] faire visiter. ◆ **vi** [Weg] faire le tour.

herum◦gehen [hɛ'rʊmgeːən] vi *(unreg, ist)* **1.** [im Kreis] faire le tour **2.** [spazieren gehen] faire un tour.

herum◦kommen [hɛ'rʊmkɔmən] vi *(unreg, ist)* [reisen] bourlinguer ▸ **herumkommen um** *fam* [sich drücken] échapper à.

herum◦liegen [hɛ'rʊmliːgən] vi *(unreg)* traîner.

herunter [hɛ'rʊntɐ] adv en bas.

herunter◦fahren [hɛ'rʊntɐfaːrən] vt *(unreg)* **1.** [Geschwindigkeit, Produktion] diminuer **2.** [Computer, Programm] arrêter.

herunter◦fallen [hɛ'rʊntɐfallən] vi *(unreg, ist)* tomber.

herunter◦gehen [hɛ'rʊntɐgeːən] vi *(unreg, ist)* **1.** [Person] descendre **2.** [Preise] baisser ▸ **mit dem Preis heruntergehen** baisser le prix.

herunter◦handeln [hɛ'rʊntɐhandl̩n] vt faire baisser le prix (en marchandant).

herunter◦holen [hɛ'rʊntɐhoːlən] vt descendre.

herunter◦laden [hɛ'rʊntɐlaːdn̩] vt *(unreg)* EDV télécharger.

Herunterladen [hɛ'rʊntɐlaːdn̩] das téléchargement *m*.

herunter◦lassen [hɛ'rʊntɐlasn̩] vt *(unreg)* [Jalousie] baisser.

herunter◦schlucken [hɛ'rʊntɐʃlʊkn̩] vt [Essen] avaler.

hervor [hɛɐ̯'foːɐ̯] adv en avant.

hervorragend [hɛɐ̯'foːɐ̯raːgn̩t] ◆ adj remarquable. ◆ adv remarquablement bien.

hervor◦rufen [hɛɐ̯'foːɐ̯ruːfn̩] vt *(unreg)* [verursachen] provoquer.

Herz [hɛrts] (*pl* **-en**) das cœur *m* ▸ **von ganzem Herzen** du fond du cœur.

Herzbeschwerden ['hɛrtsbəʃveːɐ̯dn̩] pl troubles *mpl* cardiaques.

herzhaft ['hɛrtshaft] adj [Essen] consistant(e).

Herzinfarkt ['hɛrtsǀɪnfarkt] (*pl* **-e**) der infarctus *m*.

Herzklopfen ['hɛrtsklɔpfn̩] das : **sie bekam Herzklopfen** son cœur se mit à battre plus fort ▸ **mit Herzklopfen** le cœur battant.

herzlich ['hɛrtslɪç] ◆ adj **1.** [freundlich] cordial(e) **2.** [aufrichtig] sincère. ◆ adv **1.** [freundlich] cordialement **2.** [aufrichtig] profondément.

Herzschrittmacher ['hɛrtsʃrɪtmaxɐ] (*pl inv*) der stimulateur *m* cardiaque.

Herzstillstand ['hɛrtsʃtɪlʃtant] (*pl* **-stände** ['ʃtɛndə]) der arrêt *m* cardiaque.

Hessen ['hɛsn̩] nt Hesse *f*.

Heterosexualität [heterozɛksu̯aliˈtɛːt] die hétérosexualité *f*.

heterosexuell [heterosɛ'ksu̯ɛl] adj hétérosexuel(elle).

hetzen ['hɛtsn̩] ◆ vt **1.** [Tier] chasser **2.** [Person] pourchasser. ◆ vi *(ist)* courir. ◆ **sich hetzen** ref courir.

Heu ['hɔy] das foin *m*.

heuer ['hɔyɐ] adv SÜDDT cette année.

heulen ['hɔylən] vi **1.** *fam* [weinen] pleurer **2.** [Sirene, Tier] hurler.

Heurige ['hɔyrɪgə] (*pl* **-n**) der ÖSTERR **1.** [Wein] vin *m* nouveau **2.** [Lokal] *auberge qui sert du vin nouveau provenant de sa propre production.*

Heuschnupfen ['hɔyʃnʊpfn̩] der rhume *m* des foins.

heute ['hɔytə] adv **1.** [an diesem Tag] aujourd'hui **2.** [gegenwärtig] à l'heure actuelle ▸ **heute früh** ODER **Morgen** ce matin ▸ **heute Mittag** à midi ▸ **heute Abend** ce soir.

Hexenschuss ['hɛksn̩ʃʊs] **der** lumbago *m*.

hielt [hiːlt] prät → **halten**.

hier [hiːɐ̯] **adv 1.** [räumlich] ici **2.** [zeitlich, in dieser Angelegenheit] là ▸ **meine Begleiterin hier** mon accompagnatrice que voici ▸ **das hier** celui-ci (celle-ci) ▸ **hier, nimm!** tiens ! ▸ **hier und da** [räumlich] de-ci de-là ▸ **von hier aus** à partir d'ici ▸ **hier!** présent !

hierauf ['hiːrauf] **adv 1.** [räumlich] dessus **2.** [bei Aussage] à ceci **3.** [bei Ereignis] là-dessus.

hier behalten ['hiːɐ̯bəhaltn̩] **vt** *(unreg) fam* garder (avec soi).

hier bleiben ['hiːɐ̯blaibn̩] **vi** *(unreg, ist)* rester (ici).

hiermit ['hiːɐ̯mɪt] **adv** avec ceci.

hier sein ['hiːɐ̯zain] **vi** *(unreg, ist)* être ici.

hiervon ['hiːɐ̯fɔn] **adv** de ceci.

hiesig ['hiːzɪç] **adj** local(e).

hieß [hiːs] prät → **heißen**.

Highlight ['hailait] (*pl* **-s**) **das** best of *m inv*.

Hilfe ['hɪlfə] (*pl* **-n**) **die** aide *f* ▸ **mit Hilfe von** à l'aide de ▸ **Hilfe!** au secours ! ▸ **um Hilfe rufen** appeler au secours ▸ **Erste Hilfe** premiers secours.

hilflos ['hɪlfloːs] ◆ **adj 1.** [ratlos] désemparé(e) **2.** [hilfsbedürftig] gauche. ◆ **adv 1.** [ratlos] l'air désemparé **2.** [hilfsbedürftig] maladroitement.

hilfsbereit ['hɪlfsbərait] **adj** serviable.

Hilfsorganisation ['hɪlfs|ɔrganizatsi̯oːn] (*pl* **-en**) **die** organisation *f* d'aide humanitaire.

hilft [hɪlft] präs → **helfen**.

Himbeere ['hɪmbeːrə] (*pl* **-n**) **die** [Frucht] framboise *f*.

Himbeergeist ['hɪmbeːɐ̯gaist] **der** eau-de-vie *f* de framboise.

Himmel ['hɪml̩] **der** ciel *m*.

Himmelfahrt ['hɪml̩faːɐ̯t] [Feiertag] Ascension *f*.

Himmelsrichtung ['hɪml̩srɪçtʊŋ] (*pl* **-en**) **die** point cardinal.

hin [hɪn] **adv** [in eine Richtung] : **einmal Hamburg hin und zurück** un aller-retour pour Hambourg ▸ **hin und her gehen** aller et venir ▸ **hin und wieder** de temps à autre ▸ **bis … hin** jusqu'à…

hinab [hɪ'nap] **adv** : **die Treppe hinab** en descendant l'escalier.

hinauf [hɪ'nauf] **adv** en montant.

hinauf◦gehen [hɪ'naufgeːən] ◆ **vi** *(unreg, ist)* **1.** [Person] monter **2.** [Preis] grimper. ◆ **vt** *(unreg, ist)* [Treppe] monter ▸ **die Straße hinaufgehen** suivre la route en montant.

hinauf◦steigen [hɪ'naufʃtaign̩] ◆ **vi** *(unreg, ist)* [Person] grimper. ◆ **vt** *(unreg, ist)* [Berg, Leiter] grimper en haut de.

hinaus [hɪ'naus] **adv** [nach draußen] vers l'extérieur.

hinaus◦laufen [hɪ'nauslaufn̩] **vi** *(unreg, ist)* [nach draußen] courir dehors.

Hinblick ['hɪnblɪk] **der** : **in** ODER **im Hinblick auf** *(+ A)* au regard de.

hindern ['hɪndɐn] **vt** [behindern, zurückhalten] empêcher ▸ **jn (daran) hindern, etw zu tun** empêcher qqn de faire qqch.

Hindernis ['hɪndɐnɪs] (*pl* **-se**) **das** obstacle *m*.

Hindu- ['hɪndu] **adj** hindouiste.

hindurch [hɪn'dʊrç] **adv** [räumlich] à travers ▸ **all diese Jahre hindurch** durant toutes ces années.

hinein [hɪ'naɪn] **adv** [räumlich] à l'intérieur.

hinein◦gehen [hɪ'naɪngeːən] **vi** *(unreg, ist)* **1.** [nach drinnen] entrer **2.** *fam* [hineinpassen] rentrer.

hinein◦stecken [hɪ'naɪnʃtɛkn̩] **vt** mettre.

hin◦fahren ['hɪnfaːrən] ◆ **vi** *(unreg, ist)* aller. ◆ **vt** *(unreg, hat)* [Passagier] conduire.

Hinfahrt ['hɪnfaːɐ̯t] (*pl* **-en**) **die** aller *m*.

hin◦fallen ['hɪnfalən] **vi** *(unreg, ist)* tomber.

Hinflug ['hɪnfluːk] (*pl* **-flüge** [flyːgə]) **der** vol *m* aller.

hing [hɪŋ] **prät** → **hängen**.

hin◦gehen ['hɪngeːən] **vi** *(unreg, ist)* [gehen] aller.

Hingucker ['hɪngukɐ] (*mpl inv*) **der** *fam* point *m* de mire de tous les regards.

hinken ['hɪŋkn̩] **vi** boiter.

hin◦knien ['hɪnkniːən] ◆ **sich hinknien ref** s'agenouiller.

hin◦kommen ['hɪnkɔmən] **vi** *(unreg, ist)* **1.** [ankommen] arriver **2.** [hingehören] se ranger ▸ **hinkommen mit** *fam* avoir assez de.

hin◦legen ['hɪnleːgn̩] **vt 1.** [Besteck, Tasche] poser **2.** [Kind] coucher. ◆ **sich hinlegen ref** s'allonger.

Hinreise ['hɪnraɪzə] (*pl* **-n**) **die** aller *m*.

hin◦setzen ['hɪnzɛtsn̩] **vt** [Person] asseoir. ◆ **sich hinsetzen ref** s'asseoir.

hin◦stellen ['hɪnʃtɛlən] **vt** [Gegenstand] poser. ◆ **sich hinstellen ref** se mettre.

hinten ['hɪntn̩] **adv 1.** [am Ende] à la fin **2.** [in Fahrzeug] à l'arrière **3.** [an der Rückseite] derrière ▸ **da hinten** là-bas ▸ **nach hinten** en arrière ▸ **bitte nach hinten durchgehen!** s'il vous plaît, avancez vers le fond !

hinter ['hɪntɐ] ◆ **präp** *(+ D, + A)* **1.** [räumlich] derrière ▸ **der Garten hinter dem Haus** le jardin derrière la maison ▸ **hinter js Rücken** dans le dos de qqn **2.** *(+ D)* [zeitlich] derrière ▸ **das haben wir jetzt hinter uns!** c'est une bonne chose de faite ! ▸ **etw hinter sich** *(A)* **bringen** en terminer avec qqch.

Hinterachse ['hɪntɐlaksə] (*pl* **-n**) **die** essieu *m* arrière.

Hinterausgang ['hɪntɐlausgaŋ] (*pl* **-ausgänge** [gɛŋə]) **der** porte *f* de derrière.

hintere, r, s ['hɪntərə] **adj** de derrière.

hintereinander [hɪntɐlaina'ndɐ] **adv 1.** [räumlich] l'un après l'autre (l'une après l'autre) **2.** [zeitlich] de suite.

Hintereingang ['hɪntɐlaingaŋ] (*pl* **-eingänge** [gɛŋə]) **der** porte *f* de derrière.

Hintergedanke ['hɪntɐgədaŋkə] (*pl* **-n**) **der** arrière-pensée *f*.

Hintergrund ['hɪntɐgrʊnt] (*pl* **-gründe** [gryndə]) **der 1.** [optisch] arrière-plan *m* **2.** [akustisch] fond *m*.

hinterher [hɪntɐ'heːɐ̯] **adv 1.** [räumlich] derrière **2.** [zeitlich] après.

hinterher◦fahren [hɪntɐ'heːɐ̯faːrən] **vi** *(unreg, ist)* **: fahren Sie mir hinterher** suivez-moi.

hinterher◦gehen [hɪntɐ'heːɐ̯geːən] **vi** *(unreg, ist)* **: ich ging ihm hinterher** je le suivis *(à pied)*.

hinterlassen [hɪntɐˈlasn̩] (*präs* **hinterlässt**, *prät* **hinterließ**, *pp* **hinterlassen**) **vt** [vererben] laisser ▸ **eine Nachricht hinterlassen** laisser un message.

hinterlegen [hɪntɐˈleːgn̩] **vt** déposer.

Hintern [ˈhɪntɐn] (*pl inv*) **der** *fam* derrière *m*.

Hinterrad [ˈhɪntɐraːt] (*pl* **-räder** [rɛːdɐ]) **das** roue *f* arrière.

Hinterradantrieb [ˈhɪntɐraːtlantriːp] **der** roue arrière motrice.

Hintertür [ˈhɪntɐtyːɐ̯] (*pl* **-en** [tyːrən]) **die** porte *f* de derrière.

Hinterzimmer [ˈhɪntɐtsɪmɐ] (*pl inv*) **das** [im Restaurant] salle *f* du fond.

hinüber [hɪˈnyːbɐ] **adv** de l'autre côté ▸ **nach rechts /links hinüber** vers la droite /gauche.

Hin- und Rückfahrt [ˈhɪnʊntrykfaːɐ̯t] **die** aller-retour *m*.

hinunter [hɪˈnʊntɐ] **adv** en bas ▸ **den Berg hinunter** en descendant la montagne.

Hinweg [ˈhɪnveːk] (*pl* **-e** [veːgə]) **der** aller *m* ▸ **auf dem Hinweg** à l'aller.

Hinweis [ˈhɪnvais] (*pl* **-e** [vaizə]) **der** **1.** [Tipp, Fingerzeig] renseignement *m* **2.** [Anleitung] indication *f* **3.** [Indiz] indice *m* ▸ **jm einen Hinweis geben** donner à qqn un indice ▸ **nähere Hinweise** des indications plus précises.

hin◦weisen [ˈhɪnvaizn̩] **vt** *(unreg)* **: jn auf einen Fehler hinweisen** faire remarquer une erreur à qqn ▸ **das weist darauf hin, dass** ceci indique que.

Hinweisschild [ˈhɪnvaisʃɪlt] (*pl* **-er** [ʃɪldɐ]) **das** poteau indicateur.

hin◦werfen [ˈhɪnvɛrfn̩] **vt** *(unreg)* [Gegenstand] jeter.

hinzu [hɪnˈtsuː] **adv** en plus.

hinzu◦fügen [hɪnˈtsuːfyːgn̩] **vt** [Gewürz, Zutat] ajouter.

hinzu◦kommen [hɪnˈtsuːkɔmən] **vi** *(unreg, ist)* **1.** [Person] se joindre **2.** [Gegenstand, Tatsache] venir s'ajouter ▸ **kommt noch etwas hinzu?** [im Geschäft] et avec ceci ?

Hirn [hɪrn] (*pl* **-e**) **das** **1.** [Organ] cerveau *m* **2.** [Fleisch] cervelle *f*.

Hirsch [hɪrʃ] (*pl* **-e**) **der** cerf *m*.

Hirse [ˈhɪrzə] **die** mil *m*.

Histogramm [hɪstoˈgram] (*pl* **-e**) **das** histogramme *m*.

historisch [hɪsˈtoːrɪʃ] ◆ **adj** [geschichtlich] historique. ◆ **adv** [geschichtlich] historiquement.

Hit [hɪt] (*pl* **-s**) **der** [Lied] tube *m*.

Hitparade [ˈhɪtparaːdə] (*pl* **-n**) **die** hit-parade *m*.

Hitze [ˈhɪtsə] **die** chaleur *f*.

hitzebeständig [ˈhɪtsəbəʃtɛndɪç] **adj** résistant(e) à la chaleur.

Hitzewelle [ˈhɪtsəvɛlə] (*pl* **-n**) **die** vague *f* de chaleur.

Hitzschlag [ˈhɪtsʃlaːk] **der** insolation *f*.

HIV-positiv [haːliːfauˈpoːzitiːf] **adj** séropositif(ive).

H-Milch [ˈhaːmɪlç] **die** lait *m* UHT.

H5N1-Virus [haːfynflɛnˈlainsviːrʊs] **das** virus *m* H5N1.

hob [ˈhoːb] **prät** → **heben**.

Hobby [ˈhɔbiː] (*pl* **-s**) **das** hobby *m*.

hoch [hoːx] (*komp* **höher**, *superl* **am höchsten**) ◆ **adj** **1.** [lang, weit oben] haut(e) **2.** [mit Maßangabe] de haut **3.** [Kosten, Zinsen, Preis] élevé(e)

4. [Alter] avancé(e) **5.** [Tempo] rapide **6.** [Klang] aigu(ë). ◆ **adv 1.** [gen] haut **2.** [sehr] très ▸ **ein hoher Ton** un son aigu ▸ **zehn hoch drei** dix puissance trois.

Hoch [hoːx] (*pl* -s) **das** [Wetterlage] anticyclone *m*.

hochachtungsvoll ['hoːx|axtʊŋsfɔl] **adv** veuillez agréer, Madame, Monsieur, mes salutations distinguées.

hochauflösend ['hoːx|aufløːznt] **adj** haute définition.

Hochbetrieb ['hoːxbətriːp] **der** : **es herrscht Hochbetrieb** *fam* ça grouille de monde.

hochdeutsch ['hoːxdɔytʃ] **adj** haut allemand(e).

Hochdruck ['hoːxdrʊk] **der** [technisch] haute pression.

Hochdruckgebiet ['hoːxdrʊkgəbiːt] (*pl* -e) **das** zone *f* anticyclonique.

Hochebene ['hoːx|eːbənə] (*pl* -n) **die** plateau *m*.

hochentwickelt ['hoːx|ɛntvɪkl̩t] **adj** avancé(e).

hocherfreut ['hoːx|ɛɐ̯frɔyt] **adj** ravi(e).

hochfahren ['hoːxfaːrən] **vt & vi** *(unreg)* EDV démarrer.

hoch◦fliegen ['hoːxfliːgn̩] **vi** *(unreg, ist)* **1.** [Ball] être projeté(e) en l'air **2.** [Flugzeug, Vogel] s'envoler.

Hochgebirge ['hoːxgəbɪrgə] (*pl inv*) **das** haute montagne.

hoch◦gehen ['hoːxgeːən] **vi** *(unreg, ist)* **1.** [Person, Preis] monter **2.** [Vorhang] se lever **3.** *fam* [Bombe] exploser.

Hochgeschwindigkeitszug ['hoːxgəʃvɪndɪçkaitstsuːk] (*pl* -züge) **der** train *m* à grande vitesse.

hoch◦halten ['hoːxhaltn̩] **vt** *(unreg)* [Gegenstand] maintenir en l'air.

Hochhaus ['hoːxhaus] (*pl* -häuser ['hɔyzɐ]) **das** tour *f*.

hoch◦heben ['hoːxheːbn̩] **vt** *(unreg)* soulever.

hoch◦klappen ['hoːxklapn̩] **vt** relever.

hoch◦klettern ['hoːxklɛtɐn] ◆ **vi** *(ist)* grimper. ◆ **vt** *(ist)* escalader.

hoch◦kommen ['hoːxkɔmən] ◆ **vi** *(unreg, ist)* **1.** [nach oben] monter **2.** [vom Boden] se relever. ◆ **vt** *(unreg, ist)* [auf Gipfel] parvenir en haut de ▸ **er kommt die Treppe hoch** il monte l'escalier ▸ **ich komme den Berg nicht hoch** je n'arrive pas à monter la côte.

hoch◦krempeln ['hoːxkrɛmpl̩n] **vt** retrousser.

hochladen ['hoːxlaːdn̩] **vt** *(unreg)* télécharger.

Hochladen ['hoːxlaːdn̩] **das** téléchargement *m*.

hochnäsig ['hoːxnɛːzɪç] **adj** *abw* prétentieux(euse).

Hochparterre ['hoːxpartɛr] **das** rez-de-chaussée *m* surélevé.

hochprozentig ['hoːxprotsɛntɪç] **adj** [Getränk] concentré(e).

Hochsaison ['hoːxzɛzɔŋ] **die** [in Ferienort] pleine saison.

Hochschule ['hoːxʃuːlə] (*pl* -n) **die** établissement *m* d'enseignement supérieur.

Hochschulreife ['hoːxʃuːlraifə] **die** baccalauréat *m*.

hochschwanger ['hoːxʃvaŋɐ] **adj** en fin de grossesse.

Hochsommer ['hoːxzɔmɐ] (*pl inv*) **der** plein été.

Hochspannung ['hoːxʃpanʊŋ] die [Strom] haute tension ▸ **'Vorsicht, Hochspannung: Lebensgefahr!'** 'danger : haute tension'.

Hochsprung ['hoːxʃprʊŋ] der saut *m* en hauteur.

höchste ['høːçstə] superl → **hoch**.

höchstens ['høːçstn̩s] adv tout au plus.

Höchstgeschwindigkeit ['høːçstgəʃvɪndɪçkait] (*pl* -en) die vitesse maximale.

Höchstparkdauer ['høːçstparkdauɐ] die durée *f* de stationnement maximale.

Hochwasser ['hoːxvasɐ] das crue *f* ▸ **Hochwasser haben** être en crue.

Hochwasserschutz ['hoːxvasɐʃʊts] der protection *f* contre les crues.

hochwertig ['hoːxveːɐ̯tɪç] adj de bonne qualité.

Hochzeit ['hɔxtsait] (*pl* -en) die mariage *m*.

Hochzeitsreise ['hɔxtsaitsraizə] (*pl* -n) die voyage *m* de noces.

Hochzeitstag ['hɔxtsaitstaːk] (*pl* -e [taːgə]) der [Trauung] jour *m* du mariage.

hoch•ziehen ['hoːxtsiːən] vt *(unreg)* [Jalousie, Strumpf] remonter. ◆ **sich hochziehen** ref [sich nach oben ziehen] se soulever.

hocken ['hɔkn̩] vi [kauern] être accroupi(e). ◆ **sich hocken** ref [sich kauern] s'accroupir.

Hocker ['hɔkɐ] (*pl inv*) der tabouret *m*.

Hockey ['hɔkeː] das hockey *m*.

Hof [hoːf] (*pl* **Höfe** ['høːfə]) der **1.** [Innenhof, Hinterhof] cour *f* **2.** [Bauernhof] ferme *f*.

hoffen ['hɔfn̩] vt espérer.

hoffentlich ['hɔfn̩tlɪç] adv pourvu que *(+ subjonctif)* ▸ **hoffentlich ist ihm nichts passiert** pourvu qu'il ne lui soit rien arrivé ▸ **hoffentlich regnet es morgen nicht** espérons qu'il ne pleuve pas demain.

Hoffnung ['hɔfnʊŋ] (*pl* -en) die [Wunsch] espoir *m*.

höflich ['høːflɪç] ◆ adj poli(e). ◆ adv poliment.

Höflichkeit ['høːflɪçkait] die politesse *f*.

Höhe ['høːə] (*pl* -n) die **1.** [gen] hauteur *f* **2.** [von Fieber] température *f* **3.** [von Summe] montant *m* **4.** [von Stimme] tessiture *f* ▸ **in 2000 m Höhe** à 2000 m d'altitude.

Höhenlage ['høːənlaːgə] die altitude *f*.

Höhensonne ['høːənzɔnə] (*pl* -n) die lampe *f* à (rayons) ultra-violets.

Höhenunterschied ['høːənlʊntɐʃiːt] der dénivelé *m*.

Höhepunkt ['høːəpʊŋkt] (*pl* -e) der **1.** [von Entwicklung, Fest] point culminant **2.** [Orgasmus] orgasme *m*.

höher ['høːɐ] komp → **hoch**.

hohl [hoːl] adj [Baum] creux(euse).

Höhle ['høːlə] (*pl* -n) die **1.** [im Felsen] grotte *f* **2.** [von Tieren] tanière *f*.

Hokkaidokürbis [hɔ'kaidokyrbɪs] (*pl* -se) der potimarron *m*.

holen ['hoːlən] vt **1.** [heranholen] aller chercher **2.** [entnehmen] prendre **3.** [Polizei, Arzt, Handwerker] faire venir **4.** *fam* [einkaufen] aller chercher ▸ **etw holen kommen** venir chercher qqch ▸ **sich (D) etw holen a)** [Gegenstand] aller chercher qqch **b)** [Krankheit] attraper qqch **c)** *fam* [sich etw kaufen] aller se chercher qqch.

Holland ['hɔlant] nt Hollande *f*.

Hölle ['hœlə] die enfer *m* ▸ **die Hölle ist los** *fam & fig* c'est l'enfer ▸ **jm die Hölle heiß machen** *fam & fig* tanner qqn ▸ **zur Hölle mit jm /etw!** *fam & fig* au diable qqn /qqch !

höllisch ['hœlɪʃ] ◆ **adj** infernal(e). ◆ **adv** *fam* diablement.

Holocaust ['hoːlɔkaust] (*pl* -s) **der** holocauste *m*.

holprig ['hɔlprɪç] **adj** cahotant(e).

Holunder [hoː'lʊndɐ] (*pl inv*) **der** sureau *m*.

Holz [hɔlts] (*pl* **Hölzer** ['hœltsɐ]) **das** bois *m*.

holzig ['hɔltsɪç] **adj** [Spargel] ligneux(euse).

Holzkohle ['hɔltskoːlə] (*pl* -n) **die** charbon *m* de bois.

Homebanking ['hoːmbɛŋkɪŋ] **das** WIRTSCH *opérations bancaires sur internet*.

Homepage ['hoːmpeːdʒ] (*pl* -s) **die** page *f* d'accueil.

homöopathisch [homøo'paːtɪʃ] **adj** homéopathique.

homosexuell [homozɛ'ksuɛl] **adj** homosexuel(elle).

Homosexuelle [homozɛ'ksuɛlə] (*pl* -n) **der, die** homosexuel *m*, -elle *f*.

Honduras [hɔn'duːras] **nt** Honduras *m*.

Honig ['hoːnɪç] **der** miel *m*.

Honigmelone ['hoːnɪçmeloːnə] (*pl* -n) **die** melon *m* sucrin.

Honorar [hono'raːɐ̯] (*pl* -e) **das** honoraires *mpl*.

Hopfen ['hɔpfn̩] **der** houblon *m*.

Hörbuch ['høːɐbuːx] (*pl* **-bücher**) **das** **1.** [Buch] livre-cassette *m*, livre-CD *m* **2.** [Erzählung] livre *m* audio, audio-livre *m*.

horchen ['hɔrçn̩] **vi** [angestrengt hören] écouter attentivement.

hören ['høːrən] ◆ **vt 1.** [wahrnehmen, erfahren] entendre **2.** [verfolgen] écouter. ◆ **vi 1.** [als Hörfähigkeit] entendre **2.** [zuhören] écouter **3.** *fam* [gehorchen] écouter ▸ **hören auf** *(+ A)* écouter ▸ **hör mal!** écoute !

Hörer ['høːrɐ] (*pl inv*) **der 1.** [von Telefon] écouteur *m* **2.** [Person] auditeur *m*.

Hörerin ['høːrərɪn] (*pl* **-nen**) **die** auditrice.

Hörfunk ['høːɐ̯fʊŋk] **der** radio *f*.

Hörgerät ['høːɐ̯gərɛːt] (*pl* -e) **das** appareil auditif, audiophone *m*.

hörgeschädigt ['høːɐ̯gəʃɛːdɪçt] **adj** malentendant(e).

Horizont [hori'tsɔnt] (*pl* -e) **der** [Linie] horizon *m*.

horizontal [horitsɔn'taːl] **adj** horizontal(e).

Hormon [hɔr'moːn] (*pl* -e) **das** hormone *f*.

Hormontherapie [hɔr'moːnterapiː] **die** hormonothérapie *f*.

Horn [hɔrn] (*pl* **Hörner** ['hœrnɐ]) **das** **1.** [Material, von Tier] corne *f* **2.** [Instrument] cor *m*.

Hörnchen ['hœrnçən] (*pl inv*) **das** [Gebäck] croissant *m*.

Hornhaut ['hɔrnhaut] (*pl* **-häute** ['hɔytə]) **die 1.** [auf Haut] callosité *f* **2.** [von Augen] cornée *f*.

Hornisse [hɔr'nɪsə] (*pl* -n) **die** frelon *m*.

Horoskop [horos'koːp] (*pl* -e) **das** horoscope *m*.

Horror- ['hɔroːɐ̯] **adj** gore.

Hörspiel ['høːɐ̯ʃpiːl] (*pl* -e) **das** pièce *f* radiophonique.

Höschenwindel ['hø:sçənvɪndl̩] (*pl* -n) **die** couche-culotte *f*.

Hose ['ho:zə] (*pl* -n) **die 1.** [Kleidungsstück] pantalon *m* **2.** [Unterhose] caleçon *m* ▸ **kurze Hose** short *m*.

Hosentasche ['ho:zn̩taʃə] (*pl* -n) **die** poche *f* de pantalon.

Hosenträger ['ho:zn̩trɛ:gɐ] (*pl inv*) **der** bretelle *f*.

Hospital [hɔspi'ta:l] (*pl* **-täler** [tɛ:lɐ]) **das** hôpital *m*.

Hotdog ['hɔtdɔk] (*pl* -s) **der ODER das** hot dog *m*.

Hotel [ho:'tɛl] (*pl* -s) **das** hôtel *m* ▸ **Hotel garni** hôtel sans restaurant.

Hotelbar [ho:'tɛlba:ɐ̯] (*pl* -s) **die** bar *m* d'hôtel.

Hotelführer [ho:'tɛlfy:rɐ] (*pl inv*) **der** guide *m* des hôtels.

Hotelhalle [ho:'tɛlhalə] (*pl* -n) **die** hall *m* d'hôtel.

Hotelvermittlung [ho'tɛlfɛɐmɪtlʊŋ] (*pl* -en) **die** réservation *f* d'hôtel.

Hotelverzeichnis [ho:'tɛlfɛɐ̯tsaiçnɪs] (*pl* -se) **das** liste *f* des hôtels.

Hotelzimmer [ho:'tɛltsɪmɐ] (*pl inv*) **das** chambre *f* d'hôtel.

Hotline ['hotlain] (*pl* -s) **die** hot-line *f*.

Hotspot ['hɔtspɔt] (*pl* -s) **der** hotspot *m*.

Hr. (*abk für* Herr) M. *(Monsieur)*.

Hubraum ['hu:praum] **der** [beim Auto] cylindrée *f*.

hübsch [hypʃ] **adj** [schön] joli(e).

Hubschrauber ['hu:pʃraubɐ] (*pl inv*) **der** hélicoptère *m*.

Huf [hu:f] (*pl* -e) **der** sabot *m*.

Hüfte ['hyftə] (*pl* -n) **die** hanche *f*.

Hügel ['hy:gl̩] (*pl inv*) **der** [kleiner Berg] colline *f*.

hügelig [hy:gəlɪç] **adj** vallonné(e).

Huhn [hu:n] (*pl* **Hühner** ['hy:nɐ]) **das 1.** [Tier] poule *f* **2.** [Fleisch] poulet *m*.

Hühnchen ['hy:nçən] (*pl inv*) **das** poulet *m*.

Hühnerauge ['hy:nɐlaugə] (*pl* -n) **das** cor *m (au pied)*.

Hühnerbrühe ['hy:nɐbry:ə] (*pl* -n) **die** bouillon *m* de poule.

Hülle ['hylə] (*pl* -n) **die** [Schutzhülle] enveloppe *f*.

Hülsenfrucht ['hylzn̩frʊçt] (*pl* -früchte) **die** légume *m* sec.

human [hu'ma:n] **adj** [menschlich] humain(e).

Hummel ['hʊml̩] (*pl* -n) **die** bourdon *m*.

Hummer ['hʊmɐ] (*pl inv*) **der** homard *m*.

Hummus ['hʊmʊs] **der** houmous *m*.

Humor [hu'mo:ɐ̯] **der** humour *m*.

humpeln ['hʊmpl̩n] **vi** boiter.

Hund [hʊnt] (*pl* -e) **der** chien *m* ▸ **'Vorsicht, bissiger Hund!'** 'attention, chien méchant !'.

Hundeleine ['hʊndəlainə] (*pl* -n) **die** laisse *f*.

hundert ['hʊndɐt] **num** cent.

Hunderter ['hʊndɐtɐ] (*pl inv*) **der** [Hunderteuroschein] billet *m* de cent *(euros)*.

Hunderteuroschein [hʊndɐt'lɔyroʃain] (*pl* -e) **der** billet *m* de cent euros.

Hundertmeterlauf [hʊndɐt'me:tɐlauf] (*pl* **-läufe** [lɔyfə]) **der SPORT** course *f* de cent mètres.

hundertprozentig ['hʊndɐtprotsɛntɪç] **adj 1.** [Alkohol, Lösung] pur(e) **2.** [völlig] à cent pour cent.

hunderttausend ['hʊndɐttauznt] **num** cent mille.

Hundesteuer ['hʊndəʃtɔyɐ] (*pl* -n) die *taxe municipale sur les chiens.*

Hunger ['hʊŋɐ] der [nach Nahrung] faim *f* ▸ **Hunger auf** *(+ A)* faim de ▸ **Hunger haben** avoir faim.

Hungerstreik ['hʊŋɐʃtraik] (*pl* -s) der grève *f* de la faim.

hungrig ['hʊŋrɪç] adj affamé(e) ▸ **hungrig sein** avoir faim.

Hupe ['hu:pə] (*pl* -n) die klaxon *m*.

hupen ['hu:pn̩] vi klaxonner.

hüpfen ['hypfn̩] vi *(ist)* sautiller.

Hürdenlauf ['hyrdn̩lauf] (*pl* -läufe [lɔyfə]) der SPORT course *f* de haies.

hurra [hʊ'ra:] interj hourra.

husten ['hu:stn̩] vi tousser.

Husten ['hu:stn̩] der toux *f* ▸ **Husten haben** tousser.

Hustenbonbon ['hu:stn̩bɔŋbɔŋ] (*pl* -s) das pastille *f* pour la toux.

Hustensaft ['hu:stn̩zaft] (*pl* -säfte) der sirop *m* pour la toux.

Hustentee ['hu:stn̩te:] (*pl* -s) der tisane *f* pour la toux.

Hut [hu:t] (*pl* **Hüte** ['hy:tə]) der [Kleidungsstück] chapeau *m*.

Hütte ['hytə] (*pl* -n) die **1.** [kleines Haus] cabane *f* **2.** [Berghütte] chalet *m*.

Hüttenkäse ['hytn̩kɛ:zə] der fromage *m* en faisselle.

hygienisch [hy:'gie:nɪʃ] adj hygiénique.

Hype [haip] (*pl* -s) der buzz *m*.

hyperaktiv [hypɐakt'i:f] adj hyperactif(ive).

Hypertext ['haipɐtɛkst] (*pl* -e) der hypertexte *m*.

hypnotisieren [hy:pnoti'zi:rən] vt hypnotiser.

hysterisch [hys'te:rɪʃ] adj hystérique.

I

IC [i:'tse:] (*pl* -s) (*abk für* Intercity) der IC *m*.

ICE [i:tse:'le:] (*pl* -s) (*abk für* Intercityexpress) der ≃ TGV *(train à grande vitesse)*.

ich [ɪç] pron **1.** je, j' **2.** [betont] moi.

ideal [ide'a:l] adj [perfekt] idéal(e).

Idee [i'de:] (*pl* -n) die **1.** [Gedanke, Theorie] idée *f* **2.** [ein bisschen] soupçon *m*.

identifizieren [idɛntifi'tsi:rən] vt [erkennen] identifier. ◆ **sich identifizieren** ref [sich gleichsetzen] : **sich identifizieren mit** s'identifier à.

identisch [i'dɛntɪʃ] adj identique.

Identität [idɛnti'tɛ:t] die identité *f*.

Ideogramm [ideo'gram] (*pl* -e) das idéogramme *m*.

Ideologie [ideolo'gi:] (*pl* -n) die idéologie *f*.

Idiot [i'dio:t] (*pl* -en) der idiot *m*.

idiotisch [i'dio:tɪʃ] adj idiot(e).

idyllisch [i'dylɪʃ] ◆ adj idyllique. ◆ adv idéalement ▸ **idyllisch gelegen** idéalement situé.

Igel ['i:gl̩] (*pl inv*) der hérisson *m*.

ignorieren [igno'ri:rən] vt ignorer.

ihm [i:m] pron [Dativ von er] lui.

ihn [i:n] pron [Akkusativ von er] le (la), l' ▸ **das ist für ihn** c'est pour lui.

ihnen ['iːnən] **pron 1.** [Dativ Plural von sie] leur **2.** [betont] eux, elles ▸ **neben ihnen** à côté d'eux (d'elles).

Ihnen [iːnən] **pron** [Dativ von Sie] vous.

Ihr [iːɐ̯] (*pl* -e) **det** votre, vos.

ihr [iːɐ̯] **pron 1.** [Nominativ] vous **2.** [Dativ Singular] lui **3.** [betont] elle.

ihr, e [iːɐ̯, 'iːrə] **det 1.** [Singular] son, sa, ses **2.** [Plural] leur, leurs.

Ihre, r, s ['iːrə] **pron** le vôtre, la vôtre, les vôtres.

ihre, r, s ['iːrə] **pron 1.** [Singular] son, sa, ses **2.** [Plural] leur, leurs.

illegal ['ɪlegaːl] ◆ **adj** illégal(e). ◆ **adv** illégalement.

Illusion [ɪlu'zioːn] (*pl* -en) **die** illusion *f*.

Illustrierte [ɪlʊs'triːɐtə] (*pl* -n) **die** magazine *m*.

im [ɪm] **präp 1.** [raümlich] *(in + dem)* ▸ **im Schwimmbad** à la piscine **2.** [Imbissbude] en, au, à la, à l' ▸ **im Sommer** en été ▸ **im Mai** en mai, au mois de mai.

Image ['ɪmɪtʃ] (*pl* -s) **das** [von Personen] réputation *f*.

Imbiss ['ɪmbɪs] (*pl* -e) **der 1.** [Mahlzeit] en-cas *m inv* **2.** [Imbissbude] snack *m*.

Imbissbude ['ɪmbɪsbuːdə] (*pl* -n) **die** snack *m*.

Imbissstube ['ɪmbɪsʃtuːbə] (*pl* -n) **die** snack *m*.

ⓘ **Imbissstube**

Établissement de restauration rapide que l'on trouve dans les centres-villes et le long des routes nationales allemandes, le plus souvent ouvert en continu.

imitieren [imi'tiːrən] **vt** imiter.

Immatrikulation [ɪmatrikula'tsi̯oːn] (*pl* -en) **die** inscription *f*.

immer ['ɪmɐ] **adv 1.** [dauernd, jedesmal] toujours **2.** [sich steigernd] de plus en plus ▸ **immer noch** toujours, encore ▸ **immer stärker** toujours plus fort ▸ **immer wenn** à chaque fois que ▸ **immer wieder** tout le temps.

immerhin [ɪmɐ'hɪn] **adv 1.** [dennoch, trotzdem] quand même **2.** [wenigstens] au moins **3.** [schließlich] après tout.

Immigrant, in [ɪmi'grant, tɪn] (*mpl* -en) **der, die** immigré(e).

Immobilien [ɪmo'biːli̯ən] **pl** immobilier *m*.

Immobilienmakler, in [ɪmo'biːli̯ənmaːklɐ, lərɪn] (*mpl inv*) **der, die** agent immobilier.

immun [ɪ'muːn] **adj** [gegen Krankheit] immunisé(e).

Immundepressivum [ɪ'muːndeprɛsiːvʊm] **das** immunodépresseur *m*.

Immunologie [ɪmuːnolo'giː] **die** immunologie *f*.

Immunschwäche [ɪ'muːnʃvɛçə] **die** déficience *f* immunitaire.

Immunsystem [ɪ'muːnzysteːm] (*pl* -e) **das** système *m* immunitaire.

impfen ['ɪmpfn̩] **vt** vacciner.

Impfpass ['ɪmpfpas] (*pl* -pässe) **der** carnet *m* de vaccination.

Impfschein ['ɪmpfʃain] (*pl* -e) **der** certificat *m* de vaccination.

Impfstoff ['ɪmpfʃtɔf] (*pl* -e) **der** vaccin *m*.

Impfung ['ɪmpfʊŋ] (*pl* -en) **die** vaccination *f*.

Import [ɪm'pɔrt] **der** importation *f*.

importieren [ɪmpɔr'tiːrən] **vt** importer.

imprägnieren [ɪmprɛː'gniːrən] **vt** [Kleidung] imperméabiliser.

imprägnierend [ɪmprɛ:'gni:rənt] **adj** imperméabilisant(e).

imprägniert [ɪmprɛ:'gni:ɐt] **adj** [Kleidung] imperméabilisé(e).

Imprägnierungsmittel [ɪmprɛ:'gni:rʊŋsmɪtl] **das** imperméabilisant *m*.

Improvisation [ɪmproviza'tsjo:n] (*pl* -en) **die** *fam* improvisation *f*.

improvisieren [ɪmprovi'zi:rən] **vt** & **vi** improviser.

impulsiv [ɪmpʊl'zi:f] ◆ **adj** impulsif(ive). ◆ **adv** de façon impulsive.

imstande [ɪm'ʃtandə] **adj** en mesure de ▸ **imstande sein, etw zu tun** être à même de faire qqc.

in [ɪn] ◆ **präp** *(+ A, + D)* **1.** [räumlich] à, dans ▸ **ins Wasser fallen** tomber dans l'eau ▸ **in die Stadt fahren** aller en ville ▸ **in der Dose liegen** se trouver dans la boîte ▸ **im Garten arbeiten** travailler dans le jardin ▸ **im Bett liegen** être au lit ▸ **in Paris** à Paris ▸ **im Norden** dans le Nord, au nord ▸ **in England** en Angleterre **2.** *(+ D)* [gleichzeitig] en, dans ▸ **in diesem Moment** en ce moment ▸ **in dieser Woche** cette semaine ; [zukünftig] dans ▸ **in zwei Tagen** dans deux jours ; [innerhalb] en ▸ **sich in fünf Minuten waschen und anziehen** se laver et s'habiller en cinq minutes **3.** *(+ D)* [zur Angabe von Umständen] en ▸ **in großer Eile** en grande hâte ▸ **in dieser Farbe** dans cette couleur
◆ **adj** : **in sein** être à la mode.

inbegriffen ['ɪnbəgrɪfn] **adj** compris(e).

indem [ɪn'de:m] **konj 1.** [instrumental] en *(+ **participe présent**)* **2.** [temporal] alors que.

Indien ['ɪndi:ən] **nt** Inde *f*.

indirekt ['ɪndirɛkt] **adj** indirect(e).

Indische Ozean ['ɪndɪʃə'lo:tsea:n] **der** océan *m* Indien.

indiskret ['ɪndɪskre:t] **adj** indiscret(ète).

indiskutabel ['ɪndɪskuta:bl] **adj** inacceptable.

Individualtourismus [ɪndivi'dua:ltu:rɪsmʊs] **der** tourisme *m* individuel.

individuell [ɪndividu'ɛl] ◆ **adj** [persönlich] personnel(elle). ◆ **adv 1.** [persönlich] individuellement **2.** [jeweils] selon les personnes.

Individuum [ɪndi'vi:duʊm] (*pl* **Individuen** [dən]) **das** individu *m*.

Indonesien [ɪndo'ne:zjən] **nt** Indonésie *f*.

Induktionskochfeld [ɪnduk'tsio:nskɔxfɛlt] (*pl* -er) **das** plaque *f* de cuisson à induction.

Industrie [ɪndʊs'tri:] (*pl* -n) **die** industrie *f*.

Industriegebiet [ɪndʊs'tri:gəbi:t] (*pl* -e) **das** zone industrielle.

industriell [ɪndʊstri'ɛl] **adj** industriel(elle).

Industrie- und Handelskammer [ɪndʊs'tri:lʊnt'handl̩skamɐ] (*pl* -n) **die** chambre *f* de commerce et d'industrie.

Infarkt [ɪn'farkt] (*pl* -e) **der** MED infarctus *m*.

Infektion [ɪnfɛk'tsjo:n] (*pl* -en) **die** infection *f*.

infizieren [ɪnfi'tsi:rən] **vt** contaminer. ◆ **sich infizieren ref** : **sich mit einem Virus infizieren** attraper un virus.

Inflation [ɪnfla'tsjo:n] (*pl* -en) **die** inflation *f*.

Info [ɪn'fo] (*pl* -s) *fam* ◆ **das** bulletin *m* d'informations. ◆ **die** info *f* ▸ **die Info**

habe ich von ihm c'est lui qui m'a donné cette info.

infolge [ɪn'fɔlgə] **präp** *(+ G, + D) amt* en raison de.

Informatik [ɪnfɔr'maːtɪk] **die** informatique *f.*

Informatiker, in [ɪnfɔr'maːtɪkɐ, kərɪn] *(mpl inv)* **der** informaticien *m,* -enne *f.*

Information [ɪnfɔrma'tsjoːn] *(pl* **-en)** **die 1.** information *f* **2.** [Informationsstelle] renseignements *mpl* ▸ **Information über** *(+ A)* des renseignements sur ▸ **wünschen Sie weitere Informationen?** souhaitez-vous de plus amples informations ?

Informationsmaterial [ɪnfɔrma'tsjoːnsmaterjaːl] *(pl* **-ien** [materjaːljən]) **das** documentation *f.*

Informationsstand [ɪnfɔrma'tsjoːnsʃtant] *(pl* **-stände** [sʃtɛndə]) **der** stand *m* d'information.

Informationszentrum [ɪnfɔrma'tsjoːnstsɛntrum] *(pl* **-zentren** [tsɛntrən]) **das** bureau *m* d'information.

informativ [ɪnfɔrma'tiːf] **adj** informatif(ive).

informieren [ɪnfɔr'miːrən] **vt** informer ▸ **informieren über** *(+ A)* informer au sujet de. ◆ **sich informieren ref** s'informer.

Infrastruktur ['ɪnfraʃtruktuːɐ] *(pl* **-en)** **die** infrastructure *f.*

Infusion [ɪnfu'zjoːn] *(pl* **-en)** **die** MED perfusion *f.*

⚠ Infusion ist ein falscher Freund. Das Wort bedeutet nicht "Infusion", sondern ***Kräutertee***.

Ingenieur, in [ɪnʒe'njøːɐ, njøːrɪn] *(mpl* **-e)** **der, die** ingénieur *m.*

Ingwer ['ɪŋvɐ] **der** gingembre *m.*

Inh. *abk für* **Inhaber.**

Inhaber, in ['ɪnhaːbɐ, bərɪn] *(mpl inv)* **der, die** [Besitzer] propriétaire *mf.*

inhalieren [ɪnha'liːrən] ◆ **vt** [Rauch] inhaler. ◆ **vi** [bei Erkältung] faire des inhalations.

Inhalt ['ɪnhalt] *(pl* **-e)** **der** contenu *m.*

Inhaltsverzeichnis ['ɪnhaltsfɛɐtsaiçnɪs] *(pl* **-se)** **das** table *f* des matières.

Initialisierung [ɪnitsjali'ziːruŋ] *(pl* **-en)** **die** initialisation *f* ▸ **erneute Initialisierung** réinitialisation *f.*

Initiative [ɪnitsja'tiːvə] *(pl* **-n)** **die** [Eigenschaft] initiative *f.*

Injektion [ɪnjɛk'tsjoːn] *(pl* **-en)** **die** MED injection *f.*

inkl. *(abk für* inklusive) incl. *(inclus).*

inklusive [ɪnklu'ziːvə] **präp** *(+ G, + D)* **: inklusive Mehrwertsteuer** TVA comprise *(taxe sur la valeur ajoutée comprise).*

Inklusivpreis [ɪŋklu'ziːfprais] *(pl* **-e** [praizə]) **der** prix *m* T.T.C. *(prix toutes taxes comprises).*

inkonsequent ['ɪnkɔnzekvɛnt] **adj** inconséquent(e).

Inland ['ɪnlant] **das** territoire national ▸ **für das Inland bestimmte Waren** produits destinés à la consommation intérieure.

Inlandsflug ['ɪnlantsfluːk] *(pl* **-flüge** [flyːgə]) **der** vol *m* intérieur.

Inlandsgespräch ['ɪnlantsgəʃprɛːç] *(pl* **-e)** **das** communication intérieure.

Inlineskates ['ɪnlainskeːts] **pl** rollers *mpl.*

innen ['ɪnən] **adv** à l'intérieur ▸ **nach innen** vers l'intérieur.

Innenhof ['ɪnənhoːf] (*pl* **-höfe** [høːfə]) **der** cour intérieure.

Innenpolitik ['ɪnənpolitiːk] **die** politique intérieure.

Innenseite ['ɪnənzaitə] (*pl* **-n**) **die** intérieur *m*.

Innenspiegel ['ɪnənʃpiːgl] (*pl inv*) **der** rétroviseur intérieur.

Innenstadt ['ɪnənʃtat] (*pl* **-städte** [ʃtɛtə]) **die** centre-ville *m*.

innere, r, s [ɪnərə] **adj 1.** intérieur(e) **2.** [Krankheit] interne.

innerhalb ['ɪnɐhalp] ◆ **präp** *(+ G, + D)* **1.** [räumlich] à l'intérieur de **2.** [zeitlich] en l'espace de. ◆ **adv** : **innerhalb von wenigen Tagen** en l'espace de quelques jours ▸ **innerhalb von Deutschland** à l'intérieur de l'Allemagne.

innerlich ['ɪnɐlɪç] **adv** [psychisch] intérieurement.

Innsbruck ['ɪnsbrʊk] **nt** Innsbruck.

Innung ['ɪnʊŋ] (*pl* **-en**) **die** corps *m* de métier.

inoffiziell ['ɪn|ɔfitsi̯ɛl] **adj** officieux(euse).

ins [ɪns] **präp** = **in** + **das**.

Insassen(unfall)versicherung ['ɪnzasn̩(ʊnfal)fɛɐ̯zɪçərʊŋ] (*pl* **-en**) **die** assurance *f* des personnes transportées.

insbesondere [ɪnsbə'zɔndərə] **adv** en particulier.

Insekt [ɪn'zɛkt] (*pl* **-en**) **das** insecte *m*.

Insektenschutzmittel [ɪn'zɛktn̩ʃʊtsmɪtl] (*pl inv*) **das** insecticide *m*.

Insektenstich [ɪn'zɛktn̩ʃtɪç] (*pl* **-e**) **der** piqûre *f* d'insecte.

Insel ['ɪnzl] (*pl* **-n**) **die** [geografisch] île *f*.

Inserat [ɪnzə'raːt] (*pl* **-e**) **das** annonce *f*.

inserieren [ɪnzə'riːrən] **vi** faire passer une annonce.

insgesamt [ɪnsgə'zamt] **adv** en tout.

Insider ['ɪnzai̯dɐ] (*pl inv*) **der** initié *m*, -e *f*.

Insiderinformation ['ɪnzai̯dɐlɪnfɔrmatsi̯oːn] (*pl* **-en**) **die** WIRTSCH information *f* privilégiée.

Insidertipp ['ɪnzai̯dɐtɪp] (*pl* **-s**) **der** bon tuyau *m*.

Inspektion [ɪnspɛk'tsi̯oːn] (*pl* **-en**) **die** [von Autos] révision *f*.

inspizieren [ɪnspi'tsiːrən] **vt** inspecter.

Installateur, in [ɪnstala'tøːɐ̯, tøːrɪn] (*mpl* **-e**) **der, die** installateur *m*, -trice *f*.

Installation [ɪnstala'tsi̯oːn] (*pl* **-en**) **die** installation *f*.

Installationsassistent [ɪnstala'tsi̯oːns|asistɛnt] (*pl* **-en**) **der** assistant *m* d'installation.

installieren [ɪnsta'liːrən] **vt** installer.

Instantgetränk ['ɪnstantgətrɛŋk] (*pl* **-e**) **das** boisson instantanée.

Instinkt [ɪn'stɪŋkt] (*pl* **-e**) **der** instinct *m*.

Institut [ɪnsti'tuːt] (*pl* **-e**) **das** [Einrichtung] institut *m*.

Institution [ɪnstitu'tsi̯oːn] (*pl* **-en**) **die** institution *f*.

Instrument [ɪnstru'mɛnt] (*pl* **-e**) **das** instrument *m*.

Insulin [ɪnzu'liːn] **das** insuline *f*.

Inszenierung [ɪnstse'niːrʊŋ] (*pl* **-en**) **die** [am Theater] mise *f* en scène.

intakt [ɪn'takt] **adj** [Apparat] intact(e) ▸ **das Gerät ist intakt** l'appareil est en parfait état.

Integrationspolitik [ɪntegra'tsi̯oːnspolitiːk] **die** politique *f* d'intégration.

integrieren [ɪnte'griːrən] **vt** intégrer.

integriert [ɪnteˈgriːɐt] **adj** intégré(e).
intelligent [ɪntɛliˈgɛnt] **adj** intelligent(e).
Intelligenz [ɪntɛliˈgɛnts] **die** intelligence *f*.
Intendant, in [ɪntɛnˈdant, tɪn] (*mpl* **-en**) **der, die** directeur *f*, -trice *f (d'un théâtre ou d'une chaîne de télévision).*
intensiv [ɪntɛnˈziːf] ◆ **adj 1.** [Schulung, Arbeit] intensif(ive) **2.** [Gefühl] intense **3.** [Geschmack] fort(e). ◆ **adv 1.** [strahlen] avec intensité **2.** [sich einarbeiten, vorbereiten] intensivement.
Intensivkurs [ɪntɛnˈziːfkʊrs] (*pl* **-e**) **der** cours intensif.
Intensivstation [ɪntɛnˈziːfʃtatsi̯oːn] (*pl* **-en**) **die** service *m* de réanimation.
interaktiv [ˈɪntɐlaktiːf] **adj** interactif(ive).
Intercity® [ɪntɐˈsɪti] (*pl* **-s**) **der** ≃ train *m* corail.
Intercityexpress® [ɪntɐˈsɪtiɛkspres] (*pl inv*) **der** ≃ T.G.V. *m*.
interessant [ɪntərɛˈsant] **adj** intéressant(e).
Interesse [ɪntəˈrɛsə] (*pl* **-n**) **das 1.** [Wunsch, Wissbegierde, geschäftlich] intérêt *m* **2.** [Hobby] centre *m* d'intérêt.
interessieren [ɪntərɛˈsiːrən] **vt** intéresser. ◆ **sich interessieren ref** s'intéresser ▸ **sich interessieren für a)** [geistig] s'intéresser à **b)** [geschäftlich] être intéressé par.
interkulturell [ɪntɐkʊltuˈrɛl] **adj** interculturel(elle).
Internat [ɪntɐˈnaːt] (*pl* **-e**) **das** internat *m*.
international [ɪntɐnatsi̯oˈnaːl] ◆ **adj** international(e). ◆ **adv** internationalement ▸ **international bekannt** connu dans le monde entier.
Internet [ˈɪnte(r)nɛt] **das** Internet *m*, net *m* ▸ **im Internet surfen** surfer ODER naviguer sur Internet.
Internetbenutzer, in [ˈɪntɐnɛtbənʊtsɐ, nʊtsərɪn] (*mpl inv*) **der, die** internaute *mf*.
Internetcafé [ˈɪntɐnɛtkafeː] (*pl* **-s**) **das** cybercafé *m*, café *m* internet.
Internetfernsehen [ˈɪntɐnɛtfɛrnzeːən] **das** webtélé *f*.
Internethandy [ˈɪntɐnɛthɛndi] (*pl* **-s**) **das** téléphone *m* portable avec accès Internet.
Internetkriminalität [ˈɪntɐnɛtkrɪminalitɛːt] **die** cybercriminalité *f*.
Internetportal [ˈɪntɐnɛtpɔrtaːl] (*pl* **-e**) **das** portail *m* Internet.
Internetprovider [ˈɪntɐnɛtprovai̯dɐ] (*pl inv*) **der** fournisseur *m* d'accès.
Internet-Site [ˈɪntɐnɛtsai̯t] (*pl* **-s**) **die** site *m* internet.
Internetverbrechen [ˈɪntɐnɛtfɛɐ̯brɛçn̩] (*pl inv*) **das** cybercrime *m*.
Internetwirtschaft [ˈɪntɐnɛtvɪrtʃaft] **die** netéconomie *f*.
interpretieren [ɪntɐpreˈtiːrən] **vt** interpréter.
Interrail-Karte [ˈɪntɐreːlkartə] (*pl* **-n**) **die** carte *f* Interrail.
Interview [ˈɪntɐvjuː] (*pl* **-s**) **das** interview *f*.
interviewen [ɪntɐˈvjuːən] **vt** interviewer.
intim [ɪnˈtiːm] **adj** intime.
intolerant [ˈɪntɔlərant] **adj** intolérant(e).
intrakutan [ɪntrakuˈtaːn] **adj** intradermique.
intramuskulär [ɪntramʊskuˈlɛːɐ̯] **adj** intramusculaire.

intransitiv ['ɪntranziti:f] **adj** GRAMM intransitif(ive).

intuitiv [ɪntu̯i'ti:f] **adj** intuitif(ive).

Invalide [ɪnva'li:də] (*pl* -n) **der, die** invalide *mf.*

Inventur [ɪnvɛn'tu:ɐ̯] (*pl*-en [tu:rən]) **die** inventaire *m* ▸ **'wegen Inventur geschlossen'** 'fermé pour inventaire'.

investieren [ɪnvɛs'ti:rən] **vt** [Geld] investir.

inzwischen [ɪn'tsvɪʃn̩] **adv 1.** [gleichzeitig] pendant ce temps **2.** [jetzt] maintenant.

I-Pad® ['aipɛt] (*pl*-s) **das** I-Pad® *m.*

I-Phone® ['aifo:n] (*pl* -s) **das** I-Phone® *m.*

I-Pod® ['aipɔt] (*pl*-s) **der** I-Pod® *m.*

Irak [i'ra:k] **der** Iraq *m* ▸ **im Irak** en Iraq.

Iran [i'ra:n] **nt** Iran *m* ▸ **im Iran** en Iran.

Ire ['i:rə] (*pl*-n) **der** Irlandais *m.*

irgendein, e ['ɪrgn̩tlain, ainə] **det 1.** [unbekannt] un (une) **2.** [beliebig] n'importe quel (n'importe quelle).

irgendeine, r, s ['ɪrgn̩tlainə] **pron 1.** [Person] quelqu'un **2.** [beliebig] n'importe lequel (n'importe laquelle).

irgendetwas ['ɪrgn̩tlɛtvas] **pron 1.** [etwas] quelque chose **2.** [egal was] n'importe quoi.

irgendjemand ['ɪrgn̩tje:mant] **pron 1.** [jemand] quelqu'un **2.** [egal wer] n'importe qui.

irgendwann ['ɪrgn̩tvan] **adv 1.** [zu unbekannter Zeit] un jour **2.** [zu beliebiger Zeit] n'importe quand.

irgendwas ['ɪrgn̩tvas] **pron 1.** [etwas] quelque chose **2.** [egal was] n'importe quoi.

irgendwer ['ɪrgn̩tve:ɐ̯] **pron 1.** [jemand] quelqu'un **2.** [egal wer] n'importe qui.

irgendwie ['ɪrgn̩tvi:] **adv** d'une manière ou d'une autre.

irgendwo ['ɪrgn̩tvo:] **adv 1.** [an unbekanntem Ort] quelque part **2.** [egal wo] n'importe où.

Irin ['i:rɪn] (*pl*-**nen**) **die** Irlandaise *f.*

irisch ['i:rɪʃ] **adj** irlandais(e).

Irland ['ɪrlant] **nt** Irlande *f.*

ironisch [i'ro:nɪʃ] **adj** ironique.

irre ['ɪrə] **adj 1.** [verrückt] fou (folle) **2.** *fam* [gut] dingue.

irren ['ɪrən] **vi** *(ist)* [herumlaufen] errer. ◆ **sich irren ref** *(hat)* se tromper.

Irrtum ['ɪrtu:m] (*pl*-**tümer** [ty:mɐ]) **der** erreur *f.*

irrtümlich ['ɪrty:mlɪç] **adv** par erreur.

Ischias ['ɪʃi̯as] **der 1.** [Nerv] nerf *m* sciatique **2.** [Schmerz] sciatique *f.*

Islam [ɪs'la:m] **der** islam *m.*

Islamist, in [ɪsla:'mɪst, mɪstɪn] (*mpl* -**en**) **der, die** islamiste *mf.*

Island ['i:slant] **nt** Islande.

Isolierband [izo'li:ɐ̯bant] (*pl*-**bänder** [bɛndɐ]) **das** [für elektrische Leitungen] isolant *m.*

isolieren [izo'li:rən] **vt & vi** isoler. ◆ **sich isolieren ref** s'isoler.

Isolierung [izo'li:rʊŋ] (*pl*-**en**) **die** isolation *f.*

Israel ['i:srae:l] **nt** Israël.

isst [ɪst] **präs** → **essen**.

ist [ɪst] **präs** → **sein**.

IT [ai'ti:] (*abk für* Informationstechnologie) TI *fpl (technologies de l'information).*

Italien [i'taːliən] **nt** Italie *f.*

Italiener, in [ita'lieːnɐ, nərɪn] (*mpl inv*) **der, die** Italien *m,* -ne *f.*

italienisch [ita'lieːnɪʃ] **adj** italien(ne).

Italienisch(e) [ita'lieːnɪʃ(ə)] **das** italien *m.*

Jj

ja [jaː] **interj 1.** [Ausdruck der Zustimmung oder der Aufmerksamkeit] oui **2.** [Ausdruck der Überraschung] mais **3.** [selbstverständlich] bien **4.** [tatsächlich] tiens ▸ **ja, bitte** oui ▸ **das muss ja schön sein** ça doit être beau.

Jacht [jaxt] (*pl* **-en**) **die** yacht *m.*

Jacke ['jakə] (*pl* **-n**) **die 1.** [Strickjacke] veste *f* **2.** [Regenjacke] blouson *m.*

Jackett [ʒa'kɛt] (*pl* **-s**) **das** veste *f.*

Jagd [jaːkt] (*pl* **-en**) **die** [auf Tiere] chasse *f* ▸ **auf die Jagd gehen** aller à la chasse.

jagen ['jaːgn̩] **vt** [Tier] chasser.

Jäger, in ['jɛːgɐ, gərɪn] (*mpl inv*) **der, die** [Person] chasseur *m,* -euse *f.*

Jägerschnitzel ['jɛːgɐʃnɪtsl̩] (*pl inv*) **das** *escalope servie avec une sauce chasseur.*

Jahr [jaːɐ̯] (*pl* **-e** ['jaːrə]) **das** année *f,* an *m* ▸ **die 90er-Jahre** les années 90 ▸ **ein gutes neues Jahr!** bonne année ! ▸ **6 Jahre alt sein** avoir six ans.

jahrelang ['jaːrəlaŋ] ◆ **adj** : **nach jahrelangem Warten** après des années d'attente. ◆ **adv** : **wir haben jahrelang gewartet** nous avons attendu pendant des années.

Jahresabonnement ['jaːrəslabɔnəmɑ̃ː] (*pl* **-s**) **das** abonnement annuel.

Jahreseinkommen ['jaːrəslaiŋkɔmən] (*pl inv*) **das** revenu annuel.

Jahrestag ['jaːrəstaːk] (*pl* **-e** [taːgə]) **der** anniversaire *m.*

Jahresurlaub ['jaːrəsluːɐ̯laup] **der** congé annuel.

Jahreszeit ['jaːrəstsait] (*pl* **-en**) **die** saison *f.*

Jahrgang ['jaːɐ̯gaŋ] (*pl* **-gänge** [gɛŋə]) **der** [Produktionsjahr] année *f,* millésime *m.*

Jahrhundert [jaːɐ̯'hʊndɐt] (*pl* **-e**) **das** siècle *m.*

jährlich ['jɛːɐ̯lɪç] ◆ **adj** annuel(elle). ◆ **adv** tous les ans.

Jahrmarkt ['jaːɐ̯markt] (*pl* **-märkte** [mɛrktə]) **der** fête foraine.

Jahrzehnt [jaːɐ̯'tseːnt] (*pl* **-e**) **das** décennie *f.*

jähzornig ['jɛːtsɔrnɪç] **adj** irascible.

Jakarta [dʒa'karta] **nt** Djakarta.

Jalousie [ʒalu'ziː] (*pl* **-n**) **die** store vénitien.

Jamaika [ja'maika] **nt** Jamaïque *f.*

jammern ['jamɐn] **vi** se lamenter.

Januar ['janua:ɐ̯] **der** janvier ▸ **am ersten Januar** le premier janvier ▸ **Anfang / Ende Januar** début / fin janvier ▸ **Mitte Januar** à la mi-janvier ▸ **Berlin, den 12. Januar 2012** Berlin, le 12 janvier 2012 ▸ **im Januar** en janvier.

Japan ['jaːpan] **nt** Japon *m.*

Japaner, in [ja'paːnɐ, nərɪn] (*mpl inv*) **der, die** Japonais *m*, -e *f*.

japanisch [ja'paːnɪʃ] **adj** japonais(e).

Japanisch(e) [ja'paːnɪʃ(ə)] **das** japonais *m*.

Jausenstation ['jauzn̩ʃtatsioːn] (*pl* **-en**) **die** ÖSTERR *refuge où l'on peut se restaurer de manière frugale.*

jawohl [ja'voːl] **interj** [ja] oui.

Jazz [dʒɛs] **der** jazz *m*.

je [jeː] **adv 1.** [jeweils] chacun(e) **2.** [pro] par ▸ **je nach** selon ▸ **je ..., desto ..., je ..., umso ...** plus... plus... ▸ **je nachdem** selon ▸ **oh je!** oh la la !

Jeans [dʒiːnz] (*pl inv*) **die** jean *m*.

jede, r, s ['jeːdə] ◆ **det** chaque. ◆ **pron** chacun(e) ▸ **jeder Dritte** une personne sur trois.

jedenfalls ['jeːdn̩fals] **adv 1.** [wenigstens] du moins **2.** [auf jeden Fall] en tout cas.

jederzeit ['jeːdɐtsait] **adv** à tout moment.

jedesmal ['jeːdəsmaːl] **adv** (à) chaque fois.

jedoch [je'dɔx] **adv** [aber] pourtant.

jemand ['jeːmant] **pron** quelqu'un.

Jemen ['jeːmn̩] **nt** Yemen *m*.

jene, r, s ['jeːnə] ◆ **det** *geh* ce ...(-là), cet ...(-là) (cette ...(-là)). ◆ **pron** *geh* celui-là (celle-là).

jenseits ['jeːnzaits] **präp** *(+ G, + D)* au-delà de.

Jerusalem [je'ruːzalɛm] **nt** Jérusalem.

Jetlag ['dʒɛtlɛk] (*pl* **-s**) **der** *fatigue liée au décalage horaire.*

jetzt [jɛtst] **adv 1.** [momentan] maintenant **2.** [heutzutage] de nos jours **3.** [bald, gleich] dans un instant ▸ **bis jetzt** jusqu'à maintenant ▸ **jetzt hatte sie ihr Ziel erreicht** elle venait d'atteindre son but.

jeweils ['jeːvails] **adv 1.** [jeder] chacun(e) **2.** [jedesmal] à chaque fois ▸ **sie haben jeweils ein Auto** ils ont chacun une voiture.

JH (*abk für* Jugendherberge) AJ *f (auberge de jeunesse).*

Jh. *abk für* **Jahrhundert**.

Job [dʒɔp] (*pl* **-s**) **der 1.** [als Aushilfe] job *m* **2.** [Beruf] boulot *m*.

jobben [dʒɔbn̩] **vi** faire des petits boulots.

Jobsharing ['dʒɔbʃɛːrɪŋ] **das** *répartition d'un poste de travail entre plusieurs personnes.*

Jod [joːt] **das** iode *m*.

jodeln ['joːdl̩n] **vi** yodler.

joggen ['dʒɔgn̩] **vi** *(ist)* faire du jogging.

Jogging ['dʒɔgɪŋ] **das** jogging *m*.

Jogginganzug ['dʒɔgɪŋlantsuːk] (*pl* **-anzüge** [tsyːgə]) **der** jogging *m*.

Joghurt ['joːgʊrt] (*pl* **-s**), **Jogurt** (*pl* **-s**) **der & das** yaourt *m*.

Johannisbeere [jo'hanɪsbeːrə] (*pl* **-n**) **die** : **Rote Johannisbeere** groseille *f* ▸ **Schwarze Johannisbeere** cassis *m*.

Joint [dʒɔynt] (*pl* **-s**) **der** joint *m*.

Jolle ['jɔlə] (*pl* **-n**) **die** [Segelboot] *petit bateau à voile.*

Jordanien [jɔr'daːniən] **nt** Jordanie *f*.

Journal [ʒʊr'naːl] (*pl* **-e**) **das** magazine *m*.

Journalist, in [ʒʊrna'lɪst, ɪn] (*mpl* **-en**) **der, die** journaliste *mf*.

jubeln ['juːbl̩n] **vi** pousser des cris de joie.

Jubiläum [jubi'lɛːʊm] (*pl* **Jubiläen** [jubi'lɛːən]) **das** anniversaire *m* ▸ **das**

200-jährige Jubiläum der Revolution le bicentenaire de la révolution.

jucken ['jʊkn̩] **vi 1.** [Haut] démanger **2.** [Material] gratter.

Juckreiz ['jʊkraits] **der** démangeaison *f*.

Jude ['juːdə] (*pl* **-n**) **der** juif *m*.

Jüdin ['jyːdɪn] (*pl* **-nen**) **die** juive *f*.

jüdisch ['jyːdɪʃ] **adj** juif(ive).

Jugend ['juːgn̩t] **die** jeunesse *f*.

jugendfrei ['juːgn̩tfrai] **adj** : **nicht jugendfrei** interdit aux moins de 18 ans.

Jugendherberge ['juːgn̩thɛrbɛrgə] (*pl* **-n**) **die** auberge *f* de jeunesse.

Jugendherbergsausweis ['juːgn̩thɛrbɛrksǀausvais] (*pl* **-e** [vaizə]) **der** carte *f* d'adhésion *(pour les auberges de jeunesse)*.

jugendlich ['juːgn̩tlɪç] **adj & adv** jeune.

Jugendliche ['juːgn̩tlɪçə] (*pl* **-n**) **der, die** jeune *mf*.

Jugendstil ['juːgn̩tʃtiːl] **der** Art nouveau.

Jugendzentrum ['juːgn̩ttsɛntrʊm] (*pl* **-zentren** [tsɛntrən]) **das** maison *f* de la jeunesse.

Jugoslawien [jugo'slaːvi̯ən] **nt** Yougoslavie *f*.

Juli ['juːli] **der** juillet *m* ▸ **am ersten Juli** le premier juillet ▸ **Anfang / Ende Juli** début / fin juillet ▸ **Mitte Juli** à la mi-juillet ▸ **Berlin, den 12. Juli 2012** Berlin, le 12 juillet 2012 ▸ **im Juli** en juillet.

jung [jʊŋ] (*komp* **jünger**, *superl* **am jüngsten**) **adj** [Lebewesen] jeune.

Junge ['jʊŋə] (*pl* **-n**) ◆ **der** [Knabe] garçon *m*. ◆ **das** [von Tieren] petit *m*.

Jungfrau ['jʊŋfrau] **die** [Sternzeichen] Vierge *f*.

Junggeselle ['jʊŋgəzɛlə] (*pl* **-n**) **der** célibataire *m*.

Juni ['juːni] **der** juin *m* ▸ **am ersten Juni** le premier juin ▸ **Anfang / Ende Juni** début / fin juin ▸ **Mitte Juni** à la mi-juin ▸ **Berlin, den 12. Juni 2012** Berlin, le 12 juin 2012 ▸ **im Juni** en juin.

Jura[1] ['juːra] [Recht] droit *m*.

Jura[2] ['juːra] **der** Jura *m*.

Jurist, in [ju'rɪst, rɪstɪn] (*mpl* **-en**) **der, die** juriste *mf*.

juristisch [ju'rɪstɪʃ] **adj** juridique.

Jury ['ʒyːriː] (*pl* **-s**) **die** jury *m*.

Justiz [jʊs'tiːts] **die** justice *f*.

Juwelier, in [juve'liːɐ̯, liːrɪn] (*mpl* **-e**) **der, die** joailler *m*, -ère *f*.

Kk

Kabarett [kaba'rɛt] (*pl* **-s**) **das 1.** [Theater] cabaret *m* **2.** [Aufführung] spectacle *m* de cabaret.

Kabel ['kaːbl̩] **das** câble *m* ▸ **Ethernet-Kabel** câble *m* Ethernet ▸ **USB-Kabel** câble *m* USB.

Kabelanschluss ['kaːbl̩ǀanʃlʊs] (*pl* **-anschlüsse** [ʃlysə]) **der** raccordement *m* au câble ▸ **Kabelanschluss haben** être câblé.

Kabelfernsehen ['kaːbl̩fɛrnzeːən] **das** télévision *f* par câble.

Kabeljau ['ka:bl̩jau] (*pl* -s) **der** cabillaud *m*.

Kabelkanal ['ka:bl̩kana:l] (*pl* **-kanäle** [nɛ:lə]) **der** chaîne câblée.

Kabine [ka'bi:nə] (*pl* **-n**) **die** cabine *f*.

Kabinenbahn [ka'bi:nənba:n] (*pl* **-en**) **die** télécabine *f*.

Kabinett [kabi'nɛt] (*pl* **-e**) ◆ **das** [von Ministern] cabinet *m*. ◆ **der** [Wein] *appellation œnologique allemande désignant un vin de première catégorie.*

Kabrio ['ka:brio:] (*pl* **-s**) **das** décapotable *f*.

Kachel ['kaxl̩] (*pl* **-n**) **die** carreau *m*.

Kachelofen ['kaxl̩o:fn̩] (*pl* **-öfen** [ø:fn̩]) **der** poêle *m* en faïence.

Käfer ['kɛ:fɐ] (*pl inv*) **der 1.** [Tier] coléoptère *m* **2.** [Auto] coccinelle *f*.

Kaffee ['kafe] (*pl* **-s**) **der** café *m* ▸ **eine Tasse Kaffee** une tasse de café ▸ **Kaffee trinken** prendre le café.

Kaffeebar ['kafeba:ɐ̯] (*pl* **-s**) **die** *buvette où l'on ne sert que du café.*

Kaffeefahrt ['kafefa:ɐ̯t] (*pl* **-en**) **die** excursion-goûter *f*.

Kaffeefilter ['kafefɪltɐ] (*pl inv*) **der 1.** [aus Papier] filtre *m* à café **2.** [Küchengerät] filtre *m*.

Kaffeehaus [ka'fe:haus] (*pl* **-häuser** [hɔyzɐ]) **das** *établissement s'apparentant à un salon de thé.*

> ⓘ **Kaffeehaus**
>
> Les cafés autrichiens fleurissent depuis la fin du XVIIe siècle. On peut y lire, jouer aux cartes ou faire une partie de billard, et bien entendu y boire un café, un thé ou un chocolat en dégustant des pâtisseries. On retrouve cette tradition dans les conviviaux Cafés allemands.

Kaffeekanne ['kafekanə] (*pl* **-n**) **die** cafetière *f*.

Kaffeeklatsch ['kafeklatʃ] (*pl* **-e**) **der** *sorte de goûter où l'on sert du café et des gâteaux et où l'on parle de tout et de rien.*

Kaffeelöffel ['kafelœfl̩] (*pl inv*) **der** cuillère *f* à café.

Kaffeemaschine ['kafemaʃi:nə] (*pl* **-n**) **die** cafetière *f* (automatique).

Kaffeepause ['kafepauzə] (*pl* **-n**) **die** pause-café *f*.

Kaffeesahne ['kafeza:nə] **die** crème *f*.

Kaffeetasse ['kafetasə] (*pl* **-n**) **die** tasse *f* à café.

Käfig ['kɛ:fɪç] (*pl* **-e** [fɪgə]) **der** [für Tiere] cage *f*.

Kahn [ka:n] (*pl* **Kähne** ['kɛ:nə]) **der** [Ruderboot] barque *f*.

Kai [kai] (*pl* **-s**) **der** quai *m*.

Kairo ['kairo] **nt** Le Caire ▸ **in Kairo** au Caire.

Kaiser, in ['kaizɐ, zərɪn] (*mpl inv*) **der, die** empereur *m*, impératrice*f*.

Kaiserschmarren ['kaizɐʃmarn] (*pl inv*) **der** SÜDDT ÖSTERR *crêpe épaisse que l'on déchire en lanières et que l'on sert avec du sucre et des raisins secs.*

Kajak ['ka:jak] (*pl* **-s**) **das** kayac *m*.

Kajüte [ka'jy:tə] (*pl* **-n**) **die** cabine *f* *(de bateau).*

Kakao [ka'kau] **der 1.** [Getränk] chocolat *m* **2.** [Pulver] cacao *m* ▸ **eine Tasse Kakao** une tasse de chocolat.

Kaktus ['kaktʊs] (*pl* **Kakteen** [kak'te:ən]) **der** cactus *m*.

Kalb [kalp] (*pl* **Kälber** [kɛlbɐ]) **das** veau *m*.

Kalbfleisch ['kalpflaiʃ] **das** veau *m* *(viande).*

Kalender [ka'lɛndɐ] (*pl inv*) **der 1.** [Wandkalender] calendrier *m* **2.** [Taschenkalender] agenda *m*.

Kalk [kalk] **der** [im Wasser] calcaire *m*.

Kalorie [kalo'riː] (*pl* **-n**) **die** calorie *f*.

kalorienarm [kalo'riːənlarm] **adj** hypocalorique.

kalt [kalt] (*komp* **kälter**, *superl* **am kältesten**) ◆ **adj** froid(e). ◆ **adv 1.** [verarbeiten] à froid **2.** [gefühllos] froidement ▸ **es ist kalt** il fait froid ▸ **jm ist kalt** qqn a froid.

Kälte ['kɛltə] **die 1.** [Temperatur] froid *m* **2.** [von Person] froideur *f*.

Kälteeinbruch ['kɛltəlainbrux] (*pl* **-einbrüche** [bryçə]) **der** arrivée *f* du froid.

Kaltfront ['kaltfrɔnt] (*pl* **-en**) **die** front froid.

Kaltmiete ['kaltmiːtə] (*pl* **-n**) **die** loyer *m* sans les charges.

Kaltstartautomatik ['kaltʃtartlautomaːtɪk] **die** AUTO starter *m* automatique.

kam [kaːm] **prät** → **kommen**.

Kamel [ka'meːl] (*pl* **-e**) **das** chameau *m*.

Kamera ['kaməra] (*pl* **-s**) **die** appareil *m* photo.

Kamillentee [ka'mɪlṇteː] (*pl* **-s**) **der** infusion *f* à la camomille.

Kamin [ka'miːn] (*pl* **-e**) **der** cheminée *f*.

Kamm [kam] (*pl* **Kämme** ['kɛmə]) **der** [für Haare] peigne *m*.

kämmen ['kɛmən] **vt** peigner. ◆ **sich kämmen ref** se peigner.

Kammermusik ['kamɐmuziːk] **die** musique *f* de chambre.

Kampf [kampf] (*pl* **Kämpfe** ['kɛmpfə]) **der 1.** [Streit, politisch, sozial] lutte *f* **2.** [im Sport] compétition *f* **3.** [im Krieg] combat *m*.

kämpfen ['kɛmpfṇ] **vi 1.** [in Streit, Politik] lutter **2.** [in Krieg, Sport] se battre ▸ **kämpfen für** lutter pour ▸ **kämpfen gegen** lutter contre ▸ **kämpfen um** se battre pour.

Kämpfer, in ['kɛmpfɐ, pfərɪn] (*mpl inv*) **der, die** adversaire *mf*.

Kampfrichter, in ['kampfrɪçtɐ, tərɪn] (*mpl inv*) **der, die** arbitre *m*.

kampieren [kam'piːrən] **vi** camper.

Kanada ['kanada] **nt** Canada *m*.

Kanal [ka'naːl] (*pl* **Kanäle** [ɛːlə]) **der 1.** canal *m* **2.** [Abwasserkanal] égout *m*.

Kanalisation [kanaliza'tsjoːn] (*pl* **-en**) **die** canalisation *f*.

Kanaltunnel [ka'naːltunəl] (*pl inv*) **der** tunnel *m* sous la Manche.

Kandidat, in [kandi'daːt, tɪn] (*mpl* **-en**) **der, die** candidat *m*, -e *f*.

kandiert [kan'diːɐt] **adj** confit(e).

Kandiszucker ['kandɪstsukɐ] **der** sucre *m* candi.

Kaninchen [ka'niːnçən] (*pl inv*) **das** lapin *m*.

Kanister [ka'nɪstɐ] (*pl inv*) **der** bidon *m*.

kann [kan] **präs** → **können**.

Kännchen ['kɛnçən] (*pl inv*) **das** *petite cafetière ou théière contenant l'équivalent de deux tasses.*

Kanne ['kanə] (*pl* **-n**) **die** pot *m*.

kannte ['kantə] **prät** → **kennen**.

Kante ['kantə] (*pl* **-n**) **die** bord *m*.

Kantine ['kantiːnə] (*pl* **-n**) **die** cantine *f*.

Kanton [kan'toːn] (*pl* **-e**) **der** canton *m*.

ⓘ Kanton

La Suisse est une confédération de 23 États appelés cantons. Comme les →

Länder en Allemagne, ils ont un pouvoir législatif et exécutif propre, sauf dans certains domaines qui relèvent du gouvernement fédéral.

Kanu ['ka:nu] (*pl* -s) **das** [Paddelboot] canoë *m*.

Kanzel ['kants̩l] (*pl* -n) **die** [in Kirche] chaire *f*.

Kanzler, in ['kantslɐ, lərın] (*mpl inv*) **der, die** [Bundeskanzler] chancelier *m*, -ière *f*.

Kap [kap] (*pl* -s) **das** cap *m*.

Kapelle [ka'pɛlə] (*pl* -n) **die 1.** [Kirche] chapelle *f* **2.** MUS fanfare *f*.

Kapern ['ka:pɐn] **pl** capres *fpl*.

kapieren [ka'pi:rən] **vt & vi** *fam* piger.

Kapital [kapi'ta:l] **das** [Vermögen] capital *m*.

Kapitalismus [kapita'lɪsmʊs] **der** capitalisme *m*.

Kapitän [kapi'tɛ:n] (*pl* -e) **der 1.** [von Schiff, Sportmannschaft] capitaine *m* **2.** [von Flugzeug] commandant *m* de bord.

Kapitel [ka'pɪt̩l] (*pl inv*) **das** chapitre *m*.

kapitulieren [kapitu'li:rən] **vi** capituler.

Kappe ['kapə] (*pl* -n) **die 1.** [auf Kopf] casquette *f* **2.** [auf Ventil] capuchon *m*.

Kapsel ['kaps̩l] (*pl* -n) **die** [Medikament] gélule *f*.

Kapstadt ['kapʃtat] **nt** Le Cap ▸ **in Kapstadt** au Cap.

kaputt [ka'pʊt] **adj 1.** [defekt] en panne **2.** [zerbrochen] cassé(e) **3.** *fam* [erschöpft] crevé(e) ▸ **kaputt sein** être crevé.

kaputt◦gehen [ka'pʊtge:ən] **vi** *(unreg, ist)* [Gegenstand] se casser ▸ **kaputtgehen an** [Person] être anéanti par.

kaputt machen **vt** *fam* casser. ◆ **sich kaputt machen** **ref** *fam* se ruiner la santé.

Kapuze [ka'pu:tsə] (*pl* -n) **die** capuche *f*.

Kapuziner [kapu'tsi:nɐ] (*pl inv*) **der** ÖSTERR café *m* noisette.

Karabinerhaken [karabi:nɐha:kn̩] (*pl inv*) **der** mousqueton *m*.

Karaffe [ka'rafə] (*pl* -n) **die** carafe *f*.

Karamellbonbon [kara'mɛlbɔŋbɔŋ] (*pl* -s) **das** caramel *m*.

Karat [ka'ra:t] (*pl inv*) **das** carat *m*.

Karate [ka'ra:tə] **das** karaté *m*.

Kardinal [kardi'na:l] (*pl* -näle [nɛ:lə]) **der** cardinal *m*.

Karfreitag [ka:ɐ̯'fraita:k] **der** vendredi saint.

kariert [ka'ri:ɐ̯t] **adj 1.** [Hose, Stoff] à carreaux **2.** [Papier] quadrillé(e).

Karies ['ka:ri̯ɛs] **die** carie *f*.

Karikatur [karika'tu:ɐ̯] (*pl* -en) **die** [Bild] caricature *f*.

karikieren [kari'ki:rən] **vt** caricaturer.

Karneval ['karnəval] **der** carnaval *m*.

ⓘ Karneval

Très prisés en Allemagne, les carnavals (Fasnacht, Fasching ou Fassenacht) ont des durées variables et s'achèvent le mercredi des Cendres. Les grands défilés du Rosenmontag (la veille du Mardi gras) constituent le point fort de ces manifestations.

Karnevalskostüm ['karnəvalskɔsty:m] (*pl* -e) **das** déguisement *m* de carnaval.

Karnevalssitzung ['karnəvalszɪtsʊŋ] (*pl* -en) **die** spectacle *m* de carnaval.

Karnevalszug ['karnəvalstsu:k] (*pl* -züge) **der** défilé *m* de carnaval.

Kärnten ['kɛrntn̩] nt Carinthie *f.*

Karo ['ka:ro] das [Spielfarbe] carreau *m.*

Karosserie [karɔsə'ri:] (*pl* -n) die carrosserie *f.*

Karotte [ka'rɔtə] (*pl* -n) die carotte *f.*

Karpfen ['karpfn̩] (*pl inv*) der carpe *f.*

Karriere [ka'rie:rə] (*pl* -n) die carrière *f.*

Karte ['kartə] (*pl* -n) die **1.** carte *f* **2.** [Eintrittskarte] billet *m* **3.** [Fahrkarte] ticket *m* **4.** [Karteikarte] fiche *f* ▸ **mit Karte bezahlen** payer par carte ▸ **Karten spielen** jouer aux cartes ▸ **'folgende Karten werden akzeptiert:'** 'cartes acceptées :' ▸ **'Karte einführen!'** 'introduisez votre carte' ▸ **'Karte entnehmen!'** 'retirez votre carte' ▸ **'Karte fehlerhaft'** 'erreur' ▸ **'Karte ungültig'** 'carte non valide'.

Kartei [kar'tai] (*pl* -en) die fichier *m.*

Karteikarte [kar'taikartə] (*pl* -n) die fiche *f.*

Kartenspiel ['kartn̩ʃpi:l] (*pl* -e) das jeu *m* de cartes.

Kartentelefon [kar'tn̩telefo:n] (*pl* -e) das téléphone *m* à carte.

Kartenvorverkauf [kar'tn̩fo:ɐ̯fɛɐ̯kauf] (*pl* -käufe [kɔyfə]) der location *f* de billets à l'avance.

Kartoffel [kar'tɔfl̩] (*pl* -n) die pomme *f* de terre.

Kartoffelbrei [kar'tɔfl̩brai] (*pl* -e) der purée *f* de pommes de terre.

Kartoffelchips [kar'tɔfl̩tʃɪps] pl chips *fpl.*

Kartoffelkloß [kar'tɔfl̩klo:s] (*pl* -klöße [klø:sə]) der *boulette de pommes de terre.*

Kartoffelknödel [kar'tɔfl̩knø:dl̩] (*pl inv*) der *boulette de pommes de terre.*

Karton [kar'tɔŋ] (*pl* -s) der [Schachtel] carton *m.*

Karussell [karʊ'sɛl] (*pl* -s) das manège *m* ▸ **Karussell fahren** faire un tour de manège.

Karwoche ['ka:ɐ̯vɔxə] (*pl* -n) die semaine sainte.

Kasachstan ['kazaxsta:n] nt Kazakhstan *m.*

Kaschmir ['kaʃmi:ɐ̯] der [Material] cachemire *m.*

Käse ['kɛ:zə] der fromage *m* ▸ **Käse am Stück** morceau *m* de fromage ▸ **Käse in Scheiben** fromage *m* en tranches.

Käsefondue ['kɛ:zəfɔndy:] (*pl* -s) das fondue savoyarde.

Käsekuchen ['kɛ:zəku:xn̩] (*pl inv*) der cheesecake *m (gâteau au fromage blanc).*

Käseplatte ['kɛ:zəplatə] (*pl* -n) die plateau *m* de fromage.

Käse-Sahne-Torte ['kɛ:zə'za:nətɔrtə] (*pl* -n) die *gâteau à base de fromage blanc et de crème fouettée.*

Kasino [ka'zi:no] (*pl* -s) das **1.** [Spielkasino] casino *m* **2.** [für Offiziere] mess *m.*

Kaskoversicherung ['kaskofɛɐ̯zɪçərʊŋ] (*pl* -en) die assurance *f* tous risques.

Kasperletheater ['kaspɐləteа:tɐ] (*pl inv*) das **1.** [Vorstellung] spectacle *m* de marionnettes **2.** [Gebäude] théâtre *m* de marionnettes.

Kasse ['kasə] (*pl* -n) die caisse *f* ▸ **'Kasse beim Fahrer'** 'payer au conducteur'.

Kassenarzt, ärztin ['kasn̩|a:ɐ̯tst, ɛɐ̯tstɪn] (*mpl* -ärzte) der, die médecin conventionné.

Kassenbon ['kasn̩bɔŋ] (*pl* -s) der ticket *m* de caisse ▸ **gegen Vorlage des Kassenbons** sur présentation du ticket de caisse.

Kassenpatient, in ['kasnpatsient, tın] (*mpl* -en) **der, die** malade affilié(e) à la sécurité sociale.

Kassenschlager ['kasnʃla:gɐ] **der** *film, pièce de théâtre ou livre qui rencontre un grand succès.*

Kassenzettel ['kasntsɛtl] (*pl inv*) **der** ticket *m* de caisse.

Kassette [ka'sɛtə] (*pl* -n) **die** [Musikkassette, Videokassette] cassette *f.*

Kassettenrekorder [ka'sɛtnrekɔrdɐ] (*pl inv*) **der** magnétophone *m.*

kassieren [ka'si:rən] **vi & vt** [Eintrittsgeld, Fahrgeld] encaisser.

Kassierer, in [ka'si:rɐ, rərın] (*mpl inv*) **der, die** caissier *m*, -ère *f.*

Kastanie [kas'ta:niə] (*pl* -n) **die** **1.** [Baum] marronnier *m* ; [Esskastanie] châtaignier *m* **2.** [Frucht] marron *m* ; [zum Essen] châtaigne *f.*

Kasten ['kastn] (*pl* **Kästen** ['kɛstn]) **der** caisse *f.*

Kat [kat] (*pl* -s) **der** [Katalysator] pot *m* catalytique.

Katalog [kata'lo:k] (*pl* -e [lo:gə]) **der** catalogue *m.*

Katalysator [kataly'za:to:ɐ] (*pl* **Katalysatoren** [to:rən]) **der** [am Auto] pot *m* catalytique.

Katar [ka'ta:r] **nt** Qatar *m.*

katastrophal [katastro'fa:l] **adj** catastrophique.

Katastrophe [katas'tro:fə] (*pl* -n) **die** catastrophe *f.*

Kategorie [katego'ri:] (*pl* -n) **die** catégorie *f.*

Kater ['ka:tɐ] (*pl inv*) **der** chat *m* ▸ **einen Kater haben** [von Alkohol] avoir la gueule de bois.

kath. *abk für* **katholisch.**

Kathedrale [kate'dra:lə] (*pl* -n) **die** cathédrale *f.*

Katholik, in [kato'li:k, kın] (*mpl* -en) **der, die** catholique *mf.*

Katholikentag [kato'li:knta:k] (*pl* -e) **der** *congrès des catholiques en Allemagne qui a lieu tous les deux ans.*

katholisch [ka'to:lıʃ] **adj** catholique.

Katze ['katsə] (*pl* -n) **die** **1.** [Tier] chat *m* **2.** [weibliches Tier] chatte *f.*

Kauderwelsch ['kaudɐvɛlʃ] **das** charabia *m* ▸ **Kauderwelsch sprechen** baragouiner.

kauen ['kauən] **vt & vi** mâcher.

Kauf [kauf] (*pl* **Käufe** ['kɔyfə]) **der** [Handlung] achat *m.*

kaufen ['kaufn] ◆ **vt** [Ware] acheter. ◆ **vi** : **sich (D) ein Auto kaufen** s'acheter une voiture.

Käufer, in ['kɔyfɐ, 'kɔyfərın] (*mpl inv*) **der, die** acheteur *m*, -euse *f.*

Kaufhaus ['kaufhaus] (*pl* -häuser [hɔyzɐ]) **das** grand magasin.

Kaufleute ['kauflɔytə] **pl** commerçants *mpl.*

Kaufpreis ['kaufprais] (*pl* -e) **der** prix *m* d'achat.

Kaufvertrag ['kauffɛɐtra:k] (*pl* -träge [trɛ:gə]) **der** contrat *m* d'achat.

Kaugummi ['kaugumi] (*pl* -s) **der ODER das** chewing-gum *m.*

kaum [kaum] **adv** à peine ▸ **kaum noch** presque plus ▸ **das wird kaum möglich sein** cela risque fort de ne pas être possible.

Kaution [kau'tsio:n] (*pl* -en) **die** [für Wohnung] caution *f.*

Kaviar [ka:viar] **der** caviar *m.*

KB (*abk für* Kilobyte) **das** Ko *m inv* *(kilo-octet).*

Kefir ['ke:fi:ɐ̯] **der** *lait fermenté au goût aigre.*

Kegelbahn ['ke:gl̩ba:n] (*pl* **-en**) **die** bowling *m.*

Kegelklub ['ke:gl̩klʊp] (*pl* **-s**) **der** club *m* de bowling.

kegeln ['ke:gl̩n] **vi** jouer au bowling.

Kehlkopf ['ke:lkɔpf] (*pl* **-köpfe** [kœpfə]) **der** larynx *m.*

kehren ['ke:rən] **vt & vi** [fegen] balayer.

kehrt◦machen ['ke:ɐ̯tmaxn̩] **vi** faire demi-tour.

Keil [kail] (*pl* **-e**) **der** **1.** [Werkzeug] coin *m* **2.** [zum Bremsen] cale *f.*

Keilriemen ['kailri:mən] (*pl inv*) **der** courroie *f.*

kein, e [kain, 'kainə] **det** **1.** [bei zählbarer Menge] aucun(e) **2.** [bei unzählbarer Menge] ne… pas de.

keine, r, s ['kainə] **pron** **1.** [Person] personne **2.** [Gegenstand] aucun(e).

keinerlei ['kainɐlai] **det** aucun(e).

keinesfalls ['kainəsfals] **adv** en aucun cas.

keineswegs ['kainəsve:ks] **adv** nullement.

Keks [ke:ks] (*pl* **-e**) **der** petit gâteau.

Keller ['kɛlɐ] (*pl inv*) **der** cave *f.*

Kellerei [kɛlə'rai] (*pl* **-en**) **die** caves *fpl.*

Kellermeister ['kɛlɐmaistɐ] (*pl inv*) **der** caviste *m.*

Kellner, in ['kɛlnɐ, nərɪn] (*mpl inv*) **der, die** serveur *m,* -euse *f.*

Kenia ['ke:nia] **nt** Kenya *m* ▸ **in Kenia** au Kenya.

kennen ['kɛnən] (*prät* **kannte**, *pp* **gekannt**) **vt** connaître ▸ **jn / etw gut kennen** bien connaître qqn / qqch.
◆ **sich kennen ref** se connaître.

kennen◦lernen ['kɛnənlɛrnən] **vt** **1.** [Person] faire la connaissance de **2.** [Wagen, Arbeitsweise, Stadt] se familiariser avec.

Kenner, in ['kɛnɐ, nərɪn] (*mpl inv*) **der, die** connaisseur *m,* -euse *f.*

Kenntnisse ['kɛntnɪsə] **pl** connaissances *fpl.*

Kennung ['kɛnʊŋ] (*pl* **-en**) **die** identifiant *m.*

Kennwort ['kɛnvɔrt] (*pl* **-wörter**) **das** mot *m* de passe.

Kennzeichen ['kɛntsaiçn̩] (*pl inv*) **das** **1.** [am Auto] numéro *m* minéralogique **2.** [Merkmal] signe distinctif ▸ **amtliches Kennzeichen** numéro *m* minéralogique ▸ **'besondere Kennzeichen'** 'signes particuliers'.

Kennziffer ['kɛntsɪfɐ] (*pl* **-n**) **die** numéro *m* d'identification.

Keramik [ke'ra:mɪk] (*pl* **-en**) **die** [Gegenstand] céramique *f.*

Kerl [kɛrl] (*pl* **-e**) **der** type *m.*

Kern [kɛrn] (*pl* **-e**) **der** **1.** [von Kirsche, Pfirsich, Aprikose] noyau *m* **2.** [von Weintraube, Melone, Apfel] pépin *m* **3.** [von Nuss] cerneau *m.*

Kernenergie ['kɛrnlenɛrgi:] **die** énergie *f* nucléaire.

Kernforschung ['kɛrnfɔrʃʊŋ] **die** recherche *f* nucléaire.

Kernkraft ['kɛrnkraft] **die** énergie *f* nucléaire.

Kernkraftwerk ['kɛrnkraftvɛrk] (*pl* **-e**) **das** centrale *f* nucléaire.

kernlos ['kɛrnlo:s] **adj** [Obst] sans pépins.

Kernschmelze ['kɛrnʃmɛltsə] (*pl* **-n**) **die** fusion *f* du cœur du réacteur.

Kernwaffe ['kɛrnvafə] (*pl* **-n**) **die** arme *f* nucléaire.

Kerze ['kɛrtsə] (*pl* -n) die bougie *f*.

Kerzenlicht ['kɛrtsn̩lɪçt] das lueur *f* d'une bougie.

Kessel ['kɛsl̩] (*pl inv*) der [Wasserkessel] bouilloire *f*.

Ketschup ['kɛtʃap], **Ketchup** der ODER das ketchup *m*.

Kette ['kɛtə] (*pl* -n) die chaîne *f*.

keuchen ['kɔyçn̩] vi haleter.

Keuchhusten ['kɔyçhuːstn̩] der coqueluche *f*.

Keule ['kɔylə] (*pl* -n) die **1.** [Hammelfleisch, Lammfleisch] gigot *m* **2.** [Geflügel] cuisse *f* **3.** [Wild] cuissot *m*.

Kfz [kaːlɛf'tsɛt] *abk für* **Kraftfahrzeug**.

Kfz-Brief [kaːlɛf'tsɛtbriːf] (*pl* -e) der *carnet répertoriant les propriétaires successifs d'un véhicule*.

Kfz-Schein [kaːlɛf'tsɛtʃain] (*pl* -e) der carte grise.

Kfz-Steuer [kaːlɛf'tsɛtʃtɔyɐ] (*pl* -n) die vignette *f* automobile.

Kfz-Werkstatt [kaːlɛf'tsɛtvɛrkʃtat] (*pl* -stätten [ʃtɛtn̩]) die garage *m*.

kichern ['kɪçɐn] vi glousser.

Kiefer¹ ['kiːfɐ] (*pl inv*) der [Knochen] mâchoire *f*.

Kiefer² ['kiːfɐ] (*pl* -n) die [Baum] pin *m*.

Kieler Woche ['kiːlɐ'vɔxə] die *régates organisées annuellement à Kiel*.

ⓘ **Kieler Woche**

Depuis la fin du XIXe siècle, les célèbres régates allemandes de Kiel se déroulent chaque année au mois de juin, attirant plus de trois millions de visiteurs. La plupart partent de Schilksee, au nord de Kiel.

Kies [kiːs] der [Steine] gravier *m*.

Kieselstein ['kiːzl̩ʃtain] (*pl* -e) der galet *m*.

kiffen ['kɪfn̩] vi *fam* fumer (du hasch).

Killerspiel ['kɪlɐʃpiːl] (*pl* -e) das jeu *m* vidéo violent.

Kilo ['kiːlo] (*pl* -s ODER *inv*) das kilo *m*.

Kilobyte ['kiːlobait] (*pl* -s) das EDV kilo-octet *m*.

Kilogramm ['kilogram] (*pl inv*) das kilogramme *m*.

Kilokalorie ['kiːlokaloriː] (*pl* -n) die kilocalorie *f*.

Kilometer [kilo'meːtɐ] (*pl inv*) der kilomètre *m* ▸ **50 Kilometer pro Stunde** 50 kilomètres à l'heure.

kilometerlang [kilo'meːtɐlaŋ] adj de plusieurs kilomètres de long.

Kilometerstand [kilo'meːtɐʃtant] der kilométrage *m*.

Kilometerzähler [kilo'meːtɐtsɛːlɐ] (*pl inv*) der compteur *m* kilométrique.

Kind [kɪnt] (*pl* -er ['kɪndɐ]) das enfant *m* ▸ **ein Kind erwarten** attendre un enfant.

Kinderarzt, ärztin ['kɪndɐlaːɐ̯tst, ɐ̯tstɪn] (*mpl* -ärzte) der, die pédiatre *mf*.

Kinderbetreuung ['kɪndɐbətrɔyʊŋ] die garde *f* d'enfants.

Kinderbett ['kɪndɐbɛt] (*pl* -en) das lit *m* d'enfant.

Kinderbuch ['kɪndɐbuːx] (*pl* -bücher [byːçɐ]) das livre *m* pour enfants.

Kinderfahrkarte ['kɪndɐfaːɐ̯kartə] (*pl* -n) die billet *m* demi-tarif *(pour enfants)*.

Kinderfrau ['kɪndɐfrau] (*pl* -en) die bonne *f* d'enfants.

Kindergarten ['kɪndɐgartn̩] (*pl* -gärten [gɛrtn̩]) der ≃ école maternelle.

Kindergärtner, in ['kɪndɐgɛrtnɐ, nərɪn] (*mpl inv*) der, die ≃ instituteur *m*, -trice *f* d'école maternelle.

Kinderheim ['kɪndɐhaim] (*pl* -e) **das** **1.** [für Behinderte] centre *m* pour enfants **2.** [für Waisen] orphelinat *m*.

Kinderkrankheit ['kɪndɐkraŋkhait] (*pl* -en) **die** maladie *f* infantile.

Kinderlähmung ['kɪndɐlɛːmʊŋ] **die** poliomyélite *f*.

kinderlieb ['kɪndɐliːp] **adj** : **kinderlieb sein** aimer les enfants.

Kinderlied ['kɪndɐliːt] (*pl* -er [liːdɐ]) **das** comptine *f*.

Kinderprogramm ['kɪndɐprogram] (*pl* -e) **das** [im Fernsehen] émission *f* pour enfants.

Kinderschuh ['kɪndɐʃuː] (*pl* -e) **der** chaussure *f* d'enfant.

kindersicher ['kɪndɐzɪçɐ] **adj** ▸ '**kindersicher aufbewahren**' 'tenir hors de portée des enfants'.

Kindersicherung ['kɪndɐzɪçərʊŋ] (*pl* -en) **die** sécurité *f* enfants.

Kindersitz ['kɪndɐzɪts] (*pl* -e) **der** [in Auto] siège *m* pour enfants.

Kindertagesstätte ['kɪndɐtaːgəsʃtɛtə] (*pl* -en) **die** garderie *f*.

Kinderteller ['kɪndɐtɛlɐ] (*pl inv*) **der** menu *m* enfant.

Kinderwagen ['kɪndɐvaːgn̩] (*pl inv*) **der** **1.** [zum Liegen] landau *m* **2.** [zum Sitzen] poussette *f*.

Kinderzimmer ['kɪndɐtsɪmɐ] (*pl inv*) **das** chambre *f* d'enfants.

Kindheit ['kɪnthait] **die** enfance *f*.

kindisch ['kɪndɪʃ] **adj** puéril(e).

Kinn [kɪn] (*pl* -e) **das** menton *m*.

Kino ['kiːno] (*pl* -s) **das** cinéma *m* ▸ **ins Kino gehen** aller au cinéma ▸ **was läuft im Kino?** qu'est-ce qui se joue au cinéma ?

Kinobesucher, in ['kinobəzuːxɐ, xərɪn] (*mpl inv*) **der, die** spectateur *m*, -trice *f*.

Kinoprogramm ['kinoprogram] (*pl* -e) **das** [in Zeitung] programme *m* des cinémas.

Kiosk ['kiːɔsk] (*pl* -e) **der** kiosque *m*.

kippen ['kɪpn̩] ◆ **vt** *(hat)* [lehnen] faire basculer. ◆ **vi** *(ist)* [umfallen] basculer.

Kirche ['kɪrçə] (*pl* -n) **die** église *f*.

Kirchenchor ['kɪrçn̩koːɐ̯] (*pl* -chöre [køːrə]) **der** chorale *f*.

Kirchenmusik ['kɪrçn̩muziːk] **die** musique religieuse.

Kirchenschiff ['kɪrçn̩ʃɪf] (*pl* -e) **das** nef *f*.

Kirchentag ['kɪrçn̩taːk] (*pl* -e [taːgə]) **der** *rassemblement des membres d'une confession chrétienne en Allemagne.*

Kirchturm ['kɪrçtʊrm] (*pl* -türme) **der** clocher *m*.

Kirgisistan [kɪr'giːzistaːn] **nt** Kirgisistan *m*.

Kirmes ['kɪrməs] (*pl* -sen) **die** kermesse *f*.

Kirsche ['kɪrʃə] (*pl* -n) **die** cerise *f*.

Kirschkuchen ['kɪrʃkuːxn̩] (*pl inv*) **der** tarte *f* aux cerises.

Kissen ['kɪsn̩] (*pl inv*) **das** **1.** [in Bett] oreiller *m* **2.** [auf Stuhl, Sofa] coussin *m*.

Kiste ['kɪstə] (*pl* -n) **die** caisse *f* ▸ **eine Kiste Wein** une caisse de vin.

Kit [kɪt] (*pl* -s) **das** kit *m*.

Kita ['kiːta] *abk für* **Kindertagesstätte**.

kitschig ['kɪtʃɪç] **adj** kitsch.

Kittel ['kɪtl̩] (*pl inv*) **der** blouse *f*.

kitzelig ['kɪtslɪç] **adj** chatouilleux(euse).

kitzeln ['kɪtsl̩n] **vt & vi** chatouiller.

Kiwi ['ki:vi] (*pl* -s) **die** kiwi *m*.

Klage ['kla:gə] (*pl* -n) **die** plainte *f*.

klagen ['kla:gn̩] **vi 1.** [jammern] se plaindre **2.** [vor Gericht] porter plainte ▸ **klagen über** *(+ A)* se plaindre de.

klamm [klam] **adj 1.** [Finger] gourd(e) **2.** [Wäsche] froid(e) et humide.

Klammer ['klamɐ] (*pl* -n) **die 1.** [für Wäsche] pince *f* à linge **2.** [für Zähne] appareil *m* (d'orthodontie) **3.** [geschrieben] parenthèse *f*.

Klammeraffe ['klamɐlafə] (*pl* -n) **der** *fam* EDV arrobas *f*.

klammern ['klamɐn] **vt** [mit Klammer] agrafer. ◆ **sich klammern ref** [festhalten] s'accrocher ▸ **sich klammern an** *(+ A)* s'accrocher à.

Klamotten [kla'mɔtn̩] **pl** *fam* fringues *fpl*.

klang [klaŋ] **prät** → **klingen**.

Klang [klaŋ] (*pl* **Klänge** ['klɛŋə]) **der** son *m*.

Klappbett ['klapbɛt] (*pl* -en) **das** lit pliant.

Klappe ['klapə] (*pl* -n) **die** [Deckel] clapet *m* ▸ **'Klappe hochschieben'** 'soulever le clapet'.

klappen ['klapn̩] **vi** [gelingen] marcher.

klappern ['klapɐn] **vi** claquer.

Klapphandy ['klaphɛndi] (*pl* -s) **das** téléphone *m* portable à clapet.

Klapprad ['klapra:t] (*pl* -räder [rɛ:dɐ]) **das** vélo pliant.

Klappsitz ['klapzɪts] (*pl* -e) **der** strapontin *m*.

klar [kla:ɐ] ◆ **adj** clair(e). ◆ **adv** [deutlich] clairement ▸ **jm klar sein** être clair pour qqn ▸ **alles klar?** tout est clair ? ▸ **alles klar!** O.K !

Kläranlage ['klɛ:ɐ̯anla:gə] (*pl* -n) **die** station *f* d'épuration.

Klare ['kla:rə] (*pl* -n) **der** schnaps *m*.

klären ['klɛ:rən] **vt** clarifier. ◆ **sich klären ref** s'éclaircir.

Klarinette [klari'nɛtə] (*pl* -n) **die** clarinette *f*.

klar◦kommen ['kla:ɐ̯kɔmən] **vi** *(unreg, ist) fam* : **ich komme gut / schlecht mit ihm klar** je m'entends bien / mal avec lui ▸ **kommst du damit klar?** tu t'en sors ?

klar◦machen ['kla:ɐ̯maxn̩] **vt** : **du musst ihm klarmachen, dass das nicht geht** tu dois lui faire comprendre que ça ne va pas.

Klarsichtfolie ['kla:ɐ̯zɪçtfo:li̯ə] (*pl* -n) **die** *film transparent pour aliments*.

Klarsichthülle ['kla:ɐ̯zɪçthylə] (*pl* -n) **die** pochette transparente.

klar◦stellen ['kla:ɐ̯ʃtɛlən] **vt** élucider.

Klärung ['klɛ:rʊŋ] (*pl* -en) **die** éclaircissement *m*.

klar werden ['kla:ɐ̯vɛrdn̩] **vi** *(unreg, ist)* : **mir ist klar geworden, dass ich das nicht will** j'ai pris conscience que je ne veux pas ça ▸ **sich** *(D)* **über seine Wünsche klar werden** prendre conscience de ses désirs.

klasse ['klasə] **adj** *fam* génial(e).

Klasse ['klasə] (*pl* -n) **die 1.** [in Schule] classe *f* **2.** [qualitativ] catégorie *f* ▸ **erste / zweite Klasse** [in Zug] première / deuxième classe.

Klassenarbeit ['klasn̩larbai̯t] (*pl* -en) **die** devoir *m* sur table.

Klassenkamerad, in ['klasn̩kaməra:t, ra:dɪn] (*mpl* -en [raden]) **der, die** camarade *mf* de classe.

Klassik ['klasɪk] **die** [Epoche] classicisme *m*.

klassisch ['klasɪʃ] **adj** classique.

klatschen ['klatʃn̩] **vi 1.** [Wasser] clapoter **2.** [in Hände] applaudir **3.** [tratschen] raconter des ragots.

klauen ['klauən] **vt** *fam* piquer ▸ **jm etw klauen** piquer qqch à qqn.

klaustrophobisch [klaustro'foːbɪʃ] **adj** claustrophobe.

Klausur [klau'zuːɐ̯] (**pl -en**) **die** [an der Universität] partiel **m**.

Klavier [kla'viːɐ̯] (**pl -e**) **das** piano **m**.

⚠ Clavier ist ein falscher Freund. Das Wort bedeutet nicht "Klavier", sondern ***Tastatur***.

Klavierkonzert [kla'viːɐ̯kɔntsɛrt] (**pl -e**) **das** récital **m** de piano.

kleben ['kleːbn̩] ◆ **vt 1.** [reparieren] recoller **2.** [ankleben] coller. ◆ **vi** coller.

Klebestreifen ['kleːbəʃtraifn̩] (**pl** *inv*) **der** ruban adhésif.

klebrig ['kleːprɪç] **adj** collant(e).

Klebstoff ['kleːpʃtɔf] (**pl -e**) **der** colle **f**.

Kleid [klait] (**pl -er**) **das** [für Frauen] robe **f**. ◆ **Kleider pl** [Bekleidung] vêtements ***mpl***.

Kleiderbügel ['klaidɐbyːgl̩] (**pl** *inv*) **der** ceintre **m**.

Kleiderschrank ['klaidɐʃraŋk] (**pl -schränke** [ʃrɛŋkə]) **der** armoire-penderie **f**.

Kleidung ['klaidʊŋ] **die** tenue **f**.

Kleidungsstück ['klaidʊŋsʃtyk] (**pl -e**) **das** vêtement **m**.

klein [klain] ◆ **adj 1.** petit(e) **2.** [Buchstabe] minuscule. ◆ **adv** [schreiben] avec une minuscule ▸ **ein klein wenig** un tout petit peu ▸ **bis ins Kleinste** dans les moindres détails ▸ **haben Sie es klein?** avez-vous la monnaie ?

Kleinanzeige ['klainlantsaigə] (**pl -n**) **die** petite annonce.

Kleinbus ['klainbʊs] (**pl -se**) **der** minibus **m**.

Kleingedruckte ['klaingədrʊktə] **das** *parties d'un texte imprimées en petits caractères.*

Kleingeld ['klaingɛlt] **das** monnaie **f** ▸ **'bitte Kleingeld bereithalten'** 'veuillez préparer l'appoint'.

Kleinigkeit ['klainɪçkait] (**pl -en**) **die 1.** [Unwichtiges] petit rien **2.** [Geschenk] petit cadeau **3.** [Zwischenmahlzeit] petit quelque chose.

Kleinkind ['klainkɪnt] (**pl -er** [kɪndɐ]) **das** jeune enfant **m**.

Kleinkunstbühne ['klainkʊnstbyːnə] (**pl -n**) **die** cabaret **m**.

kleinlich ['klainlɪç] **adj** mesquin(e).

klein◦machen ['klainmaxn̩] **vt** *fam* [Geldschein] faire de la monnaie.

klein schneiden ['klainʃnaidn̩] **vt** *(unreg)* hacher menu.

klein◦schreiben ['klainʃraibn̩] **vt** *(unreg)* écrire en minuscules.

Kleinschreibung ['klainʃraibʊŋ] **die** écriture **f** en minuscules.

Kleinstadt ['klainʃtat] (**pl -städte** [ʃtɛtə]) **die** petite ville.

klemmen ['klɛmən] ◆ **vt** [einklemmen] coincer. ◆ **vi** être coincé(e).

Klempner, in ['klɛmpnɐ, nərɪn] (**mpl** *inv*) **der, die** plombier **m**.

Kletterhalle ['klɛtɐhalə] (**pl -n**) **die** salle **f** d'escalade.

klettern ['klɛtɐn] **vi** *(ist)* grimper.

Kletterwand ['klɛtɐvant] (**pl -wände**) **die** mur **m** d'escalade.

Klettverschluss ['klɛtfɛɐ̯ʃlʊs] (**pl -verschlüsse**) **der** fermeture **f** Velcro®.

klicken ['klɪkn̩] **vi** [mit Computermaus] cliquer.

Klient, in [kli'ɛnt, kli'ɛntɪn] (*mpl* **-en**) **der, die** client *m*, -e *f*.

Klima ['kliːma] **das** climat *m*.

Klimaanlage ['kliːmalanlaːgə] (*pl* **-n**) **die** climatisation *f*.

Klimagipfel ['kliːmagɪpfəl] (*mpl inv*) **der** sommet *m* sur le climat.

Klimaschutz ['kliːmaʃʊts] **der** *(ohne pl)* protection *f* du climat.

klimatisiert [klimati'ziːɐ̯t] **adj** climatisé(e).

Klimawandel ['kliːmavandl̩] **der** changement *m* climatique.

Klinge ['klɪŋə] (*pl* **-n**) **die** [von Messer] lame *f*.

Klingel ['klɪŋl̩] (*pl* **-n**) **die** sonnette *f*.

klingeln ['klɪŋl̩n] ◆ **vi** sonner. ◆ **vimp** : **es klingelt** on sonne ▸ **bitte bei … klingeln** prière de sonner chez…

klingen ['klɪŋən] (*prät* **klang**, *pp* **geklungen**) **vi** sonner.

Klinik ['kliːnɪk] (*pl* **-en**) **die** clinique *f*.

Klinke ['klɪŋkə] (*pl* **-n**) **die** poignée *f*.

Klippe ['klɪpə] (*pl* **-n**) **die** [am Meer] écueil *m*.

Klischee [kli'ʃeː] (*pl* **-s**) **das** cliché *m*.

Klo [kloː] (*pl* **-s**) **das** *fam* W.-C. *mpl* ▸ **aufs Klo müssen** devoir aller aux W.-C.

Klon [kloːn] (*pl* **-s**) **der** clone *m*.

klonen ['kloːnən] **vt** [Biologie] cloner.

Klopapier ['kloːpapiːɐ̯] **das** *fam* papier *m* toilette.

klopfen ['klɔpfn̩] ◆ **vi 1.** [Herz] battre **2.** [auf Schulter] tapoter **3.** [an Tür] frapper. ◆ **vimp** : **es klopft** [an Tür] on frappe.

Kloß [kloːs] (*pl* **Klöße** ['kløːsə]) **der** boulette *f*.

Kloster ['kloːstɐ] (*pl* **Klöster** ['kløːstɐ]) **das 1.** [für Mönche] monastère *m* **2.** [für Nonnen] couvent *m*.

Klotz [klɔts] (*pl* **Klötze** [kløːsə]) **der** [von Baum] bûche *f*.

Klub [klʊp] (*pl* **-s**) **der** club *m*.

klug [kluːk] (*komp* **klüger**, *superl* **am klügsten**) **adj 1.** [Person] intelligent(e) **2.** [Verhalten] judicieux(euse).

knabbern ['knabɐn] ◆ **vt 1.** [Person] grignoter **2.** [Tier] ronger. ◆ **vi** [kauen] grignoter ▸ **knabbern an** *(+ D)* grignoter qqch.

Knäckebrot ['knɛkəbroːt] (*pl* **-e**) **das** ≃ Wasa® *m*.

knacken ['knakn̩] ◆ **vt 1.** [Nuss] casser **2.** *fam* [Schloss, Auto] forcer. ◆ **vi** [Holz] craquer.

knackig ['knakɪç] **adj 1.** [Obst, Gemüse] croquant(e) **2.** *fam* [Körper] beau (belle).

Knall [knal] (*pl* **-e**) **der** détonation *f*.

knapp [knap] ◆ **adj 1.** [Vorrat, Angebot] rare **2.** [Kleidung] juste **3.** [Mehrheit] petit(e). ◆ **adv 1.** [verlieren, gewinnen] de justesse **2.** [fast] un peu moins de ▸ **knapp 10 Meter** tout juste 10 mètres ▸ **das war knapp** c'était limite.

knarren ['knarən] **vi** [Tür, Treppe] craquer.

Knast [knast] (*pl* **Knäste** ['knɛstə]) **der** *fam* taule *f*.

Knäuel [knɔyəl] (*pl inv*) **das** pelote *f*.

kneifen ['knaifn] (*prät* **kniff**, *pp* **gekniffen**) **vt** [zwicken] pincer.

Kneipe ['knaipə] (*pl* **-n**) **die** bistrot *m*.

ⓘ Kneipe

Bistrot animé (appelé Beisel en Autriche) où l'on peut prendre un verre ou un en-cas, écouter de la musique, jouer au billard ou aux fléchettes dans une ambiance chaleureuse et conviviale.

Knete ['kneːtə] **die** ***(ohne pl) fam*** pognon *m*.

knicken ['knɪkn̩] **vt** plier.

Knie [kniː] **(*pl inv*) das** genou *m*.

Kniegelenk ['kniːgəlɛŋk] **(*pl* -e) das** articulation *f* du genou.

knien ['kniːən] **vi** être agenouillé(e). ◆ **sich knien ref** s'agenouiller.

Kniescheibe ['kniːʃaibə] **(*pl* -n) die** rotule *f*.

Kniestrumpf ['kniːʃtrumpf] **(*pl* -strümpfe** [ʃtrympfə]**) der** mi-bas *m inv*.

kniff [knɪf] **prät** → **kneifen**.

knipsen ['knɪpsn̩] **vi** *fam* [fotografieren] prendre des photos.

knistern ['knɪstɐn] **vi 1.** [Feuer] crépiter **2.** [Papier] faire un bruit de froissement.

knitterfrei ['knɪtɐfrai] **adj** infroissable.

Knoblauch ['knoːplaux] **der** ail *m*.

Knöchel ['knœçl̩] **(*pl inv*) der 1.** [von Fuß] cheville *f* **2.** [von Finger] jointure *f (du doigt)*.

Knochen ['knɔxn̩] **(*pl inv*) der** os *m*.

Knochenbruch ['knɔxn̩brux] **(*pl* -brüche** [bryçə]**) der** fracture *f*.

Knödel ['knøːdl̩] **(*pl inv*) der** *boulette de pommes de terre ou de pâte*.

Knopf ['knɔpf] **(*pl* Knöpfe** ['knœpfə]**) der** bouton *m* ▶ **'Knopf drücken'** 'appuyez sur le bouton'.

Knopfdruck ['knɔpfdruk] **der** pression *f* du doigt (sur le bouton).

knöpfen ['knœpfn̩] **vt** [Kleidung] boutonner.

Knopfloch ['knɔpflɔx] **(*pl* -löcher** [lœçɐ]**) das** boutonnière *f*.

Knorpel ['knɔrpl̩] **(*pl inv*) der** cartilage *m*.

knoten ['knoːtn̩] **vt** nouer.

Knoten ['knoːtn̩] **(*pl inv*) der** nœud *m*.

knurren ['knurən] **vi 1.** [Hund] grogner **2.** [Magen] gargouiller.

knusprig ['knusprɪç] **adj** croustillant(e).

knutschen ['knuːtʃn̩] **vi** *fam* bécoter.

Koalition [ko|ali'tsioːn] **(*pl* -en) die** coalition *f*.

Koblenz ['koːplɛnts] **nt** Coblence.

Koch [kɔx] **(*pl* Köche** [kœçə]**) der** cuisinier *m*.

Kochbeutel ['kɔxbɔytl̩] **(*pl inv*) der** KÜCHE sachet *m* de cuisson.

kochen ['kɔxn̩] ◆ **vi 1.** [für Mahlzeit] faire la cuisine **2.** [Wasser] bouillir. ◆ **vt 1.** [Mahlzeit, Tee, Kaffee] préparer **2.** [Eier] cuire ▶ **jm etw kochen** préparer qqch à qqn.

Kocher ['kɔxɐ] **(*pl inv*) der** réchaud *m*.

Kochgelegenheit ['kɔxgəleːgn̩hait] **(*pl* -en) die** possibilité *f* de faire la cuisine.

Köchin [kœçɪn] **(*pl* -nen) die** cuisinière *f*.

Kochlöffel ['kɔxlœfl̩] **(*pl inv*) der** cuillère *f* en bois.

Kochnische ['kɔxniːʃə] **(*pl* -n) die** coin cuisine.

Kochrezept ['kɔxretsɛpt] **(*pl* -e) das** recette *f* de cuisine.

Kochtopf ['kɔxtɔpf] (*pl* **-töpfe** [tœpfə]) **der** fait-tout *m*.

Kochwäsche ['kɔxvɛʃə] **die** linge *m* à bouillir.

Kode ['koːt] (*pl* **-s**) **der** code *m*.

Koffein [kɔfe'iːn] **das** caféine *f*.

koffeinfrei [kɔfe'iːnfrai] **adj** décaféiné(e).

Koffer ['kɔfɐ] (*pl inv*) **der** valise *f* ▸ **die Koffer packen** faire ses valises.

Kofferkuli ['kɔfɐkuːli] (*pl* **-s**) **der** chariot *m* ▸ **'Kofferkuli nur gegen Pfand'** 'chariot payant'.

Kofferradio ['kɔfɐraːdio] (*pl* **-s**) **das** transistor *m*.

Kofferraum ['kɔfɐraum] (*pl* **-räume** [rɔymə]) **der** coffre *m*.

Kognac ['kɔnjak] **der** = **Cognac**.

Kohl [koːl] **der** chou *m*.

Kohle ['koːlə] **die 1.** [Material] charbon *m* **2.** *fam* [Geld] fric *m*.

Kohlenhydrat ['koːlənhyːdraːt] (*pl* **-e**) **das** hydrate *m* de carbone.

Kohlensäure ['koːlənzɔyrə] **die** acide *m* carbonique ▸ **Mineralwasser mit / ohne Kohlensäure** eau minérale gazeuse / non gazeuse.

Kohlrabi [koːl'raːbi] (*pl* **-s**) **der** chou *m* rave.

Kohlroulade ['koːlrulaːdə] (*pl* **-n**) **die** chou farci.

Koje ['koːjə] (*pl* **-n**) **die** couchette *f*.

Kokosnuss ['koːkɔsnʊs] (*pl* **-nüsse** [nysə]) **die** noix *f* de coco.

Kolben ['kɔlbn̩] (*pl inv*) **der 1.** AUTO piston *m* **2.** [von Mais] épi *m*.

Kolik ['koːlɪk] (*pl* **-en**) **die** colique *f*.

Kollaps ['kɔlaps] (*pl* **-e**) **der** MED syncope *f*.

Kollege [ko'leːgə] (*pl* **-n**) **der** collègue *m*.

Kollegin [ko'leːgɪn] (*pl* **-nen**) **die** collègue *f*.

Kollision [koli'zjoːn] (*pl* **-en**) **die** collision *f*.

Köln [kœln] **nt** Cologne.

Kölnischwasser ['kœlnɪʃvasɐ] **das** eau *f* de Cologne.

Kolonne [ko'lɔnə] (*pl* **-n**) **die** [von Fahrzeugen] file *f*.

Kölsch [kœlʃ] **das** *bière blanche de Cologne*.

Koma ['koːma] (*pl* **-s** ODER **-ta**) **das** coma *m*.

Komasaufen ['koːmazaufən] **das** *fam* alcool *m* défonce.

Kombi ['kɔmbi] (*pl* **-s**) **der** [Auto] break *m*.

Kombination [kɔmbina'tsjoːn] (*pl* **-en**) **die** combinaison *f*.

kombinieren [kɔmbi'niːrən] **vt** [Farben, Kleidung, Gegenstände] assortir ▸ **kombinieren mit** assortir avec.

Kombiticket ['kɔmbitɪkət] (*pl* **-s**) **das** *ticket utilisable dans plusieurs moyens de transport*.

Kombiwagen ['kɔmbivagn̩] (*pl inv*) **der** break *m*.

Komfort [kɔm'foːɐ] **der** confort *m*.

komfortabel [kɔmfɔr'taːbl̩] **adj** confortable.

komisch ['koːmɪʃ] ◆ **adj 1.** [lustig] comique **2.** [eigenartig] bizarre. ◆ **adv 1.** [lustig] d'une façon comique **2.** [eigenartig] bizarrement.

Komma ['kɔma] (*pl* **-ta**) **das** virgule *f*.

kommandieren [kɔman'diːrən] **vi** commander.

kommen ['kɔmən] (*prät* **kam**, *pp* **gekommen**) ◆ **vi** *(ist)* **1.** [an einen Ort, aus einem Ort] venir ▸ **mit ins Kino kommen** venir au cinéma ▸ **wie komme ich zum Markt?** comment arrive-t-on au marché ? ▸ **jn / etw kommen lassen** faire venir qqn / qqch ▸ **aus Spanien kommen** venir d'Espagne **2.** [erscheinen] apparaître ▸ **dann kommt ein Weg** il y aura ensuite un chemin **3.** [eintreten, erreichen] arriver ▸ **an den Kredit kommen** avoir accès au crédit **4.** [Gefühl, Gedanke] : **mir kommt ein Gedanke** il me vient une idée ▸ **wie kommst du denn darauf?** qu'est-ce qui te fait penser cela ? **5.** [gehören] avoir sa place ▸ **die Bücher kommen ins Regal** les livres vont sur l'étagère **6.** [zum Ziel, Ergebnis] : **hinter ein Geheimnis kommen** percer à jour un secret ▸ **auf die Lösung kommen** trouver la solution **7.** [um Besitz] : **um sein Geld kommen** perdre son argent **8.** [als Folge] : **das kommt davon!** c'est bien fait pour toi / lui etc. ! **9.** [zu Bewusstsein] : **zu sich kommen** revenir à soi **10.** [in Schule, Krankenhaus] entrer **11.** [im Kino, Fernsehen] passer **12.** [anfangen] : **der Wagen kommt ins Schleudern** la voiture commence à déraper
◆ **vimp** *(ist)* : **es kam zu einer Schlägerei** il y a eu une bagarre.

Kommentar [kɔmɛn'taːɐ̯] (*pl* **-e**) **der** commentaire *m*.

kommerziell [kɔmɛr'tsi̯ɛl] **adj** commercial(e).

Kommode [ko'moːdə] (*pl* **-n**) **die** commode *f*.

Kommunikation [komunika'tsi̯oːn] **die** communication *f*.

Kommunion [kɔmu'ni̯oːn] (*pl* **-en**) **die** communion *f*.

Kommunismus [kɔmu'nɪsmʊs] **der** communisme *m*.

Komödie [ko'møːdi̯ə] (*pl* **-n**) **die** comédie *f*.

kompakt [kɔm'pakt] **adj** compact(e).

kompaktieren [kɔmpak'tiːrən] **vt** [gén & EDV] compacter.

Komparativ ['kɔmparatiːf] (*pl* **-e**) **der** GRAMM comparatif *m*.

Kompass ['kɔmpas] (*pl* **-e**) **der** boussole *f*.

> ⚠ Compas ist ein falscher Freund. Das Wort bedeutet im allgemeinen nicht "Kompass", sondern *Zirkel*.

kompatibel [kɔmpa'tiːbl] (*komp* **kompatibler**, *superl* **am kompatibelsten**) **adj** compatible.

Kompatibilität [kɔmpabili'tɛːt] **die** compatibilité *f*.

kompetent [kɔmpə'tɛnt] **adj** compétent(e).

komplett [kɔm'plɛt] **adj** complet(ète).

Komplex [kɔm'plɛks] (*pl* **-e**) **die** : **hör auf, sonst kriegt er noch Komplexe** arrête, tu vas le complexer.

Kompliment [kɔmpli'mɛnt] (*pl* **-e**) **das** compliment *m*.

kompliziert [kɔmpli'tsiːɐ̯t] **adj** compliqué(e).

Komponist, in [kɔmpo'nɪst, nɪstɪn] (*mpl* **-en**) **der, die** compositeur *m*, -trice *f*.

Kompost [kɔm'pɔst] (*pl* **-e**) **der** compost *m*.

Kompott [kɔm'pɔt] (*pl* **-e**) **das** compote *f*.

Kompresse [kɔm'prɛsə] (*pl* **-n**) **die** compresse *f*.

Komprimierung [kɔmpri'miːrʊŋ] (*pl* -en) die compression *f*.

Kompromiss [kɔmpro'mɪs] (*pl* -e) der compromis *m*.

Kondensmilch [kɔn'dɛnsmɪlç] die lait concentré.

Kondenswasser [kɔn'dɛnsvasɐ] das eau *f* de condensation.

Kondition [kɔndi'tsi̯oːn] (*pl* -en) die condition *f*.

Konditionstraining [kɔndi'tsi̯oːns-treːnɪŋ] das entraînement *m (pour l'endurance)*.

Konditor [kɔn'diːtoːɐ] (*pl* **Konditoren** [toːrən]) der pâtissier *m*.

Konditorei [kɔndito'rai] (*pl* -en) die pâtisserie *f*.

Konditorin [kɔndi'toːrɪn] (*pl* -nen) die pâtissière *f*.

Kondom [kɔn'doːm] (*pl* -e) das préservatif *m*.

Konfekt [kɔn'fɛkt] das confiserie *f*.

Konfektionsgröße [kɔnfɛk'tsi̯oːns-grøːsə] (*pl* -n) die taille *f*.

Konferenz [kɔnfə'rɛnts] (*pl* -en) die conférence *f*.

Konferenzraum [kɔnfə'rɛntsraum] (*pl* -räume [rɔymə]) der salle *f* de conférence.

Konfession [kɔnfɛ'si̯oːn] (*pl* -en) die confession *f*.

Konfetti [kɔn'fɛti] das confetti *mpl*.

Konfiguration [kɔnfigura'tsi̯oːn] (*pl* -en) die configuration *f*.

Konfirmation [kɔnfirma'tsi̯oːn] (*pl* -en) die confirmation *f*.

Konfitüre [kɔnfi'tyːrə] (*pl* -n) die confiture *f*.

Konflikt [kɔn'flɪkt] (*pl* -e) der conflit *m*.

Konformismus [kɔnfɔr'mɪsmʊs] der conformisme *m*.

Kongress [kɔŋ'grɛs] (*pl* -e) der [Treffen] congrès *m*.

Kongresshalle [kɔŋ'grɛshalə] (*pl* -n) die palais *m* des congrès.

König ['køːnɪç] (*pl* -e [nɪgə]) der roi *m*.

Königin ['køːnɪgɪn] (*pl* -nen) die reine *f*.

Konjugation [kɔnjuga'tsi̯oːn] (*pl* -en) die GRAMM conjugaison *f*.

konjugieren [kɔnju'giːrən] vt GRAMM conjuguer.

Konjunktur [kɔnjʊŋk'tuːɐ] (*pl* -en) die conjoncture *f* ▸ **Konjunktur haben** constituer un marché florissant.

konkret [kɔŋ'kreːt] adj concret(ète).

Konkurrent, in [kɔnkʊ'rɛnt, tɪn] (*mpl* -en, *fpl* -nen) der, die concurrent *m*, -e *f*.

Konkurrenz [kɔnkʊ'rɛnts] die concurrence *f*.

konkurrieren [kɔnkʊ'riːrən] ◆ **konkurrieren mit** vt concurrencer.

können ['kœnən] (*präs* **kann**, *prät* **konnte**, *pp* **können** ODER **gekonnt**) ◆ aux (*pp* **können**) **1.** [fähig sein zu] savoir **2.** [die Möglichkeit haben, dürfen, sollen] pouvoir ▸ **kann ich noch ein Eis haben?** est-ce que je peux encore avoir une glace ? ▸ **du kannst tun, was du willst** tu peux faire ce que tu veux ▸ **es kann sein, dass** il se peut que *(+ subjonctif)* ▸ **man kann nie wissen** on ne sait jamais ▸ **das kann nicht sein** c'est impossible ▸ **du kannst gehen** tu peux partir
◆ vt (*pp* **gekonnt**) **1.** [Sprache] savoir ▸ **Deutsch können** savoir l'allemand **2.** *fam* [auswendig] : **ein Lied können** connaître une chanson par cœur

3. [Angabe von Verantwortung] : **ich kann nichts dafür** je n'y peux rien ◆ **vi** (*pp* **gekonnt**) [fähig sein, dürfen] pouvoir ▸ **ich kann nicht mehr** je n'en peux plus ▸ **kann ich ins Bad?** est-ce que je peux aller dans la salle de bains ?

konnte ['kɔntə] **prät** → **können**.

konsequent ['kɔnzə'kvɛnt] ◆ **adj** conséquent(e). ◆ **adv** de manière conséquente.

Konsequenz [kɔnzə'kvɛnts] (*pl* **-en**) **die** conséquence *f*.

konservativ ['kɔnzɛrvatiːf] **adj** conservateur(trice).

Konserve [kɔn'zɛrvə] (*pl* **-n**) **die** conserve *f*.

Konservendose [kɔn'zɛrvn̩doːzə] (*pl* **-n**) **die** boîte *f* de conserve.

Konservierungsmittel [kɔnzɛr'viːrʊŋsmɪtl̩] (*pl inv*) **das** conservateur *m*.

Konservierungsstoff [kɔnzɛr'viːrʊŋsʃtɔf] (*pl* **-e**) **der** conservateur *m*.

konstruieren [kɔnstru'iːrən] **vt** [bauen] construire.

Konsulat [kɔnzu'laːt] (*pl* **-e**) **das** consulat *m*.

Konsum [kɔn'zuːm] **der** consommation *f*.

Kontakt [kɔn'takt] (*pl* **-e**) **der** contact *m* ▸ **Kontakt haben mit** ODER **zu** avoir des contacts avec.

kontaktfreudig [kɔn'taktfrɔydɪç] **adj** d'un contact facile.

Kontaktlinse [kɔn'taktlɪnzə] (*pl* **-n**) **die** lentille *f* de contact ▸ **weiche / harte Kontaktlinse** lentille souple / rigide.

Kontinent ['kɔntinɛnt] (*pl* **-e**) **der** continent *m*.

Konto ['kɔnto] (*pl* **Konten**) **das** compte *m* (en banque) ▸ **ein Konto eröffnen / auflösen** ouvrir / clôturer un compte.

Kontoauszug ['kɔntolaustsuːk] (*pl* **-züge**) **der** relevé *m* de compte.

Kontonummer ['kɔntonʊmɐ] (*pl* **-n**) **die** numéro *m* de compte.

Kontostand ['kɔntoʃtant] **der** état *m* du compte.

Kontrabass ['kɔntrabas] (*pl* **-bässe** [bɛsə]) **der** contrebasse *f*.

Kontrast [kɔn'trast] (*pl* **-e**) **der** contraste *m*.

Kontrollabschnitt [kɔn'trɔlapʃnɪt] (*pl* **-e**) **der** partie *f* détachable *(d'un ticket)*.

Kontrolle [kɔn'trɔlə] (*pl* **-n**) **die** contrôle *m* ▸ **die Kontrolle über** *(+ A)* le contrôle de.

Kontrolleur, in [kɔtrɔ'løːɐ̯, løːrɪn] (*mpl* **-e**) **der, die** [in Bus, Straßenbahn] contrôleur *m*, -euse *f*.

kontrollieren [kɔntro'liːrən] **vt** [prüfen] contrôler.

Kontrollleuchte [kɔntrɔllɔyçtə] (*pl* **-n**) **die** lampe *f* témoin.

Konversation [kɔnvɛrza'tsi̯oːn] (*pl* **-en**) **die** conversation *f*.

konvertieren [kɔnvɛr'tiːrən] ◆ **vi** *(ist, hat)* RELIG se convertir. ◆ **vt** *(hat)* EDV convertir.

Konzentration [kɔntsɛntra'tsi̯oːn] (*pl* **-en**) **die** concentration *f*.

Konzentrationslager [kɔntsɛntra'tsi̯oːnslaːgɐ] (*pl inv*) **das** camp *m* de concentration.

konzentrieren [kɔntsɛn'triːrən] **ref** se concentrer ▸ **sich konzentrieren auf** *(+ A)* se concentrer sur.

konzentriert [kɔntsɛn'triːɐ̯t] **adj** concentré(e).

Konzern [kɔn'tsɛrn] (*pl* -e) **der** groupe industriel.

Konzert [kɔn'tsɛrt] (*pl* -e) **das** [Veranstaltung] concert *m*.

Konzertsaal [kɔn'tsɛrtzaːl] (*pl* -säle [zɛːlə]) **der** salle *f* de concert.

kooperativ [kolopera'tiːf] **adj** coopératif(ive).

koordinieren [kolɔrdi'niːrən] **vt** coordonner.

Kopenhagen [koːpn̩'haːgn̩] **nt** Copenhague.

Kopf [kɔpf] (*pl* **Köpfe** [kœpfə]) **der** **1.** [von Person, Tier] tête *f* **2.** [von Salat, Kohl] pied *m* **3.** [Leiter, Anführer] cerveau *m* ▸ **den Kopf schütteln** hocher la tête ▸ **pro Kopf** par personne.

Kopfhörer ['kɔpfhøːrɐ] (*pl inv*) **der** écouteur *m*.

Kopfkissen ['kɔpfkɪsn̩] (*pl inv*) **das** oreiller *m*.

Kopfsalat ['kɔpfzalaːt] (*pl* -e) **der** laitue *f*.

Kopfschmerzen ['kɔpfʃmɛrtsn̩] **pl** maux *mpl* de tête ▸ **Kopfschmerzen haben** avoir mal à la tête.

Kopfsprung ['kɔpfʃprʊŋ] (*pl* -sprünge [ʃprʏŋə]) **der** plongeon *m*.

Kopfstand ['kɔpfʃtant] (*pl* -stände [ʃtɛndə]) **der** poirier *m*.

Kopfstütze ['kɔpfʃtʏtsə] (*pl* -n) **die** appui-tête *m*.

Kopftuch ['kɔpftuːx] (*pl* -tücher [tyçɐ]) **das** fichu *m*.

Kopfzeile ['kɔpftsailə] (*pl* -n) **die** entête *m*.

Kopie [ko'piː] (*pl* -n) **die** copie *f*.

kopieren [ko'piːrən] **vt & vi** copier ▸ **etw kopieren-einfügen** copier-coller qqch.

Kopieren-Einfügen [ko'piːrən-lainfyːgn̩] **das** copier-coller *m*.

Kopierer [ko'piːrɐ] (*pl inv*) **der** photocopieuse *f*.

Kopiergerät [ko'piːɐ̯gərɛːt] (*pl* -e) **das** photocopieuse *f*.

Kopierschutz [ko'piːrʃʊts] **der** EDV protection *f* en écriture.

Koran [ko'raːn] (*pl* -e) **der** Coran *m*.

Korb [kɔrp] (*pl* **Körbe** ['kœrbə]) **der** [zum Tragen, im Sport] panier *m* ▸ **Korbstuhl** fauteuil en rotin.

Kordel ['kɔrdl̩] (*pl* -n) **die** cordelette *f*.

Kordsamt ['kɔrtzamt] **der** velours côtelé.

Korea [ko'reːa] **nt** Corée *f*.

Korinthe [ko'rɪntə] (*pl* -n) **die** raisin *m* de Corinthe.

Korken ['kɔrkn̩] (*pl inv*) **der** bouchon *m*.

Korkenzieher ['kɔrkn̩tsiːɐ] (*pl inv*) **der** tire-bouchon *m*.

Korn[1] [kɔrn] (*pl* **Körner** ['kœrnɐ]) **das** **1.** [Getreide] céréales *mpl* **2.** [für Vögel, aus Salz] grain *m*.

Korn[2] [kɔrn] (*pl inv*) **der** [Schnaps] eau-de-vie *f*.

Körper ['kœrpɐ] (*pl inv*) **der** corps *m*.

körperbehindert ['kœrpɐbəhɪndɐt] **adj** handicapé(e) physique.

Körpergewicht ['kœrpɐgəvɪçt] (*pl* -e) **das** poids *m*.

Körpergröße ['kœrpɐgrøːsə] (*pl* -n) **die** taille *f*.

körperlich ['kœrpɐlɪç] ◆ **adj** physique. ◆ **adv** physiquement.

Körperlotion ['kœrpɐlotsi̯oːn] (*pl* -en) **die** lotion *f* pour le corps.

Körperpflege ['kœrpɐpfleːgə] **die** hygiène corporelle.

Körperscanner ['kœrpɐskɛnɐ] (*pl inv*) **der** scanner *m* corporel.

Körperverletzung ['kœrpɐfɛɐ̯lɛtsʊŋ] (*pl* -en) **die** blessure corporelle.

korpulent [kɔrpu'lɛnt] **adj** corpulent(e).

korrekt [ko'rɛkt] ◆ **adj** correct(e). ◆ **adv 1.** [richtig] correctement **2.** [tadellos] avec correction.

Korrektur [korɛk'tuːɐ̯] (*pl* -en) **die 1.** [Verbesserung] correction *f* **2.** [Änderung] rectification *f*.

Korridor [kɔri'doːɐ̯] (*pl* -e) **der** [Flur] couloir *m*.

korrigieren [kɔri'giːrən] **vt** [verbessern] corriger. ◆ **sich korrigieren ref** [sich verbessern] se corriger.

korrupt [kɔ'rʊpt] **adj** ripou.

Korsika ['kɔrzika] **nt** Corse *f*.

Kosmetik [kɔs'meːtɪk] **die** [Pflege] soins *mpl* esthétiques.

Kosmetika [kɔs'meːtika] **pl** produits *mpl* cosmétiques.

Kosmetikerin [kɔs'meːtɪkərɪn] (*pl* -nen) **die** esthéticienne *f*.

Kosmetiksalon [kɔs'meːtɪkzalɔŋ] (*pl* -s) **der** salon *m* de beauté.

Kosmetiktücher [kɔs'meːtɪktyːçɐ] **pl** Kleenex® *(en boîte)*.

Kost [kɔst] **die** nourriture *f*.

kostbar [kɔstbaːɐ̯] **adj** précieux(euse).

kosten ['kɔstn̩] ◆ **vt 1.** [Geld, Kraft] coûter **2.** [probieren] goûter. ◆ **vi** [probieren] goûter ▸ **was kostet das?** combien ça coûte ?

Kosten ['kɔstn̩] **pl** coûts *mpl* ▸ **auf js Kosten** a) [finanziell] aux frais de qqn b) [zu js Schaden] aux dépens de qqn ▸ **die Kosten rückerstatten** rembourser les frais.

kostenlos ['kɔstn̩loːs] ◆ **adj** gratuit(e). ◆ **adv** gratuitement.

kostenpflichtig ['kɔstn̩pflɪçtɪç] ◆ **adj** *amt* payant(e). ◆ **adv** : **kostenpflichtig abgeschleppt werden** être mis en fourrière.

Kostenvoranschlag ['kɔstn̩foːɐ̯anʃlaːk] (*pl* -schläge [ʃlɛːgə]) **der** devis *m*.

köstlich ['kœstlɪç] **adj 1.** [Speise, Getränk] délicieux(euse) **2.** [amüsant] amusant(e).

Kostprobe ['kɔstproːbə] (*pl* -n) **die** [von Speise, Getränk] dégustation *f*.

Kostüm [kɔs'tyːm] (*pl* -e) **das 1.** [Kleidung] tailleur *m* **2.** [Verkleidung] costume *m*.

> ⚠ Costume ist ein falscher Freund. Das Wort bedeutet nicht nur "Kostüm", sondern auch ***Herrenanzug***.

Kot [koːt] **der** excréments *mpl*.

Kotelett [kɔt'lɛt] (*pl* -s) **das** côtelette *f*.

Kotflügel ['koːtflyːgl̩] (*pl inv*) **der** aile *f* de voiture.

kotzen ['kɔtsn̩] **vi** *vulg* dégueuler.

Krabbe ['krabə] (*pl* -n) **die 1.** [Krebs] crabe *m* **2.** [Garnele] crevette *f*.

krabbeln ['krabl̩n] **vi** *(ist)* **1.** [Kind] marcher à quatre pattes **2.** [Käfer] marcher.

Krabbencocktail ['krabn̩kɔkteːl] (*pl* -s) **der** cocktail *m* de crevettes.

Krach [krax] **der 1.** [Lärm] vacarme *m* **2.** *fam* [Streit] dispute *f* ▸ **Krach haben mit** être fâché avec.

Kräcker ['krɛkɐ] (*pl inv*) **der** cracker *m*.

Kraft [kraft] (*pl* **Kräfte** ['krɛftə]) **die 1.** force *f* **2.** [Arbeitskraft] travailleur *m*, -euse *f* ▸ **außer Kraft sein** ne plus être en vigueur ▸ **in Kraft treten** entrer en vigueur.

Kraftbrühe ['kraftbryːə] (*pl* **-n**) **die** bouillon *m*.

Kraftfahrer, in ['kraftfaːrɐ, rərɪn] (*mpl inv*) **der, die** automobiliste *mf*.

Kraftfahrzeug ['kraftfaːɐ̯tsɔyk] (*pl* **-e** [tsɔygə]) **das** véhicule *m*.

Kraftfahrzeugbrief ['kraftfaːɐ̯tsɔykbriːf] (*pl* **-e**) **der** *carte répertoriant les propriétaires successifs d'un véhicule.*

Kraftfahrzeugkennzeichen ['kraftfaːɐ̯tsɔykkɛntsaiçn̩] (*pl inv*) **das** plaque *f* minéralogique.

Kraftfahrzeugschein ['kraftfaːɐ̯tsɔykʃain] (*pl* **-e**) **der** carte grise.

Kraftfahrzeugsteuer ['kraftfaːɐ̯tsɔykʃtɔyɐ] (*pl* **-n**) **die** vignette *f* automobile.

kräftig ['krɛftɪç] ◆ **adj** [stark] vigoureux(euse). ◆ **adv** [stark] énergiquement.

Kraftstoff ['kraftʃtɔf] (*pl* **-e**) **der** carburant *m*.

Kraftstoffverbrauch ['kraftʃtɔffɛɐ̯braux] **der** consommation *f* de carburant.

Kraftwerk ['kraftvɛrk] (*pl* **-e**) **das** centrale *f* électrique.

Kragen ['kraːgn̩] (*pl inv*) **der** col *m*.

Kralle ['kralə] (*pl* **-n**) **die** griffe *f*.

Kram [kraːm] **der** [Zeug] bazar *m*.

kramen ['kraːmən] **vi** [herumsuchen] fouiller.

Krampf [krampf] (*pl* **Krämpfe** ['krɛmpfə]) **der** [Muskelkrampf] crampe *f*.

Krampfader ['krampflaːdɐ] (*pl* **-n**) **die** varice *f*.

Kran [kraːn] (*pl* **Kräne** ['krɛːnə]) **der** grue *f*.

krank [kraŋk] (*komp* **kränker**, *superl* **am kränksten**) **adj** malade ▸ **krank werden** tomber malade.

Kranke ['kraŋkə] (*pl* **-n**) **der, die** malade *mf*.

Krankenhaus [kraŋkn̩haus] (*pl* **-häuser** [hɔyzɐ]) **das** hôpital *m*.

Krankenkasse [kraŋkn̩kasə] (*pl* **-n**) **die** caisse *f* d'assurance-maladie.

> ⓘ **Krankenkasse**
>
> Nom de la caisse d'assurance maladie allemande. S'il existait autrefois diverses caisses réparties suivant les catégories professionnelles, on peut désormais librement choisir son régime de cotisations.

Krankenpfleger ['kraŋkn̩pfleːgɐ] (*pl inv*) **der** infirmier *m*.

Krankenschwester [kraŋkn̩ʃwɛstɐ] (*pl* **-n**) **die** infirmière.

Krankenversichertenkarte [kraŋkn̩fɛɐ̯zɪçɐtn̩karte] (*pl* **-n**) **die** ≃ carte *f* vitale.

Krankenversicherung [kraŋkn̩fɛɐ̯zɪçərʊŋ] (*pl* **-en**) **die** assurance *f* maladie.

Krankenwagen ['kraŋkn̩vaːgn̩] (*pl inv*) **der** ambulance *f*.

Krankheit ['kraŋkhait] (*pl* **-en**) **die** maladie *f*.

krank◦schreiben ['kraŋkʃraibn̩] **vt** *(unreg)* arrêter ▸ **der Arzt hat sie 14 Tage krankgeschrieben** le médecin l'a arrêtée 15 jours.

Krapfen ['krapfn̩] (*pl inv*) **der** beignet *m*.

krass [kras] adj flagrant(e) ▸ **das krasse Gegenteil von etw** tout le contraire de qqch ▸ **ein krasser Fall von etw** un cas de qqch caractérisé.

Krater ['kraːtɐ] (*pl inv*) **der** cratère *m*.

kratzen ['kratsn̩] ◆ **vt 1.** [mit Fingernägeln, Krallen] griffer **2.** [aus Gefäß, von Wand, jucken] gratter. ◆ **vi 1.** [mit Fingernägeln, Krallen] griffer **2.** [jucken] gratter. ◆ **sich kratzen ref** [sich jucken] se gratter.

Kratzer ['kratsɐ] (*pl inv*) **der 1.** [an Auto] rayure *f* **2.** [an Haut] égratignure *f*.

kraulen ['kraulən] ◆ **vi** *(ist)* SPORT crawler. ◆ **vt** *(hat)* [Tier] caresser du bout des doigts.

Kraut ['kraut] (*pl* **Kräuter** ['krɔytɐ]) **das 1.** [Heilpflanze, Gewürzpflanze] herbe *f* **2.** SÜDDT [Kohl] choux *m*.

Kräuterbutter ['krɔytɐbutɐ] **die** beurre persillé.

Kräuterlikör ['krɔytɐlikøːɐ̯] (*pl* **-e** [køːrə]) **der** liqueur *f* à base d'herbes.

Kräutertee ['krɔytɐteː] (*pl* **-s**) **der** tisane *f*.

Krautsalat ['krautzalaːt] **der** salade *f* de choux.

Krawatte [kra'vatə] (*pl* **-n**) **die** cravate *f*.

Krawattenzwang [kra'vatn̩tsvaŋ] **der** : **'Krawattenzwang'** 'cravate exigée'.

kraxeln ['kraksl̩n] **vi** *(ist)* *fam* crapahuter.

kreativ [kreːa'tiːf] **adj** créatif(ve).

Krebs [kreːps] (*pl* **-e**) **der 1.** [Tier] crabe *m* **2.** [Sternzeichen] Cancer *m* **3.** [Krankheit] cancer *m* ▸ **Krebs haben** avoir un cancer.

krebsbekämpfend ['kreːpsbəkɛmpfn̩t] **adj** anticancéreux(euse).

Kredit [kre'dit] (*pl* **-e**) **der** [Darlehen] crédit *m* ▸ **einen Kredit aufnehmen** prendre un crédit.

Kreditinstitut [kre'ditǀinstituːt] (*pl* **-e**) **das** établissement *m* de crédit.

Kreditkarte [kre'ditkartə] (*pl* **-n**) **die** carte *f* de crédit ▸ **kann ich mit Kreditkarte bezahlen?** puis-je payer par carte ?

Kreide ['kraidə] (*pl* **-n**) **die** [Tafelkreide] craie *f*.

Kreis [krais] (*pl* **-e** ['kraizə]) **der 1.** [Form] cercle *m* **2.** [Landkreis] *circonscription administrative d'importance équivalente à celle de la sous-préfecture* ▸ **im Kreis** en rond.

Kreislaufstörungen ['kraislaufʃtøːrʊŋən] **pl** troubles *mpl* circulatoires.

Kreisstadt ['kraisʃtat] (*pl* **-städte** [ʃtɛːtə]) **die** ≃ sous-préfecture *f*.

Kreisverkehr ['kraisfɛɐ̯keːɐ̯] **der** rond-point *m*.

Krempel ['krɛmpl̩] **der** *fam* fatras *m*.

Kren [kreːn] **der** SÜDDT ÖSTERR raifort *m*.

Kresse ['krɛsə] **die** cresson *m*.

Kreuz [krɔyts] (*pl* **-e**) **das 1.** [Zeichen, religiöses Symbol] croix *f* **2.** *fam* [Rücken] dos *m* **3.** [Autobahnkreuz] échangeur *m* **4.** [Spielfarbe] trèfle *m*.

Kreuzfahrt ['krɔytsfaːɐ̯t] (*pl* **-en**) **die** croisière *f*.

Kreuzgang ['krɔytsgaŋ] (*pl* **-gänge** [gɛŋə]) **der** cloître *m*.

Kreuzigung ['krɔytsɪgʊŋ] (*pl* **-en**) **die** [Handlung] crucifixion *f*.

Kreuzschlüssel (*pl inv*) **der** clé *f* en croix.

kreuz und quer ['krɔytsǀʊnd'kveːɐ̯] **adv 1.** [fahren, laufen] en long et en large **2.** [liegen] pêle-mêle.

Kreuzung ['krɔytsʊŋ] (*pl* -en) **die** [Straßenkreuzung] croisement *m*.

Kreuzworträtsel ['krɔytsvɔrtrɛːtsl̩] (*pl inv*) **das** mots croisés.

kriechen ['kriːçn̩] (*prät* **kroch**, *pp* **gekrochen**) **vi** *(ist)* **1.** [Kind, Schlange] ramper **2.** [Autos, Verkehr] se traîner.

Kriechspur ['kriːçʃpuːɐ̯] (*pl* -en [ʃpuːrən]) **die** [auf Autobahn] voie réservée aux véhicules lents.

Krieg [kriːk] (*pl* -e ['kriːgə]) **der** [zwischen Staaten, Völkern] guerre *f*.

kriegen ['kriːgn̩] **vt** *fam* [bekommen] avoir.

Krimi ['krɪmi] (*pl* -s) **der** *fam* polar *m*.

Kriminalität [kriminali'tɛːt] **die** criminalité *f*.

Kriminalpolizei [krimi'naːlpɔlitsai] **die** police *f* judiciaire.

Kriminalroman [krimi'naːlromaːn] (*pl* -e) **der** roman *m* policier.

kriminell [krimi'nɛl] **adj** [Person, Handlung] criminel(elle).

Krimskrams ['krɪmskrams] **der** *fam* bazar *m*, bric-à-brac *m*.

Kripo ['kriːpo] **die** ≃ P.J. *f*.

Krise ['kriːzə] (*pl* -n) **die** crise *f*.

Kritik [kri'tiːk] (*pl* -en) **die** critique *f*.

kritisch ['kriːtɪʃ] ◆ **adj** critique. ◆ **adv** **1.** [prüfend] d'un air critique **2.** [negativ, zweifelnd, gefährlich] de manière critique.

kritisieren [kriti'ziːrən] **vt & vi** critiquer.

Kroatien [kro'aːtsjən] **nt** Croatie *f*.

kroch [krɔx] **prät** → **kriechen**.

Krokant [kro'kant] **der** nougatine *f*.

Krokette [kro'kɛtə] (*pl* -n) **die** croquette *f*.

Krokodil [kroko'diːl] (*pl* -e) **das** crocodile *m*.

Krone ['kroːnə] (*pl* -n) **die** **1.** [von König] couronne *f* **2.** [von Baum] cime *f*.

Kronleuchter ['kroːnlɔyçtɐ] (*pl inv*) **der** lustre *m*.

Kröte ['krøːtə] (*pl* -n) **die** crapaud *m*.

Krücke ['krykə] (*pl* -n) **die** béquille *f*.

Krug [kruːk] (*pl* **Krüge** ['kryːgə]) **der** chope *f*.

Krümel ['kryːml̩] (*pl inv*) **der** miette *f*.

krumm [krʊm] **adj** **1.** [Linie, Form] courbe **2.** [Rücken] voûté(e) **3.** [Nase] crochu(e) **4.** [Beine] tordu(e).

Kruste ['krʊstə] (*pl* -n) **die** croûte *f*.

Kruzifix ['kruːtsifɪks] (*pl* -e) **das** crucifix *m*.

Krypta ['krypta] (*pl* **Krypten** ['kryptn̩]) **die** crypte *f*.

Kt. *abk für* **Kanton**.

Kto. *abk für* **Konto**.

Kuba ['kuːba] **nt** Cuba ▸ **auf Kuba** à Cuba.

Kubikmeter [ku'biːkmeːtɐ] (*pl inv*) **der** mètre *m* cube.

Küche ['kyçə] (*pl* -n) **die** cuisine *f*.

Kuchen ['kuːxn̩] (*pl inv*) **der** gâteau *m*.

Kuchenform ['kyçn̩fɔrm] (*pl* -en) **die** moule *m* à pâtisserie.

Küchenrolle ['kyçn̩rɔlə] (*pl* -n) **die** essuie-tout *m inv*.

Küchenwaage ['kyçn̩vaːgə] (*pl* -n) **die** balance *f* de ménage.

Kugel ['kuːgl̩] (*pl* -n) **die** **1.** [Gegenstand] boule *f* **2.** [Form] sphère *f* **3.** [Geschoss] balle *f*.

Kugellager ['kuːgl̩laːgɐ] (*pl inv*) **das** roulement *m* à billes.

Kugelmaus ['ku:gl̩maus] (*pl* **-mäuse**) **die** souris *f* à roulette.

Kugelschreiber ['ku:gl̩ʃraibɐ] (*pl inv*) **der** stylo-bille *m*.

Kugelstoßen ['ku:gl̩ʃto:sn̩] **das** lancer *m* de poids.

Kuh [ku:] (*pl* **Kühe** ['ky:ə]) **die** vache *f*.

kühl [ky:l] ◆ **adj 1.** [Temperatur] frais (fraîche) **2.** [emotionslos] froid(e). ◆ **adv 1.** [kalt] fraîchement **2.** [distanziert] avec froideur.

kühlen ['ky:lən] **vt** rafraîchir.

Kühler ['ky:lɐ] (*pl inv*) **der** AUTO radiateur *m*.

Kühlerhaube ['ky:lɐhaubə] (*pl* **-n**) **die** AUTO capot *m*.

Kühlschrank ['ky:lʃraŋk] (*pl* **-schränke** [ʃrɛŋkə]) **der** réfrigérateur *m*.

Kühltasche ['ky:ltaʃə] (*pl* **-n**) **die** glacière *f*.

Kühltruhe ['ky:ltru:ə] (*pl* **-n**) **die** congélateur *m*.

Kühlung ['ky:lʊŋ] (*pl* **-en**) **die 1.** [das Kühlen] réfrigération *f* **2.** TECH refroidissement *m*.

Kühlwasser ['ky:lvasɐ] **das** AUTO liquide *m* de refroidissement.

Küken ['ky:kn̩] (*pl inv*) **das** [Tier] poussin *m*.

kulant [ku'lant] **adj** accommodant(e).

Kuli ['ku:li] (*pl* **-s**) **der** *fam* Bic® *m*.

kultig ['kʊltɪç] **adj** culte.

kultiviert [kʊltiːvi:ɐt] **adj** raffiné(e).

Kultur [kʊl'tu:ɐ] (*pl* **-en** [tu:rɛn]) **die** culture *f*.

Kulturbeutel [kʊl'tu:ɐbɔytl̩] (*pl inv*) **der** nécessaire *m* de toilette.

kulturell [kʊltu'rɛl] **adj** culturel(elle).

Kümmel ['kyml̩] **der** [Gewürz] cumin *m*.

Kummer ['kʊmɐ] **der** chagrin *m* ▸ **jm Kummer machen** donner du souci à qqn.

kümmern ['kymɐn] **vt** [Person] préoccuper ▸ **das kümmert mich nicht** cela m'est égal. ◆ **sich kümmern ref** : **sich kümmern um** s'occuper de.

Kunde ['kʊndə] (*pl* **-n**) **der** client *m* ▸ **'nur für Kunden'** 'réservé aux clients'.

Kundendienst ['kʊndn̩di:nst] **der** service *m* après-vente.

Kundenkarte ['kʊndn̩kartə] (*pl* **-n**) **die** carte *f* de fidélité.

Kundennummer ['kʊndn̩nʊmɐ] (*pl* **-n**) **die** numéro *m* de client.

Kundenparkplatz ['kʊndn̩parkplats] (*pl* **-plätze** [plɛtsə]) **der** parking *m* clients.

kündigen ['kyndɪgn̩] ◆ **vt 1.** [Vertrag] résilier **2.** [Wohnung] résilier le bail de. ◆ **vi 1.** [Angestellter] donner sa démission **2.** [Mieter] donner son congé **3.** [Arbeitgeber] licencier **4.** [Vermieter] résilier le bail ▸ **eine Stelle kündigen** démissionner ▸ **jm kündigen** licencier qqn.

Kündigung ['kyndɪgʊŋ] (*pl* **-en**) **die 1.** [von Vertrag, Kredit] résiliation *f* **2.** [von Wohnung] résiliation *f* du bail **3.** [durch Arbeitnehmer] démission *f* **4.** [durch Arbeitgeber] licenciement *m*.

Kündigungsfrist ['kyndɪgʊŋsfrɪst] (*pl* **-en**) **die** délai *m* de préavis.

Kündigungsschutz ['kyndɪgʊŋsʃʊts] **der 1.** [für Mieter] *protection des locataires contre l'éviction* **2.** [für Arbeitnehmer] *protection des salariés contre le licenciement.*

Kundin ['kʊndɪn] (*pl* **-nen**) **die** cliente *f*.

Kunst [kʊnst] (*pl* **Künste** ['kʏnstə]) die art *m*.

Kunstausstellung ['kʊnstausʃtɛlʊŋ] (*pl* -en) die exposition *f*.

Kunstfaser ['kʊnstfaːzɐ] (*pl* -n [zɐrn]) die fibre *f* synthétique.

Kunstgalerie ['kʊnstgaləriː] (*pl* -n) die galerie *f* d'art.

Kunstgewerbe ['kʊnstgəvɛrbə] das arts décoratifs.

Kunsthalle ['kʊnsthalə] (*pl* -n) die musée *m*, hall *m* d'exposition.

Kunsthandwerk ['kʊnsthantvɛrk] (*pl* -e) das artisanat *m* d'art.

Künstler, in ['kʏnstlɐ, lərɪn] (*mpl inv*) der, die artiste *mf*.

künstlerisch ['kʏnstlərɪʃ] ◆ adj artistique. ◆ adv artistiquement.

Künstlername ['kʏnstlɐnaːmə] (*pl* -n) der pseudonyme *m*.

künstlich ['kʏnstlɪç] adj **1.** [Beatmung, Blumen] artificiel(elle) **2.** [gespielt] affecté(e) ▸ **künstliche Intelligenz** intelligence *f* artificielle.

Kunstmuseum ['kʊnstmuzeːʊm] (*pl* -museen [zeːən]) das musée *m* d'art.

Kunststoff ['kʊnstʃtɔf] (*pl* -e) der plastique *m*.

Kunststück ['kʊnstʃtʏk] (*pl* -e) das tour *m* d'adresse.

Kunstwerk ['kʊnstvɛrk] (*pl* -e) das chef-d'œuvre *m*.

Kupfer ['kʊpfɐ] das cuivre *m*.

Kuppel ['kʊpl̩] (*pl* -n) die **1.** [von innen] coupole *f* **2.** [von außen] dôme *m*.

Kupplung ['kʊplʊŋ] (*pl* -en) die AUTO embrayage *m* ▸ **die Kupplung treten** embrayer.

Kupplungspedal ['kʊplʊŋspedaːl] (*pl* -e) das pédale *f* d'embrayage.

Kur [kuːɐ] (*pl* -en ['kuːrən]) die cure *f* ▸ **in** ODER **zur Kur sein** être en cure.

Kurbel ['kʊrbl̩] (*pl* -n) die manivelle *f*.

Kürbis ['kʏrbɪs] (*pl* -se) der potiron *m*.

Kurgast ['kuːɐgast] (*pl* -gäste [gɛstə]) der curiste *mf*.

kurieren [ku'riːrən] vt soigner.

Kurkonzert ['kuːɐkɔntsɛrt] (*pl* -e) das *concert donné dans une station thermale.*

Kurort ['kuːɐlɔrt] (*pl* -e) der station thermale.

Kurpackung ['kuːɐpakʊŋ] (*pl* -en) die masque *m* capillaire.

Kurpark ['kuːɐpark] (*pl* -s) der parc *m* *(d'une station thermale)*.

Kurs [kʊrs] (*pl* -e) der **1.** [Unterricht, Börsenwert] cours *m* **2.** [Richtung] direction *f*.

Kursbuch ['kʊrsbuːx] (*pl* -bücher [byːçɐ]) das indicateur *m* des chemins de fer.

Kurschatten ['kuːɐʃatn̩] (*pl inv*) der compagnon *m* de cure.

kursiv [kʊr'ziːf] adj italique ▸ **kursiv schreiben** écrire en italique.

Kursus ['kʊrzʊs] (*pl* **Kurse**) der cursus *m*.

Kurswagen ['kʊrsvaːgn̩] (*pl inv*) der voiture directe *(dans un train)*.

Kurtaxe ['kuːɐtaksə] (*pl* -n) die taxe *f* de séjour.

Kurve ['kʊrvə] (*pl* -n) die **1.** [Linie] courbe *f* **2.** [von Straße] virage *m* ▸ **scharfe Kurve** virage sec.

kurvenreich ['kʊrvn̩raiç] adj sinueux(euse).

Kurverwaltung ['kuːɐfɛɐvaltʊŋ] (*pl* -en) die *services administratifs d'une station thermale.*

kurz [kʊrts] (*komp* **kürzer**, *superl* **am kürzesten**) ◆ **adj 1.** [räumlich, zeitlich] court(e) **2.** [knapp] bref (brève). ◆ **adv 1.** [zeitlich] un petit moment **2.** [schnell] rapidement ▸ **kurz vor / hinter / nach** *(+ D)* juste avant / derrière / après ▸ **vor Kurzem** il y a peu de temps ▸ **sich kurz fassen** faire court ▸ **kurz und bündig** en peu de mots.

Kurzarbeit [ˈkʊrtsǀarbait] (*pl* **-en**) **die** chômage *m* partiel.

kürzen [ˈkyrtsn̩] **vt 1.** [Kleidung] raccourcir **2.** [Haare, Nägel] couper **3.** [Gehalt] réduire.

kurzfristig [ˈkʊrtsfrɪstɪç] ◆ **adj 1.** [Absage, Kündigung] à brève échéance **2.** [Vertrag] à court terme **3.** [Entscheidung, Abreise] de dernière minute. ◆ **adv 1.** [absagen] au dernier moment **2.** [abreisen] à la dernière minute.

Kurzgeschichte [ˈkʊrtsgəʃɪçtə] (*pl* **-n**) **die** nouvelle *f*.

kurzhaarig [ˈkʊrtshaːrɪç] **adj 1.** [Person] aux cheveux courts **2.** [Tier] à poils courts.

kürzlich [ˈkyrtslɪç] **adv** récemment.

Kurznachrichten [ˈkʊrtsnaːxrɪçtn̩] **pl** flash *m* d'informations.

Kurznachthemd [ˈkʊrtsnaxthɛmt] **das** nuisette *f*.

Kurzparken [ˈkʊrtsparkn̩] **das** arrêt-minute *m*.

Kurzparker (*pl inv*) **der** *automobiliste garé pour une courte durée.*

Kurzparkzone [ˈkʊrtsparktsoːnə] (*pl* **-n**) **die** zone *f* d'arrêt-minute.

Kurzschluss [ˈkʊrtsʃlʊs] (*pl* **-schlüsse** [ʃlysə]) **der** court-circuit *m*.

kurzsichtig [ˈkʊrtszɪçtɪç] **adj** [Person] myope.

Kurzstrecke [ˈkʊrtsʃtrɛkə] (*pl* **-n**) **die** courte distance.

Kurzstreckenkarte [ˈkʊrtsʃtrɛkn̩-karte] (*pl* **-n**) **die** carte *f* courtes distances.

Kurzstreckentarif [ˈkʊrtsʃtrɛkn̩-tariːf] (*pl* **-e**) **der** tarif *m* courtes distances.

Kurzurlaub [ˈkʊrtsǀuːɐ̯laup] (*pl* **-e** [laubə]) **der** congé *m* de courte durée.

Kurzwelle [ˈkʊrtsvɛlə] **die** ondes courtes.

Kurzzeitparken [ˈkʊrtstsaitparkn̩] **das** stationnement limité.

Kurzzeitparkplatz [ˈkʊrtstsaitparkplats] (*pl* **-plätze** [plɛtsə]) **der** parking *m* à stationnement limité.

kuscheln [ˈkʊʃl̩n] **vi** *fam* **: mit jm kuscheln** faire des calins à qqn. ◆ **sich kuscheln ref** *fam* **: sich (an jn) kuscheln** se blottir (contre qqn) ▸ **sich in einem Sessel kuscheln** se prélasser dans un fauteuil.

Kusine [kuˈziːnə] (*pl* **-n**) **die** cousine *f*.

Kuss [kʊs] (*pl* **Küsse** [ˈkysə]) **der** baiser *m*.

küssen [ˈkysn̩] **vt** embrasser. ◆ **sich küssen ref** s'embrasser.

Küste [ˈkystə] (*pl* **-n**) **die** côte *f* ▸ **an der Küste** sur la côte.

Küstenwache [ˈkystn̩vaxə] (*pl* **-n**) **die** garde-côte *m*.

Kutsche [ˈkʊtʃə] (*pl* **-n**) **die** calèche *f*.

Kuvert [kuˈvɛːɐ̯] (*pl* **-s**) **das** enveloppe *f*.

Kuvertüre [kuvɛrˈtyːrə] (*pl* **-n**) **die** couverture *f*.

Kuwait [ˈkuːvait] **nt** Koweït *m*.

KZ [kaˈtsɛt] (*pl* **-s**) **das** (*abk für* **Konzentrationslager**) ▸ **KZ-Häftlinge** détenus des camps de concentration.

L

Labor [la'bo:ɐ̯] (*pl* -s) **das** laboratoire *m*.

Labyrinth [laby'rɪnt] (*pl* -e) **das** labyrinthe *m*.

lächeln ['lɛçl̩n] **vi** sourire ▸ **lächeln über** *(+ A)* sourire de.

lachen ['laxn̩] **vi** rire ▸ **lachen über** *(+ A)* rire de.

lächerlich ['lɛçɐlɪç] **adj** ridicule.

Lachs [laks] (*pl* -e) **der** saumon *m*.

Lack [lak] (*pl* -e) **der 1.** [farbig] laque *f* **2.** [farblos] vernis *m*.

lackieren [la'ki:rən] **vt 1.** [Holz] laquer **2.** [Auto] peindre ▸ **sich** *(D)* **die Nägel lackieren** se vernir les ongles.

Lackierung [la'ki:rʊŋ] (*pl* -en) **die 1.** [farbig] laquage *m* **2.** [farblos] vernissage *m*.

Ladefläche ['la:dəflɛçə] (*pl* -n) **die** surface *f* de chargement.

Ladegerät ['la:dəgərɛ:t] (*pl* -e) **das** chargeur *m*.

laden ['la:dn̩] (*präs* **lädt**, *prät* **lud**, *pp* **geladen**) **vt** charger ▸ **Verantwortung auf sich** *(A)* **laden** assumer la responsabilité.

Laden ['la:dn̩] (*pl* **Läden** ['lɛ:dn̩]) **der 1.** [Geschäft] magasin *m* **2.** [Fensterladen] volet *m*.

Ladendieb, in ['la:dn̩di:p, di:bɪn] (*mpl* -e) **der, die** voleur *m*, -euse *f* à l'étalage.

Ladendiebstahl ['la:dn̩di:pʃta:l] (*pl* -stähle [ʃtɛ:lə]) **der** vol *m* à l'étalage ▸ **'gegen Ladendiebstahl gesichert'** protégé contre le vol à l'étalage.

Ladenpreis ['la:dn̩prais] (*pl* -e [praizə]) **der** prix *m* de vente au public.

Ladenschluss ['la:dn̩ʃlʊs] **der** fermeture *f* des magasins.

Ladenschlusszeiten ['la:dn̩ʃlʊstsaitn̩] **pl** heures *f* de fermeture des magasins.

lädt [lɛ:t] **präs** → **laden**.

Ladung ['la:dʊŋ] (*pl* -en ['la:dʊŋ]) **die 1.** [Fracht] chargement *m* **2.** [Munition] charge *f*.

lag [la:k] **prät** → **liegen**.

Lage ['la:gə] (*pl* -n) **die 1.** [von Haus, Person] situation *f* **2.** [Schicht] couche *f* ▸ **in der Lage sein, etw zu tun** être en mesure de faire qqch.

Lageplan ['la:gəpla:n] (*pl* -pläne [plɛ:nə]) **der** plan *m*.

Lager ['la:gɐ] (*pl inv*) **das 1.** [für Waren] entrepôt *m* **2.** [Camp] camp *m*.

Lagerfeuer ['la:gɐfɔyɐ] (*pl inv*) **das** feu *m* de camp.

lagern ['la:gɐn] **vt** [Lebensmittel, Waren] stocker.

Lähmung ['lɛ:mʊŋ] (*pl* -en) **die** [Krankheit] paralysie *f* ▸ **halbseitige Lähmung** hémiplégie *f*.

Laib [laip] (*pl* -e ['laibə]) **der** miche *f*.

Laie ['laiə] (*pl* -n) **der** profane *m*.

Laken ['la:kn̩] (*pl inv*) **das** drap *m*.

Lakritz [la'krɪts] (*pl* -en) **die** réglisse *f*.

Laktose [lak'to:zə] **die** lactose *m*.

laktosefrei [lak'to:zəfrai] **adj** sans lactose.

Laktoseunverträglichkeit [lak'toːzəlʊnfɛɐtrɛːklɪçkait] **die** intolérance *f* au lactose.

Lamm [lam] (*pl* **Lämmer** ['lɛmɐ]) **das** agneau *m*.

Lammfleisch ['lamflaiʃ] **das** viande *f* d'agneau.

Lammkeule ['lamkɔylə] (*pl* -n) **die** gigot *m* d'agneau.

Lammrücken ['lamrykn̩] (*pl inv*) **der** échine *f* d'agneau.

Lampe ['lampə] (*pl* -n) **die 1.** [in Raum] lampe *f* **2.** [an Fahrrad] phare *m*.

Lampenschirm ['lampn̩ʃɪrm] (*pl* -e) **der** abat-jour *m inv*.

LAN [laːn] (*abk für* Local Area Network) **das** LAN *m*.

Land [lant] (*pl* **Länder** ['lɛndɐ]) **das 1.** [Staat] pays *m* **2.** [Bundesland] Land *m* **3.** [nicht Stadt] campagne *f* **4.** [Festland] terre *f* ▸ **auf dem Land** à la campagne.

> ⓘ **Länder**
>
> Les seize Länder allemands et les neuf Länder autrichiens ont leur propre Constitution, avec un Parlement et un gouvernement démocratiquement élus. À la tête de ce gouvernement se trouve un Premier ministre en Allemagne et un ministre-président en Autriche. Certains domaines relèvent exclusivement de leur compétence, par exemple, en Allemagne l'éducation et la police.

Landbrot ['lantbroːt] (*pl* -e) **das** pain *m* de campagne.

Landebahn ['landəbaːn] (*pl* -en) **die** piste *f* d'atterrissage.

Landeerlaubnis ['landəlɛɐ̯laupnɪs] **die** autorisation *f* d'atterrir.

landen ['landn̩] **vi** *(ist)* atterrir.

Landeplatz ['landəplats] (*pl* **-plätze** [plɛtsə]) **der** terrain *m* d'aviation.

Länderkennung ['lɛndɐkɛnʊŋ] (*pl* -en) **die** nom *m* de domaine national.

Landesfarben ['landəsfarbn̩] **pl** couleurs nationales.

Landesinnere ['landəsɪnərə] **das** intérieur *m* des terres.

Landesregierung ['landəsregiːrʊŋ] (*pl* -en) **die** gouvernement *m* du Land.

Landessprache ['landəsʃpraːxə] (*pl* -n) **die** langue *f* du pays.

landesüblich ['landəslyːplɪç] **adj** en usage dans le pays.

Landeswährung ['landəsvɛːrʊŋ] (*pl* -en) **die** monnaie nationale.

Landhaus ['lanthaus] (*pl* **-häuser** [hɔyzɐ]) **das** maison *f* de campagne.

Landkarte ['lantkartə] (*pl* -n) **die** carte *f* (géographique).

Landkreis ['lantkrais] (*pl* -e [kraizə]) **der** *circonscription administrative d'importance équivalente à celle de la sous-préfecture.*

ländlich ['lɛntlɪç] **adj** rural(e).

Landschaft ['lantʃaft] (*pl* -en) **die** paysage *m*.

landschaftlich ['lantʃaftlɪç] **adj** [regional] régional(e).

Landschaftsschutzgebiet ['lantʃaftsˈʃʊtsgəbiːt] (*pl* -e) **das** site protégé.

Landsleute ['lantslɔytə] **pl** compatriotes *mpl*.

Landstraße ['lantʃtraːsə] (*pl* -n) **die** ≃ route départementale.

Landtag ['lanttaːk] (*pl* -e) **der** assemblée *f* du Land.

Landung ['landʊŋ] (*pl* -en) **die** [von Flugzeug] atterrissage *m*.

Landwein ['lantvai̯n] (*pl* -e) **der** vin *m* de pays.

Landwirt, in ['lantvɪrt, vɪrtɪn] (*mpl* -e) **der, die** agriculteur *m*, -trice *f*.

Landwirtschaft ['lantvɪrtʃaft] **die** agriculture *f*.

lang [laŋ] (*komp* **länger**, *superl* **längste**) ◆ **adj 1.** [Strecke, Gegenstand, Dauer] long (longue) **2.** [mit Maßangabe] de long **3.** *fam* [Person] grand(e). ◆ **adv** : **hier / dort lang** par ici / là ▶ **drei Meter lang** trois mètres de long ▶ **drei Tage lang** pendant trois jours.

lange ['laŋə] (*komp* **länger**, *superl* **am längsten**) **adv** longtemps ▶ **es ist lange her** cela fait longtemps ▶ **wie lange?** combien de temps ?

Länge ['lɛŋə] (*pl* -n) **die 1.** longueur *f* **2.** [Dauer] durée *f* ▶ **der Länge nach** dans le sens de la longueur.

Längenmaß ['lɛŋənmaːs] (*pl* -e) **das** mesure *f* linéaire.

Langeweile ['laŋevai̯lə] **die** ennui *m*.

langfristig ['laŋfrɪstɪç] ◆ **adj** [Plan] à long terme. ◆ **adv** [planen] sur le long terme.

Langlauf ['laŋlauf] **der** ski *m* de fond.

Langlaufski ['laŋlaufʃiː] (*pl* -er ['laŋlaufʃiːɐ]) **der** ski *m* de fond.

länglich ['lɛŋlɪç] **adj** allongé(e).

langsam ['laŋzaːm] ◆ **adj** lent(e). ◆ **adv** lentement.

Langschläfer, in ['laŋʃlɛːfɐ, fərɪn] (*mpl inv*) **der, die** gros dormeur (grosse dormeuse).

längst [lɛŋst] **adv** [schon lange] depuis longtemps ▶ **das ist längst nicht so gut** [überhaupt nicht] c'est loin d'être aussi bon.

Langstreckenlauf ['laŋʃtrɛkn̩lauf] **der** course *f* de fond.

Languste [laŋ'gʊstə] (*pl* -n) **die** langouste *f*.

langweilen ['laŋvai̯lən] **vt** ennuyer. ◆ **sich langweilen ref** s'ennuyer.

langweilig ['laŋvai̯lɪç] **adj** ennuyeux(euse).

Langwelle ['laŋvɛlə] **die** grandes ondes.

langwierig ['laŋviːrɪç] **adj** de longue haleine.

Langzeitarbeitslose ['laŋtsaitlarbaitsloːzə] (*pl* -n) **der, die** chômeur *m*, -euse *f* de longue durée.

Langzeitparker ['laŋtsaitparkɐ] (*pl inv*) **der** *automobiliste garé pour une durée prolongée.*

Lappen ['lapn̩] (*pl inv*) **der** [zum Wischen] chiffon *m*.

Laptop ['lɛptɔp] (*pl* -s) **der** ordinateur *m* portable.

Lärche ['lɛrçə] (*pl* -n) **die** [Baum] mélèze *m*.

Lärm [lɛrm] **der** bruit *m*.

lärmen ['lɛrmən] **vi** faire du bruit.

Lärmschutz ['lɛrmʃʊts] **der** protection *f* sonore.

Lärmschutzmauer ['lɛrmʃʊtsmauɐ] (*pl* -n) **die** mur *m* antibruit.

las [las] **prät** → **lesen**.

Laser ['leːzɐ] (*pl inv*) **der** laser *m*.

Laserdrucker ['leːzɐdrʊkɐ] (*pl inv*) **der** imprimante *f* laser.

Lasermedizin ['leːzɐmeditsiːn] **die** médecine *f* au laser.

lassen ['lasn̩] (*präs* **lässt**, *prät* **ließ**, *pp* **gelassen** ODER **lassen**) ◆ **aux** (*pp* **lassen**) **1.** [veranlassen] : **etw reparieren lassen** faire réparer qqch ▶ **lass mich das machen** laisse-moi le faire ▶ **lasst uns gehen** allons y ▶ **sich** *(D)* **eine Dauerwelle machen lassen** se faire

faire une permanente ▸ **den Klempner kommen lassen** faire venir le plombier **2.** [zulassen] : **jn gehen lassen** laisser qqn partir ▸ **jn allein arbeiten lassen** laisser qqn travailler seul ▸ **das lasse ich nicht mit mir machen** je ne vais pas me laisser faire ! ▸ **er lässt alles mit sich machen** il se laisse faire
◆ **vt** (*pp* **gelassen**) **1.** [gen] laisser ▸ **jn in Ruhe lassen** laisser qqn tranquille **2.** [unterlassen] arrêter ▸ **lass das Jammern** arrête de te plaindre **3.** [strömen lassen] : **Wasser in die Wanne lassen** faire couler de l'eau dans la baignoire ▸ **frische Luft ins Zimmer lassen** faire entrer de l'air frais dans la chambre ▸ **die Luft aus einem Reifen lassen** dégonfler un pneu
◆ **sich lassen ref 1.** [veranlassen] : **sich massieren lassen** se faire masser **2.** [zulassen] : **sich überraschen lassen** se laisser surprendre **3.** [möglich sein] : **das lässt sich machen** c'est faisable ▸ **das Fenster lässt sich leicht öffnen** la fenêtre est facile à ouvrir ▸ **dieser Wein lässt sich trinken** ce vin se laisse boire.

lässig ['lɛsɪç] **adj** décontracté(e).

lässt [lɛst] **präs** → **lassen**.

Last [last] (*pl* **-en**) **die 1.** [Traglast] charge *f* **2.** [psychisch] fardeau *m*.

Lastenaufzug ['lastn̩|auftsu:k] (*pl* **-aufzüge** [tsy:gəl]) **der** monte-charge *m*.

Laster ['lastɐ] (*pl inv*) **der** [Lkw] poids lourd.

lästern ['lɛstɐn] **vi** médire.

lästig ['lɛstɪç] **adj** [Person, Fliege] agaçant(e).

Lastkraftwagen [la:stkraftva:gn̩] (*pl inv*) **der** *amt* poids lourd.

Last-Minute-Angebot [la:st'mɪnɪt-langəbo:t] (*pl* **-e**) **das** *séjour à prix réduit acheté juste avant le départ.*

Last-Minute-Flug [la:st'mɪnɪt|flu:k] (*pl* **-Flüge**) **der** *vol à prix réduit acheté juste avant le départ.*

Lastschiff ['lastʃɪf] (*pl* **-e**) **das** cargo *m*.

Lastschrift ['lastʃrɪft] (*pl* **-en**) **die** débit *m*.

Lastwagen ['lastva:gn̩] (*pl inv*) **der** poids lourd.

Latein [la'tain] **das** latin *m*.

Laterne [la'tɛrnə] (*pl* **-n**) **die 1.** [Straßenlaterne] réverbère *m* **2.** [Lampion] lanterne *f*.

Latino- [la'ti:no] **adj** latino. ◆ **Latino, na der, die** latino *mf*.

Latte macchiato ['latəma'kja:to] (*mpl inv*) **der** Latte *m* Macchiato.

Lätzchen ['lɛtsçən] (*pl inv*) **das** bavoir *m*.

Latzhose ['latsho:zə] (*pl* **-n**) **die** salopette *f*.

lau [lau] **adj 1.** [Wasser] tiède **2.** [Abend] doux (douce).

Laub [laup] **das** feuillage *m*.

Lauch [laux] **der** poireau *m*.

lauern ['lauɐn] **vi** [warten] : **auf jn / etw lauern** a) guetter qqn / qqch.

Lauf [lauf] (*pl* **Läufe** ['lɔyfə]) **der 1.** [Verlauf] déroulement *m* **2.** SPORT course *f* ▸ **im Laufe des Tages** dans le courant de la journée.

laufen ['laufn̩] (*präs* **läuft**, *prät* **lief**, *pp* **gelaufen**) ◆ **vi** (*ist*) **1.** [schnell] courir **2.** [gehen] aller ▸ **durch die Stadt laufen** parcourir la ville ▸ **die Kleine kann bald laufen** la petite saura bientôt marcher **3.** [Motor, Maschine] tourner **4.** [funktionieren] marcher ▸ **der Fernseher läuft wieder** la télé marche →

à nouveau **5.** [fließen] couler **6.** [Film, Drama] passer ▸ **der Film läuft schon** le film a déjà commencé
◆ **vt** *(ist)* **1.** [Strecke, Rekord] courir **2.** [mit Sportgerät] : **Ski / Schlittschuh laufen** faire du ski / du patin à glace.

laufend [laufn̩t] ◆ **adj 1.** [ständig] incessant(e) **2.** [Motor, Gerät] en marche. ◆ **adv** [ständig] constamment.

Läufer ['lɔyfɐ] (*pl inv*) **der 1.** [Sportler] coureur *m* **2.** [Teppich] chemin *m*.

Läuferin [fərɪn] (*pl* **-nen**) **die** coureuse *f*.

Laufmasche ['laufmaʃə] (*pl* **-n**) **die** maille filée.

läuft [lɔyft] **präs** → **laufen**.

Laufwerk ['laufvɛrk] **das** lecteur *m*.

Laufzeit ['lauftsait] (*pl* **-en**) **die** durée *f*.

Laugenbrezel ['laugn̩bre:tsl̩] (*pl* **-n**) **die** bretzel *m*.

Laune ['launə] (*pl* **-n**) **die** [Stimmung] humeur *f* ▸ **gute / schlechte Laune haben** être de bonne / mauvaise humeur.

launisch ['launɪʃ] **adj** lunatique.

Laus [laus] (*pl* **Läuse** ['lɔyzə]) **die** pou *m*.

Lausanne [lo'zan] **nt** Lausanne.

lauschen ['lauʃn̩] **vi 1.** [konzentriert] tendre l'oreille **2.** [heimlich] écouter.

laut [laut] ◆ **adj** bruyant(e). ◆ **adv** bruyamment.

läuten ['lɔytn̩] ◆ **vi** sonner. ◆ **vimp** : **es läutet** on sonne.

lauter ['lautɐ] **det** plein de.

Lautsprecher ['lautʃprɛçɐ] (*pl inv*) **der** haut-parleur *m*.

Lautsprecherdurchsage ['lautʃprɛçɐdʊrçza:gə] (*pl* **-n**) **die** message diffusé par haut-parleur.

Lautstärke ['lautʃtɛrkə] **die** volume *m*.

Lautstärkeregler ['lautʃtɛrkəre:glɐ] (*pl inv*) **der** (bouton de) réglage *m* du volume.

lauwarm ['lauvarm] **adj** tiède.

Lavendel [la'vɛndl̩] (*pl inv*) **der** lavande *f*.

Lawine [la'vi:nə] (*pl* **-n**) **die** avalanche *f*.

Lawinengefahr [la'vi:nəngəfa:ɐ̯] **die** risque *m* d'avalanche.

Layout ['le:laut] (*pl* **-s**) **das** mise *f* en page.

Leasing ['li:zɪŋ] (*pl* **-s**) **das** crédit-bail *m*.

leben ['le:bn̩] **vi** vivre ▸ **leben von** vivre de.

Leben ['le:bn̩] (*pl inv*) **das** vie *f* ▸ **sich (D) das Leben nehmen** mettre fin à ses jours ▸ **ums Leben kommen** trouver la mort.

lebendig [le'bɛndɪç] **adj** vivant(e).

Lebensalter ['le:bn̩s|altɐ] **das** âge *m*.

Lebensbedingungen ['le:bn̩sbədɪŋʊŋən] **pl** conditions *fpl* de vie.

Lebensgefahr ['le:bn̩sgəfa:ɐ̯] **die** danger *m* de mort ▸ **in Lebensgefahr sein** être en danger de mort ▸ **außer Lebensgefahr sein** être hors de danger.

lebensgefährlich ['le:bn̩sgəfɛ:ɐ̯lɪç] **adj 1.** [Unternehmen] très dangereux(euse) **2.** [Krankheit] très grave.

Lebensgefährte ['le:bn̩sgəfɛ:ɐ̯tə] (*pl* **-en**) **der** concubin *m*.

Lebensgefährtin ['le:bn̩sgəfɛ:ɐ̯tɪn] (*pl* **-nen**) **die** concubine *f*.

Lebensjahr ['le:bn̩sja:ɐ̯] (*pl* **-e** [ja:rə]) **das** année *f*.

lebenslänglich ['le:bn̩slɛŋlɪç] **adj** perpétuel(elle).

Lebenslauf ['le:bn̩slauf] (*pl* **-läufe** [lɔyfə]) **der** curriculum vitae *m*.

lebenslustig ['le:bn̩slʊstɪç] **adj** heureux(euse) de vivre.

Lebensmittel ['le:bn̩smɪtl̩] (*pl inv*) **das** denrée *f* alimentaire.

Lebensmittelgeschäft ['le:bn̩smɪtl̩gəʃɛft] (*pl* -e) **das** épicerie *f*.

Lebensmittelskandal ['le:bn̩smɪtəlskanda:l] (*pl* -e) **der** scandale *m* alimentaire.

Lebensmittelvergiftung ['le:bn̩smɪtl̩fɛɐ̯gɪftʊŋ] (*pl* -en) **die** intoxication *f* alimentaire.

lebensnotwendig ['le:bn̩sno:tvɛndɪç] **adj** de première nécessité.

Lebensretter, in ['le:bn̩srɛtɐ, tərɪn] (*mpl inv*) **der, die** sauveteur *m*.

Lebensunterhalt ['le:bn̩sǀʊntɐhalt] **der** : **seinen Lebensunterhalt verdienen** gagner sa vie.

Lebensversicherung ['le:bn̩sfɛɐ̯zɪçərʊŋ] (*pl* -en) **die** assurance-vie *f*.

lebenswichtig ['le:bn̩svɪçtɪç] **adj** vital(e).

Lebenszeichen ['le:bn̩stsaiçn̩] (*pl inv*) **das** signe *m* de vie.

Leber ['le:bɐ] (*pl* -n) **die** foie *m*.

Leberfleck ['le:bɐflɛk] (*pl* -en) **der** grain *m* de beauté.

Leberknödel ['le:bɐknø:dl̩] (*pl inv*) **der** SÜDDT ÖSTERR *boulette à base de foie, d'oignon et de mie de pain*.

Leberpastete ['le:bɐpaste:tə] (*pl* -n) **die** pâté *m* de foie.

Leberwurst ['le:bɐvʊrst] (*pl* -würste [vʏrstə]) **die** *saucisse à base de foie de veau ou de porc*.

Lebewesen ['le:bəve:zn̩] (*pl inv*) **das** être *m* vivant.

lebhaft ['le:phaft] **adj 1.** [Person] vif (vive) **2.** [Unterhaltung] animé(e).

Lebkuchen ['le:pku:xn̩] (*pl inv*) **der** pain *m* d'épice.

> **ⓘ Lebkuchen**
>
> Ces pains d'épice en forme d'étoiles, de cœurs, etc., sont traditionnellement consommés pendant la période de Noël. Les Nürnberger Lebkuchen comptent parmi les plus réputées. Les Lebkuchenhäuschen tirent leur origine du conte de Hansel et Gretel.

Leck [lɛk] (*pl* -s) **das 1.** [in Schiff] voie *f* d'eau **2.** [in Behälter] fuite *f*.

lecken ['lɛkn̩] **vi** lécher.

lecker ['lɛkɐ] **adj** délicieux(euse).

Leckerbissen ['lɛkɐbɪsn̩] (*pl inv*) **der** [Speise] délice *m*.

Leder ['le:dɐ] **das** [Material] cuir *m*.

Lederhose ['le:dɐho:zə] (*pl* -n) **die 1.** [lang] pantalon *m* en cuir **2.** [kurz] culotte *f* de peau.

Lederwaren ['le:dɐva:rən] **pl** maroquinerie *f*.

ledig ['le:dɪç] **adj** célibataire.

lediglich ['le:dɪklɪç] **adv** seulement.

leer ['le:ɐ̯] **adj 1.** [Behälter, Raum] vide **2.** [menschenleer] désert(e) **3.** [unbeschrieben] blanc (blanche) **4.** [bedeutungslos] en l'air ▸ **leer machen** [Behälter, Raum] vider.

Leergut ['le:ɐ̯gu:t] **das** verre consigné.

Leerlauf ['le:ɐ̯lauf] **der** [von Auto, Fahrrad] fonctionnement *m* à vide ▸ **im Leerlauf a)** [beim Auto] au point mort **b)** [beim Fahrrad] en roue libre.

Leertaste ['le:ɐ̯tastə] (*pl* -n) **die** barre *f* d'espacement.

Leerung ['le:rʊŋ] (*pl* -en) **die** [von Briefkästen] levée *f (du courrier)* ▸ **'nächste Leerung 17 Uhr'** 'prochaine levée 17 h'.

Leerzeichen ['le:ɐ̯tsaiçn̩] (*pl inv*) **das** espace *m ou f*.

legal [le'ga:l] **adj** légal(e).

legen ['le:gn̩] ◆ **vt** 1. [gen] mettre ▸ **den Schlüssel auf den Tisch legen** poser la clé sur la table ▸ **ein Kind ins Bett legen** mettre un enfant au lit 2. [Leitung] poser 3. [waagerecht hinlegen] coucher ▸ **das Baby auf den Bauch legen** coucher le bébé sur le ventre 4. [Termin] fixer 5. [Haare] : **sich** *(D)* **die Haare legen lassen** se faire coiffer ◆ **sich legen** ref 1. [sich hinlegen] se mettre ▸ **sich ins Bett legen** aller se coucher ▸ **sich aufs Sofa legen** s'allonger sur le canapé 2. [aufhören] se calmer.

Legende [le'gɛndə] *(pl* **-n)** **die** légende *f.*

Lehm [le:m] **der** argile *f.*

Lehne ['le:nə] *(pl* **-n)** **die** [Rückenlehne] dossier *m.*

lehnen ['le:nən] ◆ **vt** appuyer. ◆ **vi** être appuyé(e). ◆ **sich lehnen** ref s'appuyer ▸ **sich lehnen an** *(+ A)* s'appuyer contre.

Lehrbuch ['le:ɐ̯bu:x] *(pl* **-bücher** [by:çɐ]) **das** manuel *m.*

Lehre ['le:rə] *(pl* **-n)** **die** 1. [Ausbildung] apprentissage *m* 2. [Erfahrung] leçon *f* 3. [Theorie] doctrine *f.*

lehren ['le:rən] **vt** enseigner.

Lehrer, in ['le:rɐ, rərɪn] *(mpl inv)* **der, die** professeur *m.*

Lehrgang ['le:ɐ̯gaŋ] *(pl* **-gänge** [gɛŋə]) **der** stage *m.*

Lehrling ['le:ɐ̯lɪŋ] *(pl* **-e)** **der** apprenti *m*, -e *f.*

Leibgericht ['laipgərɪçt] *(pl* **-e)** **das** plat *m* préféré.

Leiche ['laiçə] *(pl* **-n)** **die** cadavre *m.*

leicht [laiçt] ◆ **adj** 1. léger(ère) 2. [einfach] facile 3. [kalorienarm] allégé(e). ◆ **adv** 1. [einfach] facilement 2. [regnen, erkältet sein, wenig] légèrement 3. [schnell] vite.

Leichtathletik ['laiçtatle:tɪk] **die** athlétisme *m.*

leicht◦fallen ['laiçtfalən] **vi** *(unreg, ist)* **: Französisch fiel ihr immer leicht** elle a toujours eu de la facilité pour apprendre le français ▸ **es fällt mir nicht leicht, die Stadt zu verlassen** j'ai du mal à quitter la ville.

leichtsinnig ['laiçtzɪnɪç] **adj** 1. [Person] inconscient(e) 2. [Handlung] inconsidéré(e).

leid [lait] **adj** : **ich bin es leid, dir zuzuhören** j'en ai assez de t'écouter.

Leid [lait] **das** chagrin *m.*

leiden ['laidn̩] *(prät* **litt**, *pp* **gelitten)** **vi** [durch Kummer, Krankheit] souffrir ▸ **leiden an** *(+ D)* souffrir de ▸ **jn / etw nicht leiden können** ne pas pouvoir supporter qqn / qqch ▸ **Hunger / Not leiden** souffrir de la faim / de la misère.

Leidenschaft ['laidn̩ʃaft] *(pl* **-en)** **die** passion *f.*

leidenschaftlich ['laidn̩ʃaft] **adj** passionné(e).

leider ['laidɐ] **adv** malheureusement.

leidtun ['laitu:n] **vi** *(unreg)* **: jm leidtun** faire pitié à qqn ▸ **es tut mir leid!** je suis désolé.

Leihbücherei ['laiby:çərai] *(pl* **-en)** **die** bibliothèque *f (de prêt).*

leihen ['laiən] *(prät* **lieh**, *pp* **geliehen)** **vt** [ausleihen] emprunter ▸ **jm etw leihen** [verleihen] prêter qqch à qqn ▸ **sich** *(D)* **etw leihen** [ausleihen] emprunter qqch.

Leihfrist ['laifrɪst] *(pl* **-en)** **die** durée *f* de prêt.

Leihgebühr ['laigəby:ɐ̯] *(pl* **-en** [by:rən]) **die** participation *f* d'emprunt.

Leihwagen ['laiva:gn̩] (*pl inv*) **der** voiture *f* de location.

Leim [laim] **der** colle *f*.

Leine ['lainə] (*pl* -n) **die 1.** [Seil] corde *f* **2.** [Hundeleine] laisse *f*.

Leinen ['lainən] **das** toile *f*, lin *m*.

Leinsamen ['lainza:mən] **der** graine *f* de lin.

Leinwand ['lainvant] (*pl* **-wände** [vɛndə]) **die** [im Kino] écran *m*.

Leipziger Allerlei ['laiptsi:gɐ'alɐlai] **das** ≃ jardinière *f* de légumes.

leise ['laizə] ◆ **adj 1.** [Gerät] silencieux(euse) **2.** [Stimme] bas (basse) **3.** [Musik] doux (douce). ◆ **adv 1.** [singen] tout doucement **2.** [sprechen] à voix basse.

leisten ['laistn̩] **vt 1.** [vollbringen] accomplir **2.** [Beitrag, Zahlung] verser ▸ **sich *(D)* etw leisten a)** [sich kaufen] se payer qqch **b)** [sich erlauben] se permettre qqch.

Leistung ['laistʊŋ] (*pl* **-en**) **die 1.** [Arbeit] performance *f* **2.** [Zahlung] versement *m*.

leistungsfähig ['laistʊŋsfɛ:ɪç] **adj 1.** [Person] efficace **2.** [Gerät] performant(e).

Leistungskurs ['laistʊŋskʊrs] (*pl* -e [kʊrzə]) **der** SCHULE *l'une des matières principales choisies pour le baccalauréat.*

Leitartikel ['laitlarti:kl̩] (*pl inv*) **der** éditorial *m*.

leiten ['laitn̩] **vt** diriger.

Leiter¹ ['laitɐ] (*pl* -n) **die** [mit Sprossen] échelle *f*.

Leiter² ['laitɐ] (*pl inv*) **der** [von Firma, Gruppe] directeur *m*.

Leiterin ['laitərɪn] (*pl* **-nen**) **die** directrice *f*.

Leitfaden ['laitfa:dn̩] (*pl* **-fäden** [fɛ:dn̩]) **der** [für Benutzer] guide *m* d'utilisation.

Leitplanke ['laitplaŋkə] (*pl* -n) **die** glissière *f* de sécurité.

Leitung ['laitʊŋ] (*pl* **-en**) **die 1.** [Leiten, Führen] direction *f* **2.** [Telefon- oder Stromleitung] ligne *f* **3.** [Wasserleitung] canalisation *f* ▸ **unter der Leitung von ...** sous la direction de...

Leitungsrohr ['laitʊŋsro:ɐ] (*pl* -e [ro:rə]) **das** conduite *f*.

Leitungswasser ['laitʊŋsvasɐ] **das** eau *f* du robinet.

Lektion [lɛk'tsio:n] (*pl* **-en**) **die** [Kapitel] leçon *f*.

Lektüre [lɛk'ty:rə] (*pl* -n) **die** lecture *f*.

lenken ['lɛŋkn̩] **vt & vi** conduire.

Lenker ['lɛŋkɐ] (*pl inv*) **der 1.** [Lenkrad] volant *m* **2.** [Lenkstange] guidon *m*.

Lenkrad ['lɛŋkra:t] (*pl* **-räder** [rɛ:dɐ]) **das** volant *m*.

Lenkradschloss ['lɛŋkra:tʃlɔs] (*pl* **-schlösser** [ʃlœsɐ]) **das** serrure *f* de contact.

Lenkstange ['lɛŋkʃtaŋə] (*pl* -n) **die** guidon *m*.

Lenkung ['lɛŋkʊŋ] (*pl* **-en**) **die** [am Fahrzeug] direction *f*.

lernen ['lɛrnən] ◆ **vt** apprendre. ◆ **vi 1.** [für Prüfung] travailler **2.** [in Lehre] faire son apprentissage ▸ **aus etw lernen** tirer des leçons de qqch.

Lerner, in ['lɛrnɐ, nərɪn] (*mpl inv*) **der, die** apprenant *m*, -e *f*.

lesbisch ['lɛsbɪʃ] **adj** lesbien(enne).

Lesebuch ['le:zəbu:x] (*pl* **-bücher** [by:çɐ]) **das** livre *m* de lecture.

lesen ['le:zn̩] (*präs* **liest**, *prät* **las**, *pp* **gelesen**) **vt** lire.

Leser, in ['le:zɐ, zərın] (*mpl inv*) **der, die** lecteur *m*, -trice *f*.

Lesezeichen ['le:zətsaiçn̩] (*pl inv*) **das** marque-page *m*.

Lettland ['lɛtlant] **nt** Lettonie *f*.

letzte ['lɛtstə] **adj** dernier(ère).

Letzte ['lɛtstə] (*pl* -**n**) **der, die** [Person] dernier *m*, -ère *f*.

letztemal ['lɛtstəma:l] = **Mal**.

letztenmal ['le:tstn̩ma:l] = **Mal**.

letztens ['lɛtstn̩s] **adv** [vor Kurzem] dernièrement.

leuchten ['lɔyçtn̩] **vi 1.** [Lichtquelle] luire **2.** [Augen] briller.

Leuchter ['lɔyçtɐ] (*pl inv*) **der** [für Kerzen] chandelier *m*.

Leuchtstift ['lɔyçtʃtıft] (*pl* -**e**) **der** surligneur *m*.

Leuchtstoffröhre ['lɔyçtʃtɔfrø:rə] (*pl* -**n**) **die** tube fluorescent.

Leuchtturm ['lɔyçtturm] (*pl* -**türme** [tyrmə]) **der** phare *m*.

leugnen ['lɔygnən] **vt & vi** nier.

Leugnung ['lɔygnuŋ] **die** [des Holocausts] négationnisme *m*.

Leukämie [lɔyke'mi:] **die** leucémie *f*.

Leute ['lɔytə] **pl 1.** [Menschen] gens *mpl* **2.** [Mitarbeiter] personnes *fpl*.

Lexikon ['lɛksikɔn] (*pl* -**ka** ['lɛksika:]) **das** dictionnaire *m* encyclopédique.

Libanon ['li:banɔn] **der** Liban *m*.

liberal [libe'ra:l] **adj** libéral(e).

Liberia [li'be:ria] **nt** Liberia *m*.

Licht [lıçt] (*pl* -**er** ['lıçtɐ]) **das** lumière *f* ▸ **Licht machen** allumer la lumière ▸ **das Licht ausmachen** éteindre la lumière ▸ **offenes Licht** flammes *fpl*.

lichtempfindlich ['lıçtlɛmpfıntlıç] **adj** photosensible.

Lichthupe ['lıçthu:pə] **die** appel *m* de phares.

Lichtmaschine ['lıçtmaʃi:nə] (*pl* -**n**) **die** AUTO alternateur *m*.

Lichtschalter ['lıçtʃaltɐ] (*pl inv*) **der** interrupteur *m*.

Lichtschranke ['lıçtʃraŋkə] (*pl* -**n**) **die** barrage *m* photoélectrique.

Lichtschutzfaktor ['lıçtʃʊtsfakto:ɐ] (*pl* -**en** [to:rən]) **der** indice *m* de protection.

Lichtstrahl ['lıçtʃtra:l] (*pl* -**en**) **der** rayon lumineux.

Lichtung ['lıçtuŋ] (*pl* -**en**) **die** clairière *f*.

Lid [li:t] (*pl* -**er** ['li:dɐ]) **das** paupière *f*.

Lidschatten ['li:tʃatn̩] (*pl inv*) **der** ombre *f* à paupières.

lieb [li:p] **adj 1.** [nett] gentil(ille) **2.** [als Anrede] cher(ère) ▸ **lieber Karl-Heinz** cher Karl-Heinz.

Liebe ['li:bə] **die** amour *m*.

lieben ['li:bn̩] **vt 1.** aimer **2.** [erotisch] faire l'amour avec. ◆ **sich lieben ref 1.** [lieb haben] s'aimer **2.** [sexuell] faire l'amour.

liebenswürdig ['li:bn̩svyrdıç] ◆ **adj** aimable. ◆ **adv** aimablement.

lieber ['li:bɐ] ◆ **komp** → **gern.** ◆ **adv** [besser] mieux. ◆ **adj** [angenehmer] plus agréable ▸ **etw ist jm lieber** qqn préfère qqch.

Liebesbrief ['li:bəsbri:f] (*pl* -**e**) **der** lettre *f* d'amour.

Liebeskummer ['li:bəskumɐ] **der** chagrin *m* d'amour.

Liebespaar ['li:bəspa:ɐ] (*pl* -**e** [pa:rə]) **das** couple *m* d'amoureux.

liebevoll ['li:bəfɔl] ◆ **adj 1.** [Betreuung] attentionné(e) **2.** [Geste, Blick] affectueux(euse). ◆ **adv** [verpacken] avec amour.

lieb haben ['li:pha:bn̩] **vt** *(unreg)* aimer. ◆ **sich lieb haben ref** s'aimer.

Liebhaber ['li:pha:bɐ] (*pl inv*) **der 1.** [Geliebter] amant *m* **2.** [von Kunst] amateur *m*.

Liebhaberin ['li:pha:bərɪn, bərɪn] (*pl* **-nen**) **die** [von Kunst] amateur *m*.

lieblich ['li:plɪç] **adj** [Wein] doux (douce).

Liebling ['li:plɪŋ] (*pl* **-e**) **der** chéri *m*, -e *f*.

Lieblingsgericht ['li:plɪŋsgərɪçt] (*pl* **-e**) **das** plat préféré.

lieblos ['li:plo:s] **adj 1.** [Betreuung, Dekoration] sans amour **2.** [Worte, Person] indifférent(e).

liebsten ['li:pstn̩] **superl** : **am liebsten haben** préférer ▸ **etw ist jm am liebsten** qqn préfère qqch ; → **gern**.

Liechtenstein ['lɪçtn̩ʃtain] **nt** Liechtenstein *m*.

Lied [li:t] (*pl* **-er** ['li:dɐ]) **das** chanson *f*, chant *m*.

Liedermacher, in ['li:dɐmaxɐ, rɪn] (*mpl inv*) **der, die** auteur-compositeur *mf*, chansonnier *m*, -ère *f*.

lief [li:f] **prät** → **laufen**.

Lieferant [li:fə'rant] (*pl* **-en**) **der** fournisseur *m* ▸ **'Lieferanten frei'** 'livraisons autorisées'.

lieferbar ['li:fɐba:ɐ̯] **adj** livrable.

Lieferfrist ['li:fɐfrɪst] (*pl* **-en**) **die** délai *m* de livraison.

liefern ['li:fɐn] ◆ **vt 1.** [Ware] livrer **2.** [Beispiel, Argument] fournir. ◆ **vi** [Geschäft] livrer ▸ **wir liefern frei Haus** nous livrons franco domicile.

Lieferung ['li:fərʊŋ] (*pl* **-en**) **die** livraison *f*.

Lieferwagen ['li:fɐva:gn̩] (*pl inv*) **der** camionnette *f*.

Liege ['li:gə] (*pl* **-n**) **die** chaise *f* longue.

liegen ['li:gn̩] (*präs* **liegt**, *prät* **lag**, *pp* **gelegen**) ◆ **vi 1.** [Person, Gegenstände] être couché(e) ▸ **der Verletzte muss liegen** le blessé doit rester allongé ▸ **am Strand liegen** être allongé sur la plage **2.** [sich befinden] se trouver ▸ **da liegt der Stift!** voilà le stylo ! ▸ **die Bücher liegen im Regal** les livres se trouvent sur l'étagère **3.** [zeitlich] : **lange zurück liegen** remonter loin (en arrière) **4.** [in Reihenfolge] être placé(e) ▸ **an vierter Stelle liegen** être à la quatrième place **5.** [Grund, Ursache] : **dass ich Kopfschmerzen habe, liegt am Wetter** mes maux de tête sont liés au temps ▸ **es liegt an dir, ob wir gehen** notre départ dépend de toi ▸ **der Fehler lag bei ihm** c'était de sa faute **6.** [bedeuten] : **es liegt uns viel an ihm** il a beaucoup d'importance pour nous.

liegen bleiben ['li:gn̩blaibn̩] **vi** *(unreg, ist)* **1.** [nicht aufstehen] rester couché(e) **2.** [vergessen werden] rester **3.** [Arbeit] rester en souffrance **4.** *fam* [mit Auto] tomber en rade.

liegen lassen ['li:gn̩lasn̩] **vt** *(unreg)* **1.** [nicht mitnehmen] laisser **2.** [Arbeit] laisser en plan.

Liegesitz ['li:gəzɪts] (*pl* **-e**) **der** [in Zug, Auto] siège *m* couchette.

Liegestuhl ['li:gəʃtu:l] (*pl* **-stühle** [ʃty:lə]) **der** chaise longue.

Liegestütz ['li:gəʃtyts] (*pl* **-e**) **der** SPORT pompe *f*.

Liegewagen ['li:gəva:gn̩] (*pl inv*) **der** voiture-couchettes *f*.

Liegewagenplatz ['li:gəva:gn̩plats] (*pl* -plätze [plɛtsə]) der couchette *f*.

Liegewiese ['li:gəvi:zə] (*pl* -n) die pelouse *f* (autorisée).

lieh [li:] prät → **leihen**.

ließ [li:s] prät → **lassen**.

liest [li:st] präs → **lesen**.

Lift [lɪft] (*pl* -e [lɪft]) der **1.** [Aufzug] ascenseur *m* **2.** [Skilift] remontée *f* mécanique.

light [lait] adj **1.** [Zigaretten] light, léger(ère) **2.** [Nahrungsmittel] allégé(e).

Likör [li'kø:ɐ̯] (*pl* -e [li'kø:rə]) der liqueur *f*.

lila ['li:la] adj (couleur) lilas.

Limo ['lɪmo] (*pl* -s) die *fam* limonade *f*.

Limonade [limo'na:də] (*pl* -n) die limonade *f*.

Linde ['lɪndə] (*pl* -n) die [Baum] tilleul *m*.

lindern ['lɪndɐn] vt soulager.

Lineal [line'a:l] (*pl* -e) das règle *f*.

Linie ['li:ni̯ə] (*pl* -n) die ligne *f* ▸ **in erster Linie** en premier lieu.

Linienbus [li:ni̯ənbʊs] (*pl* -se) der bus *m* de ligne.

Linienflug ['li:ni̯ənflu:k] (*pl* -flüge [fly:gə]) der vol régulier.

Linienmaschine ['li:ni̯ənmaʃi:nə] (*pl* -n) die avion *m* de ligne.

Linienverkehr ['li:ni̯ənfɛɐ̯ke:ɐ̯] der trafic régulier *(des transports en commun)*.

link [lɪŋk] adj *abw* véreux(euse).

Link [lɪŋk] (*pl* -s) der lien *m* (hypertexte).

linke, r, s ['lɪŋkə] adj **1.** [Seite] gauche **2.** [Politik] de gauche.

links ['lɪŋks] adv à gauche ▸ **links von jm / etw** à gauche de qqn / qqch ▸ **nach links** vers la gauche ▸ **von links** de la gauche ▸ **auf links waschen** laver à l'envers.

Linksabbieger, in ['lɪŋkslapbi:gɐ, gərɪn] (*mpl inv*) der personne *f* qui tourne à gauche *(avec son véhicule)*.

Linkshänder, in ['lɪŋkshɛndɐ, dərɪn] (*mpl inv*) der, die gaucher *m*, -ère *f*.

linksherum ['lɪŋkshɛrʊm] adv [nach links] vers la gauche.

Linkskurve ['lɪŋkskʊrvə] (*pl* -n) die virage *m* à gauche.

Linksverkehr ['lɪŋksfɛɐ̯ke:ɐ̯] der conduite *f* à gauche *(circulation routière)*.

Linse ['lɪnzə] (*pl* -n) die lentille *f*.

Linsensuppe ['lɪnzn̩zʊpə] (*pl* -n) die soupe *f* de lentilles.

Lipgloss ['lɪpglɔs] der gloss *m*.

Lippe ['lɪpə] (*pl* -n) die lèvre *f*.

Lippenstift ['lɪpn̩ʃtɪft] (*pl* -e) der rouge *m* à lèvres.

Lissabon ['lɪsabɔn] nt Lisbonne.

List [lɪst] (*pl* -en) die ruse *f*.

Liste ['lɪstə] (*pl* -n) die liste *f*.

Litauen ['lɪtau̯ən] nt Lituanie *f*.

Liter ['li:tɐ] (*pl inv*) der litre *m*.

Literatur [lɪtəra'tu:ɐ̯] (*pl* -en ['tu:rən]) die **1.** [Dichtung] littérature *f* **2.** [Fachliteratur] littérature spécialisée.

Literflasche ['li:tɐflaʃə] (*pl* -n) die bouteille *f* d'un litre.

Litfaßsäule ['lɪtfaszɔylə] (*pl* -n [lən]) die ≃ colonne *f* Morris.

litt [lɪt] prät → **leiden**.

live [laif] adj live.

Lizenz [li'tsɛnts] (*pl* -en) die [Erlaubnis] licence *f*.

Lkw ['ɛlka:ve:] (*pl* -s) der = **Lastkraftwagen**.

Lob [loːp] **das** [von Person] éloge *m*.

loben ['loːbn̩] **vt** louer ▸ **jn /etw loben** faire l'éloge de qqn /qqch.

Loch [lɔx] (*pl* **Löcher** ['lœçɐ]) **das** trou *m*.

lochen ['lɔxn̩] **vt** perforer.

Locher ['lɔxɐ] (*pl inv*) **der** perforateur *m*.

Locke ['lɔkə] (*pl* **-n**) **die** boucle *f* (de cheveux).

Lockenwickler ['lɔkn̩vɪklɐ] (*pl inv*) **der** bigoudi *m*.

locker ['lɔkɐ] ◆ **adj 1.** [Scharnier, Schraube] desserré(e) **2.** [Knoten, Seil] lâche **3.** [Beziehung] libre. ◆ **adv 1.** [knoten] sans serrer **2.** [zwanglos] décontracté(e) **3.** *fam* [leicht, einfach] à l'aise.

lockern ['lɔkɐn] **vt** [Knoten] desserrer. ◆ **sich lockern ref** [Knoten, Schraube] se desserrer.

lockig ['lɔkɪç] **adj** bouclé(e).

Löffel ['lœfl̩] (*pl inv*) **der** cuillère *f*.

Löffelbiskuit ['lœfl̩bɪskviːt] (*pl* **-s**) **der** biscuit *m* à la cuillère.

löffeln ['lœfl̩n] **vt** manger à la cuillère.

log [loːk] **prät** → **lügen**.

Loge ['loːʒə] (*pl* **-n**) **die** loge *f*.

Login ['lɔklɪn] (*pl* **-s**) **das** login *m*.

logisch ['loːgɪʃ] **adj** logique.

Lohn [loːn] (*pl* **Löhne** ['løːnə]) **der 1.** [Bezahlung] salaire *m* **2.** [Belohnung] récompense *f*.

lohnen ['loːnən] ◆ **sich lohnen ref** valoir la peine.

Lohnsteuer ['loːnʃtɔyɐ] (*pl* **-n**) **die** *impôt sur les salaires*.

Lohnsteuerkarte ['loːnʃtɔyɐkartə] (*pl* **-n**) **die** *fiche du contribuable permettant le prélèvement de l'impôt sur les salaires*.

Loipe ['lɔypə] (*pl* **-n**) **die** piste *f* de ski de fond.

Lok [lɔk] (*pl* **-s**) **die** = **Lokomotive**.

Lokal [lo'kaːl] (*pl* **-e**) **das** café-restaurant *m*.

Lokalnachrichten [lo'kaːlnaxrɪçtn̩] **pl** nouvelles locales.

Lokomotive [lokomo'tiːvə] (*pl* **-n**) **die** locomotive *f*.

Lokum [lo'kum] **das** loukoum *m*.

LOL [lɔl] (*abk für* **laughing out loud**) **SMS** LOL.

London ['lɔndɔn] **nt** Londres.

Loreley [loːrə'lai] **die** la Lorelei.

> **ⓘ Loreley**
>
> C'est le nom d'un rocher qui forme une avancée sur le Rhin près de Bacharach, rendant le passage étroit et le courant violent, responsable de nombreux accidents de navigation. Le rocher renvoie un écho aux appels venus des bateaux qui passent à sa hauteur. C'est aussi le nom d'une nixe, une nymphe des eaux, qui, dit-on, vivait sur ce rocher et provoquait des naufrages par ses chants, comme les sirènes de la mythologie grecque.

los [loːs] **adj** [lose] défait(e) ▸ **los!** allez ! ▸ **es ist viel los** il se passe des tas de choses ▸ **es ist wenig /nichts los** il ne se passe pas grand-chose /rien du tout ▸ **jn /etw los sein** être débarrassé de qqn /qqch ▸ **was ist los?** qu'est-ce qui se passe ?

Los [loːs] (*pl* **-e** ['loːzə]) **das** [von Lotterie] billet *m* de loterie.

löschen ['lœʃn̩] **vt 1.** [Feuer] éteindre **2.** [Daten, Aufnahme] effacer **3. EDV** supprimer.

Löschtaste ['lœʃtastə] (*pl* -n) **die** touche *f* de suppression.

lose ['lo:zə] ◆ **adj 1.** [Schraube] desserré(e) **2.** [Knopf] qui se découd **3.** [Seiten, Blätter] volant(e) **4.** [unverpackt] en vrac. ◆ **adv** [locker] sans être serré.

losen ['lo:zn̩] **vi** : **wir losen, wer einkaufen gehen muss** nous tirons au sort qui doit aller faire les courses.

lösen ['lø:zn̩] **vt 1.** [Fahrkarte, Eintrittskarte] prendre **2.** [Aufgabe, Rätsel] résoudre **3.** [Bremse, Knoten] desserrer. ◆ **sich lösen ref 1.** [sich lockern] se détacher **2.** [Problem] se résoudre **3.** [sich auflösen] se dissoudre.

Loser ['lu:zɐ] **der** *fam* loser *m*.

los◦fahren ['lo:sfa:rən] **vi** *(unreg, ist)* partir.

los◦gehen ['lo:sge:ən] **vi** *(unreg, ist)* **1.** [Person] partir **2.** [Veranstaltung] commencer.

los◦lassen ['lo:slasn̩] **vt** *(unreg)* [Person, Tier, Gegenstand] lâcher.

löslich ['lø:slɪç] **adj** [Kaffee] soluble.

los◦machen ['lo:smaxn̩] **vt** détacher.

Lösung ['lø:zʊŋ] (*pl* -en) **die** solution *f*.

los◦werden ['lo:sve:ɐdn̩] **vt** *(unreg, ist)* **1.** [Person, Grippe] se débarrasser de **2.** [Geld] perdre.

Lothringen ['lo:trɪŋən] **nt** Lorraine *f*.

Lotion [lo'tsio:n] (*pl* -en) **die** lotion *f*.

lotsen ['lo:tsn̩] **vt** [Flugzeug, Person] piloter.

Lotterie [lɔtə'ri:] (*pl* -n) **die** loterie *f*.

Lotto ['lɔto] **das** loto *m*.

Lottoschein ['lɔtoʃain] (*pl* -e) **der** bulletin *m* de loto.

Löwe ['lø:və] (*pl* -n) **der 1.** [Tier] lion *m* **2.** [Sternzeichen] Lion *m*.

Löwenzahn ['lø:vn̩tsa:n] **der** pissenlit *m*.

Lücke ['lʏkə] (*pl* -n) **die 1.** [räumlich] espace *m* **2.** [Mangel] lacune *f*.

Lückenbüßer, in ['lʏkn̩by:sɐ, rɪn] (*mpl inv*) **der, die** *fam & abw* bouche-trou *mf*.

lud [lu:t] **prät** → **laden.**

Luft [lʊft] **die** air *m* ▸ **frische Luft** air frais ▸ **die Fetzen flogen durch die Luft** les morceaux volaient dans les airs ▸ **Luft holen** respirer ▸ **die Luft anhalten** retenir son souffle.

Luftballon ['lʊftbalɔŋ] (*pl* -s) **der** ballon *m* (gonflable).

luftdicht ['lʊftdɪçt] **adj** hermétique.

Luftdruck ['lʊftdrʊk] **der** pression *f* atmosphérique.

lüften ['lʏftn̩] **vt & vi** aérer.

Lüfter ['lʏftɐ] (*pl inv*) **der** ventilateur *m*.

Luftfahrtgesellschaft ['lʊftfa:ɐtgəzɛlʃaft] (*pl* -en) **die** compagnie aérienne.

Luftfeuchtigkeit ['lʊftfɔyçtɪçkait] **die** humidité *f* de l'air.

Luftfilter ['lʊftfɪltɐ] (*pl inv*) **der** filtre *m* à air.

Luftfracht ['lʊftfraxt] **die** frêt aérien.

Luftkissenboot ['lʊftkɪsn̩bo:t] (*pl* -e) **das** hovercraft *m*.

Luftkurort ['lʊftku:ɐlɔrt] (*pl* -e) **der** station *f* climatique.

Luftlinie ['lʊftli:niə] **die** : **es sind 50 km Luftlinie** cela fait 50 km à vol d'oiseau.

Luftmatratze ['lʊftmatratsə] (*pl* -n) **die** matelas *m* gonflable.

Luftpost ['lʊftpɔst] **die** poste *f* aérienne ▸ **'per Luftpost'** 'par avion'.

Luftpumpe ['lʊftpʊmpə] (*pl* -n) **die** pompe *f* à air.

Luftröhre ['lʊftrø:rə] (*pl* -n) **die** trachée *f*.

Luftschlange ['lʊftʃlaŋə] (*pl* -n) **die** serpentin *m*.

Lüftung ['lʏftʊŋ] (*pl* -en) **die** ventilation *f*.

Luftverkehr ['lʊftfɛɐ̯keːɐ̯] **der** trafic aérien.

Luftverschmutzung ['lʊftfɛɐ̯ʃmʊt͡sʊŋ] **die** pollution *f* atmosphérique.

Luftzug ['lʊftt͡suːk] **der** courant *m* d'air.

Lüge ['lyːgə] (*pl* -n) **die** mensonge *m*.

lügen ['lyːgn̩] (*prät* log, *pp* gelogen) **vi** mentir.

Lügner, in ['lyːgnɐ, gnərɪn] (*mpl inv*) **der, die** menteur *m*, -euse *f*.

Lunchpaket ['lantʃpakeːt] (*pl* -e) **das** panier-repas *m*.

Lunge ['lʊŋə] (*pl* -n) **die** poumon *m*.

Lungenentzündung ['lʊŋən|ɛntt͡sʏndʊŋ] (*pl* -en) **die** pneumonie *f*.

Lupe ['luːpə] (*pl* -n) **die** loupe *f*.

Lust [lʊst] (*pl* **Lüste** ['lʏstə]) **die 1.** [Bedürfnis] envie *f* **2.** [Freude] plaisir *m* **3.** [sexuell] désir *m* ▸ **(keine) Lust haben auf** *(+ A)* (ne pas) avoir envie de ▸ **Lust haben, etw zu tun** avoir envie de faire qqch.

lustig ['lʊstɪç] **adj 1.** [Person] amusant(e) **2.** [Film, Buch, Anblick] drôle ▸ **sich lustig machen über** *(+ A)* se moquer de.

lutschen ['lʊt͡ʃn̩] **vt** sucer.

Lutscher ['lʊt͡ʃɐ] (*pl inv*) **der** sucette *f*.

Lüttich ['lʏtɪç] **nt** Liège.

Luxemburg ['lʊksmbʊrk] **nt** Luxembourg *m*.

Luxemburger, in ['lʊksmbʊrgɐ, gərɪn] (*mpl inv*) **der, die** Luxembourgeois *m*, -e *f*.

luxemburgisch ['lʊksmbʊrgɪʃ] **adj** luxembourgeois(e).

luxuriös [lʊksʊ'ri̯øːs] **adj** luxueux (euse).

Luxus ['lʊksʊs] **der** luxe *m*.

Luzern [lu'tsɛrn] **nt** Lucerne.

Mm

machbar ['maxbaːɐ̯] **adj** faisable.

machen ['maxn̩] ◆ **vt 1.** [gen] faire ▸ **was machst du heute Abend?** qu'est-ce que tu fais ce soir ? ▸ **ein Floß aus Baumstämmen machen** faire un radeau avec des troncs d'arbres ▸ **Urlaub machen** être en vacances ▸ **Feierabend machen** arrêter de travailler ▸ **einen Besuch machen** rendre une visite ▸ **eine Arbeit machen** faire un travail **2.** [Gefühl] : **Angst / Freude machen** faire peur / plaisir ▸ **Hunger / Durst machen** donner faim / soif **3.** [verändern, bewirken] : **jn krank / glücklich machen** rendre qqn malade / heureux ▸ **das macht nichts!** cela ne fait rien ▸ **etw sauber machen** nettoyer qqch **4.** [Kurs, Lehrgang] suivre **5.** [Prüfung] passer **6.** [ausmachen] : **die Hitze macht mir nichts** la chaleur ne me dérange pas **7.** [mögen] : **ich mache** →

mir nichts aus Eis je n'aime pas trop les glaces
◆ vi : **schnell machen** se dépêcher ▸ **mach schon!** *fam* dépêche-toi !
◆ **sich machen** ref **1.** [anfangen] : **sich an die Arbeit machen** se mettre au travail **2.** [wirken] : **die roten Vorhänge machen sich gut hier** les rideaux rouges vont bien ici **3.** *fam* [entwickeln] : **der Junge macht sich (gut) in der Schule** le garçon progresse à l'école.

Macht [maxt] (*pl* **Mächte** ['mɛçtə]) **die 1.** [über Land, Person, Gegenstand] pouvoir *m* **2.** [Kraft] force *f* **3.** [Staat] puissance *f* ▸ **an der Macht sein** être au pouvoir.

mächtig ['mɛçtɪç] **adj** [König, Land] puissant(e).

machtlos ['maxtlo:s] **adj** impuissant(e).

Macrovision-System [ma:krovizjo:n'zyste:m] **das** macrovision *f*.

Madagaskar [mada'gaska:ɐ̯] **nt** Madagascar *m*.

Mädchen ['mɛ:tçən] (*pl inv*) **das** [Kind, Jugendliche] (jeune) fille *f*.

Mädchenname ['mɛ:tçənna:mə] (*pl* **-n**) **der** nom *m* de jeune fille.

Made ['ma:də] (*pl* **-n**) **die** ver *m*.

Madonna [ma'dɔna] (*pl* **Madonnen**) **die** [Kunstwerk] madone *f*.

Madrid [ma'drɪt] **nt** Madrid.

mag [ma:k] **präs** → **mögen**.

Magazin [maga'tsi:n] (*pl* **-e**) **das 1.** [Illustrierte, in Fernsehen, Radio] magazine *m* **2.** [Lager] entrepôt *m*.

Magen ['ma:gn̩] (*pl* **Mägen** ['mɛ:gn̩]) **der** estomac *m* ▸ **sich (D) den Magen verderben** se détraquer l'estomac.

Magenbeschwerden ['ma:gn̩bəʃve:ɐ̯dn̩] **pl** maux *mpl* d'estomac.

Magenbitter ['ma:gn̩bɪtɐ] (*pl inv*) **der** amer *m*.

Magengeschwür ['ma:gn̩gəʃvy:ɐ̯] (*pl* **-e** [ʃvy:rə]) **das** ulcère *m* de l'estomac.

Magenschmerzen ['ma:gn̩ʃmɛ:ɐ̯tsn̩] **pl** maux *mpl* d'estomac.

mager ['ma:gɐ] **adj** maigre.

Magermilch ['ma:gɐmɪlç] **die** lait écrémé.

Magersucht ['ma:gɐzuxt] **die** (*ohne pl*) anorexie *f*.

magersüchtig ['ma:gɐzyçtɪç] **adj** anorexique.

Maggi® ['magi] **das** ≃ Viandox® *m*.

Magnet [ma'gne:t] (*pl* **-e**) **der** [Metall] aimant *m*.

mähen ['mɛ:ən] **vt** [Rasen] tondre.

mahlen ['ma:lən] (*pp* **gemahlen**) **vt** moudre.

Mahlzeit ['ma:ltsait] (*pl* **-en**) **die** repas *m* ▸ **Mahlzeit!** [Gruß] bon appétit !

Mähne ['mɛ:nə] (*pl* **-n**) **die** crinière *f*.

mahnen ['ma:nən] **vt** [erinnern] rappeler.

Mahngebühr ['ma:ngəby:ɐ̯] (*pl* **-en** ['by:rən]) **die** frais *mpl* de sommation.

Mahnmal ['ma:nma:l] (*pl* **-e**) **das** monument commémoratif.

Mahnung ['ma:nʊŋ] (*pl* **-en**) **die 1.** [Handlung] exhortation *f* **2.** [Brief] avertissement *m*.

Mai [mai] **der** mai *m* ▸ **der Erste Mai** le Premier Mai ▸ **am achten Mai** [date] le huit mai ▸ **Anfang / Ende Mai** début / fin mai ▸ **Mitte Mai** à la mi-mai ▸ **Berlin, den 12. Mai 2012** Berlin, le 12 mai 2012 ▸ **im Mai** en mai.

Maibaum ['maibaum] (*pl* **-bäume** [bɔymə]) **der** arbre *m* de mai.

ⓘ Maibaum

L'arbre de mai est un grand mât planté sur la place du village, décoré de rubans et surmonté d'une couronne. Symbole de fertilité, il représente aussi l'honneur de la commune et de ses habitants.

Maifeiertag ['maifaiɐta:k] (*pl* **-e** [ta:gə]) **der** fête *f* du Travail.

Maiglöckchen ['maiglœkçən] (*pl inv*) **das** muguet *m*.

Mail [me:l] (*pl* **-s**) **die** mail *m*, mél *m*.

Mailand ['mailant] **nt** Milan.

Mailbox [me:lbɔks] (*pl* **-en**) **die** boîte e-mail.

mailen ['me:lən] **vi** envoyer un mail.

Mailingliste ['me:lɪŋlɪstə] (*pl* **-n**) **die** mailing list *f*.

Mailserver ['me:lzø:ɐ̯vɐ] (*pl inv*) **der** serveur *m* de courrier.

Mainz [maints] **nt** Mayence.

Mais [mais] **der** maïs *m*.

Maiskolben ['maiskɔlbn̩] (*pl inv*) **der** épi *m* de maïs.

Majo ['ma:jo] (*pl* **-s**) **die** *fam* mayo *f*.

Majonäse [majɔ'nɛ:zə] **die** = **Mayonnaise**.

Majoran ['ma:joran] **der** marjolaine *f*.

Makedonien [makə'do:ni̯ən] **nt** Macédoine *f*.

Make-up [me:k'lap] (*pl* **-s**) **das 1.** [Schminken] maquillage *m* **2.** [Creme] fond *m* de teint.

Make-up-Entferner [me:k'laplɛntfɛrnɐ] (*mpl inv*) **der** démaquillant *m*.

Makkaroni [maka'ro:ni] **pl** macaronis *mpl*.

Makler, in ['ma:klɐ, lərɪn] (*mpl inv*) **der, die 1.** [an Börse] agent *m* de change **2.** [für Immobilien] agent immobilier.

Makrele [ma'kre:lə] (*pl* **-n**) **die** maquereau *m*.

Makrone [ma'kro:nə] (*pl* **-n**) **die** macaron *m*.

mal [ma:l] ◆ **adv** *fam* **1.** [in Zukunft] un jour **2.** [in Vergangenheit] autrefois. ◆ **konj** [zur Multiplikation] fois ▸ **gib mal her!** donne voir ça ! ▸ **ich muss dir mal was sagen** il faut que je te dise quelque chose ▸ **hör mal!** *fam* écoute un peu ! ▸ **sag mal!** *fam* dis voir ! ▸ **mal so, mal so** tantôt comme ci, tantôt comme ça.

Mal [ma:l] (*pl* **-e**) **das** [Zeitpunkt] fois *f* ▸ **nächstes Mal** la prochaine fois ▸ **zum ersten /letzten Mal** pour la première / dernière fois ▸ **das letzte Mal** la dernière fois ▸ **ein paar Mal** plusieurs fois.

Malaria [ma'la:ri̯a] **die** malaria *f*, paludisme *m*.

Malbuch ['ma:lbu:x] (*pl* **-bücher**) **das** livre *m* de coloriage.

Malediven [malə'di:vən] **pl** îles *fpl* Maldives ▸ **auf den Malediven** aux Maldives.

malen ['ma:lən] **vt & vi** peindre.

Maler, in ['ma:lɐ, lərɪn] (*mpl inv*) **der, die** peintre *m*.

malerisch ['ma:lərɪʃ] **adj** [Ort] pittoresque.

Mallorca [ma'jɔrka] **nt** Majorque ▸ **auf Mallorca** à Majorque.

Malta ['malta] **nt** Malte ▸ **auf Malta** à Malte.

Malteser Hilfsdienst [mal'te:zɐ'hɪlfsdi:nst] **der** *organisation de se-*

couristes bénévoles intervenant en cas de sinistres.

Malventee ['malvn̩teː] **der** tisane *f* de mauve.

Malz [malts] **das** malt *m*.

Malzbier ['maltsbiːɐ̯] **das** bière *f* de malt.

Mama ['mama] (*pl* -s) **die** *fam* maman *f*.

man [man] **pron** on.

manche, r, s ['mançə] ◆ **pron 1.** [einige, einiges] certains **2.** [viele, viel] beaucoup. ◆ **det 1.** [einige] certains **2.** [viele] beaucoup de.

manchmal ['mançmaːl] **adv** parfois.

Mandarine [manda'riːnə] (*pl* -n) **die** mandarine *f*.

Mandel ['mandl̩] (*pl* -n) **die** amande *f*. ◆ **Mandeln pl** [Organ] amygdales *fpl*.

Mandelentzündung ['mandl̩ɛnttsʏndʊŋ] (*pl* -en) **die** amygdalite *f*.

Manege [ma'neːʒə] (*pl* -n) **die** piste *f*.

Mangel ['maŋl̩] (*pl* **Mängel** ['mɛŋl̩]) **der 1.** [Zustand] manque *m*, pénurie *f* **2.** [Fehler] défaut *m* ▸ **Mangel an** *(+ D)* manque de.

mangelhaft ['maŋl̩haft] **adj** insuffisant(e).

mangels ['maŋl̩s] **präp** *(+ G, + D) amt* faute de.

Mango ['maŋgo] (*pl* -s) **die** mangue *f*.

Manieren [ma'niːrən] **pl** manières *fpl*.

Maniküre [mani'kyːrə] **die** manucure *f*.

Manila [ma'niːla] **nt** Manille.

manipulieren [manipu'liːrən] **vt 1.** [Person, Motor] manipuler **2.** [Rechnung] falsifier.

Mann [man] (*pl* **Männer** ['mɛnɐ]) **der 1.** [Erwachsener] homme *m* **2.** [Ehemann] mari *m* ▸ **Mann!** *fam* nom d'une pipe !

Mannequin ['manəkɛ̃] (*pl* -s) **das** mannequin *m*.

männlich ['mɛnlɪç] **adj 1.** [Person, Tier, Pflanze] mâle **2.** [von Mann, grammatisch] masculin(e) **3.** [für Männer typisch] viril(e).

Mannschaft ['manʃaft] (*pl* -en) **die 1.** [beim Sport] équipe *f* **2.** [von Schiff, Flugzeug] équipage *m*.

Manöver [ma'nøːvɐ] (*pl inv*) **das** manœuvre *f*.

manövrieren [manøː'vriːrən] **vt** [Fahrzeug] manœuvrer.

Manschettenknopf [man'ʃɛtn̩knɔpf] (*pl* **-knöpfe** [knœpfə]) **der** bouton *m* de manchette.

Mantel ['mantl̩] (*pl* **Mäntel** ['mɛntl̩]) **der 1.** [Kleidungsstück] manteau *m* **2.** [von Reifen] gaine *f*.

manuell [manu'ɛl] ◆ **adj** [Herstellung] manuel(elle). ◆ **adv** [herstellen] manuellement.

Manuskript [manu'skrɪpt] (*pl* -e) **das** manuscrit *m*.

Mappe ['mapə] (*pl* -n) **die 1.** [Hülle] chemise *f* **2.** [Tasche] serviette *f*.

Maracas [ma'rakas] **pl** maracas *fpl*.

Maracuja [mara'kuːja] (*pl* -s) **die** fruit *m* de la passion, maracu(d)ja *m*.

Marathon ['maratɔn] (*pl* -s) **der** marathon *m*.

Märchen ['mɛːɐ̯çn̩] (*pl inv*) **das** [Erzählung] conte *m* (de fée).

Margarine [marga'riːnə] **die** margarine *f*.

Mariä Himmelfahrt [mariːɛ'hɪml̩faːɐ̯t] **nt** Assomption *f*.

Marienkäfer [ma'riːənkɛːfɐ] (*pl inv*) **der** coccinelle *f*.

Marihuana [mariu'a:na] **das** marihuana *f*, marijuana *f*.

Marille [ma'rɪlə] (*pl* **-n**) **die** ÖSTERR abricot *m*.

Marillenknödel [ma'rɪl̩nknø:dl̩] (*pl inv*) **der** ÖSTERR *boulette de pommes de terre écrasées contenant un abricot.*

Marinade [mari'na:də] (*pl* **-n**) **die** marinade *f*.

marinieren [mari'ni:rən] **vt** (faire) mariner.

Marionette [mario'nɛtə] (*pl* **-n**) **die** marionnette *f*.

Marionettentheater [mario'nɛtn̩tea:tɐ] (*pl inv*) **das** théâtre *m* de marionnettes.

Mark[1] [mark] (*pl inv*) **die** [Währung] mark *m*.

Mark[2] [mark] **das 1.** [in Knochen] moelle *f* **2.** [aus Obst, Gemüse] concentré *m*.

Marke ['markə] (*pl* **-n**) **die 1.** [von Hersteller] marque *f* **2.** [Briefmarke] timbre *m* **3.** [Erkennungsmarke] plaque *f* (d'identification) **4.** [für Garderobe] ticket *m*.

Markenartikel ['markn̩lartɪkl̩] (*pl inv*) **der** produit *m* de marque.

Markenzeichen ['markn̩tsaiçn] (*pl inv*) **das** marque *f*.

Marketing ['markətɪŋ] **das** marketing *m*.

markieren [mar'ki:rən] **vt 1.** [kennzeichnen] marquer **2.** EDV sélectionner ▸ **alles markieren** sélectionner tout ▸ **etw markieren** mettre qqch en surbrillance.

Markierung [mar'ki:rʊŋ] (*pl* **-en**) **die 1.** [in Text, auf Straße] balisage *m* **2.** [Markieren] marquage *m* ▸ **'fehlende Markierung'** 'absence *f* de marquage (au sol)'.

Markise [mar'ki:zə] (*pl* **-n**) **die** marquise *f*.

Markklößchen ['markkløːsçən] (*pl inv*) **das** *petite boulette à base de moelle, d'œufs, d'épices et de chapelure.*

Markt [markt] (*pl* **Märkte** ['mɛrktə]) **der** marché *m* ▸ **auf den** ODER **zum Markt gehen** aller au marché.

Marktforschung ['marktfɔrʃʊŋ] **die** étude *f* de marché.

Marktfrau ['marktfrau] (*pl* **-en**) **die** marchande *f*.

Markthalle ['markthalə] (*pl* **-n**) **die** marché couvert.

Marktplatz ['marktplats] (*pl* **-plätze** [plɛtsə]) **der** place *f* du marché.

Marktwirtschaft ['marktvɪrtʃaft] **die** économie *f* de marché.

Marmelade [marmə'la:də] (*pl* **-n**) **die** confiture *f*.

Marmor ['marmoːɐ̯] **der** marbre *m*.

Marmorkuchen ['marmoːɐ̯kuːxn̩] (*pl inv*) **der** gâteau marbré.

Marokko [ma'rɔko] **nt** Maroc *m*.

Marone [ma'ro:nə] (*pl* **-n**) **die 1.** [Kastanie] châtaigne *f* **2.** [Pilz] bolet *m* fauve.

Marsch[1] [marʃ] (*pl* **Märsche** ['mɛrʃə]) **der** marche *f*.

Marsch[2] [marʃ] (*pl* **-en**) **die** [an Küste] polder *m*.

marschieren [mar'ʃi:rən] **vi** *(ist)* **1.** [wandern] marcher **2.** [Soldaten] marcher au pas.

Marschmusik ['marʃmuzi:k] **die** musique *f* militaire.

Marxismus [mar'ksɪsmʊs] **der** marxisme *m*.

März [mɛrts] **der** mars *m* ▸ **am ersten März** le premier mars ▸ **Anfang / Ende März** début / fin mars ▸ **Mitte März** à la mi-mars ▸ **Berlin, den 12. März 2012** Berlin, le 12 mars 2012 ▸ **im März** en mars.

Marzipan ['martsipa:n] **das** pâte *f* d'amandes.

Maschine [ma'ʃi:nə] (*pl* **-n**) **die 1.** [Schreibmaschine, Waschmaschine, technisch] machine *f* **2.** *fam* [Flugzeug] appareil *m* ▸ **Maschine schreiben** taper à la machine.

maschinell [maʃi'nɛl] ◆ **adj** mécanisé(e). ◆ **adv** à la machine.

Masern ['mazɐn] **pl** rougeole *f*.

Maske ['maskə] (*pl* **-n**) **die** masque *m*.

Maskenball ['maskn̩bal] (*pl* **-bälle** [bɛlə]) **der** bal masqué.

maskieren [mas'ki:rən] **vt** [Person] masquer. ◆ **sich maskieren ref 1.** [sich verkleiden] se déguiser **2.** [Einbrecher] se camoufler.

Maskottchen [mas'kɔtçən] (*pl inv*) **das** mascotte *f*.

maskulin ['maskuli:n] **adj** masculin(e).

Maskulinum ['maskuli:nʊm] (*pl* **Maskulina**) **das** GRAMM masculin *m*.

maß [ma:s] **prät** → **messen**.

Maß¹ [ma:s] (*pl* **-e**) **das 1.** [von Raum, Größe] taille *f*, mesure *f* **2.** [Einheit] unité *f* de mesure ▸ **in hohem / geringem Maß** dans une large / moindre mesure ▸ **nach Maß** sur mesure.

Maß² [ma:s] (*pl inv*) **die** SÜDDT ≃ chope *f* (d'un litre).

Massage [ma'sa:ʒə] (*pl* **-n**) **die** massage *m*.

Massageöl [ma'sa:ʒəlø:l] (*pl* **-e**) **das** huile *f* de massage.

Masse ['masə] (*pl* **-n**) **die 1.** [Brei, von Dingen] masse *f* **2.** [von Personen] foule *f* ▸ **in Massen** en masse.

Maßeinheit ['ma:s|ainhait] (*pl* **-en**) **die** unité *f* de mesure.

massenhaft ['masn̩haft] **adj** en masse.

Massenmedium ['masn̩me:diʊm] (*pl* **-medien** [me:diən]) **das** média *m*.

Massentourismus ['masn̩tu:rɪsmʊs] **der** tourisme *m* de masse.

Masseur, in [ma'sø:ɐ̯, rɪn] (*mpl* **-e**) **der, die** masseur *m*, -euse *f*.

maßgeschneidert ['ma:sgəʃnaidɐt] **adj** [Kleidung] taillé(e) sur mesure.

massieren [ma'si:rən] **vt** masser.

mäßig ['mɛ:sɪç] ◆ **adj 1.** [Leistung, Wetter] moyen(enne) **2.** [moderat] modéré(e). ◆ **adv** modérément.

massiv [ma'si:f] **adj 1.** massif(ive) **2.** [Kritik] sévère.

Maßkrug ['ma:skru:k] (*pl* **-krüge** [kry:gə]) **der** SÜDDT chope *f*.

Maßnahme ['ma:sna:mə] (*pl* **-n**) **die** mesure *f*.

Maßstab ['ma:sʃta:p] (*pl* **-stäbe** [ʃtɛ:bə]) **der 1.** [auf Landkarten] échelle *f* **2.** [Richtlinie] critère *m* ▸ **im Maßstab 1:25.000** à l'échelle 1 / 25 000.

Mast [mast] (*pl* **-en**) **der** [für Segel, Fahne] mât *m*.

Master ['ma:stɐ] (*pl inv*) **der** SCHULE master *m*.

Material [mate'ria:l] (*pl* **-ien** [-liən]) **das 1.** [Werkstoff] matériau *m* **2.** [Gerät] matériel *m* **3.** [Unterlagen] documents *mpl*.

materialistisch [materia'lɪstɪʃ] **adj** [Person, Einstellung] matérialiste.

materiell [materi̯ɛl] **adj 1.** [Bedürfnis, Schaden, finanziell] matériel(elle) **2.** [materialistisch] matérialiste.

Mathematik [matəma'tɪk] **die** mathématiques *fpl*.

Matinee [mati'ne:] (*pl* -n) **die** matinée *f*.

Matjes ['matjəs] (*pl inv*) **der** hareng *m* (salé).

Matratze [ma'tratsə] (*pl* -n) **die** matelas *m*.

Matrose [ma'tro:zə] (*pl* -n) **der** matelot *m*.

Matsch ['matʃ] **der** [Schlamm] boue *f*.

matt ['mat] **adj 1.** [glanzlos] mat(e) **2.** [müde] épuisé(e).

Matte ['matə] (*pl* -n) **die 1.** [Fußmatte] paillasson *m* **2.** [für Strand] natte *f*.

Matterhorn ['matɐhɔrn] **das** Cervin *m*.

Matura [ma'tu:ra] **die** baccalauréat *m* *(en Suisse et Autriche)*.

Mauer ['mauɐ] (*pl* -n) **die** mur *m*.

Mauerwerk ['mauɐvɛrk] **das** maçonnerie *f*.

Maul [maul] (*pl* **Mäuler** ['mɔylɐ]) **das** [von Tieren] gueule *f*.

Maulwurf ['maulvʊrf] (*pl* **-würfe** [vyrfə]) **der** taupe *f*.

Maurer, in ['maurɐ, rərɪn] (*mpl inv*) **der, die** maçon *m*.

Mauretanien [maurə'ta:niən] **nt** Mauritanie *f*.

Maus [maus] (*pl* **Mäuse** ['mɔyzə]) **die** souris *f* ▸ **optische Maus** souris optique.

Mausefalle ['mauzəfalə] (*pl* -n) **die** souricière *f*.

Mausklick ['mausklɪk] (*pl* -s) **der** clic *m* ▸ **rechter Mausklick** clic *m* droit ▸ **linker Mausklick** clic *m* gauche.

Mauspad ['mauspɛt] (*pl* -s) **das** tapis *m* de souris.

Mauszeiger ['maustsaigɐ] (*pl inv*) **der** curseur *m*.

Mautgebühr ['mautgəby:ɐ̯] (*pl* **-en** ['by:rən]) **die** péage *m*.

Mautstelle ['mautʃtɛlə] (*pl* -n) **die** péage *m*.

Mautstraße ['mautʃtra:sə] (*pl* -n) **die** route *f* à péage.

maximieren [maksi'mi:rn̩] **vt** maximaliser, maximiser.

Maximum ['maksimʊm] (*pl* **Maxima** ['maksima]) **das** maximum *m*.

Mayonnaise [majɔ'nɛ:zə] (*pl* -n) **die** mayonnaise *f*.

MB (*abk für* **Megabyte**) **das** Mo *m* *(méga-octet)*.

Mechaniker, in [me'ça:nɪkɐ] (*mpl inv*) **der, die** mécanicien *m*, -enne *f*.

mechanisch [me'ça:nɪʃ] ◆ **adj 1.** [Vorgang, Apparat] mécanique **2.** [gedankenlos] machinal(e). ◆ **adv 1.** [funktionieren, betreiben] mécaniquement **2.** [gedankenlos] machinalement.

Mechanismus [meça'nɪsmʊs] (*pl* **-men** [nɪsmən]) **der** mécanisme *m*.

meckern ['mɛkɐn] **vi** *fam* [Person] râler.

Mecklenburg-Vorpommern ['me:klənbʊrk'fo:ɐ̯pɔmɐn] **nt** Mecklembourg-Poméranie occidentale *m*.

Medaille [me'daljə] (*pl* -n) **die** médaille *f*.

Medien ['me:diən] **pl** [Rundfunk, Zeitung, Fernsehen] médias *mpl*.

Medienkompetenz ['me:di̯ənkɔmpetɛnts] **die** compétence *f* média.

Medikament [medika'mɛnt] (*pl* -e) **das** médicament *m* ▸ **ein Medika-**

ment gegen un médicament contre oder pour.

Meditation [medita'tsjo:n] (*pl* **-en**) **die** méditation *f.*

meditieren [medi'ti:rən] **vi** méditer.

Medium ['me:djum] (*pl* **Medien** ['me:djəm]) **das** media *m.*

Medizin [medi'tsi:n] **die 1.** [Heilkunde] médecine *f* **2.** [Medikament] médicament *m.*

medizinisch [medi'tsi:nɪʃ] **adj** [Bäder, Anwendungen] médical(e).

Meer [me:ɐ] (*pl* **-e**) **das** mer *f* ▸ **am Meer** au bord de la mer ▸ **ans Meer fahren** aller à la mer.

Meerenge ['me:ɐlɛŋə] (*pl* **-n**) **die** détroit *m.*

Meeresfrüchte ['me:rəsfryçtə] **pl** fruits *mpl* de mer.

Meeresspiegel ['me:rəsʃpi:gl] **der** niveau *m* de la mer ▸ **50 m über / unter dem Meeresspiegel** 50 m au-dessus / au-dessous du niveau de la mer.

Meerrettich ['me:ɐrɛtɪç] **der** raifort *m.*

Meerschweinchen ['me:ɐʃvainçən] (*pl inv*) **das** cochon *m* d'Inde.

Meerwasser ['me:ɐvasɐ] **das** eau *f* de mer.

Megabyte ['me:gabait] (*pl* **-s**) **das** EDV mégaoctet *m.*

megacool ['me:gaku:l] **adj** *fam* méga cool.

Megapixel ['me:gapɪksl] (*pl inv*) **das** mégapixel *m.*

Mehl [me:l] **das** [aus Getreide] farine *f.*

Mehlschwitze ['me:lʃvi:tsə] (*pl* **-n**) **die** roux *m (culinaire).*

Mehlspeise ['me:lʃpaizə] (*pl* **-n** [ʃpaizn̩]) **die** *plat salé ou sucré à base de farine.*

mehr [me:ɐ] ◆ **komp** → **viel.** ◆ **det** plus de. ◆ **pron** plus. ◆ **adv** plus ▸ **es ist keiner mehr da** il n'y a plus personne ▸ **nichts mehr** plus rien ▸ **nie mehr** plus jamais.

mehrere ['me:rərə] **adj & pron** plusieurs.

mehrfach ['me:ɐfax] ◆ **adv** à plusieurs reprises. ◆ **adj** plusieurs.

Mehrfahrtenausweis ['me:ɐfa:ɐtn̩ausvais] (*pl* **-e** [vaizə]) **der** *billet de bus ou de métro valable pour plusieurs trajets.*

Mehrheit ['me:ɐhait] (*pl* **-en**) **die** majorité *f.*

mehrmals ['me:ɐmals] **adv** plusieurs fois.

mehrsprachig ['me:ɐʃpraxɪç] **adj 1.** [Wörterbuch, Text] multilingue **2.** [Person] polyglotte.

Mehrwertsteuer ['me:ɐve:ɐtʃtɔyɐ] **die** taxe *f* sur la valeur ajoutée, TVA *f.*

Mehrzahl ['me:ɐtsa:l] **die 1.** GRAMM pluriel *m* **2.** [Mehrheit] majorité *f.*

Meile ['mailə] (*pl* **-n**) **die** mile *m.*

mein, e [main, 'mainə] **det** mon, ma, mes.

meine, r, s ODER **meins** ['mainə, 'mainɐ, 'mainəs, 'mains] ◆ **pron** le mien (la mienne), les miens (les miennes). ◆ **det** → **mein.**

meinen ['mainən] **vt 1.** [denken, glauben] penser **2.** [sagen] dire **3.** [im Auge haben] viser ▸ **etw ironisch / wörtlich / böse meinen** dire qqch ironiquement / au sens propre / méchamment ▸ **das war nicht so gemeint** ce n'est pas ce que je voulais dire.

meinetwegen ['mainətve:gən] **adv** **1.** [wegen mir] à cause de moi **2.** [von mir aus] d'accord.

Meinung ['mainʊŋ] (*pl* **-en**) **die** opinion *f*, avis *m*.

Meinungsumfrage ['mainʊŋslʊmfra:gə] (*pl* **-n**) **die** sondage *m* d'opinion.

Meinungsverschiedenheit ['mainʊŋsfɛɐ̯ʃi:dn̩hait] (*pl* **-en**) **die** désaccord *m* ▸ **Meinungsverschiedenheiten haben** être en désaccord.

Meise ['maizə] (*pl* **-n**) **die** mésange *f*.

meist [maist] **adv** en général.

meiste ['maistə] ◆ **superl** → **viel.** ◆ **adj** : **das meiste Geld** la plus grande partie de l'argent, presque tout l'argent ▸ **die meisten** la plupart.

meistens ['maistəns] **adv** généralement.

Meister, in ['maistɐ, tərɪn] (*mpl inv*) **der, die** **1.** [Titel] maître *m*, maîtresse *f* **2.** SPORT champion *m*, -onne *f*.

Meisterschaft ['maistɐʃaft] (*pl* **-en**) **die** SPORT championnat *m*.

Meisterwerk ['maistɐvɛrk] (*pl* **-e**) **das** chef-d'œuvre *m*.

melden ['mɛldn̩] **vt** **1.** [bei Behörde, Versicherung] déclarer **2.** [in Medien] annoncer. ◆ **sich melden ref** **1.** [sich bemerkbar machen] se manifester **2.** [am Telefon] s'annoncer ▸ **es meldet sich niemand** cela ne répond pas.

Meldersockel ['mɛldɐzɔkl] (*pl inv*) **der** socle *m* de détecteur.

Meldung ['mɛldʊŋ] (*pl* **-en**) **die** **1.** [Nachricht] information *f* **2.** [amtlich, von Unfall] déclaration *f* **3.** [zu Wettkampf] inscription *f* **4.** [von Verdächtigen, Vorkommnissen] dénonciation *f* ▸ **weitere Meldungen des Tages** le reste de l'actualité.

melken ['mɛlkn̩] (*prät* **molk**, *pp* **gemolken**) **vt** traire.

Melodie [melo'di:] (*pl* **-n**) **die** mélodie *f*.

Melone [me'lo:nə] (*pl* **-n**) **die** **1.** melon *m* **2.** [Wassermelone] pastèque *f*.

Memoiren [me'moa:rən] **pl** mémoires *mpl*.

Memorystick ['mɛmɔristɪk] (*pl* **-s**) **der** carte *f* mémoire.

Menge ['mɛŋə] (*pl* **-n**) **die** **1.** [Anzahl, Vielzahl] quantité *f* **2.** [Menschenmenge] foule *f* ▸ **eine ganze Menge** [relativ viel] un paquet ▸ **jede Menge** [sehr viel] plein de.

Mengenlehre ['mɛŋənle:rə] **die** théorie *f* des ensembles.

Mengenrabatt ['mɛŋənrabat] (*pl* **-e**) **der** rabais *m* de gros.

Mensa ['mɛnza] (*pl* **Mensen** ['mɛnzn̩]) **die** restaurant *m* universitaire.

Mensch ['mɛnʃ] (*pl* **-en**) **der** **1.** [Lebewesen] homme *m* **2.** [Person] personne *f* ▸ **kein Mensch war da** il n'y avait personne ▸ **Mensch!** a) *fam* [wütend] bon sang ! b) *fam* [begeistert] ma parole !

Menschenkenntnis ['mɛnʃn̩kɛntnɪs] **die** psychologie *f*.

menschenleer ['mɛnʃn̩le:ɐ̯] **adj** désert(e).

Menschenmenge ['mɛnʃn̩mɛŋə] (*pl* **-n**) **die** foule *f*.

Menschenrechte ['mɛnʃn̩rɛçtə] **pl** droits *mpl* de l'homme.

menschenverachtend ['mɛnʃn̩fɛɐ̯axtn̩t] **adj** qui méprise les hommes.

Menschenwürde ['mɛnʃn̩vyrdə] **die** dignité *f* humaine.

Menschheit ['mɛnʃhait] **die** humanité *f*.

menschlich ['mɛnʃlɪç] **adj** humain(e).

Menstruation [mɛnstrua'tsi̯oːn] (*pl* **-en**) die MED menstruation *f*.

mental [mɛn'taːl] adj mental(e).

Mentalität [mɛntali'tɛːt] (*pl* **-en**) die mentalité *f*.

Menthol [mɛn'toːl] das menthol *m*.

Menü [me'nyː] (*pl* **-s**) das [Essen] menu *m*.

Merkblatt ['mɛrkblat] (*pl* **-blätter** [blɛtɐ]) das fiche *f* technique.

merken ['mɛrkn̩] vt [erkennen] remarquer ▸ **sich** *(D)* **etw merken** [sich einprägen] retenir qqch.

Merkmal ['mɛrkmaːl] (*pl* **-e**) das caractéristique *f*.

merkwürdig ['mɛrkvyrdɪç] adj curieux(euse).

Messbecher ['mɛsbɛçɐ] (*pl inv*) der verre *m* doseur.

Messe ['mɛsə] (*pl* **-n**) die **1.** [Gottesdienst] messe *f* **2.** [Austellung] foire *f*, salon *m*.

> ⚠ Messe ist ein falscher Freund. Das Wort bedeutet nicht "Messe" im Sinne von "Ausstellung", sondern ***Gottesdienst***.

Messegelände ['mɛsəgəlɛndə] (*pl inv*) das parc *m* des expositions.

messen ['mɛsn̩] (*präs* **misst**, *prät* **maß**, *pp* **gemessen**) vt & vi mesurer.

Messer ['mɛsɐ] (*pl inv*) das couteau *m*.

Messestadt ['mɛsəʃtat] (*pl* **-städte** [ʃtɛtə]) die ville *f* de salons et d'expositions.

Messgerät ['mɛsgərɛːt] (*pl* **-e**) das appareil *m* de mesures.

Messing ['mɛsɪŋ] das laiton *m*.

Messung ['mɛsʊŋ] (*pl* **-en**) die [Handlung] mesure *f*.

Metall [me'tal] (*pl* **-e**) das métal *m*.

Metastase [metas'taːsə] (*pl* **-n**) die métastase *f*.

Meteorologe [meteoro'loːgə] (*pl* **-n**) der météorologue *m*.

Meteorologin [meteoro'loːgɪn] (*pl* **-nen**) die météorologue *f*.

Meter ['meːtɐ] (*pl inv*) der mètre *m* ▸ **ein Meter achtundzwanzig** un mètre vingt-huit ▸ **zwei Meter hoch / breit / lang / tief sein** faire deux mètres de haut / large / long / profondeur.

Metermaß ['meːtɐmaːs] (*pl* **-e**) das mètre *m (pliant)*.

Methode [meː'toːdə] (*pl* **-n**) die méthode *f*.

Mettwurst ['mɛtvʊrst] (*pl* **-würste** [vyrstə]) die *saucisse à tartiner à base de viande hachée fumée*.

Metzger, in ['mɛtsgɐ, gərɪn] (*mpl inv*) der, die SÜDDT boucher *m*, -ère *f*.

Metzgerei [mɛtsgə'rai̯] (*pl* **-en**) die SÜDDT boucherie *f*.

Mexiko ['mɛksiko] nt Mexique *m*.

MEZ [ɛmleː'tsɛt] die heure *f* de l'Europe centrale.

Mezzosopran ['mɛtsoːzopraːn] der mezzo-soprano *mf*.

MFG *abk für* **Mitfahrgelegenheit**.

mich [mɪç] pron **1.** [Personalpronomen] me, m', moi **2.** [Reflexivpronomen] me.

mied [miːt] prät → **meiden**.

Miene ['miːnə] (*pl* **-n**) die mine *f*.

mies ['miːs] adj *fam* pourri(e) ▸ **sich mies fühlen** être mal fichu.

Miesmuschel ['miːsmʊʃl] (*pl* **-n**) die moule *f*.

Miete ['miːtə] (*pl* **-n**) die loyer *m*.

mieten ['miːtn̩] vt louer ▸ **sich** *(D)* **etw mieten** louer qqch.

Mieter, in ['mi:tɐ, tərɪn] (*mpl inv*) der, die locataire *mf*.

Mietfahrzeug ['mi:tfa:ɐ̯tsɔyk] (*pl* **-e** [tsɔygə]) das véhicule *m* de location.

Mietkauf ['mi:tkauf] (*pl* **-käufe** [kɔyfə]) der location-vente *f*, leasing *m*.

Mietshaus ['mi:tshaus] (*pl* **-häuser** [hɔyzɐ]) das immeuble *m*.

Mietvertrag ['mi:tfɛɐ̯tra:k] (*pl* **-verträge** [trɛ:gə]) der **1.** contrat *m* de location **2.** [für Wohnung, Geschäft] bail *m*.

Mietwagen ['mi:tva:gn̩] (*pl inv*) der voiture *f* de location.

Mietwohnung ['mi:tvo:nʊŋ] (*pl* **-en**) die appartement *m* en location.

Migräne [mi'grɛ:nə] die migraine *f*.

Migrationshintergrund [migra-'tsi̯o:nshɪntɐgrʊnt] der origine *f* migratoire ▸ **mit Migrationshintergrund** issu(e) de l'immigration.

Mikrochip ['mi:krotʃɪp] (*pl* **-s**) der puce *f*.

Mikrofaser ['mi:krofa:zɐ] (*pl* **-n**) die microfibre *f*.

Mikrofon [mikro'fo:n] (*pl* **-e**) das microphone *m*.

Mikrokredit ['mi:krokredit] der microcrédit *m*.

Mikroprozessor ['mi:kroprotsɛso:ɐ̯] (*pl* **-en**) der microprocesseur *m*.

Mikroskop [mikro'sko:p] (*pl* **-e**) das microscope *m*.

Mikrowellenherd ['mi:krovɛlənhɛrt] (*pl* **-e** [hɛrdə]) der four *m* à micro-ondes.

Milch [mɪlç] die lait *m* ▸ **fettarme Milch** lait écrémé.

Milchbrötchen ['mɪlçbrø:tçən] (*pl inv*) das pain *m* au lait.

Milcheis ['mɪlçlais] das crème glacée.

Milchkaffee ['mɪlçkafe:] (*pl* **-s**) der café *m* au lait.

Milchmixgetränk ['mɪlçmɪksgətrɛŋk] (*pl* **-e**) das milk-shake *m*.

Milchprodukt ['mɪlçprodʊkt] (*pl* **-e**) das produit laitier.

Milchpulver ['mɪlçpʊvɐ] das lait *m* en poudre.

Milchschokolade ['mɪlçʃokola:də] die chocolat *m* au lait.

mild [mɪlt] ◆ adj doux (douce). ◆ adv [würzen] légèrement.

Militär [mili'tɛ:ɐ̯] das armée *f*.

Milliarde [mɪ'li̯ardə] (*pl* **-n**) die milliard *m*.

Milligramm ['mɪligram] (*pl inv*) das milligramme *m*.

Milliliter ['mɪlili:tɐ] (*pl inv*) der millilitre *m*.

Millimeter ['mɪlime:tɐ] (*pl inv*) der millimètre *m*.

Million [mɪ'li̯o:n] (*pl* **-en**) die million *m*.

Millionär, in [mɪli̯o:'nɛ:ɐ̯, nɛ:rɪn] (*mpl* **-e**) der, die millionnaire *mf*.

Milz [mɪlts] (*pl* **-en**) die rate *f*.

Mimik ['mi:mɪk] die mimique *f*.

Minderheit ['mɪndɐhait] (*pl* **-en**) die minorité *f*.

minderjährig ['mɪndɐjɛ:rɪç] adj mineur(e).

Minderjährige ['mɪndɐjɛ:ri:gə] (*pl* **-n**) der, die mineur *m*, -e *f*.

minderwertig ['mɪndɐve:ɐ̯tɪç] adj [Qualität] de qualité inférieure.

Minderwertigkeitskomplex ['mɪndɐve:ɐtɪçkaitskɔmplɛ_ks] (*pl* **-e**) der complexe *m* d'infériorité.

Mindestalter ['mɪndəstlaltɐ] das âge *m* minimum.

Mindestbetrag ['mɪndəstbətra:k] (*pl* **-beträge** [trɛ:gə]) **der** montant *m* minimum.

mindeste ['mɪndəstə] **adj** moindre.

mindestens ['mɪndəstəns] **adv** au moins.

Mindesthaltbarkeitsdatum ['mɪndəsthaltba:ɐ̯kaitsda:tʊm] **das** date *f* limite de consommation.

Mindestpreis ['mɪndəstprais] (*pl* **-e** [praizə]) **der** prix *m* minimum.

Mine ['mi:nə] (*pl* **-n**) **die** [von Stift] mine *f*.

Mineral [minə'ra:l] (*pl* **-ien** [-li̯ən]) **das** [in Wasser] minéral *m*.

Mineralbad [minə'ra:lba:d] (*pl* **-bäder** [bɛ:dɐ]) **das** station hydrominérale.

Mineralölsteuer [minə'ra:lløːlʃtɔyɐ] **die** taxe *f* sur les produits pétroliers.

Mineralwasser [minə'ra:lvasɐ] (*pl* **-wässer** [vɛsɐ]) **das** eau minérale.

Mini ['mɪni] (*pl* **-s**) **der** *fam* [Rock] mini-jupe *f*.

Minifestplatte ['mɪnifɛstplatə] (*pl* **-n**) **die** minidisque *m* dur.

Minigolf ['mɪnigɔlf] **das** minigolf *m*.

Minigolfanlage ['mɪnigɔlf|anla:gə] (*pl* **-n**) **die** minigolf *m*.

minimal [mini'ma:l] **adj** minimum.

minimieren [mini'mi:rən] **vt** réduire.

Minimum ['minimʊm] (*pl* **Minima** ['minima]) **das** minimum *m*.

Minister, in [mi'nɪstɐ, tərɪn] (*mpl inv*) **der, die** ministre *m*.

Ministerium [minɪs'te:rjʊm] (*pl* **Ministerien** [te:rjən]) **das** ministère *m*.

Ministerpräsident, in [mi'nɪstɐprɛzidɛnt, tɪn] (*mpl* **-en**) **der, die 1.** [von Bundesland] ministre-président *m* **2.** [Premierminister] Premier ministre *m*.

Minsk [mɪnsk] **nt** Minsk.

minus ['mi:nʊs] **konj & adv** moins.

Minus ['mi:nʊs] **das** [Fehlbetrag] déficit *m*.

Minute [mi'nu:tə] (*pl* **-n**) **die** minute *f*.

minutenlang [mi'nu:tn̩laŋ] **adv** pendant plusieurs minutes.

Minze ['mɪntsə] (*pl* **-n**) **die** menthe *f*.

Mio. *abk für* **Million**.

mir [mi:ɐ̯] **pron 1.** [Personalpronomen] me, m', moi **2.** [Reflexivpronomen] me, m'.

Mirabelle [mira'bɛlə] (*pl* **-n**) **die** mirabelle *f*.

Mischbrot ['mɪʃbro:t] (*pl* **-e**) **das** pain *m* bis.

mischen ['mɪʃn̩] **vt** mélanger.

Mischung ['mɪʃʊŋ] (*pl* **-en**) **die** mélange *m*.

missachten [mɪs'|axtn̩] **vt** [Vorschrift, Regel] ne pas observer.

Missachtung [mɪs'|axtʊŋ] **die** [von Vorschrift] mépris *m*.

Missbrauch ['mɪsbraux] (*pl* **-bräuche** [brɔyçə]) **der** abus *m* ▸ **'vor Missbrauch wird gewarnt'** 'tout abus est dangereux pour la santé'.

missbrauchen [mɪs'brauxn̩] **vt** abuser.

Misserfolg ['mɪs|ɛɐ̯fɔlk] (*pl* **-e** [fɔlgə]) **der** échec *m*.

Missgeschick ['mɪsgəʃɪk] (*pl* **-e**) **das** malchance *f* ▸ **jm passiert ein Missgeschick** il arrive un petit malheur à qqn.

misshandeln [mɪs'handl̩n] **vt** maltraiter.

Misshandlung [mɪs'handlʊŋ] (*pl* **-en**) **die 1.** mauvais traitement **2.** [Recht] maltraitance *f*.

misslingen [mɪsˈlɪŋən] (*prät* **misslang**, *pp* **misslungen**) **vi** *(ist)* échouer ▸ **das ist mir misslungen** je l'ai raté.

misst [mɪst] **präs** → **messen**.

Misstrauen [ˈmɪstrau̯ən] **das** méfiance *f*.

misstrauen [mɪsˈtrau̯ən] **vi** *(+ D)* se méfier de.

misstrauisch [ˈmɪstrau̯ɪʃ] **adj** méfiant(e).

Missverständnis [ˈmɪsfɛɐ̯ʃtɛntnɪs] (*pl* **-se**) **das** malentendu *m*.

missverstehen [ˈmɪsfɛɐ̯ʃteːən] (*prät* **missverstand**, *pp* **missverstanden**) **vt** mal comprendre.

Mist [mɪst] **der 1.** [Dung] fumier *m* **2.** *fam* [Plunder] fourbi *m* **3.** *fam* [Blödsinn] conneries *fpl*.

mit [mɪt] ◆ **präp** *(+ D)* **1.** [gen] avec ▸ **mit einer Firma zusammenarbeiten** travailler avec une entreprise ▸ **mit Zucker** avec du sucre ▸ **mit Verspätung eintreffen** arriver en retard **2.** [Angabe von Instrument, Mittel] : **mit dem Auto da sein** être en voiture ▸ **mit der Post** par la poste ▸ **mit dem Bohrer ein Loch machen** faire un trou avec la perceuse ▸ **mit dem Zug** par le oder en train **3.** [Angabe von Bestandteil] : **eine Frau mit Hut** une femme avec un chapeau ▸ **ein Mann mit Schnurrbart** un moustachu ▸ **der Mann mit dem Schirm** l'homme au parapluie **4.** [Angabe von Zeitpunkt] : **mit 16 Jahren** à 16 ans ▸ **mit den Jahren** avec le temps ◆ **adv** [zusammen mit anderen] aussi ▸ **ich warte noch mit auf den Zug** j'attends le train avec toi oder vous.

mit◦arbeiten [ˈmɪtlarbai̯tn̩] **vi** coopérer.

Mitarbeiter, in [ˈmɪtlarbai̯tɐ, tərɪn] (*mpl inv*) **der, die** collaborateur *m*, -trice *f*.

mit◦bekommen [ˈmɪtbəkɔmən] **vt** *(unreg)* **1.** [verstehen, aufschnappen] comprendre **2.** [bekommen] recevoir.

mit◦bestimmen [ˈmɪtbəʃtɪmən] **vi** cogérer.

Mitbestimmung [ˈmɪtbəʃtɪmʊŋ] **die** cogestion *f*.

Mitbewohner, in [ˈmɪtbəvoːnɐ, nərɪn] (*mpl inv*) **der, die** colocataire *mf*.

mit◦bringen [ˈmɪtbrɪŋən] **vt** *(unreg)* **1.** [Geschenk, Gegenstand] rapporter **2.** [Person, Tier] amener ▸ **jm etw mitbringen** rapporter qqch à qqn.

Mitbringsel [ˈmɪtbrɪŋzl̩] (*pl inv*) **das** petit cadeau.

miteinander [ˈmɪtlai̯nandɐ] **adv** [zusammen] ensemble.

mit◦erleben [ˈmɪtlɛɐ̯leːbn̩] **vt** assister à.

mit◦fahren [ˈmɪtfaːrən] **vi** *(unreg, ist)* : **mit oder bei jm mitfahren** aller avec qqn *(dans le même véhicule)*.

Mitfahrgelegenheit [ˈmɪtfaːɐ̯gəleːgn̩hai̯t] (*pl* **-en**) **die** offre *f* de covoiturage.

Mitfahrzentrale [ˈmɪtfaːɐ̯tsɛntraːlə] (*pl* **-n**) **die** agence *f* de covoiturage ; ≃ Allo Stop.

mit◦geben [ˈmɪtgeːbn̩] **vt** *(unreg)* donner ▸ **jm etw mitgeben** donner qqch à qqn.

Mitgefühl [ˈmɪtgəfyːl] **das** sympathie *f*.

mit◦gehen [ˈmɪtgeːən] **vi** *(unreg, ist)* : **willst du mit uns mitgehen?** veux-tu nous accompagner ?

Mitglied [ˈmɪtgliːt] (*pl* **-er** [gliːdɐ]) **das** membre *m*.

Mitgliedsausweis ['mɪtgliːtsausvais] (*pl* **-e** [vaizə]) der carte *f* de membre.

Mitgliedsbeitrag ['mɪtgliːtsbaitraːk] (*pl* **-beiträge** [trɛːgə]) der cotisation *f*.

mithilfe [mɪt'hɪlfə] adv *(+ G)* = **Hilfe**.

mit∘kommen ['mɪtkɔmən] vi *(unreg, ist) fam* [folgen können] arriver à suivre ▸ **kommst du mit?** tu viens ?

Mitleid ['mɪtlait] das pitié *f*.

mit∘machen ['mɪtmaxn̩] ◆ vt **1.** [Kurs, Tätigkeit] participer à **2.** [Schwierigkeiten] supporter. ◆ vi [sich beteiligen] participer.

Mitmachlexikon ['mɪtmaxlɛksikɔn] (*pl* **-lexika**) das encyclopédie *f* contributive.

mit∘nehmen ['mɪtneːmən] vt *(unreg)* **1.** [Person] emmener **2.** [Gegenstand] emporter ▸ **sich** *(+ D)* **etw mitnehmen** [kaufen] se prendre qqch ▸ **zum Mitnehmen** à emporter.

Mitreisende ['mɪtraizn̩də] (*pl* **-n**) der, die compagnon *m*, compagne *f* de voyage.

Mitschüler, in ['mɪtʃyːlɐ, lərɪn] (*mpl inv*) der, die camarade *mf* de classe.

mit∘spielen ['mɪtʃpiːlən] ◆ vt [Spiel] participer à. ◆ vi : **spielst du mit?** est-ce que tu joues (avec moi oder nous) ? ▸ **bei etw mitspielen** [Musiker, Schauspieler] jouer dans qqch.

Mitspieler, in ['mɪtʃpiːlɐ, lərɪn] (*mpl inv*) der, die [bei Spiel] coéquipier *m*, -ère *f*.

Mittag ['mɪtaːk] (*pl* **-e** ['mɪtaːgə]) der midi *m* ▸ **am Mittag** à midi ▸ **gegen Mittag** vers midi ▸ **zu Mittag essen** déjeuner ▸ **gestern /heute /morgen Mittag** hier /ce /demain midi.

Mittagessen ['mɪtaːklɛsn̩] (*pl inv*) das déjeuner *m*.

mittags ['mɪtaːks] adv à midi.

Mittagspause ['mɪtaːkspauzə] (*pl* **-n**) die pause *f* de midi.

Mittagstisch ['mɪtaːkstɪʃ] der **1.** [Tisch] : **am Mittagstisch sitzen** déjeuner **2.** [im Restaurant] formule *f* midi.

Mitte ['mɪtə] (*pl* **-n**) die **1.** [räumlich, zeitlich] milieu *m* **2.** [politisch] centre *m* ▸ **in der Mitte** au milieu ▸ **Mitte nächster Woche** au milieu de la semaine prochaine ▸ **Mitte vierzig sein** avoir autour de quarante-cinq ans.

mit∘teilen ['mɪttailən] vt : **jm etw mitteilen** faire part de qqch à qqn ▸ **bitte teilen Sie mir mit, wann das Treffen stattfindet** merci de me dire quand le rendez-vous aura lieu. ◆ **sich mitteilen** ref s'exprimer.

Mitteilung ['mɪttailʊŋ] (*pl* **-en**) die information *f*.

Mittel ['mɪtl̩] (*pl inv*) das **1.** [Hilfsmittel] moyen *m* **2.** [zum Reinigen] produit *m* **3.** [Medikament] remède *m* ▸ **ein Mittel gegen** un remède contre.

Mittelalter ['mɪtl̩altɐ] das Moyen Âge *m*.

mittelalterlich ['mɪtl̩altɐlɪç] adj médiéval(e).

Mittelamerika ['mɪtl̩ameːrika] nt Amérique centrale.

Mitteleuropa ['mɪtl̩ɔlɔyroːpa] nt Europe centrale.

Mittelgebirge ['mɪtl̩gəbirgə] (*pl inv*) das moyenne montagne.

mittelmäßig ['mɪtl̩mɛsɪç] ◆ adj médiocre. ◆ adv médiocrement.

Mittelmeer ['mɪtl̩meːɐ̯] das mer *f* Méditerranée.

Mittelohrentzündung ['mɪtl̩oːɐlɛnttsyndʊŋ] (*pl* **-en**) die MED otite *f* de l'oreille moyenne.

Mittelpunkt ['mɪtl̩pʊŋkt] (*pl* -e) **der** centre *m* ▸ **im Mittelpunkt stehen** être le centre d'intérêt.

mittels ['mɪtls] **präp** *(+ G, + D) amt* au moyen de.

Mittelstreifen ['mɪtl̩ʃtraifn̩] (*pl inv*) **der** [von Straße] terre-plein central.

Mittelwelle ['mɪtl̩vɛlə] **die** onde moyenne.

mitten ['mɪtn̩] **adv** au milieu de ▸ **mitten durch** à travers ▸ **mitten in** *(+ A, + D)* **a)** [räumlich] en plein milieu de **b)** [zeitlich] au beau milieu de ▸ **mitten in der Nacht** en pleine nuit.

Mitternacht ['mɪtɐnaxt] **die** minuit *m* ▸ **um Mitternacht** à minuit.

mittlere, r, s ['mɪtlərə] **adj 1.** [durchschnittlich] moyen(enne) **2.** [in der Mitte] du milieu.

mittlerweile [mɪtlɐv'ailə] **adv** [inzwischen] entretemps.

Mittwoch ['mɪtvɔx] (*pl* -e) **der** mercredi *m* ▸ **am Mittwoch** mercredi.

mittwochs ['mɪtvɔxs] **adv** le mercredi.

mixen ['mɪksn] **vt** mixer.

Mixer ['mɪksɐ] (*pl inv*) **der** [Gerät] mixer *m*.

MMS-Handy [ɛmlɛm'lɛshɛndi] (*pl* -s) **das** téléphone *m* portable multimédia.

mobben ['mɔbn̩] **vt** harceler ▸ **gemobbt werden** faire l'objet de harcèlement.

Mobbing ['mɔbɪŋ] **das** harcèlement moral.

Möbel ['mø:bl̩] (*pl inv*) **das** meuble *m*.

Möbelwagen ['mø:bl̩va:gn̩] (*pl inv*) **der** camion *m* de déménagement.

mobil [mo'bi:l] **adj** [beweglich] mobile.

Mobilfunk [mo'bi:lfʊŋk] **der** [Gerät] téléphonie *f* mobile ▸ **jn über Mobilfunk erreichen** joindre qqn par radiotéléphone.

Mobiliar [mobi'lia:ɐ̯] **das** mobilier *m*.

Mobilnetz [mo'bi:lnɛts] (*pl* -e) **das** réseau *m* de téléphonie mobile.

Mobiltelefon [mo'bi:ltelefo:n] (*pl* -e) **das** téléphone *m* mobile.

möbliert [mø:b'li:ɐ̯t] **adj** meublé(e).

mochte ['mɔxtə] **prät** → **mögen**.

möchte ['mœçtə] **präs** → **mögen**.

Mode ['mo:də] (*pl* -n) **die** mode *f*.

Modehaus ['mo:dəhaus] (*pl* -häuser [hɔyzɐ]) **das** magasin *m* de vêtements.

Model ['mɔdl̩] (*pl* -s) **das** mannequin *m*.

Modell [mo:'dɛl] (*pl* -e) **das** modèle *m*.

Modem ['mo:dɛm] (*pl* -s) **das** modem *m*.

Modenschau ['mo:dn̩ʃau] (*pl* -en) **die** défilé *m* de mode.

Modepüppchen das *fam & abw* bimbo *f*.

Moderator, in [mo:də'ra:toɐ̯, to:rɪn] (*mpl* -en) **der, die** présentateur *m*, -trice *f*.

modern [mo'dɛrn] **adj** moderne.

modernisieren [modɛrni'zi:rən] **vt** [Haus, Betrieb] moderniser.

Modeschmuck ['mo:dəʃmʊk] **der** bijoux *mpl* fantaisie.

Modezeitschrift ['mo:dətsaitʃrɪft] (*pl* -en) **die** magazine *m* de mode.

modisch ['mo:dɪʃ] **adj** à la mode.

Modul ['mo:'du:l] (*pl* -e) **das** EDV module *m*.

Modus ['mo:dʊs] (*pl* -i) **der** mode *m*.

Mofa ['mo:fa] (*pl* -s) **das** Mobylette® *f*.

mogeln ['mo:gl̩n] **vi** *fam* tricher.

mögen ['mø:gn̩] (*präs* **mag**, *prät* **mochte**, *pp* **gemocht** ODER **mögen**) ◆ **vt** (*pp* **gemocht**) **1.** [gern haben] : **jn gern mögen** bien aimer qqn ▸ **jn / etw lieber mögen** préférer qqn / qqch ▸ **alle Kinder mögen Eis** tous les enfants aiment les glaces ▸ **sie mag die Nachspeise nicht** elle n'aime pas le dessert **2.** [wollen] vouloir ▸ **was möchten Sie, bitte?** que désirez-vous ? ▸ **ich möchte ein Bier** je voudrais une bière ◆ **vi** (*pp* **mögen**) [wollen] vouloir ▸ **er möchte hier weg** il voudrait s'en aller ▸ **ich mag nicht mehr** je n'ai plus envie ◆ **aux** (*pp* **mögen**) **1.** [wollen] vouloir ▸ **möchtest du mitkommen?** est-ce que tu veux venir ? **2.** [hypothetisch] : **mag sein** c'est possible ▸ **wo mag er wohl sein?** où peut-il bien être ? ▸ **was auch kommen mag** quoi qu'il arrive.

möglich ['mø:klıç] **adj & adv** possible ▸ **alles Mögliche** toutes sortes de choses.

möglicherweise ['mø:glıçɐ'vaizə] **adv** il est possible que *(+ subjonctif)*.

Möglichkeit ['mø:glıçkait] (*pl* **-en**) **die** possibilité *f*.

möglichst ['mø:glıçst] **adv** si possible ▸ **möglichst schnell** le plus vite possible ▸ **möglichst viel** le plus possible.

Mohammed ['mohamet] **nt** Mahomet.

Mohammedaner, in [mohame'da:nɐ, nərın] (*mpl inv*) **der, die** musulman *m*, -e *f*.

Mohn [mo:n] **der** pavot *m*.

Möhre ['mø:rə] (*pl* **-n**) **die** carotte *f*.

Mohrenkopf ['mo:rənkɔpf] (*pl* **-köpfe** [kœpfə]) **der** KÜCHE ≃ tête *f* de nègre.

Mokka ['mɔka] (*pl* **-s**) **der** moka *m*.

Moldau [mɔldau] **die** Moldavie *f*.

Moldawien [mɔl'da:vjən] **nt** Moldavie.

molk [mɔlk] **prät** → **melken**.

Molkerei [mɔlkə'rai] (*pl* **-en**) **die** laiterie *f*.

Moll [mɔl] **das** MUS mineur *m*.

mollig ['mɔlıç] **adj** [Person] potelé(e) ▸ **etwas mollig** [Person] (un peu) enveloppé.

Moment [mo'mɛnt] (*pl* **-e**) **der** [Augenblick] moment *m* ▸ **einen Moment, bitte** un instant, s'il vous plaît ! ▸ **im Moment** pour le moment ▸ **Moment mal!** un instant !

momentan [momɛn'ta:n] ◆ **adj** momentané(e). ◆ **adv** momentanément.

Monaco [mo'nako] **nt** Monaco.

Monarchie [mɔnar'çi:] (*pl* **-n**) **die** monarchie *f*.

Monat ['mo:nat] (*pl* **-e**) **der** mois *m* ▸ **diesen Monat** ce mois-ci.

monatelang ['mo:natəlaŋ] ◆ **adj** de plusieurs mois. ◆ **adv** pendant plusieurs mois.

monatlich ['mo:natlıç] ◆ **adj** [jeden Monat] mensuel(elle). ◆ **adv** [jeden Monat] mensuellement.

Monatsbinde ['mo:natsbındə] (*pl* **-n**) **die** serviette *f* hygiénique.

Monatsgehalt ['mo:natsgəhalt] (*pl* **-gehälter** [hɛltɐ]) **das** salaire mensuel.

Monatskarte ['mo:natskartə] (*pl* **-n**) **die** carte mensuelle.

Monatsrate ['mo:natsra:tə] (*pl* **-n**) **die** mensualité *f*.

Mönch [mœnç] (*pl* **-e**) **der** moine *m*.

Mond [mo:nt] (*pl* **-e** ['mo:ndə]) **der** lune *f*.

Mondfinsternis ['mo:ntfınstɛrnıs] (*pl* **-se**) **die** éclipse *f* de la lune.

Mongolei [mɔŋgo'lai] **die** Mongolie *f*.

Monitor ['mo:nito:ɐ̯] (*pl* -e) **der** [von Computer] écran *m*.

Monokini ['mo:noki:ni] **der** monokini *m*.

monoton [mono'to:n] **adj** monotone.

Montag ['mo:nta:k] (*pl* -e) **der** lundi *m* ▸ **am Montag** lundi.

Montage [mɔn'ta:ʒə] (*pl* -n) **die** [von Apparaten] montage *m*.

montags ['mo:nta:ks] **adv** le lundi.

Montenegro [mɔnte'ne:gro:] **nt** Monténégro *m*.

Monteur, in [mɔn'tø:ɐ̯, rɪn] (*mpl* -e) **der, die** monteur *m*, -euse *f*.

montieren [mɔn'ti:rən] **vt** [anbringen] monter.

Monument [monu'mɛnt] (*pl* -e) **das** monument *m*.

Moor [mo:ɐ̯] (*pl* -e) **das** marais *m*.

Moos [mo:s] (*pl* -e ['mo:zə]) **das** [Pflanze] mousse *f*.

Moped ['mopɛt] (*pl* -s) **das** cyclomoteur *m*.

Moral [mo'ra:l] **die** [Ethik] morale *f*.

moralisch [mo'ra:lɪʃ] **adj** [Person, Handlung] moral(e).

Morast [mo'rast] **der** marécage *m*.

Mord [mɔrt] (*pl* -e ['mɔrdə]) **der** meurtre *m*.

Mörder, in ['mœrdɐ, dərɪn] (*mpl inv*) **der, die** meurtrier *m*, -ère *f*.

morgen ['mɔrgn̩] **adv** [Tag nach heute] demain ▸ **morgen früh** demain matin ▸ **bis morgen!** à demain !

Morgen ['mɔrgn̩] (*pl inv*) **der** [Tageszeit] matin *m* ▸ **am Morgen** le matin ▸ **gestern /heute Morgen** hier /ce matin ▸ **guten Morgen!** bonjour.

Morgengrauen ['mɔrgn̩grau̯ən] **das** aube *f*.

morgens ['mɔrgn̩s] **adv** le matin ▸ **früh morgens** tôt le matin ▸ **von morgens bis abends** du matin au soir.

Morphium ['mɔrfi̯ʊm] **das** morphine *f*.

morsch ['mɔrʃ] **adj** pourri(e).

Mosaik [moza'i:k] (*pl* -en) **das** mosaïque *f*.

Moschee [mɔ'ʃe:] (*pl* -n) **die** mosquée *f*.

Mosel ['mo:zl̩] **die** Moselle *f*.

Moselwein ['mo:zl̩vai̯n] (*pl* -e) **der** vin *m* de Moselle.

Moskau ['mɔskau̯] **nt** Moscou.

Moskito [mɔs'ki:to] (*pl* -s) **der** moustique *m*.

Moskitonetz [mɔs'ki:tonɛts] (*pl* -e) **das** moustiquaire *f*.

Moslem ['mɔslɛm] (*pl* -s) **der** musulman *m*.

moslemisch [mɔs'le:mɪʃ] **adj** musulman(e).

Moslime [mɔs'li:mə] (*pl* -n) **die** musulmane *f*.

Mostrich ['mɔstrɪç] **der** NORDDT moutarde *f*.

Motel [mo'tɛl] (*pl* -s) **das** motel *m*.

Motherboard ['maðɐbo:ɐ̯t] (*pl* -s) **das** carte *f* mère.

Motiv [mo'ti:f] (*pl* -e [mo'ti:və]) **das** **1.** [von Bild] motif *m* **2.** [von Handlung] mobile *m*.

motivieren [moti'vi:rən] **vt** [Person] motiver.

Motor ['mo:to:ɐ̯] (*pl* -en [to:rən]) **der** moteur *m* ▸ **Motor abstellen!** coupez le moteur !

Motorboot ['mo:to:ɐ̯bo:t] (*pl* -e) **das** bateau *m* à moteur.

Motorhaube ['mo:to:ɐ̯hau̯bə] (*pl* -n) **die** capot *m*.

Motorpanne ['moːtoːɐ̯panə] (*pl* **-n**) **die** panne *f* de moteur.

Motorrad [mo'toːɐ̯rt] (*pl* **-räder** [rɛːdɐ]) **das** moto *f*.

Motorradfahrer, in [mo'toːɐ̯raːt-faːrɐ, rərɪn] (*mpl inv*) **der, die** motocycliste *mf*.

Motorradhelm [mo'toːɐ̯raːthɛlm] (*pl* **-e**) **der** casque *m* de moto.

Motorroller [ˈmoːtoːɐ̯rɔlɐ] (*pl inv*) **der** scooter *m*.

Motorschaden ['moːtoːɐ̯ʃaːdn] (*pl* **-schäden** [ʃɛːdn]) **der** panne *f* de moteur.

Motorsport ['moːtoːɐ̯ʃpɔrt] **der** sport motorisé.

Motoryacht ['moːtoːɐ̯jaxt] (*pl* **-en**) **die** yacht *m* à moteur.

Motte ['mɔtə] (*pl* **-n**) **die** mite *f*.

Motto ['mɔtoː] (*pl* **-s**) **das** devise *f*.

Mountainbike ['mauntn̩baik] (*pl* **-s**) **das** vélo *m* tout terrain, VTT *m*.

Mountainbiker, in ['mauntn̩baikɐ, rɪn] (*mpl inv*) **der, die** vététiste *mf*.

Möwe ['møːvə] (*pl* **-n**) **die** mouette *f*.

MP3-Laufwerk [ɛmpeː'drailaufvɛrk] (*pl* **-e**) **das** lecteur *m* MP3.

Mrd. *abk für* **Milliarde**.

MS [ɛm'ɛs] (*abk für* **Motorschiff**) bateau *m* à moteur ▸ **eine Kreuzfahrt auf der MS Europa** une croisière sur le paquebot « Europa ».

Mücke ['mykə] (*pl* **-n**) **die** moustique *m*.

Mückenstich ['mykn̩ʃtɪç] (*pl* **-e**) **der** piqûre *f* de moustique.

müde ['myːdə] **adj 1.** [schläfrig] fatigué(e) **2.** [schwach] faible.

Müdigkeit ['myːdɪçkait] **die** fatigue *f*.

Mühe ['myːə] (*pl* **-n**) **die** peine *f* ▸ **sich** *(D)* **Mühe geben** se donner de la peine.

Mühle ['myːlə] (*pl* **-n**) **die 1.** [Gerät, Gebäude] moulin *m* **2.** [Spiel] *jeu de société qui consiste à aligner trois pions pour en prendre un à l'adversaire.*

mühsam ['myːzaːm] **adj** pénible.

Mülhausen [myːl'hauzn̩] **nt** Mulhouse.

Mull [mʊl] **der** gaze *f*.

Müll [myl] **der** ordures *fpl* ▸ **etw in den Müll werfen** jeter qqch à la poubelle.

Müllabfuhr ['myllapfuːɐ̯] **die** [Institution] ramassage *m* des ordures.

Mullbinde ['mʊlbɪndə] (*pl* **-n**) **die** bande *f* de gaze.

Müllcontainer ['mylkɔnteːnɐ] (*pl inv*) **der** benne *f*.

Mülldeponie ['myldeponiː] (*pl* **-n**) **die** décharge *f*.

Mülleimer ['mylaimɐ] (*pl inv*) **der** poubelle *f*.

Müllschlucker ['mylʃlʊkɐ] (*pl inv*) **der** vide-ordures *m inv*.

Mülltonne ['myltɔnə] (*pl* **-n**) **die** poubelle *f*.

Mülltrennung ['myltrɛnʊŋ] **die** tri *m* des déchets.

ⓘ Mülltrennung

En Allemagne, le tri des déchets a été lancé beaucoup plus tôt qu'en France. Plus différencié (par type de plastiques, de couleurs de verres) et séparant les déchets organiques des autres, il se caractérise par une volonté de limiter les déchets en utilisant un système de recyclage beaucoup plus poussé (boissons, yaourts, etc.).

Müllverbrennungsanlage ['mylfɛɐ̯brɛnʊŋslanlaːgə] (*pl* **-n**) **die** usine *f* d'incinération des ordures.

Müllwagen ['mylva:gn̩] (*pl inv*) der camion-poubelle *m*.

Multikultigesellschaft [mʊlti'kʊltigəzɛlʃaft] die *fam* société *f* pluriculturelle.

multikulturell [mʊltikʊltu'rɛl] adj multiculturel(elle), pluriculturel(elle).

Multiplexkino ['mʊltiplɛkski:no] (*pl* -s) das multiplexe *m*, complexe *m* multisalle.

multiplizieren [mʊltipli'tsi:rən] vt multiplier.

Multisession ['mʊltisɛʃn̩] (*pl* -s) die multisession *f*.

Multivitamintablette [mʊltivita'mi:ntablɛtə] (*pl* -n) die comprimé *m* de multivitamines.

Multizone- ['mʊltitso:nə] adj multizone.

Mumie ['mu:mjə] (*pl* -n) die momie *f*.

Mumps [mʊmps] der oreillons *mpl*.

München ['mynçn̩] nt Munich.

Mund [mʊnt] (*pl* **Münder** ['myndɐ]) der bouche *f* ▸ **halt den Mund!** *fam* ferme-la !

Mundart ['mʊntla:ɐ̯t] (*pl* -en) die patois *m*.

münden ['myndn̩] vt [Fluss] : **münden in** *(+ A)* se jeter dans.

Mundgeruch ['mʊntgərʊx] der mauvaise haleine *f*.

Mundharmonika ['mʊntharmo:nika] (*pl* -s) die harmonica *m*.

mündlich ['myntlɪç] ◆ adj oral(e). ◆ adv oralement.

Mündung ['myndʊŋ] (*pl* -en) die embouchure *f*.

Mundwasser ['mʊntvasɐ] das bain *m* de bouche.

Münster ['mynstɐ] (*pl inv*) das [Kirche] cathédrale *f*.

munter ['mʊntɐ] adj **1.** [wach] éveillé(e) **2.** [fröhlich] gai(e).

Münzautomat ['myntslautoma:t] (*pl* -en) der distributeur *m* (à pièces).

Münze ['myntsə] (*pl* -n) die pièce *f* de monnaie ▸ **'nur mit Münzen zahlen'** 'paiement exclusivement par pièces'.

Münzeinwurf ['myntslainvʊrf] (*pl* -würfe [vyrfə]) der : **'Münzeinwurf'** 'payer ici'.

Münzgeld ['myntsgɛlt] das : **'Münzgeld einwerfen'** 'insérer la pièce'.

Münzrückgabe ['myntsrykga:bə] (*pl* -n) die retour *m* de monnaie ▸ **'keine Münzrückgabe'** 'cet appareil ne rend pas la monnaie'.

Münzwechsler ['myntsvɛkslɐ] (*pl inv*) der distributeur *m* de monnaie.

murmeln ['mʊrməln̩] vt & vi murmurer.

mürrisch ['myrɪʃ] adj bougon(onne).

Mus [mu:s] das compote *f*.

Muschel ['mʊʃl̩] (*pl* -n) die **1.** [Schale] coquillage *m* **2.** [Fleisch] moule *f*.

Museum [mu'ze:ʊm] (*pl* **Museen** [mu'ze:n]) das musée *m*.

Musical ['mju:zik(ə)l] (*pl* -s) das comédie musicale.

Musik [mu'zi:k] die musique *f*.

musikalisch [muzi'ka:lɪʃ] adj **1.** [talentiert] musicien(enne) **2.** [von / mit Musik] musical(e).

Musikbox [mu'zi:kbɔks] (*pl* -en) die juke-box *m*.

Musiker, in ['mu:zɪkɐ, kərɪn] (*mpl inv*) der, die musicien *m*, -enne *f*.

Musikinstrument [mu'zi:klɪnstrumɛnt] (*pl* -e) das instrument *m* de musique.

musizieren [muzi'tsi:rən] **vi** faire de la musique.

Muskat [mʊs'ka:t] **das** muscade *f.*

Muskatnuss [mʊs'ka:tnʊs] (*pl* **-nüsse**) **die** noix *f* de muscade.

Muskel ['mʊskl̩] (*pl* **-n**) **der** muscle *m.*

Muskelkater ['mʊskl̩ka:tɐ] **der** courbatures *fpl.*

Muskelzerrung ['mʊskl̩tsɛrʊŋ] (*pl* **-en**) **die** claquage *m* (musculaire).

Muskulatur [mʊskula'tu:ɐ̯] **die** musculature *f.*

muskulös [mʊsku'lø:s] **adj** musclé(e).

Müsli ['my:sli] (*pl inv*) **das** muesli *m.*

muss [mʊs] **präs → müssen.**

müssen ['mysn̩] (*präs* **muss**, *prät* **musste**, *pp* **müssen** ODER **gemusst**) ◆ **aux** (*pp* **müssen**) **1.** [gezwungen sein, nötig sein] devoir ▸ **etw nicht tun müssen** ne pas être obligé de faire qqch ▸ **sie musste lachen** elle ne put s'empêcher de rire ▸ **der Brief muss noch heute weg** la lettre doit partir aujourd'hui ▸ **man müsste ...** il faudrait... ▸ **muss das sein?** est-ce indispensable ? **2.** [wahrscheinlich sein] : **er muss bald kommen** il doit bientôt venir ▸ **das müsste alles sein** cela devrait être tout
◆ **vi** (*pp* **gemusst**) **1.** [gezwungen sein] : **warum machst du das? — ich muss!** pourquoi fais-tu cela ? — il le faut ! **2.** [an einen Ort] devoir ▸ **ich muss ins Bett** il faut que j'aille me coucher **3.** *fam* [zur Toilette] : **mal müssen** avoir envie d'aller aux toilettes.

Muster ['mʊstɐ] (*pl inv*) **das 1.** [auf Stoff, Teppich] motif *m* **2.** [Schema] modèle *m* **3.** [Probe] échantillon *m.*

Mut [mu:t] **der** [Furchtlosigkeit] courage *m.*

mutig ['mu:tɪç] **adj** courageux(euse).

Mutter[1] ['mʊtɐ] (*pl* **Mütter** ['mʏtɐ]) **die** [Person] mère *f.*

Mutter[2] ['mʊtɐ] (*pl* **Muttern**) **die** [für Schrauben] écrou *m.*

Muttersprache ['mʊtɐʃpra:xə] (*pl* **-n**) **die** langue maternelle.

Muttersprachler, in ['mʊtɐʃpra:xlɐ, rɪn] (*mpl inv*) **der, die** : **deutscher Muttersprachler** personne *f* de langue maternelle allemande.

Muttertag ['mʊtɐta:k] (*pl* **-e** [ta:gə]) **der** fête *f* des mères.

Mütze ['mʏtsə] (*pl* **-n**) **die** bonnet *m*, casquette *f.*

MwSt. (*abk für* **Mehrwertsteuer**) TVA *f* *(taxe sur la valeur ajoutée).*

Myanmar ['mjanma:ɐ̯] **nt** Myanmar.

mysteriös [myste'ri̯ø:s] **adj** mystérieux(euse).

Mythos ['my:tɔs] (*pl* **Mythen** ['my:tn̩]) **der** mythe *m.*

Nn

N (*abk für* **Nord**) N. *(nord).*

na [na] **interj** alors ▸ **na und?** et alors ? ▸ **na gut!** bon, eh bien ▸ **na also!** tu vois !, vous voyez !

Nabe ['na:bə] (*pl* **-n**) **die** moyeu *m.*

Nabel ['na:bl̩] (*pl inv*) **der** nombril *m.*

nach ['na:x] ◆ **präp** *(+ D)* **1.** [im Anschluss an] après ▸ **nach Ihnen!** après vous ! **2.** [zur Angabe einer Richtung] à ▸ **nach Italien fahren** aller en Italie ▸ **nach Köln umziehen** déménager à Cologne ▸ **nach oben / unten** vers le haut / le bas ▸ **nach Süden** vers le sud ▸ **das Zimmer geht nach Süden** la chambre est orientée au sud **3.** [zur Angabe der Uhrzeit] : **fünf nach drei** trois heures cinq **4.** [entsprechend] d'après, selon ▸ **nach Shakespeare** d'après Shakespeare ▸ **nach dieser Regel** selon cette règle.

Nachbar, in ['naxbaːɐ̯, rɪn] (*mpl* **-n**) **der, die** voisin *m*, -e *f*.

Nachbarschaft ['naxbaːɐ̯ʃaft] **die** voisinage *m*.

nach◦bestellen ['naːxbəʃtɛln̩] **vt** commander de nouveau.

nachdem [naːx'deːm] **konj** après que ▸ **je nachdem** selon que.

nach◦denken ['naːxdɛŋkn̩] **vi** *(unreg)* réfléchir ▸ **nachdenken über** *(+ A)* réfléchir à.

nachdenklich ['naːxdɛŋklɪç] **adj** songeur(euse).

nacheinander ['naːxlaɪnandɐ] **adv** l'un après l'autre (l'une après l'autre).

nach◦folgen ['naːxfɔlgn̩] **vi** *(+ D)* [folgen] succéder à.

nach◦forschen ['naːxfɔrʃn̩] **vi** faire des recherches.

Nachfrage ['naːxfraːgə] **die** [Kaufwunsch] demande *f*.

nach◦fragen ['naːxfraːgn̩] **vi** se renseigner.

nach◦geben ['naːxgeːbn̩] **vi** *(unreg, + D)* céder (à).

Nachgebühr ['naːxgəbyːɐ̯] (*pl* **-en** [byːrən]) **die** surtaxe *f*.

nach◦gehen ['naːxgeːən] **vi** *(unreg, ist)* **1.** [Uhr] retarder **2.** [folgen] suivre ▸ **jm nachgehen** suivre qqn ▸ **einer Sache** *(D)* **nachgehen** se pencher sur qqch.

nachher ['naːxheːɐ̯] **adv** [später] tout à l'heure ▸ **bis nachher!** à tout à l'heure !

Nachhilfe ['naːxhɪlfə] **die** SCHULE cours particulier.

nach◦holen ['naːxhoːlən] **vt** [Versäumtes] rattraper.

nach◦kommen ['naːxkɔmən] **vi** *(unreg, ist)* venir plus tard.

nach◦lassen ['naːxlasn̩] **vi** *(unreg)* **1.** [Qualität] diminuer **2.** [Regen, Schmerz] se calmer.

nachlässig ['naːxlɛsɪç] ◆ **adj** négligé(e). ◆ **adv** de manière négligée.

nach◦laufen ['naːxlaufn̩] **vi** *(unreg) (ist)* : **jm / einer Sache nachlaufen** a) [folgen] suivre qqn / qqch b) *fam* [laufen] courir après qqn / qqch.

nach◦lösen ['naːxløːzn̩] **vt** : **seine Fahrkarte nachlösen** acheter son billet dans le train.

nach◦machen ['naːxmaxn̩] **vt** [nachahmen] imiter.

Nachmittag ['naːxmɪtaːk] (*pl* **-e** [taːgə]) **der** après-midi *mf* ▸ **am Nachmittag** l'après-midi ▸ **gestern / heute / morgen Nachmittag** hier / ce / demain après-midi.

nachmittags ['naːxmɪtaːks] **adv** l'après-midi.

Nachnahme ['naːxnaːmə] **die** : **per Nachnahme** contre remboursement.

Nachname ['naːxnaːmə] (*pl* **-n**) **der** nom *m* de famille.

Nachporto ['naːxpɔrto] (*pl* **-s**) **das** surtaxe postale.

nach◦prüfen ['naːxpryːfn̩] **vt** vérifier.

nach◦rechnen ['naːxrɛçnən] **vt** recalculer.

Nachricht ['naːxrɪçt] (*pl* **-en**) **die 1.** [Mitteilung] message *m* **2.** [Neuigkeit] nouvelle *f* ▸ **eine Nachricht hinterlassen** laisser un message.

Nachrichten ['naːxrɪçtn̩] **pl** : **die Nachrichten** les informations, l'actualité *f*.

nach◦rüsten ['naːxrystn̩] ◆ **vt** EDV étendre. ◆ **vi** réarmer.

nach◦sagen ['naːxsaːgn̩] **vt 1.** [wiederholen] répéter **2.** [behaupten] : **man sagt ihm nach, er sei sehr reich** on dit de lui qu'il est très riche.

Nachsaison ['naːxzɛzɔŋ] **die** arrière-saison *f*.

nach◦schauen ['naːxʃau̯ən] **vt** [prüfen] vérifier.

nach◦schicken ['naːxʃɪkn̩] **vt** réexpédier.

nach◦schlagen ['naːxʃlaːgn̩] **vt** *(unreg)* : **ein Wort im Wörterbuch nachschlagen** vérifier (le sens d')un mot dans le dictionnaire.

Nachschlüssel ['naːxʃlysl̩] (*pl inv*) **der** double *m* de clé.

nach◦sehen ['naːxzeːən] ◆ **vt** *(unreg)* [prüfen] vérifier. ◆ **vi** *(unreg + D)* [hinterhersehen] suivre des yeux.

Nachsendeantrag ['naːxzɛndəlantraːk] (*pl* **-anträge** [trɛːkə]) **der** demande *f* de réexpédition.

nach◦senden ['naːxzɛndn̩] **vt** réexpédier.

nach◦sitzen ['naːxsɪtsn̩] **vi** *(unreg)* SCHULE être en retenue.

Nachspeise ['naːxʃpai̯zə] (*pl* **-n** [ʃpai̯zn̩]) **die** dessert *m*.

nächste, r, s ['nɛːçstə] ◆ **superl** → **nah.** ◆ **adj 1.** [zeitlich folgend] prochain(e) **2.** [in Reihenfolge] suivant(e) ▸ **der Nächste, bitte!** au suivant ▸ **nächstes Mal** la prochaine fois ▸ **nächstes Jahr** l'an prochain ▸ **wie heißt die nächste Haltestelle, bitte?** quel est l'arrêt suivant, s'il vous plaît ?

nächstens ['nɛːçstəns] **adv** prochainement.

Nacht [naxt] (*pl* **Nächte** ['nɛçtə]) **die** nuit *f* ▸ **gestern Nacht** la nuit dernière ▸ **heute Nacht** cette nuit ▸ **gute Nacht!** bonne nuit ! ▸ **über Nacht** du jour au lendemain.

Nachtausgang ['naxtlau̯sgaŋ] (*pl* **-gänge** [gɛŋə]) **der** sortie *f* de nuit.

Nachtbus ['naxtbʊs] (*pl* **-se**) **der** bus *m* de nuit.

Nachteil ['naːxtai̯l] (*pl* **-e**) **der** inconvénient *m*.

Nachteingang ['naxtlai̯ngaŋ] (*pl* **-gänge** [gɛŋə]) **der** entrée *f* de nuit.

Nachtflug ['naxtfluːk] (*pl* **-flüge** [flyːgə]) **der** vol *m* de nuit.

Nachtfrost ['naxtfrɔst] **der** gelée *f* nocturne.

Nachtglocke ['naxtglɔkə] (*pl* **-n**) **die** sonnette *f* de nuit.

Nachthemd ['naxthɛmt] (*pl* **-en** [hɛmdn̩]) **das** chemise *f* de nuit.

Nachtisch ['naːxtɪʃ] (*pl* **-e**) **der** dessert *m*.

Nachtklub ['naxtklʊp] (*pl* **-s**) **der** night-club *m*.

Nachtleben ['naxtleːbn̩] **das** vie *f* nocturne.

Nachtportier ['naxtpɔrti̯eː] (*pl* **-s**) **der** portier *m* de nuit.

nachtragend ['naːxtraːgənt] **adj** rancunier(ère).

nachträglich ['naːxtrɛːklɪç] **adv** après coup.

Nachtruhe ['naxtruːə] **die** repos *m* nocturne.

nachts ['naxts] **adv** la nuit.

Nachtschalter ['naxtʃaltɐ] (*pl inv*) **der** guichet *m* de nuit.

Nachtschicht ['naxtʃɪçt] (*pl* **-en**) **die** équipe *f* de nuit.

Nachtzug ['naxttsuːk] (*pl* **-züge** [tsyːgə]) **der** train *m* de nuit.

Nachwirkung ['naːxvɪrkʊŋ] (*pl* **-en**) **die** effets *mpl*.

nach◦zahlen ['naːxtsaːlən] **vt** [Porto, Fahrgeld] payer ultérieurement.

nach◦zählen ['naːxtsɛːlən] **vt** recompter.

Nacken ['nakn̩] (*pl inv*) **der** nuque *f*.

nackt [nakt] ◆ **adj** nu(e). ◆ **adv** : **nackt baden** se baigner nu.

Nacktbadestrand ['naktbaːdəʃtrant] (*pl* **-strände** [ʃtrɛːndə]) **der** plage *f* de nudistes.

Nacktscanner ['naktskɛnɐ] (*pl inv*) **der** scanner *m* corporel.

Nadel ['naːdl̩] (*pl* **-n**) **die** aiguille *f*.

Nagel ['naːgl̩] (*pl* **Nägel** ['nɛːgl̩]) **der** **1.** [aus Metall] clou *m* **2.** [am Finger] ongle *m*.

Nagelbürste ['naːgl̩byrstə] (*pl* **-n**) **die** brosse *f* à ongles.

Nagelfeile ['naːgl̩failə] (*pl* **-n**) **die** lime *f* à ongles.

Nagellack ['naːgl̩lak] (*pl* **-e**) **der** vernis *m* à ongles.

Nagellackentferner ['naːgl̩laklɛntfɛrnɐ] **der** dissolvant *m*.

nageln ['naːgl̩n] **vt** [mit Hammer] clouer.

Nagelschere ['naːgl̩ʃeːrə] (*pl* **-n**) **die** ciseaux *mpl* à ongles.

nah ['naː] **adj** → **nahe**.

nahe ['naːə] (*komp* **näher**, *superl* **am nächsten**) **adj** proche ▸ **nahe bei jm / etw** près de qqn /qqch.

Nähe ['nɛːə] **die** proximité *f* ▸ **in der Nähe** à proximité ▸ **aus der Nähe** de près.

naheliegend ['naːəliːgənt] **adj** [Frage] qui tombe sous le sens.

nähen ['nɛːən] **vt** **1.** [Stoff] coudre **2.** [Wunde] recoudre.

Naherholungsgebiet ['naːlɛɐ̯hoːlʊŋsgəbiːt] (*pl* **-e**) **das** *alentours d'une grande ville propices aux loisirs et à la détente.*

näher kommen ['nɛːɐkɔmən] **vi** *(unreg, ist, + D)* se rapprocher.

nähern ['nɛːɐn] ◆ **sich nähern ref** *(+ D)* **1.** [räumlich] s'approcher de **2.** [zeitlich] approcher.

nahe◦stehen ['naːəʃteːən] **vi** *(unreg, + D)* être proche de.

nahezu ['naːətsuː] **adv** presque.

nahm [naːm] **prät** → **nehmen**.

Nähmaschine ['nɛːmaʃiːnə] (*pl* **-n**) **die** machine *f* à coudre.

Nähnadel ['nɛːnaːdl̩] (*pl* **-n**) **die** aiguille *f* à coudre.

Nahrung ['naːrʊŋ] **die** nourriture *f*.

Nahrungsmittel ['naːrʊŋsmɪtl̩] (*pl inv*) **das** aliment *m*.

Naht [naːt] (*pl* **Nähte** ['nɛːtə]) **die** [in Stoff] couture *f*.

Nahverkehr ['naːfɛɐ̯keːɐ̯] **der** trafic *m* de banlieue ▸ **der öffentliche Nahverkehr** le réseau banlieue.

Nahverkehrszug ['naːfɛɐ̯keːɐ̯stsuːk] (*pl* **-züge** [tsyːgə]) **der** train *m* de banlieue.

Nähzeug ['nɛːtsɔyk] **das** nécessaire *m* de couture.

naiv [na'i:f] **adj** naïf(ïve).

Name ['na:mə] (*pl* -n) **der** nom *m* ▸ **mein Name ist ...** je m'appelle... ▸ **auf den Namen XY reservieren** réserver au nom de XY.

Namenstag ['na:mənsta:k] (*pl* -e [ta:gə]) **der** fête *f*.

nämlich ['nɛ:mlɪç] **adv 1.** [weil] en effet **2.** [und zwar] en l'occurrence.

nanu [na'nu:] **interj** ça alors.

Narbe ['narbə] (*pl* -n) **die** cicatrice *f*.

Narkose [nar'ko:zə] (*pl* -n) **die** MED anesthésie *f*.

naschen ['naʃn̩] **vt & vi** grignoter.

Nase ['na:zə] (*pl* -n) **die** nez *m* ▸ **die Nase voll haben** en avoir ras le bol ▸ **meine Nase läuft** j'ai le nez qui coule.

Nasenbluten ['na:zn̩blu:tn̩] **das** saignement *m* de nez.

Nasenloch ['na:zn̩lɔx] (*pl* -löcher [lœçɐ]) **das** narine *f*.

Nasentropfen ['na:zn̩trɔpfn̩] **pl** gouttes *fpl* pour le nez.

Nashibirne ['naʃibɪrnə] (*pl* -n) **die** nashi *m*, pomme-poire *f*.

nass [nas] **adj** mouillé(e) ▸ **nass machen** mouiller.

Nässe ['nɛsə] **die** humidité *f* ▸ **überfrierende Nässe** pluie verglaçante ▸ **'bei Nässe'** 'par temps de pluie'.

Nation [na'tsjo:n] (*pl* -en) **die** nation *f*.

national [natsjo:'na:l] **adj** national(e).

Nationalfeiertag [natsjo:'na:lfaiɐta:k] (*pl* -e [ta:gə]) **der** fête nationale.

Nationalhymne [natsjo:'na:lhymnə] (*pl* -n) **die** hymne national.

Nationalität [natsjo:nali'tɛ:t] (*pl* -en) **die** nationalité *f*.

Nationalmannschaft [natsjo:'na:lmanʃaft] (*pl* -en) **die** équipe nationale.

Nationalsozialismus [natsjo:'na:lzo:tsjalɪsmʊs] **der** national-socialisme *m*.

NATO ['na:to] **die** OTAN *f*.

Natur [na'tu:ɐ] **die** nature *f*.

natürlich [na'ty:ɐlɪç] ◆ **adv 1.** [selbstverständlich] bien entendu **2.** [nicht künstlich] naturellement. ◆ **adj** naturel(elle).

naturrein [na'tu:ɐrain] **adj** naturel(elle).

Naturschutz [na'tu:ɐʃʊts] **der** protection *f* de la nature ▸ **unter Naturschutz stehen** faire partie des espèces et sites protégés.

Naturschutzgebiet [na'tu:ɐʃʊtsgəbi:t] (*pl* -e) **das** réserve naturelle.

naturtrüb [na'tu:ɐtry:p] **adj** [Saft] naturellement trouble.

Navi ['navi] (*pl* -s) **das** *fam* navigateur *m* *(automobile)*.

Navigation [naviga'tsjo:n] **die** navigation *f*.

Navigationsgerät [naviga'tsjo:nsgərɛ:t] (*pl* -e) **das** navigateur *m* voiture.

Nazi ['na:tsi] (*pl* -s) **der** *abw* nazi *m*.

NC [ɛn'tse:] (*pl* -s) (*abk für* Numerus clausus) **der** numerus clausus *m*.

n. Chr. (*abk für* nach Christus) apr. J.-C. *(après Jésus-Christ)*.

Nebel ['ne:bl̩] (*pl inv*) **der** brouillard *m* ▸ **dichter Nebel** brouillard épais.

Nebelscheinwerfer ['ne:bl̩ʃainvɛrfɐ] (*pl inv*) **der** AUTO phare *m* antibrouillard.

Nebelschlussleuchte ['ne:bl̩ʃlʊslɔyçtə] (*pl* -n) **die** AUTO feu *m* arrière de brouillard.

neben ['ne:bn̩] ◆ präp *(+ D, + A)* **1.** [an der Seite von] à côté de ▸ **neben der Tür** à côté de la porte ▸ **in die Wohnung neben Meiers ziehen** emménager dans l'appartement à côté des Meier **2.** [außer] outre ▸ **neben dem Geld fehlten auch noch Scheckkarte und Ausweis** en dehors de l'argent, il manquait également le chéquier et la carte d'identité.

nebenan [ne:bn̩'lan] **adv** à côté.

Nebenausgang ['ne:bn̩lausgaŋ] (*pl* **-gänge** [gɛŋə]) **der** sortie latérale.

nebenbei [ne:bn̩'bai] **adv** à côté.

nebendran [ne:bn̩'dran] **adv** *fam* à côté.

nebeneinander ['ne:bn̩lainandɐ] **adv** côte à côte.

Nebeneingang ['ne:bn̩laingaŋ] (*pl* **-eingänge** [gɛŋə]) **der** entrée latérale.

Nebenfach ['ne:bn̩fax] (*pl* **-fächer** [fɛçɐ]) **das** SCHULE option *f*.

nebenher [ne:bn̩'he:ɐ̯] **adv** [arbeiten] en plus.

Nebenkosten ['ne:bn̩kɔstn̩] **pl** frais *mpl* annexes.

Nebensache ['ne:bn̩zaxə] (*pl* **-n**) **die** chose *f* secondaire.

nebensächlich ['ne:bn̩zɛçlɪç] **adj** secondaire.

Nebenstraße ['ne:bn̩ʃtra:sə] (*pl* **-n**) **die** rue latérale.

Nebenwirkung ['ne:bn̩vɪrkʊŋ] (*pl* **-en**) **die** MED effet *m* secondaire.

neblig ['ne:blɪç] **adj** brumeux(euse).

neblig-trüb ['ne:blɪç'try:p] **adj** brumeux(euse).

Neckholder-BH ['nɛkho:ldɐbe:ha:] (*pl* **-s**) **der** soutien-gorge *m* se nouant autour du cou.

Neffe ['nɛfə] (*pl* **-n**) **der** neveu *m*.

negativ ['ne:gati:f] ◆ **adj** négatif(ive). ◆ **adv** négativement.

Negativ ['ne:gati:f] (*pl* **-e** [ti:və]) **das** négatif *m*.

Negerkuss ['ne:gɐkʊs] (*pl* **-küsse** [kysə]) **der** KÜCHE tête *f* de nègre.

nehmen ['ne:mən] (*präs* **nimmt**, *prät* **nahm**, *pp* **genommen**) ◆ **vt 1.** [gen] prendre ▸ **sich** *(D)* **etw nehmen** prendre qqch **2.** [aufnehmen] : **ein Kind zu sich nehmen** prendre un enfant chez soi **3.** [Nahrung] : **Sie müssen etwas zu sich nehmen!** vous devez manger quelque chose ! **4.** [einschätzen, auffassen] : **ich nehme ihn ernst** je le prends au sérieux ▸ **wie man's nimmt** c'est selon **5.** [verlangen] : **für etw fünf Euro nehmen** demander cinq euros pour qqch.

neidisch ['naidɪʃ] **adj** envieux(euse).

nein ['nain] **adv** non ▸ **nein danke!** non merci ! ▸ **zu etw Nein sagen** dire non à qqch.

Nektarine [nɛkta'ri:nə] (*pl* **-n**) **die** nectarine *f*.

Nelke ['nɛlkə] (*pl* **-n**) **die 1.** [Blume] œillet *m* **2.** [Gewürz] clou *m* de girofle.

nennen ['nɛnən] (*prät* **nannte**, *pp* **genannt**) **vt 1.** [mit Namen] appeler **2.** [als Beispiel] nommer.

neoklassisch ['neoklasɪʃ] **adj** néoclassique.

Neonazi ['neona:tsi] (*pl* **-s**) **der** néonazi *m*.

Neonlicht ['neɔnlɪçt] (*pl* **-er**) **das** éclairage *m* au néon.

Nepp [nɛp] **der** arnaque *f*.

Nerd [nɛːɐt] **der** *abw* nerd *m*.

Nerv [nɛrf] (*pl* **-en**) der nerf *m* ▸ **jm auf die Nerven gehen** taper sur le système à qqn.

nerven ['nɛrfn̩] vt *fam* énerver.

nervös ['nɛrvøːs] adj nerveux(euse).

Nescafé® ['nɛskafeː] der café *m* soluble.

Nest [nɛst] (*pl* **-er**) das nid *m*.

nett [nɛt] ◆ adj **1.** [freundlich] gentil(ille) **2.** [schön] sympathique. ◆ adv **1.** [freundlich] gentiment **2.** [schön] joliment.

netto ['nɛto] adv net.

Netz [nɛts] (*pl* **-e**) das **1.** filet *m* **2.** EDV réseau *m*, réseau *m* local.

Netzanschluss ['nɛtsǀanʃlʊs] (*pl* **-schlüsse** [ʃlysə]) der branchement *m* sur secteur.

Netzkarte ['nɛtskartə] (*pl* **-n**) die carte *f* d'abonnement.

Netzwerk ['nɛtsvɛrk] (*pl* **-e**) das EDV réseau *m*.

neu [nɔy] adj **1.** [nicht alt, nicht bekannt] nouveau, nouvel(elle) **2.** [nicht gebraucht] neuf (neuve) **3.** [aktuell] récent(e) **4.** [frisch] propre ▸ **von Neuem** de nouveau ▸ **das Neueste** la dernière ▸ **ein gutes neues Jahr!** bonne année !

Neubau ['nɔybau] (*pl* **-ten** [bautn̩]) der immeuble récent.

Neuenburg ['nɔyənbʊrk] nt Neuchâtel.

neuerdings ['nɔyɐ'dɪŋs] adv depuis peu.

Neueröffnung ['nɔyǀɛɐ̯ǀœfnʊŋ] (*pl* **-en**) die ouverture *f*.

Neugier ['nɔygiːɐ̯] die curiosité *f*.

neugierig ['nɔygiːrɪç] ◆ adj curieux(euse). ◆ adv avec curiosité.

Neuheit ['nɔyhait] (*pl* **-en**) die [Ware] nouveauté *f*.

Neuigkeit ['nɔyɪçkait] (*pl* **-en**) die nouvelle *f*.

Neujahr ['nɔyjaːɐ̯] das nouvel an *m* ▸ **prost Neujahr!** bonne année !

Neukaledonien [nɔykale'doːni̯ən] nt Nouvelle-Calédonie *f*.

neulich ['nɔylɪç] adv l'autre jour.

Neumond ['nɔymoːnt] der nouvelle lune.

neun [nɔyn] num neuf ▸ **fünf vor neun** neuf heures moins cinq ▸ **fünf nach neun** neuf heures cinq ▸ **neun Uhr fünfundvierzig (9.45 Uhr)** neuf heures quarante-cinq (9h45) ▸ **um neun** à neuf heures ▸ **sie ist neun** elle a neuf ans.

neunte, r, s ['nɔyntə] adv neuvième ▸ **der neunte Juni** le neuf juin ▸ **Hamburg, den 9.6.2012** Hambourg, le 9/6/2012.

neunzehn ['nɔytseːn] num dix-neuf ▸ **neunzehnhundertneunundneunzig** mille neuf cent quatre-vingt-dix-neuf.

neunzig ['nɔyntsɪç] num quatre-vingt-dix.

neureich ['nɔyraiç] adj de nouveau riche.

Neuron [nɔy'roːn] (*pl* **-en**) das neurone *m*.

Neurose [nɔy'roːzə] (*pl* **-n**) die névrose *f*.

neurotisch [nɔy'roːtɪʃ] adj névrosé(e).

neutral [nɔy'traːl] adj neutre.

Neutrum ['nɔytrʊm] (*pl* **Neutra** ODER **Neutren**) das **1.** GRAMM neutre *m* **2.** *abw* [Mensch] être *m* asexué.

neuwertig ['nɔyveːɐ̯tɪç] adj comme neuf (neuve).

Newsgroup ['njusgruːp] (*pl* -s) die newsgroup *m*.

New Wave [njuː'weɪv] der new wave *f* *(ohne pl)*.

nicht [nɪçt] adv ne... pas ▸ **nicht nur ..., sondern auch ...** non seulement... mais encore... ▸ **nicht wahr?** n'est-ce pas ? ▸ **noch nicht** ne... pas encore ▸ **gar nicht** ne... pas du tout ▸ **warum nicht?** pourquoi pas ?

Nichte ['nɪçtə] (*pl* -n) die nièce *f*.

Nichtraucher ['nɪçtrauxɐ] (*pl inv*) der 1. [Person] non-fumeur *m* 2. [Abteil] compartiment *m* non-fumeurs.

Nichtraucherzone ['nɪçtrauxɐtsoːnə] (*pl* -n) die zone *f* non-fumeurs.

nichts ['nɪçts] pron rien ▸ **gar nichts** rien du tout ▸ **nichts mehr** ne... plus rien ▸ **nichts als** rien que ▸ **das macht nichts** ça ne fait rien.

Nichtschwimmer ['nɪçtʃvɪmɐ] (*pl inv*) der 1. [Person] *personne qui ne sait pas nager* 2. [Becken] petit bassin.

Nichtschwimmerbecken ['nɪçtʃvɪmɐbɛkn̩] (*pl inv*) das petit bassin.

Nichtzutreffende ['nɪçttsuːtrɛfn̩də] das : **'Nichtzutreffendes bitte streichen'** *amt* 'barrer les mentions inutiles'.

nicken ['nɪkn̩] vi hocher la tête.

Nickerchen ['nɪkɐçən] (*pl inv*) das petit somme ▸ **ein Nickerchen machen** faire un petit somme.

Nickituch ['nɪkituːx] das bandana *m*.

Nidwalden ['niːtvaldn̩] nt Nidwald *m*.

nie [niː] adv jamais ▸ **noch nie** encore jamais ▸ **nie mehr** ODER **wieder** plus jamais.

Niederlage ['niːdɐlaːgə] (*pl* -n) die défaite *f*.

Niederlande ['niːdɐlandə] pl Pays-Bas *mpl*.

Niederländer, in ['niːdɐlɛndɐ, dərɪn] (*mpl inv*) der, die Néerlandais *m*, -e *f*.

niederländisch ['niːdɐlɛndɪʃ] adj néerlandais(e).

Niederländisch(e) ['niːdɐlɛndɪʃ(ə)] das néerlandais *m*.

Niederlassung ['niːdɐlasʊŋ] (*pl* -en) die [Filiale] succursale *f*.

Niederösterreich ['niːdɐløːstəraiç] nt Basse-Autriche *f*.

Niedersachsen ['niːdɐzaksn] nt Basse-Saxe *f*.

Niederschlag ['niːdɐʃlaːg] (*pl* -schläge [ʃlɛːgə]) der précipitation *f*.

niedlich ['niːtlɪç] adj mignon(onne).

niedrig ['niːtrɪç] adj 1. [Tisch, Stufe] bas (basse) 2. [Kosten, Preis] peu élevé(e).

Niedrigenergiehaus ['niːtrɪçlenɛrgiːhaus] (*pl* -häuser) das maison *f* à faible consommation d'énergie.

niemals ['niːmaːls] adv jamais.

niemand ['niːmant] pron personne ▸ **niemand anders als** personne d'autre que.

Niere ['niːrə] (*pl* -n) die 1. [Organ] rein *m* 2. KÜCHE rognon *m*.

nieseln ['niːzəln] vimp : **es nieselt** il bruine.

Nieselregen ['niːzəlreːgn̩] der bruine *f*.

niesen ['niːzn̩] vi éternuer.

Niete ['niːtə] (*pl* -n) die 1. [Los] billet perdant 2. [aus Metall] rivet *m*.

Niger ['niːgɐ] nt *m*.

Nikolaus ['nɪkolaus] der saint *m* Nicolas.

→

ⓘ Nikolaus

En Allemagne, on célèbre la Saint-Nicolas le 6 décembre. La veille au soir, les enfants placent leurs souliers devant leur porte, afin que Nikolaus les remplisse de friandises s'ils ont été bien sages.

Nikolaustag ['nɪkolaustaːk] (*pl* -e [taːgə]) der Saint-Nicolas *f*.

Nikotin [niko'tiːn] das nicotine *f*.

nimmt [nɪmt] präs → **nehmen**.

nirgends ['nɪrgn̩ts] adv nulle part.

nirgendwo ['nɪrgəntvoː] adv nulle part.

nirgendwohin ['nɪrgəntvohɪn] adv nulle part.

Nische ['niːʃə] (*pl* -n) die niche *f*.

Niveau [ni'voː] (*pl* -s) das niveau *m*.

Nizza ['nɪtsa] nt Nice.

nobel ['noːbl̩] adj [kostspielig] de luxe.

Nobelpreis [no'bɛlprais] (*pl* -e [praizə]) der prix *m* Nobel.

noch [nɔx] ◆ adv **1.** [gen] encore ▸ **er sagt noch nichts** il ne dit toujours rien ▸ **es ist noch nicht dunkel** il ne fait pas encore nuit ▸ **noch einen Kaffee, bitte!** encore un café, s'il vous plaît ! ▸ **passt das noch in den Kofferraum?** est-ce que ça rentre encore dans le coffre ? **2.** [vorher] d'abord ▸ **er muss noch essen** il doit d'abord manger ▸ **schafft ihr das noch?** vous y arriverez ? ▸ **das muss noch heute erledigt werden** cela doit être fait aujourd'hui même **3.** [zur Verstärkung] encore ▸ **sie läuft noch schneller als vorher** elle court encore plus vite qu'avant ▸ **du kannst noch so arbeiten** tu peux travailler tant que tu veux ▸ **er kann noch so jammern, wir geben nicht nach** il a beau se plaindre, nous ne céderons pas **4.** [zur Nachfrage] déjà ▸ **wie war noch sein Name?** il s'appelle comment, déjà ?
◆ **noch einmal** adv encore une fois.

noch mal ['nɔxmaːl] adv encore une fois ▸ **noch mal lesen** relire.

Nominativ ['noːminatiːf] (*pl* -e [tiːvə]) der GRAMM nominatif *m*.

nonstop [nɔ'stɔp] adj [Flug] sans escale.

Nord [nɔrt] nt Nord *m*.

Nordamerika ['nɔrtlameːrika] nt Amérique *f* du Nord.

Norddeutschland ['nɔrtdɔytʃlant] nt Allemagne *f* du Nord.

Norden ['nɔrdn̩] der **1.** [Gegend] Nord *m* **2.** [Richtung] nord *m* ▸ **im Norden** au Nord ▸ **nach Norden** vers le nord.

Nordeuropa ['nɔrtlɔyroːpa] nt Europe *f* du Nord.

Nordirland ['nɔrtlɪrlant] nt Irlande *f* du Nord.

nördlich ['nœrtlɪç] ◆ adj du Nord oder nord. ◆ präp : **nördlich von** au nord de.

Nordosten [nɔrt'ɔstn̩] der **1.** [Gegend] Nord-Est *m* **2.** [Richtung] nord-est *m*.

Nordrhein-Westfalen [nɔrtrainvɛst'faːln̩] nt Rhénanie *f* du Nord-Westphalie.

Nordsee ['nɔrtzeː] die Mer *f* du Nord.

Nordwesten ['nɔrt'vɛstn̩] der **1.** [Gegend] Nord-Ouest *m* **2.** [Richtung] nord-ouest *m*.

nörgeln ['nœrgl̩n] vi râler.

Norm [nɔrm] (*pl* -en ['nɔrmən]) die norme *f*.

normal [nɔrˈmaːl] ◆ adj normal(e). ◆ adv normalement.

Normal [nɔrˈmaːl] das AUTO ordinaire *m*.

Normalbenzin [nɔrˈmaːlbɛntsiːn] das essence *f* ordinaire.

normalerweise [ˈnɔrmaːlɐˈvaizə] adv normalement.

Normalnull [nɔrˈmaːlnʊl] das : **über / unter Normalnull** au-dessus / au-dessous du niveau de la mer.

Norwegen [ˈnɔrveːgṇ] nt Norvège *f*.

Norweger, in [ˈnɔrveːgɐ, gərɪn] (*mpl inv*) der, die Norvégien *m*, -ne *f*.

norwegisch [ˈnɔrveːgɪʃ] adj norvégien(ne).

Norwegisch(e) [ˈnɔrveːgɪʃ(ə)] das norvégien *m*.

Not [noːt] die misère *f* ▸ **in Not** en détresse ▸ **zur Not** à la rigueur.

Notar, in [noˈtaːɐ̯, tarɪn] (*mpl* -**e**) der, die notaire *m*.

Notarzt, ärztin [ˈnoːtlaːɐ̯tst, ɛːɐ̯tstɪn] (*mpl* -**ärzte**) der, die médecin *m* d'urgence.

Notaufnahme [ˈnoːtlaufnaːmə] (*pl* -**n**) die service *m* des urgences.

Notausgang [ˈnoːtlausgaŋ] (*pl* -**gänge** [gɛŋə]) der sortie *f* de secours.

Notausstieg [ˈnoːtlausʃtiːk] (*pl* -**e** [ʃtiːgə]) der sortie *f* de secours.

Notbremse [ˈnoːtbrɛmzə] (*pl* -**n**) die signal *m* d'alarme.

Notdienst [ˈnoːtdiːnst] (*pl* -**e**) der service *m* de garde ▸ **Notdienst haben** être de garde.

Notdienstapotheke [ˈnoːtdiːnstlapoteːkə] (*pl* -**n**) die pharmacie *f* de garde.

notdürftig [ˈnoːtdyrftɪç] adj provisoire.

Note [ˈnoːtə] (*pl* -**n**) die note *f*.

Notebook [ˈnoːtbuk] (*pl* -**s**) das EDV notebook *m*, petit portable *m*.

Notfall [ˈnoːtfal] (*pl* -**fälle** [fɛlə]) der [Situation] cas *m* d'urgence ▸ **in dringenden Notfällen** en cas d'extrême urgence.

notfalls [ˈnoːtfals] adv si besoin est.

Nothaltebucht [ˈnoːthaltəbuxt] (*pl* -**en**) die refuge *m*.

notieren [noːˈtiːrən] vt noter ▸ **sich** *(D)* **etw notieren** noter qqch.

nötig [ˈnøːtɪç] adj nécessaire ▸ **nötig sein** être nécessaire ▸ **nötig haben** avoir besoin de.

Notiz [noˈtiːts] (*pl* -**en**) die **1.** [persönlich] notice *f* **2.** [in Zeitung] entrefilet *m* ▸ **sich** *(D)* **Notizen machen** prendre des notes ▸ **keine Notiz von jm nehmen** ne pas faire attention à qqn.

Notizblock [noˈtiːtsblɔk] (*pl* -**blöcke** [blœkə]) der bloc-notes *m*.

Notizbuch [noˈtiːtsbuːx] (*pl* -**bücher** [byːçɐ]) das calepin *m*.

Notlage [ˈnoːtlaːgə] (*pl* -**n**) die situation *f* critique.

Notlandung [ˈnoːtlandʊŋ] (*pl* -**en**) die atterrissage forcé.

Notruf [ˈnoːtruːf] (*pl* -**e**) der numéro *m* d'appel d'urgence.

Notrufsäule [ˈnoːtruːfzɔylə] (*pl* -**n**) die borne *f* téléphonique d'urgence.

Notrutsche [ˈnoːtrʊtʃə] (*pl* -**n**) die toboggan *m* d'évacuation.

Notsignal [ˈnoːtzignaːl] (*pl* -**e**) das signal *m* d'alarme.

notwendig [ˈnoːtvɛndɪç] adj [nötig] nécessaire.

Notwendigkeit [noːtˈvɛndɪçkaɪt] (*pl* **-en**) **die** nécessité *f*.

Nougat [ˈnuːgat] **der** praliné *m*.

November [noˈvɛmbɐ] **der** novembre *m* ▸ **am ersten November** le premier novembre ▸ **Anfang / Ende November** début / fin novembre ▸ **Mitte November** à la mi-novembre ▸ **Berlin, den 12. November 2012** Berlin, le 12 novembre 2012 ▸ **im November** en novembre.

Nr. (*abk für* **Nummer**) nº *(numéro)*.

NRW [ɛnlɛrˈveː] *abk für* **Nordrhein-Westfalen.**

Nu [nuː] ◆ **im Nu** **adv** en un clin d'œil.

Nubukleder [ˈnuːbʊkleːdɐ] **das** nubuck *m* ▸ **Schuhe aus Nubukleder** des chaussures en nubuck.

nüchtern [ˈnyçtɐn] **adj** à jeun.

Nudeln [ˈnuːdl̩n] **pl** pâtes *fpl*, nouilles *fpl*.

Nudelsalat [ˈnuːdl̩zalaːt] **der** salade *f* de pâtes.

Nudelsuppe [ˈnuːdl̩zʊpə] (*pl* **-n**) **die** potage *m* au vermicelle.

null [nʊl] **num** zéro.

Null [nʊl] (*pl* **-en**) **die** zéro *m* ▸ **über / unter Null** au-dessus / au-dessous de zéro.

Numerus clausus [nuːmərʊsˈklaʊzʊs] **der** *(ohne pl)* numerus clausus *m*.

Nummer [ˈnʊmɐ] (*pl* **-n**) **die 1.** numéro *m* **2.** [Schuhgröße] pointure *f*.

nummerieren [nʊməˈriːrən] **vt** numéroter.

Nummernschild [ˈnʊmɐnʃɪlt] (*pl* **-er** [ʃɪldɐ]) **das** AUTO plaque *f* minéralogique.

nun [nuːn] **adv 1.** [jetzt] maintenant **2.** [zur Verstärkung] alors ▸ **es ist nun mal so** que veux-tu, c'est ainsi ▸ **was nun?** et maintenant ?

nur [nuːɐ̯] **adv 1.** [allein] seulement **2.** [zur Verstärkung] surtout **3.** [in Fragen] mais ▸ **nur so a)** [zur Verstärkung] beaucoup **b)** [grundlos] comme ça ▸ **nur noch** ne… plus que.

Nürnberg [ˈnʏrnbɛrk] **nt** Nuremberg.

Nuss [nʊs] (*pl* **Nüsse** [ˈnʏsə]) **die** noix *f*.

Nussknacker [ˈnʊsknakɐ] (*pl inv*) **der** casse-noisettes *m inv*.

Nutte [ˈnʊtə] (*pl* **-n**) **die** *fam* pute *f*.

nutzen [ˈnʊtsn̩] ◆ **vt** utiliser. ◆ **vi** servir ▸ **die Zeit nutzen** profiter du temps ▸ **jm nutzen** servir à qqn ▸ **nichts nutzen** ne servir à rien.

nützen [ˈnʏtsn̩] **vi** → **nutzen**.

nützlich [ˈnʏtslɪç] **adj** utile.

nutzlos [ˈnʊtsloːs] **adj** inutile.

O o

O (*abk für* **Ost**) E. *(est)*.

ob [ɔp] **konj** [vor Frage] si ▸ **ob arm, ob reich** riche ou pauvre ▸ **ob es regnet oder nicht** qu'il pleuve ou non ▸ **als ob** comme si ▸ **so tun als ob** faire comme si ▸ **und ob!** et comment !

OB [oˈbeː] (*pl* **-s**) (*abk für* **Oberbürgermeister**) **der** maire *m (d'une grande ville)*.

Obazter [ˈoːbatstɐ] (*pl* **-ten** [ˈoːbatstn̩]) **der** SÜDDT *camembert auquel on ajoute* *des oignons et du piment et que l'on étale sur une tranche de pain.*

obdachlos ['ɔbdaxlo:s] **adj** sans abri.

Obdachlose ['ɔbdaxlo:zə] (**pl -n** ['ɔbdaxlo:zn̩]) **der, die** sans abri *mf*.

oben ['o:bn̩] **adv** en haut ▸ **nach oben fahren** monter ▸ **von oben bis unten** du haut en bas ▸ **oben ohne** seins nus.

Ober ['o:bɐ] (**pl inv**) **der** garçon *m (de café)*.

obere, r, s ['o:bərə] **adj** du dessus.

oberflächlich ['o:bɐflɛçlɪç] **adj** superficiel(elle).

oberhalb ['o:bɐhalp] **präp** *(+ G, + D)* au-delà.

Oberhemd ['o:bɐhɛmt] (**pl -en** [hɛmdn̩]) **das** chemise *f*.

Oberkörper ['o:bɐkœrpɐ] (**pl inv**) **der** torse *m*.

Oberösterreich ['o:bɐlø:stəraiç] **nt** Haute-Autriche *f*.

Oberschenkel ['o:bɐʃɛŋkl̩] (**pl inv**) **der** cuisse *f*.

oberste, r, s ['o:bɐstə] **adj 1.** [räumlich] d'en haut **2.** [in Hierarchie] suprême.

Oberstufe ['o:bɐʃtu:fə] **die** SCHULE *les trois classes précédant le baccalauréat.*

Oberteil ['o:bɐtail] (**pl -e**) **das** [von Kleidung] haut *m*.

Oberweite ['o:bɐvaitə] (**pl -n**) **die** tour *m* de poitrine.

Objekt [ɔb'jɛkt] (**pl -e**) **das 1.** objet *m* **2.** [Immobilie] bien *m*.

objektiv [ɔpjɛk'ti:f] ◆ **adj** objectif(ive). ◆ **adv** objectivement.

Objektiv [ɔbjɛk'ti:f] (**pl -e** [ti:və]) **das** objectif *m*.

obligatorisch [ɔbliga'to:rɪʃ] **adj** obligatoire.

Oboe [o'bo:ə] (**pl -n**) **die** hautbois *m*.

Obst [o:pst] **das** fruits *mpl*.

Obstkuchen ['o:pstku:xn̩] (**pl inv**) **der** tarte *f* aux fruits.

Obstsalat ['o:pstzala:t] (**pl -e**) **der** salade *f* de fruits.

obszön [ɔps'tsø:n] **adj** obscène.

Obwalden ['ɔbvaldn̩] **nt** Obwald *m*.

obwohl [ɔb'vo:l] **konj** bien que.

Ochse ['ɔksə] (**pl -n**) **der** bœuf *m*.

Ochsenschwanzsuppe ['ɔksn̩ʃvantszupə] (**pl -n**) **die** potage *m* à la queue de bœuf.

ocker ['ɔkɐ] **adj** ocre.

od. *abk für* **oder**.

oder ['o:dɐ] **konj** ou ▸ **wir gehen, oder?** on y va, non ? ▸ **oder aber** ou alors ▸ **oder auch** ou encore ▸ **oder so** ou quelque chose comme ça ; → **entweder**.

Ofen ['o:fn̩] (**pl Öfen** ['ø:fn̩]) **der 1.** [zum Backen] four *m* **2.** [zum Heizen] poêle *m*.

Ofenheizung ['o:fn̩haitsʊŋ] **die** chauffage *m* au poêle.

offen ['ɔfn̩] ◆ **adj 1.** ouvert(e) **2.** [Frage, Konflikt] en suspens **3.** [Person, Wesen] franc (franche) **4.** [Rechnung] impayé(e) **5.** [Haare] défait(e) **6.** [wund] non cicatrisé(e). ◆ **adv** [erkennbar, sich verhalten] ouvertement ▸ **offen sein zu** être franc avec ▸ **offen haben** être ouvert ▸ **offene Weine** vin en pichet ▸ **auf offenem Meer** au large.

offenbar ['ɔfn̩ba:ɐ̯] **adv** manifestement.

offen◦bleiben ['ɔfn̩blaibn̩] **vi** *(unreg)* [Frage] rester en suspens.

offen bleiben ['ɔfn̩blaibn̩] **vi** *(unreg, ist)* [Tür, Geschäft] rester ouvert(e).

offen◦lassen ['ɔfn̩lasn̩] **vt** *(unreg)* [Frage] laisser en suspens.

offen lassen ['ɔfn̩lasn̩] vt *(unreg)* [Tür, Geschäft] laisser ouvert(e).

offensichtlich [ɔfn̩'zɪçtlɪç] **adv** manifestement.

öffentlich ['œfn̩tlɪç] ◆ **adj** public (publique). ◆ **adv** [vor allen] publiquement.

Öffentlichkeit ['œfn̩tlɪçkait] **die** public *m*.

offiziell [ɔfi'tsiɛl] **adj** officiel(elle).

öffnen ['œfnən] **vt** ouvrir. ◆ **sich öffnen ref** [Tür] s'ouvrir.

Öffnung ['œfnʊŋ] (*pl* **-en**) **die** ouverture *f*.

Öffnungszeiten ['œfnʊŋstsaitn̩] **pl** heures *fpl* d'ouverture.

oft [ɔft] (*komp* **öfter**, *superl* **am öftesten**) **adv** souvent ▸ **wie oft?** combien de fois ?

öfters ['œftɐs] **adv** assez souvent.

ohne ['oːnə] **konj** & **präp** *(+ A)* sans ▸ **ohne alles** sans rien ▸ **ohne mich!** sans moi ! ▸ **ohne Weiteres** sans aucun problème ▸ **ohne zu** sans ▸ **ohne dass** sans que.

Ohnmacht ['oːnmaxt] **die** [Bewusstlosigkeit] évanouissement *m* ▸ **in Ohnmacht fallen** s'évanouir.

ohnmächtig ['oːnmɛçtɪç] **adj** [bewusstlos] évanoui(e) ▸ **ohnmächtig werden** s'évanouir.

Ohr [oːɐ̯] (*pl* **-en**) **das** oreille *f*.

Ohrentropfen ['oːrəntrɔpfn̩] **pl** gouttes *fpl* pour les oreilles.

Ohrfeige ['oːɐ̯faigə] (*pl* **-n**) **die** gifle *f*.

ohrfeigen ['oːɐ̯faign̩] **vt** gifler.

Ohrklipp ['oːɐ̯klɪp] (*pl* **-s**) **der** clip *m*.

Ohrring ['oːɐ̯rɪŋ] (*pl* **-e**) **der** boucle *f* d'oreille.

okay [o'keː] **adv** O.K.

Ökobilanz ['øːkobɪlants] (*pl* **-en**) **die** bilan *m* écologique.

Ökoladen ['øːkolaːdn̩] (*pl* **-läden** [lɛːdn̩]) **der** *magasin de produits écologiques.*

ökologisch [øko'loːgɪʃ] **adj** écologique.

ökonomisch [øko'noːmɪʃ] ◆ **adj** économique. ◆ **adv** de façon économique.

Ökosprit ['øːkoʃprɪt] **der** *fam* biocarburant *m*.

Ökostrom ['øːkoʃtroːm] **der** électricité *f* écologique.

Ökosystem ['økozysteːm] (*pl* **-e**) **das** écosystème *m*.

Oktan [ɔk'taːn] **das** octane *m*.

Oktober [ɔk'toːbɐ] **der** octobre *m* ▸ **der 3. Oktober** *fête nationale allemande (anniversaire de la réunification du 3 octobre 1990)* ▸ **am ersten Oktober** le premier octobre ▸ **Anfang / Ende Oktober** début / fin octobre ▸ **Mitte Oktober** à la mi-octobre ▸ **Berlin, den 12. Oktober 2012** Berlin, le 12 octobre 2012 ▸ **im Oktober** en octobre.

Oktoberfest [ɔk'toːbɐfɛst] (*pl* **-e**) **das** *fête de la bière à Munich.*

ⓘ Oktoberfest

Depuis 1811, la fête de la bière se tient chaque année à Munich, de fin septembre à début octobre. Sous des tentes dressées pour la circonstance, des millions de visiteurs viennent déguster la célèbre bière bavaroise servie dans des verres d'un litre (Maß).

Öl [øːl] (*pl* **-e**) **das 1.** [Speiseöl, Schmieröl] huile *f* **2.** [Heizöl] mazout *m* **3.** [Erdöl] pétrole *m*.

ölen ['øːlən] **vt** graisser.

ölig ['øːlɪç] **adj** huileux(euse).

Olive [o'liːvə] (*pl* -n) die olive *f.*

Olivenöl [o'liːvn̩løːl] das huile *f* d'olive.

Ölpest ['øːlpɛst] die marée *f* noire.

Ölstand ['øːlʃtant] der niveau *m* d'huile ▸ **den Ölstand prüfen** vérifier le niveau d'huile.

Ölverbrauch ['øːlfɛɐ̯braux] der consommation *f* de pétrole.

Ölwechsel ['øːlvɛksl̩] (*pl inv*) der vidange *f.*

Olympische Spiele [o'lympɪʃə'ʃpiːlə] pl jeux *mpl* Olympiques.

Oma ['oːma] (*pl* -s) die *fam* mamie *f.*

Omelett [ɔm(ə)'lɛt] (*pl* -s) das omelette *f.*

Onkel ['ɔŋkl̩] (*pl inv*) der oncle *m.*

online ['ɔnlain] adj : **online sein** être en ligne.

Onlinearbeitsamt ['ɔnlainlarbaitslamt] (*pl* -ämter) das cyberagence *f* pour l'emploi.

Onlineauktion ['ɔnlainlauktsjoːn] (*pl* -en) die cyberenchères *fpl.*

Online-Check-in ['ɔnlaintʃɛkɪn] (*pl* -s) der enregistrement *m* sur Internet.

Onlineshop ['ɔnlainʃɔp] (*pl* -s) der boutique *f* en ligne.

OP [oː'peː] (*pl* -s) der salle *f* d'opération.

Opa ['oːpa] (*pl* -s) der *fam* papi *m.*

Openair-Konzert [oːpn̩'ɛːɐ̯kɔntsɛrt] (*pl* -e) das concert *m* en plein air.

Oper ['oːpɐ] (*pl* -n) die opéra *m* ▸ **in die Oper gehen** aller à l'opéra.

Operation [ɔpəra'tsjoːn] (*pl* -en) die [chirurgisch] opération *f.*

Operator ['ɔpəreːtɐ] (*pl* **Operatoren**) der opérateur *m.*

Operette [opə'rɛtə] (*pl* -n) die opérette *f.*

operieren [ɔpə'riːrən] vt opérer.

Opernfestspiele ['oːpɐnfɛstʃpiːlə] pl festival *m* lyrique.

Opfer ['ɔpfɐ] (*pl inv*) das **1.** [Verzicht] sacrifice *m* **2.** [Person] victime *f.*

Opposition [ɔpozi'tsjoːn] die opposition *f.*

Optik ['ɔptɪk] die optique *f.*

Optiker, in ['ɔptɪkɐ, kərɪn] (*mpl inv*) der, die opticien *m*, -enne *f.*

optimal [opti'maːl] ◆ adj optimal(e). ◆ adv au mieux.

Optimismus [ɔpti'mɪsmʊs] der optimisme *m.*

optimistisch [opti'mɪstɪʃ] adj optimiste.

Option [ɔp'tsjoːn] (*pl* -en) die stock-option *f.*

orange [o'raŋʒə] adj orange.

Orange [o'raŋʒə] (*pl* -n) die [Frucht] orange *f.*

Orangensaft [o'raŋʒn̩zaft] (*pl* -säfte [zɛftə]) der jus *m* d'orange ▸ **frisch gepresster Orangensaft** orange pressée.

Orchester [ɔr'kɛstɐ] (*pl inv*) das orchestre *m.*

ordentlich ['ɔrdn̩tlɪç] ◆ adj **1.** [Raum] rangé(e) **2.** [Person] ordonné(e) **3.** [Leben, Mahlzeit, Arbeit] convenable. ◆ adv **1.** [aufräumen] convenablement **2.** [stark] bien.

ordinär [ɔrdi'nɛːɐ̯] adj vulgaire.

ordnen ['ɔrtnən] vt **1.** [Nachlass, Leben] mettre de l'ordre dans **2.** [Sammlung, Kartei] classer.

Ordner ['ɔrtnɐ] (*pl inv*) der **1.** [für Akten] classeur *m* **2.** [Person] membre *m* du service d'ordre **3.** EDV dossier *m.*

Ordnung ['ɔrtnuŋ] die [Zustand] ordre *m* ▸ **in Ordnung!** pas de problème ! ▸ **Ordnung machen** ranger.

Ordnungswidrigkeit ['ɔrtnuŋsviːdrıçkait] (*pl* **-en**) die *amt* irrégularité *f*.

Oregano [ore'gaːno] der origan *m*.

Organ [ɔr'gaːn] (*pl* **-e**) das [Körperteil] organe *m*.

Organisation [ɔrganiza'tsjoːn] (*pl* **-en**) die **1.** [Gruppe] association *f* **2.** [von Arbeit, Veranstaltung] organisation *f*.

Organisator [ɔrgani'zaːtoːɐ̯] (*pl* **-satoren** [toːrən]) der organisateur *m*.

Organisatorin [ɔrganiza'toːrın] (*pl* **-nen**) die organisatrice *f*.

organisieren [ɔrgani'ziːrən] **vt 1.** [Veranstaltung] organiser **2.** *fam* [besorgen] trouver.

Organismus [ɔrga'nısmus] (*pl* **Organismen** [nısmən]) der [Körper] organisme *m*.

Organspender, in [ɔr'gaːnʃpendɐ, dərın] (*mpl inv, fpl* **-nen**) der, die donneur *m*, -euse *f* d'organe.

Orgasmus [ɔr'gasmus] (*pl* **Orgasmen** [gasmən]) der orgasme *m*.

Orgel ['ɔrgl̩] (*pl* **-n**) die orgue *m*.

orientieren [orien'tiːrən] ◆ **sich orientieren** ref [in Richtung] s'orienter ▸ **sich orientieren an** *(+ D)* se conformer à ▸ **sich orientieren über** *(+ A)* [informieren] se renseigner sur.

Orientierungssinn [orien'tiːruŋszın] der sens *m* de l'orientation.

original [origi'naːl] adj original(e).

Original [origi'naːl] (*pl* **-e**) das original *m*.

Orkan [ɔr'kaːn] (*pl* **-e**) der ouragan *m*.

Ort [ɔrt] (*pl* **-e**) der **1.** [Stelle] lieu *m* **2.** [Ortschaft] localité *f* ▸ **an Ort und Stelle** sur place.

Orthopäde, Orthopädin [ɔrtope'də, dın] (*mpl* **-n**) der, die orthopédiste *mf*.

orthopädisch [ɔrto'pɛːdıʃ] adj orthopédique.

örtlich ['œrtlıç] adj local(e).

Ortschaft ['ɔrtʃaft] (*pl* **-en**) die localité *f* ▸ **geschlossene Ortschaft** agglomération *f*.

Ortsgespräch ['ɔrtsgəʃprɛːç] (*pl* **-e**) das communication urbaine.

ortskundig ['ɔrtskundıç] adj : **ortskundig sein** bien connaître la région.

Ortsmitte ['ɔrtsmıtə] die centre *m* (de la localité).

Ortsnetz ['ɔrtsnɛts] (*pl* **-e**) das réseau local.

Ortstarif ['ɔrtstariːf] (*pl* **-e**) der tarif urbain.

Ortszeit ['ɔrtstsait] (*pl* **-en**) die heure locale.

ÖS (*abk für* **österreichischer Schilling**) SCH *(Schilling)*.

Oslo ['ɔslo] nt Oslo.

Ossi [ɔsı] (*pl* **-s**) der *fam habitants de l'ex-Allemagne de l'Est*.

ⓘ Ossi / Wessi

Expression apparue dès les années 1980 entre Berlinois de l'Ouest (Wessis) et de l'Est (Ossis). Depuis la réunification de 1990, cette formule étendue à toute l'Allemagne a une connotation particulièrement négative.

Ost [ɔst] nt Est *m*.

Ostdeutschland ['ɔstdɔytʃlant] nt Allemagne *f* de l'Est.

Osten ['ɔstn̩] **der 1.** [Gegend] Est *m* **2.** [Richtung] est *m* ▸ **im Osten** à l'Est ▸ **nach Osten** vers l'est.

Osterei ['oːstɐlai] (*pl* **-er**) **das** œuf *m* de Pâques.

Osterhase ['oːstɐhaːzə] (*pl* **-n**) **der** *lièvre qui selon la tradition allemande apporte les œufs de Pâques.*

ⓘ Osterhase

Légende traditionnelle allemande selon laquelle un lièvre peint des œufs pour la fête de Pâques et les dissimule dans les jardins. De nos jours, cette coutume perdure pour le plus grand bonheur des enfants.

Ostermontag ['oːstɐ'oːmoːntaːk] (*pl* **-e** [taːgə]) **der** lundi *m* de Pâques.

Ostern ['oːstɐn] (*pl inv*) **nt** Pâques *fpl* ▸ **zu Ostern** à Pâques ▸ **frohe Ostern!** joyeuses Pâques !

Österreich ['øːstəraiç] **nt** Autriche *f*.

Österreicher ['øːstəraiçɐ] (*pl inv*) **der** Autrichien *m*.

Österreicherin ['øːstəraiçərɪn] (*pl* **-nen**) **die** Autrichienne *f*.

österreichisch ['œstəraiçɪʃ] **adj** autrichien(enne).

Ostersonntag ['oːstɐ'zɔntaːk] (*pl* **-e** [taːgə]) **der** dimanche *m* de Pâques.

Osteuropa ['ɔstlɔyroːpa] **nt** Europe *f* de l'Est.

Ostküste ['ɔstkystə] (*pl* **-n**) **die** côte *f* est.

östlich ['œstlɪç] ◆ **adj** oriental(e). ◆ **präp** : **östlich von** à l'est de.

Ostsee ['ɔstzeː] **die** mer *f* Baltique, Baltique *f*.

Osttimor ['ɔsttiːmoːɐ] **nt** Timor-Oriental *m*.

Ottawa ['ɔtava] **nt** Ottawa.

outen ['autn̩] ◆ **sich outen ref** révéler son homosexualité, faire son coming-out.

Outfit ['autfɪt] (*pl* **-s**) **das** tenue *f*.

Outsourcing ['autsoː(r)sɪŋ] **das** WIRTSCH externalisation *f*.

oval [o'vaːl] **adj** ovale.

Overall ['oːvəral] (*pl* **-s**) **der** combinaison *f*.

Ozean ['oːtseaːn] (*pl* **-e**) **der** océan *m* ▸ **Atlantischer Ozean** océan *m* Atlantique.

Ozon [o'tsoːn] **das** ozone *m*.

Ozonloch [o'tsoːnlɔx] **das** trou *m* dans la couche d'ozone.

Ozonschicht [o'tsoːnʃɪçt] **die** couche *f* d'ozone.

P p

paar [paːɐ] **adj** quelques ▸ **ein paar** quelques.

Paar [paːɐ] (*pl* **-e**) **das 1.** [zwei Personen] couple *m* **2.** [zwei Dinge] paire *f* ▸ **ein Paar Socken** une paire de chaussettes.

paarmal ['paːɐmaːl] **adv** = **Mal**.

Pacht [paxt] (*pl* **-en**) **die 1.** [Handlung] fermage *m* **2.** [Geld] bail *m*.

Päckchen ['pɛkçən] (*pl inv*) **das 1.** [in Post] petit paquet **2.** [Packung] paquet *m*.

packen ['pakn̩] **vt 1.** [Koffer] faire **2.** [legen, stellen] mettre **3.** [fassen] attraper.

Packpapier ['pakpapiːɐ̯] das papier *m* d'emballage.

Packung ['pakʊŋ] (*pl* -en) die **1.** [Schachtel] boîte *f* **2.** [Päckchen] paquet *m* **3.** [Tüte] sachet *m*.

Packungsbeilage ['pakʊŋsbailaːgə] (*pl* -n) die MED notice *f* ▸ **'lesen Sie die Packungsbeilage'** 'lire la notice'.

Packungsrückseite ['pakʊŋsrykzaitə] (*pl* -n) die envers *m* de la boîte.

Pädagogik [pɛda'goːgɪk] die pédagogie *f*.

pädagogisch [pɛda'goːgɪʃ] adj pédagogique.

Paddel ['padl̩] (*pl inv*) das pagaie *f*.

Paddelboot ['padl̩boːt] (*pl* -e) das canoë *m*.

paddeln ['padl̩n] vi pagayer.

Paket [pa'keːt] (*pl* -e) das **1.** [Postpaket] colis *m* **2.** [Packung] paquet *m*.

Paketannahme [pa'keːtlannaːmə] (*pl* -n) die [Schalter] réception *f* des colis.

Paketausgabe [pa'keːtlausgaːbə] (*pl* -n) die [Schalter] distribution *f* des colis.

Paketkarte [pa'keːtkartə] (*pl* -n) die bulletin *m* d'expédition.

Palast [pa'last] (*pl* **Paläste** [lɛstə]) der palais *m*.

Palme ['palmə] (*pl* -n) die palmier *m*.

Palmsonntag [palm'zɔntaːk] (*pl* -e [taːgə]) der dimanche *m* des Rameaux.

Pampelmuse [pampl'muːzə] (*pl* -n) die pamplemousse *m*.

Panama ['panama] nt Panama *m*.

Paniermehl [pa'niːɐ̯meːl] das chapelure *f*.

paniert [pa'niːɐ̯t] adj pané(e).

Panik ['paːnɪk] die panique *f*.

panisch ['paːnɪʃ] ◆ adj [Reaktion] de panique. ◆ adv [reagieren] sous l'effet de la panique ▸ **panische Angst** peur panique.

Panne ['panə] (*pl* -n) die **1.** [mit Auto] panne *f* **2.** [Fehler] incident *m* ▸ **eine Panne haben** tomber en panne.

Pannendienst ['panəndiːnst] (*pl* -e) der service *m* de dépannage.

Pannenhilfe ['panənhɪlfə] die dépannage *m*.

Pantoffel [pan'tɔfl̩] (*pl* -n) der pantoufle *f*.

Pantomime [panto'miːmə] (*pl* -n) die [Aufführung] pantomime *f*.

Panzer ['pantsɐ] (*pl inv*) der **1.** [Fahrzeug] char *m* de combat **2.** [von Tier] carapace *f*.

Papa ['papa] (*pl* -s) der *fam* papa *m*.

Papagei [papa'gai] (*pl* -en) der perroquet *m*.

Papier [pa'piːɐ̯] (*pl* -e [piːrə]) das **1.** [Material] papier *m* **2.** [Dokument] document *m*. ◆ **Papiere pl** [Ausweise] papiers *mpl*.

Papiergeld [pa'piːɐ̯gəlt] das billets *mpl*.

Papierkorb [pa'piːɐ̯korp] (*pl* -**körbe** [kœrbə]) der corbeille *f* à papier.

Papiertaschentuch [pa'piːɐtaʃn̩tuːx] (*pl* -**tücher** [tyːçɐ]) das mouchoir *m* en papier.

Papierwaren [pa'piːɐ̯vaːrən] pl papeterie *f*.

Pappbecher ['papbɛçɐ] (*pl inv*) der gobelet *m* en carton.

Pappe ['papə] (*pl* -n) die carton *m*.

Pappkarton ['papkartɔŋ] (*pl* -s) der carton *m*.

Paprika ['paprika:] (*pl* -s) der **1.** [Gemüse] poivron *m* **2.** [Gewürz] paprika *m*.

Papst [pa:pst] (*pl* **Päpste** ['pɛ:pstə]) der pape *m*.

Parabolantenne [para'bo:llantɛnə] (*pl* -n) die antenne *f* parabolique.

Parade [pa'ra:də] (*pl* -n) die [Umzug] défilé *m*.

Paradeiser [para'daizɐ] (*pl inv*) der ÖSTERR tomate *f*.

Paradies [para'di:s] (*pl* -e) das paradis *m*.

paradiesisch [para'di:zɪʃ] adj paradisiaque.

Paragliding ['pa:raglaidɪŋ] das parapente *m*.

Paraguay ['pa:ragvai] nt Paraguay *m*.

parallel [para'le:l] ◆ adj parallèle. ◆ adv parallèlement.

Parallelport [para'le:lpɔrt] (*pl* -s) der port *m* parallèle.

Paranuss ['pa:ranʊs] (*pl* -nüsse [nysə]) die noix *f* du Brésil.

parat [pa'ra:t] ◆ adj [fertig] : **parat sein** être prêt(e). ◆ adv : **ich hatte keinen Stift parat** je n'avais pas de stylo sous la main ▸ **er hat immer eine Antwort parat** il a toujours une réponse toute prête.

Pärchen ['pɛ:ɐçən] (*pl inv*) das [Liebespaar] tourtereaux *mpl*.

Pardon [par'dɔŋ] interj pardon.

Parfüm [par'fy:m] (*pl* -e) das parfum *m*.

Parfümerie [parfy:mə'ri:] (*pl* -n) die parfumerie *f*.

parfümfrei [par'fy:mfrai] adj sans parfum.

Paris [pa'ri:s] nt Paris.

Pariser [pa'ri:zɐ] (*pl inv*) ◆ der **1.** [Einwohner] Parisien *m* **2.** *fam* [Kondom] capote *f* (anglaise). ◆ adj [aus Paris] parisien(enne).

Pariserin [pa'ri:zərɪn] (*pl* -nen) die [Einwohnerin] Parisienne *f*.

Park [park] (*pl* -s) der parc *m*.

Parka ['parka] (*pl* -s) die ODER der parka *f*.

Park-and-Ride-System ['pa:klɛnt-'raitsys'te:m] das *système de transport selon lequel les personnes laissent leur véhicule sur le parking d'une gare et utilisent les transports en commun.*

Parkanlage ['parklanla:gə] (*pl* -n) die jardins *mpl*.

Parkdauer ['parkdauɐ] die durée *f* de stationnement.

Parkdeck ['parkdɛk] (*pl* -s) das [in Parkhaus] niveau *m*.

parken ['parkn̩] ◆ vt [Auto] garer. ◆ vi se garer ▸ **falsch parken** mal se garer ▸ **'Parken verboten'** 'stationnement interdit'.

Parkett [par'kɛt] (*pl* -s ODER -e) das **1.** [Fußboden] parquet *m* **2.** [in Zuschauerraum] parterre *m*.

Parkgebühr ['parkgəby:ɐ] (*pl* -en [by:rən]) die frais *mpl* de stationnement.

Parkhaus ['parkhaus] (*pl* -häuser [hɔyzɐ]) das parking *m* (à plusieurs niveaux).

Parkhöchstdauer [park'hø:çstdauɐ] die : **'Parkhöchstdauer 1 Stunde'** 'durée maximale de stationnement : 1 heure'.

Parkplatz ['parkplats] (*pl* -plätze [plɛtsə]) der parking *m*.

Parkscheibe ['parkʃaibə] (*pl* -n) die disque *m* de stationnement.

Parkschein ['parkʃain] (*pl* **-e**) **der** ticket *m* de stationnement.

Parkuhr ['parkluːɐ̯] (*pl* **-en** [uːrən]) **die** parcmètre *m*.

Parkverbot ['parkfɛɐ̯boːt] (*pl* **-e**) **das** interdiction *f* de stationner ▸ **im Parkverbot stehen** être en stationnement interdit.

Parlament [parla'mɛnt] (*pl* **-e**) **das** parlement *m*.

Parmesan [parmə'zaːn] **der** parmesan *m*.

Partei [par'tai] (*pl* **-en**) **die** parti *m*.

Parterre [par'tɛr] **das** rez-de-chaussée *m* ▸ **im Parterre** au rez-de-chaussée.

Partie [par'tiː] (*pl* **-n**) **die** partie *f*.

Partikelfilter [par'tiːkl̩fɪltɐ] (*pl inv*) **der** filtre *m* à particules.

Partner, in ['partnɐ, nərɪn] (*mpl inv*) **der, die 1.** [Lebenspartner] compagnon *m*, compagne *f* **2.** [bei Spiel, Sport, in Firma] partenaire *mf*.

Partnerschaft ['partnɐʃaft] (*pl* **-en**) **die 1.** [zwischen Personen] couple *m* **2.** [zwischen Städten] jumelage *m*.

Partnerstadt ['partnɐʃtat] (*pl* **-städte** [ʃtɛtə]) **die** ville jumelée.

Party ['paːɐ̯ti] (*pl* **-s**) **die** soirée *f*.

Pass [pas] (*pl* **Pässe** ['pɛsə]) **der 1.** [Dokument] passeport *m* **2.** [Straße] col *m*.

Passage [pa'saːʒə] (*pl* **-n**) **die 1.** galerie marchande **2.** [Reise] traversée *f*.

Passagier, in [pasa'ʒiːɐ̯, ʒiːrɪn] (*mpl* **-e**) **der, die** passager *m*, -ère *f* ▸ **blinder Passagier** passager clandestin.

Passagierschiff [pasa'ʒiːɐ̯ʃɪf] (*pl* **-e**) **das** bateau *m* transportant des passagers.

Passamt ['paslamt] (*pl* **-ämter** [ɛmtɐ]) **das** bureau *m* des passeports.

Passant, in [pa'sant, tɪn] (*mpl* **-en**) **der, die** passant *m*, -e *f*.

Passbild ['pasbɪlt] (*pl* **-er** [bɪldɐ]) **das** photo *f* d'identité.

passen ['pasn̩] **vi 1.** [Termin] convenir **2.** [bei Spiel] passer **3.** [in Größe, Form] aller ▸ **jm passen** [Kleidung] aller à qqn ▸ **zu etw passen** aller bien avec qqch ▸ **das könnte dir so passen!** c'est hors de question ! ▸ **sie passen gut zueinander** ils vont bien ensemble.

passend ['pasn̩t] **adj** approprié(e) ▸ **haben Sie es passend?** avez-vous le compte ?

Passfoto ['pasfoto] (*pl* **-s**) **das** photo *f* d'identité.

passieren [pa'siːrən] **vi** *(ist)* arriver ▸ **jm passiert etw** qqch arrive à qqn ▸ **was ist passiert?** qu'est-il arrivé ?

Passionsspiele [pa'si̯oːnsʃpiːlə] **pl** mystères *mpl* de la Passion.

ⓘ Passionsspiele

Festival de théâtre catholique, dont le plus célèbre est celui du village d'Oberammergau, en Bavière. Ses habitants, épargnés par la peste en 1634, firent la promesse de faire représenter tous les dix ans la passion du Christ.

passiv ['pasif] **adj** passif(ive).

Passkontrolle ['paskɔntrɔlə] (*pl* **-n**) **die 1.** [Kontrollieren] contrôle *m* des passeports **2.** [Stelle] point *m* de contrôle des passeports.

Passwort ['pasvɔrt] (*pl* **-wörter**) **das** password *m*, code *m* d'accès.

Paste ['pastə] (*pl* **-n**) **die** pâte *f*.

Pastell [pas'tɛl] (*pl* **-e**) **das** pastel *m*.

Pastete [pas'te:tə] (*pl* **-n**) **die 1.** [aus Teig] vol-au-vent *m inv* **2.** [Aufstrich] terrine *f*.

Pastor ['pasto:ɐ̯] (*pl* **Pastoren** ['to:rən]) **der 1.** [katholisch] curé *m* **2.** [evangelisch] pasteur *m*.

Pastorin [pas'to:rɪn] (*pl* **-nen**) **die** [evangelisch] femme *f* pasteur.

Patchworkfamilie ['pɛtʃvø:ɐk-fami:li̯ə] (*pl* **-n**) **die** famille *f* recomposée.

Pate ['pa:tə] (*pl* **-n**) **der** parrain *m*.

Patient, in [pa'tsi̯ɛnt, tɪn] (*mpl* **-en**) **der, die** patient *m*, -e *f*.

Patientenverfügung [pa'tsi̯ɛntən-fɛɐfy:gʊŋ] (*pl* **-en**) **die** testament *m* de vie.

Patin ['pa:tɪn] (*pl* **-nen**) **die** marraine *f*.

Patrone [pa'tro:nə] (*pl* **-n**) **die** cartouche *f*.

Pauke ['paukə] (*pl* **-n**) **die** grosse caisse.

pauken ['paukn̩] **vi** *fam* SCHULE bachoter.

pauschal [pau'ʃa:l] **adj 1.** [Betrag, Preis] forfaitaire **2.** [Kritik, Urteil] général(e).

Pauschale [pau'ʃa:lə] (*pl* **-n**) **die** forfait *m*.

Pauschalpreis [pau'ʃa:lprais] (*pl* **-e** [praizə]) **der** prix *m* forfaitaire.

Pauschalreise [pau'ʃa:lraizə] (*pl* **-n**) **die** *forfait comprenant voyage et séjour.*

Pauschaltarif [pau'ʃa:ltari:f] (*pl* **-e**) **der** tarif *m* forfaitaire.

Pause ['pauzə] (*pl* **-n**) **die 1.** [Unterbrechung] pause *f* **2.** [in Schule] récréation *f* **3.** [in Theater, Konzert] entracte *m*.

pausenlos ['pauznlo:s] ◆ **adj** ininterrompu(e). ◆ **adv** sans interruption.

Pavillon ['pavɪljɔŋ] (*pl* **-s**) **der** [in Park] kiosque *m*.

Pay-TV ['pe:ti:vi:] (*pl* **-s**) **das** chaîne *f* à péage ▸ **im Pay-TV** sur la chaîne à péage.

Pazifik [pa'tsi:fɪk] **der** Pacifique *m*.

Pazifische Ozean [pa'tsi:fɪʃɐ'o:tsea:n] **der** océan *m* Pacifique.

PC [pe:'tse:] (*pl inv* ODER **-s**) (*abk für* **Personal Computer**) **der** PC *m*.

PDI [pe:de:'li:] (*abk für* **Präimplantationsdiagnostik**) DPI *m (diagnostic préimplantatoire).*

Pech [pɛç] **das** [Unglück] malchance *f* ▸ **Pech haben** ne pas avoir de chance.

Pedal [pe'da:l] (*pl* **-e**) **das** pédale *f*.

pedantisch [pe'dantɪʃ] ◆ **adj** [Person] pointilleux(euse). ◆ **adv** méticuleusement.

Peeling ['pi:lɪŋ] (*pl* **-s**) **das** [Kosmetikartikel] peeling *m*, exfoliant *m*.

Peeling- ['pi:lɪŋ] **adj** exfoliant(e).

Peelingcreme ['pi:lɪŋkre:m] (*pl* **-s**) **die** crème *f* peeling.

peinlich ['painlɪç] **adj** [unangenehm] embarrassant(e) ▸ **das ist mir peinlich** cela m'ennuie.

Peking ['pe:kɪŋ] **nt** Pékin.

Pellkartoffel ['pɛlkartɔfl̩] (*pl* **-n**) **die** pomme de terre *f* en robe des champs.

Pelz ['pɛlts] (*pl* **-e**) **der 1.** [Fell] pelage *m* **2.** [Mantel] fourrure *f*.

Pelzmantel ['pɛltsmantl̩] (*pl* **-mäntel** [mɛntl̩]) **der** manteau *m* de fourrure.

Pendelverkehr ['pɛndlfɛɐ̯ke:ɐ̯] **der** *trafic banlieue-grande ville.*

Pendler, in ['pɛntlɐ, lərɪn] (*mpl inv*) **der** banlieusard *m*, -e *f (qui fait un trajet journalier pour se rendre au travail).*

penetrant [penə'trant] **adj 1.** [Person] pressant(e) **2.** [Geschmack, Geruch] pénétrant(e).

Penis ['pe:nɪs] (*pl* **-se**) **der** pénis *m*.

Penizillin [penɪtsə'li:n] (*pl* **-e**) **das** pénicilline *f*.

Penner, in ['pɛnɐ, nərɪn] **der, die** *fam* clodo *mf*.

Pension [paŋ'zio:n] (*pl* **-en**) **die 1.** [Hotel, Rente] pension *f* **2.** [Ruhestand] retraite *f* ▸ **in Pension sein** être à la retraite.

> **ⓘ Pension**
>
> Les pensions de famille se distinguent des hôtels par leur atmosphère familiale, un confort parfois sommaire mais des tarifs bien moins élevés. Les chambres sont parfois équipées d'un coin cuisine.

pensionieren [paŋzio'ni:rən] **vt** mettre à la retraite.

Pensionsgast [pɛn'zio:nsgast] (*pl* **-gäste** [gɛstə]) **der** pensionnaire *mf*.

Peperoni [pepə'ro:ni] (*pl inv*) **die** piment *m*.

per [pɛr] **präp** *(+ A)* par ▸ **per Luftpost** par avion.

perfekt [pɛr'fɛkt] **adj** [vollkommen] parfait(e).

Pergamentpapier [pɛrga'mɛntpapi:ɐ] **das** papier sulfurisé.

Periode [pe'rio:də] (*pl* **-n**) **die 1.** [Zeitraum] période *f* **2.** [Menstruation] règles *fpl*.

Perle ['pɛrlə] (*pl* **-n**) **die** perle *f*.

Perlenkette ['pɛrlənkɛtə] (*pl* **-n**) **die** collier *m* de perles.

perplex [pɛr'plɛks] **adj** perplexe.

Person [pɛr'zo:n] (*pl* **-en**) **die 1.** personne *f* **2.** [in Drama, Roman] personnage *m*.

Personal [pɛrzo'na:l] **das** personnel *m*.

Personalausweis [pɛrzo'na:llauswais] (*pl* **-e** [waizə]) **der** carte *f* d'identité.

Personalausweisnummer [pɛrzo'na:llauswaisnumɐ] (*pl* **-n**) **die** numéro *m* de carte d'identité.

Personalien [pɛrzo'na:liən] **pl** identité *f*.

personalisieren [pɛrzonali'zi:rən] **vt** personnaliser.

Personalpronomen [pɛrzo'na:lpro'no:mən] (*pl inv* ODER **-pronomina**) **das** GRAMM pronom personnel.

Personenkraftwagen [pɛr'zo:nənkraftva:gn̩] (*pl inv*) **der** *amt* voiture *f* de tourisme.

Personenzug [pɛr'zo:nəntsu:k] (*pl* **-züge** [tsy:gə]) **der** *amt* train *m* de voyageurs.

persönlich [pɛr'zø:nlɪç] ◆ **adj** personnel(elle). ◆ **adv** personnellement.

Persönlichkeit [pɛr'zø:nlɪçkait] (*pl* **-en**) **die** personnalité *f*.

Perücke [pe'rykə] (*pl* **-n**) **die** perruque *f*.

Pessimismus [pɛsi'mɪsmus] **der** pessimisme *m*.

pessimistisch [pɛsi'mɪstɪʃ] **adj** pessimiste.

Pesto ['pɛsto] **der ODER das** pesto *m* ▸ **Nudeln mit Pesto** pâtes au pesto.

Petersilie [petɐ'zi:liə] **die** persil *m*.

Petroleum [pe'tro:leum] **das** pétrole *m*.

petzen ['pɛtsn̩] **vi** *fam* SCHULE cafter.

Pfad [pfa:t] (*pl* **-e** ['pfa:də]) **der** chemin *m*.

Pfadfinder, in ['pfa:tfɪndɐ, dərɪn] (*mpl inv*) **der, die** scout *mf*.

Pfahl [pfaːl] (*pl* **Pfähle** ['pfɛːlə]) **der** pieu *m*.

Pfand [pfant] **das** [von Flaschen] consigne *f*.

Pfandflasche ['pfantflaʃə] (*pl* **-n**) **die** bouteille consignée.

Pfandleihhaus ['pfantlaihaus] (*pl* **-häuser** [hɔyzɐ]) **das** mont-de-piété *m*.

Pfandrückgabe ['pfantrykgaːbə] **die** *guichet des bouteilles consignées*.

Pfanne ['pfanə] (*pl* **-n**) **die** [zum Braten] poêle *f* ▸ **beschichtete Pfanne** poêle antiadhésive.

Pfannengericht ['pfanəngərɪçt] (*pl* **-e**) **das** *mets dont les ingrédients sont préparés dans une poêle*.

Pfannkuchen ['pfankuːxn̩] (*pl inv*) **der** crêpe *(épaisse)*.

Pfarrer ['pfarɐ] (*pl inv*) **der 1.** [katholisch] curé *m* **2.** [evangelisch] pasteur *m*.

Pfarrerin ['pfarərɪn] (*pl* **-nen**) **die** [evangelisch] femme *f* pasteur.

Pfeffer ['pfɛfɐ] **der** poivre *m*.

Pfefferkuchen ['pfɛfɐkuːxn̩] (*pl inv*) **der** pain *m* d'épice.

Pfefferminz ['pfɛfɐmɪnts], **Pfefferminze** [pfɛfɐ'mɪntsə] **die** menthe *f*.

Pfefferminztee [pfɛfɐ'mɪtsteː] **der** thé *m* à la menthe.

Pfeffermühle ['pfɛfɐmyːlə] (*pl* **-n**) **die** moulin *m* à poivre.

pfeffern ['pfɛfɐn] **vt 1.** [mit Pfeffer] poivrer **2.** *fam* [werfen] flanquer.

Pfeife ['pfaifə] (*pl* **-n**) **die 1.** [zum Pfeifen] sifflet *m* **2.** [zum Rauchen] pipe *f* ▸ **Pfeife rauchen** fumer la pipe.

pfeifen ['pfaifn] (*prät* **pfiff**, *pp* **gepfiffen**) **vi** siffler.

Pfeil [pfail] (*pl* **-e**) **der** flèche *f* ▸ **'folgen Sie dem gelben Pfeil!'** 'suivez la flèche jaune'.

Pfeiler ['pfailɐ] (*pl inv*) **der** pilier *m*.

Pfennig ['pfɛnɪç] (*pl* **-e** [nɪgə] ODER *inv*) **der** pfennig *m*.

Pferd [pfeːɐ̯t] (*pl* **-e** ['pfeːɐ̯də]) **das** [Tier] cheval *m*.

Pferderennen ['pfeːɐ̯dərenən] (*pl inv*) **das** course *f* de chevaux.

Pferdeschwanz ['pfeːɐ̯dəʃvants] (*pl* **-schwänze** [ʃvɛtsə]) **der** [Frisur] queue *f* de cheval.

Pferdesport ['pfeːɐ̯dəʃpɔrt] **der** sport *m* équestre.

Pferdestärke ['pfeːɐ̯dəʃtɛrkə] (*pl* **-n** [ʃtɛrkn̩]) **die** *amt* cheval-vapeur *m*.

pfiff [pfɪf] **prät** → **pfeifen**.

Pfiff [pfɪf] (*pl* **-e**) **der** [Ton] sifflement *m*.

Pfifferling ['pfɪfɐlɪŋ] (*pl* **-e**) **der** girolle *f*.

pfiffig ['pfɪfɪç] ◆ **adj** malin(e). ◆ **adv** astucieusement.

Pfingsten ['pfɪŋstn̩] (*pl inv*) ***(ohne Artikel)*** Pentecôte *f*.

Pfingstmontag [pfɪŋst'moːntaːk] (*pl* **-e** [taːge]) **der** lundi *m* de Pentecôte.

Pfingstsonntag [pfɪŋst'zɔntaːk] (*pl* **-e** [taːgə]) **der** dimanche *m* de Pentecôte.

Pfirsich ['pfɪrzɪç] (*pl* **-e**) **der** pêche *f*.

Pflanze ['pflantsə] (*pl* **-n**) **die** plante *f*.

pflanzen ['pflantsn̩] **vt** [anpflanzen] planter.

pflanzlich ['pflantslɪç] **adj** [aus Pflanzen] végétal(e).

Pflaster ['pflastɐ] (*pl inv*) **das 1.** [Verband] sparadrap *m* **2.** [auf Straße] revêtement *m*.

Pflaume ['pflaumə] (*pl* **-n**) **die** prune *f*.

Pflaumenkuchen ['pflaumənku:xn̩] (*pl inv*) der tarte *f* aux prunes.

Pflaumenmus ['pflaumənmu:s] das compote *f* de pruneaux.

Pflege ['pfle:gə] die **1.** [von Lebewesen] soins *mpl* **2.** [von Kleidung, Garten] entretien *m*.

pflegeleicht ['pfle:gəlaiçt] adj [Material] facile d'entretien.

pflegen ['pfle:gn̩] vt **1.** [Lebewesen] soigner **2.** [Kleidung, Garten] entretenir. ◆ **sich pflegen** ref se soigner.

Pflegepersonal ['pfle:gəperzona:l] das personnel soignant.

Pfleger, in ['pfle:gɐ, gərın] (*mpl inv*) der, die [in Krankenhaus] infirmier *m*, -ère *f*.

Pflegeversicherung ['pfle:gəfɛɐzıçərʊŋ] (*pl* **-en**) die assurance-dépendance *f*.

Pflicht [pflıçt] (*pl* **-en**) die [Aufgabe] devoir *m*.

pflichtbewusst [pflıçtbəvʊst] adj responsable.

Pflichtversicherung [pflıçtfɛɐzıçərʊŋ] (*pl* **-en**) die assurance *f* obligatoire.

pflücken ['pflykn̩] vt cueillir.

Pforte ['pfɔrtə] (*pl* **-n**) die porte *f*.

Pförtner, in ['pfœrtnɐ, nərın] (*mpl inv*) der, die portier *m*, -ère *f*.

Pfote ['pfo:tə] (*pl* **-n**) die patte *f*.

pfui [pfui:] interj berk.

Pfund [pfʊnt] (*pl* **-e**) das livre *f*.

pfuschen ['pfʊʃn̩] vi *fam & abw* **1.** [beim Spiel] truander **2.** [bei Arbeit] bâcler.

Pfütze ['pfytsə] (*pl* **-n**) die flaque *f*.

Phantasie [fanta'zi:] die = **Fantasie**.

phantastisch [fan'tastıʃ] adj = **fantastisch**.

Phase ['fa:zə] (*pl* **-n**) die phase *f*.

Philharmoniker [fılhar'mo:nıkɐ] pl [Orchester] orchestre *m* philharmonique.

Philosoph, in [filo'zo:f, fın] (*mpl* **-en**) der, die philosophe *mf*.

Philosophie [filozo'fi:] (*pl* **-n**) die philosophie *f*.

Photo ['fo:to] (*pl* **-s**) das = **Foto**.

Physik [fy:'zi:k] die physique *f*.

physikalisch [fy:zi'ka:lıʃ] adj physique.

Physiker, in ['fy:zikɐ, kərın] (*mpl inv*) der, die physicien *m*, -enne *f*.

physisch ['fy:zıʃ] adj physique.

Pianist, in [pia'nıst, nıstın] (*mpl* **-en**) der, die pianiste *mf*.

Pickel ['pıkl̩] (*pl inv*) der **1.** [auf Haut] bouton *m* **2.** [Gerät] piolet *m*.

Picknick ['pıknık] (*pl* **-s**) das piquenique *m* ▸ **ein Picknick machen** piqueniquer.

Piepser ['pi:psɐ] (*pl inv*) der bip *m* ▸ **jn über den Piepser rufen** biper qqn.

piercen ['pi:ɐsən] vt piercer, faire un piercing.

Piercing ['pi:ɐsıŋ] (*pl* **-s**) das piercing *m*.

Pik [pi:k] (*pl inv*) das pique *m*.

pikant [pi'kant] ◆ adj [Essen] relevé(e). ◆ adv : **pikant würzen** bien épicer.

Pilger, in ['pılgɐ, gərın] (*mpl inv*) der, die pèlerin *m*.

Pilgerfahrt ['pılgɐfa:ɐt] (*pl* **-en**) die pèlerinage *m*.

Pille ['pılə] (*pl* **-n**) die pilule *f* ▸ **die Pille nehmen** prendre la pilule.

Pilot, in [pi'lo:t, tın] (*mpl* **-en**) der, die pilote *m*.

Pils [pɪls] (*pl inv*) **das** *bière blonde au goût relativement amer.*

Pilz [pɪlts] (*pl* -e) **der 1.** [Pflanze] champignon *m* **2.** *fam* [Hautpilz] mycose *f.*

pink [pɪŋk] **adj** rose vif.

pinkeln ['pɪŋkln̩] **vi** *fam* pisser.

Pinsel ['pɪnzl̩] (*pl inv*) **der** pinceau *m.*

Pinzette [pɪn'tsɛtə] (*pl* -n) **die** pince *f* à épiler.

Pistazie [pɪs'taːtsiə] (*pl* -n) **die** pistache *f.*

Piste ['pɪstə] (*pl* -n) **die** piste *f.*

Pistole [pɪs'toːlə] (*pl* -n) **die** pistolet *m.*

Pixelung ['pɪksəlʊŋ] (*pl* -en) **die** pixellisation *f.*

Pizza ['pɪtsa] (*pl* -s ODER **Pizzen**) **die** pizza *f.*

Pizzaservice ['pɪtsasøːɐ̯vɪs] (*pl* -s) **der** livraison *f* de pizzas à domicile.

Pizzeria [pɪtse'riːa] (*pl* **Pizzerien** [riːən]) **die** pizzeria *f.*

Pkw ['peːkaveː] (*pl* -s) **der** = **Personenkraftwagen.**

Plakat [pla'kaːtə] (*pl* -e) **das** affiche *f.*

Plakette [pla'kɛtə] (*pl* -n) **die** badge *m.*

Plan [plaːn] (*pl* **Pläne** ['plɛːnə]) **der 1.** [Vorhaben] projet *m* **2.** [Vorgabe, Karte] plan *m.*

Plane ['plaːnə] (*pl* -n) **die** bâche *f.*

planen ['plaːnən] **vt** [Reise, Arbeitsschritte] projeter.

Planet [pla'neːt] (*pl* -en) **der** planète *f.*

Planetarium [plane'taːrium] (*pl* -**tarien**) **das** planétarium *m.*

planmäßig ['plaːnmɛːsiç] ◆ **adj** [Abfahrt] prévu(e). ◆ **adv** [abfahren] à l'heure prévue.

Planschbecken ['planʃbɛkn̩] (*pl inv*) **das** pataugeoire *f.*

Planung ['plaːnʊŋ] (*pl* -en) **die** [Handlung] préparation *f.*

Plasmabildschirm ['plasmabɪltʃɪrm] (*pl* -e) **der** écran *m* (à) plasma.

Plastik[1] ['plastɪk] **das** [Material] plastique *m.*

Plastik[2] ['plastɪk] (*pl* -en) **die** [Skulptur] sculpture *f.*

Plastiktüte ['plastɪktyːtə] (*pl* -n) **die** sac *m* en plastique.

Platin ['plaːtin] **das** platine *m.*

platt [plat] **adj 1.** [flach, nichtssagend] plat(e) **2.** [Reifen] à plat ▸ **platt sein** *fam* être baba ▸ **einen Platten haben** *fam* avoir crevé.

Platt [plat] **das** bas-allemand *m.*

Plattdeutsch ['platdɔytʃ] **das** bas-allemand *m.*

Platte ['platə] (*pl* -n) **die 1.** [aus Stein, Metall, von Herd] plaque *f* **2.** [zum Servieren] plat *m* **3.** [Schallplatte] disque *m.*

Plattenbau ['platn̩bau] (*pl* -ten) **der** *grand immeuble en béton, caractéristique de l'architecture est-allemande.*

Plattenspieler ['platn̩ʃpiːlɐ] (*pl inv*) **der** tourne-disque *m.*

Platz [plats] (*pl* **Plätze** ['plɛtsə]) **der 1.** place *f* **2.** [Stelle, Ort] endroit *m* ▸ **freie Plätze** des places de libre ▸ **jm Platz machen** faire de la place à qqn ▸ **nehmen Sie Platz!** prenez place ! ▸ **viel Platz haben** avoir beaucoup de place ▸ **auf die Plätze, fertig, los!** à vos marques, prêts, partez !

Platzanweiser, in ['platsǀanvaizɐ, zərɪn] (*mpl inv*) **der, die** ouvreur *m*, -euse *f.*

Plätzchen ['plɛtsçən] (*pl inv*) **das** petit gâteau sec.

platzen ['platsn̩] **vi** *(ist)* **1.** [Reifen] éclater **2.** *fam* [Termin] tomber à l'eau.

Platzkarte ['platskartə] (*pl* -n) die [in Zug] réservation *f*.

Platzreservierung ['platsrezɛrviːrʊŋ] (*pl* -en) die réservation *f*.

Platzwunde ['platsvʊndə] (*pl* -n) die plaie béante.

plaudern ['plaudɐn] vi [sprechen] bavarder.

pleite ['plaitə] adj : **pleite sein** être fauché.

Plombe ['plɔmbə] (*pl* -n) die [in Zahn] plombage *m*.

plötzlich ['plœtslɪç] ◆ adj soudain(e). ◆ adv soudain.

plump [plʊmp] adj [schwerfällig] balourd(e).

plus [plʊs] konj & adv plus.

PLZ *abk für* **Postleitzahl.**

Po [poː] (*pl* -s) der *fam* derrière *m*.

Podcast ['pɔtkaːst] (*pl* -s) der podcast *m*.

Podest [po'dɛst] (*pl* -e) das estrade *f*.

Podium ['poːdiʊm] (*pl* **Podien** [diən]) das podium *m*.

Podiumsdiskussion ['poːdiʊmsdɪskʊsioːn] (*pl* -en) die débat *m*, forum *m*.

Poesie [poe'ziː] die [Dichtung] poésie *f*.

Pointe ['poɛ̃ːtə] (*pl* -n) die chute *f* *(d'une histoire)*.

Pokal [po'kaːl] (*pl* -e) der coupe *f*.

Poker ['poːkɐ] der ODER das poker *m*.

pokern ['poːkɐn] vi [Poker spielen] jouer au poker.

Pol [poːl] (*pl* -e) der pôle *m*.

Polarstern [po'laːɐʃtɛrn] der tramontane *f*.

Polen ['poːlən] nt Pologne *f*.

Police [po'liːsə] (*pl* -n) die police *f* d'assurance.

polieren [po'liːrən] vt polir.

Politesse [poli'tɛsə] (*pl* -n) die contractuelle *f*.

Politik [poli'tiːk] die politique *f*.

Politiker, in [po'liːtikɐ, kərɪn] (*mpl inv*) der, die homme *m*, femme*f* politique.

politisch [po'liːtɪʃ] adj politique.

Politur [poli'tuːɐ] (*pl* -en [tuːrən]) die encaustique *f*.

Polizei [poli'tsai] die police *f*.

Polizeibeamte [poli'tsaibəamtə] (*pl* -n) der fonctionnaire *m* de police.

Polizeibeamtin [poli'tsaibəamtɪn] (*pl* -nen) die fonctionnaire *f* de police.

polizeilich [poli'tsailɪç] adj de police ▸ **polizeiliches Kennzeichen** numéro *m* d'immatriculation.

Polizeirevier [poli'tsairevìːɐ] (*pl* -e [viːrə]) das commissariat *m* de police.

Polizeistunde [poli'tsaiʃtʊndə] (*pl* -n) die *heure légale de fermeture des bars et des restaurants*.

Polizeiwache [poli'tsaivaxə] (*pl* -n) die commissariat *m* de police.

Polizist, in [poli'tsɪst, tɪn] (*mpl* -en) der, die policier *m*, -ère *f*.

Pollen ['pɔlən] (*pl inv*) der pollen *m*.

Pollenflug ['pɔlənfluːk] (*pl* -flüge [flyːgə]) der nuage *m* de pollen.

Polo ['poːlo] das polo *m*.

Polster ['pɔstɐ] (*pl inv*) das **1.** [zum Sitzen] coussin *m* **2.** [Schulterpolster] épaulette *f*.

Polstermöbel ['pɔlstɐmøːbl] pl meubles capitonnés.

Polterabend ['pɔltɐlaːbn̩t] (*pl* -e [aːbn̩də]) der *soirée précédant le jour des noces durant laquelle on casse de* *la vaisselle pour porter bonheur aux jeunes mariés.*

Polynesien [poli'ne:zjən] **nt** Polynésie *f.*

Pomelo ['pɔməlo] (*pl* **-s**) **die** pomélo *m.*

Pommes ['pɔməs] **pl** *fam* frites *fpl.*

Pommes frites [pɔm'frits] **pl** frites *fpl.*

Pony ['pɔni] (*pl* **-s**) ◆ **das** [Tier] poney *m.* ◆ **der** [Frisur] frange *f.*

Pool [pu:l] (*pl* **-s**) **der** [Schwimmbecken] piscine *f.*

Popcorn ['pɔpkɔrn] **das** pop-corn *m.*

Popcornmaschine ['pɔpkɔrnmaʃi:nə] (*pl* **-n**) **die** appareil *m* à pop-corn.

Popmusik ['pɔpmuzi:k] **die** musique *f* pop.

poppen ['pɔpən] **vi & vt** *fam* niquer.

Pop-up-Fenster ['pɔp|apfɛnstɐ] (*pl inv*) **das** pop-up *m.*

porös [po'rø:s] **adj** poreux(euse).

Porree ['pɔre:] **der** poireau *m.*

Port [pɔrt] (*pl* **-s**) **der** port *m* ▸ **serieller Port** port série.

Portal [pɔr'ta:l] (*pl* **-e**) **das** portail *m.*

Portemonnaie ['pɔrtmone:] (*pl* **-s**), **Portmonee** (*pl* **-s**) **das** porte-monnaie *m inv.*

Portier [pɔr'tje:] (*pl* **-s**) **der** portier *m.*

Portion [pɔr'tsjo:n] (*pl* **-en**) **die** portion *f.*

Porto ['pɔrto] (*pl* **-s**) **das** affranchissement *m.*

portofrei ['pɔrtofrai] **adj** franco de port.

Porträt [pɔr'trɛ:] (*pl* **-s**) **das** portrait *m.*

Portugal ['pɔrtugal] **nt** Portugal *m.*

Portugiese [pɔrtu'gi:zə] (*pl* **-n**) **der** Portugais *m.*

Portugiesin [pɔrtu'gi:zɪn] (*pl* **-nen**) **die** Portugaise *f.*

portugiesisch [pɔrtu'gi:zɪʃ] **adj** portugais(e).

Portugiesisch(e) [pɔrtu'gi:zɪʃ(ə)] **das** portugais *m.*

Portwein ['pɔrtvain] (*pl* **-e**) **der** porto *m.*

Porzellan [pɔrtsə'la:n] (*pl* **-e**) **das** porcelaine *f.*

Posaune [po'zaunə] (*pl* **-n**) **die** trombone *m.*

Position [pozi'tsjo:n] (*pl* **-en**) **die 1.** position *f* **2.** [beruflich] situation *f.*

positiv ['po:ziti:f] ◆ **adj** positif(ive). ◆ **adv** positivement.

Post [pɔst] **die 1.** poste *f* **2.** [Postsendung] courrier *m* ▸ **etw mit der Post schicken** envoyer qqch par la poste ▸ **zur Post gehen** aller à la poste ▸ **elektronische Post** courrier *m* électronique, courriel *m.*

Postamt ['pɔst|amt] (*pl* **-ämter** [ɛmtɐ]) **das** bureau *m* de poste.

Postanweisung ['pɔst|anvaizuŋ] (*pl* **-en**) **die** mandat *m.*

Postbote ['pɔstbo:tə] (*pl* **-n**) **der** facteur *m.*

Postbotin ['pɔstbo:tɪn] (*pl* **-nen**) **die** factrice *f.*

Poster ['po:stɐ] (*pl inv*) **das** poster *m.*

Postf. (*abk für* **Postfach**) BP *(boîte postale).*

Postfach ['pɔstfax] (*pl* **-fächer** [fɛçɐ]) **das** boîte postale.

Postkarte ['pɔstkartə] (*pl* **-n**) **die** carte postale.

postlagernd ['pɔstla:gɐnt] **adj** poste restante.

Postleitzahl ['pɔstlaitsaːl] (*pl* **-en**) **die** code postal.

Postleitzahlenbuch ['pɔstlaitsaːlənbuːx] (*pl* **-bücher** [byːçɐ]) **das** annuaire *m* des codes postaux.

postmodern ['pɔstmodɛrn] **adj** postmoderne.

Postschalter ['pɔstʃaltɐ] (*pl inv*) **der** guichet *m* de la poste.

Poststempel ['pɔstʃtɛmpl̩] (*pl inv*) **der** cachet *m* de la poste.

Postweg ['pɔstveːk] **der** : **auf dem Postweg** par la poste.

Postwertzeichen ['pɔstveːɐttsaiçn̩] (*pl inv*) **das** *amt* timbre-poste *m*.

PR [peː'ɛr] (*abk für* **Public Relations**) **die** RP *(relations publiques)*.

prächtig ['prɛçtɪç] **adj** superbe.

Prädikat [prɛdi'kaːt] (*pl* **-e**) **das** **1.** GRAMM prédicat *m* **2.** [Note, Gütezeichen] label *m*.

Prag [praːk] **nt** Prague.

prahlen ['praːlən] **vi** se vanter.

Präimplantationsdiagnostik [prɛːɪmplanta'tsjoːnsdiagnɔstɪk] **die** diagnostic *m* pré-implantatoire.

Praktikant, in [prakti'kant, tɪn] (*mpl* **-en**) **der, die** stagiaire *mf*.

Praktikum ['praktikʊm] (*pl* **Praktika** ['praktika]) **das** stage *m* ▸ **ein Praktikum machen** effectuer un stage.

Praktikumsplatz ['praktikʊmsplats] (*pl* **-plätze**) **der** stage *m*.

praktisch ['praktɪʃ] ◆ **adj** **1.** pratique **2.** [Person] ayant le sens pratique. ◆ **adv** **1.** [zweckmäßig] de manière pratique **2.** [nicht theoretisch] dans la pratique **3.** *fam* [so gut wie] pratiquement.

Praline [pra'liːnə] (*pl* **-n**) **die** bonbon *m* au chocolat.

prall [pral] **adj** rebondi(e) ▸ **in der prallen Sonne** en plein soleil.

Prämie ['prɛːmjə] (*pl* **-n**) **die** **1.** [von Bank, Versicherung] prime *f* **2.** [Belohnung] récompense *f*.

Präparat [prɛpa'raːt] (*pl* **-e**) **das** [Medikament] préparation *f*.

Präsens ['prɛːzɛns] **das** GRAMM présent *m*.

präsentieren [prɛzɛn'tiːrən] **vt** [zeigen] présenter.

Präservativ [prɛzɛrva'tiːf] (*pl* **-e** [tiːvə]) **das** préservatif *m*.

Präsident, in [prɛzi'dɛnt, tɪn] (*mpl* **-en**) **der, die** président *m*.

Prater ['praːtɐ] **der** *célèbre parc de Vienne*.

> **Prater**
>
> Hérité du latin **pratum** (pré), c'est le nom donné au gigantesque parc d'attractions autrichien situé près de Vienne. Il abrite plus de 250 attractions, dont la célèbre grande roue édifiée en 1897, emblème de la capitale.

Präteritum [prɛ'teːritʊm] **das** GRAMM prétérit *m*.

Praxis ['praksɪs] (*pl* **Praxen** ['praksn̩]) **die** **1.** [von Arzt, Anwalt] cabinet *m* **2.** [Wirklichkeit] pratique *f*.

Praxisgebühr ['praksɪsgəbyːɐ] (*pl* **-en**) **die** *taxe de 10 euros par trimestre à payer chez le médecin*.

präzise [prɛ'tsiːzə] **adj** précis(e).

predigen ['preːdɪgn̩] **vi** **1.** [Pfarrer] prêcher **2.** [Besserwisser] faire un sermon.

Preis [prais] (*pl* **-e** ['praizə]) **der** prix *m* ▸ **der Preis für etw** le prix de qqch ▸ **im Preis inbegriffen** compris dans le prix.

Preisänderung ['praislɛndərʊŋ] (*pl* **-en**) **die** modification *f* du prix.

Preisausschreiben ['praislausʃraibn̩] (*pl inv*) **das** concours *m*.

Preiselbeere ['praizl̩beːrə] (*pl* **-n**) **die** airelle *f*.

preisgünstig ['praisgynstɪç] **adj** à prix intéressant.

Preislage ['praislaːge] (*pl* **-n**) **die** gamme *f* de prix.

Preisliste ['praislɪstə] (*pl* **-n**) **die** tarif *m*.

Preisschild ['praisʃɪlt] (*pl* **-er** [ʃɪldɐ]) **das** étiquette *f (indiquant le prix)*.

Preisstufe ['praisʃtuːfə] (*pl* **-n**) **die** tarif *m*.

preiswert ['praisveːɐ̯t] ◆ **adj** bon marché. ◆ **adv** à bon marché.

prellen ['prɛlən] **vt** [Zeche] escroquer ▶ **sich** *(D)* **etw prellen** [verletzen] se blesser qqch.

Prellung ['prɛlʊŋ] (*pl* **-en**) **die** contusion *f*.

Premiere [prə'mjɛːrə] (*pl* **-n**) **die** première *f*.

Premierminister, in [prə'mjeːminɪstɐ, tərɪn] (*mpl inv*) **der, die** Premier ministre.

Prepaidhandy ['priːpeːthɛndi] (*pl* **-s**) **das** téléphone *m* portable avec carte prépayée.

Prepaidkarte ['priːpeːtkartə] (*pl* **-n**) **die** carte *f* prépayée.

Presse ['prɛsə] (*pl* **-n**) **die** [Zeitungen] presse *f*.

pressen ['prɛsn̩] **vt 1.** [auspressen] presser **2.** [drücken] appuyer **3.** [formen] mouler.

Preußen ['prɔysn̩] **nt** Prusse *f*.

prickelnd ['prɪkəl̩nt] **adj** [Wein, Wasser] pétillant(e).

Priester, in ['priːstɐ, tərɪn] (*mpl inv*) **der, die** prêtre *m*, prêtresse *f*.

prima ['priːma] **adj** *fam* super.

primitiv [prɪmi'tiːf] **adj** primitif(ive).

Prinz, essin [prɪnts, tsɛsɪn] (*mpl* **-en**) **der, die** prince *m*, princesse *f*.

Prinzip [prɪn'tsiːp] (*pl* **-ien**) **das** principe *m* ▶ **aus Prinzip** par principe ▶ **im Prinzip** en principe.

prinzipiell [prɪntsi'pjɛl] **adj 1.** [Meinung] de principe **2.** [Unterschied] essentiel(elle).

Prise ['priːzə] (*pl* **-n**) **die** pincée *f*.

priv. [pri'vaːt] *abk für* **privat**.

privat [pri'vaːt] ◆ **adj 1.** [persönlich] personnel(elle) **2.** [nicht öffentlich, nicht staatlich] privé(e). ◆ **adv 1.** [persönlich] personnellement **2.** [nicht öffentlich] en privé ▶ **etw privat finanzieren** financer qqch avec des fonds privés.

Privatadresse [pri'vaːtladrɛsə] (*pl* **-n**) **die** adresse personnelle.

Privatbesitz [pri'vaːtbəzɪts] **der** propriété privée.

Privatgespräch [pri'vaːtgəʃprɛːç] (*pl* **-e**) **das** conversation privée.

Privatgrundstück [pri'vaːtgruntʃtyk] (*pl* **-e**) **das** terrain privé.

privatisieren [privati'ziːrən] **vt** privatiser.

Privatpatient, in [pri'vaːtpatsjɛnt, tɪn] (*mpl* **-en**) **der, die** client privé (cliente privée).

Privatsender [pri'vaːtzɛndɐ] (*pl inv*) **der** émetteur privé.

Privatunterkunft [pri'vaːtluntɐkunft] (*pl* **-künfte** [kynftə]) **die** hébergement *m* chez un particulier.

Privatversicherung [pri'va:tfɛɐ̯zɪçərʊŋ] (*pl* -en) die assurance privée.

Privatweg [pri'va:tve:k] (*pl* -e [ve:gə]) der chemin privé.

pro [pro:] präp (+ *A*) par ▸ **pro Kopf oder Person** par personne ▸ **zweimal pro Tag** deux fois par jour.

Probe ['pro:bə] (*pl* -n) die **1.** [Probieren, Prüfen] essai *m* **2.** [Teil] échantillon *m* **3.** [von Aufführung] répétition *f*.

Probefahrt ['pro:bəfa:ɐ̯t] (*pl* -en) die : **eine Probefahrt machen** essayer un véhicule.

Probezeit ['pro:bətsait] (*pl* -en) die période *f* d'essai.

probieren [pro'bi:rən] vt **1.** [Essen, Getränk] goûter **2.** [versuchen] essayer.

Problem [pro'ble:m] (*pl* -e) das problème *m* ▸ **Probleme haben mit** avoir des problèmes avec ▸ **kein Problem!** *fam* pas de problème !

problematisch [proble'ma:tɪʃ] adj problématique.

problemlos [pro'ble:mlo:s] adj sans problèmes.

Produkt [pro'dʊkt] (*pl* -e) das [Nahrungsmittel] produit *m*.

Produktion [prodʊk'tsio:n] (*pl* -en) die [Herstellung] production *f*.

Produzent, in [produ'tsɛnt, tɪn] (*mpl* -en) der, die producteur *m*, -trice *f*.

produzieren [produ'tsi:rən] vt produire. ◆ **sich produzieren** ref *abw* se faire remarquer.

Prof. *abk für* **Professor**.

professionell [prɔfɛsio'nɛl] adj [fachgerecht] de professionnel.

Professor [pro'fɛso:ɐ̯] (*pl* -ssoren ['so:rən]) der professeur *m*.

Professorin [profɛ'so:rɪn] (*pl* -nen) die professeur *m*.

Profi ['pro:fi:] (*pl* -s) der **1.** [Sportler] professionnel *m*, -elle *f* **2.** [Experte] pro *mf*.

Profil [pro'fi:l] (*pl* -e) das **1.** [von Reifen] dessin *m* de la bande de roulement **2.** [von Gesicht] profil *m*.

profilieren [profi'li:rən] ◆ **sich profilieren** ref s'affirmer.

Profit [pro'fi:t] (*pl* -e) der profit *m*.

profitieren [profi'ti:rən] vi profiter.

Prognose [pro'gno:zə] (*pl* -n) die prévision *f*.

Programm [pro'gram] (*pl* -e) das programme *m*.

Programmfehler [pro'gramfe:lɐ] (*pl inv*) der bogue *m*.

Programmheft [pro'gramhɛft] (*pl* -e) das programme *m*.

Programmhinweis [pro'gramhɪnvais] (*pl* -e [vaizə]) der annonce *f* de programme.

programmieren [progra'mi:rən] vt programmer.

Programmierer, in [progra'mi:rɐ, rərɪn] (*mpl inv*) der, die programmeur *m*, -euse *f*.

Programmkino [pro'gramki:no] (*pl* -s) das ≃ cinéma *m* d'art et d'essai.

Programmpunkt [pro'grampʊŋkt] (*pl* -e) der point *m* (*à l'ordre du jour*).

Programmübersicht [pro'gramly:bɐzɪçt] (*pl* -en) die aperçu *m* des programmes.

Programmzeitschrift [pro'gramtsaitʃrɪft] (*pl* -en) die magazine *m* télé.

progressiv [progrɛ'si:f] adj [fortschrittlich] progressiste.

Projekt [pro'jɛkt] (*pl* -e) das [Arbeit] projet *m*.

Projektor [pro'jɛktoːɐ̯] (*pl* **-toren** [toːrən]) **der** projecteur *m*.

Proll [prɔl] (*pl* -s) **der** *fam* beauf *m*.

prollig ['prɔlɪç] **adj** *fam* beauf.

Promenade [proma'naːdə] (*pl* -n) **die** [Weg] promenade *f*.

Promille [pro'mɪlə] (*pl inv*) **das** [von Alkohol] gramme *m* d'alcool ▸ **1,5 Promille haben** avoir 1,5 gramme d'alcool dans le sang.

prominent [promi'nɛnt] **adj** célèbre.

prompt [prɔmt] **adv** immédiatement.

Propangas [pro'paːngaːs] **das** propane *m*.

prophylaktisch [profyː'laktɪʃ] ◆ **adj** MED prophylactique. ◆ **adv** MED de manière prophylactique.

prosit ['proːzɪt] **interj** à ta oder votre santé.

Prospekt [pro'spɛkt] (*pl* -e) **der** prospectus *m*.

prost [proːst] **interj** à la tienne oder la vôtre, tchin-tchin.

Prostituierte [prɔstitu'iːɐ̯tə] (*pl* -n) **der, die** prostitué *m*, -e *f*.

Protest [pro'tɛst] (*pl* -e) **der** protestation *f*.

Protestant, in [protɛs'tant, tɪn] (*mpl* -en) **der, die** protestant *m*, -e *f*.

protestantisch [protɛs'tantɪʃ] **adj** protestant(e).

protestieren [protɛs'tiːrən] **vi** protester ▸ **protestieren gegen** protester contre.

Prothese [pro'teːzə] (*pl* -n) **die** prothèse *f*.

Protokoll [proto'kɔl] (*pl* -e) **das** [Aufzeichnung] procès-verbal *m* ▸ **zu Protokoll geben** faire inscrire au procès-verbal.

protokollieren [protoko'liːrən] **vt** prendre acte de.

protzig ['prɔtsɪç] *fam & abw* ◆ **adj** tape-à-l'œil. ◆ **adv** de manière à épater.

Proviant [pro'vi̯ant] **der** provisions *fpl*.

Provider [pro'vaidɐ] **der** FAI *(fournisseur d'accès à internet)*, provider *m*.

Provinz [pro'vɪnts] (*pl* **-en**) **die** province *f*.

provinziell [provɪn'tsi̯ɛl] **adj** *abw* provincial(e).

Provision [provi'zi̯oːn] (*pl* **-en**) **die** commission *f*.

provisorisch [provi'zoːrɪʃ] **adj** provisoire.

provozieren [provo'tsiːrən] **vt** provoquer.

Prozent [pro'tsɛnt] (*pl* -e ODER *inv*) **das** pourcentage *m*. ◆ **Prozente pl** [Preisnachlass] réduction *f*.

Prozess [pro'tsɛs] (*pl* -e) **der 1.** [vor Gericht] procès *m* **2.** [Vorgang] processus *m*.

prozessieren [protsɛ'siːrən] **vi** intenter un procès.

Prozession [protsɛ'si̯oːn] (*pl* **-en**) **die** procession *f*.

Prozessor [pro'tsɛsoːɐ̯] (*pl* **Prozessoren** ['soːrən]) **der** EDV processeur *m*.

P+R-Parkplatz [peːʊntˈɛrˈparkplats] (*pl* **-plätze** [plɛtsə]) **der** → **Park-and-ride-System**.

prüfen ['pryːfn̩] ◆ **vt 1.** [Schüler] faire passer un examen à **2.** [Qualität, Maschine] contrôler. ◆ **vi** [Lehrer] faire passer un examen.

Prüfung ['pryːfʊŋ] (*pl* **-en**) **die 1.** [von Schülern] examen *m* **2.** [von Qualität, Rechnung] vérification *f* ▸ **eine Prüfung bestehen** être reçu à un examen ▸ **eine Prüfung machen** passer un examen.

Prügelei [pryːgə'lai] (*pl* **-en**) **die** bagarre *f*.

prügeln ['pry:gəln] **vt** battre. ◆ **sich prügeln ref** se battre.

prunkvoll ['prʊŋkfɔl] **adj** somptueux(euse).

PS [pe:'ɛs] **das 1.** (*abk für* Pferdestärke) CV (*chevaux fiscaux*) **2.** (*abk für* Postskriptum) P.S. (*postscript*).

Pseudonym [psɔydo'ny:m] (*pl* -e) **das** pseudonyme *m*.

Psychiater, in [psyçi'a:tɐ, tərɪn] (*mpl inv*) **der, die** psychiatre *mf*.

psychisch ['psy:çɪʃ] ◆ **adj** psychique. ◆ **adv** psychiquement.

Psychologe [psyço'lo:gə] (*pl* -n) **der** psychologue *m*.

Psychologie [psyçolo:'gi:] **die** psychologie *f*.

Psychologin [psyçolo:'gɪn] (*pl* -nen) **die** psychologue *f*.

Psychoterror ['psyçotɛro:ɐ] **der** intimidation *f* psychologique.

Psychotherapeut, in [psyçotera'pɔyt, tɪn] (*mpl* -en) **der, die** psychothérapeute *mf*.

Psychotherapie [psy:çotera'pi:] (*pl* -n) **die** psychothérapie *f*.

Pubertät [pubɐ'tɛ:t] **die** puberté *f*.

Public Viewing ['pablɪk'vju:ɪŋ] (*pl* -s) **das** retransmission *f* sur grand écran.

Publikum ['publikʊm] **das** public *m*.

Pudding ['pʊdɪŋ] (*pl* -s) **der** *flan non passé au four*.

Puder ['pu:dɐ] (*pl inv*) **der 1.** [zum Schminken] poudre *f* **2.** [zur Pflege] talc *m*.

Puderdose ['pu:dɐdo:zə] (*pl* -n) **die** poudrier *m*.

Puderzucker ['pu:dɐtsʊkɐ] **der** sucre *m* glace.

Pulldown-Menü [pʊl'daunmeny:] (*pl* -s) **das** menu *m* déroulant.

Pulle ['pʊlə] **die** : **volle Pulle** *fam* à donf.

Pulli ['pʊli] (*pl* -s) **der** *fam* pull *m*.

Pullover [pʊ'lo:vɐ] (*pl inv*) **der** pullover *m*.

Puls [pʊls] (*pl* -e ['pʊlzə]) **der** [von Blut] pouls *m*.

Pulver ['pʊlvɐ] (*pl inv*) **das** poudre *f*.

Pulverkaffee ['pʊlvɐkafe:] **der** café *m* en poudre.

Pulverschnee ['pʊlvɐʃne:] **der** poudreuse *f*.

pummelig ['pʊməlɪç] **adj 1.** *fam* rondelet(ette) **2.** [Kind] potelé(e).

Pumpe ['pʊmpə] (*pl* -n) **die** [Gerät] pompe *f*.

pumpen ['pʊmpn̩] **vt & vi** pomper ▸ **jm etw pumpen** *fam* [leihen] prêter qqch à qqn ▸ **sich (D) etw pumpen** *fam* emprunter qqch.

Pumpernickel ['pʊmpɐnɪkl̩] **der** *pain noir à la mie très compacte*.

Pumps [pœmps] (*pl inv*) **der** escarpin *m*.

Pumpspeicherkraftwerk ['pʊmpʃpaiçɐkraftvɛrk] (*pl* -e) **das** centrale *f* d'accumulation par pompage.

Punker, in ['paŋkɐ, kərɪn] (*mpl inv*) **der, die** punk *mf*.

Punkt [pʊŋkt] (*pl* -e) **der 1.** point *m* **2.** [Stelle] endroit *m* ▸ **Punkt ein Uhr** à une heure précise.

pünktlich ['pyŋktlɪç] ◆ **adj** ponctuel(elle). ◆ **adv** à l'heure.

Punsch [pʊnʃ] (*pl* -e) **der** punch *m*.

Puppe ['pʊpə] (*pl* -n) **die** [Spielzeug] poupée *f*.

pur [pu:ɐ] **adj 1.** [Gift, Gold] pur(e) **2.** *fam* [Unsinn] pur(e).

Püree [py:'re:] (*pl* -s) **das** purée *f*.

Pute ['puːtə] (*pl* **-n**) **die** dinde *f*.

Putenschnitzel ['puːtn̩ʃnɪtsl̩] (*pl inv*) **das** escalope *f* de dinde.

putzen ['pʊtsn̩] ◆ **vt** nettoyer. ◆ **vi** [sauber machen] faire le ménage ▸ **sich** *(D)* **die Nase putzen** se moucher ▸ **sich** *(D)* **die Zähne putzen** se laver les dents. ◆ **sich putzen ref** [Tier] se nettoyer.

Putzfrau ['pʊtsfrau] (*pl* **-en**) **die** femme *f* de ménage.

Putzlappen ['pʊtslapn̩] (*pl inv*) **der** chiffon *m* à nettoyer.

Putzmittel ['pʊtsmɪtl̩] (*pl inv*) **das** produit *m* d'entretien.

Puzzle ['pazl̩] (*pl* **-s**) **das** puzzle *m*.

Pyramide [pyːra'miːdə] (*pl* **-n**) **die** pyramide *f*.

Pyrenäen [pyːre'nɛːən] **pl** Pyrénées *fpl*.

Qq

qm (*abk für* **Quadratmeter**) m^2 *(mètre carré)*.

Quadrat [kva'draːt] (*pl* **-e**) **das** [Form] carré *m*.

quadratisch [kva'draːtɪʃ] **adj** carré(e).

Quadratmeter [kva'draːtmeːtɐ] (*pl inv*) **der** mètre *m* carré.

Qual [kvaːl] **die** supplice *m* ▸ **jm zur Qual werden** devenir pénible à qqn ▸ **die Qual der Wahl (haben)** *fig* (avoir) l'embarras du choix.

quälen ['kvɛːlən] **vt** [peinigen] faire souffrir. ◆ **sich quälen ref** [leiden] souffrir.

Qualifikation [kvalifika'tsi̯oːn] (*pl* **-en**) **die** qualification *f*.

qualifizieren [kvalifi'tsiːrən] **vt** qualifier.

Qualität [kvali'tɛːt] (*pl* **-en**) **die** qualité *f*.

Qualle ['kvalə] (*pl* **-n**) **die** méduse *f*.

Qualm [kvalm] **der** fumée *f*.

qualmen ['kvalmən] **vi** [Feuer, Schornstein] fumer.

Quarantäne [karan'tɛːnə] (*pl* **-n**) **die** quarantaine *f*.

Quark [kvark] **der** fromage blanc.

Quarktasche ['kvarktaʃə] (*pl* **-n**) **die** *sorte de beignet fourré au fromage blanc sucré*.

Quartett [kvar'tɛt] (*pl* **-e**) **das 1.** MUS quatuor *m* **2.** [Kartenspiel] jeu *m* des sept familles.

Quartier [kvar'tiːɐ̯] (*pl* **-e** [tiːrə]) **das** [Unterkunft] hébergement *m*.

Quarzuhr ['kvaːɐ̯tsǀuːɐ̯] (*pl* **-en** [uːrən]) **die** montre *f* à quartz.

quasi ['kvaːzi] **adv** quasiment.

Quatsch [kvatʃ] **der** *fam* bêtise *f*.

quatschen ['kvatʃn] **vi** *fam* **1.** [reden] bavarder **2.** [zu viel reden] jacasser.

Quebec [ke'bɛk] **nt** Québec *m*.

Quelle ['kvɛlə] (*pl* **-n**) **die** source *f*.

quellen ['kvɛlən] (*präs* **quillt**, *prät* **quoll**, *pp* **gequollen**) **vi** *(ist)* **1.** [Flüssigkeit] jaillir **2.** [Reis, Erbsen] gonfler.

quer [kveːɐ̯] **adv** en travers.

querfeldein [kveːɐ̯fɛlt'lai̯n] **adv** à travers champs.

Querflöte ['kveːɐ̯fløːtə] (*pl* -n) **die** flûte traversière.

Querschiff ['kveːɐ̯ʃɪf] **das** transept *m*.

querschnittsgelähmt ['kveːɐ̯ʃnɪtsgəlɛːmt] **adj** paraplégique.

Querstraße ['kveːɐ̯ʃtraːsə] (*pl* -n) **die** rue *f* transversale ▸ **die nächste Querstraße rechts** la première rue à droite.

Querverweis ['kveːɐ̯fɛɐ̯vai̯s] (*pl* -e) **der** renvoi *m*.

quetschen ['kvɛtʃn̩] **vt 1.** [zerquetschen] écraser **2.** [verletzen] coincer ▸ **sich** *(D)* **etw quetschen** [verletzen] se coincer qqch. ◆ **sich quetschen ref** [sich zwängen] se serrer.

Quetschung ['kvɛtʃʊŋ] (*pl* -en) **die** ecchymose *f*.

quietschen ['kviːtʃn̩] **vi** [Tür, Bremsen] grincer.

quillt [kvɪlt] **präs** → **quellen.**

Quinoa [kɪ'noa] **das** quinoa *m*.

Quitte ['kvɪtə] (*pl* -n) **die** coing *m*.

quittieren [kvɪ'tiːrən] **vt** [mit Unterschrift] quittancer.

Quittung ['kvɪtʊŋ] (*pl* -en) **die** [für Zahlung] reçu *m* ▸ **könnte ich bitte eine Quittung bekommen?** puis-je avoir un reçu, s'il vous plaît ?

Quiz [kvis] (*pl inv*) **das** [im Fernsehen] jeu télévisé.

quoll [kvɔl] **prät** → **quellen.**

Quote ['kvoːtə] (*pl* -n) **die** quota *m*.

Quotenregelung ['kvoːtn̩reːgəlʊŋ] (*pl* -en) **die** règle *f* des quotas.

Rr

Rabatt [ra'bat] (*pl* -e) **der** rabais *m* ▸ **Rabatt bekommen / geben auf** *(+ A)* obtenir / accorder un rabais sur.

rabiat [ra'bi̯aːt] **adj** violent(e).

Rache ['raxə] **die** vengeance *f*.

rächen ['rɛçn̩] **vt** [Unrecht] venger. ◆ **sich rächen ref** [Rache nehmen] se venger.

Rad [raːt] (*pl* **Räder** ['rɛːdɐ]) **das 1.** [von Auto, Zug] roue *f* **2.** [Fahrrad] vélo *m* ▸ **mit dem Rad** à vélo ▸ **Rad fahren** faire du vélo.

Radar [ra'daːɐ̯] **der** radar *m*.

Radarkontrolle [ra'daːɐ̯kɔntrɔlə] (*pl* -n) **die** contrôle *m* radar.

Radarwarn- [ra'daːɐ̯varn] **adj** antiradar.

radeln ['raːdl̩n] **vi** *(ist)* faire du vélo.

Radfahrer, in ['raːtfaːrɐ, rərɪn] (*mpl inv*) **der, die** cycliste *mf*.

Radfahrweg ['raːtfaːɐ̯veːk] (*pl* -e [veːgə]) **der** piste *f* cyclable.

Radi ['raːdi] (*pl inv*) **der** SÜDDT radis blanc.

radieren [ra'diːrən] ◆ **vi** [mit Radiergummi] gommer. ◆ **vt** [Bild] graver.

Radiergummi [ra'diːɐ̯gʊmi] (*pl* -s) **der** gomme *f*.

Radieschen [ra'diːsçən] (*pl inv*) **das** radis *m* (rose).

radikal [radi'ka:l] **adj** radical(e).

Radio ['ra:di̯o] (**pl** -s) **das** radio *f*.

radioaktiv [ra:di̯oak'ti:f] **adj** radioactif(ive).

Radiologe [radi̯o'lo:gə] (**pl** -n) **der** radiologue *m*.

Radiologin [radi̯o'lo:gɪn] (**pl** -nen) **die** radiologue *f*.

Radiorekorder ['ra:di̯orekɔrdɐ] (**pl inv**) **der** radiocassette *f*.

Radiosender ['ra:di̯ozɛndɐ] (**pl inv**) **der** station *f* de radio.

Radiowecker ['ra:di̯ovɛkɐ] (**pl inv**) **der** radio-réveil *m*.

Radler, in ['ra:dlɐ, lərɪn] (**mpl inv**) **der, die** *fam* [Radfahrer] cycliste *mf*.

Radrennen ['ra:trɛnən] (**pl inv**) **das** course *f* cycliste.

Radsport ['ra:tʃpɔrt] **der** cyclisme *m*.

Radtour ['ra:ttu:ɐ̯] (**pl** -en [tu:rən]) **die** excursion *f* à bicyclette.

Radwechsel ['ra:tvɛks̮l] (**pl inv**) **der** changement *m* de roue.

Radweg ['ra:tve:k] (**pl** -e [ve:gə]) **der** piste *f* cyclable.

raffiniert [rafi'ni:ɐ̯t] **adj** [schlau] astucieux(euse).

Rafting ['ra:ftɪŋ] **das** SPORT rafting *m*.

Ragout [ra'gu:] (**pl** -s) **das** ragoût *m*.

Rahm [ra:m] **der** crème *f*.

Rahmen ['ra:mən] (**pl inv**) **der** cadre *m*.

Rakete [ra'ke:tə] (**pl** -n) **die** fusée *f*.

rammen ['ramən] **vt** [Auto, Bus] heurter.

Rampe ['rampə] (**pl** -n) **die** [Laderampe] rampe *f*.

RAM-Speicher ['ramʃpai̯çɐ] (**pl inv**) **der** barrette *f* mémoire.

Rand [rant] (**pl Ränder** ['rɛndɐ]) **der** bord *m*.

Randale [ran'da:lə] **die** : **Randale machen** *fam* faire du pétard.

randalieren [randa'li:rən] **vi** provoquer des désordres.

Randalierer, in [randa'li:rɐ, rərɪn] (**mpl inv**) **der, die** vandale *mf*.

Randstreifen ['rantʃtrai̯fn̩] (**pl inv**) **der** accotement *m*.

randvoll [rant'fɔl] **adj** rempli(e) à ras bord.

rang [raŋ] **prät** → **ringen**.

Rang [raŋ] (**pl Ränge** ['rɛŋə]) **der** [im Theater] balcon *m* ▸ **im ersten / zweiten Rang** au premier / deuxième balcon.

rangieren [raŋ'ʒi:rən] ◆ **vi** [Sportler] être placé(e). ◆ **vt** [Fahrzeug] manœuvrer.

ranken [raŋkn̩] **vi** *(ist)* grimper. ◆ **sich ranken ref** grimper.

rann [ran] **prät** → **rinnen**.

rannte ['rantə] **prät** → **rennen**.

ranzig ['rant͜sɪç] **adj** rance.

Rappen ['rapn̩] (**pl inv**) **der** [Münze] centime *m*.

Rapsöl ['rapslø:l] **das** huile *f* de colza.

Rarität [rari'tɛ:t] (**pl** -en) **die** [Gegenstand] rareté *f*.

rasant [ra'zant] **adj** [Tempo] très rapide.

rasch [raʃ] **adj** rapide.

rascheln ['raʃl̩n] **vi** [Blätter] frémir.

rasen ['ra:zn̩] **vi** *(ist)* [fahren] foncer.

Rasen ['ra:zn̩] **der 1.** [Fläche] pelouse *f* **2.** [Gras] gazon *m*.

Rasenfläche ['ra:zn̩flɛçə] (**pl** -n) **die** pelouse *f*.

Rasenmäher ['ra:zn̩mɛ:ɐ] (**pl inv**) **der** tondeuse *f* à gazon.

Rasierapparat [ra'ziːɐ̯aparaːt] (*pl* -e) der rasoir *m* électrique.

Rasiercreme [ra'ziːɐ̯kreːm] (*pl* -s) die crème *f* à raser.

rasieren [ra'ziːrən] vt raser. ◆ **sich rasieren** ref se raser ▸ **sich nass / trocken rasieren** se raser au rasoir mécanique / électrique.

Rasierer [ra'ziːrɐ] (*pl inv*) der rasoir *m*.

Rasierklinge [ra'ziːɐ̯klɪŋə] (*pl* -n) die lame *f* de rasoir.

Rasierpinsel [ra'ziːɐ̯pɪnzl̩] (*pl inv*) der blaireau *m*.

Rasierschaum [ra'ziːɐ̯ʃaum] der mousse *f* à raser.

Rasierwasser [ra'ziːɐ̯vasɐ] das lotion *f* après-rasage.

Rasse ['rasə] (*pl* -n) die race *f*.

Rassismus [ra'sɪsmʊs] der *abw* racisme *m*.

Rast [rast] die halte *f* ▸ **Rast machen** faire halte.

Rastalocken ['rastalɔkən] pl dreadlocks *fpl*.

rasten ['rastn̩] vi s'arrêter.

Rasthof ['rasthoːf] (*pl* -höfe [høːfə]) der [an Autobahn] restoroute *m*.

Rastplatz ['rastplats] (*pl* -plätze [plɛtsə]) der aire *f* de repos ▸ **'Rastplatz bitte sauber halten!'** 'veuillez maintenir cet endroit propre'.

Raststätte ['rastʃtɛtə] (*pl* -n ['rastʃtɛtn̩]) die [an Autobahn] restoroute *m*.

Rasur [ra'zuːɐ̯] (*pl* -en [zuːrən]) die rasage *m*.

Rat [raːt] (*pl* Räte ['rɛːtə]) der conseil *m* ▸ **jm einen Rat geben** donner un conseil à qqn ▸ **jn um Rat fragen** demander conseil à qqn.

rät [rɛːt] präs → **raten**.

Rate ['raːtə] (*pl* -n) die 1. [Zahlung] traite *f* 2. EDV débit *m*.

raten ['raːtn̩] (*präs* rät, *prät* riet, *pp* geraten) ◆ vi 1. [erraten] deviner 2. [Rat geben] : **jm raten** conseiller qqn. ◆ vt 1. [erraten] deviner 2. [empfehlen] conseiller.

Ratenzahlung ['raːtn̩tsaːlʊŋ] (*pl* -en) die paiement *m* par traites.

Ratgeber ['raːtgeːbɐ] (*pl inv*) der [Buch, Heft] guide *m*.

Rathaus ['raːthaus] (*pl* -häuser [hɔyzɐ]) das mairie *f*.

Ration [ra'tsioːn] (*pl* -en) die ration *f*.

rational [ratsio'naːl] adj rationnel(elle).

rationalisieren [ratsionali'ziːrən] vi & vt rationaliser.

ratlos ['raːtloːs] adj perplexe.

ratsam ['raːtzaːm] adj opportun(e).

Ratschlag ['raːtʃlaːk] (*pl* -schläge [ʃlɛːgə]) der conseil *m*.

Rätsel ['rɛːtsl̩] (*pl inv*) das 1. [Ratespiel] devinette *f* 2. [Aufgabe] énigme *f* ▸ **ein Rätsel lösen** [Ratespiel] résoudre une devinette.

Ratskeller ['raːtskɛlɐ] (*pl inv*) der *restaurant aménagé dans le sous-sol d'un hôtel de ville en Allemagne.*

Ratte ['ratə] (*pl* -n) die rat *m*.

rau [rau] adj 1. [Material] rugueux(euse) 2. [Klima] rude.

Raub [raup] der vol *m*.

rauben ['raubn̩] vt [Geld, Gegenstand] dérober.

Raubüberfall ['raup|yːbɐfal] (*pl* -fälle [fɛlə]) der vol *m* avec agression.

Rauch [raux] der fumée *f*.

rauchen ['rauxn̩] vi & vt fumer ▸ **'bitte nicht rauchen'** 'prière de ne pas fumer' ▸ **'Rauchen verboten'** 'défense de fumer'.

Raucher, in ['rauxɐ, xərɪn] (*mpl inv*) **der, die** [Person] fumeur *m*, -euse *f*.

Räucheraal ['rɔyxɐla:l] (*pl* **-e**) **der** anguille fumée.

Raucherabteil ['rauxɐlaptail] (*pl* **-e**) **das** compartiment *m* fumeurs.

Räucherlachs ['rɔyçɐlaks] **der** saumon fumé.

Raucherlokal ['rauçɐloka:l] (*pl* **-e**) **das** café *m* fumeur.

räuchern ['rɔyçɐn] **vt** fumer.

Rauchfleisch ['rauxflaiʃ] **das** viande fumée.

rauchfrei ['rauxfrai] **adj** : **'rauchfreie Zone'** [in Restaurant] 'salle non-fumeurs'.

Rauchmelder ['rauxmɛldɐ] (*pl inv*) **der** détecteur *m* de fumée.

Rauchverbot ['rauxfɛɐ̯bo:t] **das** interdiction *f* de fumer.

rauf [rauf] **adv** *fam* = **herauf**.

rauh [rau] **adj** = **rau**.

Raum [raum] (*pl* **Räume** ['rɔymə]) **der** **1.** [Zimmer] pièce *f* **2.** [verfügbar, Dimension] espace *m* **3.** [Region] région *f*.

räumen ['rɔymən] **vt** **1.** [Straße, Haus] évacuer **2.** [Wohnung] quitter **3.** [Gegenstand] déblayer.

Raumfähre ['raumfɛ:rə] (*pl* **-n** [fɛ:rən]) **die** navette spatiale.

Raumfahrt ['raumfa:ɐ̯t] **die** astronautique *f*.

Räumlichkeit ['rɔymlɪçkait] (*pl* **-en**) **die** [in Gebäude] salle *f*.

Raumpfleger, in ['raumpfle:gɐ, gərɪn] (*mpl inv*) **der, die** *amt* technicien *m*, -enne *f* de surface.

Raumschiff ['raumʃɪf] (*pl* **-e**) **das** vaisseau spatial.

Raumtemperatur ['raumtɛmpəratu:ɐ̯] (*pl* **-en** [tu:rən]) **die** température ambiante.

Räumungsarbeiten ['rɔymuŋslarbaitn̩] **pl** travaux *mpl* de déblaiement.

Räumungsverkauf ['rɔymuŋsfɛɐ̯kauf] (*pl* **-käufe** [kɔyfə]) **der** liquidation *f*.

Raupe ['raupə] (*pl* **-n**) **die** [Tier] chenille *f*.

Raureif ['rauraif] **der** givre *m*.

raus [raus] **adv** *fam* : **raus hier!** dehors ! ; = **heraus**.

Rausch [rauʃ] (*pl* **Räusche** ['rɔyʃə]) **der** ivresse *f*.

rauschen ['rauʃn̩] ◆ **vi** *(hat)* [Wasser, Bäume] bruisser. ◆ **vi** *(ist)* *fam* [Person, Auto] filer. ◆ **vimp** *(hat)* : **es rauscht** [in Telefon] ça grésille.

Rauschgift ['rauʃgɪft] (*pl* **-e**) **das** stupéfiant *m*.

rauschgiftsüchtig ['rauʃgɪftzyçtɪç] **adj** toxicomane.

raus◦fliegen ['rausfli:gən] **vi** *(unreg, ist)* *fam* être viré(e).

raus◦halten ['raushaltn̩] ◆ **sich raushalten ref** *(unreg)* *fam* ne pas se mêler de ▸ **halt du dich da raus** ne te mêle pas de ça.

raus◦kriegen ['rauskri:gn̩] **vt** *(hat)* *fam* [Geheimnis] trouver.

räuspern ['rɔyspɐn] ◆ **sich räuspern ref** se racler la gorge.

raus◦schmeißen ['rausʃmaisn̩] **vt** *(unreg)* **1.** *fam* [Gast, Angestellten] mettre dehors **2.** *fam* [Möbel] virer.

reagieren [rea'gi:rən] **vi** [Person, Tier] réagir.

Reaktion [reak'tsjo:n] (*pl* -en) **die** réaction *f* ▸ **allergische Reaktion** réaction allergique.

Reaktor [re'akto:ɐ̯] (*pl* **Reaktoren** [to:rən]) **der** réacteur *m*.

real [re'a:l] **adj** [wirklich] réel(elle).

realisieren [reali'zi:rən] **vt** réaliser.

realistisch [rea'lɪstɪʃ] **adj** réaliste.

Realität [reali'tɛ:t] **die** [Wirklichkeit] réalité *f*.

Realschule [re'a:lʃu:lə] (*pl* -n) **die** *école d'enseignement secondaire de cycle court*.

Rebe ['re:bə] (*pl* -n) **die** vigne *f*.

rebellieren [rebe'li:rən] **vi** se rebeller.

Rebhuhn ['re:phu:n] (*pl* **-hühner** [hy:nɐ]) **das** perdrix *f*.

Rebstock ['re:pʃtɔk] (*pl* **-stöcke** [ʃtœkə]) **der** cep *m* de vigne.

rechnen ['rɛçnən] **vi** & **vt** calculer ▸ **rechnen mit** a) [erwarten] s'attendre à b) [sich verlassen auf] compter sur.

Rechner ['rɛçnɐ] (*pl inv*) **der** [Computer] ordinateur *m*.

Rechnung ['rɛçnʊŋ] (*pl* -en) **die 1.** [Rechenaufgabe] calcul *m* **2.** [für Leistung] facture *f* **3.** [im Restaurant] addition *f* ▸ **auf js Rechnung** aux frais de qqn ▸ **die Rechnung, bitte!** l'addition, s'il vous plaît !

Rechnungsbetrag ['rɛçnʊŋsbətra:k] (*pl* **-beträge** [trɛ:gə]) **der** montant *m* de la facture.

recht [rɛçt] ◆ **adj 1.** [richtig] bon (bonne) **2.** [echt] véritable. ◆ **adv** [ziemlich] vraiment ▸ **jm recht geben** donner raison à qqn ▸ **jm recht sein** convenir à qqn ▸ **recht haben** avoir raison.

Recht [rɛçt] (*pl* -e) **das** droit *m* ▸ **das Recht haben, etw zu tun** avoir le droit de faire qqch ▸ **zu Recht** à juste titre.

rechte, r, s ['rɛçtə] **adj 1.** [Seitenangabe] droit(e) **2.** [politisch] de droite.

Rechte[1] ['rɛçtə] (*pl* -n) **die** [politisch] droite *f*.

Rechte[2] ['rɛçtə] **das** [das Richtige] idéal *m*.

Rechteck ['rɛçtlɛk] (*pl* -e) **das** rectangle *m*.

rechteckig ['rɛçtlɛkɪç] **adj** rectangulaire.

rechtfertigen ['rɛçtfɛɐ̯tign̩] **vt** justifier. ◆ **sich rechtfertigen ref** se justifier.

Rechtfertigung ['rɛçtfɛɐ̯tigʊŋ] (*pl* -en) **die** justification *f*.

rechthaberisch ['rɛçtha:bərɪʃ] **adj** qui veut toujours avoir raison.

rechtlich ['rɛçtlɪç] **adj** légal(e).

rechts [rɛçts] **adv** à droite ▸ **nach rechts** vers la droite ▸ **rechts von** à droite de ▸ **von rechts** de droite.

Rechtsabbieger, in ['rɛçtslapbi:gɐ, gərɪn] (*mpl inv*) **der, die** personne *f* qui tourne à droite *(avec son véhicule)*.

Rechtsanwalt, wältin ['rɛçtslanvalt, vɛltɪn] (*mpl* **-wälte**) **der, die** avocat *m*, -e *f*.

Rechtschreibung ['rɛçtʃraibʊŋ] **die** orthographe *f*.

Rechtshänder, in ['rɛçtshɛndɐ, dərɪn] (*mpl inv*, *fpl* -nen) **der, die** droitier *m*, -ère *f*.

rechtsherum ['rɛçtshɛrʊm] **adv** à droite.

Rechtskurve ['rɛçtskʊrvə] (*pl* -n) **die** virage *m* à droite.

Rechtsradikale ['rɛçtsradika:lə] (*pl* -n) **der, die** extrémiste *mf* de droite.

Rechtsschutzversicherung ['rɛçtsʃʊtsfɛɐ̯zɪçərʊŋ] (*pl* -en) **die** assurance *f* (de protection) juridique.

Rechtsverkehr ['rɛçtsfɛɐ̯keːɐ̯] **der** conduite *f* à droite.

Rechtsweg ['rɛçtsveːk] **der** *amt* voie *f* judiciaire ▸ **der Rechtsweg ist ausgeschlossen** sans possibilité de recours.

rechtswidrig ['rɛçtsviːdrɪç] **adj** illégal(e).

rechtzeitig ['rɛçttsaitɪç] ◆ **adj** opportun(e). ◆ **adv** à l'heure, à temps.

recyclen [ri'saikl̩n] **vt** recycler.

Recycling [ri'saiklɪŋ] **das** recyclage *m*.

Recyclingpapier [ri'saiklɪŋpapiːɐ̯] **das** papier recyclé.

Redakteur, in [redak'tøːɐ̯, tøːrɪn] (*mpl* -e) **der, die** rédacteur *m*, -trice *f*.

Rede ['reːdə] (*pl* -n) **die** [Vortrag] discours *m* ▸ **eine Rede halten** faire un discours ▸ **direkte / indirekte Rede** discours direct / indirect.

reden ['reːdn̩] ◆ **vt** dire. ◆ **vi** parler ▸ **reden mit / über** *(+ A)* parler à / de.

Redewendung ['reːdəvɛndʊŋ] (*pl* -en) **die** expression *f*.

Redner, in ['reːtnɐ, nərɪn] (*mpl inv*) **der, die** orateur *m*, -trice *f*.

reduzieren [redu'tsiːrən] **vt** [verringern] réduire. ◆ **sich reduzieren ref** [sich verringern] diminuer.

reduziert [redu'tsiːɐ̯t] **adj** soldé(e) ▸ **reduzierte Ware** articles soldés.

Reederei [reːdə'rai] (*pl* -en) **die** compagnie *f* maritime.

Reeperbahn ['reːpɐbaːn] **die** *rue « chaude » de Hambourg.*

> ⓘ **Reeperbahn**
>
> Célèbre rue du quartier de Saint Pauli dans la ville de Hambourg, où se succèdent les cabarets, les bars, les boîtes de nuits, les arcades de jeux et les sex-shops sur plus de 930 mètres.

reflektieren [reflɛk'tiːrən] **vt** [Licht] réfléchir.

Reflex [re'flɛks] (*pl* -e) **der** [Reaktion] réflexe *m*.

Reform [re'fɔrm] (*pl* -en) **die** réforme *f*.

Reformationstag [refɔrma'tsjoːnstaːk] (*pl* -e [taːgə]) **der** fête *f* de la Réformation.

Reformhaus [re'fɔrmhaus] (*pl* -häuser [hɔyzɐ]) **das** magasin *m* de produits diététiques.

> ⓘ **Reformhaus**
>
> Boutique proposant des articles le plus souvent issus de l'agriculture biologique. On y trouve des produits de consommation et des cosmétiques sans conservateurs.

reformieren [refɔr'miːrən] **vt** réformer.

Regal [re'gaːl] (*pl* -e) **das** étagère *f*.

Regatta [re'gata] (*pl* **Regatten**) **die** régate *f*.

rege ['reːgə] **adj** vif (vive).

Regel ['reːgl̩] (*pl* -n) **die 1.** [Norm] règle *f* **2.** [Menstruation] règles *fpl* ▸ **in der Regel** en règle générale.

Regelblutung ['reːgl̩bluːtʊŋ] (*pl* -en) **die** menstruation *f*.

regelmäßig ['reːgl̩mɛːsɪç] ◆ **adj** régulier(ère). ◆ **adv 1.** [zeitlich] régulièrement **2.** GRAMM de manière régulière **3.** *fam* [immer] régulièrement.

regeln ['reːgl̩n] **vt** régler ▸ **etw vertraglich regeln** fixer qqch par contrat. ◆ **sich regeln ref** se régler.

Regelung ['reːgəlʊŋ] (*pl* -en) **die** [Vorschrift] réglementation *f*.

Regen ['reːgn̩] **der** pluie *f* ▸ **bei Regen** en cas de pluie ▸ **im Regen** sous la pluie.

Regenbogen ['re:gn̩bo:gn̩] (*pl* **-bögen** [bø:gn̩]) **der** arc-en-ciel *m*.

regenerierend [re:gənɛ'ri:rənt] **adj** régénérant(e).

Regenfälle ['re:gn̩fɛlə] **pl** chutes *fpl* de pluie.

Regenjacke ['re:gn̩jakə] (*pl* **-n**) **die** veste *f* imperméable.

Regenmantel ['re:gn̩mantl̩] (*pl* **-mäntel** [mɛntl̩]) **der** imperméable *m*.

Regenrinne ['re:gn̩rɪnə] (*pl* **-n**) **die** gouttière *f*.

Regensburg ['re:gn̩sbʊrk] **nt** Ratisbonne.

Regenschauer ['re:gn̩ʃauɐ] (*pl inv*) **der** averse *f*.

Regenschirm ['re:gn̩ʃɪrm] (*pl* **-e**) **der** parapluie *m*.

Regenwetter ['re:gn̩vɛtɐ] **das** temps pluvieux.

Regenwurm ['re:gn̩vʊrm] (*pl* **-würmer** [vyrmɐ]) **der** ver *m* de terre.

Regie [re'ʒi:] **die 1.** [im Theater] mise *f* en scène **2.** [beim Film] réalisation *f*.

regieren [re'gi:rən] ◆ **vt** [Land] gouverner. ◆ **vi 1.** [herrschen] régner **2.** [Partei, Politiker] être au pouvoir.

Regierung [re'gi:rʊŋ] (*pl* **-en**) **die** [Personen] gouvernement *m*.

Regierungsbezirk [re'gi:rʊŋsbətsɪrk] (*pl* **-e**) **der** circonscription administrative.

Regierungssitz [re'gi:rʊŋszɪts] (*pl* **-e**) **der** [Stadt] siège *m* du gouvernement.

Region [re'gio:n] (*pl* **-en** [re'gio:nən]) **die** région *f*.

regional [regio'na:l] ◆ **adj** régional(e). ◆ **adv** sur le plan régional ▸ **regional verschieden** différent d'une région à l'autre.

Regionalprogramm [regio'na:lprogram] (*pl* **-e** [regio'na:lprogramə]) **das** programme régional.

Regisseur, in [reʒɪ'sø:ɐ, sø:rɪn] (*mpl* **-e**) **der, die 1.** [im Theater] metteur *m* en scène **2.** [beim Film] réalisateur *m*, -trice *f*.

registrieren [regɪs'tri:rən] **vt 1.** [wahrnehmen] remarquer **2.** [eintragen] enregistrer.

regnen ['re:gnən] **vimp** : **es regnet** il pleut.

regnerisch ['re:gnərɪʃ] **adj** pluvieux(euse) ▸ **es ist regnerisch** le temps est pluvieux.

regulär [re:gu'lɛ:ɐ] **adj 1.** [vorgeschrieben] réglementaire **2.** *fam* [normal] régulier(ère).

regulieren [regu'li:rən] **vt** [Temperatur, Druck, Blende] régler.

Reh [re:] (*pl* **-e**) **das** chevreuil *m*.

Rehrücken ['re:rykn̩] (*pl inv*) **der** selle *f* de chevreuil.

Reibe ['raibə] (*pl* **-n**) **die** râpe *f*.

Reibekuchen ['raibəku:xn̩] (*pl inv*) **der** galette *f* de pommes de terre.

reiben ['raibn̩] (*prät* **rieb**, *pp* **gerieben**) ◆ **vt 1.** [Kartoffeln] râper **2.** [scheuern] frotter. ◆ **vi** [scheuern] frotter ▸ **sich** *(D)* **die Augen / Hände reiben** se frotter les yeux / mains.

Reiberdatschi ['raibɐdatʃi] (*pl inv*) **der** SÜDDT galette *f* de pommes de terre.

reibungslos ['raibʊŋslo:s] **adj** sans heurt.

reich [raiç] **adj 1.** [finanziell] riche **2.** [reichlich] abondant(e) ▸ **reich sein an** *(+ D)* être riche en.

Reich [raiç] (*pl* **-e**) **das 1.** [Herrschaftsgebiet] empire *m* **2.** [Bereich] monde *m*.

reichen [raiçn] ◆ vi **1.** [genügen] suffire **2.** [räumlich] aller. ◆ vt [geh: geben] passer ▸ **jm etw reichen** passer qqch à qqn ▸ **etw reicht nicht** qqch ne suffit pas ▸ **jm reicht es** *fam* qqn en a assez ▸ **das reicht!** *fam* ça suffit !

reichhaltig ['raiçhaltɪç] **adj** abondant(e).

reichlich ['raiçlɪç] ◆ **adj** [groß] copieux(euse). ◆ **adv 1.** [viel] copieusement **2.** [ziemlich] assez.

Reichstag ['raiçstaːk] **der** *chambre législative allemande (1867-1945).*

> ⓘ **Reichstag**
>
> Abréviation de Reichstagsgebäude, désignant l'édifice bâti de 1881 à 1894 à Berlin, où siégeait la Chambre des députés. Il abrite depuis 1999 le Bundestag (Parlement fédéral).

Reichtum [raiçtuːm] **der** [finanziell] fortune *f*.

reif [raif] **adj** mûr(e).

Reif [raif] **der** [Raureif] givre *m*.

reifen ['raifn] **vi** *(ist)* [Obst, Gemüse] mûrir.

Reifen ['raifn] (*pl inv*) **der 1.** [von Auto, Fahrrad] pneu *m* **2.** [SPORT] cerceau *m* ▸ **den Reifen wechseln** changer la roue.

Reifendruck ['raifn̩drʊk] **der** pression *f* des pneus.

Reifenpanne ['raifn̩panə] (*pl* **-n**) **die** crevaison *f*.

Reifenwechsel ['raifn̩vɛksl̩] (*pl inv*) **der** changement *m* de pneu.

Reihe ['raiə] (*pl* **-n**) **die 1.** [Linie] rangée *f* **2.** [in Theater, Kino] rang *m* **3.** [in Fernsehen, Zeitung, Radio] série *f* ▸ **eine Reihe von** [Menge] une série de ▸ **in einer Reihe hintereinander** en une file ▸ **in einer Reihe nebeneinander** en une rangée ▸ **der Reihe nach** dans l'ordre ▸ **Sie sind an der Reihe!** c'est à vous !

Reihenfolge ['raiənfɔlgə] **die** ordre *m*.

Reihenhaus ['raiənhaus] (*pl* **-häuser** [hɔyzɐ]) **das** *maison attenante à d'autres maisons dans une rangée.*

rein [rain] ◆ **adj 1.** [sauber] impeccable **2.** [pur] pur(e). ◆ **adv 1.** [ausnahmslos] purement **2.** *fam* [überhaupt] carrément **3.** [sauber] proprement **4.** *fam* : **komm rein!** *fam* entre ! = **herein**.

rein◦fallen ['rainfalən] **vi** *(unreg, ist) fam* **1.** [hineinfallen] tomber dans **2.** [getäuscht werden] se faire avoir ▸ **reinfallen auf** *(+ A)* se faire avoir par.

reinigen ['rainɪgn̩] **vt** nettoyer ▸ **chemisch reinigen** nettoyer à sec.

reinigend ['rainɪgn̩t] **adj** purifiant(e).

Reiniger ['rainɪgɐ] (*pl inv*) **der** détergent *m*.

Reinigung ['rainɪgʊŋ] (*pl* **-en**) **die 1.** [Geschäft] pressing *m* **2.** [Handlung] nettoyage *m*.

Reinigungs- ['rainɪgʊŋs] **adj** purifiant(e).

Reinigungsmilch ['rainɪgʊŋsmɪlç] **die** lait démaquillant.

Reinigungsmittel ['rainɪgʊŋsmɪtl̩] (*pl inv*) **das** produit *m* d'entretien.

rein◦legen ['rainleːgn̩] **vt** *fam* **1.** [betrügen, ärgern] rouler **2.** [hineinlegen] mettre dans.

rein◦reden ['rainreːdn̩] **vi** *fam* : **während eines Vortrags reinreden** couper la parole à qqn *(pendant un discours).*

Reis [rais] **der** riz *m*.

Reise ['raizə] (*pl* **-n**) **die** voyage *m* ▸ **eine Reise machen** faire un voyage ▸ **gute Reise!** bon voyage !

Reiseandenken ['raizəlandɛŋkn̩] (*pl inv*) **das** souvenir *m (de voyage)*.

Reiseapotheke ['raizəlapoteːkə] (*pl* **-n**) **die** pharmacie *f* de secours.

Reisebegleiter, in ['raizəbəglaitɐ, tərɪn] (*mpl inv*) **der, die** accompagnateur *m*, -trice *f*.

Reisebüro ['raizəbyːroː] (*pl* **-s**) **das** agence *f* de voyages.

Reisebus ['raizəbus] (*pl* **-se**) **der** (auto) car *m*.

Reiseführer ['raizəfyːrɐ] (*pl inv*) **der 1.** [Buch] guide *m* de voyage **2.** [Person] guide *m*.

Reiseführerin ['raizəfyːrərɪn] (*pl* **-nen**) **die** guide *f*.

Reisegepäck ['raizəgəpɛk] **das** bagages *mpl*.

Reisegesellschaft ['raizəgəzɛlʃaft] (*pl* **-en**) **die 1.** [Gruppe] groupe *m* de touristes **2.** [Firma] compagnie *f (de tourisme)*.

Reisegruppe ['raizəgrupə] (*pl* **-n**) **die** groupe *m* de touristes.

Reisekrankheit ['raizəkraŋkhait] **die** mal *m* des transports.

Reiseleiter, in ['raizəlaitɐ, tərɪn] (*mpl inv*) **der, die** guide *mf*.

reiselustig ['raizəlustɪç] **adj** qui a envie de voyager.

reisen ['raizn̩] **vi** *(ist)* voyager.

Reisende ['raizn̩də] (*pl* **-n**) **der, die** voyageur *m*, -euse *f* ▸ **Reisende in Richtung Frankfurt** les voyageurs à destination de Francfort.

Reisepass ['raizəpas] (*pl* **-pässe** [pɛsə]) **der** passeport *m*.

Reiseproviant ['raizəproviant] **der** provisions *fpl (de voyage)*.

Reiseroute ['raizəruːtə] (*pl* **-n**) **die** itinéraire *m*.

Reiseruf ['raizəruːf] (*pl* **-e**) **der** appel *m* radio.

Reisescheck ['raizəʃɛk] (*pl* **-s**) **der** traveller's chèque *m*.

Reisetasche ['raizətaʃə] (*pl* **-n**) **die** sac *m* de voyage.

Reiseunternehmen ['raizəluntɐneːmən] (*pl inv*) **das** compagnie *f (de voyage)*.

Reiseveranstalter ['raizəfɛɐlanʃtaltɐ] (*pl inv*) **der** tour-opérateur *m*.

Reiseverkehr ['raizəfɛɐkeːɐ] **der** départs et retours *mpl*.

Reiseversicherung ['raizəfɛɐzɪçəruŋ] (*pl* **-en**) **die** assurance *f* voyage.

Reisewarnung ['raizəvarnuŋ] (*pl* **-en**) **die** mise *f* en garde contre un voyage.

Reisewetterbericht ['raizəvɛtɐbərɪçt] (*pl* **-e**) **der** météo *f* des régions touristiques.

Reisezeit ['raizətsait] (*pl* **-en**) **die** saison *f* touristique.

Reiseziel ['raizətsiːl] (*pl* **-e**) **das** destination *f (touristique)*.

reißen ['raisn̩] (*prät* **riss**, *pp* **gerissen**) ◆ **vi** *(ist)* [zerreißen] se casser. ◆ **vi** *(hat)* [ziehen] tirer. ◆ **vt** *(hat)* **1.** [ziehen, wegziehen] tirer **2.** [zerreißen] déchirer ▸ **reißen an** *(+ D)* tirer sur. ◆ **sich reißen ref : die Leute reißen sich um die Konzertkarten** les gens s'arrachent les places de concert.

Reißverschluss ['raisfɛɐʃlus] (*pl* **-schlüsse** [ʃlysə]) **der** fermeture *f* Éclair®.

Reißzwecke ['raistsvɛkə] (*pl* **-n**) **die** punaise *f*.

reiten ['raitn̩] (*prät* **ritt**, *pp* **geritten**) ◆ **vi** *(ist)* [auf Tier] monter. ◆ **vt** *(hat)*

[Pferd, Esel] monter. ◆ **vt** ***(hat, ist)*** [Turnier] concourir *(à cheval)* ▸ **auf einem Pferd reiten** monter à cheval.

Reiter, in ['raitɐ, tərɪn] (*mpl inv*) **der, die** cavalier *m*, -ère *f*.

Reitpferd ['raitpfeːɐ̯t] (*pl* -e [pfeːɐ̯də]) **das** cheval *m* de selle.

Reitsport ['raitʃpɔrt] **der** équitation *f*.

Reitstall ['raitʃtal] (*pl* **-ställe** [ʃtɛlə]) **der** écurie *f*.

Reitweg ['raitveːk] (*pl* -e [veːgə]) **der** allée cavalière.

Reiz [raits] (*pl* -e) **der 1.** [physikalisch] stimulation *f* **2.** [Schönheit] attrait *m*.

reizen ['raitsn̩] ◆ **vt 1.** [verlocken] attirer **2.** [provozieren] exciter **3.** [Augen, Magen] irriter. ◆ **vi** [verlocken] renchérir ▸ **jn reizen, etw zu tun** pousser qqn à faire qqch.

reizend ['raitsn̩t] **adj** charmant(e).

Reizung ['raitsʊŋ] (*pl* **-en**) **die** [von Schleimhaut, Magen] irritation *f*.

reizvoll ['raitsfɔl] **adj** [schön] plein(e) de charme.

Reklamation [reklama'tsjoːn] (*pl* **-en**) **die** réclamation *f*.

Reklame [re'klaːmə] **die** [Werbung] réclame *f*.

reklamieren [rekla'miːrən] **vt** [Ware, Service] réclamer.

Rekord [re'kɔrt] (*pl* -e [re'kɔrdə]) **der** record *m*.

relativ ['rɛlatiːf] ◆ **adj** relatif(ive). ◆ **adv** relativement.

relaxen [ri'lɛksn̩] **vi** *fam* décompresser.

relevant [rele'vant] **adj** capital(e).

Religion [reli'gjoːn] (*pl* **-en**) **die 1.** [Glaube] religion *f* **2.** *fam* [Schulfach] instruction religieuse.

Relikt [re'lɪkt] (*pl* -e) **das** vestige *m*.

Reling ['reːlɪŋ] **die** bastingage *m*.

Remake [ri'meːk] (*pl* -s) **das** remake *m*.

remis [rə'miː] **adv** : **remis enden** finir sur une partie nulle.

Renaissance [rənɛ'sɑ̃ːs] **die** Renaissance *f*.

Rendezvous [rɑ̃de'vuː] (*pl inv*) **das** rendez-vous galant.

> ⚠ Rendez-vous ist ein falscher Freund. Das Wort bedeutet nicht "Rendezvous", sondern ***Termin***.

Rennbahn ['rɛnbaːn] (*pl* **-en**) **die 1.** [für Pferde] hippodrome *m* **2.** [für Autos] circuit *m*.

rennen ['rɛnən] (*prät* **rannte**, *pp* **gerannt**) **vi** ***(ist)*** courir.

Rennen ['rɛnən] (*pl inv*) **das** course *f*.

Rennfahrer, in ['rɛnfaːrɐ, rərɪn] (*mpl inv*) **der, die** coureur *m*, -euse *f*.

Rennrad ['rɛnraːt] (*pl* **-räder** [rɛːdɐ]) **das** vélo *m* de course.

Rennsport ['rɛnʃpɔrt] **der** course *f* automobile.

Rennwagen ['rɛnvaːgn̩] (*pl inv*) **der** voiture *f* de course.

renommiert [renɔ'miːɐ̯t] **adj** célèbre.

renovieren [reno'viːrən] **vt** rénover.

Renovierung [reno'viːrʊŋ] (*pl* **-en**) **die** rénovation *f* ▸ **'wegen Renovierung geschlossen'** 'fermé pour travaux'.

Rente ['rɛntə] (*pl* **-n**) **die** [Pension] retraite *f*.

rentieren [rɛn'tiːrən] ◆ **sich rentieren ref 1.** [Gewinn bringen] être rentable **2.** [sich lohnen] en valoir la peine.

Rentner, in ['rɛntnɐ, nərɪn] (*mpl inv*) **der, die** retraité *m*, -e *f*.

Reparatur [repəra'tuːɐ̯] (*pl* **-en**) die réparation *f*.

Reparaturdienst [repəra'tuːɐ̯diːnst] (*pl* **-e**) der service *m* de dépannage.

Reparaturkosten [repəra'tuːɐ̯kɔstn̩] pl frais *mpl* de réparation.

Reparaturwerkstatt [repəra'tuːɐ̯vɛrkʃtat] (*pl* **-stätten**) die atelier *m* de réparation.

reparieren [repa'riːrən] vt réparer.

Reportage [repɔr'taːʒə] (*pl* **-n**) die reportage *m*.

Reporter, in [re'pɔrtɐ, tərɪn] (*mpl inv*) der, die reporter *m*.

repräsentativ [reprɛzɛnta'tiːf] adj **1.** [Umfrage] représentatif(ive) **2.** [vorzeigbar] qui présente bien **3.** [Kleidung] de standing.

Republik [repu'bliːk] (*pl* **-en**) die république *f*.

Reserve [re'zɛrvə] (*pl* **-n**) die **1.** [Vorrat] réserve *f* **2.** SPORT remplaçants *mpl* ▸ **etw in Reserve haben** garder qqch en réserve.

Reservekanister [re'zɛrvəkanɪstɐ] (*pl inv*) der bidon *m* de secours.

Reserverad [re'zɛrvəraːt] (*pl* **-räder** [rɛːdɐ]) das roue *f* de secours.

Reservereifen [re'zɛrvəraifn̩] (*pl inv*) der pneu *m* de secours.

Reservespieler, in [re'zɛrvəʃpiːlɐ, lərɪn] (*mpl inv*) der, die remplaçant *m*, -e *f*.

reservieren [rezɛr'viːrən] vt réserver ▸ **reservieren für** réserver pour.

reserviert [rezɛr'viːɐ̯t] adj **1.** [Tisch, Zimmer] réservé(e) **2.** [Person] distant(e).

Reservierung [rezɛr'viːrʊŋ] (*pl* **-en**) die réservation *f*.

Reset [ri'sɛt] (*pl* **-s**) der EDV : **einen Reset machen** redémarrer l'ordinateur.

resignieren [rezi'gniːrən] vi se résigner.

Resonanz [rezo'nants] (*pl* **-en**) die [Reaktion] retentissement *m* ▸ **die Resonanz auf etw** *(A)* accueil *m* réservé à qqch ▸ **keine Resonanz finden** ne trouver aucun écho.

Respekt [re'spɛkt] der **1.** [Achtung] respect *m* **2.** [Angst] crainte *f*.

respektieren [respɛk'tiːrən] vt respecter.

Rest [rɛst] (*pl* **-e**) der reste *m*.

Restaurant [rɛsto'rɑ̃ː] (*pl* **-s**) das restaurant *m*.

Restbetrag ['rɛstbətraːk] (*pl* **-beträge** [trɛːgə]) der solde *m*.

Restgeld ['rɛstgɛlt] das : **'kein Restgeld'** 'ne rend pas la monnaie' ▸ **'Restgeld wird erstattet'** 'rend la monnaie'.

restlich ['rɛstlɪç] adj restant(e).

restlos ['rɛstloːs] adv complètement.

Resturlaub ['rɛstluːɐ̯laup] der congés restant dus.

Resultat [rezʊl'taːt] (*pl* **-e**) das résultat *m*.

retten ['rɛtn̩] vt sauver. ◆ **sich retten** ref se sauver.

Retter, in ['rɛtɐ, tərɪn] (*mpl inv*) der, die sauveur *m*.

Rettich ['rɛtɪç] (*pl* **-e**) der radis *m*.

Rettung ['rɛtʊŋ] (*pl* **-en**) die [Handlung] sauvetage *m*.

Rettungsboot ['rɛtʊŋsboːt] (*pl* **-e**) das canot *m* de sauvetage.

Rettungsdienst ['rɛtʊŋsdiːnst] (*pl* **-e**) der service *m* de secours.

Rettungsfonds ['rɛtʊŋsfɔ̃] (*mpl inv*) der fonds *m* d'aide européen.

Rettungsring ['rɛtʊŋsrɪŋ] (*pl* **-e**) **der** bouée *f* de sauvetage.

Rettungsschirm ['rɛtʊŋsʃɪrm] (*pl* **-e**) **der** plan *m* d'aide européen.

Rettungswagen ['rɛtʊŋsvaːgn̩] (*pl inv*) **der** ambulance *f*.

revanchieren [revɑ̃ː'ʃiːrən] ◆ **sich revanchieren** ref **1.** [sich erkenntlich zeigen] rendre la pareille ▸ **sich bei jm für etw revanchieren** revaloir qqch à qqn **2.** [sich rächen, beim Spiel] prendre sa revanche ▸ **sich für etw revanchieren** se venger de qqch.

Revier [re'viːɐ̯] (*pl* **-e**) **das 1.** [von Tier] territoire *m* **2.** [Bezirk] secteur *m*.

revitalisierend [revitaːlɪ'ziːrənt] **adj** revitalisant(e).

Revolution [revolu'tsjoːn] (*pl* **-en**) **die** révolution *f*.

Revolver [re'vɔlvɐ] (*pl inv*) **der** revolver *m*.

Revue [re'vyː] (*pl* **-n**) **die** revue *f*.

Reykjavik [rɛkjavik] **nt** Reykjavik.

Rezept [re'tsɛpt] (*pl* **-e**) **das 1.** [für Essen] recette *f* **2.** [für Medikament] ordonnance *f* ▸ **nur gegen Rezept** uniquement sur ordonnance.

rezeptfrei [re'tsɛptfrai] **adj** [Medikament] sans ordonnance.

Rezeption [retsɛp'tsjoːn] (*pl* **-en**) **die** [im Hotel] réception *f*.

rezeptpflichtig [re'tsɛptpflɪçtɪç] **adj** délivré(e) uniquement sur ordonnance.

Rezession [retsɛ'sjoːn] (*pl* **-en**) **die** récession *f*.

R-Gespräch ['ɛɐ̯gəʃprɛːç] (*pl* **-e**) **das** appel *m* en PCV.

Rhabarber [ra'barbɐ] **der** rhubarbe *f*.

Rhein [rain] **der** Rhin *m*.

rheinisch ['rainɪʃ] **adj** rhénan(e).

Rheinland ['rainlant] **das** Rhénanie *f*.

Rheinland-Pfalz ['rainlant'pfalts] **nt** Rhénanie-Palatinat *f*.

Rheinwein ['rainvain] (*pl* **-e**) **der** vin *m* du Rhin.

rhetorisch [re'toːrɪʃ] **adj** rhétorique.

Rheuma ['rɔyma] **das** rhumatisme *m*.

Rhythmus ['rytmʊs] (*pl* **Rhythmen** ['rytmən]) **der** rythme *m*.

Ribis(e)l ['riːbiːzl̩] (*pl inv* ODER **-n**) **die** ÖSTERR groseille *f*.

richten ['rɪçtn̩] ◆ **vt 1.** [in Richtung] diriger **2.** [Brief, Frage] adresser. ◆ **vi** [urteilen] juger. ◆ **sich richten ref** [in Richtung] être dirigé(e) ▸ **sich richten nach** se conformer à.

Richter, in ['rɪçtɐ, tərɪn] (*mpl inv*) **der, die** [vor Gericht] juge *mf*.

Richtgeschwindigkeit ['rɪçtgəʃvɪndɪçkait] **die** vitesse conseillée.

richtig ['rɪçtɪç] ◆ **adj 1.** [fehlerfrei, moralisch] juste **2.** [echt] véritable **3.** [passend] adéquat(e) **4.** *fam* [wirklich] vrai(e). ◆ **adv 1.** *fam* [wirklich] vraiment **2.** [fehlerlos] correctement **3.** [moralisch] de manière juste ▸ **bin ich hier richtig?** est-ce bien ici ?

richtig◦stellen ['rɪçtɪçʃtɛlən] **vt** rectifier.

Richtlinie ['rɪçtliːnjə] (*pl* **-n**) **die** directive *f*.

Richtpreis ['rɪçtprais] (*pl* **-e** [praizə]) **der** prix indicatif.

Richtung ['rɪçtʊŋ] (*pl* **-en**) **die** direction *f* ▸ **in Richtung** vers ▸ **in Richtung Berlin fahren** rouler en direction de Berlin ▸ **'alle Richtungen'** 'toutes directions'.

riechen ['riːçn̩] (*prät* **roch**, *pp* **gerochen**) ◆ **vt & vi** sentir. ◆ **vimp** : **hier riecht es nach Knoblauch** ça sent l'ail ici ▸ **das Parfüm / Essen riecht gut** ce parfum / ce plat sent bon.

rief [riːf] **prät → rufen**.

Riegel ['riːgl̩] (*pl inv*) **der 1.** [Verschluss] verrou *m* **2.** [Stück] barre *f*.

Riemen ['riːmən] (*pl inv*) **der** [Band] courroie *f*.

rieseln ['riːzl̩n] **vi** *(ist)* **1.** [Wasser] ruisseler **2.** [Pulver, Schnee] tomber.

riesengroß ['riːzn̩'groːs] **adj** *fam* **1.** [Gegenstand] gigantesque **2.** [Hunger, Ärger] énorme.

Riesenrad ['riːzn̩raːt] (*pl* **-räder** [rɛːdɐ]) **das** grande roue.

Riesenslalom ['riːzn̩slaːlɔm] **der** slalom géant.

riesig ['riːzɪç] **adj 1.** [Person, Gegenstand] géant(e) **2.** [Hunger, Durst, Ärger] terrible.

Riesling ['riːslɪŋ] (*pl* **-e**) **der** riesling *m*.

riet [riːt] **prät → raten**.

Riff [rɪf] (*pl* **-e**) **das** récif *m*.

Rille ['rɪlə] (*pl* **-n**) **die** [Spur] fissure *f*.

Rind [rɪnt] (*pl* **-er**) **das** bœuf *m*.

Rinde ['rɪndə] (*pl* **-n**) **die 1.** [von Brot, Käse] croûte *f* **2.** [von Bäumen] écorce *f*.

Rinderbraten ['rɪndɐbraːtn̩] (*pl inv*) **der** rôti *m* de bœuf.

Rindfleisch ['rɪntflaɪ̯ʃ] **das** viande *f* de bœuf.

Ring [rɪŋ] (*pl* **-e**) **der 1.** [Schmuck] bague *f* **2.** [Form] anneau *m* **3.** [Straße] périphérique *m*.

Ringbuch ['rɪŋbuːx] (*pl* **-bücher** [byːçɐ]) **das** classeur *m*.

ringen ['rɪŋən] (*prät* **rang**, *pp* **gerungen**) **vi 1.** SPORT lutter **2.** [innerlich] se débattre.

Ringer, in ['rɪŋɐ, ŋərɪn] (*mpl inv*) **der, die** lutteur *m*, -euse *f*.

Ringkampf ['rɪŋkampf] (*pl* **-kämpfe** [kɛmpfə]) **der** SPORT match *m* de lutte.

rings [rɪŋs] **adv** tout autour de.

ringsherum ['rɪŋshɛrʊm] **adv** tout autour.

Ringstraße ['rɪŋʃtraːsə] (*pl* **-n**) **die** boulevard *m* circulaire.

ringsum ['rɪŋsʊm] **adv** tout autour.

rinnen ['rɪnən] (*prät* **rann**, *pp* **geronnen**) **vi** *(ist)* ruisseler.

Rinnstein ['rɪnʃtaɪ̯n] (*pl* **-e**) **der** caniveau *m*.

Rippchen ['rɪpçən] (*pl inv*) **das** côtelette *f (de porc)*.

Rippe ['rɪpə] (*pl* **-n**) **die** [Knochen] côte *f*.

Rippenfellentzündung ['rɪpn̩fɛlɛntsʏndʊŋ] (*pl* **-en**) **die** pleurésie *f*.

Risiko ['riːzikoː] (*pl* **Risiken**) **das** risque *m* ▸ **auf eigenes Risiko** à mes / tes / vos etc. risques et périls ▸ **'zu Risiken und Nebenwirkungen'** 'effets secondaires'.

riskant [rɪs'kant] **adj** risqué(e).

riskieren [rɪs'kiːrən] **vt** risquer.

riss [rɪs] **prät → reißen**.

Riss [rɪs] (*pl* **-e**) **der 1.** [in Stoff] accroc *m* **2.** [in Holz, Wand] fissure *f*.

rissig ['rɪsɪç] **adj** fendillé(e).

ritt [rɪt] **prät → reiten**.

Ritt [rɪt] (*pl* **-e**) **der** sortie *f* à cheval.

Ritter ['rɪtɐ] (*pl inv*) **der** chevalier *m*.

ritzen ['rɪtsn̩] **vt** [gravieren] graver.

Rivale [ri'vaːlə] (*pl* **-n**) **der** rival *m*.

Rivalin [ri'vaːlɪn] (*pl* **-nen**) **die** rivale *f*.

Riviera [ri'vi̯eːra] **die** [französisch] Côte *f* d'Azur.

Roastbeef ['rɔstbiːf] (*pl* **-s**) **das** rosbif *m*.

Roboter ['rɔbɔtɐ] (*pl inv*) **der** robot *m*.

robust [ro'bʊst] **adj** robuste.

roch [rɔx] **prät** → **riechen**.

Rock¹ [rɔk] (*pl* **Röcke** ['rœkə]) **der** [für Frauen] jupe *f*.

Rock² [rɔk] **der** [Musik] rock *m*.

Rockmusik ['rɔkmuzi:k] **die** rock *m*.

Rodelbahn ['rodl̩ba:n] (*pl* **-en**) **die** piste *f* de luge.

rodeln ['rodl̩n] **vi** *(ist)* faire de la luge.

Roggen ['rɔgn̩] **der** seigle *m*.

Roggenbrot ['rɔgn̩bro:t] (*pl* **-e**) **das** pain *m* de seigle.

roh [ro:] ◆ **adj** **1.** [Fleisch, Kartoffeln] cru(e) **2.** [Person] grossier(ère). ◆ **adv** [behandeln] rudement ▸ **etw roh essen** manger qqch cru.

Rohkost ['ro:kɔst] **die** crudités *fpl*.

Rohling ['ro:lɪŋ] (*pl* **-e**) **der** : **ein (CD-) Rohling** un CD vierge.

Rohr [ro:ɐ̯] (*pl* **-e** ['ro:rə]) **das** **1.** [für Wasser, Gas] tuyau *m* **2.** [Pflanze] roseau *m*.

Rohrbruch ['ro:ɐ̯brʊx] (*pl* **-brüche** [brʏçə]) **der** rupture *f* de tuyau.

Rohrzucker ['ro:ɐ̯tsʊkɐ] **der** sucre *m* de canne.

Rohstoff ['ro:ʃtɔf] (*pl* **-e**) **der** matière *f* première.

Rokoko ['rɔkoko:] **das** rococo *m*.

Rollator [rɔl'a:tɔr] (*pl* **-en** ['to:rən]) **der** déambulateur *m*.

Rollbahn ['rɔlba:n] (*pl* **-en**) **die** piste *f* d'envol et d'atterrissage.

Rollbraten ['rɔlbra:tn̩] (*pl inv*) **der** roulé *m*.

Rolle ['rɔlə] (*pl* **-n**) **die** **1.** [aus Papier, Stoff, Draht] rouleau *m* **2.** [Funktion, im Film, Theater] rôle *m* **3.** [Rad] roulette *f* ▸ **keine Rolle spielen** ne pas avoir d'importance.

rollen ['rɔlən] ◆ **vi** *(ist)* [Ball, Wagen] rouler. ◆ **vt** *(hat)* [Rollstuhl, Kugel] pousser.

Roller ['rɔlɐ] (*pl inv*) **der** **1.** [mit Motor] scooter *m* **2.** [für Kinder] trottinette *f*.

Rollerskates ['ro:lɐske:ts] **pl** patins *mpl* à roulettes.

Rollkoffer ['rɔlkɔfɐ] (*mpl inv*) **der** valise *f* à roulettes.

Rollkragen ['rɔlkra:gn̩] (*pl inv*) **der** col roulé.

Rollladen ['rɔlla:dn̩] (*pl* **-läden** [lɛ:dn̩]) **der** [vor Fenster] volet roulant.

Rollmops ['rɔlmɔps] (*pl* **-möpse** [mœpsə]) **der** rollmops *m*.

Rollo [rɔ'lo:] (*pl* **-s**) **das** store *m*.

Rollschuh ['rɔlʃu:] (*pl* **-e**) **der** patin *m* à roulettes.

Rollschuhfahrer, in ['rɔlʃu:fa:rɐ, rərɪn] (*mpl inv*) **der, die** personne *f* qui fait du patin à roulettes.

Rollsplit ['rɔlʃplɪt] **der** gravillons *mpl*.

Rollstuhl ['rɔlʃtu:l] (*pl* **-stühle** [ʃty:lə]) **der** fauteuil roulant.

Rollstuhlfahrer, in ['rɔlʃtu:lfa:rɐ, rərɪn] (*mpl inv*) **der, die** handicapé *m*, -e *f* en fauteuil roulant.

Rolltreppe ['rɔltrɛpə] (*pl* **-n**) **die** Escalator® *m*.

Rom [ro:m] **nt** Rome.

Roman [ro'ma:n] (*pl* **-e**) **der** roman *m*.

romanisch [ro'ma:nɪʃ] **adj** roman(e).

Romantik [ro'mantɪk] **die** romantisme *m*.

romantisch [ro'mantɪʃ] **adj** romantique.

Rommé ['rɔme:] **das** rami *m*.

röntgen ['rœntgn̩] **vt** radiographier.

Röntgenaufnahme ['rœntgn̩lauf-naːmə] (*pl* -n) **die** radio *f.*

rosa ['roːza] **adj** rose.

Rose ['roːzə] (*pl* -n) **die** rose *f.*

Rosenkohl ['roːzn̩koːl] **der** chou *m* de Bruxelles.

Rosenmontag [roːzn̩'moːntaːk] (*pl* -e) **der** veille *f* du mardi gras.

Roséwein [ro'zeːvain] (*pl* -e) **der** rosé *m.*

Rosine [ro'ziːnə] (*pl* -n) **die** raisin sec.

Rosmarin ['roːsmariːn] **der** romarin *m.*

Rost [rɔst] (*pl* -e) **der 1.** [auf Metall] rouille *f* **2.** [Gitter] grille *f.*

Rostbratwurst ['rɔstbratvʊrst] (*pl* -würste [vyːrstə]) **die** saucisse grillée.

rosten ['rɔstn̩] **vi** *(hat,ist)* rouiller.

rösten ['røːstn̩] **vt** faire griller.

rostfrei ['rɔstfrai] **adj** inoxydable.

Rösti ['røːsti] **pl** SCHWEIZ rœsti *mpl.*

rostig ['rɔstɪç] **adj** rouillé(e).

Rostschutzmittel ['rɔstʃʊtsmɪtl̩] (*pl inv*) **das** anti-rouille *m.*

rot [roːt] (*komp* **röter** ODER **roter**, *superl* **am rötesten** ODER **rotesten**) **adj 1.** [Farbe] rouge **2.** *fam* [Politik] rouge ▸ **in den roten Zahlen sein** être dans le rouge.

Rot [roːt] **das 1.** [Farbe] rouge *m* **2.** [an Ampel] feu *m* rouge ▸ **'bei Rot hier halten'** 's'arrêter ici au rouge'.

Rote Kreuz ['roːtə'krɔyts] **das** Croix-Rouge *f.*

Röteln ['røːtl̩n] **pl** rubéole *f.*

rothaarig ['roːthaːrɪç] **adj** roux (rousse).

rotieren [ro'tiːrən] ◆ **vi** *(hat)* [sich drehen] tourner *(autour de son axe).* ◆ **vi** *(ist) fam* [Person] paniquer.

Rotkohl ['roːtkoːl] **der** chou *m* rouge.

Rotkraut ['roːtkraut] **das** chou *m* rouge.

Rotlicht ['roːtlɪçt] **das** [rote Lampe] lampe *f* à infrarouges.

Rotlichtviertel ['roːtlɪçtvɪrtl̩] (*pl inv*) **das** quartier chaud.

Rotwein ['roːtvain] (*pl* -e) **der** vin *m* rouge.

Rouge [ruːʒ] (*pl* -s) **das** fard *m* à joues.

Roulade [ru'laːdə] (*pl* -n) **die** paupiette *f.*

Roulette [ru'lɛːt] (*pl* -s) **das** roulette *f.*

Route ['ruːtə] (*pl* -n) **die** itinéraire *m.*

Router ['ruːtɐ] (*pl inv*) **der** routeur *m.*

Routine [ru'tiːnə] **die** routine *f.*

Ruanda [ru'anda] **nt** Rwanda *m.*

Rubbellos ['rʊbl̩loːs] (*pl* -e) **das** *billet de loterie sur lequel le numéro gagnant apparaît au grattage.*

Rübe ['ryːbə] (*pl* -n) **die** [Pflanze] rave *f.*

rüber ['ryːbɐ] **adv** *fam* = **herüber**.

Rubin [ru'biːn] (*pl* -e) **der** rubis *m.*

Rubrik [ru'briːk] (*pl* -en) **die** [Spalte] rubrique *f.*

Ruck [rʊk] (*pl* -e) **der** [Bewegung] secousse *f.*

Rückbank ['rykbaŋk] (*pl* -bänke [bɛnkə]) **die** siège *m* arrière.

rücken ['rykn̩] ◆ **vt** *(hat)* [Sessel, Kiste] pousser. ◆ **vi** *(ist)* [Person] se pousser ▸ **nach links / rechts rücken** se pousser vers la gauche / droite ▸ **rück mal!** pousse-toi !

Rücken ['rykn̩] (*pl inv*) **der** dos *m.*

Rückenlage ['rykn̩laːgə] **die** : **in der Rückenlage** sur le dos.

Rückenlehne ['rykn̩leːnə] (*pl* -n) **die** dossier *m.*

Rückenschmerzen ['rykn̩ʃmeːɐ̯tsn̩] **pl** mal *m* de dos.

Rückenschwimmen ['rykn̩ʃvɪmən] **das** nage *f* sur le dos.

Rückenwind ['rykn̩vɪnt] **der** vent *m* arrière.

Rückerstattung ['ryk|ɛɐ̯ʃtatʊŋ] (*pl* **-en**) **die** remboursement *m*.

Rückfahrkarte ['rykfaːɐ̯kartə] (*pl* **-n**) **die** billet *m* retour.

Rückfahrt ['rykfaːɐ̯t] (*pl* **-en**) **die** retour *m*.

Rückfall ['rykfal] (*pl* **-fälle** [fɛlə]) **der** [Krankheit] rechute *f*.

Rückflug ['rykfluːk] (*pl* **-flüge** [flyːgə]) **der** vol *m* retour.

Rückfrage ['rykfraːgə] (*pl* **-n**) **die** question *f (pour obtenir des précisions)*.

Rückgabe ['rykgaːbə] **die** restitution *f*.

Rückgabeknopf ['rykgaːbəknɔpf] (*pl* **-knöpfe** [knœpfə]) **der** bouton *m* de restitution de la monnaie.

Rückgaberecht ['rykgaːbərɛçt] **das** *possibilité donnée à l'acheteur de retourner une marchandise en cas de problème.*

rückgängig ['rykgɛŋɪç] **adv** en baisse ▸ **etw rückgängig machen** annuler qqch.

Rückgrat ['rykraːt] (*pl* **-e**) **das** [Körperteil] colonne vertébrale.

Rückkehr ['rykkeːɐ̯] **die** retour *m*.

rückläufig ['rykləyfɪç] **adj** en baisse.

Rücklicht ['ryklɪçt] (*pl* **-er**) **das** feu *m* arrière.

Rückporto ['rykpɔrto] **das** port *m* de retour.

Rückreise ['rykraizə] (*pl* **-n**) **die** retour *m*.

Rückreiseverkehr ['rykraizəfɛɐ̯keːɐ̯] **der** retours *mpl*.

Rückruf ['rykruːf] (*pl* **-e**) **der** [per Telefon] rappel *m*.

Rucksack ['rʊkzak] (*pl* **-säcke** [zɛkə]) **der** sac *m* à dos.

Rucksacktourist, in ['rʊkzakturɪst, rɪstɪn] (*mpl* **-en**) **der, die** routard *m*, -e *f*.

Rückschritt ['rykʃrɪt] (*pl* **-e**) **der** régression *f*.

Rückseite ['rykzaitə] (*pl* **-n**) **die** verso *m*.

Rücksicht ['rykzɪçt] (*pl* **-en**) **die 1.** [Beachtung] égard *m* **2.** [Sicht] vue *f* par la vitre arrière ▸ **Rücksicht nehmen auf** *(+ A)* avoir des égards pour.

rücksichtslos ['rykzɪçtsloːs] **adj** sans égards.

rücksichtsvoll ['rykzɪçtsfɔl] **adj** plein(e) d'égards.

Rücksitz ['rykzɪts] (*pl* **-e**) **der** siège *m* arrière.

Rückspiegel ['rykʃpiːgl̩] (*pl inv*) **der** rétroviseur *m*.

Rückstand ['rykʃtant] **der** retard *m* ▸ **mit 2000 Euro im Rückstand sein** avoir un arriéré de 2000 euros.

Rückstrahler ['rykʃtraːlɐ] (*pl inv*) **der** catadioptre *m*.

Rücktrittbremse ['ryktrɪtbrɛmzə] (*pl* **-n**) **die** frein *m* à rétropédalage.

Rückvergütung ['rykfɛɐ̯gyːtʊŋ] (*pl* **-en**) **die** remboursement *m*.

rückwärts ['rykvɛrts] **adv 1.** [nach hinten] en arrière **2.** [von hinten] à l'envers.

Rückwärtsgang ['rykvɛrtsgaŋ] (*pl* **-gänge**) **der** marche *f* arrière.

Rückweg ['rykveːk] (*pl* **-e** [veːgə]) **der** chemin *m* du retour ▸ **auf dem Rückweg** sur le chemin du retour.

rückwirkend ['rykvɪrkənd] ◆ **adj** rétroactif(ive). ◆ **adv** avec effet rétroactif.

Rückzahlung ['ryktsa:lʊŋ] (*pl* **-en**) **die** remboursement *m*.

Rückzahlungsbetrag ['ryktsa:lʊŋsbətra:k] (*pl* **-beträge** [trɛ:gə]) **der** montant *m* du remboursement.

Rucola ['ru:kola] **die** rucola *f*.

rüde ['ry:də] **adj** brutal(e).

Rüde ['ry:də] (*pl* **-n**) **der** mâle *m (du chien)*.

Ruder ['ru:dɐ] (*pl inv*) **das 1.** [zum Rudern] rame *f* **2.** [zum Steuern] barre *f*.

Ruderboot ['ru:dɐbo:t] (*pl* **-e**) **das** barque *f*.

Ruderer ['ru:dərɐ] (*pl inv*) **der** rameur *m*.

Ruderin ['ru:dərɪn] (*pl* **-nen**) **die** rameuse *f*.

rudern ['ru:dɐn] **vi** *(ist)* [mit Boot] ramer.

Ruf [ru:f] (*pl* **-e**) **der 1.** [Rufen] appel *m* **2.** [Image] réputation *f*.

rufen ['ru:fn̩] (*prät* **rief**, *pp* **gerufen**) ◆ **vt 1.** [herbeirufen] appeler **2.** [Wort, Satz] crier. ◆ **vi** [schreien] crier.

Rufname ['ru:fa:mə] (*pl* **-n**) **der** prénom usuel.

Rufnummer ['ru:fnʊmɐ] (*pl* **-n**) **die** numéro *m* d'appel.

Ruhe ['ru:ə] **die 1.** [Stille] silence *m* **2.** [Gelassenheit] calme *m* ▸ **jn in Ruhe lassen** ne pas ennuyer qqn ▸ **Ruhe bitte!** silence, je vous prie !

ruhen ['ru:ən] **vi 1.** [stillstehen] être arrêté(e) **2.** [begraben sein] reposer.

Ruhestand ['ru:əʃtant] **der** retraite *f*.

Ruhestörung ['ru:əʃtø:rʊŋ] (*pl* **-en**) **die** perturbation *f* de l'ordre public ▸ **nächtliche Ruhestörung** tapage nocturne.

Ruhetag ['ru:əta:k] (*pl* **-e** [ta:gə]) **der** jour *m* de repos ▸ **'montags Ruhetag'** 'fermé le lundi'.

ruhig ['ru:ɪç] ◆ **adj 1.** calme **2.** [still, leise] tranquille. ◆ **adv 1.** calmement **2.** *fam* [gerne, nur] sans problème ▸ **ruhig wohnen** habiter un endroit calme.

Rührei ['ry:ɐ̯lai] (*pl* **-er** ['ry:ɐ̯laiɐ]) **das** œuf brouillé.

rühren ['ry:rən] ◆ **vt 1.** [mit Löffel] tourner **2.** [Person] émouvoir. ◆ **vi** [mit Löffel] tourner ▸ **rühren von** venir de. ◆ **sich rühren ref** [sich bewegen] bouger.

Rührteig ['ry:ɐ̯taik] (*pl* **-e** [taigə]) **der** pâte molle.

Ruine [ru'i:nə] (*pl* **-n**) **die** ruine *f*.

ruinieren [rui'ni:rən] **vt 1.** [Person, Firma] ruiner **2.** *fam* [beschädigen] abîmer. ◆ **sich ruinieren ref** se ruiner.

rülpsen ['rylpsn̩] **vi** roter.

rum [rʊm] **adv** *fam* = **herum**.

Rum [rʊm] **der** rhum *m*.

Rumänien [ru'mɛ:njən] **nt** Roumanie *f*.

rum◦kriegen ['rʊmkri:gn̩] **vt** *fam* **1.** [Person] baratiner **2.** [Zeit] meubler.

Rummel ['rʊml̩] **der** *fam* [Theater, Trubel] cinéma *m*.

Rummelplatz ['rʊml̩plats] (*pl* **-plätze** [plɛtsə]) **der** champ *m* de foire.

rumoren [ru'mo:rən] **vi** gargouiller.

Rumpf [rʊmpf] (*pl* **Rümpfe** ['rympfə]) **der** [Körperteil] tronc *m*.

Rumpsteak ['rʊmpste:k] (*pl* **-s**) **das** rumsteck *m*.

Rumtopf ['rʊmtɔpf] (*pl* **-töpfe** ['rʊmtœpfə]) **der 1.** [Gefäß] *récipient en terre cuite dans lequel on fait macérer des fruits avec du rhum* **2.** [Obst] *fruits macérés dans du rhum avec du sucre.*

rund [rʊnt] ◆ **adj 1.** [kreisförmig, Summe] rond(e) **2.** [dick] enveloppé(e) **3.** [ungefähr] environ. ◆ **adv 1.** [ungefähr] environ **2.** [im Kreis] en rond ▸ **rund um Berlin** autour de Berlin.

Runde ['rʊndə] (*pl* **-n**) **die 1.** [Strecke] tour *m* **2.** [Getränke] tournée *f* **3.** [von Personen] cercle *m* ▸ **eine Runde ausgeben** offrir la tournée.

Rundfahrt ['rʊndfaːɐ̯t] (*pl* **-en**) **die** tour *m (avec un véhicule)*.

Rundflug ['rʊntfluːk] (*pl* **-flüge** [flyːgə]) **der** tour *m* (en avion).

Rundfunk ['rʊntfʊŋk] **der** radio *f*.

Rundfunkprogramm ['rʊntfʊŋkprogram] (*pl* **-e**) **das** programme *m* des émissions radio.

Rundgang ['rʊntgaŋ] (*pl* **-gänge** [gɛŋə]) **der** [Spaziergang] tour *m*.

rundherum ['rʊnthɛrʊm] **adv 1.** [ringsherum] tout autour **2.** [ganz] entièrement.

Rundreise ['rʊntraizə] (*pl* **-n**) **die** circuit *m*.

Rundwanderweg ['rʊntvandɐveːk] (*pl* **-e** [veːgə]) **der** ballade *f (qui fait une boucle)*.

runter ['rʊntɐ] **adv** *fam* = **herunter**.

runterladen ['rʊntɐlaːdn̩] **vt** *(unreg)* télécharger.

Ruß [ruːs] **der** suie *f*.

Russe ['rʊsə] (*pl* **-n**) **der** Russe *m*.

Russin ['rʊsɪn] (*pl* **-nen**) **die** Russe *f*.

russisch ['rʊsɪʃ] **adj** russe.

Russisch(e) ['rʊsɪʃ(ə)] **das** russe *m*.

Russland ['rʊslant] **nt** Russie *f*.

rüstig ['rʏstɪç] **adj** alerte.

rustikal [rʊsti'kaːl] **adj** rustique.

Rüstung ['rʏstʊŋ] (*pl* **-en**) **die 1.** [für Militär] armement *m* **2.** [von Rittern] armure *f*.

Rutsch [rʊtʃ] **der** : **guten Rutsch!** bonne fin d'année !

Rutschbahn ['rʊtʃbaːn] (*pl* **-en**) **die** toboggan *m*.

rutschen ['rʊtʃn̩] **vi** *(ist)* **1.** [ausrutschen] glisser **2.** *fam* [zur Seite rücken] se pousser **3.** [Hose] tomber.

rutschfest ['rʊtʃfɛst] **adj** antidérapant(e).

rutschig ['rʊtʃɪç] **adj** glissant(e).

rütteln ['rʏtl̩n] **vt** secouer.

Ss

S. (*abk für* siehe) cf. *(confer)*, v. *(voir)*.

S (*abk für* Süd) S. *(sud)*.

S. (*abk für* Seite) p. *(page)*.

Saal ['zaːl] (*pl* **Säle** ['zɛːlə]) **der** salle *f*.

Saarbrücken [zaːɐ̯'brʏkn̩] **nt** Saarebruck.

Saarland ['zaːɐ̯lant] **das** Sarre *f*.

Säbel ['zɛːbl̩] (*pl inv*) **der** sabre *m*.

sabotieren [zabo'tiːrən] **vt** saboter.

Sachbearbeiter, in ['saxbəlarbaitɐ, tərɪn] (*mpl inv*) **der, die** responsable *mf* du dossier.

Sache ['zaxə] (*pl* **-n**) **die 1.** [Gegenstand, Nahrungsmittel] chose *f* **2.** [Angelegenheit] affaire *f* **3.** [Thema] sujet *m* ▸ **das**

ist meine Sache c'est mon problème ! ▸ **zur Sache kommen** en venir au fait. ◆ **Sachen** pl [Kleidung] affaires *fpl*.

sachkundig ['zaxkʊndɪç] **adj** compétent(e).

Sachlage ['zaxla:gə] **die** situation *f*.

sachlich ['zaxlɪç] ◆ **adj 1.** [Person, Argument, Gründe] objectif(ive) **2.** [Stil] sobre. ◆ **adv 1.** [argumentieren] objectivement **2.** [gestalten] sobrement **3.** [zutreffen] sur le fond.

sächlich ['zɛçlɪç] **adj** GRAMM neutre.

Sachschaden ['zaxʃa:dn̩] (*pl* **-schäden** ['zaxʃɛ:dn̩]) **der** dégât matériel.

Sachsen ['za‿ksn̩] **nt** Saxe *f*.

Sachsen-Anhalt ['za‿ksn̩lanhalt] **nt** Saxe-Anhalt *f*.

sacht ['zaxt] **adj** [Berührung] doux (douce).

Sachverständige ['zaxfɛɐ̯ʃtɛndɪgə] (*pl* **-n**) **der, die** expert *m*, -e *f*.

Sack [zak] (*pl* **Säcke** ['zɛkə]) **der** [Verpackung] sac *m*.

Sackgasse ['zakgasə] (*pl* **-n**) **die** impasse *f*.

Safe [se:f] (*pl* **-s**) **der** coffre-fort *m*.

Saft [zaft] (*pl* **Säfte** ['zɛftə]) **der** jus *m*.

saftig ['zaftɪç] **adj** juteux(euse).

Saftpresse ['zaftprɛsə] (*pl* **-n**) **die** presse-agrumes *m inv*.

Säge ['zɛ:gə] (*pl* **-n**) **die** scie *f*.

sagen ['za:gn̩] **vt 1.** dire **2.** [bedeuten] vouloir dire ▸ **jm etw sagen** dire qqch à qqn ▸ **sich** *(+ D)* **etw sagen** se dire qqch ▸ **sagen zu** dire à ▸ **sag mal!** dis donc ! ▸ **was sagst du dazu?** qu'en dis-tu ? ▸ **das kann man wohl sagen!** c'est le cas de le dire ! ▸ **sag bloß!** sans blague !

sägen ['zɛ:gn̩] **vt & vi** scier.

sah [za:] **prät** → **sehen**.

Sahne ['za:nə] **die 1.** [flüssig] crème *f* **2.** [geschlagen] crème *f* chantilly ▸ **mit / ohne Sahne** avec /sans chantilly ▸ **saure Sahne** crème fraîche.

Sahnetorte ['za:nətɔrtə] (*pl* **-n**) **die** gâteau *m* à la crème.

sahnig ['za:nɪç] **adj** crémeux *m*, -euse *f*.

Saison [sɛ'zɔŋ] (*pl* **-s**) **die** saison *f*.

Saite ['zaitə] (*pl* **-n**) **die** corde *f* ▸ **andere Saiten aufziehen** *fam & fig* hausser le ton.

Sakko ['zako] (*pl* **-s**) **das** veston *m*.

Sakristei [zakrɪs'tai̯] (*pl* **-en**) **die** sacristie *f*.

Salami [za'la:mi] (*pl* **-s**) **die** salami *m*.

Salat [za'la:t] (*pl* **-e**) **der** salade *f* ▸ **grüner Salat** salade verte.

Salatbar [za'la:tba:ɐ̯] (*pl* **-s**) **die 1.** *comptoir où sont présentés différents types de crudités* **2.** [Geschäft] saladerie *f*.

Salatsoße [za'la:tzo:sə] (*pl* **-n**) **die** assaisonnement *m*.

Salatteller [za'la:ttɛlɐ] (*pl inv*) **der** assiette *f* de crudités.

Salbe ['zalbə] (*pl* **-n**) **die** pommade *f*.

Salbei ['zalbai̯] **der** *(ohne pl)* sauge *f*.

Salmonellenvergiftung [zalmo'nɛlənfɛɐ̯gɪftʊŋ] (*pl* **-en**) **die** salmonellose *f*.

Salon [sa'lɔŋ] (*pl* **-s**) **der** [Geschäft] salon *m*.

Salz [zalt̮s] (*pl* **-e**) **das** sel *m*.

Salzburg ['zalt̮sbʊrk] **nt** Salzbourg.

Salzburger Festspiele ['zalt̮sbʊrgɐ'fɛstʃpi:lə] **pl** festival *m* de Salzbourg.

ⓘ Salzburger Festspiele

Depuis 1920, le célèbre festival de Salzbourg, qui a lieu chaque été, offre de nombreux concerts (Mozart, Strauss et Verdi) et pièces de théâtre, dont Jedermann, œuvre de Hugo von Hofmannsthal, un des fondateurs de l'événement.

Salzburger Nockerln ['zaltsburgɐ-'nɔkəln] pl ÖSTERR *dessert chaud composé de blancs battus en neige et de sucre.*

salzen ['zaltsn̩] (*pp* **gesalzen**) vt saler.

Salzgurke ['zaltsguːɐ̯kə] (*pl* **-n**) die cornichon *m*.

salzig ['zaltsɪç] adj salé(e).

Salzkartoffeln ['zaltskartɔfl̩n] (*pl* **-n**) die pomme de terre *f* vapeur.

Salzstange ['zaltsʃtaŋə] (*pl* **-n**) die stick salé.

Salzstreuer ['zaltsʃtrɔyɐ] (*pl inv*) der salière *f*.

Salzwasser ['zaltsvasɐ] das **1.** [Meerwasser] eau *f* de mer **2.** [zum Kochen] eau salée.

Sammelfahrschein ['zamlfaːɐ̯ʃain] (*pl* **-e**) der billet collectif.

sammeln ['zamln̩] vt **1.** [Briefmarken] collectionner **2.** [Pilze, Kräuter] cueillir **3.** [Spenden] collecter, recueillir.

Sammelstelle ['zamlʃtɛlə] (*pl* **-n**) die point *m* de collecte.

Sammler, in ['zamlɐ, lərɪn] (*mpl inv*) der, die collectionneur *m*, -euse *f*.

Sammlung ['zamlʊŋ] (*pl* **-en**) die **1.** [Briefmarken, Münzen] collection *f* **2.** [von Spenden] collecte *f*.

Sampler ['zamplɐ] (*pl inv*) der best of *m inv*.

Samstag ['zamstaːk] (*pl* **-e** [taːgə]) der samedi *m* ▸ **am Samstag** samedi.

Samstagabend ['zamstaːklaːbənt] (*pl* **-e**) der samedi *m* soir ▸ **Samstagabend** samedi soir.

Samstagmorgen ['zamstaːkmɔrgn̩] der samedi *m* matin ▸ **Samstagmorgen** samedi matin.

Samstagnacht ['zamstaːknaxt] adv dans la nuit de samedi.

samstags ['zamstaː] adv le samedi.

samt [zamt] präp (*+ D*) avec.

sämtlich ['zɛmtlɪç] adj l'ensemble des.

Sanatorium [zana'toːrjʊm] (*pl* **Sanatorien**) das sanatorium *m*.

Sand [zant] der sable *m*.

Sandale [zan'daːlə] (*pl* **-n**) die sandale *f*.

sandig ['zandɪç] adj **1.** [Boden] sablonneux(euse) **2.** [Hände, Strümpfe] plein(e) de sable.

Sandkasten ['zantkastn̩] (*pl* **-kästen** ['zantkɛstn̩]) der bac *m* à sable.

Sandpapier ['zantpapiːɐ̯] das papier *m* de verre.

Sandstrand ['zantʃtrant] (*pl* **-strände** ['zantʃtrɛndə]) der plage *f* de sable.

sandte ['zantə] prät → **senden**.

sanft [zanft] ◆ adj **1.** doux (douce) **2.** [Geburt] sans violence. ◆ adv doucement ▸ **sanfter Tourismus** tourisme vert.

sang [zaŋ] prät → **singen**.

Sänger, in ['zɛŋɐ, ərɪn] (*mpl inv*) der, die chanteur *m*, -euse *f*.

sanitär [zani'tɛːɐ̯] adj : **sanitäre Anlagen** sanitaires *mpl*.

Sanitäter, in [zani'tɛːtɐ, tərɪn] (*mpl inv*) der, die secouriste *mf*.

sank [zaŋk] prät → **sinken**.

Sankt Gallen [zaŋkt'galən] nt Saint-Gall.

San Marino [zanma'riːno] nt Saint-Marin *m*.

Sarajevo [zara'jeːvo] nt Sarajevo.

Sardelle [zar'dɛlə] (*pl* **-n**) die anchois *m*.

Sardine [zar'diːnə] (*pl* **-n**) die sardine *f*.

Sardinien [zar'diːnjən] nt Sardaigne *f*.

Sarg [zark] (*pl* **Särge** ['zɛrgə]) **der** cercueil *m*.

Sashimi [za'ʃi:mi] **das** KÜCHE sashimi *m*.

saß [za:s] prät → **sitzen**.

Satellit [zatɛ'li:t] (*pl* **-en**) **der** TECH satellite *m*.

Satellitenantenne [zatə'lɪtn̩|antɛnə] (*pl* **-n**) **die** antenne *f* satellite.

Satellitenfernsehen [zatɛ'li:tn̩fɛʁnze:n] **das** télévision *f* par satellite.

Satellitenschüssel [zatɛ'li:tn̩ʃysl̩] (*pl* **-n**) **die** antenne *f* parabolique.

Satire [za'ti:rə] (*pl* **-n**) **die** satire *f*.

satt [zat] ◆ adj **1.** [nicht hungrig] : **alle Gäste sind satt** tous les invités sont rassasiés **2.** [intensiv] : **eine satte Farbe** une couleur franche. ◆ adv : **sich satt essen** manger à sa faim ▸ **sich an Kuchen satt essen** se gaver de gâteaux.

Sattel ['zatl̩] (*pl* **Sättel** ['zɛtl̩]) **der** selle *f*.

satt◦haben ['zatha:bn̩] vt *(unreg) fam* : **eine Arbeit /Stadt satthaben** en avoir marre d'un travail /d'une ville.

Satz [zats] (*pl* **Sätze** ['zɛtsə]) **der** **1.** GRAMM phrase *f* **2.** [Sprung] bond *m* **3.** SPORT set *m* **4.** MUS mouvement *m* **5.** EDV kit *m*.

Satzzeichen ['zatstsaiçn̩] (*pl inv*) **das** signe *m* de ponctuation.

sauber ['zaubɐ] adj **1.** [Gegenstand, Arbeit] propre **2.** [Luft] pur(e) **3.** [Lösung] équitable.

sauber machen ['zaubɐmaxn̩] vt nettoyer.

säubern ['zɔybɐn] vt [sauber machen] nettoyer.

Sauce ['zo:sə] (*pl* **-n**) **die** sauce *f*.

sauer ['zauɐ] ◆ adj **1.** [Geschmack] aigre **2.** [Milch] tourné(e) **3.** [ärgerlich] en colère. ◆ adv : **sauer schmecken /riechen** avoir un goût /une odeur aigre ▸ **sauer reagieren** se vexer ▸ **sauer sein auf** *(+ A) fam* être en colère contre.

Sauerbraten ['zauɐbra:tn̩] (*pl inv*) **der** *rôti de bœuf mariné dans du vinaigre avec des épices.*

Sauerkirsche ['zauɐkɪrʃə] (*pl* **-n**) **die** griotte *f*.

Sauerkraut ['zauɐkraut] **das** choucroute *f*.

Sauerrahm ['zauɐra:m] **der** crème fraîche.

Sauerstoff ['zauɐʃtɔf] **der** oxygène *f*.

Sauerstoffmaske ['zauɐʃtɔfmaskə] (*pl* **-n**) **die** masque *m* à oxygène.

Sauerteig ['zauɐtaik] **der** levain *m*.

saufen ['zaufn̩] (*präs* **säuft**, *prät* **soff**, *pp* **gesoffen**) vi **1.** [Tier] boire **2.** *fam* [Person] picoler.

säuft ['zɔyft] präs → **saufen**.

saugen[1] ['zaugn̩] (*prät* **sog**, *pp* **gesogen**) ◆ vt [mit Lippen] aspirer. ◆ vi [mit Staubsauger] passer l'aspirateur ▸ **das Baby saugt an der Brust** le bébé tête le sein.

saugen[2] ['zaugn̩] vt [Teppich, Wohnung] passer l'aspirateur.

Säugling ['zɔyklɪŋ] (*pl* **-e**) **der** nourrisson *m*.

Säule ['zɔylə] (*pl* **-n**) **die** [an Bauwerk] colonne *f*.

Sauna ['zauna] (*pl* **Saunen**) **die** sauna *m*.

Säure ['zɔyrə] (*pl* **-n**) **die** [chemisch] acide *m*.

Savoyen [za'vɔyən] nt Savoie *f*.

Saxophon, Saxofon ['zaksofo:n] (*pl* **-e**) **das** saxophone *m*.

SB *abk für* **Selbstbedienung**.

S-Bahn ['ɛsba:n] (*pl* **-en**) **die** ≃ RER *m*.

S-Bahn-Haltestelle ['ɛsbaːnhaltəʃtɛlə] (*pl* -n) **die** ≃ station *f* de RER.

S-Bahnhof ['ɛsbaːnhoːf] (*pl* **-höfe** [høːfə]) **der** ≃ gare *f* de RER.

S-Bahn-Linie ['ɛsbaːnliːniə] (*pl* -n) **die** ≃ ligne *f* de RER.

scannen ['skɛnən] **vt** scanner.

Scanner ['skɛnɐ] (*pl inv*) **der** scanner *m*, scanneur *m*.

Schach [ʃax] **das** [Spiel] échecs *mpl*.

Schachbrett ['ʃaxbrɛt] (*pl* -er) **das** échiquier *m*.

Schachfigur ['ʃaxfiguːɐ̯] (*pl* -en) **die** pièce *f* (d'échecs).

Schachspiel ['ʃaxʃpiːl] (*pl* -e) **das** jeu *m* d'échecs.

Schachtel ['ʃaxtl̩] (*pl* -n) **die** [aus Pappe] carton *m*.

schade ['ʃaːdə] **adj** dommage ▸ **wie schade!** que c'est dommage !

Schädel [ʃɛː'dəl] **der** *fam* caboche *f*.

schaden ['ʃaːdn̩] **vi** *(+ D)* nuire à ▸ **es kann nichts schaden** ça ne peut pas faire de mal.

Schaden ['ʃaːdn̩] (*pl* **Schäden** ['ʃɛːdn̩]) **der** dommage *m*.

Schadenersatz ['ʃaːdn̩slɛɐ̯zats] **der** dédommagement *m*.

Schadenfreude ['ʃaːdn̩frɔydə] **die** joie maligne.

schadenfroh ['ʃaːdn̩froː] **adj** : **schadenfroh sein** se réjouir du malheur d'autrui.

Schadensfall ['ʃaːdn̩sfal] (*pl* **-fälle** [fɛlə]) **der** sinistre *m* ▸ **im Schadensfall** en cas de sinistre.

schadhaft ['ʃaːthaft] **adj** endommagé(e).

schädlich ['ʃɛːtlɪç] **adj** nocif(ive).

Schadsoftware ['ʃaːtzɔftvɛːɐ̯] (*pl* -s) **die** malware *m*.

Schadstoff ['ʃaːtʃtɔf] (*pl* -e) **der** polluant *m*.

schadstoffarm ['ʃaːtʃtɔflarm] **adj** peu polluant(e).

Schadstoffklasse ['ʃaːtstɔfklasə] (*pl* -n) **die** classe *f* de conformité aux normes antipollution.

Schadstoffplakette ['ʃaːtstɔfplakɛtə] (*pl* -n) **die** vignette *f* autoroutière.

Schaf [ʃaːf] (*pl* -e) **das** mouton *m*.

Schäfer, in ['ʃɛːfɐ, fərɪn] (*mpl inv*) **der, die** berger *m*, -ère *f*.

Schäferhund ['ʃɛːfɐhʊnt] (*pl* -e [hʊndə]) **der** chien *m* de berger.

schaffen[1] ['ʃafn̩] ◆ **vt 1.** [zustande bringen, beenden] arriver à finir ▸ **schaffst du es allein?** est-ce que tu vas y arriver tout seul ? ▸ **die Prüfung schaffen** réussir l'examen ▸ **hast du es geschafft, das Zimmer zu buchen?** est-ce que tu as réussi à réserver la chambre ? ▸ **geschafft!** terminé ! ▸ **Platz schaffen** faire de la place **2.** [transportieren] : **das Gepäck mit dem Auto zum Bahnhof schaffen** porter les valises en voiture à la gare **3.** *fam* [erschöpfen] épuiser ▸ **geschafft sein** être épuisé
◆ **vi** Süddt [arbeiten] travailler.

schaffen[2] ['ʃafn̩] (*präs* **schafft**, *prät* **schuf**, *pp* **geschaffen**) **vt** [erschaffen] créer.

Schaffhausen [ʃaf'hauzn̩] **nt** Schaffhouse.

Schaffner, in ['ʃafnɐ, nərɪn] (*mpl inv*) **der, die** contrôleur *m*, -euse *f*.

Schafskäse ['ʃaːfskɛːzə] **der** fromage *m* de brebis.

schal [ʃaːl] **adj** fade.

Schal [ʃaːl] (*pl* -s) **der** écharpe *f*.

Schale ['ʃaːlə] (*pl* **-n**) **die 1.** [Außenhaut] peau *f* **2.** [von Orange, Zitrone] écorce *f* **3.** [Schüssel] coupe *f*.

schälen ['ʃɛːlən] **vt 1.** [Gemüse] éplucher **2.** [Obst] peler. ◆ **sich schälen ref** peler.

Schalldämpfer ['ʃaldɛmpfɐ] (*pl inv*) **der** silencieux *m*.

Schallplatte ['ʃalplatə] (*pl* **-n**) **die** disque *m*.

Schalotte [ʃa'lɔtə] (*pl* **-n**) **die** échalote *f*.

schalten ['ʃaltn̩] **vi 1.** [im Auto] changer de vitesse **2.** [umschalten] passer ▸ **aufs zweite Programm schalten** passer sur la deuxième chaîne ▸ **in den vierten Gang schalten** passer en quatrième.

Schalter ['ʃaltɐ] (*pl inv*) **der 1.** [Knopf] interrupteur *m* **2.** [bei Bank, Bahn] guichet *m*.

Schalterbeamte, beamtin ['ʃaltɐbəamtə, tɪn] (*mpl* **-n**) **der, die** guichetier *m*, -ère *f*.

Schalterhalle ['ʃaltɐhalə] (*pl* **-n**) **die** hall *m* des guichets.

Schalteröffnungszeiten ['ʃaltɐlœfnʊŋstsaitn̩] **pl** horaires *mpl* d'ouverture des guichets.

Schalterschluss ['ʃaltɐʃlʊs] **der** fermeture *f* des guichets.

Schalthebel ['ʃaltheːbl̩] (*pl inv*) **der** AUTO levier *m* de vitesse.

Schaltjahr ['ʃaltjaːɐ̯] (*pl* **-e**) **das** année *f* bissextile.

Schaltknüppel ['ʃaltknypl̩] (*pl inv*) **der** AUTO levier *m* de vitesse.

Schaltung ['ʃaltʊŋ] (*pl* **-en**) **die** AUTO [Gangschaltung] boîte *f* de vitesse.

schämen ['ʃɛːmən] ◆ **sich schämen ref** avoir honte.

Schande ['ʃandə] **die** honte *f* ▸ **es ist eine Schande!** *abw* c'est une honte ! ▸ **zu js Schande** à la grande honte de qqn.

Schanze ['ʃantsə] (*pl* **-n**) **die** SPORT tremplin *m*.

scharf [ʃarf] (*komp* **schärfer**, *superl* **am schärfsten**) ◆ **adj 1.** [Messer] coupant(e) **2.** [Gericht] fort(e) **3.** [Foto] net (nette) **4.** *fam* [toll] génial(e) **5.** *fam* [erotisch] sexy **6.** [Kurve] serré(e) **7.** [Augen] perçant(e) **8.** [Verstand] pénétrant(e). ◆ **adv 1.** [bremsen] brutalement **2.** [sehen] nettement **3.** [analysieren] avec pénétration ▸ **scharf gewürzt** très épicé ▸ **scharf sein auf jn** *fam* en pincer pour qqn ▸ **scharf sein auf etw** *(A) fam* avoir très envie de qqch.

Scharia [ʃa'riːa] **die** RELIG charia *f*.

Scharlach ['ʃarlax] **der** MED scarlatine *f*.

Scharnier [ʃar'niːɐ̯] (*pl* **-e**) **das** charnière *f*.

Schaschlik ['ʃaʃlɪk] (*pl* **-s**) **das** brochette *f*.

Schatten ['ʃatn̩] **der** [von Licht] ombre *f* ▸ **im Schatten** à l'ombre.

schattig ['ʃatɪç] **adj** ombragé(e).

Schatz [ʃats] (*pl* **Schätze** ['ʃɛtsə]) **der 1.** [Reichtum] trésor *m* **2.** *fam* [Liebling] trésor *m*.

schätzen ['ʃɛtsn̩] **vt** estimer.

Schätzung ['ʃɛtsʊŋ] (*pl* **-en**) **die** estimation *f*.

schätzungsweise ['ʃɛtsʊŋsvaizə] **adv** approximativement.

Schau [ʃau] (*pl* **-en**) **die** [Ausstellung] exposition *f*.

schauen ['ʃauən] **vi** regarder ▸ **schauen nach** [sich kümmern] s'occuper de ▸ **schau mal!** regarde !

Schauer ['ʃauɐ] (*pl inv*) **der** [Regen] averse *f*.

Schaufel ['ʃaufl] (*pl* -n) die [zum Graben] pelle *f.*

Schaufenster ['ʃaufɛnstɐ] (*pl inv*) das vitrine *f.*

Schaufensterbummel ['ʃaufɛnstɐbʊml] (*pl inv*) der lèche-vitrines *m inv.*

Schaukel ['ʃaukl] (*pl* -n) die [an Seilen] balançoire *f.*

schaukeln ['ʃaukln] ◆ vt [wiegen] bercer. ◆ vi 1. [Person] se balancer 2. [Boot] tanguer.

Schaukelstuhl ['ʃauklʃtu:l] (*pl* -stühle ['ʃty:lə]) der rocking-chair *m.*

Schaulustige ['ʃaulʊstigə] (*pl* -n) der, die curieux *m*, -euse *f.*

Schaum [ʃaum] der mousse *f.*

Schaumbad ['ʃaumba:t] (*pl* -bäder [bɛ:dɐ]) das bain moussant.

Schaumfestiger ['ʃaumfɛstigɐ] (*pl inv*) der mousse fixante.

Schaumgummi ['ʃaumgʊmi] der caoutchouc *m* mousse.

Schaumwein ['ʃaumvain] (*pl* -e) der mousseux *m.*

Schauspiel ['ʃauʃpi:l] (*pl* -e) das 1. [Bühnenstücke] pièce *f* de théâtre 2. *fam* [Spektakel] spectacle *m.*

Schauspieler, in ['ʃauʃpi:lɐ, lərın] (*mpl inv*) der, die acteur *m*, actrice*f.*

Schauspielhaus ['ʃauʃpi:lhaus] (*pl* -häuser [hɔyzɐ]) das théâtre *m.*

Scheck [ʃɛk] (*pl* -s) der chèque *m* ▸ **einen Scheck einlösen** encaisser un chèque ▸ **Schecks aller Art** tout type de chèques.

Scheckgebühr ['ʃɛkgəby:ɐ] (*pl* -en) die *taxe perçue par la banque sur chaque chèque.*

Scheckheft ['ʃɛkhɛft] (*pl* -e) das chéquier *m.*

Scheckkarte ['ʃɛkkartə] (*pl* -n) die *carte d'identité bancaire que l'on doit présenter à chaque émission de chèque.*

Scheibe ['ʃaibə] (*pl* -n) die 1. [von Brot, Käse] tranche *f* 2. [Fensterscheibe] vitre *f.*

Scheibenwaschanlage ['ʃaibn̩vaʃanla:gə] (*pl* -n) die lave-glace *m.*

Scheibenwischer ['ʃaibn̩vıʃɐ] (*pl inv*) der essuie-glace *m.*

Scheide ['ʃaidə] (*pl* -n) die [Vagina] vagin *m.*

scheiden ['ʃaidn̩] (*prät* schied, *pp* geschieden) vt [Ehe] dissoudre ▸ **sich scheiden lassen** divorcer.

Scheidung ['ʃaidʊŋ] (*pl* -en) die divorce *m.*

Schein [ʃain] (*pl* -e) der 1. [Formular, Bescheinigung] formulaire *m* 2. [Geld] billet *m* 3. [Anschein] apparence *f* 4. [Licht] lueur *f.*

Scheinasylant, in ['ʃainlazylant, tın] (*mpl* -en) der, die faux réfugié *m*, fausse réfugiée*f.*

scheinbar ['ʃainba:ɐ] ◆ adj apparent(e). ◆ adv en apparence.

scheinen ['ʃainən] (*prät* schien, *pp* geschienen) ◆ vi 1. [Sonne] briller 2. [den Eindruck erwecken] sembler. ◆ vimp : **es scheint hier geregnet zu haben** on dirait qu'il a plu ici ▸ **scheint's** semble-t-il.

scheinheilig ['ʃainhailıç] adj *fam* hypocrite.

Scheinwerfer ['ʃainvɛɐfɐ] (*pl inv*) der 1. AUTO phare *m* 2. [in Halle, Stadion] projecteur *m.*

Scheinwerferlicht ['ʃainvɛɐfɐlıçt] das lumière *f* d'un phare ▸ **im Scheinwerferlicht** sous les feux des projecteurs.

Scheiße ['ʃaisə] die *vulg* merde *f.*

scheißen ['ʃaisn̩] (*prät* **schiss**, *pp* **geschissen**) **vi** *vulg* chier.

Scheitel ['ʃaitl̩] (*pl inv*) **der** [Frisur] raie *f*.

Schema ['ʃeːma] (*pl* **-ta** ['ʃeːmata]) **das** schéma *m*.

Schemel ['ʃeːml̩] (*pl inv*) **der** [zum Sitzen] tabouret *m*.

Schenkel ['ʃɛŋkl̩] (*pl inv*) **der** cuisse *f*.

schenken ['ʃɛŋkn̩] **vt 1.** [Geschenk] offrir **2.** [gewähren] accorder ▸ **jm etw schenken** [Geschenk] offrir qqch à qqn ▸ **sich** *(D)* **etw schenken** [erlassen] se dispenser de qqch.

Scherbe ['ʃɛʁbə] (*pl* **-n**) **die** débris *m*.

Schere ['ʃeːrə] (*pl* **-n**) **die** [zum Schneiden] ciseaux *mpl*.

scheren ['ʃeːrən] (*prät* **scherte**, *pp* **geschert**) ◆ **sich scheren ref** *fam* : **sich nicht scheren um** ne pas se soucier de.

Scherz [ʃɛrts] (*pl* **-e**) **der** plaisanterie *f*.

scherzhaft ['ʃɛrtshaft] **adj** pour plaisanter.

scheu [ʃɔy] **adj 1.** [Tier] farouche **2.** [Mensch] timide.

Scheuerlappen ['ʃɔyɐlapn̩] (*pl inv*) **der** serpillière *f*.

scheuern ['ʃɔyɐn] ◆ **vt 1.** [Boden] frotter **2.** [Topf] récurer. ◆ **vi 1.** [Sattel] frotter **2.** [Kleidung] gratter ▸ **jm eine scheuern** *fam* en flanquer une à qqn ▸ **sich** *(D)* **etw wund scheuern** s'égratigner qqch.

Scheuerpulver ['ʃɔyɐpulvɐ] **das** poudre *f* à récurer.

Scheune ['ʃɔynə] (*pl* **-n**) **die** grange *f*.

scheußlich ['ʃɔyslɪç] **adj** atroce.

Schicht [ʃɪçt] (*pl* **-en**) **die 1.** couche *f* **2.** [Arbeitszeit] poste *m* ▸ **in drei Schichten arbeiten** faire les trois-huit.

schick [ʃɪk] **adj** chic.

schicken ['ʃɪkn̩] **vt** envoyer ▸ **jm etw schicken** envoyer qqch à qqn ▸ **schicken an** *(+ A)* envoyer à.

Schicksal ['ʃɪkzaːl] (*pl* **-e**) **das** destin *m*.

Schiebedach ['ʃiːbədax] (*pl* **-dächer** [dɛçɐ]) **das** toit ouvrant.

schieben ['ʃiːbn̩] (*prät* **schob**, *pp* **geschoben**) **vt** pousser ▸ **etw auf jn schieben** rejeter qqch sur qqn. ◆ **sich schieben ref** : **sich durch etw schieben** se frayer un chemin à travers qqch.

Schieber ['ʃiːbɐ] (*pl inv*) **der** [Gerät] curseur *m*.

Schiebetür ['ʃiːbətyːɐ̯] (*pl* **-en**) **die** porte coulissante.

schied [ʃiːt] **prät** → **scheiden**.

Schiedsrichter, in ['ʃiːtsrɪçtɐ, tərɪn] (*mpl inv*) **der, die** arbitre *m*.

schief ['ʃiːf] ◆ **adj** [Gegenstand] penché(e). ◆ **adv** [hängen] de travers.

schief◦gehen ['ʃiːf'geːən] **vi** *(unreg, ist) fam* rater.

schielen [ʃiːlən] **vi** loucher.

schien [ʃiːn] **prät** → **scheinen**.

Schienbein ['ʃiːnbain] (*pl* **-e**) **das** tibia *m*.

Schiene ['ʃiːnə] (*pl* **-n**) **die 1.** [Gleis] rail *m* **2.** MED attelle *f*.

schießen ['ʃiːsn̩] (*prät* **schoss**, *pp* **geschossen**) ◆ **vi** *(hat)* tirer. ◆ **vi** *(ist)* [Auto, Fahrer, Läufer] foncer. ◆ **vt** *(hat)* **1.** [Tier] abattre **2.** [Tor, Ball] marquer **3.** [Foto] mitrailler.

Schiff [ʃɪf] (*pl* **-e**) **das 1.** [Wasserfahrzeug] bateau *m* **2.** [von Kirche] nef *f* ▸ **mit dem Schiff** en bateau.

Schifffahrt ['ʃɪffaːɐ̯t] **die** navigation *f*.

Schifffahrtsgesellschaft ['ʃɪffaːɐ̯tsgəzɛlʃaft] (*pl* **-en**) **die** compagnie *f* de navigation.

Schiffskarte ['ʃɪfskartə] (*pl* -n) **die** billet *m* *(sur un bateau)*.

Schiffsreise ['ʃɪfsraizə] (*pl* -n) **die** voyage *m* en bateau.

Schiffsverbindung ['ʃɪfsfɛɐbɪndʊŋ] (*pl* -en) **die** liaison *f* par bateau.

Schiffsverkehr ['ʃɪfsfɛɐke:ɐ] **der** trafic maritime et fluvial.

Schiit, in [ʃi'i:t, tɪn] **der, die** Chiite *mf*.

schiitisch [ʃi'i:tɪʃ] **adj** chiite.

Schikane [ʃi'kanə] (*pl* -n) **die** chicane *f* ▸ **mit allen Schikanen** *fam & fig* avec tous les accessoires.

schikanieren [ʃika'ni:rən] **vt** *abw* tyranniser.

Schild[1] [ʃɪlt] (*pl* -er ['ʃɪldɐ]) **das 1.** [Hinweisschild] panneau *m* **2.** [Etikett] étiquette *f*.

Schild[2] [ʃɪlt] (*pl* -e) **der** [Waffe] bouclier *m*.

Schilddrüse ['ʃɪltdry:zə] (*pl* -n) **die** thyroïde *f*.

schildern ['ʃɪldɐn] **vt** dépeindre.

Schildkröte ['ʃɪltkrø:tə] (*pl* -n) **die** tortue *f*.

Schilf [ʃɪlf] (*pl* -e) **das** [Pflanze] roseau *m*.

Schilling ['ʃɪlɪŋ] (*pl* -e) **der** schilling *m*.

Schimmel ['ʃɪml̩] (*pl inv*) **der 1.** [auf Obst, an Wand] moisissure *f* **2.** [Pferd] cheval blanc.

schimmelig ['ʃɪməlɪç] **adj** moisi(e).

schimpfen [ʃɪmpfn̩] **vi** gronder ▸ **mit jm schimpfen** gronder qqn.

Schimpfwort ['ʃɪmpfvɔrt] (*pl* -e) **das** gros mot.

Schinken ['ʃɪŋkn̩] (*pl inv*) **der** [Fleisch] jambon *m* ▸ **roher / gekochter / geräucherter Schinken** jambon cru / cuit / fumé.

Schinkenspeck ['ʃɪŋkn̩ʃpɛk] **der** lard *m* *(de jambon)*.

Schinkenwurst ['ʃɪŋkn̩vʊrst] **die** *saucisse préparée à base de viande de porc, de lard et de jambon*.

Schirm [ʃɪrm] (*pl* -e) **der** [Regenschirm] parapluie *m*.

schiss [ʃɪs] **prät** → **scheißen**.

Schlaf [ʃla:f] **der** sommeil *m*.

Schlafanzug ['ʃla:flantsu:k] (*pl* -anzüge [tsy:gə]) **der** pyjama *m*.

schlafen ['ʃla:fn̩] (*präs* **schläft**, *prät* **schlief**, *pp* **geschlafen**) **vi** dormir ▸ **schlafen gehen** aller se coucher ▸ **schlafen mit** coucher avec ▸ **schlaf gut!** dors bien !

Schlafengehen ['ʃla:fn̩ge:ən] **das** coucher *m* ▸ **vor dem Schlafengehen** avant le coucher.

Schlafgelegenheit ['ʃla:fgəle:gn̩hait] (*pl* -en) **die** endroit *m* pour dormir.

Schlaflosigkeit ['ʃla:flo:zɪçkait] **die** insomnie *f*.

Schlafmittel ['ʃla:fmɪtl̩] (*pl inv*) **das** somnifère *m*.

Schlafsaal ['ʃla:fza:l] (*pl* -säle [zɛ:lə]) **der** dortoir *m*.

Schlafsack ['ʃla:fzak] (*pl* -säcke [zɛkə]) **der** sac *m* de couchage.

schläft [ʃlɛ:ft] **präs** → **schlafen**.

Schlaftablette ['ʃla:ftablɛtə] (*pl* -n) **die** somnifère *m*.

Schlafwagen ['ʃla:fvagn̩] (*pl inv*) **der** wagon-lit *m*.

Schlafzimmer ['ʃla:ftsɪmɐ] (*pl inv*) **das** chambre *f* *(à coucher)*.

Schlag [ʃla:k] (*pl* **Schläge** ['ʃlɛ:gə]) **der 1.** [mit Hand, Knüppel] coup *m* **2.** [elektrisch] coup *m* de jus **3.** [Herz] battement *m* **4.** [Puls] pulsation *f.* ◆ **Schläge pl** [Prügel] coups *mpl.*

Schlagader ['ʃlaːklaːdɐ] (*pl* **-n**) **die** artère *f.*

Schlaganfall ['ʃlaːklanfal] (*pl* **-anfälle** [fɛlə]) **der** attaque (cérébrale) *f.*

Schlagbohrmaschine ['ʃlaːkboːɐ̯maʃiːnə] (*pl* **-n**) **die** perceuse *f* à percussion.

schlagen ['ʃlaːgn̩] (*präs* **schlägt**, *prät* **schlug**, *pp* **geschlagen**) ◆ **vt** battre. ◆ **vi 1.** [mit Hand, Peitsche, Faust] frapper **2.** [Uhr] sonner **3.** [Herz] battre ▸ **jn eins zu null schlagen** battre qqn un à zéro ▸ **einen Nagel in die Wand schlagen** planter un clou dans le mur. ◆ **sich schlagen ref** se battre.

Schlager ['ʃlaːgɐ] (*pl inv*) **der** tube *m.*

Schläger ['ʃlɛːgɐ] (*pl inv*) **der 1.** [bei Tennis, Badminton] raquette *f* **2.** [bei Golf] club *m* **3.** [bei Hockey] crosse *f.*

schlagfertig ['ʃlaːkfɛrtɪç] **adj** à la répartie facile ▸ **schlagfertig antworten** répondre du tac au tac.

Schlagloch ['ʃlaːklɔx] (*pl* **-löcher** [lœçɐ]) **das** nid *m* de poule.

Schlagobers ['ʃlaːkloːbɐs] **das** ÖSTERR crème *f* chantilly.

Schlagsahne ['ʃlaːkzaːnə] **die** crème *f* chantilly.

schlägt [ʃlɛːgt] **präs** → **schlagen.**

Schlagzeile ['ʃlaːktsailə] (*pl* **-n**) **die** gros titre.

Schlagzeug ['ʃlaːktsɔyç] (*pl* **-e** [tsɔygə]) **das** batterie *f.*

Schlagzeuger, in ['ʃlaːgtsɔygɐ, gərɪn] (*mpl inv*) **der, die** batteur *m*, -euse *f.*

Schlamm [ʃlam] **der** boue *f.*

schlampig ['ʃlampɪç] **adj** négligé(e).

schlang [ʃlaŋ] **prät** → **schlingen.**

Schlange [ʃlaŋə] (*pl* **-n**) **die 1.** [Tier] serpent *m* **2.** [von Autos] file *f* **3.** [von Personen] queue *f* ▸ **Schlange stehen** faire la queue.

schlängeln ['ʃlɛŋl̩n] ◆ **sich schlängeln ref** [Weg, Fluss] serpenter.

schlank [ʃlaŋk] **adj 1.** [Mensch] mince **2.** [Hände] fin(e) ▸ **schlank werden** mincir.

schlapp [ʃlap] **adj** [müde, schwach] flagada.

schlau [ʃlau] **adj** rusé(e) ▸ **nicht schlau werden aus** ne pas comprendre.

Schlauch [ʃlaux] (*pl* **Schläuche** ['ʃlɔyçə]) **der 1.** [für Wasser] tuyau *m* **2.** [im Reifen] boyau *m.*

Schlauchboot ['ʃlauxboːt] (*pl* **-e**) **das** bateau *m* pneumatique.

schlauchen ['ʃlauxn̩] **vt & vi** *fam* crever.

schlecht [ʃlɛçt] ◆ **adj 1.** mauvais(e) **2.** [Mensch] méchant(e). ◆ **adv 1.** [mangelhaft, inakzeptabel] mal **2.** [unangenehm] mauvais **3.** [kaum] difficilement ▸ **schlecht werden** se gâter ▸ **jm wird schlecht** qqn se sent mal.

schleichen [ʃlaiçn̩] (*prät* **schlich**, *pp* **geschlichen**) **vi** (*ist*) **1.** [Mensch, Tier] se glisser **2.** [Verkehr, Auto] avancer au pas.

Schleife ['ʃlaifə] (*pl* **-n**) **die 1.** [Band] nœud *m* **2.** [Kurve] boucle *f.*

schleifen[1] ['ʃlaifn̩] **vt** [zerren] traîner.

schleifen[2] ['ʃlaifn̩] (*präs* **schleift**, *prät* **schliff**, *pp* **geschliffen**) **vt** [Messer, Schere] aiguiser.

Schleim [ʃlaim] **der 1.** [menschlich] mucus *m* **2.** [von Schnecke] bave *f.*

Schleimhaut ['ʃlaimhaut] (*pl* **-häute** [hɔytə]) **die** muqueuse *f.*

Schlemmerlokal ['ʃlɛmɐlokaːl] (*pl* **-e**) **das** restaurant *m* (gastronomique).

schlendern ['ʃlɛndɐn] vi *(ist)* flâner.

schleppen ['ʃlɛpn̩] vt **1.** traîner **2.** [Fahrzeug] remorquer. ◆ **sich schleppen ref** [Person, Tier] se traîner.

Schlepplift ['ʃlɛplɪft] (*pl* -e) **der** tire-fesses *m inv*.

Schleswig-Holstein ['ʃleːswɪç'hɔlʃtain] **nt** Schleswig-Holstein *m*.

Schleuder ['ʃlɔydɐ] (*pl* -n) **die** [für Wäsche] essoreuse *f*.

Schleudergefahr ['ʃlɔydɐgəfaːɐ̯] **die** risque *m* de dérapage.

schleudern ['ʃlɔydɐn] ◆ **vt** *(hat)* **1.** [werfen] lancer **2.** [Wäsche] essorer. ◆ **vi** *(hat)* [Waschmaschine] essorer. ◆ **vi** *(ist)* [Auto, Fahrer] déraper ▸ **ins Schleudern geraten** ODER **kommen** commencer à déraper.

Schleudersitz ['ʃlɔydɐzɪts] (*pl* -e) **der** siège *m* éjectable.

Schleuse ['ʃlɔyzə] (*pl* -n) **die** écluse *f*.

schlich [ʃlɪç] **prät** → **schleichen**.

schlicht [ʃlɪçt] **adj** [Stil] sobre.

schlief [ʃliːf] **prät** → **schlafen**.

schließen ['ʃliːsn̩] (*prät* **schloss**, *pp* **geschlossen**) ◆ **vt 1.** fermer **2.** [beenden] clore **3.** [schlussfolgern] conclure. ◆ **vi** fermer. ◆ **sich schließen ref** [Tür, Vorhang] se fermer.

Schließfach ['ʃliːsfax] (*pl* -**fächer** [fɛçɐ]) **das** casier *m*.

schließlich ['ʃliːslɪç] **adv 1.** [zuletzt] finalement **2.** [nämlich] enfin.

schliff [ʃlɪf] **prät** → **schleifen**.

schlimm [ʃlɪm] ◆ **adj 1.** [Krankheit, Nachricht] grave **2.** [Person] mauvais(e). ◆ **adv 1.** [sich verletzen] gravement **2.** [sich verhalten] mal ▸ **halb so schlimm sein** ne pas être si grave.

Schlips [ʃlɪps] (*pl* -e) **der** *fam* cravatte *f*.

Schlitten [ʃlɪtn̩] (*pl inv*) **der** [zum Rodeln] luge *f*.

Schlittschuh ['ʃlɪtʃuː] (*pl* -e) **der** patin *m* à glace ▸ **Schlittschuh laufen** faire du patin à glace.

Schlittschuhlaufen ['ʃlɪtʃuːlaufn̩] **das** patinage *m*.

Schlitz [ʃlɪts] (*pl* -e) **der** fente *f*.

schloss [ʃlɔs] **prät** → **schließen**.

Schloss [ʃlɔs] (*pl* **Schlösser** ['ʃlœsɐ]) **das 1.** [Verschluss] serrure *f* **2.** [Gebäude] château *m*.

Schlosser, in ['ʃlɔsɐ, sərɪn] (*mpl inv*) **der, die** serrurier *m*.

Schlosspark ['ʃlɔspark] (*pl* -s) **der** parc *m* du château.

Schlucht [ʃlʊxt] (*pl* -en) **die** gorge *f*.

schluchzen [ʃlʊxtsn̩] **vi** sangloter.

Schluck [ʃlʊk] (*pl* -e) **der** [Menge] gorgée *f* ▸ **mit einem Schluck** d'un seul trait.

Schluckauf ['ʃlʊklauf] **der** hoquet *m*.

schlucken ['ʃlʊkn̩] ◆ **vi** [mit Mund] déglutir. ◆ **vt** [Nahrung, Medikament] avaler.

Schluckimpfung ['ʃlʊkɪmpfʊŋ] (*pl* -en) **die** vaccination *f* par voie orale.

schlug [ʃluːk] **prät** → **schlagen**.

Schlüpfer ['ʃlypfɐ] (*pl inv*) **der** slip *m*.

schlurfen ['ʃlʊrfn̩] **vi** *(ist)* traîner les pieds.

schlürfen ['ʃlyrfn̩] **vt** boire bruyamment.

Schluss [ʃlʊs] (*pl* **Schlüsse** ['ʃlysə]) **der 1.** [letzter Teil] fin *f* **2.** [Folgerung] conclusion *f* ▸ **bis zum Schluss** jusqu'à la fin ▸ **Schluss machen mit** a) [Person] rompre avec b) [Sache] arrêter ▸ **jetzt ist Schluss** maintenant c'est terminé !

Schlüssel ['ʃlysl̩] (*pl inv*) **der** [Gegenstand] clé *f.*

Schlüsselbund ['ʃlysl̩bʊnt] (*pl* -e [bʊndə]) **der** trousseau *m* de clés.

Schlüsseldienst ['ʃlysl̩diːnst] (*pl* -e) **der** service *m* clés.

Schlüsselloch ['ʃlysl̩lɔx] (*pl* -löcher [lœçɐ]) **das** trou *m* de serrure.

Schlussfolgerung ['ʃlʊsfɔlgərʊŋ] (*pl* -en) **die** conclusion *f.*

Schlussleuchte ['ʃlʊslɔyçtə] (*pl* -n) **die** [Lampe] feu *m* arrière.

Schlussverkauf ['ʃlʊsfɛɐ̯kaʊ̯f] (*pl* -verkäufe [kɔy̯fə]) **der** soldes *mpl.*

schmal [ʃmaːl] **adj 1.** [nicht breit] étroit(e) **2.** [Person] mince.

Schmalz [ʃmalts] **das** [Fett] graisse *f.*

Schmankerl ['ʃmaŋkɐl] (*pl* -n) **das** SÜDDT ÖSTERR spécialité *f.*

schmatzen ['ʃmatsn̩] **vi** manger bruyamment.

schmecken ['ʃmɛkn̩] **vi 1.** [Geschmack haben] avoir du goût **2.** [gut schmecken] être bon (bonne) ▸ **schmecken nach** avoir un goût de ▸ **hat es Ihnen geschmeckt?** cela vous a-t-il plu ? ▸ **lass es dir schmecken!** bon appétit !

schmeicheln ['ʃmaiçl̩n] **vi** : **jm schmeicheln** flatter qqn.

schmeißen ['ʃmaisn̩] (*prät* **schmiss**, *pp* **geschmissen**) **vt** *fam* **1.** [werfen] jeter **2.** [aufgeben] balancer.

schmelzen ['ʃmɛltsn̩] (*präs* **schmilzt**, *prät* **schmolz**, *pp* **geschmolzen**) ◆ **vi** *(ist)* [Eis, Butter] fondre. ◆ **vt** *(hat)* [Metall] fondre.

Schmerz [ʃmɛrts] (*pl* -en) **der** douleur *f.*

schmerzen ['ʃmɛrtsn̩] **vi 1.** [körperlich] faire mal **2.** [seelisch] faire souffrir.

Schmerzensgeld ['ʃmɛrtsn̩sgɛlt] **das** dommages et intérêts *mpl.*

schmerzlos ['ʃmɛrtsloːs] **adj** sans douleur.

Schmerzmittel ['ʃmɛrtsmɪtl̩] (*pl inv*) **das** analgésique *m.*

schmerzstillend ['ʃmɛrtsʃtɪlənt] **adj** analgésique, antalgique.

Schmerztablette ['ʃmɛrtstablɛtə] (*pl* -n) **die** cachet *m* analgésique.

Schmetterling ['ʃmɛtɐlɪŋ] (*pl* -e) **der** papillon *m.*

Schmied [ʃmiːt] (*pl* -e ['ʃmiːdə]) **der** forgeron *m.*

schmieren ['ʃmiːrən] **vt 1.** [Türangel, Maschine] graisser **2.** [Butterbrot] tartiner **3.** *fam* [bestechen] graisser la patte à.

Schmierkäse ['ʃmiːɐ̯kɛːzə] **der** fromage *m* à tartiner.

Schmiermittel ['ʃmiːɐ̯mɪtl̩] (*pl inv*) **das** lubrifiant *m.*

Schmierseife ['ʃmiːɐ̯zai̯fə] **die** savon noir.

schmilzt [ʃmɪltst] **präs** → **schmelzen**.

Schminke ['ʃmɪŋkə] **die** maquillage *m.*

schminken ['ʃmɪŋkn̩] **vt** maquiller. ◆ **sich schminken ref** se maquiller.

Schmirgelpapier ['ʃmɪrgl̩papiːɐ̯] **das** papier *m* émeri.

schmiss [ʃmɪs] **prät** → **schmeißen**.

schmollen ['ʃmɔlən] **vi** bouder.

schmolz [ʃmɔlts] **prät** → **schmelzen**.

Schmorbraten ['ʃmoːɐ̯braːtn̩] (*pl inv*) **der** bœuf braisé.

Schmuck [ʃmʊk] **der 1.** [für Person] bijou *m* **2.** [für Raum, Tannenbaum] décoration *f.*

schmücken ['ʃmykn̩] **vt** décorer.

schmuggeln ['ʃmʊgl̩n] **vt 1.** [über Grenze] faire entrer oder sortir en contrebande **2.** [heimlich] faire entrer oder sortir clandestinement.

schmunzeln ['ʃmʊntsl̩n] **vi** sourire.

schmusen ['ʃmu:zn̩] **vi** faire des calins.

Schmutz [ʃmʊts] **der** saleté *f*.

schmutzig ['ʃmʊtsɪç] **adj 1.** [Schuhe, Boden] sale **2.** [Witz, Bemerkung] salace ▸ **sich schmutzig machen** se salir.

Schnabel ['ʃna:bl̩] (*pl* **Schnäbel** ['ʃnɛ:bl̩]) **der** bec *m* ▸ **den Schnabel halten** *fam* & *fig* la fermer, la boucler.

Schnalle ['ʃnalə] (*pl* **-n**) **die** [Verschluss] boucle *f*.

Schnäppchen ['ʃnɛpçən] (*pl inv*) **das** (bonne) affaire ▸ **ein Schnäppchen machen** faire une (bonne) affaire.

schnappen ['ʃnapn̩] ◆ **vt 1.** [auffangen] attraper **2.** *fam* [festnehmen] pincer **3.** *fam* [packen, nehmen] attraper. ◆ **vi** [Tier] happer.

Schnappschuss ['ʃnapʃʊs] (*pl* **-schüsse** [sə]) **der** photo prise sur le vif.

Schnaps [ʃnaps] (*pl* **Schnäpse** ['ʃnɛpsə]) **der** schnaps *m*.

Schnapsglas ['ʃnapsgla:s] (*pl* **-gläser** [glɛ:zɐ]) **das** verre *m* à schnaps.

schnarchen ['ʃnarçn̩] **vi** ronfler.

Schnauze ['ʃnautsə] (*pl* **-n**) **die 1.** [von Tier] museau *m* **2.** *vulg* [von Mensch] gueule *f*.

Schnecke ['ʃnɛkə] (*pl* **-n**) **die 1.** [Tier] escargot *m* **2.** [Gebäck] pain *m* aux raisins.

Schneckenhaus ['ʃnɛkn̩haus] (*pl* **-häuser** [hɔyzɐ]) **das** coquille *f* d'escargot.

Schnee [ʃne:] **der** neige *f* ▸ **es liegt Schnee** il y a de la neige.

Schneeball ['ʃne:bal] (*pl* **-bälle** [bɛlə]) **der** boule *f* de neige.

schneebedeckt ['ʃne:bədɛkt] **adj** enneigé(e).

Schneebrille ['ʃne:brɪlə] (*pl* **-n**) **die** lunettes *fpl* de glacier.

Schneefall ['ʃne:fal] (*pl* **-fälle**) **der** chute *f* de neige.

Schneeflocke ['ʃne:flɔkə] (*pl* **-n**) **die** flocon *m* de neige.

schneefrei ['ʃne:frai] **adj** sans neige.

Schneegestöber ['ʃne:gəʃtø:bɐ] (*pl inv*) **das** bourrasques *fpl* de neige.

Schneeglätte ['ʃne:glɛtə] **die** chaussée glissante.

Schneegrenze ['ʃne:grɛntsə] (*pl* **-n**) **die** limite *f* des neiges éternelles.

Schneekette ['ʃne:kɛtə] (*pl* **-n**) **die** chaîne *f* (de voiture).

Schneemann ['ʃne:man] (*pl* **-männer** [mɛnɐ]) **der** bonhomme *m* de neige.

Schneepflug ['ʃne:pflu:k] (*pl* **-pflüge** [pfly:gə]) **der** chasse-neige *m*.

Schneeregen ['ʃne:re:gn̩] **der** pluie *f* de neige fondue.

Schneeschmelze ['ʃne:ʃmɛltsə] **die** fonte *f* des neiges.

Schneesturm ['ʃne:ʃtʊrm] (*pl* **-stürme** [ʃtyrmə]) **der** tempête *f* de neige.

Schneetreiben ['ʃne:traibn̩] (*pl inv*) **das** tourbillons *mpl* de neige.

Schneewehe ['ʃne:ve:ə] (*pl* **-n**) **die** congère *f*.

schneiden ['ʃaidn̩] (*prät* **schnitt**, *pp* **geschnitten**) ◆ **vt 1.** [abschneiden, beschneiden] couper **2.** [Formen herstellen] découper **3.** [ignorieren] snober **4.** [beim Überholen] faire une queue de poisson à. ◆ **vi** couper ▸ **etw in Würfel / Stücke schneiden** découper qqch en dés / morceaux ▸ **sich (+ D) in den Finger schneiden** se couper le doigt. ◆ **sich schneiden** ref se couper.

Schneider, in ['ʃnaidɐ, dərɪn] (*mpl inv*) der, die **1.** [Beruf] tailleur *m* **2.** [Insekt] faucheur *m*.

Schneiderei [ʃnaidə'rai] (*pl* **-en**) die [Geschäft] atelier *m* de couture.

schneien ['ʃnaiən] **vimp** : **es schneit** il neige.

schnell [ʃnɛl] ◆ **adj** rapide. ◆ **adv** vite ▸ **schnell machen** faire vite.

Schnelligkeit ['ʃnɛlɪçkait] die vitesse *f*.

Schnellimbiss ['ʃnɛlɪmbɪs] (*pl* **-e**) der fast-food *m*.

Schnellreinigung ['ʃnɛlrainiguŋ] (*pl* **-en**) die pressing *m* express.

Schnellstraße ['ʃnɛlʃtraːsə] (*pl* **-n**) die voie *f* express.

Schnellzug ['ʃnɛltsuːk] (*pl* **-züge** [tsyːgə]) der train *m* express.

Schnickschnack ['ʃnɪkʃnak] der *fam* babiole *f*, broutille *f*.

schnitt [ʃnɪt] prät → **schneiden**.

Schnitt [ʃnɪt] (*pl* **-e**) der **1.** [Verletzung] coupure *f* **2.** [von Bäumen, Sträuchern] taille *f* **3.** [von Kleidung, Haaren] coupe *f* **4.** [Schnittmuster] patron *m*.

Schnittblumen ['ʃnɪtbluːmən] **pl** fleurs coupées.

Schnitte ['ʃnɪtə] (*pl* **-n**) die **1.** [Brotscheibe] tranche *f* **2.** [belegtes Brot] sandwich *m*.

Schnittkäse ['ʃnɪtkɛːzə] der fromage *m* en tranches.

Schnittlauch ['ʃnɪtlaux] der ciboulette *f*.

Schnittstelle ['ʃnɪtʃtɛlə] (*pl* **-n**) die interface *f*.

Schnittwunde ['ʃnɪtvʊndə] (*pl* **-n**) die coupure *f*.

Schnitzel ['ʃnɪtsl̩] (*pl inv*) das escalope *f* ▸ **Wiener Schnitzel** escalope panée.

Schnorchel ['ʃnɔrçl̩] (*pl inv*) der tuba *m*.

schnorcheln ['ʃnɔrçl̩n] **vi** nager sous l'eau avec un tuba.

schnüffeln ['ʃnyfl̩n] **vt** *fam* [Klebstoff] sniffer.

Schnuller ['ʃnʊlɐ] (*pl inv*) der tétine *f*.

Schnulze ['ʃnʊltsə] (*pl* **-n**) die [Lied] rengaine *f*.

Schnupfen ['ʃnʊpfn̩] der rhume *m* ▸ **Schnupfen haben / bekommen** avoir / attraper un rhume.

Schnupftabak ['ʃnʊpftabak] (*pl* **-e**) der tabac *m* à priser.

Schnur [ʃnuːɐ̯] (*pl* **Schnüre** ['ʃnyːrə]) die **1.** [zum Binden] ficelle *f* **2.** [Kabel] cordon *m* électrique.

schnurlos ['ʃnuːɐ̯loːs] **adj** sans fil.

Schnurlostelefonieren ['ʃnuːɐ̯loːstelefoniːrən] das téléphonie *f* sans fil.

Schnurrbart ['ʃnʊrbart] (*pl* **-bärte** [bɛrtə]) der moustache *f*.

Schnürsenkel ['ʃnyːɐ̯zɛnkl̩] (*pl inv*) der lacet *m*.

schob [ʃoːp] prät → **schieben**.

Schock [ʃɔk] (*pl* **-s**) der choc *m* ▸ **unter Schock stehen** être en état de choc.

schockieren [ʃo'kiːrən] **vt** choquer.

Schokobrunnen ['ʃoːkobrʊnən] (*pl inv*) der fontaine *f* à chocolat.

Schokolade [ʃoko'laːdə] (*pl* **-n**) die chocolat *m*.

Schokoriegel ['ʃokoriːgl̩] (*pl inv*) der barre *f* de chocolat.

Scholle ['ʃɔlə] (*pl* **-n**) die [Fisch] sole *f*.

schon [ʃɔn] ◆ adv **1.** [zeitlich] déjà ▸ **wir essen heute schon um 11 Uhr** aujourd'hui nous mangeons dès 11 heures ▸ **schon jetzt ist das Ozonloch zu groß** le trou dans la couche d'ozone est déjà trop important ▸ **warst du schon bei der Post?** es-tu déjà passé à la poste ? ▸ **ich bereite schon mal alles vor** je prépare déjà tout ▸ **es ist schon 12 Uhr** il est déjà midi ▸ **das Problem ist schon lange bekannt** on connaît le problème depuis longtemps **2.** [relativ viel] déjà ▸ **er hat schon drei Autos** il a déjà trois voitures ▸ **er kommt schon wieder zu spät** il arrive encore en retard **3.** [endlich] allez ▸ **komm schon!** allez, viens ! **4.** [zur Beruhigung] : **das schaffst du schon** tu vas y arriver ▸ **schon gut!** bon d'accord !

schön [ʃøːn] ◆ adj **1.** [Bild, Mensch, Kleid, Summe] beau, bel (belle) **2.** [nett] gentil(ille). ◆ adv bien ▸ **ganz schön** vraiment ▸ **na schön** très bien !

schonen ['ʃoːnən] vt ménager. ◆ **sich schonen** ref se ménager.

Schönheit ['ʃøːnhait] (*pl* **-en**) **die** beauté *f*.

Schönheitssalon [ʃøːnhaitszalɔŋ] (*pl* **-s**) **der** salon *m* de beauté.

Schonkost ['ʃoːnkɔst] **die** régime *m*.

schön machen ['ʃøːnmaxn̩] ◆ **sich schön machen** ref *fam* se faire beau (belle).

Schönwetterlage [ʃøːn'vɛtɐlaːgə] **die** période *f* de beau temps.

Schoppen ['ʃɔpn̩] (*pl inv*) **der** chope *f*.

Schorf [ʃɔrf] **der** croûte *f*.

Schorle ['ʃɔrlə] (*pl* **-n**) **die** *jus de pomme ou vin coupé avec de l'eau minérale*.

Schornstein ['ʃɔrnʃtain] (*pl* **-e**) **der** cheminée *f*.

schoss [ʃɔs] prät → **schießen**.

Schoß [ʃoːs] (*pl* **Schöße** ['ʃøːsə]) **der** [Körperteil] giron *m* ▸ **auf dem Schoß sitzen** être assis sur les genoux.

schräg [ʃrɛːk] adj **1.** [Linie] oblique **2.** [Gegenstand] incliné(e).

Schramme ['ʃramə] (*pl* **-n**) **die** éraflure *f*.

Schrank ['ʃraŋk] (*pl* **Schränke** ['ʃrɛŋkə]) **der** armoire *f*, placard *m*.

Schranke ['ʃraŋkə] (*pl* **-n**) **die** [Gegenstand] barrière *f*.

Schrankwand ['ʃraŋkvant] (*pl* **-wände** [vɛndə]) **die** armoire murale.

Schraube ['ʃraubə] (*pl* **-n**) **die** [aus Metall] vis *f*.

schrauben ['ʃraubn̩] vt visser ▸ **den Deckel vom Glas schrauben** dévisser le couvercle.

Schraubenschlüssel ['ʃraubn̩ʃlysl̩] (*pl inv*) **der** clé *f* à vis.

Schraubenzieher ['ʃraubn̩tsiːɐ] (*pl inv*) **der** tournevis *m*.

Schraubverschluss ['ʃraupfɛɐ̯ʃlʊs] (*pl* **-verschlüsse**) **der** fermeture *f* à vis, bouchon *m* à visser.

Schrebergarten ['ʃreːbɐgartn̩] (*pl* **-gärten** [gɛrtn̩]) **der** jardin ouvrier.

> **ⓘ Schrebergarten**
>
> Ce sont des jardins associatifs où les citadins peuvent cultiver des fruits et des légumes, ou simplement jardiner pour le plaisir du contact avec la nature. On peut y admirer de très beaux spécimens de nains de jardin.

Schreck [ʃrɛk] **der** frayeur *f* ▸ **einen Schreck kriegen** avoir une frayeur.

schreckhaft ['ʃrɛkhaft] adj peureux(euse).

schrecklich ['ʃrɛklıç] **adj** terrible.

Schrei [ʃrai] (*pl* -e) **der** [Geräusch] cri *m*.

schreiben ['ʃraibn̩] (*prät* **schrieb**, *pp* **geschrieben**) ◆ **vt 1.** [aufschreiben] écrire ▸ **etw groß / klein schreiben** = **großschreiben, kleinschreiben** ▸ **wie schreibt man das?** comment ça s'écrit ? **2.** [Hausarbeit, Artikel] écrire, rédiger **3.** [Rechnung, Quittung] faire
◆ **vi** [aufschreiben] écrire ▸ **gut / schlecht schreiben** écrire bien / mal ▸ **an einem Roman schreiben** travailler à un roman ▸ **über etw (A) schreiben** traiter de ▸ **der Filzstift schreibt nicht mehr** le feutre n'écrit plus ▸ **an jn schreiben** écrire à qqn
◆ **sich schreiben ref** s'écrire.

Schreiben ['ʃraibn̩] (*pl inv*) **das** *amt* courrier *m*.

Schreibheft ['ʃraiphɛft] (*pl* -e) **das** cahier *m*.

Schreibpapier ['ʃraippapiːɐ̯] **das** papier *m* à écrire.

Schreibschutz ['ʃraipʃʊts] **der** verrouillage *m* ▸ **Aufheben des Schreibschutzes** déverrouillage *m* ▸ **den Schreibschutz aufheben** déverrouiller.

Schreibtisch ['ʃraiptıʃ] (*pl* -e) **der** bureau *m*.

Schreibwaren ['ʃraipvaːrən] **pl** articles *mpl* de papeterie.

Schreibwarengeschäft ['ʃraipvaːrəngəʃɛft] (*pl* -e) **das** papeterie *f*.

schreien ['ʃraiən] (*prät* **schrie**, *pp* **geschrien**) **vi & vt** crier ▸ **schreien nach** réclamer.

Schreiner, in ['ʃrainɐ, nərın] (*mpl inv*) **der, die** menuisier *m*.

schrie [ʃriː] **prät** → **schreien.**

schrieb [ʃriːp] **prät** → **schreiben.**

Schrift [ʃrıft] (*pl* -en) **die 1.** [lateinische, arabische, Schriftbild] caractères *mpl* **2.** [Handschrift] écriture *f* **3.** [Aufschrift] libellé *m* **4.** [Text] écrit *m* ▸ **die Heilige Schrift** les Ecritures.

Schriftart ['ʃrıftlaːɐ̯t] (*pl* -en) **die** police *f*.

schriftlich ['ʃrıftlıç] ◆ **adj** écrit(e).
◆ **adv** par écrit.

Schriftsteller, in ['ʃrıftʃtɛlɐ, lərın] (*mpl inv*) **der, die** écrivain *m*.

schritt [ʃrıt] **prät** → **schreiten.**

Schritt [ʃrıt] (*pl* -e) **der 1.** [beim Gehen, Reiten] pas *m* **2.** [Handlung] démarche *f* ▸ **Schritt fahren** avancer au pas.

Schrittmacher ['ʃrıtmaxɐ] (*pl inv*) **der 1.** [fürs Herz] pacemaker *m*, stimulateur *m* cardiaque **2.** [von Entwicklungen] pionnier *m*.

Schritttempo ['ʃrıttɛmpo] **das** : **im Schritttempo** au pas.

Schrott [ʃrɔt] **der 1.** [Metall] ferraille *f* **2.** *fam* [Plunder] camelote *f*.

Schrottplatz ['ʃrɔtplats] (*pl* -plätze [plɛtsə]) **der** casse *f*.

schrubben ['ʃrʊbn̩] **vt & vi** frotter.

Schrubber ['ʃrʊbɐ] (*pl inv*) **der** balai-brosse *m*.

Schubkarre ['ʃuːpkarə] (*pl* -n) **die** brouette *f*.

Schublade ['ʃuːplaːdə] (*pl* -n) **die** tiroir *m*.

schubsen ['ʃʊpsn̩] **vt** pousser.

schüchtern ['ʃʏçtɐn] **adj** timide.

schuf [ʃuːf] **prät** → **schaffen.**

Schüfeli ['ʃyːfəliː] **das** SCHWEIZ *viande de porc fumée*.

Schuft [ʃʊft] (*pl* -e) **der** *abw* salaud *m*.

Schuh [ʃuː] (*pl* -e) **der** chaussure *f*.

Schuhbürste ['ʃu:byrstə] (*pl* -n) **die** brosse *f* à chaussures.

Schuhcreme ['ʃu:kre:m] (*pl* -s) **die** cirage *m*.

Schuhgeschäft ['ʃu:gəʃɛft] (*pl* -e) **das** magasin *m* de chaussures.

Schuhgröße ['ʃu:grø:sə] (*pl* -n) **die** pointure *f*.

Schuhlöffel ['ʃu:lœfl] (*pl inv*) **der** chausse-pied *m*.

Schuhmacher, in ['ʃu:maxɐ, xərɪn] (*mpl inv*) **der, die** cordonnier *m*.

Schuhputzmittel ['ʃu:pʊtsmɪtl] (*pl inv*) **das** produit *m* pour l'entretien des chaussures.

Schulabschluss ['ʃu:l|apʃlʊs] (*pl* **-abschlüsse**) **der** diplôme *m* (de fin d'études secondaires).

Schulbeginn ['ʃu:lbəgɪn] **der** rentrée *f* scolaire.

schuld [ʃʊlt] **adj** : **schuld sein an** *(+ D)* être responsable de.

Schuld [ʃʊlt] **die 1.** [Verantwortung] responsabilité *f* **2.** [Unrecht] faute *f* ▸ **Schuld haben an** *(+ D)* être responsable de. ◆ **Schulden pl** dettes *fpl* ▸ **Schulden haben / machen** avoir / faire des dettes.

schulden ['ʃʊldn̩] **vt** : **jm etw schulden** devoir qqch à qqn.

schuldig ['ʃʊldɪç] **adj 1.** [an Verbrechen] coupable **2.** [Geldbetrag] dû (due) ▸ **jm Geld schuldig sein** devoir de l'argent à qqn.

Schuldschein ['ʃʊltʃain] (*pl* -e) **der** reconnaissance *f* de dette.

Schule ['ʃu:lə] (*pl* -n) **die** école *f* ▸ **zur** ODER **in die Schule gehen** aller à l'école.

Schüler, in ['ʃy:lɐ, lərɪn] (*mpl inv*) **der, die 1.** [Kind] élève *mf* **2.** [Anhänger] disciple *mf*.

Schüleraustausch ['ʃy:lɐ|austauʃ] **der** échange *m* scolaire.

Schülerausweis ['ʃy:lɐ|ausvais] (*pl* -e [vaizə]) **der** *carte délivrée aux enfants d'âge scolaire donnant droit à des réductions*.

Schülerkarte ['ʃy:lɐkartə] (*pl* -n) **die** carte *f* scolaire d'abonnement.

Schulferien ['ʃu:lfe:ri̯ən] **pl** vacances *fpl* scolaires.

schulfrei ['ʃu:lfrai] **adj** sans école ▸ **schulfrei haben** ne pas avoir cours.

Schulfreund, in ['ʃu:lfrɔynt, frɔyndɪn] (*mpl* -e) **der, die** camarade *mf* d'école.

Schuljahr ['ʃu:lja:ɐ̯] (*pl* -e) **das** année *f* scolaire.

Schulklasse ['ʃu:lklasə] (*pl* -n) **die** classe *f*.

Schulter ['ʃʊltɐ] (*pl* -n) **die** épaule *f*.

Schultüte ['ʃu:lty:tə] (*pl* -n) **die** *cornet-surprise offert à la première rentrée*.

> ⓘ **Schultüte**
>
> Nom donné au cornet rempli de petits cadeaux (feutres, cahiers, friandises) que les parents donnent à leurs enfants le jour de leur toute première rentrée scolaire. À ouvrir à la récréation !

Schulung ['ʃu:lʊŋ] (*pl* -en) **die** [von Personen] formation *f*.

Schulzeit ['ʃu:ltsait] **die** années *fpl* d'école.

Schuppe ['ʃʊpə] (*pl* -n) **die 1.** [auf Kopf] pellicule *f* **2.** [von Fisch] écaille *f*.

Schürfwunde ['ʃyrfvʊndə] (*pl* -n) **die** égratignure *f*.

Schurwolle ['ʃu:ɐ̯vɔlə] **die** laine *f* vierge.

Schürze ['ʃyrtsə] (*pl* **-n**) **die** tablier *m*.

Schuss [ʃus] (*pl* **Schüsse** ['ʃysə]) **der 1.** [mit Pistole, Gewehr] coup *m* **2.** [mit Ball] tir *m* **3.** [kleine Menge] nuage *m* **4.** *fam* [von Rauschgift] shoot *m* ▸ **gut in Schuss sein** être en bon état.

Schüssel ['ʃysl̩] (*pl* **-n**) **die 1.** [für Salat] saladier *m* **2.** [für Kartoffeln] plat *m* **3.** [für Wäsche] cuvette *f*.

Schuster, in ['ʃuːstɐ, tərɪn] (*mpl inv*) **der, die** cordonnier *m*.

Schutt [ʃut] **der** gravats *mpl* ▸ **'Schutt abladen verboten'** 'décharge interdite'.

Schüttelfrost ['ʃytl̩frɔst] **der** frissons *mpl* de fièvre.

schütteln ['ʃytl̩n] **vt** [Person, Flasche] secouer ▸ **den Kopf schütteln** secouer la tête ▸ **'vor Gebrauch schütteln'** 'agiter avant emploi'. ◆ **sich schütteln ref** se secouer.

schütten ['ʃytn̩] ◆ **vt** verser. ◆ **vimp** : **es schüttet** il pleut à verse.

Schutz [ʃuts] **der** protection *f* ▸ **jn in Schutz nehmen** prendre la défense de qqn.

Schutzblech ['ʃutsblɛç] (*pl* **-e**) **das** garde-boue *m inv*.

Schutzbrief ['ʃutsbriːf] (*pl* **-e**) **der** contrat *m* d'assistance.

Schutzbrille ['ʃutsbrɪlə] (*pl* **-n**) **die** lunettes *fpl* protectrices.

schützen ['ʃytsn̩] **vt & vi** protéger ▸ **jn vor etw (D) schützen** protéger qqn de qqch. ◆ **sich schützen ref** se protéger.

Schützenfest ['ʃytsn̩fɛst] (*pl* **-e**) **das** *fête de la bière incluant un concours de tir.*

ⓘ Schützenfest

Grande fête populaire héritée du Moyen Âge, très prisée en Bavière, dans le Bas-Rhin et en Westphalie, dont le point culminant est un concours de tir à l'issue duquel le gagnant est proclamé « roi des tireurs » et choisit sa reine.

Schutzgebiet ['ʃutsgəbiːt] (*pl* **-e**) **das** [von Wasser, Luft] réserve *f*.

Schutzhelm ['ʃutshɛlm] (*pl* **-e**) **der** casque *m*.

Schutzhütte ['ʃutshytə] (*pl* **-n** [hytn̩]) **die** refuge *m*.

Schutzimpfung ['ʃutsɪmpfuŋ] (*pl* **-en**) **die** vaccination *f*.

schwach [ʃvax] (*komp* **schwächer**, *superl* **am schwächsten**) ◆ **adj 1.** faible **2.** [Konstruktion] fragile. ◆ **adv 1.** [hören, sehen] à peine **2.** [besucht] peu **3.** [schlecht] mal **4.** [leicht] faiblement ▸ **schwach deklinieren** GRAMM décliner en suivant la déclinaison faible.

Schwäche ['ʃvɛçə] (*pl* **-n** ['ʃvɛçn̩]) **die** faiblesse *f*.

schwachsinnig ['ʃvaxzɪnɪç] **adj** débile.

Schwachstrom ['ʃvaxʃtroːm] **der** courant *m* faible.

schwafeln ['ʃvaːfl̩n] *fam & abw* ◆ **vi** baratiner. ◆ **vt** raconter.

Schwager ['ʃvaːgɐ] (*pl inv*) **der** beau-frère *m*.

Schwägerin ['ʃɛːgərɪn] (*pl* **-nen**) **die** belle-sœur *f*.

Schwalbe ['ʃvalbə] (*pl* **-n**) **die** hirondelle *f*.

schwamm [ʃvam] **prät** → **schwimmen**.

Schwamm [ʃvam] (*pl* **Schwämme** ['ʃvɛmə]) **der** éponge *f*.

Schwan [ʃvaːn] (*pl* **Schwäne** ['ʃvɛːnə]) **der** cygne *m*.

schwang [ʃvaŋ] **prät** → **schwingen**.

schwanger ['ʃvaŋɐ] **adj** enceinte.

Schwangerschaft ['ʃvaŋɐʃaft] (*pl* **-en**) **die** grossesse *f*.

Schwangerschaftstest ['ʃvaŋɐʃaftstɛst] (*pl* **-s**) **der** test *m* de grossesse.

schwanken ['ʃvaŋkn̩] **vi 1.** osciller **2.** [gedanklich, psychisch] hésiter.

Schwanz [ʃvants] (*pl* **Schwänze** ['ʃvɛntsə]) **der** queue *f*.

schwänzen ['ʃvɛntsn̩] *fam* ◆ **vi** sécher. ◆ **vt** sécher ▸ **die Schule schwänzen** sécher l'école, faire l'école buissonnière ▸ **eine Stunde schwänzen** sécher un cours.

Schwarm [ʃvarm] (*pl* **Schwärme** ['ʃvɛrmə]) **der 1.** [von Fischen] banc *m* **2.** [von Bienen, Insekten] essaim *m* **3.** [von Vögeln] nuée *f*.

schwärmen ['ʃvɛrmən] **vi 1.** *(hat)* [begeistert sein] : **für jn / etw schwärmen** raffoler de qqn / qqch **2.** *(hat)* [beim Erzählen] : **von jm / etw schwärmen** parler avec enthousiasme de qqn / qqch **3.** *(ist)* [Insekten] voltiger, voleter.

schwarz [ʃvarts] (*komp* **schwärzer**, *superl* **am schwärzesten**) ◆ **adj 1.** noir(e) **2.** [Politik] de droite. ◆ **adv 1.** [farbig] en noir **2.** [illegal] au noir ▸ **schwarz wählen** voter pour la droite ▸ **Geld schwarz tauschen** changer de l'argent au noir ▸ **in den schwarzen Zahlen sein** être créditeur. ◆ **Schwarz das** noir *m*.

Schwarzarbeit ['ʃvartslarbait] **die** travail *m* au noir.

Schwarzbrot ['ʃvartsbroːt] (*pl* **-e**) **das** pain noir.

Schwarze ['ʃvartsə] (*pl* **-n**) **der, die 1.** [Farbiger] Noir *m*, -e *f* **2.** [Konservativer] homme *m*, femme *f* de droite.

schwarz◦fahren ['ʃvartsfaːrən] **vi** *(unreg, ist)* voyager sans billet.

Schwarzfahrer, in ['ʃvartsfaːrɐ, rərɪn] (*mpl inv*) **der, die** voyageur *m* sans billet.

Schwarzmarkt ['ʃvartsmarkt] **der** marché noir.

Schwarzwald ['ʃvartsvalt] **der** Forêt-Noire *f*.

> ⓘ **Schwarzwald**
>
> La Forêt-Noire est un massif montagneux du Bade-Wurtemberg qui s'étend sur 114 000 m^2. Cette région est très appréciée pour la variété de ses paysages, son climat privilégié, ses sources thermales… et bien sûr la célèbre pâtisserie qui porte son nom, la Schwarzwälder Kirschtorte.

schwarz-weiß [ʃvarts'vais] **adj** [Foto, Film] en noir et blanc.

Schwarz-Weiß-Film [ʃvarts'vaisfɪlm] (*pl* **-e**) **der 1.** [für Fotoapparat] pellicule *f* noir et blanc **2.** [im Kino] film *m* en noir et blanc.

Schwarzwurzel ['ʃvartsvʊrtsl̩] (*pl* **-n**) **die** salsifis *m*.

Schwebebahn ['ʃveːbəbaːn] (*pl* **-en**) **die** train suspendu.

schweben ['ʃveːbn̩] **vi** [fliegen] planer.

Schwede ['ʃveːdə] (*pl* **-n**) **der** Suédois *m*.

Schweden ['ʃveːdn̩] **nt** Suède *f*.

Schwedin ['ʃveːdɪn] (*pl* **-nen**) **die** Suédoise *f*.

schwedisch ['ʃveːdɪʃ] **adj** suédois(e).

Schwedisch(e) ['ʃveːdɪʃ(ə)] **das** suédois *m*.

Schwefel ['ʃveːfl̩] **der** soufre *m*.

schweigen [ˈʃvaign̩] (*prät* **schwieg**, *pp* **geschwiegen**) **vi** [Person] se taire.

Schweigepflicht [ˈʃvaigəpflɪçt] **die** secret professionnel.

Schwein [ʃvain] (*pl* -e) **das 1.** [Tier] cochon *m* **2.** [Fleisch] porc *m* **3.** *vulg* [Mensch] porc *m*.

Schweinebraten [ˈʃvainəbraːtn̩] (*pl inv*) **der** rôti *m* de porc.

Schweinefleisch [ˈʃvainəflaiʃ] **das** viande *f* de porc.

Schweinegrippe [ˈʃvainəgrɪpə] **die** grippe *f* porcine, grippe *f* A.

Schweinerei [ʃvainəˈrai] (*pl* -en) **die** *fam* **1.** [schlimme Sache] saloperie *f* **2.** [Schmutz] cochonnerie *f*.

Schweinshaxe [ˈʃvainshaksə] (*pl* -n) **die** SÜDD *jarret de porc rôti*.

Schweiß [ʃvais] **der** sueur *f*.

schweißen [ˈʃvaisn̩] **vt** souder.

Schweiz [ʃvaits] **die** Suisse *f*.

Schweizer [ˈʃvaitsɐ] **der** Suisse *m*.

Schweizerdeutsch [ˈʃvaitsɐdɔytʃ] **das** *(ohne pl)* suisse allemand *m*.

Schweizerin [ˈʃvaitsərɪn] **die** Suissesse *f*.

schwellen [ˈʃvɛlən] (*präs* **schwillt**, *prät* **schwoll**, *pp* **geschwollen**) **vi** *(ist)* [dick werden] enfler.

Schwellenland [ˈʃvɛlənlant] (*pl* -länder) **das** pays *m* émergent.

Schwellung [ˈʃvɛlʊŋ] (*pl* -en) **die** gonflement *m*.

schwellungshemmend [ˈʃvɛlʊŋshɛmn̩t] **adj** MED décongestionnant(e).

schwer [ʃveːɐ̯] ◆ **adj 1.** [Gewicht, Mahlzeit] lourd(e) **2.** [Krankheit, Krise] grave **3.** [Frage, Test] difficile **4.** [Arbeit, Leben] dur(e) **5.** [Sturm] violent(e). ◆ **adv 1.** [an Gewicht] lourdement **2.** [verletzt] grièvement **3.** [schwierig] difficilement **4.** [arbeiten] dur **5.** [hören] mal **6.** [zweifeln] fortement **7.** [stürmen] violemment ▸ **zehn Kilo schwer** qui pèse dix kilos ▸ **jd hat es schwer mit etw** qqch rend la vie difficile à qqn.

Schwerbehinderte [ˈʃveːɐ̯bəhɪndɐtə] (*pl* -n) **der, die** invalide *mf*.

schwerhörig [ˈʃveːɐ̯høːrɪç] **adj** dur(e) d'oreille.

schwer krank [ˈʃveːɐ̯kraŋk] **adj** gravement malade.

Schwertwal [ˈʃveːrtvaːl] (*pl* -e) **der** orque *f*.

schwer verletzt [ˈʃveːɐ̯fɛɐ̯lɛtst] **adj** gravement blessé(e).

Schwester [ˈʃvɛstɐ] (*pl* -n) **die 1.** [Verwandte, Nonne] sœur *f* **2.** [Krankenschwester] infirmière *f*.

schwieg [ʃviːk] prät → **schweigen**.

Schwiegereltern [ˈʃviːgɐlɛltɐn] **pl** beaux-parents *mpl*.

Schwiegermutter [ˈʃviːgɐmʊtɐ] (*pl* -mütter [mʏtɐ]) **die** belle-mère *f*.

Schwiegersohn [ˈʃviːgɐzoːn] (*pl* -söhne [zøːnə]) **der** gendre *m*.

Schwiegertochter [ˈʃviːgɐtɔxtɐ] (*pl* -töchter [tœçtɐ]) **die** belle-fille *f*.

Schwiegervater [ˈʃviːgɐfaːtɐ] (*pl* -väter [fɛːtɐ]) **der** beau-père *m*.

schwierig [ˈʃviːrɪç] **adj** difficile.

Schwierigkeit [ˈʃviːrɪçkait] (*pl* -en) **die** [Problem] difficulté *f* ▸ **in Schwierigkeiten geraten** ODER **stecken** être en difficulté.

schwillt [ʃvɪlt] **präs** → **schwellen**.

Schwimmbad [ˈʃvɪmbaːt] (*pl* -bäder [bɛːdɐ]) **das** piscine *f*.

Schwimmbecken [ˈʃvɪmbɛkn̩] (*pl inv*) **das** bassin *m*.

schwimmen ['ʃvɪmən] (*prät* schwamm, *pp* geschwommen) **vi & vt** *(ist)* nager.

Schwimmer, in ['ʃvɪmɐ, mərɪn] (*mpl inv*) **der, die** nageur *m*, -euse *f*.

Schwimmerbecken ['ʃvɪmɐbɛkn̩] (*pl inv*) **das** grand bassin.

Schwimmflosse ['ʃvɪmflɔsə] (*pl* -n) **die 1.** [vom Fisch] nageoire *f* **2.** [zum Tauchen] palme *f*.

Schwimmflügel ['ʃvɪmfly:gl̩] (*pl inv*) **der** flotteur *m*.

Schwimmhalle ['ʃvɪmhalə] (*pl* -n) **die** piscine couverte.

Schwimmnudel ['ʃvɪmnu:dəl] (*pl* -n) **die** frite *f* aquatique.

Schwimmreifen ['ʃvɪmraifn̩] (*pl inv*) **der** bouée *f*.

Schwimmweste ['ʃvɪmvɛstə] (*pl* -n) **die** gilet *m* de sauvetage.

Schwindel ['ʃvɪndəl] **der** *fam* intox *f* ▸ **das ist alles Schwindel** tout ça, c'est de l'intox.

schwindelig ['ʃvɪndəlç] **adj** : **jm ist oder wird schwindelig** qqn a le vertige.

schwingen ['ʃvɪŋən] (*prät* schwang, *pp* geschwungen) ◆ **vi** [schaukeln] osciller. ◆ **vt** [Fahne, Peitsche] brandir. ◆ **sich schwingen ref** [aufs Pferd, ins Auto] sauter.

Schwingungserzeuger ['ʃvɪŋʊŋsleɐ̯tsɔygɐ] (*pl inv*) **der** vibreur *m*.

Schwips [ʃvɪps] (*pl* -e) **der** *fam* : **einen Schwips haben** être éméché.

schwitzen ['ʃvɪtsn̩] **vi** transpirer.

schwoll [ʃvɔl] **prät** → **schwellen.**

schwor ['ʃvoːɐ̯] **prät** → **schwören.**

schwören ['ʃvøːrən] (*prät* schwor, *pp* geschworen) **vt** jurer.

schwul [ʃvu:l] **adj** *fam* pédé.

schwül [ʃvy:l] **adj** [Wetter] lourd(e).

Schwulenfeindlichkeit ['ʃvu:lnfaintlɪçkait] **die** homophobie *f*.

Schwung [ʃvʊŋ] **der 1.** [Bewegung] élan *m* **2.** [Elan] ardeur *f* ▸ **mit Schwung** [dynamisch] avec entrain.

Schwur [ʃvu:ɐ̯] (*pl* Schwüre ['ʃvy:rə]) **der** serment *m*.

Schwyz ['ʃvi:ts] **nt** Schwyz.

scrollen ['skrɔlən] **vi** défiler, faire défiler.

Scrollen ['skrɔlən] **das** défilement *m* ▸ **Scrollen nach oben / nach unten** défilement vers le haut / bas.

sechs [zɛks] **num & pron** six ▸ **fünf vor sechs** six heures moins cinq ▸ **fünf nach sechs** six heures cinq ▸ **sechs Uhr fünfundvierzig (6.45 Uhr)** six heures quarante-cinq (6h45) ▸ **um sechs** à six heures ▸ **sie ist sechs** elle a six ans.

sechshundert ['zɛkshʊndɐt] **num** six cents.

sechsmal ['zɛksma:l] **adv** six fois.

sechste, r, s ['zɛkstə] **adj** sixième ▸ **der sechste Juni** le six juin ▸ **Hamburg, den 6.6.2012** Hambourg, le 6 / 6 / 2012.

Sechstel ['zɛkstl̩] (*pl inv*) **das** sixième *m*.

sechzehn ['zɛçtse:n] **num** seize.

sechzig ['zɛçtsɪç] **num** soixante.

Secondhandshop ['zɛknt'hɛntʃɔp] (*pl* -s) **der** [boutique] friperie *f*.

See[1] [ze:] (*pl* -n) **der** [Teich] lac *m*.

See[2] [ze:] **die** [Meer] mer *f* ▸ **an die See fahren** aller à la mer.

Seebad ['ze:ba:t] (*pl* -bäder [bɛ:dɐ]) **das** station *f* balnéaire.

Seegang ['ze:gaŋ] **der** : **leichter / hoher Seegang** mer peu agitée / forte.

Seehund ['ze:hʊnt] (*pl* -e) **der** phoque *m*.

Seeigel ['ze:li:gl̩] (*pl inv*) **der** oursin *m*.

seekrank ['ze:kraŋk] **adj** : **seekrank sein** avoir le mal de mer.

Seele ['ze:lə] (*pl* **-n**) **die** âme *f*.

Seeleute ['ze:lɔytə] **pl** marins *mpl*.

seelisch ['ze:lɪʃ] **adj** psychique.

Seelsorger, in ['ze:lzɔrgɐ, gərɪn] (*mpl inv*) **der, die** [Priester] pasteur *m*.

Seeluft ['ze:lʊft] **die** air marin.

Seemeile ['ze:mailə] (*pl* **-n**) **die** mille marin.

Seenot ['ze:no:t] **die** : **in Seenot** en perdition.

Seereise ['ze:raizə] (*pl* **-n** [raizn̩]) **die** croisière *f* en mer.

Seeweg ['ze:ve:k] **der** : **auf dem Seeweg** par voie maritime.

Segel ['ze:gl̩] (*pl inv*) **das** voile *f*.

Segelboot ['ze:gl̩bo:t] (*pl* **-e**) **das** voilier *m*.

Segelfliegen ['ze:gl̩fli:gn̩] **das** vol *m* à voile.

Segelflugzeug ['ze:gl̩fu:ktsɔyk] (*pl* **-e** [tsɔygə]) **das** planeur *m*.

segeln ['ze:gl̩n] **vi** [mit Boot] faire de la voile.

Segelschiff ['ze:gl̩ʃɪf] (*pl* **-e**) **das** voilier *m*.

sehbehindert ['ze:bəhɪndɐt] **adj** malvoyant(e).

sehen ['ze:ən] (*präs* **sieht**, *prät* **sah**, *pp* **gesehen**) **vt & vi** voir ▸ **gut / schlecht sehen** voir bien / mal ▸ **jm ähnlich sehen** ressembler à qqn ▸ **sieh mal!** regarde ! ▸ **siehste** ODER **siehst du!** *fam* tu vois ! ▸ **sehen nach** [aufpassen] surveiller ▸ **mal sehen!** [abwarten] on va voir ! ▸ **das sehe ich anders** là je suis d'un autre avis ▸ **sie ist hier gern gesehen** elle est la bienvenue ici ▸ **jm in die Augen sehen** regarder qqn dans les yeux ▸ **aus dem Fenster sehen** regarder par la fenêtre. ◆ **sich sehen ref** [sich treffen] se voir.

Sehne ['ze:nə] (*pl* **-n**) **die** [von Muskeln] tendon *m*.

sehnen ['ze:nən] ◆ **sich sehnen ref** : **sich nach jm sehnen** se languir de qqn ▸ **ich sehne mich danach, meine Ruhe zu haben** je rêve d'avoir la paix.

Sehnenscheidenentzündung ['ze:nənʃaidn̩|ɛntsyndʊŋ] (*pl* **-en**) **die** tendinite *f*.

Sehnsucht ['ze:nzʊxt] **die** nostalgie *f*.

sehr [ze:ɐ̯] **adv** **1.** [außerordentlich] très **2.** [vor einem Verb] beaucoup ▸ **danke sehr!** merci bien ! ▸ **bitte sehr!** je t'en oder vous en prie ! ▸ **sehr viel** beaucoup ▸ **zu sehr** trop.

seid [zait] **präs** → **sein**.

Seide ['zaidə] (*pl* **-n**) **die** soie *f*.

Seife ['zaifə] (*pl* **-n**) **die** savon *m*.

Seifenoper ['zaifən|o:pɐ] (*pl* **-n**) **die** soap opéra *m*.

Seil [zail] (*pl* **-e**) **das** corde *f*.

Seilbahn ['zailba:n] (*pl* **-en**) **die** téléphérique *m*.

Seilgarten ['zailgartn̩] **der** parcours *m* Accrobranche®.

sein[1] [zain] (*präs* **ist**, *prät* **war**, *pp* **gewesen**) ◆ **aux** *(ist)* être ▸ **sie ist gekommen** elle est venue ▸ **der Wagen ist repariert** la voiture est réparée ▸ **sie wäre gegangen** elle serait partie ◆ **vi** *(ist)* **1.** être ▸ **er ist nett** il est gentil ▸ **jm ist schlecht / kalt** qqn se sent mal / a froid ▸ **ich bin hier** je suis ici ▸ **das Konzert ist um 20 Uhr** le concert est à 20 heures ▸ **wer ist das?** qui est-ce ? ▸ **aus Paris sein** être originaire de Paris ▸ **der Ring ist aus Silber** la bague est en argent ▸ **für / gegen etw sein**

être pour / contre qqch **2.** [Angabe von Zwang] : **was ist noch zu tun?** qu'est-ce qu'il y a encore à faire ? **3.** [Angabe von Möglichkeit] : **das ist zu schaffen** c'est faisable ▸ **das ist nicht zu ändern** on ne peut rien y changer **4.** [für Angabe von Reihenfolge] : **Sie sind der Nächste** vous êtes le suivant

◆ vimp *(ist)* : **es ist 21 Uhr** il est 21 heures ▸ **es ist dunkel** il fait noir ▸ **wie wäre es mit …?** que penses-tu oder pensez-vous de… ? ▸ **was ist?** qu'est-ce qu'il y a ? ▸ **das wär's!** voilà, c'est tout !

sein², e [zain, zainə] **det** son, sa, ses.

seine, r, s ODER **seins** [zainə] **pron** le sien (la sienne), les siens (les siennes).

sein lassen ['zainlasn̩] **vt** *(unreg)* *fam* arrêter (de faire).

seismisch [zaismɪʃ] **adj** séismique, sismique.

seit [zait] ◆ **konj** depuis que. ◆ **präp** *(+ D)* depuis ▸ **seit wann?** depuis quand ?

seitdem [zait'deːm] ◆ **adv** depuis. ◆ **konj** depuis que.

Seite ['zaitə] (*pl* **-n**) **die 1.** côté *m* **2.** [von Buch, Heft] page *f* ▸ **auf der rechten / linken Seite** du côté droit / gauche ▸ **zur Seite gehen** ODER **treten** se ranger sur le côté.

Seitenairbag ['zaitənlɛːɐ̯bɛk] (*pl* **-s**) **der** AUTO airbag *m* latéral.

Seitenansicht ['zaitn̩lanzɪçt] (*pl* **-en**) **die** aperçu *m* (avant impression).

Seitenaufprallschutz ['zaitn̩lauf-pralʃʊts] **der** AUTO renfort *m* latéral.

Seiteneingang ['zaitn̩laingaŋ] (*pl* **-gänge** [gɛŋə]) **der** entrée latérale.

Seitenhieb ['zaitn̩hiːp] (*pl* **-e**) **der** : **jm einen Seitenhieb versetzen** décocher un coup à qqn.

Seitensprung ['zaitn̩ʃprʊŋ] (*pl* **-sprünge** [ʃprʏŋə]) **der** infidélité *f*.

Seitenstechen ['zaitn̩ʃtɛçn̩] **das** point *m* de côté.

Seitenstraße ['zaitn̩ʃtraːsə] (*pl* **-n**) **die** rue latérale.

Seitenstreifen ['zaitn̩ʃtraifn̩] (*pl inv*) **der** accotement *m* ▸ **'Seitenstreifen nicht befahrbar'** 'accotement non stabilisé'.

Seitenumbruch ['zaitn̩lumbrʊx] (*pl* **-brüche**) **der** saut *m* de page ▸ **den Seitenumbruch steuern** repaginer.

Seitenwind ['zaitn̩vɪnt] **der** vent latéral ▸ **'Vorsicht, Seitenwind!'** 'attention, vent latéral !'.

seither [zait'heːɐ̯] **adv** depuis lors.

Sekretär [zekre'tɛːɐ̯] (*pl* **-e**) **der** secrétaire *m*.

Sekretärin [zekre'tɛːrɪn] (*pl* **-nen**) **die** secrétaire *f*.

Sekt [zɛkt] (*pl* **-e**) **der** vin mousseux.

Sekte ['zɛktə] (*pl* **-n**) **die** secte *f*.

Sektglas ['zɛktglaːs] (*pl* **-gläser** [glɛːzɐ]) **das** flûte *f* à champagne.

Sekunde [ze'kʊndə] (*pl* **-n**) **die** seconde *f*.

Sekundenkleber [ze'kʊndn̩kleːbɐ] (*pl inv*) **der** colle *f* ultra rapide.

selber ['zɛlbɐ] **adv** *fam* soi-même ▸ **das kann ich selber** je sais le faire moi-même ▸ **er sagt es selber** il le dit lui-même.

selbst [zɛlpst] **adv 1.** [selber] lui-même (elle-même) **2.** [sogar] même ▸ **von selbst** de lui-même (d'elle-même).

Selbstauslöser ['zɛlpstlauslø:zɐ] (*pl inv*) **der** déclencheur *m* automatique.

Selbstbedienung ['zɛlpstbədi:nʊŋ] **die** self-service *m*.

Selbstbedienungsrestaurant ['zɛlpstbədi:nʊŋsrɛstorɑ̃:] (*pl* -s) **das** restaurant *m* self-service.

Selbstbeteiligung ['zɛlpstbətailigʊŋ] **die** franchise *f*.

Selbstbräuner ['zɛlpstbrɔynɐ] (*pl inv*) **der** autobronzant *m*.

selbst gemacht ['zɛlpstgəmaxt] **adj** fait(e) maison.

Selbstironie ['zɛlpstlironi:] **die** autodérision *f*.

Selbstkostenpreis ['zɛlpstkɔstn̩prais] (*pl* -e [praizə]) **der** prix coûtant.

Selbstmord ['zɛlpstmɔrt] (*pl* -e [mɔrdə]) **der** suicide *m*.

selbstsicher ['zɛlpstzɪçɐ] **adj** sûr(e) de soi.

selbstständig ['zɛlpstʃtɛndɪç] ◆ **adj** **1.** [Kind] autonome **2.** [Staat, Unternehmer] indépendant(e). ◆ **adv** **1.** [handeln] en toute indépendance **2.** [arbeiten] en indépendant(e).

Selbstversorger ['zɛlpstfɛɐ̯zɔrgɐ] (*pl inv*) **der** **1.** *personne vivant de sa propre production* **2.** [im Tourismus] *personne qui fait ses courses et cuisine elle-même.*

selbstverständlich ['zɛlpstfɛɐ̯ʃtɛntlɪç] ◆ **adj** évident(e). ◆ **adv** évidemment.

Selbstverteidigung ['zɛlpstfɛɐ̯taidigʊŋ] **die** autodéfense *f*.

Selbstzerstörung ['zɛlpsttsɛɐ̯ʃtø:rʊŋ] **die** autodestruction *f*.

Selbstzufriedenheit ['zɛlpsttsufri:dn̩hait] **die** autosatisfaction *f*.

Sellerie ['zɛləri:] (*pl inv*) **der** céleri *m*.

selten ['zɛltn̩] ◆ **adj** rare. ◆ **adv** rarement.

Selters ['zɛltɐs] (*pl inv*) **das** eau minérale gazeuse.

seltsam ['zɛltza:m] **adj** bizarre.

Semester [ze'mɛstɐ] (*pl inv*) **das** semestre *m*.

Semesterferien [ze'mɛstɐfe:ri̯ən] **pl** *période de vacances entre deux semestres d'études.*

Seminar [zemi'na:ɐ̯] (*pl* -e) **das** **1.** [Veranstaltung] séminaire *m* **2.** [Institut] institut *m*.

Semmel ['zɛml̩] (*pl* -n ['zɛml̩n]) **die** petit pain.

Semmelknödel ['zɛml̩knø:dl̩] (*pl inv*) **der** *boulette à base de pain blanc accompagnant les viandes.*

senden¹ ['zɛndn̩] (*prät* sandte, *pp* gesandt) **vt** [Brief, Glückwünsche] envoyer ▸ **jm etw senden** envoyer qqch à qqn.

senden² ['zɛndn̩] (*prät* sendete, *pp* gesendet) **vt** **1.** [Film, Konzert] diffuser **2.** [Signal] émettre **3.** EDV envoyer.

Sender ['zɛndɐ] (*pl inv*) **der** [Station] station émettrice.

Sendung ['zɛndʊŋ] (*pl* -en) **die** **1.** [in Fernsehen, Radio] émission *f* **2.** [Brief, Paket] envoi *m*.

Senegal ['ze:negal] **der** Sénégal *m* ▸ **im Senegal** au Sénégal.

Senf [zɛnf] (*pl* -e) **der** moutarde *f*.

Senior, in ['ze:ni̯oɐ̯, ni̯o:rɪn] (*mpl* -en [ze'ni̯o:rən]) **der, die** [in Firma] *chef d'entreprise secondé par son fils.* ◆ **Senioren** **pl** **1.** [Alte] le troisième âge **2.** SPORT séniors *mpl*.

Seniorenpass [ze'ni̯o:rənpas] (*pl* -pässe [pɛsə]) **der** carte *f* vermeil.

senkrecht ['zɛŋkrɛçt] ◆ **adj** vertical(e). ◆ **adv** verticalement.

Senkung ['zɛnkʊŋ] (*pl* -en) **die** baisse *f.*

Sensation [zɛnza'tsjo:n] (*pl* -en) **die** sensation *f.*

sensibel [zɛn'zi:bl̩] (*komp* **sensible**, *superl* **am sensibelsten**) **adj** [Mensch] sensible.

sensibilisieren [zɛnzibɪli'zi:rən] **vt** : **jn für etw sensibilisieren** sensibiliser qqn à qqch.

sentimental [zɛntimɛn'ta:l] **adj** *abw* sentimental(e).

Seoul [se'u:l] **nt** Séoul.

separat [zepa'ra:t] **adj** séparé(e).

September [zɛp'tɛmbɐ] **der** septembre *m* ▸ **am ersten September** le premier septembre ▸ **Anfang / Ende September** début / fin septembre ▸ **Mitte September** à la mi-septembre ▸ **Berlin, den 12. September 2012** Berlin, le 12 septembre 2012 ▸ **im September** en septembre.

Sequoia [ze'kvɔya] (*pl* -s) **die** séquoia *m.*

Serbien ['zɛrbjən] **nt** Serbie *f.*

Serie ['ze:rjə] (*pl* -n) **die** série *f.*

serienmäßig ['ze:rjənmɛ:sɪç] **adj & adv** en série.

seriös [ze'rjø:s] **adj** sérieux(euse).

Serpentine [zɛrpn̩'ti:nə] (*pl* -n) **die** [Straße] lacet *m.*

Server ['sø:ɐvɐ] (*pl inv*) **der** serveur *m.*

Service[1] ['zø:ɐ̯vɪs] **der** [von Firma, Hotel] service *m.*

Service[2] [zɛr'vi:s] (*pl* -s) **das** [von Geschirr] service *m.*

servieren [zɛr'vi:rən] **vt** servir.

Serviette [zɛr'vjɛtə] (*pl* -n) **die** serviette *f.*

Servolenkung ['zɛrvolɛŋkʊŋ] (*pl* -en) **die** direction assistée.

Servus ['zɛrvʊs] **interj** SÜDDT ÖSTERR salut.

Sesam ['ze:zam] **der** sésame *m.*

Sessel ['zɛsl̩] (*pl inv*) **der** fauteuil *m.*

Sessellift ['zɛsl̩lɪft] (*pl* -e) **der** télésiège *m.*

setzen ['zɛtsn̩] ◆ **vt 1.** [Person] asseoir **2.** [Gegenstand] mettre **3.** [festlegen] fixer **4.** [Text] composer **5.** [Geld] miser. ◆ **vi** [bei Wette, Roulette] miser ▸ **setzen auf** *(+ A)* miser sur. ◆ **sich setzen ref** [Person, Tier] s'asseoir ▸ **sich setzen zu** s'asseoir à côté de.

Seuche ['zɔyçə] (*pl* -n) **die** [Krankheit] épidémie *f.*

seufzen ['zɔyftsn̩] **vi** soupirer.

Sex [sɛks] **der 1.** [Sexualität] sexe *m* **2.** [Verkehr] rapport sexuel.

sexistisch [zɛ'ksɪstɪʃ] **adj** sexiste.

sexuell [zɛ'ksu̯ɛl] **adj** sexuel(elle).

sexy ['sɛksi] **adj** *(unver) fam* sexy.

Seychellen [ze'ʃɛlən] **pl** Seychelles *mpl.*

sfr. (*abk für* Schweizer Franken) FS *(franc suisse).*

Shampoo ['ʃampu:] (*pl* -s) **das** shampooing *m.*

Shareware ['ʃɛ:ɐ̯vɛ:ɐ̯] **die** logiciel *m* contributif, shareware *m.*

Sherry ['ʃɛri] (*pl* -s) **der** sherry *m.*

shoppen ['ʃɔpn̩] **vi** : **shoppen gehen** faire du shopping.

Shorts ['ʃo:ɐ̯ts] **pl** short *m.*

Show [ʃo:] (*pl* -s) **die** [Veranstaltung] show *m.*

Shuttlebus ['ʃatl̩bʊs] (*pl* -se) **der** navette *f.*

sich [zɪç] **pron** [Reflexivpronomen] se, s' ▸ **an sich** en soi.

sicher ['zɪçɐ] ◆ **adj 1.** [ungefährdet] en sécurité **2.** [zuverlässig] sûr(e). ◆ **adv 1.** [ungefährdet] en sécurité **2.** [zuverlässig] de façon sûre **3.** [sicherlich] sûrement ▸ **aber sicher!** mais bien sûr ! ▸ **sich** *(D)* **sicher sein** être sûr de.

Sicherheit ['zɪçɐhait] (*pl* **-en**) **die 1.** [Schutz, finanziell] sécurité *f* **2.** [Zuverlässigkeit] certitude *f* **3.** [Selbstsicherheit] assurance *f*.

Sicherheitsbereich ['zɪçɐhaitsbəraiç] (*pl* **-e**) **der** zone *f* de sécurité.

Sicherheitsdienst ['zɪçɐhaitsdi:nst] (*pl* **-e**) **der** services secrets.

Sicherheitsgurt ['zɪçɐhaitsgurt] (*pl* **-e**) **der** ceinture *f* de sécurité.

Sicherheitsnadel ['zɪçɐhaitsna:dl] (*pl* **-n**) **die** épingle *f* à nourrice.

Sicherheitsschloss ['zɪçɐhaitsʃlɔs] (*pl* **-schlösser** [ʃlœsɐ]) **das** serrure *f* de sécurité.

sicherlich ['zɪçɐlɪç] **adv** sûrement.

sichern ['zɪçɐn] **vt 1.** [Ort] protéger **2.** EDV sauver.

Sicherung ['zɪçərʊŋ] (*pl* **-en**) **die 1.** [elektrisch] fusible *m* **2.** [Schutz] sauvegarde *f*.

Sicherungskopie ['zɪçərʊŋskopi:] (*pl* **-n**) **die** copie *f* de sauvegarde.

Sicht [zɪçt] **die 1.** [Ansicht] point *m* de vue **2.** [Aussicht] vue *f* ▸ **gute Sicht** bonne vue ▸ **in Sicht sein** être en vue.

sichtbar ['zɪçtba:ɐ̯] **adj** visible.

Sichtvermerk ['zɪçtfɛɐ̯mɛrk] (*pl* **-e**) **der** visa *m*.

Sichtweite ['zɪçtvaitə] **die** visibilité *f* ▸ **außer Sichtweite** hors de vue ▸ **in Sichtweite** en vue.

sie [zi:] **pron 1.** [Singular Nominativ] elle, il **2.** [Singular Akkusativ] la, le, l' **3.** [Plural Nominativ] elles, ils **4.** [Plural Akkusativ] les.

Sie [zi:] **pron** vous.

Sieb [zi:p] (*pl* **-e**) **das 1.** [in Küche] passoire *f* **2.** [für Sand] tamis *m*.

sieben[1] ['zi:bn̩] **num** sept ▸ **fünf vor sieben** sept heures moins cinq ▸ **fünf nach sieben** sept heures cinq ▸ **sieben Uhr fünfundvierzig (7.45 Uhr)** sept heures quarante-cinq (7h45) ▸ **um sieben** à sept heures ▸ **sie ist sieben** elle a sept ans.

sieben[2] ['zi:bn̩] **vt 1.** [in Küche] passer **2.** [Sand] tamiser.

Sieben ['zi:bn̩] **das** filtrage *m*.

siebenhundert ['zi:bn̩hʊndɐt] **num** sept cents.

siebenmal ['zi:bn̩ma:l] **adv** sept fois.

siebte, r, s ['zi:ptə] **adj** septième ▸ **der siebte Juni** le sept juin ▸ **Hamburg, den 7.6.2012** Hambourg, le 7 /6 /2012.

siebzehn ['zi:ptse:n] **num** dix-sept.

siebzig ['zi:ptsɪç] **num** soixante-dix.

siedend ['zi:dn̩t] **adj** bouillant(e).

Siedlung ['zi:tlʊŋ] (*pl* **-en**) **die** lotissement *m* ▸ **römische Siedlung** colonie romaine.

Sieg [zi:k] (*pl* **-e**) **der** victoire *f*.

siegen ['zi:gn̩] **vi** gagner ▸ **siegen gegen** ODER **über** *(+ A)* remporter la victoire sur.

Sieger, in ['zi:gɐ, gərɪn] (*mpl inv*) **der, die** vainqueur *m*.

Siegerehrung ['zi:gɐle:rʊŋ] (*pl* **-en**) **die** remise *f* des prix.

siehe ['zi:ə] : **siehe oben /unten** voir ci-dessus /ci-dessous → **sehen**.

sieht [zi:t] **präs** → **sehen**.

Sierra Leone ['zjɛra lɛ'o:nə] **nt** Sierra Leone *f*.

siezen ['zi:tsn] vt vouvoyer.

Signal [zɪ'gna:l] (*pl* **-e**) **das** signal *m*.

Silbe ['zɪlbə] (*pl* **-n**) **die** syllabe *f*.

Silber ['zɪlbɐ] **das 1.** [Metall] argent *m* **2.** [Besteck] argenterie *f*.

Silberhochzeit ['zɪlbɐhɔxtsait] (*pl* **-en**) **die** noces *fpl* d'argent.

Silvester [zɪl'vɛstɐ] (*pl inv*) **das** Saint-Sylvestre *f*.

> ⓘ **Silvester**
>
> À minuit, le soir de la Saint-Sylvestre, les Allemands ont l'autorisation de tirer des feux d'artifice. Ils ont également coutume de faire fondre du plomb et de le jeter dans l'eau, pour lire l'avenir dans les figures obtenues.

SIM-Karte ['zɪmkartə] **die EDV** carte *f* SIM.

simsen [szɪmzn] **vi** *fam* envoyer un message (par SMS).

sind [zɪnt] **präs → sein.**

Sinfonie [zɪnfo'ni:] (*pl* **-n**) **die** symphonie *f*.

Singapur ['zɪŋgapu:ɐ] **nt** Singapour.

singen ['zɪŋən] (*prät* **sang**, *pp* **gesungen**) **vt & vi** chanter.

Single[1] ['sɪŋ(g)l] (*pl* **-s**) **der** célibataire *mf*.

Single[2] ['sɪŋ(g)l] (*pl* **-s** ODER *inv*) **die** single *m*.

Single[3] ['sɪŋ(g)l] (*pl* **-s** ODER *inv*) **das** [tennis] simple *m*.

sinken ['zɪŋkn] (*prät* **sank**, *pp* **gesunken**) **vi** *(ist)* **1.** [Schiff] sombrer **2.** [Preis, Besucherzahlen] baisser ▸ **zu Boden sinken** tomber à terre ▸ **in einen Stuhl sinken** se laisser tomber sur une chaise.

Sinn [zɪn] (*pl* **-e**) **der** sens *m*.

sinnlos ['zɪnlo:s] **adj** [unsinnig] dépourvu(e) de sens.

sinnvoll ['zɪnfɔl] **adj** [Arbeit, Idee] qui a un sens.

Sirene [zi're:nə] (*pl* **-n**) **die** [Gerät] sirène *f*.

Site [sait] (*pl* **-s**) **die** site *m* ▸ **persönliche Site** site *m* perso ▸ **professionelle Site** site *m* professionnel.

Sitte ['zɪtə] (*pl* **-n**) **die** [Gepflogenheit] coutume *f*. ◆ **Sitten pl** [Benehmen] mœurs *fpl*.

Situation [zɪtua'tsjo:n] (*pl* **-en**) **die** situation *f*.

Sitz [zɪts] (*pl* **-e**) **der** siège *m*.

sitzen ['zɪtsn] (*prät* **saß**, *pp* **gesessen**) **vi 1.** [auf Stuhl, Sofa] être assis(e) **2.** [Tier] être perché(e) ▸ **sitzen auf** *(+ D)* être assis sur ▸ **gut / schlecht sitzen** [Kleidung] bien / mal aller.

sitzen lassen ['zɪtsnlasn] **vt** *(unreg) fam* **1.** [Partner] laisser tomber **2.** [bei Verabredung] faire faux bond à.

Sitzgelegenheit ['zɪtsgəle:gnhait] (*pl* **-en**) **die** siège *m*.

Sitzplatz ['zɪtsplats] (*pl* **-plätze** [plɛtsə]) **der** place assise.

Sitzung ['zɪtsʊŋ] (*pl* **-en**) **die** [Konferenz] séance *f*.

Sizilien [zi'tsi:liən] **nt** Sicile *f*.

Skandal [skan'da:l] (*pl* **-e**) **der** scandale *m*.

Skat [ska:t] **der** skat *m* ▸ **Skat spielen** jouer au skat.

Skateboard ['ske:tbɔ:ɐt] (*pl* **-s**) **das** skateboard *m*.

Skelett [ske'lɛt] (*pl* **-e**) **das** squelette *m*.

skeptisch ['skɛptɪʃ] ◆ **adj** sceptique. ◆ **adv** avec scepticisme.

Ski [ʃiː] (*pl* -er) [ʃiːɐ] **der** ski *m* ▸ **Ski fahren** ODER **laufen** faire du ski.

Skianzug [ˈʃiːlantsuːk] (*pl* **-züge** [tsyːgə]) **der** combinaison *f* de ski.

Skiausrüstung [ˈʃiːlausrystʊŋ] (*pl* **-en**) **die** équipement *m* de ski.

Skigebiet [ˈʃiːgəbiːt] (*pl* **-e**) **das** domaine *m* skiable.

Skikurs [ˈʃiːkʊrs] (*pl* **-e** [kʊrzə]) **der** cours *m* de ski.

Skiläufer, in [ˈʃiːlɔyfɐ, fərɪn] (*mpl inv*) **der, die** skieur *m*, -euse *f*.

Skilehrer, in [ˈʃiːleːrɐ, rərɪn] (*mpl inv*) **der, die** moniteur *m*, -trice *f* de ski.

Skilift [ˈʃiːlɪft] (*pl* **-e**) **der** remonte-pente *m*.

Skinhead [ˈskɪnhɛt] (*pl* **-s**) **der** skinhead *m*, skin *m*.

Skistiefel [ˈʃiːʃtiːfl̩] (*pl inv*) **der** chaussure *f* de ski.

Skistock [ˈʃiːʃtɔk] (*pl* **-stöcke** [ʃtœkə]) **der** bâton *m* de ski.

Skiurlaub [ˈʃiːluːɐ̯laup] (*pl* **-e** [laubə]) **der** sports *mpl* d'hiver.

Skiwachs [ˈʃiːvaks] **das** fart *m*.

Skizze [ˈskɪtsə] (*pl* **-n**) **die 1.** [Zeichnung] croquis *m* **2.** [künstlerisch] esquisse *f*.

Skonto [ˈzkɔnto] (*pl* **-s**) **der** ODER **das** escompte *m*.

Skorpion [skɔrˈpioːn] (*pl* **-e**) **der 1.** [Tier] scorpion *m* **2.** [Sternzeichen] Scorpion *m*.

Skrupel [ˈskruːpl̩] (*pl inv*) **der** scrupule *m*.

Skulptur [skʊlpˈtuːɐ̯] (*pl* **-en**) **die** sculpture *f*.

skypen [ˈskaipən] **vi** skyper.

Skysurfen [ˈzkaizøːɐ̯fn̩] **das** SPORT sky-surf *m*.

Slalom [ˈslaːlɔm] (*pl* **-s**) **der** slalom *m*.

Slip [slɪp] (*pl* **-s**) **der** slip *m*.

Slipeinlage [ˈslɪplainlaːgə] (*pl* **-n**) **die** protège-slip *m*.

Slowakei [slovaˈkai] **die** Slovaquie *f*.

Slowenien [sloˈveːniən] **nt** Slovénie *f*.

Smartphone [ˈsmaːɐ̯tfoːn] (*pl* **-s**) **das** smartphone *m*, terminal *m* de poche.

Smog [smɔk] **der** nuage *m* de pollution.

Smoking [ˈsmoːkɪŋ] (*pl* **-s**) **der** smoking *m*.

SMS [ɛslɛmˈlɛs] **die** SMS *m* ▸ **eine SMS senden** envoyer un SMS.

Snowboard [ˈsnoːbɔːɐt] (*pl* **-s**) **das** surf *m* des neiges ▸ **Snowboard fahren** faire du surf des neiges.

Snowboardfahren [ˈsnoːboːɐ̯tfaːrən] **das** snowboard *m*.

so [zoː] ◆ **adv 1.** [in dieser Art] ainsi ▸ **gut so!** c'est bien comme ça ! ▸ **so nicht!** pas comme ça ! ▸ **weiter so!** continue !, continuez ! **2.** [dermaßen] : **er war so müde, dass er einschlief** il était si fatigué qu'il s'est endormi ▸ **so warm war es lange nicht** cela fait longtemps qu'il n'a pas fait aussi chaud ▸ **so ein Pech!** quel manque de chance ! **3.** *fam* [circa] à peu près ▸ **120 Zuschauer oder so** 120 spectateurs ou quelque chose comme ça **4.** [mit Geste] : **so groß** grand comme ça **5.** *fam* [umsonst, ohne etwas] comme ça **6.** *fam* [im Allgemeinen] donc ▸ **na, was hast du so gemacht in letzter Zeit?** qu'as-tu donc fait ces derniers temps ? **7.** [vergleichend] : **der Schrank war so breit wie hoch** l'armoire était aussi large que haute **8.** [Angabe der Art und Weise] : **er sprach so, dass alle ihn verstanden** il

parlait de manière à être compris de tous **9.** [sehr] tellement
◆ **konj** **1.** [Ausdruck des Vergleichs] : **laufen, so schnell man kann** courir aussi vite qu'on peut **2.** [Ausdruck der Folge] : **so daß** = **sodass**
◆ **interj** : **so, das war's** bon, c'est tout ▸ **so, glaubst du das?** ah bon ? tu crois ça ? ▸ **so, was du nicht sagst!** ah bon !
◆ **so oder so** adv de toute façon.

s. o. *abk für* **siehe oben**.

sobald [zoː'balt] **konj** dès que.

Söckchen ['zœkçən] (*pl inv*) **das** socquette *f*.

Socke ['zɔkə] (*pl* **-n**) **die** chaussette *f*.

Sockel ['zɔkl̩] (*pl* **Sockel**) **der** socle *m*.

sodass [zoː'das] **konj** si bien que, de telle sorte que.

Sodbrennen ['zoːtbrɛnən] **das** brûlures *fpl* d'estomac.

Sofa ['zoːfa] (*pl* **-s**) **das** canapé *m*.

soff [zɔf] **prät** → **saufen**.

Sofia ['zɔfi̯a] **nt** Sofia.

sofort [zo'fɔrt] **adv** **1.** [augenblicklich] tout de suite **2.** [innerhalb kürzester Zeit] dans un instant.

Softeis ['sɔftl̮ais] **das** *(ohne pl)* glace *f* (à l')italienne.

Softie ['sɔfti] (*pl* **-s**) **der** *fam* tendre *m*.

Software [sɔftwɛːɐ] **die** software *m*.

sog [zoːk] **prät** → **saugen**.

sogar ['zoːgaːɐ] **adv** même.

sogenannt ['zoːgənant] **adj** *abw* [angeblich] prétendu(e).

Sohle ['zoːlə] (*pl* **-n**) **die** **1.** [von Schuh] semelle *f* **2.** [von Fuß] plante *f* (du pied).

Sohn [zoːn] (*pl* **Söhne** [zøːnə]) **der** fils *m*.

Soja ['zoːja] **die** soja *m*.

Sojasoße ['zoːjazoːsə] (*pl* **-n**) **die** sauce *f* au soja.

solange [zo'laŋə] **konj** tant que.

Solaranlage [zo'laːɐlanlaːgə] (*pl* **-n**) **die** panneaux *mpl* solaires.

Solarium [zo'laːri̯ʊm] (*pl* **-rien** [-ri̯ən]) **das** solarium *m*.

Solarzelle [zo'laːɐtsɛlə] (*pl* **-n**) **die** pile *f* solaire.

solche, r, s ['zɔlçə] **det** **1.** [so beschaffen] pareil(eille) **2.** [so intensiv] un tel (une telle).

Soldat [zɔl'daːt] (*pl* **-en**) **der** soldat *m*.

solidarisch [zoli'daːrɪʃ] **adj** solidaire.

Solidaritätszuschlag [zolidari'tɛːtstsuːʃlaːk] **der** *impôt de solidarité créé lors de la réunification allemande pour aider à la reconstruction de l'ex-RDA*.

solide [zo'liːdə] **adj** [Material] solide.

Solist, in [zo'lɪst, lɪstɪn] (*mpl* **-en**) **der, die** soliste *mf*.

Soll [zɔl] **das** [Schulden] débit *m*.

sollen¹ ['zɔlən] (*pp* **sollen**) aux devoir.

sollen² ['zɔlən] (*pp* **gesollt**) **vi** devoir ▸ **was soll das?** *fam* qu'est-ce que cela veut dire ? ▸ **was soll's?** *fam* tant pis !

solo ['zoːlo] **adv** en solo.

Solothurn ['zoːloturn] **nt** Soleure.

Sommer ['zɔmɐ] (*pl inv*) **der** été *m* ▸ **im Sommer** en été.

Sommerfahrplan ['zɔmɐfaːɐ̯plaːn] (*pl* **-pläne** [plɛːnə]) **der** horaires *mpl* d'été.

Sommerferien ['zɔmɐfeːri̯ən] **pl** vacances *fpl* d'été.

sommerlich ['zɔmɐlɪç] **adj** d'été.

Sommerpause ['zɔmɐpau̯zə] (*pl* **-n**) **die** relâche *f* (pendant l'été).

Sommerreifen ['zɔmɐraifn̩] (*pl inv*) der pneu *m* d'été.

Sommersprosse ['zɔmɐʃprɔsə] (*pl* -n) die tache *f* de rousseur.

Sommerzeit ['zɔmɐtsait] die **1.** [Uhrzeit] heure *f* d'été **2.** [Sommer] période *f* d'été.

Sonate [zo'na:tə] (*pl* -**n**) die sonate *f*.

Sonderangebot ['zɔndɐlangəbo:t] (*pl* -**e**) das promotion *f*.

Sonderausstattung ['zɔndɐlausʃtatuŋ] (*pl* -**en**) die AUTO option *f*.

Sonderfahrplan ['zɔndɐfa:ɐ̯pla:n] (*pl* -**pläne** [plɛ:nə]) der horaires exceptionnels.

Sonderleistung ['zɔndɐlaistuŋ] (*pl* -**en**) die avantage spécial.

Sondermarke ['zɔndɐmarkə] (*pl* -**n**) die timbre *m* de collection.

Sondermaschine ['zɔndɐmaʃi:nə] (*pl* -**n**) die avion spécial.

Sondermüll ['zɔndɐmyl] der déchets *mpl* toxiques.

sondern ['zɔndɐn] konj mais.

Sonderpreis ['zɔndɐprais] (*pl* -**e** [praizə]) der prix spécial.

Sonderschule ['zɔndɐʃu:lə] (*pl* -**n**) die *établissement scolaire spécialisé pour enfants en difficulté*.

Sonderzeichen ['zɔndɐtsaiçən] (*pl inv*) das EDV caractère *m* spécial.

Sonderzug ['zɔndɐtsu:k] (*pl* -**züge** [tsy:gə]) der train spécial.

Sonnabend ['zɔnla:bn̩t] (*pl* -**e** [a:bn̩də]) der samedi *m* ; → **Samstag**.

sonnabends ['zɔnla:bn̩ts] adv le samedi.

Sonne ['zɔnə] die soleil *m* ▸ **die Sonne scheint** le soleil brille ▸ **in der prallen Sonne** en plein soleil.

sonnen ['zɔnən] ◆ **sich sonnen** ref [in Sonne] prendre un bain de soleil.

Sonnenaufgang ['zɔnənlaufgaŋ] (*pl* -**gänge** [gɛŋə]) der lever *m* du soleil.

Sonnenbad ['zɔnənba:t] (*pl* -**bäder** [bɛ:dɐ]) das bain *m* de soleil.

Sonnenbank ['zɔnənbaŋk] (*pl* -**bänke** [bɛŋkə]) die solarium *m*.

Sonnenblume ['zɔnənblu:mə] (*pl* -**n**) die tournesol *m*.

Sonnenblumenbrot ['zɔnənblu:mənbro:t] (*pl* -**e**) das pain *m* aux graines de tournesol.

Sonnenblumenkern ['zɔnənblu:mənkɛrn] (*pl* -**e**) der graine *f* de tournesol.

Sonnenblumenöl ['zɔnənblu:mənlø:l] das huile *f* de tournesol.

Sonnenbrand ['zɔnənbrant] der coup *m* de soleil.

Sonnenbrille ['zɔnənbrɪlə] (*pl* -**n**) die lunettes *fpl* de soleil.

Sonnencreme ['zɔnənkre:m] (*pl* -**s**) die crème *f* solaire.

Sonnendeck ['zɔnəndɛk] (*pl* -**s**) das pont *m* promenade.

Sonnenkollektor ['zɔnənkolɛkto:ɐ̯] (*pl* -**en**) der capteur *m* solaire.

Sonnenmilch ['zɔnənmɪlç] die lait *m* solaire.

Sonnenschein ['zɔnənʃain] der lumière *f* du soleil, soleil *m*.

Sonnenschirm ['zɔnənʃɪrm] (*pl* -**e**) der parasol *m*.

Sonnenschutzfaktor ['zɔnənʃʊtsfakto:ɐ̯] der indice *m* de protection.

Sonnenseite ['zɔnənzaitə] die [von Gebäude] côté exposé au soleil.

Sonnenstich ['zɔnənʃtɪç] der insolation *f*.

Sonnenstudio ['zɔnənʃtuːdi̯o] (*pl* -s) das centre *m* de bronzage.

Sonnenuntergang ['zɔnənǀuntɐgaŋ] (*pl* -gänge [gɛŋə]) der coucher *m* de soleil.

sonnig ['zɔnɪç] adj [Tag, Wetter] ensoleillé(e) ▸ **es ist sonnig** il y a du soleil.

Sonntag ['zɔntaːk] (*pl* -e) der dimanche *m* ▸ **am Sonntag** dimanche.

sonntags ['zɔntaːks] adv le dimanche.

Sonntagsverkauf ['zɔntaːksfɛɐ̯kauf] der ouverture *f* (des magasins) le dimanche.

sonn- und feiertags ['zɔnǀunt'faiɐtaːks] adv le dimanche et les jours fériés.

sonst ['zɔnst] ◆ adv **1.** [außerdem, abgesehen davon] sinon **2.** [normalerweise] d'habitude. ◆ konj [andernfalls] sinon ▸ **sonst nichts** sinon rien ▸ **was sonst?** *fam* quoi d'autre ?

sonstig ['zɔnstɪç] adj autre.

sooft [zo'ǀɔft] konj aussi souvent que.

Sopran [zo'praːn] (*pl* -e) der **1.** [Sängerin] soprano *f* **2.** [Tonlage] soprano *m*.

Sorge ['zɔrgə] (*pl* -n) die souci *m* ▸ **sich (D) Sorgen machen um** se faire du souci pour ▸ **keine Sorge!** *fam* ne t'inquiète pas, ne vous inquiétez pas !

sorgen ['zɔrgn̩] vi : **sorgen für** a) [aufpassen] veiller à b) [sich kümmern um] s'occuper de. ◆ **sich sorgen** ref se faire du souci.

Sorgerecht ['zɔrgərɛçt] das droit *m* de garde ▸ **das Sorgerecht für jn erhalten / haben** obtenir / avoir le droit de garde de qqn.

sorgfältig ['zɔrgfɛltɪç] adj **1.** [Person] soigneux(euse) **2.** [Planung, Arbeit] soigné(e).

Sorte ['zɔrtə] (*pl* -n) die [von Dingen] sorte *f*.

sortieren [zɔrtiːrən] vt trier.

Sortiment [zɔrti'mɛnt] (*pl* -e) das assortiment *m*.

Soße ['zoːsə] (*pl* -n) die sauce *f*.

Sound [saunt] (*pl* -s) der son *m*.

Soundso ['zoːǀuntzoː] der, die *fam* Tartempion.

souverän [suvə'rɛːn] adj souverain(e).

soviel [zo'fiːl] ◆ adv autant que. ◆ konj (pour) autant que ▸ **soviel ich weiß** autant que je sache.

soweit [zo'vait] konj : **soweit sein** a) être prêt b) [im Allgemeinen] dans l'ensemble, autant que.

sowie [zo'viː] konj [und] ainsi que.

sowieso [zovi'zoː] adv de toute façon.

sowohl [zo'voːl] konj : **sowohl ... als auch ...** aussi bien... que...

sozial [zo'tsi̯aːl] ◆ adj **1.** [gesellschaftlich] social(e) **2.** [Mensch] attentif(ive) aux problèmes sociaux **3.** [Beruf] à caractère social. ◆ adv : **sozial denken** penser en termes sociaux ▸ **sozial handeln** mener une action sociale.

Sozialarbeiter, in [zo'tsi̯aːlǀarbaitɐ, tərɪn] (*mpl inv*) der, die assistant social (assistante sociale).

Sozialdemokrat, in [zo'tsi̯aːldemokraːt, tɪn] (*mpl* -en) der, die social-démocrate *mf*.

sozialdemokratisch [zo'tsi̯aːldemokraːtɪʃ] adj social-démocrate.

soziale Netzwerk [zo'tsi̯aːlə-'nɛtsvɛrk] (*pl* -e) das réseau *m* social.

Sozialhilfe [zo'tsi̯aːlhɪlfə] die ≃ R.M.I. *m*.

Sozialismus [zotsi̯a'lɪsmʊs] der (*ohne pl*) socialisme *m*.

sozialistisch [zotsi̯a'lɪstɪʃ] adj socialiste.

Sozialplan [zo'tsja:lpla:n] (*pl* **-pläne**) der plan *m* de mesures sociales.

Sozialversicherung [zo'tsja:lfɛɐ̯zɪçərʊŋ] (*pl* **-en**) die assurance sociale.

Sozialwohnung [zo'tsja:lvo:nʊŋ] (*pl* **-en**) die logement social.

Soziologie [zotsjolo'gi:] die sociologie *f*.

sozusagen [zotsu'za:gn̩] **adv** pour ainsi dire.

Spachtel ['ʃpaxtl̩] (*pl inv*) der spatule *f*.

Spähsoftware ['ʃpɛ:zɔftvɛ:ɐ̯] (*pl* **-s**) die logiciel *m* espion.

Spalte ['ʃpaltə] (*pl* **-n**) die **1.** [in Fels, Holz] fente *f* **2.** [von Text] colonne *f*.

Spaltenumbruch ['ʃpaltn̩|umbrux] (*pl* **-brüche**) der saut *m* de colonne.

Spam [spɛm] (*pl* **-s**) der, die ODER das spam *m*.

Spamfilter ['spɛmfɪltɐ] (*mpl inv*) der filtre *m* anti-spam.

Spamschutz ['spɛmʃʊts] der protection *f* contre le spam.

Spanferkel ['ʃpa:nfɛrkl] (*pl inv*) das [Fleisch] cochon *m* de lait.

Spange ['ʃpaŋə] (*pl* **-n**) die [im Haar] barrette *f*.

Spanien ['ʃpa:njən] **nt** Espagne *f*.

Spanier, in ['ʃpa:njɐ, njərɪn] (*mpl inv*) der, die Espagnol *m*, -e *f*.

spanisch ['ʃpa:nɪʃ] **adj** espagnol(e).

Spanisch(e) ['ʃpa:nɪʃ(ə)] das espagnol *m*.

spann [ʃpan] **prät** → **spinnen**.

spannend ['ʃpanənt] **adj** passionnant(e).

Spannung ['ʃpanʊŋ] (*pl* **-en**) die tension *f*.

Sparbüchse ['ʃpa:ɐ̯bykṣə] (*pl* **-n**) die tirelire *f*.

sparen ['ʃpa:rən] ◆ **vt** économiser. ◆ **vi** épargner ▸ **sparen für / auf (+ A)** économiser pour.

Spargel ['ʃpargl̩] der asperge *f*.

Spargelsuppe ['ʃpargl̩zʊpə] (*pl* **-n**) die velouté *m* d'asperges.

Sparkasse ['ʃpa:ɐ̯kasə] (*pl* **-n**) die caisse *f* d'épargne.

Sparkonto ['ʃpa:ɐ̯kɔnto] (*pl* **-konten**) das compte *m* d'épargne.

Sparlampe ['ʃpa:ɐ̯lampə] (*pl* **-n**) die ampoule *f* basse consommation.

Sparmaßnahme ['ʃpa:rma:sna:mə] (*pl* **-n**) die mesure *f* d'économie.

Sparpreis ['ʃpa:ɐ̯prais] (*pl* **-e** [praizə]) der prix *m* économique.

sparsam ['ʃpa:ɐ̯za:m] **adj** **1.** [Person] économe **2.** [Auto, Verbrauch] économique.

Sparschwein ['ʃpa:ɐ̯ʃvain] (*pl* **-e**) das tirelire *f*.

Spaß [ʃpa:s] (*pl* **Späße** ['ʃpɛ:sə]) der **1.** [Vergnügen] plaisir *m* **2.** [Scherz] plaisanterie *f* ▸ **Spaß machen** plaisanter ▸ **jm Spaß machen** faire plaisir à qqn ▸ **Spaß haben** s'amuser ▸ **viel Spaß!** amuse-toi bien !, amusez-vous bien ! ▸ **zum Spaß** pour s'amuser.

Spaßbad ['ʃpa:sba:t] (*pl* **-bäder**) das parc *m* aquatique.

Spaßverderber, in ['ʃpa:sfɛɐ̯dɛrbɐ, bərɪn] (*mpl inv*) der, die trouble-fête *mf*.

spät [ʃpɛ:t] ◆ **adj** tardif(ive). ◆ **adv** tard ▸ **am späten Vormittag** tard dans la matinée ▸ **zu spät** trop tard ▸ **wie spät ist es?** quelle heure est-il ?

Spaten ['ʃpa:tn̩] (*pl inv*) der bêche *f*.

später ['ʃpɛːtɐ] ◆ **adj** [zukünftig] futur(e). ◆ **adv** [dann] plus tard ▸ **bis später!** à plus tard !

spätestens ['ʃpɛːtəstn̩s] **adv** au plus tard.

Spätlese ['ʃpɛːtleːzə] (**pl -n**) **die** [Wein] *vin de qualité issu d'une récolte tardive.*

Spätnachmittag ['ʃpɛːtnaxmɪtaːk] (**pl -e** [taːgə]) **der** fin *f* de l'après-midi.

Spätschicht ['ʃpɛːtʃɪçt] (**pl -en**) **die** équipe *f* de nuit.

Spätsommer ['ʃpɛːtzɔmɐ] **der** fin *f* de l'été.

Spätvorstellung ['ʃpɛːtfoːɐ̯ʃtɛlʊŋ] (**pl -en**) **die** séance *f* de minuit.

Spatz [ʃpats] (**pl -en** ['ʃpatsn̩]) **der** [Vogel] moineau *m*.

Spätzli ['ʃpɛtsli] **pl** SCHWEIZ *petites pâtes aux œufs frais.*

spazieren gehen [ʃpa'tsiːrəngeːən] **vi** *(unreg, ist)* aller se promener.

Spaziergang [ʃpa'tsiːɐ̯gaŋ] (**pl -gänge** [ʃpa'tsiːɐ̯gɛŋə]) **der** promenade *f* ▸ **einen Spaziergang machen** faire une promenade.

Speck [ʃpɛk] **der 1.** [geräuchert] lard *m* **2.** [Fett] graisse *f*.

Spedition [ʃpedi'tsi̯oːn] (**pl -en**) **die** transport *m*.

Speed Dating ['spiːtdeːtɪŋ] **das** speed dating *m*.

Speiche ['ʃpai̯çə] (**pl -n**) **die** [am Rad] rayon *m*.

Speichel ['ʃpai̯çl̩] **der** salive *f*.

Speicher ['ʃpai̯çɐ] (**pl inv**) **der 1.** [unterm Dach] grenier *m* **2.** EDV mémoire *f*.

Speicherkapazität ['ʃpai̯çɐkapatsitɛːt] (**pl -en**) **die** EDV capacité *f* de mémoire.

speichern ['ʃpai̯çɐn] **vt** EDV sauvegarder, enregistrer ▸ **speichern unter** enregistrer sous.

Speichern ['ʃpai̯çɐn] **das** sauvegarde *f*.

Speise ['ʃpai̯zə] (**pl -n**) **die** *geh* plat *m*.

Speiseeis ['ʃpai̯zəlai̯s] **das** glace *f*.

Speisekarte ['ʃpai̯zəkartə] (**pl -n**) **die** carte *f*.

Speiseröhre ['ʃpai̯zərøːrə] (**pl -n**) **die** œsophage *m*.

Speisesaal ['ʃpai̯zəzaːl] (**pl -säle** [zɛːlə]) **der 1.** [von Hotel] salle *f* à manger **2.** [von Internat, Kloster, Anstalt] réfectoire *m*.

Speisewagen ['ʃpai̯zəvaːgn̩] (**pl inv**) **der** wagon-restaurant *m*.

Spende ['ʃpɛndə] (**pl -n**) **die** don *m*.

spenden ['ʃpɛndn̩] **vt** faire don de.

spendieren [ʃpɛn'diːrən] **vt** offrir ▸ **jm etw spendieren** offrir qqch à qqn.

Sperre ['ʃpɛrə] (**pl -n**) **die** [auf Straße] barrage *m*.

sperren ['ʃpɛrən] **vt 1.** [Straße] barrer **2.** [einschließen] enfermer **3.** [Konto] bloquer **4.** EDV verrouiller.

Sperren ['ʃpɛrən] **das** verr num *m (verrouillage numérique)*.

Sperrgebiet ['ʃpɛrgəbiːt] (**pl -e**) **das** zone interdite ▸ **militärisches Sperrgebiet** zone militaire interdite.

Sperrmüll ['ʃpɛrmyl] **der** objets encombrants.

Sperrstunde ['ʃpɛrʃtʊndə] (**pl -n**) **die** couvre-feu *m*.

Sperrung ['ʃpɛrʊŋ] (**pl -en**) **die 1.** [von Straße] barrage *m* **2.** [von Konto] blocage *m*.

Spesen ['ʃpeːzn̩] **pl** frais *mpl*.

Spezi® ['ʃpeːtsi] (**pl -s**) **das** [Getränk] mélange de Coca-Cola® et de Fanta®.

Spezialist, in [ʃpetsi̯aˈlɪst, lɪstɪn] (*mpl* **-en**) der, die spécialiste *mf.*

Spezialität [ʃpetsi̯aliˈtɛːt] (*pl* **-en**) die spécialité *f.*

Spickzettel [ˈʃpɪktsɛtl̩] der *fam* SCHULE antisèche *f.*

Spiegel [ˈʃpiːgl̩] (*pl inv*) der [Glas] miroir *m.*

Spiegelei [ˈʃpiːgl̩ai̯] (*pl* **-er**) das œuf *m* au plat.

spiegelglatt [ˈʃpiːgl̩ˈglat] **adj** lisse comme un miroir.

Spiel [ʃpiːl] (*pl* **-e**) das **1.** jeu *m* **2.** SPORT match *m.*

Spielautomat [ˈʃpiːlləautomaːt] (*pl* **-en**) der machine *f* à sous.

spielen [ˈʃpiːlən] ◆ **vt** jouer. ◆ **vi** **1.** jouer **2.** [Roman, Film] se dérouler ▸ **spielen gegen** jouer contre ▸ **spielen um** jouer pour ▸ **Karten spielen** jouer aux cartes ▸ **Tennis spielen** jouer au tennis.

Spieler, in [ˈʃpiːlɐ, lərɪn] (*mpl inv*) **der,** die joueur *m,* -euse *f.*

Spielfilm [ˈʃpiːlfɪlm] (*pl* **-e**) der film *m.*

Spielhalle [ˈʃpiːlhalə] (*pl* **-n**) die salle *f* de jeux.

Spielkasino [ˈʃpiːlkaziːno] (*pl* **-s**) das casino *m.*

Spielplan [ˈʃpiːlplaːn] (*pl* **-pläne** [plɛːnə]) der [von Theater] calendrier *m* (des représentations).

Spielplatz [ˈʃpiːlplats] (*pl* **-plätze** [plɛtsə]) der terrain *m* de jeux.

Spielregel [ˈʃpiːlreːgl̩] (*pl* **-n**) die règle *f* du jeu.

Spielsachen [ˈʃpiːlzaxn̩] **pl** jouets *mpl.*

Spielwaren [ˈʃpiːlvaːrən] **pl** jouets *mpl.*

Spielzeug [ˈʃpiːltsɔyk] das jouet *m.*

Spieß [ʃpiːs] (*pl* **-e**) der [für Fleisch] broche *f* ▸ **am Spieß** à la broche.

Spießchen [ˈʃpiːsçən] (*pl inv*) das brochette *f.*

spießig [ˈʃpiːsɪç] **adj** *fam* & *abw* petit-bourgeois (petite-bourgeoise).

Spinat [ʃpiˈnaːt] der épinard *m.*

Spinne [ˈʃpɪnə] (*pl* **-n**) die araignée *f.*

spinnen [ˈʃpɪnən] (*prät* **spann,** *pp* **gesponnen**) ◆ **vt** [Wolle] filer. ◆ **vi** *fam* [verrückt sein] dérailler.

spinnig [ˈʃpɪnɪç] **adj** *fam* folklo *(ohne pl)* ▸ **er ist ein etwas spinniger Typ** c'est un type plutôt folklo.

spionieren [ʃpi̯oˈniːrən] **vi** espionner.

Spirale [ʃpiˈraːlə] (*pl* **-n**) **die** **1.** [Linie, Form] spirale *f* **2.** MED stérilet *m.*

Spirituosen [ʃpiriˈtu̯oːzn̩] **pl** spiritueux *mpl.*

Spiritus [ˈʃpiritus] **pl** alcool *m* à brûler.

Spirituskocher [ˈʃpiritυskɔxɐ] (*pl inv*) der réchaud *m* à alcool.

spitz [ʃpɪts] **adj** **1.** [Messer, Dach] pointu(e) **2.** [Bemerkung] piquant(e).

Spitze [ˈʃpɪtsə] (*pl* **-n**) die **1.** [von Messer, Nadel] pointe *f* **2.** [von Berg] sommet *m* **3.** [von Kolonne, Gruppe] tête *f.*

Spitzer [ˈʃpɪtsɐ] (*pl inv*) **der** taille-crayon *m.*

Spitzname [ˈʃpɪtsnaːmə] (*pl* **-n**) **der** surnom *m.*

Splitter [ˈʃplɪtɐ] (*pl inv*) der éclat *m.*

sponsern [ˈʃpɔnzɐn] **vt** sponsoriser.

spontan [ʃpɔnˈtaːn] **adj** spontané(e).

Sport [ʃpɔrt] der sport *m* ▸ **Sport treiben** faire du sport.

Sportanlage [ˈʃpɔrtlanlaːgə] (*pl* **-n** [ˈʃpɔrtanlaːgn̩]) **die** installations sportives.

Sportartikel ['ʃpɔrtǀartɪkl] (*pl inv*) der article *m* de sport.

Sportgerät ['ʃpɔrtgərɛːt] (*pl* -e) das agrès *mpl*.

Sportgeschäft ['ʃpɔrtgəʃɛft] (*pl* -e) das magasin *m* de sport.

Sporthalle ['ʃpɔrthalə] (*pl* -n) die gymnase *m*.

Sporthotel ['ʃpɔrthotɛl] (*pl* -s) das *hôtel équipé d'installations pour les sports d'hiver*.

Sportkleidung ['ʃpɔrtklaidʊŋ] die vêtement *m* de sport.

Sportler, in ['ʃpɔrtlɐ, lərɪn] (*mpl inv*) der, die sportif *m*, -ive *f*.

sportlich ['ʃpɔrtlɪç] adj **1.** sportif(ive) **2.** [Kleidung] sport *(ohne pl)*.

Sportplatz ['ʃpɔrtplats] (*pl* -plätze [plɛtsə]) der terrain *m* de sport.

Sportverein ['ʃpɔrtfɛɐ̯ain] (*pl* -e) der association sportive.

Sportwagen ['ʃpɔrtvaːgn̩] (*pl inv*) der voiture *f* de sport.

spotten ['ʃpɔtn̩] vi se moquer.

sprach [ʃpraːx] prät → **sprechen**.

Sprache ['ʃpraːxə] (*pl* -n) die langue *f* ▸ **zur Sprache kommen** être discuté.

Sprachenschule ['ʃpraːxn̩ʃuːlə] (*pl* -n) die école *f* de langues.

Sprachführer ['ʃpraːxfyːrɐ] (*pl inv*) der guide *m* de conversation.

Sprachkenntnisse ['ʃpraːxkɛntnɪsə] pl connaissances *fpl* dans une langue.

Sprachkurs ['ʃpraːxkurs] (*pl* -e) der cours *m* de langue.

sprachlich ['ʃpraːxlɪç] adj [Problem] de langue.

Sprachreise ['ʃpraːxraizə] (*pl* -n) die voyage *m* linguistique.

Sprachunterricht ['ʃpraːxǀʊntərɪçt] der cours *m* de langue.

sprang ['ʃpraŋ] prät → **springen**.

Spray [ʃpreː] der ODER das spray *m*.

Sprechanlage ['ʃprɛçǀanlaːgə] (*pl* -n) die interphone *m*.

sprechen ['ʃprɛçn̩] (*prät* **sprach**, *pp* **gesprochen**) ◆ vi **1.** [reden, sich unterhalten] parler ▸ **miteinander sprechen** parler ▸ **mit jm sprechen** parler avec oder à qqn ▸ **über jn / etw sprechen** parler de qqn / qqch ▸ **vom nächsten Urlaub sprechen** parler des prochaines vacances ▸ **könnte ich bitte mit Herrn Meier sprechen?** pourrais-je parler à monsieur Meier ? ▸ **wer spricht da, bitte?** qui est à l'appareil ? **2.** [urteilend] : **gegen etw sprechen** s'opposer à qqch ▸ **das spricht für ihn** cela parle pour lui ◆ vt **1.** [Sprache] parler ▸ **Deutsch sprechen** parler allemand **2.** [Person] parler à ▸ **seinen Anwalt sprechen** parler à son avocat ▸ **für niemanden zu sprechen sein** n'être là pour personne **3.** [Gebet] dire
◆ **sich sprechen** ref se parler.

Sprecher, in ['ʃprɛçɐ, çərɪn] (*mpl inv*) der, die **1.** [im Radio, Fernsehen] speaker *m*, speakerine *f* **2.** [von Gruppe] porte-parole *mf*.

Sprechstunde ['ʃprɛçʃtʊndə] (*pl* -n) die [beim Arzt] consultation *f*.

Sprechzimmer ['ʃprɛçtsɪmɐ] (*pl inv*) das cabinet *m* de consultation.

Sprengarbeiten ['ʃprɛŋǀarbaitn̩] pl travaux *mpl* à l'explosif.

Sprengstoff ['ʃprɛŋʃtɔf] (*pl* -e) der [Substanz] explosif *m*.

spricht [ʃprɪçt] prät → **sprechen**.

Sprichwort [ˈʃprɪçvɔrt] (*pl* **-wörter** [vœrtɐ]) das proverbe *m*.

Springbrunnen [ˈʃprɪŋbrʊnən] (*pl inv*) der jet *m* d'eau.

springen [ˈʃprɪŋən] (*prät* **sprang**, *pp* **gesprungen**) vi *(ist)* **1.** [Person, Tier] sauter **2.** [Glas] se fêler.

Springflut [ˈʃprɪŋfluːt] (*pl* **-en**) die marée *f* de vive-eau.

Sprint [ʃprɪnt] (*pl* **-s**) der sprint *m*.

Sprit [ʃprɪt] der **1.** [Benzin] essence *f* **2.** [Alkohol] gnôle *f*.

Spritze [ˈʃprɪtsə] (*pl* **-n**) die **1.** [Injektion] piqûre *f* **2.** [Nadel] seringue *f* **3.** [für Sahne, Teig] poche *f* à douille.

spritzen [ˈʃprɪtsn̩] ◆ vt **1.** [Wasser] arroser **2.** [lackieren] peindre au pistolet. ◆ vi [Wasser] gicler ▸ **es spritzt** ça gicle ▸ **jm etw spritzen** [Injektion] faire une piqûre à qqn.

Sprudel [ˈʃpruːdl̩] (*pl inv*) der eau gazeuse.

sprudelnd [ˈʃpruːdl̩nt] adj bouillonnant(e).

Sprühdose [ˈʃpryːdoːzə] (*pl* **-n**) die bombe *f (aérosol)*.

sprühen [ˈʃpryːən] vt [Wasser] vaporiser.

Sprühregen [ˈʃpryːreːgn̩] der bruine *f*.

Sprung [ʃprʊŋ] (*pl* **Sprünge** [ˈʃprʏŋə]) der **1.** [Springen] saut *m* **2.** [Riss] fêlure *f*.

Sprungbrett [ˈʃprʊŋbrɛt] (*pl* **-er**) das tremplin *m*.

Sprungschanze [ˈʃprʊŋʃantsə] (*pl* **-n**) die tremplin *m*.

Spucke [ˈʃpʊkə] die *fam* salive *f*.

spucken [ˈʃpʊkn̩] vi [ausspucken] cracher.

Spüle [ˈʃpyːlə] (*pl* **-n**) die évier *m*.

spülen [ˈʃpyːlən] ◆ vt : **Geschirr spülen** laver la vaisselle. ◆ vi **1.** [an Spüle] faire la vaisselle **2.** [in Toilette] tirer la chasse d'eau.

Spülmaschine [ˈʃpyːlmaʃiːnə] (*pl* **-n**) die lave-vaisselle *m inv*.

Spülmittel [ˈʃpyːlmɪtl̩] (*pl inv*) das produit *m* vaisselle.

Spülung [ˈʃpyːlʊŋ] (*pl* **-en**) die [von Toilette] chasse *f* d'eau.

Spur [ʃpuːɐ̯] (*pl* **-en**) die **1.** [von Füßen, Dieb] trace *f* **2.** [kleine Menge] pincée *f* **3.** [Fahrspur] voie *f* ▸ **die Spur wechseln** changer de file.

spüren [ˈʃpyːrən] vt sentir.

Spurrillen [ˈʃpuːɐ̯rɪlən] pl [auf Straße] ornières *fpl*.

Spyware [ˈspaivɛːɐ̯] die *(ohne pl)* logiciel *m* espion.

Squash [skvɔʃ] das squash *m*.

Sri Lanka [sriˈlaŋka] nt Sri-Lanka *m*.

St. (*abk für* **Sankt**) St (Ste) *(saint)*.

Staat [ʃtaːt] (*pl* **-en**) der [Land] état *m*.

staatlich [ˈʃtaːtlɪç] ◆ adj **1.** [vom Staat] national(e) **2.** [Einheit, Unabhängigkeit] de l'État. ◆ adv par l'État ▸ **staatlich anerkannt** reconnu par l'État ▸ **staatlich geprüft** diplômé d'État.

Staatsangehörigkeit [ˈʃtaːtslangəhøːrɪçkait] (*pl* **-en**) die nationalité *f*.

Staatsbürger, in [ˈʃtaːtsbyrgɐ, gərɪn] (*mpl inv*) der, die citoyen *m*, -enne *f*.

Staatsbürgerschaft [ˈʃtaːtsbyrgɐʃaft] (*pl* **-en**) die citoyenneté *f*.

Staatsexamen [ˈʃtaːtsleksaːmən] (*pl inv*) das *examen d'État donnant accès à l'enseignement et aux professions juridiques*.

Stäbchen [ˈʃtɛːpçn̩] (*pl inv*) das [zum Essen] baguette *f*.

Stabhochsprung [ʃta:p'hoxʃprʊŋ] der saut *m* à la perche.

stabil [ʃta'bi:l] adj stable.

stach [ʃta:x] prät → **stechen**.

Stachel ['ʃtaxl] (*pl* -n) der **1.** [von Insekten] dard *m* **2.** [von Pflanzen] épine *f*.

Stachelbeere ['ʃtaxlbe:rə] (*pl* -n) die groseille *f* à maquereau.

Stacheldraht ['ʃtaxldra:t] (*pl* **-drähte** ['ʃtaxldrɛ:tə]) der fil de fer barbelé.

Stadion ['ʃta:diɔn] (*pl* **-dien** ['ʃta:diən]) das stade *m*.

Stadium ['ʃta:diʊm] (*pl* **-dien** ['ʃta:diən]) das stade *m* *(étape)*.

Stadt [ʃtat] (*pl* **Städte** ['ʃtɛtə]) die ville *f*.

Stadtautobahn ['ʃtatau'toba:n] (*pl* -en) die autoroute urbaine.

Stadtbahn ['ʃtatba:n] (*pl* -en) die tramway *m* *(circulant en ville)*.

Stadtbummel ['ʃtatbʊml] (*pl inv*) der *fam* balade *f* en ville.

Städtepartnerschaft ['ʃtɛtəpartnɐʃaft] (*pl* -en) die jumelage *m*.

Stadtführung ['ʃtatfy:rʊŋən] (*pl* -en) die visite *f* de la ville.

Stadtgebiet ['ʃtatgəbi:t] (*pl* -e) das zone urbaine.

Stadthalle ['ʃtathalə] (*pl* -n) die salle *f* de congrès.

städtisch ['ʃtɛtɪʃ] adj **1.** [Kindergarten, Verwaltung] municipal(e) **2.** [Bevölkerung] urbain(e).

Stadtkern ['ʃtatkɛrn] (*pl* -e) der centre-ville *m*.

Stadtmauer ['ʃtatmauɐ] (*pl* -n) die enceinte *f* d'une ville.

Stadtmitte [ʃtat'mɪtə] die centre-ville *m*.

Stadtpark ['ʃtatpark] (*pl* -s) der parc municipal.

Stadtplan ['ʃtatpla:n] (*pl* **-pläne** [plɛ:nə]) der plan *m* de ville.

Stadtrand ['ʃtatrant] (*pl* **-ränder** [rɛndɐ]) der périphérie *f*.

Stadtrat ['ʃtatra:t] (*pl* **-räte** [rɛ:tə]) der **1.** [Organ] conseil municipal **2.** [Person] conseiller municipal.

Stadträtin ['ʃtatrɛ:tɪn] (*pl* -nen) die conseillère municipale.

Stadtrundfahrt ['ʃtatrʊntfa:ɐt] (*pl* -en) die tour *m* de la ville.

Stadtstaat ['ʃtatʃta:t] (*pl* -en) der ville-état *f*.

Stadtteil ['ʃtattail] (*pl* -e) der quartier *m*.

Stadttor ['ʃtatto:ɐ] (*pl* -e) das porte *f* de la ville.

Stadtviertel ['ʃtatfɪrtl] (*pl inv*) das quartier *m*.

Stadtzentrum ['ʃtattsɛntrʊm] (*pl* **-zentren**) das centre-ville *m*.

stahl [ʃta:l] prät → **stehlen**.

Stahl [ʃta:l] der acier *m*.

Stall [ʃtal] (*pl* **Ställe** ['ʃtɛlə]) der **1.** [für Pferde] écurie *f* **2.** [für Rinder] étable *m* **3.** [für Hühner] poulailler *m* **4.** [für Kaninchen] clapier *m*.

Stamm [ʃtam] (*pl* **Stämme** ['ʃtɛmə]) der **1.** [von Baum] tronc *m* **2.** GRAMM racine *f* **3.** [Gruppe] tribu *f*.

stammen ['ʃtamən] vi : **stammen aus** être originaire de.

Stammgast ['ʃtamgast] (*pl* **-gäste** [gɛstə]) der habitué *m*, -e *f*.

Stammkunde, kundin ['ʃtamkʊndə, kʊndɪn] (*mpl* -n) der, die client *m*, -e *f* fidèle.

Stammtisch ['ʃtamtɪʃ] (*pl* **-e**) **der** table *f* des habitués.

> **ⓘ Stammtisch**
>
> Dans les **Kneipe**, ce mot peut soit désigner une table plus grande que les autres autour de laquelle se retrouvent des habitués, soit le groupe d'habitués lui-même, qui se réunit régulièrement pour jouer aux cartes ou discuter.

Stammzelle ['ʃtamtsɛlə] (*pl* **-n**) **die** cellule *f* souche.

stand [ʃtant] prät → **stehen**.

Stand [ʃtant] (*pl* **Stände** ['ʃtɛndə]) **der 1.** [auf Markt, Messe] stand *m* **2.** [in Entwicklung] état *m* ▸ **im Stande** = **imstande**.

Stand-by [stɛnt'bai] (*pl* **-s**) **der** stand-by *m inv*.

Ständer ['ʃtɛndɐ] (*pl inv*) **der 1.** [von Fahrrad] béquille *f* **2.** [für Mäntel] portemanteau *m*.

ständig ['ʃtɛndɪç] ◆ **adv** sans cesse. ◆ **adj** permanent(e).

Standlicht ['ʃtantlɪçt] **das** feux *mpl* de position.

Standort ['ʃtantlɔrt] (*pl* **-e**) **der** [von Person] endroit *m*.

Standpunkt ['ʃtantpuŋkt] (*pl* **-e**) **der** point *m* de vue.

Standspur ['ʃtantʃpuːɐ̯] (*pl* **-en** [ʃpuːrən]) **die** bande *f* d'arrêt d'urgence.

Stange ['ʃtaŋə] (*pl* **-n**) **die 1.** [aus Holz] perche *f* **2.** [aus Metall] barre *f* ▸ **eine Stange Zigaretten** une cartouche de cigarettes.

Stangenbrot ['ʃtaŋənbroːt] (*pl* **-e**) **das** baguette *f*.

stank [ʃtaŋk] prät → **stinken**.

Stapel ['ʃtaːpl̩] (*pl inv*) **der** [Haufen, Turm] pile *f*.

Star[1] [ʃtaːɐ̯] (*pl* **-e**) **der** [Vogel] étourneau *m*.

Star[2] [ʃtaːɐ̯] (*pl* **-s**) **der** [Person] star *f*.

starb [ʃtarp] prät → **sterben**.

stark [ʃtark] (*komp* **stärker**, *superl* **am stärksten**) ◆ **adj 1.** fort(e) **2.** [Herz] solide **3.** [Verkehr] intense **4.** [Anstieg] raide **5.** *fam* [toll] super. ◆ **adv 1.** [intensiv] beaucoup **2.** [befahren] très fréquenté(e) **3.** [toll] super bien ▸ **stark deklinieren** GRAMM décliner en suivant la déclinaison forte.

Stärke ['ʃtɛrkə] (*pl* **-n**) **die 1.** [Kraft, von Charakter] force *f* **2.** [in Nahrung, für Wäsche] amidon *m* **3.** [Dicke] épaisseur *f* **4.** [Intensität] violence *f*.

stärken ['ʃtɛrkn̩] **vt 1.** [körperlich] fortifier **2.** [Wäsche] amidonner. ◆ **sich stärken ref** se restaurer.

Starkstrom ['ʃtarkʃtroːm] **der** courant *m* à haute tension.

Stärkung ['ʃtɛrkuŋ] (*pl* **-en**) **die** [Nahrung, Getränk] en-cas *m inv*.

starren ['ʃtarən] **vi** : **er starrte auf das Kind / das Bild** il fixait l'enfant / l'image ▸ **er starrt vor Dreck** il est sale des pieds à la tête.

Start [ʃtart] (*pl* **-s**) **der 1.** [von Flugzeug] décollage *m* **2.** [von Rennen] départ *m*.

Startautomatik ['ʃtartlautomaːtɪk] **die** starter *m* automatique.

Startbahn ['ʃtartbaːn] (*pl* **-en**) **die** piste *f* de décollage.

starten ['ʃtartn̩] ◆ **vt 1.** [Auto, Motor] démarrer **2.** [Rennen] lancer. ◆ **vi 1.** [Läufer] prendre le départ **2.** [Flugzeug] décoller.

Startguthaben ['ʃtartguːthaːbn̩] (*mpl inv*) **das** crédit *m* initial.

Starthilfe ['ʃtarthılfə] die [für Auto] aide *f* au démarrage ▸ **jm Starthilfe geben** aider qqn à démarrer.

Starthilfekabel ['ʃtarthılfəkabl] (*pl inv*) das câble *m* de batterie.

Startmenü ['ʃtartmenyː] (*pl* -s) das menu *m* Démarrer.

Station [ʃta'tsjoːn] (*pl* -en) die **1.** [von Bus, Zug, U-Bahn] station *f* **2.** [von Reise] étape *f* **3.** [im Krankenhaus] service *m*.

stationär [ʃtatsjo'nɛːɐ̯] adj : **stationäre Behandlung** hospitalisation *f*.

Statistik [ʃta'tıstık] (*pl* -en) die statistique *f*.

Stativ [ʃta'tiːf] (*pl* -e [tiːvə]) das trépied *m*.

statt [ʃtat] konj & präp (*+ G, + D*) au lieu de.

stattdessen [ʃtat'dɛsn̩] konj à la place.

statt◦finden ['ʃtatfındn̩] vi (*unreg*) avoir lieu.

Statue ['ʃtaːtu̯ə, 'staːtu̯ə] (*pl* -n) die statue *f*.

Stau [ʃtau̯] (*pl* -s) der [im Verkehr] embouteillage *m* ▸ **im Stau stehen** être pris dans un embouteillage.

Staub [ʃtau̯p] der [Schmutz] poussière *f*.

stauben ['ʃtau̯bn̩] ◆ vi faire de la poussière. ◆ vimp : **es staubt** il y a de la poussière.

staubig ['ʃtau̯bıç] adj poussiéreux(euse).

Staubsauger ['ʃtau̯pzau̯gɐ] (*pl inv*) der aspirateur *m*.

Staudamm ['ʃtau̯dam] (*pl* -dämme [dɛmə]) der barrage *m*.

Staugefahr ['ʃtau̯gəfaːɐ̯] die risque *m* d'embouteillage.

staunen ['ʃtau̯nən] vi s'étonner.

Stausee ['ʃtau̯zeː] (*pl* -n) der lac *m* de barrage.

Stauwarnung ['ʃtau̯varnʊŋ] (*pl* -en) die info *f* trafic.

Std. (*abk für* **Stunde**) h (*heure*).

Steak [ʃteːk, steːk] (*pl* -s) das bifteck *m*.

Steakhaus ['steːkhau̯s] (*pl* -häuser [hɔy̯zɐ]) das grill *m*.

stechen ['ʃtɛçn̩] (*präs* **sticht**, *prät* **stach**, *pp* **gestochen**) vt & vi piquer. ◆ **sich stechen** ref se piquer.

Stechmücke ['ʃtɛçmykə] (*pl* -n) die moustique *m*.

Steckdose ['ʃtɛkdoːzə] (*pl* -n) die prise *f* électrique.

stecken ['ʃtɛkn̩] ◆ vt mettre. ◆ vi être ▸ **wo habt ihr gesteckt?** où étiez-vous passés ?

stecken lassen ['ʃtɛkn̩lasn̩] vt (*unreg*) laisser.

Stecker ['ʃtɛkɐ] (*pl inv*) der prise *f* (mâle).

Stecknadel ['ʃtɛknadl̩] (*pl* -n) die épingle *f*.

Steg [ʃteːk] (*pl* -e) der [Brücke] passerelle *f*.

Stehcafé ['ʃteːkafeː] (*pl* -s) das snack-bar *m*.

stehen ['ʃteːən] (*prät* **stand**, *pp* **gestanden**) ◆ vi **1.** [gen] être ▸ **an der Bushaltestelle stehen** être à l'arrêt de bus ▸ **die Blume steht am Fenster** la plante est près de la fenêtre ▸ **das Programm steht in der Zeitung** le programme se trouve dans le journal **2.** [aufrecht] être debout ▸ **ich musste im Bus stehen** j'étais obligé de rester debout dans le bus **3.** [unterstützend] : **ich stehe zu dir** je te soutiens ▸ **zu** →

seiner Meinung stehen défendre son opinion **4.** [Kleidung, Frisur] : **jm stehen** aller à qqn ▸ **gelb steht dir nicht** le jaune ne te va pas **5.** *fam* [mögen] : **sie steht auf Jazz** elle aime bien le jazz ◆ **vimp 1.** [im Sport] : **wie steht es nach der ersten Halbzeit?** où en est-on après la première mi-temps ? ▸ **es steht 1 zu 0** le score est de 1 à 0 **2.** [gesundheitlich] : **es steht schlecht um jn / etw** l'état de qqn / qqch est mauvais.

stehen bleiben ['ʃteːənblaibn̩] **vi** *(unreg, ist)* [Person, Auto, Uhr] s'arrêter.

stehen lassen ['ʃteːənlasn̩] **vt** *(unreg)* **1.** [Essen, Tasse, vergessen] laisser **2.** [Person] plaquer.

stehlen ['ʃteːlən] (*präs* **stiehlt**, *prät* **stahl**, *pp* **gestohlen**) **vt** [entwenden] voler.

Stehplatz ['ʃteːplats] (*pl* **-plätze** [plɛtsə]) **der** place *f* debout.

Steiermark ['ʃtaiɐmark] **die** Styrie *f*.

steif [ʃtaif] ◆ **adj 1.** [Gelenk, Bewegung] raide **2.** [Stoff] dur(e), rigide **3.** [Mensch, Begrüßung] guindé(e). ◆ **adv** avec raideur ▸ **steife Sahne** crème fouettée ▸ **Eiweiß steif schlagen** monter les blancs d'œufs en neige.

steigen ['ʃtaign̩] (*prät* **stieg**, *pp* **gestiegen**) **vi** *(ist)* **1.** [klettern] monter **2.** [in die Luft] s'élever **3.** [ansteigen] augmenter ▸ **in den Bus steigen** monter dans le bus ▸ **aus dem Bus steigen** descendre du bus.

steigern ['ʃtaigɐn] **vt 1.** [erhöhen] augmenter **2.** GRAMM mettre au comparatif oder au superlatif.

Steigung ['ʃtaigʊŋ] (*pl* **-en**) **die** [von Straße] pente *f*.

steil [ʃtail] **adj 1.** [Straße] raide **2.** [Berg] à pic.

Steilhang ['ʃtailhaŋ] (*pl* **-hänge** [hɛŋə]) **der** pente *f* raide.

Steilküste ['ʃtailkystə] (*pl* **-n**) **die** falaise *f*.

Stein [ʃtain] (*pl* **-e** ['ʃainə]) **der 1.** pierre *f* **2.** [in Obst] noyau *m* **3.** [in Organ] calcul *m* **4.** [zum Spielen] pion *m*.

Steinbock ['ʃtainbɔk] (*pl* **-böcke** [bœkə]) **der 1.** [Tier] bouquetin *m* **2.** [Sternzeichen] Capricorne *m*.

Steinbutt ['ʃtainbʊt] (*pl* **-e**) **der** turbot *m*.

Steingut ['ʃtainguːt] **das** faïence *f*.

Steinpilz ['ʃtainpɪlts] (*pl* **-e**) **der** cèpe *m*.

Steinschlag ['ʃtainʃlaːk] **der** chute *f* de pierres.

Stelle ['ʃtɛlə] (*pl* **-n**) **die 1.** [Platz] endroit *m* **2.** [Fleck] tache *f* **3.** [Arbeitsplatz] emploi *m* **4.** [Rang] position *f* **5.** [im Text] passage *m* ▸ **an js Stelle** à la place de qqn ▸ **an Stelle** = **anstelle**.

stellen ['ʃtɛlən] ◆ **vt 1.** [hinstellen] mettre ▸ **etw kalt / warm stellen** [Speise] mettre qqch au frais / au chaud **2.** [nicht legen] mettre debout **3.** [einstellen] régler ▸ **die Uhr stellen** mettre la montre à l'heure ▸ **den Fernseher leise stellen** baisser le son du téléviseur **4.** [Diagnose, Prognose] faire **5.** [Frage, Bedingung] poser

◆ **sich stellen ref 1.** [sich hinstellen] se mettre ▸ **sich ans Fenster stellen** se mettre à la fenêtre **2.** [nicht ausweichen] : **sich den Fragen der Journalisten stellen** se soumettre aux questions des journalistes **3.** [sich verstellen] : **sich krank / dumm stellen** faire le malade / l'idiot.

Stellenangebot ['ʃtɛlən|angəboːt] (*pl* **-e**) **das** offre *f* d'emploi.

stellenweise ['ʃtɛlənvaizə] adv par endroits.

Stellung ['ʃtɛlʊŋ] (*pl* **-en**) die **1.** [von Körper, Gegenstand] position *f* **2.** [Arbeitsstelle] poste *m*.

Stellvertreter, in ['ʃtɛlfɛɐ̯treːtɐ, tərɪn] (*mpl inv*) der, die suppléant *m*, -e *f*.

Stempel ['ʃtɛmpl] (*pl inv*) der tampon *m*.

stempeln ['ʃtɛmpl̩n] vt **1.** [Fahrschein, Briefmarke] oblitérer **2.** [Formular] tamponner.

Steppdecke ['ʃtɛpdɛkə] (*pl* **-n**) die couette *f*.

Sterbehilfe ['ʃtɛrbəhɪlfə] (*pl* **-n**) die [Lebensverkürzung] euthanasie *f*.

sterben ['ʃtɛrbn] (*präs* **stirbt**, *prät* **starb**, *pp* **gestorben**) vi *(ist)* [Mensch, Tier] mourir ▸ **sterben an** *(+ D)* mourir de.

Stereoanlage ['ʃtereolanlaːgə] (*pl* **-n**) die chaîne *f* hi-fi.

steril [ʃte'riːl] adj [keimfrei] stérile.

sterilisieren [ʃterili'ziːrən] vt stériliser.

sterilisiert [ʃterili'ziːɐt] adj stérilisé(e).

Stern [ʃtɛrn] (*pl* **-e**) der étoile *f*.

Sternbild ['ʃtɛrnbɪlt] (*pl* **-er** [bɪldɐ]) das constellation *f*.

Sternschnuppe ['ʃtɛrnʃnʊpə] (*pl* **-n**) die étoile filante.

Sternwarte ['ʃtɛrnvartə] (*pl* **-n**) die observatoire *m*.

Sternzeichen ['ʃtɛrntsaiçn̩] (*pl inv*) das signe *m* astrologique.

Steuer[1] ['ʃtɔyɐ] (*pl* **-n**) die [Abgabe] impôt *m*.

Steuer[2] ['ʃtɔyɐ] (*pl inv*) das [von Auto] volant *m*.

Steuerbord ['ʃtɔyɐbɔrt] das tribord *m*.

steuerfrei ['ʃtɔyɐfrai] adj exonéré(e) d'impôts.

steuern ['ʃtɔyɐn] vt piloter.

steuerpflichtig ['ʃtɔyɐpflɪçtɪç] adj imposable.

Steuerrad ['ʃtɔyɐraːt] (*pl* **-räder** [rɛːdɐ]) das **1.** [Auto] volant *m* **2.** [Schiff] gouvernail *m*.

Steuerung ['ʃtɔyərʊŋ] (*pl* **-en**) die [Gerät] commande *f*.

Steuerungstaste ['ʃtɔyərʊŋstastə] (*pl* **-n**) die touche *f* de contrôle.

Steward ['stjuːɐt, ʃtjuːɐt] (*pl* **-s**) der [im Flugzeug] steward *m*.

Stewardess ['stjuːɐdɛs] (*pl* **-en**) die [im Flugzeug] hôtesse de l'air *f*.

Stich [ʃtɪç] (*pl* **-e**) der **1.** [Stechen] coup *m* **2.** [von Insekt] piqûre *f* **3.** [beim Nähen] point *m* **4.** [Schmerz] élancement *m* **5.** [Bild] gravure *f* ▸ **jn / etw im Stich lassen** laisser qqn / qqch en plan.

sticht [ʃtɪçt] präs → **stechen**.

Stichwort ['ʃtɪçvɔrt] (*pl* **-wörter**) das mot-clé *m*.

Stick [stɪk] (*pl* **-s**) der : **ein (USB-)Stick** une clé (USB).

sticken ['ʃtɪkn̩] vi broder.

Sticker ['stɪkɐ] (*pl inv*) der autocollant *m*.

Stiefbruder ['ʃtiːfbruːdɐ] (*pl* **-brüder** [bryːdɐ]) der *fils du beau-père ou de la belle-mère*.

Stiefel ['ʃtiːfl] (*pl inv*) der [Schuh] botte *f*.

Stiefmutter ['ʃtiːfmʊtɐ] (*pl* **-mütter** [mytɐ]) die belle-mère *f (conjointe du père)*.

Stiefschwester ['ʃtiːfʃvɛstɐ] (*pl* **-n**) die *fille du beau-père ou de la belle-mère.*

Stiefvater ['ʃtiːffaːtɐ] (*pl* **-väter** [fɛːtɐ]) der beau-père *m (conjoint de la mère).*

stieg [ʃtiːk] prät → **steigen**.

Stiel [ʃtiːl] (*pl* **-e**) der **1.** [von Blumen] tige *f* **2.** [von Besen, Pfanne] manche *m*.

Stier [ʃtiːɐ] (*pl* **-e**) der **1.** [Tier] taureau *m* **2.** [Sternzeichen] Taureau *m*.

stieß [ʃtiːs] prät → **stoßen**.

Stift [ʃtɪft] (*pl* **-e**) der **1.** [zum Schreiben] stylo *m* **2.** [aus Metall] cheville *f*.

Stiftung ['ʃtɪftʊŋ] (*pl* **-en**) die **1.** [Institution] fondation *f* **2.** [Schenkung] donation *f*.

Stil [ʃtiːl] (*pl* **-e**) der style *m*.

stilistisch [ʃti'lɪstɪʃ] adj stylistique.

still [ʃtɪl] ◆ adj calme. ◆ adv **1.** [geräuschlos] en silence **2.** [bewegungslos] sans bouger ▸ **sei bitte still!** tais-toi, s'il te plaît !

stillen ['ʃtɪlən] vt **1.** [Baby] allaiter **2.** [Schmerz] apaiser.

Stilvorlage ['ʃtiːlfoːɐ̯laːgə] (*pl* **-n**) die feuille de style.

Stimme ['ʃtɪmə] (*pl* **-n**) die voix *f*.

stimmen ['ʃtɪmən] ◆ vi **1.** [richtig sein] être exact(e) **2.** [bei Wahl] voter. ◆ vt [Instrument] accorder ▸ **stimmen für / gegen** voter pour / contre ▸ **das stimmt nicht!** ce n'est pas vrai ! ▸ **stimmt!** c'est exact ! ▸ **stimmt so!** c'est bon !

Stimmrecht ['ʃtɪmrɛçt] das droit *m* de vote.

Stimmung ['ʃtɪmʊŋ] (*pl* **-en**) die **1.** [Laune] humeur *f* **2.** [Atmosphäre] ambiance *f*.

stinken ['ʃtɪŋkn̩] (*prät* **stank**, *pp* **gestunken**) vi [schlecht riechen] puer.

Stipendium [ʃti'pɛndi̯ʊm] (*pl* **-dien**) das bourse *f*.

stirbt ['ʃtɪrpt] präs → **sterben**.

Stirn [ʃtɪrn] (*pl* **-en**) die front *m*.

Stock [ʃtɔk] (*pl* **Stöcke** ['ʃtœkə]) der **1.** [aus Holz] bâton *m* **2.** [Etage] étage *m* ▸ **im ersten Stock** au premier étage.

Stockholm ['ʃtɔkhɔlm] nt Stockholm.

Stockung ['ʃtɔkʊŋ] (*pl* **-en**) die [im Verkehr] ralentissement *m*.

Stockwerk ['ʃtɔkvɛrk] (*pl* **-e**) das étage *m*.

Stoff [ʃtɔf] (*pl* **-e**) der **1.** [Tuch] tissu *m* **2.** [Substanz] substance *f*.

stöhnen ['ʃtøːnən] vi gémir.

Stollen ['ʃtɔlən] (*pl inv*) der [Kuchen] *gâteau de Noël contenant raisins secs, pâte d'amande et écorces d'orange confites.*

stolpern ['ʃtɔlpɐn] vi *(ist)* [beim Gehen] trébucher.

stolz [ʃtɔlts] adj [Person] fier(ère).

stopfen ['ʃtɔpfn̩] ◆ vt **1.** [Socken] repriser **2.** [hineinstecken] fourrer. ◆ vi *fam* **1.** [die Verdauung hemmen] constiper **2.** [satt machen] caler.

stopp [ʃtɔp] interj stop.

Stopp [ʃtɔp] (*pl* **-s**) der arrêt *m*.

stoppen ['ʃtɔpn̩] ◆ vt [anhalten] arrêter. ◆ vi s'arrêter.

Stoppschild ['ʃtɔpʃɪlt] (*pl* **-er** [ʃɪldɐ]) das stop *m*.

Stoppuhr ['ʃtɔpluːɐ̯] (*pl* **-en** [uːrən]) die chronomètre *m*.

Stöpsel ['ʃtœpsl̩] (*pl inv*) der bouchon *m*.

Storch [ʃtɔrç] (*pl* **Störche** ['ʃtœrçə]) das cigogne *f*.

stören ['ʃtøːrən] ◆ vt **1.** [beeinträchtigen] déranger **2.** [missfallen] gêner. ◆ vi **1.** [Schüler, Besucher] déranger **2.** [missfallen] gêner **stören bei** déranger pendant **'bitte nicht stören!'** 'prière de ne pas déranger'.

stornieren [ʃtɔr'niːrən] **vt** annuler.

Stornogebühr ['ʃtɔrnogəbyːɐ̯] (*pl* **-en**) **die** frais *mpl* d'annulation.

Störung ['ʃtøːrʊŋ] (*pl* **-en**) **die 1.** [Belästigung] dérangement *m* **2.** [im Fernsehen] parasites *mpl* **entschuldigen Sie die Störung!** excusez le dérangement !

Störungsstelle ['ʃtøːrʊŋsʃtɛlə] (*pl* **-n**) **die** service *m* de dérangements.

Stoß [ʃtoːs] (*pl* **Stöße** ['ʃtøːsə]) **der 1.** [Schlag] coup *m* **2.** [Stapel] tas *m*.

Stoßdämpfer ['ʃtoːsdɛmpfɐ] (*pl inv*) **der** amortisseur *m*.

stoßen ['ʃtoːsn̩] (*präs* **stößt**, *prät* **stieß**, *pp* **gestoßen**) ◆ **vt** *(hat)* [schubsen] pousser. ◆ **vi** *(ist)* **: an** ODER **gegen die Wand stoßen** se cogner contre le mur **auf etwas Interessantes stoßen** tomber sur qqch d'intéressant **zu jm stoßen** rejoindre qqn. ◆ **sich stoßen ref** se cogner.

Stoßstange ['ʃtoːsʃtaŋə] (*pl* **-n**) **die** pare-chocs *m inv*.

stößt [ʃtøːst] **präs** → **stoßen**.

Stoßzeit ['ʃtoːstsait] (*pl* **-en**) **die** heure *f* de pointe.

stottern ['ʃtɔtɐn] **vi** bégayer.

Str. (*abk für* Straße) r. *(rue)*.

strafbar ['ʃtraːfbaːɐ̯] **adj** répréhensible.

Strafe ['ʃtraːfə] (*pl* **-n**) **die 1.** [Bestrafung] punition *f* **2.** [Geldbuße] amende *f* **zur Strafe** en punition **Strafe zahlen** payer une amende.

Strafmandat ['ʃtraːfmandaːt] (*pl* **-e**) **das** procès-verbal *m*.

Straftat ['ʃtraːftaːt] (*pl* **-en**) **die** délit *m*.

Strafzettel ['ʃtraːftsɛtl̩] (*pl inv*) **der** *fam* contravention *f*.

Strahl [ʃtraːl] (*pl* **-en**) **der 1.** [von Wasser] jet *m* **2.** [von Licht] rayon *m*. ◆ **Strahlen pl** [von Energie] rayonnement *m*.

strahlen ['ʃtraːlən] **vi 1.** rayonner **2.** [radioaktiv] émettre des radiations.

Strahlenschutz- ['ʃtraːlənʃʊts] **adj** antiatomique, antiradiation.

Strahlenschutzschild ['ʃtraːlənʃʊtsʃɪlt] **der** bouclier *m* antiradiation.

Strahlenschutztasche ['ʃtraːlənʃʊtstaʃə] **die** étui *m* antiradiation.

Strähnchen ['ʃtrɛːnçən] **das** mèche *f* **sich** *(+ D)* **Strähnchen machen lassen** se faire un balayage.

Strähne ['ʃtrɛːnən] (*pl* **-n**) **die** mèche *f*.

stramm [ʃtram] **adj** [Band, Seil] serré(e).

strampeln ['ʃtrampl̩n] **vi** [Säugling] gigoter.

Strand [ʃtrant] (*pl* **Strände** ['ʃtrɛndə]) **der** plage *f*.

Strandkorb ['ʃtrantkɔrp] (*pl* **-körbe** [kœrbə]) **der** *fauteuil en osier servant d'abri de plage*.

Strandpromenade ['ʃtrantpromənaːdə] (*pl* **-n**) **die** promenade *f* de bord de mer.

strapazieren [ʃtrapa'tsiːrən] **vt 1.** [Material] user **2.** [Person] éprouver.

Straßburg ['ʃtraːsbʊrk] **nt** Strasbourg.

Straße ['ʃtraːsə] (*pl* **-n**) **die 1.** [Landstraße] route *f* **2.** [in Stadt] rue **zur Straße liegen** donner sur la rue.

Straßenarbeiten ['ʃtraːsn̩larbaitn̩] **pl** travaux *mpl (sur la route)*.

Straßenbahn ['ʃtraːsn̩baːn] (*pl* **-en**) **die** tramway *m*.

Straßenbahnlinie ['ʃtraːsn̩baːnliːni̯ə] (*pl* -n) die ligne *f* de tramway.

Straßencafé ['ʃtraːsn̩kafeː] (*pl* -s) das café *m* avec terrasse.

Straßenfest ['ʃtraːsn̩fɛst] (*pl* -e) das fête *f (dans la rue)*.

Straßenglätte ['ʃtraːsn̩glɛtə] die verglas *m* ▸ **mit Straßenglätte muss gerechnet werden** il faut s'attendre à du verglas.

Straßenkarte ['ʃtraːsn̩kartə] (*pl* -n) die carte routière.

Straßenschäden ['ʃtraːsn̩ʃɛːdn̩] pl : **'Achtung Straßenschäden'** 'route en mauvais état'.

Straßenschild ['ʃtraːsn̩ʃɪlt] (*pl* -er [ʃɪldɐ]) das plaque *f* de rue.

Straßensperre ['ʃtraːsn̩ʃpɛrə] (*pl* -n) die barrage routier.

Straßenverhältnisse ['ʃtraːsn̩fɛɐ̯hɛltnɪsə] pl état *m* des routes.

Straßenverkehr ['ʃtraːsn̩fɛɐ̯keːɐ̯] der circulation routière.

Straßenverkehrsordnung ['ʃtraːsn̩fɛɐ̯keːɐ̯sǀɔrtnʊŋ] die code *m* de la route.

Strategie [ʃtrate'giː] (*pl* -n) die stratégie *f*.

Strauch [ʃtraux] (*pl* **Sträucher** ['ʃtrɔyçɐ]) der arbuste *m*.

Strauß[1] [ʃtraus] (*pl* **Sträuße** ['ʃtrɔysə]) der [Blumen] bouquet *m*.

Strauß[2] [ʃtraus] (*pl* -e) der [Vogel] autruche *f*.

Streber, in ['ʃtreːbɐ, bərɪn] (*mpl inv*) der, die *fam abw* [Schüler] fayot *m*, -otte *f*.

Streberei [ʃtreːbə'rai] die *fam* fayotage *m*.

Strecke ['ʃtrɛkə] (*pl* -n) die **1.** [Weg] trajet *m* **2.** [Entfernung] distance *f*.

strecken ['ʃtrɛkn̩] vt [Körperteil] étendre. ◆ **sich strecken** ref [sich recken] s'étirer.

streckenweise ['ʃtrɛkn̩vaizə] adv par endroits.

Streetworker, in ['striːtwøːɐ̯kɐ, rɪn] (*mpl inv*) der, die éducateur *m*, -trice *f* de rue.

streicheln [ʃtraiçl̩n] vt caresser.

Streichelzoo ['ʃtraiçəltsoː] (*pl* -s) der mini-ferme *f* pour enfants.

streichen ['ʃtraiçn̩] (*prät* **strich**, *pp* **gestrichen**) ◆ vt **1.** [mit Farbe] peindre **2.** [Salbe] étendre **3.** [durchstreichen] rayer **4.** [annullieren] annuler. ◆ vi : **jm übers Haar streichen** caresser les cheveux de qqn ▸ **eine Brotscheibe mit Butter streichen** beurrer une tartine.

Streichholz ['ʃtraiçhɔlz] (*pl* -**hölzer** [hœltsɐ]) das allumette *f*.

Streichholzschachtel ['ʃtraiçhɔlzʃaxtl̩] (*pl* -n) die boîte *f* d'allumettes.

Streichkäse ['ʃtraiçkɛːzə] der fromage *m* à tartiner.

Streifen ['ʃtraifn̩] (*pl inv*) der **1.** [Muster] rayure *f* **2.** [Stück] bande *f*.

Streifenkarte ['ʃtraifn̩kartə] (*pl* -n) die *carte de bus ou de métro dont on poinçonne une ou plusieurs bandes.*

Streifenwagen ['ʃtraifn̩vaːgn̩] (*pl inv*) der voiture *f* de police.

Streik [ʃtraik] (*pl* -s) der grève *f*.

streiken ['ʃtraikn̩] vi **1.** [Arbeiter] faire grève **2.** *fam* [Gerät] ne plus fonctionner.

Streit [ʃtrait] der dispute *f* ▸ **Streit haben mit** avoir une dispute avec.

streiten ['ʃtraitn̩] (*prät* **stritt**, *pp* **gestritten**) vi [zanken] se disputer ▸ **streiten über** *(+ A)* [sich auseinandersetzen] discuter de. ◆ **sich streiten** ref [sich zanken] se disputer ▸ **sich streiten mit** se disputer avec.

streng [ʃtrɛŋ] ◆ adj **1.** [Eltern, Lehrer] sévère **2.** [Diät, Regel] strict(e). ◆ adv **1.** [erziehen, urteilen] sévèrement **2.** [befolgen] strictement.

Stress [ʃtrɛs] **der** stress *m*.

stressen [ˈʃtrɛsn̩] **vt** *fam* stresser.

stressig [ˈʃtrɛsɪç] **adj** *fam* stressant(e).

Stresstest [ˈʃtrɛstɛst] (*pl* **-s**) **der** test *m* de résistance.

Stretching [ˈstrɛtʃɪŋ] **das** stretching *m*, étirements *mpl*.

streuen [ʃtrɔyən] ◆ **vt** [Salz, Kräuter] répandre. ◆ **vi** [gegen Eis] sabler.

Streuselkuchen [ʃtrɔyzlkuːxn̩] (*pl inv*) **der** *gâteau saupoudré d'un mélange de beurre, de sucre et de farine réduit en miettes.*

strich [ʃtrɪç] **prät** → **streichen**.

Strich [ʃtrɪç] (*pl* **-e**) **der** **1.** [Linie] trait *m* **2.** *fam* [Prostitution] tapin *m* ▸ **auf den Strich gehen** *fam* faire le tapin.

strichweise [ˈʃtrɪçvaizə] **adv** : **strichweise Regen** pluies par endroits.

Strick [ʃtrɪk] (*pl* **-e**) **der** corde *f*.

stricken [ˈʃtrɪkn̩] **vt** tricoter.

Strickjacke [ˈʃtrɪkjakə] (*pl* **-n**) **die** gilet *m* (en tricot).

Strickleiter [ˈʃtrɪklaitɐ] (*pl* **-n**) **die** échelle *f* de corde.

Stricknadel [ˈʃtrɪknaːdl̩] (*pl* **-n**) **die** aiguille *f* à tricoter.

Strickwaren [ˈʃtrɪkvaːrən] **pl** articles *mpl* de tricot, maille *f*.

Striptease [ˈʃtrɪptiːs, ˈstrɪptiːs] **der** strip-tease *m*.

stritt [ʃtrɪt] **prät** → **streiten**.

strittig [ˈʃtrɪtɪç] **adj** controversé(e).

Stroh [ʃtroː] **das** paille *f*.

Strohhalm [ˈʃtroːhalm] (*pl* **-e**) **der** [zum Trinken] paille *f*.

Strom [ʃtroːm] (*pl* **Ströme** [ˈʃtrøːmə]) **der** **1.** [elektrisch] courant *m* **2.** [Fluss] fleuve *m* **3.** [Menge] flot *m* ▸ **es regnet in Strömen** il pleut à verse.

Stromanschluss [ˈʃtroːmlanʃlʊs] (*pl* **-anschlüsse** [ʃlysə]) **der** branchement *m* de l'électricité.

Stromausfall [ˈʃtroːmlausfal] (*pl* **-ausfälle** [fɛlə]) **der** panne *f* de courant.

strömen [ˈʃtrøːmən] **vi** *(ist)* **1.** [Wasser] couler **2.** [Gas] fuir **3.** [Personen] affluer.

Stromstärke [ˈʃtroːmʃtɛrkə] (*pl* **-n**) **die** intensité *f* du courant.

Strömung [ˈʃtrøːmʊŋ] (*pl* **-en**) **die** [von Fluss, Meer] courant *m*.

Stromverbrauch [ˈʃtroːmfɛɐ̯braux] **der** consommation *f* d'électricité.

Stromzähler [ˈʃtroːmtsɛːlɐ] (*pl inv*) **der** compteur *m* électrique.

Strophe [ˈʃtroːfə] (*pl* **-n**) **die** strophe *f*.

Strudel [ˈʃtruːdl̩] (*pl inv*) **der** **1.** [im Wasser] tourbillon *m* **2.** [Gebäck] strudel *m*.

Struktur [ʃtrʊkˈtuːɐ̯] (*pl* **-en** [tuːrən]) **die** [Aufbau] structure *f*.

Strumpf [ʃtrʊmpf] (*pl* **Strümpfe** [ˈʃtrympfə]) **der** **1.** [Nylonstrumpf] bas *m* **2.** [Kniestrumpf] chaussette *f*.

Strumpfhose [ˈʃtrʊmpfhoːzə] (*pl* **-n**) **die** collants *mpl*.

Stube [ˈʃtuːbə] (*pl* **-n**) **die** [Raum] pièce *f*.

Stück[1] [ʃtyk] (*pl* **-e**) **das** **1.** [Teil] part *f* **2.** [Text] passage *m* **3.** [Musikstück] morceau *m* **4.** [Theaterstück] pièce *f* **5.** [Nahrung] morceau *m* ▸ **am Stück** à la pièce.

Stück[2] [ʃtyk] (*pl inv*) **das** [mit Zahl] pièce *f*.

Stückzahl ['ʃtyktsa:l] (*pl* **-en**) **die** nombre *m* de pièces.

Student, in [ʃtu'dɛnt, tɪn] (*mpl* **-en**) **der, die** étudiant *m*, -e *f*.

Studentenausweis [ʃtu'dɛntn̩ausvais] (*pl* **-e** [vaizə]) **der** carte *f* d'étudiant.

Studentenwohnheim [ʃtu'dɛntn̩vo:nhaim] (*pl* **-e**) **das** cité *f* universitaire.

Studienfahrt ['ʃtudiənfa:ɐt] (*pl* **-en**) **die** voyage *m* d'études.

Studiengang ['ʃtudiəngaŋ] (*pl* **-gänge**) **der** filière *f (universitaire)*.

Studiengebühren ['ʃtudiəngəby:rən] **pl** SCHULE droits *mpl* universitaires.

Studienplatz ['ʃtu:diənplats] (*pl* **-plätze**) **der** place *f* (à l'université).

studieren [ʃtu'di:rən] ◆ **vt 1.** [an Universität] faire des études de **2.** [Text, beobachten] étudier. ◆ **vi** faire ses études.

Studium ['ʃtu:dium] (*pl* **Studien** ['ʃtudiən]) **das** [an Universität] études *fpl*.

Stufe ['ʃtu:fə] (*pl* **-n**) **die** [von Treppe] marche *f* ▸ **'Vorsicht Stufe!'** 'attention à la marche !'.

Stuhl [ʃtu:l] (*pl* **Stühle** ['ʃty:lə]) **der 1.** [zum Sitzen] chaise *f* **2.** [Kot] selles *fpl*.

Stuhlgang ['ʃtu:lgaŋ] **der** selles *fpl* ▸ **Stuhlgang haben** aller à la selle.

stumm [ʃtum] **adj 1.** [behindert] muet(ette) **2.** [still] silencieux(euse).

stumpf [ʃtumpf] **adj 1.** [Messer] émoussé(e) **2.** [glanzlos] terne **3.** [Bleistift] mal taillé(e) **4.** [abgestumpft] indifférent(e).

Stumpfsinn ['ʃtumpfzɪn] **der** [Monotonie] hébétude *f*.

Stunde ['ʃtundə] (*pl* **-n**) **die** heure *f*.

Stundenkilometer ['ʃtundn̩kilome:tɐ] (*pl inv*) **der** kilomètre-heure *m*.

stundenlang ['ʃtundn̩laŋ] **adj** de plusieurs heures.

Stundenlohn ['ʃtundn̩lo:n] (*pl* **-löhne** [lø:nə]) **der** salaire *m* horaire.

stündlich [ʃtyntlɪç] ◆ **adj** toutes les heures. ◆ **adv 1.** [jede Stunde] toutes les heures **2.** [jeden Moment] à tout instant.

Sturm [ʃturm] (*pl* **Stürme** ['ʃtyrmə]) **der 1.** [Wetter] tempête *f* **2.** [Andrang] assaut *m* **3.** SPORT avants *mpl*.

stürmen ['ʃtyrmən] ◆ **vt** *(hat)* [überrennen] prendre d'assaut. ◆ **vi** *(ist)* [laufen] se précipiter. ◆ **vi** *(hat)* SPORT attaquer. ◆ **vimp** *(hat)* **: es stürmt** la tempête fait rage.

Sturmflut ['ʃturmflu:t] (*pl* **-en**) **die** raz-de-marée *m (provoqué par une tempête)*.

stürmisch ['ʃtyrmɪʃ] **adj 1.** [Wetter] orageux(euse) **2.** [Person, Begrüßung] fougueux(euse) ▸ **es ist stürmisch** il y a de la tempête.

Sturmwarnung ['ʃturmvarnuŋ] (*pl* **-en**) **die** avis *m* de tempête.

Sturz ['ʃturts] (*pl* **Stürze** [ʃtyrtsə]) **der** [Fallen] chute *f*.

stürzen ['ʃtyrtsn̩] ◆ **vi** *(ist)* **1.** [fallen] tomber **2.** [laufen] se précipiter. ◆ **vt** *(hat)* **1.** [Regierung] renverser **2.** [Kuchen, Pudding] renverser. ◆ **sich stürzen ref** [springen] se jeter.

Sturzhelm ['ʃturtshɛlm] (*pl* **-e**) **der** casque *m*.

Stute ['ʃtu:tə] (*pl* **-n**) **die** jument *f*.

Stuten ['ʃtu:tn̩] (*pl inv*) **der** *brioche rectangulaire aux raisins secs et aux amandes*.

stützen ['ʃtytsn̩] **vt** soutenir. ◆ **sich stützen ref** [Person] s'appuyer.

Subjekt [zup'jɛkt] (*pl* **-e**) **das** sujet *m*.

subjektiv [zupjɛk'tiːf] adj subjectif(ive).

Subkontinent ['zupkɔntinɛnt] (*pl* **-e**) der sous-continent *m*.

Substanz [zupsʼtants] (*pl* **-en**) die substance *f*.

subtrahieren [zuptra'hiːrən] vt soustraire.

Suche ['zuːxə] (*pl* **-n**) die recherche *f* ▸ **auf der Suche nach** à la recherche de.

suchen ['zuːxn̩] ◆ vt **1.** chercher **2.** [Partner] rechercher. ◆ vi chercher ▸ **suchen nach jm / etw** chercher qqn / qqch.

Suchmaschine ['zuːxmaʃiːnə] (*pl* **-n**) die moteur *m* de recherche.

Sucht [zuxt] (*pl* **Süchte** [zyçtə]) die **1.** [krankhaft] dépendance *f*, addiction *f* **2.** [zwanghaft] manie *f* ▸ **die Sucht nach etw** *(D)* la dépendance à l'égard de qqch, le besoin de qqch.

süchtig [zyçtɪç] adj *fam* accro, dépendant(e) ▸ **nach etw süchtig sein** [Rauschgift] être accro à qqch.

Süchtige [zyçtɪgə] (*pl* **-n**) der, die *fam* accro *mf*.

Süd [zyːt] der sud *m*.

Südamerika ['zyːtǀ'ameːrika] nt Amérique *f* du Sud.

Sudan [zu'daːn] nt Soudan *m*.

Süddeutschland ['zyːtdɔytʃlant] nt Allemagne *f* du Sud.

Süden ['zyːdn̩] der **1.** [Gegend] Sud *m* **2.** [Richtung] sud *m* ▸ **im Süden** dans le Sud ▸ **nach Süden** vers le sud.

Südeuropa ['zyːtǀɔy'roːpa] nt Europe *f* méridionale.

Südfrankreich ['zyːt'fraŋkraiç] nt Midi *m*.

Südfrucht ['zyːtfrʊxt] (*pl* **-früchte** [fryçtə]) die fruit tropical.

südlich ['zyːtlɪç] ◆ adj du Sud oder sud. ◆ präp : **südlich von** au sud de.

Sudoku ['zuːdoku] (*pl* **-s**) das sudoku *m*.

Südosten [zyːtǀɔstn̩] der **1.** [Gegend] Sud-Est *m* **2.** [Richtung] sud-est *m*.

Südsudan ['zyːtzu'daːn] nt Soudan du Sud *m*.

Südwesten [zyːt'vɛstn̩] der **1.** [Gegend] Sud-Ouest *m* **2.** [Richtung] sud-ouest *m*.

Sultanine [zulta'niːnə] (*pl* **-n**) die raisin *m* de Smyrne.

Sülze ['zyltsə] (*pl* **-n**) die KÜCHE fromage *m* de tête.

Summe ['zumə] (*pl* **-n**) die somme *f*.

Sumpf [zumpf] (*pl* **Sümpfe** ['zympfə]) der marécage *m*.

Sünde ['zyndə] (*pl* **-n**) die péché *m* ▸ **eine Sünde begehen** commettre un péché.

Sunnit, in [zʊ'niːt, tɪn] (*mpl* **-en**) der, die Sunnite *mf*.

sunnitisch [zʊ'niːtɪʃ] adj sunnite.

super ['zuːpɐ] adj & interj *fam* super.

Super ['zuːpɐ] das [Benzin] super *m*.

superdringend ['zuːpɐ'drɪŋənt] adj *fam* urgentissime.

Superlativ ['zuːpɐlatiːf] (*pl* **-e** [tiːvə]) der GRAMM superlatif *m*.

Supermarkt ['zuːpɐmarkt] (*pl* **-märkte** [mɛrktə]) der supermarché *m*.

Suppe ['zʊpə] (*pl* **-n**) die soupe *f*.

Suppengrün ['zʊpn̩gryːn] das KÜCHE *bouquet garni composé de carottes, céleri, poireau et persil pour parfumer la soupe.*

Suppenlöffel ['zʊpn̩lœfl] (*pl inv*) der cuillère *f* à soupe.

Suppenteller ['zʊpn̩tɛlɐ] (*pl inv*) der assiette creuse.

Surfbrett ['sœːɐ̯fbrɛt] (*pl* **-er**) das **1.** [mit Segel] planche *f* à voile **2.** [ohne Segel] surf *m*.

surfen ['sœːɐ̯fn̩] vi *(hat, ist)* **1.** [mit Segel] faire de la planche à voile **2.** [ohne Segel] surfer **3.** EDV naviguer.

Surfer, in ['sœːɐ̯fɐ, rɪn] (*mpl inv*) der, die **1.** [mit Segel] véliplanchiste *mf* **2.** [ohne Segel] surfer *m*, -euse *f*.

Suriname [zuri'naːme] nt Suriname *m*.

Surrealismus [zʊrea'lɪsmʊs] der surréalisme *m*.

süß [zyːs] adj **1.** [Geschmack, Geruch] sucré(e) **2.** [niedlich] mignon(onne).

süßen ['zyːsn̩] vt sucrer.

Süßigkeit ['zyːsɪçkait] (*pl* **-en**) die friandise *f*.

süßsauer ['zyːs'zauɐ] adj [Geschmack] aigre-doux (aigre-douce).

Süßspeise ['zyːsʃpaizə] (*pl* **-n**) die entremets *m*.

Süßstoff ['zyːsʃtɔf] (*pl* **-e**) der édulcorant *m*.

Süßwaren ['zyːsvaːrən] pl confiseries *fpl*.

Süßwasser ['zyːsvasɐ] das eau douce.

Süßwasserfisch ['zyːsvasɐfɪʃ] (*pl* **-e**) der poisson *m* d'eau douce.

SUV [ɛsjuː'viː] der ODER das SUV *m* *(sport utility vehicle)*.

Sweatshirt ['svɛtʃøːɐ̯t] (*pl* **-s**) das sweat-shirt *m*.

Swimmingpool ['svɪmɪŋpuːl] (*pl* **-s**) der piscine *f*.

Sylt [zylt] nt Sylt.

ⓘ Sylt

Reliée par une digue à la côte ouest du **Schleswig-Holstein**, c'est la plus grande île allemande de l'archipel de la Frise du Nord (99,14 km^2), et un lieu de villégiature très apprécié pour ses plages, ses paysages et ses réserves ornithologiques.

Symbol [zym'boːl] (*pl* **-e**) das **1.** symbole *m* **2.** EDV icône *f*. ◆ **Symbole** pl EDV caractères *mpl* spéciaux.

Symbolleiste [zym'boːllaistə] (*pl* **-n**) die EDV barre *f* d'outils.

Symmetrie [zyme'triː] (*pl* **-n**) die symétrie *f*.

Sympathie [zympa'tiː] (*pl* **-n**) die sympathie *f* ▸ **für jn / etw Sympathie empfinden** *geh* éprouver de la sympathie pour qqn / qqch.

sympathisch [zym'paːtɪʃ] ◆ adj sympathique. ◆ adv : **sympathisch lächeln** avoir un sourire sympathique.

Symphonie [zymfo'niː] die = **Sinfonie**.

Symptom [zymp'toːm] (*pl* **-e**) das [von Krankheit] symptôme *m*.

Synagoge [zyːna'goːgə] (*pl* **-n**) die synagogue *f*.

synchronisieren [zynkroni'ziːrən] vt synchroniser.

Synopsis [zy'nɔpsɪs] die synopsis *m*.

synthetisch [zyn'teːtɪʃ] adj synthétique.

Syrien ['zyːri̯ən] nt Syrie *f*.

System [zys'teːm] (*pl* **-e**) das système *m*.

Systemfehler ['zysteːmfeːlɐ] (*pl inv*) der erreur *f* (du) système ▸ **einen Systemfehler beheben** déboguer.

Systemprogramm [zys'te:mprogram] (*pl* **-e**) das EDV logiciel *m* système.

Systemvoraussetzung [zys'te:mforauzetsuŋ] (*pl* **-en**) die EDV configuration *f* requise.

Szene ['stse:nə] (*pl* **-n**) die **1.** scène *f* **2.** *fam* [Milieu] milieu branché.

Tt

Tabak ['tabak] (*pl* **-e**) der tabac *m*.

Tabakladen ['tabakla:dn̩] (*pl* **-läden** [lɛ:dn̩]) der tabac *m*.

Tabelle [ta'bɛlə] (*pl* **-n**) die [Liste] tableau *m*.

Tablet-Computer ['tɛblətkɔmpju:tɐ] (*pl inv*) der tablette *f* électronique.

Tablette [ta'blɛtə] (*pl* **-n**) die comprimé *m*.

> ⚠ Tablette ist ein falscher Freund. Das Wort bedeutet weder "Tablette" noch "Tablett", sondern ***Ablage*** oder, im Zusammenhang mit Schokolade, ***Tafel***.

Tachometer [taxo'me:tɐ] (*pl inv*) der compteur *m* de vitesse.

Tadschikistan [ta'dʃi:kista:n] nt Tadjikistan *m*.

Tafel ['ta:fl̩] (*pl* **-n**) die [in Schule] tableau *m* ▸ **eine Tafel Schokolade** une tablette de chocolat.

tafelfertig ['ta:fl̩fɛrtɪç] adj prêt(e) à consommer.

Tafelwasser ['ta:fl̩vasɐ] (*pl* **-wässer** [vɛsɐ]) das **1.** [mit Kohlensäure] eau minérale gazeuse **2.** [ohne Kohlensäure] eau plate.

Tafelwein ['ta:fl̩vain] (*pl* **-e**) der vin *m* de table.

Tag [ta:k] (*pl* **-e** ['ta:gə]) der **1.** [24 Stunden] jour *m* **2.** [von morgens bis abends] journée *f* ▸ **eines Tages** un (beau) jour ▸ **guten Tag!** bonjour ! ▸ **jeden Tag** tous les jours ▸ **Tag für Tag** jour après jour. ◆ **Tage** pl [Menstruation] règles *fpl* ▸ **sie hat ihre Tage** elle a ses règles.

Tag [tɛk] (*pl* **-s**) der EDV balise *f*.

Tag der Deutschen Einheit ['ta:kdɛɐ'dɔytʃn̩'ainhait] der *fête nationale allemande*.

> **ⓘ Tag der Deutschen Einheit**
>
> La fête nationale allemande célèbre l'anniversaire de la réunification de la République Fédérale d'Allemagne (RFA) et de la République démocratique d'Allemagne (RDA), le 3 octobre 1990.

Tagebuch ['ta:gəbu:x] (*pl* **-bücher** [by:çɐ]) das journal *m* intime.

tagelang ['ta:gəlaŋ] adv des jours entiers.

Tagesanbruch ['ta:gəsǀanbrux] der aube *f*.

Tagesausflug ['ta:gəsǀausflu:k] (*pl* **-ausflüge** [fly:gə]) der excursion *f* d'une journée.

Tagesgericht ['ta:gəsgərɪçt] (*pl* **-e**) das plat *m* du jour.

Tageskarte ['ta:gəskartə] (*pl* **-n**) die **1.** [Speisekarte] menu *m* du jour **2.** [Fahrkarte] carte *f* de transport pour la journée.

Tagesordnung ['ta:gəsǀɔrtnʊŋ] (*pl* **-en**) die ordre *m* du jour.

Tagesschau ['ta:gəsʃau] die *journal télévisé de la première chaîne publique allemande.*

Tagessuppe ['ta:gəszʊpə] (*pl* **-n**) die soupe *f* du jour.

Tagestour ['ta:gəstu:ɐ] (*pl* **-en**) die circuit *m* d'une journée.

Tageszeit ['ta:gəstsait] (*pl* **-en**) die heure *f* de la journée.

Tageszeitung ['ta:gəstsaitʊŋ] (*pl* **-en**) die quotidien *m*.

täglich ['tɛ:klɪç] ◆ **adj** quotidien(enne). ◆ **adv** quotidiennement ▸ **dreimal täglich** trois fois par jour.

tagsüber ['ta:ksly:bɐ] **adv** dans la journée.

Tagundnachtgleiche [ta:kǀʊnt'na:xtglaiçə] (*pl* **-n**) die équinoxe *m* ▸ **Frühlings- / Herbsttagundnachtgleiche** équinoxe de printemps / d'automne.

Tagung ['ta:gʊŋ] (*pl* **-en**) die congrès *m*.

Taille ['taljə] (*pl* **-n**) die taille *f*.

tailliert [ta'ji:ɐt] **adj** cintré(e).

Takt [takt] (*pl* **-e**) der **1.** [musikalische Einheit] mesure *f* **2.** [Rhythmus] rythme *m* **3.** [Feingefühl] tact *m*.

Taktik ['taktɪk] (*pl* **-en**) die tactique *f*.

Tal [ta:l] (*pl* **Täler** ['tɛ:lɐ]) das vallée *f*.

talentiert [talɛn'ti:ɐt] **adj** talentueux(euse).

Talkshow ['tɔ:kʃo:] (*pl* **-s**) die talk-show *m*.

Talsperre ['ta:lʃpɛrə] (*pl* **-n**) die barrage *m* de vallée.

Tampon ['tampɔn] (*pl* **-s**) der [für Menstruation] tampon *m*.

Tandem ['tandɛm] (*pl* **-s**) das tandem *m*.

Tang [taŋ] der varech *m*.

Tank [taŋk] (*pl* **-s**) der réservoir *m*.

Tankanzeige ['taŋkǀantsaigə] (*pl* **-n**) die indicateur *m* de niveau de carburant.

Tankdeckel ['taŋkdɛkl] (*pl inv*) der bouchon *m* du réservoir.

tanken ['taŋkn] ◆ **vi** prendre de l'essence. ◆ **vt** : **Benzin tanken** prendre de l'essence.

Tankini [taŋ'ki:ni] (*pl* **-s**) der tankini *m*.

Tankschloss ['taŋkʃlɔs] (*pl* **-schlösser** ['ʃlœsɐ]) das serrure *f* du réservoir.

Tankstelle ['taŋkʃtɛlə] (*pl* **-n**) die station-service *f*.

Tankwart, in ['taŋkvart, tɪn] (*mpl* **-e**) der, die pompiste *mf*.

Tanne ['tanə] (*pl* **-n**) die sapin *m*.

Tante ['tantə] (*pl* **-n**) die tante *f*.

Tanz [tants] (*pl* **Tänze** ['tɛntsə]) der [Bewegung] danse *f*.

tanzen ['tantsn] **vi & vt** danser.

Tänzer, in ['tɛntsɐ, tsərɪn] (*mpl inv*) der, die danseur *m*, -euse *f*.

Tapete [ta'pe:tə] (*pl* **-n**) die papier peint.

Tapetenbordüre [ta'pe:tənbɔrdy:rə] (*pl* **-n**) die frise *f* de papier peint.

tapezieren [tapə'tsi:rən] **vt** tapisser.

tapfer ['tapfɐ] **adj** courageux(euse).

Tarif [ta'ri:f] (*pl* **-e**) der **1.** [Preis] tarif *m* **2.** [von Lohn] barême *m*.

Tarifzone [ta'ri:ftso:nə] (*pl* **-n**) die zone *f (dans les transports en commun).*

Tasche ['taʃə] (*pl* **-n**) die **1.** [zum Tragen] sac *m* **2.** [in Kleidung] poche *f*.

Taschenbuch ['taʃn̩buːx] (*pl* **-bücher** [byːçɐ]) das livre *m* de poche.

Taschencomputer ['taʃn̩kɔmpjuːtɐ] (*pl inv*) der ordinateur *m* de poche.

Taschendieb, in ['taʃn̩diːp, diːbɪn] (*mpl* **-e**) der, die pickpocket *mf* ▸ **'vor Taschendieben wird gewarnt'** 'attention aux pickpockets !'.

Taschengeld ['taʃn̩gɛlt] das argent *m* de poche.

Taschenkalender ['taʃn̩kalɛndɐ] (*pl inv*) der agenda *m*.

Taschenlampe ['taʃn̩lampə] (*pl* **-n**) die lampe *f* de poche.

Taschenmesser ['taʃn̩mɛsɐ] (*pl inv*) das couteau *m* de poche.

Taschenrechner ['taʃn̩rɛçnɐ] (*pl inv*) der calculette *f*.

Taschenschirm ['taʃn̩ʃɪrm] (*pl* **-e**) der parapluie *m* pliable.

Taschentuch ['taʃn̩tuːx] (*pl* **-tücher** [tyːçɐ]) das mouchoir *m*.

Taschenuhr ['taʃn̩luːɐ] (*pl* **-en** [uːrən]) die montre *f* de gousset.

Taskleiste ['taːsklaistə] (*pl* **-n**) die barre *f* des tâches.

Tasse ['tasə] (*pl* **-n**) die tasse *f*.

Tastatur [tasta'tuːɐ] (*pl* **-en**) die clavier *m*.

Taste ['tastə] die touche *f* ▸ **Start-Taste** bouton marche ▸ **Stopp-Taste** bouton arrêt ▸ **Reset-Taste** bouton reset ▸ **Escape-Taste** touche escape ▸ **Enter-Taste** touche entrée ▸ **Blank-Taste** barre d'espace.

tasten ['tastn̩] vi tâtonner ▸ **nach etw tasten** chercher qqch à tâtons.

Tastenblock ['tastn̩blɔk] (*pl* **-blöcke**) der pavé *m*.

Tastendruck ['tastn̩drʊk] der pression *f* d'une touche.

Tastentelefon ['tastn̩teːlefoːn] (*pl* **-e**) das téléphone *m* à touches.

tat [taːt] prät → **tun**.

Tat [taːt] (*pl* **-en**) die **1.** [Handlung] action *f* **2.** [Straftat] acte *m*.

Tatar [ta'taːɐ] das (steak *m*) tartare.

Täter, in ['tɛːtɐ, tərɪn] (*mpl inv*) der, die coupable *mf*.

Tätigkeit ['tɛːtɪçkait] (*pl* **-en**) die activité *f*.

tätowieren [tɛto'viːrən] vt tatouer.

Tätowierung [tɛto'viːrʊŋ] (*pl* **-en**) die tatouage *m*.

Tatsache ['taːtzaxə] (*pl* **-n**) die fait *m*.

tatsächlich [tat'zɛçlɪç] ◆ adj véritable. ◆ adv effectivement.

Tau [tau] (*pl* **-e**) ◆ das [Seil] corde *f*. ◆ der [Niederschlag] rosée *f*.

taub [taup] adj **1.** [Person] sourd(e) **2.** [Hände, Gefühl] engourdi(e).

Taube ['taubə] (*pl* **-n**) ◆ der, die [Person] sourd *m*, -e *f*. ◆ die [Vogel] pigeon *m*.

taubstumm ['taupʃtʊm] adj sourd-muet (sourde-muette).

tauchen ['tauxn̩] ◆ vi ***(hat, ist)*** plonger (sous l'eau). ◆ vt ***(hat)*** [eintauchen] tremper.

Taucher, in ['tauxɐ, xərɪn] (*mpl inv*) der, die plongeur *m*, -euse *f*.

Taucherausrüstung ['tauxɐlausrystʊŋ] (*pl* **-en**) die équipement *m* de plongée.

Tauchkurs ['tauxkʊrs] (*pl* **-e** [kʊrzə]) der cours *m* de plongée.

tauen ['tauən] ◆ vi ***(ist)*** [Eis] fondre. ◆ vimp ***(hat)*** **: es taut** c'est le dégel.

taufen ['taufn̩] vt [Kind, Person] baptiser.

tauschen ['taʊʃn] ◆ vt [Briefmarken, Wohnung] échanger. ◆ vi [auswechseln] changer.

täuschen ['tɔyʃn] vt & vi tromper. ◆ **sich täuschen ref** se tromper.

tausend ['taʊznt] num mille.

Tausend ['taʊznt] (*pl inv* ODER **-e**) **das** mille *m*.

Tausender ['taʊzndɐ] (*pl inv*) **der** [Geldschein] billet *m* de mille.

Tauwetter ['taʊvɛtɐ] **das** dégel *m*.

Taxi ['taksi] (*pl* **-s**) **das** taxi *m*.

Taxifahrer, in ['taksifaːrɐ, rərɪn] (*mpl inv*) **der, die** chauffeur *m* de taxi.

Taxi-Rufsäule ['taksiruːfzɔylə] (*pl* **-n**) **die** borne *f* d'appel *(de taxis)*.

Taxistand ['taksiʃtant] (*pl* **-stände** [ʃtɛndə]) **der** station *f* de taxis.

Team [tiːm] (*pl* **-s**) **das** équipe *f*.

Technik ['tɛçnɪk] (*pl* **-en**) **die** technique *f*.

Techniker, in ['tɛçnɪkɐ, kərɪn] (*mpl inv*) **der, die** technicien *m*, -enne *f*.

technisch ['tɛçnɪʃ] ◆ **adj** technique. ◆ **adv** techniquement ▸ **technische Daten** caractéristiques *fpl* techniques.

Technologie- und Forschungszentrum [tɛçnolo'giːʊnt'fɔrʃʊŋstsɛntrʊm] **das** technopole *f*.

Teddy ['tɛdi] (*pl* **-s**) **der** ours *m* en peluche, nounours *m*.

Tee [teː] (*pl* **-s**) **der 1.** thé *m* **2.** [Kräutertee] infusion *f* ▸ **schwarzer Tee** [Getränk] thé.

Teebeutel ['teːbɔytl] (*pl inv*) **der** sachet *m* de thé.

Teekanne ['teːkanə] (*pl* **-n**) **die** théière *f*.

Teelöffel ['teːlœfl] (*pl inv*) **der** cuillère *f* à thé.

Teesieb ['teːziːp] (*pl* **-e**) **das** passe-thé *m inv*.

Teheran ['teːhəraːn] **nt** Téhéran.

Teich [taiç] (*pl* **-e**) **der** étang *m*.

Teig [taik] (*pl* **-e** ['taigə]) **der** pâte *f*.

Teigwaren ['taikvaːrən] **pl** pâtes *fpl* alimentaires.

Teil [tail] (*pl* **-e**) ◆ **der** [Teilmenge, Teilstück] partie *f*. ◆ **das** [Einzelteil] partie *f*. ◆ **der & das** [Anteil] part *f* ▸ **zum Teil** en partie.

teilen ['tailən] ◆ **vt 1.** [zerlegen, übereinstimmen] partager **2.** [dividieren] diviser. ◆ **vi 1.** [aufteilen] partager **2.** [dividieren] diviser ▸ **sich** *(D)* **etw teilen** se partager qqch. ◆ **sich teilen ref** se diviser.

Teilkaskoversicherung [tailkaskofɛɐ̯zɪçərʊŋ] (*pl* **-en**) **die** ≃ assurance *f* automobile multirisques.

teilmöbliert ['tailmœbliːɐ̯t] **adj** partiellement meublé(e).

Teilnahme ['tailnaːmə] **die** [an Veranstaltung] participation *f*.

teil◦nehmen ['tailneːmən] **vi** *(unreg)* : **teilnehmen an** participer à.

Teilnehmer, in ['tailneːmɐ, mərɪn] (*mpl inv*) **der, die** participant *m*, -e *f*.

teils [tails] ◆ **adv** en partie. ◆ **konj** : **teils … teils** [sowohl … als auch] en partie… en partie.

Teilsumme ['tailzʊmə] (*pl* **-n**) **die** somme partielle.

teilweise ['tailvaizə] **adv 1.** [zu gewissen Teilen] en partie **2.** [zeitweise] de temps à autre.

Teilzahlung ['tailtsaːlʊŋ] (*pl* **-en**) **die** paiement *m* à tempérament.

Tel. (*abk für* **Telefon**) tél. *(téléphone)*.

Tel Aviv [tɛla'viːf] **nt** Tel Aviv.

Telefax ['te:ləfaks] (*pl* -e) das 1. [Gerät] télécopieur *m* 2. [System] télécopie *f*.

Telefon ['teləfo:n] (*pl* -e) das téléphone *m* ▸ **bleiben Sie bitte am Telefon** ne quittez pas.

Telefonanbieter [tele'fo:nǀanbi:tɐ] (*pl inv*) der opérateur *m* de téléphonie.

Telefonanruf [tele'fo:nǀanru:f] (*pl* -e) der appel *m* téléphonique.

Telefonansage [tele'fo:nǀanza:gə] (*pl* -n) die renseignements *mpl* par téléphone.

Telefonanschluss [tele'fo:nǀanʃlʊs] (*pl* -**anschlüsse** [ʃlysə]) der ligne *f* téléphonique.

Telefonat [telefo'na:t] (*pl* -e) das conversation *f* téléphonique.

Telefonbuch [tele'fo:nbu:x] (*pl* -**bücher** [by:çɐ]) das annuaire *m* (du téléphone) ▸ **elektronisches Telefonbuch** annuaire *m* électronique.

Telefongespräch [tele'fo:ngəʃprɛ:ç] (*pl* -e) das conversation *f* téléphonique.

Telefonie [teləfo'ni:] die téléphonie *f*.

telefonieren [telefo'ni:rən] vi téléphoner ▸ **telefonieren mit** parler au téléphone avec ▸ **'telefonieren ohne Münzen'** téléphone à carte.

telefonisch [tele'fo:nɪʃ] adj [Abmachung, Verbindung] téléphonique.

Telefonkarte [tele'fo:nkartə] (*pl* -n) die télécarte *f*.

Telefonkonferenz [tele'fo:nkɔnferɛnts] (*pl* -en) die conférence *f* téléphonique.

Telefonnummer [tele'fo:nnʊmɐ] (*pl* -n) die numéro *m* de téléphone.

Telefonverbindung [tele'fo:nfɛɐbɪndʊŋ] (*pl* -en) die communication *f* téléphonique.

Telefonzelle [tele'fo:ntsɛlə] (*pl* -n) die cabine *f* téléphonique.

Telefonzentrale [tele'fo:ntsɛntra:lə] (*pl* -n) die standard *m*.

telegrafieren [telegra'fi:rən] vt télégraphier.

Telegramm [tele'gram] (*pl* -e) das télégramme *m*.

Teleobjektiv ['te:lelɔpjɛkti:f] (*pl* -e [ti:və]) das téléobjectif *m*.

Teller ['tɛlɐ] (*pl inv*) der assiette *f*.

Tellerfleisch ['tɛlɐflaiʃ] das Süddt *viande de bœuf cuite, servie avec du raifort et des pommes de terre à l'eau.*

Tempel ['tɛmpl] (*pl inv*) der temple *m*.

Temperament [tɛmpəra'mɛnt] das tempérament *m*.

temperamentvoll [tɛmpəra'mɛntfɔl] adj plein(e) de tempérament.

Temperatur [tɛmpəra'tu:ɐ] (*pl* -en) die température *f* ▸ **erhöhte Temperatur haben** avoir de la température.

Temperaturanzeige [tɛmpəra'tu:ɐǀantsaigə] (*pl* -n) die indicateur *m* de température.

Tempo®[1] ['tɛmpo] (*pl* -s) das *fam* [Papiertaschentuch] Kleenex® *m*.

Tempo[2] ['tɛmpo] (*pl* -s) das [Geschwindigkeit] allure *f*.

Tempolimit ['tɛmpolɪmɪt] (*pl* -s) das limitation *f* de vitesse.

Tempomat® [tɛmpo'ma:t] (*pl* -e) der régulateur *m* de vitesse.

Tempotaschentuch® ['tɛmpotaʃntu:x] (*pl* -**tücher** [ty:çɐ]) das Kleenex® *m*.

Tendenz [tɛn'dɛnts] (*pl* -en [tɛn'dɛntsn̩]) die tendance *f*.

Tennis ['tɛnɪs] das tennis *m*.

Tennisplatz ['tɛnɪsplats] (*pl* -**plätze** [plɛtsə]) der court *m* de tennis.

Tennisschläger ['tɛnɪsʃlɛːgɐ] (*pl inv*) der raquette *f* de tennis.

Tennisspieler, in ['tɛnɪsʃpiːlɐ, lərɪn] (*mpl inv*) der, die joueur *m*, -euse *f* de tennis.

Tenor [te'noːɐ̯] (*pl* **Tenöre** [te'nøːrə]) der ténor *m*.

Teppich ['tɛpɪç] (*pl* **-e**) der **1.** [Einzelstück] tapis *m* **2.** [Teppichboden] moquette *f*.

Teppichboden ['tɛpɪçboːdn̩] (*pl* **-böden** [bøːdn̩]) der moquette *f*.

Termin [tɛr'miːn] (*pl* **-e**) der rendez-vous *m* ▸ **einen Termin haben** avoir un rendez-vous.

Terminal ['tøːɐ̯minəl] (*pl* **-s**) der [Gebäude] terminal *m*.

Terminkalender [tɛr'miːnkalɛndɐ] (*pl inv*) der agenda *m*.

Terpentin [tɛrpn̩'tiːn] das térébenthine *f*.

Terrasse [tɛ'rasə] (*pl* **-n**) die [am Haus] terrasse *f*.

Terror ['tɛroːɐ̯] der [Gewalt] actes *mpl* de terrorisme.

Terrorabwehr- ['tɛroːɐ̯apveːr] adj antiterroriste.

Terrorgefahr ['tɛroːɐ̯gəfaːɐ̯] die menace *f* terroriste.

terrorisieren [tɛrori'ziːrən] vt terroriser.

Terrorismus [tɛro'rɪsmʊs] der terrorisme *m*.

Terrorist, in [tɛro'rɪst, rɪstɪn] (*mpl* **-en**) der, die terroriste *mf*.

Tesafilm® ['teːzafɪlm] der Scotch® *m*.

Tessin [tɛ'siːn] das Tessin *m*.

Test [tɛst] (*pl* **-s**) der **1.** test *m* **2.** SCHULE interrogation *f*.

Testament [tɛsta'mɛnt] (*pl* **-e**) das testament *m* ▸ **das Alte / das Neue Testament** l'Ancien / le Nouveau Testament.

Tester ['tɛstɐ] das testeur *m*.

Testsieger ['tɛstziːgɐ] (*mpl inv*) der vainqueur *m* du test.

Tetanie [tɛta'niː] die tétanie *f*.

Tetanus ['teːtanʊs] der tétanos *m*.

Tetanusimpfung ['teːtanʊsɪmpfʊŋ] (*pl* **-en**) die vaccin *m* contre le tétanos.

teuer ['tɔyɐ] (*komp* **teurer**, *superl* **am teuersten**) ◆ adj cher(ère). ◆ adv cher.

Teufel ['tɔyfl̩] (*pl inv*) der diable *m*.

Text [tɛkst] (*pl* **-e**) der texte *m*.

Textbearbeitung ['tɛkstbəlarbaitʊŋ] (*pl* **-en**) die traitement *m* de texte.

Textfeld ['tɛkstfɛlt] (*pl* **-er**) das zone *f* de texte.

Textilien [tɛks'tiːliən] pl textiles *mpl*.

Textmarker ['tɛkstmarkɐ] (*pl inv*) der surligneur *m*.

Textverarbeitung ['tɛkstfɛɐ̯larbaitʊŋ] die EDV traitement *m* de texte(s).

Thailand ['tailant] nt Thaïlande *f*.

Theater [te'aːtɐ] (*pl inv*) das **1.** théâtre *m* **2.** *fam* [Ärger] histoires *fpl* **3.** *fam* [Vortäuschung] cinéma *m* ▸ **ins Theater gehen** aller au théâtre.

Theateraufführung [te'aːtɐlaufːfyːrʊŋ] (*pl* **-en**) die représentation théâtrale.

Theaterkarte [te'aːtɐkartə] (*pl* **-n**) die billet *m* de théâtre.

Theaterkasse [te'aːtɐkasə] (*pl* **-n**) die caisse *f* du théâtre.

Theaterstück [te'aːtɐʃtyk] (*pl* **-e**) das pièce *f* de théâtre.

Theke ['teːkə] (*pl* **-n**) die **1.** [Bar] comptoir *m* **2.** [im Geschäft] stand *m*.

Thema ['te:ma] (*pl* **Themen**) das [von Text, Gespräch] sujet *m*.

theoretisch [teo're:tɪʃ] adj théorique.

Theorie [teo'ri:] (*pl* **-n**) die théorie *f*.

Therapeut, in [tera'pɔyt, tɪn] (*mpl* **-en**) der, die thérapeute *mf*.

Therapie [tera'pi:] (*pl* **-n**) die thérapie *f*.

Thermalbad [tɛr'ma:lba:t] (*pl* **-bäder** [bɛ:dɐ]) das [Schwimmbad] bain thermal.

Thermometer [tɛrmo'me:tɐ] (*pl inv*) das thermomètre *m*.

Thermosflasche® ['tɛrmɔsflaʃə] (*pl* **-n**) die Thermos® *m ou f*.

Thermoskanne® ['tɛrmɔskanə] (*pl* **-n**) die Thermos® *m ou f*.

Thermostat [tɛrmɔs'ta:t] (*pl* **-e**) das thermostat *m*.

These ['te:zə] (*pl* **-n**) die thèse *f*.

Thron [tro:n] (*pl* **-e**) der trône *m*.

Thunfisch ['tu:nfɪʃ] (*pl* **-e**) der thon *m*.

Thurgau ['tu:ɐgau] der Thurgovie *f*.

Thüringen ['ty:rɪŋən] nt Thuringe *f*.

Thymian ['ty:mia:n] (*pl* **-e**) der thym *m*.

Tibet ['ti:bɛt] nt Tibet *m*.

Ticket ['tɪkət] (*pl* **-s**) das ticket *m*, billet *m*.

tief [ti:f] ◆ adj **1.** profond(e) **2.** [mit Maßangabe] de profondeur **3.** [niedrig] bas (basse) **4.** [Ton] grave. ◆ adv **1.** [atmen, schlafen, nach unten] profondément **2.** [unten] bas.

Tief [ti:f] (*pl* **-s**) das [Wetter] dépression *f*.

Tiefdruckgebiet ['ti:fdrukgəbi:t] (*pl* **-e**) das zone *f* de basse pression.

Tiefe ['ti:fə] (*pl* **-n**) die **1.** [von Wunde] profondeur *f* **2.** [von Ton] gravité *f*.

Tiefebene ['ti:fle:bənə] (*pl* **-n**) die plaine basse.

Tiefgarage ['ti:fgara:ʒə] (*pl* **-n**) die parking souterrain.

tiefgekühlt ['ti:fgəky:lt] adj congelé(e).

Tiefkühlfach ['ti:fky:lfax] (*pl* **-fächer** [fɛçɐ]) das freezer *m*.

Tiefkühlkost ['ti:fky:lkɔst] die surgelés *mpl*.

Tiefkühltruhe ['ti:fky:ltru:ə] (*pl* **-n**) die congélateur *m*.

Tier [ti:ɐ] (*pl* **-e** [ti:rə]) das animal *m*.

Tierarzt, ärztin ['ti:ɐla:ɐtst, ɛ:ɐtstɪn] (*mpl* **-ärzte**) der, die vétérinaire *mf*.

Tiergarten ['ti:ɐgartn̩] (*pl* **-gärten** [gɛrtn̩]) der jardin *m* zoologique.

Tierhandlung ['ti:ɐhandluŋ] (*pl* **-en**) die animalerie *f*.

Tierheim ['ti:ɐhaim] (*pl* **-e**) das ≃ refuge *m* de la S.P.A.

tierisch ['ti:rɪʃ] ◆ adj [Erzeugnis, Fett] animal(e). ◆ adv *fam* [stark] vachement.

Tierkreiszeichen ['ti:ɐkraistsaiçn̩] (*pl inv*) das signe *m* du zodiaque.

Tiermehl ['ti:ɐme:l] das farine *f* animale.

Tierpark ['ti:ɐpark] (*pl* **-s**) der jardin *m* zoologique, parc *m* animalier.

Tierschutz ['ti:ɐʃuts] der protection *f* des animaux.

Tiger ['ti:gɐ] (*pl inv*) der tigre *m*.

Tilsiter [tɪlzɪtɐ] (*pl inv*) der fromage *m* de Tilsit.

timen ['taimən] vt répartir le temps ▸ **das war gut getimt** le timing était bon.

Tinktur [tɪŋk'tu:ɐ] (*pl* **-en**) die teinture *f*.

Tinnitus ['tɪnitus] der tinnitus *m*.

Tinte ['tɪntə] (*pl* **-n**) die encre *f*.

Tintenfisch ['tɪntn̩fɪʃ] (*pl* -**e**) **der** seiche *f*.

Tintenstrahldrucker ['tɪntn̩ʃtraːldrʊkɐ] (*pl inv*) **der** imprimante *f* à jet d'encre.

Tipi ['tiːpi] **das** tipi *m*.

Tipp [tɪp] (*pl* -**s**) **der** tuyau *m* ▸ **jm einen Tipp geben** donner un tuyau à qqn.

tippen ['tɪpn̩] ◆ **vt** [mit Schreibmaschine] taper. ◆ **vi 1.** [vorhersagen] deviner **2.** *fam* [bei Lotto, Wette] parier **3.** [mit Schreibmaschine] taper ▸ **an etw** *(A)* **tippen** toucher qqch légèrement.

Tippfehler ['tɪpfeːlɐ] (*pl inv*) **der** faute *f* de frappe.

Tirol [ti'roːl] **nt** Tyrol *m*.

Tisch [tɪʃ] (*pl* -**e**) **der** table *f* ▸ **den Tisch decken** mettre la table.

Tischdecke ['tɪʃdɛkə] (*pl* -**n**) **die** nappe *f*.

Tischler, in ['tɪʃlɐ, lərɪn] (*mpl inv*) **der, die** menuisier *m*.

Tischtennis ['tɪʃtɛnɪs] **das** tennis *m* de table, ping-pong *m*.

Titel ['tiːtl̩] (*pl inv*) **der** titre *m*.

Toast [toːst] (*pl* -**s**) **der** [Brotscheibe] toast *m*.

Toastbrot ['toːstbroːt] (*pl* -**e**) **das** pain *m* de mie.

toasten ['toːstn̩] **vt** faire griller.

Toaster ['toːstɐ] (*pl inv*) **der** grille-pain *m inv*.

toben ['toːbn̩] ◆ **vi** *(hat)* **1.** [Sturm] faire rage **2.** [Person] se déchaîner. ◆ **vi** *(ist)* [rennen] se démener.

Tochter ['tɔxtɐ] (*pl* **Töchter** ['tœçtɐ]) **die** [Verwandte] fille *f*.

Tod [toːt] (*pl* -**e**) **der** mort *f*.

Todesopfer ['toːdəslɔpfɐ] (*pl inv*) **das** victime *f*.

todkrank ['toːt'kraŋk] **adj** gravement malade.

tödlich ['tøːtlɪç] **adj** mortel(elle).

todmüde ['tøːt'myːdə] **adj** *fam* crevé(e).

To-do-Liste [tu'duːlɪstə] (*pl* -**n**) **die** to do list *f*.

todsicher ['tøːt'zɪçɐ] **adj** *fam* sûr et certain (sûre et certaine).

Tofu ['toːfu] **der** MUS tofu *m*.

Togo ['toːgo] **nt** Togo *m*.

Toilette [toa'lɛtə] (*pl* -**n**) **die** [Klo] toilettes *fpl* ▸ **auf die Toilette gehen** aller aux toilettes.

Toilettenartikel [toa'lɛtn̩artiːkl̩] (*pl inv*) **der** article *m* de toilette.

Toilettenpapier [toa'lɛtn̩papiːɐ] **das** papier *m* hygiénique.

tolerant [tɔlə'rant] **adj** tolérant(e).

toll [tɔl] ◆ **adj** *fam* [wunderbar] génial(e). ◆ **adv** *fam* [wunderbar] vachement bien ▸ **toll!** super !

Tollwut ['tɔlvuːt] **die** MED rage *f*.

Tomate [to'maːtə] (*pl* -**n**) **die** tomate *f*.

Tomatenmark [to'maːtn̩mark] **das** concentré *m* de tomates.

Tomatensaft [to'maːtn̩zaft] (*pl* -**säfte** [zɛftə]) **der** jus *m* de tomates.

Tombola ['tɔmbola] (*pl* -**s**) **die** tombola *f*.

Ton[1] [toːn] (*pl* **Töne** ['tøːnə]) **der 1.** ton *m* **2.** [von Fernseher] son *m*.

Ton[2] [toːn] (*pl* -**e** [toːnə]) **der** [Lehm] argile *f*.

Tonausfall ['toːnlausfal] (*pl* -**fälle** [fɛlə]) **der** coupure *f* de son.

tönen ['tøːnən] **vt** [Haare, Anstrich] colorer.

Toner ['toːnɐ] (*pl inv*) **der** toner *m*.

Tonne ['tɔnə] (*pl* -**n**) **die 1.** [Behälter] tonneau *m* **2.** [Gewichtseinheit] tonne *f*.

Tönung ['tø:nʊŋ] (*pl* **-en**) die **1.** [Handlung] coloration *f* **2.** [Färbemittel] teinture *f*.

Top [tɔp] (*pl* **-s**) das bustier *m*.

Topf [tɔpf] (*pl* **Töpfe** ['tœpfə]) der **1.** [Kochtopf] casserole *f* **2.** [Blumentopf] pot *m*.

Topfen ['tɔpfn̩] der SÜDDT ÖSTERR fromage *m* blanc.

Topfenstrudel ['tɔpfn̩ʃtru:dl] (*pl inv*) der SÜDDT ÖSTERR strudel *m* au fromage blanc.

Töpfer, in ['tœpfɐ, pfərɪn] (*mpl inv*) der, die potier *m*, -ère *f*.

Töpferei [tœpfə'rai] (*pl* **-en**) die atelier *m* de poterie.

Topfpflanze ['tɔpfpflantsə] (*pl* **-n**) die plante *f* en pot.

Tor [to:ɐ̯] (*pl* **-e**) das **1.** [Tür] porte *f* **2.** [bei Fußball] but *m* ▸ **ein Tor schießen** marquer un but.

Toreinfahrt ['to:ɐ̯ainfa:ɐ̯t] (*pl* **-en**) die porte cochère.

Torf [tɔrf] der tourbe *f*.

Torte ['tɔrtə] (*pl* **-n**) die gâteau *m*, tarte *f*.

Tortelett [tɔrtə'lɛt] (*pl* **-s**) das tartelette *f*.

Tortengrafik ['tɔrtəngra:fɪk] (*pl* **-en**) die camembert *m*.

Torwart ['to:ɐ̯vart] (*pl* **-e**) der gardien *m* de but.

tot [to:t] ◆ adj **1.** mort(e) **2.** [Leitung] coupé(e). ◆ adv : **tot umfallen** tomber raide mort.

total [to'ta:l] ◆ adj [völlig] total(e). ◆ adv [völlig] complètement.

Totalschaden [to'ta:lʃa:dn̩] (*pl* **-schäden** [ʃɛ:dn̩]) der dommage intégral.

Tote ['to:tə] (*pl* **-n**) der, die mort *m*, -e *f*.

töten ['tø:tn̩] vt tuer.

Totensonntag [to:tn̩'zɔnta:k] (*pl* **-e** [ta:gə]) der jour *m* des morts.

tot◦lachen ['to:tlaxn̩] ◆ **sich totlachen** ref *fam* se tordre de rire.

Toto ['to:to] das loto sportif.

Touchpad ['tatʃpɛt] (*pl* **-s**) das touchpad *m*.

Toupet [tu'pe:] (*pl* **-s**) das postiche *m*.

toupieren [tu'pi:rən] vt crêper.

Tour [tu:ɐ̯] (*pl* **-en**) die **1.** [Ausflug] excursion *f* **2.** *fam* [Verhalten] truc *m* **3.** [Strecke] itinéraire *m*.

Tourismus [tu'rɪsmʊs] der tourisme *m*.

Tourist, in [tu'rɪst, tɪn] (*mpl* **-en**) der, die touriste *mf*.

Touristenklasse [turɪstn̩klasə] die classe *f* économique.

Touristenort [turɪstn̩|ɔrt] (*pl* **-e**) der lieu *m* touristique.

touristisch [tu'rɪstɪʃ] adj touristique.

Tournee [tʊr'ne:] (*pl* **-n**) die tournée *f*.

traben ['tra:bn̩] vi *(ist)* [Pferd] trotter.

Trabrennen ['traprɛnən] (*pl inv*) das course *f* de trot.

Tracht [traxt] (*pl* **-en**) die [Kleidung] costume traditionnel *m* ▸ **eine Tracht Prügel** *fam* [Schläge] une raclée.

Trachtenfest ['traxtn̩fɛst] (*pl* **-e**) das fête *f* folklorique *(en costumes)*.

Trachtenverein ['traxtn̩fɛɐ̯ain] (*pl* **-e**) der association *f* folklorique.

Trackball [tr'ɛkbɔ:l] (*pl* **-s**) der EDV boule *f* de commande.

Trader ['tre:dɐ] (*pl inv*) der trader *m*.

Tradition [tradi'tsio:n] (*pl* **-en**) die tradition *f*.

traditionell [traditsjo'nɛl] adj traditionnel(elle).

traf [traːf] prät → **treffen**.

Trafik [tra'fɪk] die ÖSTERR débit m de tabac.

> ⓘ **Trafik**
>
> En Autriche, ce nom désigne les kiosques qui vendent du tabac, des titres de transports publics, des timbres, des journaux et des revues, ainsi que des produits alimentaires.

Tragbahre ['traːkbaːrə] (pl -n) die civière f.

tragbar ['traːkbaːɐ̯] adj **1.** [Gerät] portable, portatif(ive) **2.** [akzeptabel] supportable.

träge ['trɛːgə] adj [Person, Bewegung] lent(e).

tragen ['traːgn̩] (präs **trägt**, prät **trug**, pp **getragen**) ◆ vt **1.** [gen] porter **2.** [abstützen, ertragen] supporter **3.** [Risiko, Konsequenzen] assumer **4.** [Kosten] payer. ◆ vi [Eis, Wände] porter.

Träger ['trɛːgɐ] (pl inv) der **1.** [Geldgeber] sponsor m **2.** [von Kleidung] bretelle f **3.** [aus Eisen] support m.

Trägerin ['trɛːgərɪn] (pl -nen) die [Geldgeberin] sponsor m.

Tragetasche ['traːgətaʃə] (pl -n) die sac m à provisions.

tragisch ['traːgɪʃ] adj tragique.

Tragödie [tra'gøːdjə] (pl -n) die tragédie f.

trägt [trɛkt] präs → **tragen**.

Trainer, in ['trɛːnɐ, rɪn] (mpl inv) der, die entraîneur m, -euse f.

trainieren [trɛ'niːrən] ◆ vi s'entraîner. ◆ vt entraîner.

Training ['trɛːnɪŋ] (pl -s) das entraînement m.

Trainingsanzug ['trɛːnɪŋslantsuːk] (pl -züge [tsyːgə]) der jogging m, survêtement m.

Traktor ['traktoːɐ̯] (pl -toren [toːrən]) der tracteur m.

Trambahn ['traːmbaːn] (pl -en) die SÜDDT tramway m.

trampen ['trɛmpn̩] vi (hat, ist) faire de l'autostop.

Tramper, in ['trɛmpɐ, rɪn] (mpl inv) der, die auto-stoppeur m, -euse f.

Träne [trɛːnə] (pl -n) die larme f.

tränen ['trɛːnən] vi pleurer.

Tränengas ['trɛːnəngaːs] das gaz m lacrymogène.

trank [traŋk] prät → **trinken**.

Transferrate [trans'feːraːtə] die débit m ▸ **die niedrige / hohe Transferrate** le bas / haut débit.

Transfusion [transfu'zjoːn] (pl -en) die transfusion f.

Transitvisum [tran'zɪtviːzum] (pl -visa ['tranzɪtviːza]) das visa m de transit.

transkutan [transku'taːn] adj MED transcutané(e).

Transport [trans'pɔrt] (pl -e) der transport m.

transportabel [transpɔr'taːbl̩] adj [Fernseher] portable.

transportieren [transpɔr'tiːrən] ◆ vt **1.** [befördern] transporter **2.** [Film] entraîner. ◆ vi [Kamera] entraîner.

Transportmittel [trans'pɔrtmɪtl̩] (pl inv) das moyen m de transport.

Transportunternehmen [trans'pɔrtlʊntɐneːmən] (pl inv) das société f de transport.

Transvestit [tansvεs'tiːt] (*pl* **-en**) der travesti *m*.

trat [traːt] prät → **treten**.

Traube ['traubə] (*pl* **-n**) die [Frucht] raisin *m*.

Traubensaft ['traubn̩zaft] (*pl* **-säfte** [zεftə]) der jus *m* de raisin.

Traubenzucker ['traubn̩tsukɐ] der glucose *m*.

trauen ['trauən] ◆ vt unir. ◆ vi *(+ D)* faire confiance à. ◆ **sich trauen** ref oser.

Trauer ['trauɐ] die deuil *m*.

Traum [traum] (*pl* **Träume** ['trɔymə]) der rêve *m*.

träumen ['trɔymən] vi rêver.

traumhaft ['traumhaft] adj de rêve.

traurig ['traurɪç] ◆ adj triste. ◆ adv tristement.

Trauung ['trauʊŋ] (*pl* **-en**) die mariage *m (cérémonie)* ▸ **kirchliche / standesamtliche Trauung** mariage religieux / civil.

treffen ['trεfn̩] (*präs* **trifft**, *prät* **traf**, *pp* **getroffen**) ◆ vt **1.** [begegnen] rencontrer **2.** [Ziel] atteindre **3.** [beschließen] tomber d'accord sur **4.** [traurig machen] toucher. ◆ vi [ins Ziel] atteindre son but. ◆ **sich treffen** ref se rencontrer ▸ **sich mit jm treffen** voir qqn *(rencontrer)* ▸ **wo sollen wir uns treffen?** où est-ce qu'on se retrouve ? ◆ **Treffen** das rencontre *f*.

Treffer ['trεfɐ] (*pl inv*) der **1.** SPORT but *m* **2.** [Schuss] coup *m* dans le mille.

Treffpunkt ['trεfpuŋkt] (*pl* **-e**) der lieu *m* de rendez-vous.

treiben ['traibn̩] (*prät* **trieb**, *pp* **getrieben**) ◆ vt *(hat)* **1.** [Tier, Person] mener **2.** [zwingen] pousser **3.** [machen, tun] faire. ◆ vi *(ist)* [im Wasser] flotter ▸ **Sport treiben** faire du sport.

Treiber ['traibɐ] (*pl inv*) der pilote *m*.

Treibhauseffekt ['traiphausǀεfεkt] der effet *m* de serre.

Treibstoff ['traipʃtɔf] (*pl* **-e**) der carburant *m*.

Trend [trεnt] (*pl* **-s**) der tendance *f*.

Trendscout ['trεntskaut] (*pl* **-s**) der tendanceur *m*.

trennen ['trεnən] vt **1.** [Streitende, Gegenstände] séparer **2.** [unterscheiden] distinguer **3.** EDV déconnecter, se déconnecter **4.** GRAMM couper. ◆ **sich trennen** ref se séparer.

Trennung ['trεnʊŋ] (*pl* **-en**) die **1.** [von Beziehung] séparation *f* **2.** GRAMM césure *f*.

Treppe ['trεpə] (*pl* **-n**) die escalier *m*.

Treppengeländer ['trεpn̩gəlεndɐ] (*pl inv*) das rampe *f* d'escalier.

Treppenhaus ['trεpn̩haus] (*pl* **-häuser** [hɔyzɐ]) das cage *f* d'escalier.

Tresen ['treːzn̩] (*pl inv*) der NORDD comptoir *m*.

Tretboot ['treːtboːt] (*pl* **-e**) das Pédalo® *m*.

treten ['treːtn̩] (*präs* **tritt**, *prät* **trat**, *pp* **getreten**) ◆ vt *(hat)* **1.** [Person, Tier] donner un coup de pied **2.** [Bremse, Kupplung] appuyer sur. ◆ vi *(hat)* [Pferd, Person] donner un coup de pied oder des coups de pied. ◆ vi *(ist)* [gehen] marcher.

treu [trɔy] adj fidèle.

Treuhand ['trɔyhant] die Treuhand *f* ; *établissement fiduciaire officiel chargé de la gestion du patrimoine industriel de l'ancienne RDA*.

Triathlon ['triːatlɔn] (*pl* **-s**) der triathlon *m*.

Tribüne [tri'byːnə] (*pl* **-n**) die tribune *f*.

Trichter [trɪçtɐ] (*pl inv*) der [Gerät] entonnoir *m*.

Trick [trɪk] (*pl* **-s**) der **1.** [Machenschaft] tour *m* **2.** [Kniff] astuce *f*.

Trickfilm ['trɪkfɪlm] (*pl* **-e**) der dessin animé.

trieb [triːp] prät → **treiben**.

triefen ['triːfn̩] (*prät* **troff** ODER **triefte**, *pp* **getrieft**) ◆ vi *(ist)* [Wasser] couler. ◆ vi *(hat)* [Kleidung, Person] ruisseler.

trifft [trɪft] präs → **treffen**.

Trikot [tri'koː] (*pl* **-s**) das maillot *m*.

Trillerpfeife ['trɪlɐpfaifə] (*pl* **-n** ['trɪlɐpfaifn̩]) die sifflet *m* à roulette.

Trimester [tri'mɛstɐ] (*pl inv*) das trimestre *m*.

Trimm-dich-Pfad ['trɪmdɪçpfaːt] (*pl* **-e**) der parcours *m* de santé.

trinkbar ['trɪŋkbaːɐ̯] adj potable.

trinken ['trɪŋkn̩] (*prät* **trank**, *pp* **getrunken**) vt & vi boire ▸ **einen trinken gehen** *fam* aller boire un coup.

Trinkgeld ['trɪŋkgɛlt] (*pl* **-er** [gɛldɐ]) das pourboire *m*.

Trinkhalm ['trɪŋkhalm] (*pl* **-e**) der paille *f*.

Trinkwasser ['trɪŋkvasɐ] das eau *f* potable.

Trio [triːo] (*pl* **-s**) das trio *m*.

tritt [trɪt] präs → **treten**.

Tritt [trɪt] (*pl* **-e**) der **1.** [Stoß] coup *m* de pied **2.** [Schritt] pas *m*.

triumphieren [trium'fiːrən] vi triompher.

trivial [trɪ'vjaːl] adj trivial(e).

trocken ['trɔkn̩] ◆ adj **1.** sec (sèche) **2.** *fig* [Text, Thema] aride. ◆ adv *fig* [schreiben, bemerken] sèchement ▸ **sich trocken anfühlen** être sec au toucher ▸ **trocken schmecken** a) être sec.

Trockenhaube ['trɔkn̩haubə] (*pl* **-n**) die casque *m*.

Trockenheit ['trɔkn̩hait] die sécheresse *f*.

trocken◦legen ['trɔkn̩leːgn̩] vt **1.** [Sumpf] assécher **2.** [Baby] changer.

trocknen ['trɔknən] ◆ vt *(hat)* sécher. ◆ vi *(ist)* sécher.

Trockner ['trɔknɐ] (*pl inv*) der **1.** [für Wäsche] sèche-linge *m inv* **2.** [für Hände] sèche-mains *m inv*.

Trödel ['trøːdl̩] (*pl inv*) der **1.** [Gegenstände] vieillerie *f* **2.** *fam* [Trödelmarkt] brocante *f*.

Trödelmarkt ['trøːdl̩markt] (*pl* **-märkte** [mɛrktə]) der brocante *f*, videgreniers *m inv*.

trödeln ['trøːdl̩n] ◆ vi *(hat) fam* [langsam sein] traîner. ◆ vi *(ist) fam* [langsam gehen] traîner.

troff [trɔf] prät → **triefen**.

trog [troːk] prät → **trügen**.

trojanisch [tro'jaːnɪʃ] adj troyen (troyenne) ▸ **das Trojanische Pferd** le cheval de Troie ▸ **ein trojanisches Pferd** EDV un cheval de Troie.

Trommel ['trɔml̩] (*pl* **-n**) die [Instrument] tambour *m*.

Trommelfell ['trɔml̩fɛl] (*pl* **-e**) das MED tympan *m*.

Trompete [trɔm'peːtə] (*pl* **-n**) die trompette *f*.

Tropen ['troːpn̩] pl tropiques *mpl*.

Tropf [trɔpf] (*pl* **-e**) der MED perfusion *f*.

tropfen ['trɔpfn̩] vi goutter.

Tropfen ['trɔpfn̩] (*pl inv*) der goutte *f.*

Tropfsteinhöhle ['trɔpfʃtainhøːlə] (*pl* -n) die grotte *f* de stalagtites.

trösten ['trøːstn̩] vt consoler. ◆ **sich trösten** ref se consoler.

Trostpreis ['troːstprais] (*pl* -e [praizə]) der prix *m* de consolation.

Trottoir [trɔ'toaːɐ̯] (*pl* -e) das Suppr trottoir *m.*

trotz [trɔts] prät *(+ G, + D)* malgré.

trotzdem ['trɔtsdeːm] adv malgré tout.

trotzig ['trɔtsɪç] adj rétif(ive).

trüb [tryːp] adj trouble ▸ **ein trübes Wetter** un temps maussade.

Trüffel ['tryfl̩] (*pl inv*) der truffe *f.*

trug [truːk] prät → **tragen**.

trügen ['tryːgn̩] (*prät* **trog**, *pp* **getrogen**) vi induire en erreur.

Truhe ['truːə] (*pl* -n) die coffre *m.*

Trümmer ['trymɐ] pl décombres *mpl.*

Trumpf [trʊmpf] (*pl* **Trümpfe** ['trympfə]) der atout *m.*

Trunkenheit ['trʊŋkn̩hait] die *amt* ivresse *f.*

Truthahn ['truːthaːn] (*pl* **-hähne** [hɛːnə]) der **1.** [Tier] dindon *m* **2.** [Fleisch] dinde *f.*

Tschechien ['tʃɛçi̯ən] nt République *f* tchèque.

Tschernobyl [tʃɛr'nobyl] nt Tchernobyl.

tschüs [tʃyːs] interj salut.

Tsd. *abk für* **Tausend**.

T-Shirt ['tiːʃøːɐ̯t] (*pl* -s) das tee-shirt *m.*

Tsunami [tsu'naːmi] (*pl* -s) der tsunami *m.*

Tube ['tuːbə] (*pl* -n) die tube *m.*

Tuberkulose [tubɛrkuloːzə] die tuberculose *f.*

Tuch¹ [tuːx] (*pl* **Tücher** ['tyːçɐ]) das **1.** [Halstuch] foulard *m* **2.** [zum Putzen, Abtrocknen] chiffon *m.*

Tuch² [tuːx] (*pl* -e) das [Stoff] drap *m.*

tüchtig ['tyçtɪç] ◆ adj **1.** [geschickt] travailleur(euse) **2.** *fam* [groß] sacré(e). ◆ adv **1.** *fam* [viel] sacrément **2.** [geschickt] avec application.

Tulpe ['tʊlpə] (*pl* -n) die tulipe *f.*

Tümpel ['tympl̩] (*pl inv*) der mare *f.*

tun [tuːn] (*präs* **tut**, *prät* **tat**, *pp* **getan**) ◆ vt **1.** [machen] faire ▸ **jm einen Gefallen tun** rendre un service à qqn ▸ **was kann ich für Sie tun?** que puis-je faire pour vous ? ▸ **für die Prüfung habe ich noch nichts getan** je n'ai encore rien fait pour l'examen ▸ **er hat viel für mich getan** il m'a beaucoup aidé ▸ **hat dir der große Junge etwas getan?** est-ce que le grand garçon t'a fait mal ? **2.** *fam* [stellen, legen] mettre ▸ **Blumen in die Vase tun** mettre des fleurs dans le vase **3.** *fam* [funktionieren, ausreichen] : **10 kg - ich denke, das tut es** 10 kg - je crois que cela suffit ▸ **etw tut es noch / nicht mehr** qqch marche encore / ne marche plus
◆ vi **1.** [spielen, vortäuschen] : **schlau tun** faire le malin ▸ **so tun, als ob man nichts gesehen hätte** faire semblant de n'avoir rien vu ▸ **vornehm tun** se donner des grands airs **2.** [Ausdruck von Gefühl, Wirkung] : **der Kaffee nach dem Essen tut mir gut** le café après le repas me fait du bien ▸ **sie tut mir leid** elle me fait pitié **3.** [Ausdruck einer Beziehung] : **mit jm zu tun haben** avoir affaire à qqn ▸ **das hat damit nichts zu tun** cela n'a rien à voir ▸ **die Reaktion hat mit** →

seinen Erfahrungen zu tun cette réaction est due à ses expériences
◆ vimp : **es tut sich etwas** il se passe quelque chose.

Tunesien [tu'ne:zi̯ən] nt Tunisie *f*.
tunken ['tʊŋkn̩] vt tremper.
Tunnel ['tʊnl̩] (*pl inv*) der tunnel *m*.
tupfen ['tʊpfn̩] vt **1.** [abtupfen] éponger **2.** [auftupfen] tamponner.
Tür [ty:ɐ̯] (*pl* **-en** ['ty:rən]) die porte *f* ▸ **die Tür aufmachen / zumachen** ouvrir / fermer la porte ▸ **Tür zu!** la porte !
Türkei [tyr'kai] die Turquie *f*.
Türklinke ['ty:ɐ̯klɪŋkə] (*pl* **-n**) die poignée *f* de porte.
Turkmenistan [tʊrk'me:nista:n] nt Turkménistan *m*.
Turm [tʊrm] (*pl* **Türme** ['tyrmə]) der [Gebäude] tour *f*.
turnen ['tʊrnən] vi SPORT faire de la gymnastique.
Turner, in ['tʊrnɐ, nərɪn] (*mpl inv*) der, die gymnaste *mf*.
Turnhalle ['tʊrnhalə] (*pl* **-n**) die gymnase *m*.
Turnhose ['tʊrnho:zə] (*pl* **-n**) die short *m (de sport)*.
Turnier [tʊr'ni:ɐ̯] (*pl* **-e**) das tournoi *m*.
Turnschuh ['tʊrnʃu:] (*pl* **-e**) der chaussure *f* de sport.
Türschloss ['ty:ɐ̯ʃlɔs] (*pl* **-schlösser** [ʃlœsɐ]) das serrure *f* de porte.
tuscheln ['tʊʃl̩n] vi chuchoter.
Tussi ['tʊsi] (*pl* **-s**) die ***abw*** nana *f*, nénette *f*.
tut [tu:t] präs → **tun**.
Tüte ['ty:tə] (*pl* **-n**) die sac *m*.
TÜV [tyf] der contrôle *m* technique.

TV-Handy [te'fauhɛndi] (*pl* **-s**) das téléphone *m* portable avec télé intégrée.
twittern ['tvɪtɐn] vi être connecté(e) sur Twitter.
Typ [ty:p] (*pl* **-en**) der type *m* ▸ **er ist nicht mein Typ!** il n'est pas mon genre !
Typhus ['ty:fʊs] der MED typhus *m*.
typisch ['ty:pɪʃ] adj typique.
tyrannisieren [ty:rani'zi:rən] vt tyranniser.

U u

u. *abk für* **und**.
u. a. *abk für* **unter anderem**.
u. a. m. (*abk für* **und anderes mehr**) etc. *(et cetera)*.
UB [u'be:] (*pl* **-s**) (*abk für* **Universitätsbibliothek**) die bibliothèque *f* universitaire.
U-Bahn ['u:ba:n] (*pl* **-en**) die métro *m*.
U-Bahn-Haltestelle ['u:ba:nhaltəʃtɛlə] (*pl* **-n**) die station *f* de métro.
U-Bahn-Linie ['u:ba:nli:ni̯ə] (*pl* **-n**) die ligne *f* de métro.
U-Bahn-Netz ['u:ba:nnɛts] (*pl* **-e**) das réseau *m* de métro.
übel ['y:bl̩] (*komp* **übler**, *superl* **am übelsten**) adj mauvais(e) ▸ **jm ist / wird übel** qqn se sent / commence à se sentir mal ▸ **nicht übel** *fam* pas mal.
Übelkeit ['y:bl̩kait] (*pl* **-en**) die nausée *f*.

übel nehmen ['y:bl̩ne:mən] vt *(unreg)* mal prendre ▸ **jm etw übel nehmen** en vouloir à qqn de qqch.

üben ['y:bn̩] ◆ vt [Mathematik, Trompete] s'exercer à. ◆ vi **1.** [für Sport] s'entraîner **2.** [für Schule] travailler.

über ['y:bɐ] ◆ präp *(+ A)* **1.** [räumlich: höher] au-dessus de ▸ **über den Tisch** au-dessus de la table **2.** [räumlich: quer] : **über die Straße gehen** traverser la rue ▸ **über die Mauer springen** sauter par-dessus le mur **3.** [räumlich: Angabe der Route] via ▸ **über Amsterdam nach Asien fliegen** se rendre en Asie via Amsterdam **4.** [zur Angabe des Themas] sur ▸ **eine Konferenz über Erziehung** une conférence sur l'éducation ▸ **wir sprechen über die Kinder** nous parlons des enfants **5.** [zur Angabe des Betrages] de ▸ **eine Rechnung über 149,50 Euro** une facture de 149,50 euros **6.** [zeitlich] : **über Ostern ans Meer fahren** partir au bord de la mer à Pâques ▸ **bleibst du über Nacht?** restes-tu pour la nuit ?
◆ präp *(+ D)* au-dessus de ▸ **die Wohnung über uns** l'appartement au-dessus de nous ▸ **weit über dem Durchschnitt** bien au-dessus de la moyenne
◆ adv **1.** [mehr als] plus de ▸ **es regnet seit über drei Tagen** il pleut depuis plus de trois jours ▸ **wir haben über eine Stunde gewartet** nous avons attendu plus d'une heure ▸ **über 2 Meter groß sein** faire plus de 2 mètres **2.** [zeitlich] : **den Sommer über bleiben wir hier** pendant l'été, nous restons ici
◆ **über und über** adv entièrement ▸ **er ist über und über voll Erde** il est entièrement couvert de terre.

überall(hin) ['y:bɐlal(hɪn)] adv partout.

überanstrengen [y:bɐ'lanʃtrɛŋən] vt trop solliciter. ◆ **sich überanstrengen** ref se surmener.

überarbeiten [y:bɐ'larbaitn̩] vt remanier. ◆ **sich überarbeiten** ref se surmener.

überbacken [y:bɐ'bakn̩] *(präs* **überbackt** ODER **überbäckt**, *prät* **überbackte** ODER **überbuk**, *pp* **überbacken**) vt gratiner.

überbelichtet ['y:bɐbəlɪçtət] adj surexposé(e).

Überblick ['y:bɐblɪk] *(pl* **-e**) der [Übersicht] aperçu *m.*

überblicken [y:bɐ'blɪkn̩] vt **1.** [einschätzen] évaluer **2.** [sehen] embrasser du regard.

überbrücken [y:bɐ'brykn̩] vt [Zeit] combler.

überbucht [y:bɐ'bu:xt] adj surbooké(e).

Überbuchung [y:bɐ'bu:xʊŋ] *(pl* **-en**) die surbooking *m.*

überdurchschnittlich ['y:bɐdʊrçʃnɪtlɪç] adj au-dessus de la moyenne.

übereinander [y:bɐlai'nandɐ] adv **1.** [anziehen, aufhängen] l'un (l'une) sur l'autre, les uns (les unes) sur les autres **2.** [sprechen] l'un (l'une) de l'autre, les uns (les unes) des autres.

überein•stimmen [y:bɐ'lainʃtɪmən] vi **1.** [Meinungen] concorder **2.** [Personen] être d'accord.

überfahren [y:bɐ'fa:rən] *(präs* **überfährt**, *prät* **überfuhr**, *pp* **überfahren**) vt [Tier, Person] écraser.

Überfahrt ['y:bɐfa:ɐ̯t] *(pl* **-en**) die traversée *f.*

Überfall ['y:bɐfal] *(pl* **-fälle** [fɛlə]) der [Angriff] attaque *f.*

überfallen [y:bɐˈfalən] (*präs* **überfällt**, *prät* **überfiel**, *pp* **überfallen**) **vt** attaquer.

überfällig [ˈy:bɐfɛlıç] **adj 1.** [Zug] en retard **2.** [Rechnung] en souffrance.

Überfluss [ˈy:bɐflʊs] **der** abondance *f*.

überflüssig [ˈy:bɐflʏsıç] **adj** superflu(e).

überfordert [y:bɐˈfɔrdɐt] **adj** surmené(e) ▸ **mit etw überfordert sein** être dépassé par qqch.

Überfremdung [ybɐˈfrɛmdʊŋ] **die** *(ohne pl)* influence *f (étrangère)*.

Überführung [y:bɐˈfy:rʊŋ] (*pl* **-en**) **die 1.** [Brücke] passerelle *f* **2.** [Transport] transfert *m*.

überfüllt [y:bɐˈfylt] **adj** bondé(e).

Übergabe [ˈy:bɐga:bə] (*pl* **-n**) **die** [von Dingen] remise *f*.

Übergang [ˈy:bɐgaŋ] (*pl* **-gänge** [gɛŋə]) **der** [Phase] transition *f*.

übergeben [y:bɐˈge:bn̩] (*präs* **übergibt**, *prät* **übergab**, *pp* **übergeben**) **vt** [Gegenstand] remettre. ◆ **sich übergeben ref** vomir.

über∘gehen¹ [ˈy:bɐge:ən] **vi** *(unreg, ist)* [wechseln] : **übergehen zu** passer à.

übergehen² [y:bɐˈge:ən] (*prät* **überging**, *pp* **übergangen**) **vt 1.** [nicht beachten] ignorer **2.** [nicht berücksichtigen] oublier.

Übergewicht [ˈy:bɐgəvıçt] **das 1.** [von Person] excès *m* de poids, surcharge *f* pondérale, surpoids *m* **2.** [von Gegenstand] surcharge *f*.

Übergröße [ˈy:bɐgrø:sə] (*pl* **-n**) **die** [von Kleidung] grande taille.

über∘haben [ˈy:bɐhabn̩] **vt** *(unreg) fam* [übrig] : **ich hab noch Kuchen über** il me reste encore du gâteau ▸ **hat noch jemand etwas zu essen über?** quelqu'un a encore quelque chose à manger ?

überhand∘nehmen [y:bɐˈhantne:mən] **vi** *(unreg)* augmenter de façon excessive.

überhaupt [y:bɐˈhaupt] **adv 1.** [Ausdruck von Zweifel] vraiment **2.** [allgemein] de toute façon **3.** [eigentlich] donc ▸ **überhaupt kein** [gar kein] pas du tout de ▸ **überhaupt nicht** [gar nicht] pas du tout.

überholen [y:bɐˈho:lən] **vt** doubler.

Überholspur [y:bɐˈho:lʃpu:ɐ̯] (*pl* **-en**) **die** voie *f* de dépassement.

Überholverbot [y:bɐˈho:lfɛɐ̯bo:t] (*pl* **-e**) **das** interdiction *f* de dépasser.

überhören [y:bɐˈhø:rən] **vt** [nicht hören] ne pas entendre.

überlassen [y:bɐˈlasn̩] (*präs* **überlässt**, *prät* **überließ**, *pp* **überlassen**) **vt** [leihen] laisser.

überlastet [y:bɐˈlastət] **adj** [Person] surchargé(e).

über∘laufen¹ [ˈy:bɐlaufn̩] **vi** *(unreg, ist)* [Topf, Wasser] déborder.

überlaufen² [y:bɐˈlaufn̩] **adj** bondé(e).

überleben [y:bɐˈle:bn̩] ◆ **vt** [Krieg, Krankheit] survivre à. ◆ **vi** [weiterleben] survivre.

überlegen¹ [y:bɐˈle:gn̩] ◆ **vt** réfléchir à. ◆ **vi** réfléchir ▸ **sich** *(D)* **etw überlegen** se demander qqch.

überlegen² [y:bɐˈle:gn̩] ◆ **adj** supérieur(e). ◆ **adv 1.** [haushoch] haut la main **2.** [arrogant] d'un air supérieur.

Überlegung [y:bɐˈle:gʊŋ] (*pl* **-en**) **die** réflexion *f*.

übermorgen [ˈy:bɐmɔrgn̩] **adv** après-demain.

übermüdet [y:bɐ'my:dət] adj harassé(e).

übernächste, r, s ['y:bɐnɛ:çstə] adj : **übernächste Woche** dans deux semaines ▸ **die übernächste Haltestelle** la station après la suivante.

übernachten [y:bɐ'naxtn̩] vi passer la nuit.

übernächtigt [y:bɐ'nɛçtɪçt] adj fatigué(e) *(par manque de sommeil)*.

Übernachtung [y:bɐnaxtʊŋ] (*pl* **-en**) die nuitée *f* ▸ **'Übernachtung mit Frühstück'** 'chambre avec petit déjeuner'.

Übernachtungsmöglichkeit [y:bɐ'naxtʊŋsmø:klɪçkait] (*pl* **-en**) die possibilités *fpl* d'hébergement.

übernehmen [y:bɐ'ne:mən] (*präs* **übernimmt**, *prät* **übernahm**, *pp* **übernommen**) vt **1.** [Kosten] se charger de **2.** [kopieren] emprunter **3.** [Mitarbeiter] embaucher. ◆ **sich übernehmen** ref se surmener.

überprüfen [y:bɐ'pry:fn̩] vt contrôler.

überqualifiziert ['y:bɐkvalifitsi:ɐt] adj surqualifié(e).

überqueren [y:bɐ'kve:rən] vt traverser.

überraschen [y:bɐ'raʃn̩] vi & vt surprendre.

Überraschung [y:bɐ'raʃʊŋ] (*pl* **-en**) die surprise *f*.

überreden [y:bɐ're:dn̩] vt convaincre.

überreichen [y:bɐ'raiçn̩] vt remettre.

Überrest ['y:bɐrɛst] (*pl* **-e**) der restant *m*.

übers ['y:bɐs] präp *fam* = **über + das**.

überschätzen [y:bɐ'ʃɛtsn̩] vt surévaluer.

überschlagen [y:bɐ'ʃla:gn] (*präs* **überschlägt**, *prät* **überschlug**, *pp* **überschlagen**) vt [Anzahl, Summe] évaluer approximativement. ◆ **sich überschlagen** ref **1.** [Auto] faire un tonneau **2.** [Skifahrer] faire un soleil.

überschneiden [y:bɐ'ʃnaidn̩] (*prät* **überschnitt**, *pp* **überschnitten**) ◆ **sich überschneiden** ref coïncider.

Überschrift ['y:bɐʃrɪft] (*pl* **-en**) die titre *m*.

überschwemmt [y:bɐ'ʃvɛmt] adj [Haus] inondé(e).

Überschwemmung [y:bɐ'ʃvɛmʊŋ] (*pl* **-en**) die inondation *f*.

Übersee ['y:bɐze:] nt : **aus Übersee** d'outre-mer ▸ **nach Übersee** outre-mer.

übersehen [y:bɐ'ze:ən] (*präs* **übersieht**, *prät* **übersah**, *pp* **übersehen**) vt [nicht sehen] ne pas voir.

über•setzen¹ ['y:bɐzɛtsn̩] ◆ vt *(hat)* [befördern] faire traverser. ◆ vi *(ist)* [überqueren] traverser.

übersetzen² [y:bɐ'zɛtsn̩] vt traduire.

Übersetzer, in [y:bɐ'zɛtsɐ, tsərɪn] (*mpl inv*) der, die traducteur *m*, -trice *f*.

Übersetzung [y:bɐ'zɛtsʊŋ] (*pl* **-en**) die traduction *f*.

Übersicht ['y:bɐzɪçt] (*pl* **-en**) die [Zusammenfassung] vue *f* d'ensemble.

übersichtlich ['y:bɐzɪçtlɪç] adj **1.** [Gebiet] dégagé(e) **2.** [Tabelle] clair(e).

Übersichtskarte ['y:bɐzɪçtskartə] (*pl* **-n**) die carte *f* d'ensemble.

überspielen [y:bɐ'ʃpi:lən] vt **1.** [kopieren] reproduire **2.** [löschen] effacer *(en réenregistrant)*.

Überspielkabel [y:bɐ'ʃpi:lka:bl] (*pl inv*) das câble *m* d'enregistrement.

über•stehen¹ ['y:bɐʃte:ən] vi *(unreg)* [vorstehen] dépasser.

überstehen² [yːbɐˈʃteːən] (*prät* **überstand**, *pp* **überstanden**) vt [Ereignis] surmonter.

Überstunde [ˈyːbɐʃtʊndə] (*pl* **-n**) **die** heure *f* supplémentaire.

übertragbar [yːbɐˈtraːkbaːɐ̯] adj transmissible.

übertragen [yːbɐˈtraːgn̩] (*präs* **überträgt**, *prät* **übertrug**, *pp* **übertragen**) vt **1.** [Krankheit] transmettre **2.** [Sendung] retransmettre **3.** [Blut] transfuser **4.** [anwenden] transposer ▸ **etw auf etw** *(A)* **übertragen** reporter qqch sur qqch. ◆ **sich übertragen ref** se transmettre.

Übertragung [yːbɐˈtraːgʊŋ] (*pl* **-en**) **die 1.** [von Sendung] retransmission *f* **2.** [von Krankheit] transmission *f* **3.** [von Blut] transfusion *f*.

übertreffen [yːbɐˈtrɛfn̩] (*präs* **übertrifft**, *prät* **übertraf**, *pp* **übertroffen**) vt [besser sein] dépasser.

übertreiben [yːbɐˈtraibn̩] (*prät* **übertrieb**, *pp* **übertrieben**) vt & vi exagérer.

übertreten [yːbɐˈtreːtn̩] (*präs* **übertritt**, *prät* **übertrat**, *pp* **übertreten**) vt [Gesetz] transgresser.

übertrieben [yːbɐˈtriːbn̩] ◆ pp → **übertreiben.** ◆ adj exagéré(e).

überwachen [yːbɐˈvaxn̩] vt surveiller.

überweisen [yːbɐˈvaizn̩] (*prät* **überwies**, *pp* **überwiesen**) vt **1.** [Geld] virer **2.** MED [Patienten] envoyer ▸ **jn ins Krankenhaus überweisen** MED envoyer qqn à l'hôpital.

Überweisung [yːbɐˈvaizʊŋ] (*pl* **-en**) **die 1.** [von Geld] virement *m* **2.** [von Patienten] *formulaire délivré par un médecin permettant de s'adresser à un spécialiste.*

Überweisungsauftrag [yːbɐˈvaizʊŋslauftraːk] (*pl* **-träge**) **der** ordre *m* de virement.

überwinden [yːbɐˈvɪndn̩] (*prät* **überwand**, *pp* **überwunden**) vt surmonter. ◆ **sich überwinden ref** faire un effort sur soi-même.

Überzelt [ˈyːbɐtsɛlt] (*pl* **-e**) **das** toit *m* d'une tente.

überzeugen [yːbɐˈtsɔygn̩] vt convaincre. ◆ **sich überzeugen ref** se convaincre.

überzeugt [yːbɐˈtsɔykt] adj convaincu(e) ▸ **überzeugt sein von** être convaincu de.

Überzeugung [yːbɐˈtsɔygʊŋ] (*pl* **-en**) **die** conviction *f*.

überziehen¹ [yːbɐˈtsiːən] (*prät* **überzog**, *pp* **überzogen**) vt **1.** [Konto] mettre à découvert **2.** [Bett, Kissen] recouvrir.

über◦ziehen² [ˈyːbɐtsiːən] vt *(unreg)* [Jacke, Pullover] mettre (par-dessus).

Überziehungskredit [yːbɐˈtsiːʊŋskrediːt] (*pl* **-e**) **der** autorisation *f* de découvert.

üblich [ˈyːplɪç] adj habituel(elle).

U-Boot [ˈuːboːt] (*pl* **-e**) **das** sous-marin *m*.

übrig [ˈyːprɪç] adj restant(e).

übrig bleiben [ˈyːprɪçblaibn̩] vi *(unreg, ist)* rester.

übrigens [ˈyːbrigəns] adv d'ailleurs.

Übung [ˈyːbʊŋ] (*pl* **-en**) **die** exercice *m*.

Ufer [ˈuːfɐ] (*pl inv*) **das 1.** [Fluss] rive *f* **2.** [Meer] bord *m* ▸ **am Ufer a)** [Fluss] sur la rive **b)** [Meer] sur le bord.

Uferstraße [ˈuːfɐʃtraːsə] (*pl* **-n**) **die** quai *m*.

Uhr [uːɐ̯] (*pl* **-en**) **die 1.** [Armbanduhr] montre *f* **2.** [an der Wand] pendule *f* **3.** [Zeit] heure *f* ▸ **es ist 3 Uhr** il est 3 heures ▸ **um 3 Uhr** à 3 heures ▸ **um wie viel Uhr?** à quelle heure ? ▸ **wie viel Uhr ist es?** quelle heure est-il ?

Uhrzeit ['uːɐ̯tsait] (*pl* **-en**) **die** heure *f.*

Ukraine [u'krainə] **die** Ukraine *f.*

UKW [uːkaː'veː] **die** FM *f.*

Ultraschall ['ʊltraʃal] **der** ultra-son *m.*

um [ʊm] ◆ **präp** *(+ A)* **1.** [räumlich, ungefähr] autour de ▸ **um den Tisch herum** autour de la table ▸ **um die 100 Euro** autour de 100 euros ▸ **er kommt so um 8 Uhr** il vient autour de oder aux environs de 8 heures ▸ **so um Ostern herum** vers Pâques **2.** [Angabe der Uhrzeit] : **der Film beginnt um 20 Uhr** le film commence à 20 heures ◆ **konj** : **um zu** pour ▸ **ich komme, um mich zu verabschieden** je viens vous dire au revoir.

um◦adressieren ['ʊm|adrɛsiːrən] **vt** faire suivre.

umarmen [ʊm'|armən] **vt** serrer dans ses bras.

Umbau ['ʊmbau] (*pl* **-ten**) **der** transformation *f.*

um◦bauen ['ʊmbauən] **vt** transformer.

umbenennen ['ʊmbənɛnən] **vt** *(unreg)* renommer.

um◦binden ['ʊmbɪndn̩] **vt** *(unreg)* mettre.

um◦blättern ['ʊmblɛtɐn] **vt** tourner.

um◦bringen ['ʊmbrɪŋən] **vt** *(unreg)* tuer.

Umbruch ['ʊmbrʊx] (*pl* **-brüche**) **der** saut *m.*

um◦buchen ['ʊmbuːxn̩] **vt** : **eine Reise umbuchen** modifier une réservation.

um◦drehen ['ʊmdreːən] ◆ **vt** *(hat)* [Schlüssel, Pfannkuchen] tourner. ◆ **vi** *(hat, ist)* [wenden, umkehren] faire demi-tour. ◆ **sich umdrehen ref** [Person] se retourner.

um◦fahren¹ ['ʊmfaːrən] **vt** *(unreg)* [überfahren] renverser.

umfahren² [ʊm'faːrən] (*präs* **umfährt**, *prät* **umfuhr**, *pp* **umfahren**) **vt** [ausweichen] contourner.

um◦fallen ['ʊmfalən] **vi** *(unreg, ist)* tomber.

Umfang ['ʊmfaŋ] (*pl* **-fänge** [fɛŋə]) **der** [von Tonne] volume *m.*

Umfrage ['ʊmfraːgə] (*pl* **-n**) **die** sondage *m.*

um◦füllen ['ʊmfylən] **vt** transvaser.

um◦funktionieren ['ʊmfʊŋktsjoniːrən] **vt** transformer.

Umgang ['ʊmgaŋ] **der** : **der Umgang** les relations *fpl.*

Umgangssprache ['ʊmgaŋsʃpraːxə] **die** langue familière.

Umgebung [ʊm'geːbʊŋ] (*pl* **-en**) **die 1.** [Gebiet] environs *mpl* **2.** [Umfeld] cadre *m* (de vie).

umgehen¹ ['ʊmgeːən] **vi** *(unreg, ist)* [behandeln] traiter ▸ **mit jm / etw gut umgehen können** savoir s'y prendre avec qqn / qqch.

umgehen² [ʊm'geːən] (*prät* **umging**, *pp* **umgangen**) **vt** [Problem] éviter.

Umgehungsstraße [ʊm'geːʊŋsʃtraːsə] (*pl* **-n**) **die** déviation *f*, rocade *f.*

umgekehrt ['ʊmgəkeːɐ̯t] ◆ **adj** inverse. ◆ **adv** inversement ▸ **in umgekehrter Richtung** dans le sens inverse.

Umhang ['ʊmhaŋ] (*pl* **-hänge** [hɛŋə]) **der** cape *f.*

umher [ʊm'heːɐ̯] **adv** par-ci par-là ▸ **weit umher** tout le pays à la ronde.

um◦kehren ['ʊmkeːrən] **vi** *(ist)* [zurückgehen, -fahren] faire demi-tour.

um∘kippen ['ʊmkɪpn̩] ◆ vi *(ist)* [Person, Vase] tomber. ◆ vt *(hat)* faire tomber.

Umkleidekabine ['ʊmklaidəkabi:nə] (*pl* -n) die cabine *f* (de vestiaire).

Umkleideraum ['ʊmklaidəraum] (*pl* -räume [rɔymə]) der vestiaire *m*.

Umkreis ['ʊmkrais] der [Gebiet] environs *mpl* ▸ **im Umkreis von 50 km** dans un rayon de 50 km.

Umlaut ['ʊmlaut] (*pl* -e) der tréma *m*.

um∘leiten ['ʊmlaitn̩] vt dévier.

Umleitung ['ʊmlaitʊŋ] (*pl* -en) die déviation *f*.

umrandet [ʊm'randət] adj entouré(e) ▸ **rot umrandet** entouré en rouge.

um∘rechnen ['ʊmrɛçnən] vt convertir.

Umrechnungskurs ['ʊmrɛçnʊŋskʊrs] (*pl* -e [kʊrzə]) der cours *m* du change.

um∘rühren ['ʊmry:rən] vt & vi remuer.

Umrührstäbchen ['ʊmry:rʃtɛpçən] das *fam* touillette *f*.

ums [ʊms] präp = **um + das**.

Umsatz ['ʊmzats] (*pl* -sätze [zɛtsə]) der chiffre *m* d'affaires.

um∘schalten ['ʊmʃaltn̩] ◆ vt [Programm, Fernseher] changer de. ◆ vi [auf Programm] changer de chaîne.

Umschalttaste ['ʊmʃalttastə] (*pl* -n) die touche *f* majuscule.

Umschlag ['ʊmʃla:k] (*pl* -schläge [ʃlɛ:gə]) der **1.** [für Briefe] enveloppe *f* **2.** [von Buch] jaquette *f* **3.** MED compresse *f*.

um∘schlagen ['ʊmʃla:gn̩] ◆ vi *(unreg, ist)* [Wetter, Laune] changer. ◆ vt *(unreg, hat)* [umdrehen] tourner.

um∘sehen ['ʊmze:ən] ◆ **sich umsehen** ref *(unreg)* **1.** [sich umdrehen] se retourner **2.** [besichtigen] visiter ▸ **sich umsehen nach** [suchen] chercher.

um sein ['ʊmzain] vi *(unreg, ist) fam* être fini(e).

um∘setzen ['ʊmzɛtsn̩] vt **1.** [realisieren] mettre en pratique **2.** [umwandeln] convertir.

umso ['ʊmzo] konj : **je ..., umso ...** plus... plus ▸ **je schneller du es machst, umso schöner wird es** plus vite tu le feras, mieux ça sera ▸ **umso besser** *fam* tant mieux.

umsonst [ʊm'zɔnst] ◆ adj : **umsonst sein a)** [erfolglos] être vain **b)** [gratis] être gratuit. ◆ adv **1.** [erfolglos] en vain **2.** [gratis] gratuitement.

> **ⓘ Umsonst und Draußen**
>
> En Allemagne, les concerts gratuits et en plein air (**umsonst und draußen**) apparaissent dès les années 1970. Véritables tremplins pour les nouveaux groupes, ils attirent les fans de musique et les familles qui viennent profiter de l'ambiance festive.

umständlich ['ʊmʃtɛntlɪç] adj **1.** [Person] trop minutieux(euse) **2.** [Methode] compliqué(e).

Umstandsmoden ['ʊmʃtantsmo:dn̩] pl mode *f* pour femmes enceintes.

Umsteigebahnhof ['ʊmʃtaigəba:nho:f] (*pl* -höfe [hø:fə]) der gare *f* de correspondance.

um∘steigen ['ʊmʃtaign̩] vi *(unreg, ist)* **1.** [beim Reisen] prendre une correspondance **2.** [wechseln] passer à ▸ **in Köln umsteigen** changer à Cologne.

Umstellung ['ʊmʃtɛlʊŋ] (*pl* **-en**) die **1.** [Anpassung] adaptation *f* **2.** [Änderung] changement *m*.

Umtausch ['ʊmtaʊʃ] der échange *m* ▸ **'vom Umtausch ausgeschlossen'** 'ni repris, ni échangé'.

um·tauschen ['ʊmtaʊʃn̩] vt changer ▸ **Euro in Dollar umtauschen** changer des euros en dollars.

Umverpackung ['ʊmfɛɐ̯pakʊŋ] (*pl* **-en**) die reconditionnement *m*.

Umweg ['ʊmveːk] (*pl* **-e** [veːgə]) der détour *m*.

Umwelt ['ʊmvɛlt] die environnement *m*.

Umweltbelastung ['ʊmvɛltbəlastʊŋ] (*pl* **-en**) die pollution *f*.

Umweltbewusstsein ['ʊmvɛltbəvʊstzain] das respect *m* de l'environnement.

ⓘ Umweltbewusstsein

La protection de l'environnement est une préoccupation de premier plan en Allemagne, pays pionnier dans ce domaine. Les enfants sont sensibilisés par le biais de l'école, et les programmes de recyclage et de tri sont très suivis.

umweltfreundlich ['ʊmvɛltfrɔyntlɪç] adj écologique.

Umweltpapier ['ʊmvɛltpapiːɐ̯] das papier recyclé.

Umweltprämie ['ʊmvɛltprɛːmiə] (*pl* **-n**) die prime *f* environnementale.

umweltschädlich ['ʊmvɛltʃɛːtlɪç] adj polluant(e).

Umweltschutz ['ʊmvɛltʃʊts] der protection *f* de l'environnement.

Umweltverschmutzung ['ʊmvɛltfɛɐ̯ʃmʊtsʊŋ] die pollution *f*.

um·werfen ['ʊmvɛrfn̩] vt *(unreg)* renverser ▸ **sich** *(D)* **einen Mantel umwerfen** jeter un manteau sur ses épaules.

um·ziehen ['ʊmtsiːən] ◆ vi *(unreg, ist)* déménager. ◆ vt *(unreg, hat)* changer. ◆ **sich umziehen** ref se changer.

Umzug ['ʊmtsuːk] (*pl* **-züge** [tsyːgə]) der **1.** [Wohnungswechsel] déménagement *m* **2.** [Parade] défilé *m*.

unabhängig ['ʊnlaphɛŋɪç] ◆ adj indépendant(e). ◆ adv [leben, entscheiden] de manière indépendante.

Unabhängigkeit ['ʊnlaphɛŋɪçkait] die indépendance *f*.

unabsichtlich ['ʊnlapzɪçtlɪç] ◆ adj non intentionnel(elle). ◆ adv sans le vouloir.

unangenehm ['ʊnlangəneːm] ◆ adj désagréable. ◆ adv **1.** [schmecken, klingen] de façon désagréable **2.** [peinlich] désagréablement.

unauffällig ['ʊnlaʊffɛlɪç] adj discret(ète).

unbeabsichtigt ['ʊnbəlapzɪçtɪçt] adj involontaire.

unbedingt ['ʊnbədɪŋt] adv **1.** obligatoirement **2.** [auf jeden Fall] absolument.

unbefriedigend ['ʊnbəfriːdɪgənt] ◆ adj [schlecht] peu satisfaisant(e). ◆ adv [schlecht] de façon peu satisfaisante.

unbefristet ['ʊnbefrɪstət] adj illimité(e) *(dans le temps)*.

Unbefugte ['ʊnbəfuːktə] (*pl* **-n**) der, die personne non autorisée ▸ **'für Unbefugte Zutritt verboten!'** 'entrée interdite aux personnes non autorisées'.

unbegrenzt ['ʊnbəgrɛntst] adj illimité(e).

unbekannt ['ʊnbəkant] adj inconnu(e).

unbeliebt ['ʊnbəliːpt] **adj 1.** [Kollege] peu aimé(e) **2.** [Politiker] impopulaire.

unbemerkt ['ʊnbəmɛrkt] **adv** sans se faire remarquer.

unbenutzt ['ʊnbənʊtst] **adj** inutilisé(e).

unbequem ['ʊnbəkveːm] ◆ **adj** [Stuhl, Kleidung] inconfortable. ◆ **adv** [sitzen, fahren] inconfortablement.

unberechtigt ['ʊnbərɛçtɪçt] ◆ **adj** injustifié(e). ◆ **adv** de manière injustifiée ▸ **unberechtigt parkende Fahrzeuge** véhicules en stationnement non autorisé.

unbeständig ['ʊnbəʃtɛndɪç] **adj** [Wetter] instable, variable.

unbeteiligt ['ʊnbətailɪçt] **adj 1.** [nicht interessiert] désintéressé(e) **2.** [nicht verwickelt] étranger(ère) à.

unbewacht ['ʊnbəvaxt] **adj** non surveillé(e).

unbewusst ['ʊnbəvʊst] ◆ **adj** inconscient(e). ◆ **adv** inconsciemment.

unbrauchbar ['ʊnbrauxbaːɐ̯] **adj** inutilisable.

und [ʊnt] ◆ **konj 1.** [gen] et ▸ **es regnet und stürmt** il y a de la pluie et du vent ▸ **ich habe nichts Besonderes gemacht, telefoniert und so** *fam* je n'ai rien fait de spécial, j'ai téléphoné et tout ça ▸ **und so weiter** et ainsi de suite ▸ **noch ein Schritt und du fällst** encore un pas et tu tombes ▸ **drei und drei ist sechs** trois et trois font six **2.** [Ausdruck einer Intensivierung] : **er wird fetter und fetter** il est de plus en plus gros ▸ **er kauft und kauft** il ne cesse d'acheter ▸ **und wie!** *fam* et comment ! **3.** [Ausdruck eines Widerspruchs] : **er hört nichts, und wenn du brüllst** il n'entend rien, même quand on hurle **4.** [ironisch] : **ich und Motorrad fahren? nie!** moi, faire de la moto ? jamais !
◆ **interj** *fam* : **na und?** et après ?, et alors ?

undankbar ['ʊndaŋkbaːɐ̯] **adj** [Person] ingrat(e).

undeutlich ['ʊndɔytlɪç] **adj 1.** [Aufnahme, Bild] flou(e) **2.** [Struktur, Formulierung] confus(e).

undicht ['ʊndɪçt] **adj** non étanche.

undurchlässig ['ʊndʊrçlɛsɪç] **adj** imperméable.

uneben ['ʊnleːbn̩] **adj** inégal(e) ▸ **'unebene Fahrbahn'** 'chaussée déformée'.

unecht ['ʊnlɛçt] **adj** [Schmuck, Stein] faux (fausse).

unendlich [ʊn'lɛntlɪç] **adj** infini(e).

unentbehrlich ['ʊnlɛntbeːɐ̯lɪç] **adj** indispensable.

unentgeltlich ['ʊnlɛntgɛltlɪç] **adj** gratuit(e).

unentschieden ['ʊnlɛntʃiːdn̩] **adj** [Ergebnis] incertain(e) ▸ **das Spiel steht unentschieden** il y a match nul.

unerlässlich [ʊnlɛɐ̯'lɛslɪç] **adj** indispensable.

unerlaubt ['ʊnlɛɐ̯laupt] **adj 1.** [ohne Erlaubnis] sans autorisation **2.** [Glücksspiel, Waffenbesitz] illicite.

unerträglich ['ʊnlɛɐ̯trɛːklɪç] **adj** insupportable.

unerwartet ['ʊnlɛɐ̯vartət] **adj 1.** inattendu(e) **2.** [Stil, Humor] décalé(e).

unerwünscht ['ʊnlɛɐ̯vynʃt] **adj** indésirable.

UNESCO [u'nɛsko] **die** Unesco *f.*

unfähig ['ʊnfɛːɪç] **adj** incapable ▸ **unfähig sein zu** être incapable de.

unfair ['ʊnfɛːɐ̯] adj déloyal(e).

Unfall ['ʊnfal] (*pl* **-fälle** [fɛlə]) der accident *m* ▸ **einen Unfall haben / verursachen** avoir / causer un accident.

Unfallflucht ['ʊnfalflʊxt] die délit *m* de fuite.

Unfallschäden ['ʊnfalʃɛːdn̩] pl dégâts provoqués par l'accident.

Unfallstation ['ʊnfalʃtatsi̯oːn] (*pl* **-en**) die urgences *fpl*.

Unfallstelle ['ʊnfalʃtɛlə] (*pl* **-n**) die lieu *m* de l'accident.

Unfallversicherung ['ʊnfalfɛɐ̯zɪçərʊŋ] (*pl* **-en**) die assurance *f* accidents.

unfreundlich ['ʊnfrɔ͜ʏntlɪç] ◆ adj [Person, Verhalten] peu aimable. ◆ adv [sich verhalten] peu aimablement ▸ **unfreundlich sein zu** ne pas être aimable avec.

Unfug ['ʊnfuːk] der bêtises *fpl*.

Ungarn ['ʊngarn] nt Hongrie *f*.

ungeduldig ['ʊngədʊldɪç] adj impatient(e).

ungeeignet ['ʊngəla͜iknət] adj inapproprié(e).

ungefähr ['ʊngəfɛːɐ̯] ◆ adv environ. ◆ adj approximatif(ive).

ungefährlich ['ʊngəfɛːɐ̯lɪç] adj inoffensif(ive).

ungehorsam ['ʊngəhɔrzaːm] adj désobéissant(e).

ungemütlich ['ʊngəmyːtlɪç] adj **1.** [Raum] sans chaleur **2.** [Kleidung] inconfortable.

ungenau ['ʊngəna͜u] ◆ adj imprécis(e). ◆ adv avec un manque de précision.

ungenießbar ['ʊngəniːsbaːɐ̯] adj **1.** [nicht essbar] non comestible **2.** [geschmacklich] immangeable.

ungerecht ['ʊngərɛçt] adj injuste.

ungern ['ʊngɛrn] adv à contre-cœur.

ungeschickt ['ʊngəʃɪkt] adj maladroit(e).

ungesund ['ʊngəzʊnt] adj **1.** [Ernährung, Leben] malsain(e) **2.** [Aussehen] maladif(ive).

ungewiss ['ʊngəvɪs] adj incertain(e).

ungewöhnlich ['ʊngəvøːnlɪç] adj inhabituel(elle).

ungewohnt ['ʊngəvoːnt] adj inaccoutumé(e).

Ungeziefer ['ʊngəts͜iːfɐ] das vermine *f*.

unglaublich [ʊn'gla͜uplɪç] ◆ adj incroyable. ◆ adv incroyablement.

Unglück ['ʊnglʏk] (*pl* **-e**) das **1.** [Unfall] accident *m* **2.** [Leid] malheur *m* **3.** [Pech] malchance *f*.

unglücklich ['ʊnglʏklɪç] adj **1.** [Person] malheureux(euse) **2.** [unklug] malencontreux(euse).

ungültig ['ʊngʏltɪç] adj non valable.

unheimlich ['ʊnha͜imlɪç] ◆ adj **1.** [gruselig] lugubre **2.** *fam* [riesig] énorme. ◆ adv *fam* énormément, super.

unhöflich ['ʊnhøːflɪç] adj malpoli(e).

Uni ['ʊni] (*pl* **-s**) die *fam* fac *f*.

Uniform ['ʊnifɔrm] (*pl* **-en**) die uniforme *m*.

Universität [univɛrzi'tɛːt] (*pl* **-en**) die université *f*.

Universitätsstadt [univɛrzi'tɛːtsʃtat] (*pl* **-städte** [ʃtɛtə]) die ville *f* universitaire.

→

ⓘ Universitätsstadt

Expression désignant les villes allemandes de longue tradition universitaire, telles Heidelberg, Marburg, Göttingen ou Freiburg. La forte population étudiante donne à ces villes une atmosphère particulièrement animée, et le vélo y remplace souvent la voiture.

Unkosten ['ʊnkɔstn̩] pl frais *mpl*.

Unkostenbeitrag ['ʊnkɔstn̩baitraːk] (*pl* **-träge** [trɛːgə]) der participation *f* aux frais.

Unkraut ['ʊnkraut] das mauvaises herbes.

unlogisch ['ʊnloːgɪʃ] adj illogique.

Unmenge ['ʊnmɛŋə] (*pl* **-n**) die *fam* quantité *f* énorme.

unmittelbar ['ʊnmɪtl̩baːɐ̯] ◆ adj direct(e). ◆ adv directement ▸ **in unmittelbarer Nähe** à proximité immédiate.

unmöbliert ['ʊnmøːbliːɐ̯t] adj non meublé(e).

unmöglich ['ʊnmøːklɪç] ◆ adj impossible. ◆ adv : **ich kann unmöglich kommen** il m'est impossible de venir ▸ **es ist mir unmöglich zu kommen** il m'est impossible de venir.

unnötig ['ʊnnøːtɪç] adj **1.** [Aufwand] inutile **2.** [Fehler] évitable.

unnütz ['ʊnnyts] adj inutile.

UNO ['uːno] die ONU *f*.

Unordnung ['ʊnlɔrtnʊŋ] die désordre *m*.

unpassierbar [ʊnpa'siːəbaːɐ̯] adj impraticable.

unpersönlich ['ʊnpɛrzøːnlɪç] adj impersonnel(elle).

unpraktisch ['ʊnpraktɪʃ] adj **1.** [Kleidung, Möbel] peu pratique **2.** [Person] qui est dépourvu(e) de sens pratique.

Unrecht ['ʊnrɛçt] das injustice *f* ▸ **im Unrecht sein** être dans son tort.

unregelmäßig ['ʊnreːgl̩mɛːsɪç] ◆ adj irrégulier(ère). ◆ adv irrégulièrement.

unreif ['ʊnraif] adj [Obst] pas mûr(e).

Unruhe ['ʊnruːə] (*pl* **-n**) die **1.** [Gefühl] anxiété *f* **2.** [Bewegung] agitation *f*. ◆ **Unruhen** pl troubles *mpl*.

unruhig ['ʊnruːɪç] adj [besorgt] inquiet(ète).

uns [ʊns] pron nous.

unschädlich ['ʊnʃɛːtlɪç] adj inoffensif(ive).

unscharf ['ʊnʃarf] adj [Aufnahme] flou(e).

unscheinbar ['ʊnʃainbaːɐ̯] adj effacé(e).

unschuldig ['ʊnʃʊldɪç] adj innocent(e).

unselbstständig ['ʊnzɛlpstʃtɛndɪç] adj dépendant(e).

unser, e ODER **unsre** ['ʊnzɐ] det notre, nos.

unsere, r, s ['ʊnzərə] ◆ pron le nôtre (la nôtre), les nôtres. ◆ det → **unser**.

unsicher ['ʊnzɪçɐ] adj **1.** peu sûr(e) **2.** [Zukunft] incertain(e) ▸ **sich** *(D)* **unsicher sein** ne pas être sûr de.

Unsinn ['ʊnzɪn] der bêtise *f*.

unsympathisch ['ʊnzympaːtɪʃ] adj [Mensch] antipathique.

unten ['ʊntn̩] adv **1.** en bas **2.** [südlich] là-bas ▸ **nach unten** vers le bas ▸ **von unten** d'en bas ▸ **unten durch sein** *fam* être grillé ▸ **'siehe unten'** 'voir plus bas'.

unter ['ʊntɐ] ◆ präp *(+ D, + A)* **1.** [räumlich] sous ▸ **unter dem Tisch liegen** être sous la table ▸ **die Tasche unter den Tisch stellen** mettre le sac sous la table **2.** [weniger als] au-dessous de ▸ **nicht unter drei Wochen** pas moins de trois semaines ▸ **unter null** au-dessous de zéro **3.** [zwischen Dingen, Personen] parmi ▸ **unter Freunden** entre amis ▸ **unter ihren Sachen waren auch Papiere** parmi ses affaires, il y avait aussi des papiers ▸ **unter anderem** entre autres ▸ **Rosinen unter den Teig mischen** mélanger des raisins secs à la pâte **4.** [Angabe von Umständen, von Hierarchie] sous ▸ **unter allgemeinem Gelächter** au milieu d'un éclat de rire général ▸ **unter js Leitung** sous la direction de qqn ▸ **unter dem Namen Berger** sous le nom de Berger ▸ **unter der Voraussetzung, dass** à condition que *(+ subjonctif)*
◆ adj inférieur(e) ▸ **der unterste Knopf** le bouton du bas ▸ **die unteren Semester** les (étudiants des) premières années.

unterbelichtet ['ʊntɐbəlɪçtət] adj [Foto, Film] sous-exposé(e).

unterbesetzt ['ʊntɐbəzɛtst] adj : **die Firma ist unterbesetzt** l'entreprise est en sous-effectif.

Unterbewusstsein ['ʊntɐbəvʊstzain] das subconscient *m*.

unterbrechen ['ʊntɐbrɛçn̩] *(präs* **unterbricht**, *prät* **unterbrach**, *pp* **unterbrochen**) vt & vi interrompre.

Unterbrechung [ʊntɐ'brɛçʊŋ] *(pl* **-en**) die interruption *f*.

unter∘bringen ['ʊntɐbrɪŋən] vt *(unreg)* **1.** [Gäste] loger **2.** [Gegenstand] faire rentrer.

Unterbringung ['ʊntɐbrɪŋʊŋ] *(pl* **-en**) die [von Gästen] hébergement *m*.

unterdessen [ʊntɐ'dɛsn̩] adv *geh* pendant ce temps-là.

unterdrücken [ʊntɐ'drʏkn̩] vt **1.** [Person, Volk] opprimer **2.** [Widerstand] réprimer.

untereinander ['ʊntɐlainandɐ] adv **1.** [unter sich] entre nous / vous / eux / elles **2.** [eins unter das andere] l'un (l'une) sous l'autre, les uns (les unes) sous les autres.

Unterführung [ʊntɐ'fy:rʊŋ] *(pl* **-en**) die passage souterrain.

Untergang ['ʊntɐgaŋ] *(pl* **-gänge** [gɛŋə]) der **1.** [von Schiff] naufrage *m* **2.** [von Volk, Kultur] déclin *m*.

unter∘gehen ['ʊntɐge:ən] vi *(unreg, ist)* **1.** [Sonne, Mond] se coucher **2.** [Schiff, Person] couler **3.** [Volk, Kultur] s'éteindre.

Untergeschoss ['ʊntɐgəʃɔs] *(pl* **-e**) das rez-de-chaussée *m*.

Untergewicht ['ʊntɐgəvɪçt] das insuffisance pondérale.

Untergrund ['ʊntɐgrʊnt] der [Boden] sous-sol *m*.

Untergrundbahn ['ʊntɐgrʊntba:n] *(pl* **-en**) die métropolitain *m*.

unterhalb ['ʊntɐhalp] ◆ adv en bas. ◆ präp *(+ G, + D)* en bas de.

unterhalten [ʊntɐ'haltn̩] *(präs* **unterhält** *prät* **unterhielt** *pp* **unterhalten**) vt **1.** [amüsieren] divertir **2.** [Familie] entretenir. ◆ **sich unterhalten** ref **1.** [reden] s'entretenir **2.** [sich amüsieren] se divertir ▸ **sich unterhalten mit** [sprechen] s'entretenir avec.

Unterhaltung [ʊntɐ'haltʊŋ] *(pl* **-en**) die **1.** [Gespräch] entretien *m* **2.** [Amüsement] divertissement *m*.

Unterhemd ['ʊntɐhɛmt] (*pl* **-en** [hɛmdn̩]) das tricot *m* de corps.

Unterhose ['ʊntɐho:zə] (*pl* **-n**) die slip *m*.

Unterkunft ['ʊntɐkʊnft] (*pl* **-künfte** [kynftə]) die hébergement *m*.

Unterlagen ['ʊntɐla:gn̩] pl dossier *m*.

unterlassen [ʊntɐlasn̩] (*präs* **unterlässt**, *prät* **unterließ**, *pp* **unterlassen**) vt s'abstenir de.

Unterleib ['ʊntɐlaip] (*pl* **-e** [laibə]) der bas-ventre *m*.

unternehmen [ʊntɐ'ne:mən] (*präs* **unternimmt**, *prät* **unternahm**, *pp* **unternommen**) vt [Ausflug] entreprendre ▸ **etwas unternehmen** entreprendre quelque chose.

Unternehmer, in [ʊntɐ'ne:mɐ, mərɪn] (*mpl inv*) der, die entrepreneur *m*.

unternehmungslustig [ʊntɐ'ne:-mʊŋslʊstɪç] adj entreprenant(e).

unterprivilegiert ['ʊntɐprivilegi:ɐt] adj [Schicht, Gegend] défavorisé(e).

Unterricht ['ʊntɐrɪçt] der cours *m* ▸ **jm Unterricht geben** donner des cours à qqn.

unterrichten [ʊntɐ'rɪçtn̩] vt **1.** [Schüler, Schulfach] enseigner **2.** [mitteilen] informer.

Unterrock ['ʊntɐrɔk] (*pl* **-röcke** [rœkə]) der jupon *m*.

untersagt [ʊntɐ'zakt] adj défendu(e).

unterschätzen [ʊntɐ'ʃɛtsn̩] vt sous-estimer.

unterscheiden [ʊntɐ'ʃaidn̩] (*prät* **unterschied**, *pp* **unterschieden**) vt distinguer ▸ **unterscheiden von** distinguer de ▸ **unterscheiden zwischen** distinguer entre. ◆ **sich unterscheiden** ref se distinguer.

Unterschied ['ʊntɐʃi:t] (*pl* **-e**) der différence *f*.

unterschiedlich ['ʊntɐʃi:tlɪç] adj différent(e).

unterschreiben [ʊntɐ'ʃraibn̩] (*prät* **unterschrieb**, *pp* **unterschrieben**) vt & vi signer ▸ **'hier unterschreiben'** 'signer ici'.

Unterschrift ['ʊntɐʃrɪft] (*pl* **-en** ['ʊntɐʃrɪftn̩]) die signature *f*.

Unterseeboot ['ʊntɐze:bo:t] (*pl* **-e**) das sous-marin *m*.

Untersetzer ['ʊntɐzɛtsɐ] (*pl inv*) der **1.** [für Gläser] dessous *m* de verre **2.** [für Töpfe] dessous-de-plat *m*.

unter◦stellen¹ ['ʊntɐʃtɛlən] vt **1.** [Gepäck] mettre dessous **2.** [unter Dach] mettre à l'abri. ◆ **sich unterstellen** ref se mettre à l'abri.

unterstellen² [ʊntɐ'ʃtɛlən] vt [Boshaftigkeit, Gemeinheit] soupçonner ▸ **jm etw unterstellen** imputer à tort qqch à qqn.

unterstreichen [ʊntɐ'ʃtraiçn̩] (*prät* **unterstrich**, *pp* **unterstrichen**) vt souligner.

unterstützen [ʊntɐ'ʃtytsn̩] vt soutenir.

Unterstützung [ʊntɐ'ʃtytsʊŋ] (*pl* **-en**) die soutien *m*.

untersuchen [ʊntɐ'zu:xn̩] vt **1.** [Patient] examiner **2.** [wissenschaftlich] analyser **3.** [Mordfall] enquêter sur.

Untersuchung [ʊntɐ'zu:xʊŋ] (*pl* **-en**) die **1.** [beim Arzt] examen *m* **2.** [wissenschaftlich] recherche *f* **3.** [von Justiz, Polizei] enquête *f*.

Untertasse ['ʊntɐtasə] (*pl* **-n**) die soucoupe *f*.

Unterteil ['ʊntɐtail] (*pl* **-e**) das partie inférieure.

Untertitel ['ʊntɐtiːtl] (*pl inv*) **der** sous-titre *m* ▸ **die Untertitel sind ausgezeichnet** le sous-titrage est excellent.

Unterverzeichnis ['ʊntɐfɛɐ̯tsaiçnɪs] (*pl* **-se**) **das** sous-répertoire *m*.

Unterwalden ['ʊntɐvaldn̩] **nt** Unterwald *m*.

Unterwäsche ['ʊntɐvɛʃə] **die** sous-vêtements *mpl*.

unterwegs [ʊntɐ'veːks] ◆ **adv** en route. ◆ **adj** : **unterwegs sein** être en route ▸ **unterwegs nach ... sein** être en route vers...

unterzeichnen [ʊntɐ'tsaiçnən] **vt** signer.

unüberlegt ['ʊnlyːbɐleːkt] ◆ **adj** irréfléchi(e). ◆ **adv** sans réfléchir.

ununterbrochen ['ʊnlʊntɐbrɔxn̩] ◆ **adj** ininterrompu(e). ◆ **adv** sans cesse.

unverbindlich ['ʊnfɛɐ̯bɪntlɪç] **adj** [ohne Verpflichtung] sans engagement.

unverheiratet ['ʊnfɛɐ̯hairaːtət] **adj** célibataire.

unverkäuflich ['ʊnfɛɐ̯kɔyflɪç] **adj** invendable.

unvermeidlich [ʊnfɛɐ̯'maitlɪç] **adj** inévitable.

unvernünftig ['ʊnfɛɐ̯nynftɪç] **adj** déraisonnable.

unverschämt ['ʊnfɛɐ̯ʃɛːmt] **adj** [taktlos] effronté(e).

unverständlich ['ʊnfɛɐ̯ʃtɛntlɪç] **adj** incompréhensible.

unverträglich ['ʊnfɛɐ̯trɛːklɪç] **adj** [Nahrung] indigeste.

unvollständig ['ʊnfɔlʃtɛndɪç] **adj** incomplet(ète).

unvorsichtig ['ʊnfoːɐ̯zɪçtɪç] **adj** imprudent(e).

unwahrscheinlich ['ʊnvarʃainlɪç] **adj** **1.** improbable **2.** *fam* [Glück] incroyable.

Unwetter ['ʊnvɛtɐ] (*pl inv*) **das** [Gewitter] orage *m*.

unwichtig ['ʊnvɪçtɪç] **adj** sans importance.

unwiderstehlich [ʊnviːdɐ'ʃteːlɪç] **adj** irrésistible.

unwohl ['ʊnvoːl] **adj** : **mir ist unwohl** ODER **ich fühle mich unwohl** je me sens mal.

Unwort ['ʊnvɔrt] **das** *terme de mauvais goût, douteux ou déplacé.*

ⓘ Unwort

Depuis 1991, un jury composé de spécialistes de la langue allemande choisit le mot le plus laid de l'année, sélectionné parmi les propositions envoyées par les citoyens. En 2011, le « non-mot » de l'année était **Döner-Morde** (meurtres kebabs).

unzerbrechlich [ʊntsɛɐ̯'brɛçlɪç] **adj** incassable.

unzertrennlich [ʊntsɛɐ̯'trɛnlɪç] **adj** inséparable.

unzufrieden ['ʊntsufriːdn̩] **adj** mécontent(e) ▸ **unzufrieden mit** mécontent de.

unzugänglich ['ʊntsugɛŋlɪç] **adv** : **'für Kinder unzugänglich aufbewahren'** 'ne pas laisser à la portée des enfants'.

unzulässig ['ʊntsulɛsɪç] **adj** non autorisé(e).

unzurechnungsfähig ['ʊntsurɛçnʊŋsfɛːɪç] **adj** irresponsable.

Update ['apdeːt] (*pl* **-s**) **das** mise *f* à jour.

updaten ['apdeːtn̩] **vt** mettre à jour.

üppig ['ypɪç] adj plantureux(euse).

uralt ['uːɐ̯alt] adj extrêmement vieux (vieille).

Uraufführung ['uːɐ̯auffyːrʊŋ] (*pl* **-en**) die première *f*.

Urenkel, in ['uːɐ̯ɛnkl̩, kəlɪn] (*mpl inv*) der, die arrière-petit-fils *m*, arrière-petite-fille*f*.

Urgroßeltern ['uːɐ̯groːsɛːltɐn] pl arrière-grands-parents *mpl*.

Urgroßenkel ['uːɐ̯groːsɛŋkl] pl arrière-petits-enfants *mpl*.

Uri ['uːri] nt canton *m* d'Uri.

Urin [u'riːn] der urine *f*.

Urkunde ['uːɐ̯kʊndɛ] (*pl* **-n**) die document officiel.

Urlaub ['uːɐ̯laub] (*pl* **-e**) der **1.** vacances *fpl* **2.** [für Arbeitnehmer] congé *m* ▸ **im Urlaub sein** être en vacances ▸ **Urlaub machen** prendre des vacances.

Urlauber, in ['uːɐ̯laubɐ, bərɪn] (*mpl inv*) der, die vacancier *m*, -ère *f*.

Urlaubsanschrift ['uːɐ̯laupsl anʃrɪft] (*pl* **-en**) die adresse *f* de vacances.

Urlaubsort ['uːɐ̯laupslɔrt] (*pl* **-e**) der lieu *m* de vacances.

Urlaubszeit ['uːɐ̯laupstsait] (*pl* **-en**) die période *f* de vacances.

Urologe, gin [uro'loːgə, gɪn] (*mpl* **-n**) der urologue *mf*.

Ursache ['uːɐ̯'zaxə] (*pl* **-n**) die cause *f* ▸ **keine Ursache!** de rien !

Ursprung ['uːɐ̯ʃprʊŋ] (*pl* **-sprünge** [ʃprʏŋə]) der origine *f*.

ursprünglich ['uːɐ̯ʃprʏŋlɪç] adj [Idee, Meinung] initial(e).

Ursprungsland ['uːɐ̯ʃprʊŋslant] (*pl* **-länder** [lɛndɐ]) das pays *m* d'origine.

Urteil ['uːɐ̯rtail] (*pl* **-e**) das jugement *m*.

Urwald ['uːɐ̯valt] (*pl* **-wälder** [vɛldɐ]) der forêt *f* vierge.

USA [uːlɛs'laː] (*abk für* **United States of America**) pl : **die USA** les USA *mpl* ▸ **in den USA** aux USA, aux États-Unis.

Usbekistan [ʊs'beːkɪstaːn] nt Ouzbékistan *m*.

USB-Kabel [uːlɛs'beːkaːbəl] (*mpl inv*) das câble *m* USB.

USB-Schlüssel [uːlɛs'beːʃlysl] (*pl inv*) der clé *f* USB.

USB-Schnittstelle [uːlɛs'beːʃnɪtʃtɛlə] (*pl* **-n**) die port *m* USB.

USB-Stick [uːlɛs'beːstɪk] (*pl* **-s**) der clé *f* USB.

usw. (*abk für* **und so weiter**) etc. (*et cetera*).

Utensilien [utɛn'ziːliən] pl ustensiles *mpl*.

Utopie [uto'piː] (*pl* **-n**) die utopie *f*.

V v

vage [vaːgə] adj vague.

Vagina [va'giːna] (*pl* **-nen**) die vagin *m*.

vakuumverpackt ['vaːkuumfɛɐ̯pakt] adj emballé(e) sous vide.

Vandalismus [vanda'lɪsmʊs] der vandalisme *m*.

Vanille [va'nɪljə, va'nɪlə] die vanille *f*.

Vanilleeis [va'nɪlələis] das glace *f* à la vanille.

Vanillezucker [va'nɪlətsʊkɐ] **der** sucre vanillé.

Varietee [varie'teː] (*pl* -s), **Varieté** (*pl* -s) **das** variété *f.*

variieren [vari'iːrən] **vt & vi** varier.

Vase ['vaːzə] (*pl* -n) **die** vase *m.*

Vaseline [vaze'liːnə] **die** vaseline *f.*

Vater ['faːtɐ] (*pl* **Väter** ['fɛːtɐ]) **der** père *m.*

Vatertag ['faːtɐtaːk] (*pl* -e [taːgə]) **der** fête *f* des pères.

Vatikan [vati'kaːn] **der** Vatican *m.*

Vatikanstadt [vati'kaːnʃtat] **nt** Vatican *m.*

V-Ausschnitt ['faulausʃnɪt] (*pl* -e) **der** col *m* en V.

v. Chr. (*abk für* vor Christus) av. J.-C. *(avant Jésus-Christ).*

Veganer [ve'gaːnɐ, nərɪn] (*mpl inv*) **der, die** végétalien *m,* -enne *f.*

Vegetarier, in [vege'taːriɐ, rɪn] (*mpl inv*) **der, die** végétarien *m,* -enne *f.*

vegetarisch [vege'taːrɪʃ] **adj** [Kost] végétarien(enne).

Vene ['veːnə] (*pl* -n) **die** veine *f.*

Venedig [ve'neːdɪç] **nt** Venise.

Venezuela [venetsu'eːla] **nt** Venezuela *m.*

Ventil [vɛn'tiːl] (*pl* -e) **das** TECH soupape *f.*

Ventilator [vɛnti'laːtoːɐ] (*pl* -toren) **der** ventilateur *m.*

verabreden [fɛɐ'apreːdn̩] **vt** convenir de. ◆ **sich verabreden ref** prendre rendez-vous ▸ **sich verabreden mit** prendre rendez-vous avec.

verabredet [fɛɐ'apreːdət] **adj** convenu(e) ▸ **verabredet sein mit** avoir rendez-vous avec.

Verabredung [fɛɐ'apreːdʊŋ] (*pl* -en) **die** [Treffen] rendez-vous *m.*

verabscheuen [fɛɐ'apʃɔyən] **vt** détester.

verabschieden [fɛɐ'apʃiːdn̩] **vt** [Gast] prendre congé de. ◆ **sich verabschieden ref** prendre congé.

Veranda [vɛ'randa] (*pl* -den) **die** véranda *f.*

verändern [fɛɐ'ɛndɐn] **vt** modifier. ◆ **sich verändern ref** [anders werden] changer.

Veränderung [fɛɐ'ɛndərʊŋ] (*pl* -en) **die** 1. [Handlung] modification *f* 2. [Ergebnis] changement *m.*

veranlassen [fɛɐ'anlasn̩] **vt** [Änderung] occasionner ▸ **jn veranlassen, etw zu tun** inciter qqn à faire qqch.

veranstalten [fɛɐ'anʃtaltn̩] **vt** [organisieren] organiser.

Veranstalter, in [fɛɐ'anʃtaltɐ, tərɪn] (*mpl inv*) **der, die** organisateur *m,* -trice *f.*

Veranstaltung [fɛɐ'anʃtaltʊŋ] (*pl* -en) **die** 1. [Ereignis] manifestation *f* 2. [Organisation] organisation *f.*

Veranstaltungskalender [fɛɐ'anʃtaltʊŋskalɛndɐ] (*pl inv*) **der** calendrier *m* des manifestations.

Veranstaltungsprogramm [fɛɐ'anʃtaltʊŋsprogram] (*pl* -e) **das** programme *m* des manifestations.

verantwortlich [fɛɐ'antvɔrtlɪç] **adj** responsable.

Verantwortung [fɛɐ'antvɔrtʊŋ] **die** responsabilité *f.*

verarbeiten [fɛɐ'arbaitn̩] **vt** 1. [Material] travailler 2. *fig* [Ereignis] digérer.

Verb [vɛrp] (*pl* -en ['vɛrbn̩]) **das** verbe *m* ▸ **starkes / schwaches Verb** verbe fort / faible.

Verband [fɛɐ̯'bant] (*pl*-**bände** [bɛndə]) **der 1.** [Organisation] association *f* **2.** [für Wunde] pansement *m* ▸ **einen Verband anlegen** appliquer un pansement.

Verbandskasten [fɛɐ̯'bantskastn̩] (*pl*-**kästen** [kɛstn̩]) **der** nécessaire *m* de premier secours.

Verbandszeug [fɛɐ̯'bantstsɔyk] **das** trousse *f* de pansement.

verbarg [fɛɐ̯'bark] **prät** → **verbergen**.

Verbeamtung [fɛɐ̯bə'amtʊŋ] **die** [Lehrer] titularisation *f*.

verbergen [fɛɐ̯'bɛrgn̩] (*präs* **verbirgt**, *prät* **verbarg**, *pp* **verborgen**) **vt 1.** [Gegenstand] cacher **2.** [Gedanken, Gefühl] dissimuler. ◆ **sich verbergen ref** se cacher.

verbessern [fɛɐ̯'bɛsɐn] **vt 1.** [besser machen] améliorer **2.** [Fehler] corriger. ◆ **sich verbessern ref 1.** [besser werden] s'améliorer **2.** [sich korrigieren] se corriger.

Verbesserung [fɛɐ̯'bɛsərʊŋ] (*pl*-**en**) **die 1.** [von Fehlern, Text] correction *f* **2.** [von Anlage, Angebot] amélioration *f*.

verbieten [fɛɐ̯'biːtn̩] (*prät* **verbat**, *pp* **verboten**) **vt** interdire.

verbilligt [fɛɐ̯'bɪlɪçt] **adj** à prix réduit.

verbinden [fɛɐ̯'bɪndn̩] (*prät* **verband**, *pp* **verbunden**) ◆ **vt 1.** [Wunde] panser **2.** EDV connecter, se connecter **3.** [Einzelteile, Orte] relier. ◆ **vi** [am Telefon] établir une communication ▸ **jn mit jm verbinden** passer qqn à qqn ▸ **einen Moment, ich verbinde** un instant, je vous passe votre correspondant ▸ **falsch verbunden!** il y a erreur !

Verbindung [fɛɐ̯'bɪndʊŋ] (*pl*-**en**) **die 1.** [von Teilen, Gegenständen] assemblage *m* **2.** [am Telefon] communication *f* **3.** [Verkehrsverbindung] liaison *f* **4.** [chemisch] combinaison *f* **5.** [Kontakt] contact *m* **6.** EDV connexion *f* ▸ **sich in Verbindung setzen mit** se mettre en rapport avec.

verblasst [fɛɐ̯'blast] **adj** décoloré(e).

verborgen [fɛɐ̯'bɔrgən] **pp** → **verbergen**.

Verbot [fɛɐ̯'boːt] (*pl*-**e**) **das** interdiction *f*.

verboten [fɛɐ̯'boːtn̩] ◆ **pp** → **verbieten**. ◆ **adj** interdit(e) ▸ **verboten sein** être interdit ▸ **streng verboten!** strictement interdit !

Verbotsschild [fɛɐ̯'boːtsʃɪlt] (*pl*-**er** [ʃɪldɐ]) **der** panneau *m* d'interdiction.

verbrannt [fɛɐ̯'brant] ◆ **pp** → **verbrennen**. ◆ **adj** brûlé(e).

Verbrauch [fɛɐ̯'braux] **der** consommation *f* ▸ **niedriger /hoher Verbrauch** consommation faible /élevée.

verbrauchen [fɛɐ̯'brauxn̩] **vt** consommer.

Verbraucher, in [fɛɐ̯'brauxɐ, xərɪn] (*mpl inv*) **der, die** consommateur *m*, -trice *f*.

Verbraucherberatung [fɛɐ̯'brauxɐbəraːtʊŋ] (*pl*-**en**) **die** [Institution] centre *m* d'information du consommateur.

Verbrauchsmaterial [fɛɐ̯'brauxsmaterjaːl] (*pl*-**ien**) **das** matériel *m* consommable.

Verbrechen [fɛɐ̯'brɛçn̩] (*pl inv*) **das** crime *m*.

Verbrecher, in [fɛɐ̯'brɛçɐ, çərɪn] (*mpl inv*) **der, die** criminel *m*, -elle *f*.

verbrennen [fɛɐ̯'brɛnən] (*prät* **verbrannte**, *pp* **verbrannt**) ◆ **vt** *(hat)* brûler. ◆ **vi** *(ist)* brûler. ◆ **sich verbrennen ref** se brûler.

Verbrennung [fɛɐ̯'brɛnʊŋ] (*pl*-**en**) **die 1.** [Verletzung] brûlure *f* **2.** [Verbrennen] combustion *f*.

verbringen [fɛɐ̯'brɪŋən] (*prät* **verbrachte**, *pp* **verbracht**) **vt** passer.

verbrühen [fɛɐ̯'bryːən] ◆ **sich verbrühen ref** s'ébouillanter.

Verdacht [fɛɐ̯'daxt] **der** soupçon *m*.

verdammt [fɛɐ̯'damt] *fam* ◆ **adj** sacré(e). ◆ **adv** sacrément ▸ **verdammt!** bon sang !

verdarb [fɛɐ̯'darp] **prät** → **verderben**.

verdaulich [fɛɐ̯'daulɪç] **adj** : **leicht verdaulich** digeste ▸ **schwer verdaulich** indigeste.

Verdauung [fɛɐ̯'dauʊŋ] **die** digestion *f*.

Verdeck [fɛɐ̯'dɛk] (*pl* -e) **das** capote *f*.

verderben [fɛɐ̯'dɛrbn̩] (*präs* **verdirbt**, *prät* **verdarb**, *pp* **verdorben**) ◆ **vt** *(hat)* gâcher. ◆ **vi** *(ist)* [Nahrung] s'abîmer.

verderblich [fɛɐ̯'dɛrplɪç] **adj** périssable.

verdienen [fɛɐ̯'diːnən] **vt 1.** [Geld] gagner **2.** [Anerkennung, Kritik] mériter.

Verdienst [fɛɐ̯'diːnst] (*pl* -e) **der 1.** [Gehalt] salaire *m* **2.** [Leistung] mérite *m*.

verdirbt [fɛɐ̯'dɪrpt] **präs** → **verderben**.

verdoppeln [fɛɐ̯'dɔpl̩n] **vt** doubler. ◆ **sich verdoppeln ref** doubler.

verdorben [fɛɐ̯'dɔrbn̩] ◆ **pp** → **verderben**. ◆ **adj** [Lebensmittel] abîmé(e).

verdünnen [fɛɐ̯'dynən] **vt** diluer.

verehren [fɛɐ̯'leːrən] **vt** [anbeten] vénérer.

Verehrer, in [fɛɐ̯'leːrɐ, rərɪn] (*mpl inv*) **der, die** [Bewunderer] admirateur *m*, -trice *f*.

Verein [fɛɐ̯'lain] (*pl* -e) **der** association *f* ▸ **eingetragener Verein** association déclarée.

> ⓘ **Verein**
>
> La vie associative allemande est très active, avec plus de 300 000 organisations de toutes sortes : associations sportives, musicales, folkloriques, sans oublier celles qui regroupent les amateurs de plein air et de nature.

vereinbaren [fɛɐ̯'lainbaːrən] **vt** [Termin, Treffen] convenir de.

Vereinbarung [fɛɐ̯'lainbaːrʊŋ] (*pl* -en) **die** accord *m*.

vereinen [fɛɐ̯'lainən] **vt** unir. ◆ **sich vereinen ref** s'unir.

vereinheitlichen [fɛɐ̯'lainhaitlɪçn̩] **vt** uniformiser.

Vereinigte Staaten [fɛɐ̯'lainɪktə'ʃtaːtn̩] **pl** États-Unis *mpl*.

Vereinigung [fɛɐ̯'lainigʊŋ] (*pl* -en) **die 1.** [Gruppe] association *f* **2.** [Vorgang] unification *f*.

Vereinte Nationen [fɛɐ̯'laintəna'tsjoːnən] **pl** Nations unies *fpl*.

vereist [fɛɐ̯'laist] **adj** [Straße] verglacé(e).

Verf. *abk für* **Verfasser**.

verfahren [fɛɐ̯'faːrən] (*präs* **verfährt**, *prät* **verfuhr**, *pp* **verfahren**) ◆ **vi** *(ist)* [umgehen, handeln] procéder. ◆ **vt** *(hat)* [Benzin] consommer. ◆ **sich verfahren ref** se tromper de route.

verfallen [fɛɐ̯'falən] (*präs* **verfällt**, *prät* **verfiel**, *pp* **verfallen**) **vi** *(ist)* **1.** [Gutschein, Garantie] ne plus être valable **2.** [Haus] se délabrer.

Verfallsdatum [fɛɐ̯'falsdaːtʊm] (*pl* -daten) **das** date *f* de péremption.

verfärben [fɛɐ̯'fɛːrbn̩] ◆ **sich verfärben ref** déteindre, changer de couleur.

Verfasser, in [fɛɐ̯'fasɐ, sərɪn] (*mpl inv*) **der, die** auteur *m*.

Verfassung [fɛɐ̯'fasʊŋ] (*pl* -en) **die 1.** [Gesetz] constitution *f* **2.** [Zustand] état *m*.

verfaulen [fɛɐ̯'faulən] **vi** *(ist)* pourrir.

verfeinern [fɛɐ̯'fainɐn] **vt** affiner.

Verfilmung [fɛɐ̯'fɪlmuŋ] (*pl* -en) **die** adaptation *f* au cinéma.

verfolgen [fɛɐ̯'fɔlgn̩] **vt 1.** [jagen] poursuivre **2.** [beobachten] suivre **3.** [unterdrücken] persécuter.

verfügen [fɛɐ̯'fy:gn̩] **vi** : **verfügen über** *(+ A)* [besitzen, benutzen] disposer de.

Verfügung [fɛɐ̯'fy:guŋ] (*pl* -en) **die** [Gebrauch, Bestimmung] ordonnance *f* ▸ **zur Verfügung stehen** être à disposition.

verführen [fɛɐ̯'fy:rən] **vt 1.** [verleiten] : **jn zu etw verführen** entraîner qqn à qqch **2.** [zum Geschlechtsverkehr] séduire.

verführerisch [fɛɐ̯'fy:rərɪʃ] **adj 1.** [anziehend] attrayant(e) **2.** [erotisch] séduisant(e).

vergangen [fɛɐ̯'gaŋən] **adj** passé(e) ▸ **vergangene Woche** la semaine dernière.

Vergangenheit [fɛɐ̯'gaŋənhait] **die** passé *m*.

Vergaser [fɛɐ̯'ga:zɐ] (*pl inv*) **der** carburateur *m*.

vergaß [fɛɐ̯'ga:s] **prät** → **vergessen.**

vergeben [fɛɐ̯'ge:bn̩] (*präs* **vergibt**, *prät* **vergab**, *pp* **vergeben**) **vt 1.** [verzeihen] pardonner **2.** [Preis] attribuer **3.** [Zimmer] donner.

vergeblich [fɛɐ̯'ge:plɪç] **adj** vain(e).

vergessen [fɛɐ̯'gɛsn̩] (*präs* **vergisst**, *prät* **vergaß**, *pp* **vergessen**) **vt** oublier.

vergesslich [fɛɐ̯'gɛslɪç] **adj** distrait(e).

vergewaltigen [fɛɐ̯gə'valtign̩] **vt** violer.

Vergewaltigung [fɛɐ̯gə'valtiguŋ] (*pl* -en) **die** viol *m*.

Vergiftung [fɛɐ̯'gɪftuŋ] (*pl* -en) **die 1.** [mit Lebensmitteln] intoxication *f* **2.** [mit Gift] empoisonnement *m*.

vergisst [fɛɐ̯'gɪst] **präs** → **vergessen.**

Vergleich [fɛɐ̯'glaiç] (*pl* -e) **der** comparaison *f* ▸ **im Vergleich zu** par rapport à.

vergleichen [fɛɐ̯'glaiçn̩] (*prät* **verglich**, *pp* **verglichen**) **vt** comparer ▸ **vergleichen mit** comparer à oder avec.

Vergnügen [fɛɐ̯'gny:gn̩] **das** plaisir *m* ▸ **mit Vergnügen** avec plaisir ▸ **viel Vergnügen!** amuse-toi bien !, amusez-vous bien !

Vergnügungsdampfer [fɛɐ̯'gny:guŋsdampfɐ] (*pl inv*) **der** bateau *m* de plaisance.

Vergnügungspark [fɛɐ̯'gny:guŋspark] (*pl* -s) **der** parc *m* d'attractions.

Vergnügungsviertel [fɛɐ̯'gny:guŋsfɪrtl̩] (*pl inv*) **das** quartier chaud.

vergoldet [fɛɐ̯'gɔldət] **adj** plaqué(e) or.

vergriffen [fɛɐ̯'grɪfn̩] **adj** [Buch] épuisé(e).

vergrößern [fɛɐ̯'grø:sɐn] **vt & vi** agrandir. ◆ **sich vergrößern ref** s'agrandir.

Vergrößerung [fɛɐ̯'grø:səruŋ] (*pl* -en) **die** agrandissement *m*.

Vergünstigung [fɛɐ̯'gynstiguŋ] (*pl* -en) **die** avantage *m*.

vergüten [fɛɐ̯'gy:tn̩] **vt** [bezahlen] payer.

verhaften [fɛɐ̯'haftn̩] **vt** arrêter.

verhalten [fɛɐ̯'haltn̩] (*präs* **verhält**, *prät* **verhielt**, *pp* **verhalten**) ◆ **sich verhalten ref** [sich benehmen] se comporter.

Verhalten [fɛɐ̯'haltn̩] **das** comportement *m*.

Verhältnis [fɛɐ̯'hɛltnɪs] (*pl* -se) **das** **1.** [von Größe, Anzahl] rapport *m* **2.** [zu Freunden, Bekannten, sexuell] relations *fpl*.

verhältnismäßig [fɛɐ̯'hɛltnɪsmɛːsɪç] **adv** relativement.

verhandeln [fɛɐ̯'handl̩n] ◆ **vi** négocier. ◆ **vt** [vor Gericht] juger ▸ **verhandeln über** *(+ A)* négocier.

Verhandlung [fɛɐ̯'hantlʊŋ] (*pl* -en) **die** **1.** [Beratung] négociation *f* **2.** [vor Gericht] débats *mpl*.

verharmlosen [fɛɐ̯'harmloːzn̩] **vt** minimiser.

verheilen [fɛɐ̯'hailən] **vi** *(ist)* guérir.

verheimlichen [fɛɐ̯'haimlɪçn̩] **vt** dissimuler.

verheiratet [fɛɐ̯'hairaːtət] **adj** marié(e).

verhindern [fɛɐ̯'hɪndɐn] **vt** empêcher.

Verhör [fɛɐ̯'høːɐ̯] (*pl* -e) **das** interrogatoire *m*.

verhüten [fɛɐ̯'hyːtn̩] ◆ **vi** [beim Sex] se protéger. ◆ **vt** empêcher.

Verhütungsmittel [fɛɐ̯'hyːtʊŋsmɪtl̩] (*pl inv*) **das** moyen contraceptif.

verirren [fɛlɐ̯'ɪrən] ◆ **sich verirren ref** s'égarer.

verk. (*abk für* verkaufen) : **zu verk.** à vendre.

Verkauf [fɛɐ̯'kauf] (*pl* **Verkäufe**) **der** vente *f*.

verkaufen [fɛɐ̯'kaufn̩] **vt & vi** vendre ▸ **verkaufen an** *(+ A)* vendre à ▸ **zu verkaufen** à vendre.

Verkäufer, in [fɛɐ̯'kɔyfɐ, fərɪn] (*mpl inv*) **der, die** **1.** [Beruf] vendeur *m*, -euse *f* **2.** [juristisch] vendeur *m*.

verkäuflich [fɛɐ̯'kɔyflɪç] **adj** [zum Verkauf bestimmt] à vendre.

Verkaufsschlager [fɛɐ̯'kaufsʃlaːgɐ] (*pl inv*) **der** bestseller *m*, gros succès commercial.

Verkaufsstelle [fɛɐ̯'kaufsʃtɛlə] (*pl* -n) **die** point *m* de vente.

verkauft [fɛɐ̯'kauft] **adj** vendu(e).

Verkehr [fɛɐ̯'keːɐ̯] **der** **1.** [Straßenverkehr] circulation *f* **2.** *amt* [Sex] rapports sexuels.

verkehren [fɛɐ̯'keːrən] **vi** **1.** [im Lokal] fréquenter **2.** *amt* [Zug, Bus] circuler ▸ **'verkehrt nicht täglich'** 'ne circule pas tous les jours'.

Verkehrsampel [fɛɐ̯'keːɐ̯slampl̩] (*pl* -n) **die** feu *m* tricolore.

Verkehrsaufkommen [fɛɐ̯'keːɐ̯slaufkɔmən] **das** trafic *m* ▸ **hohes /dichtes Verkehrsaufkommen** trafic important /dense.

verkehrsberuhigt [fɛɐ̯'keːɐ̯sbəruːɪçt] **adj** à circulation réduite.

Verkehrsführung [fɛɐ̯'keːɐ̯sfyːrʊŋ] (*pl* -en) **die** : **Verkehrsführung beachten** respecter le sens de la circulation.

Verkehrsfunk [fɛɐ̯'keːɐ̯sfʊŋk] **der** inforoute *m*.

Verkehrsmittel [fɛɐ̯'keːɐ̯smɪtl̩] (*pl inv*) **das** moyen *m* de transport ▸ **öffentliche Verkehrsmittel** transports *mpl* en commun.

Verkehrsnachrichten [fɛɐ̯'keːɐ̯snaxrɪçtn̩] **pl** informations *fpl* sur l'état des routes.

Verkehrspolizist, in [fɛɐ̯'keːɐ̯spɔlitsɪst, tsɪstɪn] (*mpl* -en) **der, die** agent *m* de la circulation.

Verkehrsregel [fɛɐ̯'keːɐ̯sreːgl̩] (*pl* -n) **die** code *m* de la route.

Verkehrsschild [fɛɐ̯'keːɐ̯sʃɪlt] (*pl* -er [ʃɪldɐ]) **das** panneau *m* de signalisation.

Verkehrsunfall [fɛɐ̯'keːɐ̯sʊnfal] (*pl* -unfälle [fɛlə]) **der** accident *m* de la route.

Verkehrsverbindung [fɛɐ̯'keːɐ̯sfɛɐ̯bɪndʊŋ] (*pl* -en) **die** : **gute Verkehrsverbindungen haben** être bien desservi.

Verkehrszeichen [fɛɐ̯'keːɐ̯stsaiçn̩] (*pl inv*) **das** panneau *m* de signalisation.

verkehrt [fɛɐ̯'keːɐ̯t] ◆ **adj** faux (fausse). ◆ **adv** de travers ▸ **verkehrt herum** à l'envers.

verklagen [fɛɐ̯'klaːgn̩] **vt** poursuivre en justice.

Verkleidung [fɛɐ̯'klaidʊŋ] (*pl* -en) **die** 1. [Kostüm] déguisement *m* 2. [von Wand, Fassade] revêtement *m*.

Verkleinerung [fɛɐ̯'klainərʊŋ] (*pl* -en) **die** réduction *f*.

verklemmt [fɛɐ̯'klɛmt] **adj** complexé(e) ▸ **verklemmt sein** avoir des complexes.

Verknüpfung [fɛɐ̯'knʏpfʊŋ] (*pl* -en) **die** raccourci *m*.

verkohlt [fɛɐ̯'koːlt] **adj** *fam* cramé(e) ▸ **der Kuchen ist total verkohlt** la tarte est complètement cramée.

verkommen [fɛɐ̯'kɔmən] (*prät* **verkam**, *pp* **verkommen**) ◆ **vi** *(ist)* 1. [Lebensmittel] se gâter 2. [Haus, Wohnung] se délabrer. ◆ **adj** [Haus, Wohnung] laissé(e) à l'abandon.

verkraften [fɛɐ̯'kraftn̩] **vt** supporter.

verkratzt [fɛɐ̯'kratst] **adj** égratigné(e).

verkühlen [fɛɐ̯'kyːln̩] ◆ **sich verkühlen ref** ÖSTERR prendre froid.

verkürzen [fɛɐ̯'kʏrtsn̩] **vt** 1. [Gegenstand] raccourcir 2. [zeitlich] réduire.

verladen [fɛɐ̯'laːdn̩] (*präs* **verlädt**, *prät* **verlud**, *pp* **verladen**) **vt** charger.

Verlag [fɛɐ̯'laːk] (*pl* -e [laːgə]) **der** maison *f* d'édition.

verlangen [fɛɐ̯'laŋən] **vt** 1. [fordern, erfordern] exiger 2. [im Geschäft, Lokal] demander ▸ **verlangen von** exiger de ▸ **jn am Telefon verlangen** demander qqn au téléphone.

Verlangen [fɛɐ̯'laŋən] **das** [Forderung, Wunsch] besoin *m* ▸ **auf Verlangen** sur demande.

verlängern [fɛɐ̯'lɛŋɐn] **vt** 1. [Zeitraum, Erlaubnis] prolonger 2. [Strecke, Rock] rallonger. ◆ **sich verlängern ref** [Frist, Vertrag] se prolonger.

Verlängerung [fɛɐ̯'lɛŋərʊŋ] (*pl* -en) **die** 1. [von Zeitraum, Erlaubnis] prolongement *m* 2. [von Strecke, Rock] rallongement *m* 3. SPORT prolongation *f*.

Verlängerungskabel [fɛɐ̯'lɛŋərʊŋskaːbl̩] (*pl inv*) **das** rallonge *f*.

verlassen [fɛɐ̯'lasn̩] (*präs* **verlässt**, *prät* **verließ**, *pp* **verlassen**) **vt** quitter. ◆ **sich verlassen ref** : **sich verlassen auf** (+ *A*) compter sur.

verlaufen [fɛɐ̯'laufn̩] (*präs* **verläuft**, *prät* **verlief**, *pp* **verlaufen**) **vi** *(ist)* passer. ◆ **sich verlaufen ref** se perdre.

verlegen [fɛɐ̯'leːgn̩] ◆ **vt** 1. [Brille, Portemonnaie] égarer 2. [Termin, Besuch] repousser 3. [Haltestelle] déplacer 4. [Kabel, Teppichboden] poser 5. [Buch] éditer. ◆ **adj** gêné(e).

Verleger, in [fɛɐ̯'leːgɐ, gərɪn] (*mpl inv*) **der, die** éditeur *m*, -trice *f*.

Verleih [fɛɐ̯'lai] (*pl* -e) **der** location *f*.

verleihen [fɛɐ̯'laiən] (*prät* **verlieh**, *pp* **verliehen**) **vt** 1. [leihen] prêter 2. [vermieten] louer 3. [Preis, Auszeichnung] décerner.

verlernen [fɛɐ̯'lɛrnən] **vt** désapprendre.

verletzen [fɛɐ̯'lɛtsn̩] **vt** blesser. ◆ **sich verletzen ref** se blesser.

verletzt [fɛɐ̯'lɛtst] **adj** blessé(e).

Verletzte [fɛɐ̯'lɛtstə] (*pl* -n) **der, die** blessé *m*, -e *f*.

Verletzung [fɛɐ̯'lɛtsʊŋ] (*pl* -en) **die** blessure *f*.

verlieben [fɛɐ̯'liːbn̩] ◆ **sich verlieben** **ref** tomber amoureux(euse).

verliebt [fɛɐ̯'liːpt] **adj** amoureux(euse) ▸ **verliebtes Pärchen** couple *m* d'amoureux.

verlieren [fɛɐ̯'liːrən] (*prät* **verlor**, *pp* **verloren**) **vt & vi** perdre ▸ **der Reifen verliert Luft** le pneu se dégonfle. ◆ **sich verlieren** **ref** [Personen] se perdre.

Verlierer, in [fɛɐ̯'liːrɐ, rərɪn] (*mpl inv*) **der, die** perdant *m*, -e *f*.

verlinken [fɛɐ̯'lɪnkn̩] **vt EDV** référencer.

verlobt [fɛɐ̯'loːpt] **adj** fiancé(e).

Verlobung [fɛɐ̯'loːbʊŋ] (*pl* -en) **die** fiançailles *fpl*.

verlor [fɛɐ̯'loɐ̯] **prät** → **verlieren**.

verloren [fɛɐ̯'loːrən] ◆ **pp** → **verlieren**. ◆ **adj** perdu(e).

verloren gehen [fɛɐ̯'loːrəngeːən] **vi** *(unreg, ist)* se perdre.

Verlosung [fɛɐ̯'loːzʊŋ] (*pl* -en) **die** loterie *f*.

Verlust [fɛɐ̯'lʊst] (*pl* -e) **der** perte *f* ▸ **einen Verlust melden** faire une déclaration de perte.

verm. (*abk für* vermieten) : **zu verm.** à louer.

vermeiden [fɛɐ̯'maidn̩] (*prät* **vermied**, *pp* **vermieden**) **vt** éviter.

vermerken [fɛɐ̯'mɛrkn̩] **vt** noter.

vermieten [fɛɐ̯'miːtn̩] **vt & vi** louer ▸ **'zu vermieten!'** 'à louer'.

Vermieter, in [fɛɐ̯'miːtɐ, tərɪn] (*mpl inv*) **der, die** loueur *m*, -euse *f*.

vermischen [fɛɐ̯'mɪʃn̩] **vt** [Farben, Zutaten] mélanger.

vermissen [fɛɐ̯'mɪsn̩] **vt** [verloren haben] avoir perdu ▸ **er vermisst seine Eltern** ses parents lui manquent.

vermisst [fɛɐ̯'mɪst] **adj** 1. [Person] porté disparu (portée disparue) 2. [Gegenstand] manquant(e).

vermitteln [fɛɐ̯'mɪtl̩n] ◆ **vt** 1. [Job, Mitarbeiter] trouver 2. [Ehe, Kontakt] arranger 3. [Wissen, Erfahrung] transmettre. ◆ **vi** [bei Streit, Verhandlung] servir d'intermédiaire.

Vermittlung [fɛɐ̯'mɪtlʊŋ] (*pl* -en) **die** 1. [Telefonzentrale] central *m* téléphonique 2. [von Mitarbeitern] placement *m* 3. [von Ehe, Kontakt] arrangement *m* 4. [bei Streit, Verhandlung] conciliation *f* 5. [von Erfahrung, Kenntnissen] transmission *f* 6. [Büro] agence *f*.

Vermittlungsgebühr [fɛɐ̯'mɪtlʊŋsgəbyːɐ̯] (*pl* -en) **die** commission *f*.

Vermögen [fɛɐ̯'møːgn̩] (*pl inv*) **das** [Besitz] fortune *f*.

vermuten [fɛɐ̯'muːtn̩] **vt** supposer.

vermutlich [fɛɐ̯'muːtlɪç] **adv** probablement.

vernehmen [fɛɐ̯'neːmən] (*präs* **vernimmt**, *prät* **vernahm**, *pp* **vernommen**) **vt** [befragen] interroger.

verneinen [fɛɐ̯'nainən] **vt** : **eine Frage verneinen** répondre par la négative.

vernetzen [fɛɐ̯'nɛtsn̩] ◆ **vt** mettre en réseau. ◆ **vi** *fam* réseauter ▸ **vernetzt sein** être en réseau.

vernichten [fɛɐ̯'nɪçtn̩] **vt** détruire.

Vernissage [vɛrni'saːʒ(ə)] (*pl* -n) **die** vernissage *m*.

Vernunft [fɛɐ̯'nʊnft] **die** raison *f*.

vernünftig [fɛɐ̯'nʏnftɪç] **adj** [klug] raisonnable.

veröffentlichen [fɛɐ̯'lœfn̩tlɪçn̩] **vt** publier.

verordnen [fɛɐ̯'ɔrtnən] **vt** [Medikament] prescrire.

Verordnung [fɛɐ̯'ɔrtnʊŋ] (*pl* **-en**) **die** **1.** [medizinisch] prescription *f* **2.** [amtlich] ordonnance *f*.

verpacken [fɛɐ̯'pakn̩] **vt** emballer.

Verpackung [fɛɐ̯'pakʊŋ] (*pl* **-en**) **die** emballage *m*.

verpassen [fɛɐ̯'pasn̩] **vt** **1.** [Person, Film, Chance] manquer **2.** *fam* [geben] flanquer ▸ **den Bus /Zug verpassen** manquer le bus /train.

Verpflegung [fɛɐ̯'pfle:gʊŋ] **die** [Essen] nourriture *f*.

verpflichtet [fɛɐ̯'pflɪçtət] ◆ **adj** obligé(e). ◆ **adv** : **sich verpflichtet fühlen** se sentir obligé.

Verpflichtung [fɛɐ̯'pflɪçtʊŋ] **die** [Sportler] titularisation *f*.

verprügeln [fɛɐ̯'pry:gl̩n] **vt** rouer de coups.

verraten [fɛɐ̯'ra:tn̩] (*präs* **verrät**, *prät* **verriet**, *pp* **verraten**) **vt** trahir. ◆ **sich verraten ref** se trahir.

verrechnen [fɛɐ̯'rɛçnən] **vt** imputer. ◆ **sich verrechnen ref** [falsch rechnen] se tromper dans ses calculs ▸ **sich um 3 Euro verrechnen** se tromper de 3 euros.

Verrechnung [fɛɐ̯'rɛçnʊŋ] **die** passation *f* en compte.

Verrechnungsscheck [fɛɐ̯'rɛçnʊŋsʃɛk] (*pl* **-s**) **der** chèque barré.

verregnet [fɛɐ̯'re:gnət] **adj** très pluvieux(euse), gâché(e) par la pluie.

verreisen [fɛɐ̯'raizn̩] **vi** *(ist)* partir en voyage.

Verrenkung [fɛɐ̯'rɛŋkʊŋ] (*pl* **-en**) **die** luxation *f*.

verrosten [fɛɐ̯'rɔstn̩] **vi** *(ist)* rouiller.

verrückt [fɛɐ̯'rykt] **adj** **1.** [geistesgestört] cinglé(e) **2.** [ausgefallen] extravagant(e) **3.** *fig* accro ▸ **verrückt nach etw sein** *fig* être accro à qqch ▸ **wie verrückt** comme un dingue.

versagen [fɛɐ̯'za:gn̩] **vi** **1.** [Person] échouer **2.** [Mechanismus] tomber en panne ▸ **'bei Versagen Knopf drücken'** 'en cas de panne, appuyer sur le bouton'.

versalzen [fɛɐ̯'zaltsn̩] (*pp* **versalzen**) ◆ **vt** [Essen] trop saler. ◆ **adj** [Essen] trop salé(e).

versammeln [fɛɐ̯'zaml̩n] **vt** rassembler. ◆ **sich versammeln ref** se rassembler.

Versammlung [fɛɐ̯'zamlʊŋ] (*pl* **-en**) **die** réunion *f*.

Versand [fɛɐ̯'zant] **der** expédition *f*.

Versandhaus [fɛɐ̯'zanthaus] (*pl* **-häuser** [hɔyzɐ]) **das** maison *f* de vente par correspondance.

versäumen [fɛɐ̯'zɔymən] **vt** [verpassen] rater.

verschaffen [fɛɐ̯'ʃafn̩] **vt** [besorgen] procurer.

verschenken [fɛɐ̯'ʃɛŋkn̩] **vt** [Geschenk] faire cadeau de ▸ **'Kätzchen zu verschenken'** 'donne chatons'.

verscheuchen [fɛɐ̯'ʃɔyçn̩] **vt** [Hund, Wespe] chasser.

verschicken [fɛɐ̯'ʃɪkn̩] **vt** [per Post] expédier.

verschieben [fɛɐ̯'ʃi:bn̩] (*prät* **verschob**, *pp* **verschoben**) **vt** **1.** [Termin, Urlaub] repousser **2.** [Bett, Kommode] déplacer. ◆ **sich verschieben ref** **1.** [zeitlich] être reporté(e) **2.** [räumlich] se déplacer.

verschieden [fɛɐ̯'ʃi:dn̩] ◆ **adj** différent(e). ◆ **adv** différemment ▸ **verschieden groß** de tailles différentes.

verschiedene [fɛɐ̯ˈʃiːdənə] **adj** [einige] plusieurs.

verschimmelt [fɛɐ̯ˈʃɪmlt] **adj** moisi(e).

verschlafen [fɛɐ̯ˈʃlaːfn] (*präs* **verschläft** *prät* **verschlief** *pp* **verschlafen**) **vi** ne pas se réveiller ▸ **den Morgen verschlafen** passer la matinée à dormir. ◆ **sich verschlafen ref** se réveiller trop tard.

verschlechtern [fɛɐ̯ˈʃlɛçtɐn] **vt** détériorer. ◆ **sich verschlechtern ref 1.** [Zustand] empirer **2.** [Schüler] obtenir des notes de plus en plus mauvaises.

Verschlechterung [fɛɐ̯ˈʃlɛçtərʊŋ] (*pl* **-en**) **die** [von Zustand] détérioration *f.*

Verschleiß [fɛɐ̯ˈʃlais] **der** [von Material] usure *f.*

verschleißen [fɛɐ̯ˈʃlaisn] (*prät* **verschliss** *pp* **verschlissen**) **vi** *(ist)* [Material] user.

verschließen [fɛɐ̯ˈʃliːsn] (*prät* **verschloss** *pp* **verschlossen**) **vt 1.** [Haus, Tür, Schrank] fermer à clé **2.** [Dose, Flasche] fermer. ◆ **sich verschließen ref** se renfermer sur soi.

verschlimmern [fɛɐ̯ˈʃlɪmɐn] **vt** aggraver. ◆ **sich verschlimmern ref** s'aggraver.

verschlingen [fɛɐ̯ˈʃlɪŋən] (*prät* **verschlang** *pp* **verschlungen**) **vt** [Mahlzeit] dévorer.

verschlossen [fɛɐ̯ˈʃlɔsn] ◆ **pp** → **verschließen.** ◆ **adj 1.** [Person] renfermé(e) **2.** [Tür, Safe] fermé(e) **3.** [Dose, Briefumschlag] cacheté(e).

verschlucken [fɛɐ̯ˈʃlʊkn] **vt** [schlucken] avaler. ◆ **sich verschlucken ref** avaler de travers.

Verschluss [fɛɐ̯ˈʃlʊs] (*pl* **Verschlüsse** [ʃlysə]) **der 1.** [von Kette, Tasche] fermoir *m* **2.** [von Flaschen] capsule *f.*

verschlüsseln [fɛɐ̯ˈʃlysl̩n] **vt** chiffrer, coder.

Verschmutzung [fɛɐ̯ˈʃmʊtsʊŋ] (*pl* **-en**) **die** pollution *f.*

verschneit [fɛɐ̯ˈʃnait] **adj** enneigé(e).

verschreiben [fɛɐ̯ˈʃraibn̩] (*prät* **verschrieb** *pp* **verschrieben**) **vt** [Medikamente] prescrire. ◆ **sich verschreiben ref** [falsch schreiben] se tromper en écrivant.

verschreibungspflichtig [fɛɐ̯ˈʃraibʊŋspflɪçtɪç] **adj** délivré(e) uniquement sur ordonnance.

verschrotten [fɛɐ̯ˈʃrɔtn̩] **vt** mettre à la casse.

verschulden [fɛɐ̯ˈʃʊldn̩] **vt** [Unfall, Verlust] causer par sa faute.

verschuldet [fɛɐ̯ˈʃʊldət] **adj** endetté(e).

verschweigen [fɛɐ̯ˈʃvaign̩] (*prät* **verschwieg** *pp* **verschwiegen**) **vt** passer sous silence.

verschwenden [fɛɐ̯ˈʃvɛndn̩] **vt** gaspiller.

Verschwendung [fɛɐ̯ˈʃvɛndʊŋ] (*pl* **-en**) **die** gaspillage *m.*

verschwinden [fɛɐ̯ˈʃvɪndn̩] (*prät* **verschwand** *pp* **verschwunden**) **vi** *(ist)* disparaître.

Versehen [fɛɐ̯ˈzeːən] (*pl inv*) **das** erreur *f* ▸ **aus Versehen** par inadvertance.

versehentlich [fɛɐ̯ˈzeːəntlɪç] **adv** par mégarde.

versenden [fɛɐ̯ˈzɛndn̩] (*prät* **versandte** *pp* **versendet**) **vt** expédier.

versetzen [fɛɐ̯ˈzɛtsn̩] **vt 1.** [Gegenstände] déplacer **2.** [Beamte] muter **3.** [Schüler] faire passer dans la classe supérieure **4.** [in einen anderen Zustand] : **sich in js Lage versetzen** se mettre à la place de qqn ▸ **jn in etw (A) versetzen** [Gefühl] plonger qqn dans qqch ▸ **etw in Bewegung versetzen** mettre qqch en branle

5. [verpfänden] mettre en gage **6.** *fam* [bei Verabredung] : **jn versetzen** poser un lapin à qqn **7.** [Schlag, Tritt] administrer **8.** [antworten] rétorquer.

versichern [fɛɐ̯ˈzɪçɐn] **vt 1.** [bei Versicherung] assurer **2.** [sagen] affirmer. ◆ **sich versichern ref** s'assurer.

versichert [fɛɐ̯ˈzɪçɐt] **adj** assuré(e).

Versicherte [fɛɐ̯ˈzɪçɐtə] (*pl* **-n**) **der, die** assuré(e).

Versicherung [fɛɐ̯ˈzɪçərʊŋ] (*pl* **-en**) **die** assurance *f*.

Versicherungsbedingungen [fɛɐ̯ˈzɪçərʊŋsbədɪŋʊŋən] **pl** conditions *fpl* d'assurance.

Versicherungskarte [fɛɐ̯ˈzɪçərʊŋskartə] (*pl* **-n**) **die** carte *f* d'assuré social ▸ **grüne Versicherungskarte** carte *f* d'assurance internationale.

versilbert [fɛɐ̯ˈzɪlbɐt] **adj** plaqué(e) argent.

versöhnen [fɛɐ̯ˈzøːnən] **vt** réconcilier. ◆ **sich versöhnen ref** se réconcilier.

versorgen [fɛɐ̯ˈzɔrgn̩] **vt** [Patienten, Tier] prendre soin de ▸ **jn mit etw versorgen** fournir qqch à qqn.

Versorgung [fɛɐ̯ˈzɔrgʊŋ] **die 1.** [mit Lebensmitteln] approvisionnement *m* **2.** [von Patienten, Tier] soins *mpl*.

verspäten [fɛɐ̯ˈʃpɛːtn̩] ◆ **sich verspäten ref** être en retard.

Verspätung [fɛɐ̯ˈʃpɛːtʊŋ] (*pl* **-en**) **die** retard *m* ▸ **mit Verspätung** en retard ▸ **Verspätung haben** avoir du retard ▸ **5 Minuten Verspätung** 5 minutes de retard.

versprechen [fɛɐ̯ˈʃprɛçn̩] (*präs* **verspricht**, *prät* **versprach**, *pp* **versprochen**) **vt** promettre ▸ **jm etw versprechen** promettre qqch à qqn. ◆ **sich versprechen ref** faire un lapsus.

Versprechen [fɛɐ̯ˈʃprɛçn̩] (*pl inv*) **das** promesse *f*.

verstaatlichen [fɛɐ̯ˈʃtaːtlɪçn̩] **vt** nationaliser.

Verstand [fɛɐ̯ˈʃtant] **der** [Denkvermögen] discernement *m*.

verständigen [fɛɐ̯ˈʃtɛndɪgn̩] **vt** [informieren] avertir. ◆ **sich verständigen ref** [kommunizieren] se faire comprendre.

Verständigung [fɛɐ̯ˈʃtɛndɪgʊŋ] **die 1.** [Kommunikation] communication *f* **2.** [Information] information *f*.

verständlich [fɛɐ̯ˈʃtɛntlɪç] **adj 1.** [Stimme] intelligible **2.** [Text, Handlung] compréhensible ▸ **sich verständlich machen** se faire comprendre.

Verständnis [fɛɐ̯ˈʃtɛntnɪs] **das** compréhension *f*.

verständnisvoll [fɛɐ̯ˈʃtɛntnɪsfɔl] **adj** compréhensif(ive).

Verstärker [fɛɐ̯ˈʃtɛrkɐ] (*pl inv*) **der** amplificateur *m*.

verstauchen [fɛɐ̯ˈʃtauxn̩] **vt** : **sich (D) den Knöchel / Fuß verstauchen** se fouler la cheville.

Verstauchung [fɛɐ̯ˈʃtauxʊŋ] (*pl* **-en**) **die** foulure *f*.

Versteck [fɛɐ̯ˈʃtɛk] (*pl* **-e**) **das** cachette *f* ▸ **Versteck spielen** jouer à cache-cache.

verstecken [fɛɐ̯ˈʃtɛkn̩] **vt** cacher. ◆ **sich verstecken ref** se cacher. ◆ **Verstecken das** : **Verstecken spielen** jouer à cache-cache.

verstehen [fɛɐ̯ˈʃteːən] (*prät* **verstand**, *pp* **verstanden**) **vt** comprendre ▸ **nichts von etw verstehen** ne rien y connaître en qqch. ◆ **sich verstehen ref** [Personen] s'entendre ▸ **sich gut verstehen**

mit bien s'entendre avec ▸ **es versteht sich von selbst** cela va de soi.

Versteigerung [fɛɐ̯'ʃtaigəruŋ] (*pl* **-en**) **die** vente *f* aux enchères.

verstellbar [fɛɐ̯'ʃtɛlbaːɐ̯] **adj** réglable.

verstellen [fɛɐ̯'ʃtɛlən] **vt 1.** [Hebel, Wecker] dérégler **2.** [Weg, Tür] barrer **3.** [Stimme] déguiser. ◆ **sich verstellen ref** [Person] jouer la comédie.

Verstopfung [fɛɐ̯'ʃtɔpfuŋ] **die 1.** [des Darms] constipation *f* **2.** [Blockierung] obstruction *f*.

Verstoß [fɛɐ̯'ʃtoːs] (*pl* **Verstöße** [ʃtøːsə]) **der** infraction *f*.

Versuch [fɛɐ̯'zuːx] (*pl* **-e**) **der 1.** [Handlung] tentative *f* **2.** [wissenschaftlich] expérience *f*.

versuchen [fɛɐ̯'zuːxn̩] ◆ **vt 1.** [sich bemühen] tenter **2.** [Essen] goûter. ◆ **vi** [kosten] goûter.

vertauschen [fɛɐ̯'tauʃn̩] **vt** échanger.

verteidigen [fɛɐ̯'taidɪgn̩] **vt** défendre. ◆ **sich verteidigen ref** se défendre.

verteilen [fɛɐ̯'tailən] **vt 1.** [an Personen, Staaten] distribuer **2.** [ausbreiten] répartir. ◆ **sich verteilen ref** [sich ausbreiten] se répartir.

Vertrag [fɛɐ̯'traːk] (*pl* **Verträge** [trɛːgə]) **der** contrat *m*.

vertragen [fɛɐ̯'traːgn̩] (*präs* **verträgt**, *prät* **vertrug**, *pp* **vertragen**) **vt** [Hitze, Kaffee] supporter. ◆ **sich vertragen ref** [Personen] s'entendre.

Vertragshändler [fɛɐ̯'traːkshɛntlɐ] (*pl inv*) **der** concessionnaire *m*.

Vertragswerkstatt [fɛɐ̯'traːksvɛrkʃtat] (*pl* **-werkstätten** [ʃtɛtən]) **die** atelier *m* sous contrat avec le fabricant.

vertrauen [fɛɐ̯'trauən] **vi** *(+ D)* faire confiance à.

Vertrauen [fɛɐ̯'trauən] **das** confiance *f* ▸ **Vertrauen haben zu** avoir confiance en.

Vertraulichkeit [fɛɐ̯'traulɪçkait] **die** confidentialité *f*.

Vertraulichkeitsvereinbarung [fɛɐ̯traulɪçkaitsfɛɐ̯'ainbaːruŋ] **die** accord *m* de confidentialité.

vertreten [fɛɐ̯'treːtn̩] (*präs* **vertritt**, *prät* **vertrat**, *pp* **vertreten**) ◆ **vt 1.** [bei Urlaub, Krankheit] remplacer **2.** [Interessen] représenter. ◆ **adj** : **vertreten sein** être présent(e) ▸ **sich** *(D)* **den Fuß vertreten** se fouler la cheville.

Vertreter, in [fɛɐ̯'treːtɐ, tərɪn] (*mpl inv*) **der, die 1.** [bei Urlaub, Krankheit] remplaçant *m*, -e *f* **2.** [Repräsentant, Beruf] représentant *m*, -e *f*.

Vertretung [fɛɐ̯'treːtuŋ] (*pl* **-en**) **die 1.** [bei Urlaub, Krankheit] remplacement *m* **2.** [Lehrer, Arzt] remplaçant *m*, -e *f* **3.** [Delegation] représentation *f*.

vertrocknen [fɛɐ̯'trɔknən] **vi** *(ist)* se dessécher.

vertun [fɛɐ̯'tuːn] (*prät* **vertat**, *pp* **vertan**) **vt** [verschwenden] gaspiller. ◆ **sich vertun ref** *fam* se tromper.

verübeln [fɛɐ̯'|yːbl̩n] **vt** : **jm etw verübeln** en vouloir à qqn pour qqch.

verunglücken [fɛɐ̯'|ʊnglykn̩] **vi** *(ist)* [bei Unfall] avoir un accident.

verursachen [fɛɐ̯'|uːɐ̯zaxn̩] **vt** provoquer.

Verurteilung [fɛɐ̯'|uːɐ̯tailuŋ] (*pl* **-en**) **die** [vor Gericht] condamnation *f*.

verwackelt [fɛɐ̯'vaklt] **adj** flou(e).

verwählen [fɛɐ̯'vɛːlən] ◆ **sich verwählen ref** faire un faux numéro.

verwahren [fɛɐ̯'varən] **vt** [aufbewahren] conserver en lieu sûr.

verwalten [fɛɐ̯'valtn̩] **vt** gérer.

Verwalter, in [fɛɐ̯'valtɐ, tərɪn] (*mpl inv*) **der, die 1.** [von Vermögen] administrateur *m*, -trice *f* **2.** [von Haus] syndic *m*.

Verwaltung [fɛɐ̯'valtʊŋ] (*pl* -**en**) **die** administration *f*.

verwandt [fɛɐ̯'vant] ◆ **pp** → **verwenden.** ◆ **adj** [Personen] parent(e) ▸ **verwandt sein mit** être parent avec.

Verwandte [fɛɐ̯'vantə] (*pl* -**n**) **der, die** parent *m*, -e *f*.

Verwandtschaft [fɛɐ̯'vantʃaft] (*pl* -**en**) **die** parenté *f*.

Verwarnung [fɛɐ̯'varnʊŋ] (*pl* -**en**) **die** avertissement *m* ▸ **gebührenpflichtige Verwarnung** procès-verbal *m* avec amende.

verwechseln [fɛr'vɛksl̩n] **vt** confondre ▸ **verwechseln mit** confondre avec.

verweigern [fɛɐ̯'vaigɐn] **vt** refuser.

verwendbar [fɛɐ̯'vɛntbaːɐ̯] **adj** utilisable.

verwenden [fɛɐ̯'vɛndn̩] (*prät* **verwandte** ODER **verwendete**, *pp* **verwandt** ODER **verwendet**) **vt** utiliser.

Verwendung [fɛɐ̯'vɛndʊŋ] **die** utilisation *f*.

verwirklichen [fɛɐ̯'vɪrklɪçn̩] **vt** concrétiser. ◆ **sich verwirklichen ref** se réaliser.

verwirrt [fɛɐ̯'vɪrt] **adj** [Person] déconcerté(e).

verwitwet [fɛɐ̯'vɪtvət] **adj** veuf (veuve).

verwöhnen [fɛɐ̯'vøːnən] **vt** gâter.

Verwundete [fɛɐ̯'vʊndətə] (*pl* -**n**) **der, die** blessé *m*, -e *f*.

verzählen [fɛɐ̯'tsɛːlən] ◆ **sich verzählen ref** se tromper *(en comptant)*.

Verzehr [fɛɐ̯'tseːɐ̯] **der** *geh* consommation *f*.

verzehren [fɛɐ̯'tseːrən] **vt** *geh* [essen] consommer.

Verzeichnis [fɛɐ̯'tsaiçnɪs] (*pl* -**se**) **das** registre *m* ▸ **alphabetisches Verzeichnis** répertoire *m*.

verzeihen [fɛɐ̯'tsaiən] (*prät* **verzieh**, *pp* **verziehen**) **vt** pardonner ▸ **verzeihen Sie bitte!** excusez-moi !

Verzeihung [fɛɐ̯'tsaiʊŋ] **die** pardon *m* ▸ **Verzeihung!** pardon !

verzichten [fɛɐ̯'tsɪçtn̩] **vi** renoncer ▸ **verzichten auf** *(+ A)* renoncer à.

verzögern [fɛɐ̯'tsøːgɐn] **vt** [verschieben] retarder. ◆ **sich verzögern ref** [sich verspäten] être retardé(e) ▸ **die Ankunft des Zugs verzögert sich um 5 Minuten** l'arrivée du train est retardée de 5 minutes.

Verzögerung [fɛɐ̯'tsøːgərʊŋ] (*pl* -**en**) **die** [Verspätung] retard *m*.

verzollen [fɛɐ̯'tsɔlən] **vt** déclarer à la douane ▸ **haben Sie etwas zu verzollen?** avez-vous quelque chose à déclarer ?

verzweifeln [fɛɐ̯'tsvaifl̩n] **vi** *(ist)* désespérer.

verzweifelt [fɛɐ̯'tsvaifl̩t] **adj** désespéré(e).

Vesper ['fɛspɐ] (*pl* -**n**) **die** Südd [Mahlzeit] goûter *m*.

Veterinär, in [veteri'nɛːɐ̯, nɛrɪn] (*mpl* -**e**) **der, die** *amt* vétérinaire *m*.

Vetter ['fɛtɐ] (*pl* -**n**) **der** cousin *m*.

vgl. (*abk für* **vergleiche**) cf. *(confer)*.

vibrieren [vi'briːrən] **vi** vibrer.

Video ['viːdeo] (*pl* -**s**) **das** vidéo *f*.

Videoblog ['viːdeoblɔk] (*pl* -**s**) **der** ODER **das** vidéoblog *m*.

Videobotschaft ['viːdeoboːtʃaft] (*pl* -en) **die** message *m* vidéo.

Videoclip ['viːdeoklɪp] (*pl* -s) **der** clip *m*.

Videofilm ['viːdeofɪlm] (*pl* -e) **der** film *m* vidéo.

Videogerät ['viːdeogərɛːt] (*pl* -e) **das** magnétoscope *m*.

Videokamera ['viːdeokamera] (*pl* -s) **die** Caméscope® *m*.

Videokassette ['viːdeokasɛtə] (*pl* -n) **die** cassette *f* vidéo.

Videokonferenz ['viːdeokɔnfərɛnts] (*pl* -en) **die** visioconférence *f*.

Videokonsole ['viːdeokɔnzoːlə] (*pl inv*) **die** console *f* de jeux.

Videorekorder ['viːdeorekɔrdɐ] (*pl inv*) **der** magnétoscope *m*.

Videospiel ['viːdeoʃpiːl] (*pl* -e) **das** jeu *m* vidéo.

Videothek [video'teːk] (*pl* -en) **die** vidéothèque *f*.

Videoüberwachung ['viːdeoˌyːbɐvaxʊŋ] **die** vidéosurveillance *f*.

Vieh [fiː] **das** [Tiere] bétail *m*.

viel [fiːl] (*komp* **mehr**, *superl* **am meisten**) ◆ **adj** 1. [Menge] tout le (toute la) ▸ **die viele Arbeit** tout le travail 2. [Anzahl] nombreux(euse) ▸ **das Kleid mit den vielen Knöpfen** la robe aux nombreux boutons
◆ **det** 1. [Menge, Anzahl] beaucoup de ▸ **viel Tee trinken** boire beaucoup de thé ▸ **zu viel** trop de ▸ **viele Leute** beaucoup de monde 2. [in Floskeln] : **viel Spaß!** amuse-toi bien !, amusez-vous bien ! ▸ **viel Glück!** bonne chance ! ▸ **viel Erfolg!** bien du succès ! ▸ **vielen Dank!** merci beaucoup !
◆ **adv** 1. [gen] beaucoup ▸ **viel miteinander reden** parler beaucoup ▸ **viel ausgehen** sortir beaucoup ▸ **viel besser** beaucoup mieux ▸ **viel mehr** beaucoup plus ▸ **viel zu lange fahren** conduire beaucoup trop longtemps ▸ **zu viel arbeiten** travailler trop ▸ **viel zu viel klagen** se plaindre beaucoup trop 2. [von vielen Leuten] très ▸ **viel gefragt** très demandé
◆ **pron** beaucoup.

viele ['fiːlə] ◆ **det** → **viel.** ◆ **pron** beaucoup.

vielfach ['fiːlfax] **adj** multiple.

Vielfalt ['fiːlfalt] **die** multitude *f*.

vielleicht [fiː'laiçt] **adv** 1. [eventuell] peut-être 2. [ungefähr] environ 3. *fam* [etwa] peut-être ▸ **hätten Sie vielleicht Feuer?** auriez-vous du feu, s'il vous plaît ? ▸ **der ist vielleicht gerannt!** tu l'aurais vu courir !

vielmals ['fiːlmaːls] **adv** mille fois ▸ **danke vielmals!** merci mille fois !

vielseitig ['fiːlzaitɪç] **adj** [Person] polyvalent(e).

vier [fiːɐ̯] **num** quatre ▸ **fünf vor vier** quatre heures moins cinq ▸ **fünf nach vier** quatre heures cinq ▸ **vier Uhr fünfundvierzig (4.45 Uhr)** quatre heures quarante-cinq (4h45) ▸ **um vier** à quatre heures ▸ **sie ist vier** elle a quatre ans.

Viereck ['fiːɐ̯ˌɛk] (*pl* -e) **das** rectangle *m*.

viereckig ['fiːɐ̯ˌɛkɪç] **adj** rectangulaire.

vierhundert ['fiːɐ̯hʊndɐt] **num** quatre cents.

viermal ['fiːɐ̯maːl] **adv** quatre fois.

vierspurig ['fiːɐ̯ʃpuːrɪç] **adj** à quatre voies.

vierte, r, s ['fiːɐ̯tə] **adj** quatrième ▸ **der vierte Juni** le quatre juin ▸ **Hamburg, den 4.6.2012** Hambourg, le 4/6/2012.

Viertel ['fɪrtl̩] (*pl inv*) **das 1.** [Teil] quart *m* **2.** [Stadtteil] quartier *m* ▸ **Viertel vor** moins le quart ▸ **Viertel nach** et quart.

Viertelstunde [fɪrtl̩'ʃtʊndə] (*pl* -n) **die** quart *m* d'heure.

Vierwaldstätter See ['fiːɐ̯valt-ʃtɛtɐ'zeː] **der** lac *m* des Quatre-Cantons.

vierzehn ['fɪrtseːn] **num** quatorze ▸ **vierzehn Tage** quinze jours.

vierzig ['fɪrtsɪç] **num** quarante.

Vietnam [viɛt'naːm] **nt** Viêt-nam *m* ▸ **in Vietnam** au Viêt-nam.

Villa ['vɪla] (*pl* **Villen**) **die** villa *f*.

violett [vio'lɛt] **adj** violet(ette).

Violine [vio'liːnə] (*pl* -n) **die** violon *m*.

Virenschutzprogramm ['viːrənʃʊts-program] (*pl* -e) **das** antivirus *m*.

virtuell [vɪr'tuɛl] **adj** virtuel(le).

Virus ['viːrʊs] (*pl* **Viren** ['viːrən]) **der** virus *m*.

Virusinfektion ['viːrʊsɪnfɛktsioːn] (*pl* -en) **die** infection virale.

Visite [vi'ziːtə] (*pl* -n) **die** visite *f*.

Visitenkarte [vi'ziːtn̩kartə] (*pl* -n) **die** carte *f* de visite.

Visum ['viːzʊm] (*pl* **Visa** ['viːza]) **das** visa *m*.

Vitamin [vita'miːn] (*pl* -e) **das** vitamine *f*.

Vogel ['foːgl̩] (*pl* **Vögel** ['føːgl̩]) **der** oiseau *m*.

Vogelgrippe ['foːgl̩grɪpə] **die** grippe *f* aviaire.

Vogesen [vo'geːzn̩] **pl** Vosges *fpl*.

Vokabel [vo'kaːbl̩] (*pl* -n) **die** mot *m*.

Vokal [vo'kaːl] (*pl* -e) **der** voyelle *f*.

Volk [fɔlk] (*pl* **Völker** ['fœlkɐ]) **das** peuple *m*.

Völkerkunde ['fœlkɐkʊndə] **die** ethnologie *f*.

Volksfest ['fɔlksfɛst] (*pl* -e) **das** fête foraine.

Volkshochschule ['fɔlkshoxʃuːlə] (*pl* -n) **die** *établissement municipal dispensant des cours pour adultes.*

Volkslied ['fɔlksliːt] (*pl* -er) **das** chanson *f* populaire.

Volkstanz ['fɔlkstants] (*pl* **-tänze** [tɛtsə]) **der** danse *f* folklorique.

Volkswagen® ['fɔlksvaːgn̩] (*pl inv*) **der** Volkswagen® *f*.

voll [fɔl] ◆ **adj 1.** [gefüllt, vollständig] plein(e) **2.** [Person, Gesicht] rond(e). ◆ **adv 1.** [ganz] entièrement **2.** *fam* [total, absolut] vachement ▸ **voll mit** ODER **von** plein de ▸ **halb voll** à moitié plein ▸ **voll sein** *fam* [betrunken] être bourré ▸ **volles Haar** une chevelure abondante.

vollendet [fɔl'ɛndət] ◆ **adj 1.** [perfekt] parfait(e) **2.** [fertig] achevé(e). ◆ **adv** [perfekt] à la perfection ▸ **mit vollendetem 18. Lebensjahr** à 18 ans révolus.

Volleyball ['vɔlibal] (*pl* **-bälle** [bɛlə]) **der 1.** [Spiel] volley-ball *m* **2.** [Ball] ballon *m* de volley.

Vollgas ['fɔlgaːs] **das** : **mit Vollgas** à pleins gaz.

völlig ['fœlɪç] ◆ **adj** complet(ète). ◆ **adv** complètement.

volljährig ['fɔljɛːrɪç] **adj** majeur(e).

Vollkaskoversicherung ['fɔlkasko-fɛɐ̯zɪçərʊŋ] (*pl* -en) **die** assurance *f* tous risques.

voll klimatisiert [fɔlklimati'ziːɐ̯t] **adj** entièrement climatisé(e).

vollkommen [fɔl'kɔmən] ◆ **adj 1.** [perfekt] parfait(e) **2.** [vollständig, total] complet(ète). ◆ **adv 1.** [perfekt] à la perfection **2.** [vollständig] complètement.

Vollkornbrot ['fɔlkɔrnbro:t] (*pl* -e) das pain complet.
voll◦machen ['fɔlmaxn̩] vt [Behälter] remplir.
Vollmacht ['fɔlmaxt] (*pl* -en) die **1.** [Befugnis] mandat *m* **2.** [Dokument] procuration *f*.
Vollmilch ['fɔlmɪlç] die lait entier.
Vollmilchschokolade ['fɔlmɪlçʃokola:də] die chocolat *m* au lait entier.
Vollmond ['fɔlmo:nt] der pleine lune.
Vollpension ['fɔlpaŋzi̯o:n] die pension complète.
vollständig ['fɔlʃtɛndɪç] adj [Sammlung] complet(ète).
voll◦tanken ['fɔltaŋkn̩] vi faire le plein.
Vollwaschmittel ['fɔlvaʃmɪtl̩] (*pl inv*) das lessive *f* toutes températures.
vollwertig ['fɔlve:ɐ̯rtɪç] adj **1.** [Ernährung] complet(ète) **2.** [gleichwertig] à part entière.
Vollwertkost ['fɔlvɛrtkɔst] die aliments *mpl* complets.
vollzählig ['fɔltsɛ:lɪç] adj au complet.
Volt [vɔlt] (*pl inv*) das volt *m*.
Volumen [vo'lu:mən] (*pl inv*) das volume *m*.
vom [fɔm] präp = **von + dem**.

von [fɔn] ◆ präp *(+ D)* **1.** [gen] de ▸ **von oben kommen** venir d'en haut ▸ **vom Stuhl fallen** tomber de la chaise ▸ **von hier an** à partir d'ici ▸ **von hier aus sieht man gut** d'ici, on voit bien ▸ **von 13 bis 15 Uhr geschlossen** fermé de 13 à 15 h ▸ **der Wind weht von Norden her** le vent vient du nord ▸ **von Heathrow nach Delhi fliegen** aller de Heathrow à Dehli ▸ **der ist von hier** *fam* il est du coin ▸ **die Zeitung von gestern** le journal d'hier ▸ **ist das Buch von dir?** est-ce que le livre est de toi ? ▸ **der Bürgermeister von Frankfurt** le maire de Francfort ▸ **ein Teil vom Ganzen** une partie du tout ▸ **ein Brief von Otto** une lettre d'Otto ▸ **ein Sack von 25 kg** un sac de 25 kg **2.** [Angabe des Handelnden] par ▸ **von jm geärgert werden** être énervé par qqn ▸ **der Film ist von Wim Wenders** le film est de Wim Wenders **3.** [Angabe der Ursache] : **vom vielen Essen war ihr schlecht** elle a été malade d'avoir trop mangé ▸ **von mir aus kannst du tun und lassen, was du willst** *fam* moi, je suis d'accord pour que tu fasses ce que tu veux ▸ **von wegen!** *fam* tu parles !

voneinander [fɔnlai'nandɐ] adv l'un de l'autre (l'une de l'autre).

vor [fo:ɐ̯] ◆ präp *(+ D, + A)* **1.** [räumlich] devant ▸ **vor dem Fernseher sitzen** être devant la télé ▸ **vor Gericht** devant le tribunal ▸ **vors Haus gehen** aller devant la maison **2.** *(+ D)* [zeitlich] avant ▸ **vor dem Test üben** s'exercer avant le test ▸ **das ist vor Jahren passiert** cela s'est passé il y des années ▸ **fünf vor zwölf** midi moins cinq ▸ **fünf vor halb neun** huit heures vingt-cinq ▸ **vor Kurzem** récemment **3.** *(+ D)* [Angabe des Grunds] de ▸ **vor Freude jubeln** pousser des cris de joie ▸ **vor Vergnügen** de plaisir ▸ **vor allem** [hauptsächlich] avant tout, surtout
◆ adv en avant ▸ **gehen Sie einen Schritt vor!** faites un pas en avant !

voran [fo'ran] adv **1.** [vorne] en tête **2.** [vorwärts] en avant.
Vorarlberg ['fo:ɐ̯larlbɛrk] nt Vorarlberg *m*.
voraus [fo'raus] adv d'avance.

vorausgesetzt [fo'rausgəzɛtst] **adj** : **vorausgesetzt, dass** à condition que.

Voraussetzung [fo'rauszɛːtsuŋ] (*pl* -en) **die 1.** [Bedingung] condition *f* **2.** [Annahme] supposition *f*.

voraussichtlich [fo'rauszɪçtlɪç] ◆ **adj** prévisible. ◆ **adv** vraisemblablement.

vorbei [foːɐ̯'bai] **adj** : **vorbei sein** a) [zeitlich] être terminé(e) b) [räumlich] être passé(e).

vorbei◦fahren [foːɐ̯'baifaːrən] **vi** *(unreg, ist)* passer *(en véhicule)* ▸ **bei jm vorbeifahren** *fam* passer devant qqn.

vorbei◦gehen [foːɐ̯'baigeːən] **vi** *(unreg, ist)* passer ▸ **bei jm vorbeigehen** passer voir qqn.

vorbei◦kommen [foːɐ̯'baikɔmən] **vi** *(unreg, ist)* passer ▸ **an etw vorbeikommen** passer devant qqch.

vorbei◦lassen [foːɐ̯'bailasn̩] **vt** *(unreg)* laisser passer.

vor◦bereiten ['foːɐ̯bəraitn̩] **vt** préparer. ◆ **sich vorbereiten ref** se préparer ▸ **sich vorbereiten auf** *(+ A)* se préparer à.

Vorbereitung ['foːɐ̯bəʃtɛluŋ] **die** préparation *f*. ◆ **Vorbereitungen pl** préparatifs *mpl*.

vor◦bestellen ['foːɐ̯bəʃtɛlən] **vt** réserver.

Vorbestellung ['foːɐ̯bəʃtɛluŋ] (*pl* -en) **die** réservation *f*.

vor◦beugen ['foːɐ̯bɔygn̩] **vi** *(+ D)* prévenir. ◆ **sich vorbeugen ref** se pencher en avant.

Vorbild ['foːɐ̯bɪlt] (*pl* -er [bɪldɐ]) **das** [Idol] modèle *m*.

Vorderachse ['fɔrdɐlaksə] (*pl* -n) **die** essieu *m* avant.

vordere, r, s ['fɔrdərə] **adj** de devant.

Vordergrund ['fɔrdɐgrunt] **der** premier plan.

Vorderrad ['fɔrdɐraːt] (*pl* -räder [rɛːdɐ]) **das** roue *f* avant.

Vorderradantrieb ['fɔrdɐraːtlantriːp] (*pl* -e [triːbə]) **der** traction *f* avant.

Vorderseite ['fɔrdɐzaitə] (*pl* -n) **die** façade *f*.

Vordersitz ['fɔrdɐzɪts] (*pl* -e) **der** siège *m* avant.

vor◦drängen ['foːɐ̯drɛŋən] ◆ **sich vordrängen ref** jouer des coudes.

Vordruck ['foːɐ̯druk] (*pl* -e) **der** imprimé *m*.

vor◦fahren ['foːɐ̯faːrən] **vi** *(unreg, ist)* **1.** [nach vorn] avancer **2.** *fam* [voraus] partir *(avant qqn)*.

Vorfahrt ['foːɐ̯faːɐ̯t] **die** priorité *f* ▸ **'Vorfahrt gewähren'** 'cédez le passage' ▸ **'Vorfahrt geändert'** 'carrefour modifié'.

Vorfahrtsstraße ['foːɐ̯faːɐ̯tsʃtraːsə] (*pl* -n) **die** route *f* prioritaire.

Vorfall ['foːɐ̯fal] (*pl* -fälle [fɛlə]) **der** [Ereignis] incident *m*.

Vorführung ['foːɐ̯fyːruŋ] (*pl* -en) **die** présentation *f*.

Vorgänger, in ['foːɐ̯gɛŋɐ, ŋərɪn] (*mpl inv*) **der, die** prédécesseur *m*.

vor◦gehen ['foːɐ̯geːən] **vi** *(unreg, ist)* **1.** [passieren] se passer **2.** [handeln] procéder **3.** [Uhr] avancer **4.** [nach vorn] s'avancer **5.** *fam* [voraus] partir *(avant qqn)*.

vorgekocht ['foːɐ̯gəkɔxt] **adj** précuit(e).

vorgesehen ['foːɐ̯gəzeːən] **adj** prévu(e) ▸ **vorgesehen für** prévu pour.

Vorgesetzte ['foːɐ̯gəzɛtstə] (*pl* -n) **der, die** supérieur *m*, -e *f*.

vorgestern ['foːɐ̯gɛstɐn] **adv** [vor zwei Tagen] avant-hier.

vor◦glühen ['foːɐ̯glyːən] **vi** *fam* picoler pour se chauffer.

vor◦haben ['foːɐ̯haːbn̩] **vt** *(unreg)* : **haben Sie heute Abend schon etwas vor?** avez-vous déjà quelque chose de prévu pour ce soir ? ▸ **ich habe vor, nach Frankreich zu fahren** j'ai l'intention d'aller en France.

vorhanden [foːɐ̯'handn̩] **adj** existant(e).

Vorhang ['foːɐ̯haŋ] (*pl* **-hänge** [hɛŋə]) **der** rideau *m*.

Vorhängeschloss ['foːɐ̯hɛŋəʃlɔs] (*pl* **-schlösser** [ʃlœsɐ]) **das** cadenas *m*.

vorher ['foːɐ̯heːɐ̯] **adv** avant.

Vorhersage [foːɐ̯'heːɐ̯zaːgə] (*pl* -n) **die** 1. prédiction *f* 2. [für Wetter] prévisions *fpl*.

vorhin ['foːɐ̯hɪn] **adv** tout à l'heure.

vorige ['foːrɪgə] **adj** dernier(ère).

Vorkenntnisse ['foːɐ̯kɛntnɪsə] **pl** connaissances *fpl*.

vor◦kommen ['foːɐ̯kɔmən] ◆ **vi** *(unreg, ist)* 1. [passieren] arriver 2. [existieren] se rencontrer. ◆ **vi** *(+ D)* 1. [scheinen] sembler 2. *fam* [nach vorne] avancer.

Vorkommnis ['foːɐ̯kɔmnɪs] (*pl* -se) **das** *amt* incident *m*.

vor◦lassen ['foːɐ̯lasn̩] **vt** *(unreg) fam* : **könnten Sie mich bitte vorlassen?** pourriez-vous me laisser passer devant vous ?

vorläufig ['foːɐ̯lɔyfɪç] ◆ **adj** provisoire. ◆ **adv** provisoirement.

vor◦lesen ['foːɐ̯leːzn̩] **vt** *(unreg)* lire ▸ **jm etw vorlesen** lire qqch à qqn.

Vorlesung ['foːɐ̯leːzʊŋ] (*pl* -en ['foːɐ̯leːzʊŋən]) **die** cours magistral.

vorletzte, r, s ['foːɐ̯lɛtstə] **adj** avant-dernier(ère).

vorm. *abk für* **vormittags**.

vor◦machen ['foːɐ̯maxn̩] **vt** 1. [zeigen] montrer 2. [vortäuschen] simuler ▸ **jm etw vormachen** *fam* raconter des histoires à qqn.

vor◦merken ['foːɐ̯mɛrkn̩] **vt** [Person] noter.

Vormittag ['foːɐ̯mɪtaːk] (*pl* -e ['foːɐ̯mɪtaːgə]) **der** matinée *f* ▸ **gestern / heute / morgen Vormittag** hier / ce / demain matin.

vormittags ['foːɐ̯mɪtaːks] **adv** le matin.

vorn [fɔrn] **adv** devant ▸ **da vorn** là-bas ▸ **nach vorn** vers l'avant ▸ **von vorn** [lesen] depuis le début.

Vorname ['foːɐ̯naːmə] (*pl* -n) **der** prénom *m*.

vorne ['fɔrnə] **adv** = **vorn**.

vornehm ['foːɐ̯neːm] **adj** distingué(e).

vor◦nehmen ['foːɐ̯neːmən] **vt** *(unreg)* [ausführen] procéder à ▸ **sich** *(D)* **etw vornehmen** [planen] projeter qqch.

Vorort ['foːɐ̯ɔrt] (*pl* -e) **der** banlieue *f*.

vorrangig ['foːɐ̯raŋɪç] **adj** prioritaire.

Vorrat ['foːɐ̯raːt] (*pl* **-räte** [rɛːtə]) **der** réserves *fpl* ▸ **etw auf Vorrat einkaufen** faire des provisions de qqch ▸ **solange der Vorrat reicht** jusqu'à épuisement des stocks.

vorrätig ['foːɐ̯rɛːtɪç] **adj** en réserve.

Vorratsdatenspeicherung ['foːɐ̯raːtsdaːtn̩ʃpaiçərʊŋ] **die** stockage *m* des données personnelles.

Vorruhestand ['foːɐ̯ruːəʃtant] **der** préretraite *f*.

Vorsaison ['foːɐ̯zɛːzɔŋ] **die** saison creuse.

Vorsatz ['foːɐ̯zats] (*pl* **-sätze** [zɛtsə]) **der** résolution *f*.

Vorschau ['foːɐ̯ʃau] (*pl* **-en**) **die** bande-annonce *f*.

Vorschlag ['foːɐ̯ʃlaːk] (*pl* **-schläge** [ʃlɛːgə]) **der** proposition *f* ▸ **einen Vorschlag machen** faire une proposition.

vor◦schlagen ['foːɐ̯ʃlaːgn̩] **vt** *(unreg)* proposer ▸ **jm etw vorschlagen** proposer qqch à qqn.

vor◦schreiben ['foːɐ̯ʃraibn̩] **vt** *(unreg)* [befehlen] prescrire.

Vorschrift ['foːɐ̯ʃrɪft] (*pl* **-en**) **die** instruction *f*.

Vorschuss ['foːɐ̯ʃʊs] (*pl* **-schüsse** [ʃysə]) **der** avance *f*.

Vorsicht ['foːɐ̯zɪçt] **die** prudence *f* ▸ **Vorsicht!** attention !

vorsichtig ['foːɐ̯zɪçtɪç] ◆ **adj** prudent(e). ◆ **adv** prudemment.

Vorsilbe ['foːɐ̯zɪlbə] (*pl* **-n**) **die** préfixe *m*.

Vorspeise ['foːɐ̯ʃpaizə] (*pl* **-n**) **die** hors-d'œuvre *m inv*.

Vorsprung ['foːɐ̯ʃprʊŋ] (*pl* **-sprünge** [ʃpryŋə]) **der 1.** [Abstand] avance *f* **2.** [an Mauer] saillie *f*.

vorstellen ['foːɐ̯ʃtɛlən] **vt 1.** [Person, Projekt] présenter **2.** [Uhr] avancer ▸ **sich** *(D)* **etw vorstellen** s'imaginer qqch. ◆ **sich vorstellen ref** [bekannt machen] se présenter.

Vorstellung ['foːɐ̯ʃtɛlʊŋ] (*pl* **-en**) **die 1.** [in Kino, Theater] représentation *f* **2.** [von Bekannten, bei Firma] présentation *f* **3.** [Idee] idée *f* ▸ **'nächste Vorstellung: 20.30 Uhr'** 'prochaine représentation : 20h30'.

Vorstellungsgespräch ['foːɐ̯ʃtɛlʊŋsgəʃprɛːç] (*pl* **-e**) **das** entretien *m* (d'embauche).

vor◦strecken ['foːɐ̯ʃtrɛkn̩] **vt** [Geld] avancer.

Vorteil ['foːɐ̯tail] (*pl* **-e**) **der** avantage *m*.

Vortrag ['foːɐ̯traːk] (*pl* **-träge** [trɛːgə]) **der** [Rede] conférence *f* ▸ **einen Vortrag halten** donner une conférence.

vorüber [fo'ryːbɐ] **adj** : **vorüber sein** être passé.

vorüber◦gehen [fo'ryːbɐgeːən] **vi** *(unreg, ist)* **1.** [vorbeigehen] passer **2.** [zu Ende gehen] cesser.

vorübergehend [fo'ryːbɐgeːənt] ◆ **adj** passager(ère). ◆ **adv** provisoirement ▸ **'vorübergehend geschlossen'** fermé provisoirement.

Vor- und Zuname ['foːɐ̯ʊnttsuːnaːmə] (*pl* **-n**) **der** nom et prénom *mpl*.

Vorurteil ['foːɐ̯ʊrtail] (*pl* **-e**) **das** préjugé *m*.

Vorverkauf ['foːɐ̯fɛɐ̯kauf] **der** location *f*.

Vorverkaufskasse ['foːɐ̯fɛɐ̯kaufskasə] (*pl* **-n**) **die** bureau *m* de location.

Vorverkaufsstelle ['foːɐ̯fɛɐ̯kaufsʃtɛlə] (*pl* **-n**) **die** point *m* de location.

Vorwahl ['foːɐ̯vaːl] (*pl* **-en**) **die** [Telefonnummer] indicatif *m*.

Vorwahlnummer ['foːɐ̯vaːlnʊmɐ] (*pl* **-n**) **die** indicatif *m*.

vorwärts ['foːɐ̯vɛːrts] **adv** [nach vorn] en avant.

vorwärts◦kommen ['foːɐ̯vɛːrtskɔmən] **vi** *(unreg, ist)* **1.** [räumlich] avancer **2.** [bei Arbeit] progresser.

vor◦werfen ['foːɐ̯vɛrfn̩] **vt** *(unreg)* [Fehler] reprocher.

Vorwort ['foːɐ̯vɔrt] (*pl* -e) **das** préface *f*.

Vorwurf ['foːɐ̯vʊrf] (*pl* -**würfe** [vyrfə]) **der** reproche *m*.

vor◦zeigen ['foːɐ̯tsaign̩] **vt** présenter.

vor◦ziehen ['foːɐ̯tsiːən] **vt** *(unreg)* **1.** [lieber mögen] préférer **2.** [Vorhang] fermer **3.** [nach vorn ziehen] tirer vers l'avant.

vorzüglich [foːɐ̯'tsyːklɪç] **adj** exquis(e).

Vorzugspreis ['foːɐ̯tsuːkspra͜is] (*pl* -e [pra͜izə]) **der** prix préférentiel.

Voucher ['va͜utʃɐ] (*pl inv*) **der** voucher *m*.

vulgär [vʊl'gɛːɐ̯] **adj** vulgaire.

Vulkan [vʊl'kaːn] (*pl* -e) **der** volcan *m*.

Vuvuzela [vuvu'tseːla] (*pl* -s) **die** vuvuzela *f*.

Ww

W (*abk für* West) O. *(ouest)*.

Waadt [vaːt] **die** canton *m* de Vaud.

Waage ['vaːgə] (*pl* -n) **die** **1.** [Gerät] balance *f* **2.** [Sternzeichen] Balance *f*.

waagerecht ['vaːgərɛçt] **adj** horizontal(e).

wach [vax] **adj** [nicht schlafend] réveillé(e) ▸ **wach sein** être réveillé ▸ **wach werden** se réveiller.

Wache ['vaxə] (*pl* -n) **die** **1.** [Wächter] garde *m* **2.** [Polizeidienststelle] poste *m* de police.

Wacholder [vax'hɔldɐ] **der** [Gewürz] genièvre *m*.

Wachs [vaks] **das** **1.** [von Kerze] cire *f* **2.** [für Skier] fart *m*.

wachsen¹ [vaksn̩] (*präs* **wächst**, *prät* **wuchs**, *pp* **gewachsen**) **vi** *(ist)* **1.** [Lebewesen, Haare] pousser **2.** [Zahl, Gefühl] croître.

wachsen² [vaksn̩] **vt** [Skier] farter.

Wachsfigurenkabinett ['vaksfiguːrənkabinɛt] (*pl* -e) **das** galerie *f* de figures de cire.

Wachsmalstift ['vaksmaːlʃtɪft] (*pl* -e) **der** crayon gras.

wächst [vɛkst] **präs** → **wachsen**.

Wachstum ['vakstuːm] **das** [von Lebewesen, Haaren] croissance *f*.

Wachtel ['vaxtl̩] (*pl* -n) **die** caille *f*.

Wächter, in ['vɛçtɐ, tərɪn] (*mpl inv*) **der, die** gardien *m*, -enne *f*.

wackelig ['vakəlɪç] **adj** [Möbel] bancal(e).

Wackelkontakt ['vakl̩kɔntakt] (*pl* -e) **der** faux contact.

wackeln ['vakl̩n] **vi** **1.** [Möbel] branler **2.** [bewegen] bouger.

Wackelpeter ['vakl̩peːtɐ] **der** *dessert à base de gélatine aromatisée.*

Wade ['vaːdə] (*pl* -n) **die** mollet *m*.

Waffe ['vafə] (*pl* -n) **die** arme *f*.

Waffel ['vafl̩] (*pl* -n) **die** gaufre *f*.

Waffeleisen ['vafl̩a͜izn̩] (*pl inv*) **das** gaufrier *m*.

wagen ['vaːgn̩] **vt** oser. ◆ **sich wagen ref** se risquer.

Wagen ['vaːgn̩] (*pl inv*) **der** voiture *f* ▸ **'Wagen hält'** 'arrêt demandé'.

Wagenheber ['vaːgn̩heːbɐ] (*pl inv*) **der** cric *m*.

Wagenpapiere ['va:gnpapi:rə] **pl** papiers *mpl* de la voiture.

Wagentyp ['va:gnty:p] (*pl* -en) **der** type *m* de voiture.

Wagenwäsche ['va:gnvɛʃə] (*pl* -n) **die** lavage *m* auto.

Waggon [va'gɔŋ] (*pl* -s) **der** wagon *m*.

Wahl [va:l] (*pl* -en) **die** 1. [Auswahl] choix *m* 2. [Abstimmung] élection *f* ▸ **erste / zweite Wahl** premier / second choix.

wählen ['vɛ:lən] ◆ **vt** 1. [aussuchen] choisir 2. [Telefonnummer] composer 3. [Kandidaten] voter pour. ◆ **vi** 1. [aussuchen] choisir 2. [am Telefon] composer un numéro 3. [abstimmen] voter.

wahlweise ['va:lvaizə] **adv** au choix.

Wahnsinn ['va:nzın] **der** folie *f* ▸ **Wahnsinn!** c'est dingue !

wahnsinnig ['va:nzınıç] ◆ **adj** 1. [unvernünftig] fou (folle) 2. *fam* terrifiant(e). ◆ **adv** *fam* [groß, stark] drôlement.

wahr [va:ɐ] **adj** [nicht gelogen] vrai(e) ▸ **nicht wahr?** pas vrai ?

während ['vɛ:rənt] ◆ **konj** [zeitlich] pendant que. ◆ **präp** *(+ G, + D)* pendant.

währenddessen [vɛ:rənt'dɛsn] **adv** pendant ce temps-là.

Wahrheit ['va:ɐhait] (*pl* -en) **die** vérité *f* ▸ **in Wahrheit** en vérité.

wahr◦nehmen ['va:ɐne:mən] **vt** *(unreg)* [bemerken] percevoir.

Wahrsager, in ['va:ɐza:gɐ, gərın] (*mpl inv*) **der, die** diseur *m*, -euse *f* de bonne aventure.

wahrscheinlich [va:ɐ'ʃainlıç] ◆ **adj** vraisemblable. ◆ **adv** vraisemblablement.

Währung ['vɛ:ruŋ] (*pl* -en) **die** monnaie *f*.

Wahrzeichen ['va:ɐtsaiçn] (*pl inv*) **das** emblème *m*.

Waise ['vaizə] (*pl* -n) **die** orphelin *m*, -e *f*.

Wal [va:l] (*pl* -e) **der** baleine *f*.

Wald [valt] (*pl* **Wälder** ['vɛldɐ]) **der** forêt *f*.

> **ⓘ Wald**
>
> Avec une population deux fois plus dense que celle de la France, les Allemands sont très attachés à leur environnement naturel, en particulier à leurs forêts, où ils ont l'habitude d'aller fréquemment se ressourcer. Ils sont très impliqués dans la lutte contre les pluies acides.

Waldbrand ['valtbrant] (*pl* **-brände** [brɛndə]) **der** incendie *m* de forêt.

Wäldchen ['vɛltçən] (*pl inv*) **das** petit bois.

Waldgebiet ['valtgəbi:t] (*pl* -e) **das** zone forestière.

waldig ['valdıç] **adj** boisé(e).

Waldlauf ['valtlauf] (*pl* **-läufe** [lɔyfə]) **der** course *f* en sous-bois.

Waldlehrpfad ['valtle:ɐpfa:t] (*pl* -e [pfa:də]) **der** sentier *m* botanique.

Waldmeister ['valtmaistɐ] **der** aspérule *f*.

Waldorfsalat ['valdɔrfzala:t] (*pl* -e) **der** *salade composée de céleri cru, de pommes, de noix et de mayonnaise*.

Waldpilz ['valtpılts] (*pl* -e) **der** champignon *m* des bois.

Waldsterben ['valtʃtɛrbn] **das** dépérissement *m* des forêts.

Waldweg ['valtve:k] (*pl* -e [ve:gə]) **der** chemin forestier.

Walkman® ['wo:kmɛn] (*pl* **-men**) **der** baladeur *m*.

Wallfahrt ['valfa:ɐ̯t] (*pl* **-en**) **die** pèlerinage *m*.

Wallfahrtsort ['valfa:ɐ̯tsǀɔrt] (*pl* **-e**) **der** lieu *m* de pèlerinage.

Wallis ['valɪs] **das** Valais *m*.

Wallonien [va'lo:ni̯ən] **die** Wallonie *f*.

Walnuss ['valnʊs] (*pl* **-nüsse** [nysə]) **die** noix *f*.

Walzer ['valtsɐ] (*pl inv*) **der** valse *f*.

wand [vant] **prät → winden**.

Wand [vant] (*pl* **Wände** [vɛndə]) **die** [von Häusern, Räumen] mur *m*.

wandeln ['vandl̩n] ◆ **sich wandeln ref** changer.

Wanderer ['vandərɐ] (*pl inv*) **der** randonneur *m*.

Wanderin ['vandərɪn] (*pl* **-nen**) **die** randonneuse *f*.

Wanderkarte ['vandɐkartə] (*pl* **-n**) **die** carte *f* de (grande) randonnée.

wandern ['vandɐn] **vi** *(ist)* [Wanderer] faire de la randonnée.

Wanderschuh ['vandɐʃu:] (*pl* **-e**) **der** chaussure *f* de marche.

Wanderung ['vandərʊŋ] (*pl* **-en**) **die** randonnée *f*.

Wanderweg ['vandɐve:k] (*pl* **-e** [ve:gə]) **der** sentier *m* de (grande) randonnée.

Wandmalerei ['vantma:lərai̯] (*pl* **-en**) **die** fresques *fpl*.

Wandschrank ['vantʃraŋk] (*pl* **-schränke** [ʃrɛŋkə]) **der** placard *m*.

wandte ['vantə] **prät → wenden**.

Wandteppich ['vanttɛpɪç] (*pl* **-e**) **der** tapisserie *f*.

Wange ['vaŋə] (*pl* **-n**) **die** *geh* joue *f*.

wann [van] **adv** quand ▸ **bis wann?** jusqu'à quand ? ▸ **seit wann?** depuis quand ? ▸ **von wann bis wann?** de quand à quand ?

Wanne ['vanə] (*pl* **-n**) **die 1.** [Badewanne] baignoire *f* **2.** [Gefäß] cuvette *f*.

Wappen ['vapn̩] (*pl inv*) **das** armoiries *fpl*.

war [va:ɐ̯] **prät → sein**.

warb [varp] **prät → werben**.

Ware ['va:rə] (*pl* **-n**) **die** marchandise *f*.

Warenhaus ['va:rənhaus] (*pl* **-häuser** [hɔyzɐ]) **das** grand magasin.

Warenlager ['va:rənla:gɐ] (*pl inv*) **das** entrepôt *m*.

Warenmuster ['va:rənmʊstɐ] (*pl inv*) **das** échantillon *m*.

Warensendung ['va:rənzɛndʊŋ] (*pl* **-en**) **die** envoi *m* de marchandises.

Warenzeichen ['va:rəntsai̯çn̩] (*pl inv*) **das** marque *f*.

warf [varf] **prät → werfen**.

warm [varm] (*komp* **wärmer**, *superl* **am wärmsten**) ◆ **adj 1.** [Temperatur, Kleidung] chaud(e) **2.** [herzlich] chaleureux(euse). ◆ **adv 1.** [essen] chaud **2.** [anziehen] chaudement **3.** [herzlich] chaleureusement ▸ **es ist warm** il fait bon ▸ **jm ist warm** qqn a chaud ▸ **die Suppe warm machen** réchauffer la soupe.

Wärme ['vɛrmə] **die** chaleur *f*.

wärmen ['vɛrmən] **vt** réchauffer. ◆ **sich wärmen ref** se réchauffer.

Wärmflasche ['vɛrmflaʃə] (*pl* **-n**) **die** bouillotte *f*.

Warmfront ['varmfrɔnt] (*pl* **-en**) **die** front *m* d'air chaud.

warm laufen ['varm'laufn̩] **vi** *(unreg, ist)* chauffer. ◆ **sich warm laufen ref** [Person] s'échauffer.

Warmmiete ['varmmi:tə] (*pl* -n) **die** loyer *m* charges comprises.

Warmwasser [varm'vasɐ] **das** eau chaude.

Warnblinkanlage ['varnblɪŋklanla:gə] (*pl* -n) **die** feux *mpl* de détresse.

Warndreieck ['varndraiɛk] (*pl* -e) **das** triangle *m* de signalisation.

warnen ['varnən] **vt** avertir ▸ **'vor ... wird gewarnt'** 'attention, risque de...'.

Warnschild ['varnʃɪlt] (*pl* -er ['ʃɪldɐ]) **das** panneau *m* de danger.

Warnung ['varnʊŋ] (*pl* -en) **die** avertissement *m*.

Warschau ['varʃau] **nt** Varsovie.

Warteliste ['vartəlɪstə] (*pl* -n) **die** liste *f* d'attente.

warten ['vartn̩] ◆ **vi** attendre. ◆ **vt** TECH entretenir ▸ **warten auf** *(+ A)* attendre ▸ **'hier warten'** 'file d'attente'.

Wartenummer ['vartənʊmɐ] (*pl* -n) **die** numéro *m* d'appel.

Wärter, in ['vɛrtɐ, tərɪn] (*mpl inv*) **der, die** gardien *m*, -enne *f*.

Wartesaal ['vartəza:l] (*pl* -säle [zɛ:lə]) **der** salle *f* d'attente.

Wartezimmer ['vartətsɪmɐ] (*pl inv*) **das** salle *f* d'attente.

Wartung ['vartʊŋ] (*pl* -en) **die** maintenance *f*.

warum [va'rʊm] **adv** pourquoi ▸ **warum nicht?** pourquoi pas ?

Warze ['vartsə] (*pl* -n) **die** verrue *f*.

was [vas] **pron 1.** [zur Frage nach einer Sache oder Bedeutung] que **2.** [wie viel] combien **3.** [mit Präposition] quoi **4.** *fam* [nicht wahr?] hein **5.** [Relativpronomen] ce que **6.** *fam* [etwas] quelque chose ▸ **was für** quel (quelle) ▸ **so was!** pas possible ! ▸ **was?** *fam* quoi ?

Wasabi ['vazabi] **der ODER das** wasabi *m*.

Waschanlage ['vaʃanla:gə] (*pl* -n) **die** lavage *m* automatique.

waschbar ['vaʃba:ɐ] **adj** lavable.

Waschbecken ['vaʃbɛkn̩] (*pl inv*) **das** lavabo *m*.

Wäsche ['vɛʃə] (*pl* -n ['vɛʃn]) **die 1.** [Textilien] linge *m* **2.** [Waschen] lavage *m* **3.** [Unterwäsche] sous-vêtements *mpl* ▸ **schmutzige Wäsche** linge *m* sale.

waschecht ['vaʃɛçt] **adj** [Kleidung] ne rétrécit pas au lavage.

Wäscheklammer ['vɛʃəklamɐ] (*pl* -n) **die** pince *f* à linge.

Wäscheleine ['vɛʃəlainə] (*pl* -n) **die** corde *f* à linge.

waschen ['vaʃn̩] (*präs* **wäscht**, *prät* **wusch**, *pp* **gewaschen**) **vt 1.** [Gegenstand] laver **2.** [Person, Tier] laver. ◆ **sich waschen ref** se laver ▸ **sich** *(+ D)* **die Hände waschen** se laver les mains ▸ **Waschen und Legen** shampooing et brushing.

Wäscherei [vɛʃə'rai] (*pl* -en) **die** laverie *f*.

Wäscheständer ['vɛʃəʃtɛndɐ] (*pl inv*) **der** séchoir *m*.

Wäschestärke ['vɛʃəʃtɛrkə] **die** amidon *m*.

Wäschetrockner ['vɛʃətrɔknɐ] (*pl inv*) **der** [Maschine] sèche-linge *m inv*.

Waschgelegenheit ['vaʃgəle:gnhait] (*pl* -en) **die** cabinet *m* de toilette.

Waschlappen ['vaʃlapn̩] (*pl inv*) **der** [zum Waschen] gant *m* de toilette.

Waschmaschine ['vaʃmaʃi:nə] (*pl* -n) **die** machine *f* à laver.

Waschmittel ['vaʃmɪtl̩] (*pl inv*) **das** lessive *f*.

Waschpulver ['vaʃpʊlvɐ] (*pl inv*) **das** lessive *f* en poudre.
Waschraum ['vaʃraum] (*pl* **-räume** [rɔymə]) **der** buanderie *f*.
Waschsalon ['vaʃzalɔŋ] (*pl* **-s**) **der** laverie *f* automatique.
Waschstraße ['vaʃʃtraːsə] (*pl* **-n**) **die** station *f* de lavage automatique.
wäscht ['vɛʃt] **präs** → **waschen**.
Washington ['vɔʃɪŋtn̩] **nt** Washington.
Wasser ['vasɐ] (*pl* **Wässer** ODER *inv*) **das** **1.** [Flüssigkeit] eau *f* **2.** [Mineralwasser] eau minérale ▸ **am Wasser** au bord de l'eau ▸ **im Wasser** dans l'eau ▸ **destilliertes Wasser** eau distillée ▸ **stilles Wasser** eau plate.
Wasseranschluss ['vasɐ|anʃlʊs] (*pl* **-anschlüsse** [ʃlysə]) **der** prise *f* d'eau.
wasserdicht ['vasɐdɪçt] **adj** étanche.
Wasserfall ['vasɐfal] (*pl* **-fälle** [fɛlə]) **der** cascade *f*.
Wasserfarbe ['vasɐfarbə] (*pl* **-n**) **die** aquarelle *f*.
Wassergraben ['vasɐgraːbn̩] (*pl* **-gräben** [grɛːbn̩]) **der** douve *f*.
Wasserhahn ['vasɐhaːn] (*pl* **-hähne** [hɛːnə]) **der** robinet *m*.
Wasserleitung ['vasɐlaitʊŋ] (*pl* **-en**) **die** conduite *f* d'eau.
wasserlöslich ['vasɐløːslɪç] **adj** soluble dans l'eau.
Wassermangel ['vasɐmaŋl] **der** pénurie *f* d'eau.
Wassermann ['vasɐman] **der** [Sternzeichen] Verseau *m*.
Wassermelone ['vasɐmeloːnə] (*pl* **-n**) **die** pastèque *f*.
wasserscheu ['vasɐʃɔy] **adj** qui a peur de l'eau.
Wasserschutzgebiet ['vasɐʃʊtsgəbiːt] (*pl* **-e**) **das** zone *f* de protection des eaux.
Wasserschutzpolizei ['vasɐʃʊtspolitsai] **die** police fluviale.
Wasserski ['vasɐʃiː] (*pl* **-er**) ◆ **das** [Sportart] ski *m* nautique. ◆ **der** [Gerät] ski *m* nautique.
Wasserspiegel ['vasɐʃpiːgl] (*pl inv*) **der** [Wasserstand] niveau *m* d'eau.
Wassersport ['vasɐʃpɔrt] **der** sport *m* nautique.
Wasserspülung ['vasɐʃpyːlʊŋ] (*pl* **-en**) **die** chasse *f* d'eau.
Wasserstand ['vasɐʃtant] (*pl* **-stände** [ʃtɛndə]) **der** niveau *m* d'eau.
wasserundurchlässig [vasɐ|ʊndʊrçlɛsɪç] **adj** imperméable.
Wasserversorgung ['vasɐfɛɐ̯zɔrgʊŋ] **die** alimentation *f* en eau.
Wasserwerk ['vasɐvɛrk] (*pl* **-e**) **das** station *f* hydraulique.
Watt¹ [vat] (*pl* **-en**) **das** [Küstengebiet] lais *m*, laisse *f*.
Watt² [vat] (*pl inv*) **das** [Maßeinheit] watt *m*.
Watte ['vatə] **die** ouate *f*.
Wattenmeer ['vatn̩meːɐ̯] (*pl* **-e** [meːrə]) **das** lais *m*, laisse *f*.

ⓘ **Wattenmeer**

Nom donné aux paysages allemands de la mer du Nord, entre le littoral et les îles. De nombreux visiteurs profitent de la marée basse pour faire de longues promenades dans le Watt.

Wattestäbchen ['vatəʃtɛːpçən] (*pl inv*) **das** Coton-Tige® *m*.
wattiert [va'tiːɐ̯t] **adj** ouaté(e).
WC [veː'tseː] (*pl* **-s**) **das** W.-C. *mpl*.

WC-Reiniger [veːˈtseːrainigɐ] (*pl inv*) **der** détergent *m* pour W.-C.

Web [vɛp] **das** web *m*.

Webcam [ˈvɛpkam] (*pl* -s) **die** webcam *f*.

Webcasting [ˈvɛbkaːstɪŋ] **das** webcasting *m*.

weben [ˈveːbn̩] (*prät* **webte** ODER **wob**, *pp* **gewebt** ODER **gewoben**) **vt** [Teppich, Stoff] tisser.

Weblink [ˈvɛplɪŋk] (*pl* -s) **der** lien *m* *(informatique)*.

Weblog [ˈvɛplɔk] (*pl* -s) **der** ODER **das** blog *m*.

Webmail [ˈvɛbmeːl] **die** webmail *m*.

Webmaster [ˈvɛpmaːstɐ] (*pl inv*) **der** webmaster *m*, webmestre *m*.

Webseite [ˈvɛpzaitə] (*pl* -n) **die** EDV page *f* web.

Webshop [ˈvɛpʃɔp] (*pl* -s) **der** boutique *f* en ligne.

Wechsel [ˈvɛksl̩] (*pl inv*) **der 1.** [Austausch, Änderung] changement *m* **2.** [von Devisen] change *m*.

Wechselbad [ˈvɛkslbaːt] (*pl* -bäder [bɛːdɐ]) **das** [in Wasser] bains alternés.

Wechselgeld [ˈvɛkslgɛlt] **das** monnaie *f*.

wechselhaft [ˈvɛkslhaft] **adj** changeant(e).

Wechseljahre [ˈvɛkslјaːrə] **pl** ménopause *f*.

Wechselkurs [ˈvɛkslkurs] (*pl* -e [kurzə]) **der** taux *m* de change.

wechseln [ˈvɛksln̩] ◆ **vt** [Toner, Arzt, Wohnort, Devisen] changer. ◆ **vi** [sich ändern] changer ▸ **Euro in Dollar wechseln** changer des euros en dollars ▸ **zehn Euro wechseln** faire la monnaie de dix euros.

Wechselrahmen [ˈvɛkslraːmən] (*pl inv*) **der** passe-partout *m inv*.

Wechselstrom [ˈvɛkslʃtroːm] **der** courant alternatif ▸ **Wechselstrom-Netzkabel** cordon *m* d'alimentation secteur.

Wechselstube [ˈvɛkslʃtuːbə] (*pl* -n) **die** bureau *m* de change.

Weckdienst [ˈvɛkdiːnst] (*pl* -e) **der** réveil *m* par téléphone.

wecken [ˈvɛkn̩] **vt** [Person, Tier] réveiller.

Wecker [ˈvɛkɐ] (*pl inv*) **der** réveil *m*.

weder [ˈveːdɐ] **konj** : **weder ... noch** ni… ni.

weg [vɛk] **adv** [fort] parti(e) ▸ **weit weg** éloigné ▸ **nichts wie weg!** partons vite !

Weg [veːk] (*pl* -e [ˈveːgə]) **der 1.** [Pfad, Strecke] chemin *m* **2.** [Methode] voie *f* ▸ **der Weg nach** la route pour ▸ **dem ausgeschilderten Weg folgen** suivre le chemin indiqué ▸ **jm im Weg sein** barrer le chemin à qqn ▸ **'dieser Weg wird nicht gestreut'** 'ce chemin n'est pas sablé'.

weg◦bringen [ˈvɛkbrɪŋən] **vt** *(unreg)* enlever.

wegen [ˈveːgn̩] **präp** *(+ G)* à cause de.

weg◦fahren [ˈvɛkfaːrən] ◆ **vi** *(unreg, ist)* partir. ◆ **vt** *(unreg, hat)* emmener.

weg◦gehen [ˈvɛkgeːən] **vi** *(unreg, ist)* partir.

weg◦kommen [ˈvɛkkɔmən] **vi** *(unreg, ist)* **1.** *fam* [fortgehen können] pouvoir s'en aller **2.** *fam* [verschwinden] disparaître.

weg◦lassen [ˈvɛklasn̩] **vt** *(unreg)* **1.** *fam* [Textstelle] laisser tomber **2.** *fam* [Gäste] laisser partir.

weg◦laufen [ˈvɛklaufn̩] **vi** *(unreg, ist)* se sauver.

weg◦legen [ˈvɛkleːgn̩] **vt** mettre de côté.

weg◦machen ['vɛkmaxn̩] **vt** *fam* faire partir.

weg◦müssen ['vɛkmysn̩] **vi** *(unreg) fam* devoir partir.

weg◦nehmen ['vɛkneːmən] **vt** *(unreg)* enlever.

weg◦räumen ['vɛkrɔymən] **vt** débarrasser.

weg◦schicken ['vɛkʃɪkn̩] **vt 1.** [Brief, Paket] envoyer **2.** [Person] renvoyer.

weg◦sehen ['vɛkzeːən] **vi** *(unreg)* [nicht hinsehen] détourner le regard.

weg◦tun ['vɛktuːn] **vt** *(unreg) fam* **1.** [weglegen] enlever **2.** [wegwerfen] jeter.

Wegweiser ['veːkvaizɐ] *(pl inv)* **der** panneau indicateur.

weg◦werfen ['vɛkvɛrfn̩] **vt** *(unreg)* jeter.

weg◦wischen ['vɛkvɪʃn̩] **vt** essuyer.

Wehe ['veːə] *(pl -n)* **die** contractions *fpl*.

wehen ['veːən] **vi** [Wind] souffler.

Wehrdienst ['veːɐ̯diːnst] **der** service *m* militaire.

wehren ['veːrən] ◆ **sich wehren ref** se défendre.

weh◦tun ['veːtuːn] **vi** *(unreg)* : **mein Fuß tut mir weh** j'ai mal au pied ▸ **aua, du tust mir weh** aïe, tu me fais mal.

weiblich ['vaiplɪç] **adj** féminin(e).

weich [vaiç] ◆ **adj 1.** [nicht hart] mou (molle) **2.** [sanft] doux (douce). ◆ **adv** confortablement.

weich gekocht ['vaiçgəkɔxt] **adj 1.** [Ei] à la coque **2.** [Gemüse] cuit(e).

Weichkäse ['vaiçkɛːzə] **der** fromage *m* à pâte molle.

Weichspüler ['vaiçʃpyːlɐ] *(pl inv)* **der** adoucissant *m*.

Weide ['vaidə] *(pl -n)* **die** [mit Gras] pâturage *m*.

weigern ['vaigɐn] ◆ **sich weigern ref** refuser de.

Weigerung ['vaigəruŋ] *(pl -en)* **die** refus *m*.

Weihnachten ['vainaxtn̩] *(pl inv)* **nt** Noël *m* ▸ **fröhliche Weihnachten!** Joyeux Noël !

> ⓘ **Weihnachten**
>
> En Allemagne, Noël est une importante fête familiale. Le 24 décembre au soir, lors du Heiligabend (littéralement, « soir saint »), on se retrouve devant le sapin pour s'échanger les cadeaux. Le grand repas de famille a lieu le lendemain. Les 25 et 26 décembre sont des jours fériés.

Weihnachtsabend ['vainaxts'laːbn̩t] *(pl -e [aːbn̩də])* **der** réveillon *m* de Noël.

Weihnachtsbaum ['vainaxtsbaum] *(pl -bäume [bɔymə])* **der** sapin *m* de Noël.

Weihnachtsferien ['vainaxtsfeːri̯ən] **pl** vacances *fpl* de Noël.

Weihnachtsgeschenk ['vainaxtsgəʃɛŋk] *(pl -e)* **das** cadeau *m* de Noël.

Weihnachtslied ['vainaxtsliːt] *(pl -er [liːdɐ])* **das** chant *m* de Noël.

Weihnachtsmann ['vainaxtsman] *(pl -männer [mɛnɐ])* **der** père *m* Noël.

Weihnachtsmarkt ['vainaxtsmarkt] *(pl -märkte [mɛrktə])* **der** marché *m* de Noël.

> ⓘ **Weihnachtsmarkt**
>
> Les marchés de Noël allemands proposent des décorations, des cadeaux et de nombreuses spécialités culinaires : pains d'épice (Lebkuchen), →

oie fourrée aux pommes, galettes de pommes de terre (Reibekuchen), vin chaud (Glühwein), etc.

Weihnachtstag ['vainaxtsta:k] (*pl* **-e** [ta:gə]) **der** jour *m* de Noël ▸ **erster / zweiter Weihnachtstag** jour / lendemain de Noël.

Weihnachtszeit ['vainaxtstsait] **die** période *f* de Noël.

weil [vail] **konj** parce que.

Wein [vain] (*pl* **-e**) **der 1.** [Getränk] vin *m* **2.** [Pflanze] vigne *f*.

ⓘ Wein

Les Allemands sont de grands amateurs de vins blancs, réputés pour leur goût léger et fruité. Parmi les plus connus, citons Mosel-Saar-Ruwer, Sachsen, Franken, Baden et Pfalz, mais on déguste également du Sekt (vin mousseux) à la Saint-Sylvestre ou du Federweißer, un jeune vin doux.

Weinberg ['vainbɛrk] (*pl* **-e** [bɛrgə]) **der** vignoble *m*.

Weinbergschnecke ['vainbɛrkʃnɛkə] (*pl* **-n**) **die** escargots *mpl* de Bourgogne.

Weinbrand ['vainbrant] (*pl* **-brände** [brɛndə]) **der** eau-de-vie *f*.

weinen ['vainən] **vi** pleurer.

Weinflasche ['vainflaʃə] (*pl* **-n**) **die** bouteille *f* de vin.

Weinglas ['vaingla:s] (*pl* **-gläser** [glɛzɐ]) **das** verre *m* à vin.

Weinkarte ['vainkartə] (*pl* **-n**) **die** carte *f* des vins.

Weinkeller ['vainkɛlɐ] (*pl inv*) **der** cave *f* à vin.

Weinlese ['vainle:zə] (*pl* **-n**) **die** vendanges *fpl*.

Weinprobe ['vainpro:bə] (*pl* **-n**) **die** dégustation *f* de vins.

Weinstube ['vainʃtu:bə] (*pl* **-n**) **die** bar *m* à vin.

Weintraube ['vaintraubə] (*pl* **-n**) **die** raisin *m*.

Weise ['vaizə] (*pl* **-n**) **die** [Art] manière *f*, façon *f*.

weisen ['vaizn̩] (*prät* **wies**, *pp* **gewiesen**) **vt & vi** indiquer.

Weisheit ['vaishait] **die** sagesse *f*.

weiß [vais] ◆ **präs** → **wissen.** ◆ **adj** blanc (blanche).

Weiß [vais] **das** blanc *m*.

Weißbier ['vaisbi:ɐ] (*pl* **-e**) **das** *bière blanche faite de froment*.

Weißbrot ['vaisbro:t] (*pl* **-e**) **das** pain blanc.

Weiße[1] ['vaisə] (*pl* **-n**) **der, die** [Mensch] Blanc *m*, Blanche *f*.

Weiße[2] ['vaisə] (*pl inv*) **die** *fam* [Weißbier] bière blanche ▸ **Berliner Weiße** *bière blanche additionnée de sirop de framboise*.

Weißkohl ['vaisko:l] **der** chou blanc.

Weißrussland ['vaisrʊslant] **nt** Biélorussie *f*.

Weißwein ['vaisvain] (*pl* **-e**) **der** vin blanc.

Weißwurst ['vaisvʊrst] (*pl* **-würste** [vyrstə]) **die** *saucisse blanche à base de viande de veau hâchée*.

weit [vait] ◆ **adj 1.** [Strecke, Reise, Fläche] long (longue) **2.** [Kleidung] large. ◆ **adv 1.** [wesentlich] beaucoup **2.** [gehen, fahren] loin **3.** [fallen, geschnitten] largement ▸ **bei Weitem** de loin ▸ **von Weitem** de loin ▸ **weit weg** très loin ▸ **wie weit ist es bis ...?** à quelle distance se trouve ... ? ▸ **so weit sein** *fam* être prêt ▸ **zu weit gehen** aller trop loin ▸ **3 Kilometer weit** de 3 kilomètres.

weiter ['vaitɐ] **adv 1.** [fortgesetzt] plus loin **2.** [sonst] d'autre ▸ **immer weiter** toujours plus (loin) ▸ **nicht weiter a)** [nicht weiter fort] pas plus loin **b)** [nicht besonders] pas particulièrement ▸ **nichts weiter** rien de plus ▸ **und so weiter** et cetera.

weiter◦arbeiten ['vaitɐlarbaitn̩] **vi** continuer à travailler.

weitere ['vaitərə] **adj** d'autres ▸ **ohne Weiteres** sans problèmes.

weiter◦empfehlen ['vaitɐlɛmpfeːlən] **vt** *(unreg)* recommander.

weiter◦fahren ['vaitɐfaːrən] **vi** *(unreg, ist)* continuer.

Weiterfahrt ['vaitɐfaːɐ̯t] **die** poursuite *f* du voyage.

weiter◦geben ['vaitɐgeːbn̩] **vt** *(unreg)* **1.** [Zettel] remettre **2.** [Information] transmettre.

weiter◦gehen ['vaitɐgeːən] **vi** *(unreg, ist)* continuer.

weiter◦helfen ['vaitɐhɛlfn̩] **vi** *(unreg, + D)* aider.

weiterleiten ['vaitɐlaitn̩] **vt** faire suivre.

weiter◦machen ['vaitɐmaxn̩] **vi** continuer.

weitsichtig ['vaitzɪçtɪç] **adj** presbyte.

Weitsprung ['vaitʃprʊŋ] **der** saut *m* en longueur.

Weitwinkelobjektiv ['vaitvɪŋkl|ɔpjɛktiːf] **(pl -e** [tiːvə]**) das** grand angle.

Weizen ['vaitsn̩] **der** blé *m*, froment *m*.

Weizenbier ['vaitsn̩biːɐ̯] **(pl -e) das** *bière blonde faite à partir de froment.*

welche, r, s ['vɛlçə] ◆ **det** [zur Einleitung einer Frage] quel (quelle), quels (quelles). ◆ **pron 1.** [Relativpronomen] qui, que **2.** [Interrogativpronomen] lequel (laquelle), lesquels (lesquelles) ▸ **hast du welche?** est-ce que tu en as ?

welk [vɛlk] **adj** fané(e).

Welle ['vɛlə] **(pl -n) die 1.** [im Wasser] vague *f* **2.** [im Rundfunk] onde *f*.

Wellenbad ['vɛlənbaːt] **(pl -bäder** [bɛːdɐ]**) das** bassin *m* à vagues.

Wellengang ['vɛləngaŋ] **der** : **hoher Wellengang** forte houle.

Wellenreiten ['vɛlənraitn̩] **das** surf *m*.

wellig ['vɛlɪç] **adj** ondulé(e).

Wellness ['vɛlnɛs] **die** ***(ohne pl)*** bien-être *m*.

Wellnessbereich ['vɛlnɛsbəraiç] **(pl -e) der** espace *m* bien-être.

Wellnesscenter ['vɛlnɛssɛntɐ] **(pl Wellnesscenter) das** centre *m* de bien-être.

Wellnesshotel ['vɛlnɛshotɛl] **(pl -s) das** hôtel *m* dédié au bien-être.

Welt [vɛlt] **(pl -en) die** monde *m* ▸ **auf der Welt** au monde.

Weltall ['vɛlt|al] **das** univers *m*.

weltberühmt ['vɛltbəryːmt] **adj** mondialement connu(e).

Weltkrieg ['vɛltkriːk] **(pl -e** [kriːgə]**) der** guerre mondiale ▸ **der Erste / Zweite Weltkrieg** la Première / Seconde Guerre mondiale.

Weltmeister, in ['vɛltmaistɐ, stərɪn] ***(mpl inv)*** **der, die** champion *m*, -onne *f* du monde.

Weltmeisterschaft ['vɛltmaistɐʃaft] **(pl -en) die** championnat *m* du monde.

Weltreise ['vɛltraizə] **(pl -n) die** tour *m* du monde.

Weltrekord ['vɛltrekɔrt] **(pl -e** [kɔrdə]**) der** record *m* du monde.

Weltstadt ['vɛltʃtat] (*pl* -städte ['vɛlt-ʃtɛtə]) **die** métropole *f*.

weltweit ['vɛltvait] ◆ **adj** mondial(e). ◆ **adv** mondialement.

wem [veːm] **pron** à qui.

wen [veːn] **pron** qui.

Wendefläche ['vɛndəflɛçə] (*pl* -n) **die** espace *m* pour faire demi-tour.

Wendekreis ['vɛndəkrais] (*pl* -e [kraizə]) **der** [von Fahrzeug] rayon *m* de braquage.

Wendemöglichkeit ['vɛndəmøːklıçkait] (*pl* -en) **die** possibilité *f* de faire demi-tour ▸ **'keine Wendemöglichkeit'** impossible de faire demi-tour.

wenden[1] ['vɛndn̩] ◆ **vt 1.** [Auto] tourner **2.** [Pfannkuchen] faire sauter. ◆ **vi** [Fahrer] tourner.

wenden[2] ['vɛndn̩] (*prät* **wandte**, *pp* **gewandt**) ◆ **sich wenden ref** se tourner ▸ **sich wenden an** *(+ A)* [sich richten] s'adresser à.

wenig ['veːnıç] ◆ **det** peu de. ◆ **pron** un peu. ◆ **adv** pas beaucoup. ◆ **ein wenig** ◆ **det** un peu de. ◆ **pron & adv** un peu ▸ **ein wenig später** un peu plus tard. ◆ **zu wenig det & adv** trop peu.

weniger ['veːnıgɐ] **adv** [minus] moins.

wenigstens [veːnıçstn̩s] **adv 1.** [minimal] au moins **2.** [zumindest] du moins.

wenn [vɛn] **konj 1.** [zeitlich] quand **2.** [falls] si.

wer [veːɐ̯] **pron 1.** [Interrogativpronomen] qui **2.** [Relativpronomen] celui qui (celle qui).

Werbebanner ['vɛrbəbanɐ] (*mpl inv*) **das** bannière *f* publicitaire.

Werbeblock ['vɛrbəblɔk] (*pl* -blöcke) **der** [im Fernsehen] page *f* de publicité.

Werbefernsehen ['vɛrbəfɛrnzeːən] **das** publicité *f* à la télévision.

Werbegeschenk ['vɛrbəgəʃɛŋk] (*pl* -e) **das** cadeau *m* publicitaire.

werben ['vɛrbn̩] (*präs* **wirbt**, *prät* **warb**, *pp* **geworben**) ◆ **vi** [Firma, Produzent] faire de la publicité. ◆ **vt** [Kunden, Mitglieder] recruter.

Werbung ['vɛrbʊŋ] **die** [in Zeitung, Fernsehen] publicité *f*.

werden [vɛrdn̩] (*präs* **wird**, *prät* **wurde**, *pp* **geworden** ODER **worden**) ◆ **aux** *(ist)* **1.** [im Futur] : **sie wird gleich kommen** elle va bientôt arriver ▸ **er wird nicht rauchen** il ne fumera pas ▸ **du wirst das schon gesehen haben** tu auras certainement déjà vu ça **2.** [im Konjunktiv] : **würden Sie bitte mitkommen?** pourriez-vous venir avec moi ? ▸ **ich würde gern** je voudrais bien ▸ **ich würde lieber noch bleiben** je préférerais rester **3.** *(mit pp* **worden***)* [im Passiv] : **der Wagen wird repariert** la voiture est en réparation ▸ **er ist gesehen worden** il a été vu ▸ **jetzt wird gearbeitet!** maintenant, au travail ! ▸ **es wird schon wieder werden** *fam* ça va aller mieux **4.** [Ausdruck der Möglichkeit] devoir être ▸ **so wird es wohl gewesen sein** cela a dû être ainsi ▸ **es klingelt, das wird der Briefträger sein** on sonne, cela doit être le facteur
◆ **vi** (*pp* **ist geworden**) devenir ▸ **er wird 25** il va avoir 25 ans ▸ **die Milch ist schlecht geworden** le lait a tourné ▸ **jm wird schlecht** qqn se sent mal ▸ **daraus wird nichts** ça ne donnera rien
◆ **vimp** (*pp* **ist geworden**) : **es wird langsam spät** il se fait tard ▸ **es wird bald Sommer** c'est bientôt l'été ▸ **es wird hell** le jour se lève ▸ **es wird heiß** il

commence à faire chaud ▸ **wird's bald!** *fam* et que ça saute !

werfen ['vɛrfn̩] (*präs* wirft, *prät* warf, *pp* geworfen) ◆ **vt** [Ball, Stein] lancer. ◆ **vi** : **mit Steinen nach jm werfen** jeter des pierres sur qqn.

Werft [vɛrft] (*pl* -en) **die** chantier naval.

Werk [vɛrk] (*pl* -e) **das** 1. [Arbeit] œuvre *f* 2. [Fabrik] usine *f*.

Werkstatt ['vɛrkʃtat] (*pl* -stätten [ʃtɛtn̩]) **die** atelier *m*.

Werktag ['vɛrktaːk] (*pl* -e [taːgə]) **der** jour *m* ouvrable, jour *m* ouvré.

werktags ['vɛrktaːks] **adv** les jours ouvrables.

Werkzeug ['vɛrktsɔyk] (*pl* -e [tsɔygə]) **das** outil *m*.

Werkzeugkasten ['vɛrktsɔykkastn̩] (*pl* -kästen [kɛstn̩]) **der** boîte *f* à outils.

Wermut ['veːɐ̯muːt] (*pl* -s) **der** [Getränke] vermouth *m*.

wert [veːɐ̯t] **adj** : **wert sein** valoir.

Wert [veːɐ̯t] (*pl* -e) **der** valeur *f* ▸ **im Wert steigen / fallen** prendre / perdre de la valeur.

Wertangabe ['veːɐ̯tangaːbə] (*pl* -n) **die** valeur déclarée ▸ **Sendung mit Wertangabe** envoi *m* en valeur déclarée.

Wertbrief ['veːɐ̯tbriːf] (*pl* -e) **der** 1. WIRTSCH titre *m* 2. [Post] lettre *f* en valeur déclarée.

Wertgegenstand ['veːɐ̯tgeːgn̩ʃtant] (*pl* -gegenstände [ʃtɛndə]) **der** objet *m* de valeur.

wertlos ['veːɐ̯tloːs] **adj** [finanziell] sans valeur.

Wertmarke ['veːɐ̯tmarkə] (*pl* -n) **die** bon *m*.

Wertpapier ['veːɐ̯tpapiːɐ̯] (*pl* -e) **das** titre *m*.

Wertsachen ['veːɐ̯tzaxn̩] **pl** objets *mpl* de valeur ▸ **'bitte achten Sie auf Ihre Wertsachen!'** attention à vos objets de valeur !

wertvoll ['veːɐ̯tfɔl] **adj** 1. [finanziell] de valeur 2. [Hinweis, Erkenntnis] précieux(euse).

Wertzeichen ['veːɐ̯ttsaiçn] (*pl inv*) **das** timbre-poste *m*.

Wesen ['veːzn̩] (*pl inv*) **das** 1. [Charakter] nature *f* 2. [Lebewesen] créature *f*.

wesentlich ['veːzn̩tlıç] ◆ **adj** essentiel(elle). ◆ **adv** beaucoup.

weshalb [vɛs'halp] **adv** [als Frage] pourquoi.

Wespe ['vɛspə] (*pl* -n) **die** guêpe *f*.

wessen ['vɛsn̩] **pron** de qui.

West [vɛst] **der** Ouest *m*.

Westdeutschland ['vɛstdɔytʃlant] **das** 1. [westlicher Teil] ouest *m* de l'Allemagne 2. [frühere BRD] Allemagne *f* de l'Ouest.

Weste ['vɛstə] (*pl* -n) **die** gilet *m*.

⚠ Veste ist ein falscher Freund. Das Wort bedeutet nicht "Weste", sondern ***Jacke***.

Westen ['vɛstn̩] **der** 1. [Gegend, politisch] Ouest *m* 2. [Richtung] ouest *m* ▸ **im Westen** à l'Ouest ▸ **nach Westen** vers l'ouest.

Westeuropa ['vɛstlɔyroːpa] **nt** Europe occidentale.

Westküste ['vɛstkystə] (*pl* -n) **die** côte occidentale.

westlich ['vɛstlıç] ◆ **adj** occidental(e). ◆ **präp** : **westlich von** à l'ouest de.

weswegen [vεs've:gn̩] adv [als Frage] pourquoi.

Wettbewerb ['vεtbəvεrp] (*pl* -e [vεrbə]) der [Veranstaltung] concours *m*.

Wettbüro ['vεtby:ro] (*pl* -s) das ≃ PMU® *m*.

Wette ['vεtə] (*pl* -n) die pari *m*.

wetten ['vεtn̩] vi & vt parier ▸ **um etw wetten** parier qqch.

Wetter ['vεtɐ] das temps *m* ▸ **bei gutem / schlechtem Wetter** par beau / mauvais temps.

Wetteraussichten ['vεtɐausziçtn̩] pl prévisions *fpl* météorologiques.

Wetterbericht ['vεtɐbərıçt] (*pl* -e) der bulletin *m* météorologique.

wetterfest ['vεtɐfεst] adj résistant(e) aux intempéries.

Wetterkarte ['vεtɐkartə] (*pl* -n) die carte *f* météorologique.

Wetterlage ['vεtɐla:gə] (*pl* -n) die situation *f* météorologique.

Wettervorhersage ['vεtɐfo:ɐ̯he:ɐ̯za:gə] (*pl* -n) die prévisions *fpl* météorologiques.

Wettkampf ['vεtkampf] (*pl* -kämpfe [kεmpfə]) der compétition *f*.

Wettlauf ['vεtlauf] (*pl* -läufe [lɔyfə]) der course *f*.

Wettrennen ['vεtrεnən] (*pl inv*) das course *f*.

WG [ve:'ge:] (*pl* -s) die = **Wohngemeinschaft**.

Whg. (*abk für* Wohnung) appt. (*appartement*).

Whirlpool® ['vø:ɐ̯lpu:l] der Jacuzzi® *m*.

Whiskey ['vıski] (*pl* -s) der whisky *m*.

Whiteboard ['vaitbo:ɐ̯t] (*pl* -s) das tableau *m* blanc ▸ **interaktives Whiteboard** tableau blanc interactif.

wichtig ['vıçtıç] adj & adv important(e).

Wickelbluse ['vıkl̩blu:zə] die cache-cœur *m*.

wickeln ['vıkl̩n] vt **1.** [Schnur, Papier] enrouler **2.** [Baby] langer.

Wickelraum ['vıkl̩raum] (*pl* -räume [rɔymə]) der nurserie *f*.

Widder ['vıdɐ] der [Sternzeichen] Bélier *m*.

widerlich ['vi:dɐlıç] adj répugnant(e).

widerrechtlich ['vi:dɐrε:çtlıç] ◆ adj illégal(e). ◆ adv : '**widerrechtlich abgestellte Fahrzeuge**' véhicules en stationnement illicite.

Widerruf ['vi:dɐru:f] (*pl* -e) der rétractation *f*.

widerrufen [vi:dɐ'ru:fn̩] (*prät* **widerrief**, *pp* **widerrufen**) vt [Aussage] se rétracter.

widersprechen [vi:dɐ'ʃprεçn̩] (*präs* **widerspricht**, *prät* **widersprach**, *pp* **widersprochen**) vi *(+ D)* contredire ▸ **sich** *(+ D)* **widersprechen** se contredire.

Widerspruch ['vi:dɐʃprux] (*pl* -**sprüche** [ʃpryçə]) der **1.** [in Text, Aussage] contradiction *f* **2.** [Protest] contestation *f*.

Widerstand ['vi:dɐʃtant] (*pl* -**stände** [ʃtεndə]) der [Abwehr] résistance *f*.

widerstandsfähig ['vi:dɐʃtantsfε:ıç] adj résistant(e).

Widmung ['vıtmʊŋ] (*pl* -en) die dédicace *f*.

wie [vi:] ◆ adv **1.** [als Frage] comment ▸ **wie macht man das?** comment fait-on cela ? ▸ **wie heißen Sie?** comment vous appelez-vous ? ▸ **wie geht es dir?** comment vas-tu ? ▸ **wie bitte?** comment ? **2.** [mit Adjektiv] : **wie groß bist du?** quelle taille fais-tu ? ▸ **wie warm das heute wieder ist!** comme il fait chaud aujourd'hui encore ! ▸ **wie spät ist es?** quelle heure est-il ? ▸ **wie teuer sind die Schuhe?** combien coûtent les chaussures ? ▸ **wie weit ist es noch?** à quelle distance est-ce encore ? **3.** [mit Adverb] : **wie lange dauert das denn?** combien de temps cela dure-t-il ? ▸ **wie oft?** combien de fois ? ◆ **konj** [zum Vergleich, zur Maßangabe, Qualitätsangabe] comme ▸ **sie raucht wie ein Schlot** elle fume comme un pompier ▸ **so groß wie ich** aussi grand que moi ▸ **du kannst so viel essen wie du willst** tu peux manger autant que tu veux ▸ **freut er sich? — und wie!** est-il content ? — et comment !

wieder ['viːdɐ] **adv 1.** [noch einmal, wie vorher] de nouveau **2.** [Ausdruck von Ärger] encore ▸ **immer wieder** toujours ▸ **nie wieder** plus jamais.

wieder◦bekommen ['viːdɐbəkɔmən] **vt** *(unreg)* récupérer.

wieder einbürgern ['viːdɐ'ʔainbyrgɐn] **vt** renaturaliser.

wieder◦erkennen ['viːdɐɛɐ̯kɛnən] **vt** *(unreg)* reconnaître.

wieder◦finden ['viːdɐfɪndn̩] **vt** *(unreg)* retrouver.

wieder◦geben ['viːdɐgeːbn̩] **vt** *(unreg)* [zurückgeben] rendre.

wiederholen [viːdɐ'hoːlən] **vt 1.** [noch einmal] répéter **2.** [lernen] réviser **3.** [Klasse] redoubler. ◆ **sich wiederholen ref 1.** [Person] se répéter **2.** [Ereignis] se reproduire ▸ **wiederholen Sie bitte!** veuillez répéter, s'il vous plaît.

Wiederholung [viːdɐ'hoːlʊŋ] (*pl* **-en**) **die 1.** [von Lernstoff] révision *f* **2.** [von Satz, Test] répétition *f* **3.** [von Klasse] redoublement *m.*

Wiederhören ['viːdɐhøːrən] **das** : **auf Wiederhören!** au revoir !

wieder◦kommen ['viːdɐkɔmən] **vi** *(unreg, ist)* revenir.

Wiedersehen ['viːdɐzeːən] (*pl inv*) **das** retrouvailles *fpl* ▸ **auf Wiedersehen!** au revoir !

wieder treffen ['viːdɐ'trɛfn̩] **vt** *(unreg)* retrouver.

Wiedervereinigung ['viːdɐfɛɐ̯ʔainɪgʊŋ] (*pl* **-en**) **die** réunification *f.*

Wiederverwendung ['viːdɐfɛɐ̯vɛndʊŋ] **die** réutilisation *f.*

wiegen ['viːgn̩] (*prät* **wog**, *pp* **gewogen**) **vi** peser. ◆ **sich wiegen ref** [auf Waage] se peser.

Wien [viːn] **nt** Vienne.

Wiener Schnitzel ['viːnɐ'ʃnɪt͡sl̩] (*pl inv*) **das** escalope viennoise.

wies [viːs] **prät** → **weisen.**

Wiese ['viːzə] (*pl* **-n**) **die** prairie *f.*

wieso [viː'zoː] **pron** pourquoi.

wie viel [viː'fiːl] **pron** combien ▸ **wie viel Uhr ist es?** quelle heure est-il ?

wievielt ['viːfiːlt] **adj** : **das wievielte Glas ist das?** c'est ton combientième verre ? ▸ **der Wievielte ist heute?** le combien sommes-nous aujourd'hui ?

Wi-Fi-Netz ['vai̯fai̯nɛt͡s] (*pl* **-e**) **das** réseau *m* Wi-fi.

wild [vɪlt] ◆ **adj 1.** sauvage **2.** [heftig] violent(e). ◆ **adv 1.** [unkultiviert] à l'état sauvage **2.** [heftig] de façon effrénée ▸ **wild campen** faire du camping sauvage.

Wild [vɪlt] **das** gibier *m.*

Wildbret ['vɪltbrɛt] **das** gibier *m.*

Wildleder ['vɪltleːdɐ] **das** daim *m*.

Wildpark ['vɪltpark] (*pl* -s) **der** parc *m* à gibier.

Wildschwein ['vɪltʃvain] (*pl* -e) **das** sanglier *m*.

Wildwasser ['vɪltvasɐ] (*pl inv*) **das** torrent *m*.

will [vɪl] **präs** → **wollen**.

Willen ['vɪlən] **der** volonté *f*.

willkommen [vɪl'kɔmən] **adj** bienvenu(e) ▸ **herzlich willkommen!** soyez les bienvenus !

Willkommen [vɪl'kɔmən] **das** bienvenue *f*.

Wimper ['vɪmpɐ] (*pl* -n) **die** cil *m*.

Wimperntusche ['vɪmpɐntʊʃə] (*pl* -n) **die** mascara *m*.

Wind [vɪnt] (*pl* -e) **der** vent *m* ▸ **starker /schwacher Wind** vent fort /faible ▸ **böiger Wind** rafale *f*.

Windbeutel ['vɪntbɔytl] (*pl inv*) **der** chou *m* (à la crème).

Windel ['vɪndl] (*pl* -n) **die** couche *f*.

winden ['vɪndn] (*prät* **wand**, *pp* **gewunden**) ◆ **sich winden ref** [Weg, Linie] serpenter.

Windenergie ['vɪntˌenɛrgiː] **die** *(ohne pl)* énergie *f* éolienne.

windgeschützt ['vɪntgəʃytst] **adj** à l'abri du vent, abrité(e).

windig ['vɪndɪç] **adj** [Tag, Wetter] venteux(euse) ▸ **es ist windig** il y a du vent.

Windjacke ['vɪntjakə] (*pl* -n) **die** coupe-vent *m inv*.

Windkraftanlage ['vɪntkraftˌanlaːgə] (*pl* -n) **die** centrale *f* éolienne.

Windmühle ['vɪntmyːlə] (*pl* -n) **die** moulin *m* à vent.

Windpark ['vɪntpark] (*pl* -s) **der** parc *m* éolien.

Windpocken ['vɪntpɔkn] **pl** varicelle *f*.

Windrad ['vɪntraːt] (*pl* **-räder**) **das** TECH éolienne *f*.

Windrichtung ['vɪntrɪçtʊŋ] (*pl* -en) **die** direction *f* du vent.

Windschutzscheibe ['vɪntʃʊtsʃaibə] (*pl* -n) **die** pare-brise *m inv*.

Windstärke ['vɪntʃtɛrkə] (*pl* -n [ʃtɛrkn]) **die** force *f* du vent.

windstill ['vɪntʃtɪl] **adj** calme.

Windsurfen ['vɪntsøːɐfn] **das** planche *f* à voile.

Winkel ['vɪŋkl] (*pl inv*) **der** **1.** [von Linien] angle *m* **2.** [Platz] coin *m*.

winken ['vɪŋkn] (*pp* **gewinkt** ODER **gewunken**) **vi** *(+ D)* faire un signe de la main.

Winter ['vɪntɐ] (*pl inv*) **der** hiver *m* ▸ **im Winter** en hiver.

Winterausrüstung ['vɪntɐlausrystʊŋ] (*pl* -en) **die** équipement *m* d'hiver.

Winterfahrplan ['vɪntɐfaːɐplaːn] (*pl* **-fahrpläne** [plɛːnə]) **der** horaires *mpl* d'hiver.

Wintermantel ['vɪntɐmantl] (*pl* **-mäntel** [mɛntl]) **der** manteau *m* d'hiver.

Winterreifen ['vɪntɐraifn] (*pl inv*) **der** pneu *m* neige.

Wintersport ['vɪntɐʃpɔrt] **der** sport *m* d'hiver.

Winzer, in ['vɪntsɐ, tsərɪn] (*mpl inv*) **der, die** vigneron *m*, -onne *f*.

winzig ['vɪntsɪç] **adj** minuscule.

wir ['viːɐ] **pron** nous.

Wirbel ['vɪrbl̩] (*pl inv*) **der 1.** [Knochen] vertèbre *f* **2.** [in Wasser] tourbillon *m*.

Wirbelsäule ['vɪrbl̩zɔylə] (*pl* -n) **die** colonne vertébrale.

wirbt [vɪrpt] **präs** → **werben**.

wird [vɪrt] **präs** → **werden**.

wirft [vɪrft] **präs** → **werfen**.

wirken ['vɪrkn̩] **vi 1.** [erscheinen] avoir l'air **2.** [Mittel] faire de l'effet ▸ **wirken gegen** agir contre.

wirklich ['vɪrklɪç] ◆ **adj** réel(elle). ◆ **adv 1.** [real] réellement **2.** [tatsächlich] vraiment.

Wirklichkeit ['vɪrklɪçkait] (*pl* -en) **die** réalité *f*.

wirksam ['vɪrkza:m] **adj** efficace.

Wirkstoff ['vɪrkʃtɔf] (*pl* -e) **der** agent *m*.

Wirkung ['vɪrkʊŋ] (*pl* -en) **die** effet *m*.

Wirsing ['vɪrzɪŋ] **der** chou frisé.

Wirt, in [vɪrt, tɪn] (*mpl* -e) **der, die** [Gastwirt] patron *m*, -onne *f*.

Wirtschaft ['vɪrtʃaft] (*pl* -en) **die 1.** [Ökonomie] économie *f* **2.** [Lokal] restaurant *m*.

wirtschaftlich ['vɪrtʃaftlɪç] **adj** [ökonomisch] économique.

Wirtschaftsflüchtling ['vɪrtʃaftsflyçtlɪŋ] (*pl* -e) **der** réfugié *m*, -e *f* économique.

Wirtschaftspolitik ['vɪrtʃaftspoliti:k] **die** politique *f* économique.

Wirtshaus ['vɪrtshaus] (*pl* -häuser [hɔyzɐ]) **das** auberge *f*.

Wirtsleute ['vɪrtslɔytə] **pl** [von Lokal] patrons *mpl (d'un restaurant)*.

Wirtsstube ['vɪrtsʃtu:bə] (*pl* -n) **die** salle *f* de restaurant.

Wischblatt ['vɪʃblat] (*pl* -blätter [blɛtɐ]) **das** balai *m* d'essuie-glace.

wischen ['vɪʃn̩] **vt & vi** essuyer.

wissen ['vɪsn̩] (*präs* **weiß**, *prät* **wusste**, *pp* **gewusst**) ◆ **vt** savoir. ◆ **vi** : **weißt du schon von der Hochzeit?** tu es déjà au courant pour le mariage ? ▸ **ich weiß!** je sais ! ▸ **ich weiß nichts über ihn /die Firma** je ne sais rien de lui /de cette entreprise ▸ **weißt du was?** tu sais quoi ?

Wissenschaft ['vɪsn̩ʃaft] (*pl* -en) **die** science *f*.

Wissenschaftler, in ['vɪsn̩ʃaftlɐ, lərɪn] (*mpl inv*) **der, die** scientifique *mf*.

Witterung ['vɪtərʊŋ] **die** [Wetter] temps *m*.

Witwe ['vɪtvə] (*pl* -n) **die** veuve *f*.

Witwer ['vɪtvɐ] (*pl inv*) **der** veuf *m*.

Witz [vɪts] (*pl* -e) **der 1.** [Scherz] blague *f* **2.** [Anekdote] histoire *f* drôle.

WM [ve:'lɛm] (*pl* -s) **die** = **Weltmeisterschaft**.

wo [vo:] **adv & pron** où ▸ **bis wo** jusqu'où ▸ **von wo** d'où.

woanders [vo'landɐs] **adv** ailleurs.

woandershin [vo'landɐshɪn] **adv** ailleurs.

wob [vo:p] **prät** → **weben**.

wobei [vo'bai] **pron** [als Frage] à l'occasion de quoi.

Woche ['vɔxə] (*pl* -n) **die** semaine *f* ▸ **diese Woche** cette semaine ▸ **letzte /nächste Woche** la semaine dernière /prochaine.

Wochenende ['vɔxn̩|ɛndə] (*pl* -n) das week-end *m* ▸ **schönes Wochenende!** bon week-end !

Wochenendtarif ['vɔxn̩|ɛnttari:f] (*pl* -e) der tarif *m* week-end.

Wochenendtrip ['vɔxn̩|ɛnttrɪp] (*pl* -s) der escapade *f* d'un week-end.

Wochenkarte ['vɔxn̩kartə] (*pl* -n) die carte *f* hebdomadaire.

wochenlang ['vɔxn̩laŋ] ◆ adj qui dure des semaines. ◆ adv pendant des semaines.

Wochenmarkt ['vɔxn̩markt] (*pl* -märkte [mɛrktə]) der marché *m* hebdomadaire.

Wochentag ['vɔxn̩ta:k] (*pl* -e [ta:gə]) der jour *m* de la semaine.

wochentags ['vɔxn̩ta:‿ks] adv en semaine.

wöchentlich ['vœçn̩tlɪç] ◆ adj hebdomadaire. ◆ adv par semaine.

Wodka ['vɔtka] (*pl* -s) der vodka *f*.

wodurch [vo'dʊrç] pron [als Frage] par quoi ▸ **wodurch ist er umgekommen?** de quoi est-il mort ?

wofür [vo:'fy:ɐ̯] pron [als Frage] pour quoi.

wog [vo:k] prät → **wiegen**.

wogegen [vo'ge:gn̩] pron [als Frage] contre quoi.

woher [vo'he:ɐ] pron d'où.

wohin [vo'hɪn] pron où.

wohl [vo:l] (*komp* **wohler** ODER **besser**, *superl* **am wohlsten** ODER **besten**) adv bien.

Wohl [vo:l] das : **auf Ihr Wohl!** à votre santé ! ▸ **zum Wohl!** santé !

wohl◦fühlen ['vo:lfy:lən] ref : **sich wohl fühlen** se sentir bien.

Wohlstand ['vo:lʃtant] der prospérité *f*.

wohltuend ['vo:ltu:ənt] adj bienfaisant(e).

Wohnanlage ['vo:n|anla:gə] (*pl* -n) die lotissement *m*.

Wohnblock ['vo:nblɔk] (*pl* -blöcke [blœkə]) der grand ensemble.

wohnen ['vo:nən] vi habiter ▸ **wo wohnen Sie?** où habitez-vous ?

Wohngemeinschaft ['vo:ngəmai̯nʃaft] (*pl* -en) die communauté *f*.

wohnhaft ['vo:nhaft] adj *amt* : **wohnhaft in ...** domicilié à…

Wohnhaus ['vo:nhaus] (*pl* -häuser [hɔyzɐ]) das immeuble *m* d'habitation.

Wohnmobil ['vo:nmobi:l] (*pl* -e) das camping-car *m*.

Wohnort ['vo:nɔrt] (*pl* -e) der lieu *m* de résidence.

Wohnsitz ['vo:nzɪts] (*pl* -e) der *amt* domicile *m*.

Wohnung ['vo:nʊŋ] (*pl* -en) die appartement *m*.

Wohnungsschlüssel ['vo:nʊŋsʃlysl̩] (*pl inv*) der clé *f* d'appartement.

Wohnwagen ['vo:nva:gn̩] (*pl inv*) der caravane *f*.

Wohnzimmer ['vo:ntsɪmɐ] (*pl inv*) das salle *f* de séjour.

Wok [vɔk] (*pl* -s) der KÜCHE wok *m*.

Wolf [vɔlf] (*pl* **Wölfe** ['vœlfə]) der [Tier] loup *m*.

Wolke ['vɔlkə] (*pl* -n) die nuage *m*.

Wolkenbruch ['vɔlkn̩brʊx] (*pl* -brüche [bryçə]) der pluie torrentielle.

Wolkenkratzer ['vɔlkn̩kratsɐ] (*pl inv*) der gratte-ciel *m inv*.

wolkenlos ['vɔlknloːs] **adj** sans nuages.

wolkig ['vɔlkɪç] **adj** nuageux(euse).

Wolldecke ['vɔldɛkə] (*pl* **-n**) **die** couverture *f* en laine.

Wolle ['vɔlə] **die** laine *f*.

wollen ['vɔlən] (*präs* **will**, *prät* **wollte**, *pp* **gewollt** ODER **wollen**) ◆ **aux** (*pp* **wollen**) [Ausdruck einer Absicht] vouloir ▸ **ich wollte gerade gehen** je voulais m'en aller ▸ **etw getan haben wollen** prétendre avoir fait qqch ▸ **diese Entscheidung will überlegt sein** cette décision doit être mûrement réfléchi
◆ **vi** (*pp* **gewollt**) **1.** [Ausdruck einer Absicht] vouloir ▸ **wie du willst!** comme tu veux ! ▸ **dann wollen wir mal!** *fam* on y va ! **2.** [an einen Ort] vouloir aller ▸ **sie will nach Hause** elle veut rentrer chez elle
◆ **vt** (*pp* **gewollt**) vouloir ▸ **ich will ein Eis!** je veux une glace ! ▸ **er will, dass du gehst** il veut que tu partes ▸ **ich wollte, das wäre schon vorbei!** j'aimerais que ça soit déjà fini ! ▸ **was willst du am Meer mit den Bergschuhen!** qu'est-ce que tu veux faire au bord de la mer avec des chaussures de montagne ? ▸ **ich glaube, der will was von dir** je crois que tu l'intéresses.

Wollwaschmittel ['vɔlvaʃmɪtl] (*pl inv*) **das** produit *m* pour lainages.

womit [vo'mɪt] **pron** [als Frage] avec quoi.

wonach [vo'naːx] **pron** [als Frage] : **wonach schmeckt das?** quel goût ça a ?

woran [vo'ran] **pron** [als Frage] à quoi.

worauf [vo'rauf] **pron** [als Frage] à quoi.

woraus [vo'raus] **pron** [als Frage] en quoi.

worin [vo'rɪn] **pron** [als Frage] en quoi.

Workshop ['wøːɐkʃɔp] (*pl* **-s**) **der** atelier *m*.

Wort[1] [vɔrt] (*pl* **Wörter** ['vœrtɐ]) **das** [sprachliche Einheit] mot *m*.

Wort[2] [vɔrt] (*pl.* **-e**) **1.** [Äußerung] mot *m* **2.** [Zusage] : **ich gebe dir mein Wort** je te donne ma parole.

Wörterbuch ['vœrtɐbuːx] (*pl* **-bücher** [byːçɐ]) **das** dictionnaire *m*.

wörtlich ['vœrtlɪç] **adj** [Wiederholung] littéral(e) ▸ **wörtliche Rede** discours direct.

wortlos ['vɔrtloːs] **adj** silencieux(euse).

worüber [vo'ryːbɐ] **pron** [als Frage] de quoi.

worum [vo'rʊm] **pron** [als Frage] de quoi.

worunter [vo'rʊntɐ] **pron** [als Frage] sous quoi.

wovon [vo'fɔn] **pron** [als Frage] de quoi.

wovor [vo'foːɐ̯] **pron** [als Frage] de quoi.

wozu [vo'tsu] **pron** [als Frage] pourquoi.

Wucher ['vuːxɐ] **der** *abw* usure *f* ▸ **sechs Euro für ein Sandwich? das ist Wucher!** six euros pour un sandwich ? c'est du vol !

Wucherpreis ['vuːxɐprais] (*pl* **-e** [praizə]) **der** prix *m* usuraire.

wuchs [vuːks] **prät** → **wachsen**.

wühlen ['vyːlən] **vi** fouiller.

Wühltisch ['vyːltɪʃ] (*pl* **-e**) **der** bac *m* des soldes.

wund [vʊnt] **adj** à vif.

Wunde ['vʊndə] (*pl* -n) **die** plaie *f* ▸ **offene Wunde** plaie ouverte.

wunderbar ['vʊndɐbaːɐ̯] **adj** [großartig] merveilleux(euse).

wundern ['vʊndɐn] **vt** étonner ▸ **es wundert jn** cela étonne qqn. ◆ **sich wundern** **ref** s'étonner.

wunderschön ['vʊndɐ'ʃøːn] **adj** magnifique.

Wundstarrkrampf ['vʊntʃtarkrampf] **der** tétanos *m*.

Wunsch [vʊnʃ] (*pl* **Wünsche** ['vynʃə]) **der** souhait *m* ▸ **auf Wunsch** à la demande ▸ **nach Wunsch** à souhait. ◆ **Wünsche pl** vœux *mpl* ▸ **die besten Wünsche für etw** meilleurs vœux de oder pour qqch.

wünschen ['vynʃn̩] **vt** souhaiter ▸ **jm etw wünschen** souhaiter qqch à qqn ▸ **sich** *(D)* **etw wünschen** vouloir qqch ▸ **was wünschen Sie?** que désirez-vous ?

wünschenswert ['vynʃn̩sweːɐ̯t] **adj** souhaitable.

wurde ['vʊrdə] **prät** → **werden**.

Wurf [vʊrf] (*pl* **Würfe** ['vyrfə]) **der** [Werfen] lancer *m*.

Würfel ['vyrfl̩] (*pl inv*) **der 1.** [zum Spielen] dé *m* **2.** [Form] cube *m*.

würfeln ['vyrfl̩n] ◆ **vt** [Fleisch, Brot] couper en dés. ◆ **vi** [beim Spielen] lancer les dés ▸ **eine Sechs würfeln** faire un six.

Würfelspiel ['vyrfl̩ʃpiːl] (*pl* -e) **das** jeu *m* de dés.

Würfelzucker ['vyrfl̩tsʊkɐ] **der** sucre *m* en morceaux.

Wurm [vʊrm] (*pl* **Würmer** ['vyrmɐ]) **der** ver *m*.

Wurst [vʊrst] (*pl* **Würste** ['vyrstə]) **die 1.** [Nahrungsmittel] saucisse *f* **2.** [Aufschnitt] charcuterie *f*.

> ⓘ **Wurst**
>
> Les saucisses (Wurst), se déclinent suivant les provinces (Frankfurter, Bockwurst, Nürnberger Rostbratwurst). Poêlées ou grillées, souvent accompagnées de sauce au ketchup et curry (Currywurst), elles sont aussi très appréciées froides en salades (Wurstsalat).

Wurstbraterei ['vʊrstbratəraɪ̯] (*pl* -en) **die** baraque *f* à saucisses.

Würstchen ['vyrstçən] (*pl inv*) **das** saucisse *f*.

wurstig ['vʊrstɪç] **adj** *fam* je-m'en-foutiste.

Wurstwaren ['vʊrstvaːrən] **pl** charcuterie *f*.

Würze ['vyrtsə] (*pl* -n) **die** [Gewürz] assaisonnement *m*.

Wurzel ['vʊrtsl̩] (*pl* -n) **die** racine *f*.

würzen ['vyrtsn̩] **vt** [Speisen] assaisonner.

würzig ['vyrtsɪç] **adj** relevé(e).

Würzmischung ['vyrtsmɪʃʊŋ] (*pl* -en) **die** mélange *m* d'épices.

wusch [vuːʃ] **prät** → **waschen**.

wusste ['vʊstə] **prät** → **wissen**.

wüst [vyːst] **adj 1.** [chaotisch] désordonné(e) **2.** [wild] sauvage.

Wüste ['vyːstə] (*pl* -n) **die** désert *m*.

Wut [vuːt] **die** colère *f*.

wütend ['vyːtn̩t] **adj** furieux(euse) ▸ **wütend sein auf** *(+ A)* ODER **über** *(+ A)* être furieux contre.

Xx

x-beliebig ['ɪksbəˈliːbɪç] **adj** *fam* n'importe quel (quelle).

x-mal ['ɪksmaːl] **adv** *fam* je ne sais pas combien de fois.

Yy

Yacht ['jaxt] (*pl* **-en**) **die** yacht *m*.

Yachthafen ['jaxthaːfn̩] (*pl* **-häfen** [hɛːfn̩]) **der** port *m* de plaisance.

Yoga ['joːga] **das** yoga *m*.

Zz

zäh [tsɛː] ◆ **adj 1.** [Fleisch] dur(e) **2.** [Mensch] tenace. ◆ **adv** : **zäh fließender Verkehr** circulation ralentie.

Zahl [tsaːl] (*pl* **-en**) **die 1.** [Größe, Anzahl] nombre *m* **2.** [Ziffer] chiffre *m* ▸ **in den roten Zahlen stecken** être dans le rouge.

zahlbar ['tsaːlbaːɐ̯] **adj** payable.

zahlen ['tsaːlən] **vt & vi** payer ▸ **zahlen, bitte!** l'addition, s'il vous plaît !

zählen ['tsɛːlən] ◆ **vt** compter. ◆ **vi 1.** [Zahlen aufsagen] compter **2.** [gültig sein] valoir ▸ **zählen zu** [gehören] compter parmi.

Zähler ['tsɛːlɐ] (*pl inv*) **der** [Gerät] compteur *m*.

Zahlgrenze ['tsaːlgrɛntsə] (*pl* **-n**) **die** limite *f* de zone.

Zahlkarte ['tsaːlkartə] (*pl* **-n**) **die** mandat-carte *m*.

zahlreich ['tsaːlraiç] **adj** nombreux(euse).

Zahlung ['tsaːlʊŋ] (*pl* **-en**) **die** paiement *m*.

Zählung ['tsɛːlʊŋ] (*pl* **-en**) **die** comptage *m*.

Zahlungsanweisung ['tsaːlʊŋslanvaizʊŋ] (*pl* **-en**) **die** mandat *m* de paiement.

zahm [tsaːm] **adj** [Tier] apprivoisé(e).

Zahn [tsaːn] (*pl* **Zähne** [tsɛːnə]) **der** [im Mund] dent *f* ▸ **sich** *(D)* **die Zähne putzen** se brosser les dents ▸ **die dritten Zähne** [Gebiss] une prothèse dentaire.

Zahnarzt, ärztin ['tsaːnlaːɐ̯tst, ɛːɐ̯tstɪn] (*mpl* **-ärzte**) **der, die** dentiste *mf*.

Zahnbürste ['tsaːnbyrstə] (*pl* **-n**) **die** brosse *f* à dents.

Zahncreme ['tsaːnkreːmə] (*pl* **-s**) **die** dentifrice *f*.

Zahnersatz ['tsaːnleːɐ̯zats] **der** prothèse *f* dentaire.

Zahnfleisch ['tsaːnflaiʃ] **das** gencive *f*.

Zahnfüllung ['tsa:nfylʊŋ] (*pl* **-en**) **die** plombage *m*.

Zahnpasta ['tsa:npasta] (*pl* **-pasten**) **die** dentifrice *m*.

Zahnradbahn ['tsa:nra:tba:n] (*pl* **-en**) **die** chemin de fer *m* à crémaillère.

Zahnschmerzen ['tsa:nʃmɛɐ̯tsn̩] **pl** maux *mpl* de dents ▸ **Zahnschmerzen haben** avoir mal aux dents.

Zahnspange ['tsa:nʃpaŋə] (*pl* **-n**) **die** appareil *m* dentaire.

Zahnstocher ['tsa:nʃtɔxɐ] (*pl inv*) **der** cure-dent *m*.

Zange ['tsaŋə] (*pl* **-n**) **die** pince *f*.

zanken ['tsaŋkn̩] **vi** *fam* se fâcher. ◆ **sich zanken ref** *fam* se disputer.

Zäpfchen ['tsɛpfçən] (*pl inv*) **das** [Medikament] suppositoire *m*.

zapfen ['tsapfn̩] **vt** tirer (au tonneau).

Zapfsäule ['tsapfzɔylə] (*pl* **-n**) **die** pompe *f* à essence.

zart [tsa:ɐ̯t] **adj 1.** [Fleisch, Gemüse] tendre **2.** [Haut] fragile.

zartbitter ['tsa:ɐ̯tbɪtɐ] **adj** amer(ère).

zärtlich ['tsɛ:ɐtlɪç] **adj** [Berührung] tendre.

Zauberer ['tsaubərɐ] (*pl inv*) **der** [Zauberkünstler] magicien *m*.

zauberhaft ['tsaubɐhaft] ◆ **adj** [sehr schön] enchanteur(eresse). ◆ **adv** de façon ravissante.

Zauberin ['tsaubərɪn] (*pl* **-nen**) **die** [Zauberkünstlerin] magicienne *f*.

zaubern ['tsaubɐn] ◆ **vt** : **ein Kaninchen aus dem Hut zaubern** faire sortir un lapin de son chapeau. ◆ **vi** [Zauberer] faire de la magie.

Zaun [tsaun] (*pl* **Zäune** ['tsɔynə]) **der** clôture *f*.

Zaziki [tsa'tsi:ki] **der ODER das** KÜCHE tzatziki *m*.

z.B. (*abk für* **zum Beispiel**) par ex. *(par exemple)*.

Zebrastreifen ['tse:braʃtraifn̩] (*pl inv*) **der** passage protégé.

Zeche ['tsɛçə] (*pl* **-n**) **die 1.** [Bergwerk] mine *f* **2.** *fam* [Rechnung] addition *f*.

Zecke ['tsɛkə] (*pl* **-n**) **die** tique *f*.

Zeh [tse:] (*pl* **-en**) **der** orteil *m*.

Zehe ['tse:ə] (*pl* **-n**) **die 1.** [Zeh] orteil *m* **2.** [von Knoblauch] gousse *f*.

Zehennagel ['tse:ənna:gl̩] (*pl* **-nägel** [nɛ:gl̩]) **der** ongle *m* de pied.

zehn [tse:n] **num** dix ▸ **fünf vor zehn** dix heures moins cinq ▸ **fünf nach zehn** dix heures cinq ▸ **zehn Uhr fünfundvierzig (10.45 Uhr)** dix heures quarante-cinq (10h45) ▸ **um zehn** à dix heures ▸ **sie ist zehn** elle a dix ans.

Zehner ['tse:nɐ] (*pl inv*) **der** *fam* [Geldschein] billet *m* de dix euros.

Zehnerkarte ['tse:nɐkartə] (*pl* **-n**) **die** carte *f* de dix *(entrées, trajets)*.

Zehneuroschein [tse:n'ɔyroʃain] (*pl* **-e**) **der** billet *m* de dix euros.

zehnmal ['tse:nma:l] **adv** dix fois.

zehntausend ['tse:ntauznt] **num** dix mille.

zehnte, r, s ['tse:ntə] **adj** dixième ▸ **der zehnte Juni** le dix juin ▸ **Hamburg, den 10.6.2012** Hambourg, le 10/6/2012.

Zehntel ['tse:ntl̩] (*pl inv*) **das** dixième *m*.

Zehntelsekunde ['tse:ntl̩zekʊndə] (*pl* **-n**) **die** dixième *m* de seconde.

Zeichen ['tsaiçn̩] (*pl inv*) **das 1.** [Symbol, Symptom] signe *m* **2.** [akustisch, optisch] signal *m* **3.** EDV caractère *m* ▸ **jm ein Zeichen geben** faire un signe à qqn.

Zeichenblock ['tsaiçn̩blɔk] (*pl* **-blöcke** [blœkə]) **der** bloc *m* à dessin.

Zeichenerklärung ['tsaiçn̩|eːɐ̯klɛːrʊŋ] (*pl* **-en**) **die** légende *f*.

Zeichensetzung ['tsaiçn̩zɛtsʊŋ] **die** ponctuation *f*.

Zeichensprache ['tsaiçn̩ʃpraxə] (*pl* **-n**) **die** langage *m* des signes.

Zeichentrickfilm ['tsaiçn̩trɪkfɪlm] (*pl* **-e**) **der** dessin animé.

zeichnen ['tsaiçnən] **vt & vi** dessiner.

Zeichnung ['tsaiçnʊŋ] (*pl* **-en**) **die** [Bild] dessin *m*.

zeigen ['tsaign̩] ◆ **vt 1.** [vorführen, vorzeigen] montrer **2.** [Film] passer **3.** [anzeigen] indiquer **4.** [Interesse, Erregung] manifester. ◆ **vi** : **er zeigte auf mich** il me désigna ▶ **er zeigte auf das Auto** il désigna la voiture ▶ **jm den Weg zeigen** indiquer le chemin à qqn ▶ **jm die Wohnung zeigen** montrer l'appartement à qqn. ◆ **sich zeigen ref 1.** [sich herausstellen] s'avérer **2.** [erscheinen] se montrer ▶ **es hat sich gezeigt, dass er unrecht hatte** il s'est avéré qu'il avait tort ▶ **sich großzügig zeigen** se montrer généreux.

Zeiger ['tsaigɐ] (*pl inv*) **der** aiguille *f*.

Zeile ['tsailə] (*pl* **-n**) **die** [von Text] ligne *f*.

Zeit [tsait] (*pl* **-en**) **die 1.** temps *m* **2.** [Zeitpunkt, Uhrzeit] heure *f* ▶ **sich** *(D)* **Zeit lassen** prendre son temps ▶ **Zeit haben** avoir le temps.

Zeitansage ['tsait|anzaːgə] (*pl* **-n**) **die** horloge parlante.

Zeitarbeit ['tsait|arbait] **die** travail *m* par intérim.

Zeitgeist ['tsaitgaist] **der** air *m* du temps.

zeitig ['tsaitɪç] ◆ **adj** précoce. ◆ **adv** tôt.

zeitlich ['tsaitlɪç] **adj** dans le temps.

Zeitlupe ['tsaitluːpə] **die** : **in Zeitlupe** au ralenti.

zeitnah ['tsaitnaː] **adj** rapide.

Zeitplan ['tsaitplaːn] (*pl* **-pläne** [plɛːnə]) **der** emploi *m* du temps.

Zeitpunkt ['tsaitpʊŋkt] (*pl* **-e**) **der** moment *m*.

Zeitraum ['tsaitraum] (*pl* **-räume** [rɔymə]) **der** période *f*.

Zeitschrift ['tsaitʃrɪft] (*pl* **-en**) **die** magazine *m*.

Zeitung ['tsaitʊŋ] (*pl* **-en**) **die** journal *m*.

Zeitungsannonce ['tsaitʊŋs|anɔŋsə] (*pl* **-n**) **die** petite annonce.

Zeitunterschied ['tsait|ʊntɐʃiːt] (*pl* **-e** [ʃiːdə]) **der** écart *m (de temps)*.

Zeitverschiebung ['tsaitfɛːɐ̯ʃiːbʊŋ] (*pl* **-en**) **die** décalage *m* horaire.

Zeitverschwendung ['tsaitfɛɐ̯ʃvɛndʊŋ] (*pl* **-en**) **die** perte *f* de temps.

zeitweise ['tsaitvaizə] **adv 1.** [gelegentlich] de temps en temps **2.** [vorübergehend] momentanément.

Zeitzone ['tsaittsoːnə] (*pl* **-n**) **die** fuseau *m* horaire.

Zelle ['tsɛlə] (*pl* **-n**) **die** cellule *f*.

Zellophan [tsɛlo'faːn] **das** Cellophane® *f*.

Zellstoff ['tsɛlʃtɔf] **der** cellulose *f*.

Zelt [tsɛlt] (*pl* **-e**) **das** tente *f*.

zelten ['tsɛltn̩] **vi** camper.

Zeltlager ['tsɛltlaːgɐ] (*pl inv*) **das** campement *m*.

Zeltplane ['tsɛltplaːnɐ] (*pl* **-n**) **die** toile *f* de tente.

Zeltplatz ['tsɛltplats] (*pl* **-plätze** [plɛtsə]) **der** camping *m*.

Zeltstange ['tsɛltʃtaŋə] (*pl* **-n**) **die** mât *m*.

Zentimeter ['tsɛntime:tɐ] (*pl inv*) **der** centimètre *m*.

Zentner ['tsɛntnɐ] (*pl inv*) **der** cinquante kilos.

zentral ['tsɛntra:l] **adj** central(e).

Zentrale [tsɛn'tra:lə] (*pl* -n) **die 1.** [Telefonzentrale] standard *m* **2.** [übergeordnete Stelle] centrale *f*.

Zentraleinheit [tsɛn'tra:lainhait] (*pl* -en) **die** unité *f* centrale.

Zentralheizung [tsɛn'tra:lhaitsuŋ] (*pl* -en) **die** chauffage centralisé.

Zentralmassiv [tsɛn'tra:lmasi:f] **nt** Massif central.

Zentralverriegelung [tsɛn'tra:lfɛɐ̯ri:gəluŋ] (*pl* -en) **die** verrouillage centralisé.

Zentrum ['tsɛntrʊm] (*pl* **Zentren**) **das** centre *m*.

zerbrechen [tsɛɐ̯'brɛçn̩] (*präs* **zerbricht**, *prät* **zerbrach**, *pp* **zerbrochen**) ◆ **vi** *(ist)* [Gegenstand] se briser. ◆ **vt** *(hat)* briser.

zerbrechlich [tsɛɐ̯'brɛçlɪç] **adj** [Gegenstand] fragile.

Zeremonie [tseremo'ni:] (*pl* -en) **die** cérémonie *m*.

zerkleinern [tsɛɐ̯'klainɐn] **vt** réduire en morceaux.

zerknautscht [tsɛɐ̯'knautʃt] **adj** fripé(e).

zerkratzen [tsɛɐ̯'kratsn̩] **vt 1.** [Lack] rayer **2.** [Haut] griffer.

zerlassen [tsɛɐ̯'lasn̩] **adj** [Butter] fondu(e).

zerlegen [tsɛɐ̯'le:gn̩] **vt 1.** [Möbel] démonter **2.** [Braten] découper.

zerreißen [tsɛɐ̯'raisn̩] (*prät* **zerriss**, *pp* **zerrissen**) ◆ **vt** *(hat)* [Brief, Stoff] déchirer. ◆ **vi** *(ist)* [Papier, Band] déchirer.

zerren ['tsɛrən] ◆ **vt** [ziehen] traîner. ◆ **vi** : **an etw** *(D)* **zerren** tirer sur qqch ▸ **jn aus etw zerren** tirer qqn de qqch ▸ **sich** *(D)* **einen Muskel zerren** se froisser un muscle.

Zerrung ['tsɛrʊŋ] (*pl* -en) **die** claquage *m*.

zerschneiden [tsɛɐ̯'ʃnaidn̩] (*prät* **zerschnitt**, *pp* **zerschnitten**) **vt** [in Stücke] découper.

Zerstäuber [tsɛɐ̯'ʃtɔybɐ] (*pl inv*) **der** vaporisateur *m*.

zerstören [tsɛɐ̯'ʃtø:rən] **vt** détruire.

Zerstörung [tsɛɐ̯'ʃtø:rʊŋ] (*pl* -en) **die** destruction *f*.

zerstreut [tsɛɐ̯'ʃtrɔyt] **adj** distrait(e).

zerteilen [tsɛɐ̯'tailən] **vt** découper.

Zertifikat [tsɛɐ̯tifi'ka:t] (*pl* -e) **das** certificat *m*.

Zettel ['tsɛtl̩] (*pl inv*) **der** bout *m* de papier.

Zeug [tsɔyk] **das** *fam* **1.** [Sachen] trucs *mpl* **2.** [Kleidung] affaires *fpl* ▸ **dummes Zeug** des bêtises *fpl*.

Zeuge ['tsɔygə] (*pl* -n) **der** témoin *m*.

Zeugin ['tsɔygɪn] (*pl* -nen) **die** témoin *m*.

Zeugnis ['tsɔyknɪs] (*pl* -se) **das 1.** [von Schüler] bulletin *m* **2.** [von Prüfung] diplôme *m* **3.** [von Arbeitgeber] certificat *m* de travail.

Zickzack ['tsɪktsak] **der** : **im Zickzack** en zigzag.

Ziege ['tsi:gə] (*pl* -n) **die** [Tier] chèvre *f*.

Ziegenkäse ['tsi:gn̩kɛ:zə] **der** fromage *m* de chèvre.

ziehen [tsi:ən] (*prät* **zog**, *pp* **gezogen**) ◆ **vt** *(hat)* tirer. ◆ **vi** *(ist)* [umziehen] déménager. ◆ **vi** *(hat)* **1.** [bewegen] tirer **2.** [Tee] infuser. ◆ **vimp** : **es zieht** il y a des courants d'air ▸ **ziehen an** *(+ D)* a) [bewegen] tirer sur b) [saugen] tirer sur ▸ **einen Zahn ziehen** arracher une dent. ◆ **sich ziehen** ref *fam* **1.** [zeitlich] traîner en longueur **2.** [räumlich] s'étendre.

Ziehung ['tsiːʊŋ] (*pl* -en) **die** tirage *m* (*au sort*).

Ziel [tsiːl] (*pl* -e) **das** but *m*.

Zielbahnhof ['tsiːlbaːnhoːf] (*pl* -bahnhöfe [høːfə]) **der** gare *f* de destination.

zielen ['tsiːlən] **vi** [mit Waffe, Ball] viser.

Zielscheibe ['tsiːlʃaibə] (*pl* -n) **die** cible *f*.

ziemlich ['tsiːmlɪç] **adv** **1.** [relativ] assez **2.** [fast] presque ▸ **ziemlich viel** pas mal.

zierlich ['tsiːɐ̯lɪç] **adj** [Person] menu(e).

Ziffer ['tsɪfɐ] (*pl* -n) **die** chiffre *m*.

Zifferblatt ['tsɪfɐblat] (*pl* -blätter [blɛtɐ]) **das** cadran *m*.

Ziffernblock ['tsɪfɐnblɔk] (*pl* -blöcke) **der** pavé *m* numérique.

zig [tsɪç] **num** *fam* un nombre incroyable de.

Zigarette [tsiga'rɛtə] (*pl* -n) **die** cigarette *f*.

Zigarettenautomat [tsiga'rɛtn̩|automaːt] (*pl* -en) **der** distributeur *m* à cigarettes.

Zigarettenpapier [tsiga'rɛtn̩papiːɐ̯] **das** papier *m* à cigarettes.

Zigarettenschachtel [tsiga'rɛtn̩ʃaxtl̩] (*pl* -n) **die** paquet *m* de cigarettes.

Zigarettentabak [tsiga'rɛtn̩tabak] (*pl* -e) **der** tabac *m* à rouler.

Zigarillo [tsiga'rɪlo] (*pl* -s) **der** cigarillo *m*.

Zigarre [tsi'garə] (*pl* -n) **die** cigare *m*.

Zigeuner, in [tsi'gɔynɐ, nərɪn] (*mpl inv*) **der, die** *abw* tzigane *mf*.

Zimmer ['tsɪmɐ] (*pl inv*) **das** **1.** [in Wohnung] pièce *f* **2.** [Büro] bureau *m* **3.** [Hotelzimmer] chambre *f* ▸ **Zimmer mit Bad** chambre avec salle de bains ▸ **Zimmer mit Frühstück** chambre avec petit-déjeuner compris ▸ **'Zimmer frei'** 'chambres à louer'.

Zimmerkellner ['tsɪmɐkɛlnɐ] (*pl inv*) **der** garçon *m* d'étage.

Zimmermädchen ['tsɪmɐmɛːtçən] (*pl inv*) **das** femme *f* de chambre.

Zimmernachweis ['tsɪmɐnaːxvais] (*pl* -e [vaizə]) **der** office *m* du logement.

Zimmerschlüssel ['tsɪmɐʃlʏsl̩] (*pl inv*) **der** clé *f* de la chambre.

Zimmerservice ['tsɪmɐsøːɐ̯vɪs] **der** service *m* d'étage.

Zimt [tsɪmt] **der** cannelle *f*.

Zinn [tsɪn] **das** [Metall] étain *m*.

Zins [tsɪns] (*pl* -en) **der** intérêt *m*.

Zinssatz ['tsɪnszats] (*pl* -sätze [zɛtsə]) **der** taux *m* d'intérêt.

zippen ['tsɪpn̩] **vt** zipper.

zirka ['tsɪrka] **adv** environ.

Zirkel ['tsɪrkl̩] (*pl inv*) **der** [Gerät] compas *m*.

Zirkus ['tsɪrkʊs] (*pl* -se) **der** **1.** [Betrieb] cirque *m* **2.** *fam* [Aufregung] cirque *m*.

zischen ['tsɪʃn̩] **vi** [Geräusch] siffler.

Zitat [tsi'taːt] (*pl* -e) **das** citation *f*.

zitieren ['tsi'tiːrən] **vt & vi** citer.

Zitronat [tsitro'naːt] **das** citron confit.

Zitrone [tsi'troːnə] (*pl* -n) **die** citron *m*.

Zitronensaft [tsi'troːnənzaft] (*pl* -säfte [zɛftə]) **der** jus *m* de citron.

zittern ['tsɪtɐn] **vi** [vibrieren] trembler.

zivil [tsi'viːl] **adj** [nicht militärisch] civil(e).

Zivildienst [tsi'viːldiːnst] **der** service *m* civil.

Zivilisation [tsiviːliza'tsjoːn] (*pl* -en) **die** civilisation *f*.

ZOB ['tsɛtloː'beː] (*abk für* Zentraler Omnibusbahnhof) gare *f* routière centrale.

Zoff [tsɔf] der *fam* : **Zoff machen** faire du foin ▸ **es gibt Zoff** ça barde.

zog [tsoːk] prät → **ziehen**.

zögerlich ['tsøːgɐlɪç] adj hésitant(e).

zögern ['tsøːgɐn] vi hésiter.

Zoll [tsɔl] (*pl* **Zölle** [tsœlə]) der **1.** [Abgabe] droit *m* de douane **2.** [Behörde] douane *f.*

Zollabfertigung ['tsɔllapfɛɐ̯tɪgʊŋ] die formalités *fpl* de douane.

Zollamt ['tsɔllamt] (*pl* **-ämter** [ɛmtɐ]) das douane *f.*

Zollbeamte ['tsɔlbəlamtə] (*pl* **-n**) der douanier *m.*

Zollbeamtin ['tsɔlbəlamtɪn] (*pl* **-nen**) die douanière *f.*

Zollerklärung ['tsɔllɛɐ̯klɛːrʊŋ] (*pl* **-en**) die déclaration *f* de douane.

zollfrei ['tsɔlfrai] adj en franchise de douane.

Zollgebühren ['tsɔlgəbyːrən] pl droits *mpl* de douane.

Zollkontrolle ['tsɔlkɔntrɔlə] (*pl* **-n**) die contrôle douanier.

zollpflichtig ['tsɔlpflɪçtɪç] adj soumis(e) à des droits de douane.

Zollschranke ['tsɔlʃraŋkə] (*pl* **-n**) die barrière douanière.

Zollstock ['tsɔlʃtɔk] (*pl* **-stöcke** [ʃtœkə]) der mètre pliant.

Zone ['tsoːnə] (*pl* **-n**) die [Gebiet] zone *f.*

Zoo [tsoː] (*pl* **-s**) der zoo *m.*

Zoofachgeschäft ['tsoːfaxgəʃɛft] das animalerie *f.*

zoologische Garten [tsoo'logɪʃə-'gartn̩] (*pl* **-Gärten**) der jardin *m* zoologique.

Zopf [tsɔpf] (*pl* **Zöpfe** ['tsœpfə]) der **1.** [Frisur] natte *f,* tresse *f* **2.** [Gebäck] *gâteau ou pain en forme de tresse.*

Zorn [tsɔrn] der colère *f.*

zornig ['tsɔrnɪç] ◆ adj furieux(euse). ◆ adv avec colère.

zu [tsuː] ◆ präp *(+ D)* **1.** [an einen Ort] à ▸ **zur Post gehen** aller à la poste ▸ **zu Hause bleiben** rester à la maison **2.** [zu einer Person] chez ▸ **zum Friseur gehen** aller chez le coiffeur ▸ **zu seinen Eltern fahren** aller chez ses parents **3.** [Angabe des Mittels] : **zu Fuß** à pied **4.** [zeitlich] à ▸ **zur Mittagszeit** à midi ▸ **zu Ostern / Weihnachten** à Pâques /Noël **5.** [mit] avec ▸ **weiße Socken zum Anzug tragen** porter des chaussettes blanches avec son costume **6.** [Angabe des Grunds] pour ▸ **zum Spaß** pour le plaisir ▸ **jm zum Geburtstag gratulieren** souhaiter à qqn un joyeux anniversaire **7.** [Mengenangabe] : **zu viert** à quatre ▸ **Säcke zu 50 kg** des sacs de 50 kg **8.** [Angabe des Produkts] en ▸ **zu Eis werden** se transformer en glace **9.** SPORT : **eins zu null** un à zéro
◆ adv **1.** [mit Adjektiv] trop ▸ **zu viel** trop **2.** *fam* [zumachen] : **Augen zu!** ferme ODER fermez les yeux ! ▸ **Tür zu!** ferme ODER fermez la porte ! ; = **zu sein.**
◆ konj [mit Infinitiv] à, de ▸ **es fängt an zu schneien** il commence à neiger ▸ **es ist schön, dich zu sehen** c'est agréable de te voir ▸ **'zu vermieten'** à louer.

Zubehör ['tsuːbəhøːɐ̯] (*pl* **-e** [høːrə]) das accessoires *mpl.*

zu◦bereiten ['tsuːbəraitn̩] vt préparer.

Zubereitung ['tsuːbəraitʊŋ] (*pl* **-en**) die préparation *f.*

zu◦binden ['tsuːbɪndn̩] vt *(unreg)* fermer en attachant.

Zubringer ['tsuːbrɪŋɐ] (*pl inv*) der [Straße] bretelle *f* d'autoroute.

Zucchini [tsu'kiːni] (*pl* **-s**) die courgette *f.*

züchten ['tsyçtn̩] **vt** **1.** [Tiere] élever **2.** [Pflanzen] cultiver.

Züchter, in ['tsyçtɐ, tərɪn] *(mpl inv)* **der, die** [von Tieren] éleveur *m*, -euse *f*.

zucken ['tsʊkn̩] **vi** [Person, Muskel] tressaillir.

Zucker ['tsʊkɐ] **der** sucre *m* ▸ **ohne Zucker** sans sucre.

zuckerkrank ['tsʊkɐkraŋk] **adj** diabétique.

zuckern ['tsʊkɐn] **vt** sucrer.

Zuckerwatte ['tsʊkɐvatə] **die** barbe *f* à papa.

Zuckerzusatz ['tsʊkɐtsu:zats] **der** : **'ohne Zuckerzusatz'** 'sans sucre ajouté'.

zu∘decken ['tsu:dɛkn̩] **vt** recouvrir. ◆ **sich zudecken ref** se recouvrir.

zu∘drehen ['tsu:dre:ən] **vt** [Wasserhahn] fermer *(en tournant)*.

zueinander [tsu|ain'andɐ] **adv** [passen, sprechen] ensemble.

zuerst [tsu'|e:rst] **adv** **1.** [als Erste, Erster] en premier **2.** [am Anfang] d'abord.

Zufahrt ['tsu:fa:ɐ̯t] *(pl* **-en)** **die** accès *m*.

Zufahrtsstraße ['tsu:fa:ɐ̯tsʃtra:sə] *(pl* **-n)** **die** route *f* d'accès.

Zufall ['tsu:fal] *(pl* **-fälle** [fɛlə]) **der** hasard *m*.

zufällig ['tsu:fɛlɪç] ◆ **adj** fortuit(e). ◆ **adv** par hasard.

zufrieden [tsu'fri:dn̩] **adj** satisfait(e) ▸ **zufrieden sein mit** être satisfait de.

zufrieden∘stellend [tsu'fri:dn̩ʃtɛlənt] **adj** satisfaisant(e).

Zug[1] [tsu:k] *(pl* **Züge** ['tsy:gə]) **der** **1.** [Eisenbahn] train *m* **2.** [Menschenmenge] cortège *m* **3.** [Zugluft] courant *m* d'air **4.** [mit Spielfigur] mouvement *m* ▸ **mit dem Zug** en train.

Zug[2] [tsu:k] **nt** [Kanton] Zoug.

Zugabe ['tsu:ga:bə] *(pl* **-n)** **die** [bei Konzert] rappel *m* ▸ **Zugabe!** une autre !

Zugang ['tsu:gaŋ] *(pl* **-gänge** [gɛŋə]) **der** accès *m*.

Zugangsberechtigung ['tsu:gaŋsbərɛçtɪgʊŋ] *(pl* **-en)** **die** autorisation *f* d'accès.

Zugbegleiter, in ['tsu:kbəglaitɐ, tərɪn] *(mpl inv)* **der** **1.** [Person] contrôleur *m* **2.** [Fahrplanauszug] horaire *m*.

Zugbrücke ['tsu:kbrykə] *(pl* **-n)** **die** pont-levis *m*.

zu∘geben ['tsu:ge:bn̩] **vi** *(unreg)* **1.** [gestehen] avouer **2.** [hinzutun] ajouter.

zu∘gehen ['tsu:ge:ən] **vi** *(unreg, ist)* [sich schließen] se fermer ▸ **zugehen auf** *(+ A)* [gehen] se diriger vers.

Zügel ['tsy:gl̩] *(pl inv)* **der** bride *f*.

Zugführer, in ['tsu:kfy:rɐ, rərɪn] *(mpl inv)* **der, die** contrôleur *m* de train.

zugig ['tsu:gɪç] **adj** exposé(e) aux courants d'air.

zügig ['tsy:gɪç] ◆ **adj** rapide. ◆ **adv** rapidement.

Zugluft ['tsu:klʊft] **die** courant *m* d'air.

Zugpersonal ['tsu:kpɛrzona:l] **das** personnel *m* du train.

zu∘greifen ['tsu:graifn̩] **vi** *(unreg)* : **greifen Sie zu!** servez-vous !

Zugrestaurant ['tsu:krɛstorɑ̃:] *(pl* **-s)** **das** wagon-restaurant *m*.

Zugriffszeit ['tsu:grɪfstsait] *(pl* **-en)** **die** EDV temps *m* d'accès.

zugrunde [tsu'grʊndə] **adv** : **zugrunde gehen** mourir.

Zugunglück ['tsu:klʊnglyk] *(pl* **-e)** **das** catastrophe *f* ferroviaire.

zugunsten [tsu'gʊnstn̩] **präp** *(+ G, + D)* : **zugunsten der Opfer** en faveur des victimes ▸ **zugunsten der Partei** au profit du parti.

Zugverbindung ['tsu:kfɛɐ̯bɪndʊŋ] (*pl* -en) **die** correspondance *f.*

zu◦haben ['tsu:ha:bn̩] **vi** *(unreg) fam* être fermé(e).

Zuhause [tsu'haʊzə] **das** chez-soi *m.*

zu◦hören ['tsu:hø:rən] **vi** *(+ D)* écouter.

Zuhörer, in ['tsu:hø:rɐ, rərɪn] (*mpl inv*) **der, die** auditeur *m,* -trice *f.*

zu◦kleben ['tsu:kle:bn̩] **vt** fermer *(en collant).*

zu◦kommen ['tsu:kɔmən] **vi** *(unreg, ist)* : **er kam auf mich zu** il s'avança vers moi.

zu◦kriegen ['tsu:kri:gn̩] **vt** *fam* arriver à fermer.

Zukunft ['tsu:kʊnft] **die 1.** [Zeit] avenir *m* **2.** GRAMM futur *m.*

Zukunftsindustrie ['tsu:kʊnftsɪndʊstri:] (*pl* -n) **die** industrie *f* de l'avenir.

zu◦lassen ['tsu:lasn̩] **vt** *(unreg)* **1.** [erlauben] permettre **2.** [Auto] immatriculer **3.** *fam* [nicht öffnen] laisser fermé(e).

zulässig ['tsu:lɛsɪç] **adj** autorisé(e) ▸ **'zulässige Höchstgeschwindigkeit'** vitesse maximale autorisée ▸ **'zulässiges Gesamtgewicht'** poids total autorisé.

Zulassung ['tsu:lasʊŋ] (*pl* -en) **die** autorisation *f.*

zu◦laufen ['tsu:laufn̩] **vi** *(unreg, ist)* courir ▸ **zulaufen auf** *(+ A)* courir vers.

zuletzt [tsu'lɛtst] **adv 1.** [als Letztes] en dernier **2.** [am Ende] à la fin **3.** *fam* [das letzte Mal] la dernière fois.

zuliebe [tsu'li:bə] **präp** *(+ D)* [einer Person] pour faire plaisir à.

zum [tsʊm] **präp** = **zu** + **dem.**

zu◦machen ['tsumaxn̩] **vt & vi** *fam* fermer.

zu◦mailen ['tsu:me:lən] **vt** envoyer par mail.

zu◦muten ['tsu:mu:tn̩] **vt** exiger ▸ **jm etw zumuten** exiger qqch de qqn.

Zumutung ['tsu:mu:tʊŋ] (*pl* -en) **die** exigence *f* excessive ▸ **eine Zumutung sein** dépasser les bornes.

zunächst [tsu'nɛçst] **adv** d'abord.

Zuname ['tsu:na:mə] (*pl* -n) **der** nom *m* de famille.

zünden ['tsyndn̩] **vi** [Motor] s'allumer.

Zündholz ['tsynthɔlts] (*pl* **-hölzer** [hœltsɐ]) **das** Suisse allumette *f.*

Zündkerze ['tsyntkɛrtsə] (*pl* -n) **die** bougie *f.*

Zündschloss ['tsyntʃlɔs] (*pl* **-schlösser** [ʃlœsɐ]) **das** serrure *f* de contact.

Zündschlüssel ['tsyntʃlysl̩] (*pl inv*) **der** clé *f* de contact.

Zündung ['tsyndʊŋ] (*pl* -en) **die** AUTO allumage *m.*

zunehmen ['tsu:ne:mən] **vi** *(unreg)* **1.** [Arbeitslosigkeit, Beschwerden] augmenter **2.** [dicker werden] grossir.

Zunge ['tsʊŋə] (*pl* -n) **die** langue *f.*

zupfen ['tsʊpfn̩] ◆ **vi** tirer. ◆ **vt 1.** [Unkraut] arracher **2.** [Augenbrauen] épiler.

zur [tsu:ɐ̯] **präp** = **zu** + **der.**

Zürich ['tsy:rɪç] **nt** Zurich.

zurück [tsu'ryk] **adv** : **der Weg zurück** le chemin du retour ▸ **zurück sein** être de retour.

zurück◦bekommen [tsu'rykbəkɔmən] **vt** *(unreg)* récupérer ▸ **Sie bekommen noch 3 Euro zurück** je vous dois encore 3 euros.

zurück◦bringen [tsu'rykbrɪŋən] **vt** *(unreg)* **1.** [Gegenstand] rapporter **2.** [Person] ramener.

zurück◦erstatten [tsu'rykɛɐ̯ʃtatn̩] **vt** rembourser.

zurück◦fahren [tsu'rykfa:rən] ◆ **vi** *(unreg, ist)* **1.** [an Ausgangspunkt] retourner **2.** [rückwärts] reculer. ◆ **vt** *(unreg, hat)* **1.** [an Ausgangspunkt] retourner **2.** [rückwärts] reculer.

zurück◦führen [tsu'rykfy:rən] **vi** : **welcher Weg führt zurück?** quel chemin faut-il prendre pour rentrer ?

zurück◦geben [tsu'rykge:bn̩] **vt** *(unreg)* rendre ▸ **jm etw zurückgeben** rendre qqch à qqn.

zurück◦gehen [tsu'rykge:ən] **vi** *(unreg, ist)* **1.** [zum Ausgangspunkt] rentrer *(à pied)* **2.** [rückwärts] reculer **3.** [Anzahl, Häufigkeit] baisser.

zurück◦halten [tsu'rykhaltn̩] **vt** *(unreg)* retenir. ◆ **sich zurückhalten ref** se retenir.

zurück◦holen [tsu'rykho:lən] **vt** ramener.

zurück◦kommen [tsu'rykkɔmən] **vi** *(unreg, ist)* [an Ausgangspunkt] revenir.

zurück◦lassen [tsu'ryklasn̩] **vt** *(unreg)* [verlassen] laisser.

zurück◦legen [tsu'rykle:gn̩] **vt 1.** [wieder hinlegen] remettre à sa place **2.** [reservieren] mettre de côté **3.** [Strecke] parcourir **4.** [Kopf] mettre en arrière ▸ **etw zurücklegen lassen** [reservieren] faire mettre qqch de côté. ◆ **sich zurücklegen ref** se pencher en arrière.

zurück◦nehmen [tsu'rykne:mən] **vt** *(unreg)* [Gegenstand] reprendre.

zurück◦rufen [tsu'rykru:fn̩] ◆ **vt** *(unreg)* **1.** [Anrufer] rappeler **2.** [Waren] retirer de la vente. ◆ **vi** [am Telefon] rappeler.

zurück◦schicken [tsu'rykʃɪkn̩] **vt** [Brief, Paket] renvoyer.

zurück◦stellen [tsu'rykʃtɛlən] **vt 1.** [wieder hinstellen] remettre en place **2.** [Uhr] retarder.

zurück◦treten [tsu'ryktre:tn̩] **vi** *(unreg, ist)* **1.** [rückwärts] reculer **2.** [Präsident, Vorstand] démissionner ▸ **bitte zurücktreten!** veuillez reculer !

zurückverlangen [tsu'rykfɛɐ̯laŋən] **vt** réclamer.

zurückzahlen [tsu'ryktsa:lən] **vt** [Geld] rembourser.

zurzeit [tsʊr'tsait] **adv** en ce moment.

Zusage ['tsu:za:gə] *(pl* **-n)** **die** [auf Einladung, Bewerbung] acceptation *f.*

zu◦sagen ['tsu:za:gn̩] **vt** [bei Einladung] confirmer sa venue.

zusammen [tsu'zamən] **adv 1.** [nicht allein] ensemble **2.** [insgesamt] en tout.

Zusammenarbeit [tsu'zamənarbait] **die** collaboration *f.*

zusammen◦brechen [tsu'zamənbrɛçn̩] **vi** *(unreg, ist)* **1.** [Person] s'écrouler **2.** [Verkehr] être paralysé(e).

zusammen◦fassen [tsu'zamənfasn̩] **vt** *(unreg)* [Text] résumer.

Zusammenfassung [tsu'zamənfasʊŋ] *(pl* **-en)** **die** résumé *m.*

zusammen◦gehören [tsu'zamənɡəhø:rən] **vi 1.** [Personen] être ensemble **2.** [Gegenstände] aller ensemble.

zusammen◦halten [tsu'zamənhaltn̩] **vi** *(unreg)* [Personen] être solidaire.

Zusammenhang [tsu'zamənhaŋ] *(pl* **-hänge** [hɛŋə]) **der** rapport *m.*

zusammenhängend [tsu'zamənhɛŋənt] **adj** [Text] cohérent(e).

zusammenhanglos [tsu'zamənhaŋlo:s] **adj** incohérent(e).

zusammenklappbar [tsu'zamənklapba:ɐ̯] **adj** pliant(e).

zusammen◦knüllen [tsu'zamənknylən] vt froisser.

Zusammenkunft [tsu'zamənkunft] (*pl* **-künfte** [kynftə]) die rassemblement *m*.

zusammen◦legen [tsu'zamənle:gn̩] ◆ vt 1. [Gruppen, Termine] réunir 2. [falten] plier. ◆ vi [bezahlen] se cotiser.

zusammen◦nehmen [tsu'zamənne:mən] ◆ **sich zusammennehmen** ref (*unreg*) se dominer.

zusammen◦passen [tsu'zamənpasn̩] vi aller ensemble.

zusammen◦rechnen [tsu'zamənrɛçnən] vt faire le total de.

Zusammensetzung [tsu'zamənzɛtsuŋ] (*pl* **-en**) die composition *f*.

Zusammenstoß [tsu'zamənʃto:s] (*pl* **-stöße** [ʃtø:sə]) der collision *f*.

zusammen◦stoßen [tsu'zamənʃto:sn̩] vi (*unreg, ist*) [Fahrzeuge] entrer en collision.

zusammen◦zählen [tsu'zaməntsɛ:lən] vt additionner.

zusammen◦ziehen [tsu'zaməntsi:ən] vi (*unreg, ist*) [in Wohnung] se mettre en ménage. ◆ **sich zusammenziehen** ref [enger werden] se contracter.

zusammen◦zucken [tsu'zaməntsukn̩] vi (*ist*) tressaillir.

Zusatz ['tsu:zats] (*pl* **-sätze** [zɛtsə]) der [Substanz] additif *m*.

Zusatzgerät ['tsu:zatsgərɛ:t] (*pl* **-e**) das appareil *m* d'appoint.

zusätzlich ['tsu:zɛtslıç] ◆ adj supplémentaire. ◆ adv en plus.

Zusatzzahl ['tsu:zatstsa:l] (*pl* **-en**) die numéro *m* complémentaire.

zu◦schauen ['tsu:ʃauən] vi regarder.

Zuschauer, in ['tsu:ʃauɐ, ʃauərın] (*mpl inv*) der, die spectateur *m*, -trice *f*.

Zuschauertribüne ['tsu:ʃauɐtriby:nə] (*pl* **-n**) die tribune *f* des spectateurs.

zu◦schicken ['tsu:ʃıkn̩] vt envoyer.

Zuschlag ['tsu:ʃla:k] (*pl* **-schläge** [ʃlɛ:gə]) der supplément *m* ▸ **'Zuschlag erforderlich'** 'train à supplément'.

zuschlagpflichtig ['tsu:ʃla:kpflıçtıç] adj à supplément.

zu◦schließen ['tsu:ʃli:sn̩] vt (*unreg*) fermer à clé.

Zuschuss ['tsu:ʃus] (*pl* **-schüsse** [ʃysə]) der subvention *f*.

zu◦sehen ['tsu:ze:ən] vi (*unreg*) [zuschauen] regarder.

zu sein ['tsu:zain] vi (*unreg, ist*) être fermé(e).

zusichern ['tsu:zıçɐn] vt assurer.

zu◦sperren ['tsuʃpɛrən] vt ÖSTERR fermer à clé.

Zustand ['tsu:ʃtant] (*pl* **-stände** [ʃtɛndə]) der état *m*. ◆ **Zustände** pl situation *f*.

zuständig ['tsu:ʃtɛndıç] adj être compétent(e) ▸ **zuständig sein für** être responsable de.

zu◦steigen ['tsu:ʃtaign̩] vi (*unreg, ist*) monter ▸ **noch jemand zugestiegen?** y a-t-il quelqu'un qui vient de monter ?

Zustellung ['tsu:ʃtɛluŋ] (*pl* **-en**) die [von Post] distribution *f* de courrier.

zu◦stimmen ['tsu:ʃtımən] vi (+ *D*) être d'accord avec.

Zustimmung ['tsu:ʃtımuŋ] die approbation *f*.

zu◦stoßen ['tsu:ʃto:sn̩] vi (*unreg, ist*) : **jm zustoßen** arriver à qqn.

Zutat ['tsu:ta:t] (*pl* **-en**) die ingrédient *m*.

zu◦teilen ['tsu:tailən] vt [Ration] attribuer.

zu◦trauen ['tsuːtrauən] **vt : ich traue ihm alles zu** je le crois capable de tout.

zu◦treffen ['tsuːtrɛfn̩] **vi** *(unreg)* être exact(e) ▸ **'Zutreffendes bitte ankreuzen'** 'veuillez cocher la case correspondante'.

Zutritt ['tsuːtrɪt] **der** accès *m*.

zuverlässig ['tsuːfɛɐ̯lɛsɪç] **adj** fiable.

zu viel [tsu'fiːl] **pron** trop.

Zuwachs ['tsuːvaks] **der** accroissement *m*.

zu◦weisen ['tsuːvaizn̩] **vt** *(unreg)* attribuer.

zu wenig ['tsuveːnɪç] **pron** pas assez.

zuwinken ['tsuːvɪŋkn̩] **vi** *(+ D)* faire signe de la main à.

zu◦zahlen ['tsuːtsaːlən] **vt** payer en supplément.

zuzüglich ['tsuːtsyːklɪç] **präp** *(+ G)* en sus.

zwang [tsvaŋ] **prät** → **zwingen**.

Zwang [tsvaŋ] (*pl* **Zwänge** ['tsvɛŋə]) **der** contrainte *f*.

zwanglos ['tsvaŋloːs] **adj** sans façon.

Zwangsheirat ['tsvaŋshairaːt] (*pl* **-en**) **die** mariage *m* forcé.

zwanzig ['tsvantsɪç] **num** vingt.

Zwanziger ['tsvantsɪgɐ] (*pl inv*) **der** billet *m* de vingt euros.

Zwanzigeuroschein [tsvantsɪç'ɔyroʃain] (*pl* **-e**) **der** billet *m* de vingt euro.

zwanzigste, r, s ['tsvantsɪgstə] **adj** vingtième ▸ **das zwanzigste Jahrhundert** le vingtième siècle.

zwar [tsvaːɐ̯] **adv : und zwar** [genauer] à savoir ▸ **zwar … aber** certes… mais.

Zweck [tsvɛk] (*pl* **-e**) **der** [Ziel] but *m* ▸ **es hat keinen Zweck** cela n'a pas de sens.

zwecklos ['tsvɛkloːs] **adj** inutile.

zweckmäßig ['tsvɛkmɛːsɪç] **adj** approprié(e).

zwei [tsvai] **num** deux ▸ **fünf vor zwei** deux heures moins cinq ▸ **fünf nach zwei** deux heures cinq ▸ **zwei Uhr fünfundvierzig (2.45 Uhr)** deux heures quarante-cinq (2h45) ▸ **um zwei** à deux heures ▸ **sie ist zwei** elle a deux ans.

Zweibettzimmer ['tsvaibɛttsɪmɐ] (*pl inv*) **das** chambre *f* double.

zweideutig ['tsvaidɔytɪç] **adj 1.** [frivol] équivoque **2.** [mehrdeutig] ambigu(uë).

Zweieurostück [tsvai'ɔyroʃtyk] (*pl* **-stücke**) **das** pièce *f* de deux euros.

zweifach ['tsvaifax] **adj** double.

Zweifel ['tsvaifl̩] (*pl inv*) **der** doute *m* ▸ **ohne Zweifel** sans doute.

zweifellos ['tsvaifl̩loːs] **adv** sans aucun doute.

zweifeln ['tsvaifl̩n] **vi : an etw** *(D)* **zweifeln** douter de qqch.

Zweig ['tsvaik] (*pl* **-e** ['tsvaigə]) **der** branche *f*.

Zweigstelle ['tsvaikʃtɛlə] (*pl* **-n**) **die** succursale *f*.

zweihundert ['tsvaihʊndɐt] **num** deux cents.

Zweihunderteuroschein [tsvaihʊndɐt'ɔyroʃain] (*pl* **-e**) **der** billet *m* de deux cents euros.

zweimal ['tsvaimaːl] **adv** deux fois.

Zweirad ['tsvairaːt] (*pl* **-räder** [rɛːdɐ]) **das** deux-roues *m*.

zweisprachig ['tsvaiʃpraːxɪç] **adj** bilingue.

zweispurig ['tsvaiʃpuːrɪç] **adj** à deux voies.

zweit [tsvait] **num : zu zweit** à deux.

Zweitakter ['tsvaitaktɐ] (*pl inv*) **der** moteur *m* à deux temps.

Zweitaktergemisch ['tsvaitaktɐgəmɪʃ] **das** mélange *m* pour moteurs à deux temps.

zweitbeste, r, s ['tsvait'bɛstə] **adj** deuxième.

zweite, r, s ['tsvaitə] **adj** deuxième ▸ **der zweite Juni** le deux juin ▸ **Hamburg, den 2.6.2012** Hambourg, le 2/6/2012.

zweiteilig ['tsvaitailɪç] **adj** en deux parties.

zweitens ['tsvaitn̩s] **adv** deuxièmement.

Zwerchfell ['tsvɛrçfɛl] (*pl* -e) **das** diaphragme *m*.

Zwerg ['tsvɛrk] (*pl* -e ['tsvɛrgə]) **der** [Figur] nain *m*.

Zwetsche ['tsvɛtʃə] (*pl* -n) **die** [Frucht] quetsche *f*.

Zwetschgendatschi ['tsvɛtʃgn̩da:tʃi] (*pl inv*) **der** Süddt *tarte aux quetsches à pâte levée*.

Zwieback ['tsvi:bak] (*pl* -bäcke [bɛkə]) **der** biscotte *f*.

Zwiebel ['tsvi:bl̩] (*pl* -n) **die** [Gemüse] oignon *m*.

Zwiebelsuppe ['tsvi:bl̩zupə] (*pl* -n) **die** soupe *f* à l'oignon.

Zwilling ['tsvɪlɪŋ] (*pl* -e) **der 1.** [Geschwister] jumeau *m* **2.** [Sternzeichen] Gémeaux *mpl*.

zwingen ['tsvɪŋən] (*prät* **zwang**, *pp* **gezwungen**) **vt** forcer. ◆ **sich zwingen ref** se forcer.

zwinkern ['tsvɪŋkɐn] **vi** cligner des yeux.

Zwirn [tsvɪrn] **der** fil fort.

zwischen ['tsvɪʃn̩] **präp** *(+ A, + D)* **1.** [räumlich, zeitlich] entre **2.** [in Menge] parmi ▸ **er saß zwischen lauter Frauen** il était assis parmi de nombreuses femmes ▸ **zwischen 5 und 6 Uhr arbeiten** travailler entre 5 et 6 heures ▸ **zwischen Anna und Otto sitzen** être assis entre Anna et Otto.

zwischendurch [tsvɪʃn̩'durç] **adv** [zeitlich] entre-temps.

Zwischenfall ['tsvɪʃn̩fal] (*pl* -fälle [fɛlə]) **der** incident *m*.

Zwischenlandung ['tsvɪʃn̩landuŋ] (*pl* -en) **die** escale *f*.

Zwischenraum ['tsvɪʃn̩raum] (*pl* -räume [rɔymə]) **der** espace *m*.

Zwischenspeicher ['tsvɪʃn̩ʃpaiçɐ] (*pl inv*) **der** mémoire *f* tampon.

Zwischenstopp ['tsvɪʃn̩ʃtɔp] (*pl* -s) **der** escale *f*.

Zwischensumme ['tsvɪʃn̩zumə] (*pl* -n) **die** sous-total *m*.

Zwischenzeit ['tsvɪʃn̩tsait] **die** : **in der Zwischenzeit** entre-temps.

zwölf [tsvœlf] **num** douze ▸ **fünf nach zwölf** douze heures cinq ▸ **zwölf Uhr fünfundvierzig (12.45 Uhr)** douze heures quarante-cinq (12h45) ▸ **um zwölf** à douze heures ▸ **sie ist zwölf** elle a douze ans.

Zypern ['tsy:pɐn] **nt** Chypre ▸ **auf Zypern** à Chypre.

Achevé d'imprimer en avril 2017 par «La Tipografica Varese Srl», Varese
Dépôt légal : avril 2012-315782/04 - N° de projet : 11035427